Pappermann
Rechtsvorschriften in Nordrhein-Westfalen
Geleitwort zur 102. Ergänzungslieferung

Die 102. Ergänzungslieferung des Pappermann wurde unter Verwendung mehrerer anderer, ebenfalls im Verlag C. H. Beck erscheinender Loseblattsammlungen erstellt.

Für das nordrhein-westfälische Landesrecht wurden die Textsammlungen v. Hippel/Rehborn, Gesetze des Landes Nordrhein-Westfalen (EL 139, Stand: Juni 2020) und Rehborn, Verwaltungsvorschriften des Landes Nordrhein-Westfalen (Stand: EL 48, Mai 2020) verwendet. Für das Bundesrecht fanden die Textsammlungen Schönfelder, Deutsche Gesetze (EL 179, Stand: Mai 2020), Sartorius, Verfassungs- und Verwaltungsgesetze (EL 126, Stand: April 2020) und Sartorius Ergänzungsband (EL 50, Stand: Februar 2020) Verwendung. Dabei waren u. a. folgende Änderungen zu berücksichtigen:

- Gemeindeordnung NRW (Nr. 22.11)
- Kommunalwahlgesetz NRW (Nr. 22.51)
- Landesbesoldungsgesetz NRW (Nr. 24.31)
- Infektionsschutzgesetz (Nr. 35.1)
- Landesplanungsgesetz NRW (Nr. 41.11)
- Baugesetzbuch (Nr. 41.2)
- Bauordnung NRW (Nr. 41.31)
- Straßenverkehrsgesetz (Nr. 42.5)
- Straßenverkehrsordnung (Nr. 42.5/1)
- Sozialgesetzbuch XII (Nr. 51.2)
- Sozialgesetzbuch II (Nr. 51.4)
- Sozialgesetzbuch X (Nr. 51.9)
- Gerichtsverfassungsgesetz (Nr. 6.1)
- Justizgesetz NRW (Nr. 6.31)

Köln, Gelsenkirchen und München
im Oktober 2020

Herausgeber und Verlag

§ 14[1)] [Zuständigkeit der Senate] (1) [1] Der Erste Senat des Bundesverfassungsgerichts ist zuständig für Normenkontrollverfahren (§ 13 Nr. 6 und 11), in denen überwiegend die Unvereinbarkeit einer Vorschrift mit Grundrechten oder Rechten aus den Artikeln 33, 101, 103 und 104 des Grundgesetzes[2)] geltend gemacht wird, sowie für Verfassungsbeschwerden mit Ausnahme der Verfassungsbeschwerden nach § 91 und der Verfassungsbeschwerden aus dem Bereich des Wahlrechts. [2] Das Gleiche gilt, wenn eine Landesregierung zusammen mit einem Normenkontrollantrag (§ 13 Nr. 6) nach Satz 1 einen Antrag nach § 13 Nr. 6a oder 6b stellt.

(2) Der Zweite Senat des Bundesverfassungsgerichts ist zuständig in den Fällen des § 13 Nr. 1 bis 5, 6a bis 9, 11a, 12 und 14, ferner für Normenkontrollverfahren und Verfassungsbeschwerden, die nicht dem Ersten Senat zugewiesen sind.

(3) In den Fällen des § 13 Nr. 10 und 13 bestimmt sich die Zuständigkeit der Senate nach der Regel der Absätze 1 und 2.

(4)[3)] [1] Das Plenum des Bundesverfassungsgerichts kann mit Wirkung vom Beginn des nächsten Geschäftsjahres die Zuständigkeit der Senate abweichend von den Absätzen 1 bis 3 regeln, wenn dies infolge einer nicht nur vorübergehenden Überlastung eines Senats unabweislich geworden ist. [2] Die Regelung gilt auch für anhängige Verfahren, bei denen noch keine mündliche Verhandlung oder Beratung der Entscheidung stattgefunden hat. [3] Der Beschluß wird im Bundesgesetzblatt bekanntgemacht.

(5) [1] Wenn zweifelhaft ist, welcher Senat für ein Verfahren zuständig ist, so entscheidet darüber ein Ausschuß, der aus dem Präsidenten, dem Vizepräsidenten und vier Richtern besteht, von denen je zwei von jedem Senat für die Dauer des Geschäftsjahres berufen werden. [2] Bei Stimmengleichheit gibt die Stimme des Vorsitzenden den Ausschlag.

§ 15[4)] [Vorsitz und Beschlussfähigkeit] (1) [1] Der Präsident des Bundesverfassungsgerichts und der Vizepräsident führen den Vorsitz in ihrem Senat. [2] Sie werden von dem dienstältesten, bei gleichem Dienstalter von dem lebensältesten anwesenden Richter des Senats vertreten.

(2) [1] Jeder Senat ist beschlußfähig, wenn mindestens sechs Richter anwesend sind. [2] Ist ein Senat in einem Verfahren von besonderer Dringlichkeit nicht beschlußfähig, ordnet der Vorsitzende ein Losverfahren an, durch das so lange Richter des anderen Senats als Vertreter bestimmt werden, bis die Mindestzahl erreicht ist. [3] Die Vorsitzenden der Senate können nicht als Vertreter bestimmt werden. [4] Das Nähere regelt die Geschäftsordnung.

(3) [1] Nach Beginn der Beratung einer Sache können weitere Richter nicht hinzutreten. [2] Wird der Senat beschlußunfähig, muß die Beratung nach seiner Ergänzung neu begonnen werden.

---

1) § 14 Abs. 2 geänd. durch G v. 16.7.1998 (BGBl. I S. 1823); Abs. 1 Satz 2 angef., Abs. 2 geänd. mWv 19.12.2003 durch G v. 13.12.2003 (BGBl. I S. 2546); Abs. 1 Satz 2 geänd. mWv 12.9.2006 durch G v. 5.9.2006 (BGBl. I S. 2098).

2) Nr. **11.1**.

3) Siehe hierzu den Beschl. des Plenums des BVerfG v. 24.11.2015 (BGBl. 2016 I S. 118), zuletzt geänd. durch Beschl. v. 3.12.2019 (BGBl. 2020 I S. 112); abgedruckt als nichtamtlicher Anhang nach § 107.

4) § 15 Abs. 3 eingef., bish. Abs. 3 wird Abs. 4 durch G v. 16.7.1998 (BGBl. I S. 1823); Abs. 4 Satz 1 geänd. mWv 29.7.2017 durch G v. 18.7.2017 (BGBl. I S. 2730).

(4) 1 Im Verfahren gemäß § 13 Nummer 1, 2, 2a, 4 und 9 bedarf es zu einer dem Antragsgegner nachteiligen Entscheidung in jedem Fall einer Mehrheit von zwei Dritteln der Mitglieder des Senats. 2 Im übrigen entscheidet die Mehrheit der an der Entscheidung mitwirkenden Mitglieder des Senats, soweit nicht das Gesetz etwas anderes bestimmt. 3 Bei Stimmengleichheit kann ein Verstoß gegen das Grundgesetz[1] oder sonstiges Bundesrecht nicht festgestellt werden.

§ 15a [Berufung von Kammern; Verteilung der Verfassungsbeschwerden] (1) 1 Die Senate berufen für die Dauer eines Geschäftsjahres mehrere Kammern. 2 Jede Kammer besteht aus drei Richtern. 3 Die Zusammensetzung einer Kammer soll nicht länger als drei Jahre unverändert bleiben.

(2) Der Senat beschließt vor Beginn eines Geschäftsjahres für dessen Dauer die Verteilung der Anträge nach § 80 und der Verfassungsbeschwerden nach den §§ 90 und 91 auf die Berichterstatter, die Zahl und Zusammensetzung der Kammern sowie die Vertretung ihrer Mitglieder.

§ 16 [Plenarentscheidungen] (1) Will ein Senat in einer Rechtsfrage von der in einer Entscheidung des anderen Senats enthaltenen Rechtsauffassung abweichen, so entscheidet darüber das Plenum des Bundesverfassungsgerichts.

(2) Es ist beschlußfähig, wenn von jedem Senat zwei Drittel seiner Richter anwesend sind.

II. Teil.[2] Verfassungsgerichtliches Verfahren

Erster Abschnitt.[3] Allgemeine Verfahrensvorschriften

§ 17 [Anwendung von Vorschriften des Gerichtsverfassungsgesetzes]

Soweit in diesem Gesetz nichts anderes bestimmt ist, sind hinsichtlich der Öffentlichkeit, der Sitzungspolizei, der Gerichtssprache, der Beratung und Abstimmung die Vorschriften der Titel 14 bis 16 des Gerichtsverfassungsgesetzes[4] entsprechend anzuwenden.

§ 17a[5] [Zulässigkeit von Ton- und Fernseh-Rundfunkaufnahmen]

(1) 1 Die Verhandlung vor dem Bundesverfassungsgericht einschließlich der Verkündung von Entscheidungen ist öffentlich. 2 Ton- und Fernseh-Rundfunkaufnahmen sowie Ton- und Filmaufnahmen zum Zwecke der öffentlichen Vorführung oder der Veröffentlichung ihres Inhalts sind nur zulässig

1. in der mündlichen Verhandlung, bis das Gericht die Anwesenheit der Beteiligten festgestellt hat,
2. bei der öffentlichen Verkündung von Entscheidungen.

---

[1] Nr. **11.1**.
[2] II. Teil Überschrift neu gef. durch G v. 16.7.1998 (BGBl. I S. 1823).
[3] II. Teil 1. Abschnitt Überschrift eingef. durch G v. 16.7.1998 (BGBl. I S. 1823).
[4] Nr. **6.1**.
[5] § 17a neu gef. mWv 18.4.2018 durch G v. 8.10.2017 (BGBl. I S. 3546).

§ 104 [Rechtsanwälte und Notare als Richter am Bundesverfassungsgericht] (1) Wird ein Rechtsanwalt zum Richter am Bundesverfassungsgericht ernannt, so ruhen seine Rechte aus der Zulassung für die Dauer seines Amtes.

(2) Wird ein Notar zum Richter am Bundesverfassungsgericht ernannt, so gilt § 101 Abs. 1 Satz 2 entsprechend.

§ 105 [Versetzung in den Ruhestand bzw. Entlassung von Richtern am Bundesverfassungsgericht] (1) Das Bundesverfassungsgericht kann den Bundespräsidenten ermächtigen,

1. wegen dauernder Dienstunfähigkeit einen Richter des Bundesverfassungsgerichts in den Ruhestand zu versetzen;
2. einen Richter des Bundesverfassungsgerichts zu entlassen, wenn er wegen einer entehrenden Handlung oder zu einer Freiheitsstrafe von mehr als sechs Monaten rechtskräftig verurteilt worden ist oder wenn er sich einer so groben Pflichtverletzung schuldig gemacht hat, daß sein Verbleiben im Amt ausgeschlossen ist.

(2) Über die Einleitung des Verfahrens nach Absatz 1 entscheidet das Plenum des Bundesverfassungsgerichts.

(3) Die allgemeinen Verfahrensvorschriften sowie die Vorschriften des § 54 Abs. 1 und § 55 Abs. 1, 2, 4 bis 6 gelten entsprechend.

(4) Die Ermächtigung nach Absatz 1 bedarf der Zustimmung von zwei Dritteln der Mitglieder des Gerichts.

(5) [1]Nach Einleitung des Verfahrens gemäß Absatz 2 kann das Plenum des Bundesverfassungsgerichts den Richter vorläufig seines Amtes entheben. [2]Das gleiche gilt, wenn gegen den Richter wegen einer Straftat das Hauptverfahren eröffnet worden ist. [3]Die vorläufige Enthebung vom Amt bedarf der Zustimmung von zwei Dritteln der Mitglieder des Gerichts.

(6) Mit der Entlassung nach Absatz 1 Nr. 2 verliert der Richter alle Ansprüche aus seinem Amt.

§ 106 (Inkrafttreten)

§ 107 (weggefallen)

Nichtamtlicher Anhang zu § 14 Abs. 4:
Beschluss des Plenums des Bundesverfassungsgerichts vom 24. November 2015 gemäß § 14 Absatz 4 des Gesetzes über das Bundesverfassungsgericht

Vom 24. November 2015
zuletzt geänd. durch Beschl. v. 3.12.2019 (BGBl. 2020 I S. 112)
FNA 1104-1-1-5

Das Plenum des Bundesverfassungsgerichts hat am 24. November 2015 gemäß § 14 Absatz 4 des Gesetzes über das Bundesverfassungsgericht[1)] in der Fassung der Bekanntmachung vom 11. August 1993 (BGBl. I S. 1473), das zuletzt durch Artikel 8 der Verordnung vom 31. August 2015 (BGBl. I S. 1474) geändert worden ist, beschlossen:

[1)] Nr. **11.5**.

A.[1] [Zuständigkeit des Zweiten Senats]

Mit Wirkung vom 1. Januar 2016 ist abweichend von § 14 Absatz 1 bis 3 des Gesetzes über das Bundesverfassungsgericht[2] der Zweite Senat des Bundesverfassungsgerichts auch zuständig:

I. Für Normenkontrollverfahren (§ 13 Nummer 6 und Nummer 11 BVerfGG) und Verfassungsbeschwerden aus den Rechtsbereichen

1. des Asylrechts;
2. des Aufenthaltsrechts und der internationalen Rechtshilfe in Strafsachen;
3. des Staatsangehörigkeitsrechts;
4. des öffentlichen Dienstes und der Dienstverhältnisse zu Religionsgesellschaften, deren Recht dem Recht des öffentlichen Dienstes nachgebildet ist, einschließlich des jeweiligen Disziplinarrechts;
5. des Wehr- und Ersatzdienstes einschließlich des diesen Bereich betreffenden Disziplinarrechts;
6. des Strafrechts und des Strafverfahrensrechts mit Ausnahme von Verfahren, in denen Fragen der Auslegung und Anwendung des Artikels 5 oder des Artikels 8 GG[3] überwiegen;
7. des Vollzugs von Untersuchungs- und Strafhaft und von freiheitsentziehenden Maßregeln der Sicherung und Besserung sowie der Anordnung und des Vollzugs anderer Freiheitsentziehungen;
8. des Bußgeldverfahrens;
9. des Einkommensteuerrechts einschließlich des Kirchensteuerrechts.

II. Für Normenkontrollverfahren und Verfassungsbeschwerden, die in dem Geschäftsjahr 2020 eingehen, aus den Rechtsbereichen

1. des Vertriebenenrechts;
2. des Körperschaftsteuerrechts und des Umwandlungssteuerrechts;
3. des Waffenrechts;
4. des Petitionsrechts;
5. des Rechts der Zwangsversteigerung und Zwangsvollstreckung (soweit es sich nicht um Erkenntnisverfahren handelt);
6. des Insolvenzrechts (ausgenommen Verfahren, in denen eine Verletzung von Artikel 12 GG gerügt wird);
7. des Wohnungseigentumsrechts;
8. des Kaufrechts;
9. des Dienst- und Werkvertragsrechts mit Ausnahme des Anwaltsvertrags- und Arztvertragsrechts.

III. Für Verfassungsbeschwerden, die ab dem Geschäftsjahr 2020 eingehen, aus dem Bereich der Zivilgerichtsbarkeit **mit Ausnahme** der Rechtsbereiche (einschließlich der dazugehörigen Amtshaftungs-, Kostenrechts-, Prozesskostenhilfe-, Beratungshilfe- und Verzögerungsverfahren sowie Verfahren zu Befangenheitsanträgen):

1. allgemeines Persönlichkeitsrecht;
2. Recht der Glaubens- und Bekenntnisfreiheit (Artikel 4 Absatz 1 und 2 GG);
3. Recht der freien Meinungsäußerung, Informations-, Rundfunk- und Pressefreiheit (Artikel 5 GG);
4. Familienrecht (einschließlich Betreuungs-, Namens-, Personenstands- und Transsexuellenrecht);
5. Recht des geistigen Eigentums;
6. Recht des Datenschutzes;

---

[1] Abschnitt A Nr. II und III. neu gef. mWv 1.1.2017 durch Beschl. v. 22.11.2016 (BGBl. I S. 2929); Nr. II und III. neu gef. mWv 1.1.2018 durch Beschl. v. 21.11.2017 (BGBl. 2018 I S. 115); Nr. II und III. neu gef. mWv 1.1.2019 durch Beschl. v. 20.11.2018 (BGBl. 2019 I S. 44); Nr. II. und III. neu gef. mWv 1.1.2020 durch Beschl. v. 3.12.2019 (BGBl. 2020 I S. 112).

[2] Nr. **11.5**.

[3] Nr. **11.1**.

7. Kunst- und Wissenschaftsfreiheit (Artikel 5 Absatz 3 GG);
8. Versammlungsfreiheit (Artikel 8 GG);
9. Vereinigungsfreiheit (Artikel 9 GG);
10. Recht der selbständig und vorwiegend persönlich ausgeübten Berufe (einschließlich Recht der berufsständischen Versorgungseinrichtungen);
11. Erbrecht;
12. Mietrecht;
13. Wettbewerbsrecht;
14. grundstücks- und unternehmensbezogene Vermögensfragen im Zusammenhang mit der Herstellung der Deutschen Einheit;
15. Bau- und Bodenrecht einschließlich Erschließungs- und Enteignungsrecht;
16. Gesellschaftsrecht einschließlich Genossenschaftsrecht;
17. Recht des Versicherungswesens;
18. Bank-, Börsen- und Wertpapierrecht;
19. Kreditrecht einschließlich des Rechts der Sicherungen;
20. Recht der Finanzmarktstabilisierung einschließlich Enteignungen;
21. Regulierungsrecht;
22. Anwaltsvertrags- und Arztvertragsrecht;
23. sonstiges Deliktsrecht;
24. wirtschaftsrechtliche Fragen der gesetzlichen Krankenversicherung;
25. Vollstreckung öffentlich-rechtlicher Forderungen.

IV. Im Übrigen für Normenkontrollverfahren und Verfassungsbeschwerden

1. bei denen die Auslegung und Anwendung von Völkerrecht oder der Artikel 23, 24 und 59 GG, mit Ausnahme der einzelnen menschenrechtlichen Gewährleistungen, überwiegen;
2. bei denen andere Fragen als solche der Auslegung und Anwendung der Artikel 1 bis 17, 19, 101 und 103 Absatz 1 GG (auch in Verbindung mit dem Rechtsstaatsprinzip) überwiegen.

B. [Anhängige Verfahren]

Für bis zum 31. Dezember 2015 anhängig werdende Verfahren bleibt es bei der bisherigen Senatszuständigkeit.

C. [Außerkrafttreten des Beschlusses vom 15.11.1993]

Der Beschluss des Bundesverfassungsgerichts vom 15. November 1993 (BGBl. I S. 2492), der zuletzt durch Beschluss des Plenums vom 19. November 2014 (BGBl. 2015 I S. 24) geändert worden ist, tritt mit Ablauf des 31. Dezember 2015 außer Kraft.

22.11. Gemeindeordnung für das Land Nordrhein-Westfalen (GO NRW) [1) 2)3)]

In der Fassung der Bekanntmachung vom 14. Juli 1994[4)]
(GV. NW. S. 666)

SGV. NRW. 2023

zuletzt geänd. durch Art. 4 COVID-19-LandesrechtanpassungsG v. 14.4.2020 (GV. NRW. S. 218b, ber. S. 304a)

Inhaltsübersicht[5)]

[1)] Überschrift geänd. mWv 17.10.2007 durch G v. 9.10.2007 (GV. NRW. S. 380).

[2)] Die Änderungen durch G v. 15.11.2016 (GV. NRW. S. 966, geänd. durch G v. 18.12.2018 (GV. NRW. S. 738) treten teilweise erst **mit noch unbestimmten Datum** in Kraft und sind insoweit im Text noch nicht berücksichtigt.

[3)] Die Änderungen durch G v. 18.12.2018 (GV. NRW. S. 759, ber. 2019 S. 23) treten teilweise erst **mWv 1.1.2021** in Kraft und sind insoweit im Text noch nicht berücksichtigt.

[4)] Neubekanntmachung der Gemeindeordnung idF der Bek. v. 13.8.1984 (GV. NW. S. 475) in der ab 17.10.1994 geltenden Fassung.

[5)] Inhaltsübersicht geänd. mWv 17.10.2007 durch G v. 9.10.2007 (GV. NRW. S. 380); geänd. mWv 29.11.2016 durch G v. 15.11.2016 (GV. NRW. S. 966); geänd. mWv 29.12.2018 durch G v. 18.12. 2018 (GV. NRW. S. 738); geänd. mWv 1.1.2019 durch G v. 18.12.2018 (GV. NRW. S. 759); sie wurde nichtamtlich an die weiteren Änderungen angepasst.

1. Teil. Grundlagen der Gemeindeverfassung

§ 1[1] Wesen der Gemeinden. (1) [1] Die Gemeinden sind die Grundlage des demokratischen Staatsaufbaues. [2] Sie fördern das Wohl der Einwohner in freier Selbstverwaltung durch ihre von der Bürgerschaft gewählten Organe. [3] Sie handeln zugleich in Verantwortung für die zukünftigen Generationen.

(2) Die Gemeinden sind Gebietskörperschaften.

§ 2 Wirkungskreis. Die Gemeinden sind in ihrem Gebiet, soweit die Gesetze nicht ausdrücklich etwas anderes bestimmen, ausschließliche und eigenverantwortliche Träger der öffentlichen Verwaltung.

§ 3[2] Aufgaben der Gemeinden. (1) Den Gemeinden können nur durch Gesetz Pflichtaufgaben auferlegt werden.

(2) [1] Pflichtaufgaben können den Gemeinden zur Erfüllung nach Weisung übertragen werden; das Gesetz bestimmt den Umfang des Weisungsrechts, das in der Regel zu begrenzen ist. [2] Für die gemeinsame Wahrnehmung von Pflichtaufgaben zur Erfüllung nach Weisung ist der Anwendungsbereich des Gesetzes über kommunale Gemeinschaftsarbeit[3] nur nach Maßgabe der Absätze 5 und 6 sowie des § 4 Abs. 8 eröffnet.

(3) [1] Eingriffe in die Rechte der Gemeinden sind nur durch Gesetz zulässig. [2] Rechtsverordnungen zur Durchführung solcher Gesetze bedürfen der Zustimmung des für die kommunale Selbstverwaltung zuständigen Ausschusses des Landtags und, sofern nicht die Landesregierung oder das für Kommunales

(Fortsetzung nächstes Blatt)

[1] § 1 Abs. 1 Satz 3 angef. mWv 17.10.2007 durch G v. 9.10.2007 (GV. NRW. S. 380).

[2] § 3 Abs. 2 Satz 2, Abs. 5, 6 angef. mWv 21.2.2004 durch G v. 3.2.2004 (GV. NRW. S. 96); Abs. 2 Satz 2 geänd. mWv 17.10.2007 durch G v. 9.10.2007 (GV. NRW. S. 380); Abs. 3 Satz 2 geänd. mWv 29.9.2012 durch G v. 18.9.2012 (GV. NRW. S. 436); Abs. 3 Satz 2 geänd. mWv 2.2.2018 durch G v. 23.1.2018 (GV. NRW. S. 90); Abs. 5 Satz 1 geänd. mWv 1.1.2019 durch G v. 18.12.2018 (GV. NRW. S. 759).

[3] Nr. 22.

Gesetzes erlassenen Vorschriften für die Haushaltsführung verbindlich. [3]Ansprüche und Verbindlichkeiten Dritter werden durch ihn weder begründet noch aufgehoben.

§ 80[1)] Erlass der Haushaltssatzung. (1) Der Entwurf der Haushaltssatzung mit ihren Anlagen wird vom Kämmerer aufgestellt und dem Bürgermeister zur Bestätigung vorgelegt.

(2) [1]Der Bürgermeister leitet den von ihm bestätigten Entwurf dem Rat zu. [2]Soweit er von dem ihm vorgelegten Entwurf abweicht, kann der Kämmerer dazu eine Stellungnahme abgeben. [3]Wird von diesem Recht Gebrauch gemacht, hat der Bürgermeister die Stellungnahme mit dem Entwurf dem Rat vorzulegen.

(3) [1]Nach Zuleitung des Entwurfs der Haushaltssatzung mit ihren Anlagen an den Rat ist dieser unverzüglich bekannt zu geben und während der Dauer des Beratungsverfahrens im Rat zur Einsichtnahme verfügbar zu halten. [2]In der öffentlichen Bekanntgabe ist eine Frist von mindestens vierzehn Tagen festzulegen, in der Einwohner oder Abgabepflichtige gegen den Entwurf Einwendungen erheben können und die Stelle anzugeben, bei der die Einwendungen zu erheben sind. [3]Die Frist für die Erhebung von Einwendungen ist so festzusetzen, dass der Rat vor der Beschlussfassung über die Haushaltssatzung mit ihren Anlagen in öffentlicher Sitzung darüber beschließen kann.

(4) [1]Der Entwurf der Haushaltssatzung mit ihren Anlagen ist vom Rat in öffentlicher Sitzung zu beraten und zu beschließen. [2]In der Beratung des Rates kann der Kämmerer seine abweichende Auffassung vertreten.

(5) [1]Die vom Rat beschlossene Haushaltssatzung mit ihren Anlagen ist der Aufsichtsbehörde anzuzeigen. [2]Die Anzeige soll spätestens einen Monat vor Beginn des Haushaltsjahres erfolgen. [3]Die Haushaltssatzung darf frühestens einen Monat nach der Anzeige bei der Aufsichtsbehörde öffentlich bekannt gemacht werden. [4]Die Anzeigefrist beginnt erst zu laufen, wenn die gemäß Satz 1 anzuzeigenden Unterlagen der Aufsichtsbehörde vollständig vorgelegt wurden. [5]Die Aufsichtsbehörde kann im Einzelfall aus besonderem Grund die Anzeigefrist verkürzen oder verlängern. [6]Ist ein Haushaltssicherungskonzept nach § 76 aufzustellen, so darf die Haushaltssatzung erst nach Erteilung der Genehmigung bekannt gemacht werden.

(6) Die Haushaltssatzung mit ihren Anlagen ist im Anschluss an die öffentliche Bekanntmachung bis zum Ende der in § 96 Abs. 2 benannten Frist zur Einsichtnahme verfügbar zu halten.

§ 81[2)] Nachtragssatzung. (1) [1]Die Haushaltssatzung kann nur durch Nachtragssatzung geändert werden, die spätestens bis zum Ablauf des Haushaltsjahres zu beschließen ist. [2]Für die Nachtragssatzung gelten die Vorschriften für die Haushaltssatzung entsprechend.

(2) [1]Die Gemeinde hat unverzüglich eine Nachtragssatzung zu erlassen, wenn

---

[1)] § 80 neu gef. mWv 1.1.2005 durch G v. 16.11.2004 (GV. NRW. S. 644); Abs. 3 Satz 1 geänd., Abs. 6 neu gef. mWv 17.10.2007 durch G v. 9.10.2007 (GV. NRW. S. 380); Abs. 5 Satz 4 eingef., bish. Sätze 4 und 5 werden Sätze 5 und 6 mWv 1.1.2019 durch G v. 15.11.2016 (GV. NRW. S. 966).

[2)] § 81 neu gef. mWv 1.1.2005 durch G v. 16.11.2004 (GV. NRW. S. 644); Abs. 2 Satz 1 Nr. 1 neu gef., Satz 2 geänd. mWv 29.9.2012 durch G v. 18.9.2012 (GV. NRW. S. 432); Abs. 5 angef. mWv 15.4.2020 durch G v. 14.4.2020 (GV. NRW. S. 218b, ber. S. 304a).

1. sich zeigt, dass trotz Ausnutzung jeder Sparmöglichkeit
   a) ein erheblicher Jahresfehlbetrag entstehen wird und der Haushaltsausgleich nur durch eine Änderung der Haushaltssatzung erreicht werden kann oder
   b) ein erheblich höherer Jahresfehlbetrag als geplant entstehen wird und der höhere Fehlbetrag nur durch eine Änderung der Haushaltssatzung vermieden werden kann,
2. bisher nicht veranschlagte oder zusätzliche Aufwendungen oder Auszahlungen bei einzelnen Haushaltspositionen in einem im Verhältnis zu den Gesamtaufwendungen oder Gesamtauszahlungen erheblichen Umfang geleistet werden müssen,
3. Auszahlungen für bisher nicht veranschlagte Investitionen geleistet werden sollen.

[2] Dies gilt nicht für überplanmäßige Auszahlungen im Sinne des § 83 Abs. 3.

(3) Absatz 2 Nrn. 2 und 3 findet keine Anwendung auf
1. geringfügige Investitionen und Instandsetzungen an Bauten, die unabweisbar sind,
2. Umschuldung von Krediten für Investitionen.

(4) [1] Im Übrigen kann, wenn die Entwicklung der Erträge oder der Aufwendungen oder die Erhaltung der Liquidität es erfordert, der Rat die Inanspruchnahme von Ermächtigungen sperren. [2] Er kann seine Sperre und die des Kämmerers oder des Bürgermeisters aufheben.

(5) Im Zuge der Ausbreitung der COVID-19-Pandemie findet im Haushaltsjahr 2020 Absatz 4 keine Anwendung.

§ 82[1)] Vorläufige Haushaltsführung. (1) Ist die Haushaltssatzung bei Beginn des Haushaltsjahres noch nicht bekannt gemacht, so darf die Gemeinde ausschließlich
1. Aufwendungen entstehen lassen und Auszahlungen leisten, zu denen sie rechtlich verpflichtet ist oder die für die Weiterführung notwendiger Aufgaben unaufschiebbar sind; sie darf insbesondere Bauten, Beschaffungen und sonstige Investitionsleistungen, für die im Haushaltsplan des Vorjahres Finanzpositionen oder Verpflichtungsermächtigungen vorgesehen waren, fortsetzen,
2. Realsteuern nach den Sätzen des Vorjahres erheben,
3. Kredite umschulden.

(2) [1] Reichen die Finanzmittel für die Fortsetzung der Bauten, der Beschaffungen und der sonstigen Leistungen des Finanzplans nach Absatz 1 Nr. 1 nicht aus, so darf die Gemeinde mit Genehmigung der Aufsichtsbehörde Kredite für Investitionen bis zu einem Viertel des Gesamtbetrages der in der Haushaltssatzung des Vorjahres festgesetzten Kredite aufnehmen. [2] Die Gemeinde hat dem Antrag auf Genehmigung eine nach Dringlichkeit geordnete Aufstellung der vorgesehenen unaufschiebbaren Investitionen beizufügen. [3] Die Genehmigung soll unter dem Gesichtspunkt einer geordneten Haushaltswirtschaft erteilt oder

---

[1)] § 82 neu gef. mWv 1.1.2005 durch G v. 16.11.2004 (GV. NRW. S. 644); Abs. 3 Nr. 1 geänd. mWv 29.9.2012 durch G v. 18.9.2012 (GV. NRW. S. 436); Abs. 3 Satz 1 Nr. 1 geänd. mWv 2.2.2018 durch G v. 23.1.2018 (GV. NRW. S. 90).

Kreistagsmitglieder. [2] Soweit eine Einigung nicht zustande kommt, werden den Fraktionen die Ausschußvorsitze in der Reihenfolge der Höchstzahlen zugeteilt, die sich durch Teilung der Mitgliederzahlen der Fraktionen durch 1, 2, 3 usw. ergeben; mehrere Fraktionen können sich zusammenschließen. [3] Bei gleichen Höchstzahlen entscheidet das Los, das der Landrat zu ziehen hat. [4] Die Fraktionen benennen die Ausschüsse, deren Vorsitz sie beanspruchen, in der Reihenfolge der Höchstzahlen und bestimmen die Vorsitzenden. [5] Scheidet ein Ausschußvorsitzender während der Wahlperiode aus, bestimmt die Fraktion, der er angehört, ein Kreistagsmitglied zum Nachfolger. [6] Die Sätze 1 bis 5 gelten für stellvertretende Vorsitzende entsprechend.

(8) Werden Ausschüsse während der Wahlperiode neu gebildet, aufgelöst oder ihre Aufgabe wesentlich verändert, ist das Verfahren nach Absatz 7 zu wiederholen.

(9) [1] Über die Beschlüsse der Ausschüsse ist eine Niederschrift aufzunehmen. [2] Diese ist dem Landrat und den Ausschußmitgliedern zuzuleiten.

5. Teil. Landrat

§ 42 Zuständigkeiten des Landrats. In Angelegenheiten der Kreisverwaltung obliegt dem Landrat

a) die Führung der Geschäfte der laufenden Verwaltung,

b) die Erledigung der ihm vom Kreisausschuß übertragenen Angelegenheiten,

c) die Vorbereitung und Durchführung der Beschlüsse des Kreistags und des Kreisausschusses sowie der Entscheidungen nach § 50 Abs. 3 Satz 2,

d) die Ausführung von Weisungen (§ 2 Abs. 2 Satz 3 und § 64),

e) die gesetzliche Vertretung des Kreises in Rechts- und Verwaltungsgeschäften unbeschadet des § 26 Abs. 4 und 5, § 43 und § 49 Abs. 4,

f) die Erledigung aller Aufgaben, die ihm aufgrund gesetzlicher Vorschriften übertragen sind,

g) die Leitung und Verteilung der Geschäfte.

§ 43[1)] Abgabe von Erklärungen. (1) [1] Erklärungen, durch welche der Kreis verpflichtet werden soll, bedürfen der Schriftform. [2] Sie sind vom Landrat oder seinem allgemeinen Vertreter zu unterzeichnen, soweit nicht dieses Gesetz etwas anderes bestimmt.

(2) Absatz 1 gilt nicht für Geschäfte der laufenden Verwaltung.

(3) Geschäfte, die ein für ein bestimmtes Geschäft oder einen Kreis von Geschäften ausdrücklich Bevollmächtigter abschließt, bedürfen nicht der Form des Absatzes 1, wenn die Vollmacht in der Form dieses Absatzes erteilt ist.

(4) Erklärungen, die nicht den Formvorschriften dieses Gesetzes entsprechen, binden den Kreis nicht.

[1)] § 43 Abs. 1 Satz 2 geänd. mWv 17.10.2007 durch G v. 9.10.2007 (GV. NRW. S. 380); Abs. 1 Satz 2 geänd. mWv 29.9.2012 durch G v. 18.9.2012 (GV. NRW. S. 436).

§ 44[1)] **Wahl des Landrats.** (1) [1] Der Landrat wird von den Bürgern der kreisangehörigen Gemeinden in allgemeiner, unmittelbarer, freier, gleicher und geheimer Wahl auf die Dauer von fünf Jahren nach den Grundsätzen der Mehrheitswahl zugleich mit dem Kreistag gewählt. [2] Scheidet der Landrat durch Tod, Eintritt in den Ruhestand oder aus sonstigen Gründen vor Ablauf seiner Amtszeit aus dem Amt aus oder ist die Wahl eines Landrats aus anderen Gründen während der Wahlperiode des Kreistages erforderlich, so findet die Wahl des Nachfolgers spätestens sechs Monate nach Ausscheiden des Landrats aus dem Amt statt. [3] Die näheren Vorschriften trifft das Kommunalwahlgesetz[2)].

(2) [1] Wählbar ist, wer am Wahltag Deutscher im Sinne von Artikel 116 Abs. 1 des Grundgesetzes[3)] ist oder wer die Staatsangehörigkeit eines Mitgliedstaates der Europäischen Union besitzt und eine Wohnung in der Bundesrepublik Deutschland innehat, das 23. Lebensjahr vollendet hat und nicht vom Wahlrecht ausgeschlossen ist sowie die Gewähr dafür bietet, daß er jederzeit für die freiheitlich demokratische Grundordnung im Sinne des Grundgesetzes eintritt. [2] Nicht wählbar ist, wer am Wahltag infolge Richterspruchs in der Bundesrepublik Deutschland die Wählbarkeit oder die Fähigkeit zur Bekleidung öffentlicher Ämter nicht besitzt.

(3) [1] Der Landrat ist kommunaler Wahlbeamter. [2] Für die dienstrechtliche Stellung gelten die beamtenrechtlichen Vorschriften.

(4) § 72 Gemeindeordnung[4)] gilt entsprechend.

(5) [1] Endet das Beamtenverhältnis des Landrates vor Ablauf seiner Amtszeit, wird der Nachfolger bis zum Ende der nächsten Wahlperiode des Kreistages gewählt, es sei denn, die Amtszeit des Nachfolgers beginnt innerhalb der ersten zwei Jahre der Wahlperiode des Kreistages. [2] In diesem Fall endet sie mit dem Ende der laufenden Wahlperiode.

(6) Eine Wahl findet nach Ablauf des 51. Monats nach der allgemeinen Kommunalwahl nicht mehr statt.

§ 45[5)] **Abwahl des Landrats.** (1) [1] Der Landrat kann von den Bürgern der kreisangehörigen Gemeinden vor Ablauf seiner Amtszeit abgewählt werden. [2] Zur Einleitung des Abwahlverfahrens bedarf es

1. eines von mindestens der Hälfte der gesetzlichen Zahl der Kreistagsmitglieder gestellten Antrags und eines mit einer Mehrheit von zwei Dritteln der gesetzlichen Zahl der Kreistagsmitglieder zu fassenden Beschlusses. Zwischen dem Eingang des Antrags und dem Beschluss des Kreistags muss eine Frist von mindestens zwei Wochen liegen. Über den Antrag auf Einleitung des Abwahlverfahrens ist ohne Aussprache namentlich abzustimmen;
oder

---

1) § 44 Abs. 1 neu gef., Abs. 2, 3 und 4 aufgeh., bish. Abs. 5 bis 7 werden Abs. 2 bis 4, neuer Abs. 3 Satz 2 angef. mWv 17.10.2007 durch G v. 9.10.2007 (GV. NRW. S. 380); Abs. 1 Satz 1 geänd., Satz 2 neu gef., Abs. 2 Satz 1 geänd., Abs. 5 angef. mWv 27.4.2013, Abs. 6 angef. mWv 26.5.2014 durch G v. 9.4.2013 (GV. NRW. S. 194); Abs. 1 Satz 2 geänd. mWv 31.12.2013 durch G v. 19.12.2013 (GV. NRW. S. 878).

2) Nr. **22.51**.

3) Nr. **11.1**.

4) Nr. **22.11**.

5) § 45 neu gef. mWv *4.6.2011 durch G v.* 24.5.2011 (GV. NRW. S. 270); Abs. 1 Satz 2 Nr. 2 geänd. mWv 29.12.2018 durch G v. 18.12.2018 (GV. NRW. S. 738).

2. eines von mindestens 15 Prozent der wahlberechtigten Bürger der kreisangehörigen Gemeinden gestellten Antrags; § 23 Absatz 4 Satz 2 gilt entsprechend.

[3] Der Landrat ist abgewählt, wenn sich für die Abwahl eine Mehrheit der abgegebenen gültigen Stimmen der wahlberechtigten Bürger ergibt, sofern diese Mehrheit mindestens 25 Prozent der Wahlberechtigten beträgt. [4] Für das weitere Verfahren gelten die Vorschriften des Kommunalwahlgesetzes[1)] entsprechend. [5] Der Landrat scheidet mit dem Ablauf des Tages, an dem der Wahlausschuss die Abwahl feststellt, aus seinem Amt. [6] Die Aufsichtsbehörde kann für die Dauer des Abwahlverfahrens das Ruhen der Amtsgeschäfte des Landrats anordnen, wenn zwei Drittel der gesetzlichen Zahl der Kreistagsmitglieder dies beantragen.

(2) [1] Der Landrat kann binnen einer Woche

1. nach dem Beschluss gemäß Absatz 1 Satz 2 Nummer 1 oder
2. nach Feststellung der Zulässigkeit des Antrags nach Absatz 1 Satz 2 Nummer 2 durch den Kreistag

auf die Entscheidung der Bürger über seine Abwahl verzichten. [2] Der Verzicht ist schriftlich gegenüber dem Stellvertreter zu erklären. [3] Mit dem Ablauf des Tages, an dem dieser Verzicht dem Stellvertreter zugeht, gilt die Abwahl als erfolgt.

(3) [1] Der Antrag nach Absatz 1 Satz 2 Nummer 2 ist schriftlich beim Kreistag einzureichen und muss das Begehren zweifelsfrei erkennen lassen. [2] Er muss bis zu drei Bürger benennen, die berechtigt sind, die Unterzeichnenden zu vertreten. [3] § 22 Absatz 4 gilt entsprechend. [4] Die Unterzeichnenden müssen an dem von ihnen anzugebenden Tag ihrer Unterschrift wahlberechtigt sein. [5] Die Unterschriften dürfen bei Eingang des Antrags nicht älter als vier Monate sein. [6] Nach Antragseingang eingereichte Unterschriftslisten werden nicht mehr berücksichtigt. [7] Der Kreistag stellt unverzüglich fest, ob der Antrag zulässig ist. [8] Gegen die ablehnende Entscheidung des Kreistages können nur die Vertreter des Antrags nach Satz 2 Klage erheben.

§ 46[2)] Wahl der Stellvertreter des Landrats. (1) [1] Der Kreistag wählt für die Dauer seiner Wahlperiode aus seiner Mitte ohne Aussprache zwei Stellvertreter des Landrats. [2] Er kann weitere Stellvertreter wählen. [3] Sie vertreten den Landrat bei der Leitung der Kreistagssitzungen und bei der Repräsentation.

(2) [1] Bei der Wahl der Stellvertreter des Landrats wird nach den Grundsätzen der Verhältniswahl in einem Wahlgang geheim abgestimmt. [2] Dabei ist die Reihenfolge der Stellvertreter nach der Reihenfolge der Höchstzahlen zu verteilen, die sich durch Teilung der auf die Wahlvorschläge der Fraktionen und Gruppen entfallenden Stimmenzahlen durch 1, 2, 3 usw. ergeben. [3] Erster Stellvertreter ist, wer an erster Stelle des Wahlvorschlags steht, auf den die erste Höchstzahl entfällt, zweiter Stellvertreter, wer an vorderster noch nicht in Anspruch genommener Stelle des Wahlvorschlags steht, auf den die zweite Höchstzahl entfällt, dritter Stellvertreter, wer an vorderster noch nicht in Anspruch genommener Stelle des Wahlvorschlags steht, auf den die dritte Höchstzahl entfällt usw. [4] Zwischen Wahlvorschlägen mit gleichen Höchstzahlen findet eine Stichwahl statt; bei Stimmengleichheit entscheidet das vom Landrat zu ziehende Los. [5] Nimmt ein

---

1) Nr. **22.51**.

2) § 46 Abs. 2 Satz 2, Abs. 3 neu gef., Abs. 5 Satz 2 angef. mWv 17.10.2007 durch G v. 9.10.2007 (GV. NRW. S. 380); Abs. 1 Satz 1, Abs. 2 Satz 2 und Satz 7 geänd. mWv 29.9.2012 durch G v. 18.9.2012 (GV. NRW. S. 436).

gewählter Bewerber die Wahl nicht an, so ist gewählt, wer an nächster Stelle desselben Wahlvorschlags steht. [6] Ist ein Wahlvorschlag erschöpft, tritt an seine Stelle der Wahlvorschlag mit der nächsten Höchstzahl. [7] Scheidet ein Stellvertreter während der Wahlperiode aus, ist der Nachfolger für den Rest der Wahlperiode ohne Aussprache in geheimer Abstimmung nach § 35 Abs. 2 zu wählen.

(3) [1] Der Landrat wird vom Vorsitzenden (Stellvertreter oder Altersvorsitzender) in einer Sitzung des Kreistages vereidigt und in sein Amt eingeführt. [2] Die Stellvertreter sowie die übrigen Kreistagsmitglieder werden von dem Landrat eingeführt und in feierlicher Form zur gesetzmäßigen und gewissenhaften Wahrnehmung ihrer Aufgaben verpflichtet.

(4) [1] Der Kreistag kann die Stellvertreter des Landrats abberufen. [2] Der Antrag kann nur von der Mehrheit der gesetzlichen Zahl der Mitglieder gestellt werden. [3] Zwischen dem Eingang des Antrags und der Sitzung des Kreistags muß eine Frist von wenigstens zwei Tagen liegen. [4] Über den Antrag ist ohne Aussprache abzustimmen. [5] Der Beschluß über die Abberufung bedarf einer Mehrheit von zwei Dritteln der gesetzlichen Zahl der Mitglieder. [6] Der Nachfolger ist innerhalb einer Frist von zwei Wochen ohne Aussprache in geheimer Abstimmung nach § 35 Abs. 2 zu wählen.

(5) [1] Wenn der Landrat verhindert ist, leitet der Altersvorsitzende die Sitzung bei der Wahl der Stellvertreter des Landrats sowie bei Entscheidungen, die vorher getroffen werden müssen. [2] Dies gilt auch für die Abberufung der Stellvertreter des Landrates.

§ 47[1)] Bestellung des allgemeinen Vertreters. (1) [1] Der Kreistag bestellt widerruflich aus den leitenden hauptamtlichen Beamten des Kreises einen allgemeinen Vertreter des Landrats. [2] Die Hauptsatzung kann bestimmen, daß der allgemeine Vertreter des Landrats durch den Kreistag für die Dauer von acht Jahren gewählt wird. [3] Der gewählte allgemeine Vertreter des Landrats führt die Amtsbezeichnung Kreisdirektor und muss über die Befähigung zum Richteramt oder zur Laufbahn des allgemeinen Verwaltungsdienstes im Land Nordrhein-Westfalen in der Laufbahngruppe 2, zweites Einstiegsamt, sowie über eine mehrjährige praktische Erfahrung in einer dem Amt angemessenen hauptamtlichen Verwaltungstätigkeit verfügen. [4] Die Bestellung oder die Wahl bedürfen der Bestätigung der Bezirksregierung.

(2) Die Bestimmungen des § 71 der Gemeindeordnung[2)] über die Stellenausschreibung und die Wiederwahl finden entsprechende Anwendung.

(3) [1] Der Kreistag kann den nach Absatz 1 Satz 2 gewählten Kreisdirektor abberufen. [2] Der Antrag kann nur von der Mehrheit der gesetzlichen Zahl der Mitglieder gestellt werden. [3] Zwischen dem Eingang des Antrages und der Sitzung des Kreistags muß eine Frist von mindestens sechs Wochen liegen. [4] Über den Antrag ist ohne Aussprache abzustimmen. [5] Der Beschluß über die Abberufung bedarf einer Mehrheit von zwei Dritteln der gesetzlichen Zahl der Mitglieder. [6] Der Nachfolger ist innerhalb einer Frist von sechs Monaten zu wählen.

(4) Die Kreise sollen einen Beamten des Kreises zum Kämmerer bestellen.

§ 48 Teilnahme an den Sitzungen. (1) [1] Der Landrat und sein allgemeiner Vertreter nehmen an den Sitzungen des Kreistags teil. [2] Der Landrat ist berechtigt

---

[1)] § 47 Abs. 1 Satz 3 neu gef. mWv 29.12.2018 durch G v. 18.12.2018 (GV. NRW. S. 738).
[2)] Nr. **22.11**.

und auf Verlangen eines Fünftels der Kreistagsmitglieder oder einer Fraktion verpflichtet, zu einem Punkt der Tagesordnung vor dem Kreistag Stellung zu nehmen.

(2) [1] Der Landrat und sein allgemeiner Vertreter sind berechtigt und auf Verlangen eines Ausschusses verpflichtet, an dessen Sitzungen teilzunehmen. [2] Absatz 1 Satz 2 gilt entsprechend.

§ 49[1)] Bedienstete des Kreises. (1) [1] Der Landrat ist Dienstvorgesetzter der Bediensteten des Kreises. [2] Er trifft die dienstrechtlichen und arbeitsrechtlichen Entscheidungen, soweit gesetzlich nichts anderes bestimmt ist. [3] Die Hauptsatzung kann bestimmen, dass für Bedienstete in Führungsfunktionen Entscheidungen, die das beamtenrechtliche Grundverhältnis oder das Arbeitsverhältnis eines Bediensteten zum Kreis verändern, durch den Kreistag oder den Kreisausschuss im Einvernehmen mit dem Landrat zu treffen sind, soweit gesetzlich nichts anderes bestimmt ist. [4] Kommt ein Einvernehmen nicht zu Stande, kann der Kreistag die Entscheidung mit einer Mehrheit von zwei Dritteln der gesetzlichen Zahl der Kreistagsmitglieder treffen. [5] Bei Entscheidungen des Kreistages nach Satz 3 oder 4 stimmt der Landrat nicht mit. [6] Erfolgt keine Entscheidung nach Satz 3 oder 4, gilt Satz 2. [7] Bedienstete in Führungsfunktionen sind Leiter von Organisationseinheiten, die dem Hauptverwaltungsbeamten oder einem anderen Wahlbeamten oder diesem in der Führungsfunktion vergleichbaren Bediensteten unmittelbar unterstehen, mit Ausnahme von Bediensteten mit Aufgaben eines persönlichen Referenten oder Pressereferenten.

(2) Die Bediensteten der Kreise müssen die für ihren Arbeitsbereich erforderlichen fachlichen Voraussetzungen erfüllen, insbesondere die Ablegung der vorgeschriebenen Prüfungen nachweisen.

(3) Der Stellenplan ist einzuhalten; Abweichungen sind nur zulässig, soweit sie aufgrund des Besoldungs- oder Tarifrechts zwingend erforderlich sind.

(4) [1] Die nach geltendem Recht auszustellenden Urkunden für Beamte sowie Arbeitsverträge und sonstige schriftliche Erklärungen zur Regelung der Rechtsverhältnisse von Bediensteten bedürfen der Unterzeichnung durch den Landrat oder seinen allgemeinen Vertreter. [2] Der Landrat kann die Unterschriftsbefugnis durch Dienstanweisung übertragen.

6. Teil. Kreisausschuß

§ 50[2)] Zuständigkeiten des Kreisausschusses. (1) [1] Der Kreisausschuß beschließt über alle Angelegenheiten, soweit sie nicht dem Kreistag vorbehalten sind oder soweit es sich nicht um Geschäfte der laufenden Verwaltung handelt. [2] Er hat insbesondere die Beschlüsse des Kreistags vorzubereiten und die Geschäftsführung des Landrats zu überwachen.

(2) [1] Der Kreisausschuß entscheidet im Rahmen der vom Kreistag festgelegten allgemeinen Richtlinien über die Planung der Verwaltungsaufgaben von besonderer Bedeutung. [2] Zu diesem Zweck hat der Landrat den Kreisausschuß jeweils über solche Planungsvorhaben zu unterrichten.

[1)] § 49 Überschrift, Abs. 1 und 2 neu gef., Abs. 3 Satz 2 aufgeh., Abs. 4 Satz 1 geänd. mWv 17.10. 2007 durch G v. 9.10.2007 (GV. NRW. S. 380).

[2)] § 50 Abs. 3 Satz 2 geänd. mWv 29.9.2012 durch G v. 18.9.2012 (GV. NRW. S. 436); Abs. 3 Sätze 2 und 3 eingef., bish. Sätze 2–4 werden Sätze 4–6 geänd. mWv 15.4.2020 durch G v. 14.4.2020 (GV. NRW. S. 218b).

(3) [1]Der Kreisausschuß entscheidet in allen Angelegenheiten, die der Beschlußfassung des Kreistags unterliegen, falls eine Einberufung des Kreistags nicht rechtzeitig möglich ist. [2]Dasselbe gilt, wenn und solange nach § 11 IfSBG-NRW eine epidemische Lage von landesweiter Tragweite festgestellt ist und wenn zwei Drittel der Mitglieder des Kreistags einer Delegierung an den Kreisausschuss zugestimmt haben. [3]Die Stimmabgaben erfolgen in Textform. [4]Ist auch die Einberufung des Kreisausschusses nicht rechtzeitig möglich und kann die Entscheidung nicht aufgeschoben werden, weil sonst erhebliche Nachteile oder Gefahren entstehen können, kann der Landrat – im Falle seiner Verhinderung der allgemeine Vertreter – mit einem Kreisausschußmitglied entscheiden. [5]Die Entscheidungen sind dem Kreistag in der nächsten Sitzung zur Genehmigung vorzulegen. [6]Er kann die Dringlichkeitsentscheidungen aufheben, soweit nicht schon Rechte anderer durch die Ausführung des Beschlusses entstanden sind.

(4) Der Kreisausschuß kann die Erledigung einzelner Verwaltungsaufgaben dem Landrat übertragen.

§ 51[1)] Zusammensetzung des Kreisausschusses. (1) Der Kreisausschuss besteht aus dem Landrat und mindestens 8 und höchstens 16 Kreistagsmitgliedern.

(2) [1]Die Kreistagsmitglieder und für jedes Kreistagsmitglied ein Stellvertreter sind vom Kreistag aus seiner Mitte für die Dauer der Wahlperiode des Kreistags zu wählen. [2]Die Stellvertreter können sich untereinander vertreten, wenn der Kreistag die Reihenfolge festgelegt hat. [3]Scheidet ein Kreistagsmitglied oder ein Stellvertreter aus dem Kreisausschuss aus, so wählt der Kreistag auf Vorschlag derjenigen Gruppe, die den Ausgeschiedenen vorgeschlagen hatte, einen Nachfolger. [4]Ist die Gruppe zu einem Vorschlag nicht in der Lage oder gehörte das Kreistagsmitglied oder der Stellvertreter keiner Gruppe an, so bleibt der Sitz unbesetzt.

(3) [1]Der Landrat wird mit seiner Wahl Vorsitzender des Kreisausschusses. [2]Er hat Stimmrecht im Kreisausschuss. [3]Der Kreisausschuss wählt aus seiner Mitte einen oder mehrere Vertreter des Vorsitzenden.

(4) Nach Ablauf der Wahlperiode des Kreistags üben die bisherigen Kreistagsmitglieder im Kreisausschuss und ihre Stellvertreter ihre Tätigkeit bis zur ersten Sitzung des neuen Kreisausschusses weiter aus.

§ 52 Verfahren des Kreisausschusses. (1) Der Landrat beruft den Kreisausschuß ein und setzt die Tagesordnung fest.

(2) Der Kreisausschuß ist beschlußfähig, wenn mehr als die Hälfte der Mitglieder anwesend ist.

(3) [1]Im übrigen finden § 28 Abs. 1, Abs. 2 und 3, § 32 Abs. 1 Satz 3 und Abs. 2, § 34 Abs. 2, § 35, § 36, § 37 Abs. 1 und § 41 Abs. 3 Satz 4 bis 10 und Abs. 4 entsprechende Anwendung. [2]Soweit der Kreisausschuß Aufgaben nach § 59 Abs. 1 wahrnimmt, tagt er in nichtöffentlicher Sitzung.

[1)] § 51 neu gef. mWv 17.10.2007 durch G v. 9.10.2007 (GV. NRW. S. 380); Abs. 2 Satz 1 und Abs. 4 geänd. mWv 29.9.2012 durch G v. 18.9.2012 (GV. NRW. S. 436).

22.31. Landschaftsverbandsordnung für das Land Nordrhein-Westfalen (LVerbO) [1] [2] [3]

in der Fassung der Bekanntmachung vom 14. Juli 1994[4]

(GV. NW. S. 657)

SGV. NRW. 2022

zuletzt geänd. durch Art. 6 COVID-19-LandesrechtanpassungsG v. 14.4.2020 (GV. NRW. S. 218b)

1. Abschnitt. Allgemeines

§ 1 Mitgliedskörperschaften. Die zum Land Nordrhein-Westfalen gehörenden Kreise und kreisfreien Städte der früheren Rheinprovinz bilden den Landschaftsverband Rheinland, die Kreise und kreisfreien Städte der früheren Provinz Westfalen und des früheren Landes Lippe den Landschaftsverband Westfalen-Lippe.

§ 2 Rechtsform. Die Landschaftsverbände Rheinland und Westfalen-Lippe sind öffentlich-rechtliche Körperschaften mit dem Recht der Selbstverwaltung durch ihre gewählten Organe.

§ 3 Gebiet und Gebietsänderungen. (1) [1] Das Gebiet der Landschaftsverbände umfaßt das Gebiet der Mitgliedskörperschaften. [2] Es kann nur durch Gesetz geändert werden. [3] Werden die Grenzen von Mitgliedskörperschaften geändert, die zugleich Grenzen der Landschaftsverbände sind, so bewirkt dies ohne weiteres die Änderung der Landschaftsverbandsgrenzen.

(2) [1] Rechtshandlungen, die aus Anlaß der Änderung des Gebietes der Landschaftsverbände erforderlich werden, sind frei von öffentlichen Abgaben einschließlich Gebühren, soweit sie auf Landesrecht beruhen. [2] Das gleiche gilt für die Erstattung von Auslagen.

§ 4 Rechte der Einwohner. Die Einwohner der Mitgliedskörperschaften sind berechtigt,

1. an der Vertretung und Verwaltung des Landschaftsverbandes nach näherer Vorschrift dieses Gesetzes teilzunehmen,
2. die öffentlichen Einrichtungen des Landschaftsverbandes nach Maßgabe der für diese bestehenden Bestimmungen zu benutzen.

---

[1] **Literatur:** van Bahlen, Landschaftsverbandsordnung für das Land Nordrhein-Westfalen, in: Praxis der Kommunalverwaltung, Walluf, Loseblatt/CD-ROM/beck-online, Stand: 2008.

[2] Die Änderungen durch G v. 15.11.2016 (GV. NRW. S. 966, geänd. durch G v. 18.12.2018 (GV. NRW. S. 738)) treten teilweise **mit unbestimmtem Datum** in Kraft und sind insoweit im Text noch nicht berücksichtigt.

[3] Die Änderungen durch G v. 18.12.2018 (GV. NRW. S. 738) treten teilweise erst **mit unbestimmtem Datum** in Kraft und sind insoweit im Text noch nicht berücksichtigt.

[4] Neubekanntmachung der LVerbO v. 27.8.1984 (GV. NW. S. 544) in der ab 17.10.1994 geltenden Fassung.

2. Abschnitt. Wirkungskreis

§ 5[1)] Aufgaben. (1) [1]Die Aufgaben der Landschaftsverbände erstrecken sich nach Maßgabe der hierzu erlassenen besonderen Vorschriften auf folgende Sachgebiete:

a) Soziale Aufgaben, Jugendhilfe und Gesundheitsangelegenheiten

1. Die Landschaftsverbände sind überörtliche Träger der Sozialhilfe.
2. Die Landschaftsverbände sind Träger der Kriegsopferfürsorge (Hauptfürsorgestellen) und der Ämter zur Sicherung der Integration schwerbehinderter Menschen in das Arbeitsleben (Integrationsämter). Die Landschaftsverbände nehmen die nach § 4 Absatz 1 des Gesetzes zur Eingliederung der Versorgungsämter in die allgemeine Verwaltung des Landes Nordrhein-Westfalen vom 30. Oktober 2007 (GV. NRW. S. 482), das durch Gesetz vom 25. Oktober 2011 (GV. NRW. S. 542) geändert worden ist, übertragenen Aufgaben des sozialen Entschädigungsrechts einschließlich der Kriegsopferversorgung wahr.
3. Die Landschaftsverbände nehmen die Aufgaben der Landesjugendämter wahr.
4. Die Landschaftsverbände können Träger von psychiatrischen Fachkrankenhäusern sowie von anderen psychiatrischen stationären, teilstationären, ambulanten und komplementären Einrichtungen und Diensten sein. Die Landschaftsverbände können zudem Träger von Krankenhäusern sowie medizinischen, rehabilitativen und psychosozialen Einrichtungen mit Schnittstellen zur psychiatrischen Versorgung sein.
5. Die Landschaftsverbände sind Träger von Förderschulen. Sie sind berechtigt, Schulen für Kranke zu errichten und fortzuführen.

Den Landschaftsverbänden kann die Förderung von Einrichtungen und Maßnahmen öffentlicher und freier Träger einschließlich der Ausführung des Landeshaushalts vom Fachminister im Rahmen der von ihm erlassenen Richtlinien und Weisungen übertragen werden; insoweit haben sie gegenüber dem Land Vorsatz und grobe Fahrlässigkeit zu vertreten.

b) Landschaftliche Kulturpflege
Den Landschaftsverbänden obliegen

1. Aufgaben der allgemeinen landschaftlichen Kulturpflege,
2. Aufgaben der Denkmalpflege,
3. Aufgaben der Pflege und Förderung der Heimatmuseen und des Archivwesens,
4. die Unterhaltung von Landesmuseen und Landesmedienzentren.

c) Kommunalwirtschaft

[1)] § 5 Abs. 1 Buchst. c Nr. 1 geänd. mWv 19.7.2005 durch G v. 2.7.2002 (GV. NRW. S. 284); Abs. 1 Buchst. c Nr. 1 geänd. mWv 15.11.2007 durch G v. 30.10.2007 (GV. NRW. S. 443); Abs. 1 Buchst. c Nr. 2 aufgeh., bish. Nr. 3 und 4 werden Nr. 2 und 3, Sätze 2–4 angef. mWv 29.4.2009 durch G v. *24.3.2009 (GV. NRW. S. 254);* Abs. 1 Buchst. a Nr. 2, Nr. 4 und Nr. 5 neu gef., Buchst. b Nr. 4 geänd., Buchst. c neu gef., Abs. 2 Satz 1 aufgeh., bish. Satz 2 geänd., Abs. 6 angef. mWv 29.11.2016 durch G v. 15.11.2016 (GV. NRW. S. 966).

(5) Die Besetzung der Ausschüsse erfolgt in entsprechender Anwendung des § 50 Abs. 3 der Gemeindeordnung[1)].

(6) [1] Hat die Landschaftsversammlung in anderen Fällen zwei oder mehr gleichartige Stellen zu besetzen, die nicht hauptberuflich wahrgenommen werden, oder für solche Stellen zwei oder mehr Bewerber vorzuschlagen, ist Absatz 4 entsprechend anzuwenden. [2] Scheidet eine Person vorzeitig aus dem Gremium aus, für das sie bestellt oder vorgeschlagen worden war, wählt die Landschaftsversammlung den Nachfolger für die restliche Zeit in entsprechender Anwendung des § 50 Abs. 2 der Gemeindeordnung.

(7) Bei Beschlüssen und Wahlen zählen Stimmenthaltungen und ungültige Stimmen zur Feststellung der Beschlussfähigkeit, nicht aber zur Berechnung der Mehrheit mit.

§ 11[2)] Befugnisse des Landschaftsausschusses. (1) [1] Der Landschaftsausschuß beschließt über alle nicht der Landschaftsversammlung vorbehaltenen Angelegenheiten, soweit es sich nicht um Geschäfte der laufenden Verwaltung handelt. [2] Er hat insbesondere

a) die Beschlüsse der Landschaftsversammlung vorzubereiten und durchzuführen,
b) die Tätigkeit der Ausschüsse zu überwachen und aufeinander abzustimmen,
c) die Verwaltungsführung des Direktors des Landschaftsverbandes zu überwachen.

(2) [1] Der Landschaftsausschuß kann den Fachausschüssen (§ 13) bestimmte Angelegenheiten ihres Geschäftsbereichs zur selbständigen Entscheidung übertragen. [2] Er kann Entscheidungen der Fachausschüsse aufheben oder ändern. [3] Beschlüsse der Fachausschüsse, die von weniger als zwei Dritteln der anwesenden stimmberechtigten Mitglieder gefaßt worden sind, bedürfen der Zustimmung des Landschaftsausschusses.

(3) Der Landschaftsausschuß kann die Erledigung einzelner Verwaltungsaufgaben dem Direktor des Landschaftsverbandes übertragen.

(4) Nach Ablauf der Wahlzeit der Landschaftsversammlung übt der Landschaftsausschuß seine Tätigkeit bis zum Zusammentritt der neugewählten Landschaftsversammlung aus.

(5) [1] Der Landschaftsausschuss beschließt über alle Angelegenheiten, die der Beschlussfassung der Landschaftsversammlung unterliegen, sofern eine epidemische Lage von landesweiter Tragweite nach § 11 IfSBG-NRW festgestellt ist und wenn zwei Drittel der Mitglieder der Landschaftsversammlung einer Delegierung an den Landschaftsausschuss zugestimmt haben. [2] Die Stimmabgaben erfolgen in Textform.

§ 12 Bildung des Landschaftsausschusses. (1) [1] Der Landschaftsausschuß besteht aus dem Vorsitzenden der Landschaftsversammlung als Vorsitzenden und höchstens sechzehn weiteren Mitgliedern der Landschaftsversammlung. [2] Für jedes Mitglied ist ein Stellvertreter zu wählen. [3] Die Stellvertreter können sich untereinander vertreten, wenn die Landschaftsversammlung die Reihenfolge festgelegt hat.

(2) [1] Die Mitglieder des Landschaftsausschusses und ihre Stellvertreter werden für die Dauer der Wahlzeit der Landschaftsversammlung nach § 10 Abs. 4 gewählt. [2] Scheidet ein Mitglied oder ein Stellvertreter aus dem Landschaftsausschuß aus, so

---

[1)] Nr. **22.11**.
[2)] § 11 Abs. 5 angef. mWv 15.4.2020 durch G v. 14.4.2020 (GV. NRW. S. 218b).

wählt die Landschaftsversammlung auf Vorschlag derjenigen Gruppe, die den Ausgeschiedenen vorgeschlagen hatte, einen Nachfolger; ist die Gruppe zu einem Vorschlag nicht in der Lage oder gehörte das Mitglied oder der Stellvertreter keiner Gruppe an, so bleibt der Sitz unbesetzt.

(3) [1] Fraktionen, auf deren Wahlvorschlag bei der Besetzung des Landschaftsausschusses nach Absatz 2 Satz 1 Wahlstellen nicht entfallen und die in dem Landschaftsausschuß nicht vertreten sind, sind berechtigt, ein Mitglied der Landschaftsversammlung oder einen sachkundigen Bürger im Sinne des § 13 Abs. 3 Satz 2 zu benennen. [2] Das benannte Mitglied der Landschaftsversammlung oder der benannte sachkundige Bürger wird von der Landschaftsversammlung zum Mitglied des Landschaftsausschusses bestellt. [3] Sie wirken in dem Landschaftsausschuß mit beratender Stimme mit. [4] Bei der Zusammensetzung und der Berechnung der Beschlußfähigkeit des Landschaftsausschusses werden sie nicht mitgezählt.

§ 13[1)] Bildung und Befugnisse der Fachausschüsse. (1) [1] Zur Entlastung des Landschaftsausschusses sind Fachausschüsse für folgende Geschäftsbereiche zu bilden:

a) Finanzwesen,

b) Soziale Aufgaben und Gesundheitsangelegenheiten,

c) landschaftliche Kulturpflege,

d) Kommunalwirtschaft.

[2] Außerdem sind die nach Gesetz oder Satzung für bestimmte Anstalten und Einrichtungen vorgesehenen besonderen Ausschüsse zu bilden.

(2) Die Landschaftsversammlung kann durch Satzung bestimmen, daß für weitere Geschäftsbereiche Fachausschüsse gebildet werden.

(3) [1] Die Vorsitzenden der Fachausschüsse müssen der Landschaftsversammlung, die Vorsitzenden der Fachausschüsse nach Absatz 1a bis d und Absatz 2 sollen auch dem Landschaftsausschuß angehören. [2] Zu den Mitgliedern der Fachausschüsse können außer den Mitgliedern der Landschaftsversammlung auch andere Bürger aus dem Gebiet des Landschaftsverbandes gewählt werden, die durch Fachwissen oder Verwaltungserfahrung besondere Eignung hierfür aufweisen. [3] Ihre Zahl darf die der Mitglieder der Landschaftsversammlung in den einzelnen Fachausschüssen nicht erreichen. [4] Die Zusammensetzung der Fachausschüsse wird durch Satzung geregelt; die Abgrenzung ihrer Zuständigkeiten bestimmt der Landschaftsausschuß, soweit nicht in diesem oder einem anderen Gesetz oder in Satzungen Vorschriften hierüber getroffen sind. [5] Soweit die Landschaftsversammlung stellvertretende Ausschußmitglieder bestellt, ist die Reihenfolge der Vertretung zu regeln. [6] Auf die Fachausschüsse findet § 12 Abs. 3 entsprechende Anwendung.

(4) [1] Haben sich die Fraktionen über die Verteilung der Ausschußvorsitze geeinigt und wird dieser Einigung nicht von einem Fünftel der Mitglieder der Landschaftsversammlung widersprochen, so bestimmen die Fraktionen die Ausschußvorsitzenden aus der Mitte der den Fachausschüssen angehörenden stimmberechtigten Mitgliedern der Landschaftsversammlung. [2] Soweit

---

1) § 13 Abs. 3 Satz 1 geänd. mWv 17.10.2007 durch G v. 9.10.2007 (GV. NRW. S. 380); Abs. 1 Satz 1 Buchst. b neu gef. mWv 29.11.2016 durch G v. 15.11.2016 (GV. NRW. S. 966).

22.41. Gesetz über kommunale Gemeinschaftsarbeit (GkG NRW) [1)2)]

In der Fassung der Bekanntmachung vom 1. Oktober 1979[3)]
(GV. NW. S. 621)

SGV. NRW. 202

zuletzt geänd. durch Art. 8 COVID-19-LandesrechtanpassungsG v. 14.4.2020 (GV. NRW. S. 218b)

Erster Teil. Formen kommunaler Gemeinschaftsarbeit

§ 1[4)] [Aufgaben] (1) [1]Gemeinden und Gemeindeverbände können Aufgaben, zu deren Wahrnehmung sie berechtigt oder verpflichtet sind, nach den Vorschriften dieses Gesetzes gemeinsam wahrnehmen. [2]Die gemeinsame Aufgabenwahrnehmung kann sich auf sachlich und örtlich begrenzte Teile der Aufgabe beschränken. [3]Die Sätze 1 und 2 gelten nicht, wenn durch Gesetz eine besondere Rechtsform für die Zusammenarbeit vorgeschrieben oder die gemeinsame Wahrnehmung einer Aufgabe ausgeschlossen ist.

(2) Zur gemeinsamen Wahrnehmung von Aufgaben können Arbeitsgemeinschaften begründet, Zweckverbände und gemeinsame Kommunalunternehmen gebildet sowie öffentlich-rechtliche Vereinbarungen geschlossen werden.

(3) Die Befugnis, zur gemeinsamen Wahrnehmung von Aufgaben die Gestaltungsmöglichkeiten des Privatrechts zu benutzen, bleibt unberührt.

Zweiter Teil. Die kommunale Arbeitsgemeinschaft

§ 2[5)] Zweck. (1) [1]Gemeinden und Gemeindeverbände können sich zu kommunalen Arbeitsgemeinschaften zusammenschließen. [2]In diese Arbeitsgemeinschaften können auch sonstige Körperschaften, Anstalten und Stiftungen des öffentlichen Rechts sowie natürliche Personen und juristische Personen des Privatrechts aufgenommen werden.

(2) Nach der getroffenen Vereinbarung beraten die Arbeitsgemeinschaften Angelegenheiten, die ihre Mitglieder gemeinsam berühren; sie stimmen Planungen der einzelnen Mitglieder für diese Angelegenheiten und die Tätigkeit von Einrichtungen ihrer Mitglieder aufeinander ab; sie leiten Gemeinschaftslösungen ein, um eine möglichst wirtschaftliche und zweckmäßige Wahrnehmung der Aufgaben in einem größeren nachbarlichen Gebiet sicherzustellen.

§ 3 Geschäftsführung. (1) [1]Die Arbeitsgemeinschaften geben den Mitgliedern Anregungen; sie fassen keine die Mitglieder bindenden Beschlüsse. [2]Die Zuständigkeit der Organe der einzelnen Mitglieder bleibt unberührt.

---

1) Änderungen vor dem 1.1.2003 sind nicht in Fußnoten nachgewiesen.
2) Kurztitel ergänzt mWv 11.2.2015 durch G v. 3.2.2015 (GV. NRW. S. 204).
3) Neubekanntmachung des KommGemG v. 26.4.1961 (GV. NW. S. 190) in der ab 1.10.1979 geltenden Fassung.
4) § 1 Abs. 2 neu gef. mWv 17.10.2007 durch G v. 9.10.2007 (GV. NRW. S. 380); Abs. 1 neu gef. mWv 11.2.2015 durch G v. 3.2.2015 (GV. NRW. S. 204).
5) § 2 Abs. 2 geänd. mWv 11.2.2015 durch G v. 3.2.2015 (GV. NRW. S. 204).

(2) [1]Die Geschäftsführung der Arbeitsgemeinschaften ist durch die Beteiligten zu regeln. [2]In der Regelung sind die Aufgabengebiete näher zu bestimmen, auf denen eine Arbeitsgemeinschaft sich betätigen will; ferner sind in ihr die näheren Bestimmungen über die Durchführung der Arbeitsgemeinschaft zu treffen.

Dritter Teil. Der *Zweckverland*[1)]

Abschnitt I. Grundlagen

§ 4[2)] Wesen, Arten, Mitglieder. (1) Gemeinden und Gemeindeverbände können sich zu Zweckverbänden zusammenschließen, um Aufgaben, zu deren Wahrnehmung sie berechtigt oder verpflichtet sind, gemeinsam zu erfüllen oder durchzuführen (Freiverband); für Pflichtaufgaben können sie auch zusammengeschlossen werden (Pflichtverband).

(2) [1]Neben einer der in Absatz 1 genannten Körperschaften können auch der Bund, die Länder der Bundesrepublik und andere Körperschaften, Anstalten und Stiftungen des öffentlichen Rechts Mitglieder eines Zweckverbandes sein, soweit nicht die für sie geltenden besonderen Vorschriften die Beteiligung ausschließen oder beschränken. [2]Ebenso können natürliche Personen und juristische Personen des Privatrechts Mitglieder eines Zweckverbandes sein, wenn die Wahrnehmung der Verbandsaufgaben dadurch gefördert wird und Gründe des öffentlichen Wohles nicht entgegenstehen.

(3) [1]Die Mitgliedschaft einer Gemeinde oder eines Gemeindeverbandes außerhalb des Landes Nordrhein-Westfalen oder einer sonstigen nicht der Aufsicht des Landes unterstehenden Körperschaft, Anstalt oder Stiftung des öffentlichen Rechts in einem Zweckverband, der im Lande Nordrhein-Westfalen seinen Sitz hat, bedarf der Genehmigung der Bezirksregierung. [2]Das gleiche gilt für die Mitgliedschaft einer Gemeinde, eines Gemeindeverbandes oder einer sonstigen der Aufsicht des Landes Nordrhein-Westfalen unterstehenden Körperschaft, Anstalt oder Stiftung des öffentlichen Rechts in einem Zweckverband außerhalb des Landes.

§ 5 Rechtsform. (1) [1]Der Zweckverband ist eine Körperschaft des öffentlichen Rechts. [2]Er verwaltet seine Angelegenheiten im Rahmen der Gesetze unter eigener Verantwortung.

(2) Der Zweckverband ist ein Gemeindeverband; Vorschriften, die bestimmen, daß sie für die Gemeindeverbände gelten, finden auf den Zweckverband Anwendung, soweit sich aus ihnen oder aus diesem Gesetz nichts anderes ergibt.

§ 6[3)] Übergang der Aufgaben. (1) [1]Der Zweckverband kann bestimmte Aufgaben der Beteiligten für diese erfüllen oder für diese durchführen. [2]Er kann daneben auch Aufgaben für einzelne Verbandsmitglieder erfüllen oder

---

1) Richtig wohl: „Zweckverband".

2) § 4 Abs. 1 geänd. mWv 17.10.2007 durch G v. 9.10.2007 (GV. NRW. S. 380); Abs. 1 und Abs. 2 *Satz 2 geänd. mWv 11.2.2015 durch G v. 3.2.2015* (GV. NRW. S. 204).

3) § 6 Abs. 1 neu gef. mWv 11.2.2015 durch G v. 3.2.2015 (GV. NRW. S. 204).

(10) [1] Wird ein Zweckverband neu gebildet und wird in der Verbandssatzung eine Regelung gemäß Absatz 1 Satz 1 getroffen, bestimmen die Mitgliedskörperschaften in der Verbandssatzung zugleich eine Person aus dem in § 16 Absatz 1 Satz 1 genannten Personenkreis, der die auf die Verbandsvorsteherin beziehungsweise den Verbandsvorsteher entfallenden Aufgaben bei der Bildung der Verbandsversammlung wahrnimmt, bis die Verbandsversammlung eine Verbandsvorsteherin oder einen Verbandsvorsteher gewählt hat. [2] Zugleich sind in der Satzung Bestimmungen darüber zu treffen, innerhalb welcher Fristen die Parteien und Wählergruppen ihre Reservelisten gemäß Absatz 6 einzureichen und die Mitgliedskörperschaften die Mitglieder der Verbandsversammlung zu wählen haben.

(11) [1] Tritt im Laufe der allgemeinen Wahlperiode eine Gemeinde oder ein Kreis dem Zweckverband bei und bestehen die Voraussetzungen des Absatz 1 unverändert fort, so sind

1. von der Vertretung der beitretenden Mitgliedskörperschaft die auf sie gemäß Absatz 3 Satz 1 entfallenden Mitglieder und Ersatzmitglieder mit der Erststimme zu wählen und
2. von den Vertretungen aller Mitgliedskörperschaften mit der Zweitstimme die für das Gebiet des Zweckverbandes neu aufzustellenden und einzureichenden Reservelisten zu wählen.

[2] Sodann sind die Sitze nach Absatz 5 neu zu errechnen und zuzuweisen. [3] Absatz 9 Satz 2 und Absatz 10 Satz 2 gelten entsprechend.

(12) [1] Scheidet im Laufe der allgemeinen Wahlperiode eine Gemeinde oder ein Kreis aus einem Zweckverband gemäß Absatz 1 aus, verlieren die von der Vertretung der ausscheidenden Mitgliedskörperschaft mit der Erststimme gewählten Mitglieder und Ersatzmitglieder ihren Sitz in der Verbandsversammlung. [2] Das gleiche gilt für Mitglieder, die über die Reservelisten gewählt worden sind, soweit sie durch das Ausscheiden der Mitgliedskörperschaft ihre Wählbarkeit gemäß Absatz 2 verloren haben. [3] Sodann sind die Sitze nach Absatz 5 neu zu errechnen und zuzuweisen. [4] Dabei bleiben Bewerberinnen und Bewerber, die ihre Wählbarkeit gemäß Absatz 2 durch das Ausscheiden der Mitgliedskörperschaft verloren haben, unberücksichtigt. [5] Absatz 9 Satz 2 gilt entsprechend.

(13) Nach Ablauf der allgemeinen Wahlperiode der Vertretungen der Mitgliedskörperschaften üben die bisherigen Mitglieder ihre Tätigkeit bis zum Zusammentritt der neu gebildeten Verbandsversammlung weiter aus.

(14) [1] § 15 Absatz 1 Satz 2 bis 4, Absatz 4, Absatz 5 Satz 1 und 2 sowie Absatz 6 bleibt unberührt. [2] Weitere Regelungen können in der Satzung des Zweckverbands getroffen werden.

§ 15b[1)] Beschlüsse im vereinfachten Verfahren. (1) [1] Wenn und solange nach § 11 IfSBG-NRW eine epidemische Lage von besonderer Tragweite festgestellt ist, dürfen eilbedürftige Angelegenheiten, die der Beschlussfassung der Verbandsversammlung unterliegen, im Umlaufverfahren getroffen werden, wenn sich zwei Drittel der Mitglieder der Verbandsversammlung mit der schriftlichen Abgabe der Stimmen einverstanden erklären. [2] Die Mitglieder der Verbandsversammlung geben ihre Stimmen über den betreffenden Beschluss-

---

[1)] § 15b eingef. mWv 15.4.2020 durch G v. 14.4.2020 (GV. NRW. S. 218b).

vorschlag im Falle des Satzes 1 mit Einzelschreiben oder im Umlaufverfahren ab. [3]Die Stimmabgaben erfolgen in Textform.

(2) Die eilbedürftigen Angelegenheiten, über die gemäß Absatz 2 im Wege des vereinfachten Verfahrens Beschluss gefasst werden soll, sind öffentlich im geeigneten Wege bekannt zu machen.

§ 16[1)] Verbandsvorsteherin oder Verbandsvorsteher. (1) [1]Die Verbandsvorsteherin oder der Verbandsvorsteher wird von der Verbandsversammlung aus dem Kreis der Hauptverwaltungsbeamtinnen und Hauptverwaltungsbeamten oder mit Zustimmung ihrer Dienstvorgesetzten aus dem Kreis der allgemeinen Vertreterinnen und Vertreter oder der leitenden Bediensteten der zum Zweckverband gehörenden Gemeinden und Gemeindeverbände gewählt. [2]Sie beziehungsweise er wird von ihrer beziehungsweise seiner Vertretung im Hauptamt vertreten; die Verbandssatzung kann die Vertretung durch eine andere Beamtin oder einen anderen Beamten eines Verbandsmitgliedes vorsehen. [3]Hat die Aufsichtsbehörde eine Ausnahme nach § 15 Absatz 1 letzter Satz zugelassen, so kann die Verbandssatzung bestimmen, dass auch natürliche Personen, die Verbandsmitglieder sind, oder vertretungsberechtigte Personen von verbandsangehörigen juristischen Personen (§ 4 Absatz 2) als Verbandsvorsteherin oder Verbandsvorsteher oder deren Stellvertretung gewählt werden können.

(2) [1]Die Verbandsvorsteherin oder der Verbandsvorsteher führt die laufenden Geschäfte sowie nach Maßgabe der Gesetze, der Verbandssatzung und der Beschlüsse der Verbandsversammlung die übrige Verwaltung des Zweckverbandes, unterzeichnet die Bekanntmachungsanordnungen der von der Verbandsversammlung beschlossenen Satzungen und vertritt den Zweckverband gerichtlich und außergerichtlich. [2]Sie beziehungsweise er ist Dienstvorgesetzte beziehungsweise Dienstvorgesetzter der Dienstkräfte des Zweckverbandes. [3]Die Verbandsversammlung ist Dienstvorgesetzte der Verbandsvorsteherin beziehungswiese des Verbandsvorstehers.

(3) [1]In der Verbandssatzung kann geregelt werden, dass die Verbandsversammlung auf Vorschlag der Verbandsvorsteherin beziehungsweise des Verbandsvorstehers zu deren beziehungsweise dessen Entlastung die Einstellung einer Geschäftsleitung beschließt. [2]Die Verbandsversammlung kann der Geschäftsleitung mit Zustimmung der Verbandsvorsteherin oder des Verbandsvorstehers Aufgaben zur selbstständigen Erledigung übertragen.

(4) [1]Erklärungen, durch die der Zweckverband verpflichtet werden soll, bedürfen der Schriftform. [2]Sie sind von der Verbandsvorsteherin oder dem Verbandsvorsteher und der Vertreterin oder dem Vertreter oder einem von der Verbandsversammlung zu bestimmenden Bediensteten oder Mitglied der Verbandsversammlung zu unterzeichnen. [3]Die Verbandssatzung kann allgemein oder für einen bestimmten Kreis von Geschäften bestimmen, dass die Unterschrift der Verbandsvorsteherin oder des Verbandsvorstehers oder der Vertreterin oder des Vertreters genügt. [4]Im Übrigen gilt § 64 Absatz 2 bis 4 der Gemeindeordnung für das Land Nordrhein-Westfalen[2)] entsprechend.

[1)] § 16 Überschrift, Abs. 1 und 2 neu gef., Abs. 3 eingef., bish. Abs. 3 wird Abs. 4 und neu gef. *mWv 11.2.2015 durch G v. 3.2.2015 (GV. NRW. S. 204).*

[2)] Nr. **22.11**.

§ 17[1)] Ehrenamtliche und hauptamtliche Tätigkeit. (1) [1] Die Mitglieder der Verbandsversammlung und die Verbandsvorsteherin oder der Verbandsvorsteher sind ehrenamtlich tätig. [2] Sie haben nur Anspruch auf Ersatz ihrer Auslagen und des Verdienstausfalls in entsprechender Anwendung von § 45 der Gemeindeordnung[2)] für das Land Nordrhein-Westfalen. [3] Wenn mit Art und Umfang der Aufgabenstellung des Verbandes besondere Verantwortung für die Verbandsversammlung verbunden ist, kann zur Abgeltung der daraus entstehenden Mehrbelastung der Mitglieder der Verbandsversammlung eine Entschädigung gezahlt werden. [4] Sie tritt an die Stelle der Aufwendungen und des Verdienstausfalls. [5] Wenn es nach Art und Umfang der wahrzunehmenden Aufgaben zweckmäßig ist, kann die Verbandssatzung die Bestellung einer hauptamtlichen Verbandsvorsteherin oder eines hauptamtlichen Verbandsvor-

(Fortsetzung nächstes Blatt)

[1)] § 17 Abs. 1 Sätze 1, 2 und 5 geänd., Satz 6 neu gef., Abs. 2 Sätze 1–3 geänd. mWv 11.2.2015 durch G v. 3.2.2015 (GV. NRW. S. 204).

[2)] Nr. **22.11**.

22.51. Gesetz über die Kommunalwahlen im Lande Nordrhein-Westfalen (Kommunalwahlgesetz)[1]

In der Fassung der Bekanntmachung vom 30. Juni 1998[2]
(GV. NW. S. 454, ber. S. 509; 1999 S. 70)

SGV. NRW. 1112

zuletzt geänd. durch Art. 1 G zur Änd. des KommunalwahlG und der KommunalwahlO v. 5.5.2020 (GV. NRW. S. 312d)

I. Wahlgebiet

1. Geltungsbereich

§ 1[3] [Geltungsbereich] (1) [1]Dieses Gesetz gilt für die Wahl der folgenden Vertretungen:

des Rates in den Gemeinden,
des Kreistages in den Kreisen.

[2]Es gilt darüber hinaus für die Wahl
der Bezirksvertretungen nach Maßgabe des § 46a,
der Bürgermeister und Landräte nach Maßgabe der §§ 46b bis 46e,
der Verbandsversammlung des Regionalverbandes Ruhr nach Maßgabe der §§ 46f bis 46k.

(2) [1]Das Gebiet der Körperschaft, deren Vertretung gewählt wird, bildet das Wahlgebiet. [2]Das Wahlgebiet des Regionalverbands Ruhr erstreckt sich auf das Gebiet der dem Verband gemäß § 1 des Gesetzes über den Regionalverband Ruhr[4] in der Fassung der Bekanntmachung vom 3. Februar 2004 (GV. NRW. S. 96) in der jeweils geltenden Fassung angehörenden Mitgliedskörperschaften.

2. Wahlorgane

§ 2[5] [Wahlorgane] (1) [1]Wahlorgane sind
für das Wahlgebiet der Wahlleiter und der Wahlausschuss sowie für die Gemeinde der Briefwahlvorsteher und der Briefwahlvorstand,
für den Stimmbezirk der Wahlvorsteher und der Wahlvorstand.

---

[1] Beachte hinsichtlich der Kommunalwahlen im Jahr 2020 auch die Übergangsregelungen in Art. 2 G v. 11.4.2019 (GV. NRW. S. 202).

[2] Neubekanntmachung des Kommunalwahlgesetzes v. 15.8.1993 (GV. NW. S. 521) in der ab 5.6. *1998 geltenden Fassung.*

[3] § 1 Abs. 1 Satz 2 geänd., Abs. 2 Satz 2 angef. mWv 24.4.2019 durch G v. 11.4.2019 (GV. NRW. S. 202).

[4] **v. Hippel/Rehborn Nr. 34.**

[5] § 2 Abs. 1 geänd., Abs. 2 und 3 neu gef., Abs. 4 Sätze 2 und 3 geänd., Abs. 5 und 6 eingef., bish. Abs. 5 wird Abs. 7 und neu gef., bish. Abs. 6 aufgeh., bish. Abs. 7 wird Abs. 8 und neu gef. mWv 17.10.2007 durch G v. 9.10.2007 (GV. NRW. S. 374); Abs. 6 neu gef., Abs. 8 eingef., bish. Abs. 8 wird Abs. 9 und Satz 2 angef. mWv 24.4.2019 durch G v. 11.4.2019 (GV. NRW. S. 202); Abs. 6 neu gef. mWv 7.5.2020 durch G v. 5.5.2020 (GV. NRW. S. 312d).

[2] Für die Briefwahl können mehrere Wahlvorsteher und Wahlvorstände eingesetzt werden.

(2) [1] Wahlleiter für das Wahlgebiet der Gemeinde ist der Bürgermeister, für das Wahlgebiet des Kreises der Landrat, stellvertretender Wahlleiter jeweils sein Vertreter im Amt. Bürgermeister, Landräte und ihre Vertreter können im Falle ihrer Bewerbung für das Amt des Bürgermeisters oder des Landrates ab ihrer Aufstellung nicht Wahlleiter oder stellvertretender Wahlleiter in dem Wahlgebiet sein, in dem sie sich bewerben; an ihre Stelle tritt der jeweilige Vertreter im Amt. [2] Bei gleichzeitigen Wahlen des Bürgermeisters einer kreisangehörigen Gemeinde und des Landrates desselben Kreises kann ein Bürgermeister, der sich für das Amt des Landrates bewirbt, nicht Wahlleiter für das Wahlgebiet der Gemeinde und der Landrat, der sich für das Amt des Bürgermeisters in einer kreisangehörigen Gemeinde bewirbt, nicht Wahlleiter für das Wahlgebiet des Kreises sein; an die Stelle des Bürgermeisters oder Landrates tritt der jeweilige Vertreter im Amt. [3] Wahlleiter und ihre Vertreter können auf ihr Amt als Wahlleiter oder stellvertretender Wahlleiter verzichten; an ihre Stelle tritt der jeweilige Vertreter im Amt. [4] Der Wahlleiter ist für die ordnungsmäßige Vorbereitung und Durchführung der Wahl verantwortlich, soweit nicht dieses Gesetz und die Wahlordnung bestimmte Zuständigkeiten anderen Wahlorganen übertragen.

(3) [1] Der Wahlausschuss besteht aus dem Wahlleiter als Vorsitzendem und vier, sechs, acht oder zehn Beisitzern, die die Vertretung des Wahlgebiets wählt; eine Benennung oder Bestellung weiterer Mitglieder ist nicht zulässig. [2] Der Wahlausschuss entscheidet in öffentlicher Sitzung. [3] Er ist ohne Rücksicht auf die Zahl der erschienenen Beisitzer beschlussfähig. [4] Bei Stimmengleichheit gibt die Stimme des Vorsitzenden den Ausschlag. [5] Im Übrigen finden auf den Wahlausschuss die allgemeinen Vorschriften des kommunalen Verfassungsrechts entsprechende Anwendung.

(4) [1] Der Wahlvorstand besteht aus dem Wahlvorsteher, dem stellvertretenden Wahlvorsteher und drei bis sechs Beisitzern. [2] Der Bürgermeister beruft die Mitglieder des Wahlvorstandes und berücksichtigt hierbei nach Möglichkeit die in der Gemeinde vertretenen Parteien und Wählergruppen. [3] Die Beisitzer des Wahlvorstandes können im Auftrage des Bürgermeisters auch vom Wahlvorsteher berufen werden. [4] Der Wahlvorstand entscheidet mit Stimmenmehrheit. [5] Bei Stimmengleichheit gibt die Stimme des Wahlvorstehers den Ausschlag.

(5) [1] Die Körperschaften und sonstigen juristischen Personen des öffentlichen Rechts sind verpflichtet, auf Anforderung des Bürgermeisters Bedienstete aus der Gemeinde zum Zweck der Berufung als Mitglieder des Wahlvorstandes zu benennen. [2] Die ersuchte Stelle hat den Betroffenen über die übermittelten Daten und den Empfänger zu benachrichtigen.

(6) [1] Der Bürgermeister ist befugt, folgende Daten geeignet erscheinender Wahlberechtigter zum Zweck ihrer erstmaligen Berufung zu Mitgliedern von Wahlvorständen oder einer erneuten Berufung bei künftigen Wahlen zu verarbeiten:

1. Name,
2. Vorname,
3. Geburtsdatum,
4. *Anschrift,*
5. Telefonnummern und E-Mail-Adressen,

6. Bankverbindung und
7. bisherige Mitwirkung in Wahlvorständen und ausgeübte Funktion.

[2] Die Verarbeitung der Daten hat für künftige Wahlen zu unterbleiben, sofern die betroffene Person der Verarbeitung insoweit widersprochen hat. [3] Die betroffene Person ist über das Widerspruchsrecht zu unterrichten.

(7) [1] Niemand darf in mehr als einem Wahlorgan Mitglied sein. [2] Bewerber für das Amt des Bürgermeisters oder des Landrates können nicht Mitglied des Wahlausschusses der Gemeinde oder des Kreises oder eines Wahlvorstandes sein. [3] Andere Wahlbewerber dürfen nicht Mitglied eines Wahlvorstandes in dem Wahlbezirk sein, in dem sie aufgestellt sind (Wahlbezirksbewerber) oder ihre Wohnung haben (auf Reservelisten aufgestellte Bewerber).

(8) Die Mitglieder der Wahlorgane und ihre Stellvertreter dürfen in Ausübung ihres Amtes ihr Gesicht nicht verhüllen.

(9) [1] Die Beisitzer in den Wahlausschüssen und Wahlvorständen sowie die Wahlvorsteher und ihre Stellvertreter üben eine ehrenamtliche Tätigkeit aus, auf die sinngemäß die allgemeinen Vorschriften des kommunalen Verfassungsrechts mit Ausnahme der Vorschriften über Ausschließungsgründe Anwendung finden. [2] Ihnen kann von der Gemeinde, im Falle der Beisitzer von Wahlausschüssen der Kreise auch vom zuständigen Kreis, Ersatz für Sachschäden, die sie bei Ausübung ihrer ehrenamtlichen Tätigkeit erlitten haben, gewährt werden.

3. Zahl der Vertreter

§ 3[1)] [Zahl der Vertreter] (1) Die Vertreter werden in den Wahlbezirken und aus den Reservelisten gewählt.

(2) [1] Die Zahl der zu wählenden Vertreter beträgt

a) für Gemeinden mit einer Bevölkerungszahl von

5 000 und weniger
20 Vertreter, davon 10 in Wahlbezirken;

über 5 000, aber nicht über 8 000
26 Vertreter, davon 13 in Wahlbezirken;

über 8 000, aber nicht über 15 000
32 Vertreter, davon 16 in Wahlbezirken;

über 15 000, aber nicht über 30 000
38 Vertreter, davon 19 in Wahlbezirken;

über 30 000, aber nicht über 50 000
44 Vertreter, davon 22 in Wahlbezirken;

über 50 000, aber nicht über 100 000
50 Vertreter, davon 25 in Wahlbezirken;

über 100 000, aber nicht über 250 000
58 Vertreter, davon 29 in Wahlbezirken;

über 250 000, aber nicht über 400 000

---

1) § 3 Abs. 2 Satz 1, Abs. 3 geänd., Abs. 2 Satz 3, Abs. 4 angef., mWv 17.10.2007 durch G v. 9.10. 2007 (GV. NRW. S. 374); Abs. 2 Sätze 2 und 3 neu gef. mWv 1.8.2014 durch G v. 24.6.2008 (GV. NRW. S. 514); Abs. 4 neu gef. mWv 15.7.2009 durch G v. 30.6.2009 (GV. NRW. S. 372); Abs. 2 Satz 2 Halbs. 1 geänd. mWv 19.10.2013 durch G v. 1.10.2013 (GV. NRW. S. 564); Abs. 2 Satz 2 geänd. mWv 29.11.2016 durch G v. 15.11.2016 (GV. NRW. S. 966).

66 Vertreter, davon 33 in Wahlbezirken;
über 400 000, aber nicht über 550 000
74 Vertreter, davon 37 in Wahlbezirken;
über 550 000, aber nicht über 700 000
82 Vertreter, davon 41 in Wahlbezirken;
über 700 000
90 Vertreter, davon 45 in Wahlbezirken;

b) für Kreise mit einer Bevölkerungszahl von
200 000 und weniger
48 Vertreter, davon 24 in Wahlbezirken;
über 200 000, aber nicht über 300 000
54 Vertreter, davon 27 in Wahlbezirken;
über 300 000, aber nicht über 400 000
60 Vertreter, davon 30 in Wahlbezirken;
über 400 000, aber nicht über 500 000
66 Vertreter, davon 33 in Wahlbezirken;
über 500 000
72 Vertreter, davon 36 in Wahlbezirken.

[2] Die Gemeinden und Kreise können bis spätestens 45 Monate nach Beginn der Wahlperiode durch Satzung die Zahl der zu wählenden Vertreter um 2, 4, 6, 8 oder 10, davon je zur Hälfte in Wahlbezirken, verringern; die Zahl von 20 Vertretern darf nicht unterschritten werden. [3] Die nach Satz 2 durch Satzung verringerte Zahl der zu wählenden Vertreter bleibt bestehen, bis sie spätestens 45 Monate nach Beginn einer späteren Wahlperiode nach Satz 2 durch Satzung verändert wird.

(3) Weitere Vertreter werden aus den Reservelisten gewählt, soweit dies zur Durchführung des Verhältnisausgleichs gemäß § 33 erforderlich ist, mit der Maßgabe, dass die Gesamtzahl der Vertreter gerade ist.

(4) [1] Gesetzliche Mitgliederzahl ist die Zahl der nach Absatz 2 und 3 in jedem Wahlgebiet zu wählenden Gesamtzahl von Vertretern. [2] Sie erhöht sich um die nach § 33 Absatz 3 zuzuteilenden weiteren Sitze. [3] Sie vermindert sich um die nach § 33 Absatz 6 unbesetzt bleibenden Sitze.

4. Wahlbezirke

§ 4[1)] [Wahlbezirke] (1) Der Wahlausschuss der Gemeinde teilt spätestens 52 Monate, der Wahlausschuss des Kreises spätestens 53 Monate nach Beginn

[1)] § 4 Abs. 1, Abs. 2 Sätze 1 und 3 geänd. mWv 17.10.2007 durch G v. 9.10.2007 (GV. NRW. S. 374); Abs. 1 neu gef. mWv 1.8.2014 durch G v. 24.6.2008 (GV. NRW. S. 514); Abs. 2 Satz 4 angef. mWv 24.4.2019 durch G v. 11.4.2019 (GV. NRW. S. 202).

für den Wahlbezirk zugelassenen Wahlvorschläge sowie die zugelassenen Reservelisten der Parteien und Wählergruppen, deren Wahlvorschlag für den Wahlbezirk zugelassen ist, mit den Namen der ersten drei Bewerber. [3]Die Reihenfolge auf dem Stimmzettel richtet sich nach der Stimmenzahl, die die Parteien, Wählergruppen und Einzelbewerber bei der letzten Wahl zur Vertretung des Wahlgebiets erreicht haben. [4]Die übrigen Wahlvorschläge schließen sich in alphabetischer Reihenfolge der Namen der Parteien, Wählergruppen und Einzelbewerber an.

(2) In Stimmbezirken, in denen eine repräsentative Wahlstatistik (§ 50 Abs. 2) oder eine wahlstatistische Auszählung (§ 50 Abs. 4) stattfindet, werden Stimmzettel mit Unterscheidungsbezeichnungen nach Geschlecht und Geburtsjahresgruppen verwendet.

IV. Durchführung der Wahl

1. Anwesenheit im Wahllokal

§ 24[1)] [Öffentlichkeit der Wahl] (1) [1]Die Wahlhandlung und die Ermittlung des Wahlergebnisses in den Stimmbezirken sind öffentlich. [2]Der Wahlvorstand kann aber im Interesse der Wahlhandlung die Zahl der im Wahllokal Anwesenden beschränken.

(2) Den Anwesenden ist jede Einflussnahme auf die Wahlhandlung und das Wahlergebnis untersagt.

(3) Während der Wahlzeit sind in und an dem Gebäude, in dem sich der Wahlraum befindet, sowie unmittelbar vor dem Zugang zu dem Gebäude jede Beeinflussung der Wähler durch Wort, Ton, Schrift oder Bild sowie jede Unterschriftensammlung verboten.

(4) Die Veröffentlichung von Ergebnissen von Wählerbefragungen nach der Stimmabgabe über den Inhalt der Wahlentscheidung ist vor Ablauf der Wahlzeit unzulässig.

(5) [1]Wer Ergebnisse von Wählerbefragungen nach der Stimmabgabe über den Inhalt der Wahlentscheidung entgegen Absatz 4 vor Ablauf der Wahlzeit veröffentlicht, handelt ordnungswidrig. [2]Die Ordnungswidrigkeit kann mit einer Geldbuße bis zu 50 000 Euro geahndet werden. [3]Verwaltungsbehörde im Sinne des § 36 Abs. 1 Nr. 1 des Gesetzes über Ordnungswidrigkeiten[2)] ist der Wahlleiter.

2. Stimmabgabe

§ 25[3)] [Durchführung] (1) [1]Der Wähler hat eine Stimme. [2]Er gibt seine Stimme geheim ab.

(2) Der Wähler gibt seine Stimme in der Weise ab, dass er durch ein auf den Stimmzettel gesetztes Kreuz oder auf andere Weise eindeutig kenntlich macht, welchem Bewerber sie gelten soll.

---

1) § 24 Abs. 2 geänd., Abs. 3 neu gef. mWv 17.10.2007 durch G v. 9.10.2007 (GV. NRW. S. 374); Abs. 5 angef. mWv 19.10.2013 durch G v. 1.10.2013 (GV. NRW. S. 564).

2) Nr. **72.2.**

3) § 25 Abs. 4 Satz 2 geänd., Satz 3 angef. mWv 1.1.2004 durch G v. 16.12.2003 (GV. NRW. S. 766); Abs. 2 und 5 geänd., Abs. 3 neu gef. mWv 17.10.2007 durch G v. 9.10.2007 (GV. NRW. S. 374); Abs. 5 Satz 1 geänd. mWv 19.10.2013 durch G v. 1.10.2013 (GV. NRW. S. 564); Abs. 4 neu gef., Abs. 5 eingef., bish. Abs. 5 wird Abs. 6 mWv 7.5.2020 durch G v. 5.5.2020 (GV. NRW. S. 312d).

(3) Der Wähler faltet daraufhin den Stimmzettel in der Weise, dass seine Stimmabgabe nicht erkennbar ist, und wirft ihn in die Wahlurne.

(4) [1]Der Wähler kann seine Stimme nur einmal und nur persönlich abgeben. [2]Eine Stimmabgabe durch einen Vertreter anstelle des Wählers ist unzulässig.

(5) [1]Ein Wähler, der des Lesens unkundig oder aufgrund einer Behinderung an der Abgabe seiner Stimme gehindert ist, kann sich hierzu der Hilfe einer anderen Person bedienen. [2]Die Hilfeleistung ist auf technische Hilfe bei der Kundgabe einer vom Wähler selbst getroffenen und geäußerten Wahlentscheidung beschränkt. [3]Unzulässig ist eine Hilfeleistung, die unter missbräuchlicher Einflussnahme erfolgt, die die selbstbestimmte Willensbildung oder Entscheidung des Wählers ersetzt oder verändert oder wenn ein Interessenskonflikt der Hilfsperson besteht. [4]Die Hilfsperson ist zur Geheimhaltung der Kenntnisse verpflichtet, die sie bei der Hilfeleistung von der Wahl einer anderen Person erlangt hat. [5]Blinde oder sehbeeinträchtigte Wähler können sich zur Kennzeichnung des Stimmzettels auch einer Stimmzettelschablone bedienen.

(6) Der für Inneres zuständige Minister kann zulassen, dass anstelle von Stimmzetteln amtlich zugelassene Wahlgeräte verwendet werden.

§ 26[1)] [Briefwahl] (1) Bei der Briefwahl hat der Wähler dem Bürgermeister in einem verschlossenen Wahlbriefumschlag

a) seinen Wahlschein,

b) in einem besonderen verschlossenen Stimmzettelumschlag seinen Stimmzettel

so rechtzeitig zu übersenden, dass der Wahlbrief am Wahltage bis 16 Uhr bei ihm eingeht.

(2) [1]Auf dem Wahlschein hat der Wähler oder die Hilfsperson (§ 25 Abs. 5 Satz 1) dem Bürgermeister an Eides statt zu versichern, dass der Stimmzettel persönlich oder gemäß dem erklärten Willen des Wählers gekennzeichnet worden ist. [2]Der Bürgermeister ist zur Abnahme einer solchen Versicherung an Eides statt zuständig; er ist Behörde im Sinne des § 156 des Strafgesetzbuches[2)].

§ 27[3)] [Briefwahlvorstand] (1) Der Briefwahlvorstand öffnet den Wahlbrief, prüft die Gültigkeit der Stimmabgabe und legt den Stimmzettelumschlag im Falle der Gültigkeit der Stimmabgabe ungeöffnet in die Wahlurne des Wahlbezirks, der auf dem Wahlbrief bezeichnet ist.

(2) [1]Bei der Briefwahl sind Wahlbriefe zurückzuweisen, wenn

1. der Wahlbrief nicht rechtzeitig eingegangen ist,
2. dem Wahlbriefumschlag kein oder kein gültiger Wahlschein beiliegt,
3. dem Wahlbriefumschlag kein Stimmzettelumschlag beigefügt ist,
4. weder der Wahlbriefumschlag noch der Stimmzettelumschlag verschlossen ist,
5. der Wahlbriefumschlag mehrere Stimmzettelumschläge, aber nicht eine gleiche Anzahl gültiger und mit der vorgeschriebenen Versicherung an Eides statt versehener Wahlscheine enthält,

---

1) § 26 Abs. 1, 2 Sätze 1 und 2 geänd. mWv 17.10.2007 durch G v. 9.10.2007 (GV. NRW. S. 374); Abs. 2 Satz 1 geänd. mWv 7.5.2020 durch G v. 5.5.2020 (GV. NRW. S. 312d).

2) **Schönfelder Nr. 85.**

3) § 27 Abs. 1, Abs. 2 Satz 1 Nr. 3, 4, 7 und 8, Abs. 3 Satz 1 geänd., Abs. 4 neu gef. mWv 17.10.2007 durch G v. 9.10.2007 (GV. NRW. S. 374).

§ 43 [Neufeststellung des Wahlergebnisses] (1) [1] Ist der Beschluß über die Neufeststellung des Wahlergebnisses gemäß § 40 Abs. 1 Buchstabe c unanfechtbar geworden oder im verwaltungsgerichtlichen Verfahren rechtskräftig bestätigt, so hat der von der neuen Vertretung gewählte Wahlausschuß das Ergebnis neu festzustellen. [2] Er ist hierbei an die Grundsätze der Entscheidung gemäß Satz 1 gebunden.

(2) [1] Das Wahlergebnis ist vom Wahlleiter neu bekanntzumachen. [2] Auf seine Nachprüfung finden die Vorschriften der §§ 39 bis 41 Anwendung.

§ 44[1)] [Mandatsverlust] (1) Die Vertretung entscheidet darüber, ob ein Vertreter seinen Sitz verloren hat, weil die Voraussetzungen seiner Wählbarkeit nach der Wahl weggefallen sind; § 39 Abs. 1, § 40 Abs. 2 bis 4 und § 41 finden entsprechende Anwendung.

(2) Die allgemeinen Vorschriften des kommunalen Verfassungsrechts über das Beanstandungsrecht des Bürgermeisters oder Landrates und über die Befugnisse der Aufsichtsbehörden bleiben unberührt.

3. Ersatzbestimmung von Vertretern

§ 45[2)] [Nachrücken] (1) [1] Wenn ein gewählter Bewerber stirbt oder die Annahme der Wahl ablehnt oder wenn ein Vertreter stirbt oder sonst aus der Vertretung ausscheidet, wird der Sitz aus der Reserveliste der Partei oder Wählergruppe besetzt, für die der Ausgeschiedene bei der Wahl angetreten war. [2] Ein späterer Wechsel des Ausgeschiedenen zu einer anderen Partei oder Wählergruppe ist unbeachtlich.

(2) [1] An die Stelle des nach Absatz 1 Satz 1 Ausgeschiedenen tritt der für ihn in der Reserveliste benannte Ersatzbewerber, falls ein solcher nicht benannt ist, der in der Reserveliste folgende nächste Bewerber. [2] Wenn dieser Ersatzbewerber oder Bewerber die Wählbarkeit verloren hat, gestorben ist oder die Annahme der Wahl abgelehnt hat, gilt Satz 1 entsprechend.

(3) [1] Nicht berücksichtigt werden Bewerber auf der Reserveliste, die aus der Partei oder Wählergruppe ausgeschieden sind, für die sie bei der Wahl kandidiert hatten, oder die in der nach § 38 vorgesehenen Form auf ihre Anwartschaft verzichtet haben. [2] Gleiches gilt für Bewerber, die die Annahme der Wahl im Wahlbezirk oder die Wahl aus der Reserveliste abgelehnt haben.

(4) Bei der Nachfolge unberücksichtigt bleibt zudem ein Ersatzbewerber, der ausschließlich für einen im Wahlbezirk aufgestellten, aber dort nicht direkt, sondern über die Reserveliste gewählten Bewerber benannt wurde.

(5) [1] Ist der nach Absatz 1 Satz 1 Ausgeschiedene bei der Wahl nicht als Bewerber einer Partei oder Wählergruppe angetreten oder ist deren Reserveliste erschöpft, bleibt ein frei gewordener Sitz unbesetzt. [2] Die gesetzliche Mitgliederzahl der Vertretung vermindert sich entsprechend.

(6) [1] Der Wahlleiter stellt unverzüglich nach Ausscheiden des bisherigen Vertreters den Listennachfolger oder das Freibleiben des Sitzes fest. [2] Der Wahlleiter benachrichtigt den Listennachfolger und fordert ihn auf, binnen einer Woche

---

[1)] § 44 Abs. 2 geänd. mWv 17.10.2007 durch G v. 9.10.2007 (GV. NRW. S. 374).

[2)] § 45 neu gef. mWv 17.10.2007 durch G v. 9.10.2007 (GV. NRW. S. 374); Abs. 1 Satz 3 geänd., Satz 5 neu gef., Abs. 2 Satz 2 geänd. mWv 19.10.2013 durch G v. 1.10.2013 (GV. NRW. S. 564); Abs. 1 neu gef., Abs. 2–5 eingef., bish. Abs. 2 wird Abs. 6 und neu gef. mWv 24.4.2019 durch G v. 11.4.2019 (GV. NRW. S. 202).

nach Zustellung schriftlich zu erklären, ob er die Wahl annimmt. [3]Der Listennachfolger erwirbt die Mitgliedschaft in der Vertretung, sobald die auf die Benachrichtigung nach Satz 2 erfolgende Annahmeerklärung beim Wahlleiter eingeht, nicht jedoch vor dem Zeitpunkt des Ausscheidens des Mandatsträgers, dem er nachfolgt. [4]Gibt der Listennachfolger bis zum Ablauf der gesetzten Frist keine Erklärung ab, so gilt die Wahl zu diesem Zeitpunkt als angenommen. [5]Eine Erklärung unter Vorbehalt gilt als Ablehnung. [6]Eine Ablehnung kann nicht widerrufen werden. [7]Der Wahlleiter macht die Feststellung des Listennachfolgers oder das Freibleiben des Sitzes öffentlich bekannt. [8]§ 39 Absatz 1, § 40 Absatz 3 und § 41 finden mit der Maßgabe entsprechende Anwendung, dass an die Stelle des Beschlusses der Vertretung die Entscheidung des Wahlleiters tritt.

4. Folgen des Verbots einer Partei oder Wählergruppe

§ 46 [Verfassungswidrigkeit einer Partei] (1) Wird eine Partei oder die Teilorganisation einer Partei durch das Bundesverfassungsgericht gemäß Artikel 21 des Grundgesetzes[1)] für verfassungswidrig erklärt, so verlieren die Vertreter, die dieser Partei oder Teilorganisation zur Zeit der Antragstellung oder der Verkündung des Urteils angehören, ihren Sitz.

(2) [1]Die nach Absatz 1 freigewordenen Sitze bleiben unbesetzt; die gesetzliche Mitgliederzahl der Vertretung vermindert sich entsprechend. [2]Dies gilt nicht, wenn die Vertreter auf Grund eines Wahlvorschlags einer nicht für verfassungswidrig erklärten Partei oder Wählergruppe gewählt waren; in diesem Falle rücken Vertreter aus der Reserveliste gemäß § 45 nach.

(3) Absatz 1 und 2 finden sinngemäß Anwendung, wenn eine Partei oder Wählergruppe als Ersatzorganisation einer für verfassungswidrig erklärten Partei festgestellt, wenn eine Wählergruppe nach Artikel 9 Abs. 2 des Grundgesetzes verboten oder wenn eine Entscheidung nach Artikel 32 Abs. 2 der Landesverfassung[2)] getroffen ist.

(4) [1]Den Verlust der Mitgliedschaft nach Absatz 1 oder 3 stellt der Wahlleiter fest. [2]§ 45 Abs. 2 findet Anwendung.

VI.a. Wahl der Bezirksvertretungen

§ 46a[3)] [Wahl der Bezirksvertretungen] (1) Auf die Wahl der Bezirksvertretungen in den kreisfreien Städten finden die Vorschriften dieses Gesetzes entsprechende Anwendung, soweit sich nicht aus den Absätzen 2 bis 6 etwas anderes ergibt.

(2) Die für die Wahl des Rates zuständigen Wahlorgane führen die Wahl der Bezirksvertretungen durch.

---

1) Nr. **11.1**.
2) Nr. **11.11**.
3) § 46a Abs. 5 Satz 2 geänd., Abs. 6 Satz 1 neu gef. mWv 17.10.2007 durch G v. 9.10.2007 (GV. NRW. S. 374); Abs. 4 Satz 2 neu gef. mWv 16.7.2008 durch G v. 24.6.2008 (GV. NRW. S. 514); Abs. 4 Satz 2, Abs. 5 Satz 2, Abs. 6 Satz 1 geänd. mWv 19.10.2013 durch G v. 1.10.2013 (GV. NRW. S. 564); Abs. 6 eingef., bish. Abs. 6 wird Abs. 7 und Satz 1 geänd. mWv 24.4.2019 durch G v. 11.4. *2019 (GV. NRW. S. 202); Abs. 7* Satz 1 geänd. mWv 7.5.2020 durch G v. 5.5.2020 (GV. NRW. S. 312d).

(3) [1]Die Wahl der Bezirksvertretungen erfolgt nach den Grundsätzen der Verhältniswahl nach Listenwahlvorschlägen. [2]Der Wähler hat eine Stimme, die er für eine Liste abgeben kann.

(4) [1]Wahlberechtigt für die Wahl der Bezirksvertretung eines Stadtbezirks ist, wer in diesem Stadtbezirk für die Wahl des Rates wahlberechtigt ist. [2]Wählbar für die Bezirksvertretung sind alle nach Satz 1 Wahlberechtigten, die das 18. Lebensjahr vollendet haben und die übrigen Voraussetzungen des § 12 erfüllen, sowie – bei Fehlen eines entsprechenden Wohnsitzes im Stadtbezirk – die Wahlberechtigten, die in einem Gemeindewahlbezirk des Stadtbezirks als Bewerber für die Wahl des Rates aufgestellt sind.

(5) [1]Listenwahlvorschläge können von Parteien und Wählergruppen eingereicht werden. [2]§ 16 findet entsprechende Anwendung mit der Maßgabe, dass der Listenwahlvorschlag von der für das Gebiet der kreisfreien Stadt zuständigen Leitung der Partei oder Wählergruppe unterzeichnet sein muss, dass die Zahl der nach § 16 Absatz 1 Satz 3 erforderlichen Unterschriften von Wahlberechtigten höchstens 50 beträgt und dass ein Bewerber, unbeschadet seiner Bewerbung für die Wahl des Rates, nur in einem Listenwahlvorschlag benannt werden darf. [3]Als Bewerber in einem Listenwahlvorschlag kann nur benannt werden, wer in einer Mitglieder-, Vertreter- oder Wahlberechtigtenversammlung im Gebiet der kreisfreien Stadt oder des Stadtbezirks hierzu gewählt worden ist.

(6) [1]Für die Sitzverteilung zählt der Wahlausschuss zunächst die für alle Listenwahlvorschläge abgegebenen gültigen Stimmen, nach Parteien und Wählergruppen getrennt, zusammen (Gesamtstimmenzahl). [2]Er stellt dann fest, welche Parteien und Wählergruppen weniger als 2,5 Prozent der Gesamtstimmenzahl erhalten haben. [3]Listenwahlvorschläge, die weniger als 2,5 Prozent der Gesamtstimmenzahl erhalten haben, bleiben bei der Sitzverteilung für die Bezirksvertretung unberücksichtigt. [4]Durch Abzug der für diese Listenwahlvorschläge abgegebenen Stimmen von der Gesamtstimmenzahl wird die bereinigte Gesamtstimmenzahl gebildet, die für die anschließende Sitzverteilung maßgeblich ist.

(7) [1]Die Sitze in der Bezirksvertretung werden entsprechend § 33 Absatz 2 Satz 2 bis 8 auf die Parteien und Wählergruppen verteilt. [2]Entfällt bei dieser Sitzverteilung auf den Listenwahlvorschlag einer Partei oder Wählergruppe, die im Stadtbezirk 5 vom Hundert oder mehr der Gesamtstimmenzahl erhalten hat, kein Sitz, so ist die Sitzverteilung mit einer jeweils um 2 erhöhten Gesamtsitzzahl so oft zu wiederholen, bis auf den Listenwahlvorschlag einer solchen Partei oder Wählergruppe mindestens ein Sitz entfallen ist. [3]Die so geänderte Gesamtsitzzahl tritt an die Stelle der satzungsmäßigen Sitzzahl der Bezirksvertretung.

VI.b. Wahl der Bürgermeister und Landräte

§ 46b[1] **[Wahl der Bürgermeister und Landräte]** Auf die Wahl sowie die Abwahl der Bürgermeister gemäß den §§ 65 und 66 der Gemeindeordnung[2] und der Landräte gemäß den §§ 44 und 45 der Kreisordnung[3] finden die Vorschriften dieses Gesetzes entsprechende Anwendung, soweit sich nicht aus

---

[1] § 46b neu gef. mWv 17.10.2007 durch G v. 9.10.2007 (GV. NRW. S. 374).
[2] Nr. **22.11**.
[3] Nr. **22.21**.

den §§ 46c bis 46e oder aus der Gemeindeordnung, der Kreisordnung und dem Landesbeamtengesetz[1)] etwas anderes ergibt.

§ 46c[2)3)] **[Wahlergebnis; Stichwahl]** (1) [1]Jeder Wähler hat für jede Wahl eine Stimme. [2]Als Bürgermeister oder Landrat ist gewählt, wer *von den gültigen Stimmen die höchste Stimmenzahl* erhalten hat. *[3]Bei gleicher Stimmenzahl entscheidet das vom Wahlleiter zu ziehende Los.* [4]Gibt es nur einen zugelassenen Wahlvorschlag, ist der Bewerber gewählt, wenn sich die Mehrheit der Wähler für ihn entschieden hat.

(2) [1]§ 4 ist nicht entsprechend anzuwenden. [2]Abweichend von § 10 Abs. 3 können Inhaber eines Wahlscheins in jedem Stimmbezirk des Wahlgebiets wählen.

§ 46d[4)] **[Wahlvorschläge; Abwahl]** (1) [1]Jeder Wahlvorschlag darf nur einen Bewerber enthalten. [2]Wer gemäß der Gemeindeordnung[5)] oder gemäß der Kreisordnung[6)] wählbar ist, kann sich selbst vorschlagen; für einen solchen

---

[1)] Nr. **35**.

[2)] § 46c Abs. 1 eingef., bish. Abs. 1 wird Abs. 2 und Satz 2 geänd., Satz 3 eingef., bish. Satz 3 wird Satz 4, Abs. 3 eingef., bish. Abs. 2 und 3 aufgeh. mWv 17.10.2007 durch G v. 9.10.2007 (GV. NRW. S. 374); Abs. 2 Satz 2 neu gef., Satz 3 aufgeh., bish. Satz 4 wird Satz 3, Abs. 3 und 4 eingef., bish. Abs. 3 wird Abs. 5 mWv 11.5.2011 durch G v. 3.5.2011 (GV. NRW. S. 238); Abs. 1 aufgeh., bish. Abs. 2–5 werden Abs. 1–4, neuer Abs. 1 Satz 3 geänd. mWv 27.4.2013 durch G v. 9.4.2013 (GV. NRW. S. 194); *Abs. 1 Satz 2 geänd., Satz 3 eingef., bish. Satz 3 wird Satz 4, Abs. 2 und 3 aufgeh., bish. Abs. 4 wird Abs. 2 mWv 1.9.2019 durch G v. 11.4.2019 (GV. NRW. S. 202).*

[3)] Die Änd. durch Art. 1 Nr. 17 G v. 11.4.2019 (GV. NRW. S. 202) ist gem. Urt. des VerfGH v. 20.12.2019 (GV. NRW. 2020 S. 154) mit den Grundsätzen des demokratischen Rechtsstaats im Sinne von Artikel 1 Absatz 1, Artikel 2 der Landesverfassung Nordrhein-Westfalen (Nr. **1**) in Verbindung mit Artikel 28 Absatz 1 Satz 1 des Grundgesetzes **(Sartorius Nr. 1)** unvereinbar und nichtig. § 46c in der bis 31.8.2019 geltenden Fassung lautet:

„**§ 46c** (1) [1]Jeder Wähler hat für jede Wahl eine Stimme. [2]Als Bürgermeister oder Landrat ist gewählt, wer mehr als die Hälfte der gültigen Stimmen erhalten hat. [3]Gibt es nur einen zugelassenen Wahlvorschlag, ist der Bewerber gewählt, wenn sich die Mehrheit der Wähler für ihn entschieden hat.

(2) [1]Erhält von mehreren Bewerbern keiner mehr als die Hälfte der gültigen Stimmen, findet am zweiten Sonntag nach der Wahl eine Stichwahl unter den beiden Bewerbern statt, die bei der ersten Wahl die höchsten Stimmenzahlen erhalten haben. [2]Die Aufsichtsbehörde kann einen anderen Termin der Stichwahl festsetzen, wenn besondere Umstände es erfordern. [3]Es wird auf Grund desselben Wählerverzeichnisses gewählt wie bei der ersten Wahl. [4]Bei Stimmengleichheit entscheidet das vom Wahlleiter zu ziehende Los darüber, wer an der Stichwahl teilnimmt. [5]Bei der Stichwahl ist der Bewerber gewählt, der von den gültigen Stimmen die höchste Stimmenzahl erhält. [6]Bei gleicher Stimmenzahl entscheidet das vom Wahlleiter zu ziehende Los.

(3) [1]Scheidet einer der beiden Bewerber vor der Stichwahl durch Tod oder Verlust der Wählbarkeit aus, ist die Wahl insgesamt zu wiederholen. [2]Die Partei oder Wählergruppe, die den betreffenden Bewerber vorgeschlagen hatte, kann einen neuen Wahlvorschlag einreichen. [3]§ 20 Absatz 2 Satz 2 gilt entsprechend. [4]Im Übrigen findet die Wahl auf denselben Grundlagen und nach denselben Vorschriften wie die erste Wahl statt.

(4) [1]§ 4 ist nicht entsprechend anzuwenden. [2]Abweichend von § 10 Abs. 3 können Inhaber eines Wahlscheins in jedem Stimmbezirk des Wahlgebiets wählen.“

[4)] § 46d Abs. 1 Sätze 2 und 3 geänd., Abs. 3 und 4 eingef., bish. Abs. 3 wird Abs. 5 und neu gef. mWv 17.10.2007 durch G v. 9.10.2007 (GV. NRW. S. 374); Abs. 1 Satz 3, Abs. 4 Sätze 2, 3, und 4 geänd., Abs. 6 angef. mWv 19.10.2013 durch G v. 1.10.2013 (GV. NRW. S. 564); Abs. 4 eingef., bish. Abs. 4 wird Abs. 5 und neu gef., bish. Abs. 5 und 6 werden Abs. 6 und 7 mWv 24.4.2019 durch G v. 11.4.2019 (GV. NRW. S. 202).

*[5)] Nr. **22.11**.*

[6)] Nr. **22.21**.

23.21/1. Verordnung zur Ausführung des Verwaltungsvollstreckungsgesetzes (Ausführungsverordnung VwVG – VO VwVG NRW)[1]

Vom 8. Dezember 2009
(GV. NRW. S. 787)

SGV. NRW. 2010

zuletzt geänd. durch Art. 1 Siebte ÄndVO v. 12.5.2020 (GV. NRW. S. 348)

Die Verordnung wird erlassen

1. von der Landesregierung
   aufgrund von Artikel 4 § 2 Nummer 4 des Fünften Gesetzes zur Änderung des Gesetzes über den „Westdeutschen Rundfunk Köln" und des Rundfunkgesetzes für das Land Nordrhein-Westfalen (5. Rundfunkänderungsgesetz) vom 22. September 1992 (GV. NRW. S. 346), geändert durch § 3 der 2. FrequenzVO vom 22. Juni 1993 (GV. NRW. S. 318),
   hinsichtlich § 4 Nummer 25 Buchstabe a und § 5 Absatz 1 Satz 2, Absatz 3 dieser Verordnung,
2. vom Innenministerium und Finanzministerium
   a) aufgrund von § 2 Absatz 1 Satz 2 Nummer 1 des Verwaltungsvollstreckungsgesetzes NRW[2] in der Fassung der Bekanntmachung vom 19. Februar 2003 (GV. NRW. S. 156, ber. 2005 S. 818), zuletzt geändert durch Artikel 8 des Gesetzes vom 8. Dezember 2009 (GV. NRW. S. 765)
   im Einvernehmen mit dem für Forschung und Wissenschaft, für Verkehr sowie für Wirtschaft und Energie zuständigen Ministerium
   hinsichtlich § 3 dieser Verordnung,
   b) aufgrund von § 77 Absatz 2 Satz 1 Verwaltungsvollstreckungsgesetz NRW[2]
   hinsichtlich §§ 8 bis 24 dieser Verordnung,
3. vom Innenministerium
   a) aufgrund von § 1 Absatz 2 Satz 1 und § 2 Absatz 2 Satz 2 Verwaltungsvollstreckungsgesetz NRW[2]
   im Einvernehmen mit dem Finanzministerium
   hinsichtlich § 1, § 2 Absatz 3 und § 5 Absatz 1 Satz 1, Absatz 4 dieser Verordnung,
   b) aufgrund von § 28 Absatz 2 Satz 2 des Aggerverbandsgesetzes vom 15. Dezember 1992 (GV. NRW. 1993 S. 20), zuletzt geändert durch Artikel 1 des Gesetzes vom 11. Dezember 2007 (GV. NRW. S. 716),
   § 27 Absatz 2 Satz 2 des Emschergenossenschaftsgesetzes vom 7. Februar 1990 (GV. NRW. S. 144), zuletzt geändert durch Artikel 3 des Gesetzes vom 11. Dezember 2007 (GV. NRW. S. 716),
   § 40 Absatz 2 Satz 2 des Gesetzes über den Erftverband in der Fassung der Bekanntmachung vom 3. Januar 1986 (GV. NRW. S. 54), zuletzt geändert durch Artikel 4 des Gesetzes vom 11. Dezember 2007 (GV. NRW. S. 716),

---

[1] Die VO **tritt mit Ablauf des 31.12.2021 außer Kraft**, vgl. § 25 Satz 2.
[2] Nr. **23.21**.

§ 28 Absatz 2 Satz 2 des Lippeverbandsgesetzes vom 7. Februar 1990 (GV. NRW. S. 162), zuletzt geändert durch Artikel 6 des Gesetzes vom 11. Dezember 2007 (GV. NRW. S. 716),
§ 28 Absatz 2 Satz 2 des Niersverbandsgesetzes vom 15. Dezember 1992 (GV. NRW. 1993 S. 8), zuletzt geändert durch Artikel 7 des Gesetzes vom 11. Dezember 2007 (GV. NRW. S. 716),
§ 28 Absatz 2 Satz 2 des Ruhrverbandsgesetzes vom 7. Februar 1990 (GV. NRW. S. 178), zuletzt geändert durch Artikel 8 des Gesetzes vom 11. Dezember 2007 (GV. NRW. S. 716),
§ 28 Absatz 2 Satz 2 des Wupperverbandsgesetzes vom 15. Dezember 1992 (GV. NRW. 1993 S. 40), zuletzt geändert durch Artikel 9 des Gesetzes vom 11. Dezember 2007 (GV. NRW. S. 716),
§ 28 Absatz 2 Satz 2 des Gesetzes über die Linksniederrheinische Entwässerungs-Genossenschaft vom 7. Februar 1990 (GV. NRW. S. 210), zuletzt geändert durch Artikel 5 des Gesetzes vom 11. Dezember 2007 (GV. NRW. S. 716),
§ 28 Absatz 2 Satz 2 des Eifel-Rur-Verbandsgesetzes vom 7. Februar 1990 (GV. NRW. S. 106), zuletzt geändert durch Artikel 2 des Gesetzes vom 11. Dezember 2007 (GV. NRW. S. 716) und
§ 20 Absatz 3 Satz 2 des Gemeinschaftswaldgesetzes vom 8. April 1975 (GV. NRW. S. 304), zuletzt geändert durch Artikel 53 des Gesetzes vom 11. Dezember 2007 (GV. NRW. S. 662)
hinsichtlich § 5 Absatz 2 dieser Verordnung,

c) im Übrigen aufgrund von §§ 2 Absatz 2 Satz 2 und 4, 56 Absatz 2 Satz 2 Verwaltungsvollstreckungsgesetz NRW[1)].

Teil 1. Beitreibung privatrechtlicher Geldforderungen im Verwaltungsvollstreckungsverfahren

§ 1[2)] Zugelassene Forderungen. (1) Nach den Bestimmungen des Verwaltungsvollstreckungsgesetzes NRW[1)] können beigetrieben werden

1. privatrechtliche Geldforderungen des Landes, der kommunalen Gebietskörperschaften und der sonstigen juristischen Personen des öffentlichen Rechts, die der Aufsicht des Landes unterstehen, aus
   a) der Inanspruchnahme von Einrichtungen im Sinne von § 107 Absatz 2 Nummer 2 bis 4 der Gemeindeordnung für das Land Nordrhein-Westfalen[3)] in der Fassung der Bekanntmachung vom 14. Juli 1994 (GV. NRW. S. 666) in der jeweils geltenden Fassung,
   b) der Herstellung und Unterhaltung von Versorgungsleitungen und Hausanschlüssen sowie der Lieferung von Gas, Wasser, Wärme und elektrischer Energie,
   c) der Inanspruchnahme von Krankentransporten und Gesundheitsämtern,
   d) der Benutzung von Hafenanlagen,

---

1) Nr. **23.21**.

2) § 1 Abs. 1 Nr. 1 Buchst. p geänd., Buchst. q angef. mWv 6.12.2014 durch VO v. 30.11.2014 (GV. NRW. S. 856); Abs. 1 Nr. 1 Buchst. o geänd. mWv 26.6.2019 durch VO v. 29.5.2019 (GV. NRW. S. 256); Abs. 1 Nr. 1 Buchst. a geänd. mWv 30.5.2020 durch VO v. 12.5.2020 (GV. NRW. S. 348).

3) Nr. **22.11**.

e) der Inanspruchnahme der kommunalen Feuerwehren,
f) der Lieferung von Holz und sonstigen Forsterzeugnissen, forstlichen Nebennutzungen, sowie der Lieferung von Wild,
g) der Vermietung, Verpachtung oder sonstigen Überlassung von eigenen Grundstücken, Grundstücksteilen, Gebäuden, Räumen, Anlagen und Einrichtungen,
h) der Verpachtung oder Überlassung von Rechten an den in Buchstabe g bezeichneten Sachen,
i) der Nutzung landeseigener Sonderliegenschaften,
j) der Gewährung von Darlehen nach dem Bundesausbildungsförderungsgesetz [1], nach den Sozialgesetzbüchern Zweites Buch (SGB II) [2], Neuntes Buch (SGB IX) und Zwölftes Buch (SGB XII) [3] und dem Bundesversorgungsgesetz,
k) der Gewährung von Darlehen zur Förderung des Wohnens und der Modernisierung von Gebäuden,
l) der Gewährung von Darlehen zur Förderung der gewerblichen Wirtschaft sowie der Land- und Forstwirtschaft,
m) der Gewährung von Siedlungs- und Flurbereinigungsmitteln, die nicht von der Deutschen Siedlungs- und Landesrentenbank verwaltet werden,
n) der Gewährung von Darlehen zur Milderung von Ernteschäden,
o) dem Forderungsübergang nach §§ 90 und 91 des Bundessozialhilfegesetzes, §§ 93 und 94 des Sozialgesetzbuches Zwölftes Buch (SGB XII), § 37 des Bundesausbildungsförderungsgesetzes, § 27g des Bundesversorgungsgesetzes sowie §§ 94, 95 und 96 des Sozialgesetzbuches Achtes Buch (SGB VIII) –, Kinder- und Jugendhilfe – §§ 115, 116 Sozialgesetzbuch X [4] und § 7 des Unterhaltsvorschussgesetzes in der Fassung der Bekanntmachung vom 17. Juli 2007 (BGBl. I S. 1446) in der jeweils geltenden Fassung,
p) der Gewährung von Mikrodarlehen für Kleingründungen,
q) der Gewährung von Darlehen für Gewerbetreibende und Freiberufler in der Kreativwirtschaftsbranche (Kreativdarlehen) oder

2. privatrechtliche Geldforderungen des Landes, der kommunalen Gebietskörperschaften und der sonstigen juristischen Personen des öffentlichen Rechts, die er Aufsicht des Landes unterstehen, auf Rückzahlung von Zuschüssen und Beihilfen, die geleistet wurden
a) für Zwecke der Sozial- und Jugendhilfe sowie für Einrichtungen der Wohlfahrtspflege,
b) zur Förderung der gewerblichen Wirtschaft sowie der Land- und Forstwirtschaft,
c) zu wissenschaftlichen oder kulturellen Zwecken oder
d) an private Schulen,

---

[1] **Sartorius Nr. 420.**
[2] Nr. **51.4.**
[3] Nr. **51.2.**
[4] Nr. **51.9.**

3. Erbbauzins nach der *Verordnung über das Erbbaurecht*[1] vom 15. Januar 1919 (RGBl. S. 72, 122) in der jeweils geltenden Fassung, der dem Land, den kommunalen Gebietskörperschaften oder den sonstigen juristischen Personen des öffentlichen Rechts, die der Aufsicht des Landes unterstehen, geschuldet wird,
4. Beträge, die vom Land, einer kommunalen Gebietskörperschaft oder einer sonstigen juristischen Person des öffentlichen Rechts, die der Aufsicht des Landes untersteht, aufgrund gesetzlicher Verpflichtung verauslagt sind und nach den Vorschriften des bürgerlichen Rechts erstattet werden müssen,
5. die an den Ausfallfonds abgetretenen Ansprüche im Zusammenhang mit Studienbeitragsdarlehen (§§ 17 und 18 Studienbeitrags- und Hochschulabgabengesetz vom 21. März 2006 (GV. NRW. S. 119)).

(2) Zu den Forderungen nach Absatz 1 gehören auch die Zinsen, Verzugszinsen, Kosten der Zahlungsaufforderungen und sonstigen Nebenforderungen.

Teil 2. Vollstreckungsbehörden, Gläubiger, Kostenbeitrag

§ 2[2] **Vollstreckungsbehörden.** (1) Geldforderungen der in § 1 Verwaltungsvollstreckungsgesetz NRW[3] genannten Art werden für die in § 4 dieser Verordnung genannten Gläubiger von den Vollstreckungsbehörden der Gemeinden beigetrieben.

(2) Die Vollstreckungsbehörde der Gemeinde am Sitz des Gläubigers ist zuständig, wenn sich das Verwaltungszwangsverfahren gegen einen Schuldner richtet, der seinen Wohnsitz oder gewöhnlichen Aufenthalt außerhalb des Landes Nordrhein-Westfalen hat.

(3) Geldforderungen der NRW.BANK der in § 1 Verwaltungsvollstreckungsgesetz NRW genannten Art werden von der Landeshauptkasse als Vollstreckungsbehörde beigetrieben.

(4) Vollstreckungsbehörde für Forderungen aus Festsetzungs- und Zahlungsbescheiden nach den §§ 33, 34 Absatz 6 Satz 2 des Pflegeberufegesetzes vom 17. Juli 2017 (BGBl. I S. 2581), das zuletzt durch Artikel 3a des Gesetzes vom 13. Januar 2020 (BGBl. I S. 66) geändert worden ist, ist die Landeshauptkasse.

(5) Die Absätze 1 bis 3 gelten nicht, soweit gesetzliche Vorschriften für bestimmte Forderungen die unmittelbare Inanspruchnahme bestimmter Vollstreckungsbehörden oder ein anderes Vollstreckungsverfahren vorsehen.

§ 3[4] **Besondere Vollstreckungsbehörden.** (1) Die nachfolgend aufgeführten Stellen nehmen die Aufgabe der Vollstreckungsbehörde für die Beitreibung der ihnen zustehenden Geldforderungen der in § 1 Verwaltungsvollstreckungsgesetz NRW[3] genannten Art wahr:

---

[1] Richtig wohl: „Gesetz über das Erbbaurecht (Erbbaurechtsgesetz – ErbbauRG) **(Schönfelder Nr. 41)**".

[2] § 2 Abs. 3 geänd., Abs. 4 eingef., bish. Abs. 4 wird Abs. 5 mWv 30.5.2020 durch VO v. 12.5. 2020 (GV. NRW. S. 348).

[3] Nr. **23.21**.

[4] § 3 Abs. 2 neu gef. mWv 1.1.2017 durch VO v. 21.9.2016 (GV. NRW. S. 791); Abs. 3 angef. mWv 26.6.2019 durch VO v. 29.5.2019 (GV. NRW. S. 256).

1. das Universitätsklinikum Aachen, das Universitätsklinikum Bonn, das Universitätsklinikum Düsseldorf, das Universitätsklinikum Essen, das Universitätsklinikum Köln und das Universitätsklinikum Münster,
2. das Landesamt für Besoldung und Versorgung Nordrhein-Westfalen,
3. die Landesbetriebe
   a) Information und Technik Nordrhein-Westfalen,
   b) Mess- und Eichwesen Nordrhein-Westfalen,
   c) Geologischer Dienst Nordrhein-Westfalen und
   d) Straßenbau Nordrhein-Westfalen.

(2) [1] Zentrale Vollstreckungsbehörde der Hochschulen für die Beitreibung von Geldforderungen der in § 1 des Verwaltungsvollstreckungsgesetzes NRW genannten Art ist mit Ablauf des 30. Juni 2017 die Universität Düsseldorf für alle in § 1 Absatz 2 des Hochschulgesetzes[1)] vom 16. September 2014 (GV. NRW. S. 547) in der jeweils geltenden Fassung genannten Hochschulen. [2] Bis zum Ablauf des 30. Juni 2017 sind Zentrale Vollstreckungsbehörden der Hochschulen im Sinne des Satzes 1 die Universität Düsseldorf für alle in den Regierungsbezirken Arnsberg, Detmold, Düsseldorf und Münster, die Universität Köln für alle im Regierungsbezirk Köln gelegenen und in § 1 Absatz 2 des Hochschulgesetzes genannten Hochschulen.

(3) Vollstreckungsbehörde für die nach § 7 des Unterhaltsvorschussgesetzes auf das Land Nordrhein-Westfalen übergegangenen Ansprüche und für Geldbußen nach § 10 Absatz 1 Nummer 1 des Unterhaltsvorschussgesetzes ist das Landesamt für Finanzen, soweit es gemäß § 1 Absatz 2 der UVG-Durchführungsverordnung vom 11. Dezember 2018 (GV. NRW. S. 707) in der jeweils geltenden Fassung und § 2 Absatz 1 Satz 1 der UVG-Durchführungsverordnung zuständig ist.

§ 4[2)] Gläubiger. Gläubiger im Sinne von § 2 dieser Verordnung sind folgende Körperschaften und Anstalten des öffentlichen Rechts und Einrichtungen, soweit sie im Lande Nordrhein-Westfalen ihren Sitz haben und der Landesaufsicht unterstehen, ferner folgende Personen, denen durch Gesetz hoheitliche Aufgaben übertragen sind und die der Landesaufsicht unterstehen:
1. Anstalten des öffentlichen Rechts im Sinne des § 114a Gemeindeordnung[3)],
2. Architektenkammer Nordrhein-Westfalen,
3. Gemeinsame Kommunalunternehmen im Sinne der §§ 27 und 28 des Gesetzes über kommunale Gemeinschaftsarbeit[4)],
4. Industrie- und Handelskammern,
5. Ingenieurkammer-Bau Nordrhein-Westfalen,
6. Kammern im Sinne von § 1 Heilberufsgesetz NRW[5)],

[1)] **v. Hippel/Rehborn Nr. 240.**

[2)] § 4 Nr. 25 einl. Satzteil und Buchst. a geänd. mWv 22.6.2018 durch VO v. 12.6.2018 (GV. NRW. S. 278); einl. Satzteil geänd., Nr. 15 eingef., bish. Nr. 15–20 werden Nr. 16–21, Nr. 22 eingef., bish. Nr. 21 und 22 werden Nr. 23 und 24, Nr. 25 eingef., bish. Nr. 23–25 werden Nr. 26–28 mWv 26.6. 2019 durch VO v. 29.5.2019 (GV. NRW. S. 256); Nr. 12, 20 neu gef., Nr. 21 eingef., bish. Nr. 21–28 werden Nr. 22–29 mWv 30.5.2020 durch VO v. 12.5.2020 (GV. NRW. S. 348).

[3)] **Nr. 22.11.**

[4)] **Nr. 22.41.**

[5)] **v. Hippel/Rehborn Nr. 152.**

7. Kassenärztliche und Kassenzahnärztliche Vereinigungen,
8. Kirchengemeinden und Verbände von Kirchengemeinden der Erzbistümer/Bistümer Köln, Paderborn, Aachen, Essen, Münster,
9. Kirchengemeinden und Verbände von Kirchengemeinden der Evangelischen Kirche im Lande Nordrhein-Westfalen,
10. Landesanstalt für Medien Nordrhein-Westfalen,
11. Landesunmittelbare Träger der gesetzlichen Rentenversicherung,
12. Unfallkasse Nordrhein-Westfalen,
13. Landwirtschaftskammer,
14. Medizinische Dienste der Krankenversicherung,
15. Notarversorgungswerk Köln,
16. Öffentlich bestellte Vermessungsingenieure,
17. Orts-, Innungs- und Betriebskrankenkassen und deren Verbände,
18. Pflegekassen,
19. Steuerberaterkammern,
20. Versorgungswerk der Mitglieder des Landtags Nordrhein-Westfalen und des Landtags Brandenburg,
21. Hilfskasse beim Landtag Nordrhein-Westfalen,
22. Untersuchungsanstalten nach § 2 Absatz 1 des Gesetzes zur Bildung integrierter Untersuchungsanstalten für Bereiche des Verbraucherschutzes,
23. Versorgungswerk der Architektenkammer NRW,
24. Versorgungswerke der Kammern im Sinne von § 1 Heilberufsgesetz NRW,
25. Versorgungswerk der Rechtsanwälte im Lande Nordrhein-Westfalen,
26. Versorgungswerk der Steuerberater im Land Nordrhein-Westfalen,
27. Versorgungswerk der Wirtschaftsprüfer und der vereidigten Buchprüfer im Lande Nordrhein-Westfalen,
28. Wasser- und Bodenverbände im Sinne von § 1 Wasserverbandsgesetz vom 12. Februar 1991,
29. Westdeutscher Rundfunk Köln,
    a) soweit es um die Beitreibung rückständiger Rundfunkgebühren und Rundfunkbeiträge geht,
    b) für sonstige Forderungen.

§ 5[1] Kostenbeitrag. (1) Die in § 4 genannten Gläubiger haben mit der Auftragserteilung an die in Anspruch genommene Vollstreckungsbehörde je Vollstreckungsersuchen einen Kostenbeitrag von 37 Euro zu zahlen.

(2) Für die unmittelbare Inanspruchnahme bestimmter Vollstreckungsbehörden im Sinne von § 2 Absatz 2 Satz 3 Verwaltungsvollstreckungsgesetz NRW[2] gilt Absatz 1 entsprechend.

(3) Für Ersuchen um Vollstreckungshilfe nach § 10 Absatz 6 Satz 2 des Rundfunkbeitragsstaatsvertrages vom 13. Dezember 2011 (GV. NHW. S. 675) gilt Absatz 1 entsprechend.

---

[1] § 5 Abs. 1 bish. Satz 1 geänd., Satz 2 aufgeh., Abs. 3 neu gef. mWv 22.6.2018 durch VO v. 12.6. 2018 (GV. NRW. S. 278); Abs. 2–4 geänd., Abs. 5 angef. mWv 30.5.2020 durch VO v. 12.5.2020 (*GV. NRW. S. 348*).

[2] Nr. **23.21**.

(4) Im Falle von § 2 Absatz 3 bestimmt sich der Kostenbeitrag nach einer gesonderten Vereinbarung zwischen der Landeshauptkasse und der NRW.BANK, die der vorherigen Zustimmung des Finanzministeriums bedarf.

(5) [1] Im Falle von § 2 Absatz 4 bestimmt sich der Kostenbeitrag nach einer gesonderten Vereinbarung zwischen der Landeshauptkasse und der für die Verwaltung des Pflegeausbildungsfonds landesweit zuständigen Stelle. [2] Die Vereinbarung bedarf der vorherigen Zustimmung des für Finanzen zuständigen Ministeriums und des für Pflegeberufe zuständigen Ministeriums.

Teil 3. Besondere Vollzugsbehörden

§ 6 Kreisordnungsbehörden. Zuständig für den Vollzug der Verwaltungsakte der Bezirksregierungen nach § 7 des Abgrabungsgesetzes[1] in der Fassung der Bekanntmachung vom 23. November 1979 (GV. NRW. S. 922) in der jeweils geltenden Fassung sind die Kreisordnungsbehörden.

§ 7 Bezirksregierung. Zuständig für den Vollzug der Verwaltungsakte der Bezirksregierung Düsseldorf nach den §§ 8 bis 10, 12, 19 und 20 des Gentechnikgesetzes[2] in der Fassung der Bekanntmachung vom 16. Dezember 1993 (BGBl. I S. 2066) in der jeweils geltenden Fassung ist die jeweils örtlich zuständige Bezirksregierung.

---

[1] **v. Hippel/Rehborn Nr. 104.**
[2] **Sartorius Nr. 270.**

§ 21 Wegegeld. (1) [1] Für jede Dienstreise und jeden Dienstgang des Vollziehungsbeamten und des Vollzugsbeamten wird ein Wegegeld erhoben. [2] Für die Berechnung des Wegegeldes ist die Entfernung zwischen der Dienststelle und dem Ort, an dem die Vollstreckungshandlung vorgenommen wird, maßgeblich. [3] Das Wegegeld beträgt bei Entfernungen

1.	bis zu 10 Kilometer	2,50 EUR,
2.	mehr als 10 Kilometer bis 20 Kilometer	5,00 EUR,
3.	mehr als 20 Kilometer bis 30 Kilometer	7,50 EUR,
4.	von mehr als 30 Kilometer	10,00 EUR.

(2) Wegegeld wird nur für die im räumlichen Zuständigkeitsbereich der Vollstreckungsbehörde zur Durchführung des Auftrages zurückgelegte Wegstrecke erhoben.

(3) [1] Für die Berechnung des Wegegeldes ist es ohne Belang, wie der Vollziehungsbeamte oder der Vollzugsbeamte die für die Erledigung des Auftrages erforderliche Wegstrecke zurücklegt. [2] Werden auf einer Dienstreise oder einem Dienstgang mehrere Vollstreckungsaufträge durchgeführt, wird das Wegegeld für jeden Auftrag gesondert gemäß Absatz 1 Satz 2 berechnet.

(4) [1] Wegegeld kann für jeden Vollstreckungsauftrag nur einmal erhoben werden. [2] Werden mehrere Wege zurückgelegt, ist der Weg mit der weitesten Entfernung maßgebend. [3] Ist die Erfolglosigkeit einer Vollstreckungshandlung auf das Verschulden des Vollstreckungsschuldners zurückzuführen oder werden Teilbeträge einbezogen, so kann ein gesondertes Wegegeld erhoben werden.

(5) Das Wegegeld wird auch dann erhoben, wenn der Vollstreckungsauftrag nach Antritt des Weges seine Erledigung gefunden hat.

Kapitel 3. Gemeinsame Vorschriften

§ 22 Inanspruchnahme von Gerichtsvollziehern. Für Zwangsvollstreckungen, die durch Gerichtsvollzieher oder durch Vollziehungsbeamte der Justiz ausgeführt werden (§ 11 Absatz 3 Verwaltungsvollstreckungsgesetz NRW[1)]), gelten die Bestimmungen der §§ 8 bis 24 nicht.

§ 23 Kostenhaftung. (1) Die Kosten der Zwangsvollstreckung werden von der Vollstreckungsbehörde aus den beigetriebenen und den eingezahlten Geldern entnommen.

(2) Reicht der Erlös einer Zwangsvollstreckung oder die Zahlung des Schuldners zur Deckung der beizutreibenden Forderung und der Kosten nicht aus, so sind, soweit für die Reihenfolge der Anrechnung nicht anderweitige Bestimmungen maßgebend sind, zunächst die in Ansatz gebrachten Gebühren, sodann die übrigen Kosten der Zwangsvollstreckung zu decken.

(3) Dient die Vollstreckung der Beitreibung eines Zwangsgeldes, an dessen Stelle im Nichtbeitreibungsfalle Ersatzzwangshaft treten kann (§ 61 Verwaltungsvollstreckungsgesetz NRW[1)]), so sind nicht ausreichende Beträge zunächst auf das Zwangsgeld zu verrechnen.

(4) [1] Im Falle der Amtshilfe gehen Kostenansprüche der ersuchten Behörde den Kostenansprüchen der ersuchenden Behörde vor. [2] Etwaige Gebührenausfälle sind der ersuchten Vollstreckungsbehörde neben den Auslagen nur dann

[1)] Nr. **23.21**.

vom Gläubiger zu erstatten, wenn dieser nicht selbst Vollstreckungsbehörde ist (§ 20 Absatz 2 Verwaltungsvollstreckungsgesetz NRW).

§ 24 Abweichende Kostenberechnung. (1) Kosten, die durch unrichtige Behandlung der Sache entstanden sind, werden nicht erhoben.

(2) Die Vollstreckungs- oder Vollzugsbehörde kann auch in anderen Fällen von der Berechnung und Beitreibung der Gebühren und Auslagen ganz oder teilweise absehen, wenn es sich um geringfügige Beträge handelt oder nach Begleichung der Hauptschuld die Beitreibung der Kosten für den Schuldner eine unbillige Härte bedeuten oder neue, nicht vertretbare Kosten verursachen würde.

(3) Die Vollstreckungsbehörde kann die in den §§ 11 und 13 vorgesehenen Gebühren bis auf das Doppelte des Betrages erhöhen, wenn aus Gründen, die der Schuldner zu vertreten hat, die Vollstreckung den Einsatz mehrerer Vollziehungsbeamten erfordert oder besondere Aufwendungen notwendig macht oder zur Nachtzeit oder an Sonn- und Feiertagen durchgeführt werden muss und dadurch erhöhte Kosten entstehen, die die normale Gebühr übersteigen, jedoch nicht als Auslagen im Sinne des § 20 behandelt werden können.

Teil 5. Schlussvorschriften

§ 25[1)] Inkrafttreten, Außerkrafttreten. [1] Diese Verordnung tritt am Tage nach ihrer Verkündung[2)] in Kraft. [2] Sie tritt mit Ablauf des 31. Dezember 2021 außer Kraft.

1) § 25 Abs. 1 Satz 2 geänd., Abs. 2 aufgeh. mWv 12.7.2014 durch VO v. 27.6.2014 (GV. NRW. S. 376); Satz 2 geänd. mWv 20.12.2019 durch VO v. 10.12.2019 (GV. NRW. S. 944); Satz 2 geänd. mWv 30.5.2020 durch VO v. 12.5.2020 (GV. NRW. S. 348).

2) Verkündet am 16.12.2009.

§ 850 i[1)] Pfändungsschutz für sonstige Einkünfte. (1) [1] Werden nicht wiederkehrend zahlbare Vergütungen für persönlich geleistete Arbeiten oder Dienste oder sonstige Einkünfte, die kein Arbeitseinkommen sind, gepfändet, so hat das Gericht dem Schuldner auf Antrag während eines angemessenen Zeitraums so viel zu belassen, als ihm nach freier Schätzung des Gerichts verbleiben würde, wenn sein Einkommen aus laufendem Arbeits- oder Dienstlohn bestünde. [2] Bei der Entscheidung sind die wirtschaftlichen Verhältnisse des Schuldners, insbesondere seine sonstigen Verdienstmöglichkeiten, frei zu würdigen. [3] Der Antrag des Schuldners ist insoweit abzulehnen, als überwiegende Belange des Gläubigers entgegenstehen.

(2) Die Vorschriften des § 27 des Heimarbeitsgesetzes[2)] vom 14. März 1951 (BGBl. I S. 191) bleiben unberührt.[3)]

(3) Die Bestimmungen der Versicherungs-, Versorgungs- und sonstigen gesetzlichen Vorschriften über die Pfändung von Ansprüchen bestimmter Art bleiben unberührt.[4)]

[1)] § 850 i Überschr. und Abs. 1 neu gef., Abs. 2 aufgeh., bish. Abs. 3 und 4 werden Abs. 2 und 3 mWv 1. 7. 2010 durch G v. 7. 7. 2009 (BGBl. I S. 1707).

[2)] **Nipperdey I, Arbeitsrecht Nr. 450.**

[3)] § 27 HeimarbeitsG lautet:

„**§ 27. Pfändungsschutz.** Für das Entgelt, das den in Heimarbeit Beschäftigten oder den Gleichgestellten gewährt wird, gelten die Vorschriften über den Pfändungsschutz für Vergütungen, die auf Grund eines Arbeits- oder Dienstverhältnisses geschuldet werden, entsprechend."

[4)] Beachte hierzu § 54 Sozialgesetzbuch (SGB I) – Allgemeiner Teil – (Nr. **51.1**) mit späteren Änderungen:

„**§ 54 Pfändung.** (1) Ansprüche auf Dienst- und Sachleistungen können nicht gepfändet werden.

(2) Ansprüche auf einmalige Geldleistungen können nur gepfändet werden, soweit nach den Umständen des Falles, insbesondere nach den Einkommens- und Vermögensverhältnissen des Leistungsberechtigten, der Art des beizutreibenden Anspruchs sowie der Höhe und der Zweckbestimmung der Geldleistung, die Pfändung der Billigkeit entspricht.

(3) Unpfändbar sind Ansprüche auf

1. Elterngeld und Betreuungsgeld bis zur Höhe der nach § 10 des Bundeselterngeld- und Elternzeitgesetzes anrechnungsfreien Beträge sowie dem Erziehungsgeld vergleichbare Leistungen der Länder,
2. Mutterschaftsgeld nach § 19 Absatz 1 des Mutterschutzgesetzes, soweit das Mutterschaftsgeld nicht aus einer Teilzeitbeschäftigung während der Elternzeit herrührt, bis zur Höhe des Elterngeldes nach § 2 des Bundeselterngeld- und Elternzeitgesetzes, soweit es die anrechnungsfreien Beträge nach § 10 des Bundeselterngeld- und Elternzeitgesetzes nicht übersteigt,

2 a. Wohngeld, soweit nicht die Pfändung wegen Ansprüchen erfolgt, die Gegenstand der §§ 9 und 10 des Wohngeldgesetzes sind,

3. Geldleistungen, die dafür bestimmt sind, den durch einen Körper- oder Gesundheitsschaden bedingten Mehraufwand auszugleichen.

(4) Im übrigen können Ansprüche auf laufende Geldleistungen wie Arbeitseinkommen gepfändet werden.

(5) [1] Ein Anspruch des Leistungsberechtigten auf Geldleistungen für Kinder (§ 48 Abs. 1 Satz 2) kann nur wegen gesetzlicher Unterhaltsansprüche eines Kindes, das bei der Festsetzung der Geldleistungen berücksichtigt wird, gepfändet werden. [2] Für die Höhe des pfändbaren Betrages bei Kindergeld gilt:

1. Gehört das unterhaltsberechtigte Kind zum Kreis der Kinder, für die dem Leistungsberechtigten Kindergeld gezahlt wird, so ist eine Pfändung bis zu dem Betrag möglich, der bei gleichmäßiger Verteilung des Kindergeldes auf jedes dieser Kinder entfällt. Ist das Kindergeld durch die Berücksichtigung eines weiteren Kindes erhöht, für das einer dritten Person Kindergeld oder dieser oder dem Leistungsberechtigten eine andere Geldleistung für Kinder zusteht, so bleibt der Erhöhungsbetrag bei der Bestimmung des pfändbaren Betrages des Kindergeldes nach Satz 1 außer Betracht.
2. Der Erhöhungsbetrag (Nummer 1 Satz 2) ist zugunsten jedes bei der Festsetzung des Kindergeldes berücksichtigten unterhaltsberechtigten Kindes zu dem Anteil pfändbar, der sich bei gleichmäßiger Verteilung auf alle Kinder, die bei der Festsetzung des Kindergeldes zugunsten des Leistungsberechtigten berücksichtigt werden, ergibt.

(6) In den Fällen der Absätze 2, 4 und 5 gilt § 53 Abs. 6 entsprechend."

§ 850 k[1] **Pfändungsschutzkonto.** (1) [1] Wird das Guthaben auf dem Pfändungsschutzkonto des Schuldners bei einem Kreditinstitut gepfändet, kann der Schuldner jeweils bis zum Ende des Kalendermonats über Guthaben in Höhe des monatlichen Freibetrages nach § 850 c Abs. 1 Satz 1 in Verbindung mit § 850 c Abs. 2 a verfügen; insoweit wird es nicht von der Pfändung erfasst. [2] Zum Guthaben im Sinne des Satzes 1 gehört auch das Guthaben, das bis zum Ablauf der Frist des § 835 Absatz 4 nicht an den Gläubiger geleistet oder hinterlegt werden darf. [3] Soweit der Schuldner in dem jeweiligen Kalendermonat nicht über Guthaben in Höhe des nach Satz 1 pfändungsfreien Betrages verfügt hat, wird dieses Guthaben in dem folgenden Kalendermonat zusätzlich zu dem nach Satz 1 geschützten Guthaben nicht von der Pfändung erfasst. [4] Die Sätze 1 bis 3 gelten entsprechend, wenn das Guthaben auf einem Girokonto des Schuldners gepfändet ist, das vor Ablauf von vier Wochen seit der Zustellung des Überweisungsbeschlusses an den Drittschuldner in ein Pfändungsschutzkonto umgewandelt wird.

(2) [1] Die Pfändung des Guthabens gilt im Übrigen als mit der Maßgabe ausgesprochen, dass in Erhöhung des Freibetrages nach Absatz 1 folgende Beträge nicht von der Pfändung erfasst sind:

1. die pfändungsfreien Beträge nach § 850 c Abs. 1 Satz 2 in Verbindung mit § 850 c Abs. 2 a Satz 1, wenn
   a) der Schuldner einer oder mehreren Personen aufgrund gesetzlicher Verpflichtung Unterhalt gewährt oder
   b) der Schuldner Geldleistungen nach dem Zweiten[2] oder Zwölften Buch Sozialgesetzbuch[3] für mit ihm in einer Gemeinschaft im Sinne des § 7 Abs. 3 des Zweiten Buches Sozialgesetzbuch oder der §§ 19, 20, 39 Satz 1 oder 43 des Zwölften Buches Sozialgesetzbuch lebende Personen, denen er nicht aufgrund gesetzlicher Vorschriften zum Unterhalt verpflichtet ist, entgegennimmt;
2. einmalige Geldleistungen im Sinne des § 54 Abs. 2 des Ersten Buches Sozialgesetzbuch[4] und Geldleistungen zum Ausgleich des durch einen Körper- oder Gesundheitsschaden bedingten Mehraufwandes im Sinne des § 54 Abs. 3 Nr. 3 des Ersten Buches Sozialgesetzbuch;
3. das Kindergeld oder andere Geldleistungen für Kinder, es sei denn, dass wegen einer Unterhaltsforderung eines Kindes, für das die Leistungen gewährt oder bei dem es berücksichtigt wird, gepfändet wird.

[2] Für die Beträge nach Satz 1 gilt Absatz 1 Satz 3 entsprechend.

(3) An die Stelle der nach Absatz 1 und Absatz 2 Satz 1 Nr. 1 pfändungsfreien Beträge tritt der vom Vollstreckungsgericht im Pfändungsbeschluss belassene Betrag, wenn das Guthaben wegen der in § 850 d bezeichneten Forderungen gepfändet wird.

---

[1] § 850 k neu gef. mWv 1. 7. 2010 durch G v. 7. 7. 2009 (BGBl. I S. 1707); Abs. 8 neu gef., Abs. 9 Satz 1 geänd. mWv 28. 12. 2010 durch G v. 22. 12. 2010 (BGBl. I S. 2248); Abs. 1 Satz 2 eingef., bish. Sätze 2 und 3 werden Sätze 3 und 4, neuer Satz 4 geänd., Abs. 2 Satz 2 geänd. mWv 16. 4. 2011 durch G v. 12. 4. 2011 (BGBl. I S. 615); Abs. 2 Satz 1 Nr. 1 Buchst. b geänd. mWv 26. 11. 2016 durch G v. 21. 11. 2016 (BGBl. I S. 2591); Abs. 8 Satz 5 geänd. mWv 26. 11. 2019 durch G v. 20. 11. 2019 *(BGBl. I S. 1724)*.

[2] Nr. **51.4**.

[3] Nr. **51.2**.

[4] Nr. **51.1**.

(4) [1]Das Vollstreckungsgericht kann auf Antrag einen von den Absätzen 1, 2 Satz 1 Nr. 1 und Absatz 3 abweichenden pfändungsfreien Betrag festsetzen. [2]Die §§ 850 a, 850 b, 850 c, 850 d Abs. 1 und 2, die §§ 850 e, 850 f, 850 g und 850 i sowie die §§ 851 c und 851 d dieses Gesetzes sowie § 54 Abs. 2, Abs. 3 Nr. 1, 2 und 3, Abs. 4 und 5 des Ersten Buches Sozialgesetzbuch, § 17 Abs. 1 Satz 2 des Zwölften Buches Sozialgesetzbuch und § 76 des Einkommensteuergesetzes sind entsprechend anzuwenden. [3]Im Übrigen ist das Vollstreckungsgericht befugt, die in § 732 Abs. 2 bezeichneten Anordnungen zu erlassen.

(5) [1]Das Kreditinstitut ist dem Schuldner zur Leistung aus dem nach Absatz 1 und 3 nicht von der Pfändung erfassten Guthaben im Rahmen des vertraglich Vereinbarten verpflichtet. [2]Dies gilt für die nach Absatz 2 nicht von der Pfändung erfassten Beträge nur insoweit, als der Schuldner durch eine Bescheinigung des Arbeitgebers, der Familienkasse, des Sozialleistungsträgers oder einer geeigneten Person oder Stelle im Sinne von § 305 Abs. 1 Nr. 1 der Insolvenzordnung[1)] nachweist, dass das Guthaben nicht von der Pfändung erfasst ist. [3]Die Leistung des Kreditinstituts an den Schuldner hat befreiende Wirkung, wenn ihm die Unrichtigkeit einer Bescheinigung nach Satz 2 weder bekannt noch infolge grober Fahrlässigkeit unbekannt ist. [4]Kann der Schuldner den Nachweis nach Satz 2 nicht führen, so hat das Vollstreckungsgericht auf Antrag die Beträge nach Absatz 2 zu bestimmen. [5]Die Sätze 1 bis 4 gelten auch für eine Hinterlegung.

(6) [1]Wird einem Pfändungsschutzkonto eine Geldleistung nach dem Sozialgesetzbuch oder Kindergeld gutgeschrieben, darf das Kreditinstitut die Forderung, die durch die Gutschrift entsteht, für die Dauer von 14 Tagen seit der Gutschrift nur mit solchen Forderungen verrechnen und hiergegen nur mit solchen Forderungen aufrechnen, die ihm als Entgelt für die Kontoführung oder aufgrund von Kontoverfügungen des Berechtigten innerhalb dieses Zeitraums zustehen. [2]Bis zur Höhe des danach verbleibenden Betrages der Gutschrift ist das Kreditinstitut innerhalb von 14 Tagen seit der Gutschrift nicht berechtigt, die Ausführung von Zahlungsvorgängen wegen fehlender Deckung abzulehnen, wenn der Berechtigte nachweist oder dem Kreditinstitut sonst bekannt ist, dass es sich um die Gutschrift einer Geldleistung nach dem Sozialgesetzbuch oder von Kindergeld handelt. [3]Das Entgelt des Kreditinstituts für die Kontoführung kann auch mit Beträgen nach den Absätzen 1 bis 4 verrechnet werden.

(7) [1]In einem der Führung eines Girokontos zugrunde liegenden Vertrag können der Kunde, der eine natürliche Person ist, oder dessen gesetzlicher Vertreter und das Kreditinstitut vereinbaren, dass das Girokonto als Pfändungsschutzkonto geführt wird. [2]Der Kunde kann jederzeit verlangen, dass das Kreditinstitut sein Girokonto als Pfändungsschutzkonto führt. [3]Ist das Guthaben des Girokontos bereits gepfändet worden, so kann der Schuldner die Führung als Pfändungsschutzkonto zum Beginn des vierten auf seine Erklärung folgenden Geschäftstages verlangen.

(8) [1]Jede Person darf nur ein Pfändungsschutzkonto unterhalten. [2]Bei der Abrede hat der Kunde gegenüber dem Kreditinstitut zu versichern, dass er kein weiteres Pfändungsschutzkonto unterhält. [3]Das Kreditinstitut darf Auskunfteien mitteilen, dass es für den Kunden ein Pfändungsschutzkonto führt. [4]Die Auskunfteien dürfen diese Angabe nur verwenden, um Kreditinstituten auf Anfrage zum Zwecke der Überprüfung der Richtigkeit der Versicherung nach Satz 2

[1)] **Schönfelder Nr. 110.**

Auskunft darüber zu erteilen, ob die betroffene Person ein Pfändungsschutzkonto unterhält. [5] Die Verarbeitung zu einem anderen als dem in Satz 4 genannten Zweck ist auch mit Einwilligung der betroffenen Person unzulässig.

(9) [1] Unterhält ein Schuldner entgegen Absatz 8 Satz 1 mehrere Girokonten als Pfändungsschutzkonten, ordnet das Vollstreckungsgericht auf Antrag eines Gläubigers an, dass nur das von dem Gläubiger in dem Antrag bezeichnete Girokonto dem Schuldner als Pfändungsschutzkonto verbleibt. [2] Der Gläubiger hat die Voraussetzungen nach Satz 1 durch Vorlage entsprechender Erklärungen der Drittschuldner glaubhaft zu machen. [3] Eine Anhörung des Schuldners unterbleibt. [4] Die Entscheidung ist allen Drittschuldnern zuzustellen. [5] Mit der Zustellung der Entscheidung an diejenigen Kreditinstitute, deren Girokonten nicht zum Pfändungsschutzkonto bestimmt sind, entfallen die Wirkungen nach den Absätzen 1 bis 6.

§ 850l[1)] Anordnung der Unpfändbarkeit von Kontoguthaben auf dem Pfändungsschutzkonto. [1] Auf Antrag des Schuldners kann das Vollstreckungsgericht anordnen, dass das Guthaben auf dem Pfändungsschutzkonto für die Dauer von bis zu zwölf Monaten der Pfändung nicht unterworfen ist, wenn der Schuldner nachweist, dass dem Konto in den letzten sechs Monaten vor Antragstellung ganz überwiegend nur unpfändbare Beträge gutgeschrieben worden sind, und er glaubhaft macht, dass auch innerhalb der nächsten zwölf Monate nur ganz überwiegend nicht pfändbare Beträge zu erwarten sind. [2] Die Anordnung kann versagt werden, wenn überwiegende Belange des Gläubigers entgegenstehen. [3] Sie ist auf Antrag eines Gläubigers aufzuheben, wenn ihre Voraussetzungen nicht mehr vorliegen oder die Anordnung den überwiegenden Belangen dieses Gläubigers entgegensteht.

§ 851 Nicht übertragbare Forderungen. (1) Eine Forderung ist in Ermangelung besonderer Vorschriften der Pfändung nur insoweit unterworfen, als sie übertragbar ist.

(2) Eine nach § 399 des Bürgerlichen Gesetzbuchs[2)] nicht übertragbare Forderung kann insoweit gepfändet und zur Einziehung überwiesen werden, als der geschuldete Gegenstand der Pfändung unterworfen ist.

§ 851 a Pfändungsschutz für Landwirte. (1) Die Pfändung von Forderungen, die einem die Landwirtschaft betreibenden Schuldner aus dem Verkauf von landwirtschaftlichen Erzeugnissen zustehen, ist auf seinen Antrag vom Vollstreckungsgericht insoweit aufzuheben, als die Einkünfte zum Unterhalt des Schuldners, seiner Familie und seiner Arbeitnehmer oder zur Aufrechterhaltung einer geordneten Wirtschaftsführung unentbehrlich sind.

(2) Die Pfändung soll unterbleiben, wenn offenkundig ist, dass die Voraussetzungen für die Aufhebung der Zwangsvollstreckung nach Absatz 1 vorliegen.

§ 851 b[1) 3)] Pfändungsschutz bei Miet- und Pachtzinsen. (1) [1] Die Pfändung von Miete und Pacht ist auf Antrag des Schuldners vom Vollstreckungs-

---

[1)] *§ 850l neu gef. mWv 1. 1. 2012* durch G v. 7. 7. 2009 (BGBl. I S. 1707); § 851 b Abs. 2 neu gef., Abs. 3 und 4 angef. mWv 1. 1. 2013 durch G v. 29. 7. 2009 (BGBl. I S. 2258).

[2)] **Schönfelder Nr. 20.**

[3)] Beachte hierzu Übergangsvorschrift in § 39 EGZPO (**Schönfelder Nr. 101**).

24.13/1. Verordnung über die Eingruppierung der kommunalen Wahlbeamtinnen und Wahlbeamten auf Zeit und die Gewährung von Aufwandsentschädigungen durch die Gemeinden und Gemeindeverbände sowie weitere Körperschaften des öffentlichen Rechts (Eingruppierungsverordnung – EingrVO –) [1)2)]

Vom 9. Februar 1979
(GV. NW. S. 97)

SGV. NRW. 20320

zuletzt geänd. durch Art. 1 Zehnte ÄndVO v. 15.4.2020 (GV. NRW. S. 340)

Auf Grund des § 21 Abs. 2 und 3 des Bundesbesoldungsgesetzes (BBesG)[3)], § 5 Abs. 2 des Landesbesoldungsgesetzes (LBesG) und des Artikels IX § 5 Abs. 1 Nr. 2 und § 11 Abs. 4 des Zweiten Gesetzes zur Vereinheitlichung und Neuregelung des Besoldungsrechts in Bund und Ländern (2. BesVNG) vom 23. Mai 1975 (BGBl. I S. 1173), zuletzt geändert durch Gesetz vom 26. Juni 1978 (BGBl. I S. 869), in Verbindung mit der Verordnung zur Übertragung besoldungsrechtlicher Zuständigkeiten vom 2. September 1975 (GV. NW. S. 544), geändert durch Verordnung vom 5. September 1978 (GV. NW. S. 498), wird nach Maßgabe der Kommunalbesoldungsverordnung des Bundes (BKomBesV) vom 7. April 1978 (BGBl. I S. 468) im Einvernehmen mit dem Finanzminister verordnet:

§ 1[4)] Geltungsbereich. [1]Diese Verordnung gilt für die Eingruppierung der kommunalen Wahlbeamtinnen und kommunalen Wahlbeamten auf Zeit und für die Gewährung von Aufwandsentschädigungen durch die Gemeinden, Gemeindeverbände und die der Aufsicht des Landes unterstehenden Körperschaften, Anstalten und Stiftungen des öffentlichen Rechts sowie für die Gewährung einer Zulage an Bürgermeisterinnen (Oberbürgermeisterinnen) und Bürgermeister (Oberbürgermeister) sowie an Landrätinnen und Landräte. [2]Nur den in dieser Verordnung genannten Beamtinnen und Beamten der Gemeinden und Gemeindeverbände darf eine Aufwandsentschädigung gewährt werden.

§ 2[5)] Eingruppierung in den Gemeinden. (1) Das Amt der hauptamtlichen Bürgermeisterin (in kreisfreien Städten der Oberbürgermeisterin) oder des hauptamtlichen Bürgermeisters (in kreisfreien Städten des Oberbürgermeisters) ist nach der Einwohnerzahl der jeweiligen Gemeinde wie folgt einzugruppieren:

---

1) Überschrift neu gef. mWv 24.7.2010 durch VO v. 7.7.2010 (GV. NRW. S. 411); geänd. mWv 1.1.2020 durch VO v. 15.4.2020 (GV. NRW. S. 340).
2) Abschnittsüberschriften aufgeh. mWv 1.1.2020 durch VO v. 15.4.2020 (GV. NRW. S. 340).
3) **Sartorius Nr. 230.**
4) § 1 neu gef. mWv 1.1.2020 durch VO v. 15.4.2020 (GV. NRW. S. 340).
5) § 2 neu gef. mWv 1.1.2020 durch VO v. 15.4.2020 (GV. NRW. S. 340).

Einwohnerzahl		Besoldungsgruppe
bis	10 000	B 2
von	10 001 – 20 000	B 3
von	20 001 – 30 000	B 4
von	30 001 – 40 000	B 5
von	40 001 – 60 000	B 6
von	60 001 – 100 000	B 7
von	100 001 – 150 000	B 8
von	150 001 – 250 000	B 9
von	250 001 – 500 000	B 10
über	500 000	B 11

(2) [1] Den in Absatz 1 genannten Personen wird zu dem Grundgehalt nach Ablauf einer vollen Amtszeit ab Beginn einer zweiten Amtszeit eine nicht ruhegehaltfähige Zulage gewährt. [2] Die Zulage beträgt 8 Prozent des Grundgehalts.

(3) Die Ämter der übrigen Wahlbeamtinnen und Wahlbeamten auf Zeit der Gemeinden sind nach der Einwohnerzahl der jeweiligen Gemeinde und nach den Absätzen 4 bis 6 wie folgt einzugruppieren:

Einwohnerzahl	Besoldungsgruppe zum allgemeinen Vertreter des Bürgermeisters (Oberbürgermeisters) bestellte Beigeordnete	sonstige
bis 10 000	A 13/A 14	–
von 10 001 – 20 000	A 14/A 15	A 13/A 14
von 20 001 – 30 000	A 15/A 16	A 14/A 15
von 30 001 – 40 000	A 16/B 2	A 15/A 16
von 40 001 – 60 000	B 2/B 3	A 16/B 2
von 60 001 – 100 000	B 3/B 4	B 2/B 3
von 100 001 – 150 000	B 4/B 5	B 3/B 4
von 150 001 – 250 000	B 5/B 6	B 4/B 5
von 250 001 – 500 000	B 6/B 7	B 5/B 6
von 500 001 – 750 000	B 8/B 9	B 7/B 8
über 750 000	B 9	B 8

(4) Die Gemeinden dürfen unter Berücksichtigung des Umfangs, der Schwierigkeit und der Bedeutung der Aufgaben die Höchstbesoldungsgruppe für das Amt nur in Anspruch nehmen, wenn ihre Einwohnerzahl die Mitte zwischen der unteren und der oberen Grenze ihrer Größenklasse nach der Tabelle des Absatzes 3 überschritten hat oder die Wahlbeamtin oder Wahlbeamte in dasselbe Amt wiederberufen ist, in dem sie oder er eine ganze Amtszeit abgeleistet hat.

(5) Ohne die Voraussetzungen des Absatzes 3 können Gemeinden mit mehr als 20 000 Einwohnern das Amt der Kämmerin oder des Kämmerers und einer oder eines weiteren Beigeordneten in die Höchstbesoldungsgruppe eingruppieren, *die für die sonstigen Beigeordneten* vorgesehen ist.

(6) Steigt eine Gemeinde in eine höhere Einwohnergrößenklasse auf, nachdem sie das Amt einer Wahlbeamtin oder eines Wahlbeamten auf Grund ihrer oder seiner Wiederwahl in die Höchstbesoldungsgruppe eingruppiert hat, kann sie für dieses Amt erneut die Höchstbesoldungsgruppe in Anspruch nehmen.

§ 3[1]) Eingruppierung in den Kreisen. (1) Es sind in den Kreisen einzugruppieren:

1. Das Amt der Landrätin oder des Landrats in Kreisen mit einer Einwohnerzahl bis 200 000 in Besoldungsgruppe B 6, über 200 000 in Besoldungsgruppe B 7.
2. Das Amt der Kreisdirektorin oder des Kreisdirektors als allgemeine Vertretung der Landrätin oder des Landrats bei einer Einwohnerzahl
   a) bis 200 000 in die besoldungsgruppe B 3/B 4
   b) über 200 000 in die Besoldungsgruppe B 4/B 5.

(2) [1]Den in Absatz 1 Nummer 1 genannten Personen wird zu dem Grundgehalt nach Ablauf einer vollen Amtszeit ab Beginn einer zweiten Amtszeit eine nicht ruhegehaltfähige Zulage gewährt. [2]Die Zulage beträgt 8 Prozent des Grundgehalts.

(3) § 2 Absatz 4 und 6 gilt für Kreisdirektorinnen und Kreisdirektoren entsprechend.

§ 4[2]) Eingruppierung bei den Landschaftsverbänden und im Regionalverband Ruhr. (1) Es sind bei den Landschaftsverbänden einzugruppieren:

1. Das Amt der Direktorin oder des Direktors des Landschaftsverbandes in Besoldungsgruppe B 8,
2. das Amt der Ersten Landesrätin oder des Ersten Landesrats in Besoldungsgruppe B 6,
3. höchstens drei Ämter von Landesrätinnen oder Landesräten mit besonders schwierigen Aufgabengebieten in Besoldungsgruppe B 5,
4. die Ämter der sonstigen Landesrätinnen oder Landesräte in Besoldungsgruppe B 4.

(2) Es sind im Regionalverband Ruhr einzugruppieren:

1. Das Amt der Regionaldirektorin oder des Regionaldirektors des Regionalverbandes Ruhr in Besoldungsgruppe B 8,
2. das Amt der Beigeordneten oder des Beigeordneten als allgemeine Vertreterin oder als allgemeiner Vertreter der Regionaldirektorin oder des Regionaldirektors in Besoldungsgruppe B 6,
3. *die Ämter* der übrigen Beigeordneten

---

[1]) § 3 neu gef. mWv 24.7.2010 durch VO v. 7.7.2010 (GV. NRW. S. 411); Überschrift neu gef., Abs. 1 einl. Satzteil und Nr. 1 geänd., Nr. 2 neu gef., Abs. 2 eingef., bish. Abs. 2 wird Abs. 3 und neu gef. mWv 1.1.2020 durch VO v. 15.4.2020 (GV. NRW. S. 340).

[2]) § 4 Abs. 2 neu gef. mWv 1.10.2004 durch G v. 3.2.2004 (GV. NRW. S. 96); Abs. 2 neu gef. mWv 1.8.2017 durch VO v. 20.6.2017 (GV. NRW. S. 651); Überschrift neu gef., Abs. 1 einl. Satzteil und Nr. 1-4, Abs. 2 einl. Satzteil und Nr. 1-3, Abs. 3 geänd. mWv 1.1.2020 durch VO v. 15.4.2020 (GV. NRW. S. 340).

in Besoldungsgruppe B 5.

(3) Das Amt darf unter Berücksichtigung des Umfangs, der Schwierigkeit und der Bedeutung der Aufgaben um eine Besoldungsgruppe höher als nach den Absätzen 1 und 2 eingruppiert werden, wenn die Wahlbeamtin oder der Wahlbeamte in dasselbe Amt wiederberufen ist, in dem sie oder er eine ganze Amtszeit abgeleistet hat.

§ 5[1)] Aufwandsentschädigungen. (1) [1]Die Bürgermeisterinnen (Oberbürgermeisterinnen) und Bürgermeister (Oberbürgermeister), die Landrätinnen und Landräte, die Direktorinnen und Direktoren der Landschaftsverbände sowie die Regionaldirektorin oder der Regionaldirektor des Regionalverbandes Ruhr erhalten jeweils eine monatliche Aufwandsentschädigung in Höhe von 10 Prozent ihres Grundgehalts nach der jeweiligen Besoldungsgruppe. [2]Ihre jeweiligen allgemeinen Vertretungen erhalten eine Aufwandsentschädigung in Höhe von 70 Prozent der jeweiligen Aufwandsentschädigung nach Satz 1. [3]Die Beigeordneten und Landesrätinnen und Landesräte erhalten eine Aufwandsentschädigung in Höhe von 40 Prozent der jeweiligen Aufwandsentschädigung nach Satz 1.

(2) [1]Der Verbandsvorsteherin oder dem Verbandsvorsteher und Leiterinnen oder Leitern wirtschaftlicher Einrichtungen des Landesverbandes Lippe kann eine Aufwandsentschädigung bis zu den Beträgen gewährt werden, die zusammen mit der Haushaltssatzung nach § 9 des Gesetzes über den Landesverband Lippe in der Fassung der Bekanntmachung vom 5. November 1948 (GV. NRW. 1949 S. 269), das zuletzt durch Artikel 6 des Gesetzes vom 18. Dezember 2018 (GV. NRW. S. 738) geändert worden ist, genehmigt werden. [2]Der allgemeinen Vertretung kann eine Aufwandsentschädigung in Höhe von 70 Prozent der Aufwandsentschädigung nach Satz 1 genehmigt werden.

(3) Aufwandsentschädigungen nach dieser Verordnung sind an die Funktion gebunden und nicht ruhegehaltfähig.

(4) Die Aufwandsentschädigung entfällt

1. wenn die Beamtin oder der Beamte ununterbrochen länger als drei Monate ihre oder seine Dienstaufgaben nicht wahrnimmt, für die über drei Monate hinausgehende Zeit, oder
2. bei einem Verbot der Führung der Dienstgeschäfte oder bei vorläufiger Dienstenthebung mit Ablauf des Monats, in dem der Beamtin oder dem Beamten das Verbot der Führung der Dienstgeschäfte oder die vorläufige Dienstenthebung mitgeteilt wird.

(5) Beamtinnen und Beamten, denen vertretungsweise die Verwaltung eines mit einer Aufwandsentschädigung ausgestatteten Amtes übertragen wird, ist für einen Zeitraum von höchstens zwölf Monaten eine Aufwandsentschädigung in Höhe der Aufwandsentschädigung der oder des Vertretenen zu gewähren, wenn die Funktion frei ist oder die Funktionsinhaberin oder der Funktionsinhaber aus den in Absatz 4 genannten Gründen eine Aufwandsentschädigung nicht erhält.

[1)] § 5 neu gef. mWv 1.1.2020 durch VO v. 15.4.2020 (GV. NRW. S. 340).

§ 6[1] Aufwandsentschädigungen für Werkleiterinnen und Werkleiter.

(1) [1] Werkleiterinnen und Werkleiter, die nach der Werkleiterbesoldungsverordnung des Bundes eingruppiert sind, erhalten eine monatliche Aufwandsentschädigung. [2] Sie darf die Aufwandsentschädigung der zur allgemeinen Vertretung der Bürgermeisterin oder des Bürgermeisters bestellten Beamtin oder Beamten nicht übersteigen. [3] Sie beträgt bei Betriebszahlen

bis 10 Millionen	85,10 Euro
von über 10 – 35 Millionen	106,30 Euro
von über 35 – 70 Millionen	127,60 Euro
von über 70 – 450 Millionen	159,40 Euro
von über 450 – 900 Millionen	180,70 Euro
von über 900 Millionen	212,60 Euro.

(2) Mehrere gleichberechtigte Werkleiterinnen und Werkleiter erhalten eine Aufwandsentschädigung nur, wenn sie an Stelle einer Ersten Werkleiterin oder eines Ersten Werkleiters bestellt sind; ihre Aufwandsentschädigungen dürfen zusammen die Sätze nach Absatz 1 nicht übersteigen.

(3) Maßgebend ist das Wirtschaftsjahr, das in der Werkleiterbesoldungsverordnung des Bundes bestimmt ist.

§ 7[2] Einwohnerzahl. (1) [1] Für die Eingruppierung der Ämter nach den §§ 2 und 3 ist die bei der letzten Volkszählung ermittelte und vom Landesbetrieb Information und Technik Nordrhein-Westfalen auf den 30. Juni des Vorjahres fortgeschriebene Einwohnerzahl maßgebend. [2] In dem Jahr, in dem eine Volkszählung stattgefunden hat, ist die Einwohnerzahl am Tag der Volkszählung maßgebend.

(2) Der Einwohnerzahl sind Familienangehörige der nicht meldepflichtigen Angehörigen der Stationierungsstreitkräfte und nicht kasernierte Mitglieder der Stationierungsstreitkräfte mit einem Anteil bis zu 50 Prozent hinzuzurechnen.

(3) [1] Für Gemeinden mit weniger als 30 000 Einwohnern, die als Heilbad, Kurort oder Erholungsort nach den Vorschriften des Kurortegesetzes vom 11. Dezember 2007 (GV. NRW. 2008 S. 8), das zuletzt durch Artikel 1 des Gesetzes vom 15. Dezember 2016 (GV. NRW. S. 1150) geändert worden ist, ganz oder teilweise anerkannt sind, gilt Satz 2. [2] Wenn die Zahl der jährlichen Fremdenübernachtungen im Mittel der letzten drei Jahre mindestens 40 Prozent der Einwohnerzahl beträgt, ist für die Eingruppierung der Ämter nach § 2 Absatz 1 und deren allgemeiner Vertretung diese Zahl der Einwohnerzahl bis zu einem Erreichen der nächsthöheren Gemeindegrößenklasse nach § 2 Absatz 1 und 3 hinzuzurechnen.

(4) Maßgebende Einwohnerzahl der Gemeindeverbände ist die Summe der Einwohnerzahlen ihrer jeweiligen Mitgliedsgemeinden nach den Absätzen 1 bis 3.

(5) [1] *Verringert sich* die jeweils maßgebende Einwohnerzahl während der Amtszeit unter eine der in den §§ 2 und 3 aufgeführten maßgeblichen Größen-

---

[1] Früherer § 7 Abs. 1 neu gef. mWv 24.7.2010 durch VO v. 7.7.2010 (GV. NRW. S. 411); Abs. 1 Satz 3 geänd. mWv 1.5.2012 durch VO v. 2.4.2012 (GV. NRW. S. 157); Abs. 1 Satz 3 geänd. mWv 1.6.2014 durch VO v. 5.5.2014 (GV. NRW. S. 281); Abs. 1 Satz 3 geänd. mWv 1.8.2017 durch VO v. 20.6.2017 (GV. NRW. S. 651); § 6 aufgeh., bish. § 7 wird § 6 und Überschrift neu gef., Abs. 1 Satz 1 geänd., Satz 2 neu gef., Abs. 2 geänd. mWv 1.1.2020 durch VO v. 15.4.2020 (GV. NRW. S. 340).

[2] Bish. § 9 wird § 7 und neu gef. mWv 1.1.2020 durch VO v. 15.4.2020 (GV. NRW. S. 340).

klasse mit der Folge, dass das Wahlamt einer geringeren Besoldungsgruppe zugeordnet ist, behalten die im Amt befindlichen Beamtinnen und Beamten für ihre Person und für die Dauer ihrer Amtszeit die Bezüge der bisherigen Besoldungsgruppe. [2] Dies gilt auch für unmittelbar folgende Amtszeiten, wenn die Beamtin oder der Beamte wiedergewählt wird.

§ 8[1)] Inkrafttreten, Übergangsvorschrift. (1) Diese Verordnung tritt am Tag nach der Verkündung[2)] in Kraft.

(2) Für Amtsträgerinnen und Amtsträger, die sich am 1. Januar 2020 bereits in der zweiten oder einer weiteren Amtszeit befinden, wird die Zulage nach § 2 Absatz 2 und nach § 3 Absatz 2 ab dem 1. Januar 2020 gewährt.

[1)] *Früherer § 8 aufgeh.*, bish. § 10 wird § 8 und neu gef. mWv 1.1.2020 durch VO v. 15.4.2020 (GV. NRW. S. 340).

[2)] Verkündet am 26.3.1979.

und Jugendlichenpsychotherapeuten ist, hat die behandelnde Person neben der Berechtigung nach Nummer 1, 2 oder 3 ihre fachliche Befähigung auch durch eine entsprechende Berechtigung einer Kassenärztlichen Vereinigung nachzuweisen.

Werden Gruppenbehandlungen von einer Person durchgeführt, die kein Facharzt für Psychotherapeutische Medizin oder Psychosomatische Medizin und Psychotherapie ist, hat die behandelnde Person neben der Berechtigung nach Nummer 1, 2 oder 3 ihre fachliche Befähigung auch durch eine entsprechende Berechtigung einer Kassenärztlichen Vereinigung nachzuweisen.

Abschnitt 5
Eye-Movement-Desensitization-and-Reprocessing-Behandlung

1. Wird die Behandlung von einem ärztlichen Psychotherapeuten durchgeführt, muss diese Person
   a) die Voraussetzungen nach Abschnitt 3 oder Abschnitt 4 erfüllen und
   b) Kenntnisse und praktische Erfahrungen in der Behandlung der posttraumatischen Belastungsstörung und in der Eye-Movement-Desensitization-and-Reprocessing-Behandlung erworben haben.

2. Wird die Behandlung von einem Psychologischen Psychotherapeuten durchgeführt, muss diese Person
   a) die Voraussetzungen nach Abschnitt 3 oder Abschnitt 4 erfüllen und
   b) Kenntnisse und praktische Erfahrungen in der Behandlung der posttraumatischen Belastungsstörung und in der Eye-Movement-Desensitization-and-Reprocessing-Behandlung erworben haben.

3. Wurde die Qualifikation nach Nummer 1 oder Nummer 2 nicht im Rahmen der Weiterbildung erworben, muss die behandelnde Person
   a) in mindestens 40 Stunden eingehende Kenntnisse in der Theorie der Traumabehandlung und der Eye-Movement-Desensitization-and-Reprocessing-Behandlung erworben haben und
   b) mindestens 40 Stunden Einzeltherapie mit mindestens fünf abgeschlossenen Eye-Movement-Desensitization-and-Reprocessing-Behandlungsabschnitten unter Supervision von mindestens zehn Stunden mit Eye-Movement-Desensitization-and-Reprocessing-Behandlung durchgeführt haben.

   Entsprechende Zusatzqualifikationen müssen an oder über anerkannte Weiterbildungsstätten erworben worden sein.

Anlage 2[1)]

Aufwendungen für Arzneimittel, Medizinprodukte, Nahrungsergänzungsmittel, Mittel aus dem Bereich der privaten Lebensführung

1. Nach § 4 Absatz 1 Nummer 7 in Verbindung mit dieser Anlage sind bei Beihilfeberechtigten und berücksichtigungsfähigen Personen, die das 18. Lebensjahr vollendet haben, nur Aufwendungen für verschreibungspflichti-

[1)] Anl. 2 neu gef. mWv 1.1.2020 durch VO v. 12.12.2019 (GV. NRW. S. 944).

ge Arzneimittel beihilfefähig, soweit sie nicht nach der Arzneimittel-Richtlinie in der Fassung vom 18. Dezember 2008 / 22. Januar 2009 (BAnz. Nr. 49a – Beilage – vom 31. März 2009) in der jeweils geltenden Fassung gemäß § 92 Absatz 1 Satz 2 Nummer 6 des Fünften Buches Sozialgesetzbuch von der Verordnung in der GKV ausgeschlossen sind, sowie Aufwendungen für apothekenpflichtige, nicht verschreibungspflichtige Arzneimittel, die bei der Behandlung schwerwiegender Erkrankungen als Therapiestandard gelten. Eine Krankheit gilt als schwerwiegend, wenn sie lebensbedrohlich ist oder wenn sie auf Grund der Schwere der durch sie verursachten Gesundheitsstörungen die Lebensqualität auf Dauer nachhaltig beeinträchtigt. Als Therapiestandard gilt ein Arzneimittel, wenn der therapeutische Nutzen zur Behandlung der schwerwiegenden Erkrankung dem allgemeinen Standard der medizinischen Erkenntnisse entspricht. Voraussetzung für eine Beihilfefähigkeit der Aufwendungen ist, dass die schwerwiegende Erkrankung und das für die Behandlung dieser Erkrankung verordnete Standardtherapeutikum in der Anlage I zum Abschnitt F der AM-RL in der jeweils aktuellen Fassung aufgeführt ist. Neben der Anlage I sind auch die Anlagen II, V und VI der AM-RL beihilferechtlich zu berücksichtigen.

2. Beihilfefähig sind die Aufwendungen für alle nach dem Arzneimittelgesetz[1] in der Fassung der Bekanntmachung vom 12. Dezember 2005 (BGBl. I S. 3394) in der jeweils geltenden Fassung zugelassenen Arzneimittel, sofern sie nicht nach § 4 Absatz 1 Nummer 7 Satz 2 der Beihilfenverordnung NRW oder im Rahmen dieser Anlage ausgeschlossen sind.

3. Beihilfefähig sind Aufwendungen für zugelassene nicht verschreibungspflichtige apothekenpflichtige Arzneimittel, die begleitend zu einer medikamentösen Haupttherapie mit verschreibungspflichtigen Arzneimitteln eingesetzt werden (Begleitmedikation), wenn das nicht verschreibungspflichtige Arzneimittel in der Fachinformation des Hauptarzneimittels als Begleitmedikation zwingend vorgeschrieben ist oder wenn es zur Behandlung der beim bestimmungsgemäßen Gebrauch eines verschreibungspflichtigen Arzneimittels auftretenden schwerwiegenden, schädlichen, unbeabsichtigten Reaktionen eingesetzt wird (unerwünschte Arzneimittelwirkungen).

4. Beihilfefähig sind Aufwendungen für von Ärztinnen und Ärzten oder Zahnärztinnen und Zahnärzten beschaffte zugelassene nicht verschreibungspflichtige Arzneimittel, die in Form von Spritzen, Infusionen, Salben und

[1] **Sartorius ErgBd. Nr. 272.**

24.31. Besoldungsgesetz für das Land Nordrhein-Westfalen (Landesbesoldungsgesetz – LBesG NRW)[1)]

Vom 14. Juni 2016
(GV. NRW. S. 310, 339)

SGV. NRW. 20320

zuletzt geänd. durch Art. 1 G zur Attraktivitätssteigerung des kommunalen Wahlamtes v. 3.4.2020 (GV. NRW. S. 284)

Inhaltsübersicht[2)]

[1)] Verkündet als Art. 2 G v. 14.6.2016 (GV. NRW. S. 310); Inkrafttreten gem. Art. 47 dieses G am 1.7.2016.

[2)] Inhaltsübersicht geänd. mWv 1.1.2017 durch G v. 14.6.2016 (GV. NRW. S. 310); geänd. mWv 1.1.2017 durch G v. 7.4.2017 (GV. NRW. S. 414); geänd. mWv 1.4.2017 und mWv 1.1.2018 durch G v. 7.4.2017 (GV. NRW. S. 452); geänd. mWv 1.1.2019 und mWv 1.1.2020 durch G v. 12.7.2019 (GV. NRW. S. 378).

§ 23[1] Hauptamtliche Wahlbeamtinnen und Wahlbeamte auf Zeit im kommunalen Bereich. (1) [1]Das für Kommunales zuständige Ministerium wird ermächtigt, durch Rechtsverordnung im Einvernehmen mit dem Finanzministerium den Besoldungsgruppen der Landesbesoldungsordnungen A und B die folgenden Ämter der hauptamtlichen Wahlbeamtinnen und Wahlbeamten auf Zeit zuzuordnen:

1. der Gemeinden und Kreise unter Berücksichtigung der Zahl der Einwohner und
2. der regionalen Kommunalverbände und anderer überörtlicher kommunaler Einrichtungen unter Berücksichtigung des begrenzten Aufgabeninhaltes im Vergleich zur Einstufung der entsprechenden Ämter der beteiligten Körperschaften im Sinne der Nummer 1.

[2]Dabei können bei den in Nummer 1 genannten Körperschaften einer Größenklasse höchstens zwei Besoldungsgruppen für ein Amt vorgesehen werden. [3]Für diese Beamtinnen und Beamten können das Aufsteigen in den Stufen und die Festsetzung der Erfahrungsstufe abweichend von den §§ 29 und 30 Absatz 1 bis 3 geregelt werden.

(2) [1]Bürgermeisterinnen (Oberbürgermeisterinnen) und Bürgermeistern (Oberbürgermeistern) sowie Landrätinnen und Landräten kann zu ihrem Grundgehalt nach Ablauf einer vollen Amtszeit ab Beginn einer zweiten Amtszeit eine nicht ruhegehaltfähige Zulage von bis zu 8 Prozent ihres Grundgehalts gewährt werden. [2]Das für Kommunales zuständige Ministerium wird ermächtigt, im Einvernehmen mit dem für Finanzen zuständigen Ministerium das Nähere durch Rechtsverordnung zu bestimmen.

(3) [1]Zur Eingruppierung wird das für Kommunales zuständige Ministerium ermächtigt, im Einvernehmen mit dem für Finanzen zuständigen Ministerium durch Rechtsverordnung nähere Bestimmungen zur maßgebenden Einwohnerzahl nach Absatz 1 Satz 1 Nummer 1 zu regeln, insbesondere die statistische Erhebung der Einwohnerzahl. [2]Der Einwohnerzahl können Personen, die sich im Zusammenhang mit den Stationierungsstreitkräften in den Gemeinden oder Kreisen aufhalten, hinzugerechnet werden. [3]In Gemeinden, die als Heilbad, Kurort oder Erholungsort nach den Vorschriften des Kurortegesetzes[2] vom 11. Dezember 2007 (GV. NRW. 2008 S. 8), das zuletzt durch Artikel 1 des Gesetzes vom 15. Dezember 2016 (GV. NRW. S. 1150) geändert worden ist, ganz oder teilweise anerkannt sind, kann auch die jährliche Zahl der Fremdenübernachtungen hinzugerechnet werden.

§ 24 Einstiegsämter. Die Einstiegsämter für Beamtinnen und Beamte sind folgenden Besoldungsgruppen zuzuweisen:

1. in der Laufbahngruppe 1 als erstes Einstiegsamt der Besoldungsgruppe A 5,
2. in der Laufbahngruppe 1 als zweites Einstiegsamt der Besoldungsgruppe A 6, in technischen Laufbahnen der Besoldungsgruppe A 6 oder A 7,
3. in der Laufbahngruppe 2 als erstes Einstiegsamt der Besoldungsgruppe A 9, in technischen Laufbahnen der Besoldungsgruppe A 10,

[1] § 23 Satz 1 geänd. mWv 1.1.2019 durch G v. 18.12.2018 (GV. NRW. S. 759); Abs. 2 und 3 angef. mWv 31.12.2019 durch G v. 3.4.2020 (GV. NRW. S. 284).

[2] **v. Hippel/Rehborn Nr. 169.**

4. in der Laufbahngruppe 2 als zweites Einstiegsamt der Besoldungsgruppe A 13.

§ 25 Einstiegsämter in Sonderlaufbahnen. (1) [1]Die Einstiegsämter für Beamtinnen und Beamte in Sonderlaufbahnen, bei denen im Einstiegsamt Anforderungen gestellt werden, die bei sachgerechter Bewertung zwingend die Zuweisung des Einstiegsamtes zu einer anderen Besoldungsgruppe als nach § 24 erfordern, können der höheren Besoldungsgruppe zugewiesen werden, in die gleichwertige Ämter eingereiht sind. [2]Die Festlegung als Einstiegsamt ist in den Landesbesoldungsordnungen zu kennzeichnen.

(2) Das erste Einstiegsamt in Laufbahnen der Laufbahngruppe 1 kann, wenn die Voraussetzung des Absatzes 1 Satz 1 erfüllt ist, der höheren Besoldungsgruppe zugewiesen werden, in die gleichwertige Ämter eingereiht sind.

§ 26 Beförderungsämter. Beförderungsämter dürfen mit Ausnahme der Fälle des § 19 Absatz 1 Satz 2 nur eingerichtet werden, wenn sie sich von den Ämtern der niedrigeren Besoldungsgruppe nach der Wertigkeit der zugeordneten Funktion wesentlich abheben.

§ 27 Obergrenzen für Beförderungsämter. (1) [1]Die Anteile der Beförderungsämter dürfen nach Maßgabe sachgerechter Bewertung folgende Obergrenzen nicht überschreiten:

1. in der Besoldungsgruppe A 8 30 Prozent,
2. in der Besoldungsgruppe A 9 8 Prozent,
3. in der Besoldungsgruppe A 11 30 Prozent,
4. in der Besoldungsgruppe A 12 16 Prozent,
5. in der Besoldungsgruppe A 13 6 Prozent,
6. in den Besoldungsgruppen A 15, A 16 und B 2 nach Einzelbewertung zusammen 40 Prozent,
7. in den Besoldungsgruppen A 16 und B 2 zusammen 10 Prozent.

[2]Die Prozentsätze beziehen sich

1. für die Besoldungsgruppe A 8 oder A 9 auf die Gesamtzahl der Planstellen für Beamtinnen und Beamte der Besoldungsgruppen A 6 (zweites Einstiegsamt) bis A 9 in der Laufbahngruppe 1 bei einem Dienstherrn,
2. für die Besoldungsgruppe A 11, A 12 oder A 13 auf die Gesamtzahl der Planstellen für Beamtinnen und Beamte der Besoldungsgruppe A 9 bis A 13 (ohne zweites Einstiegsamt) in der Laufbahngruppe 2 bei einem Dienstherrn und
3. für die Besoldungsgruppe A 15, A 16 oder B 2 auf die Gesamtzahl der Planstellen für Beamtinnen und Beamte der Besoldungsgruppen A 13 (zweites Einstiegsamt) bis A 16 und B 2 in der Laufbahngruppe 2 bei einem Dienstherrn.

[3]Die für dauernd beschäftigte Arbeitnehmerinnen und Arbeitnehmer eines Dienstherrn ausgebrachten gleichwertigen Stellen können mit der Maßgabe in die Berechnungsgrundlage einbezogen werden, dass eine entsprechende Anrechnung auf die jeweiligen Stellen für Beförderungsämter erfolgt.

(2) Absatz 1 gilt nicht für

1. die Gemeinden, Gemeindeverbände sowie für die Gemeindeprüfungsanstalt, den Landesverband Lippe und den Regionalverband Ruhr,
2. die obersten Landesbehörden,
3. Lehrerinnen und Lehrer und pädagogisches Hilfspersonal an öffentlichen Schulen und Hochschulen,
4. Lehrkräfte an verwaltungsinternen Fachhochschulen,
5. Laufbahnen, in denen auf Grund des § 25 Absatz 1 das Einstiegsamt einer höheren Besoldungsgruppe zugewiesen worden ist,
6. Bereiche eines Dienstherrn, in denen durch Haushaltsbestimmung die Besoldungsaufwendungen höchstens auf den Betrag festgelegt sind, der sich bei Anwendung des Absatzes 1 und der Rechtsverordnungen zu Absatz 3 ergeben würde.

(3) Die Landesregierung wird ermächtigt, für ihren Bereich unter Berücksichtigung der gemeinsamen Belange aller Dienstherren im Sinne des § 1 Absatz 1 durch Rechtsverordnung zur sachgerechten Bewertung der Funktionen für die Zahl der Beförderungsämter ganz oder teilweise von Absatz 1 abweichende Obergrenzen festzulegen.

(4) [1] Werden in Verwaltungsbereichen bei einer Verminderung oder Verlagerung von Planstellen infolge von Rationalisierungsmaßnahmen nach sachgerechter Bewertung der Beförderungsämter die Obergrenzen gemäß den vorstehenden Absätzen und den dazu erlassenen Rechtsverordnungen

24.41. Personalvertretungsgesetz für das Land Nordrhein-Westfalen – Landespersonalvertretungsgesetz – LPVG –

Vom 3. Dezember 1974
(GV. NW. S. 1514)

SGV. NRW. 2035

zuletzt geänd. durch Art. 14 COVID-19-LandesrechtanpassungsG v. 14.4.2020 (GV. NRW. S. 218b)

Der Landtag hat das folgende Gesetz beschlossen, das hiermit verkündet wird:

Inhaltsübersicht [1)2)]

Erstes Kapitel. Allgemeine Vorschriften

§ 1[3)] **[Bildung von Personalvertretungen]** (1) Bei den Dienststellen des Landes, der Gemeinden, der Gemeindeverbände und der sonstigen der Aufsicht

---

[1)] Die Inhaltsübersicht wurde nichtamtlich an die nachträglichen Änderungen angepasst.

[2)] Inhaltsübersicht geänd. mWv 17.10.2007 durch G v. 9.10.2007 (GV. NRW. S. 394); geänd. mWv 16.7.2011 durch G v. 5.7.2011 (GV. NRW. S. 348); geänd. mWv 1.7.2016 durch G v. 8.12.2015 (GV. NRW. S. 812).

[3)] § 1 Abs. 2 und 3 geänd. mWv 17.10.2007 durch G v. 9.10.2007 (GV. NRW. S. 394); Abs. 3 neu gef. mWv 16.7.2011 durch G v. 5.7.2011 (GV. NRW. S. 348).

des Landes unterstehenden Körperschaften, Anstalten und Stiftungen des öffentlichen Rechts werden Personalvertretungen gebildet.

(2) Dienststellen im Sinne dieses Gesetzes sind, soweit nicht im Zehnten Kapitel etwas anderes bestimmt ist, die Behörden, Einrichtungen und Betriebe des Landes sowie die Kunsthochschulen des Landes, die Schulen und die Gerichte; bei den Gemeinden, den Gemeindeverbänden und den sonstigen der Aufsicht des Landes unterstehenden Körperschaften, Anstalten und Stiftungen des öffentlichen Rechts bilden die Verwaltungen, die Eigenbetriebe und die Schulen gemeinsam eine Dienststelle.

(3) Nebenstellen oder Teile einer Dienststelle können von der obersten Dienstbehörde zu selbständigen Dienststellen im Sinne dieses Gesetzes erklärt werden, sofern der Nebenstelle oder dem Teil einer Dienststelle eine selbständige Regelungskompetenz im personellen und sachlichen Bereich zusteht.

§ 2 [Zusammenarbeit, Friedenspflicht] (1) Dienststelle und Personalvertretung arbeiten zur Erfüllung der dienstlichen Aufgaben und zum Wohle der Beschäftigten im Rahmen der Gesetze und Tarifverträge vertrauensvoll zusammen; hierbei wirken sie mit den in der Dienststelle vertretenen Gewerkschaften und Arbeitgebervereinigungen zusammen.

(2) [1] Dienststelle und Personalvertretung haben alles zu unterlassen, was geeignet ist, die Arbeit und den Frieden der Dienststelle zu beeinträchtigen. [2] Insbesondere dürfen Dienststelle und Personalvertretung keine Maßnahmen des Arbeitskampfes gegeneinander durchführen. [3] Arbeitskämpfe tariffähiger Parteien werden hierdurch nicht berührt.

(3) [1] Außenstehende Stellen dürfen erst angerufen werden, wenn eine Einigung in der Dienststelle nicht erzielt worden ist. [2] Dies gilt nicht für Gewerkschaften, Berufsverbände und Arbeitgeberverbände.

§ 3[1)] [Neutralität] (1) Die Dienststelle und die Personalvertretung in der Dienststelle haben jede parteipolitische Betätigung zu unterlassen; die Behandlung von Tarif-, Besoldungs- und Sozialangelegenheiten wird hierdurch nicht berührt.

1) § 3 Abs. 1 neu gef., Abs. 4 geänd. mWv 16.7.2011 durch G v. 5.7.2011 (GV. NRW. S. 348).

§ 22[1)] [Anfechtung] (1) Mindestens drei wahlberechtigte Beschäftigte, jede in der Dienststelle vertretene Gewerkschaft oder die Dienststelle können innerhalb von zwei Wochen nach dem Tage der Bekanntgabe des Wahlergebnisses die Wahl beim Verwaltungsgericht anfechten, wenn gegen wesentliche Vorschriften über das Wahlrecht, die Wählbarkeit oder das Wahlverfahren verstoßen worden und eine Berichtigung nicht erfolgt ist, es sei denn, daß durch den Verstoß das Wahlergebnis nicht geändert oder beeinflußt werden konnte.

(2) [1] Wird die Wahl des Personalrats oder einer Gruppe mit Erfolg angefochten, so setzt die oder der Vorsitzende der Fachkammer des Verwaltungsgerichts einen Wahlvorstand ein. [2] Wird die Wahl einer Gruppe mit Erfolg angefochten, so ist der Wahlvorstand aus Angehörigen dieser Gruppe zu bilden. [3] Der Wahlvorstand hat unverzüglich eine neue Wahl einzuleiten. [4] Bis zur Neuwahl nimmt er die dem Personalrat oder der Gruppe nach diesem Gesetz zustehenden Befugnisse und Pflichten wahr.

(3) Im Falle des Absatzes 2 Satz 1 bleiben die vom Personalrat oder von der Gruppe bis zum Eintritt der Rechtskraft des die Ungültigkeit oder Nichtigkeit feststellenden Urteils gefaßten Beschlüsse rechtswirksam.

Zweiter Abschnitt. Amtszeit

§ 23[2)] [Amtszeit] (1) [1] Die regelmäßige Amtszeit des Personalrats beginnt und endet mit der jeweiligen Wahlperiode. [2] Sie beträgt vier Jahre. [3] Für die Personalvertretungen, die für die bis zum 30.06.2020 laufende Wahlperiode gewählt wurden, wird die Amtszeit über den 30.06.2020 hinaus verlängert bis zur Wahl einer neuen Personalvertretung, längstens bis zum 30.06.2021. [4] § 23 Absatz 2 Satz 1 findet für diese Personalräte Anwendung

(2) [1] Wird ein Personalrat während einer Wahlperiode gewählt, so beginnt seine Amtszeit mit dem Tage der Wahl. [2] Sie endet mit Ablauf der laufenden Wahlperiode, wenn bis dahin mehr als ein Jahr verstrichen ist, sonst mit Ablauf der folgenden Wahlperiode. [3] Entsprechendes gilt für die Gruppe, wenn die Mitglieder einer Gruppe während einer Wahlperiode neu gewählt werden.

(3) Nach Ablauf der Amtszeit des bisherigen Personalrats führt dieser die Geschäfte weiter, bis der neue Personalrat zu seiner ersten Sitzung zusammengetreten ist.

§ 24[3)] [Neuwahl] (1) [1] Der Personalrat ist neu zu wählen, wenn

a) mit Ablauf von vierundzwanzig Monaten nach dem Tage der Wahl die Zahl der regelmäßig Beschäftigten um die Hälfte, mindestens aber um 50 gestiegen oder gesunken ist oder
b) die Gesamtzahl der Mitglieder des Personalrats auch nach Eintreten sämtlicher Ersatzmitglieder um mehr als ein Viertel der vorgeschriebenen Zahl gesunken ist oder
c) *der Personalrat mit der* Mehrheit seiner Mitglieder seinen Rücktritt beschlossen hat oder
d) die Wahl des Personalrats mit Erfolg angefochten worden ist oder

---

[1)] § 22 Abs. 1 und Abs. 2 Satz 1 geänd. mWv 16.7.2011 durch G v. 5.7.2011 (GV. NRW. S. 348).

[2)] § 23 Abs. 2 Satz 3 geänd. mWv 16.7.2011 durch G v. 5.7.2011 (GV. NRW. S. 348); Abs. 1 Sätze 3 und 4 angef. mWv 15.4.2020 durch G v. 14.4.2020 (GV. NRW. S. 218b).

[3)] § 24 Abs. 1 Satz 2, Abs. 3 Satz 1 geänd. mWv 16.7.2011 durch G v. 5.7.2011 (GV. NRW. S. 348).

e) der Personalrat durch gerichtliche Entscheidung aufgelöst worden ist.

[2] Satz 1 Buchstabe b gilt nicht, wenn es sich bei den dort bezeichneten Mitgliedern des Personalrats ausschließlich um Mitglieder einer Gruppe handelt.

(2) In den ersten Fällen des Absatzes 1 Buchstabe a bis c führt der Personalrat die Geschäfte weiter, bis der neue Personalrat zu seiner ersten Sitzung zusammengetreten ist.

(3) [1] Die Mitglieder einer Gruppe sind neu zu wählen, wenn die Gesamtzahl der Mitglieder dieser Gruppe auch nach Eintreten sämtlicher Ersatzmitglieder um mehr als ein Viertel der vorgeschriebenen Zahl gesunken ist. [2] Absatz 2 gilt entsprechend.

§ 25[1)] [Ausschluß und Auflösung durch Verwaltungsgericht] (1) [1] Auf Antrag eines Viertels der wahlberechtigten Beschäftigten oder einer in der Dienststelle vertretenen Gewerkschaft kann das Verwaltungsgericht den Ausschluß eines Mitglieds aus dem Personalrat oder die Auflösung des Personalrats wegen grober Vernachlässigung seiner gesetzlichen Befugnisse oder wegen grober Verletzung seiner Pflichten nach diesem Gesetz beschließen. [2] Der Personalrat kann aus den gleichen Gründen den Ausschluß eines Mitglieds beantragen. [3] Die Dienststelle kann den Ausschluss eines Mitgliedes aus dem Personalrat oder die Auflösung des Personalrats wegen grober Verletzung seiner gesetzlichen Pflichten beantragen.

(2) Ist der Personalrat aufgelöst, so gilt § 22 Abs. 2 entsprechend.

§ 26[2)] [Erlöschen der Mitgliedschaft] (1) Die Mitgliedschaft im Personalrat erlischt durch

a) Ablauf der Amtszeit,

b) erfolgreiche Anfechtung der Wahl,

c) Niederlegung des Amtes,

d) Beendigung des Dienstverhältnisses,

e) Ausscheiden aus der Dienststelle,

f) Verlust der Wählbarkeit, außer, die Abwesenheit beruht auf Elternzeit,

g) gerichtliche Entscheidung nach § 25 Abs. 1,

h) Feststellung nach Ablauf der in § 22 Abs. 1 bezeichneten Frist, daß die oder der Gewählte nicht wählbar war.

(2) Die Mitgliedschaft im Personalrat erlischt ferner, wenn eine Beurlaubung ohne Besoldung oder Arbeitsentgelt während der Amtszeit des Personalrats länger als sechs Monate andauert, außer in den Fällen von Elternzeit.

(3) Die Mitgliedschaft im Personalrat wird durch einen Wechsel der Gruppenzugehörigkeit eines Mitglieds nicht berührt; dieses bleibt Mitglied der Gruppe, für die es gewählt wurde.

---

1) § 25 Abs. 1 Satz 3 angef. mWv 17.10.2007 durch G v. 9.10.2007 (GV. NRW. S. 394); Abs. 1 Satz 3 neu gef. mWv 16.7.2011 durch G v. 5.7.2011 (GV. NRW. S. 348).

2) § 26 Abs. 1 Nr. h, Abs. 2 und Abs. 3 Halbs. 2 geänd. mWv 16.7.2011 durch G v. 5.7.2011 (GV. NRW. S. 348); Abs. 1 Buchst. f und Abs. 2 neu gef. mWv 13.3.2019 durch G v. 26.2.2019 (GV. NRW. S. 134).

§ 27[1)] [Ruhen der Mitgliedschaft] (1) Die Mitgliedschaft einer Beamtin oder eines Beamten im Personalrat ruht, solange ihr oder ihm die Führung der Dienstgeschäfte verboten oder sie oder er wegen eines gegen sie oder ihn schwebenden Disziplinarverfahrens vorläufig des Dienstes enthoben ist.

(2) In den Fällen des § 26 Abs. 1 Buchstaben d und e ruht die Mitgliedschaft im Personalrat bis zur Rechtskraft der Entscheidung.

§ 28[2)] [Ersatzmitgliedschaft] (1) [1] Scheidet ein Mitglied aus dem Personalrat aus, so tritt ein Ersatzmitglied ein. [2] Ist ein Mitglied zeitweilig verhindert oder ruht seine Mitgliedschaft, so tritt ein Ersatzmitglied für die Zeit der Verhinderung oder des Ruhens ein.

(2) [1] Die Ersatzmitglieder werden der Reihe nach aus den nicht gewählten Beschäftigten derjenigen Vorschlagslisten entnommen, denen die zu ersetzenden Mitglieder angehören. [2] Ist das zu ersetzende Mitglied mit einfacher Stimmenmehrheit gewählt, so tritt die oder der nicht gewählte Beschäftigte mit der nächsthöheren Stimmenzahl als Ersatzmitglied ein.

(3) § 26 Abs. 3 gilt entsprechend bei einem Wechsel der Gruppenzugehörigkeit vor dem Eintritt des Ersatzmitglieds in den Personalrat.

(4) Im Falle des § 24 Abs. 1 Satz 1 Buchstaben d und e treten Ersatzmitglieder nicht ein.

Dritter Abschnitt. Geschäftsführung

§ 29[3)] [Vorstand, Vorsitz, Stellvertretung] (1) [1] Der Personalrat wählt aus seiner Mitte die vorsitzende Person und Stellvertreterinnen oder Stellvertreter. [2] Die Reihenfolge der Stellvertretung bestimmt der Personalrat. [3] Sofern im Personalrat Beamtinnen und Beamte sowie Arbeitnehmerinnen und Arbeitnehmer vertreten sind, darf die erste Stellvertreterin oder der erste Stellvertreter nicht derselben Gruppe angehören wie die vorsitzende Person.

(2) Die vorsitzende Person führt die laufenden Geschäfte und vertritt den Personalrat im Rahmen der von diesem gefassten Beschlüsse.

§ 30[4)] [Einberufung] (1) Spätestens eine Woche nach dem Wahltag hat der Wahlvorstand die Mitglieder des Personalrats zur Vornahme der vorgeschriebenen Wahlen einzuberufen und die Sitzung zu leiten.

(2) [1] Die weiteren Sitzungen beraumt die vorsitzende Person des Personalrats an. [2] Sie setzt die Tagesordnung fest und leitet die Verhandlung. [3] Die vorsitzende Person hat die Mitglieder des Personalrats und die in § 36 genannten Personen zu den Sitzungen rechtzeitig unter Mitteilung der Tagesordnung zu laden.

(3) Auf Antrag eines Viertels der Mitglieder des Personalrats, der Mehrheit der Mitglieder einer Gruppe, der Dienststelle in Angelegenheiten, die besonders schwerbehinderte Beschäftigte betreffen, der Schwerbehindertenvertre*tung oder in Angelegenheiten*, die besonders Beschäftigte im Sinne von § 55 Abs. 1 betreffen, der Mehrheit der Mitglieder der Jugend- und Auszubilden-

---

1) § 27 Abs. 1 neu gef. mWv 16.7.2011 durch G v. 5.7.2011 (GV. NRW. S. 348).
2) § 28 Abs. 2 Satz 2 geänd. mWv 16.7.2011 durch G v. 5.7.2011 (GV. NRW. S. 348).
3) § 29 neu gef. mWv 16.7.2011 durch G v. 5.7.2011 (GV. NRW. S. 348).
4) § 30 Abs. 3 geänd. mWv 17.10.2007 durch G v. 9.10.2007 (GV. NRW. S. 394); Abs. 2 Satz 1, 2 und 3, Abs. 3, Abs. 4 Satz 1 und 2 geänd. mWv 16.7.2011 durch G v. 5.7.2011 (GV. NRW. S. 348).

denvertretung, hat die vorsitzende Person eine Sitzung anzuberaumen und den Gegenstand, dessen Beratung beantragt ist, auf die Tagesordnung zu setzen.

(4) [1]Die Dienststelle nimmt an den Sitzungen teil, die auf ihren Antrag anberaumt sind oder zu denen sie ausdrücklich eingeladen ist. [2]Sie kann ein Mitglied der Arbeitgebervereinigung, der die Dienststelle angehört, hinzuziehen.

§ 31[1)] [Sitzungen] (1) [1]Die Sitzungen des Personalrats finden in der Regel während der Arbeitszeit statt. [2]Der Personalrat hat bei der Anberaumung seiner Sitzungen die dienstlichen Erfordernisse zu berücksichtigen. [3]Die Dienststelle ist vom Zeitpunkt der Sitzung rechtzeitig zu verständigen.

(2) [1]Die Sitzungen des Personalrats sind nicht öffentlich. [2]Der Personalrat kann die Teilnahme des ihm nach § 40 Abs. 3 zur Verfügung gestellten Büropersonals sowie sachkundiger Personen gestatten.

§ 32 [Teilnahme von Gewerkschafts- und Stufenvertretern] (1) Auf Antrag von einem Viertel der Mitglieder oder der Mehrheit einer Gruppe des Personalrats können Beauftragte einer im Personalrat vertretenen Gewerkschaft an den Sitzungen beratend teilnehmen.

(2) Der Personalrat kann beschließen, daß beauftragte Mitglieder der Stufenvertretungen, die bei übergeordneten Dienststellen bestehen, sowie des Gesamtpersonalrats berechtigt sind, mit beratender Stimme an seinen Sitzungen teilzunehmen.

§ 33[2)] [Beschlußfassung] (1) [1]Die Beschlüsse des Personalrats werden mit einfacher Stimmenmehrheit der anwesenden Mitglieder gefaßt. [2]Stimmenthaltungen bleiben bei der Ermittlung der Mehrheit außer Betracht. [3]Bei Stimmengleichheit ist ein Antrag abgelehnt.

(2) Der Personalrat ist nur beschlußfähig, wenn mindestens die Hälfte seiner Mitglieder anwesend ist; Stellvertretung durch Ersatzmitglieder ist zulässig.

(3) Längstens bis zum 30. Juni 2021 gilt abweichend, dass Beschlüsse auch wirksam sind, wenn sie mittels Umlaufverfahren oder elektronischer Abstimmung erfolgt sind.

§ 34[3)] [Gemeinsame Angelegenheiten] (1) [1]Über die gemeinsamen Angelegenheiten der Gruppen wird vom Personalrat gemeinsam beraten und beschlossen. [2]Die in § 72 Absatz 2 bezeichneten Angelegenheiten gelten auch dann als gemeinsame Angelegenheiten, wenn sie nur einzelne Beschäftigte betreffen.

(2) [1]Über Angelegenheiten, die lediglich die Angehörigen einer Gruppe betreffen, wird nach gemeinsamer Beratung vom Personalrat beschlossen, sofern die Mehrheit der Mitglieder der betreffenden Gruppe nicht widerspricht; bei Widerspruch beschließen nur die Mitglieder der Gruppe. [2]Satz 1 gilt entsprechend für Angelegenheiten, die lediglich die Angehörigen von zwei Gruppen betreffen.

[1)] § 31 Abs. 1 Satz 3 geänd. mWv 16.7.2011 durch G v. 5.7.2011 (GV. NRW. S. 348).

[2)] § 33 Abs. 3 angef. mWv 15.4.2020 durch G v. 14.4.2020 (GV. NRW. S. 218b).

[3)] § 34 Abs. 1 Satz 1 geänd. mWv 17.10.2007 durch G v. 9.10.2007 (GV. NRW. S. 394); Abs. 1 *Satz 2 neu gef., Abs. 2 Satz 1 Halbs.1 und 2* geänd. mWv 16.7.2011 durch G v. 5.7.2011 (GV. NRW. S. 348).

24.51. Beamtenversorgungsgesetz für das Land Nordrhein-Westfalen (Landesbeamtenversorgungsgesetz – LBeamtVG NRW) [1) 2) 3)]

Vom 14. Juni 2016

(GV. NRW. S. 310, 387)

SGV. NRW. 20320

zuletzt geänd. durch Art. 2 G zur Attraktivitätssteigerung des kommunalen Wahlamtes v. 3.4.2020 (GV. NRW. S. 284)

Inhaltsübersicht[4)]

---

1) Verkündet als Art. 3 G v. 14.6.2016 (GV. NRW. S. 310, ber. S. 642); Inkrafttreten gem. Art. 47 Satz 1 dieses G am 1.7.2016, mit Ausnahme von § 5 Abs. 1 Sätze 3 und 4, § 66 Abs. 2 Satz 2 und § 85 Abs. 6, die gem. Art. 47 Satz 3 am 1.1.2017 in Kraft treten.

2) Siehe bis zum 30.6.2016 das LandesbeamtenversorgungsG v. 16.5.2013 (GV. NRW. S. 234, 238).

3) Die Änderungen durch G v. 12.7.2019 (GV. NRW. S. 378) treten teilweise erst **mWv 1.1.2021** in Kraft und sind insoweit im Text noch nicht berücksichtigt.

4) Inhaltsübersicht geänd. mWv 16.7.2016 durch G v. 8.7.2016 (GV. NRW. S. 619); geänd. mWv 14.12.2019 durch G v. 3.12.2019 (GV. NRW. S. 878).

10. die Bezüge der nach § 32 des Deutschen Richtergesetzes in der Fassung der Bekanntmachung vom 19. April 1972 (BGBl. I S. 713) in der jeweils geltenden Fassung oder einer entsprechenden gesetzlichen Vorschrift nicht im Amt befindlichen Richterinnen oder Richter und Mitglieder einer obersten Rechnungsprüfungsbehörde als Ruhegehalt und
11. die Bezüge, die nach § 4 des Landesbesoldungsgesetzes[1)] gewährt werden, als Ruhegehalt;

die Empfängerin und Empfänger dieser Versorgungsbezüge gelten als Ruhestandsbeamtinnen, Ruhestandsbeamte, Witwen, Witwer oder Waisen.

Abschnitt 7. Sondervorschriften

§ 78 Entzug der Hinterbliebenenversorgung. (1) [1]Die oberste Dienstbehörde kann Empfängerinnen und Empfängern von Hinterbliebenenversorgung die Versorgungsbezüge auf Zeit oder auf Dauer ganz oder teilweise entziehen, wenn sie sich gegen die freiheitliche demokratische Grundordnung im Sinne des Grundgesetzes[2)] betätigt haben. [2]§ 49 gilt sinngemäß. [3]Die diese Maßnahme rechtfertigenden Tatsachen sind in einem Untersuchungsverfahren festzustellen, in dem die eidliche Vernehmung von Zeuginnen und Zeugen sowie Sachverständigen zulässig und die Versorgungsempfängerin oder der Versorgungsempfänger zu hören ist.

(2) § 74 Absatz 2 Satz 1 bleibt unberührt.

§ 79 Hinterbliebenenversorgung im Fall der Tötung. Anspruch auf Hinterbliebenenversorgung besteht nicht für Personen, die den Tod der Beamtin, des Beamten, der Ruhestandsbeamtin oder des Ruhestandsbeamten vorsätzlich herbeigeführt haben.

§ 80 Nichtberücksichtigung der Versorgungsbezüge. [1]Wird eine Versorgungsempfängerin oder ein Versorgungsempfänger im öffentlichen Dienst (§ 66 Absatz 6) verwendet, so sind ihre oder seine Bezüge oder Entgelte aus dieser Verwendung ohne Rücksicht auf die Versorgungsbezüge zu bemessen. [2]Das Gleiche gilt für eine auf Grund der Verwendung zu gewährende Versorgung.

Abschnitt 8. Versorgung besonderer Beamtengruppen

§ 81[3)] Beamtinnen und Beamte auf Zeit. (1) Für die Versorgung der Beamtinnen und Beamten auf Zeit und ihrer Hinterbliebenen gelten die Vorschriften für die Versorgung der Beamtinnen und Beamten auf Lebenszeit und ihrer Hinterbliebenen entsprechend, soweit in diesem Gesetz nichts anderes bestimmt ist.

(2) [1]Für Beamtinnen und Beamte auf Zeit, die eine ruhegehaltfähige Dienstzeit von zehn Jahren zurückgelegt haben, beträgt das Ruhegehalt, wenn es für sie günstiger ist, nach einer Amtszeit von acht Jahren als Beamtin oder Beamter auf Zeit 33,48345 Prozent der ruhegehaltfähigen Dienstbezüge und steigt mit jedem weiteren vollen Amtsjahr als Beamtin oder Beamter auf Zeit um

---

[1)] Nr. **24.31**.
[2)] Nr. **11.1**.
[3)] § 81 Abs. 9 angef. mWv 31.12.2019 durch G v. 3.4.2020 (GV. NRW. S. 284).

1,91333 Prozent der ruhegehaltfähigen Dienstbezüge bis zum Höchstruhegehaltssatz von 71,75 Prozent. [2] Als Amtszeit rechnet hierbei auch die Zeit bis zur Dauer von fünf Jahren, die eine Beamtin oder ein Beamter auf Zeit im einstweiligen Ruhestand zurückgelegt hat. [3] § 16 Absatz 2 findet Anwendung.

(3) Ein Übergangsgeld nach § 56 Absatz 1 bis 5 wird nicht gewährt, wenn die Beamtin oder der Beamte auf Zeit einer gesetzlichen Verpflichtung, ihr oder sein Amt nach Ablauf der Amtszeit unter erneuter Berufung in das Beamtenverhältnis weiterzuführen, nicht nachkommt.

(4) [1] Führt die Beamtin oder der Beamte auf Zeit nach Ablauf ihrer oder seiner Amtszeit ihr oder sein bisheriges Amt unter erneuter Berufung als Beamtin oder als Beamter auf Zeit oder durch Wiederwahl für die folgende Amtszeit weiter, gilt für die Anwendung dieses Gesetzes das Beamtenverhältnis als nicht unterbrochen. [2] Satz 1 gilt entsprechend für Beamtinnen und Beamte auf Zeit, die aus ihrem bisherigen Amt ohne Unterbrechung in ein vergleichbares oder höherwertiges Amt unter erneuter Berufung als Beamtin oder Beamter auf Zeit gewählt werden.

(5) Wird eine Beamtin oder ein Beamter auf Zeit wegen Dienstunfähigkeit entlassen, gelten die §§ 18 und 31 entsprechend.

(6) [1] Wird eine Wahlbeamtin oder ein Wahlbeamter auf Zeit wegen Dienstunfähigkeit in den Ruhestand versetzt, ist § 16 Absatz 2 Satz 1 Nummer 3 nicht anzuwenden, wenn sie oder er nach Ablauf ihrer oder seiner Amtszeit ihr oder sein Amt weitergeführt hat, obwohl sie oder er dazu nicht gesetzlich verpflichtet war und mit Ablauf ihrer oder seiner Amtszeit bereits eine Versorgungsanwartschaft erworben hatte. [2] § 15 Absatz 1 Satz 1 findet mit der Maßgabe Anwendung, dass die Zeit vom Eintritt in den Ruhestand bis zum Ablauf des Monats der Vollendung des 60. Lebensjahres zu einem Drittel als ruhegehaltfähige Dienstzeit berücksichtigt wird.

(7) [1] Wird eine Wahlbeamtin oder ein Wahlbeamter auf Zeit abgewählt, erhält sie oder er bis zum Ablauf ihrer oder seiner Amtszeit, bei einem vorherigen Eintritt in den Ruhestand oder der Entlassung längstens bis zu diesem Zeitpunkt, Versorgung mit der Maßgabe, dass das Ruhegehalt während der ersten fünf Jahre 71,75 Prozent der ruhegehaltfähigen Dienstbezüge aus der Endstufe der Besoldungsgruppe, in der sich der Beamte zur Zeit seiner Abwahl befunden hat, beträgt. [2] Die ruhegehaltfähige Dienstzeit nach § 6 erhöht sich um bis zu fünf Jahre der Zeit, in der die Beamtin oder der Beamte Versorgung nach Satz 1 erhält; das Höchstruhegehalt nach Absatz 2 darf nicht überschritten werden.

(8) [1] Zeiten, während der eine Wahlbeamtin oder ein Wahlbeamter auf Zeit durch eine hauptberufliche Tätigkeit oder eine Ausbildung außerhalb der allgemeinen Schulbildung Fachkenntnisse erworben hat, die für die Wahrnehmung des Amtes förderlich sind, sollen bis zu einer Gesamtzeit von vier Jahren als ruhegehaltfähig berücksichtigt werden, die Zeit einer Fachschulausbildung einschließlich der Prüfungszeit bis zu 1095 Tagen und die Zeit einer Hochschulausbildung einschließlich der Prüfungszeit bis zu 855 Tagen, insgesamt höchstens bis zu 1095 Tagen. [2] § 57 Absatz 5 Satz 2 gilt entsprechend.

(9) [1] Für kommunale Wahlbeamtinnen und Wahlbeamten (§§ 118, 119 des Landesbeamtengesetzes[1)]) sind die Entscheidungen nach Absatz 8 Satz 2 und

---

[1)] Nr. **24.11**.

§ 57 Absatz 5 Satz 2 über die Ruhegehaltfähigkeit von Zeiten innerhalb von drei Monaten nach der Begründung des Beamtenverhältnisses zu treffen. [2]Diese Entscheidungen stehen unter dem Vorbehalt des Gleichbleibens der ihnen zugrundeliegenden Rechtslage.

§ 82 Wissenschaftliches und künstlerisches Personal sowie hauptberufliches Leitungspersonal an Hochschulen im Beamtenverhältnis.

(1) [1]Für die Versorgung der Hochschullehrerinnen und Hochschullehrer sowie des sonstigen wissenschaftlichen und künstlerischen Personals an Hochschulen im Beamtenverhältnis mit Bezügen nach § 87 Absatz 2 des Landesbesoldungsgesetzes[1)] und ihrer Hinterbliebenen gelten die Vorschriften dieses Gesetzes, soweit nachfolgend nichts anderes bestimmt ist. [2]Satz 1 gilt auch für die Versorgung der Hochschullehrerinnen und Hochschullehrer, der hauptberuflichen Leiterinnen, Leiter und Mitglieder von Leitungsgremien an Hochschulen im Beamtenverhältnis mit Bezügen nach der Besoldungsordnung W des Landesbesoldungsgesetzes und ihrer Hinterbliebenen.

(2) [1]Ruhegehaltfähig ist auch die Zeit, in der Personen im Sinne des Absatzes 1 nach der Habilitation dem Lehrkörper einer Hochschule angehört haben. [2]Als ruhegehaltfähig gilt auch die zur Vorbereitung für die Promotion benötigte Zeit bis zu zwei Jahren. [3]Zeiten für die Erbringung der Habilitationsleistungen, sonstiger gleichwertiger wissenschaftlicher Leistungen oder einer Juniorprofessur, die im Beschäftigtenverhältnis verbracht wird, können bis zu drei Jahre berücksichtigt werden, es sei denn die Habilitationsordnung schreibt eine andere Mindestzeit vor. [4]Die nach erfolgreichem Abschluss eines Hochschulstudiums vor der Ernennung zur Professorin, Juniorprofessorin, Hochschuldozentin, Oberassistentin, Oberingenieurin, Wissenschaftlichen oder Künstlerischen Assistentin sowie zum Professor, Juniorprofessor, Hochschuldozenten, Oberassistenten, Oberingenieur, Wissenschaftlichen und Künstlerischen Assistenten liegende Zeit einer hauptberuflichen Tätigkeit, in der besondere Fachkenntnisse erworben wurden, die für die Wahrnehmung des Amtes förderlich sind, sollen im Fall des § 36 Absatz 1 Nummer 4 bis 6 und Absatz 2 des Hochschulgesetzes[2)] als ruhegehaltfähig berücksichtigt werden; im Übrigen kann sie bis zu fünf Jahren in vollem Umfang, darüber hinaus bis zur Hälfte als ruhegehaltfähig berücksichtigt werden. [5]Zeiten nach Satz 4 können insgesamt nicht über zehn Jahre hinaus als ruhegehaltfähig berücksichtigt werden. [6]§ 13 gilt entsprechend.

(3) Für Juniorprofessorinnen, Juniorprofessoren, Hochschuldozentinnen, Hochschuldozenten, Akademische Räte auf Zeit, Akademische Oberräte auf Zeit, Oberassistentinnen, Oberassistenten, Oberingenieurinnen, Oberingenieure, Wissenschaftliche und Künstlerische Assistentinnen und Assistenten beträgt das Übergangsgeld abweichend von § 56 Absatz 1 Satz 1 für ein Jahr Dienstzeit das Einfache, insgesamt höchstens das Sechsfache der Besoldung des letzten Monats nach § 1 Absatz 4 Nummer 1 bis 4 des Landesbesoldungsgesetzes.

§ 83 Ehrenbeamtinnen und Ehrenbeamte. [1]Erleidet eine Ehrenbeamtin oder ein Ehrenbeamter einen Dienstunfall (§ 36), so hat sie oder er Anspruch auf ein Heilverfahren (§ 39). [2]Außerdem kann ihr oder ihm Ersatz von Sach-

---

[1)] Nr. **24.31.**

[2)] **v. Hippel/Rehborn Nr. 240.**

schäden (§ 38) und von der obersten Dienstbehörde oder der von ihr bestimmten Stelle ein nach billigem Ermessen festzusetzender Unterhaltsbeitrag bewilligt werden. 3 Das gleiche gilt für die Hinterbliebenen.

Abschnitt 9. Anpassung der Versorgungsbezüge

§ 84[1)] Allgemeine Anpassung. (1) 1 Wird die Besoldung allgemein angepasst, sind von demselben Zeitpunkt an die Versorgungsbezüge durch Gesetz entsprechend zu regeln. 2 Als allgemeine Anpassung gelten auch die Neufassung der Grundgehaltstabelle mit unterschiedlicher Änderung der Grundgehaltssätze und die allgemeine Erhöhung oder Verminderung der Besoldung um feste Beträge.

(2) 1 Für Versorgungsempfängerinnen und Versorgungsempfänger gelten die Erhöhungen nach § 17 des Landesbesoldungsgesetzes[2)] für die dort aufgeführten Bezügebestandteile entsprechend, sofern diese Grundlage der Versorgung sind. 2 Die Erhöhungen nach Satz 1 gelten entsprechend für Empfängerinnen und Empfänger von Versorgungsbezügen der weggefallenen Besoldungsgruppen A 2 bis A 4 sowie A 12a und A 13a. 3 Liegen der Berechnung der Versorgungsbezüge sonstige ruhegehaltfähige Bezügebestandteile nach früherem oder fortgeltendem Bundes- oder Landesrecht zugrunde, erhöhen sich diese nach Maßgabe des Satzes 1, sofern die Teilnahme dieser ruhegehaltfähigen Bezügebestandteile an den allgemeinen Anpassungen nicht eingeschränkt oder ausgeschlossen ist.

(3) Bei Versorgungsempfängerinnen und Versorgungsempfängern vermindert sich das Grundgehalt, wenn den ruhegehaltfähigen Dienstbezügen die Stellenzulage nach Vorbemerkung Nummer 27 Absatz 1 Buchstabe a oder b der Anlage 1 des Bundesbesoldungsgesetzes[3)] in der bis zum 31. Dezember 1989 geltenden Fassung bei Eintritt des Versorgungsfalls nicht zugrunde gelegen hat, ab dem 1. Januar 2020 um 67,93 Euro, wenn den Versorgungsbezügen ein Grundgehalt der Besoldungsgruppe A 5 oder A 6 oder weggefallenen Besoldungsgruppen A 2 bis A 4 zugrunde liegt, und um 67,13 Euro, wenn den Versorgungsbezügen ein Grundgehalt der Besoldungsgruppe A 7 oder A 8 zugrunde liegt.

(4) Das Finanzministerium wird ermächtigt, die Beträge der amtsunabhängigen Mindestversorgungsbezüge und der Mindesthöchstgrenzen nach § 66 im Ministerialblatt für das Land Nordrhein-Westfalen[4)] bekannt zu machen.

---

1) § 84 Abs. 2 neu gef., Abs. 3 und 4 angef. mWv 1.4.2017; Abs. 3 geänd. mWv 1.1.2018 durch G v. 7.4.2017 (GV. NRW. S. 452); Abs. 3 geänd. mWv 1.1.2019 und mWv 1.1.2020 durch G v. 12.7. 2019 (GV. NRW. S. 378).

2) Nr. **24.31.**

3) **v. Hippel/Rehborn Nr. 230.**

4) Siehe hierzu ua Mindestversorgungsbezüge und Mindesthöchstgrenzen ab 1.7.2016, 1.8.2016, 1.1.2017, 1.4.2017 und 1.1.2018-Bek v. 9.8.2017 (MBl. NRW. S. 802) und *Mindestversorgungsbezüge und Mindesthöchstgrenzen ab 1.1.2019*, 1.1.2020 und 1.1.2021-Bek v. 10.12.2019 (MBl. NRW. S. 775).

Abschnitt 10. Anzuwendendes Recht, Übergangs- und Besitzstandsregelungen für am 1. Juli 2016 vorhandene Versorgungsempfängerinnen, Versorgungsempfänger, Beamtinnen und Beamte

§ 85[1)] Besondere Bestandskraft für vorhandene Versorgungsberechtigte. (1) [1]Der Versorgung der am 1. Juli 2016 vorhandenen Ruhestandsbeamtinnen und Ruhestandsbeamten sind der Ruhegehaltssatz, die ruhegehaltfähige Dienstzeit, die prozentuale Verminderung des Ruhegehalts auf Grund vorzeitiger Ruhestandsversetzung und die Besoldungsgruppe, aus der sich das Ruhegehalt berechnet, wie sie sich aus der letzten bestandskräftigen Festsetzung vor dem 1. Juli 2016 unter Berücksichtigung der seither vorgenommenen Anpassungen der Versorgungsbezüge ergeben, zugrunde zu legen. [2]Werden nach diesem Zeitpunkt neue Beweismittel bekannt, die einen dieser Werte betreffen, gelten die §§ 48, 49 und 51 des Verwaltungsverfahrensgesetzes für das Land Nordrhein-Westfalen[2)] entsprechend. [3]Die Neufestsetzung erfolgt nur in Bezug auf den betroffenen Wert, dabei ist der Ruhegehaltssatz für am 31. Dezember 1991 vorhandene Beamtinnen und Beamte, Ruhestandsbeamtinnen und Ruhestandsbeamte nach § 88 zu ermitteln. [4]Soweit noch keine Festsetzung erfolgt oder die letzte Festsetzung vor dem 1. Juli 2016 noch nicht bestandskräftig ist, ist bis zur Bestandskraft der Festsetzung oder bis zur rechtskräftigen Entscheidung über die Festsetzung das am 30. Juni 2016 geltende Recht anzuwenden. [5]Nach Eintritt der Bestandskraft oder Rechtskraft gilt Satz 1 entsprechend. [6]§ 5 Absatz 1 Satz 1 Nummer 2 und § 16 Absatz 3 bleiben unberührt. [7]Für frühere Beamtinnen und Beamte, die am 1. Juli 2016 einen Unterhaltsbeitrag erhalten, der nicht auf einem Dienstunfall beruht, gelten die Sätze 1 bis 3 entsprechend für die festgesetzten Unterhaltsbeiträge.

(2) [1]Beruht die Versorgung auf einem Beamtenverhältnis, das vor dem 1. Januar 1966 begründet wurde, ist § 68 mit der Maßgabe anzuwenden, dass der zu berücksichtigende Rentenbetrag um 40 Prozent gemindert und neben den Renten mindestens ein Betrag von 40 Prozent der Versorgungsbezüge belassen wird. [2]Der Ausgleichsbetrag nach Artikel 2 § 2 Absatz 1 des 2. Haus-

(Fortsetzung nächstes Blatt)

---

1) § 85 Abs. 6 tritt am 1.1.2017 in Kraft; vgl. Anm. zum Titel.
2) Nr. **23.11**.

Abschnitt 10. Anzuwendendes Recht, Übergangs- und Besitzstandsregelungen für am 1. Juli 2016 vorhandene Versorgungsempfängerinnen, Versorgungsempfänger, Beamtinnen und Beamte

§ 85 Besondere Bestandskraft für vorhandene Versorgungsberechtigte. (1) ¹Der Versorgung der am 1. Juli 2016 vorhandenen Ruhestandsbeamtinnen und Ruhestandsbeamten sind der Ruhegehaltssatz, die ruhegehaltfähige Dienstzeit, die prozentuale Verminderung des Ruhegehalts auf Grund vorzeitiger Ruhestandsversetzung und die Besoldungsgruppe, aus der sich das Ruhegehalt berechnet, wie sie sich aus der letzten bestandskräftigen Festsetzung vor dem 1. Juli 2016 unter Berücksichtigung der seither vorgenommenen Anpassungen der Versorgungsbezüge ergeben, zugrunde zu legen. ²Werden nach diesem Zeitpunkt neue Bewertungen bekannt, die einen dieser Werte betreffen, gelten die §§ 48, 49 und 51 des Verwaltungsverfahrensgesetzes für das Land Nordrhein-Westfalen entsprechend. ³Die Neufestsetzung erfolgt nur in Bezug auf den betroffenen Wert, dabei ist der Ruhegehaltssatz für am 31. Dezember 1991 vorhandene Beamtinnen und Beamte, Ruhestandsbeamtinnen und Ruhestandsbeamte nach § 88 zu ermitteln. ⁴Soweit noch keine Festsetzung erfolgt oder die letzte Festsetzung vor dem 1. Juli 2016 noch nicht bestandskräftig ist, ist bis zur Bestandskraft der Festsetzung oder bis zur rechtskräftigen Entscheidung über die Festsetzung das am 30. Juni 2016 geltende Recht anzuwenden. ⁵Nach Eintritt der Bestandskraft oder Rechtskraft gilt Satz 1 entsprechend. ⁶§ 5 Absatz 1 Satz 1 Nummer 2 und § 16 Absatz 3 bleiben unberührt. ⁷Für frühere Beamtinnen und Beamte, die am 1. Juli 2016 einen Unterhaltsbeitrag erhalten, der nicht auf einem Dienstunfall beruht, gelten die Sätze 1 bis 5 entsprechend für die festgesetzten Unterhaltsbeiträge.

(2) ¹Beruht die Versorgung auf einem Beamtenverhältnis, das vor dem 1. Januar 1966 begründet wurde, ist § 68 mit der Maßgabe anzuwenden, dass der zu berücksichtigende Rentenbetrag um 40 Prozent gemindert und neben den Renten mindestens ein Betrag von 40 Prozent des Versorgungsbezuges belassen wird. ²Der Ausgleichsbetrag nach Artikel 2 § 2 Absatz 1 des 2. Haus-

(Fortsetzung nächstes Blatt)

h) personenungebundene Identifikationsmittel, die der Spieler einsetzen muss, um den Spielbetrieb an einem Spielgerät zu ermöglichen, insbesondere an deren Ausgabe, Aktivierung, Gültigkeit und Sicherheitsmerkmale,

i) die Bekanntgabe der Spielregeln und des Gewinnplans sowie die Bereithaltung des Zulassungsscheines oder des Abdruckes des Zulassungsscheines, des Zulassungsbeleges, der Unbedenklichkeitsbescheinigung oder des Abdruckes der Unbedenklichkeitsbescheinigung,

4. Vorschriften über den Umfang der Verpflichtungen des Gewerbetreibenden erlassen, in dessen Betrieb das Spielgerät aufgestellt oder das Spiel veranstaltet werden soll,

5. die Anforderungen an den Unterrichtungsnachweis nach § 33c Absatz 2 Nummer 2 und das Verfahren für diesen Nachweis sowie Ausnahmen von der Nachweispflicht festlegen.

(2) Durch Rechtsverordnung[1] können ferner

1. das Bundesministerium für Wirtschaft und Energie im Einvernehmen mit dem Bundesministerium des Innern und mit Zustimmung des Bundesrates

a) das Verfahren der Physikalisch-Technischen Bundesanstalt bei der Prüfung und Zulassung der Bauart von Spielgeräten sowie bei der Verlängerung der Aufstelldauer von Warenspielgeräten, die auf Volksfesten, Schützenfesten oder ähnlichen Veranstaltungen aufgestellt werden sollen, und die ihrer Konstruktion nach keine statistischen Prüfmethoden erforderlich machen, regeln und

b) Vorschriften über die Gebühren und Auslagen für Amtshandlungen der Physikalisch-Technischen Bundesanstalt erlassen;

2. das Bundesministerium des Innern im Einvernehmen mit dem Bundesministerium für Wirtschaft und Energie und mit Zustimmung des Bundesrates das Verfahren des Bundeskriminalamtes bei der Erteilung von Unbedenklichkeitsbescheinigungen regeln.

§ 33g[2] Einschränkung und Ausdehnung der Erlaubnispflicht. Das Bundesministerium für Wirtschaft und Energie kann im Einvernehmen mit den Bundesministerien des Innern und für Familie, Senioren, Frauen und Jugend mit Zustimmung des Bundesrates durch Rechtsverordnung bestimmen, daß

1. für die Veranstaltung bestimmter anderer Spiele im Sinne des § 33d Abs. 1 Satz 1 eine Erlaubnis nicht erforderlich ist, wenn diese Spiele überwiegend der Unterhaltung dienen und kein öffentliches Interesse an einer Erlaubnispflicht besteht,

2. die Vorschriften der §§ 33c und 33d auch für die nicht gewerbsmäßige Aufstellung von Spielgeräten und für die nicht gewerbsmäßige Veranstaltung *anderer* Spiele in Vereinen und geschlossenen Gesellschaften gelten, in denen gewohnheitsmäßig gespielt wird, wenn für eine solche Regelung ein öffentliches Interesse besteht.

---

[1] Siehe die VO zur Erteilung von Unbedenklichkeitsbescheinigungen **(Gewerberecht Nr. 21)**.

[2] § 33g geänd. mWv 7.11.2001 durch VO v. 29.10.2001 (BGBl. I S. 2785); geänd. mWv 28.11. 2003 durch VO v. 25.11.2003 (BGBl. I S. 2304); geänd. mWv 8.11.2006 durch VO v. 31.10.2006 (BGBl. I S. 2407); geänd. mWv 8.9.2015 durch VO v. 31.8.2015 (BGBl. I S. 1474).

§ 33h Spielbanken, Lotterien, Glücksspiele. Die §§ 33c bis 33g finden keine Anwendung auf

1. die Zulassung und den Betrieb von Spielbanken,
2. die Veranstaltung von Lotterien und Ausspielungen, mit Ausnahme der gewerbsmäßig betriebenen Ausspielungen auf Volksfesten, Schützenfesten oder ähnlichen Veranstaltungen, bei denen der Gewinn in geringwertigen Gegenständen besteht,
3. die Veranstaltung anderer Spiele im Sinne des § 33d Abs. 1 Satz 1, die Glücksspiele im Sinne des § 284 des Strafgesetzbuches[1] sind.

§ 33i[2)3)] **Spielhallen und ähnliche Unternehmen.** (1) [1]Wer gewerbsmäßig eine Spielhalle oder ein ähnliches Unternehmen betreiben will, das ausschließlich oder überwiegend der Aufstellung von Spielgeräten oder der Veranstaltung anderer Spiele im Sinne des § 33c Abs. 1 Satz 1 oder des § 33d Abs. 1 Satz 1 dient, bedarf der Erlaubnis der zuständigen Behörde. [2]Die Erlaubnis kann mit einer Befristung erteilt und mit Auflagen verbunden werden, soweit dies zum Schutze der Allgemeinheit, der Gäste oder der Bewohner des Betriebsgrundstücks oder der Nachbargrundstücke vor Gefahren, erheblichen Nachteilen oder erheblichen Belästigungen erforderlich ist; unter denselben Voraussetzungen ist auch die nachträgliche Aufnahme, Änderung und Ergänzung von Auflagen zulässig.

(Fortsetzung nächstes Blatt)

---

1) **Schönfelder Nr. 85.**

2) § 33i Abs. 1 Satz 1 geänd. mWv 12.12.2012, Abs. 2 Nr. 1 geänd. mWv 1.9.2013 durch G v. 5.12. 2012 (BGBl. I S. 2415).

3) Das Recht der Spielhallen ist seit der am 1.9.2006 in Kraft getretenen Förderalismusreform Gegenstand der Gesetzgebungskompetenz der Länder. Ua haben folgende Länder hierzu eigene Regelungen erlassen:
Baden-Württemberg: Landesglücksspielgesetz (LGlüG) v. 20.11.2012 (GBl. S. 604), zuletzt geänd. durch G v. 11.2.2020 (GBl. S. 37),
Berlin: G zur Regelung des Rechts der Spielhallen im Land Berlin (SpielhallenG Berlin – SpielhG Bln) v. 20.5.2011 (GVBl. S. 223), geänd. durch G v. 22.3.2016 (GVBl. S. 117),
Brandenburg: Brandenburgisches SpielhallenG (BbgSpielhG) v. 4.4.2013 (GVBl. I Nr. 10),
Bremen: Bremisches SpielhallenG (BremSpielhG) v. 17.5.2011 (Brem.GBl. S. 327), zuletzt geänd. durch G v. 14.3.2017 (Brem.GBl. S. 121),
Hamburg: Gesetz zur Regelung des Rechts der Spielhallen im Land Hamburg (Hamburgisches Spielhallengesetz – HmbSpielhG) v. 4.12.2012 (HmbGVBl. S. 505), geänd. durch G v. 20.7.2016 (HmbGVBl. S. 323),
Hessen: Hessisches SpielhallenG v. 28.6.2012 (GVBl. S. 213), zuletzt geänd. durch G v. 3.5.2018 (GVBl. S. 82),
Saarland: Saarländisches SpielhallenG (SSpielhG) v. 20.6.2012 (Amtsbl. I S. 156),
Sachsen-Anhalt: G zur Regelung des Rechts der Spielhallen im Land Sachsen-Anhalt (SpielhallenG Sachsen-Anhalt – SpielhG LSA) v. 25.6.2012 (GVBl. LSA S. 204),
Schleswig-Holstein: G zur Errichtung und zum Betrieb von Spielhallen (SpielhallenG – SpielhG) v. 17.4.2012 (GVOBl. Schl.-H. S. 431), zuletzt geänd. durch G v. 12.11.2014 (GVOBl. Schl.-H. S. 328),
Thüringen: *Thüringer G zur Regelung* des gewerblichen Spiels (Thüringer SpielhallenG – ThürSpielhallenG –) v. 21.6.2012 (GVBl. S. 159).

35.1. Gesetz zur Verhütung und Bekämpfung von Infektionskrankheiten beim Menschen (Infektionsschutzgesetz – IfSG)[1][2][3][4]

Vom 20. Juli 2000

(BGBl. I S. 1045)

FNA 2126-13

geänd. durch Art. 2a Drittes G zur Änd. des HeimG v. 5.11.2001 (BGBl. I S. 2960), Art. 11 § 3 Lebensmittelsicherheit-NeuordnungsG v. 6.8.2002 (BGBl. I S. 3082), Art. 39 Achte ZuständigkeitsanpassungsVO v. 25.11.2003 (BGBl. I S. 2304), Art. 19 Drittes G für moderne Dienstleistungen am Arbeitsmarkt v. 23.12.2003 (BGBl. I S. 2848), Art. 12 Viertes G für moderne Dienstleistungen am Arbeitsmarkt v. 24.12.2003 (BGBl. I S. 2954), Art. 2b Vierzehntes G zur Änd. des ArzneimittelG v. 29.8.2005 (BGBl. I S. 2570), § 3 Abs. 4 G über den Übergang auf das neue Lebensmittel- und Futtermittelrecht v. 1.9.2005 (BGBl. I S. 2618), Art. 9 G zur Förderung ganzjähriger Beschäftigung v. 24.4.2006 (BGBl. I S. 926), Art. 5 G zur Änd. von Vorschriften des Sozialen Entschädigungsrechts und des G über einen Ausgleich für Dienstbeschädigungen im Beitrittsgebiet v. 19.6.2006 (BGBl. I S. 1305), Art. 57 Neunte ZuständigkeitsanpassungsVO v. 31.10.2006 (BGBl. I S. 2407), Art. 6 Abs. 1 GewebeG v. 20.7.2007 (BGBl. I S. 1574), Art. 3 G zu den Internationalen Gesundheitsvorschriften (2005) (IGV) v. 20.7.2007 (BGBl. II S. 930 iVm Bek. v. 1.10.2007, BGBl. II S. 1528), Art. 2 G zur Änd. des BundesversorgungsG und anderer Vorschriften des Sozialen Entschädigungsrechts v. 13.12. 2007 (BGBl. I S. 2904), Art. 16 FGG-ReformG v. 17.12.2008 (BGBl. I S. 2586), Art. 13 G zur Änd. arzneimittelrechtlicher und anderer Vorschriften v. 17.7.2009 (BGBl. I S. 1990), Art. 2a G zur Umsetzung der DienstleistungsRL im Gewerberecht und in weiteren Rechtsvorschriften v. 17.7.2009 (BGBl. I S. 2091), Art. 5 G zur Änd. des BundesversorgungsG und anderer Vorschriften v. 20.6.2011 (BGBl. I S. 1114), Art. 1 G zur Änd. des InfektionsschutzG und weiterer Gesetze v. 28.7.2011 (BGBl. I S. 1622, geänd. durch G v. 10.12.2015, BGBl. I S. 2229), Art. 3 Gesetz zur Durchführung der Internationalen Gesundheitsvorschriften (2005) und zur Änd. weiterer Gesetze v. 21.3.2013 (BGBl. I S. 566), Art. 5 Abs. 2 G zur Umsetzung des Seearbeitsübereinkommens 2006 der Internationalen Arbeitsorganisation v. 20.4.2013 (BGBl. I S. 868), Art. 2 Abs. 36, Art. 4 Abs. 21 G zur Strukturreform des Gebührenrechts des Bundes v. 7.8.2013 (BGBl. I S. 3154, Art. 4 Abs. 21 dieses G aufgeh. durch Art. 2 G v. 18.7.2016, BGBl. I S. 1666), Art. 8 PräventionsG v. 17.7.2015 (BGBl. I S. 1368), Art. 70 Zehnte ZuständigkeitsanpassungsVO v. 31.8.2015 (BGBl. I S. 1474), Art. 6a KrankenhausstrukturG v. 10.12.2015 (BGBl. I S. 2229), Art. 41 Zweites G über die weitere Bereinigung von Bundesrecht v. 8.7.2016 (BGBl. I S. 1594), Art. 4 Abs. 20 G zur Aktualisierung der Strukturreform des Gebührenrechts des Bundes v. 18.7.2016 (BGBl. I S. 1666, geänd. durch G v. 17.7.2017, BGBl. I S. 2615), Art. 1 G zur Modernisierung der epidemiologischen Überwachung übertragbarer Krankheiten v. 17.7.2017 (BGBl. I S. 2615), Art. 6 Pflegepersonal-StärkungsG v. 11.12.2018 (BGBl. I S. 2394), Art. 14b Terminservice- und VersorgungsG v. 6.5.2019 (BGBl. I S. 646), Art. 31 Bundeswehr-EinsatzbereitschaftsstärkungsG v. 4.8.2019 (BGBl. I S. 1147), Art. 18a G für mehr Sicherheit in der Arzneimittelversorgung v. 9.8.2019 (BGBl. I S. 1202), Art. 30 Zweites Datenschutz-Anpassungs- und UmsetzungsG EU v. 20.11.2019 (BGBl. I S. 1626) und Art. 46 G zur Regelung des Sozialen Entschädigungsrechts v. 12.12.2019 (BGBl. I S. 2652)

---

[1] Verkündet als Art. 1 SeuchenrechtsneuordnungsG v. 20.7.2000 (BGBl. I S. 1045); Inkrafttreten gem. Art. 5 Abs. 1 Satz 1 dieses G am 1.1.2001 mit Ausnahme von §§ 37 und 38, die gem. Art. 5 Abs. 2 dieses G am 26.7.2000 in Kraft getreten sind.

[2] *Die Änderungen durch Art.* 4 Abs. 20 G v. 18.7.2016 (BGBl. I S. 1666) treten erst **mWv 1.10. 2021** in Kraft und sind im Text noch nicht berücksichtigt.

[3] Die Änderungen durch G v. 12.12.2019 (BGBl. I S. 2652) treten erst **mWv 1.1.2024** in Kraft und sind im Text noch nicht berücksichtigt.

[4] Zu abweichendem Landesrecht siehe:
- **Baden-Württemberg:** Abweichungen im PolizeiG mWv 29.11.2012; vgl. Hinweis v. 21.12.2012 (BGBl. I S. 2726)
- **Bremen:** Abweichungen im Infektionskrankheiten-BehandlungsG mWv 26.3.2015; vgl. Hinweis v. 18.5.2015 (BGBl. I S. 700).

Inhaltsübersicht[1)]

[1)] Inhaltsübersicht geänd. mWv 1.8.2007 durch G v. 20.7.2007 (BGBl. I S. 1574); mWv 28.12.2009 durch G v. 17.7.2009 (BGBl. I S. 2091); mWv 4.8.2011 durch G v. 28.7.2011 (BGBl. I S. 1622); mWv 29.3.2013 durch G v. 21.3.2013 (BGBl. I S. 566); mWv 1.8.2013 durch G v. 20.4.2013 (BGBl. I S. 868); mWv 15.8.2013 durch G v. 7.8.2013 (BGBl. I S. 3154); mWv 25.7.2015 durch G v. 17.7.2015 (BGBl. I S. 1368); geänd. mWv 25.7.2017 durch G v. 17.7.2017 (BGBl. I S. 2615); nichtamtl. *angepasst an die Änderungen durch G v. 11.12.2018* (BGBl. I S. 2394); geänd. mWv 26.11.2019 durch G v. 20.11.2019 (BGBl. I S. 1626).

1. Abschnitt. Allgemeine Vorschriften

§ 1 Zweck des Gesetzes (1) Zweck des Gesetzes ist es, übertragbaren Krankheiten beim Menschen vorzubeugen, Infektionen frühzeitig zu erkennen und ihre Weiterverbreitung zu verhindern.

(2) [1] Die hierfür notwendige Mitwirkung und Zusammenarbeit von Behörden des Bundes, der Länder und der Kommunen, Ärzten, Tierärzten, Krankenhäusern, wissenschaftlichen Einrichtungen sowie sonstigen Beteiligten soll entsprechend dem jeweiligen Stand der medizinischen und epidemiologischen Wissenschaft und Technik gestaltet und unterstützt werden. [2] Die Eigenverantwortung der Träger und Leiter von Gemeinschaftseinrichtungen, Lebensmittelbetrieben, Gesundheitseinrichtungen sowie des Einzelnen bei der Prävention übertragbarer Krankheiten soll verdeutlicht und gefördert werden.

§ 1a[1)] *(aufgehoben)*

§ 2[2)] **Begriffsbestimmungen.** Im Sinne dieses Gesetzes ist

1. Krankheitserreger
   ein vermehrungsfähiges Agens (Virus, Bakterium, Pilz, Parasit) oder ein sonstiges biologisches transmissibles Agens, das bei Menschen eine Infektion oder übertragbare Krankheit verursachen kann,
2. Infektion
   die Aufnahme eines Krankheitserregers und seine nachfolgende Entwicklung oder Vermehrung im menschlichen Organismus,
3. übertragbare Krankheit
   eine durch Krankheitserreger oder deren toxische Produkte, die unmittelbar oder mittelbar auf den Menschen übertragen werden, verursachte Krankheit,

3a. bedrohliche übertragbare Krankheit
   eine übertragbare Krankheit, die auf Grund klinisch schwerer Verlaufsformen oder ihrer Ausbreitungsweise eine schwerwiegende Gefahr für die Allgemeinheit verursachen kann,

4. Kranker
   eine Person, die an einer übertragbaren Krankheit erkrankt ist,

---

[1)] § 1a aufgeh. mWv 26.11.2019 durch G v. 20.11.2019 (BGBl. I S. 1626).
[2)] § 2 Nr. 3a eingef. mWv 25.7.2017 durch G v. 17.7.2017 (BGBl. I S. 2615).

(2) [1]Die namentliche Meldung durch eine in § 8 Absatz 1 Nummer 2 und 3 genannte Person muss, soweit vorliegend, folgende Angaben enthalten:

1. zur betroffenen Person:
   a) Name und Vorname,
   b) Geschlecht,
   c) Geburtsdatum,
   d) Anschrift der Hauptwohnung oder des gewöhnlichen Aufenthaltsortes und, falls abweichend: Anschrift des derzeitigen Aufenthaltsortes,
   e) weitere Kontaktdaten,
   f) Art des Untersuchungsmaterials,
   g) Eingangsdatum des Untersuchungsmaterials,
   h) Nachweismethode,
   i) Untersuchungsbefund, einschließlich Typisierungsergebnissen, und
   j) erkennbare Zugehörigkeit zu einer Erkrankungshäufung,
2. Name, Anschrift und weitere Kontaktdaten des Einsenders und
3. Name, Anschrift und weitere Kontaktdaten des Meldenden.

[2]Der Einsender hat den Meldenden bei dessen Angaben nach Satz 1 zu unterstützen und diese Angaben gegebenenfalls zu vervollständigen. [3]Bei einer Untersuchung auf Hepatitis C hat der Einsender dem Meldenden mitzuteilen, ob ihm eine chronische Hepatitis C bei der betroffenen Person bekannt ist.

(3) [1]Die namentliche Meldung muss unverzüglich erfolgen und dem zuständigen Gesundheitsamt nach Absatz 4 spätestens 24 Stunden, nachdem der Meldende Kenntnis erlangt hat, vorliegen. [2]Eine Meldung darf wegen einzelner fehlender Angaben nicht verzögert werden. [3]Die Nachmeldung oder Korrektur von Angaben hat unverzüglich nach deren Vorliegen an das Gesundheitsamt zu erfolgen, das die ursprüngliche Meldung erhalten hat. [4]Das Gesundheitsamt ist befugt, von dem Meldenden Auskunft über Angaben zu verlangen, die die Meldung zu enthalten hat. [5]Der Meldende hat dem Gesundheitsamt unverzüglich anzugeben, wenn sich eine Verdachtsmeldung nicht bestätigt hat.

(4) [1]Meldungen nach Absatz 1 haben an das Gesundheitsamt zu erfolgen, in dessen Bezirk sich die betroffene Person derzeitig aufhält oder zuletzt aufhielt. [2]Sofern die betroffene Person in einer Einrichtung gemäß Absatz 1 Nummer 1 Buchstabe h betreut oder untergebracht ist, haben Meldungen nach Absatz 1 an das Gesundheitsamt zu erfolgen, in dessen Bezirk sich die Einrichtung befindet. [3]Meldungen nach Absatz 2 haben an das Gesundheitsamt zu erfolgen, in dessen Bezirk die Einsender ihren Sitz haben.

(5) Die verarbeiteten Daten zu meldepflichtigen Krankheiten und Nachweisen von Krankheitserregern werden jeweils fallbezogen mit den Daten der zu diesem Fall geführten Ermittlungen und getroffenen Maßnahmen sowie mit den daraus *gewonnenen Erkenntnissen* auch an das Gesundheitsamt übermittelt,

1. in dessen Bezirk die betroffene Person ihre Hauptwohnung hat oder zuletzt hatte oder
2. in dessen Bezirk sich die betroffene Person gewöhnlich aufhält, falls ein Hauptwohnsitz nicht feststellbar ist oder falls die betroffene Person sich dort gewöhnlich nicht aufhält.

§ 10[1)] Nichtnamentliche Meldung. (1) [1]Die nichtnamentliche Meldung nach § 6 Absatz 3 Satz 1 muss unverzüglich erfolgen und dem Gesundheitsamt, in dessen Bezirk sich die Einrichtung befindet, spätestens 24 Stunden nach der Feststellung des Ausbruchs vorliegen. [2]Die Meldung muss, soweit vorliegend, folgende Angaben enthalten:

1. Name, Anschrift und weitere Kontaktdaten
   a) der betroffenen Einrichtung,
   b) des Meldenden,
   c) der mit der Erregerdiagnostik beauftragten Untersuchungsstelle und
2. folgende einzelfallbezogene Angaben zu den aufgetretenen nosokomialen Infektionen sowie zu allen damit wahrscheinlich oder vermutlich in epidemischem Zusammenhang stehenden Kolonisationen:
   a) Geschlecht der betroffenen Person,
   b) Monat und Jahr der Geburt der betroffenen Person,
   c) Untersuchungsbefund, einschließlich Typisierungsergebnissen,
   d) Diagnose,
   e) Datum der Diagnose,
   f) wahrscheinliche Infektionsquelle, einschließlich der zugrunde liegenden Tatsachen.

[3]§ 9 Absatz 3 Satz 2 bis 4 gilt entsprechend.

(2) [1]Die nichtnamentliche Meldung nach § 7 Absatz 3 Satz 1 muss innerhalb von zwei Wochen, nachdem der Meldende Kenntnis erlangt hat, an das Robert Koch-Institut erfolgen. [2]Das Robert Koch-Institut bestimmt die technischen Übermittlungsstandards. [3]Die Meldung muss folgende Angaben enthalten:

1. in den Fällen des § 7 Absatz 3 Satz 1 Nummer 2 eine fallbezogene Pseudonymisierung nach Absatz 3,
2. Geschlecht der betroffenen Person,
3. Monat und Jahr der Geburt der betroffenen Person,
4. die ersten drei Ziffern der Postleitzahl der Hauptwohnung oder des gewöhnlichen Aufenthaltsortes,
5. Untersuchungsbefund einschließlich Typisierungsergebnissen,
6. Monat und Jahr der Diagnose,
7. Art des Untersuchungsmaterials,
8. Nachweismethode,
9. wahrscheinlicher Infektionsweg und wahrscheinliches Infektionsrisiko,
10. Staat, in dem die Infektion wahrscheinlich erfolgt ist,
11. bei Malaria Angaben zur Expositions- und Chemoprophylaxe,
12. Name, Anschrift und weitere Kontaktdaten des Einsenders und
13. Name, Anschrift und weitere Kontaktdaten des Meldenden.

[1)] *§ 10 neu gef. mWv 25.7.2017 durch G v. 17.7.2017 (BGBl. I S. 2615); Abs. 3 Satz 5 geänd. mWv 26.11.2019 durch G v. 20.11.2019 (BGBl. I S. 1626).*

[4] Der Einsender hat den Meldenden bei den Angaben nach Satz 3 zu unterstützen und diese Angaben gegebenenfalls zu vervollständigen. [5] § 9 Absatz 3 Satz 2 bis 4 gilt entsprechend.

(3) [1] Die fallbezogene Pseudonymisierung besteht aus dem dritten Buchstaben des ersten Vornamens in Verbindung mit der Anzahl der Buchstaben des ersten Vornamens sowie dem dritten Buchstaben des ersten Nachnamens in Verbindung mit der Anzahl der Buchstaben des ersten Nachnamens. [2] Bei Doppelnamen wird jeweils nur der erste Teil des Namens berücksichtigt; Umlaute werden in zwei Buchstaben dargestellt. [3] Namenszusätze bleiben unberücksichtigt. [4] § 14 Absatz 3 bleibt unberührt. [5] Angaben nach den Sätzen 1 bis 3 und die Angaben zum Monat der Geburt dürfen vom Robert Koch-Institut lediglich zu der Prüfung, ob verschiedene Meldungen sich auf denselben Fall beziehen, verarbeitet werden. [6] Sie sind zu löschen, sobald nicht mehr zu erwarten ist, dass die damit bewirkte Einschränkung der Prüfung nach Satz 5 eine nicht unerhebliche Verfälschung der aus den Meldungen zu gewinnenden epidemiologischen Beurteilung bewirkt.

§ 11[1)] Übermittlung an die zuständige Landesbehörde und an das Robert Koch-Institut. (1) [1] Die verarbeiteten Daten zu meldepflichtigen Krankheiten und Nachweisen von Krankheitserregern werden anhand der Falldefinitionen nach Absatz 2 bewertet und spätestens am folgenden Arbeitstag durch das nach Absatz 3 zuständige Gesundheitsamt der zuständigen Landesbehörde sowie von dort spätestens am folgenden Arbeitstag dem Robert Koch-Institut mit folgenden Angaben übermittelt:

1. zur betroffenen Person:
   a) Geschlecht,
   b) Monat und Jahr der Geburt,
   c) Tag der Erkrankung, Tag der Diagnose, gegebenenfalls Tag des Todes und wahrscheinlicher Zeitpunkt oder Zeitraum der Infektion,
   d) Untersuchungsbefund, einschließlich Typisierungsergebnissen,
   e) wahrscheinlicher Infektionsweg, wahrscheinliches Infektionsrisiko einschließlich Impfstatus, erkennbare Zugehörigkeit zu einer Erkrankungshäufung,
   f) gegebenenfalls Informationen zur Art der Einrichtung bei Tätigkeit, Betreuung oder Unterbringung in Einrichtungen und Unternehmen nach § 23 Absatz 5 oder § 36 Absatz 1 und 2,
   g) in Deutschland: Landkreis oder kreisfreie Stadt, in dem oder in der die Infektion wahrscheinlich erfolgt ist, ansonsten Staat, in dem die Infektion wahrscheinlich erfolgt ist,
   h) bei reiseassoziierter Legionellose: Name und Anschrift der Unterkunft,
   i) bei Tuberkulose, Hepatitis B und Hepatitis C: Geburtsstaat, Staatsangehörigkeit und gegebenenfalls Jahr der Einreise nach Deutschland,
   j) Überweisung, Aufnahme und Entlassung aus einer Einrichtung nach § 23 Absatz 5 Satz 1, gegebenenfalls intensivmedizinische Behandlung und deren Dauer,
2. zuständige Gesundheitsämter und

[1)] § 11 neu gef. mWv 25.7.2017 durch G v. 17.7.2017 (BGBl. I S. 2615).

3. Datum der Meldung.

[2] In den Fällen der Meldung nach § 6 Absatz 3 Satz 1 sind nur die Angaben nach Satz 1 Nummer 2 und 3 sowie zu den aufgetretenen nosokomialen Infektionen und den damit zusammenhängenden Kolonisationen jeweils nur die Angaben nach Satz 1 Nummer 1 Buchstabe a bis e erforderlich. [3] Für die Übermittlungen von den zuständigen Landesbehörden an das Robert Koch-Institut bestimmt das Robert Koch-Institut die technischen Übermittlungsstandards. [4] Frühere Übermittlungen sind gegebenenfalls zu berichtigen und zu ergänzen, insoweit gelten die Sätze 1 bis 3 entsprechend.

(2) Das Robert Koch-Institut erstellt entsprechend den jeweiligen epidemiologischen Erfordernissen die Falldefinitionen für die Bewertung von Erkrankungs- oder Todesfällen und Nachweisen von Krankheitserregern und schreibt sie fort.

(3) [1] Für die Übermittlung nach Absatz 1 ist das Gesundheitsamt zuständig, in dessen Bezirk die betroffene Person ihre Hauptwohnung hat oder zuletzt hatte. [2] Falls ein Hauptwohnsitz nicht feststellbar ist oder die betroffene Person sich dort gewöhnlich nicht aufhält, so ist das Gesundheitsamt zuständig, in dessen Bezirk sich die betroffene Person gewöhnlich aufhält. [3] Falls ein solcher Aufenthaltsort nicht feststellbar ist oder in den Fällen der Meldung nach § 6 Absatz 3 Satz 1 ist das Gesundheitsamt zuständig, welches die Daten erstmals verarbeitet hat. [4] Das nach den Sätzen 1 bis 3 zuständige Gesundheitsamt kann diese Zuständigkeit an ein anderes Gesundheitsamt mit dessen Zustimmung abgeben, insbesondere wenn schwerpunktmäßig im Zuständigkeitsbereich des anderen Gesundheitsamtes weitere Ermittlungen nach § 25 Absatz 1 angestellt werden müssen.

(4) [1] Einen nach § 6 Absatz 1 Satz 1 Nummer 3 gemeldeten Verdacht einer über das übliche Ausmaß einer Impfreaktion hinausgehenden gesundheitlichen Schädigung übermittelt das Gesundheitsamt unverzüglich der zuständigen Landesbehörde. [2] Das Gesundheitsamt übermittelt alle notwendigen Angaben, sofern es diese Angaben ermitteln kann, wie Bezeichnung des Produktes, Name oder Firma des pharmazeutischen Unternehmers, die Chargenbezeichnung, den Zeitpunkt der Impfung und den Beginn der Erkrankung. [3] Über die betroffene Person sind ausschließlich das Geburtsdatum, das Geschlecht sowie der erste Buchstabe des ersten Vornamens und der erste Buchstabe des ersten Nachnamens anzugeben. [4] Die zuständige Behörde übermittelt die Angaben unverzüglich dem Paul-Ehrlich-Institut. [5] Die personenbezogenen Daten sind zu pseudonymisieren.

§ 12[1)] Übermittlungen und Mitteilungen auf Grund völker- und unionsrechtlicher Vorschriften. (1) [1] Im Hinblick auf eine übertragbare Krankheit, die nach Anlage 2 der Internationalen Gesundheitsvorschriften (2005) vom 23. Mai 2005 (BGBl. 2007 II S. 930, 932) eine gesundheitliche Notlage von internationaler Tragweite im Sinne von Artikel 1 Absatz 1 der Internationalen Gesundheitsvorschriften (2005) darstellen könnte, übermittelt die zuständige Behörde der zuständigen Landesbehörde unverzüglich folgende Angaben:

1. das Auftreten der übertragbaren Krankheit, Tatsachen, die auf das Auftreten der übertragbaren Krankheit hinweisen, oder Tatsachen, die zum Auftreten der übertragbaren Krankheit führen können,
2. die getroffenen Maßnahmen und

---

1) § 12 neu gef. mWv 25.7.2017 durch G v. 17.7.2017 (BGBl. I S. 2615).

3. sonstige Informationen, die für die Bewertung der Tatsachen und für die Verhütung und Bekämpfung der übertragbaren Krankheit von Bedeutung sind.

[2]Die zuständige Behörde und die zuständige Landesbehörde dürfen im Rahmen dieser Vorschrift nicht übermitteln

1. zur betroffenen Person:
   a) den Namen und Vornamen,
   b) Tag der Geburt und
   c) Anschrift der Hauptwohnung oder des gewöhnlichen Aufenthaltsortes und
2. den Namen des Meldenden.

[3]Die zuständige Landesbehörde übermittelt die in Satz 1 genannten Angaben unverzüglich dem Robert Koch-Institut. [4]Darüber hinaus übermittelt die zuständige Landesbehörde dem Robert Koch-Institut auf dessen Anforderung unverzüglich alle ihr vorliegenden Informationen, die für Mitteilungen an die Weltgesundheitsorganisation im Sinne der Artikel 6 bis 12 und 19 Buchstabe c der Internationalen Gesundheitsvorschriften (2005) erforderlich sind. [5]Für die Übermittlungen von den zuständigen Landesbehörden an das Robert Koch-Institut kann das Robert Koch-Institut die technischen Übermittlungsstandards bestimmen. [6]Das Robert Koch-Institut bewertet die ihm übermittelten Angaben nach der Anlage 2 der Internationalen Gesundheitsvorschriften (2005) und nimmt die Aufgaben nach § 4 Absatz 1 Nummer 1 des IGV-Durchführungsgesetzes wahr.

(2) [1]Im Hinblick auf Gefahren biologischen oder unbekannten Ursprungs nach Artikel 2 Absatz 1 Buchstabe a oder d des Beschlusses Nr. 1082/2013/EU des Europäischen Parlaments und des Rates vom 22. Oktober 2013 zu schwerwiegenden grenzüberschreitenden Gesundheitsgefahren und zur Aufhebung der Entscheidung Nr. 2119/98/EG (ABl. L 293 vom 5.11.2013, S. 1; L 231 vom 4.9. 2015, S. 16) übermittelt die zuständige Behörde der zuständigen Landesbehörde unverzüglich alle Angaben, die für Übermittlungen nach den Artikeln 6 bis 9 des Beschlusses Nr. 1082/2013/EU erforderlich sind. [2]Die zuständige Landesbehörde übermittelt diese Angaben unverzüglich dem Robert Koch-Institut. [3]Für die Übermittlung an das Robert Koch-Institut kann das Robert Koch-Institut die technischen Übermittlungsstandards bestimmen. [4]Das Robert Koch-Institut ist in dem in Satz 1 genannten Bereich der Gefahren biologischen oder unbekannten Ursprungs die zuständige nationale Behörde im Sinne der Artikel 6 und 8 bis 10 des Beschlusses Nr. 1082/2013/EU.

(3) Abweichungen von den Regelungen des Verwaltungsverfahrens in Absatz 1 Satz 1 bis 5 und Absatz 2 Satz 1 bis 3 durch Landesrecht sind ausgeschlossen.

§ 13[1)] Weitere Formen der epidemiologischen Überwachung; Verordnungsermächtigung. (1) [1]Zur Überwachung übertragbarer Krankheiten können der Bund und die Länder weitere Formen der epidemiologischen Überwachung durchführen. [2]Bei Erhebungen des Bundes ist den jeweils zuständigen Landesbehörden Gelegenheit zu geben, sich zu beteiligen. [3]Das Bundesministerium für Gesundheit kann im Benehmen mit den jeweils zuständigen obersten Landesgesundheitsbehörden festlegen, welche Krankheiten und Krankheitserreger durch Erhebungen nach Satz 1 überwacht werden.

[1)] § 13 neu gef. mWv 25.7.2017 durch G v. 17.7.2017 (BGBl. I S. 2615); Abs. 2 Satz 4 neu gef. mWv 26.11.2019 durch G v. 20.11.2019 (BGBl. I S. 1626).

(2) [1]Das Robert Koch-Institut kann insbesondere nach Absatz 1 zur Überwachung übertragbarer Krankheiten in Zusammenarbeit mit ausgewählten Einrichtungen der Gesundheitsvorsorge oder -versorgung Sentinel-Erhebungen zu Personen, die diese Einrichtungen unabhängig von der Erhebung in Anspruch nehmen, koordinieren und durchführen zur Ermittlung

1. der Verbreitung übertragbarer Krankheiten, wenn diese Krankheiten von großer gesundheitlicher Bedeutung für das Gemeinwohl sind, und
2. des Anteils der Personen, der gegen bestimmte Erreger nicht immun ist, sofern dies notwendig ist, um die Gefährdung der Bevölkerung durch diese Krankheitserreger zu bestimmen.

[2]Die Sentinel-Erhebungen können auch über anonyme unverknüpfbare Testungen an Restblutproben oder anderem geeigneten Material erfolgen. [3]Werden personenbezogene Daten verwendet, die bereits bei der Vorsorge oder Versorgung erhoben wurden, sind diese zu anonymisieren. [4]Daten, die eine Identifizierung der in die Untersuchung einbezogenen Personen erlauben, dürfen nicht erhoben werden. [5]Die obersten Landesgesundheitsbehörden können zusätzliche Sentinel-Erhebungen durchführen.

(3) [1]Das Bundesministerium für Gesundheit wird ermächtigt, durch Rechtsverordnung mit Zustimmung des Bundesrates festzulegen, dass die Träger der in § 8 Absatz 1 Nummer 2 und 3 genannten Einrichtungen verpflichtet sind, Untersuchungsmaterial, aus dem meldepflichtige Nachweise von bestimmten Krankheitserregern gewonnen wurden, sowie Isolate der entsprechenden Erreger zum Zwecke weiterer Untersuchungen und der Verwahrung (molekulare Surveillance) an bestimmte Einrichtungen der Spezialdiagnostik abzuliefern, insbesondere an nationale Referenzzentren, an Konsiliarlaboratorien, an das Robert Koch-Institut und an fachlich unabhängige Landeslaboratorien. [2]Das abgelieferte Material kann mit einer fallbezogenen Pseudonymisierung versehen werden. [3]Daten, die eine Identifizierung der in die Untersuchung einbezogenen Personen erlauben, dürfen nicht übermittelt werden. [4]Enthält das Untersuchungsmaterial humangenetische Bestandteile, sind angemessene Maßnahmen zu treffen, die eine Identifizierung betroffener Personen verhindern; humangenetische Analysen des Untersuchungsmaterials sind verboten. [5]In der Rechtsverordnung kann insbesondere bestimmt werden,

1. dass die Ablieferung nur in bestimmten Fällen oder nur auf Anforderung zu erfolgen hat,
2. wann eine Pseudonymisierung nach Satz 2 zu erfolgen hat und welche Verfahren bei der Bildung dieser Pseudonymisierung und bei den Maßnahmen nach Satz 4 anzuwenden sind,
3. dass Angaben zu Art und Herkunft des Untersuchungsmaterials sowie zu Zeitpunkt und Umständen der Probennahme zu übermitteln sind und
4. in welchem Verfahren und in welcher Höhe die durch die Ablieferungspflicht entstehenden Kosten für die Vorbereitung, die Verpackung und den Versand der Proben erstattet werden und welcher Kostenträger diese Kosten übernimmt.

[6]Die Länder können zusätzliche Maßnahmen der molekularen Surveillance treffen.

§ 14[1]) Elektronisches Melde- und Informationssystem; Verordnungsermächtigung. (1) [1] Für die Erfüllung der Aufgaben nach Maßgabe der Zwecke dieses Gesetzes richtet das Robert Koch-Institut nach Weisung des Bundesministeriums für Gesundheit und nach Maßgabe der technischen Möglichkeiten ein elektronisches Melde- und Informationssystem ein. [2] Das Robert Koch-Institut kann einen IT-Dienstleister mit der technischen Umsetzung beauftragen. [3] Die Zusammenarbeit von Bund und Ländern bei der Umsetzung des elektronischen Melde- und Informationssystems wird durch einen gemeinsamen Planungsrat koordiniert. [4] Sofern eine Nutzungspflicht für das elektronische Melde- und Informationssystem besteht, ist den Anwendern mindestens eine kostenlose Software-Lösung bereitzustellen.

(2) Im elektronischen Melde- und Informationssystem können insbesondere folgende Daten fallbezogen verarbeitet werden:
1. die Daten, die zu melde- und benachrichtigungspflichtigen Tatbeständen nach den §§ 6, 7, 34 und 36 erhoben worden sind,
2. die Daten, die bei den Meldungen nach dem IGV-Durchführungsgesetz und im Rahmen von § 12 erhoben worden sind,
3. die Daten, die im Rahmen der epidemiologischen Überwachung nach § 13 erhoben worden sind,
4. die im Verfahren zuständigen Behörden und Ansprechpartner,
5. die Daten über die von den zuständigen Behörden nach den §§ 25 bis 32 geführten Ermittlungen, getroffenen Maßnahmen und die daraus gewonnenen Erkenntnisse und
6. sonstige Informationen, die für die Bewertung, Verhütung und Bekämpfung der übertragbaren Krankheit von Bedeutung sind.

(3) Im elektronischen Melde- und Informationssystem werden die verarbeiteten Daten, die zu melde- und benachrichtigungspflichtigen Tatbeständen nach den §§ 6, 7, 34 und 36 erhoben worden sind, jeweils fallbezogen mit den Daten der zu diesem Fall geführten Ermittlungen, getroffenen Maßnahmen und den daraus gewonnenen Erkenntnissen automatisiert
1. pseudonymisiert,
2. den zuständigen Behörden übermittelt mit der Möglichkeit, dass sie diese Daten im Rahmen ihrer jeweiligen Zuständigkeit verarbeiten können,
3. gegebenenfalls gemäß den Falldefinitionen nach § 11 Absatz 2 bewertet und
4. gemeinsam mit den Daten nach den Nummern 1 bis 3 nach einer krankheitsspezifischen Dauer gelöscht, es sei denn, es handelt sich um epidemiologische Daten, die nach den §§ 11 und 12 übermittelt wurden.

(4) Im elektronischen Melde- und Informationssystem können die verarbeiteten Daten, die zu melde- und benachrichtigungspflichtigen Tatbeständen nach den §§ 6, 7, 34 und 36 erhoben worden sind, daraufhin automatisiert überprüft werden, ob sich diese Daten auf denselben Fall beziehen.

---

1) § 14 neu gef. mWv 25.7.2017 durch G v. 17.7.2017 (BGBl. I S. 2615); Abs. 1 Satz 2 geänd., Abs. 2 Nr. 1 neu gef., Abs. 3 einl. Satzteil, Abs. 4, Abs. 8 Satz 1 Nr. 2 geänd., Nr. 3 neu gef., Satz 2 eingef., bish. Sätze 2, 3 werden Sätze 3, 4 mWv 16.8.2019 durch G v. 9.8.2019 (BGBl. I S. 1202); Abs. 2 einl. Satzteil, Abs. 3 Nr. 2, 4, Abs. 8 Satz 1 Nr. 7 geänd. mWv 26.11.2019 durch G v. 20.11.2019 (BGBl. I S. 1626).

(5) Im elektronischen Melde- und Informationssystem können die verarbeiteten Daten zu meldepflichtigen Krankheiten und Nachweisen von Krankheitserregern nach den §§ 6 und 7 und aus Benachrichtigungen nach den §§ 34 und 36 daraufhin automatisiert überprüft werden, ob es ein gehäuftes Auftreten von übertragbaren Krankheiten gibt, bei denen ein epidemischer Zusammenhang wahrscheinlich ist.

(6) [1] Der Zugriff auf gespeicherte Daten ist nur im gesetzlich bestimmten Umfang zulässig, sofern die Kenntnis der Daten zur Erfüllung der gesetzlichen Aufgaben der beteiligten Behörden erforderlich ist. [2] Eine Wiederherstellung des Personenbezugs bei pseudonymisierten Daten ist nur zulässig, sofern diese Daten auf der Grundlage eines Gesetzes der beteiligten Behörde übermittelt werden dürfen. [3] Es wird gewährleistet, dass auch im Bereich der Verschlüsselungstechnik und der Authentifizierung organisatorische und dem jeweiligen Stand der Technik entsprechende Maßnahmen getroffen werden, um den Datenschutz und die Datensicherheit und insbesondere die Vertraulichkeit und Integrität der im elektronischen Melde- und Informationssystem gespeicherten Daten sicherzustellen. [4] Unter diesen Voraussetzungen kann die Übermittlung der Daten auch durch eine verschlüsselte Datenübertragung über das Internet erfolgen.

(7) Bis zur Einrichtung des elektronischen Melde- und Informationssystems kann das Robert Koch-Institut im Einvernehmen mit den zuständigen obersten Landesgesundheitsbehörden zur Erprobung für die freiwillig teilnehmenden meldepflichtigen Personen und für die zuständigen Gesundheitsämter Abweichungen von den Vorschriften des Melde- und Übermittlungsverfahrens zulassen.

(8) [1] Das Bundesministerium für Gesundheit wird ermächtigt, durch Rechtsverordnung mit Zustimmung des Bundesrates, festzulegen,

1. dass beteiligte Behörden für die Erfüllung der Aufgaben nach diesem Gesetz das elektronische Melde- und Informationssystem zu nutzen und bei der Nutzung ein bestimmtes Verfahren einzuhalten haben,
2. dass Melde- und Benachrichtigungspflichtige oder bestimmte Gruppen von Melde- und Benachrichtigungspflichtigen ihrer Verpflichtung zur Meldung und Benachrichtigung durch Nutzung des elektronischen Melde- und Informationssystems nachzukommen haben und bei der Nutzung ein bestimmtes Verfahren einzuhalten haben,
3. welcher IT-Dienstleister mit der technischen Umsetzung beauftragt wird,
4. welche funktionalen und technischen Vorgaben einschließlich eines Sicherheitskonzepts dem elektronischen Melde- und Informationssystem zugrunde liegen müssen,
5. welche notwendigen Test-, Authentifizierungs- und Zertifizierungsmaßnahmen sicherzustellen sind,
6. nach welcher krankheitsspezifischen Dauer die im elektronischen Melde- und Informationssystem verarbeiteten personenbezogenen Daten nach Absatz 3 Nummer 4 zu löschen sind und
7. welches Verfahren bei der Bildung der fallbezogenen Pseudonymisierung nach Absatz 3 anzuwenden ist; hierzu kann festgelegt werden, dass bei nichtnamentlichen Meldungen andere als die in § 10 Absatz 1 und 2 genannten Angaben übermittelt werden, die sofort nach Herstellung der fallbezogenen Pseudonymisierung zu löschen sind.

²Zur Einhaltung eines bestimmten Verfahrens nach Satz 1 Nummer 1 und 2 kann insbesondere gehören, dass nur Meldeportale oder elektronische Programme genutzt werden dürfen, die bestimmte vom Robert Koch-Institut festgelegte Inhalte und Konfigurationen mit dem jeweils aktuellen Stand aufweisen. ³Sofern bei den Festlegungen und Maßnahmen Fragen der Datensicherheit berührt sind, sind diese Festlegungen und Maßnahmen im Einvernehmen mit dem Bundesamt für Sicherheit in der Informationstechnik zu treffen. ⁴Sofern bei den Festlegungen und Maßnahmen nach Satz 1 Fragen des Datenschutzes berührt sind, sind diese Festlegungen und Maßnahmen im Einvernehmen mit der oder dem Bundesbeauftragten für den Datenschutz und die Informationsfreiheit zu treffen.

(9) Abweichungen von den in dieser Vorschrift getroffenen Regelungen des Verwaltungsverfahrens durch Landesrecht sind ausgeschlossen.

§ 15[1)] **Anpassung der Meldepflicht an die epidemische Lage.** (1) Das Bundesministerium für Gesundheit wird ermächtigt, durch Rechtsverordnung[2)] mit Zustimmung des Bundesrates die Meldepflicht für die in § 6 aufgeführten Krankheiten oder die in § 7 aufgeführten Krankheitserreger aufzuheben, einzuschränken oder zu erweitern oder die Meldepflicht auf andere übertragbare Krankheiten oder Krankheitserreger auszudehnen, soweit die epidemische Lage dies zulässt oder erfordert.

(2) ¹In dringenden Fällen kann zum Schutz der Bevölkerung die Rechtsverordnung ohne Zustimmung des Bundesrates erlassen werden. ²Eine auf der Grundlage des Satzes 1 erlassene Verordnung tritt ein Jahr nach ihrem Inkrafttreten außer Kraft; ihre Geltungsdauer kann mit Zustimmung des Bundesrates verlängert werden.

(3) ¹Solange das Bundesministerium für Gesundheit von der Ermächtigung nach Absatz 1 keinen Gebrauch macht, sind die Landesregierungen zum Erlass einer Rechtsverordnung nach Absatz 1 ermächtigt, sofern die Meldepflicht nach diesem Gesetz hierdurch nicht eingeschränkt oder aufgehoben wird. ²Sie können die Ermächtigung durch Rechtsverordnung auf andere Stellen übertragen.

4. Abschnitt. Verhütung übertragbarer Krankheiten

§ 15a[3)] **Durchführung der infektionshygienischen und hygienischen Überwachung.** (1) Bei der Durchführung der folgenden infektionshygienischen oder hygienischen Überwachungen unterliegen Personen, die über Tatsachen Auskunft geben können, die für die jeweilige Überwachung von Bedeutung sind, den in Absatz 2 genannten Pflichten und haben die mit der jeweiligen Überwachung beauftragten Personen die in Absatz 3 genannten Befugnisse:

1. infektionshygienische Überwachung durch das Gesundheitsamt nach § 23 Absatz 6 und 6a,
2. *infektionshygienische* Überwachung durch das Gesundheitsamt nach § 36 Absatz 1 und 2,

---

[1)] § 15 Abs. 1 und Abs. 3 Satz 1 geänd. mWv 28.11.2003 durch VO v. 25.11.2003 (BGBl. I S. 2304); Abs. 1 und Abs. 3 Satz 1 geänd. mWv 8.11.2006 durch VO v. 31.10.2006 (BGBl. I S. 2407).

[2)] Siehe die Aviäre-Influenza-Meldepflicht-VO v. 11.5.2007 (BGBl. I S. 732), aufgeh. durch VO v. 18.3.2016 (BGBl. I S. 515).

[3)] § 15a eingef. mWv 1.1.2019 durch G v. 11.12.2018 (BGBl. I S. 2394).

3. hygienische Überwachung durch das Gesundheitsamt nach § 37 Absatz 3 und
4. infektionshygienische Überwachung durch die zuständige Behörde nach § 41 Absatz 1 Satz 2.

(2) [1] Personen, die über Tatsachen Auskunft geben können, die für die Überwachung von Bedeutung sind, sind verpflichtet, den mit der Überwachung beauftragten Personen auf Verlangen die erforderlichen Auskünfte insbesondere über den Betrieb und den Betriebsablauf einschließlich dessen Kontrolle zu erteilen und Unterlagen einschließlich dem tatsächlichen Stand entsprechende technische Pläne vorzulegen. [2] Der Verpflichtete kann die Auskunft auf solche Fragen verweigern, deren Beantwortung ihn selbst oder einen der in § 52 Absatz 1 der Strafprozessordnung[1)] bezeichneten Angehörigen der Gefahr aussetzen würde, wegen einer Straftat oder einer Ordnungswidrigkeit verfolgt zu werden; Entsprechendes gilt für die Vorlage von Unterlagen.

(3) [1] Die mit der Überwachung beauftragten Personen sind, soweit dies zur Erfüllung ihrer Aufgaben erforderlich ist, befugt,

1. Betriebsgrundstücke, Betriebs- und Geschäftsräume, zum Betrieb gehörende Anlagen und Einrichtungen sowie Verkehrsmittel zu Betriebs- und Geschäftszeiten zu betreten und zu besichtigen,
2. sonstige Grundstücke sowie Wohnräume tagsüber an Werktagen zu betreten und zu besichtigen,
3. in die Bücher oder sonstigen Unterlagen Einsicht zu nehmen und hieraus Abschriften, Ablichtungen oder Auszüge anzufertigen,
4. sonstige Gegenstände zu untersuchen oder
5. Proben zur Untersuchung zu fordern oder zu entnehmen.

[2] Der Inhaber der tatsächlichen Gewalt ist verpflichtet, den Beauftragten der zuständigen Behörde oder des Gesundheitsamtes die Grundstücke, Räume, Anlagen, Einrichtungen und Verkehrsmittel sowie sonstigen Gegenstände zugänglich zu machen. [3] Das Grundrecht der Unverletzlichkeit der Wohnung (Artikel 13 Absatz 1 des Grundgesetzes[2)]) wird insoweit eingeschränkt.

(4) Weitergehende Pflichten und Befugnisse, insbesondere unter den Voraussetzungen der §§ 16 oder 17 oder nach den Vorschriften des 5. Abschnitts, bleiben unberührt.

§ 16[3)] Allgemeine Maßnahmen der zuständigen Behörde. (1) [1] Werden Tatsachen festgestellt, die zum Auftreten einer übertragbaren Krankheit führen können, oder ist anzunehmen, dass solche Tatsachen vorliegen, so trifft die zuständige Behörde die notwendigen Maßnahmen zur Abwendung der dem Einzelnen oder der Allgemeinheit hierdurch drohenden Gefahren. [2] Die bei diesen Maßnahmen erhobenen personenbezogenen Daten dürfen nur für Zwecke dieses Gesetzes verarbeitet werden.

(2) [1] In den Fällen des Absatzes 1 sind die Beauftragten der zuständigen Behörde und des Gesundheitsamtes zur Durchführung von Ermittlungen und zur Überwachung der angeordneten Maßnahmen berechtigt, Grundstücke, Räume, An-

---

1) **Schönfelder Nr. 90.**
2) Nr. **11.1.**
3) § 16 Abs. 5 Satz 2 neu gef. mWv 25.7.2017 durch G v. 17.7.2017 (BGBl. I S. 2615); Abs. 1 Satz 2 geänd. mWv 26.11.2019 durch G v. 20.11.2019 (BGBl. I S. 1626).

lagen und Einrichtungen sowie Verkehrsmittel aller Art zu betreten und Bücher oder sonstige Unterlagen einzusehen und hieraus Abschriften, Ablichtungen oder Auszüge anzufertigen sowie sonstige Gegenstände zu untersuchen oder Proben zur Untersuchung zu fordern oder zu entnehmen. [2] Der Inhaber der tatsächlichen Gewalt ist verpflichtet, den Beauftragten der zuständigen Behörde und des Gesundheitsamtes Grundstücke, Räume, Anlagen, Einrichtungen und Verkehrsmittel sowie sonstige Gegenstände zugänglich zu machen. [3] Personen, die über die in Absatz 1 genannten Tatsachen Auskunft geben können, sind verpflichtet, auf Verlangen die erforderlichen Auskünfte insbesondere über den Betrieb und den Betriebsablauf einschließlich dessen Kontrolle zu erteilen und Unterlagen einschließlich dem tatsächlichen Stand entsprechende technische Pläne vorzulegen. [4] Der Verpflichtete kann die Auskunft auf solche Fragen verweigern, deren Beantwortung ihn selbst oder einen der in § 383 Abs. 1 Nr. 1 bis 3 der Zivilprozessordnung[1)] bezeichneten Angehörigen der Gefahr strafrechtlicher Verfolgung oder eines Verfahrens nach dem Gesetz über Ordnungswidrigkeiten[2)] aussetzen würde; Entsprechendes gilt für die Vorlage von Unterlagen.

(3) Soweit es die Aufklärung der epidemischen Lage erfordert, kann die zuständige Behörde Anordnungen über die Übergabe von in Absatz 2 genannten Untersuchungsmaterialien zum Zwecke der Untersuchung und Verwahrung an Institute des öffentlichen Gesundheitsdienstes oder andere vom Land zu bestimmende Einrichtungen treffen.

(4) Das Grundrecht der Unverletzlichkeit der Wohnung (Artikel 13 Abs. 1 Grundgesetz[3)]) wird im Rahmen der Absätze 2 und 3 eingeschränkt.

(5) [1] Wenn die von Maßnahmen nach den Absätzen 1 und 2 betroffenen Personen geschäftsunfähig oder in der Geschäftsfähigkeit beschränkt sind, hat derjenige für die Erfüllung der genannten Verpflichtung zu sorgen, dem die Sorge für die Person zusteht. [2] Die gleiche Verpflichtung trifft den Betreuer einer von Maßnahmen nach den Absätzen 1 und 2 betroffenen Person, soweit die Erfüllung dieser Verpflichtung zu seinem Aufgabenkreis gehört.

(6) [1] Die Maßnahmen nach Absatz 1 werden auf Vorschlag des Gesundheitsamtes von der zuständigen Behörde angeordnet. [2] Kann die zuständige Behörde einen Vorschlag des Gesundheitsamtes nicht rechtzeitig einholen, so hat sie das Gesundheitsamt über die getroffene Maßnahme unverzüglich zu unterrichten.

(7) [1] Bei Gefahr im Verzuge kann das Gesundheitsamt die erforderlichen Maßnahmen selbst anordnen. [2] Es hat die zuständige Behörde unverzüglich hiervon zu unterrichten. [3] Diese kann die Anordnung ändern oder aufheben. [4] Wird die Anordnung nicht innerhalb von zwei Arbeitstagen nach der Unterrichtung aufgehoben, so gilt sie als von der zuständigen Behörde getroffen.

(8) Widerspruch und Anfechtungsklage gegen Maßnahmen nach den Absätzen 1 bis 3 haben keine aufschiebende Wirkung.

***§ 17[4)] Besondere Maßnahmen* der zuständigen Behörde, Rechtsverordnungen durch die Länder.** (1) [1] Wenn Gegenstände mit meldepflichtigen Krankheitserregern behaftet sind oder wenn das anzunehmen ist und dadurch eine

---

1) **Schönfelder Nr. 100.**

2) Nr. **72.2.**

3) Nr. **11.1.**

4) § 17 Abs. 1 Satz 4 und Abs. 5 Satz 1 geänd. mWv 25.7.2017 durch G v. 17.7.2017 (BGBl. I S. 2615).

Verbreitung der Krankheit zu befürchten ist, hat die zuständige Behörde die notwendigen Maßnahmen zur Abwendung der hierdurch drohenden Gefahren zu treffen. [2] Wenn andere Maßnahmen nicht ausreichen, kann die Vernichtung von Gegenständen angeordnet werden. [3] Sie kann auch angeordnet werden, wenn andere Maßnahmen im Verhältnis zum Wert der Gegenstände zu kostspielig sind, es sei denn, dass derjenige, der ein Recht an diesem Gegenstand oder die tatsächliche Gewalt darüber hat, widerspricht und auch die höheren Kosten übernimmt. [4] Müssen Gegenstände entseucht (desinfiziert), von Gesundheitsschädlingen befreit oder vernichtet werden, so kann ihre Benutzung und die Benutzung der Räume und Grundstücke, in denen oder auf denen sie sich befinden, untersagt werden, bis die Maßnahme durchgeführt ist.

(2) [1] Wenn Gesundheitsschädlinge festgestellt werden und die Gefahr begründet ist, dass durch sie Krankheitserreger verbreitet werden, so hat die zuständige Behörde die zu ihrer Bekämpfung erforderlichen Maßnahmen anzuordnen. [2] Die Bekämpfung umfasst Maßnahmen gegen das Auftreten, die Vermehrung und Verbreitung sowie zur Vernichtung von Gesundheitsschädlingen.

(3) [1] Erfordert die Durchführung einer Maßnahme nach den Absätzen 1 und 2 besondere Sachkunde, so kann die zuständige Behörde anordnen, dass der Verpflichtete damit geeignete Fachkräfte beauftragt. [2] Die zuständige Behörde kann selbst geeignete Fachkräfte mit der Durchführung beauftragen, wenn das zur wirksamen Bekämpfung der übertragbaren Krankheiten oder Krankheitserreger oder der Gesundheitsschädlinge notwendig ist und der Verpflichtete diese Maßnahme nicht durchführen kann oder einer Anordnung nach Satz 1 nicht nachkommt oder nach seinem bisherigen Verhalten anzunehmen ist, dass er einer Anordnung nach Satz 1 nicht rechtzeitig nachkommen wird. [3] Wer ein Recht an dem Gegenstand oder die tatsächliche Gewalt darüber hat, muss die Durchführung der Maßnahme dulden.

(4) [1] Die Landesregierungen werden ermächtigt, unter den nach § 16 sowie nach Absatz 1 maßgebenden Voraussetzungen durch Rechtsverordnung entsprechende Gebote und Verbote zur Verhütung übertragbarer Krankheiten zu erlassen. [2] Sie können die Ermächtigung durch Rechtsverordnung auf andere Stellen übertragen.

(5) [1] Die Landesregierungen können zur Verhütung und Bekämpfung übertragbarer Krankheiten Rechtsverordnungen über die Feststellung und die Be-

(Fortsetzung nächstes Blatt)

(5) [1]Die Leiter folgender Einrichtungen haben sicherzustellen, dass innerbetriebliche Verfahrensweisen zur Infektionshygiene in Hygieneplänen festgelegt sind:

1. Krankenhäuser,
2. Einrichtungen für ambulantes Operieren,
3. Vorsorge- oder Rehabilitationseinrichtungen,
4. Dialyseeinrichtungen,
5. Tageskliniken,
6. Entbindungseinrichtungen,
7. Behandlungs- oder Versorgungseinrichtungen, die mit einer der in den Nummern 1 bis 6 genannten Einrichtungen vergleichbar sind und
8. ambulante Pflegedienste, die ambulante Intensivpflege in Einrichtungen, Wohngruppen oder sonstigen gemeinschaftlichen Wohnformen erbringen.

[2]Die Landesregierungen können durch Rechtsverordnung vorsehen, dass Leiter von Zahnarztpraxen sowie Leiter von Arztpraxen und Praxen sonstiger humanmedizinischer Heilberufe, in denen invasive Eingriffe vorgenommen werden, sicherzustellen haben, dass innerbetriebliche Verfahrensweisen zur Infektionshygiene in Hygieneplänen festgelegt sind. [3]Die Landesregierungen können die Ermächtigung durch Rechtsverordnung auf andere Stellen übertragen.

(6) [1]Einrichtungen nach Absatz 5 Satz 1 unterliegen der infektionshygienischen Überwachung durch das Gesundheitsamt. [2]Einrichtungen nach Absatz 5 Satz 2 können durch das Gesundheitsamt infektionshygienisch überwacht werden.

(6a) [1]Die infektionshygienische Überwachung von ambulanten Pflegediensten, die ambulante Intensivpflege in Einrichtungen, Wohngruppen oder sonstigen gemeinschaftlichen Wohnformen erbringen, erstreckt sich auch auf Orte, an denen die Intensivpflege erbracht wird. [2]Die ambulanten Pflegedienste haben dem Gesundheitsamt auf dessen Anforderung die Namen und Kontaktdaten der von ihnen versorgten Personen und der vertretungsberechtigten Personen mitzuteilen.

(7) *(aufgehoben)*

(8) [1]Die Landesregierungen haben durch Rechtsverordnung für Krankenhäuser, Einrichtungen für ambulantes Operieren, Vorsorge- oder Rehabilitationseinrichtungen, in denen eine den Krankenhäusern vergleichbare medizinische Versorgung erfolgt, sowie für Dialyseeinrichtungen und Tageskliniken die jeweils erforderlichen Maßnahmen zur Verhütung, Erkennung, Erfassung und Bekämpfung von nosokomialen Infektionen und Krankheitserregern mit Resistenzen zu regeln. [2]Dabei sind insbesondere Regelungen zu treffen über

1. hygienische Mindestanforderungen an Bau, Ausstattung und Betrieb der Einrichtungen,
2. Bestellung, Aufgaben und Zusammensetzung einer Hygienekommission,
3. die erforderliche personelle Ausstattung mit Hygienefachkräften und Krankenhaushygienikern und die Bestellung von hygienebeauftragten Ärzten einschließlich bis längstens zum 31. Dezember 2019 befristeter Übergangsvorschriften zur Qualifikation einer ausreichenden Zahl geeigneten Fachpersonals,

4. Aufgaben und Anforderungen an Fort- und Weiterbildung der in der Einrichtung erforderlichen Hygienefachkräfte, Krankenhaushygieniker und hygienebeauftragten Ärzte,
5. die erforderliche Qualifikation und Schulung des Personals hinsichtlich der Infektionsprävention,
6. Strukturen und Methoden zur Erkennung von nosokomialen Infektionen und resistenten Erregern und zur Erfassung im Rahmen der ärztlichen und pflegerischen Dokumentationspflicht,
7. die zur Erfüllung ihrer jeweiligen Aufgaben erforderliche Einsichtnahme der in Nummer 4 genannten Personen in Akten der jeweiligen Einrichtung einschließlich der Patientenakten,
8. die Information des Personals über Maßnahmen, die zur Verhütung und Bekämpfung von nosokomialen Infektionen und Krankheitserregern mit Resistenzen erforderlich sind,
9. die klinisch-mikrobiologisch und klinisch-pharmazeutische Beratung des ärztlichen Personals,
10. die Information von aufnehmenden Einrichtungen und niedergelassenen Ärzten bei der Verlegung, Überweisung oder Entlassung von Patienten über Maßnahmen, die zur Verhütung und Bekämpfung von nosokomialen Infektionen und von Krankheitserregern mit Resistenzen erforderlich sind.

[3] Die Landesregierungen können die Ermächtigung durch Rechtsverordnung auf andere Stellen übertragen.

§ 23a[1)] Personenbezogene Daten über den Impf- und Serostatus von Beschäftigten. [1] Soweit es zur Erfüllung von Verpflichtungen aus § 23 Absatz 3 in Bezug auf Krankheiten, die durch Schutzimpfung verhütet werden können, erforderlich ist, darf der Arbeitgeber personenbezogene Daten eines Beschäftigten über dessen Impf- und Serostatus verarbeiten, um über die Begründung eines Beschäftigungsverhältnisses oder über die Art und Weise einer Beschäftigung zu entscheiden. [2] Im Übrigen gelten die Bestimmungen des allgemeinen Datenschutzrechts.

5. Abschnitt. Bekämpfung übertragbarer Krankheiten

§ 24 Behandlung übertragbarer Krankheiten. [1] Die Behandlung von Personen, die an einer der in § 6 Abs. 1 Satz 1 Nr. 1, 2 und 5 oder § 34 Abs. 1 genannten übertragbaren Krankheiten erkrankt oder dessen verdächtig sind oder die mit einem Krankheitserreger nach § 7 infiziert sind, ist insoweit im Rahmen der berufsmäßigen Ausübung der Heilkunde nur Ärzten gestattet. [2] Satz 1 gilt entsprechend bei sexuell übertragbaren Krankheiten und für Krankheiten oder Krankheitserreger, die durch eine Rechtsverordnung auf Grund des § 15 Abs. 1 in die Meldepflicht einbezogen sind. [3] Als Behandlung im Sinne der Sätze 1 und 2 gilt auch der direkte und indirekte Nachweis eines Krankheitserregers für die Feststellung einer Infektion oder übertragbaren Krankheit; § 46 gilt entsprechend.

---

1) § 23a neu gef. mWv 25.7.2017 durch G v. 17.7.2017 (BGBl. I S. 2615); Satz 1 geänd. mWv 26.11.2019 durch G v. 20.11.2019 (BGBl. I S. 1626).

§ 25[1] Ermittlungen. (1) Ergibt sich oder ist anzunehmen, dass jemand krank, krankheitsverdächtig, ansteckungsverdächtig oder Ausscheider ist oder dass ein Verstorbener krank, krankheitsverdächtig oder Ausscheider war, so stellt das Gesundheitsamt die erforderlichen Ermittlungen an, insbesondere über Art, Ursache, Ansteckungsquelle und Ausbreitung der Krankheit.

(2) [1] Für die Durchführung der Ermittlungen nach Absatz 1 gilt § 16 Absatz 2, 3, 5 und 8 entsprechend. [2] Das Gesundheitsamt kann eine im Rahmen der Ermittlungen im Hinblick auf eine bedrohliche übertragbare Krankheit erforderliche Befragung in Bezug auf die Art, Ursache, Ansteckungsquelle und Ausbreitung der Krankheit unmittelbar an eine dritte Person, insbesondere an den behandelnden Arzt, richten, wenn eine Mitwirkung der betroffenen Person oder der nach § 16 Absatz 5 verpflichteten Person nicht oder nicht rechtzeitig möglich ist; die dritte Person ist in entsprechender Anwendung von § 16 Absatz 2 Satz 3 und 4 zur Auskunft verpflichtet.

(3) [1] Die in Absatz 1 genannten Personen können durch das Gesundheitsamt vorgeladen werden. [2] Sie können durch das Gesundheitsamt verpflichtet werden,

1. Untersuchungen und Entnahmen von Untersuchungsmaterial an sich vornehmen zu lassen, insbesondere die erforderlichen äußerlichen Untersuchungen, Röntgenuntersuchungen, Tuberkulintestungen, Blutentnahmen und Abstriche von Haut und Schleimhäuten durch die Beauftragten des Gesundheitsamtes zu dulden, sowie
2. das erforderliche Untersuchungsmaterial auf Verlangen bereitzustellen.

[3] Darüber hinausgehende invasive Eingriffe sowie Eingriffe, die eine Betäubung erfordern, dürfen nur mit Einwilligung des Betroffenen vorgenommen werden; § 16 Absatz 5 gilt nur entsprechend, wenn der Betroffene einwilligungsunfähig ist. [4] Die bei den Untersuchungen erhobenen personenbezogenen Daten dürfen nur für Zwecke dieses Gesetzes verarbeitet werden.

(4) [1] Den Ärzten des Gesundheitsamtes und dessen ärztlichen Beauftragten ist vom Gewahrsamsinhaber die Untersuchung der in Absatz 1 genannten Verstorbenen zu gestatten. [2] Die zuständige Behörde kann gegenüber dem Gewahrsamsinhaber die innere Leichenschau anordnen, wenn dies vom Gesundheitsamt für erforderlich gehalten wird.

(5) Die Grundrechte der körperlichen Unversehrtheit (Artikel 2 Absatz 2 Satz 1 des Grundgesetzes[2]), der Freiheit der Person (Artikel 2 Absatz 2 Satz 2 des Grundgesetzes) und der Unverletzlichkeit der Wohnung (Artikel 13 Absatz 1 des Grundgesetzes) werden insoweit eingeschränkt.

§ 26[3] Teilnahme des behandelnden Arztes. Der behandelnde Arzt ist berechtigt, mit Zustimmung des Patienten an den Untersuchungen nach § 25 sowie an der inneren Leichenschau teilzunehmen.

---

[1] § 25 Überschr. und Abs. 2 Satz 3 neu gef. sowie Abs. 2 Satz 1 geänd. mWv 1.8.2007 durch G v. 20.7.2007 (BGBl. I S. 1574); Abs. 2 neu gef., Abs. 3–5 angef. mWv 29.3.2013 durch G v. 21.3.2013 (BGBl. I S. 566); Überschrift neu gef. mWv 15.7.2016 durch G v. 8.7.2016 (BGBl. I S. 1594); Abs. 2 Satz 2 angef. mWv 25.7.2017 durch G v. 17.7.2017 (BGBl. I S. 2615); Abs. 3 Satz 4 geänd. mWv 26.11.2019 durch G v. 20.11.2019 (BGBl. I S. 1626).

[2] Nr. **11.1**.

[3] § 26 neu gef. mWv 29.3.2013 durch G v. 21.3.2013 (BGBl. I S. 566).

§ 27[1)] Unterrichtungspflichten des Gesundheitsamtes. (1) Das Gesundheitsamt unterrichtet insbesondere in den Fällen des § 25 Absatz 1 unverzüglich andere Gesundheitsämter, deren Aufgaben nach diesem Gesetz berührt sind, und übermittelt ihnen die zur Erfüllung von deren Aufgaben erforderlichen Angaben, sofern ihm die Angaben vorliegen.

(2) [1] Das Gesundheitsamt unterrichtet unverzüglich die für die Überwachung nach § 39 Absatz 1 Satz 1 des Lebensmittel- und Futtermittelgesetzbuchs[2)] örtlich zuständige Lebensmittelüberwachungsbehörde, wenn auf Grund von Tatsachen feststeht oder der Verdacht besteht,

1. dass ein spezifisches Lebensmittel, das an Endverbraucher abgegeben wurde, in mindestens zwei Fällen mit epidemiologischem Zusammenhang Ursache einer übertragbaren Krankheit ist, oder
2. dass Krankheitserreger auf Lebensmittel übertragen wurden und deshalb eine Weiterverbreitung der Krankheit durch Lebensmittel zu befürchten ist.

[2] Das Gesundheitsamt stellt folgende Angaben zur Verfügung, soweit sie ihm vorliegen und die Angaben für die von der zuständigen Lebensmittelüberwachungsbehörde zu treffenden Maßnahmen erforderlich sind:

1. Zahl der Kranken, Krankheitsverdächtigen, Ansteckungsverdächtigen und Ausscheider, auf Ersuchen der Lebensmittelüberwachungsbehörde auch Namen und Erreichbarkeitsdaten,
2. betroffenes Lebensmittel,
3. an Endverbraucher abgegebene Menge des Lebensmittels,
4. Ort und Zeitraum seiner Abgabe,
5. festgestellter Krankheitserreger und
6. von Personen entgegen § 42 ausgeübte Tätigkeit sowie Ort der Ausübung.

(3) [1] Das Gesundheitsamt unterrichtet unverzüglich die nach § 4 Absatz 1 des Tiergesundheitsgesetzes[3)] zuständige Behörde, wenn

1. auf Grund von Tatsachen feststeht oder der Verdacht besteht, dass
   a) Erreger einer übertragbaren Krankheit unmittelbar oder mittelbar von Tieren auf eine betroffene Person übertragen wurden oder
   b) Erreger von einer betroffenen Person auf Tiere übertragen wurden, und
2. es sich um Erreger einer nach einer auf Grund des Tiergesundheitsgesetzes erlassenen Rechtsverordnung anzeigepflichtigen Tierseuche oder meldepflichtigen Tierkrankheit handelt.

[2] Das Gesundheitsamt übermittelt der nach § 4 Absatz 1 des Tiergesundheitsgesetzes zuständigen Behörde Angaben zum festgestellten Erreger, zur Tierart und zum Standort der Tiere, sofern ihm die Angaben vorliegen.

(4) [1] Das Gesundheitsamt unterrichtet unverzüglich die für den Immissionsschutz zuständige Behörde, wenn im Fall einer örtlichen oder zeitlichen Häufung von Infektionen mit Legionella sp. der Verdacht besteht, dass Krankheitserreger durch Aerosole in der Außenluft auf den Menschen übertragen wur-

---

1) § 27 neu gef. mWv 29.3.2013 durch G v. 21.3.2013 (BGBl. I S. 566); Abs. 1 eingef., bish. Abs. 1 wird Abs. 2, Abs. 3–5 eingef., bish. Abs. 2 wird Abs. 6 mWv 25.7.2017 durch G v. 17.7.2017 (BGBl. I S. 2615).

2) *Nr. 35.2.*

3) **Sartorius Nr. 870.**

den. [2]Das Gesundheitsamt übermittelt der für den Immissionsschutz zuständigen Behörde Angaben zu den wahrscheinlichen Orten und Zeitpunkten der Infektionen, sofern ihm die Angaben vorliegen.

(5) [1]Das Gesundheitsamt unterrichtet unverzüglich die zuständige Landesbehörde, wenn der Verdacht besteht, dass ein Arzneimittel die Quelle einer Infektion ist. [2]Das Gesundheitsamt übermittelt der zuständigen Landesbehörde alle notwendigen Angaben, sofern es diese Angaben ermitteln kann, wie Bezeichnung des Produktes, Name oder Firma des pharmazeutischen Unternehmers und die Chargenbezeichnung. [3]Über die betroffene Person sind ausschließlich das Geburtsdatum, das Geschlecht sowie der erste Buchstabe des ersten Vornamens und der erste Buchstabe des ersten Nachnamens anzugeben. [4]Die zuständige Behörde übermittelt die Angaben unverzüglich der nach § 77 des Arzneimittelgesetzes[1)] zuständigen Bundesoberbehörde. [5]Die personenbezogenen Daten sind zu pseudonymisieren.

(6) [1]Steht auf Grund von Tatsachen fest oder besteht der Verdacht, dass jemand, der an einer meldepflichtigen Krankheit erkrankt oder mit einem meldepflichtigen Krankheitserreger infiziert ist, oder dass ein Verstorbener, der an einer meldepflichtigen Krankheit erkrankt oder mit einem meldepflichtigen Krankheitserreger infiziert war, nach dem vermuteten Zeitpunkt der Infektion Blut-, Organ-, Gewebe- oder Zellspender war, so hat das Gesundheitsamt, wenn es sich dabei um eine durch Blut, Blutprodukte, Organe, Gewebe oder Zellen übertragbare Krankheit oder Infektion handelt, die zuständigen Behörden von Bund und Ländern unverzüglich über den Befund oder Verdacht zu unterrichten. [2]Es meldet dabei die ihm bekannt gewordenen Sachverhalte. [3]Nach den Sätzen 1 und 2 hat es bei Spendern vermittlungspflichtiger Organe (§ 1a Nummer 2 des Transplantationsgesetzes[2)]) auch die nach § 11 des Transplantationsgesetzes errichtete oder bestimmte Koordinierungsstelle zu unterrichten, bei sonstigen Organ-, Gewebe- oder Zellspendern nach den Vorschriften des Transplantationsgesetzes die Einrichtung der medizinischen Versorgung, in der das Organ, das Gewebe oder die Zelle übertragen wurde oder übertragen werden soll, und die Gewebeeinrichtung, die das Gewebe oder die Zelle entnommen hat.

§ 28[3)] Schutzmaßnahmen. (1) [1]Werden Kranke, Krankheitsverdächtige, Ansteckungsverdächtige oder Ausscheider festgestellt oder ergibt sich, dass ein Verstorbener krank, krankheitsverdächtig oder Ausscheider war, so trifft die zuständige Behörde die notwendigen Schutzmaßnahmen, insbesondere die in den §§ 29 bis 31 genannten, soweit und solange es zur Verhinderung der Verbreitung übertragbarer Krankheiten erforderlich ist. [2]Unter den Voraussetzungen von Satz 1 kann die zuständige Behörde Veranstaltungen oder sonstige Ansammlungen einer größeren Anzahl von Menschen beschränken oder verbieten und Badeanstalten oder in § 33 genannte Gemeinschaftseinrichtungen *oder Teile davon schließen;* sie kann auch Personen verpflichten, den Ort, an dem sie sich befinden, nicht zu verlassen oder von ihr bestimmte Orte nicht zu betreten, bis die notwendigen Schutzmaßnahmen durchgeführt worden sind.

[1)] **Sartorius ErgBd. Nr. 272.**
[2)] **Sartorius ErgBd. Nr. 280.**
[3)] § 28 Abs. 2 eingef., bish. Abs. 2 wird Abs. 3 und geänd. mWv 25.7.2015 durch G v. 17.7.2015 (BGBl. I S. 1368).

[3] Eine Heilbehandlung darf nicht angeordnet werden. [4] Die Grundrechte der Freiheit der Person (Artikel 2 Abs. 2 Satz 2 Grundgesetz[1)]), der Versammlungsfreiheit (Artikel 8 Grundgesetz) und der Unverletzlichkeit der Wohnung (Artikel 13 Abs. 1 Grundgesetz) werden insoweit eingeschränkt.

(2) Wird festgestellt, dass eine Person in einer Gemeinschaftseinrichtung an Masern erkrankt, dessen verdächtig oder ansteckungsverdächtig ist, kann die zuständige Behörde Personen, die weder einen Impfschutz, der den Empfehlungen der Ständigen Impfkommission entspricht, noch eine Immunität gegen Masern durch ärztliche Bescheinigung nachweisen können, die in § 34 Absatz 1 Satz 1 und 2 genannten Verbote erteilen, bis eine Weiterverbreitung der Krankheit in der Gemeinschaftseinrichtung nicht mehr zu befürchten ist.

(3) Für Maßnahmen nach den Absätzen 1 und 2 gilt § 16 Abs. 5 bis 8, für ihre Überwachung außerdem § 16 Abs. 2 entsprechend.

§ 29[2)] Beobachtung. (1) Kranke, Krankheitsverdächtige, Ansteckungsverdächtige und Ausscheider können einer Beobachtung unterworfen werden.

(2) [1] Wer einer Beobachtung nach Absatz 1 unterworfen ist, hat die erforderlichen Untersuchungen durch die Beauftragten des Gesundheitsamtes zu dulden und den Anordnungen des Gesundheitsamtes Folge zu leisten. [2] § 25 Absatz 3 gilt entsprechend. [3] Eine Person nach Satz 1 ist ferner verpflichtet, den Beauftragten des Gesundheitsamtes zum Zwecke der Befragung oder der Untersuchung den Zutritt zu seiner Wohnung zu gestatten, auf Verlangen ihnen über alle seinen Gesundheitszustand betreffenden Umstände Auskunft zu geben und im Falle des Wechsels der Hauptwohnung oder des gewöhnlichen Aufenthaltes unverzüglich dem bisher zuständigen Gesundheitsamt Anzeige zu erstatten. [4] Die Anzeigepflicht gilt auch bei Änderungen einer Tätigkeit im Lebensmittelbereich im Sinne von § 42 Abs. 1 Satz 1 oder in Einrichtungen im Sinne von § 23 Absatz 5 oder § 36 Absatz 1 sowie beim Wechsel einer Gemeinschaftseinrichtung im Sinne von § 33. [5] § 16 Abs. 2 Satz 4 gilt entsprechend. [6] Die Grundrechte der körperlichen Unversehrtheit (Artikel 2 Abs. 2 Satz 1 Grundgesetz[1)]), der Freiheit der Person (Artikel 2 Abs. 2 Satz 2 Grundgesetz) und der Unverletzlichkeit der Wohnung (Artikel 13 Abs. 1 Grundgesetz) werden insoweit eingeschränkt.

§ 30[3)] Quarantäne. (1) [1] Die zuständige Behörde hat anzuordnen, dass Personen, die an Lungenpest oder an von Mensch zu Mensch übertragbarem hämorrhagischem Fieber erkrankt oder dessen verdächtig sind, unverzüglich in einem Krankenhaus oder einer für diese Krankheiten geeigneten Einrichtung abgesondert werden. [2] Bei sonstigen Kranken sowie Krankheitsverdächtigen, Ansteckungsverdächtigen und Ausscheidern kann angeordnet werden, dass sie in einem geeigneten Krankenhaus oder in sonst geeigneter Weise abgesondert werden, bei Ausscheidern jedoch nur, wenn sie andere Schutzmaßnahmen

---

[1)] Nr. **11.1**.

[2)] § 29 Abs. 2 Satz 4 geänd. mWv 4.8.2011 durch G v. 28.7.2011 (BGBl. I S. 1622); Abs. 2 Satz 2 neu gef. mWv 29.3.2013 durch G v. 21.3.2013 (BGBl. I S. 566); Abs. 2 Satz 4 geänd. mWv 15.7.2016 *durch G v. 8.7.2016* (BGBl. I S. 1594).

[3)] § 30 Abs. 2 Satz 4 geänd. mWv 1.9.2009 durch G v. 17.12.2008 (BGBl. I S. 2586); Abs. 3 Satz 4 geänd. mWv 26.11.2019 durch G v. 20.11.2019 (BGBl. I S. 1626).

nicht befolgen, befolgen können oder befolgen würden und dadurch ihre Umgebung gefährden.

(2) [1]Kommt der Betroffene den seine Absonderung betreffenden Anordnungen nicht nach oder ist nach seinem bisherigen Verhalten anzunehmen, dass er solchen Anordnungen nicht ausreichend Folge leisten wird, so ist er zwangsweise durch Unterbringung in einem abgeschlossenen Krankenhaus oder einem abgeschlossenen Teil eines Krankenhauses abzusondern. [2]Ansteckungsverdächtige und Ausscheider können auch in einer anderen geeigneten abgeschlossenen Einrichtung abgesondert werden. [3]Das Grundrecht der Freiheit der Person (Artikel 2 Abs. 2 Satz 2 Grundgesetz[1)]) kann insoweit eingeschränkt werden. [4]Buch 7 des Gesetzes über das Verfahren in Familiensachen und in den Angelegenheiten der freiwilligen Gerichtsbarkeit[2)] gilt entsprechend.

(3) [1]Der Abgesonderte hat die Anordnungen des Krankenhauses oder der sonstigen Absonderungseinrichtung zu befolgen und die Maßnahmen zu dulden, die der Aufrechterhaltung eines ordnungsgemäßen Betriebs der Einrichtung oder der Sicherung des Unterbringungszwecks dienen. [2]Insbesondere dürfen ihm Gegenstände, die unmittelbar oder mittelbar einem Entweichen dienen können, abgenommen und bis zu seiner Entlassung anderweitig verwahrt werden. [3]Für ihn eingehende oder von ihm ausgehende Pakete und schriftliche Mitteilungen können in seinem Beisein geöffnet und zurückgehalten werden, soweit dies zur Sicherung des Unterbringungszwecks erforderlich ist. [4]Die bei der Absonderung erhobenen personenbezogenen Daten sowie die über Pakete und schriftliche Mitteilungen gewonnenen Erkenntnisse dürfen nur für Zwecke dieses Gesetzes verarbeitet werden. [5]Postsendungen von Gerichten, Behörden, gesetzlichen Vertretern, Rechtsanwälten, Notaren oder Seelsorgern dürfen weder geöffnet noch zurückgehalten werden; Postsendungen an solche Stellen oder Personen dürfen nur geöffnet und zurückgehalten werden, soweit dies zum Zwecke der Entseuchung notwendig ist. [6]Die Grundrechte der körperlichen Unversehrtheit (Artikel 2 Abs. 2 Satz 1 Grundgesetz), der Freiheit der Person (Artikel 2 Abs. 2 Satz 2 Grundgesetz) und das Grundrecht des Brief- und Postgeheimnisses (Artikel 10 Grundgesetz) werden insoweit eingeschränkt.

(4) [1]Der behandelnde Arzt und die zur Pflege bestimmten Personen haben freien Zutritt zu abgesonderten Personen. [2]Dem Seelsorger oder Urkundspersonen muss, anderen Personen kann der behandelnde Arzt den Zutritt unter Auferlegung der erforderlichen Verhaltensmaßregeln gestatten.

(5) Die Träger der Einrichtungen haben dafür zu sorgen, dass das eingesetzte Personal sowie die weiteren gefährdeten Personen den erforderlichen Impfschutz oder eine spezifische Prophylaxe erhalten.

(6) Die Länder haben dafür Sorge zu tragen, dass die nach Absatz 1 Satz 1 notwendigen Räume, Einrichtungen und Transportmittel zur Verfügung stehen.

(7) [1]Die zuständigen Gebietskörperschaften haben dafür zu sorgen, dass die nach Absatz 1 Satz 2 und Absatz 2 notwendigen Räume, Einrichtungen und Transportmittel sowie das erforderliche Personal zur Durchführung von Absonderungsmaßnahmen außerhalb der Wohnung zur Verfügung stehen. [2]Die

---

1) Nr. 11.1.
2) **Schönfelder Nr. 112.**

Räume und Einrichtungen zur Absonderung nach Absatz 2 sind nötigenfalls von den Ländern zu schaffen und zu unterhalten.

§ 31 Berufliches Tätigkeitsverbot. [1]Die zuständige Behörde kann Kranken, Krankheitsverdächtigen, Ansteckungsverdächtigen und Ausscheidern die Ausübung bestimmter beruflicher Tätigkeiten ganz oder teilweise untersagen. [2]Satz 1 gilt auch für sonstige Personen, die Krankheitserreger so in oder an sich tragen, dass im Einzelfall die Gefahr einer Weiterverbreitung besteht.

§ 32 Erlass von Rechtsverordnungen. [1]Die Landesregierungen werden ermächtigt, unter den Voraussetzungen, die für Maßnahmen nach den §§ 28 bis 31 maßgebend sind, auch durch Rechtsverordnungen entsprechende Gebote und Verbote zur Bekämpfung übertragbarer Krankheiten zu erlassen. [2]Die Landesregierungen können die Ermächtigung durch Rechtsverordnung auf andere Stellen übertragen. [3]Die Grundrechte der Freiheit der Person (Artikel 2 Abs. 2 Satz 2 Grundgesetz[1)]), der Freizügigkeit (Artikel 11 Abs. 1 Grundgesetz), der Versammlungsfreiheit (Artikel 8 Grundgesetz), der Unverletzlichkeit der Wohnung (Artikel 13 Abs. 1 Grundgesetz) und des Brief- und Postgeheimnisses (Artikel 10 Grundgesetz) können insoweit eingeschränkt werden.

6. Abschnitt.[2)] Infektionsschutz bei bestimmten Einrichtungen, Unternehmen und Personen

§ 33 Gemeinschaftseinrichtungen. Gemeinschaftseinrichtungen im Sinne dieses Gesetzes sind Einrichtungen, in denen überwiegend Säuglinge, Kinder oder Jugendliche betreut werden, insbesondere Kinderkrippen, Kindergärten, Kindertagesstätten, Kinderhorte, Schulen oder sonstige Ausbildungseinrichtungen, Heime, Ferienlager und ähnliche Einrichtungen.

§ 34[3)] Gesundheitliche Anforderungen, Mitwirkungspflichten, Aufgaben des Gesundheitsamtes. (1) [1]Personen, die an

1. Cholera
2. Diphtherie
3. Enteritis durch enterohämorrhagische E. coli (EHEC)
4. virusbedingtem hämorrhagischen Fieber
5. Haemophilus influenzae Typ b-Meningitis
6. Impetigo contagiosa (ansteckende Borkenflechte)
7. Keuchhusten
8. ansteckungsfähiger Lungentuberkulose
9. Masern
10. Meningokokken-Infektion

[1)] Nr. **11.1**.

[2)] Überschrift 6. Abschnitt neu gef. mWv 25.7.2017 durch G v. 17.7.2017 (BGBl. I S. 2615).

[3)] § 34 Abs. 10a eingef. mWv 25.7.2015 durch G v. 17.7.2015 (BGBl. I S. 1368); Abs. 1 Satz 1 Nr. 14a eingef., bish. Nr. 15 wird Nr. 17 und geänd., bish. Nr. 16 und 17 werden Nr. 15 und 16, Abs. 2 Nr. 2 geänd., Abs. 3 Nr. 12a eingef., Nr. 16 angef., Abs. 4 Satz 2 neu gef., Abs. 6 Sätze 1 und 3 geänd., Abs. 10a Satz 2 neu gef., Satz 3 eingef., bish. Satz 3 wird Satz 4 mWv 25.7.2017 durch G v. 17.7.2017 (BGBl. I S. 2615).

11. Mumps
12. Paratyphus
13. Pest
14. Poliomyelitis
14a. Röteln
15. Scharlach oder sonstigen Streptococcus pyogenes-Infektionen
16. Shigellose
17. Skabies (Krätze)
18. Typhus abdominalis
19. Virushepatitis A oder E
20. Windpocken

erkrankt oder dessen verdächtig oder die verlaust sind, dürfen in den in § 33 genannten Gemeinschaftseinrichtungen keine Lehr-, Erziehungs-, Pflege-, Aufsichts- oder sonstige Tätigkeiten ausüben, bei denen sie Kontakt zu den dort Betreuten haben, bis nach ärztlichem Urteil eine Weiterverbreitung der Krankheit oder der Verlausung durch sie nicht mehr zu befürchten ist. [2]Satz 1 gilt entsprechend für die in der Gemeinschaftseinrichtung Betreuten mit der Maßgabe, dass sie die dem Betrieb der Gemeinschaftseinrichtung dienenden Räume nicht betreten, Einrichtungen der Gemeinschaftseinrichtung nicht benutzen und an Veranstaltungen der Gemeinschaftseinrichtung nicht teilnehmen dürfen. [3]Satz 2 gilt auch für Kinder, die das 6. Lebensjahr noch nicht vollendet haben und an infektiöser Gastroenteritis erkrankt oder dessen verdächtig sind.

(2) Ausscheider von

1. Vibrio cholerae O 1 und O 139
2. Corynebacterium spp., Toxin bildend
3. Salmonella Typhi
4. Salmonella Paratyphi
5. Shigella sp.
6. enterohämorrhagischen E. coli (EHEC)

dürfen nur mit Zustimmung des Gesundheitsamtes und unter Beachtung der gegenüber dem Ausscheider und der Gemeinschaftseinrichtung verfügten Schutzmaßnahmen die dem Betrieb der Gemeinschaftseinrichtung dienenden Räume betreten, Einrichtungen der Gemeinschaftseinrichtung benutzen und an Veranstaltungen der Gemeinschaftseinrichtung teilnehmen.

(3) Absatz 1 Satz 1 und 2 gilt entsprechend für Personen, in deren Wohngemeinschaft nach ärztlichem Urteil eine Erkrankung an oder ein Verdacht auf

1. Cholera
2. Diphtherie
3. Enteritis durch enterohämorrhagische E. coli (EHEC)
4. virusbedingtem hämorrhagischem Fieber
5. Haemophilus influenzae Typ b-Meningitis
6. ansteckungsfähiger Lungentuberkulose
7. Masern

8. Meningokokken-Infektion
9. Mumps
10. Paratyphus
11. Pest
12. Poliomyelitis
12a. Röteln
13. Shigellose
14. Typhus abdominalis
15. Virushepatitis A oder E
16. Windpocken

aufgetreten ist.

(4) [1] Wenn die nach den Absätzen 1 bis 3 verpflichteten Personen geschäftsunfähig oder in der Geschäftsfähigkeit beschränkt sind, so hat derjenige für die Einhaltung der diese Personen nach den Absätzen 1 bis 3 treffenden Verpflichtungen zu sorgen, dem die Sorge für diese Person zusteht. [2] Die gleiche Verpflichtung trifft den Betreuer einer von Verpflichtungen nach den Absätzen 1 bis 3 betroffenen Person, soweit die Erfüllung dieser Verpflichtungen zu seinem Aufgabenkreis gehört.

(5) [1] Wenn einer der in den Absätzen 1, 2 oder 3 genannten Tatbestände bei den in Absatz 1 genannten Personen auftritt, so haben diese Personen oder in den Fällen des Absatzes 4 der Sorgeinhaber der Gemeinschaftseinrichtung hiervon unverzüglich Mitteilung zu machen. [2] Die Leitung der Gemeinschaftseinrichtung hat jede Person, die in der Gemeinschaftseinrichtung neu betreut wird, oder deren Sorgeberechtigte über die Pflichten nach Satz 1 zu belehren.

(6) [1] Werden Tatsachen bekannt, die das Vorliegen einer der in den Absätzen 1, 2 oder 3 aufgeführten Tatbestände annehmen lassen, so hat die Leitung der Gemeinschaftseinrichtung das Gesundheitsamt, in dessen Bezirk sich die Gemeinschaftseinrichtung befindet, unverzüglich zu benachrichtigen und krankheits- und personenbezogene Angaben zu machen. [2] Dies gilt auch beim Auftreten von zwei oder mehr gleichartigen, schwerwiegenden Erkrankungen, wenn als deren Ursache Krankheitserreger anzunehmen sind. [3] Eine Benachrichtigungspflicht besteht nicht, wenn der Leitung ein Nachweis darüber vorliegt, dass die Meldung des Sachverhalts nach § 6 bereits erfolgt ist.

(7) Die zuständige Behörde kann im Einvernehmen mit dem Gesundheitsamt für die in § 33 genannten Einrichtungen Ausnahmen von dem Verbot nach Absatz 1, auch in Verbindung mit Absatz 3, zulassen, wenn Maßnahmen durchgeführt werden oder wurden, mit denen eine Übertragung der aufgeführten Erkrankungen oder der Verlausung verhütet werden kann.

(8) Das Gesundheitsamt kann gegenüber der Leitung der Gemeinschaftseinrichtung anordnen, dass das Auftreten einer Erkrankung oder eines hierauf gerichteten Verdachtes ohne Hinweis auf die Person in der Gemeinschaftseinrichtung bekannt gegeben wird.

(9) Wenn in Gemeinschaftseinrichtungen betreute Personen Krankheitserreger so in oder an sich tragen, dass im Einzelfall die Gefahr einer Weiterverbreitung besteht, kann die zuständige Behörde die notwendigen Schutzmaßnahmen anordnen.

(10) Die Gesundheitsämter und die in § 33 genannten Gemeinschaftseinrichtungen sollen die betreuten Personen oder deren Sorgeberechtigte gemeinsam über die Bedeutung eines vollständigen, altersgemäßen, nach den Empfehlungen der Ständigen Impfkommission ausreichenden Impfschutzes und über die Prävention übertragbarer Krankheiten aufklären.

(10a) [1] Bei der Erstaufnahme in eine Kindertageseinrichtung haben die Personensorgeberechtigten gegenüber dieser einen schriftlichen Nachweis darüber zu erbringen, dass zeitnah vor der Aufnahme eine ärztliche Beratung in Bezug auf einen vollständigen, altersgemäßen, nach den Empfehlungen der Ständigen Impfkommission ausreichenden Impfschutz des Kindes erfolgt ist. [2] Wenn der Nachweis nicht erbracht wird, benachrichtigt die Leitung der Kindertageseinrichtung das Gesundheitsamt, in dessen Bezirk sich die Einrichtung befindet, und übermittelt dem Gesundheitsamt personenbezogene Angaben. [3] Das Gesundheitsamt kann die Personensorgeberechtigten zu einer Beratung laden. [4] Weitergehende landesrechtliche Regelungen bleiben unberührt.

(11) Bei Erstaufnahme in die erste Klasse einer allgemein bildenden Schule hat das Gesundheitsamt oder der von ihm beauftragte Arzt den Impfstatus zu erheben und die hierbei gewonnenen aggregierten und anonymisierten Daten über die oberste Landesgesundheitsbehörde dem Robert Koch-Institut zu übermitteln.

§ 35 Belehrung für Personen in der Betreuung von Kindern und Jugendlichen. [1] Personen, die in den in § 33 genannten Gemeinschaftseinrichtungen Lehr-, Erziehungs-, Pflege-, Aufsichts- oder sonstige regelmäßige Tätigkeiten ausüben und Kontakt mit den dort Betreuten haben, sind vor erstmaliger Aufnahme ihrer Tätigkeit und im Weiteren mindestens im Abstand von zwei Jahren von ihrem Arbeitgeber über die gesundheitlichen Anforderungen und Mitwirkungsverpflichtungen nach § 34 zu belehren. [2] Über die Belehrung ist ein Protokoll zu erstellen, das beim Arbeitgeber für die Dauer von drei Jahren aufzubewahren ist. [3] Die Sätze 1 und 2 finden für Dienstherren entsprechende Anwendung.

§ 36[1)] Infektionsschutz bei bestimmten Einrichtungen, Unternehmen und Personen; Verordnungsermächtigung. (1) Folgende Einrichtungen und Unternehmen müssen in Hygieneplänen innerbetriebliche Verfahrensweisen zur Infektionshygiene festlegen und unterliegen der infektionshygienischen Überwachung durch das Gesundheitsamt:

1. die in § 33 genannten Gemeinschaftseinrichtungen,
2. nicht unter § 23 Absatz 5 Satz 1 fallende voll- oder teilstationäre Einrichtungen zur Betreuung und Unterbringung älterer, behinderter oder pflegebedürftiger Menschen,
3. *Obdachlosenunterkünfte,*

[1)] § 36 Abs. 1 Satz 1 und Abs. 4 Satz 1 geänd. mWv 1.1.2002 durch G v. 5.11.2001 (BGBl. I S. 2960); Abs. 1–3 neu gef. und Abs. 5 geänd. mWv 4.8.2011 durch G v. 28.7.2011 (BGBl. I S. 1622); Überschrift, Abs. 1 und 2 neu gef., Abs. 3a eingef., Abs. 4 neu gef., Abs. 5 und 6 eingef., bish. Abs. 5 wird Abs. 7 und neu gef. mWv 25.7.2017 durch G v. 17.7.2017 (BGBl. I S. 2615); Abs. 1 Nr. 7 geänd., Abs. 3 aufgeh., Abs. 4 Satz 3 geänd., Abs. 6 eingef., bish. Abs. 6 wird Abs. 7, Abs. 8 eingef., bish. Abs. 7 wird Abs. 9 und neu gef. mWv 1.1.2019 durch G v. 11.12.2018 (BGBl. I S. 2394).

4. Einrichtungen zur gemeinschaftlichen Unterbringung von Asylbewerbern, vollziehbar Ausreisepflichtigen, Flüchtlingen und Spätaussiedlern,
5. sonstige Massenunterkünfte,
6. Justizvollzugsanstalten sowie
7. nicht unter § 23 Absatz 5 Satz 1 fallende ambulante Pflegedienste und Unternehmen, die den Einrichtungen nach Nummer 2 vergleichbare Dienstleistungen anbieten; Angebote zur Unterstützung im Alltag im Sinne von § 45a Absatz 1 Satz 2 des Elften Buches Sozialgesetzbuch[1] zählen nicht zu den Dienstleistungen, die mit Angeboten in Einrichtungen nach Nummer 2 vergleichbar sind.

(2) Einrichtungen und Unternehmen, bei denen die Möglichkeit besteht, dass durch Tätigkeiten am Menschen durch Blut Krankheitserreger übertragen werden, können durch das Gesundheitsamt infektionshygienisch überwacht werden.

(3) *(aufgehoben)*

(3a) Die Leiter von in Absatz 1 Nummer 2 bis 6 genannten Einrichtungen haben das Gesundheitsamt, in dessen Bezirk sich die Einrichtung befindet, unverzüglich zu benachrichtigen und die nach diesem Gesetz erforderlichen krankheits- und personenbezogenen Angaben zu machen, wenn eine in der Einrichtung tätige oder untergebrachte Person an Skabies erkrankt ist oder bei ihr der Verdacht besteht, dass sie an Skabies erkrankt ist.

(4) [1]Personen, die in eine Einrichtung nach Absatz 1 Nummer 2 bis 4 aufgenommen werden sollen, haben der Leitung der Einrichtung vor oder unverzüglich nach ihrer Aufnahme ein ärztliches Zeugnis darüber vorzulegen, dass bei ihnen keine Anhaltspunkte für das Vorliegen einer ansteckungsfähigen Lungentuberkulose vorhanden sind. [2]Bei der erstmaligen Aufnahme darf die Erhebung der Befunde, die dem ärztlichen Zeugnis zugrunde liegt, nicht länger als sechs Monate zurückliegen, bei einer erneuten Aufnahme darf sie nicht länger als zwölf Monate zurückliegen. [3]Bei Personen, die in eine Einrichtung nach Absatz 1 Nummer 4 aufgenommen werden sollen, muss sich das Zeugnis auf eine im Geltungsbereich dieses Gesetzes erstellte Röntgenaufnahme der Lunge oder auf andere von der obersten Landesgesundheitsbehörde oder der von ihr bestimmten Stelle zugelassene Befunde stützen. [4]Bei Personen, die das 15. Lebensjahr noch nicht vollendet haben, sowie bei Schwangeren ist von der Röntgenaufnahme abzusehen; stattdessen ist ein ärztliches Zeugnis vorzulegen, dass nach sonstigen Befunden eine ansteckungsfähige Lungentuberkulose nicht zu befürchten ist. [5]§ 34 Absatz 4 gilt entsprechend. [6]Satz 1 gilt nicht für Obdachlose, die weniger als drei Tage in eine Einrichtung nach Absatz 1 Nummer 3 aufgenommen werden.

(5) [1]Personen, die in eine Einrichtung nach Absatz 1 Nummer 4 aufgenommen werden sollen, sind verpflichtet, eine ärztliche Untersuchung auf Ausschluss einer ansteckungsfähigen Lungentuberkulose einschließlich einer Röntgenaufnahme der Atmungsorgane zu dulden. [2]Dies gilt nicht, wenn die betroffenen Personen ein ärztliches Zeugnis nach Absatz 4 vorlegen oder unmittelbar vor ihrer Aufnahme in einer anderen Einrichtung nach Absatz 1 Nummer 4 untergebracht waren und die entsprechenden Untersuchungen bereits dort

[1] **Aichberger Nr. 11.**

durchgeführt wurden. [3] Personen, die in eine Justizvollzugsanstalt aufgenommen werden, sind verpflichtet, eine ärztliche Untersuchung auf übertragbare Krankheiten einschließlich einer Röntgenaufnahme der Lunge zu dulden. [4] Für Untersuchungen nach den Sätzen 1 und 3 gilt Absatz 4 Satz 4 entsprechend. [5] Widerspruch und Anfechtungsklage gegen Anordnungen nach den Sätzen 1 und 3 haben keine aufschiebende Wirkung.

(6) [1] Die Landesregierungen werden ermächtigt, durch Rechtsverordnung festzulegen, dass Personen, die nach dem 31. Dezember 2018 in die Bundesrepublik Deutschland eingereist sind und die auf Grund ihrer Herkunft oder ihrer Lebenssituation wahrscheinlich einem erhöhten Infektionsrisiko für bestimmte schwerwiegende übertragbare Krankheiten ausgesetzt waren, nach ihrer Einreise ein ärztliches Zeugnis darüber vorzulegen haben, dass bei ihnen keine Anhaltspunkte für das Vorliegen solcher schwerwiegender übertragbarer Krankheiten vorhanden sind, sofern dies zum Schutz der Bevölkerung vor einer Gefährdung durch schwerwiegende übertragbare Krankheiten erforderlich ist; § 34 Absatz 4 gilt entsprechend. [2] Personen, die kein auf Grund der Rechtsverordnung erforderliches ärztliches Zeugnis vorlegen, sind verpflichtet, eine ärztliche Untersuchung auf Ausschluss schwerwiegender übertragbarer Krankheiten im Sinne des Satzes 1 zu dulden; Absatz 5 Satz 5 gilt entsprechend. [3] In der Rechtsverordnung nach Satz 1 ist zu bestimmen:

1. das jeweils zugrunde liegende erhöhte Infektionsrisiko im Hinblick auf bestimmte schwerwiegende übertragbare Krankheiten,
2. die jeweils betroffenen Personengruppen unter Berücksichtigung ihrer Herkunft oder ihrer Lebenssituation,
3. Anforderungen an das ärztliche Zeugnis nach Satz 1 und zu der ärztlichen Untersuchung nach Satz 2 sowie
4. die Frist, innerhalb der das ärztliche Zeugnis nach der Einreise in die Bundesrepublik Deutschland vorzulegen ist.

[4] Das Robert Koch-Institut kann zu den Einzelheiten nach Satz 3 Nummer 1 Empfehlungen abgeben. [5] Die Landesregierungen können die Ermächtigung nach Satz 1 durch Rechtsverordnung auf andere Stellen übertragen.

(7) [1] Das Bundesministerium für Gesundheit wird ermächtigt, durch Rechtsverordnung mit Zustimmung des Bundesrates festzulegen, dass Personen, die in die Bundesrepublik Deutschland einreisen wollen oder eingereist sind und die wahrscheinlich einem erhöhten Infektionsrisiko für eine bestimmte schwerwiegende übertragbare Krankheit ausgesetzt waren, vor oder nach ihrer Einreise ein ärztliches Zeugnis darüber vorzulegen haben, dass bei ihnen keine Anhaltspunkte für das Vorliegen einer solchen schwerwiegenden übertragbaren Krankheit vorhanden sind, sofern dies zum Schutz der Bevölkerung vor einer Gefährdung durch schwerwiegende übertragbare Krankheiten erforderlich ist; § 34 Absatz 4 gilt entsprechend. [2] Personen, die kein auf Grund der Rechtsverordnung erforderliches ärztliches Zeugnis vorlegen, sind verpflichtet, eine ärztliche Untersuchung auf Ausschluss einer schwerwiegenden übertragbaren Krankheit im Sinne des Satzes 1 zu dulden; Absatz 5 Satz 5 gilt entsprechend. [3] In der Rechtsverordnung können nähere Einzelheiten insbesondere zu den betroffenen Personengruppen und zu den Anforderungen an das ärztliche Zeugnis nach Satz 1 und zu der ärztlichen Untersuchung nach Satz 2 bestimmt werden. [4] Das Robert Koch-Institut kann zu den Einzelheiten nach Satz 3 Empfehlungen abgeben. [5] In dringenden Fällen kann zum Schutz der Bevölkerung die Rechts-

verordnung ohne Zustimmung des Bundesrates erlassen werden. [6] Eine auf der Grundlage des Satzes 5 erlassene Verordnung tritt ein Jahr nach ihrem Inkrafttreten außer Kraft; ihre Geltungsdauer kann mit Zustimmung des Bundesrates verlängert werden.

(8) [1] Die mit der polizeilichen Kontrolle des grenzüberschreitenden Verkehrs beauftragten Behörden oder die nach § 71 Absatz 1 Satz 1 des Aufenthaltsgesetzes[1)] zuständigen Behörden unterrichten unverzüglich die zuständigen Behörden über die Einreise der in der Rechtsverordnung nach Absatz 6 Satz 1 oder in der Rechtsverordnung nach Absatz 7 Satz 1 genannten Personen. [2] Hierzu werden Familienname, Geburtsname, Vornamen, Schreibweise der Namen nach deutschem Recht, Geburtsdatum, Geschlecht und Staatsangehörigkeiten sowie die Anschrift im Bundesgebiet übermittelt. [3] Zu diesem Zweck können die mit der polizeilichen Kontrolle des grenzüberschreitenden Verkehrs beauftragten Behörden die gemäß Satz 2 zu übermittelnden Daten bei den in der Rechtsverordnung nach Absatz 6 Satz 1 oder in der Rechtsverordnung nach Absatz 7 Satz 1 genannten Personen erheben.

(9) Durch die Absätze 4 bis 7 wird das Grundrecht der körperlichen Unversehrtheit (Artikel 2 Absatz 2 Satz 1 des Grundgesetzes[2)]) eingeschränkt.

7. Abschnitt. Wasser

§ 37 [3)4)] Beschaffenheit von Wasser für den menschlichen Gebrauch sowie von Wasser zum Schwimmen oder Baden in Becken oder Teichen, Überwachung. (1) Wasser für den menschlichen Gebrauch muss so beschaffen sein, dass durch seinen Genuss oder Gebrauch eine Schädigung der menschlichen Gesundheit, insbesondere durch Krankheitserreger, nicht zu besorgen ist.

(2) [1] Wasser, das in Gewerbebetrieben, öffentlichen Bädern sowie in sonstigen nicht ausschließlich privat genutzten Einrichtungen zum Schwimmen oder Baden bereitgestellt wird

1. in Schwimm- oder Badebecken oder
2. in Schwimm- oder Badeteichen, die nicht Badegewässer im Sinne der Richtlinie 2006/7/EG des Europäischen Parlaments und des Rates vom 15. Februar 2006 über die Qualität der Badegewässer und deren Bewirtschaftung und zur Aufhebung der Richtlinie 76/160/EWG (ABl. L 64 vom 4.3.2006, S. 37; L 359 vom 29.12.2012, S. 77), die zuletzt durch die Richtlinie 2013/64/EU (ABl. L 353 vom 28.12.2013, S. 8) geändert worden ist, sind,

muss so beschaffen sein, dass durch seinen Gebrauch eine Schädigung der menschlichen Gesundheit, insbesondere durch Krankheitserreger, nicht zu besorgen ist. [2] Bei Schwimm- oder Badebecken muss die Aufbereitung des Wassers eine Desinfektion einschließen. [3] Bei Schwimm- oder Badeteichen hat die

---

1) **Sartorius Nr. 565.**

2) Nr. **11.1**.

3) §§ 37, 38 traten gem. Art. 5 Abs. 2 des G v. 20.7.2000 (BGBl. I S. 1045) bereits **mWv 26.7.2000** in Kraft.

4) § 37 Überschrift geänd., Abs. 2 neu gef., Abs. 3 Satz 1 geänd. mWv 25.7.2017 durch G v. 17.7.2017 (BGBl. I S. 2615); Abs. 3 Sätze 2 und 3 aufgeh. mWv 1.1.2019 durch G v. 11.12.2018 (BGBl. I S. 2394).

Aufbereitung des Wassers durch biologische und mechanische Verfahren, die mindestens den allgemein anerkannten Regeln der Technik entsprechen, zu erfolgen.

(3) Wassergewinnungs- und Wasserversorgungsanlagen, Schwimm- oder Badebecken und Schwimm- oder Badeteiche einschließlich ihrer Wasseraufbereitungsanlagen unterliegen hinsichtlich der in den Absätzen 1 und 2 genannten Anforderungen der Überwachung durch das Gesundheitsamt.

§ 38 [1)2)] **Erlass von Rechtsverordnungen.** (1) [1] Das Bundesministerium für Gesundheit bestimmt durch Rechtsverordnung[3)] mit Zustimmung des Bundesrates,

(Fortsetzung nächstes Blatt)

[1)] §§ 37, 38 traten gem. Art. 5 Abs. 2 des G v. 20.7.2000 (BGBl. I S. 1045) bereits **mWv 26.7.2000** in Kraft.

[2)] § 38 Abs. 1 und 2 jeweils Satz 1 einl. Satzteil geänd. mWv 28.11.2003 durch VO v. 25.11.2003 (BGBl. I S. 2304); Abs. 1 Satz 1 Nr. 4 geänd. mWv 7.9.2005 durch G v. 1.9.2005 (BGBl. I S. 2618); Abs. 1 und 2 jeweils Satz 1 einl. Satzteil geänd. mWv 8.11.2006 durch VO v. 31.10.2006 (BGBl. I S. 2407); Abs. 1 Satz 1 Nr. 4 neu gef., Sätze 3 bis 5 eingef., bish. Satz 3 wird Satz 6, Abs. 2 Satz 2 Halbs. 2 aufgeh., Satz 4 und Abs. 3 neu gef. mWv 23.7.2009 durch G v. 17.7.2009 (BGBl. I S. 1990); Abs. 3 Satz 1 geänd. mWv 15.8.2013 durch G v. 7.8.2013 (BGBl. I S. 3154); Abs. 1 Satz 6 und Abs. 3 Satz 2 geänd. mWv 8.9.2015 durch VO v. 31.8.2015 (BGBl. I S. 1474); Abs. 2 Satz 1 Nr. 2, 3, 5 und Satz 2 geänd., Sätze 3 und 4 aufgeh. mWv 25.7.2017 durch G v. 17.7.2017 (BGBl. I S. 2615).

[3)] Siehe die TrinkwasserVO idF der Bek. v. 10.3.2016 (BGBl. I S. 459), zuletzt geänd. durch VO v. 20.12.2019 (BGBl. I S. 2934).

Aufbereitung des Wassers durch biologische und mechanische Verfahren, die mindestens den allgemein anerkannten Regeln der Technik entsprechen, zu erfolgen.

(3) Wassergewinnungs- und Wasserversorgungsanlagen, Schwimm- oder Badebecken und Schwimm- oder Badeteiche einschließlich ihrer Wasseraufbereitungsanlagen unterliegen hinsichtlich der in den Absätzen 1 und 2 genannten Anforderungen der Überwachung durch das Gesundheitsamt.

§ 38[1,2] **Erlass von Rechtsverordnungen.** (1) [1]Das Bundesministerium für Gesundheit bestimmt durch Rechtsverordnung[3] mit Zustimmung des Bundesrates,

(Fortsetzung nächstes Blatt)

---

[1] §§ 37, 38 traten gem. Art. 5 Abs. 2 des G v. 20.7.2000 (BGBl. I S. 1045) bereits mWv 26.7.2000 in Kraft.

[2] § 38 Abs. 1 und 2 jeweils Satz 1 einl. Satzteil geänd. mWv 28.11.2003 durch VO v. 25.11.2003 (BGBl. I S. 2304); Abs. 1 Satz 1 Nr. 4 geänd. mWv 7.9.2005 durch G v. 1.9.2005 (BGBl. I S. 2618); Abs. 1 und 2 jeweils Satz 1 einl. Satzteil geänd. mWv 8.11.2006 durch VO v. 31.10.2006 (BGBl. I S. 2407); Abs. 1 Satz 1 Nr. 4 neu gef., Sätze 3 bis 5 eingef., bish. Satz 3 wird Satz 6, Abs. 2 Satz 2 Halbs. 2 angeh., Satz 4 und Abs. 3 neu gef. mWv 23.7.2009 durch G v. 17.7.2009 (BGBl. I S. 1990); Abs. 3 Satz 1 geänd. mWv 15.8.2013 durch G v. 7.8.2013 (BGBl. I S. 3154); Abs. 1 Satz 6 und Abs. 3 Satz 2 geänd. mWv 8.9.2015 durch VO v. 31.8.2015 (BGBl. I S. 1474); Abs. 2 Satz 1 Nr. 2, 3, 5 und Satz 2 geänd., Sätze 3 und 4 aufgeh. mWv 25.7.2017 durch G v. 17.7.2017 (BGBl. I S. 2615).

[3] Siehe die TrinkwasserVO idF der Bek. v. 10.3.2016 (BGBl. I S. 459), zuletzt geänd. durch VO v. 20.12.2019 (BGBl. I S. 2934).

35.2. Lebensmittel-, Bedarfsgegenstände- und Futtermittelgesetzbuch (Lebensmittel- und Futtermittelgesetzbuch – LFGB)[1] [2] [3][4]

In der Fassung der Bekanntmachung vom 3. Juni 2013[5]

(BGBl. I S. 1426)

FNA 2125-44

geänd. durch § 44 Abs. 3 Tiergesundheitsgesetz v. 22.5.2013 (BGBl. I S. 1324), Art. 3 G zur Durchführung der VO (EU) Nr. 528/2012 v. 23.7.2013 (BGBl. I S. 2565), Art. 2 Abs. 33 und Art. 4 Abs. 20 G zur Strukturreform des Gebührenrechts des Bundes v. 7.8.2013 (BGBl. I S. 3154, geänd. durch G v. 18.7.2016 (BGBl. I S. 1666)), Art. 1 Dritte ÄndVO v. 28.5.2014 (BGBl. I S. 698), Art. 2 Drittes G zur Änd. des AgrarstatistikG v. 5.12.2014 (BGBl. I S. 1975), Art. 67 Zehnte ZuständigkeitsanpassungsVO v. 31.8.2015 (BGBl. I S. 1474), Art. 8 Abs. 3 G zur Neuorganisation der Zollverwaltung v. 3.12.2015 (BGBl. I S. 2178), Art. 1 VO zur Änd. des Lebensmittel- und Futtermittelgesetzbuches sowie anderer Vorschriften v. 26.1.2016 (BGBl. I S. 108), Art. 2 G zur Aktualisierung der Strukturreform des Gebührenrechts des Bundes v. 18.7.2016 (BGBl. I S. 1666), Art. 1 Zweite VO zur Änd. des Lebensmittel- und Futtermittelgesetzbuches sowie anderer Vorschriften v. 24.11.2016 (BGBl. I S. 2656), Art. 10 Branntweinmonopolverwaltung-Auflösungsgesetz v. 10.3.2017 (BGBl. I S. 420), Art. 10 G zur Neuordnung des Rechts zum Schutz vor der schädlichen Wirkung ionisierender Strahlung v. 27.6.2017 (BGBl. I S. 1966), Art. 1 G zur Änd. futtermittelrechtlicher und tierschutzrechtlicher Vorschriften v. 30.6.2017 (BGBl. I S. 2147), Urt. des BVerfG – 1 BvF 1/13 – v. 21.3.2018 (BGBl. I S. 650), Art. 1 Erstes ÄndG v. 24.4.2019 (BGBl. I S. 498) und Art. 28 Zweites Datenschutz-Anpassungs- und UmsetzungsG EU v. 20.11.2019 (BGBl. I S. 1626)

Siehe hierzu auch folgende Durchführungsvorschriften:

- BedarfsgegenständeVO idF der Bek. v. 23.12.1997 (BGBl. 1998 I S. 5), zuletzt geänd. durch G v. 15.2.2016 (BGBl. I S. 198),
- DiätVO idF der Bek. v. 28.4.2005 (BGBl. I S. 1161), zuletzt geänd. durch VO v. 5.7.2017 (BGBl. I S. 2272),
- FertigpackungsVO (Nr. **825a**),
- FruchtsaftVO v. 24.5.2004 (BGBl. I S. 1016), zuletzt geänd. durch VO v. 5.7.2017 (BGBl. I S. 2272),
- HonigVO v. 16.1.2004 (BGBl. I S. 92), zuletzt geänd. durch VO v. 5.7.2017 (BGBl. I S. 2272),
- KakaoVO v. 15.12.2003 (BGBl. I S. 2738), zuletzt geänd. durch VO v. 5.7.2017 (BGBl. I S. 2272),

---

[1] **Amtl. Anm.:** Das Gesetz dient der Umsetzung der in der Anlage zu Fußnote[1]) des Gesetzes zur Neuordnung des Lebensmittel- und des Futtermittelrechts vom 1. September 2005 (BGBl. I S. 2618, 3007) in den Nummern 1 bis 72 und 75 aufgeführten Rechtsakte.

[2] **Amtl. Anm.:** Die Verpflichtungen aus der Richtlinie 98/34/EG des Europäischen Parlaments und des Rates vom 22. Juni 1998 über ein Informationsverfahren auf dem Gebiet der Normen und technischen Vorschriften und der Vorschriften für die Dienste der Informationsgesellschaft (ABl. L 204 vom 21.7.1998, S. 37), die zuletzt durch die Richtlinie 2006/96/EG (ABl. L 363 vom 20.12.2006, S. 81) geändert worden ist, sind beachtet worden.

[3] **Amtl. Anm.:** Das Gesetz dient der Umsetzung der Richtlinie 2008/112/EG des Europäischen *Parlaments und des Rates vom 16.* Dezember 2008 zur Änderung der Richtlinien 76/768/EWG, 88/378/EWG und 1999/13/EG des Rates sowie der Richtlinien 2000/53/EG, 2002/96/EG und 2004/42/EG des Europäischen Parlaments und des Rates zwecks ihrer Anpassung an die Verordnung (EG) Nr. 1272/2008 über die Einstufung, Kennzeichnung und Verpackung von Stoffen und Gemischen (ABl. L 345 vom 23.12.2008, S. 68).

[4] Die Änderung durch Art. 4 Abs. 19 G v. 18.7.2016 (BGBl. I S. 1666) tritt erst **mWv 1.10.2021** in Kraft und ist im Text noch nicht berücksichtigt.

[5] Neubekanntmachung des LFGB v. 22 8. 2011 (BGBl. I S. 1770) in der ab 28.5.2013 geltenden Fassung.

– KonfitürenVO v. 23.10.2003 (BGBl. I S. 2151), zuletzt geänd. durch VO v. 5.7.2017 (BGBl. I S. 2272),

– Kontaminanten-VO v. 19.3.2010 (BGBl. I S. 286, 287), zuletzt geänd. durch VO v. 24.11.2016 (BGBl. I S. 2656),

– Kosmetik-VO v. 16.7.2014 (BGBl. I S. 1054), geänd. durch VO v. 26.1.2016 (BGBl. I S. 108),

– Lebensmitteleinfuhr-VO idF der Bek. v. 15.9.2011 (BGBl. I S. 1860), zuletzt geänd. durch VO v. 27.9.2017 (BGBl. I S. 3459),

– Lebensmittelhygiene-VO (Nr. **861b**),

– Lebensmittelinformations-Durchführungsverordnung (Nr. **861a**),

– Lebensmittelkontrolleur-VO (Nr. **861c**),

– Lebensmittelrechtl. Straf- und BußgeldVO idF der Bek. v. 9.5.2017 (BGBl. I S. 1170), zuletzt geänd. durch VO v. 13.12.2018 (BGBl. I S. 2588),

– Los-Kennzeichnungs-VO v. 23.6.1993 (BGBl. I S. 1022), zuletzt geänd. durch G v. 25.7.2013 (BGBl. I S. 2722),

– NahrungsergänzungsmittelVO v. 24.5.2004 (BGBl. I S. 1011), zuletzt geänd. durch VO v. 5.7.2017 (BGBl. I S. 2272),

– Rückstands-HöchstmengenVO idF der Bek. v. 21.10.1999 (BGBl. I S. 2082, ber. 2002 S. 1004), zuletzt geänd. durch VO v. 19.3.2010 (BGBl. I S. 286),

– ZuckerartenVO v. 23.10.2003 (BGBl. I S. 2098), zuletzt geänd. durch VO v. 5.7.2017 (BGBl. I S. 2272),

– Zusatzstoff-ZulassungsVO v. 29.1.1998 (BGBl. I S. 230), zuletzt geänd. durch VO v. 5.7.2017 (BGBl. I S. 2272).

Inhaltsübersicht[1)]

1) Inhaltsübersicht geänd. mWv 13.12.2014 durch G v. 5.12.2014 (BGBl. I S. 1975); geänd. mWv *1.10.2017 durch G v. 27.6.2017 (BGBl. I S. 1966)*; geänd. mWv 6.7.2017 durch G v. 30.6.2017 (BGBl. I S. 2147).

Abschnitt 1. Allgemeine Bestimmungen

§ 1[1] **Zweck des Gesetzes.** (1) Zweck des Gesetzes ist es,

1. vorbehaltlich der Absätze 2 und 4 bei Lebensmitteln, Futtermitteln, kosmetischen Mitteln und Bedarfsgegenständen den Schutz der Verbraucherinnen und Verbraucher durch Vorbeugung gegen eine oder Abwehr einer Gefahr für die menschliche Gesundheit sicherzustellen,
2. beim Verkehr mit Lebensmitteln, Futtermitteln, kosmetischen Mitteln und Bedarfsgegenständen vor Täuschung zu schützen,
3. die Unterrichtung der Wirtschaftsbeteiligten und
   a) der Verbraucherinnen und Verbraucher beim Verkehr mit Lebensmitteln, kosmetischen Mitteln und Bedarfsgegenständen,
   b) der Verwenderinnen und Verwender beim Verkehr mit Futtermitteln

   sicherzustellen,
4. a) bei Futtermitteln
      aa) den Schutz von Tieren durch Vorbeugung gegen eine oder Abwehr einer Gefahr für die tierische Gesundheit sicherzustellen,
      bb) vor einer Gefahr für den Naturhaushalt durch in tierischen Ausscheidungen vorhandene unerwünschte Stoffe, die ihrerseits bereits in Futtermitteln vorhanden gewesen sind, zu schützen,
   b) durch Futtermittel die tierische Erzeugung so zu fördern, dass
      aa) die Leistungsfähigkeit der Nutztiere erhalten und verbessert wird und
      bb) die von Nutztieren gewonnenen Lebensmittel und sonstigen Produkte den an sie gestellten qualitativen Anforderungen, auch im Hinblick auf ihre Unbedenklichkeit für die menschliche Gesundheit, entsprechen.

---

[1] *§ 1 Abs. 1a Nr. 1 geänd.* mWv 30.1.2016 durch VO v. 26.1.2016 (BGBl. I S. 108); Abs. 1 Nr. 1 geänd., Abs. 4 angef. mWv 1.10.2017 durch G v. 27.6.2017 (BGBl. I S. 1966).

1. bei lebenden Tieren im Sinne des § 4 Absatz 1 Nummer 1 in oder aus diesem Betrieb oder Unternehmen oder bei von ihnen gewonnenen Lebensmitteln
   a) Stoffe mit pharmakologischer Wirkung, deren Anwendung verboten ist, oder
   b) die Anwendung von Stoffen mit pharmakologischer Wirkung für Tiere oder Anwendungsgebiete, für die die Anwendung ausgeschlossen ist,

   nachgewiesen oder
2. bei von lebenden Tieren im Sinne des § 4 Absatz 1 Nummer 1 aus diesem Betrieb oder Unternehmen gewonnenen Lebensmitteln, bei denen festgestellt wurde, dass festgesetzte Höchstmengen für Rückstände von Stoffen nach Anhang I der Richtlinie 96/23/EG oder deren Umwandlungsprodukte überschritten

wurden oder Tatsachen zuverlässig hierauf schließen lassen. [2]Die Ermittlungen nach Satz 1 betreffen auch für die in Satz 1 Nummer 1 genannten Tiere bestimmte Futtermittel.

(2) [1]Die zuständige Behörde hat die Abgabe oder Beförderung von lebenden Tieren im Sinne des § 4 Absatz 1 Nummer 1 oder von ihnen gewonnener Lebensmittel aus dem Betrieb oder Unternehmen zu verbieten, wenn die Voraussetzungen nach Absatz 1 für die dort vorgesehenen Ermittlungen gegeben sind. [2]Abweichend von Satz 1 und § 10 Absatz 2 kann die zuständige Behörde die Abgabe oder Beförderung von lebenden Tieren im Sinne des § 4 Absatz 1 Nummer 1 oder von ihnen gewonnener Lebensmittel zu einem anderen Betrieb oder Unternehmen mit Zustimmung der für diesen Betrieb oder dieses Unternehmen zuständigen Behörde genehmigen, soweit Belange der vorgesehenen Ermittlungen nicht entgegenstehen und die noch ausstehenden Ermittlungen dort durchgeführt werden können. [3]Die zuständige Behörde hat Anordnungen nach Satz 1 aufzuheben, wenn die Voraussetzungen für sie nicht mehr gegeben sind. [4]Widerspruch und Anfechtungsklage gegen Anordnungen nach Satz 1 haben keine aufschiebende Wirkung.

(3) Die zuständige Behörde hat die Tötung eines lebenden Tieres im Sinne des § 4 Absatz 1 Nummer 1 eines Erzeugerbetriebes, Viehhandelsunternehmens oder Transportunternehmens und dessen unschädliche Beseitigung anzuordnen, bei dem auf der Grundlage einer Untersuchung nachgewiesen worden ist, dass

1. Stoffe, die im Anhang Tabelle 2 der Verordnung (EU) Nr. 37/2010 der Kommission als verbotene Stoffe aufgeführt sind, oder
2. Stoffe, die nach Maßgabe einer aufgrund des § 10 Absatz 4 Nummer 1 Buchstabe b zur Umsetzung von Rechtsakten der Europäischen Gemeinschaft oder der Europäischen Union erlassenen Rechtsverordnung lebenden Tieren im Sinne des § 4 Absatz 1 Nummer 1 nicht oder nur zu bestimmten Zwecken zugeführt werden dürfen, nachweislich entgegen den Vorschriften *dieser Rechtsverordnung*, sofern dort jeweils ausdrücklich auf die Umsetzung verwiesen wird,

angewendet worden sind.

(4) [1]Sind die in Absatz 3 genannten Stoffe bei dem Tier, nicht aber deren Anwendung nachgewiesen worden, hat die zuständige Behörde das Verbot nach Absatz 2 Satz 1 aufrechtzuerhalten. [2]Abweichend von Satz 1 und § 10 Absatz 2 kann die zuständige Behörde die Abgabe oder Beförderung von

lebenden Tieren vorbehaltlich des Satzes 3 nach Zustimmung der für den Betrieb oder das Unternehmen des Empfängers zuständigen Behörde genehmigen. [3]Die zuständige Behörde darf die Abgabe oder Beförderung von Tieren zu einem Schlachtbetrieb nur im Fall des Nachweises von Stoffen nach Absatz 3 Nummer 1 und nur unter der Voraussetzung genehmigen, dass

1. eine Gefährdung der Gesundheit des Menschen durch Rückstände ausgeschlossen ist oder
2. der Verfügungsberechtigte durch Untersuchung jedes einzelnen Tieres nachweist, dass keine Rückstände von Stoffen mehr vorliegen, deren Anwendung verboten ist.

(5) [1]Die zuständige Behörde hat im Fall einer Anordnung nach Absatz 3 vor deren Vollzug eine Untersuchung auf Rückstände bei einer statistisch repräsentativen Zahl von lebenden Tieren im Sinne des § 4 Absatz 1 Nummer 1 des in Absatz 3 genannten Betriebes oder Unternehmens durchzuführen, bei denen Stoffe mit pharmakologischer Wirkung im Sinne des Absatzes 3 angewendet worden sein könnten. [2]Die Inhaberin oder der Inhaber des Betriebes oder Unternehmens hat die Maßnahmen nach Satz 1 zu dulden. [3]Die Auswahl der Tiere hat nach international anerkannten wissenschaftlichen Grundsätzen zu erfolgen.

(6) [1]Die zuständige Behörde hat die Tötung aller Tiere im Sinne des § 4 Absatz 1 Nummer 1 des in Absatz 3 genannten Betriebes oder Unternehmens, bei denen Stoffe mit pharmakologischer Wirkung im Sinne des Absatzes 3 angewendet worden sein könnten, und deren unschädliche Beseitigung anzuordnen, wenn diese Anwendung bei mindestens der Hälfte der nach Absatz 5 Satz 1 untersuchten Tiere nachgewiesen wurde. [2]Satz 1 gilt nicht, wenn der Verfügungsberechtigte sich unverzüglich für die Untersuchung jedes einzelnen Tieres in einem Labor, das die Anforderungen nach Artikel 12 Absatz 2 der Verordnung (EG) Nr. 882/2004 erfüllt, entscheidet. [3]Bei Vorliegen einer Entscheidung nach Satz 2 hat die zuständige Behörde die Tötung und unschädliche Beseitigung der Tiere anzuordnen, bei denen bei der Untersuchung Stoffe mit pharmakologischer Wirkung im Sinne von Absatz 3 nachgewiesen wurden.

(7) Derjenige, bei dem die Maßnahmen nach den Absätzen 3 und 6 durchgeführt worden sind, hat die Kosten der Tötung und unschädlichen Beseitigung der Tiere zu tragen.

§ 42[1]) Durchführung der Überwachung. (1) [1]Die Überwachung der Einhaltung dieses Gesetzes, der aufgrund dieses Gesetzes erlassenen Rechtsverordnungen und der unmittelbar geltenden Rechtsakte der Europäischen Gemeinschaft oder der Europäischen Union im Anwendungsbereich dieses Gesetzes ist durch fachlich ausgebildete Personen durchzuführen. [2]Das Bundesministerium wird ermächtigt, durch Rechtsverordnung mit Zustimmung des Bundesrates

1. vorzuschreiben, dass bestimmte Überwachungsmaßnahmen einer wissenschaftlich ausgebildeten Person obliegen und dabei andere fachlich ausgebildete Personen nach Weisung der zuständigen Behörde und unter der fachlichen Aufsicht einer wissenschaftlich ausgebildeten Person eingesetzt werden können,

---

[1]) *§ 42 Abs. 5 geänd. mWv 1.1.2018* durch G v. 10.3.2017 (BGBl. I S. 420); Abs. 3 Satz 2 Nr. 3 Buchst. c geänd. mWv 26.11.2019 durch G v. 20.11.2019 (BGBl. I S. 1626).

2. vorzuschreiben, dass abweichend von Satz 1 bestimmte Überwachungsmaßnahmen von sachkundigen Personen durchgeführt werden können,
3. Vorschriften über die
   a) Anforderungen an die Sachkunde zu erlassen, die an die in Nummer 1 genannte wissenschaftlich ausgebildete Person und die in Nummer 2 genannten sachkundigen Personen,
   b) fachlichen Anforderungen zu erlassen, die an die in Satz 1 genannten Personen

   zu stellen sind, sowie das Verfahren des Nachweises der Sachkunde und der fachlichen Anforderungen zu regeln[1)].

[3]Die Landesregierungen werden ermächtigt, Rechtsverordnungen nach Satz 2 Nummer 3 zu erlassen, soweit das Bundesministerium von seiner Befugnis keinen Gebrauch macht. [4]Die Landesregierungen sind befugt, die Ermächtigung durch Rechtsverordnung auf andere Behörden zu übertragen.

(2) [1]Soweit es zur Überwachung der Einhaltung der Rechtsakte der Europäischen Gemeinschaft oder der Europäischen Union, dieses Gesetzes und der aufgrund dieses Gesetzes erlassenen Rechtsverordnungen erforderlich ist, sind die mit der Überwachung beauftragten Personen, bei Gefahr im Verzug auch alle Beamten der Polizei, befugt,

1. Grundstücke, Betriebsräume und Transportmittel, in oder auf denen
   a) Erzeugnisse hergestellt, behandelt oder in den Verkehr gebracht werden,
   b) sich lebende Tiere im Sinne des § 4 Absatz 1 Nummer 1 befinden oder
   c) Futtermittel verfüttert werden,

   sowie die dazugehörigen Geschäftsräume während der üblichen Betriebs- oder Geschäftszeit zu betreten;
2. zur Verhütung dringender Gefahren für die öffentliche Sicherheit und Ordnung
   a) die in Nummer 1 bezeichneten Grundstücke, Betriebsräume und Räume auch außerhalb der dort genannten Zeiten,
   b) Wohnräume der nach Nummer 5 zur Auskunft Verpflichteten

   zu betreten; das Grundrecht der Unverletzlichkeit der Wohnung (Artikel 13 des Grundgesetzes[2)]) wird insoweit eingeschränkt[3)];
3. alle geschäftlichen Schrift- und Datenträger, insbesondere Aufzeichnungen, Frachtbriefe, Herstellungsbeschreibungen und Unterlagen über die bei der Herstellung verwendeten Stoffe, einzusehen und hieraus Abschriften, Auszüge, Ausdrucke oder sonstige Vervielfältigungen, auch von Datenträgern, anzufertigen oder Ausdrucke von elektronisch gespeicherten Daten zu verlangen sowie Mittel, Einrichtungen und Geräte zur Beförderung von Erzeugnissen oder lebenden Tieren im Sinne des § 4 Absatz 1 Nummer 1 zu besichtigen;

[1)] Abschließender Satzteil in der Neubekanntmachung v. 3.6.2013 (BGBl. I S. 1426) wohl irrtümlich als Bestandteil von Nr. 3 b) wiedergegeben.

[2)] Nr. **11.1**.

[3)] Abschließender Satzteil in der Neubekanntmachung v. 3.6.2013 (BGBl. I S. 1426) wohl irrtümlich als Bestandteil von Nr. 2 b) wiedergegeben.

4. von Mitteln, Einrichtungen oder Geräten zur Beförderung von Erzeugnissen oder lebenden Tieren im Sinne des § 4 Absatz 1 Nummer 1 sowie von den in Nummer 1 bezeichneten Grundstücken, Betriebsräumen oder Räumen Bildaufnahmen oder -aufzeichnungen anzufertigen;
5. von natürlichen und juristischen Personen und nicht rechtsfähigen Personenvereinigungen alle erforderlichen Auskünfte, insbesondere solche über die Herstellung, das Behandeln, die zur Verarbeitung gelangenden Stoffe und deren Herkunft, das Inverkehrbringen und das Verfüttern zu verlangen;
6. entsprechend § 43 Proben zu fordern oder zu entnehmen.

[2] Im Falle des Satzes 1 Nummer 4 dürfen folgende personenbezogene Daten aufgenommen oder aufgezeichnet werden, soweit dies zur Sicherung von Beweisen erforderlich ist:
1. Name, Anschrift und Markenzeichen des Unternehmers,
2. Namen von Beschäftigten.

[3] Die Aufnahmen oder Aufzeichnungen sind zu vernichten, soweit sie nicht mehr erforderlich sind, spätestens jedoch mit Ablauf des dritten Jahres nach ihrer Aufnahme oder Aufzeichnung. [4] Die Frist des Satzes 3 gilt nicht, wenn wegen eines anhängigen Bußgeldverfahrens, staatsanwaltlichen Ermittlungsverfahrens oder gerichtlichen Verfahrens eine längere Aufbewahrung erforderlich ist, in diesem Falle sind die Aufnahmen oder Aufzeichnungen mit rechtskräftigem Abschluss des Verfahrens zu vernichten.

(3) [1] Erhält eine für die Überwachung nach § 38 Absatz 1 Satz 1 zuständige Behörde von Tatsachen Kenntnis, die Grund zu der Annahme geben, dass durch das Verzehren eines Lebensmittels, das in den Verkehr gebracht worden ist, eine übertragbare Krankheit im Sinne des § 2 Nummer 3 des Infektionsschutzgesetzes[1] verursacht werden kann oder verursacht worden ist, so unterrichtet die nach § 38 Absatz 1 Satz 1 zuständige Behörde unverzüglich die für Ermittlungen nach § 25 Absatz 1 des Infektionsschutzgesetzes zuständige Behörde. [2] Dabei stellt die nach § 38 Absatz 1 Satz 1 zuständige Behörde der nach § 25 des Infektionsschutzgesetzes zuständigen Behörde die Angaben
1. zu dem Lebensmittel,
2. zu der an Endverbraucher abgegebenen Menge des Lebensmittels,
3. zu dem Namen oder der Firma und der Anschrift sowie zu den Kontaktdaten
   a) des Lebensmittelunternehmers, unter dessen Namen oder Firma das Lebensmittel hergestellt oder behandelt worden oder in den Verkehr gelangt ist, und
   b) der in § 4 Absatz 2 Nummer 1 bezeichneten Unternehmen oder Personen, an die das Lebensmittel geliefert wurde,
   c) der Endverbraucher, die das Lebensmittel verzehrt haben und der zuständigen Behörde von einer möglichen Erkrankung Mitteilung gemacht haben,
4. zu dem Ort unter Angabe der Anschrift und zu dem Zeitraum der Abgabe sowie

[1] Nr. **35.1**.

5. zu dem festgestellten Krankheitserreger

zur Verfügung. [3]Die Angaben nach Satz 2 sind um die Proben, Isolate und Nachweise über die Feststellung des Krankheitserregers zu ergänzen und nur mitzuteilen, sofern sie

1. der nach § 38 Absatz 1 Satz 1 zuständigen Behörde vorliegen und
2. für die Behörde, die für die Ermittlungen nach § 25 Absatz 1 des Infektionsschutzgesetzes zuständig ist, erforderlich sind.

(4) [1]Soweit es zur Durchführung von Vorschriften, die durch Rechtsakte der Europäischen Gemeinschaft oder der Europäischen Union, dieses Gesetz oder durch aufgrund dieses Gesetzes erlassene Rechtsverordnungen geregelt sind, erforderlich ist, sind auch die Sachverständigen der Mitgliedstaaten, der Kommission und der EFTA-Überwachungsbehörde in Begleitung der mit der Überwachung beauftragten Personen berechtigt, Befugnisse nach Absatz 2 Nummer 1, 3, 4 und 5 wahrzunehmen und Proben nach Maßgabe des § 43 Absatz 1 Satz 1 und Absatz 4 zu entnehmen. [2]Die Befugnisse nach Absatz 2 Nummer 1, 3 und 4 gelten auch für diejenigen, die sich in der Ausbildung zu einer die Überwachung durchführenden Person befinden.

(5) Die Zollstellen können den Verdacht von Verstößen gegen Verbote und Beschränkungen dieses Gesetzes oder der nach diesem Gesetz erlassenen Rechtsverordnungen, der sich bei der Durchführung des Alkoholsteuergesetzes ergibt, den zuständigen Verwaltungsbehörden mitteilen.

(6) [1]Die Staatsanwaltschaft hat die nach § 38 Absatz 1 Satz 1 zuständige Behörde unverzüglich über die Einleitung des Strafverfahrens, soweit es sich auf Verstöße gegen Verbote und Beschränkungen dieses Gesetzes, der nach diesem Gesetz erlassenen Rechtsverordnungen oder der unmittelbar geltenden Rechtsakte der Europäischen Gemeinschaft oder der Europäischen Union im Anwendungsbereich dieses Gesetzes bezieht, unter Angabe der Rechtsvorschriften zu unterrichten. [2]Satz 1 gilt nicht, wenn das Verfahren aufgrund einer Abgabe der Verwaltungsbehörde nach § 41 Absatz 1 des Gesetzes über Ordnungswidrigkeiten[1)] eingeleitet worden ist. [3]Eine Übermittlung personenbezogener Daten nach Satz 1 unterbleibt, wenn ihr besondere bundesgesetzliche oder entsprechende landesgesetzliche Verwendungsregelungen entgegenstehen; eine Übermittlung nach Satz 1 unterbleibt ferner in der Regel, solange und soweit ihr Zwecke des Strafverfahrens entgegenstehen.

(7) Absatz 2 Nummer 1 gilt nicht für Wohnräume.

§ 43 Probenahme. (1) [1]Die mit der Überwachung beauftragten Personen und, bei Gefahr im Verzug, die Beamten der Polizei sind befugt, gegen Empfangsbescheinigung Proben nach ihrer Auswahl zum Zweck der Untersuchung zu fordern oder zu entnehmen. [2]Soweit in unmittelbar geltenden Rechtsakten der Europäischen Gemeinschaft oder der Europäischen Union oder in Rechtsverordnungen nach diesem Gesetz nichts anderes bestimmt ist, ist ein Teil der Probe oder, sofern die Probe nicht oder ohne Gefährdung des Untersuchungszwecks nicht in Teile von gleicher Beschaffenheit teilbar ist, ein zweites Stück der gleichen Art und, soweit vorhanden aus demselben Los, und von demselben

[1)] Nr. **72.2.**

Hersteller wie das als Probe entnommene, zurückzulassen; der Hersteller kann auf die Zurücklassung einer Probe verzichten.

(2) [1] Zurückzulassende Proben sind amtlich zu verschließen oder zu versiegeln. [2] Sie sind mit dem Datum der Probenahme und dem Datum des Tages zu versehen, nach dessen Ablauf der Verschluss oder die Versiegelung als aufgehoben gilt.

(3) Derjenige, bei dem die Probe zurückgelassen worden ist und der nicht der Hersteller ist, hat die Probe sachgerecht zu lagern und aufzubewahren und sie auf Verlangen des Herstellers auf dessen Kosten und Gefahr einem vom Hersteller bestimmten, nach lebensmittelrechtlichen Vorschriften zugelassenen privaten Sachverständigen zur Untersuchung auszuhändigen.

(4) [1] Für Proben, die im Rahmen der amtlichen Überwachung nach diesem Gesetz entnommen werden, wird grundsätzlich keine Entschädigung geleistet. [2] Im Einzelfall ist eine Entschädigung bis zur Höhe des Verkaufspreises zu leisten, wenn andernfalls eine unbillige Härte eintreten würde.

(5) Absatz 1 Satz 2 und die Absätze 2 und 3 gelten nicht für Proben von Futtermitteln.

§ 44 Duldungs-, Mitwirkungs- und Übermittlungspflichten. (1) Die Inhaberinnen oder Inhaber der in § 42 Absatz 2 bezeichneten Grundstücke, Räume, Einrichtungen und Geräte und die von ihnen bestellten Vertreter sind verpflichtet, die Maßnahmen nach den §§ 41 bis 43 zu dulden und die in der Überwachung tätigen Personen bei der Erfüllung ihrer Aufgabe zu unterstützen, insbesondere ihnen auf Verlangen

1. die Räume und Geräte zu bezeichnen,
2. Räume und Behältnisse zu öffnen und
3. die Entnahme der Proben zu ermöglichen.

(2) [1] Die in § 42 Absatz 2 Nummer 5 genannten Personen und Personenvereinigungen sind verpflichtet, den in der Überwachung tätigen Personen auf Verlangen unverzüglich die dort genannten Auskünfte zu erteilen. [2] Vorbehaltlich des Absatzes 3 kann der zur Auskunft Verpflichtete die Auskunft auf solche Fragen verweigern, deren Beantwortung ihn selbst oder einen der in § 383 Absatz 1 Nummer 1 bis 3 der Zivilprozessordnung[1)] bezeichneten Angehörigen der Gefahr strafgerichtlicher Verfolgung oder eines Verfahrens nach dem Gesetz über Ordnungswidrigkeiten[2)] aussetzen würde.

(3) [1] Ein Lebensmittelunternehmer oder ein Futtermittelunternehmer ist verpflichtet, den in der Überwachung tätigen Personen auf Verlangen Informationen, die

1. er aufgrund eines nach Artikel 18 Absatz 2 Unterabsatz 2 der Verordnung (EG) Nr. 178/2002[3)], auch in Verbindung mit Artikel 5 Absatz 1 der Verordnung (EG) Nr. 767/2009, eingerichteten Systems oder Verfahrens besitzt und

---

[1)] Nr. **23.3**.
[2)] Nr. **72.2**.
[3)] **Sartorius ErgBd. Nr. 860.**

der Durchführung der in Satz 1 genannten Verfahren gewonnene Daten entsprechend.

§ 48 Landesrechtliche Bestimmungen. Die Länder können zur Durchführung der Überwachung weitere Vorschriften erlassen.

§ 49[1] Erstellung eines Lagebildes, Verwendung bestimmter Daten.

(1) [1] Das Bundesministerium kann

1. in den in § 40 Absatz 1 Satz 1 oder Satz 2 Nummer 1 genannten Fällen oder
2. in Fällen, in denen ein nicht gesundheitsschädliches, aber zum Verzehr ungeeignetes, insbesondere ekelerregendes Lebensmittel in den Verkehr gelangt oder gelangt ist,

ein länderübergreifendes Lagebild erstellen, soweit hinreichender Grund zu der Annahme besteht, dass der jeweils zu Grunde liegende Sachverhalt eine die Grenze eines Landes überschreitende Wirkung hat. [2] Das Lagebild dient der Einschätzung eines sich insbesondere zur Erfüllung der in § 1 Absatz 1 Nummer 1 genannten Zwecke ergebenden Handlungsbedarfs durch das Bundesministerium sowie, soweit erforderlich, zur Unterrichtung insbesondere des Deutschen Bundestages. [3] Das Bundesamt für Verbraucherschutz und Lebensmittelsicherheit wirkt bei der Erstellung des Lagebildes mit. [4] Eine die Grenze eines Landes überschreitende Wirkung nach Satz 1 liegt insbesondere vor, wenn Grund zu der Annahme besteht, dass ein Erzeugnis aus dem Land, in dem der maßgebliche Sachverhalt festgestellt worden ist, in zumindest ein anderes Land verbracht worden ist.

(2) [1] Die zuständigen obersten Landesbehörden übermitteln dem Bundesministerium auf Anforderung die zur Erstellung eines in Absatz 1 Satz 1 genannten Lagebildes erforderlichen Daten, die sie im Rahmen der Überwachung gewonnen haben. [2] Die Aufbereitung dieser Daten erfolgt durch das Bundesministerium.

(3) [1] Einer Übermittlung von Daten nach Absatz 2 Satz 1 bedarf es nicht, soweit

1. dem Bundesamt für Verbraucherschutz und Lebensmittelsicherheit die zur Erstellung eines Lagebildes notwendigen Daten bereits aufgrund einer Vorschrift in Rechtsakten der Europäischen Gemeinschaft oder der Europäischen Union gemeldet oder übermittelt worden sind oder
2. dem Bundesamt für Verbraucherschutz und Lebensmittelsicherheit elektronisch Zugriff auf die zur Erstellung eines Lagebildes notwendigen Daten gewährt wird.

[2] Daten, die dem Bundesamt für Verbraucherschutz und Lebensmittelsicherheit aufgrund einer in Satz 1 genannten Vorschrift übermittelt worden sind oder auf *die ihm elektronisch Zugriff* gewährt worden ist, dürfen auch für die Erstellung eines Lagebildes oder die Mitwirkung daran verwendet werden. [3] Das Bundesamt für Verbraucherschutz und Lebensmittelsicherheit hat die Daten unverzüglich dem Bundesministerium zur Verfügung zu stellen.

---

[1] § 49 Abs. 4 Satz 2 neu gef., Sätze 3–6 angef. mWv 26.11.2019 durch G v. 20.11.2019 (BGBl. I S. 1626).

(4) [1]Die nach § 26 der Viehverkehrsverordnung zuständigen Behörden übermitteln auf Ersuchen der nach § 39 Absatz 1 Satz 1 für die Einhaltung der Vorschriften über Lebensmittel und Futtermittel jeweils zuständigen Behörde die zu deren Aufgabenerfüllung erforderlichen Daten. [2]Die Daten nach Satz 1 können auch durch ein automatisiertes Abrufverfahren übermittelt werden, sofern die beteiligten Stellen gewährleisten, dass das Abrufverfahren kontrolliert werden kann und die technischen und organisatorischen Maßnahmen, die nach der Verordnung (EU) 2016/679[1)] des Europäischen Parlaments und des Rates vom 27. April 2016 zum Schutz natürlicher Personen bei der Verarbeitung personenbezogener Daten, zum freien Datenverkehr und zur Aufhebung der Richtlinie 95/46/EG (Datenschutz-Grundverordnung) (ABl. L 119 vom 4.5. 2016, S. 1; L 314 vom 22.11.2016, S. 72; L 127 vom 23.5.2018, S. 2) in der jeweils geltenden Fassung erforderlich sind, schriftlich festgelegt sind. [3]Die Verantwortung für die Zulässigkeit des einzelnen Abrufs trägt die abrufende Stelle. [4]Die speichernde Stelle prüft die Zulässigkeit der Abrufe nur, wenn dazu Anlass besteht. [5]Die speichernde Stelle hat zu gewährleisten, dass die Übermittlung personenbezogener Daten zumindest durch geeignete Stichprobenverfahren festgestellt und überprüft werden kann. [6]Wird ein Gesamtbestand personenbezogener Daten abgerufen oder übermittelt, so bezieht sich die Gewährleistung der Feststellung und Überprüfung nur auf die Zulässigkeit des Abrufs oder der Übermittlung des Gesamtbestandes.

(5) [1]Für die Zwecke des Artikels 15 Absatz 1 Satz 1 der Verordnung (EG) Nr. 882/2004 übermitteln die nach § 55 Absatz 1 Satz 1 zuständigen Zollstellen auf Ersuchen der nach § 39 Absatz 1 Satz 1 zuständigen Behörden diesen die zur Überwachung erforderlichen Daten über das Eintreffen oder den voraussichtlichen Zeitpunkt des Eintreffens eines bestimmten, durch Risikoanalyse der ersuchenden Behörden ermittelten

1. Lebensmittels nicht tierischen Ursprungs oder
2. Futtermittels nicht tierischen Ursprungs.

[2]Insbesondere die Daten über die Menge, das Herkunftsland, den Einführer, den Hersteller oder einen anderen aufgrund dieses Gesetzes, der aufgrund dieses Gesetzes erlassenen Rechtsverordnungen oder der unmittelbar geltenden Rechtsakte der Europäischen Gemeinschaft oder der Europäischen Union Verantwortlichen (sonstiger Verantwortlicher) und über das Transportunternehmen sind zu übermitteln. [3]Die Daten der Einführer, Hersteller und sonstigen Verantwortlichen und des Transportunternehmens umfassen deren Name, Anschrift und Telekommunikationsinformationen, soweit der ersuchten Behörde die Daten im Rahmen ihrer Mitwirkung bei der Überwachung vorliegen. [4]Die Einzelheiten des Verfahrens zur Durchführung der Sätze 1 und 2 werden durch das Bundesministerium im Einvernehmen mit dem Bundesministerium der Finanzen durch Rechtsverordnung mit Zustimmung des Bundesrates geregelt.

(6) [1]Die Daten dürfen nur zu dem Zweck verwendet und genutzt werden, zu dem sie übermittelt worden sind. [2]Sie dürfen höchstens für die Dauer von drei Jahren aufbewahrt werden. [3]Die Frist beginnt mit Ablauf desjenigen Jahres, in dem die Daten übermittelt worden sind. [4]Nach Ablauf der Aufbewahrungsfrist sind die Daten zu löschen, sofern nicht aufgrund anderer Vorschriften die Befugnis zur längeren Speicherung besteht.

[1)] **Sartorius Nr. 246.**

§ 49a Zusammenarbeit von Bund und Ländern. [1] Bund und Länder wirken im Rahmen ihrer Zuständigkeiten und Befugnisse zur Gewährleistung der Sicherheit der Erzeugnisse zusammen. [2] Nähere Einzelheiten können in Vereinbarungen geregelt werden; hierbei können insbesondere besondere Gremien für das Zusammenwirken vorgesehen werden.

Abschnitt 8. Monitoring

§ 50 Monitoring. Monitoring ist ein System wiederholter Beobachtungen, Messungen und Bewertungen von Gehalten an gesundheitlich nicht erwünschten Stoffen wie Pflanzenschutzmitteln, Stoffen mit pharmakologischer Wirkung, Schwermetallen, Mykotoxinen und Mikroorganismen in und auf Erzeugnissen, einschließlich lebender Tiere im Sinne des § 4 Absatz 1 Nummer 1, die zum frühzeitigen Erkennen von Gefahren für die menschliche Gesundheit unter Verwendung repräsentativer Proben einzelner Erzeugnisse oder Tiere, der Gesamt-

(Fortsetzung nächstes Blatt)

41.11. Landesplanungsgesetz Nordrhein-Westfalen[1) 2)3)]

In der Fassung der Bekanntmachung vom 3. Mai 2005[4)]
(GV. NRW. S. 430)

SGV. NRW. 230

zuletzt geänd. durch Art. 8a COVID-19-LandesrechtanpassungsG v. 14.4.2020 (GV. NRW. S. 218b)

Der Landtag hat das folgende Gesetz beschlossen, das hiermit verkündet wird:

Inhaltsverzeichnis[5)]

[1)] **Amtl. Anm.:** Dieses Gesetz dient der Umsetzung folgender Richtlinien:
1. Richtlinie 2001/42/EG (Plan-UP-Richtlinie)
2. Richtlinie 92/43/EWG (FFH-Richtlinie)

[2)] Das Gesetz weicht in einzelnen Punkten vom Raumordnungsgesetz **(Sartorius Nr. 340)** ab; vgl. Hinweis auf von BundesR abweichendes LandesR v. 13.12.2017 (BGBl. I S. 3902) v. 13.12.2017 (BGBl. I S. 3902).

[3)] Titel neu gef. mWv 4.6.2016 durch G v. 24.5.2016 (GV. NRW. S. 259).

[4)] Neubekanntmachung des LPlG v. 11.2.2001 (GV. NRW. S. 50) in der ab 7.5.2005 geltenden Fassung.

[5)] Inhaltsverzeichnis neu gef. mWv 8.4.2010 durch G v. 16.3.2010 (GV. NRW. S. 212); geänd. mWv 4.6.2016 durch G v. 24.5.2016 (GV. NRW. S. 259); geänd. mWv 15.4.2020 durch G v. 14.4. 2020 (GV. NRW. S. 218b).

I. Teil.[1] Allgemeine Vorschriften

§ 1[2] Raumordnung in Nordrhein-Westfalen. (1) [1] Die Vorschriften dieses Gesetzes gelten neben dem Raumordnungsgesetz vom 22. Dezember 2008 (BGBl. I S. 2986) in der jeweils geltenden Fassung im Land Nordrhein-Westfalen und ergänzen es. [2] §§ 13 Absatz 2, 32 Absatz 2, Satz 5 weichen gemäß Artikel 72 Absatz 3 Satz 1 Nummer 4 des Grundgesetzes[3] von den Bestimmungen des Raumordnungsgesetzes[4] ab.

(2) Die Landes- und Regionalplanung ist nach näherer Bestimmung dieses Gesetzes eine gemeinschaftliche Aufgabe von Staat und Selbstverwaltung, die dem Gegenstromprinzip nach dem Raumordnungsgesetz verpflichtet ist.

§ 2[5] Begriffsbestimmungen. (1) Raumordnungspläne sind der Landesentwicklungsplan, die Regionalpläne, die Braunkohlenpläne und der Regionale Flächennutzungsplan.

(2) Landesplanung ist die Planung für das gesamte Landesgebiet.

(3) Regionalplanung ist die Planung für das Gebiet der Regierungsbezirke Detmold und Köln, des Regionalverbandes Ruhr nach Maßgabe des Gesetzes

---

[1] Richtig wohl: „Teil 1:".

[2] § 1 neu gef. mWv 8.4.2010 durch G v. 16.3.2010 (GV. NRW. S. 212); Abs. 1 neu gef. mWv 4.6.2016 durch G v. 24.5.2016 (GV. NRW. S. 259).

[3] Nr. **11.1**.

[4] Nr. **41.1**.

[5] § 2 neu gef. mWv 8.4.2010 durch G v. 16.3.2010 (GV. NRW. S. 212); Abs. 1 geänd. mWv 4.6.2016 durch G v. 24.5.2016 (GV. NRW. S. 259).

für den kommunalen Straßenbau. [2]Dazu unterrichtet die Bezirksregierung – bei Bundesfernstraßen, Landesstraßen und Radschnellverbindungen des Landes betreffenden Plänen und Programmen in Abstimmung mit dem Landesbetrieb Straßenbau – den Regionalrat frühzeitig über die Absicht, derartige Pläne oder Programme aufzustellen oder zu ändern. [3]Die Bezirksregierung – bei Bundesfernstraßen, Landesstraßen und Radschnellverbindungen des Landes betreffenden Plänen und Programmen in Abstimmung mit dem Landesbetrieb Straßenbau – stellt dem Regionalrat die hierzu erforderlichen Unterlagen zur Verfügung und erteilt auf Verlangen jederzeit Auskunft über den Stand und die Vorbereitung der Pläne und Programme. [4]Weicht das für den Verkehr zuständige Ministerium von den Vorschlägen des Regionalrates ab, ist dies in einer Stellungnahme zu begründen. [5]Die Regionalräte legen für Um- und Ausbau von Landesstraßen bis zu 3 Mio. € Gesamtkosten je Maßnahme nach Lage des Landeshaushalts Prioritäten fest. [6]Es dürfen keine Maßnahmen finanziert werden, denen das zuständige Ministerium im Einzelfall widersprochen hat.

(5) Der Regionalrat berät die Landesplanungsbehörde und wirkt durch Beratung der Gemeinden und Gemeindeverbände seines Regierungsbezirks darauf hin, dass die Ziele der Raumordnung beachtet sowie die Grundsätze und sonstigen Erfordernisse der Raumordnung berücksichtigt werden.

§ 9a[1)] Beschlüsse im vereinfachten Verfahren. (1) [1]Wenn und solange nach § 11 IfSBG-NRW eine epidemische Lage von besonderer Tragweite festgestellt ist, dürfen eilbedürftige Angelegenheiten, die der Beschlussfassung eines Regionalen Planungsträgers unterliegen, im Umlaufverfahren getroffen werden, wenn sich zwei Drittel der Mitglieder des Regionalrats mit der schriftlichen Abgabe der Stimmen einverstanden erklären. [2]Die Mitglieder des Regionalrats geben ihre Stimmen über den betreffenden Beschlussvorschlag im Falle des Satzes 1 durch Einzelschreiben oder im Umlaufverfahren ab. [3]Die Stimmabgaben erfolgen in Textform.

(2) Die eilbedürftigen Angelegenheiten, über die gemäß Absatz 1 im Wege des vereinfachten Verfahrens Beschluss gefasst werden soll, sind öffentlich im geeigneten Wege bekannt zu machen.

(3) Die für den Regionalrat getroffenen Regelungen in den Absätzen 1 bis 2 gelten auch für die Kommissionen bzw. die Ausschüsse, sofern diese gebildet wurden sowie für den Ältestenrat.

§ 10[2)] Organisation des Regionalrats. (1) [1]Der Regionalrat wählt für die Dauer seiner Wahlperiode aus der Mitte der stimmberechtigten Mitglieder unter Leitung des lebensältesten stimmberechtigten Mitgliedes des Regionalrates ohne Aussprache seine Vorsitzende oder seinen Vorsitzenden und deren Stellvertreterin oder dessen Stellvertreter. [2]Er kann mehrere Stellvertreter oder Stellvertreterinnen wählen.

(2) [1]*Der Regionalrat tritt mindestens viermal jährlich zusammen.* [2]Er wird von der Vorsitzenden oder vom Vorsitzenden unter Bekanntgabe der Tagesordnung einberufen. [3]Der Regionalrat ist unverzüglich einzuberufen, wenn ein Fünftel seiner stimmberechtigten Mitglieder es verlangt.

[1)] § 9a eingef. mWv 15.4.2020 durch G v. 14.4.2020 (GV. NRW. S. 218b).

[2)] § 10 Abs. 2 Satz 2 geänd. mWv 8.4.2010 durch G v. 16.3.2010 (GV. NRW. S. 212); Abs. 1 Satz 1 geänd. mWv 4.6.2016 durch G v. 24.5.2016 (GV. NRW. S. 259).

(3) Der Regionalrat gibt sich eine Geschäftsordnung.

(4) [1]Die Sitzungen des Regionalrates sind öffentlich. [2]Die Öffentlichkeit kann für einzelne Angelegenheiten durch Beschluss des Regionalrates ausgeschlossen werden.

(5) [1]Zur Vorbereitung der Beschlussfassung des Regionalrates können Kommissionen gebildet werden. [2]Sie sollen der Stärke der einzelnen Parteien oder Wählergruppen des Regionalrates entsprechend zusammengesetzt sein. [3]In die Kommissionen können auch Personen entsandt werden, die nicht Mitglied des Regionalrates sind. [4]Das Nähere ist vom Regionalrat in der Geschäftsordnung zu regeln.

§ 11 Rechte und Pflichten der Mitglieder. (1) Die Mitglieder des Regionalrates sind verpflichtet, in ihrer Tätigkeit ausschließlich nach dem Gesetz und ihrer freien, nur durch Rücksicht auf das öffentliche Wohl bestimmten Überzeugung zu handeln; sie sind an Aufträge nicht gebunden.

(2) [1]Die Tätigkeit als Mitglied des Regionalrates gilt als ehrenamtliche Tätigkeit. [2]Eine Verpflichtung zur Übernahme dieser ehrenamtlichen Tätigkeit besteht nicht. [3]Die Vorschriften des § 30 der Gemeindeordnung[1)] gelten mit der Maßgabe entsprechend, dass über die Genehmigung für eine Aussage oder Erklärung über Angelegenheiten nach § 8 Abs. 2 der Regionalrat im Einvernehmen mit der Bezirksregierung entscheidet. [4]In Eilfällen kann an Stelle des Regionalrates die oder der Vorsitzende entscheiden.

Teil 3:[2)] Gemeinsame Vorschriften für Raumordnungspläne

§ 12[3)] Allgemeine Vorschriften für Raumordnungspläne. (1) Raumordnungspläne bestehen ergänzend zum Raumordnungsgesetz aus textlichen oder zeichnerischen Festlegungen mit zugeordneten Erläuterungen.

(2) Vorliegende Fachbeiträge und Konzepte (z.B. Klimaschutzkonzepte) sind bei der Erarbeitung von Raumordnungsplänen zu berücksichtigen.

(3) [1]In den Raumordnungsplänen sind die räumlichen Erfordernisse des Klimaschutzes und der Anpassung an den Klimawandel als Ziele und Grundsätze der Raumordnung festzulegen. [2]Zur raumordnerischen Umsetzung des § 3 Klimaschutzgesetz Nordrhein-Westfalen sind die genannten Klimaschutzziele als raumbezogene Ziele und Grundsätze umzusetzen und/oder nachgeordneten Planungsebenen entsprechende räumliche Konkretisierungsaufträge zu erteilen.

(4) Die Raumordnungspläne müssen auch diejenigen Festlegungen des Klimaschutzplans NRW umsetzen, die gemäß § 6 Absatz 6 Klimaschutzgesetz NRW für verbindlich erklärt worden sind, soweit sie durch Ziele oder Grundsätze der Raumordnung gesichert werden können.

---

1) Nr. **22.11**.

2) Überschrift neu gef. mWv 8.4.2010 durch G v. 16.3.2010 (GV. NRW. S. 212).

3) § 12 neu gef. mWv 8.4.2010 durch G v. 16.3.2010 (GV. NRW. S. 212); Abs. 3 neu gef., Abs. 6 und 7 angef. mWv 7.2.2013 durch G v. 29.1.2013 (GV. NRW. S. 33); Abs. 1 geänd., Abs. 2, 4 und 5 aufgeh., bish. Abs. 3, 6 und 7 werden Abs. 2, 3 und 4 mWv 4.6.2016 durch G v. 24.5.2016 (GV. NRW. S. 259).

§ 13[1] Beteiligung bei der Aufstellung von Raumordnungsplänen.

(1) [1]Ergänzend zum Raumordnungsgesetz[2] ist der Entwurf des Raumordnungsplans mit seiner Begründung für die Dauer von mindestens zwei Monaten bei der Regionalplanungsbehörde sowie den Kreisen und kreisfreien Städten, auf deren Bereich sich die Planung erstreckt, öffentlich auszulegen und ist ergänzend elektronisch zu veröffentlichen; wird bei der Aufstellung eines Raumordnungsplans eine Umweltprüfung durchgeführt, sind zusätzlich der Umweltbericht sowie weitere, nach Einschätzung der für den Raumordnungsplan zuständigen Stelle zweckdienliche Unterlagen für die Dauer von mindestens zwei Monaten auszulegen.
[2]Bei Planänderung kann die Frist auf einen Monat verkürzt werden.
[3]Ort und Dauer der Auslegung sowie die Internetadresse sind mindestens zwei Wochen vorher im jeweiligen Bekanntmachungsorgan bekannt zu machen; dabei ist darauf hinzuweisen, dass Stellungnahmen während der Auslegungsfrist abgegeben werden können.

(2) Abweichend von § 10 Absatz 1 Satz 4 des Raumordnungsgesetzes findet eine erneute Auslegung nur bei wesentlichen Änderungen Anwendung.

§ 14[3] Bekanntmachung von Raumordnungsplänen. [1]Der Landesentwicklungsplan, der Bekanntmachungserlass für die Regionalpläne und die Genehmigung der Braunkohlenpläne und des Regionalen Flächennutzungsplans werden im Gesetz- und Verordnungsblatt für das Land Nordrhein-Westfalen veröffentlicht. [2]Die Einsichtnahme nach § 11 Absatz 2 Satz 2 des Raumordnungsgesetzes[2] erfolgt beim Landesentwicklungsplan bei der Landesplanungsbehörde und den Regionalplanungsbehörden. [3]Bei den übrigen Raumordnungsplänen erfolgt diese bei den Regionalplanungsbehörden und bei den Kreisen und Gemeinden, auf deren Bereich sich die Planung erstreckt.

§ 15[4] Planerhaltung. [1]Für die Rechtswirksamkeit des Regionalplanes ist ergänzend zum Raumordnungsrecht außerdem unbeachtlich, wenn dieser aus dem Landesentwicklungsplan entwickelt worden ist, dessen Unwirksamkeit sich wegen Verletzung von Verfahrens- oder Formvorschriften herausstellt. [2]Die nach § 12 Absatz 5 des Raumordnungsgesetzes[2] zuständige Stelle ist für den Landesentwicklungsplan die Landesplanungsbehörde, für die übrigen Raumordnungspläne die Regionalplanungsbehörde.

§ 16[5] Zielabweichungsverfahren. (1) Ein Zielabweichungsverfahren wird ergänzend zum Raumordnungsgesetz[2] in einem gesonderten Verfahren durchgeführt.

(2) [1]Zuständig für das Zielabweichungsverfahren beim Landesentwicklungsplan ist die Landesplanungsbehörde. [2]Sie entscheidet im Einvernehmen mit den fachlich zuständigen Ministerien und im Benehmen mit dem für die Landesplanung zuständigen Ausschuss des Landtags.

---

[1] § 13 neu gef. mWv 4.6.2016 durch G v. 24.5.2016 (GV. NRW. S. 259).
[2] Nr. **41.1**.
[3] § 14 neu gef. mWv 8.4.2010 durch G v. 16.3.2010 (GV. NRW. S. 212); Satz 1 geänd., Satz 2 aufgeh., bish. Satz 3 wird Satz 2 (im GV. NRW. wohl irrümlich „Satz 3") und neu gef. , neuer Satz 3 angef. mWv 4.6.2016 durch G v. 24.5.2016 (GV. NRW. S. 259).
[4] § 15 neu gef. mWv 4.6.2016 durch G v. 24.5.2016 (GV. NRW. S. 259).
[5] § 16 neu gef. mWv 4.6.2016 durch G v. 24.5.2016 (GV. NRW. S. 259).

(3) [1]Zuständig für das Zielabweichungsverfahren bei Regionalplänen ist die Regionalplanungsbehörde. [2]Sie entscheidet im Benehmen mit den fachlich betroffenen öffentlichen Stellen und im Einvernehmen mit der Belegenheitsgemeinde und dem regionalen Planungsträger. [3]Im Falle von baulichen Anlagen des Bundes oder des Landes mit besonderer öffentlicher Zweckbestimmung im Sinne des § 37 des Baugesetzbuches[1)] entscheidet sie im Benehmen mit den fachlich betroffenen Stellen und im Benehmen mit der Belegenheitsgemeinde und dem regionalen Planungsträger.

Teil 3.1:[2)] *(aufgehoben)*

§ 16a[2)] *(aufgehoben)*

Teil 4:[3)] Besondere Vorschriften für den Landesentwicklungsplan und die Regionalpläne

§ 17[4)] **Inhalt und Aufstellung des Landesentwicklungsplans.** (1) [1]Die raumbedeutsamen Erfordernisse und Maßnahmen des Naturschutzes und der Landschaftspflege sind nach dem Naturschutzrecht von Bund und Land unter Abwägung mit den anderen raumbedeutsamen Planungen in den Landesentwicklungsplan aufzunehmen.
[2]Der Landesentwicklungsplan wird von der Landesplanungsbehörde im Einvernehmen mit den fachlich zuständigen Landesministerien erarbeitet; die Auslegung nach § 13 erfolgt bei den Regionalplanungsbehörden. [3]Nach Durchführung des Aufstellungsverfahrens leitet die Landesregierung die Planentwürfe dem Landtag mit einem Bericht über das Aufstellungsverfahren zu.

(2) Der Landesentwicklungsplan wird von der Landesregierung mit Zustimmung des Landtags als Rechtsverordnung beschlossen.

§ 18[5)] **Inhalt der Regionalpläne.** (1) Unbeschadet der Regelungen des Raumordnungsgesetzes[6)] sind Regionalpläne den geänderten und neuen Zielen der Raumordnung im Landesentwicklungsplan anzupassen.

(2) [1]Die Regionalpläne erfüllen die Funktionen eines Landschaftsrahmenplanes und eines forstlichen Rahmenplanes gemäß Naturschutz- und Forstrecht. [2]Sie stellen regionale Erfordernisse und Maßnahmen zur Verwirklichung des Naturschutzes und der Landschaftspflege (Landschaftsrahmenplan) und zur Sicherung des Waldes (forstlicher Rahmenplan) dar.

[1)] Nr. **41.2**.

[2)] Teil 3.1 (§ 16a) aufgeh. mWv 4.6.2016 durch G v. 24.5.2016 (GV. NRW. S. 259).

[3)] Abschnittsüberschr. neu gef. mWv 8.4.2010 durch G v. 16.3.2010 (GV. NRW. S. 212); Überschrift neu gef. mWv 4.6.2016 durch G v. 24.5.2016 (GV. NRW. S. 259).

[4)] § 17 neu gef. mWv 8.4.2010 durch G v. 16.3.2010 (GV. NRW. S. 212); Abs. 1 Sätze 1 und 3 aufgeh., bish. Satz 2 wird Satz 1 und geänd., bish. Satz 4 wird Satz 2 (im GV. NRW wohl irrtümlich „Satz 4") und geänd., bish. Satz 5 wird Satz 3 mWv 4.6.2016 durch G v. 24.5.2016 (GV. NRW. S. 259)

[5)] bish. § 19 wird § 18, bish. § 18 und Abschnittsüberschr. aufgeh. mWv 8.4.2010 durch G v. 16.3. 2010 (GV. NRW. S. 212); Abs. 1 Satz 1 aufgeh., bish. Satz 2 wird alleiniger Satz und neu gef., Abs. 2 Satz 1 neu gef. mWv 4.6.2016 durch G v. 24.5.2016 (GV. NRW. S. 259)

[6)] Nr. **41.1**.

§ 19[1] Erarbeitung und Aufstellung der Regionalpläne. (1) Hat der Regionalrat die Erarbeitung des Regionalplans beschlossen, führt die Regionalplanungsbehörde das Erarbeitungsverfahren durch.

(2) [1]Bei Regionalplanverfahren, die auf Anregung eines Vorhabenträgers durchgeführt werden, hat dieser die erforderlichen Unterlagen beizubringen. [2]Die Regionalplanungsbehörde hat den Vorhabenträger auf Wunsch im Hinblick auf die erforderlichen Unterlagen zu beraten. [3]Die Regionalplanungsbehörde hat nach Eingang des Antrages unverzüglich, in der Regel innerhalb eines Monats, zu prüfen, ob die Unterlagen vollständig sind. [4]Ist dies nicht der Fall, fordert die Regionalplanungsbehörde den Vorhabenträger auf, die Unterlagen zu ergänzen.

(3) [1]Nach Ablauf der Frist zur Stellungnahme sind in der Regel die fristgemäß eingegangenen Stellungnahmen der öffentlichen Stellen und der Personen des Privatrechts nach § 4 Raumordnungsgesetz[2] mit diesen zu erörtern; von einer Erörterung kann abgesehen werden, wenn den Stellungnahmen in vollem Umfang entsprochen wurde oder die Beteiligten auf eine Erörterung verzichtet haben. [2]Ein Ausgleich der Meinungen ist anzustreben. [3]Die Regionalplanungsbehörde unterrichtet den Regionalrat über alle fristgemäß eingegangenen Stellungnahmen und über das Ergebnis der Erörterung. [4]Der Bericht muss die Anregungen, über die keine Einigkeit erzielt wurde, aufzeigen.

(4) [1]Der Regionalrat entscheidet nach Abschluss des Erarbeitungsverfahrens über die Aufstellung des Regionalplans; dieser wird der Landesplanungsbehörde von der Regionalplanungsbehörde mit einem Bericht darüber vorgelegt, ob über den Regionalplan Einigkeit erzielt worden ist, oder welche abweichenden Meinungen von den Beteiligten und aus der Mitte des Regionalrates vorgebracht worden sind. [2]Die Regionalplanungsbehörde hat darüber hinaus darzulegen, ob sie selbst Bedenken gegenüber dem vom Regionalrat aufgestellten Regionalplan hat; dem Regionalrat ist Gelegenheit zur Stellungnahme zu geben.

(5) Änderungen eines Regionalplanes können in einem vereinfachten Verfahren durchgeführt werden, soweit nicht die Grundzüge der Planung berührt werden; für die Eröffnung des Erarbeitungsverfahrens genügt der Beschluss des Vorsitzenden und eines weiteren stimmberechtigten Mitglieds des Regionalrates; bestätigt der Regionalrat bei seiner nächsten Sitzung diesen Beschluss nicht, hat die Regionalplanungsbehörde die Erarbeitung der Änderung des Regionalplanes einzustellen

(6) [1]Regionalpläne und Änderungen von Regionalplänen bedürfen nicht der Genehmigung der Landesplanungsbehörde. [2]Sie sind der Landesplanungsbehörde anzuzeigen.
[3]Ihre Bekanntmachung erfolgt, wenn die Landesplanungsbehörde nicht innerhalb der Frist von höchstens drei Monaten nach Anzeige aufgrund einer Rechtsprüfung unter Angabe von Gründen im Einvernehmen mit den fachlich zuständigen Landesministerien Einwendungen erhoben hat. [4]Die Frist beginnt mit Eingang der vollständigen Unterlagen. [5]Teile von Regionalplänen können

[1] Bish. § 20 wird § 19; Überschr. geänd., Abs. 1 neu gef., bish. Abs. 3 aufgeh., bish. Abs. 4–7 werden Abs. 3–6, neuer Abs. 3 Sätze 1 und 2, Abs. 5 und 6 neu gef., mWv 8.4.2010 durch G v. 16.3. 2010 (GV. NRW. S. 212); Abs. 1 neu gef., Abs. 2 Sätze 3 und 4 angef., Abs. 3 Sätze 1 und 3 neu gef., Abs. 4 Satz 1 geänd., Abs. 7 angef. mWv 4.6.2016 durch G v. 24.5.2016 (GV. NRW. S. 259).

[2] Nr. **41.1**.

vorweg bekannt gemacht oder von der Bekanntmachung ausgenommen werden.

(7) Sind Einwendungen erhoben worden, entscheidet der Träger der Regionalplanung, ob er und wenn, an welchem Verfahrensschritt er das Regionalplanverfahren oder -änderungsverfahren fortführt, um den Einwendungen abzuhelfen und den Plan oder die Planänderung erneut anzuzeigen.

Teil 5:[1)] Braunkohlenausschuss

§ 20[2)] Bezeichnung, Sitz und Zusammensetzung. (1) Als zuständiges Gremium für die Braunkohlenplanung wird der Braunkohlenausschuss eingerichtet

(2) [1] Im Braunkohlenausschuss sind stimmberechtigte Mitglieder der Kommunalen Bank (§ 21 Absatz 1), der Regionalen Bank (§ 21 Absatz 3) und der Funktionalen Bank (§ 21 Absatz 6) sowie beratende Mitglieder (§ 22) vertreten. [2] § 11 gilt entsprechend.

(3) Die Zusammensetzung des Braunkohlenausschusses nach Parteien und Wählergruppen hat so zu erfolgen, dass die Mitglieder der Kommunalen und Regionalen Bank, die aus dem Regierungsbezirk Köln kommen, das Ergebnis der Gemeindewahlen im Regierungsbezirk Köln, die Mitglieder, die aus dem Regierungsbezirk Düsseldorf kommen, das Ergebnis der Gemeindewahlen im Regierungsbezirk Düsseldorf widerspiegeln außerhalb des Verbandsgebietes des Regionalverbandes Ruhr.

(4) [1] Jedes gewählte Mitglied des Braunkohlenausschusses ist derjenigen Partei oder Wählergruppe anzurechnen, die es zur Wahl vorgeschlagen hat. [2] Verbundene Wahlvorschläge sind nicht zulässig.

(5) Wird ein Mitglied des Braunkohlenausschusses aufgrund eines Vorschlages einer Partei oder Wählergruppe gewählt, die nicht an der Sitzverteilung nach den Absätzen 6 bis 8 und § 21 Abs. 4 teilnimmt, so verringert sich die auf die Parteien und Wählergruppen der Regionalräte der Regierungsbezirke Köln und Düsseldorf zu verteilende Gesamtzahl der Sitze der Kommunalen und Regionalen Bank entsprechend.

(6) [1] Die den Parteien und Wählergruppen noch zustehenden Sitze werden aus Listen zugeteilt, die für die Mitglieder aus dem Regierungsbezirk Köln von den Parteien und Wählergruppen im Regionalrat des Regierungsbezirks Köln, für die Mitglieder aus dem Regierungsbezirk Düsseldorf von den Parteien und Wählergruppen im Regionalrat des Regierungsbezirks Düsseldorf aufzustellen sind. [2] Diese Listen bestimmen zugleich die Reihenfolge der Sitzzuteilung für die einzelnen Parteien und Wählergruppen. [3] Jede Partei oder Wählergruppe erhält zunächst so viele Sitze, wie ganze Zahlen auf sie entfallen. [4] Danach zu vergebende Sitze sind in der Reihenfolge der höchsten Zahlenbruchteile zuzuteilen. [5] § 7 Absätze 5 und 8 und 11 bis 13 gelten entsprechend.

(7) [1] Die Listen sind von der für den jeweiligen Regierungsbezirk zuständigen Leitung der Partei oder Wählergruppe innerhalb eines Monats nach Fest-

---

1) Abschnittsüberschr. neu gef., bish. Teil IV 2. Abschnitt geht in Teil 5 über, §§ 21, 22 und 38 aufgeh., bish. §§ 39–43 werden 20–24 mWv 8.4.2010 durch G v. 16.3.2010 (GV. NRW. S. 212).

2) *§ 20 (bish. § 39)* Abs. 1, 2 und 6 Satz 5 neu gef., Abs. 5 geänd., Abs. 8–12 aufgeh. mWv 8.4.2010 durch G v. 16.3.2010 (GV. NRW. S. 212); Abs. 7 Sätze 2, 4 und 5 geänd. mWv 4.6.2016 durch G v. 24.5.2016 (GV. NRW. S. 259).

stellung der Sitzverteilung der jeweiligen Bezirksregierung einzureichen. [2]Die Listen werden von der Bezirksregierung innerhalb von zwei Wochen bestätigt. [3]Die Bezirksregierung Düsseldorf leitet die bestätigten Listen des Regierungsbezirks Düsseldorf der Bezirksregierung Köln zu. [4]Die Listen können im Laufe der allgemeinen Wahlperiode ergänzt werden. [5]Auch die Ergänzung bedarf der Bestätigung durch die jeweilige Bezirksregierung.

§ 21[1)] Stimmberechtigte Mitglieder. (1) Die Vertretungen der Kreise und kreisfreien Städte des Braunkohlenplangebietes wählen Mitglieder des Braunkohlenausschusses aus den im Braunkohlenplangebiet liegenden Gemeinden (Kommunale Bank).

(2) [1]Die Anzahl der nach Absatz 1 zu wählenden Mitglieder der Kommunalen Bank bestimmt sich bei den Kreisen nach der Einwohnerzahl der kreisangehörigen Gemeinden, die ganz oder zum Teil im Braunkohlenplangebiet liegen, und bei den kreisfreien Städten nach der Einwohnerzahl der ganz oder zum Teil im Braunkohlenplangebiet liegenden Stadtteile (betroffene Bevölkerung). [2]Es wählen innerhalb von zehn Wochen nach Beginn der Wahlperiode der Vertretungskörperschaften die Kreise und kreisfreien Städte mit einer betroffenen Bevölkerung

1. bis 150.000 Einwohner 1 Mitglied
2. über 150.000 Einwohner 2 Mitglieder

des Braunkohlenausschusses. [3]Sind für einen Kreis oder eine kreisfreie Stadt zwei Mitglieder des Braunkohlenausschusses zu wählen, so gelten dafür die Grundsätze der Verhältniswahl.

(3) [1]Der Regionalrat des Regierungsbezirks Köln beruft jeweils aus den Reihen seiner stimmberechtigten Mitglieder und der stimmberechtigten Mitglieder des Regionalrates des Regierungsbezirks Düsseldorf nach Maßgabe des Absatzes 4 und § 20 Absatz 6 und 7 weitere stimmberechtigte Mitglieder des Braunkohlenausschusses; sie sollen nicht im Braunkohlenplangebiet ansässig sein (Regionale Bank). [2]Die Zahl der zu wählenden weiteren Mitglieder entspricht der Zahl der Mitglieder nach Absatz 2. [3]Die Verteilung der Mitglieder zwischen den Regierungsbezirken richtet sich nach dem jeweiligen Gebietsanteil am Braunkohlenplangebiet.

(4) [1]Zur Berufung der Regionalen Bank nach Absatz 3 stellt die Bezirksregierung Köln nach Abschluss der Wahlen gemäß Absatz 2 Satz 2 fest, wie viele Sitze auf die Parteien und Wählergruppen im Regionalrat des Regierungsbezirks Köln und wie viele Sitze auf die Parteien und Wählergruppen im Regionalrat des Regierungsbezirks Düsseldorf insgesamt entfallen und wie viele Sitze den Parteien und Wählergruppen noch zustehen. [2]Hierzu werden für die Regierungsbezirke Köln und Düsseldorf getrennt die von den einzelnen Parteien und Wählergruppen bei den Gemeindewahlen im jeweiligen Regierungsbezirk erzielten gültigen Stimmen zugrunde gelegt.

(5) [1]Beim Ausscheiden eines berufenen Mitglieds rückt auf Vorschlag der betroffenen Partei, Wählergruppe oder Organisation ein Listenbewerber aus der Liste nach. [2]Der Vorschlag für ein Mitglied nach Abs. 3 bedarf der

---

[1)] § 40 wird § 21 mWv 8.4.2010 durch G v. 16.3.2010 (GV. NRW. S. 212); Abs. 2 Satz 2, Abs. 3 Satz 1, Abs. 5 Satz 2 und Abs. 7 Satz 2 geänd. mWv 4.6.2016 durch G v. 24.5.2016 (GV. NRW. S. 259).

Bestätigung durch den jeweiligen Regionalrat; Absatz 7 sowie § 20 Absatz 6 und 7 finden entsprechende Anwendung.

(6) Der Regionalrat des Regierungsbezirks Köln beruft außerdem als stimmberechtigte Mitglieder des Braunkohlenausschusses (Funktionale Bank)

1. eine Vertreterin oder einen Vertreter der für das Braunkohlenplangebiet zuständigen Industrie- und Handelskammern,
2. eine Vertreterin oder einen Vertreter der für das Braunkohlenplangebiet zuständigen Handwerkskammern,
3. eine Vertreterin oder einen Vertreter der Landwirtschaftskammer Nordrhein-Westfalen,
4. zwei Vertreterinnen oder Vertreter der im Braunkohlenplangebiet tätigen Arbeitgeberverbände,
5. drei Vertreterinnen oder Vertreter der im Braunkohlenplangebiet tätigen Gewerkschaften,
6. eine Vertreterin oder einen Vertreter der Landwirtschaft und
7. eine Vertreterin oder ein Vertreter der im Braunkohlenplangebiet tätigen nach Naturschutzrecht durch das zuständige Landesministerium anerkannten Naturschutzverbände.

(7) [1] Zur Berufung der Funktionalen Bank nach Absatz 6 können die genannten Organisationen dem Regionalrat des Regierungsbezirks Köln Vorschläge für die Berufung einreichen. [2] Die vorgeschlagenen Mitglieder werden durch Bestätigung des Regionalrates des Regierungsbezirks Köln berufen. [3] Die Sitze nach Absatz 6 Nr. 5 werden den im Braunkohlenplangebiet tätigen Gewerkschaften nach den Grundsätzen der Verhältniswahl zugeteilt; dabei sind die Zahlen der Gewerkschaftsmitglieder zugrunde zu legen, die bei den Bergbautreibenden im Braunkohlenplangebiet beschäftigt sind.

(8) Scheidet ein Mitglied der Funktionalen Bank aus, gilt Absatz 5 entsprechend.

(9) Zum Mitglied des Braunkohlenausschusses kann nicht gewählt oder berufen werden

1. wer bei einer natürlichen Person, einer juristischen Person oder einer Vereinigung, der die Braunkohlenplanung einen unmittelbaren Vorteil oder Nachteil bringen kann, gegen Entgelt beschäftigt ist,
2. wer Mitglied des Vorstandes, des Aufsichtsrates oder eines gleichartigen Organs einer juristischen Person oder einer Vereinigung ist, der die Braunkohlenplanung einen unmittelbaren Vorteil oder Nachteil bringen kann.

§ 22[1)] Beratende Mitglieder. [1] Je eine Vertreterin oder ein Vertreter

– der Bergaufsicht (von der zuständigen Bezirksregierung),
– des Landesbetriebes Wald und Holz NRW,
– des Geologischen Dienstes – Landesbetrieb –,
– des Landesamtes für Natur, Umwelt und Verbraucherschutz,
– des Erftverbandes,
– des Bergbautreibenden,
– des Landschaftsverbandes Rheinland,

[1)] § 22 (bish. § 41) geänd. mWv 8.4.2010 durch G v. 16.3.2010 (GV. NRW. S. 212).

– des Landesbetriebes Straßenbau,
– der kommunalen Gleichstellungsstellen

nehmen mit beratender Befugnis an den Sitzungen des Braunkohlenausschusses teil. [2] Eine Vertreterin oder ein Vertreter der kreisfreien Städte und der Kreise des Braunkohlenplangebietes nehmen mit beratender Befugnis an den Sitzungen des Braunkohlenausschusses teil, wenn Beratungsgegenstände im Zusammenhang mit den Aufgaben und Tätigkeiten der jeweiligen Gebietskörperschaften stehen.

§ 23[1)] Organisation des Braunkohlenausschusses. (1) [1] Der Braunkohlenausschuss wählt für die Dauer seiner Wahlperiode aus der Mitte der stimmberechtigten Mitglieder unter Leitung des lebensältesten stimmberechtigten Mitgliedes des Braunkohlenausschusses ohne Aussprache seine Vorsitzende oder seinen Vorsitzenden und deren Stellvertreterin oder dessen Stellvertreter. [2] Er kann mehrere Stellvertreterinnen oder Stellvertreter wählen.

(2) Der Braunkohlenausschuss gibt sich eine Geschäftsordnung.

(3) Zur Bearbeitung seiner Aufgaben nach § 24 kann der Braunkohlenausschuss Arbeitskreise aus seiner Mitte bilden.

(4) [1] Die Sitzungen des Braunkohlenausschusses sind öffentlich. [2] Die Öffentlichkeit kann für einzelne Angelegenheiten durch Beschluss des Braunkohlenausschusses ausgeschlossen werden.

(5) Die Regionalplanungsbehörde Köln ist Geschäftsstelle des Braunkohlenausschusses.

§ 23a[2)] (1) [1] Wenn und solange nach § 11 IfSBG-NRW eine epidemische Lage von besonderer Tragweite festgestellt ist, dürfen eilbedürftige Angelegenheiten, die der Beschlussfassung des Braunkohleausschusses unterliegen, im Umlaufverfahren getroffen werden, wenn sich zwei Drittel der Mitglieder des Braunkohleausschusses mit der schriftlichen Abgabe der Stimmen einverstanden erklären. [2] Die Mitglieder des Braunkohleausschusses geben ihre Stimmen über den betreffenden Beschlussvorschlag im Falle des Satzes 1 durch Einzelschreiben oder im Umlaufverfahren ab. [3] Die Stimmabgaben erfolgen in Textform.

(2) Die eilbedürftigen Angelegenheiten, über die gemäß Absatz 1 im Wege des vereinfachten Verfahrens Beschluss gefasst werden soll, sind öffentlich im geeigneten Wege bekannt zu machen.

(3) Die für den Braunkohleausschuss getroffenen Regelungen in den Absätzen 1 bis 2 gelten auch für die Arbeitskreise, sofern diese gebildet wurden.

§ 24[3)] Aufgaben des Braunkohlenausschusses. (1) [1] Der Braunkohlenausschuss trifft die sachlichen und verfahrensmäßigen Entscheidungen zur Erarbeitung der Braunkohlenpläne und beschließt deren Aufstellung. [2] Das Erarbeitungsverfahren wird von der Regionalplanungsbehörde Köln durchgeführt; sie ist dabei an die Weisungen des Braunkohlenausschusses gebunden.

---

1) § 23 Abs. 1 Satz 1 geänd. mWv 4.6.2016 durch G v. 24.5.2016 (GV. NRW. S. 259).

2) § 23a eingef. mWv 15.4.2020 durch G v. 14.4.2020 (GV. NRW. S. 218b).

3) § 24 Abs. 3 aufgeh., bish. Abs. 4 und 5 werden Abs. 3 und 4 mWv 4.6.2016 durch G v. 24.5. 2016 (GV. NRW. S. 259).

(2) Der Braunkohlenausschuss hat sich laufend von der ordnungsgemäßen Einhaltung der Braunkohlenpläne zu überzeugen und festgestellte Mängel unverzüglich den zuständigen Stellen mitzuteilen.

(3) [1] Die im Braunkohlenplangebiet ansässigen Personen und tätigen Betriebe sind verpflichtet, dem Braunkohlenausschuss oder einem von ihm beauftragten Ausschussmitglied die für die Aufstellung, Änderung und Überprüfung der Einhaltung des Planes erforderlichen Auskünfte zu erteilen und Unterlagen zugänglich zu machen, soweit die Informationen nicht von Behörden gegeben werden können. [2] Unbeschadet anderweitiger Vorschriften kann die zuständige Bezirksregierung auf Antrag des Braunkohlenausschusses ein Zwangsgeld bis zur Höhe von 25 000 EUR und im Wiederholungsfalle bis zur Höhe von 50 000 EUR gegen denjenigen festlegen, der der Verpflichtung nach Satz 1 nicht nachkommt.

(4) Soweit die im Absatz 4 genannten Unterlagen Geschäfts- oder Betriebsgeheimnisse enthalten, sind sie zu kennzeichnen und getrennt vorzulegen.

Teil 6:[1)] Besondere Vorschriften für die Braunkohlenpläne

§ 25 Braunkohlenplangebiet. Die Abgrenzung des Braunkohlenplangebietes wird bestimmt durch die Gebiete für den Abbau, die Außenhalden und die Umsiedlungen sowie die Gebiete, deren oberster Grundwasserleiter durch Sümpfungsmaßnahmen beeinflusst wird.

§ 26[2)] Inhalt der Braunkohlenpläne. (1) Die Braunkohlenpläne legen auf der Grundlage des Landesentwicklungsplans und in Abstimmung mit den Regionalplänen im Braunkohlenplangebiet Ziele und Grundsätze der Raumordnung fest, soweit es für eine geordnete Braunkohlenplanung erforderlich ist.

(2) [1] Die Braunkohlenpläne bestehen aus textlichen und zeichnerischen Festlegungen. [2] Die textlichen Festlegungen müssen insbesondere Angaben enthalten über die Grundzüge der Oberflächengestaltung und Wiedernutzbarmachung in Abbau- und Aufschüttungsgebieten einschließlich der im Rahmen der Rekultivierung angestrebten Landschaftsentwicklung sowie über sachliche, räumliche und zeitliche Abhängigkeiten. [3] Die sachlichen, räumlichen und zeitlichen Abhängigkeiten sind auch für die Umsiedlung darzustellen. [4] Bei Braunkohlenplänen, die die Festlegung von Umsiedlungsstandorten zum Gegenstand haben, ist deren Größe für ihre bedarfsgerechte Ausstattung nach Maßgabe von § 48 Absatz 1 Satz 2 des Landesenteignungs- und -entschädigungsgesetz[3)] vom 20. Juni 1989 (GV. NRW. S. 366, ber. S. 570) in der jeweils geltenden Fassung zu ermitteln. [5] Die zeichnerischen Festlegungen des Braunkohlenplanes müssen insbesondere Festlegungen treffen über die Abbaugrenzen und die Sicherheitslinien des Abbaus, die Haldenflächen und deren Sicherheitslinien, die Umsiedlungsflächen und die Festlegung der Räume, in denen Verkehrswege, Bahnen aller Art, Energie- und Wasserleitungen angelegt oder

---

[1)] Abschnittüberschr. neu gef., bish. Teil IV 3. Abschnitt geht in neuen Teil 6 über, Bish. 4. und 5. Abschnitt aufgeh., bish. § 37 wird § 25, bish. § 44–49 werden §§ 26–31, bish. §§ 25–30 aufgeh. mWv 8.4.2010 durch G v. 16.3.2010 (GV. NRW. S. 212).

[2)] § 26 (bish. § 44) Abs. 2 Satz 4 eingef., bish. Satz 4 wird Satz 5; Abs. 3 Satz 1 wird Abs. 2 Satz 6, *Sätze 2 und 3 aufgeh.*, Abs. 3 angef. mWv 8.4.2010 durch G v. 16.3.2010 (GV. NRW. S. 212); Abs. 1 neu gef., Abs. 2 Sätze 1, 2 und 5 geänd. mWv 4.6.2016 durch G v. 24.5.2016 (GV. NRW. S. 259).

[3)] **v. Hippel/Rehborn Nr. 128.**

verlegt werden können. [6]Der Maßstab der zeichnerischen Darstellung des Braunkohlenplanes beträgt 1:5000 oder 1:10000.

(3) [1]Grundlagen der Größenermittlung für die Umsiedlungsstandorte sind die voraussichtliche Zahl der Teilnehmer an der gemeinsamen Umsiedlung sowie die städtebauliche Planung der Kommune. [2]Der Kommune und dem Bergbautreibenden obliegt die einvernehmliche Festlegung der am Umsiedlungsstandort zu errichtenden Infrastruktur. [3]Kommt eine Einigung nach Satz 2 bis zum Aufstellungsbeschluss nicht zustande, legt der Braun-

(Fortsetzung nächstes Blatt)

ordnung zur Sicherung einer langfristigen Energieversorgung entsprechen und die Erfordernisse der sozialen Belange der vom Braunkohlentagebau Betroffenen und des Umweltschutzes angemessen berücksichtigen.

(3) [1] Die Braunkohlenpläne sollen vor Beginn eines Abbauvorhabens im Braunkohlenplangebiet aufgestellt und genehmigt sein. [2] Die Betriebspläne der im Braunkohlenplangebiet gelegenen bergbaulichen Betriebe sind mit den Braunkohlenplänen in Einklang zu bringen.

§ 30[1)] Änderung von Braunkohlenplänen. [1] Der Braunkohlenplan muss überprüft und erforderlichenfalls geändert werden, wenn die Grundannahmen für den Braunkohlenplan sich wesentlich ändern. [2] Für das Verfahren zur Änderung des Braunkohlenplans gelten die §§ 27 bis 29 entsprechend; dies gilt auch in Fällen, in denen die Änderung des Braunkohlenplans nicht auf Anregung des Bergbautreibenden durchgeführt wird.

§ 31[2)] Landbeschaffung. Bei der bergrechtlichen Grundabtretung nach § 77 ff. Bundesberggesetz und bei den Enteignungen nach dem Landesenteignungs- und -entschädigungsgesetz (EEG NW) vom 20. Juni 1989 (GV. NRW. S. 366, ber. S. 570) in der jeweils geltenden Fassung ist auf Antrag des Entschädigungsberechtigten für die Entziehung des Grundeigentums anstelle der Geldentschädigung die Bereitstellung von Ersatzland anzustreben.

Teil 7:[3)] Raumordnungsverfahren

§ 32[4)] Raumordnungsverfahren. (1) [1] Zuständige Behörde für das Raumordnungsverfahren ist die jeweils zuständige Regionalplanungsbehörde. [2] Im Raumordnungsverfahren für Vorhaben, für das nach Bundes- oder Landesrecht eine Verpflichtung zur Durchführung einer Umweltverträglichkeitsprüfung besteht, wird eine Umweltverträglichkeitsprüfung nach dem Planungsstand des jeweiligen Vorhabens, einschließlich der Prüfung von Standort- oder Trassenalternativen nach § 15 Absatz 1 Satz 3 des Raumordnungsgesetzes[5)], durchgeführt. [3] Im nachfolgenden Zulassungsverfahren kann die Prüfung der Umweltverträglichkeit auf zusätzliche oder andere erhebliche Auswirkungen beschränkt werden.

(2) [1] Die Regionalplanungsbehörde fordert binnen zwei Wochen die zu beteiligenden öffentlichen Stellen zur Stellungnahme auf. [2] Diesen ist eine Frist zu setzen, innerhalb derer sie Bedenken und Anregungen zu den Planungen und Maßnahmen vorbringen können. [3] Die Frist soll zwei Monate nicht überschreiten. [4] Die fristgemäß vorgebrachten Bedenken und Anregungen können mit den beteiligten öffentlichen Stellen erörtert wer-

---

1) Bish. §§ 48 und 49 werden §§ 30 und 31 mWv 8. 4. 2010 durch G v. 16. 3. 2010 (GV. NRW. S. 212); § 30 Satz 2 neu gef. mWv 4. 6. 2016 durch G v. 24. 5. 2016 (GV. NRW. S. 259).

2) Bish. §§ 48 und 49 werden §§ 30 und 31 mWv 8. 4. 2010 durch G v. 16. 3. 2010 (GV. NRW. S. 212); § 31 Abs. 1 aufgeh., bish. Abs. 2 geänd. mWv 4. 6. 2016 durch G v. 24. 5. 2016 (GV. NRW. S. 259).

3) Abschnittsüberschr. neu gef., Teil III 1. Abschnitt und bish. §§ 28–30 aufgeh. mWv 8. 4. 2010 durch G v. 16. 3. 2010 (GV. NRW. S. 212).

4) § 32 neu gef. mWv 4. 6. 2016 durch G v. 24. 5. 2016 (GV. NRW. S. 259).

5) Nr. **41.1**.

den. [5] Abweichend von § 15 Absatz 3 des Raumordnungsgesetzes ist auch die Öffentlichkeit zu beteiligen.

(3) [1] Die raumordnerische Beurteilung wird ohne Begründung im Amtsblatt der Bezirksregierung bekannt gegeben. [2] Die raumordnerische Beurteilung wird mit Begründung bei der zuständigen Regionalplanungsbehörde und bei den Kreisen und Gemeinden, auf deren Gebiet sich das Vorhaben erstreckt, für die Dauer von fünf Jahren zur Einsicht für jedermann bereit gehalten und kann in das Internet eingestellt werden; in der Bekanntmachung wird darauf hingewiesen. [3] Die Gemeinden haben ortsüblich bekannt zu machen, bei welcher Stelle die raumordnerische Beurteilung während der Dienststunden eingesehen werden kann.

(4) [1] Ändern sich die für die raumordnerische Beurteilung maßgeblichen landesplanerischen Ziele, ist zu prüfen, ob die Beurteilung noch Bestand haben kann. [2] Die raumordnerische Beurteilung wird fünf Jahre nach der Bekanntgabe darauf überprüft, ob sie mit den Zielen und Grundsätzen der Raumordnung noch übereinstimmt und mit anderen raumbedeutsamen Planungen und Maßnahmen noch abgestimmt ist. [3] Die Überprüfung ist entbehrlich, wenn mit dem Verfahren für die Zulassung des Vorhabens begonnen worden ist. [4] Die raumordnerische Beurteilung wird spätestens nach zehn Jahren unwirksam.

(5) [1] Die Regionalplanungsbehörden erheben für die Durchführung eines Raumordnungsverfahrens Gebühren. [2] Bemessungsgrundlage für die Festlegung der Höhe der Gebühren sind die Herstellungskosten des dem Raumordnungsverfahren zugrunde liegenden Vorhabens. [3] Der Träger des Vorhabens trägt die Kosten für die Hinzuziehung von Sachverständigen. [4] Im Übrigen gilt das Gebührengesetz[1)] für das Land Nordrhein-Westfalen in der jeweils geltenden Fassung.

Teil 8:[2)] Instrumente zur Planverwirklichung und Plansicherung

§ 33[3)] Befugnisse der Landesplanungsbehörde. (1) [1] Die Landesplanungsbehörde kann die Verpflichtung des zuständigen Planungsträgers feststellen, den Raumordnungsplan für bestimmte räumliche oder sachliche Teilabschnitte innerhalb einer angemessenen Frist entsprechend den Zielen der Raumordnung aufzustellen oder zu ändern und der Landesplanungsbehörde vorzulegen. [2] Kommt der zuständige Planungsträger dieser Planungspflicht nicht fristgerecht nach, so kann die Landesplanungsbehörde die Planung ganz oder teilweise selbst durchführen oder die Durchführung der Regionalplanungsbehörde übertragen.

(2) [1] Hat die Landesplanungsbehörde gegen einen Raumordnungsplan oder einen sachlichen oder räumlichen Teilabschnitt unter Verweis auf einen Widerspruch zu Zielen der Raumordnung rechtliche Bedenken geltend

---

1) Nr. **81.12**.

2) Abschnittsüberschr. neu gef., bish. Teil III 2. Abschnitt geht in Teil 8 über, bish. §§ 31–34 werden §§ 33–36, § 35 aufgeh., § 36 wird § 37 mWv 8. 4. 2010 durch G v. 16. 3. 2010 (GV. *NRW. S. 212)*.

3) § 33 (bish. § 31) Abs. 1 Sätze 1 und 2, Abs. 2 Satz 2 geänd., Abs. 2 Satz 1 neu gef. mWv 8. 4. 2010 durch G v. 16. 3. 2010 (GV. NRW. S. 212).

41.2. Baugesetzbuch (BauGB)[1)]

In der Fassung der Bekanntmachung vom 3. November 2017[2)]

(BGBl. I S. 3634)

FNA 213-1

geänd. durch Art. 2 HochwasserschutzG II v. 30.6.2017 (BGBl. I S. 2193) und Art. 6 G zum Schutz der Bevölkerung bei einer epidemischen Lage von nationaler Tragweite v. 27.3.2020 (BGBl. I S. 587)

Zum BauGB haben die **Länder** ua folgende Vorschriften erlassen:

- **Baden-Württemberg:** AusführungsG zum BauGB v. 23.6.2009 (GBl. S. 251); GutachterausschußVO v. 11.12.1989 (GBl. S. 541), zuletzt geänd. durch VO v. 26.9.2017 (GBl. S. 497); DurchführungsVO zum BauGB v. 2.3.1998 (GBl. S. 185), zuletzt geänd. durch VO v. 23.2.2017 (GBl. S. 99);
- **Bayern:** AusführungsG zum Bau- und RaumordnungsG 1998 v. 9.5.1998 (GVBl. S. 242); UmlegungsausschussVO v. 18.1.1961 (BayRS III S. 483), zuletzt geänd. durch V v. 30.9.2014 (GVBl S. 411); Gerichtliche ZuständigkeitsVO Justiz v. 11.6.2012 (GVBl. S. 295), zuletzt geänd. durch V v. 28.12.2018 (GVBl. 2019 S. 2); GutachterausschussVO v. 5.4.2005 (GVBl. S. 88), zuletzt geänd. durch V v. 26.3.2019 (GVBl. S. 98); Bauwesen-ZuständigkeitsVO v. 5.7.1994 (GVBl. S. 573), zuletzt geänd. durch V v. 26.3.2019 (GVBl. S. 98);
- **Berlin:** BauGB-AusführungsG idF der Bek. v. 7.11.1999 (GVBl. S. 578), zuletzt geänd. durch G v. 6.12.2017 (GVBl. S. 664); BauGB-DurchführungsVO v. 5.6.2018 (GVBl. S. 407); ErschließungsbeitragsG v. 12.7.1995 (GVBl. S. 444), zuletzt geänd. durch G v. 19.6.2006 (GVBl. S. 573);
- **Brandenburg:** UmlegungsausschussVO v. 23.2.2009 (GVBl. II S. 101); GutachterausschussVO v. 12.5.2010 (GVBl. II Nr. 27), geänd. durch VO v. 21.9.2017 (GVBl. II Nr. 52); Gutachterausschuss-GebührenO v. 30.7.2010 (GVBl. II Nr. 51), zuletzt geänd. durch VO v. 21.1.2019 (GVBl. II Nr. 7);
- **Bremen:** BauGB-DurchführungsVO v. 22.6.1993 (Brem.GBl. S. 234), zuletzt geänd. durch G v. 27.5.2014 (Brem.GBl. S. 263); Erschließungsanlagen-BeitragserhebungsG v. 12.6.1973 (Brem.GBl. S. 127), zuletzt geänd. durch G v. 25.5.2010 (Brem.GBl. S. 365); ErschließungsbeitragsG v. 20.12. 1982 (Brem.GBl. S. 405), zuletzt geänd. durch G v. 25.5.2010 (Brem.GBl. S. 365); GutachterausschussVO v. 2.9.2008 (Brem.GBl. S. 321), geänd. durch VO v. 17.6.2014 (Brem.GBl. S. 314); BauGB-GenehmigungswegfallG idF der Bek. v. 7.7.1987 (Brem.GBl. S. 215), zuletzt geänd. durch G v. 26.5.1998 (Brem. GBl. S. 134);
- **Hamburg:** BauleitplanfeststellungsG idF der Bek. v. 30.11.1999 (HmbGVBl. S. 271), zuletzt geänd. durch G v. 20.2.2020 (HmbGVBl. S. 148); GutachterausschussVO v. 12.5.2009 (HmbGVBl. S. 124); Enteignungsverfahren-DurchführungsVO v. 18.2.2004 (HmbGVBl. S. 107); BodenordnungskommissionsG v. 29.4.1997 (HmbGVBl. S. 131), zuletzt geänd. durch G v. 13.2.2015 (HmbGVBl. S. 39);
- **Hessen:** AusführungsVO zum BauGB v. 15.6.2018 (GVBl. S. 258)

[1)] **Amtl. Anm.:** Dieses Gesetz dient der Umsetzung folgender Richtlinien:

1. Richtlinie 92/43/EWG des Rates vom 21. Mai 1992 zur Erhaltung der natürlichen Lebensräume sowie der wild lebenden Tiere und Pflanzen (ABl. L 206 vom 22.7.1992, S. 7), die zuletzt durch die Richtlinie 2013/17/EU (ABl. L 158 vom 10.6.2013, S. 193) geändert worden ist,
2. Richtlinie 2001/42/EG des Europäischen Parlaments und des Rates vom 27. Juni 2001 über die Prüfung der Umweltauswirkungen bestimmter Pläne und Programme (ABl. L 197 vom 21.7.2001, S. 30),
3. Richtlinie 2009/147/EG des Europäischen Parlaments und des Rates vom 30. November 2009 über die Erhaltung der wildlebenden Vogelarten (ABl. L 20 vom 26.1.2010, S. 7), die zuletzt durch die Richtlinie 2013/17/EU (ABl. L 158 vom 10.6.2013, S. 193) geändert worden ist,
4. Richtlinie 2011/92/EU des Europäischen Parlaments und des Rates vom 13. Dezember 2011 über die Umweltverträglichkeitsprüfung bei bestimmten öffentlichen und privaten Projekten (ABl. L 26 vom 28.1.2012, S. 1), die zuletzt durch die Richtlinie 2014/52/EU (ABl. L 124 vom 25.4.2014, S. 1) geändert worden ist.

[2)] Neubekanntmachung des BauGB idF der Bek. v. 23.9.2004 (BGBl. I S. 2414) in der ab 1.10.2017 geltenden Fassung.

– **Mecklenburg-Vorpommern:** BaugesetzbuchausführungsG v. 30.1.1998 (GVOBl. M-V S. 110), zuletzt geänd. durch G v. 28.10.2010 (GVOBl. M-V S. 615); GutachterausschusslandesVO v. 29.6. 2011 (GVOBl. M-V S. 441); Enteignungsverfahren-DurchführungsVO v. 4.5.1993 (GVOBl. M-V S. 515); AnzeigepflichtVO v. 5.2.1998 (GVOBl. M-V S. 124), geänd. durch VO v. 10.10.2000 (GVOBl. M-V S. 530);

– **Niedersachsen:** NBauGB-DurchführungsG v. 13.5.2009 (Nds. GVBl. S. 169); Baugesetzbuch-DVO idF der Bek. v. 24.5.2005 (Nds. GVBl. S. 183), zuletzt geänd. durch G v. 12.11.2015 (Nds. GVBl. S. 311); Gutachterausschuss-GebührenO v. 25.6.2019 (Nds. GVBl. S. 156);

– **Nordrhein-Westfalen:** Baugesetzbuch-AusführungsG v. 3.2.2015 (GV. NRW. S. 211), geänd. durch G v. 21.7.2018 (GV. NRW. S. 408); BauGB-DurchführungsVO v. 7.7.1987 (GV. NRW. S. 220), zuletzt geänd. durch VO v. 28.8.2018 (GV. NRW. S. 468); GutachterausschussVO v. 23.3. 2004 (GV. NRW. S. 146), zuletzt geänd. durch VO v. 25.9.2019 (GV. NRW. S. 758); Baulandsachen-zusammenfassungsVO v. 21.10.1994 (GV. NRW. S. 961), zuletzt geänd. durch VO v. 24.9.2014 (GV. NRW. S. 647);

– **Rheinland-Pfalz:** BauGB-ZuständigkeitsVO v. 21.12.2007 (GVBl. 2008 S. 22); UmlegungsausschussVO v. 27.6.2007 (GVBl. S. 102); GutachterausschussVO v. 20.4.2005 (GVBl. S. 139), zuletzt geänd. durch G v. 19.12.2018 (GVBl. S. 448);

– **Saarland:** BauGB-ZuständigkeitsVO v. 13.12.2012 (Amtsbl. 2013 I S. 3), zuletzt geänd. durch G v. 4.12.2019 (Amtsbl. 2020 I S. 211); GutachterausschußVO v. 21.8.1990 (Amtsbl. S. 957), zuletzt geänd. durch VO v. 12.11.2015 (Amtsbl. I S. 888); UmlegungsausschußV v. 11.9.1998 (Amtsbl. S. 950), zuletzt geänd. durch G v. 4.12.2019 (Amtsbl. 2020 I S. 211);

– **Sachsen:** GutachterausschussVO v. 15.11.2011 (SächsGVBl. S. 598), zuletzt geänd. durch VO v. 10.8.2014 (SächsGVBl. S. 455);

– **Sachsen-Anhalt:** Durchführung des Baugesetzbuchs LSA v. 1.12.1999 (MBl. LSA 2000 S. 227); GutachterausschussVO v. 18.12.2013 (GVBl. LSA S. 555); Bodenordnung-VO v. 31.10.1991 (GVBl. LSA S. 430), zuletzt geänd. durch G v. 19.3.2002 (GVBl. LSA S. 130); UntersagungsVO zur Bebauungsteilgenehmigung v. 2.1.1998 (GVBl. LSA S. 2);

– **Schleswig-Holstein:** Baugesetzbuch-AusführungsG v. 21.10.1998 (GVOBl. Schl.-H. S. 303), zuletzt geänd. durch G v. 8.10.2009 (GVOBl. Schl.-H. S. 640); Vierte BundesbauG-DurchführungsVO v. 30.3.1961 (GVOBl. Schl.-H. S. 45), zuletzt geänd. durch VO v. 17.10.1980 (GVOBl. Schl.-H. S. 315); Sechste BundesbauG-DurchführungsVO v. 14.6.1961 (GVOBl. Schl.-H. S. 108); GutachterausschussVO v. 16.7.2014 (GVOBl. Schl.-H. S. 158), zuletzt geänd. durch VO v. 16.1.2019 (GVOBl. Schl.-H. S. 30); BauGB-ZuständigkeitsVO v. 21.8.1987 (GVOBl. Schl.-H. S. 319), zuletzt geänd. durch VO v. 16.1.2019 (GVOBl. Schl.-H. S. 30);

– **Thüringen:** Vorläufige BauGB-ZuständigkeitsVO v. 25.3.1991 (GVBl. S. 67); UmlegungsausschussVO v. 22.3.2005 (GVBl. S. 155), zuletzt geänd. durch G v. 18.12.2018 (GVBl. S. 731); GutachterausschussVO v. 23.9.2013 (GVBl. S. 302), geänd. durch G v. 18.12.2018 (GVBl. S. 731).

Außerdem haben die Länder **Bauordnungen** und ua folgende zugehörige Vorschriften erlassen:

– **Baden-Württemberg:** LandesbauO idF der Bek. v. 5.3.2010 (GBl. S. 357, ber. S. 416), zuletzt geänd. durch G v. 18.7.2019 (GBl. S. 313); Allgemeine LBO-AusführungsVO v. 5.2.2010 (GBl. S. 24), zuletzt geänd. durch VO v. 23.2.2017 (GBl. S. 99); VersammlungsstättenVO v. 28.4.2004 (GBl. S. 311, ber. S. 653), zuletzt geänd. durch VO v. 23.2.2017 (GBl. S. 99); Elektrische Betriebsräume-VO v. 28.10.1975 (GBl. S. 788, ber. 1976 S. 256), zuletzt geänd. durch VO v. 23.2.2017 (GBl. S. 99); CampingplatzVO v. 15.7.1984 (GBl. S. 545, ber. 1985 S. 20), zuletzt geänd. durch VO v. 23.2.2017 (GBl. S. 99); BauprüfVO v. 10.5.2010 (GBl. S. 446), zuletzt geänd. durch VO v. 8.10. 2019 (GBl. S. 422); Verfahrensverordnung zur LBO v. 13.11.1995 (GBl. S. 794), zuletzt geänd. durch VO v. 23.2.2017 (GBl. S. 99); VerkaufsstättenVO v. 11.2.1997 (GBl. S. 84), zuletzt geänd. durch VO v. 23.2.2017 (GBl. S. 99); GaragenVO v. 7.7.1997 (GBl. S. 332), zuletzt geänd. durch VO v. 23.2.2017 (GBl. S. 99);

– **Bayern:** BauO idF der Bek. v. 14.8.2007 (GVBl. S. 588), zuletzt geänd. durch G v. 24.7.2019 (GVBl. S. 408); Elektrische Anlagen-BetriebsräumebauVO v. 13.4.1977 (BayRS III S. 575), zuletzt geänd. durch V v. 8.12.1997 (GVBl. S. 827); VersammlungsstättenVO v. 2.11.2007 (GVBl. S. 736), zuletzt geänd. durch V v. 7.8.2018 (GVBl. S. 694); Garagen- und Stellplatzverordnung v. 30.11.1993 (GVBl. S. 910), zuletzt geänd. durch V v. 7.8.2018 (GVBl. S. 694); BauvorlagenVO v. 10.11.2007 (GVBl. S. 792), zuletzt geänd. durch V v. 26.3.2019 (GVBl. S. 98); FeuerungsVO v. 11.11.2007 (GVBl. S. 800), zuletzt geänd. durch V v. 7.8.2018 (GVBl. S. 694); FeuerbeschauVO v. 5.6.1999 (GVBl. S. 270), zuletzt geänd. durch V v. 16.5.2019 (GVBl. S. 315); PrüfsachverständigenVO v. 29.11.2007 (GVBl. S. 829), zuletzt geänd. durch V v. 6.3.2020 (GVBl. S. 187);

– **Berlin:** BauO v. 29.9.2005 (GVBl. S. 495), zuletzt geänd. durch G v. 9.4.2018 (GVBl. S. 205, ber. S. 381); Bautechnische PrüfungsVO v. 12.2.2010 (GVBl. S. 62), zuletzt geänd. durch VO v. 23.4. 2019 (GVBl. S. 267); ; BauverfahrensVO v. 15.11.2017 (GVBl. S. 636, ber. 2018 S. 147);

– **Brandenburg:** BauO idF der Bek. v. 15.11.2018 (GVBl. I Nr. 39); Garagen- und StellplatzVO v. 8.11.2017 (GVBl. II Nr. 61); Bautechnische PrüfungsVO v. 10.9.2008 (GVBl. II S. 374), zuletzt geänd. durch VO v. 13.8.2019 (GVBl. II Nr. 59); BauvorlagenVO v. 7.11.2016 (GVBl. II Nr. 60), geänd. durch G v. 15.10.2018 (GVBl. I Nr. 22); FeuerungsVO v. 13.1.2006 (GVBl. II S. 58), geänd. durch VO v. 13.9.2010 (GVBl. II Nr. 61 S. 1); Verkaufsstätten-BauVO v. 8.11.2017 (GVBl. II Nr. 60); BaugebührenO v. 20.8.2009 (GVBl. II S. 562), zuletzt geänd. durch VO v. 5.10.2016 (GVBl. II Nr. 53);

– **Bremen:** Landesbauordnung v. 4.9.2018 (Brem.GBl. S. 320), geänd. durch G v. 14.5.2019 (Brem.GBl. S. 360); VO über die Prüfingenieure und Prüfsachverständigen (BremPPV) v. 7.1.2016 (Brem.GBl. S. 41); BauvorlagenVO v. 2.5.2019 (Brem.GBl. S. 368); ;

– **Hamburg:** BauO v. 14.12.2005 (HmbGVBl. S. 525, ber. S. 563), zuletzt geänd. durch G v. 20.2. 2020 (HmbGVBl. S. 148); FeuerungsVO v. 25.9.2007 (HmbGVBl. S. 338), geänd. durch VO v. 2.11.2010 (HmbGVBl. S. 582); BauvorlagenVO v. 14.12.2010 (HmbGVBl. S. 643), zuletzt geänd. durch VO v. 4.3.2014 (HmbGVBl. S. 87); BaugebührenO v. 23.5.2006 (HmbGVBl. S. 261), zuletzt geänd. durch VO v. 3.12.2019 (HmbGVBl. S. 438); GaragenVO v. 17.1.2012 (HmbGVBl. S. 8);

– **Hessen:** BauO v. 28.5.2018 (GVBl. S. 198); Bauprodukte- und Bauartenverordnung v. 20.1.2004 (GVBl. I S. 56), zuletzt geänd. durch VO v. 4.12.2017 (GVBl. S. 396);FeuerungsVO v. 3.2.2009 (GVBl. I S. 30), geänd. durch VO v. 3.11.2014 (GVBl. S. 269); Prüfberechtigten- und PrüfsachverständigenVO v. 18.12.2006 (GVBl. I S. 745), zuletzt geänd. durch VO v. 24.11.2015 (GVBl. S. 546); GaragenVO v. 17.11.2014 (GVBl. S. 286);

– **Mecklenburg-Vorpommern:** LandesbauO idF der Bek. v. 15.10.2015 (GVOBl. M-V S. 334, ber. 2016 S. 28), zuletzt geänd. durch G v. 19.11.2019 (GVOBl. M-V S. 682); BauvorlagenVO v. 10.7. 2006 (GVOBl. M-V S. 612), geänd. durch VO v. 28.6.2016 (GVOBl. M-V S. 519); Bauprodukte- und BauartenVO v. 10.7.2006 (GVOBl. M-V S. 610), zuletzt geänd. durch VO v. 14.7.2015 (GVOBl. M-V S. 190); CampingplatzVO v. 9.1.1996 (GVOBl. M-V S. 84), zuletzt geänd. durch VO v. 7.12.2010 (GVOBl. M-V S. 771); BauprüfVO v. 14.4.2016 (GVOBl. M-V S. 171);

– **Niedersachsen:** NBauO v. 3.4.2012 (Nds. GVBl. S. 46), zuletzt geänd. durch G v. 20.5.2019 (Nds. GVBl. S. 88); NBauO-DurchführungsVO v. 26.9.2012 (Nds. GVBl. S. 382), zuletzt geänd. durch VO v. 19.9.2019 (Nds. GVBl. S. 277); Elektrische Anlagen-BetriebsräumebauVO v. 25.1.2011 (Nds. GVBl. S. 19); VersammlungsstättenVO v. 8.11.2004 (Nds. GVBl. S. 426), zuletzt geänd. durch VO v. 13.11.2012 (Nds. GVBl. S. 438); CampingplatzVO v. 12.4.1984 (Nds. GVBl. S. 109), zuletzt geänd. durch VO v. 13.11.2012 (Nds. GVBl. S. 438); Bautechnische PrüfungsVO v. 24.7.1987 (Nds. GVBl. S. 129), zuletzt geänd. durch VO v. 12.11.2019 (Nds. GVBl. S. 350); BauvorlagenVO v. 7.11.2012 (Nds. GVBl. S. 419); Garagen- und StellplatzVO v. 4.9.1989 (Nds. GVBl. S. 327), zuletzt geänd. durch VO v. 11.10.2012 (Nds. GVBl. S. 401); VerkaufsstättenVO v. 17.1.1997 (Nds. GVBl. S. 31), zuletzt geänd. durch VO v. 13.11.2012 (Nds. GVBl. S. 438); BaugebührenO v. 13.1.1998 (Nds. GVBl. S. 3), zuletzt geänd. durch VO v. 17.9.2019 (Nds. GVBl. S. 268); FeuerungsVO v. 27.3.2008 (Nds. GVBl. S. 96), geänd. durch VO v. 13.11.2012 (Nds. GVBl. S. 438);

– **Nordrhein-Westfalen:** Landesbauordnung 2018 v. 21.7.2018 (GV. NRW. S. 421), geänd. durch G v. 26.3.2019 (GV. NRW. S. 193); SonderbauvO v. 2.12.2016 (GV. NRW. 2017 S. 2, ber. 2020 S. 148, 2020 148); Camping- und WochenendplatzVO v. 24.3.2011 (GV. NRW. S. 197), zuletzt geänd. durch VO v. 10.12.2018 (GV. NRW. S. 680); Bautechnische PrüfungsVO v. 6.12.1995 (GV. NRW. S. 1241), zuletzt geänd. durch VO v. 10.12.2018 (GV. NRW. S. 670); ;

– **Rheinland-Pfalz:** LandesbauO v. 24.11.1998 (GVBl. S. 365), zuletzt geänd. durch G v. 18.6.2019 (GVBl. S. 112); VersammlungsstättenVO v. 13.3.2018 (GVBl. S. 29), geänd. durch VO v. 15.11. 2018 (GVBl. S. 388); LandesVO über Betriebsräume für elektrische Anlagen v. 6.7.1977 (GVBl. S. 254), geänd. durch G v. 16.12.2002 (GVBl. S. 481); Camping- und WochenendplatzVO v. 18.9. 1984 (GVBl. S. 195), zuletzt geänd. durch VO v. 8.8.2017 (GVBl. S. 184); GaragenVO v. 13.7.1990 (GVBl. S. 243), geänd. durch G v. 16.12.2002 (GVBl. S. 481); VerkaufsstättenVO v. 8.7.1998 (GVBl. S. 229), zuletzt geänd. durch G v. 16.12.2002 (GVBl. S. 481); VO über die Gebühren für Amtshandlungen der Bauaufsichtsbehörden und über die Vergütung der Leistungen der Prüfingenieurinnen und Prüfingenieure für Baustatik v. 9.1.2007 (GVBl. S. 22), zuletzt geänd. durch VO v. 4.12.2018 (GVBl. S. 409);

– **Saarland:** LandesbauO v. 18.2.2004 (Amtsbl. S. 822), zuletzt geänd. durch G v. 4.12.2019 (Amtsbl. 2020 I S. 211); BauvorlagenVO v. 15.6.2011 (Amtsbl. I S. 254), zuletzt geänd. durch G v. 4.12.2019 (Amtsbl. 2020 I S. 211); GaragenVO idF der Bek. v. 30.8.1976 (Amtsbl. S. 951), geänd. durch VO v.

25.8.2008 (Amtsbl. S. 1470); Prüfberechtigten- und PrüfsachverständigenVO v. 26.1.2011 (Amtsbl. I S. 30), zuletzt geänd. durch VO v. 29.7.2019 (Amtsbl. I S. 618); Technische PrüfVO v. 26.1.2011 (Amtsbl. I S. 30, 48), zuletzt geänd. durch VO v. 12.11.2015 (Amtsbl. I S. 888); VersammlungsstättenVO v. 25.8.2008 (Amtsbl. S. 1489), geänd. durch VO v. 16.11.2012 (Amtsbl. I S. 450); Elektrische Anlagen-BetriebsräumebauVO v. 27.1.2014 (Amtsbl. I S. 17); Camping- und WochenendplatzVO v. 22.6.1999 (Amtsbl. S. 1158), zuletzt geänd. durch G v. 15.7.2015 (Amtsbl. I S. 632); VerkaufsstättenVO v. 25.9.2000 (Amtsbl. S. 1934), zuletzt geänd. durch G v. 15.7.2015 (Amtsbl. I S. 632);

- **Sachsen:** BauO idF der Bek. v. 11.5.2016 (SächsGVBl. S. 186), zuletzt geänd. durch G v. 11.12. 2018 (SächsGVBl. S. 706); BauO-DurchführungsVO v. 2.9.2004 (SächsGVBl. S. 427), zuletzt geänd. durch G v. 5.4.2019 (SächsGVBl. S. 245); VwV zur BauO v. 18.3.2005 (SächsABl. SDr. S. 59, ber. S. 363), zuletzt geänd. durch VwV v. 9.5.2019 (SächsABl. S. 782); RLn für die Durchführung von Bauaufgaben des Freistaates Sachsen im Zuständigkeitsbereich des Staatshochbauverwaltung; VO über Bauvorlagen und bautechnische Prüfungen v. 2.9.1997 (SächsABl. S. 533);
- **Sachsen-Anhalt:** BauO idF der Bek. v. 10.9.2013 (GVBl. LSA S. 440), zuletzt geänd. durch G v. 26.6.2018 (GVBl. LSA S. 187); BaugebührenO v. 4.5.2006 (GVBl. LSA S. 315), zuletzt geänd. durch VO v. 17.8.2018 (GVBl. LSA S. 284); FeuerungsVO v. 27.3.2006 (GVBl. LSA S. 177), geänd. durch VO v. 20.10.2008 (GVBl. LSA S. 374)
- **Schleswig-Holstein:** LandesbauO v. 22.1.2009 (GVOBl. Schl.-H. S. 6), zuletzt geänd. durch G v. 1.10.2019 (GVOBl. Schl.-H. S. 398); Allg. LandesVO zur Durchführung der LBO v. 25.4.1968 (GVOBl. Schl.-H. S. 105), zuletzt geänd. durch VO v. 10.7.1980 (GVOBl. Schl.-H. S. 263); VersammlungsstättenVO v. 11.9.2014 (GVOBl. Schl.-H. S. 245), geänd. durch VO v. 16.9.2019 (GVOBl. Schl.-H. S. 395); Landesverordnung über den Bau von Betriebsräumen für elektrische Anlagen v. 25.2.2020 (GVOBl. Schl.-H. S. 140); BauvorlagenVO v. 3.4.2019 (GVOBl. Schl.-H. S. 87); LandesVO über die Zuständigkeiten der Landesbauämter v. 19.5.1995 (GVOBl. Schl.-H. S. 227); LandesVO über die Prüfingenieurinnen oder Prüfingenieure für Baustatik, sowie Prüfsachverständigen v. 12.11.2018 (GVOBl. Schl.-H. S. 703, 705); GaragenVO v. 30.11.2009 (GVOBl. Schl.-H. S. 873), zuletzt geänd. durch VO v. 21.11.2014 (GVOBl. Schl.-H. S. 377); FeuerungsVO v. 25.2.2020 (GVOBl. Schl.-H. S. 142); BaugebührenVO v. 12.11.2018 (GVOBl. Schl.-H. S. 703); VerkaufsstättenVO v. 15.11.2019 (GVOBl. Schl.-H. S. 536); Camping- und WochenendplatzVO v. 13.7.2010 (GVOBl. Schl.-H. S. 522), geänd. durch VO v. 24.7.2015 (GVOBl. Schl.-H. S. 301);
- **Thüringen:** BauO v. 13.3.2014 (GVBl. S. 49), zuletzt geänd. durch G v. 30.7.2019 (GVBl. S. 323); BauvorlagenVO v. 23.3.2010 (GVBl. S. 129), geänd. durch VO v. 2.12.2015 (GVBl. S. 212); FeuerungsVO v. 10.8.2009 (GVBl. S. 745), geänd. durch VO v. 25.11.2014 (GVBl. S. 712).

Inhaltsübersicht[1]

Erstes Kapitel. Allgemeines Städtebaurecht

Erster Teil. Bauleitplanung

Erster Abschnitt. Allgemeine Vorschriften

Zweiter Abschnitt. Vorbereitender Bauleitplan (Flächennutzungsplan)

[1] Inhaltsübersicht geänd. mWv 28.3.2020 durch G v. 27.3.2020 (BGBl. I S. 587).

Anlage 1 (zu § 2 Absatz 4 und den §§ 2a und 4c)
Anlage 2 (zu § 13a Absatz 1 Satz 2 Nummer 2)

Erstes Kapitel. Allgemeines Städtebaurecht

Erster Teil. Bauleitplanung

Erster Abschnitt. Allgemeine Vorschriften

§ 1 Aufgabe, Begriff und Grundsätze der Bauleitplanung. (1) Aufgabe der Bauleitplanung ist es, die bauliche und sonstige Nutzung der Grundstücke in der Gemeinde nach Maßgabe dieses Gesetzbuchs vorzubereiten und zu leiten.

(2) Bauleitpläne sind der Flächennutzungsplan (vorbereitender Bauleitplan) und der Bebauungsplan (verbindlicher Bauleitplan).

(3) [1]Die Gemeinden haben die Bauleitpläne aufzustellen, sobald und soweit es für die städtebauliche Entwicklung und Ordnung erforderlich ist. [2]Auf die Aufstellung von Bauleitplänen und städtebaulichen Satzungen besteht kein Anspruch; ein Anspruch kann auch nicht durch Vertrag begründet werden.

(4) Die Bauleitpläne sind den Zielen der Raumordnung anzupassen.

(5) [1]Die Bauleitpläne sollen eine nachhaltige städtebauliche Entwicklung, die die sozialen, wirtschaftlichen und umweltschützenden Anforderungen auch in Verantwortung gegenüber künftigen Generationen miteinander in Einklang bringt, und eine dem Wohl der Allgemeinheit dienende sozialgerechte Bodennutzung unter Berücksichtigung der Wohnbedürfnisse der Bevölkerung gewährleisten. [2]Sie sollen dazu beitragen, eine menschenwürdige Umwelt zu sichern, die natürlichen Lebensgrundlagen zu schützen und zu entwickeln sowie den Klimaschutz und die Klimaanpassung, insbesondere auch in der Stadtentwicklung, zu fördern, sowie die städtebauliche Gestalt und das Orts- und Landschaftsbild baukulturell zu erhalten und zu entwickeln. [3]Hierzu soll die städtebauliche Entwicklung vorrangig durch Maßnahmen der Innenentwicklung erfolgen.

(6) Bei der Aufstellung der Bauleitpläne sind insbesondere zu berücksichtigen:

1. die allgemeinen Anforderungen an gesunde Wohn- und Arbeitsverhältnisse und die Sicherheit der Wohn- und Arbeitsbevölkerung,
2. die Wohnbedürfnisse der Bevölkerung, insbesondere auch von Familien mit mehreren Kindern, die Schaffung und Erhaltung sozial stabiler Bewohnerstrukturen, die Eigentumsbildung weiter Kreise der Bevölkerung und die Anforderungen kostensparenden Bauens sowie die Bevölkerungsentwicklung,
3. die sozialen und kulturellen Bedürfnisse der Bevölkerung, insbesondere die Bedürfnisse der Familien, der jungen, alten und behinderten Menschen, unterschiedliche Auswirkungen auf Frauen und Männer sowie die Belange des Bildungswesens und von Sport, Freizeit und Erholung,
4. die Erhaltung, Erneuerung, Fortentwicklung, Anpassung und der Umbau vorhandener Ortsteile sowie die Erhaltung und Entwicklung zentraler Versorgungsbereiche,

5. die Belange der Baukultur, des Denkmalschutzes und der Denkmalpflege, die erhaltenswerten Ortsteile, Straßen und Plätze von geschichtlicher, künstlerischer oder städtebaulicher Bedeutung und die Gestaltung des Orts- und Landschaftsbildes,
6. die von den Kirchen und Religionsgesellschaften des öffentlichen Rechts festgestellten Erfordernisse für Gottesdienst und Seelsorge,
7. die Belange des Umweltschutzes, einschließlich des Naturschutzes und der Landschaftspflege, insbesondere
   a) die Auswirkungen auf Tiere, Pflanzen, Fläche, Boden, Wasser, Luft, Klima und das Wirkungsgefüge zwischen ihnen sowie die Landschaft und die biologische Vielfalt,
   b) die Erhaltungsziele und der Schutzzweck der Natura 2000-Gebiete im Sinne des Bundesnaturschutzgesetzes[1]),
   c) umweltbezogene Auswirkungen auf den Menschen und seine Gesundheit sowie die Bevölkerung insgesamt,
   d) umweltbezogene Auswirkungen auf Kulturgüter und sonstige Sachgüter,
   e) die Vermeidung von Emissionen sowie der sachgerechte Umgang mit Abfällen und Abwässern,
   f) die Nutzung erneuerbarer Energien sowie die sparsame und effiziente Nutzung von Energie,

(Fortsetzung nächstes Blatt)

[1]) **Sartorius Nr. 880.**

(16) Bei Vorhaben nach den Absätzen 9 und 13 gilt § 18 Absatz 3 Satz 2 des Bundesnaturschutzgesetzes[1)] bis zum 31. Dezember 2019 entsprechend.

(17) Die Befristung bis zum 31. Dezember 2019 in den Absätzen 8 bis 16 bezieht sich nicht auf die Geltungsdauer einer Genehmigung, sondern auf den Zeitraum, bis zu dessen Ende im bauaufsichtlichen Zulassungsverfahren von den Vorschriften Gebrauch gemacht werden kann.

§ 246a Überschwemmungsgebiete, überschwemmungsgefährdete Gebiete. Anlässlich der Neubekanntmachung eines Flächennutzungsplans nach § 6 Absatz 6 sollen die in § 5 Absatz 4a bezeichneten Gebiete nach Maßgabe dieser Bestimmung nachrichtlich übernommen und vermerkt werden.

§ 246b[2)] Sonderregelungen für Anlagen für gesundheitliche Zwecke im Zuge der COVID-19–Pandemie. (1) [1] Soweit Anlagen für gesundheitliche Zwecke zur Versorgung von Personen, die sich mit dem Coronavirus SARS-CoV-2 infiziert haben oder möglicherweise infiziert haben, im Gebiet der Gemeinde, in der sie im Wege der Errichtung, Änderung oder Nutzungsänderung von baulichen Anlagen entstehen sollen, nicht oder nicht rechtzeitig bereitgestellt werden können, kann bei der Zulassung dieser Vorhaben bis zum Ablauf des 31. Dezember 2020 von den Vorschriften dieses Gesetzbuchs oder den aufgrund dieses Gesetzbuchs erlassenen Vorschriften in erforderlichem Umfang, erforderlichenfalls auch befristet, unter der Voraussetzung abgewichen werden, dass Vorhabenträger der Bund, ein Land, ein Landkreis oder eine Gemeinde oder ein im Auftrag eines der Vorgenannten tätiger Dritter ist. [2] Zuständig ist die höhere Verwaltungsbehörde. [3] Die Gemeinde ist anzuhören; diese Anhörung tritt auch an die Stelle des in § 14 Absatz 2 Satz 2 vorgesehenen Einvernehmens. [4] Satz 3 findet keine Anwendung, wenn Vorhabenträger die Gemeinde oder in deren Auftrag ein Dritter ist. [5] Für Vorhaben nach Satz 1 gilt § 35 Absatz 5 Satz 2 erster Halbsatz und Satz 3 entsprechend. [6] § 246 Absatz 13 Satz 3 gilt entsprechend auch bei zwischenzeitlichen Nutzungsänderungen zu Anlagen für gesundheitliche Zwecke nach Satz 1. [7] Die Rückbauverpflichtung nach Satz 5 entfällt, wenn eine nach Satz 6 zulässige Nutzung aufgenommen wird oder wenn sich die Zulässigkeit der nachfolgenden Nutzung aus § 30 Absatz 1, 2 oder § 33 ergibt. [8] Die Sicherstellung der Rückbauverpflichtung nach Satz 5 in entsprechender Anwendung des § 35 Absatz 5 Satz 3 ist nicht erforderlich, wenn Vorhabenträger der Bund, ein Land, ein Landkreis oder eine Gemeinde ist. [9] Wenn Vorhabenträger der Bund, ein Land, ein Landkreis oder ein im Auftrag eines der Vorgenannten tätiger Dritter ist, gilt § 37 Absatz 3 entsprechend; im Übrigen findet § 37 bis zum Ablauf des 31. Dezember 2020 auf Vorhaben nach Satz 1 keine Anwendung.

(2) In Verfahren zur Genehmigung von baulichen Anlagen im Sinne des Absatzes 1 Satz 1 gilt bis zum Ablauf des 31. Dezember 2020 das Einvernehmen abweichend von § 36 Absatz 2 Satz 2 als erteilt, wenn es nicht innerhalb eines Monats verweigert wird.

[1)] **Sartorius Nr. 880.**
[2)] § 246b eingef. mWv 28.3.2020 durch G v. 27.3.2020 (BGBl. I S. 587).

(3) Bei Vorhaben nach Absatz 1 im Außenbereich gilt § 18 Absatz 3 Satz 2 des Bundesnaturschutzgesetzes[1)] bis zum Ablauf des 31. Dezember 2020 entsprechend.

(4) Die Befristung in Absatz 1 Satz 1 bezieht sich nicht auf die Geltungsdauer einer Genehmigung, sondern auf den Zeitraum, bis zu dessen Ende im bauaufsichtlichen Zulassungsverfahren von der Vorschrift Gebrauch gemacht werden kann.

§ 247 Sonderregelungen für Berlin als Hauptstadt der Bundesrepublik Deutschland. (1) Bei der Aufstellung von Bauleitplänen und sonstigen Satzungen nach diesem Gesetzbuch soll in der Abwägung den Belangen, die sich aus der Entwicklung Berlins als Hauptstadt Deutschlands ergeben, und den Erfordernissen der Verfassungsorgane des Bundes für die Wahrnehmung ihrer Aufgabe besonders Rechnung getragen werden.

(2) Die Belange und Erfordernisse nach Absatz 1 werden zwischen Bund und Berlin in einem Gemeinsamen Ausschuss erörtert.

(3) [1] Kommt es in dem Ausschuss zu keiner Übereinstimmung, können die Verfassungsorgane des Bundes ihre Erfordernisse eigenständig feststellen; sie haben dabei eine geordnete städtebauliche Entwicklung Berlins zu berücksichtigen. [2] Die Bauleitpläne und sonstigen Satzungen nach diesem Gesetzbuch sind so anzupassen, dass den festgestellten Erfordernissen in geeigneter Weise Rechnung getragen wird.

(4) Haben die Verfassungsorgane des Bundes Erfordernisse nach Absatz 3 Satz 1 festgestellt und ist zu deren Verwirklichung die Aufstellung eines Bauleitplans oder einer sonstigen Satzung nach diesem Gesetzbuch geboten, soll der Bauleitplan oder die Satzung aufgestellt werden.

(5) (weggefallen)

(6) (weggefallen)

(7) Die Entwicklung der Parlaments- und Regierungsbereiche in Berlin entspricht den Zielen und Zwecken einer städtebaulichen Entwicklungsmaßnahme nach § 165 Absatz 2.

(8) [1] Ist im Rahmen von Genehmigungs-, Zustimmungs- oder sonstigen Verfahren für Vorhaben der Verfassungsorgane des Bundes Ermessen auszuüben oder sind Abwägungen oder Beurteilungen vorzunehmen, sind die von den Verfassungsorganen des Bundes entsprechend Absatz 3 festgestellten Erfordernisse mit dem ihnen nach dem Grundgesetz[2)] zukommenden Gewicht zu berücksichtigen. [2] Absatz 2 ist entsprechend anzuwenden.

§ 248 Sonderregelung zur sparsamen und effizienten Nutzung von Energie. [1] In Gebieten mit Bebauungsplänen oder Satzungen nach § 34 Absatz 4 Satz 1 Nummer 2 oder 3 sind bei Maßnahmen an bestehenden Gebäuden zum Zwecke der Energieeinsparung geringfügige Abweichungen von dem festgesetzten Maß der baulichen Nutzung, der Bauweise und der überbaubaren Grundstücksfläche zulässig, soweit dies mit nachbarlichen Interessen und baukulturellen Belangen vereinbar ist. [2] Satz 1 gilt entsprechend für Anlagen zur Nutzung solarer Strahlungsenergie in, an und auf Dach- und Außenwand-

---

[1)] **Sartorius Nr. 880.**

[2)] Nr. **11.1.**

flächen. [3]In den im Zusammenhang bebauten Ortsteilen gelten die Sätze 1 und 2 entsprechend für Abweichungen vom Erfordernis des Einfügens in die Eigenart der näheren Umgebung (§ 34 Absatz 1 Satz 1).

§ 249 Sonderregelungen zur Windenergie. (1) [1]Werden in einem Flächennutzungsplan zusätzliche Flächen für die Nutzung von Windenergie dargestellt, folgt daraus nicht, dass die vorhandenen Darstellungen des Flächennutzungsplans zur Erzielung der Rechtswirkungen des § 35 Absatz 3 Satz 3 nicht ausreichend sind. [2]Satz 1 gilt entsprechend bei der Änderung oder Aufhebung von Darstellungen zum Maß der baulichen Nutzung. [3]Die Sätze 1 und 2 gelten für Bebauungspläne, die aus den Darstellungen des Flächennutzungsplans entwickelt werden, entsprechend.

(2) [1]Nach § 9 Absatz 2 Satz 1 Nummer 2 kann auch festgesetzt werden, dass die im Bebauungsplan festgesetzten Windenergieanlagen nur zulässig sind, wenn sichergestellt ist, dass nach der Errichtung der im Bebauungsplan festgesetzten Windenergieanlagen andere im Bebauungsplan bezeichnete Windenergieanlagen innerhalb einer im Bebauungsplan zu bestimmenden angemessenen Frist zurückgebaut werden. [2]Die Standorte der zurückzubauenden Windenergieanlagen können auch außerhalb des Bebauungsplangebiets oder außerhalb des Gemeindegebiets liegen. [3]Darstellungen im Flächennutzungsplan, die die Rechtswirkungen des § 35 Absatz 3 Satz 3 haben, können mit Bestimmungen entsprechend den Sätzen 1 und 2 mit Wirkung für die Zulässigkeit der Windenergieanlagen nach § 35 Absatz 1 Nummer 5 verbunden sein.

(3) [1]Die Länder können durch bis zum 31. Dezember 2015 zu verkündende Landesgesetze bestimmen, dass § 35 Absatz 1 Nummer 5 auf Vorhaben, die der Erforschung, Entwicklung oder Nutzung der Windenergie dienen, nur Anwendung findet, wenn sie einen bestimmten Abstand zu den im Landesgesetz bezeichneten zulässigen baulichen Nutzungen einhalten. [2]Die Einzelheiten, insbesondere zur Abstandsfestlegung und zu den Auswirkungen der festgelegten Abstände auf Ausweisungen in geltenden Flächennutzungsplänen und Raumordnungsplänen, sind in den Landesgesetzen nach Satz 1 zu regeln. [3]Die Länder können in den Landesgesetzen nach Satz 1 auch Abweichungen von den festgelegten Abständen zulassen.

Anlage 1
(zu § 2 Absatz 4 und den §§ 2a und 4c)

[Umweltbericht]

Der Umweltbericht nach § 2 Absatz 4 und § 2a Satz 2 Nummer 2 hat folgende Bestandteile:

1. Eine Einleitung mit folgenden Angaben:
   a) Kurzdarstellung des Inhalts und der wichtigsten Ziele des Bauleitplans, einschließlich einer Beschreibung der Festsetzungen des Plans mit Angaben über Standorte, Art und Umfang sowie Bedarf an Grund und Boden der geplanten Vorhaben;
   b) Darstellung der in einschlägigen Fachgesetzen und Fachplänen festgelegten Ziele des Umweltschutzes, die für den Bauleitplan von Bedeutung

sind, und der Art, wie diese Ziele und die Umweltbelange bei der Aufstellung des Bauleitplans berücksichtigt wurden;

2. eine Beschreibung und Bewertung der erheblichen Umweltauswirkungen, die in der Umweltprüfung nach § 2 Absatz 4 Satz 1 ermittelt wurden; hierzu gehören folgende Angaben:
   a) eine Bestandsaufnahme der einschlägigen Aspekte des derzeitigen Umweltzustands (Basisszenario), einschließlich der Umweltmerkmale der Gebiete, die voraussichtlich erheblich beeinflusst werden, und eine Übersicht über die voraussichtliche Entwicklung des Umweltzustands bei Nichtdurchführung der Planung, soweit diese Entwicklung gegenüber dem Basisszenario mit zumutbarem Aufwand auf der Grundlage der verfügbaren Umweltinformationen und wissenschaftlichen Erkenntnisse abgeschätzt werden kann;
   b) eine Prognose über die Entwicklung des Umweltzustands bei Durchführung der Planung; hierzu sind, soweit möglich, insbesondere die möglichen erheblichen Auswirkungen während der Bau- und Betriebsphase der geplanten Vorhaben auf die Belange nach § 1 Absatz 6 Nummer 7 Buchstabe a bis i zu beschreiben, unter anderem infolge
      aa) des Baus und des Vorhandenseins der geplanten Vorhaben, soweit relevant einschließlich Abrissarbeiten,
      bb) der Nutzung natürlicher Ressourcen, insbesondere Fläche, Boden, Wasser, Tiere, Pflanzen und biologische Vielfalt, wobei soweit möglich die nachhaltige Verfügbarkeit dieser Ressourcen zu berücksichtigen ist,
      cc) der Art und Menge an Emissionen von Schadstoffen, Lärm, Erschütterungen, Licht, Wärme und Strahlung sowie der Verursachung von Belästigungen,
      dd) der Art und Menge der erzeugten Abfälle und ihrer Beseitigung und Verwertung,
      ee) der Risiken für die menschliche Gesundheit, das kulturelle Erbe oder die Umwelt (zum Beispiel durch Unfälle oder Katastrophen),
      ff) der Kumulierung mit den Auswirkungen von Vorhaben benachbarter Plangebiete unter Berücksichtigung etwaiger bestehender Umweltprobleme in Bezug auf möglicherweise betroffene Gebiete mit spezieller Umweltrelevanz oder auf die Nutzung von natürlichen Ressourcen,
      gg) der Auswirkungen der geplanten Vorhaben auf das Klima (zum Beispiel Art und Ausmaß der Treibhausgasemissionen) und der Anfälligkeit der geplanten Vorhaben gegenüber den Folgen des Klimawandels,
      hh) der eingesetzten Techniken und Stoffe;

      die Beschreibung nach Halbsatz 2 soll sich auf die direkten und die etwaigen indirekten, sekundären, kumulativen, grenzüberschreitenden, kurzfristigen, mittelfristigen und langfristigen, ständigen und vorübergehenden sowie positiven und negativen Auswirkungen der geplanten Vorhaben erstrecken; die Beschreibung nach Halbsatz 2 soll zudem den auf Ebene der Europäischen Union oder auf Bundes-, Landes- oder kommunaler Ebene festgelegten Umweltschutzzielen Rechnung tragen;

c) eine Beschreibung der geplanten Maßnahmen, mit denen festgestellte erhebliche nachteilige Umweltauswirkungen vermieden, verhindert, verringert oder soweit möglich ausgeglichen werden sollen, sowie gegebenenfalls geplante Überwachungsmaßnahmen. In dieser Beschreibung ist zu erläutern, inwieweit erhebliche nachteilige Auswirkungen auf die Umwelt vermieden, verhindert, verringert oder ausgeglichen werden, wobei sowohl die Bauphase als auch die Betriebsphase abzudecken ist;

d) in Betracht kommende anderweitige Planungsmöglichkeiten, wobei die Ziele und der räumliche Geltungsbereich des Bauleitplans zu berücksichtigen sind, und die Angabe der wesentlichen Gründe für die getroffene Wahl;

e) eine Beschreibung der erheblichen nachteiligen Auswirkungen nach § 1 Absatz 6 Nummer 7 Buchstabe j; zur Vermeidung von Mehrfachprüfungen können die vorhandenen Ergebnisse anderer rechtlich vorgeschriebener Prüfungen genutzt werden; soweit angemessen, sollte diese Beschreibung Maßnahmen zur Verhinderung oder Verminderung der erheblichen nachteiligen Auswirkungen solcher Ereignisse auf die Umwelt sowie Einzelheiten in Bezug auf die Bereitschafts- und vorgesehenen Bekämpfungsmaßnahmen für derartige Krisenfälle erfassen;

3. zusätzliche Angaben:

a) eine Beschreibung der wichtigsten Merkmale der verwendeten technischen Verfahren bei der Umweltprüfung sowie Hinweise auf Schwierigkeiten, die bei der Zusammenstellung der Angaben aufgetreten sind, zum Beispiel technische Lücken oder fehlende Kenntnisse,

b) eine Beschreibung der geplanten Maßnahmen zur Überwachung der erheblichen Auswirkungen der Durchführung des Bauleitplans auf die Umwelt,

c) eine allgemein verständliche Zusammenfassung der erforderlichen Angaben nach dieser Anlage,

d) eine Referenzliste der Quellen, die für die im Bericht enthaltenen Beschreibungen und Bewertungen herangezogen wurden.

Anlage 2
(zu § 13a Absatz 1 Satz 2 Nummer 2)

Nachstehende Kriterien sind anzuwenden, soweit auf Anlage 2 Bezug genommen wird.

1. Merkmale des Bebauungsplans, insbesondere in Bezug auf

1.1 das Ausmaß, in dem der Bebauungsplan einen Rahmen im Sinne des § 35 Absatz 3 des Gesetzes über die Umweltverträglichkeitsprüfung[1)] setzt;

1.2 das Ausmaß, in dem der Bebauungsplan andere Pläne und Programme beeinflusst;

[1)] Nr. **32.4**.

1.3 die Bedeutung des Bebauungsplans für die Einbeziehung umweltbezogener, einschließlich gesundheitsbezogener Erwägungen, insbesondere im Hinblick auf die Förderung der nachhaltigen Entwicklung;

1.4 die für den Bebauungsplan relevanten umweltbezogenen, einschließlich gesundheitsbezogener Probleme;

1.5 die Bedeutung des Bebauungsplans für die Durchführung nationaler und europäischer Umweltvorschriften.

2. Merkmale der möglichen Auswirkungen und der voraussichtlich betroffenen Gebiete, insbesondere in Bezug auf

2.1 die Wahrscheinlichkeit, Dauer, Häufigkeit und Umkehrbarkeit der Auswirkungen;

2.2 den kumulativen und grenzüberschreitenden Charakter der Auswirkungen;

2.3 die Risiken für die Umwelt, einschließlich der menschlichen Gesundheit (zum Beispiel bei Unfällen);

2.4 den Umfang und die räumliche Ausdehnung der Auswirkungen;

2.5 die Bedeutung und die Sensibilität des voraussichtlich betroffenen Gebiets auf Grund der besonderen natürlichen Merkmale, des kulturellen Erbes, der Intensität der Bodennutzung des Gebiets jeweils unter Berücksichtigung der Überschreitung von Umweltqualitätsnormen und Grenzwerten;

2.6 folgende Gebiete:

2.6.1 Natura 2000-Gebiete nach § 7 Absatz 1 Nummer 8 des Bundesnaturschutzgesetzes[1],

2.6.2 Naturschutzgebiete gemäß § 23 des Bundesnaturschutzgesetzes[1], soweit nicht bereits von Nummer 2.6.1 erfasst,

2.6.3 Nationalparke gemäß § 24 des Bundesnaturschutzgesetzes[1], soweit nicht bereits von Nummer 2.6.1 erfasst,

2.6.4 Biosphärenreservate und Landschaftsschutzgebiete gemäß den §§ 25 und 26 des Bundesnaturschutzgesetzes[1],

2.6.5 gesetzlich geschützte Biotope gemäß § 30 des Bundesnaturschutzgesetzes[1],

2.6.6 Wasserschutzgebiete gemäß § 51 des Wasserhaushaltsgesetzes[2], Heilquellenschutzgebiete gemäß § 53 Absatz 4 des Wasserhaushaltsgesetzes sowie Überschwemmungsgebiete gemäß § 76 des Wasserhaushaltsgesetzes,

2.6.7 Gebiete, in denen die in Rechtsakten der Europäischen Union festgelegten Umweltqualitätsnormen bereits überschritten sind,

[1] **Sartorius Nr. 880.**
[2] Nr. **43.1**.

2.6.8 Gebiete mit hoher Bevölkerungsdichte, insbesondere Zentrale Orte im Sinne des § 2 Absatz 2 Nummer 2 des Raumordnungsgesetzes[1],

2.6.9 in amtlichen Listen oder Karten verzeichnete Denkmäler, Denkmalensembles, Bodendenkmäler oder Gebiete, die von der durch die Länder bestimmten Denkmalschutzbehörde als archäologisch bedeutende Landschaften eingestuft worden sind.

[1] Nr. **41.1**.

41.31. Bauordnung für das Land Nordrhein-Westfalen (Landesbauordnung 2018 – BauO NRW 2018)[1)]

Vom 21. Juli 2018
(GV. NRW. S. 421)

zuletzt geänd. durch Art. 13 COVID-19-LandesrechtanpassungsG v. 14.4.2020 (GV. NRW. S. 218b)

Inhaltsübersicht

---

1) Verkündet als Art. 1 G v. 21.7.2018 (GV. NRW. S. 421); Inkrafttreten gem. Art. 2 dieses G am 1.1.2019, bis auf § 62 Abs. 2 Sätze 2 und 3, § 72 Abs. 3–6, §§ 87 und 89, die am 4.8.2018 in Kraft treten.

Sechster Teil. Ordnungswidrigkeiten, Rechtsvorschriften, Übergangs- und Schlussvorschriften

§ 86 Ordnungswidrigkeiten. (1) Ordnungswidrig handelt, wer vorsätzlich oder fahrlässig

1. entgegen § 5 Absatz 2 Zu- und Durchfahrten sowie befahrbare Flächen nicht ständig freihält oder Fahrzeuge auf ihnen abstellt,
2. es entgegen § 11 Absatz 3 unterlässt, ein Baustellenschild aufzustellen,
3. Bauarten entgegen § 17 ohne Bauartgenehmigung oder ohne allgemeines bauaufsichtliches Prüfzeugnis anwendet,
4. Bauprodukte mit dem Ü-Zeichen kennzeichnet, ohne dass dafür die Voraussetzungen nach § 24 Absatz 2 vorliegen,
5. Bauprodukte entgegen § 24 Absatz 4 ohne das Ü-Zeichen verwendet,
6. entgegen § 53 Absatz 1 Satz 1 zur Ausführung eines genehmigungsbedürftigen Bauvorhabens eine Unternehmerin oder einen Unternehmer oder eine Bauleiterin oder einen Bauleiter oder eine Entwurfsverfasserin oder einen Entwurfsverfasser nicht beauftragt,
7. entgegen § 53 Absatz 2 Satz 2 die genehmigungsbedürftige Beseitigung von Anlagen in Selbst- oder Nachbarschaftshilfe ausführt,
8. entgegen § 53 Absatz 1 Satz 5 vor Beginn der Bauarbeiten die Namen der Bauleiterin oder des Bauleiters und der Fachbauleiterinnen oder Fachbauleiter oder während der Bauausführung einen Wechsel dieser Personen oder entgegen § 53 Absatz 1 Satz 6 einen Wechsel in der Person der Bauherrin oder des Bauherrn nicht oder nicht rechtzeitig mitteilt,
9. entgegen § 62 Absatz 1 Satz 2 eine Anlage benutzt, ohne eine Bescheinigung der Unternehmerin oder des Unternehmers oder Sachverständigen vorliegen zu haben,
10. entgegen den Voraussetzungen des § 62 Absatz 3 eine Anlage beseitigt,
11. entgegen § 66 Absatz 5 Nummer 2 die Bezugsgebäude nicht anzeigt oder entgegen § 66 Absatz 5 Nummer 3 die dort genannten Nachweise nicht einreicht,
12. entgegen § 68 Absatz 1, § 83 Absatz 3 oder § 84 Absatz 4 Satz 1 die dort genannten Nachweise oder Bescheinigungen nicht einreicht,
13. eine Anlage ohne Baugenehmigung nach § 74 oder Teilbaugenehmigung nach § 76 oder abweichend davon errichtet, ändert, nutzt, beseitigt oder ihre Nutzung ändert,
14. entgegen § 74 Absatz 8 Satz 2 eine Kopie der Baugenehmigungen und Bauvorlagen an der Baustelle nicht vorliegen hat,
15. entgegen § 74 Absatz 9 den Ausführungsbeginn genehmigungsbedürftiger Vorhaben nicht oder nicht rechtzeitig mitteilt,
16. Fliegende Bauten ohne Ausführungsgenehmigung nach § 78 Absatz 2 in Gebrauch nimmt oder ohne Gebrauchsabnahme nach § 78 Absatz 7 Satz 2 und 3 in Gebrauch nimmt,
17. die nach § 84 Absatz 2 vorgeschriebenen oder verlangten Anzeigen nicht oder nicht rechtzeitig erstattet,
18. entgegen § 84 Absatz 6 oder 7 mit der Fortsetzung der Bauarbeiten beginnt,
19. entgegen § 84 Absatz 8 Anlagen vorzeitig benutzt,

20. einer aufgrund dieses Gesetzes ergangenen Rechtsverordnung oder örtlichen Bauvorschrift zuwiderhandelt, sofern die Rechtsverordnung oder die örtliche Bauvorschrift für einen bestimmten Tatbestand auf diese Bußgeldvorschrift verweist oder
21. einer vollziehbaren schriftlichen Anordnung der Bauaufsichtsbehörde zuwiderhandelt, die aufgrund dieses Gesetzes oder aufgrund einer nach diesem Gesetz ergangenen Rechtsverordnung oder Satzung erlassen worden ist, sofern die Anordnung auf die Bußgeldvorschrift verweist.

(2) Ordnungswidrig handelt auch, wer wider besseres Wissen
unrichtige Angaben macht oder unrichtige Pläne oder Unterlagen vorlegt, um einen nach diesem Gesetz vorgesehenen Verwaltungsakt zu erwirken oder zu verhindern,
als staatlich anerkannter Sachverständiger unbefugt Bescheinigungen über die Einhaltung bauordnungsrechtlicher Anforderungen ausstellt,
ohne staatlich anerkannter Sachverständiger zu sein, Bescheinigungen eines staatlich anerkannten Sachverständigen ausstellt oder bei Bauaufsichtsbehörden einreicht,
als qualifizierter Tragwerksplaner unbefugt Standsicherheitsnachweise oder Bescheinigungen stichprobenhafter Kontrollen der Baustelle ausstellt oder einreicht,
ohne qualifizierter Tragwerksplaner zu sein, Standsicherheitsnachweise oder Bescheinigungen eines qualifizierten Tragwerksplaners ausstellt oder einreicht oder
ohne bauvorlageberechtigter Entwurfsverfasser zu sein, Bauvorlagen, die nach § 67 Absatz 1 Satz 1 nur von bauvorlageberechtigten Entwurfsverfassern unterschrieben werden dürfen, durch Unterschrift anerkennt oder bei Bauaufsichten einreicht.

(3) Die Ordnungswidrigkeit kann mit einer Geldbuße bis zu einhunderttausend Euro, in den Fällen des Absatzes 1 Nummer 13 mit einer Geldbuße bis zu fünfhunderttausend Euro geahndet werden.

(4) Verwaltungsbehörde im Sinne des § 36 Absatz 1 Nummer 1 des Gesetzes über Ordnungswidrigkeiten[1)] in der Fassung der Bekanntmachung vom 19.02. 1987 (BGBl. I S. 602), das zuletzt durch Artikel 5 des Gesetzes vom 27. August 2017 (BGBl. I S. 3295) geändert worden ist, ist in den Fällen des Absatzes 1 Nummer 1 hinsichtlich des Abstellens von Fahrzeugen die örtliche Ordnungsbehörde, in den Fällen des Absatzes 2 Nummer 2 und 4 die jeweils zuständige Baukammer, in den Fällen des Absatzes 2 Nummer 3, 5 und 6 die Ingenieurkammer-Bau Nordrhein-Westfalen, in den übrigen Fällen die untere Aufsichtsbehörde.

§ 87[2)3)] **Rechtsverordnungen.** (1) Zur Verwirklichung der in §§ 3 Absatz 1 Satz 1, 17 Absatz 1 und § 18 Absatz 1 bezeichneten Anforderungen wird die oberste Bauaufsichtsbehörde ermächtigt, durch Rechtsverordnung Vorschriften zu erlassen über

1. die nähere Bestimmung allgemeiner Anforderungen in den §§ 4 bis 51,

---

1) Nr. **72.2.**

2) § 87 *ist am* 4.8.2018 *in Kraft getreten,* vgl. Art. 2 Abs. 1 G v. 21.7.2018 (GV. NRW. S. 421).

3) § 87 Abs. 2 Satz 1 Nr. 5 und 6 geänd., Nr. 7 angef. mWv 15.4.2020 durch G v. 14.4.2020 (GV. NRW. S. 218b).

2. den Nachweis der Befähigung der in § 17 Absatz 6 und § 18 Absatz 3 genannten Personen, dabei können Mindestanforderungen an die Ausbildung, die durch Prüfung nachzuweisende Befähigung und die Ausbildungsstätten einschließlich der Anerkennungsvoraussetzungen gestellt werden,
3. die Überwachung von Tätigkeiten bei Bauarten nach § 17 Absatz 7 und mit einzelnen Bauprodukten nach § 18 Absatz 4, dabei können für die Überwachungsstellen über die in § 25 festgelegten Mindestanforderungen hinaus weitere Anforderungen im Hinblick auf die besonderen Eigenschaften und die besondere Verwendung der Bauprodukte gestellt werden,
4. die nähere Bestimmung allgemeiner Anforderungen in §§ 39 bis 41, insbesondere über Lüftungs- und Leitungsanlagen sowie über deren Betrieb und über deren Aufstellräume,
5. die nähere Bestimmung allgemeiner Anforderungen in § 42, insbesondere über Feuerungsanlagen und Anlagen zur Verteilung von Wärme oder zur Warmwasserversorgung sowie über deren Betrieb, über Brennstoffleitungsanlagen, über Aufstellräume für Feuerstätten, Verbrennungsmotoren und Verdichter sowie über die Lagerung von Brennstoffen,
6. besondere Anforderungen oder Erleichterungen, die sich aus der besonderen Art oder Nutzung der Anlagen und Räume für Errichtung, Änderung, Instandhaltung, Betrieb und Benutzung ergeben (§§ 49 Absatz 2 und 50), sowie über die Anwendung solcher Anforderungen auf bestehende bauliche Anlagen dieser Art,
7. wiederkehrende Prüfung von Anlagen, die zur Verhütung erheblicher Gefahren ständig ordnungsgemäß instandgehalten werden müssen, und die Erstreckung dieser Nachprüfungspflicht auf bestehende Anlagen,
8. die Vergütung der Sachverständigen, denen nach diesem Gesetz oder nach Vorschriften aufgrund dieses Gesetzes Aufgaben übertragen werden, die Vergütung ist nach den Grundsätzen des Gebührengesetzes für das Land Nordrhein-Westfalen[1)] in der Fassung der Bekanntmachung vom 23. August 1999 (GV. NRW. S. 524), das zuletzt durch Gesetz vom 8. Dezember 2015 (GV. NRW. S. 836) geändert worden ist, festzusetzen,
9. die Anwesenheit von Fachleuten beim Betrieb technisch schwieriger Anlagen, wie Bühnenbetriebe und technisch schwierige Fliegende Bauten,
10. den Nachweis der Befähigung der in Nummer 9 genannten Fachleute,
11. die Zahl der notwendigen Stellplätze nach § 48 Absatz 2 und
12. berufsqualifizierende Abschlüsse nach § 57 Absatz 2.

(2) [1] Die oberste Bauaufsichtsbehörde wird ermächtigt, zur Vereinfachung oder Beschleunigung des Baugenehmigungsverfahrens oder zur Entlastung der Bauaufsichtsbehörden durch Rechtsverordnung Vorschriften zu erlassen über
1. weitere und weitergehende Ausnahmen von der Genehmigungspflicht,
2. den vollständigen oder teilweisen Wegfall der bautechnischen Prüfung bei bestimmten Arten von Bauvorhaben,
3. die Übertragung von Prüfaufgaben der Bauaufsichtsbehörde im Rahmen des bauaufsichtlichen Verfahrens einschließlich der Bauüberwachung und Bauzustandsbesichtigung auf Sachverständige oder sachverständige Stellen,

[1)] Nr. **81.12**.

4. die staatliche Anerkennung von Sachverständigen, die von der Bauherrin oder dem Bauherrn mit der Erstellung von Nachweisen und Bescheinigungen beauftragt werden,
5. die Verpflichtung der Betreiberinnen oder Betreiber, mit der wiederkehrenden Prüfung bestimmter Anlagen nach Absatz 1 Nummer 7 Sachverständige oder Sachkundige zu beauftragen,
6. die Berichtspflicht der Bauaufsichtsbehörden gemäß § 91 Satz 2 und 3 und
7. ein Verfahren für die elektronische Abwicklung der nach diesem Gesetz durch die Bauaufsichtsbehörden durchzuführenden Verfahren, bei dem auf Schriftformerfordernisse und Formerfordernisse sowie Fristen, die durch dieses Gesetz oder aufgrund dieses Gesetzes angeordnet sind, verzichtet oder von diesen abgewichen werden kann. Das Verfahren muss den Datenübermittler (Absender der Daten) authentifizieren und die Integrität des elektronisch übermittelten Datensatzes gewährleisten. Rechtsverordnungen nach dieser Ziffer dürfen nur mit Wirkung bis zum 31. Dezember 2020 erlassen werden.

[2] Sie kann dafür bestimmte Voraussetzungen festlegen, die die Verantwortlichen nach den §§ 53 bis 56 oder die Sachverständigen zu erfüllen haben. [3] Sie muss dies in den Fällen des Satzes 1 Nummer 2 bis 5 tun. [4] Dabei können insbesondere die Fachbereiche, in denen Sachverständige tätig werden, sowie Mindestanforderungen an die Fachkenntnisse sowie in zeitlicher und sachlicher Hinsicht an die Berufserfahrung festgelegt, eine laufende Fortbildung vorgeschrieben, durch Prüfungen nachzuweisende Befähigung bestimmt, der Nachweis der persönlichen Zuverlässigkeit und einer ausreichenden Haftpflichtversicherung gefordert und Altersgrenzen festgesetzt werden. [5] Sie kann darüber hinaus auch eine besondere Anerkennung der Sachverständigen vorschreiben, das Verfahren und die Voraussetzungen für die Anerkennung, ihren Widerruf, ihre Rücknahme und ihr Erlöschen und die Vergütung der Sachverständigen sowie für Prüfungen, die Bestellung und Zusammensetzung der Prüfungsorgane und das Prüfungsverfahren regeln.

(3) [1] Die oberste Bauaufsichtsbehörde wird ermächtigt, zum bauaufsichtlichen Verfahren durch Rechtsverordnung Vorschriften zu erlassen über

1. Umfang, Inhalt und Zahl der Bauvorlagen,
2. die erforderlichen Anträge, Anzeigen, Nachweise und Bescheinigungen und
3. das Verfahren im Einzelnen.

[2] Sie kann dabei für verschiedene Arten von Bauvorhaben unterschiedliche Anforderungen und Verfahren festlegen.

(4) Die oberste Bauaufsichtsbehörde wird ermächtigt, durch Rechtsverordnung vorzuschreiben, dass die am Bau Beteiligten nach den §§ 53 bis 56 zum Nachweis der ordnungsgemäßen Bauausführung Bescheinigungen, Bestätigungen oder Nachweise dieser Personen, von Sachverständigen, Fachleuten oder Behörden über die Einhaltung bauaufsichtlicher Anforderungen vorzulegen haben.

(5) [1] Die oberste Bauaufsichtsbehörde wird ermächtigt, durch Rechtsverordnung die Befugnisse für die Anerkennung von Prüf-, Zertifizierungs- und Überwachungsstellen (§ 25) auf andere Behörden zu übertragen. [2] Die Befugnis nach Satz 1 kann auch auf eine Behörde eines anderen Landes übertragen werden, die der Aufsicht einer obersten Bauaufsichtsbehörde untersteht oder an deren Willensbildung die oberste Bauaufsichtsbehörde mitwirkt. [3] Die

41.31/1. Verordnung über Bau und Betrieb von Sonderbauten (Sonderbauverordnung – SBauVO)[1) 2)3)]

Vom 2. Dezember 2016

(GV. NRW. 2017 S. 2, ber. S. 120, und 2020 S. 148)

SGV. NRW. 232

geänd. durch Art. 1 ÄndVO v. 2.8.2019 (GV. NRW. S. 488, ber. 2020 S. 148)

Inhaltsübersicht[4)]

[1)] **Amtl. Anm.:** Die Verpflichtungen aus der Richtlinie 98/34/EG des Europäischen Parlaments und des Rates vom 22. Juni 1998 über ein Informationsverfahren auf dem Gebiet der Normen und technischen Vorschriften und der Vorschriften für die Dienste der Informationsgesellschaft (ABl. L 204 vom 21.7.1998, S. 37), die zuletzt durch Artikel 26 Absatz 2 der Verordnung (EU) Nr. 1025/2012 (ABl. L 316 vom 14.11.2012, S. 12) geändert worden ist, sind beachtet worden.

[2)] Verkündet als Art. 1 VO v. 2.12.2016 (GV. NRW. 2017 S. 2, ber. S. 120, ber. 2020 S. 148).

[3)] Überschrift Fußnote angef. mWv 15.11.2019 durch VO v. 2.8.2019 (GV. NRW. S. 488).

[4)] Inhaltsübersicht geänd. mWv 15.11.2019 durch VO v. 2.8.2019 (GV. NRW. S. 488).

Kapitel 5. Gastspielprüfbuch

§ 44[1)] Gastspielprüfbuch. (1) Für den eigenen, gleichbleibenden Szenenaufbau von wiederkehrenden Gastspielveranstaltungen kann auf schriftlichen Antrag ein Gastspielprüfbuch erteilt werden.

(2) [1]Das Gastspielprüfbuch muss dem Vordruck der **Anlage 2** entsprechen. [2]Die Veranstalterin oder der Veranstalter ist durch das Gastspielprüfbuch von der Verpflichtung entbunden, an jedem Gastspielort die Sicherheit des Szenenaufbaues und der dazu gehörenden technischen Einrichtungen erneut nachzuweisen.

(3) [1]Das Gastspielprüfbuch wird von der Bauaufsichtsbehörde erteilt, in deren Zuständigkeitsbereich die erste Veranstaltung stattfindet. [2]Die Geltungsdauer ist auf die Dauer der Tournee zu befristen und kann auf schriftlichen Antrag verlängert werden. [3]Vor der Erteilung ist eine technische Probe durchzuführen. [4]Die in einem anderen Land der Bundesrepublik Deutschland ausgestellten Gastspielprüfbücher werden anerkannt.

(4) [1]Das Gastspielprüfbuch ist der für den Gastspielort zuständigen Bauaufsichtsbehörde rechtzeitig vor der ersten Veranstaltung am Gastspielort vorzulegen. [2]Werden für die Gastspielveranstaltung Fliegende Bauten genutzt, ist das Gastspielprüfbuch mit der Anzeige der Aufstellung der Fliegenden Bauten vorzulegen. [3]Die Befugnisse nach § 58 BauO NRW 2018[2)] bleiben unberührt.

Kapitel 6. Bestehende Versammlungsstätten

§ 45[3)] Anwendung der Vorschriften auf bestehende Versammlungsstätten. (1) Die zum Zeitpunkt des Inkrafttretens der Verordnung bestehenden Versammlungsstätten mit mehr als 5 000 Besucherplätzen sind innerhalb von zwei Jahren folgenden Vorschriften anzupassen:

1. Kennzeichnung der Ausgänge und Rettungswege (§ 6 Absatz 6),
2. Sitzplätze (§ 10 Absatz 2 und § 33 Absatz 2),
3. Lautsprecheranlage (§ 20 Absatz 2 und § 26 Absatz 1),
4. Einsatzzentrale für die Polizei (§ 26 Absatz 2),
5. Abschrankung von Besucherbereichen (§ 27 Absatz 1 und 2),
6. Wellenbrecher (§ 28) und
7. Abschrankung von Stehplätzen vor Szenenflächen (§ 29).

(2) [1]Auf die zum Zeitpunkt des Inkrafttretens der Verordnung bestehenden Versammlungsstätten sind die Betriebsvorschriften des Kapitels 4 sowie § 3 Absatz 6 und 7, § 9 Absatz 3 Satz 2, § 10 Absatz 1 und 7, § 11 Absatz 1, 2, 5 und 6, § 14 Absatz 3, § 19 Absatz 7 und § 46 entsprechend anzuwenden. [2]Die betrieblichen und organisatorischen Brandschutzmaßnahmen nach § 42 Absatz 1 und 2 sind innerhalb von zwei Jahren umzusetzen.

§ 46[4)] Ordnungswidrigkeiten. Ordnungswidrig nach § 86 Absatz 1 Nummer 20 BauO NRW 2018[2)] handelt, wer vorsätzlich oder fahrlässig

---

[1)] § 44 Abs. 4 Satz 3 geänd. mWv 15.11.2019 durch VO v. 2.8.2019 (GV. NRW. S. 488).
[2)] Nr. **41.31**.
[3)] § 45 Abs. 2 Satz 1 geänd. mWv 15.11.2019 durch VO v. 2.8.2019 (GV. NRW. S. 488).
[4)] § 46 einl. Satzteil geänd. mWv 15.11.2019 durch VO v. 2.8.2019 (GV. NRW. S. 488); Nr. 5 ber. GV. NRW. 2020 S. 148.

1. entgegen § 31 Absatz 1 die Rettungswege auf dem Grundstück, die Zufahrten, Aufstell- und Bewegungsflächen nicht frei hält,
2. entgegen § 31 Absatz 2 die Rettungswege in der Versammlungsstätte nicht frei hält,
3. entgegen § 31 Absatz 3 Türen in Rettungswegen verschließt oder feststellt,
4. entgegen § 32 Absatz 1 die Zahl der genehmigten Besucherplätze überschreitet oder die genehmigte Anordnung der Besucherplätze ändert,
5. entgegen § 32 Absatz 2 erforderliche Abschrankungen nicht einrichtet,
6. entgegen § 33 Absatz 1 bis 5 andere als die dort genannten Materialien verwendet oder entgegen § 33 Absatz 6 bis 8 anbringt,
7. entgegen § 34 Absatz 1 bis 3 Ausstattungen auf der Bühne aufbewahrt oder nicht von der Bühne entfernt,
8. entgegen § 34 Absatz 4 pyrotechnische Gegenstände, brennbare Flüssigkeiten oder anderes brennbares Material außerhalb der dafür vorgesehenen Magazine aufbewahrt,
9. entgegen § 35 Absatz 1 und 2 raucht oder offenes Feuer, brennbare Flüssigkeiten oder Gase, explosionsgefährliche Stoffe oder pyrotechnische Gegenstände verwendet,
10. entgegen § 36 Absatz 4 die Sicherheitsbeleuchtung nicht in Betrieb nimmt,
11. entgegen § 37 Laseranlagen in Betrieb nimmt,
12. als Betreiberin oder Betreiber, als Veranstalterin oder Veranstalter oder als beauftragte Veranstaltungsleiterin oder beauftragter Veranstaltungsleiter entgegen § 38 Absatz 2 während des Betriebes nicht anwesend ist,
13. als Betreiberin oder Betreiber, als Veranstalterin oder Veranstalter oder als beauftragte Veranstaltungsleiterin oder beauftragter Veranstaltungsleiter entgegen § 38 Absatz 4 den Betrieb der Versammlungsstätte nicht einstellt,
14. entgegen § 40 Absatz 2 bis 5 in Verbindung mit § 38 Absatz 1 als Betreiberin oder Betreiber, als Veranstalterin oder Veranstalter oder als beauftragte Veranstaltungsleiterin oder beauftragter Veranstaltungsleiter den Betrieb von Bühnen oder Szenenflächen zulässt, ohne dass die erforderlichen Verantwortlichen oder Fachkräfte für Veranstaltungstechnik, die erfahrenen Bühnenhandwerkerinnen oder Bühnenhandwerker oder Beleuchterinnen oder Beleuchter oder die Aufsicht führenden Personen anwesend sind,
15. entgegen § 40 Absatz 2 bis 5 als Verantwortliche oder Verantwortlicher oder Fachkraft für Veranstaltungstechnik, als erfahrene Bühnenhandwerkerin oder erfahrener Bühnenhandwerker oder Beleuchterin oder Beleuchter oder als Aufsicht führende Person die Versammlungsstätte während des Betriebs verlässt,
16. als Betreiberin oder Betreiber entgegen § 41 Absatz 1 und 2 nicht für die Durchführung der Brandsicherheitswache sorgt oder entgegen § 41 Absatz 3 die Veranstaltung nicht anzeigt,
17. als Betreiberin oder Betreiber oder Veranstalterin oder Veranstalter die nach § 42 Absatz 2 vorgeschriebenen Unterweisungen unterlässt,
18. als Betreiberin oder Betreiber oder Veranstalterin oder Veranstalter entgegen *§ 43 Absatz 1 bis 3 keinen O*rdnungsdienst oder keine Ordnungsdienstleiterin oder keinen Ordnungsdienstleiter bestellt,

pen, die von Fußgängerinnen und Fußgängern nicht benutzt werden dürfen, ist auf das Verbot hinzuweisen.

(4) Für Rampen in Verbindung mit Stellplätzen gelten die Absätze 1 bis 3 sinngemäß.

(5) Kraftbetriebene geneigte Hebebühnen sind keine Rampen.

§ 125[1)] Einstellplätze und Fahrgassen. (1) [1] Ein notwendiger Einstellplatz muss mindestens 5 m lang sein. [2] Seine Breite muss mindestens betragen:

1. 2,45 m, wenn keine Längsseite des Einstellplatzes durch Wände, Stützen sowie andere Bauteile oder Einrichtungen in einem Abstand von weniger als 0,10 m begrenzt wird,
2. 2,50 m, wenn eine Längsseite des Einstellplatzes durch Wände, Stützen sowie andere Bauteile oder Einrichtungen in einem Abstand von weniger als 0,10 m begrenzt wird, die weder das Befahren des Einstellplatzes noch das Öffnen der Türen behindert,
3. 2,55 m, wenn eine Längsseite des Einstellplatzes durch Wände, Stützen sowie andere Bauteile oder Einrichtungen in einem Abstand von weniger als 0,10 m begrenzt wird,
4. 2,65 m, wenn beide Längsseiten des Einstellplatzes durch Wände, Stützen sowie andere Bauteile oder Einrichtungen in einem Abstand von weniger als 0,10 m begrenzt werden und
5. 3,50 m, wenn der Einstellplatz für Menschen mit Behinderungen bestimmt ist.

[3] Einstellplätze auf kraftbetriebenen Hebebühnen brauchen in den Fällen des Satzes 2 Nummer 1 bis 3 nur 2,30 m breit zu sein. [4] Die Sätze 1 und 2 gelten nicht für Einstellplätze auf horizontal verschiebbaren Plattformen und für diese Plattformen. [5] Einstellplätze auf kraftbetriebenen geneigten Hebebühnen sind in allgemein zugänglichen Garagen nicht zulässig.

(2) [1] Die Breite von Fahrgassen muss, soweit sie unmittelbar der Zu- oder Abfahrt von Einstellplätzen dienen, mindestens die Anforderungen der folgenden Tabelle erfüllen; Zwischenwerte der erforderlichen Fahrgassenbreite in Bezug auf Einstellplatzbreiten von 2,45 m bis 2,60 m sind linear zu interpolieren:

Anordnung der Einstellplätze zur Fahrgasse	Erforderliche Fahrgassenbreite in Metern bei einer Einstellplatzbreite von			
	2,45	2,50	2,55	2,60 und mehr
90°	6,25	6,00	5,75	5,50
bis 45°	3,25	3,00	3,00	3,00

[2] Vor kraftbetriebenen Hebebühnen müssen die Fahrgassen mindestens 8 m breit sein, wenn die Hebebühnen Fahrspuren haben oder beim Absenken in die Fahrgasse hineinragen.

(3) Fahrgassen in Mittel- und Großgaragen müssen, soweit sie nicht unmittelbar der Zu- oder Abfahrt von Einstellplätzen dienen, mindestens 2,75 m, bei Gegenverkehr mindestens 5 m breit sein.

[1)] § 125 Abs. 1 Satz 2 neu gef., Abs. 2 Satz 1 geänd. mWv 15.11.2019 durch VO v. 2.8.2019 (GV. NRW. S. 488, ber. 2020 S. 148).

(4) Einstellplätze auf horizontal verschiebbaren Plattformen sind in Fahrgassen zulässig, wenn

1. eine Breite der Fahrgassen von mindestens 2,75 m erhalten bleibt,
2. die Plattformen nicht vor kraftbetriebenen Hebebühnen angeordnet werden und
3. in Fahrgassen mit Gegenverkehr kein Durchgangsverkehr stattfindet.

(5) [1] Die einzelnen Einstellplätze und die Fahrgassen sind durch Markierungen am Boden leicht erkennbar und dauerhaft gegeneinander abzugrenzen. [2] Dies gilt nicht für

1. Kleingaragen ohne Fahrgassen,
2. Einstellplätze auf kraftbetriebenen Hebebühnen und
3. Einstellplätze auf horizontal verschiebbaren Plattformen.

[3] Mittel- und Großgaragen müssen in jedem Geschoss leicht erkennbare und dauerhafte Hinweise auf Fahrtrichtungen und Ausfahrten haben.

(6) Abschlüsse zwischen Fahrgasse und Einstellplätzen sind in Mittel- und Großgaragen nur zulässig, wenn wirksame Löscharbeiten möglich bleiben und ein Öffnen der Abschlüsse mit den Mitteln der Feuerwehr einfach möglich ist.

(7) Die Absätze 1 bis 5 gelten nicht für automatische Garagen.

§ 126 Lichte Höhe. [1] Mittel- und Großgaragen müssen in zum Begehen bestimmten Bereichen, auch unter Unterzügen, Lüftungsleitungen und sonstigen Bauteilen eine lichte Höhe von mindestens 2 m haben. [2] Dies gilt nicht für kraftbetriebene Hebebühnen.

§ 127[1)] Tragende Wände, Decken, Dächer. (1) Tragende Wände von Garagen sowie Decken über und unter Garagen und zwischen Garagengeschossen müssen feuerbeständig sein.

(2) Liegen Einstellplätze nicht mehr als 22 m über der Geländeoberfläche, so brauchen Wände und Decken nach Absatz 1

1. bei oberirdischen Mittel- und Großgaragen nur feuerhemmend und aus nichtbrennbaren Baustoffen zu sein, soweit sich aus den §§ 27 und 31 BauO NRW 2018[2)] keine weitergehenden Anforderungen ergeben oder
2. bei offenen Mittel- und Großgaragen in Gebäuden, die allein der Garagennutzung dienen, nur aus nichtbrennbaren Baustoffen zu bestehen.

(3) Wände und Decken nach Absatz 1 brauchen bei eingeschossigen oberirdischen Mittel- und Großgaragen auch mit Dacheinstellplätzen, wenn das Gebäude allein der Garagennutzung dient, nur feuerhemmend zu sein oder aus nichtbrennbaren Baustoffen zu bestehen.

[1)] § 127 Abs. 2 Nr. 1 geänd. mWv 15.11.2019 durch VO v. 2.8.2019 (GV. NRW. S. 488).
[2)] Nr. **41.31**.

42.1. Bundesfernstraßengesetz (FStrG)

In der Fassung der Bekanntmachung vom 28. Juni 2007 [1)2)]

(BGBl. I S. 1206)

FNA 911-1

geänd. durch Art. 6 G zur Neuregelung des Rechts des Naturschutzes und der Landschaftspflege v. 29.7.2009 (BGBl. I S. 2542), Art. 6 G zur Neuregelung des Wasserrechts v. 31.7.2009 (BGBl. I S. 2585), Art. 7 Planfeststellungsverfahren-VereinheitlichungsG v. 31.5.2013 (BGBl. I S. 1388, geänd. durch Art. 1b G v. 24.5.2014, BGBl. I S. 538), Art. 1 Sechstes ÄndG v. 24.8.2015 (BGBl. I S. 1442), Art. 466 Zehnte ZuständigkeitsanpassungsVO v. 31.8.2015 (BGBl. I S. 1474), Art. 9 G zur Anpassung des Umwelt-RechtsbehelfsG und anderer Vorschriften an europa- und völkerrechtliche Vorgaben v. 29.5.2017 (BGBl. I S. 1298), Art. 1 Siebtes ÄndG v. 27.6.2017 (BGBl. I S. 2082), Art. 2 Abs. 7 G zur Modernisierung des Rechts der Umweltverträglichkeitsprüfung v. 20.7.2017 (BGBl. I S. 2808, ber. 2018 S. 472), Art. 17 G zur Neuregelung des bundesstaatlichen Finanzausgleichssystems ab dem Jahr 2020 und zur Änd. haushaltsrechtlicher Vorschriften v. 14.8.2017 (BGBl. I S. 3122), Art. 1 G zur Beschleunigung von Planungs- und Genehmigungsverfahren im Verkehrsbereich v. 29.11.2018 (BGBl. I S. 2237) und Art. 2 G zur weiteren Beschleunigung von Planungs- und Genehmigungsverfahren im Verkehrsbereich v. 3.3.2020 (BGBl. I S. 433)

§ 1[3)] Einteilung der Bundesstraßen des Fernverkehrs. (1) [1] Bundesstraßen des Fernverkehrs (Bundesfernstraßen) sind öffentliche Straßen, die ein zusammenhängendes Verkehrsnetz bilden und einem weiträumigen Verkehr dienen oder zu dienen bestimmt sind. [2] In der geschlossenen Ortslage (§ 5 Abs. 4) gehören zum zusammenhängenden Verkehrsnetz die zur Aufnahme des weiträumigen Verkehrs notwendigen Straßen.

(2) Sie gliedern sich in

1. Bundesautobahnen,
2. Bundesstraßen mit den Ortsdurchfahrten (§ 5 Abs. 4).

(3) [1] Bundesautobahnen sind Bundesfernstraßen, die nur für den Schnellverkehr mit Kraftfahrzeugen bestimmt und so angelegt sind, dass sie frei von höhengleichen Kreuzungen und für Zu- und Abfahrt mit besonderen Anschlussstellen ausgestattet sind. [2] Sie sollen getrennte Fahrbahnen für den Richtungsverkehr haben.

(4) Zu den Bundesfernstraßen gehören

1. der Straßenkörper; das sind besonders der Straßengrund, der Straßenunterbau, die Straßendecke, die Brücken, Tunnel, Durchlässe, Dämme, Gräben, Entwässerungsanlagen, Böschungen, Stützmauern, Lärmschutzanlagen, Trenn-, Seiten-, Rand- und Sicherheitsstreifen;
2. der Luftraum über dem Straßenkörper;
3. das Zubehör; das sind die Verkehrszeichen, die Verkehrseinrichtungen und -anlagen aller Art, die der Sicherheit oder Leichtigkeit des Straßenverkehrs oder dem Schutz der Anlieger dienen, und die Bepflanzung;

---

1) Neubekanntmachung des FStrG idF der Bek. v. 20.2.2003 (BGBl. I S. 286) in der ab 17.12.2006 geltenden Fassung.

2) Die Änderungen durch G v. 14.8.2017 (BGBl. I S. 3122) und die Änderungen durch G v. 29.11. 2018 (BGBl. I S. 2237) treten teilweise erst **mWv 1.1.2021** in Kraft und sind insoweit noch nicht im Text berücksichtigt.

3) § 1 Abs. 5 Satz 2 geänd. mWv 8.9.2015 durch VO v. 31.8.2015 (BGBl. I S. 1474).

3a. Einrichtungen zur Erhebung von Maut und zur Kontrolle der Einhaltung der Mautpflicht;
4. die Nebenanlagen; das sind solche Anlagen, die überwiegend den Aufgaben der Straßenbauverwaltung der Bundesfernstraßen dienen, z.B. Straßenmeistereien, Gerätehöfe, Lager, Lagerplätze, Entnahmestellen, Hilfsbetriebe und -einrichtungen;
5. die Nebenbetriebe an den Bundesautobahnen (§ 15 Abs. 1).

(5) [1] Für die Bundesfernstraßen werden Straßenverzeichnisse geführt. [2] Das Bundesministerium für Verkehr und digitale Infrastruktur bestimmt die Nummerung und Bezeichnung der Bundesfernstraßen.

§ 2[1)] Widmung, Umstufung, Einziehung. (1) Eine Straße erhält die Eigenschaft einer Bundesfernstraße durch Widmung.

(2) Voraussetzung für die Widmung ist, dass der Träger der Straßenbaulast Eigentümer des der Straße dienenden Grundstücks ist, oder der Eigentümer und ein sonst zur Nutzung dinglich Berechtigter der Widmung zugestimmt hat, oder der Träger der Straßenbaulast den Besitz durch Vertrag, durch Einweisung nach § 18f Abs. 1 oder in einem sonstigen gesetzlichen Verfahren erlangt hat.

(3) Durch privatrechtliche Verfügungen oder durch Verfügungen im Wege der Zwangsvollstreckung über die der Straße dienenden Grundstücke oder Rechte an ihnen wird die Widmung nicht berührt.

(3a) Eine öffentliche Straße, die die Voraussetzungen des § 1 Abs. 1 oder 3 erfüllt, ist zur Bundesautobahn oder Bundesstraße, eine Bundesstraße, die die Voraussetzungen des § 1 Abs. 3 erfüllt, zur Bundesautobahn aufzustufen.

(4) Eine Bundesfernstraße, bei der sich die Verkehrsbedeutung geändert hat und bei der die Voraussetzungen des § 1 Abs. 1 weggefallen sind, ist entweder unverzüglich einzuziehen, wenn sie jede Verkehrsbedeutung verloren hat oder überwiegende Gründe des öffentlichen Wohls vorliegen (Einziehung), oder unverzüglich dem Träger der Straßenbaulast zu überlassen, der sich nach Landesrecht bestimmt (Abstufung).

(5) [1] Die Absicht der Einziehung ist drei Monate vorher in den Gemeinden, die die Straße berührt, öffentlich bekannt zu machen, um Gelegenheit zu Einwendungen zu geben. [2] Von der Bekanntmachung kann abgesehen werden, wenn die zur Einziehung vorgesehenen Teilstrecken in den in einem Planfeststellungsverfahren ausgelegten Plänen als solche kenntlich gemacht worden sind oder Teilstrecken im Zusammenhang mit Änderungen von unwesentlicher Bedeutung (§ 74 Abs. 7 des Verwaltungsverfahrensgesetzes[2)]) eingezogen werden sollen. [3] Die Abstufung soll nur zum Ende eines Rechnungsjahres ausgesprochen und drei Monate vorher angekündigt werden.

(6) [1] Über Widmung, Umstufung und Einziehung entscheidet die oberste Landesstraßenbaubehörde. [2] Die Entscheidung kann auch in einem Planfeststellungsbeschluss nach § 17 mit der Maßgabe erfolgen, dass die Widmung mit

[1)] § 2 Abs. 5 Satz 2 geänd. mWv 1.6.2015 durch G v. 31.5.2013 (BGBl. I S. 1388, geänd. durch G v. 24.5.2014, BGBl. I S. 538); Abs. 6 Satz 3 geänd. mWv 8.9.2015 durch VO v. 31.8.2015 (BGBl. I S. 1474).

[2)] **Sartorius Nr. 100.**

der Verkehrsübergabe, die Umstufung mit der Ingebrauchnahme für den neuen Verkehrszweck und die Einziehung mit der Sperrung wirksam wird. [3]Die oberste Landesstraßenbaubehörde hat vor einer Widmung oder Aufstufung das Einverständnis des Bundesministeriums für Verkehr und digitale Infrastruktur einzuholen. [4]Die Entscheidung ist in einem vom Land zu bestimmenden Amtsblatt bekannt zu geben. [5]Die Bekanntmachung nach Satz 4 ist entbehrlich, wenn die zur Widmung, Umstufung oder Einziehung vorgesehenen Straßen bereits in den im Planfeststellungsverfahren ausgelegten Plänen als solche kenntlich und die Entscheidung mit dem Planfeststellungsbeschluss bekannt gemacht worden ist.

(6a) [1]Wird eine Bundesfernstraße verbreitert, begradigt, unerheblich verlegt oder ergänzt, so gilt der neue Straßenteil durch die Verkehrsübergabe als gewidmet, sofern die Voraussetzungen des Absatzes 2 vorliegen. [2]Wird im Zusammenhang mit einer Maßnahme nach Satz 1 der Teil einer Bundesfernstraße dem Verkehr auf Dauer entzogen, so gilt dieser Straßenteil durch die Sperrung als eingezogen. [3]In diesen Fällen bedarf es keiner Ankündigung (Absatz 5) und keiner öffentlichen Bekanntmachung (Absatz 6).

(7) [1]Mit der Einziehung entfallen Gemeingebrauch (§ 7) und widerrufliche Sondernutzungen (§ 8). [2]Bei Umstufung gilt § 6 Abs. 1.

§ 3 Straßenbaulast. (1) [1]Die Straßenbaulast umfasst alle mit dem Bau und der Unterhaltung der Bundesfernstraßen zusammenhängenden Aufgaben. [2]Die Träger der Straßenbaulast haben nach ihrer Leistungsfähigkeit die Bundesfernstraßen in einem dem regelmäßigen Verkehrsbedürfnis genügenden Zustand zu bauen, zu unterhalten, zu erweitern oder sonst zu verbessern; dabei sind die sonstigen öffentlichen Belange einschließlich des Umweltschutzes sowie behinderter und anderer Menschen mit Mobilitätsbeeinträchtigung mit dem Ziel, möglichst weitreichende Barrierefreiheit zu erreichen, zu berücksichtigen.

(2) [1]Soweit die Träger der Straßenbaulast unter Berücksichtigung ihrer Leistungsfähigkeit zur Durchführung von Maßnahmen nach Absatz 1 Satz 2 außerstande sind, haben sie auf einen nicht verkehrssicheren Zustand durch Verkehrszeichen hinzuweisen. [2]Diese hat die Straßenbaubehörde vorbehaltlich anderweitiger Maßnahmen der Straßenverkehrsbehörde aufzustellen.

(3) [1]Die Träger der Straßenbaulast sollen nach besten Kräften über die ihnen nach Absatz 1 obliegenden Aufgaben hinaus die Bundesfernstraßen bei Schnee- und Eisglätte räumen und streuen. [2]Landesrechtliche Vorschriften über die Pflichten Dritter zum Schneeräumen und Streuen sowie zur polizeimäßigen Reinigung bleiben unberührt.

§ 3a[1)] Duldungspflichten im Interesse der Unterhaltung. (1) [1]Soweit es zur Unterhaltung einer Bundesfernstraße erforderlich ist, haben Dritte, insbesondere die Anlieger und die Hinterlieger, zu dulden, dass die Straßenbaubehörde oder von ihr Beauftragte die Grundstücke betreten oder vorübergehend benutzen. [2]Die Arbeiten zur Unterhaltung müssen dem Dritten angekündigt werden.

(2) Entstehen durch Handlungen nach Absatz 1 Schäden, hat der Geschädigte Anspruch auf Schadensersatz.

[1)] § 3a eingef. mWv 13.3.2020 durch G v. 3.3.2020 (BGBl. I S. 433).

(3) [1]Der Inhaber einer Sondernutzungserlaubnis hat, ohne Anspruch auf Entschädigung, zu dulden, dass die Ausübung seines Rechts durch Arbeiten zur Unterhaltung vorübergehend behindert oder unterbrochen wird. [2]Auf die Interessen des Inhabers einer Sondernutzungserlaubnis ist Rücksicht zu nehmen.

§ 4 Sicherheitsvorschriften. [1]Die Träger der Straßenbaulast haben dafür einzustehen, dass ihre Bauten allen Anforderungen der Sicherheit und Ordnung genügen. [2]Behördlicher Genehmigungen, Erlaubnisse und Abnahmen durch andere als die Straßenbaubehörden bedarf es nicht. [3]Für Baudenkmäler gilt Satz 2 nur, soweit ein Planfeststellungsverfahren durchgeführt worden ist.

§ 5[1)] Träger der Straßenbaulast. (1) [1]Der Bund ist Träger der Straßenbaulast für die Bundesfernstraßen, soweit nicht die Baulast anderen nach gesetzlichen Vorschriften oder öffentlich-rechtlichen Verpflichtungen obliegt. [2]Bürgerlich-rechtliche Verpflichtungen Dritter bleiben unberührt.

(2) [1]Die Gemeinden mit mehr als 80 000 Einwohnern sind Träger der Straßenbaulast für die Ortsdurchfahrten im Zuge von Bundesstraßen. [2]Maßgebend ist die bei der Volkszählung festgestellte Einwohnerzahl. [3]Das Ergebnis einer Volkszählung wird mit Beginn des dritten Haushaltsjahres nach dem Jahr verbindlich, in dem die Volkszählung stattgefunden hat. [4]Werden Gemeindegrenzen geändert oder neue Gemeinden gebildet, so ist die bei der Volkszählung festgestellte Einwohnerzahl des neuen Gemeindegebietes maßgebend. [5]In diesen Fällen wechselt die Straßenbaulast für die Ortsdurchfahrten, wenn sie bisher dem Bund oblag, mit Beginn des dritten Haushaltsjahres nach dem Jahr der Gebietsänderung, sonst mit der Gebietsänderung.

(2a) [1]Die Gemeinde bleibt abweichend von Absatz 2 Träger der Straßenbaulast für die Ortsdurchfahrten im Zuge der Bundesstraßen, wenn sie es mit Zustimmung der obersten Kommunalaufsichtsbehörde gegenüber der obersten Landesstraßenbaubehörde erklärt. [2]Eine Gemeinde mit mehr als 50 000, aber weniger als 80 000 Einwohnern wird Träger der Straßenbaulast für die Ortsdurchfahrten im Zuge der Bundesstraßen, wenn sie es mit Zustimmung der obersten Kommunalaufsichtsbehörde gegenüber der obersten Landesstraßenbaubehörde verlangt. [3]Absatz 2 Satz 2 und 4 gilt entsprechend.

(3) In den Ortsdurchfahrten der übrigen Gemeinden ist die Gemeinde Träger der Straßenbaulast für Gehwege und Parkplätze.

(3a) [1]Führt die Ortsdurchfahrt über Straßen und Plätze, die erheblich breiter angelegt sind als die Bundesstraße, so ist von der Straßenbaubehörde im Einvernehmen mit der Gemeinde die seitliche Begrenzung der Ortsdurchfahrten besonders festzulegen. [2]Kommt ein Einvernehmen nicht zustande, so entscheidet die oberste Landesstraßenbaubehörde.

(4) [1]Eine Ortsdurchfahrt ist der Teil einer Bundestraße, der innerhalb der geschlossenen Ortslage liegt und auch der Erschließung der anliegenden Grundstücke oder der mehrfachen Verknüpfung des Ortsstraßennetzes dient. [2]Geschlossene Ortslage ist der Teil des Gemeindebezirkes, der in geschlossener oder offener Bauweise zusammenhängend bebaut ist. [3]Einzelne unbebaute Grundstücke, zur Bebauung ungeeignetes oder ihr entzogenes Gelände oder

[1)] § 5 Abs. 4 Satz 4 geänd. mWv 8.9.2015 durch VO v. 31.8.2015 (BGBl. I S. 1474).

einseitige Bebauung unterbrechen den Zusammenhang nicht. [4] Die oberste Landesstraßenbaubehörde setzt im Benehmen mit der höheren Verwaltungsbehörde nach Anhörung der Gemeinde die Ortsdurchfahrt fest und kann dabei mit Zustimmung des Bundesministeriums für Verkehr und digitale Infrastruktur und der Kommunalaufsichtsbehörde von der Regel der Sätze 1 und 2 abweichen. [5] Die Landesregierungen werden ermächtigt, durch Rechtsverordnung zu bestimmen, dass abweichend von Satz 4 an Stelle der höheren Verwaltungsbehörde eine andere Behörde zuständig ist. [6] Sie können diese Ermächtigung auf oberste Landesbehörden übertragen.

§ 5a Zuwendungen für fremde Träger der Straßenbaulast. [1] Zum Bau oder Ausbau von Ortsdurchfahrten im Zuge von Bundesstraßen und zum Bau oder Ausbau von Gemeinde- und Kreisstraßen, die Zubringer zu Bundesfernstraßen in der Baulast des Bundes sind, kann der Bund Zuwendungen gewähren. [2] Im Saarland werden die Straßen, für die das Land auf Grund des § 46 des

(Fortsetzung nächstes Blatt)

gilt nicht für Arbeits-, Betriebs- oder Geschäftsräume während der jeweiligen Arbeits-, Geschäfts- oder Aufenthaltszeiten.

(2) Die Absicht, solche Arbeiten auszuführen, ist dem Eigentümer oder sonstigen Nutzungsberechtigten mindestens zwei Wochen vorher unmittelbar oder durch ortsübliche Bekanntmachung in den Gemeinden, in deren Bereich die Vorarbeiten durchzuführen sind, bekannt zu geben.

(3) [1] Entstehen durch eine Maßnahme nach Absatz 1 einem Eigentümer oder sonstigen Nutzungsberechtigten unmittelbare Vermögensnachteile, so hat der Träger der Straßenbaulast eine angemessene Entschädigung in Geld zu leisten. [2] Kommt eine Einigung über die Geldentschädigung nicht zustande, so setzt die nach Landesrecht zuständige Behörde auf Antrag der Straßenbaubehörde oder des Berechtigten die Entschädigung fest. [3] Vor der Entscheidung sind die Beteiligten zu hören.

§ 17[1)] Erfordernis der Planfeststellung und vorläufige Anordnung.

(1) [1] Bundesfernstraßen dürfen nur gebaut oder geändert werden, wenn der Plan vorher festgestellt ist. [2] Eine Änderung liegt vor, wenn eine Bundesfernstraße

1. um einen oder mehrere durchgehende Fahrstreifen für den Kraftfahrzeugverkehr baulich erweitert wird oder
2. in sonstiger Weise erheblich baulich umgestaltet wird.

[3] Bei der Planfeststellung sind die von dem Vorhaben berührten öffentlichen und privaten Belange einschließlich der Umweltverträglichkeit im Rahmen der Abwägung zu berücksichtigen. [4] Für das Planfeststellungsverfahren gelten die §§ 72 bis 78 des Verwaltungsverfahrensgesetzes[2)] nach Maßgabe dieses Gesetzes. [5] Die Maßgaben gelten entsprechend, soweit das Verfahren landesrechtlich durch ein Verwaltungsverfahrensgesetz geregelt ist.

(2) [1] Ist das Planfeststellungsverfahren eingeleitet, kann die Planfeststellungsbehörde nach Anhörung der betroffenen Gemeinde eine vorläufige Anordnung erlassen, in der vorbereitende Maßnahmen oder Teilmaßnahmen zum Bau oder zur Änderung festgesetzt werden,

1. soweit es sich um reversible Maßnahmen handelt,
2. wenn an dem vorzeitigen Beginn ein öffentliches Interesse besteht,
3. wenn mit einer Entscheidung zugunsten des Trägers des Vorhabens gerechnet werden kann und
4. wenn die nach § 74 Absatz 2 des Verwaltungsverfahrensgesetzes zu berücksichtigenden Interessen gewahrt werden.

[2] In der vorläufigen Anordnung sind die Auflagen zur Sicherung dieser Interessen und der Umfang der vorläufig zulässigen Maßnahmen festzulegen. [3] Sie ist den anliegenden Gemeinden sowie den Beteiligten zuzustellen oder ortsüblich bekannt zu machen. [4] Sie ersetzt nicht die Planfeststellung. [5] § 16a bleibt unberührt. [6] *Soweit die vorbereitenden* Maßnahmen oder Teilmaßnahmen zum Bau oder zur Änderung durch die Planfeststellung für unzulässig erklärt sind, ordnet die Planfeststellungsbehörde gegenüber dem Träger des Vorhabens an, den früheren Zu-

---

[1)] § 17 Überschrift neu gef., bish. Wortlaut wird Abs. 1, Abs. 2 angef. mWv 7.12.2018 durch G v. 29.11.2018 (BGBl. I S. 2237); Abs. 1 Satz 2 eingef., bish. Sätze 2–4 werden Sätze 3–5 mWv 13.3.2020 durch G v. 3.3.2020 (BGBl. I S. 433).

[2)] **Sartorius Nr. 100.**

stand wiederherzustellen. [7] Dies gilt auch, wenn der Antrag auf Planfeststellung zurückgenommen wurde. [8] Der Betroffene ist durch den Träger der Straßenbaulast zu entschädigen, soweit die Wiederherstellung des früheren Zustands nicht möglich oder mit unverhältnismäßig hohem Aufwand verbunden oder ein Schaden eingetreten ist, der durch die Wiederherstellung des früheren Zustandes nicht ausgeglichen wird. [9] Rechtsbehelfe gegen die vorläufige Anordnung haben keine aufschiebende Wirkung; ein Vorverfahren findet nicht statt. [10] Betrifft die vorläufige Anordnung ein Vorhaben im Sinne des § 17e Absatz 1, ist § 17e Absatz 1 und 5 in Bezug auf Rechtsbehelfe gegen die vorläufige Anordnung entsprechend anzuwenden.

§ 17a[1] Anhörungsverfahren. Für das Anhörungsverfahren gilt § 73 des Verwaltungsverfahrensgesetzes[2] mit folgenden Maßgaben:

1. Die Anhörungsbehörde kann auf eine Erörterung im Sinne des § 73 Absatz 6 des Verwaltungsverfahrensgesetzes und des § 18 Absatz 1 Satz 4 des Gesetzes über die Umweltverträglichkeitsprüfung[3] verzichten. Findet keine Erörterung statt, so hat die Anhörungsbehörde ihre Stellungnahme innerhalb von sechs Wochen nach Ablauf der Einwendungsfrist abzugeben und zusammen mit den sonstigen in § 73 Absatz 9 des Verwaltungsverfahrensgesetzes aufgeführten Unterlagen der Planfeststellungsbehörde zuzuleiten.
2. Soll ein ausgelegter Plan geändert werden, so kann im Regelfall von der Erörterung im Sinne des § 73 Absatz 6 des Verwaltungsverfahrensgesetzes und des § 18 Absatz 1 Satz 4 des Gesetzes über die Umweltverträglichkeitsprüfung abgesehen werden.

§ 17b[4] Planfeststellungsbeschluss, Plangenehmigung. (1) Für Planfeststellungsbeschluss und Plangenehmigung gilt § 74 des Verwaltungsverfahrensgesetzes[2] mit folgenden Maßgaben:

1. Abweichend von § 74 Absatz 6 Satz 1 Nummer 3 des Verwaltungsverfahrensgesetzes kann für ein Vorhaben, für das nach dem Gesetz über die Umweltverträglichkeitsprüfung eine Umweltverträglichkeitsprüfung durchzuführen ist, an Stelle eines Planfeststellungsbeschlusses eine Plangenehmigung erteilt werden. § 17a Nummer 1 Satz 1 gilt entsprechend. Im Übrigen findet das Gesetz über die Umweltverträglichkeitsprüfung[3] mit Ausnahme des § 21 Absatz 3 Anwendung.
2. Die oberste Landesstraßenbaubehörde stellt den Plan fest, erteilt die Plangenehmigung und trifft die Entscheidung nach § 74 Abs. 7 des Verwaltungsverfahrensgesetzes. Bestehen zwischen der obersten Landesstraßenbaubehörde, die

---

[1] § 17a Nr. 2 Satz 1 geänd. mWv 1.3.2010 durch G v. 29.7.2009 (BGBl. I S. 2542); Nr. 1–4 und Nr. 7 aufgeh., bish. Nr. 5 wird Nr. 1 und geänd., bish. Nr. 6 wird Nr. 2 und neu gef. mWv 1.6.2015 durch G v. 31.5.2013 (BGBl. I S. 1388, geänd. durch G v. 24.5.2014, BGBl. I S. 538); Nr. 2 geänd. mWv 2.6.2017 durch G v. 29.5.2017 (BGBl. I S. 1298); Nr. 2 geänd. mWv 29.7.2017 durch G v. 20.7.2017 (BGBl. I S. 2808, ber. 2018 S. 472); Nr. 1 Satz 1 neu gef. mWv 7.12.2018 durch G v. 29.11.2018 (BGBl. I S. 2237).

[2] **Sartorius Nr. 100.**

[3] Nr. **32.4.**

[4] § 17b Abs. 1 Nr. 1–4 und Nr. 7 aufgeh., bish. Nr. 5 wird Nr. 1 und geänd., bish. Nr. 6 wird Nr. 2 mWv 1.6.2015 durch G v. 31.5.2013 (BGBl. I S. 1388, geänd. durch G v. 24.5.2014, BGBl. I S. 538); Abs. 1 Nr. 2 geänd. mWv 8.9.2015 durch VO v. 31.8.2015 (BGBl. I S. 1474); Abs. 1 Nr. 1 geänd. mWv 29.7.2017 durch G v. 20.7.2017 (BGBl. I S. 2808); Abs. 1 Nr. 1 neu gef. mWv 7.12.2018 durch G v. 29.11.2018 (BGBl. I S. 2237).

den Plan feststellt, und einer Bundesbehörde Meinungsverschiedenheiten, so ist vor der Planfeststellung die Weisung des Bundesministeriums für Verkehr und digitale Infrastruktur einzuholen.

(2) [1] Bebauungspläne nach § 9 des Baugesetzbuchs[1)] ersetzen die Planfeststellung nach § 17. [2] Wird eine Ergänzung notwendig oder soll von Festsetzungen des Bebauungsplans abgewichen werden, so ist die Planfeststellung insoweit zusätzlich durchzuführen. [3] In diesen Fällen gelten die §§ 40, 43 Abs. 1, 2, 4 und 5 sowie § 44 Abs. 1 bis 4 des Baugesetzbuchs.

§ 17c[2)] Rechtswirkungen der Planfeststellung und der Plangenehmigung. Für die Rechtswirkungen der Planfeststellung und Plangenehmigung gilt § 75 des Verwaltungsverfahrensgesetzes[3)] mit folgenden Maßgaben:

1. Wird mit der Durchführung des Plans nicht innerhalb von zehn Jahren nach Eintritt der Unanfechtbarkeit begonnen, so tritt er außer Kraft, es sei denn, er wird vorher auf Antrag des Trägers des Vorhabens von der Planfeststellungsbehörde um höchstens fünf Jahre verlängert.
2. Vor der Entscheidung nach Nummer 1 ist eine auf den Antrag begrenzte Anhörung nach dem für die Planfeststellung oder für die Plangenehmigung vorgeschriebenen Verfahren durchzuführen.
3. Für die Zustellung und Auslegung sowie die Anfechtung der Entscheidung über die Verlängerung sind die Bestimmungen über den Planfeststellungsbeschluss entsprechend anzuwenden.

§ 17d[4)] Planänderung vor Fertigstellung des Vorhabens. [1] Für die Planergänzung und das ergänzende Verfahren im Sinne des § 75 Abs. 1a Satz 2 des Verwaltungsverfahrensgesetzes[3)] und für die Planänderung vor Fertigstellung des Vorhabens gilt § 76 des Verwaltungsverfahrensgesetzes mit der Maßgabe, dass im Fall des § 76 Abs. 1 des Verwaltungsverfahrensgesetzes von einer Erörterung im Sinne des § 73 Abs. 6 des Verwaltungsverfahrensgesetzes und des § 18 Absatz 1 Satz 4 des Gesetzes über die Umweltverträglichkeitsprüfung[5)] abgesehen werden kann. [2] Im Übrigen gelten für das neue Verfahren die Vorschriften dieses Gesetzes.

§ 17e[6)] Rechtsbehelfe. (1) § 50 Abs. 1 Nr. 6 der Verwaltungsgerichtsordnung[7)] gilt für Vorhaben im Sinne des § 17 Absatz 1, soweit die Vorhaben Bundesfernstraßen betreffen, die wegen

1. der Herstellung der Deutschen Einheit,
2. der Einbindung der neuen Mitgliedstaaten in die Europäische Union,
3. der Verbesserung der Hinterlandanbindung der deutschen Seehäfen,

---

[1)] Nr. **41.2**.

[2)] § 17c Nr. 4 aufgeh. mWv 1.6.2015 durch G v. 31.5.2013 (BGBl. I S. 1388, geänd. durch G v. 24.5. 2014, BGBl. I S. 538).

[3)] **Sartorius Nr. 100.**

[4)] § 17d Satz 1 geänd. mWv 2.6.2017 durch G v. 29.5.2017 (BGBl. I S. 1298); Satz 1 geänd. mWv 29.7. 2017 durch G v. 20.7.2017 (BGBl. I S. 2808, ber. 2018 S. 472).

[5)] Nr. **32.4**.

[6)] § 17e Abs. 6 aufgeh. mWv 1.6.2015 durch G v. 31.5.2013 (BGBl. I S. 1388, geänd. durch G v. 24.5. 2014, BGBl. I S. 538); Abs. 1 einl. Satzteil geänd., Abs. 5 neu gef. mWv 7.12.2018 durch G v. 29.11.2018 (BGBl. I S. 2237).

[7)] Nr. **6.3**.

4. ihres sonstigen internationalen Bezuges oder
5. der besonderen Funktion zur Beseitigung schwerwiegender Verkehrsengpässe

in der Anlage aufgeführt sind.

(2) [1] Die Anfechtungsklage gegen einen Planfeststellungsbeschluss oder eine Plangenehmigung für den Bau oder die Änderung von Bundesfernstraßen, für die nach dem Fernstraßenausbaugesetz[1)] vordringlicher Bedarf festgestellt ist, hat keine aufschiebende Wirkung. [2] Der Antrag auf Anordnung der aufschiebenden Wirkung der Anfechtungsklage gegen einen Planfeststellungsbeschluss oder eine Plangenehmigung nach § 80 Abs. 5 Satz 1 der Verwaltungsgerichtsordnung kann nur innerhalb eines Monats nach der Zustellung des Planfeststellungsbeschlusses oder der Plangenehmigung gestellt und begründet werden. [3] Darauf ist in der Rechtsbehelfsbelehrung hinzuweisen. [4] § 58 der Verwaltungsgerichtsordnung gilt entsprechend.

(3) [1] Der Antrag nach § 80 Abs. 5 Satz 1 in Verbindung mit Abs. 2 Nr. 4 der Verwaltungsgerichtsordnung auf Wiederherstellung der aufschiebenden Wirkung einer Anfechtungsklage gegen einen Planfeststellungsbeschluss oder eine Plangenehmigung für den Bau oder die Änderung einer Bundesfernstraße, für die ein unvorhergesehener Verkehrsbedarf im Sinne des § 6 des Fernstraßenausbaugesetzes besteht oder die der Aufnahme in den Bedarfsplan nicht bedarf, kann nur innerhalb eines Monats nach Zustellung der Entscheidung über die Anordnung der sofortigen Vollziehung gestellt und begründet werden. [2] Darauf ist in der Anordnung der sofortigen Vollziehung hinzuweisen. [3] § 58 der Verwaltungsgerichtsordnung gilt entsprechend.

(4) [1] Treten in den Fällen des Absatzes 2 oder 3 später Tatsachen ein, die die Anordnung oder Wiederherstellung der aufschiebenden Wirkung rechtfertigen, so kann der durch den Planfeststellungsbeschluss oder die Plangenehmigung Beschwerte einen hierauf gestützten Antrag nach § 80 Abs. 5 Satz 1 der Verwaltungsgerichtsordnung innerhalb einer Frist von einem Monat stellen. [2] Die Frist beginnt mit dem Zeitpunkt, in dem der Beschwerte von den Tatsachen Kenntnis erlangt.

(5) [1] Der Kläger hat innerhalb einer Frist von zehn Wochen ab Klageerhebung die zur Begründung seiner Klage dienenden Tatsachen und Beweismittel anzugeben. [2] Erklärungen und Beweismittel, die erst nach Ablauf dieser Frist vorgebracht werden, sind nur zuzulassen, wenn der Kläger die Verspätung genügend entschuldigt. [3] Der Entschuldigungsgrund ist auf Verlangen des Gerichts glaubhaft zu machen. [4] Satz 2 gilt nicht, wenn es mit geringem Aufwand möglich ist, den Sachverhalt auch ohne Mitwirkung des Klägers zu ermitteln. [5] Die Frist nach Satz 1 kann durch den Vorsitzenden oder den Berichterstatter auf Antrag verlängert werden, wenn der Kläger in dem Verfahren, in dem die angefochtene Entscheidung ergangen ist, keine Möglichkeit der Beteiligung hatte. [6] § 6 des Umwelt-Rechtsbehelfsgesetzes[2)] ist nicht anzuwenden.

§ 17f Anlagen der Verkehrsüberwachung, der Unfallhilfe und des Zolls.

[1] Die der Sicherheit und Ordnung dienenden Anlagen an Bundesfernstraßen, wie Polizeistationen, Einrichtungen der Unfallhilfe, Hubschrauberlandeplätze, können, wenn sie eine unmittelbare Zufahrt zu den Bundesfernstraßen haben, zur

---

1) Sartorius III Nr. 146.
2) Sartorius Nr. 293.

Festsetzung der Flächen in die Planfeststellung einbezogen werden. [2] Das Gleiche gilt für Zollanlagen an Bundesfernstraßen.

§ 17g[1] Veröffentlichung im Internet. [1] Wird der Plan nicht nach § 27a Absatz 1 des Verwaltungsverfahrensgesetze[2])s oder § 20 des Gesetzes über die Umweltverträglichkeitsprüfung[3] zugänglich gemacht, ist dieser vom Träger des Vorhabens zur Bürgerinformation über das Internet zugänglich zu machen. [2] § 23 des Gesetzes über die Umweltverträglichkeitsprüfung gilt entsprechend. [3] Maßgeblich ist der Inhalt des im Rahmen des Genehmigungsverfahrens zur Einsicht ausgelegten Plans. [4] Hierauf ist bei der Zugänglichmachung hinzuweisen.

§ 17h[4] Projektmanager. [1] Die Anhörungsbehörde kann einen Dritten mit der Vorbereitung und Durchführung von Verfahrensschritten, insbesondere

1. der Erstellung von Verfahrensleitplänen unter Bestimmung von Verfahrensabschnitten und Zwischenterminen,
2. der Fristenkontrolle,
3. der Koordinierung von erforderlichen Sachverständigengutachten,
4. dem Entwurf eines Anhörungsberichts,
5. der ersten Auswertung der eingereichten Stellungnahmen,
6. der organisatorischen Vorbereitung eines Erörterungstermins und
7. der Leitung eines Erörterungstermins

auf Vorschlag oder mit Zustimmung des Vorhabenträgers beauftragen. [2] § 73 Absatz 9 des Verwaltungsverfahrensgesetzes[2] bleibt unberührt. [3] Die Entscheidung über den Planfeststellungsantrag verbleibt bei der zuständigen Behörde.

§§ 18 bis 18e (weggefallen)

§ 18f[5] Vorzeitige Besitzeinweisung. (1) [1] Ist der sofortige Beginn von Bauarbeiten geboten und weigert sich der Eigentümer oder Besitzer, den Besitz eines für die Straßenbaumaßnahme benötigten Grundstücks durch Vereinbarung unter Vorbehalt aller Entschädigungsansprüche zu überlassen, so hat die Enteignungsbehörde den Träger der Straßenbaulast auf Antrag nach Feststellung des Plans oder Erteilung der Plangenehmigung in den Besitz einzuweisen. [2] Der Planfeststellungsbeschluss oder die Plangenehmigung müssen vollziehbar sein. [3] Weiterer Voraussetzungen bedarf es nicht.

(2) [1] Die Enteignungsbehörde hat spätestens sechs Wochen nach Eingang des Antrages auf Besitzeinweisung mit den Beteiligten mündlich zu verhandeln. [2] Hierzu sind die Straßenbaubehörde und die Betroffenen zu laden. [3] Dabei ist den Betroffenen der Antrag auf Besitzeinweisung mitzuteilen. [4] Die Ladungsfrist beträgt drei Wochen. [5] Mit der Ladung sind die Betroffenen aufzufordern, etwaige Einwendungen gegen den Antrag möglichst vor der mündlichen Verhandlung bei der Enteignungsbehörde einzureichen. [6] Sie sind außerdem darauf hinzuweisen,

---

[1] § 17g eingef. mWv 7.12.2018 durch G v. 29.11.2018 (BGBl. I S. 2237).
[2] **Sartorius Nr. 100.**
[3] Nr. **32.4.**
[4] § 17h eingef. mWv 7.12.2018 durch G v. 29.11.2018 (BGBl. I S. 2237).
[5] § 18f Abs. 7 Satz 1 geänd., Satz 2 angef. mWv 13.3.2020 durch G v. 3.3.2020 (BGBl. I S. 433).

dass auch bei Nichterscheinen über den Antrag auf Besitzeinweisung und andere im Verfahren zu erledigende Anträge entschieden werden kann.

(3) [1] Soweit der Zustand des Grundstücks von Bedeutung ist, hat ihn die Enteignungsbehörde vor der Besitzeinweisung in einer Niederschrift festzustellen oder durch einen Sachverständigen ermitteln zu lassen. [2] Den Beteiligten ist eine Abschrift der Niederschrift oder des Ermittlungsergebnisses zu übersenden.

(4) [1] Der Beschluss über die Besitzeinweisung ist dem Antragsteller und den Betroffenen spätestens zwei Wochen nach der mündlichen Verhandlung zuzustellen. [2] Die Besitzeinweisung wird in dem von der Enteignungsbehörde bezeichneten Zeitpunkt wirksam. [3] Dieser Zeitpunkt soll auf höchstens zwei Wochen nach Zustellung der Anordnung über die vorzeitige Besitzeinweisung an den unmittelbaren Besitzer festgesetzt werden. [4] Durch die Besitzeinweisung wird dem Besitzer der Besitz entzogen und der Träger der Straßenbaulast Besitzer. [5] Der Träger der Straßenbaulast darf auf dem Grundstück das im Antrag auf Besitzeinweisung bezeichnete Bauvorhaben ausführen und die dafür erforderlichen Maßnahmen treffen.

(5) [1] Der Träger der Straßenbaulast hat für die durch die vorzeitige Besitzeinweisung entstehenden Vermögensnachteile Entschädigung zu leisten, soweit die Nachteile nicht durch die Verzinsung der Geldentschädigung für die Entziehung oder Beschränkung des Eigentums oder eines anderen Rechts ausgeglichen werden. [2] Art und Höhe der Entschädigung sind von der Enteignungsbehörde in einem Beschluss festzusetzen.

(6) [1] Wird der festgestellte Plan oder die Plangenehmigung aufgehoben, so ist auch die vorzeitige Besitzeinweisung aufzuheben und der vorherige Besitzer wieder in den Besitz einzuweisen. [2] Der Träger der Straßenbaulast hat für alle durch die vorzeitige Besitzeinweisung entstandenen besonderen Nachteile Entschädigung zu leisten.

(6a) [1] Ein Rechtsbehelf gegen eine vorzeitige Besitzeinweisung hat keine aufschiebende Wirkung. [2] Der Antrag auf Anordnung der aufschiebenden Wirkung nach § 80 Abs. 5 Satz 1 der Verwaltungsgerichtsordnung[1)] kann nur innerhalb eines Monats nach der Zustellung des Besitzeinweisungsbeschlusses gestellt und begründet werden.

(7) [1] Die Absätze 1 bis 6a gelten entsprechend für Grundstücke, die für die in § 17f genannten Anlagen oder für Unterhaltungsmaßnahmen benötigt werden. [2] Bei Unterhaltungsmaßnahmen bedarf es nicht der vorherigen Planfeststellung oder Plangenehmigung.

§ 19[2)] Enteignung. (1) [1] Die Träger der Straßenbaulast der Bundesfernstraßen haben zur Erfüllung ihrer Aufgaben das Enteignungsrecht. [2] Die Enteignung ist zulässig, soweit sie zur Unterhaltung oder Ausführung eines nach § 17 Absatz 1 festgestellten oder genehmigten Bauvorhabens notwendig ist. [3] Einer weiteren Feststellung der Zulässigkeit der Enteignung bedarf es nicht.

(2) Der festgestellte oder genehmigte Plan ist dem Enteignungsverfahren zugrunde zu legen und für die Enteignungsbehörde bindend.

---

1) Nr. **6.3**.

2) § 19 Abs. 1 Satz 2 geänd. mWv 7.12.2018 durch G v. 29.11.2018 (BGBl. I S. 2237); Abs. 1 Satz 2 geänd. mWv 13.3.2020 durch G v. 3.3.2020 (BGBl. I S. 433).

(2a) Hat sich ein Beteiligter mit der Übertragung oder Beschränkung des Eigentums oder eines anderen Rechts schriftlich einverstanden erklärt, kann das Entschädigungsverfahren unmittelbar durchgeführt werden.

(2b) Die Absätze 1, 2 und 2a gelten für die in § 17f genannten Anlagen entsprechend.

(3) (weggefallen)

(4) (weggefallen)

(5) Im Übrigen gelten die für öffentliche Straßen geltenden Enteignungsgesetze der Länder.

§ 19a[1] **Entschädigungsverfahren.** Soweit der Träger der Straßenbaulast nach §§ 8a, 9, 17 Absatz 2 oder auf Grund eines Planfeststellungsbeschlusses oder einer Plangenehmigung verpflichtet ist, eine Entschädigung in Geld zu leisten, und über die Höhe der Entschädigung keine Einigung zwischen dem Betroffenen und dem Träger der Straßenbaulast zustande kommt, entscheidet auf Antrag eines der Beteiligten die nach Landesrecht zuständige Behörde; für das Verfahren und den Rechtsweg gelten die Enteignungsgesetze der Länder entsprechend.

§ 20 Straßenaufsicht. (1) [1]Die Erfüllung der Aufgaben, die den Trägern der Straßenbaulast für die Bundesfernstraßen obliegen, wird durch die Straßenaufsicht sichergestellt. [2]Die Länder üben die Straßenaufsicht im Auftrag des Bundes aus.

(2) [1]Die Straßenaufsichtsbehörde kann die Durchführung der notwendigen Maßnahmen unter Setzung einer angemessenen Frist anordnen. [2]Sie soll Maßnahmen, die mehrere Träger der Straßenbaulast durchzuführen haben, diesen rechtzeitig bekannt geben, damit sie möglichst zusammenhängend ausgeführt werden. [3]Kommt ein Träger der Straßenbaulast der Anordnung nicht nach, kann die Straßenaufsichtsbehörde die notwendigen Maßnahmen an seiner Stelle und auf seine Kosten verfügen und vollziehen.

§ 21 Verwaltung der Bundesstraßen in den Ortsdurchfahrten. [1]Soweit die Gemeinden nach § 5 Abs. 2 und 3 Träger der Straßenbaulast sind, richtet sich die Zuständigkeit zur Verwaltung der Ortsdurchfahrten nach Landesrecht. [2]Dieses regelt auch, wer insoweit zuständige Straßenbaubehörde im Sinne dieses Gesetzes ist.

§ 22[2] **Zuständigkeit.** (1) Das Bundesministerium für Verkehr und digitale Infrastruktur wird ermächtigt, durch Rechtsverordnung ohne Zustimmung des Bundesrates die dem Fernstraßen-Bundesamt und der Gesellschaft privaten Rechts im Sinne des Infrastrukturgesellschaftserrichtungsgesetzes[3] nach dem Bundesfernstraßengesetz zugewiesenen Befugnisse und Aufgaben auf andere Bundesbehörden oder andere vom Bund gegründete Gesellschaften, die im ausschließlichen Eigentum des Bundes stehen müssen, zu übertragen.

[1] § 19a geänd. mWv 1.6.2015 durch G v. 31.5.2013 (BGBl. I S. 1388, geänd. durch G v. 24.5.2014, BGBl. I S. 538); geänd. mWv 7.12.2018 durch G v. 29.11.2018 (BGBl. I S. 2237).

[2] § 22 Abs. 1 und 2 Satz 1, Abs. 4 Satz 3 geänd. mWv 8.9.2015 durch VO v. 31.8.2015 (BGBl. I S. 1474); Abs. 1 neu gef. mWv 1.1.2020 durch G v. 14.8.2017 (BGBl. I S. 3122); Abs. 2 Satz 1 neu gef., Abs. 5 geänd. mWv 7.12.2018 durch G v. 29.11.2018 (BGBl. I S. 2237).

[3] **Sartorius III Nr. 152.**

(2) [1] Im Fall des Artikels 90 Absatz 4 oder des Artikels 143e Absatz 2 des Grundgesetzes[1)] treten an die Stelle der im Gesetz genannten Straßenbaubehörden der Länder die vom Bundesministerium für Verkehr und digitale Infrastruktur bestimmten Bundesbehörden oder die Gesellschaft privaten Rechts im Sinne des Infrastrukturgesellschaftserrichtungsgesetzes. [2] Dies gilt auch für die nach § 36 des Gesetzes über Ordnungswidrigkeiten[2)] zu bestimmende Behörde.

(3) Im Rahmen der Auftragsverwaltung richtet sich das Verfahren für die Beitreibung von Ersatzleistungen (§ 7), Sondernutzungsgebühren sowie Vorschüssen und Sicherheiten (§ 8) und das Verfahren in den Fällen, in denen die Behörde Maßnahmen nach § 8 Abs. 7a trifft oder in denen jemand zur Duldung oder Unterlassung verpflichtet ist (§§ 11 und 14), nach Landesrecht.

(4) [1] Soweit nach diesem Gesetz die Zuständigkeit von Landesbehörden begründet ist, bestimmen die Länder die zuständigen Behörden. [2] Sie sind ermächtigt, die Zuständigkeit der obersten Straßenbaubehörden der Länder, soweit sie nach diesem Gesetz begründet ist, auf nachgeordnete Behörden zu übertragen. [3] Das Bundesministerium für Verkehr und digitale Infrastruktur ist hiervon zu unterrichten.

(5) Soweit Selbstverwaltungskörperschaften in der Auftragsverwaltung tätig werden (Artikel 90 Absatz 3 des Grundgesetzes), sind ihre Behörden nach Maßgabe des Landesrechts an Stelle der Behörden des Landes zuständig.

§ 23 Ordnungswidrigkeiten. (1) Ordnungswidrig handelt, wer vorsätzlich oder fahrlässig

1. entgegen § 8 Abs. 1 eine Bundesfernstraße über den Gemeingebrauch hinaus ohne Erlaubnis benutzt,
2. nach § 8 Abs. 2 erteilten vollziehbaren Auflagen nicht nachkommt,
3. entgegen § 8 Abs. 2a
   a) Anlagen nicht vorschriftsmäßig errichtet oder unterhält oder
   b) auf vollziehbares Verlangen der zuständigen Behörde Anlagen auf seine Kosten nicht ändert,
4. entgegen § 8a Abs. 1 in Verbindung mit § 8 Abs. 1 Zufahrten oder Zugänge ohne Erlaubnis anlegt oder ändert,
5. entgegen § 8a Abs 3 in Verbindung mit § 8 Abs. 2a Zufahrten oder Zugänge nicht vorschriftsmäßig unterhält,
6. einer nach § 8a Abs. 6 ergangenen vollziehbaren Anordnung nicht nachkommt,
7. entgegen § 9 Abs. 1 oder 4 Hochbauten oder bauliche Anlagen errichtet oder Aufschüttungen oder Abgrabungen größeren Umfangs vornimmt,
8. Anlagen der Außenwerbung entgegen § 9 Abs. 6 Satz 1 in Verbindung mit den Absätzen 1 und 2 errichtet oder entgegen § 9 Abs. 6 Satz 2 an Brücken über Bundesfernstraßen anbringt,
9. vollziehbaren Auflagen nicht nachkommt, unter denen eine Ausnahme nach § 9 Abs. 8 von den Verboten des § 9 Abs. 1, 4 und 6 zugelassen wurde,

1) Nr. **11.1**.
2) Nr. **72.2**.

10. entgegen § 9a Abs. 1 Satz 1 auf der vom Plan betroffenen Fläche oder in dem Planungsgebiet nach Absatz 3 Veränderungen vornimmt,
11. entgegen § 10 Abs 2 Satz 1 Schutzwaldungen nicht erhält oder nicht ordnungsgemäß unterhält,
12. entgegen § 11 Abs. 1 die Anlage vorübergehender Einrichtungen nicht duldet oder entgegen § 11 Abs. 2 Satz 1 Einrichtungen, die die Verkehrssicherheit beeinträchtigen, anlegt oder entgegen § 11 Abs. 2 Satz 2 ihre Beseitigung nicht duldet,
13. entgegen § 16a Abs. 1 Satz 1 notwendige Vorarbeiten oder die vorübergehende Anbringung von Markierungszeichen nicht duldet.

(2) Ordnungswidrigkeiten nach Absatz 1 Nr. 1 bis 6 und 11 bis 13 können mit einer Geldbuße bis zu fünfhundert Euro, Ordnungswidrigkeiten nach Absatz 1 Nr. 7 bis 10 können mit einer Geldbuße bis zu fünftausend Euro geahndet werden.

§ 24[1] Übergangs- und Schlussbestimmungen. (1) [1] Vor dem 17. Dezember 2006 beantragte Planfeststellungsverfahren oder Plangenehmigungsverfahren werden nach den Vorschriften dieses Gesetzes in der ab dem 17. Dezember 2006 geltenden Fassung weitergeführt. [2] § 11 Abs. 2 des Verkehrswegeplanungsbeschleunigungsgesetzes[2] bleibt unberührt.

(2) § 17c gilt auch für Planfeststellungsbeschlüsse und Plangenehmigungen, die vor dem 17. Dezember 2006 erlassen worden sind, soweit der Plan noch nicht außer Kraft getreten ist.

(3) (weggefallen)

(4) Die bisherigen Reichsautobahnen und Reichsstraßen, die nach dem Gesetz über die vermögensrechtlichen Verhältnisse der Bundesautobahnen und sonstigen Bundesstraßen des Fernverkehrs[3] vom 2. März 1951 (BGBl. I S. 157) Bundesautobahnen und Bundesstraßen sind, sind Bundesautobahnen und Bundesstraßen im Sinne dieses Gesetzes.

(5) (weggefallen)

(6) Beginn und Ende der Ortsdurchfahrten bemessen sich nach ihrer Festsetzung nach §§ 13 ff. der Verordnung zur Durchführung des Gesetzes über die einstweilige Neuregelung des Straßenwesens und der Straßenverwaltung vom 7. Dezember 1934 (RGBl. I S. 1237), bis sie nach § 5 Abs. 4 neu festgesetzt werden.

(7) Waldungen, die Schutzwaldungen nach § 9 des Reichsautobahngesetzes vom 29. Mai 1941 (RGBl. I S. 313) sind, gelten als Schutzwaldungen nach § 10.

(8) (weggefallen)

(9) Sind in Rechtsvorschriften aus der Zeit vor dem 23. Mai 1949 die Worte „Reichsautobahnen" oder „Reichsstraßen" gebraucht, so treten an ihre Stelle die Worte „Bundesautobahnen" oder „Bundesstraßen".

---

[1] § 24 Abs. 11 Satz 1 geänd. mWv 8.9.2015 durch VO v. 31.8.2015 (BGBl. I S. 1474); Abs. 13 angef. mWv 13.3.2020 durch G v. 3.3.2020 (BGBl. I S. 433).
[2] **Sartorius III Nr. 145.**
[3] **Sartorius Nr. 930.**

(10) Wo in anderen Gesetzen für das Unternehmen „Reichsautobahnen" besondere Rechte und Pflichten begründet sind, tritt an seine Stelle der Bund.

(11) [1] Das Bundesministerium für Verkehr und digitale Infrastruktur ist ermächtigt, im Einvernehmen mit dem Bundesministerium der Finanzen durch Rechtsverordnung, die der Zustimmung des Bundesrates bedarf, Brücken im Zuge von Bundesfernstraßen, die in der Baulast der Länder oder öffentlich-rechtlicher Selbstverwaltungskörperschaften stehen, in die Baulast des Bundes zu übernehmen und die zur Überleitung notwendigen Maßnahmen zu treffen. [2] In der Rechtsverordnung können auch die nach den üblichen Berechnungsarten zu ermittelnden Ablösungsbeträge festgesetzt werden.

(12) Für Sondernutzungen, die bei Inkrafttreten dieses Gesetzes durch bürgerlich-rechtliche Verträge vereinbart sind, gelten die Vorschriften über Sondernutzungen (§ 8) von dem Zeitpunkt an, zu dem die Verträge erstmals nach Inkrafttreten dieses Gesetzes kündbar sind.

(13) Vor dem 13. März 2020 beantragte Planfeststellungsverfahren oder Plangenehmigungsverfahren werden nach den Vorschriften dieses Gesetzes in der vor dem 13. März 2020 geltenden Fassung weitergeführt.

§ 25 (Aufhebung von Vorschriften)

§ 26 (weggefallen)

§ 27 (Inkrafttreten)

Anlage[1)]
(zu § 17e Abs. 1)

Bundesfernstraßen mit erstinstanzlicher Zuständigkeit des Bundesverwaltungsgerichts

Vorbemerkung:
Im Sinne dieser Anlage bedeuten

1. A: Autobahn
2. B: Bundesstraße
3. L: Landesstraße
4. E: Europastraße
5. OU: Ortsumgehung

Zu den Bundesfernstraßen gehören auch die für den Betrieb von Bundesfernstraßen notwendigen Anlagen. Die Bundesfernstraßen beginnen und enden jeweils an den Knotenpunkten, an denen sie mit dem bestehenden Straßennetz verbunden sind.

[1)] Anlage neu gef. mWv 5.7.2017 durch G v. 27.6.2017 (BGBl. I S. 2082); geänd. mWv 7.12.2018 durch G v. 29.11.2018 (BGBl. I S. 2237).

42.5. Straßenverkehrsgesetz (StVG)

In der Fassung der Bekanntmachung vom 5. März 2003[1]
(BGBl. I S. 310, ber. S. 919)

FNA 9231-1

Lfd. Nr.	Änderndes Gesetz	Datum	Fundstelle	Betroffen	Hinweis
1.–18.	Änderungsgesetze bis einschl. G v. 10.12.2007 (BGBl. I S. 2833) nur noch in den Anmerkungen nachgewiesen				
19.	Art. 5 G zur Änd. seeverkehrsrechtl., verkehrsrechtl. u. anderer Vorschr. mit Bezug zum Seerecht[2]	8.4.2008	BGBl. I S. 706	§§ 30, 30a, 30b	geänd. mWv 18.4.2008
20.	Art. 3 Zweites G zur Änd. des GüKG u. and. G	6.11.2008	BGBl. I S. 2162	§ 52	geänd. mWv 1.1.2009
21.	Art. 1 Viertes ÄndG[3]	22.12. 2008	BGBl. I S. 2965	§§ 24, 24a, 29	geänd. mWv 30.12.2008
				§§ 6, 23, 26	geänd. mWv 29.4.2009
22.	Art. 1 G zur Änd. des StVG und zur Änd. des G zur Änd. der Anl. 1 und 3 des ATP-Übereinkommens	3.2.2009	BGBl. I S. 150	§§ 6, 65	geänd. mWv 7.2.2009
				§ 66	eingef. mWv 7.2.2009
23.	Art. 9 G zur Neuregelung der Kraftfahrzeugsteuer und Änd. anderer Gesetze	29.5.2009	BGBl. I S. 1170	§§ 35, 36, 42	geänd. mWv 1.7.2009
24.	Art. 1 Fünftes ÄndG	17.7.2009	BGBl. I S. 2021	§§ 2, 6, 28	geänd. mWv 23.7.2009
25.	Art. 1 Sechstes ÄndG	17.7.2009	BGBl. I S. 2023	§ 6	geänd. mWv 23.7.2009
26.	Art. 4 Abs. 16 G zur Reform der Sachaufklärung in der Zwangsvollstreckung	29.7.2009	BGBl. I S. 2258, geänd. 2011, S. 898	§§ 25, 35	geänd. mWv 1.1.2013
27.	Art. 3 G zur Ums. d. Beschl. des Rates 2008/615/JI v. 23.6.2008 zur Vertiefung der grenzüberschr. Zusammenarbeit, insbesondere zur Bekämpfung d. Terrorismus u. d. grenz*überschr. Kriminalität*	31.7.2009	BGBl. I S. 2507	§ 37	geänd. mWv 5.8.2009

[1] Neubek. des StVG v. 19.12.1952 (BGBl. I S. 837) in der ab 18.9.2002 geltenden Fassung.

[2] **Amtl. Anm.:** Dieses Gesetz dient auch der weiteren Umsetzung der Richtlinie 96/98/EG des Rates über Schiffsausrüstung vom 20. Dezember 1996 (ABl. EG Nr. L 46 S. 25) in der jeweils geltenden Fassung.

[3] **Amtl. Anm.:** Dieses Gesetz dient zur Umsetzung der Richtlinie 2007/46/EG des Europäischen Parlaments und des Rates vom 5. September 2007 zur Schaffung eines Rahmens für die Genehmigung von Kraftfahrzeugen und Kraftfahrzeuganhängern sowie von Systemen, Bauteilen und selbständigen technischen Einheiten für diese Fahrzeuge (Rahmenrichtlinie) (ABl. EU Nr. L 263 S. 1).

Lfd. Nr.	Änderndes Gesetz	Datum	Fundstelle	Betroffen	Hinweis
28.	Art. 1 G zur Änd. des StVG u. d. KraftfahrsachverständigenG	2.12.2010	BGBl. I S. 1748	Inhaltsverzeichnis, §§ 2, 2a, 2b, 4, 6, 6e, 30, 30c, 51, 53, 54, 61, 65	geänd. mWv 9.12.2010
29.	Art. 14, 16 G zur Durchf. d. VO (EG) Nr. 4/2009 u. zur NeuO bestehender Aus- u. Durchführungsbest. auf dem Gebiet d. internat. Unterhaltsverfahrensrechts	23.5.2011	BGBl. I S. 898	§§ 35, 36	geänd. mWv 18.6.2011
				§§ 35, 36	geänd. mWv 1.1.2013
30.	Art. 1 Drittes G zur Änd. des StVG u. and. G	20.6.2011	BGBl. I S. 1124	§§ 1, 6, 34, 35, 36	geänd. mWv 26.6.2011
31.	Art. 1 Siebtes ÄndG	23.6.2011	BGBl. I S. 1213	§§ 2, 6	geänd. mWv 29.6.2011
32.	Art. 2 Mautrecht-NeuregelungsG	12.7.2011	BGBl. I S. 1378	§§ 35, 36	geänd. mWv 19.7.2011
33.	Art. 2 Abs. 118 G zur Änd. von Vorschr. über Verkündung u. Bek. sowie der ZPO, des EGZPO u. der AO	22.12. 2011	BGBl. I S. 3044	§ 66	geänd. mWv 1.4.2012
34.	Art. 5 G zur Änd. des GüKG u. and. G	17.6.2013	BGBl. I S. 1558	§§ 1, 29, 65	geänd. mWv 21.6.2013
35.	Art. 24 G zur Förd. d. elektr. Verwaltung sowie zur Änd. weiterer Vorschr.	25.7.2013	BGBl. I S. 2749	§§ 30, 58, 64	geänd. mWv 1.8.2013
36.	Art. 2 Abs. 144 G zur Strukturreform des Gebührenrechts des Bundes	7.8.2013	BGBl. I S. 3154	§ 6a	geänd. mWv 15.8.2013
37.	Art. 1 Viertes G zur Änd. des StVG und anderer Gesetze[1]	28.8.2013	BGBl. I S. 3310	§§ 6a, 33, 35, 36, 37c, 40	geänd. mWv 31.8.2013
				§§ 27, 37b	eingef. mWv 31.8.2013
38.	Art. 1 Fünftes G zur Änd. des StVG und anderer Gesetze	28.8.2013	BGBl. I S. 3313	§§ 6, 6a	geänd. mWv 31.8.2013
				§§ 2, 2a, 2c, 6e, Abschnitt IV Überschrift, §§ 28, 28a, 29, 30, 30a, 30b, 30c, 33, 42, 50, 59, 61, 64, 65	geänd. mWv 1.5.2014
				§ 4	neu gef. mWv 1.5.2014
				§§ 4a, 4b	eingef. mWv 1.5.2014
39.	Art. 1 G zur Änd. des StVG, der GewerbeO und des BundeszentralregisterG	28.11. 2014	BGBl. I S. 1802	§§ 2, 2a, 4, 4a, 4b, 5b, 6, 6a, 6c, 6e, 24a, 26a, 29, 30c, 47, 63, 65	geänd. mWv 5.12.2014
				§§ 48, 49, 50, 61, 65	geänd. mWv 1.1.2015
				§ 37c	neu gef. mWv 5.12.2014

[1] ***Amtl. Anm.:** Dieses Gesetz dient der Umsetzung* der Richtlinie 2011/82/EU des Europäischen Parlaments und des Rates vom 25. Oktober 2011 zur Erleichterung des grenzüberschreitenden Austauschs von Informationen über die Straßenverkehrssicherheit gefährdende Verkehrsdelikte (ABl. L 288 vom 5.11. 2011, S. 1).

Lfd. Nr.	Änderndes Gesetz	Datum	Fundstelle	Betroffen	Hinweis
40.	Art. 2 G zur Änd. des FahrpersonalG und des StVG	2.3.2015	BGBl. I S. 186	§ 2	geänd. mWv 7.3.2015
41.	Art. 4 G zur Einf. einer Infrastrukturabgabe für d. Benutzung v. Bundesfernstr.	8.6.2015	BGBl. I S. 904	§ 32	geänd. mWv 12.6.2015
42.	Art. 15 WSV-ZuständigkeitsanpassungsG	24.5.2016	BGBl. I S. 1217	§ 31	geänd. mWv 1.6.2016
43.	Art. 1 Sechstes G zur Änd. des StVG und anderer Gesetze[1)]	28.11. 2016	BGBl. I S. 2722	§§ 2, 3, 6, 6a, 6f, 6g, 24, 26, 27, 28, 30, 30a, 30c, 31, 33, 34, 35, 36, 36a, 37a, 37b, 38, 47, 48, 50, 53, 54, 56, 62, 65	geänd. mWv 7.12.2016
44.	Art. 3 G zur Stärk. der Bekämpfung der Schwarzarbeit u. illegalen Beschäftigung	6.3.2017	BGBl. I S. 399	§§ 35, 36	geänd. mWv 10.3.2017
45.	Art. 4 G zur Änd. des GüKG, des FPersG, des G zur Regelung der Arbeitszeit von selbst. Kraftfahrern, des StVG u. des G über die Err. eines Kraftfahrt-Bundesamtes	16.5.2017	BGBl. I S. 1214	§ 6	geänd. mWv 25.5.2017
46.	Art. 6 Abs. 3 G zur Änd. von Vorschriften im Bereich des Internationalen Privat- und Zivilverfahrensrechts	11.6.2017	BGBl. I S. 1607	§ 35	geänd. mWv 17.6.2017
47.	Art. 1 Achtes ÄndG	16.6.2017	BGBl. I S. 1648	§§ 6, 12, 32	geänd. mWv 21.6.2017
				§§ 1a, 1b, 1c, Abschnitt VIa (§§ 63a, 63b)	eingef. mWv 21.6.2017
48.	Art. 21 G zur Ums. d. Vierten EU-GeldwäscheRL, zur Ausf. d. EU-Geldtransfer-VO und zur Neuorg. d. Zentralstelle für Finanztransaktionsuntersuchungen[2)]	23.6.2017	BGBl. I S. 1822	§ 36	geänd. mWv 26.6.2017

[1)] **Amtl. Anm.:** Dieses Gesetz dient der Umsetzung der
- Richtlinie 2006/126/EG des Europäischen Parlaments und des Rates vom 20. Dezember 2006 über den Führerschein (Neufassung) (ABl. L 403 vom 30.12.2006, S. 18);
- Verordnung (EU) Nr. 165/2014 des Europäischen Parlaments und des Rates vom 4. Februar 2014 über Fahrtenschreiber im Straßenverkehr, zur Aufhebung der Verordnung (EWG) Nr. 3821/85 des Rates über das Kontrollgerät im Straßenverkehr und zur Änderung der Verordnung (EG) Nr. 561/2006 des Europäischen Parlaments und des Rates zur Harmonisierung bestimmter Sozialvorschriften im Straßenverkehr (ABl. L 60 vom 28.2.2014, S. 1);
- Richtlinie 2014/45/EU des Europäischen Parlaments und des Rates vom 3. April 2014 über die regelmäßige technische Überwachung von Kraftfahrzeugen und Kraftfahrzeuganhängern und zur Aufhebung der Richtlinie 2009/40/EG (ABl. L 127 vom 29.4.2014, S. 51);
- Richtlinie 2014/46/EU des Europäischen Parlaments und des Rates vom 3. April 2014 zur Änderung der Richtlinie 1999/37/EG des Rates über Zulassungsdokumente für Fahrzeuge (ABl. L 127 vom 29.4. 2014, S. 129);
- Richtlinie (EU) 2015/413 des Europäischen Parlaments und des Rates vom 11. März 2015 zur Erleichterung des grenzüberschreitenden Austauschs von Informationen über die Straßenverkehrssicherheit gefährdende Verkehrsdelikte (ABl. L 68 vom 13.3.2015, S. 9).

[2)] **Amtl. Anm.:** *(abgedruckt in Änderungstabelle **Schönfelder Nr. 52**)*

Lfd. Nr.	Änderndes Gesetz	Datum	Fundstelle	Betroffen	Hinweis
49.	Art. 4 G zur Verbesserung der Sachaufklärung in der Verwaltungsvollstreckung	30.6.2017	BGBl. I S. 2094	§ 35	geänd. mWv 6.7.2017
50.	Art. 2 G über das Fahrlehrerwesen und zur Änd. anderer straßenverkehrsrechtlicher Vorschriften[1]	30.6.2017	BGBl. I S. 2162	§§ 2, 4a, 30b	geänd. mWv 1.1.2018
51.	Art. 8 G zur Einführung eines Anspruchs auf Hinterbliebenengeld	17.7.2017	BGBl. I S. 2421	§ 10	geänd. mWv 22.7.2017
52.	Art. 6 G zur effektiveren u. praxistauglicheren Ausgestaltung d. Strafverfahrens	17.8.2017	BGBl. I S. 3202	§ 25	geänd. mWv 24.8.2017
53.	Art. 3 ÄndG des BundesfernstraßenmautG und zur Änd. weiterer straßenverkehrsrechtl. Vorschriften	4.12.2018	BGBl. I S. 2251	§ 6f	neu gef. mWv 1.1.2019
54.	Art. 1 Neuntes ÄndG	8.4.2019	BGBl. I S. 430	§§ 35, 36	geänd. mWv 12.4.2019
				Abschnitt VIa. Überschrift	neu gef. mWv 12.4.2019
				§ 63c	eingef. mWv 12.4.2019
55.	Art. 5 Abs. 21 G zur Einf. einer Karte für Unionsbürger u. Angehörige des Europäischen Wirtschaftsraums mit Funktion zum elektr. Identitätsnachweis sowie zur Änd. des PersonalausweisG u. weiterer Vorschr. [2][3]	21.6.2019	BGBl. I S. 846	§§ 30, 58	geänd. mWv 1.11.2019
56.	Art. 137 Zweites Datenschutz-Anpassungs- und Umsetzungsgesetz EU[4]	20.11. 2019	BGBl. I S. 1626	§§ 2, 2b, 4a, 6, 6g, 25, 28, 28a, 29, 30, 30a, 36, 37, 37a, 38, 38a, 38b, 41, 42, 43, 44, 45, 50, 53, 55, 56, 57, 59, 60, 61, 62, 63a	geänd. mWv 26.11.2019

[1] **Amtl. Anm.:** Dieses Gesetz dient der Umsetzung der Richtlinie 2006/126/EG des Europäischen Parlaments und des Rates vom 20. Dezember 2006 über den Führerschein (ABl. L 403 vom 30.12.2006, S. 18) und der Richtlinie 2005/36/EG des Europäischen Parlaments und des Rates vom 7. September 2005 über die Anerkennung von Berufsqualifikationen (ABl. L 255 vom 30.9.2005, S. 22) sowie der Umsetzung der Richtlinie 2013/55/EU des Europäischen Parlaments und des Rates vom 20. November 2013 zur Änderung der Richtlinie 2005/36/EG über die Anerkennung von Berufsqualifikationen und der Verordnung (EU) Nr. 1024/2012 über die Verwaltungszusammenarbeit mit Hilfe des Binnenmarkt-Informationssystems („IMI-Verordnung") (ABl. L 354 vom 28.12.2013, S. 132).

[2] **Amtl. Anm.:** Notifiziert gemäß der Richtlinie (EU) 2015/1535 des Europäischen Parlaments und des Rates vom 9. September 2015 über ein Informationsverfahren auf dem Gebiet der technischen Vorschriften und der Vorschriften für die Dienste der Informationsgesellschaft (ABl. L 241 vom 17.9.2015, S. 1).

[3] Die Änd. des Inkrafttretens dieses G durch Art. 154a G v. 20.11.2019 (BGBl. I S. 1626) ist unbeachtlich, da das G bei Erlass des ÄndG bereits in Kraft getreten war.

[4] **Amtl. Anm.:** Dieses Gesetz dient der Umsetzung der Richtlinie (EU) 2016/680 des Europäischen Parlaments und des Rates vom 27. April 2016 zum Schutz natürlicher Personen bei der Verarbeitung personenbezogener Daten durch die zuständigen Behörden zum Zweck der Verhütung, Ermittlung, Aufdeckung oder Verfolgung von Straftaten oder der Strafvollstreckung sowie zum freien Datenverkehr und zur Aufhebung des Rahmenbeschlusses 2008/977/JI des Rates (ABl. L 119 vom 4.5.2016, S. 89; L 127 vom 23.5.2018, S. 9).

Lfd. Nr.	Änderndes Gesetz	Datum	Fundstelle	Betroffen	Hinweis
57.	Art. 1 G zur Änd. des StraßenverkehrsG und weiterer straßenverkehrsrechtl. Vorschriften	5.12.2019	BGBl. I S. 2008	§§ 6, 62, 65	geänd. mWv 12.12.2019
				§§ 6, 50	geänd. mWv 1.6.2020

Nichtamtliche Inhaltsübersicht

I. Verkehrsvorschriften

§ 1[1)] **Zulassung.** (1) [1]Kraftfahrzeuge und ihre Anhänger, die auf öffentlichen Straßen in Betrieb gesetzt werden sollen, müssen von der zuständigen Behörde (Zulassungsbehörde) zum Verkehr zugelassen sein. [2]Die Zulassung erfolgt auf Antrag des Verfügungsberechtigten des Fahrzeugs bei Vorliegen einer Betriebserlaubnis, Einzelgenehmigung oder EG-Typgenehmigung durch Zuteilung eines amtlichen Kennzeichens.

(2) Als Kraftfahrzeuge im Sinne dieses Gesetzes gelten Landfahrzeuge, die durch Maschinenkraft bewegt werden, ohne an Bahngleise gebunden zu sein.

(3) [1]Keine Kraftfahrzeuge im Sinne dieses Gesetzes sind Landfahrzeuge, die durch Muskelkraft fortbewegt werden und mit einem elektromotorischen Hilfsantrieb mit einer Nenndauerleistung von höchstens 0,25 kW ausgestattet sind, dessen Unterstützung sich mit zunehmender Fahrzeuggeschwindigkeit progressiv verringert und

1. beim Erreichen einer Geschwindigkeit von 25 km/h oder früher,
2. wenn der Fahrer im Treten einhält,

unterbrochen wird. [2]Satz 1 gilt auch dann, soweit die in Satz 1 bezeichneten Fahrzeuge zusätzlich über eine elektromotorische Anfahr- oder Schiebehilfe verfügen, die eine Beschleunigung des Fahrzeuges auf eine Geschwindigkeit von bis zu 6 km/h, auch ohne gleichzeitiges Treten des Fahrers, ermöglicht. [3]Für Fahrzeuge im Sinne der Sätze 1 und 2 sind die Vorschriften über Fahrräder anzuwenden.

§ 1a[2)] **Kraftfahrzeuge mit hoch- oder vollautomatisierter Fahrfunktion.**

(1) Der Betrieb eines Kraftfahrzeugs mittels hoch- oder vollautomatisierter Fahrfunktion ist zulässig, wenn die Funktion bestimmungsgemäß verwendet wird.

(2) [1]Kraftfahrzeuge mit hoch- oder vollautomatisierter Fahrfunktion im Sinne dieses Gesetzes sind solche, die über eine technische Ausrüstung verfügen,

1. die zur Bewältigung der Fahraufgabe – einschließlich Längs- und Querführung – das jeweilige Kraftfahrzeug nach Aktivierung steuern (Fahrzeugsteuerung) kann,

---

[1)] § 1 Abs. 1 Satz 2 geänd., Satz 3 aufgeh. mWv 26.6.2011 durch G v. 20.6.2011 (BGBl. I S. 1124); Abs. 3 angef. mWv 21.6.2013 durch G v. 17.6.2013 (BGBl. I S. 1558).

[2)] § 1a eingef. mWv 21.6.2017 durch G v. 16.6.2017 (BGBl. I S. 1648).

2. die in der Lage ist, während der hoch- oder vollautomatisierten Fahrzeugsteuerung den an die Fahrzeugführung gerichteten Verkehrsvorschriften zu entsprechen,
3. die jederzeit durch den Fahrzeugführer manuell übersteuerbar oder deaktivierbar ist,
4. die die Erforderlichkeit der eigenhändigen Fahrzeugsteuerung durch den Fahrzeugführer erkennen kann,
5. die dem Fahrzeugführer das Erfordernis der eigenhändigen Fahrzeugsteuerung mit ausreichender Zeitreserve vor der Abgabe der Fahrzeugsteuerung an den Fahrzeugführer optisch, akustisch, taktil oder sonst wahrnehmbar anzeigen kann und
6. die auf eine der Systembeschreibung zuwiderlaufende Verwendung hinweist.

2 Der Hersteller eines solchen Kraftfahrzeugs hat in der Systembeschreibung verbindlich zu erklären, dass das Fahrzeug den Voraussetzungen des Satzes 1 entspricht.

(3) Die vorstehenden Absätze sind nur auf solche Fahrzeuge anzuwenden, die nach § 1 Absatz 1 zugelassen sind, den in Absatz 2 Satz 1 enthaltenen Vorgaben entsprechen und deren hoch- oder vollautomatisierte Fahrfunktionen

1. in internationalen, im Geltungsbereich dieses Gesetzes anzuwendenden Vorschriften beschrieben sind und diesen entsprechen oder
2. eine Typgenehmigung gemäß Artikel 20 der Richtlinie 2007/46/EG des Europäischen Parlaments und des Rates vom 5. September 2007 zur Schaffung eines Rahmens für die Genehmigung von Kraftfahrzeugen und Kraftfahrzeuganhängern sowie von Systemen, Bauteilen und selbstständigen technischen Einheiten für diese Fahrzeuge (Rahmenrichtlinie) (ABl. L 263 vom 9.10.2007, S. 1) erteilt bekommen haben.

(4) Fahrzeugführer ist auch derjenige, der eine hoch- oder vollautomatisierte Fahrfunktion im Sinne des Absatzes 2 aktiviert und zur Fahrzeugsteuerung verwendet, auch wenn er im Rahmen der bestimmungsgemäßen Verwendung dieser Funktion das Fahrzeug nicht eigenhändig steuert.

§ 1b[1)] Rechte und Pflichten des Fahrzeugführers bei Nutzung hoch- oder vollautomatisierter Fahrfunktionen. (1) Der Fahrzeugführer darf sich während der Fahrzeugführung mittels hoch- oder vollautomatisierter Fahrfunktionen gemäß § 1a vom Verkehrsgeschehen und der Fahrzeugsteuerung abwenden; dabei muss er derart wahrnehmungsbereit bleiben, dass er seiner Pflicht nach Absatz 2 jederzeit nachkommen kann.

(2) Der Fahrzeugführer ist verpflichtet, die Fahrzeugsteuerung unverzüglich wieder zu übernehmen,

1. wenn das hoch- oder vollautomatisierte System ihn dazu auffordert oder
2. wenn er erkennt oder auf Grund offensichtlicher Umstände erkennen muss, dass die Voraussetzungen für eine bestimmungsgemäße Verwendung der hoch- oder vollautomatisierten Fahrfunktionen nicht mehr vorliegen.

---

1) § 1b eingef. mWv 21.6.2017 durch G v. 16.6.2017 (BGBl. I S. 1648).

§ 1c[1)] Evaluierung. [1]Das Bundesministerium für Verkehr und digitale Infrastruktur wird die Anwendung der Regelungen in Artikel 1 des Gesetzes vom 16. Juni 2017 (BGBl. I S. 1648) nach Ablauf des Jahres 2019 auf wissenschaftlicher Grundlage evaluieren. [2]Die Bundesregierung unterrichtet den Deutschen Bundestag über die Ergebnisse der Evaluierung.

§ 2[2)] Fahrerlaubnis und Führerschein. (1) [1]Wer auf öffentlichen Straßen ein Kraftfahrzeug führt, bedarf der Erlaubnis (Fahrerlaubnis) der zuständigen Behörde (Fahrerlaubnisbehörde). [2]Die Fahrerlaubnis wird in bestimmten Klassen erteilt. [3]Sie ist durch eine amtliche Bescheinigung (Führerschein) nachzuweisen. [4]Nach näherer Bestimmung durch Rechtsverordnung auf Grund des § 6 Absatz 1 Nummer 1 Buchstabe b und x kann die Gültigkeitsdauer der Führerscheine festgelegt werden.

(2) [1]Die Fahrerlaubnis ist für die jeweilige Klasse zu erteilen, wenn der Bewerber

1. seinen ordentlichen Wohnsitz im Sinne des Artikels 12 der Richtlinie 2006/126/EG des Europäischen Parlaments und des Rates vom 20. Dezember 2006 über den Führerschein (ABl. L 403 vom 30.12.2006, S. 26) im Inland hat,
2. das erforderliche Mindestalter erreicht hat,
3. zum Führen von Kraftfahrzeugen geeignet ist,
4. zum Führen von Kraftfahrzeugen nach dem Fahrlehrergesetz und den auf ihm beruhenden Rechtsvorschriften ausgebildet worden ist,
5. die Befähigung zum Führen von Kraftfahrzeugen in einer theoretischen und praktischen Prüfung nachgewiesen hat,
6. Erste Hilfe leisten kann und
7. keine in einem Mitgliedstaat der Europäischen Union oder einem anderen Vertragsstaat des Abkommens über den Europäischen Wirtschaftsraum erteilte Fahrerlaubnis dieser Klasse besitzt.

[2]Nach näherer Bestimmung durch Rechtsverordnung gemäß § 6 Abs. 1 Nr. 1 Buchstabe g können als weitere Voraussetzungen der Vorbesitz anderer Klassen oder Fahrpraxis in einer anderen Klasse festgelegt werden. [3]Die Fahrerlaubnis kann für die Klassen C und D sowie ihre Unterklassen und Anhängerklassen befristet erteilt werden. [4]Sie ist auf Antrag zu verlängern, wenn der Bewerber zum Führen von Kraftfahrzeugen geeignet ist und kein Anlass zur Annahme besteht, dass eine der aus den Sätzen 1 und 2 ersichtlichen sonstigen Voraussetzungen fehlt.

(3) [1]Nach näherer Bestimmung durch Rechtsverordnung gemäß § 6 Abs. 1 Nr. 1 Buchstabe b und g kann für die Personenbeförderung in anderen Fahrzeugen als Kraftomnibussen zusätzlich zur Fahrerlaubnis nach Absatz 1 eine be-

---

1) § 1c eingef. mWv 21.6.2017 durch G v. 16.6.2017 (BGBl. I S. 1648).

2) *§ 2 Abs. 15 Satz 2 geänd.* mWv 1.6.2005 durch G v. 3.5.2005 (BGBl. I S. 1221); Abs. 10 Satz 1 geänd. mWv 1.7.2005 durch G v. 21.6.2005 (BGBl. I S. 1818); Abs. 10 Sätze 5–8 angef., Abs. 11 Satz 2 aufgeh., Abs. 13 Satz 4 und Abs. 16 angef. mWv 23.7.2009 durch G v. 17.7.2009 (BGBl. I S. 2021); Abs. 1 Satz 4 angef., Abs. 2 Satz 1 Nr. 1 geänd. mWv 9.12.2010 durch G v. 2.12.2010 (BGBl. I S. 1748); Abs. 10 Sätze 5–8 aufgeh., Abs. 10a eingef., Abs. 13 Satz 4 und Abs. 16 neu gef. mWv 29.6.2011 durch G v. 23.6.2011 (BGBl. I S. 1213); Abs. 7 Satz 2, Abs. 9 Satz 2 geänd., Abs. 16 Satz 1 Nr. 3 neu gef., Satz 3 geänd. mWv 1.5.2014 durch G v. 28.8.2013 (BGBl. I S. 3313); Abs. 9 Sätze 2 und 3 geänd. mWv 5.12.2014 durch G v. 28.11.2014 (BGBl. I S. 1802); Abs. 2 Satz 1 Nr. 6 und Abs. 13 Satz 1 geänd. mWv 7.3.2015 durch G v. 2.3.2015 (BGBl. I S. 186); Abs. 6 Satz 1 Nr. 1 geänd. mWv 7.12.2016 durch G v. 28.11.2016 (BGBl. I S. 2722); Abs. 15 Sätze 1 und 2 geänd. mWv 1.1.2018 durch G v. 30.6.2017 (BGBl. I S. 2162); Abs. 9 Satz 6 und Abs. 14 Satz 2 geänd. mWv 26.11.2019 durch G v. 20.11.2019 (BGBl. I S. 1626).

sondere Erlaubnis verlangt werden. [2]Die Erlaubnis wird befristet erteilt. [3]Für die Erteilung und Verlängerung können dieselben Voraussetzungen bestimmt werden, die für die Fahrerlaubnis zum Führen von Kraftomnibussen gelten. [4]Außerdem können Ortskenntnisse verlangt werden. [5]Im Übrigen gelten die Bestimmungen für Fahrerlaubnisse entsprechend, soweit gesetzlich nichts anderes bestimmt ist.

(4) [1]Geeignet zum Führen von Kraftfahrzeugen ist, wer die notwendigen körperlichen und geistigen Anforderungen erfüllt und nicht erheblich oder nicht wiederholt gegen verkehrsrechtliche Vorschriften oder gegen Strafgesetze verstoßen hat. [2]Ist der Bewerber auf Grund körperlicher oder geistiger Mängel nur bedingt zum Führen von Kraftfahrzeugen geeignet, so erteilt die Fahrerlaubnisbehörde die Fahrerlaubnis mit Beschränkungen oder unter Auflagen, wenn dadurch das sichere Führen von Kraftfahrzeugen gewährleistet ist.

(5) Befähigt zum Führen von Kraftfahrzeugen ist, wer

1. ausreichende Kenntnisse der für das Führen von Kraftfahrzeugen maßgebenden gesetzlichen Vorschriften hat,
2. mit den Gefahren des Straßenverkehrs und den zu ihrer Abwehr erforderlichen Verhaltensweisen vertraut ist,
3. die zum sicheren Führen eines Kraftfahrzeugs, gegebenenfalls mit Anhänger, erforderlichen technischen Kenntnisse besitzt und zu ihrer praktischen Anwendung in der Lage ist und
4. über ausreichende Kenntnisse einer umweltbewussten und energiesparenden Fahrweise verfügt und zu ihrer praktischen Anwendung in der Lage ist.

(6) [1]Wer die Erteilung, Erweiterung, Verlängerung oder Änderung einer Fahrerlaubnis oder einer besonderen Erlaubnis nach Absatz 3, die Aufhebung einer Beschränkung oder Auflage oder die Ausfertigung oder Änderung eines Führerscheins beantragt, hat der Fahrerlaubnisbehörde nach näherer Bestimmung durch Rechtsverordnung gemäß § 6 Abs. 1 Nr. 1 Buchstabe h mitzuteilen und nachzuweisen

1. Familiennamen, Geburtsnamen, sonstige frühere Namen, Vornamen, Ordens- oder Künstlernamen, Doktorgrad, Geschlecht, Tag und Ort der Geburt, Anschrift, Staatsangehörigkeit, Art des Ausweisdokumentes und
2. das Vorliegen der Voraussetzungen nach Absatz 2 Satz 1 Nr. 1 bis 6 und Satz 2 und Absatz 3

sowie ein Lichtbild abzugeben. [2]Außerdem hat der Antragsteller eine Erklärung darüber abzugeben, ob er bereits eine in- oder ausländische Fahrerlaubnis der beantragten Klasse oder einen entsprechenden Führerschein besitzt.

(7) [1]Die Fahrerlaubnisbehörde hat zu ermitteln, ob der Antragsteller zum Führen von Kraftfahrzeugen, gegebenenfalls mit Anhänger, geeignet und befähigt ist, und ob er bereits eine in- oder ausländische Fahrerlaubnis oder einen entsprechenden Führerschein besitzt. [2]Sie hat dazu Auskünfte aus dem Fahreignungsregister und dem Zentralen Fahrerlaubnisregister nach den Vorschriften dieses Gesetzes einzuholen. [3]Sie kann außerdem insbesondere entsprechende Auskünfte aus ausländischen Registern oder von ausländischen Stellen einholen sowie die Beibringung eines Führungszeugnisses zur Vorlage bei der Verwaltungsbehörde nach den Vorschriften des Bundeszentralregistergesetzes[1]) verlangen.

[1]) **Schönfelder Nr. 92.**

(8) Werden Tatsachen bekannt, die Bedenken gegen die Eignung oder Befähigung des Bewerbers begründen, so kann die Fahrerlaubnisbehörde anordnen, dass der Antragsteller ein Gutachten oder Zeugnis eines Facharztes oder Amtsarztes, ein Gutachten einer amtlich anerkannten Begutachtungsstelle für Fahreignung oder eines amtlich anerkannten Sachverständigen oder Prüfers für den Kraftfahrzeugverkehr innerhalb einer angemessenen Frist beibringt.

(9) [1] Die Registerauskünfte, Führungszeugnisse, Gutachten und Gesundheitszeugnisse dürfen nur zur Feststellung oder Überprüfung der Eignung oder Befähigung verwendet werden. [2] Sie sind nach spätestens zehn Jahren zu vernichten, es sei denn, mit ihnen im Zusammenhang stehende Eintragungen im Fahreignungsregister oder im Zentralen Fahrerlaubnisregister sind nach den Bestimmungen für diese Register zu einem früheren oder späteren Zeitpunkt zu tilgen oder zu löschen. [3] In diesem Fall ist für die Vernichtung oder Löschung der frühere oder spätere Zeitpunkt maßgeblich. [4] Die Zehnjahresfrist nach Satz 2 beginnt mit der rechts- oder bestandskräftigen Entscheidung oder mit der Rücknahme des Antrags durch den Antragsteller. [5] Die Sätze 1 bis 4 gelten auch für entsprechende Unterlagen, die der Antragsteller nach Absatz 6 Satz 1 Nr. 2 beibringt. [6] Anstelle einer Vernichtung der Unterlagen ist die Verarbeitung der darin enthaltenen Daten einzuschränken, wenn die Vernichtung wegen der besonderen Art der Führung der Akten nicht oder nur mit unverhältnismäßigem Aufwand möglich ist.

(10) [1] Bundeswehr, Bundespolizei und Polizei können durch ihre Dienststellen Fahrerlaubnisse für das Führen von Dienstfahrzeugen erteilen (Dienstfahrerlaubnisse). [2] Diese Dienststellen nehmen die Aufgaben der Fahrerlaubnisbehörde wahr. [3] Für Dienstfahrerlaubnisse gelten die Bestimmungen dieses Gesetzes und der auf ihm beruhenden Rechtsvorschriften, soweit gesetzlich nichts anderes bestimmt ist. [4] Mit Dienstfahrerlaubnissen dürfen nur Dienstfahrzeuge geführt werden.

(10a) [1] Die nach Landesrecht zuständige Behörde kann Angehörigen der Freiwilligen Feuerwehren, der nach Landesrecht anerkannten Rettungsdienste, des Technischen Hilfswerks und sonstiger Einheiten des Katastrophenschutzes, die ihre Tätigkeit ehrenamtlich ausüben, Fahrberechtigungen zum Führen von Einsatzfahrzeugen auf öffentlichen Straßen bis zu einer zulässigen Gesamtmasse von 4,75 t – auch mit Anhängern, sofern die zulässige Gesamtmasse der Kombination 4,75 t nicht übersteigt – erteilen. [2] Der Bewerber um die Fahrberechtigung muss

1. mindestens seit zwei Jahren eine Fahrerlaubnis der Klasse B besitzen,
2. in das Führen von Einsatzfahrzeugen bis zu einer zulässigen Gesamtmasse von 4,75 t eingewiesen worden sein und
3. in einer praktischen Prüfung seine Befähigung nachgewiesen haben.

[3] Die Fahrberechtigung gilt im gesamten Hoheitsgebiet der Bundesrepublik Deutschland zur Aufgabenerfüllung der in Satz 1 genannten Organisationen oder Einrichtungen. [4] Die Sätze 1 bis 3 gelten entsprechend für den Erwerb der Fahrberechtigung zum Führen von Einsatzfahrzeugen bis zu einer zulässigen Gesamtmasse von 7,5 t – auch mit Anhängern, sofern die zulässige Gesamtmasse der Kombination 7,5 t nicht übersteigt.

(11) Nach näherer Bestimmung durch Rechtsverordnung[1)] gemäß § 6 Abs. 1 Nr. 1 Buchstabe j berechtigen auch ausländische Fahrerlaubnisse zum Führen von Kraftfahrzeugen im Inland.

[1)] Beachte zur Einteilung der Fahrerlaubnisklassen § 6 Fahrerlaubnis-VO **(Schönfelder ErgBd. Nr. 35d)**.

(12) [1] Die Polizei hat Informationen über Tatsachen, die auf nicht nur vorübergehende Mängel hinsichtlich der Eignung oder auf Mängel hinsichtlich der Befähigung einer Person zum Führen von Kraftfahrzeugen schließen lassen, den Fahrerlaubnisbehörden zu übermitteln, soweit dies für die Überprüfung der Eignung oder Befähigung aus der Sicht der übermittelnden Stelle erforderlich ist. [2] Soweit die mitgeteilten Informationen für die Beurteilung der Eignung oder Befähigung nicht erforderlich sind, sind die Unterlagen unverzüglich zu vernichten.

(13) [1] Stellen oder Personen, die die Eignung oder Befähigung zur Teilnahme am Straßenverkehr oder Ortskenntnisse zwecks Vorbereitung einer verwaltungsbehördlichen Entscheidung beurteilen oder prüfen oder die in Erster Hilfe (§ 2 Abs. 2 Satz 1 Nr. 6) ausbilden, müssen für diese Aufgaben gesetzlich oder amtlich anerkannt oder beauftragt sein. [2] Personen, die die Befähigung zum Führen von Kraftfahrzeugen nach § 2 Abs. 5 prüfen, müssen darüber hinaus einer Technischen Prüfstelle für den Kraftfahrzeugverkehr nach § 10 des Kraftfahrsachverständigengesetzes angehören. [3] Voraussetzungen, Inhalt, Umfang und Verfahren für die Anerkennung oder Beauftragung und die Aufsicht werden – soweit nicht bereits im Kraftfahrsachverständigengesetz oder in auf ihm beruhenden Rechtsvorschriften geregelt – durch Rechtsverordnung gemäß § 6 Abs. 1 Nr. 1 Buchstabe k näher bestimmt. [4] Abweichend von den Sätzen 1 bis 3 sind Personen, die die Voraussetzungen des Absatzes 16 für die Begleitung erfüllen, berechtigt, die Befähigung zum Führen von Einsatzfahrzeugen der in Absatz 10a Satz 1 genannten Organisationen oder Einrichtungen zu prüfen.

(14) [1] Die Fahrerlaubnisbehörden dürfen den in Absatz 13 Satz 1 genannten Stellen und Personen die Daten übermitteln, die diese zur Erfüllung ihrer Aufgaben benötigen. [2] Die betreffenden Stellen und Personen dürfen diese Daten und nach näherer Bestimmung durch Rechtsverordnung gemäß § 6 Abs. 1 Nr. 1 Buchstabe k die bei der Erfüllung ihrer Aufgaben anfallenden Daten verarbeiten.

(15) [1] Wer zur Ausbildung, zur Ablegung der Prüfung oder zur Begutachtung der Eignung oder Befähigung ein Kraftfahrzeug auf öffentlichen Straßen führt, muss dabei von einem Fahrlehrer oder einem Fahrlehreranwärter im Sinne des Fahrlehrergesetzes begleitet werden. [2] Bei den Fahrten nach Satz 1 sowie bei der Hin- und Rückfahrt zu oder von einer Prüfung oder einer Begutachtung gilt im Sinne dieses Gesetzes der Fahrlehrer oder der Fahrlehreranwärter als Führer des Kraftfahrzeugs, wenn der Kraftfahrzeugführer keine entsprechende Fahrerlaubnis besitzt.

(16) [1] Wer zur Einweisung oder zur Ablegung der Prüfung nach Absatz 10a ein entsprechendes Einsatzfahrzeug auf öffentlichen Straßen führt, muss von einem Fahrlehrer im Sinne des Fahrlehrergesetzes oder abweichend von Absatz 15 Satz 1 von einem Angehörigen der in Absatz 10a Satz 1 genannten Organisationen oder Einrichtungen, der

1. das 30. Lebensjahr vollendet hat,
2. mindestens seit fünf Jahren eine gültige Fahrerlaubnis der Klasse C1 besitzt und
3. zum Zeitpunkt der Einweisungs- und Prüfungsfahrten im Fahreignungsregister mit nicht mehr als zwei Punkten belastet ist,

begleitet werden. [2] Absatz 15 Satz 2 gilt entsprechend. [3] Die nach Landesrecht zuständige Behörde kann überprüfen, ob die Voraussetzungen des Satzes 1 erfüllt sind; sie kann die Auskunft nach Satz 1 Nummer 3 beim Fahreignungsregister einholen. [4] Die Fahrerlaubnis nach Satz 1 Nummer 2 ist durch einen gültigen Führerschein nachzuweisen, der während der Einweisungs- und Prüfungsfahrten mitzuführen und zur Überwachung des Straßenverkehrs berechtigten Personen auszuhändigen ist.

§ 2a[1)] Fahrerlaubnis auf Probe. (1) [1]Bei erstmaligem Erwerb einer Fahrerlaubnis wird diese auf Probe erteilt; die Probezeit dauert zwei Jahre vom Zeitpunkt der Erteilung an. [2]Bei Erteilung einer Fahrerlaubnis an den Inhaber einer im Ausland erteilten Fahrerlaubnis ist die Zeit seit deren Erwerb auf die Probezeit anzurechnen. [3]Die Regelungen über die Fahrerlaubnis auf Probe finden auch Anwendung auf Inhaber einer gültigen Fahrerlaubnis aus einem Mitgliedstaat der Europäischen Union oder einem anderen Vertragsstaat des Abkommens über den Europäischen Wirtschaftsraum, die ihren ordentlichen Wohnsitz in das Inland verlegt haben. [4]Die Zeit seit dem Erwerb der Fahrerlaubnis ist auf die Probezeit anzurechnen. [5]Die Beschlagnahme, Sicherstellung oder Verwahrung von Führerscheinen nach § 94 der Strafprozessordnung[2)], die vorläufige Entziehung nach § 111a der Strafprozessordnung und die sofort vollziehbare Entziehung durch die Fahrerlaubnisbehörde hemmen den Ablauf der Probezeit. [6]Die Probezeit endet vorzeitig, wenn die Fahrerlaubnis entzogen wird oder der Inhaber auf sie verzichtet. [7]In diesem Fall beginnt mit der Erteilung einer neuen Fahrerlaubnis eine neue Probezeit, jedoch nur im Umfang der Restdauer der vorherigen Probezeit.

(2) [1]Ist gegen den Inhaber einer Fahrerlaubnis wegen einer innerhalb der Probezeit begangenen Straftat oder Ordnungswidrigkeit eine rechtskräftige Entscheidung ergangen, die nach § 28 Absatz 3 Nummer 1 oder 3 Buchstabe a oder c in das Fahreignungsregister einzutragen ist, so hat, auch wenn die Probezeit zwischenzeitlich abgelaufen oder die Fahrerlaubnis nach § 6e Absatz 2 widerrufen worden ist, die Fahrerlaubnisbehörde

1. seine Teilnahme an einem Aufbauseminar anzuordnen und hierfür eine Frist zu setzen, wenn er eine schwerwiegende oder zwei weniger schwerwiegende Zuwiderhandlungen begangen hat,
2. ihn schriftlich zu verwarnen und ihm nahezulegen, innerhalb von zwei Monaten an einer verkehrspsychologischen Beratung nach Absatz 7 teilzunehmen, wenn er nach Teilnahme an einem Aufbauseminar innerhalb der Probezeit eine weitere schwerwiegende oder zwei weitere weniger schwerwiegende Zuwiderhandlungen begangen hat,
3. ihm die Fahrerlaubnis zu entziehen, wenn er nach Ablauf der in Nummer 2 genannten Frist innerhalb der Probezeit eine weitere schwerwiegende oder zwei weitere weniger schwerwiegende Zuwiderhandlungen begangen hat.

[2]Die Fahrerlaubnisbehörde ist bei den Maßnahmen nach den Nummern 1 bis 3 an die rechtskräftige Entscheidung über die Straftat oder Ordnungswidrigkeit gebunden.

(2a) [1]Die Probezeit verlängert sich um zwei Jahre, wenn die Teilnahme an einem Aufbauseminar nach Absatz 2 Satz 1 Nr. 1 angeordnet worden ist. [2]Die Probezeit verlängert sich außerdem um zwei Jahre, wenn die Anordnung nur deshalb nicht erfolgt ist, weil die Fahrerlaubnis entzogen worden ist oder der Inhaber der Fahrerlaubnis auf sie verzichtet hat.

[1)] § 2a Abs. 2 Satz 1 einl. Satzteil, Abs. 5 Satz 1 geänd. mWv 9.12.2010 durch G v. 2.12.2010 (BGBl. I S. 1748); Abs. 2 Satz 1 einl. Satzteil und Nr. 2 geänd., Satz 3 aufgeh., Abs. 5 Satz 1 Nr. 1 und 2 geänd., Abs. 7 angef. mWv 1.5.2014 durch G v. 28.8.2013 (BGBl. I S. 3313); Abs. 2 Satz 1 einl. Satzteil geänd. mWv 5.12.2014 durch G v. 28.11.2014 (BGBl. I S. 1802).

[2)] **Schönfelder Nr. 90.**

(3) Ist der Inhaber einer Fahrerlaubnis einer vollziehbaren Anordnung der zuständigen Behörde nach Absatz 2 Satz 1 Nr. 1 in der festgesetzten Frist nicht nachgekommen, so ist die Fahrerlaubnis zu entziehen.

(4) [1] Die Entziehung der Fahrerlaubnis nach § 3 bleibt unberührt; die zuständige Behörde kann insbesondere auch die Beibringung eines Gutachtens einer amtlich anerkannten Begutachtungsstelle für Fahreignung anordnen, wenn der Inhaber einer Fahrerlaubnis innerhalb der Probezeit Zuwiderhandlungen begangen hat, die nach den Umständen des Einzelfalls bereits Anlass zu der Annahme geben, dass er zum Führen von Kraftfahrzeugen ungeeignet ist. [2] Hält die Behörde auf Grund des Gutachtens seine Nichteignung nicht für erwiesen, so hat sie die Teilnahme an einem Aufbauseminar anzuordnen, wenn der Inhaber der Fahrerlaubnis an einem solchen Kurs nicht bereits teilgenommen hatte. [3] Absatz 3 gilt entsprechend.

(5) [1] Ist eine Fahrerlaubnis entzogen worden

1. nach § 3 oder nach § 4 Absatz 5 Satz 1 Nummer 3 dieses Gesetzes, weil innerhalb der Probezeit Zuwiderhandlungen begangen wurden, oder nach § 69 oder § 69b des Strafgesetzbuches[1)],
2. nach Absatz 3, weil einer Anordnung zur Teilnahme an einem Aufbauseminar nicht nachgekommen wurde,

oder wurde die Fahrerlaubnis nach § 6e Absatz 2 widerrufen, so darf eine neue Fahrerlaubnis unbeschadet der übrigen Voraussetzungen nur erteilt werden, wenn der Antragsteller nachweist, dass er an einem Aufbauseminar teilgenommen hat. [2] Das Gleiche gilt, wenn der Antragsteller nur deshalb nicht an einem angeordneten Aufbauseminar teilgenommen hat oder die Anordnung nur deshalb nicht erfolgt ist, weil die Fahrerlaubnis aus anderen Gründen entzogen worden ist oder er zwischenzeitlich auf die Fahrerlaubnis verzichtet hat. [3] Ist die Fahrerlaubnis nach Absatz 2 Satz 1 Nr. 3 entzogen worden, darf eine neue Fahrerlaubnis frühestens drei Monate nach Wirksamkeit der Entziehung erteilt werden; die Frist beginnt mit der Ablieferung des Führerscheins. [4] Auf eine mit der Erteilung einer Fahrerlaubnis nach vorangegangener Entziehung gemäß Absatz 1 Satz 7 beginnende neue Probezeit ist Absatz 2 nicht anzuwenden. [5] Die zuständige Behörde hat in diesem Fall in der Regel die Beibringung eines Gutachtens einer amtlich anerkannten Begutachtungsstelle für Fahreignung anzuordnen, sobald der Inhaber einer Fahrerlaubnis innerhalb der neuen Probezeit erneut eine schwerwiegende oder zwei weniger schwerwiegende Zuwiderhandlungen begangen hat.

(6) Widerspruch und Anfechtungsklage gegen die Anordnung des Aufbauseminars nach Absatz 2 Satz 1 Nr. 1 und Absatz 4 Satz 2 sowie die Entziehung der Fahrerlaubnis nach Absatz 2 Satz 1 Nr. 3 und Absatz 3 haben keine aufschiebende Wirkung.

(7) [1] In der verkehrspsychologischen Beratung soll der Inhaber einer Fahrerlaubnis auf Probe veranlasst werden, Mängel in seiner Einstellung zum Straßenverkehr und im verkehrssicheren Verhalten zu erkennen und die Bereitschaft zu entwickeln, diese Mängel abzubauen. [2] Die Beratung findet in Form eines Einzelgesprächs statt. [3] Sie kann durch eine Fahrprobe ergänzt werden, wenn der Berater dies für erforderlich hält. [4] Der Berater soll die Ursachen der Mängel aufklären und Wege zu ihrer Beseitigung aufzeigen. [5] Erkenntnisse aus der Beratung sind nur für den Inhaber einer Fahrerlaubnis auf Probe bestimmt und nur diesem mitzuteilen. [6] Der Inhaber einer Fahrerlaubnis auf Probe erhält jedoch eine Bescheinigung über die Teilnahme zur Vorlage bei der nach Landesrecht zuständigen Behörde. [7] Die

---

[1)] **Schönfelder Nr. 85.**

Beratung darf nur von einer Person durchgeführt werden, die hierfür amtlich anerkannt ist. [8] Die amtliche Anerkennung ist zu erteilen, wenn der Bewerber

1. persönlich zuverlässig ist,
2. über den Abschluss eines Hochschulstudiums als Diplom-Psychologe oder eines gleichwertigen Masterabschlusses in Psychologie verfügt und
3. eine Ausbildung und Erfahrungen in der Verkehrspsychologie nach näherer Bestimmung durch Rechtsverordnung nach § 6 Absatz 1 Nummer 1 Buchstabe u nachweist.

§ 2b[1)] Aufbauseminar bei Zuwiderhandlungen innerhalb der Probezeit.

(1) [1] Die Teilnehmer an Aufbauseminaren sollen durch Mitwirkung an Gruppengesprächen und an einer Fahrprobe veranlasst werden, eine risikobewusstere Einstellung im Straßenverkehr zu entwickeln und sich dort sicher und rücksichtsvoll zu verhalten. [2] Auf Antrag kann die anordnende Behörde der betroffenen Person die Teilnahme an einem Einzelseminar gestatten.

(2) [1] Die Aufbauseminare dürfen nur von Fahrlehrern durchgeführt werden, die Inhaber einer entsprechenden Erlaubnis nach dem Fahrlehrergesetz sind. [2] Besondere Aufbauseminare für Inhaber einer Fahrerlaubnis auf Probe, die unter dem Einfluss von Alkohol oder anderer berauschender Mittel am Verkehr teilgenommen haben, werden nach näherer Bestimmung durch Rechtsverordnung gemäß § 6 Abs. 1 Nr. 1 Buchstabe n von hierfür amtlich anerkannten anderen Seminarleitern durchgeführt.

(3) Ist der Teilnehmer an einem Aufbauseminar nicht Inhaber einer Fahrerlaubnis oder unterliegt er einem rechtskräftig angeordneten Fahrverbot, so gilt hinsichtlich der Fahrprobe § 2 Abs. 15 entsprechend.

§ 2c[2)] Unterrichtung der Fahrerlaubnisbehörden durch das Kraftfahrt-Bundesamt. [1] Das Kraftfahrt-Bundesamt hat die zuständige Behörde zu unterrichten, wenn über den Inhaber einer Fahrerlaubnis Entscheidungen in das Fahreignungsregister eingetragen werden, die zu Anordnungen nach § 2a Abs. 2, 4 und 5 führen können. [2] Hierzu übermittelt es die notwendigen Daten aus dem Zentralen Fahrerlaubnisregister sowie den Inhalt der Eintragungen im Fahreignungsregister über die innerhalb der Probezeit begangenen Straftaten und Ordnungswidrigkeiten. [3] Hat bereits eine Unterrichtung nach Satz 1 stattgefunden, so hat das Kraftfahrt-Bundesamt bei weiteren Unterrichtungen auch hierauf hinzuweisen.

§ 3[3)] Entziehung der Fahrerlaubnis. (1) [1] Erweist sich jemand als ungeeignet oder nicht befähigt zum Führen von Kraftfahrzeugen, so hat ihm die Fahrerlaubnisbehörde die Fahrerlaubnis zu entziehen. [2] Bei einer ausländischen Fahrerlaubnis hat die Entziehung – auch wenn sie nach anderen Vorschriften erfolgt – die Wirkung einer Aberkennung des Rechts, von der Fahrerlaubnis im Inland Gebrauch zu machen. [3] § 2 Abs. 7 und 8 gilt entsprechend.

[1)] § 2b Abs. 3 geänd. mWv 9.12.2010 durch G v. 2.12.2010 (BGBl. I S. 1748); Abs. 1 Satz 2 geänd. mWv 26.11.2019 durch G v. 20.11.2019 (BGBl. I S. 1626).

[2)] § 2c Sätze 1 und 2 geänd. mWv 1.5.2014 durch G v. 28.8.2013 (BGBl. I S. 3313).

[3)] § 3 Abs. 3 Satz 2 geänd. mWv 1.7.2005 durch G v. 21.6.2005 (BGBl. I S. 1818); Abs. 6 neu gef., Abs. 7 angef. mWv 7.12.2016 durch G v. 28.11.2016 (BGBl. I S. 2722).

(2) [1]Mit der Entziehung erlischt die Fahrerlaubnis. [2]Bei einer ausländischen Fahrerlaubnis erlischt das Recht zum Führen von Kraftfahrzeugen im Inland. [3]Nach der Entziehung ist der Führerschein der Fahrerlaubnisbehörde abzuliefern oder zur Eintragung der Entscheidung vorzulegen. [4]Die Sätze 1 bis 3 gelten auch, wenn die Fahrerlaubnisbehörde die Fahrerlaubnis auf Grund anderer Vorschriften entzieht.

(3) [1]Solange gegen den Inhaber der Fahrerlaubnis ein Strafverfahren anhängig ist, in dem die Entziehung der Fahrerlaubnis nach § 69 des Strafgesetzbuchs[1)] in Betracht kommt, darf die Fahrerlaubnisbehörde den Sachverhalt, der Gegenstand des Strafverfahrens ist, in einem Entziehungsverfahren nicht berücksichtigen. [2]Dies gilt nicht, wenn die Fahrerlaubnis von einer Dienststelle der Bundeswehr, der Bundespolizei oder der Polizei für Dienstfahrzeuge erteilt worden ist.

(4) [1]Will die Fahrerlaubnisbehörde in einem Entziehungsverfahren einen Sachverhalt berücksichtigen, der Gegenstand der Urteilsfindung in einem Strafverfahren gegen den Inhaber der Fahrerlaubnis gewesen ist, so kann sie zu dessen Nachteil vom Inhalt des Urteils insoweit nicht abweichen, als es sich auf die Feststellung des Sachverhalts oder die Beurteilung der Schuldfrage oder der Eignung zum Führen von Kraftfahrzeugen bezieht. [2]Der Strafbefehl und die gerichtliche Entscheidung, durch welche die Eröffnung des Hauptverfahrens oder der Antrag auf Erlass eines Strafbefehls abgelehnt wird, stehen einem Urteil gleich; dies gilt auch für Bußgeldentscheidungen, soweit sie sich auf die Feststellung des Sachverhalts und die Beurteilung der Schuldfrage beziehen.

(5) Die Fahrerlaubnisbehörde darf der Polizei die verwaltungsbehördliche oder gerichtliche Entziehung der Fahrerlaubnis oder das Bestehen eines Fahrverbots übermitteln, soweit dies im Einzelfall für die polizeiliche Überwachung im Straßenverkehr erforderlich ist.

(6) Für die Erteilung des Rechts, nach vorangegangener Entziehung oder vorangegangenem Verzicht von einer ausländischen Fahrerlaubnis im Inland wieder Gebrauch zu machen, an Personen mit ordentlichem Wohnsitz im Ausland gelten die Vorschriften über die Neuerteilung einer Fahrerlaubnis nach vorangegangener Entziehung oder vorangegangenem Verzicht entsprechend.

(7) Durch Rechtsverordnung auf Grund des § 6 Absatz 1 Nummer 1 Buchstabe r können Fristen und Voraussetzungen

1. für die Erteilung einer neuen Fahrerlaubnis nach vorangegangener Entziehung oder nach vorangegangenem Verzicht oder
2. für die Erteilung des Rechts, nach vorangegangener Entziehung oder vorangegangenem Verzicht von einer ausländischen Fahrerlaubnis im Inland wieder Gebrauch zu machen, an Personen mit ordentlichem Wohnsitz im Ausland

bestimmt werden.

§ 4[2)] Fahreignungs-Bewertungssystem. (1) [1]Zum Schutz vor Gefahren, die von Inhabern einer Fahrerlaubnis ausgehen, die wiederholt gegen die die Sicherheit des Straßenverkehrs betreffenden straßenverkehrsrechtlichen oder gefahrgutbeförderungsrechtlichen Vorschriften verstoßen, hat die nach Landesrecht zuständige Behörde die in Absatz 5 genannten Maßnahmen (Fahreignungs-Bewertungs-

[1)] *Schönfelder Nr. 85.*

[2)] § 4 neu gef. mWv 1.5.2014 durch G v. 28.8.2013 (BGBl. I S. 3313); Abs. 3 Satz 4, Abs. 5 Satz 6 und Abs. 6 neu gef., Abs. 4 und Abs. 10 Satz 2 geänd. mWv 5.12.2014 durch G v. 28.11.2014 (BGBl. I S. 1802).

system) zu ergreifen. [2]Den in Satz 1 genannten Vorschriften stehen jeweils Vorschriften gleich, die dem Schutz

1. von Maßnahmen zur Rettung aus Gefahren für Leib und Leben von Menschen oder
2. zivilrechtlicher Ansprüche Unfallbeteiligter

dienen. [3]Das Fahreignungs-Bewertungssystem ist nicht anzuwenden, wenn sich die Notwendigkeit früherer oder anderer die Fahreignung betreffender Maßnahmen nach den Vorschriften über die Entziehung der Fahrerlaubnis nach § 3 Absatz 1 oder einer auf Grund § 6 Absatz 1 Nummer 1 erlassenen Rechtsverordnung ergibt. [4]Das Fahreignungs-Bewertungssystem und die Regelungen über die Fahrerlaubnis auf Probe sind nebeneinander anzuwenden.

(2) [1]Für die Anwendung des Fahreignungs-Bewertungssystems sind die in einer Rechtsverordnung nach § 6 Absatz 1 Nummer 1 Buchstabe s bezeichneten Straftaten und Ordnungswidrigkeiten maßgeblich. [2]Sie werden nach Maßgabe der in Satz 1 genannten Rechtsverordnung wie folgt bewertet:

1. Straftaten mit Bezug auf die Verkehrssicherheit oder gleichgestellte Straftaten, sofern in der Entscheidung über die Straftat die Entziehung der Fahrerlaubnis nach den §§ 69 und 69b des Strafgesetzbuches[1)] oder eine Sperre nach § 69a Absatz 1 Satz 3 des Strafgesetzbuches angeordnet worden ist, mit drei Punkten,
2. Straftaten mit Bezug auf die Verkehrssicherheit oder gleichgestellte Straftaten, sofern sie nicht von Nummer 1 erfasst sind, und besonders verkehrssicherheitsbeeinträchtigende oder gleichgestellte Ordnungswidrigkeiten jeweils mit zwei Punkten und
3. verkehrssicherheitsbeeinträchtigende oder gleichgestellte Ordnungswidrigkeiten mit einem Punkt.

[3]Punkte ergeben sich mit der Begehung der Straftat oder Ordnungswidrigkeit, sofern sie rechtskräftig geahndet wird. [4]Soweit in Entscheidungen über Straftaten oder Ordnungswidrigkeiten auf Tateinheit entschieden worden ist, wird nur die Zuwiderhandlung mit der höchsten Punktzahl berücksichtigt.

(3) [1]Wird eine Fahrerlaubnis erteilt, dürfen Punkte für vor der Erteilung rechtskräftig gewordene Entscheidungen über Zuwiderhandlungen nicht mehr berücksichtigt werden. [2]Diese Punkte werden gelöscht. [3]Die Sätze 1 und 2 gelten auch, wenn

1. die Fahrerlaubnis entzogen,
2. eine Sperre nach § 69a Absatz 1 Satz 3 des Strafgesetzbuches angeordnet oder
3. auf die Fahrerlaubnis verzichtet

worden ist und die Fahrerlaubnis danach neu erteilt wird. [4]Die Sätze 1 und 2 gelten nicht bei

1. Entziehung der Fahrerlaubnis nach § 2a Absatz 3,
2. Verlängerung einer Fahrerlaubnis,
3. Erteilung nach Erlöschen einer befristet erteilten Fahrerlaubnis,
4. Erweiterung einer Fahrerlaubnis oder
5. vereinfachter Erteilung einer Fahrerlaubnis an Inhaber einer Dienstfahrerlaubnis oder Inhaber einer ausländischen Fahrerlaubnis.

---

1) Schönfelder Nr. 85.

(4) Inhaber einer Fahrerlaubnis mit einem Punktestand von einem Punkt bis zu drei Punkten sind mit der Speicherung der zugrunde liegenden Entscheidungen nach § 28 Absatz 3 Nummer 1 oder 3 Buchstabe a oder c für die Zwecke des Fahreignungs-Bewertungssystems vorgemerkt.

(5) [1] Die nach Landesrecht zuständige Behörde hat gegenüber den Inhabern einer Fahrerlaubnis folgende Maßnahmen stufenweise zu ergreifen, sobald sich in der Summe folgende Punktestände ergeben:

1. Ergeben sich vier oder fünf Punkte, ist der Inhaber einer Fahrerlaubnis beim Erreichen eines dieser Punktestände schriftlich zu ermahnen;
2. ergeben sich sechs oder sieben Punkte, ist der Inhaber einer Fahrerlaubnis beim Erreichen eines dieser Punktestände schriftlich zu verwarnen;
3. ergeben sich acht oder mehr Punkte, gilt der Inhaber einer Fahrerlaubnis als ungeeignet zum Führen von Kraftfahrzeugen und die Fahrerlaubnis ist zu entziehen.

[2] Die Ermahnung nach Satz 1 Nummer 1 und die Verwarnung nach Satz 1 Nummer 2 enthalten daneben den Hinweis, dass ein Fahreignungsseminar nach § 4a freiwillig besucht werden kann, um das Verkehrsverhalten zu verbessern; im Fall der Verwarnung erfolgt zusätzlich der Hinweis, dass hierfür kein Punktabzug gewährt wird. [3] In der Verwarnung nach Satz 1 Nummer 2 ist darüber zu unterrichten, dass bei Erreichen von acht Punkten die Fahrerlaubnis entzogen wird. [4] Die nach Landesrecht zuständige Behörde ist bei den Maßnahmen nach Satz 1 an die rechtskräftige Entscheidung über die Straftat oder die Ordnungswidrigkeit gebunden. [5] Sie hat für das Ergreifen der Maßnahmen nach Satz 1 auf den Punktestand abzustellen, der sich zum Zeitpunkt der Begehung der letzten zur Ergreifung der Maßnahme führenden Straftat oder Ordnungswidrigkeit ergeben hat. [6] Bei der Berechnung des Punktestandes werden Zuwiderhandlungen

1. unabhängig davon berücksichtigt, ob nach deren Begehung bereits Maßnahmen ergriffen worden sind,
2. nur dann berücksichtigt, wenn deren Tilgungsfrist zu dem in Satz 5 genannten Zeitpunkt noch nicht abgelaufen war.

[7] Spätere Verringerungen des Punktestandes auf Grund von Tilgungen bleiben unberücksichtigt.

(6) [1] Die nach Landesrecht zuständige Behörde darf eine Maßnahme nach Absatz 5 Satz 1 Nummer 2 oder 3 erst ergreifen, wenn die Maßnahme der jeweils davor liegenden Stufe nach Absatz 5 Satz 1 Nummer 1 oder 2 bereits ergriffen worden ist. [2] Sofern die Maßnahme der davor liegenden Stufe noch nicht ergriffen worden ist, ist diese zu ergreifen. [3] Im Fall des Satzes 2 verringert sich der Punktestand mit Wirkung vom Tag des Ausstellens der ergriffenen

1. Ermahnung auf fünf Punkte,
2. Verwarnung auf sieben Punkte,

wenn der Punktestand zu diesem Zeitpunkt nicht bereits durch Tilgungen oder Punktabzüge niedriger ist. [4] Punkte für Zuwiderhandlungen, die vor der Verringerung nach Satz 3 begangen worden sind und von denen die nach Landesrecht zuständige Behörde erst nach der Verringerung Kenntnis erhält, erhöhen den sich nach Satz 3 ergebenden Punktestand. [5] Späteren Tilgungen oder Punktabzügen *wird der sich nach Anwendung* der Sätze 3 und 4 ergebende Punktestand zugrunde gelegt.

(7) [1]Nehmen Inhaber einer Fahrerlaubnis freiwillig an einem Fahreignungsseminar teil und legen sie hierüber der nach Landesrecht zuständigen Behörde innerhalb von zwei Wochen nach Beendigung des Seminars eine Teilnahmebescheinigung vor, wird ihnen bei einem Punktestand von ein bis fünf Punkten ein Punkt abgezogen; maßgeblich ist der Punktestand zum Zeitpunkt der Ausstellung der Teilnahmebescheinigung. [2]Der Besuch eines Fahreignungsseminars führt jeweils nur einmal innerhalb von fünf Jahren zu einem Punktabzug. [3]Für den zu verringernden Punktestand und die Berechnung der Fünfjahresfrist ist jeweils das Ausstellungsdatum der Teilnahmebescheinigung maßgeblich.

(8) [1]Zur Vorbereitung der Maßnahmen nach Absatz 5 hat das Kraftfahrt-Bundesamt bei Erreichen der jeweiligen Punktestände nach Absatz 5, auch in Verbindung mit den Absätzen 6 und 7, der nach Landesrecht zuständigen Behörde die vorhandenen Eintragungen aus dem Fahreignungsregister zu übermitteln. [2]Unabhängig von Satz 1 hat das Kraftfahrt-Bundesamt bei jeder Entscheidung, die wegen einer Zuwiderhandlung nach

1. § 315c Absatz 1 Nummer 1 Buchstabe a des Strafgesetzbuches,
2. den §§ 316 oder 323a des Strafgesetzbuches oder
3. den §§ 24a oder 24c

ergangen ist, der nach Landesrecht zuständigen Behörde die vorhandenen Eintragungen aus dem Fahreignungsregister zu übermitteln.

(9) Widerspruch und Anfechtungsklage gegen die Entziehung nach Absatz 5 Satz 1 Nummer 3 haben keine aufschiebende Wirkung.

(10) [1]Ist die Fahrerlaubnis nach Absatz 5 Satz 1 Nummer 3 entzogen worden, darf eine neue Fahrerlaubnis frühestens sechs Monate nach Wirksamkeit der Entziehung erteilt werden. [2]Das gilt auch bei einem Verzicht auf die Fahrerlaubnis, wenn zum Zeitpunkt der Wirksamkeit des Verzichtes mindestens zwei Entscheidungen nach § 28 Absatz 3 Nummer 1 oder 3 Buchstabe a oder c gespeichert waren. [3]Die Frist nach Satz 1, auch in Verbindung mit Satz 2, beginnt mit der Ablieferung des Führerscheins nach § 3 Absatz 2 Satz 3 in Verbindung mit dessen Satz 4. [4]In den Fällen des Satzes 1, auch in Verbindung mit Satz 2, hat die nach Landesrecht zuständige Behörde unbeschadet der Erfüllung der sonstigen Voraussetzungen für die Erteilung der Fahrerlaubnis zum Nachweis, dass die Eignung zum Führen von Kraftfahrzeugen wiederhergestellt ist, in der Regel die Beibringung eines Gutachtens einer amtlich anerkannten Begutachtungsstelle für Fahreignung anzuordnen.

§ 4a[1)] Fahreignungsseminar. (1) [1]Mit dem Fahreignungsseminar soll erreicht werden, dass die Teilnehmer sicherheitsrelevante Mängel in ihrem Verkehrsverhalten und insbesondere in ihrem Fahrverhalten erkennen und abbauen. [2]Hierzu sollen die Teilnehmer durch die Vermittlung von Kenntnissen zum Straßenverkehrsrecht, zu Gefahrenpotenzialen und zu verkehrssicherem Verhalten im Straßenverkehr, durch Analyse und Korrektur verkehrssicherheitsgefährdender Verhaltensweisen sowie durch Aufzeigen der Bedingungen und Zusammenhänge des regelwidrigen Verkehrsverhaltens veranlasst werden.

---

1) § 4a eingef. mWv 1.5.2014 durch G v. 28.8.2013 (BGBl. I S. 3313); Abs. 4 Satz 1 Nr. 3 und 4 geänd., Nr. 5 angef., Abs. 8 Satz 8 geänd. mWv 5.12.2014 durch G v. 28.11.2014 (BGBl. I S. 1802); Abs. 2 Satz 2 Nr. 1, Abs. 3 Satz 4 und Abs. 7 geänd. mWv 1.1.2018 durch G v. 30.6.2017 (BGBl. I S. 2162); Abs. 6 Satz 2 Nr. 1 bis 3 und 4 Buchst. a und b geänd. mWv 26.11.2019 durch G v. 20.11.2019 (BGBl. I S. 1626).

(2) [1] Das Fahreignungsseminar besteht aus einer verkehrspädagogischen und aus einer verkehrspsychologischen Teilmaßnahme, die aufeinander abzustimmen sind. [2] Zur Durchführung sind berechtigt

1. für die verkehrspädagogische Teilmaßnahme Fahrlehrer, die über eine Seminarerlaubnis Verkehrspädagogik nach § 46 des Fahrlehrergesetzes und
2. für die verkehrspsychologische Teilmaßnahme Personen, die über eine Seminarerlaubnis Verkehrspsychologie nach Absatz 3

verfügen.

(3) [1] Wer die verkehrspsychologische Teilmaßnahme des Fahreignungsseminars im Sinne des Absatzes 2 Satz 2 Nummer 2 durchführt, bedarf der Erlaubnis (Seminarerlaubnis Verkehrspsychologie). [2] Die Seminarerlaubnis Verkehrspsychologie wird durch die nach Landesrecht zuständige Behörde erteilt. [3] Die nach Landesrecht zuständige Behörde kann nachträglich Auflagen anordnen, soweit dies erforderlich ist, um die Einhaltung der Anforderungen an Fahreignungsseminare und deren ordnungsgemäße Durchführung sicherzustellen. [4] § 13 des Fahrlehrergesetzes gilt entsprechend.

(4) [1] Die Seminarerlaubnis Verkehrspsychologie wird auf Antrag erteilt, wenn der Bewerber

1. über einen Abschluss eines Hochschulstudiums als Diplom-Psychologe oder einen gleichwertigen Master-Abschluss in Psychologie verfügt,
2. eine verkehrspsychologische Ausbildung an einer Universität oder gleichgestellten Hochschule oder Stelle, die sich mit der Begutachtung oder Wiederherstellung der Kraftfahreignung befasst, oder eine fachpsychologische Qualifikation nach dem Stand der Wissenschaft durchlaufen hat,
3. über Erfahrungen in der Verkehrspsychologie
   a) durch eine mindestens dreijährige Begutachtung von Kraftfahrern an einer Begutachtungsstelle für Fahreignung oder eine mindestens dreijährige Durchführung von besonderen Aufbauseminaren oder von Kursen zur Wiederherstellung der Kraftfahreignung,
   b) durch eine mindestens fünfjährige freiberufliche verkehrspsychologische Tätigkeit, deren Nachweis durch Bestätigungen von Behörden oder Begutachtungsstellen für Fahreignung oder durch die Dokumentation von zehn Therapiemaßnahmen für verkehrsauffällige Kraftfahrer, die mit einer positiven Begutachtung abgeschlossen wurden, erbracht werden kann, oder
   c) durch eine mindestens dreijährige freiberufliche verkehrspsychologische Tätigkeit nach vorherigem Erwerb einer Qualifikation als klinischer Psychologe oder Psychotherapeut nach dem Stand der Wissenschaft

   verfügt,
4. im Fahreignungsregister mit nicht mehr als zwei Punkten belastet ist und
5. eine zur Durchführung der verkehrspsychologischen Teilmaßnahme geeignete räumliche und sachliche Ausstattung nachweist.

[2] Die Erlaubnis ist zu versagen, wenn Tatsachen vorliegen, die Bedenken gegen die Zuverlässigkeit des Antragstellers begründen.

(5) [1] Die Seminarerlaubnis Verkehrspsychologie ist zurückzunehmen, wenn bei ihrer Erteilung eine der Voraussetzungen des Absatzes 4 nicht vorgelegen hat. [2] Die nach Landesrecht zuständige Behörde kann von der Rücknahme absehen, wenn der Mangel nicht mehr besteht. [3] Die Seminarerlaubnis Verkehrspsychologie

ist zu widerrufen, wenn nachträglich eine der in Absatz 4 genannten Voraussetzungen weggefallen ist. [4]Bedenken gegen die Zuverlässigkeit bestehen insbesondere dann, wenn der Seminarleiter wiederholt die Pflichten grob verletzt hat, die ihm nach diesem Gesetz oder den auf ihm beruhenden Rechtsverordnungen obliegen.

(6) [1]Der Inhaber einer Seminarerlaubnis Verkehrspsychologie hat die personenbezogenen Daten, die ihm als Seminarleiter der verkehrspsychologischen Teilmaßnahme bekannt geworden sind, zu speichern und fünf Jahre nach der Ausstellung einer vorgeschriebenen Teilnahmebescheinigung unverzüglich zu löschen. [2]Die Daten nach Satz 1 dürfen

1. vom Inhaber der Seminarerlaubnis Verkehrspsychologie längstens neun Monate nach der Ausstellung der Teilnahmebescheinigung für die Durchführung des jeweiligen Fahreignungsseminars verwendet werden,
2. vom Inhaber der Seminarerlaubnis Verkehrspsychologie der Bundesanstalt für Straßenwesen übermittelt und von dieser zur Evaluierung nach § 4b verwendet werden,
3. von der Bundesanstalt für Straßenwesen oder in ihrem Auftrag an Dritte, die die Evaluierung nach § 4b im Auftrag der Bundesanstalt für Straßenwesen durchführen oder an ihr beteiligt sind, übermittelt und von den Dritten für die Evaluierung verwendet werden,
4. vom Inhaber der Seminarerlaubnis Verkehrspsychologie ausschließlich in Gestalt von Name, Vorname, Geburtsdatum und Anschrift des Seminarteilnehmers sowie dessen Unterschrift zur Teilnahmebestätigung
   a) der nach Landesrecht zuständigen Behörde übermittelt und von dieser zur Überwachung nach Absatz 8 verwendet werden,
   b) an Dritte, die ein von der zuständigen Behörde genehmigtes Qualitätssicherungssystem nach Absatz 8 Satz 6 betreiben und an dem der Inhaber der Seminarerlaubnis Verkehrspsychologie teilnimmt, übermittelt und im Rahmen dieses Qualitätssicherungssystems verwendet werden.

[3]Die Empfänger nach Satz 2 haben die Daten unverzüglich zu löschen, wenn sie nicht mehr für die in Satz 2 jeweils genannten Zwecke benötigt werden, spätestens jedoch fünf Jahre nach der Ausstellung der Teilnahmebescheinigung nach Satz 1.

(7) Jeder Inhaber einer Seminarerlaubnis Verkehrspsychologie hat alle zwei Jahre an einer insbesondere die Fahreignung betreffenden verkehrspsychologischen Fortbildung von mindestens sechs Stunden teilzunehmen.

(8) [1]Die Durchführung der verkehrspsychologischen Teilmaßnahme des Fahreignungsseminars unterliegt der Überwachung der nach Landesrecht zuständigen Behörde. [2]Die nach Landesrecht zuständige Behörde kann sich bei der Überwachung geeigneter Personen oder Stellen nach Landesrecht bedienen. [3]Die nach Landesrecht zuständige Behörde hat mindestens alle zwei Jahre an Ort und Stelle *zu prüfen, ob die gesetzlichen* Anforderungen an die Durchführung der verkehrspsychologischen Teilmaßnahme eingehalten werden. [4]Der Inhaber der Seminarerlaubnis Verkehrspsychologie hat die Prüfung zu ermöglichen. [5]Die in Satz 3 genannte Frist kann von der nach Landesrecht zuständigen Behörde auf vier Jahre verlängert werden, wenn in zwei aufeinanderfolgenden Überprüfungen keine oder nur geringfügige Mängel festgestellt worden sind. [6]Die nach Landesrecht zuständige Behörde kann von der wiederkehrenden Überwachung nach den Sätzen 1 bis 5 absehen, wenn der Inhaber einer Seminarerlaubnis Verkehrspsychologie sich einem von der nach Landesrecht zuständigen Behörde anerkannten Qualitätssicherungs-

system angeschlossen hat. [7]Im Fall des Satzes 6 bleibt die Befugnis der nach Landesrecht zuständigen Behörde zur Überwachung im Sinne der Sätze 1 bis 5 unberührt. [8]Das Bundesministerium für Verkehr und digitale Infrastruktur soll durch Rechtsverordnung mit Zustimmung des Bundesrates Anforderung an Qualitätssicherungssysteme und Regeln für die Durchführung der Qualitätssicherung bestimmen.

§ 4b[1)] Evaluierung. [1]Das Fahreignungsseminar, die Vorschriften hierzu und der Vollzug werden von der Bundesanstalt für Straßenwesen wissenschaftlich begleitet und evaluiert. [2]Die Evaluierung hat insbesondere zu untersuchen, ob das Fahreignungsseminar eine verhaltensverbessernde Wirkung im Hinblick auf die Verkehrssicherheit hat. [3]Die Bundesanstalt für Straßenwesen legt das Ergebnis der Evaluierung bis zum 1. Mai 2019 dem Bundesministerium für Verkehr und digitale Infrastruktur in einem Bericht zur Weiterleitung an den Deutschen Bundestag vor.

§ 5 Verlust von Dokumenten und Kennzeichen. [1]Besteht eine Verpflichtung zur Ablieferung oder Vorlage eines Führerscheins, Fahrzeugscheins, Anhängerverzeichnisses, Fahrzeugbriefs, Nachweises über die Zuteilung des amtlichen Kennzeichens oder über die Betriebserlaubnis oder EG-Typgenehmigung, eines ausländischen Führerscheins oder Zulassungsscheins oder eines internationalen Führerscheins oder Zulassungsscheins oder amtlicher Kennzeichen oder Versicherungskennzeichen und behauptet der Verpflichtete, der Ablieferungs- oder Vorlagepflicht deshalb nicht nachkommen zu können, weil ihm der Schein, das Verzeichnis, der Brief, der Nachweis oder die Kennzeichen verloren gegangen oder sonst abhanden gekommen sind, so hat er auf Verlangen der Verwaltungsbehörde eine Versicherung an Eides statt über den Verbleib des Scheins, Verzeichnisses, Briefs, Nachweises oder der Kennzeichen abzugeben. [2]Dies gilt auch, wenn jemand für einen verloren gegangenen oder sonst abhanden gekommenen Schein, Brief oder Nachweis oder ein verloren gegangenes oder sonst abhanden gekommenes Anhängerverzeichnis oder Kennzeichen eine neue Ausfertigung oder ein neues Kennzeichen beantragt.

§ 5a (weggefallen)

§ 5b[2)] Unterhaltung der Verkehrszeichen. (1) [1]Die Kosten der Beschaffung, Anbringung, Entfernung, Unterhaltung und des Betriebs der amtlichen Verkehrszeichen und -einrichtungen sowie der sonstigen vom Bundesministerium für Verkehr und digitale Infrastruktur zugelassenen Verkehrszeichen und -einrichtungen trägt der Träger der Straßenbaulast für diejenige Straße, in deren Verlauf sie angebracht werden oder angebracht worden sind, bei geteilter Straßenbaulast der für die durchgehende Fahrbahn zuständige Träger der Straßenbaulast. [2]Ist ein Träger der Straßenbaulast nicht vorhanden, so trägt der Eigentümer der Straße die Kosten.

[1)] *§ 4b eingef. mWv 1.5.2014 durch G v. 28.8.2013* (BGBl. I S. 3313); Satz 3 geänd. mWv 5.12.2014 durch G v. 28.11.2014 (BGBl. I S. 1802).

[2)] § 5b Abs. 1 Satz 1 und Abs. 3 geänd. mWv 18.8.2006 durch G v. 14.8.2006 (BGBl. I S. 1958); Abs. 1 Satz 1 und Abs. 3 geänd. mWv 5.12.2014 durch G v. 28.11.2014 (BGBl. I S. 1802).

(2) Diese Kosten tragen abweichend vom Absatz 1

a) die Unternehmer der Schienenbahnen für Andreaskreuze, Schranken, Blinklichter mit oder ohne Halbschranken;

b) die Unternehmer im Sinne des Personenbeförderungsgesetzes[1] für Haltestellenzeichen;

c) die Gemeinden in der Ortsdurchfahrt für Parkuhren und andere Vorrichtungen oder Einrichtungen zur Überwachung der Parkzeit, Straßenschilder, Geländer, Wegweiser zu innerörtlichen Zielen und Verkehrszeichen für Laternen, die nicht die ganze Nacht brennen;

d) die Bauunternehmer und die sonstigen Unternehmer von Arbeiten auf und neben der Straße für Verkehrszeichen und -einrichtungen, die durch diese Arbeiten erforderlich werden;

e) die Unternehmer von Werkstätten, Tankstellen sowie sonstigen Anlagen und Veranstaltungen für die entsprechenden amtlichen oder zugelassenen Hinweiszeichen;

f) die Träger der Straßenbaulast der Straßen, von denen der Verkehr umgeleitet werden soll, für Wegweiser für Bedarfsumleitungen.

(3) Das Bundesministerium für Verkehr und digitale Infrastruktur wird ermächtigt, durch Rechtsverordnung mit Zustimmung des Bundesrates bei der Einführung neuer amtlicher Verkehrszeichen und -einrichtungen zu bestimmen, dass abweichend von Absatz 1 die Kosten entsprechend den Regelungen des Absatzes 2 ein anderer zu tragen hat.

(4) Kostenregelungen auf Grund kreuzungsrechtlicher Vorschriften nach Bundes- und Landesrecht bleiben unberührt.

(5) Diese Kostenregelung umfasst auch die Kosten für Verkehrszählungen, Lärmmessungen, Lärmberechnungen und Abgasmessungen.

(6) [1] Können Verkehrszeichen oder Verkehrseinrichtungen aus technischen Gründen oder wegen der Sicherheit und Leichtigkeit des Straßenverkehrs nicht auf der Straße angebracht werden, haben die Eigentümer der Anliegergrundstücke das Anbringen zu dulden. [2] Schäden, die durch das Anbringen oder Entfernen der Verkehrszeichen oder Verkehrseinrichtungen entstehen, sind zu beseitigen. [3] Wird die Benutzung eines Grundstücks oder sein Wert durch die Verkehrszeichen oder Verkehrseinrichtungen nicht unerheblich beeinträchtigt oder können Schäden, die durch das Anbringen oder Entfernen der Verkehrszeichen oder Verkehrseinrichtungen entstanden sind, nicht beseitigt werden, so ist eine angemessene Entschädigung in Geld zu leisten. [4] Zur Schadensbeseitigung und zur Entschädigungsleistung ist derjenige verpflichtet, der die Kosten für die Verkehrszeichen und Verkehrseinrichtungen zu tragen hat. [5] Kommt eine Einigung nicht zustande, so entscheidet die höhere Verwaltungsbehörde. [6] Vor der Entscheidung sind die Beteiligten zu hören. [7] Die Landesregierungen werden ermächtigt, durch *Rechtsverordnung die zuständige* Behörde abweichend von Satz 5 zu bestimmen. [8] Sie können diese Ermächtigung auf oberste Landesbehörden übertragen.

[1] **Sartorius Nr. 950.**

§ 6[1] Ausführungsvorschriften. (1) Das Bundesministerium für Verkehr und digitale Infrastruktur wird ermächtigt, Rechtsverordnungen[2] mit Zustimmung des Bundesrates zu erlassen über

1. die Zulassung von Personen zum Straßenverkehr, insbesondere über
   a) Ausnahmen von der Fahrerlaubnispflicht nach § 2 Abs. 1 Satz 1, Anforderungen für das Führen fahrerlaubnisfreier Kraftfahrzeuge, Ausnahmen von einzelnen Erteilungsvoraussetzungen nach § 2 Abs. 2 Satz 1 und vom Erfordernis der Begleitung und Beaufsichtigung durch einen Fahrlehrer nach § 2 Abs. 15 Satz 1,
   b) den Inhalt der Fahrerlaubnisklassen nach § 2 Abs. 1 Satz 2 und der besonderen Erlaubnis nach § 2 Abs. 3, die Gültigkeitsdauer der Fahrerlaubnis der Klassen C und D, ihrer Unterklassen und Anhängerklassen, die Gültigkeitsdauer der Führerscheine und der besonderen Erlaubnis nach § 2 Abs. 3 sowie Auflagen und Beschränkungen zur Fahrerlaubnis und der besonderen Erlaubnis nach § 2 Abs. 3,
   c) die Anforderungen an die Eignung zum Führen von Kraftfahrzeugen, die Beurteilung der Eignung durch Gutachten sowie die Feststellung und Überprüfung der Eignung durch die Fahrerlaubnisbehörde nach § 2 Abs. 2 Satz 1 Nr. 3 in Verbindung mit Abs. 4, 7 und 8,
   d) die Maßnahmen zur Beseitigung von Eignungsmängeln, insbesondere Inhalt und Dauer entsprechender Kurse, die Teilnahme an solchen Kursen, die Anforderungen an die Kursleiter sowie die Zertifizierung der Qualitätssicherung, deren Inhalt einschließlich der hierfür erforderlichen Verarbeitung personenbezogener Daten und die Begutachtung, einschließlich der verfahrensmäßigen und fachwissenschaftlichen Anforderungen, der für die Qualitätssicherung Verantwortlichen durch die Bundesanstalt für Straßenwesen, um die ordnungsgemäße Durchführung der Kurse zu gewährleisten, wobei ein Erfahrungsaustausch unter Leitung der Bundesanstalt für Straßenwesen vorgeschrieben werden kann,
   e) die Prüfung der Befähigung zum Führen von Kraftfahrzeugen, insbesondere über die Zulassung zur Prüfung sowie über Inhalt, Gliederung, Verfahren, Bewertung, Entscheidung und Wiederholung der Prüfung nach

---

[1] § 6 Abs. 1 Nr. 2 Buchst. b, q und w geänd., Buchst. x angef., Abs. 4 angef. mWv 1.6.2005 durch G v. 3.5.2005 (BGBl. I S. 1221); Abs. 1, 2, 2a und 4 geänd. mWv 18.8.2006 durch G v. 14.8.2006 (BGBl. I S. 1958); Abs. 1 Nr. 2 Buchst. n geänd. mWv 18.12.2007 durch G v. 10.12.2007 (BGBl. I S. 2833); Abs. 3a eingef. mWv 29.4.2009 durch G v. 22.12.2008 (BGBl. I S. 2965); Abs. 1 Nr. 14 neu gef. mWv 7.2.2009 durch G v. 3.2.2009 (BGBl. I S. 150); Abs. 1 Nr. 1 Buchst. i geänd., Abs. 5 angef. mWv 23.7.2009 durch G v. 17.7.2009 (BGBl. I S. 2021); Abs. 6 angef. mWv 23.7.2009 durch G v. 17.7.2009 (BGBl. I S. 2023); Abs. 1 Nr. 1 Buchst. b, d, k, n geänd., Buchst. x neu gef. mWv 9.12.2010 durch G v. 2.12.2010 (BGBl. I S. 1748); Abs. 1 Nr. 2 Buchst. i neu gef., Buchst. l, m und Nr. 5c geänd. mWv 26.6.2011 durch G v. 20.6.2011 (BGBl. I S. 1124); Abs. 1 Nr. 1 Buchst. i geänd., Abs. 5 neu gef. mWv 29.6.2011 durch G v. 23.6.2011 (BGBl. I S. 1213); Abs. 1 Nr. 1 Buchst. n und s neu gef., Buchst. u und w geänd. mWv 31.8.2013 durch G v. 28.8.2013 (BGBl. I S. 3313); Abs.1 einl. Satzteil und Nr. 1 Buchst. m, Abs. 2, 2a, 3a, 4 und 6 geänd. mWv 5.12.2014 durch G v. 28.11.2014 (BGBl. I S. 1802); Abs. 1 Nr. 1 Buchst. r neu gef., Abs. 7 angef. mWv 7.12.2016 durch G v. 28.11.2016 (BGBl. I S. 2722); Abs. 1 Nr. 20 neu gef. mWv 25.5.2017 durch G v. 16.5.2017 (BGBl. I S. 1214); Abs. 1 Nr. 14a und Abs. 4a eingef. mWv 21.6.2017 durch G v. 16.6.2017 (BGBl. I S. 1648); Abs. 1 Nr. 1 Buchst. d, k, n und p sowie Nr. 2 *Buchst. p und r geänd. mWv 26.11.2019* durch G v. 20.11.2019 (BGBl. I S. 1626); Abs. 5a eingef. mWv 12.12.2019, Abs. 1 Nr. 1 Buchst. h geänd. **mWv 1.6.2020** durch G v. 5.12.2019 (BGBl. I S. 2008).

[2] Straßenverkehrs-Ordnung (StVO) (Nr. **42.5/1**), Straßenverkehrs-Zulassungs-Ordnung (StVZO) **(Schönfelder ErgBd. Nr. 35b)**, Fahrerlaubnis-Verordnung – FeV **(Schönfelder ErgBd. Nr. 35d)**.

§ 2 Abs. 2 Satz 1 Nr. 5 in Verbindung mit Abs. 5, 7 und 8 sowie die Erprobung neuer Prüfungsverfahren,

f) die Prüfung der umweltbewussten und energiesparenden Fahrweise nach § 2 Abs. 2 Satz 1 Nr. 5 in Verbindung mit Abs. 5 Nr. 4,

g) die nähere Bestimmung der sonstigen Voraussetzungen nach § 2 Abs. 2 Satz 1 und 2 für die Erteilung der Fahrerlaubnis und die Voraussetzungen der Erteilung der besonderen Erlaubnis nach § 2 Abs. 3,

h) den Nachweis der Personendaten, ***[ab 1.6.2020:** die E-Mail-Adresse, soweit vom Antragsteller angegeben,**]*** das Lichtbild sowie die Mitteilung und die Nachweise über das Vorliegen der Voraussetzungen im Antragsverfahren nach § 2 Abs. 6,

i) die Sonderbestimmungen bei Dienstfahrerlaubnissen nach § 2 Abs. 10 und die Erteilung von allgemeinen Fahrerlaubnissen auf Grund von Dienstfahrerlaubnissen,

j) die Zulassung und Registrierung von Inhabern ausländischer Fahrerlaubnisse und die Behandlung abgelieferter ausländischer Führerscheine nach § 2 Abs. 11 und § 3 Abs. 2,

k) die Anerkennung oder Beauftragung von Stellen oder Personen nach § 2 Abs. 13, die Aufsicht über sie, die Übertragung dieser Aufsicht auf andere Einrichtungen, die Zertifizierung der Qualitätssicherung, deren Inhalt einschließlich der hierfür erforderlichen Verarbeitung personenbezogener Daten und die Begutachtung, einschließlich der verfahrensmäßigen und fachwissenschaftlichen Anforderungen, der für die Qualitätssicherung verantwortlichen Stellen oder Personen durch die Bundesanstalt für Straßenwesen, um die ordnungsgemäße und gleichmäßige Durchführung der Beurteilung, Prüfung oder Ausbildung nach § 2 Abs. 13 zu gewährleisten, wobei ein Erfahrungsaustausch unter Leitung der Bundesanstalt für Straßenwesen vorgeschrieben werden kann, sowie die Verarbeitung personenbezogener Daten für die mit der Anerkennung oder Beauftragung bezweckte Aufgabenerfüllung nach § 2 Abs. 14,

l) Ausnahmen von der Probezeit, die Anrechnung von Probezeiten bei der Erteilung einer allgemeinen Fahrerlaubnis an Inhaber von Dienstfahrerlaubnissen nach § 2a Abs. 1, den Vermerk über die Probezeit im Führerschein,

m) die Einstufung der im Fahreignungsregister gespeicherten Entscheidungen über Straftaten und Ordnungswidrigkeiten als schwerwiegend oder weniger schwerwiegend für die Maßnahmen nach den Regelungen der Fahrerlaubnis auf Probe gemäß § 2a Abs. 2,

n) die Anforderungen an die Aufbauseminare, besonderen Aufbauseminare und Fahreignungsseminare, insbesondere an Inhalt, Methoden und Dauer, einschließlich der Befugnis der nach Landesrecht zuständigen Behörde zur Feststellung der Gleichwertigkeit anderer Inhalte und Methoden, die Teilnahme an den Seminaren nach § 2b Absatz 1 und 2, die Anforderungen an die Seminarleiter und deren Anerkennung nach § 2b Absatz 2 Satz 2 oder deren Seminarerlaubnis nach § 4a Absatz 2, die Anforderungen an die Qualitätssicherung, deren Inhalt und Methoden einschließlich der hierfür erforderlichen Verarbeitung personenbezogener Daten, die Anforderungen an die Begutachtung und die Überwachung der Einhaltung der Anforderungen sowie Ausnahmen von der Überwachung einschließlich der Befugnis der nach Landesrecht zuständigen Behörde zur Genehmigung eines Qualitätssicherungssystems, wobei eine Bewertung des Qualitätssicherungssystems durch die Bundesanstalt für Straßenwesen und ein Erfahrungsaustausch unter Leitung der Bundesanstalt für Straßenwesen vorgeschrieben werden können,

o) die Übermittlung der Daten nach § 2c, insbesondere über den Umfang der zu übermittelnden Daten und die Art der Übermittlung,

p) Maßnahmen zur Erzielung einer verantwortungsbewussteren Einstellung im Straßenverkehr und damit zur Senkung der besonderen Unfallrisiken von Fahranfängern

- durch eine Ausbildung, die schulische Verkehrserziehung mit der Ausbildung nach den Vorschriften des Fahrlehrergesetzes verknüpft, als Voraussetzung für die Erteilung der Fahrerlaubnis im Sinne des § 2 Abs. 2 Satz 1 Nr. 4 und
- durch die freiwillige Fortbildung in geeigneten Seminaren nach Erwerb der Fahrerlaubnis mit der Möglichkeit der Abkürzung der Probezeit insbesondere über Inhalt und Dauer der Seminare, die Anforderungen an die Seminarleiter und die Personen, die im Rahmen der Seminare praktische Fahrübungen auf hierfür geeigneten Flächen durchführen, die Anerkennung und die Aufsicht über sie, die Qualitätssicherung, deren Inhalt und die wissenschaftliche Begleitung einschließlich der hierfür erforderlichen Verarbeitung personenbezogener Daten sowie über die, auch zunächst nur zur modellhaften Erprobung befristete, Einführung in den Ländern durch die obersten Landesbehörden, die von ihr bestimmten oder nach Landesrecht zuständigen Stellen,

q) die Maßnahmen bei bedingt geeigneten oder ungeeigneten oder bei nicht befähigten Fahrerlaubnisinhabern oder bei Zweifeln an der Eignung oder Befähigung nach § 3 Abs. 1 sowie die Ablieferung, die Vorlage und die weitere Behandlung der Führerscheine nach § 3 Abs. 2,

r) die Neuerteilung der Fahrerlaubnis nach vorangegangener Entziehung oder vorangegangenem Verzicht und die Erteilung des Rechts, nach vorangegangener Entziehung oder vorangegangenem Verzicht von einer ausländischen Fahrerlaubnis wieder Gebrauch zu machen nach § 3 Absatz 7,

s) die Bezeichnung der Straftaten und Ordnungswidrigkeiten, auch soweit sie gefahrgutrechtliche Vorschriften oder im Sinne des § 4 Absatz 1 Satz 2 gleichgestellte Vorschriften betreffen, die als Entscheidungen im Rahmen des Fahreignungs-Bewertungssystems zugrunde zu legen sind und die Bewertung dieser

aa) Straftaten mit Bezug auf die Verkehrssicherheit,

aaa) sofern in der Entscheidung über die Straftat die Entziehung der Fahrerlaubnis nach den §§ 69 und 69b des Strafgesetzbuches[1] oder eine Sperre nach § 69a Absatz 1 Satz 3 des Strafgesetzbuches angeordnet worden ist, mit drei Punkten oder

bbb) in den übrigen Fällen mit zwei Punkten,

---

[1] **Schönfelder Nr. 85.**

bb) Ordnungswidrigkeiten als

aaa) besonders verkehrssicherheitsbeeinträchtigende Ordnungswidrigkeit mit zwei Punkten oder

bbb) verkehrssicherheitsbeeinträchtigende Ordnungswidrigkeit mit einem Punkt;

der Bezeichnung der Straftaten ist deren Bedeutung für die Sicherheit im Straßenverkehr zugrunde zu legen, der Bezeichnung und der Bewertung der Ordnungswidrigkeiten sind deren jeweilige Bedeutung für die Sicherheit des Straßenverkehrs und die Höhe des angedrohten Regelsatzes der Geldbuße zugrunde zu legen,

t) (weggefallen)

u) die Anforderungen an die verkehrspsychologische Beratung, insbesondere über Inhalt und Dauer der Beratung, die Teilnahme an der Beratung sowie die Anforderungen an die Berater und ihre Anerkennung nach § 2a Absatz 7,

v) die Herstellung, Lieferung und Gestaltung des Musters des Führerscheins und dessen Ausfertigung sowie die Bestimmung, wer die Herstellung und Lieferung durchführt, nach § 2 Abs. 1 Satz 3,

w) die Zuständigkeit und das Verfahren bei Verwaltungsmaßnahmen nach diesem Gesetz und den auf diesem Gesetz beruhenden Rechtsvorschriften sowie die Befugnis der nach Landesrecht zuständigen Stellen, Ausnahmen von § 2 Abs. 1 Satz 3, Abs. 2 Satz 1 und 2, Abs. 15, § 2a Absatz 2 Satz 1 Nummer 1 bis 3 und Absatz 7 Satz 7 Nummer 3, § 2b Abs. 1, § 4 Absatz 5 Satz 1 Nummer 3, Absatz 10 sowie Ausnahmen von den auf diesem Gesetz beruhenden Rechtsvorschriften zuzulassen,

x) den Inhalt und die Gültigkeit bisher erteilter Fahrerlaubnisse, den Umtausch von Führerscheinen, deren Muster nicht mehr ausgefertigt werden, sowie die Neuausstellung von Führerscheinen, deren Gültigkeitsdauer abgelaufen ist, und die Regelungen des Besitzstandes im Falle des Umtausches oder der Neuausstellung,

y) Maßnahmen, um die sichere Teilnahme sonstiger Personen am Straßenverkehr zu gewährleisten, sowie die Manahmen, wenn sie bedingt geeignet oder ungeeignet oder nicht befähigt zur Teilnahme am Straßenverkehr sind;

1a. (weggefallen)

2. die Zulassung von Fahrzeugen zum Straßenverkehr einschließlich Ausnahmen von der Zulassung, die Beschaffenheit, Ausrüstung und Prüfung der Fahrzeuge, insbesondere über

a) Voraussetzungen für die Zulassung von Kraftfahrzeugen und deren Anhänger, vor allem über Bau, Beschaffenheit, Abnahme, Ausrüstung und Betrieb, Begutachtung und Prüfung, Betriebserlaubnis und Genehmigung sowie Kennzeichnung der Fahrzeuge und Fahrzeugteile, um deren Verkehrssicherheit zu gewährleisten und um die Insassen und andere Verkehrsteilnehmer bei einem Verkehrsunfall vor Verletzungen zu schützen oder deren Ausmaß oder Folgen zu mildern (Schutz von Verkehrsteilnehmern),

b) Anforderungen an zulassungsfreie Kraftfahrzeuge und Anhänger, um deren Verkehrssicherheit und den Schutz der Verkehrsteilnehmer zu gewährleisten, Ausnahmen von der Zulassungspflicht für Kraftfahrzeuge und Anhänger nach § 1 Abs. 1 sowie die Kennzeichnung zulassungsfreier Fahrzeuge und Fahrzeugteile zum Nachweis des Zeitpunktes ihrer Abgabe an den Endverbraucher,

c) Art und Inhalt von Zulassung, Bau, Beschaffenheit, Ausrüstung und Betrieb der Fahrzeuge und Fahrzeugteile, deren Begutachtung und Prüfung, Betriebserlaubnis und Genehmigung sowie Kennzeichnung,

d) den Nachweis der Zulassung durch Fahrzeugdokumente, die Gestaltung der Muster der Fahrzeugdokumente und deren Herstellung, Lieferung und Ausfertigung sowie die Bestimmung, wer die Herstellung und Lieferung durchführen darf,

e) das Herstellen, Feilbieten, Veräußern, Erwerben und Verwenden von Fahrzeugteilen, die in einer amtlich genehmigten Bauart ausgeführt sein müssen,

f) die Allgemeine Betriebserlaubnis oder Bauartgenehmigung, Typgenehmigung oder vergleichbare Gutachten von Fahrzeugen und Fahrzeugteilen einschließlich Art, Inhalt, Nachweis und Kennzeichnung sowie Typbegutachtung und Typprüfung,

g) die Konformität der Produkte mit dem genehmigten, begutachteten oder geprüften Typ einschließlich der Anforderungen z.B. an Produktionsverfahren, Prüfungen und Zertifizierungen sowie Nachweise hierfür,

h) das Erfordernis von Qualitätssicherungssystemen einschließlich der Anforderungen, Prüfungen, Zertifizierungen und Nachweise hierfür sowie sonstige Pflichten des Inhabers der Erlaubnis oder Genehmigung,

i) die Anerkennung von

aa) Stellen zur Prüfung und Begutachtung von Fahrzeugen und Fahrzeugteilen und

bb) Stellen zur Prüfung und Zertifizierung von Qualitätssicherungssystemen einschließlich der Voraussetzungen hierfür sowie

die Änderung und Beendigung von Anerkennung und Zertifizierung einschließlich der hierfür erforderlichen Voraussetzungen für die Änderung und Beendigung und das Verfahren; die Stellen zur Prüfung und Begutachtung von Fahrzeugen und Fahrzeugteilen müssen zur Anerkennung die Gewähr dafür bieten, dass für die beantragte Zuständigkeit die ordnungsgemäße Wahrnehmung der Prüfaufgaben nach den allgemeinen Kriterien zum Betreiben von Prüflaboratorien und nach den erforderlichen kraftfahrzeugspezifischen Kriterien an Personal- und Sachausstattung erfolgen wird,

j) die Anerkennung ausländischer Erlaubnisse und Genehmigungen sowie ausländischer Begutachtungen, Prüfungen und Kennzeichnungen für Fahrzeuge und Fahrzeugteile,

k) die Änderung und Beendigung von Zulassung und Betrieb, Erlaubnis und Genehmigung sowie Kennzeichnung der Fahrzeuge und Fahrzeugteile,

l) Art, Umfang, Inhalt, Ort und Zeitabstände der regelmäßigen Untersuchungen und Prüfungen, um die Verkehrssicherheit der Fahrzeuge und *den Schutz der Verkehrsteilnehmer* zu gewährleisten, sowie Anforderungen an Untersuchungsstellen und Fachpersonal zur Durchführung von Untersuchungen und Prüfungen, einschließlich den Anforderungen an eine zentrale Stelle, die von Trägern der Technischen Prüfstellen und von amtlich anerkannten Überwachungsorganisationen gebildet und getragen wird, zur Überprüfung der Praxistauglichkeit von Prüfvorgaben oder deren Erarbeitung, sowie Abnahmen von Fahrzeugen und Fahrzeugteilen einschließlich der hierfür notwendigen Räume und Geräte, Schulungen, Schulungsstätten und -institutionen,

m) den Nachweis der regelmäßigen Untersuchungen und Prüfungen sowie Abnahmen von Fahrzeugen und Fahrzeugteilen einschließlich der Bewertung der bei den Untersuchungen und Prüfungen festgestellten Mängel und die Weitergabe der festgestellten Mängel an die jeweiligen Hersteller von Fahrzeugen und Fahrzeugteilen sowie das Kraftfahrt-Bundesamt; dabei ist die Weitergabe personenbezogener Daten nicht zulässig,

n) die Bestätigung der amtlichen Anerkennung von Überwachungsorganisationen, soweit sie vor dem 18. Dezember 2007 anerkannt waren, sowie die Anerkennung von Überwachungsorganisationen zur Vornahme von regelmäßigen Untersuchungen und Prüfungen sowie von Abnahmen, die organisatorischen, personellen und technischen Voraussetzungen für die Anerkennungen einschließlich der Qualifikation und der Anforderungen an das Fachpersonal und die Geräte sowie die mit den Anerkennungen verbundenen Bedingungen und Auflagen, um ordnungsgemäße und gleichmäßige Untersuchungen, Prüfungen und Abnahmen durch leistungsfähige Organisationen sicherzustellen,

o) die notwendige Haftpflichtversicherung anerkannter Überwachungsorganisationen zur Deckung aller im Zusammenhang mit Untersuchungen, Prüfungen und Abnahmen entstehenden Ansprüche sowie die Freistellung des für die Anerkennung und Aufsicht verantwortlichen Landes von Ansprüchen Dritter wegen Schäden, die die Organisation verursacht,

p) die amtliche Anerkennung von Herstellern von Fahrzeugen oder Fahrzeugteilen zur Vornahme der Prüfungen von Geschwindigkeitsbegrenzern, Fahrtschreibern und Kontrollgeräten, die amtliche Anerkennung von Kraftfahrzeugwerkstätten zur Vornahme von regelmäßigen Prüfungen an diesen Einrichtungen, zur Durchführung von Abgasuntersuchungen und Gasanlagenprüfungen an Kraftfahrzeugen und zur Durchführung von Sicherheitsprüfungen an Nutzfahrzeugen sowie die mit den Anerkennungen verbundenen Bedingungen und Auflagen, um ordnungsgemäße und gleichmäßige technische Prüfungen sicherzustellen, die organisatorischen, personellen und technischen Voraussetzungen für die Anerkennung einschließlich der Qualifikation und Anforderungen an das Fachpersonal und die Geräte sowie die Verarbeitung personenbezogener Daten des Inhabers der Anerkennungen, dessen Vertreters und der mit der Vornahme der Prüfungen betrauten Personen durch die für die Anerkennung und Aufsicht zuständigen Behörden, um ordnungsgemäße und gleichmäßige technische Prüfungen sicherzustellen,

q) die notwendige Haftpflichtversicherung amtlich anerkannter Hersteller von Fahrzeugen oder Fahrzeugteilen und von Kraftfahrzeugwerkstätten zur Deckung aller im Zusammenhang mit den Prüfungen nach Buchstabe p entstehenden Ansprüche sowie die Freistellung des für die Anerkennung und Aufsicht verantwortlichen Landes von Ansprüchen Dritter wegen Schäden, die die Werkstatt oder der Hersteller verursacht,

r) Maßnahmen der mit der Durchführung der regelmäßigen Untersuchungen und Prüfungen sowie Abnahmen und Begutachtungen von Fahrzeugen und Fahrzeugteilen befassten Stellen und Personen zur Qualitätssicherung, deren Inhalt einschließlich der hierfür erforderlichen Verarbeitung personenbezogener Daten, um ordnungsgemäße, nach gleichen Maßstäben durchgeführte Untersuchungen, Prüfungen, Abnahmen und Begutachtungen an Fahrzeugen und Fahrzeugteilen zu gewährleisten,

s) die Verantwortung und die Pflichten und Rechte des Halters im Rahmen der Zulassung und des Betriebs der auf ihn zugelassenen Fahrzeuge sowie des Halters nicht zulassungspflichtiger Fahrzeuge,

t) die Zuständigkeit und das Verfahren bei Verwaltungsmaßnahmen nach diesem Gesetz und den auf diesem Gesetz beruhenden Rechtsvorschriften für Zulassung, Begutachtung, Prüfung, Abnahme, regelmäßige Untersuchungen und Prüfungen, Betriebserlaubnis, Genehmigung und Kennzeichnung,

u) Ausnahmen von § 1 Abs. 1 Satz 2 und 3 sowie Ausnahmen von auf Grund dieses Gesetzes erlassenen Rechtsvorschriften und die Zuständigkeiten hierfür,

v) die Zulassung von ausländischen Kraftfahrzeugen und Anhängern, die Voraussetzungen hierfür, die Anerkennung ausländischer Zulassungspapiere und Kennzeichen, Maßnahmen bei Verstößen gegen die auf Grund des Straßenverkehrsgesetzes erlassenen Vorschriften,

w) Maßnahmen und Anforderungen, um eine sichere Teilnahme von nicht motorisierten Fahrzeugen am Straßenverkehr zu gewährleisten,

x) abweichende Voraussetzungen für die Erteilung einer Betriebserlaubnis für Einzelfahrzeuge und Fahrzeugkombinationen des Großraum- und Schwerverkehrs sowie für Arbeitsmaschinen, soweit diese Voraussetzungen durch den Einsatzzweck gerechtfertigt sind und ohne Beeinträchtigung der Fahrzeugsicherheit standardisiert werden können, die Begutachtung der Fahrzeuge und die Bestätigung der Einhaltung der Voraussetzungen durch einen amtlich anerkannten Sachverständigen;

3. die sonstigen zur Erhaltung der Sicherheit und Ordnung auf den öffentlichen Straßen, für Zwecke der Verteidigung, zur Verhütung einer über das verkehrsübliche Maß hinausgehenden Abnutzung der Straßen oder zur Verhütung von Belästigungen erforderlichen Maßnahmen über den Straßenverkehr, und zwar hierzu unter anderem

a) (weggefallen)

b) (weggefallen)

c) über das Mindestalter der Führer von Fahrzeugen und ihr Verhalten,

d) über den Schutz der Wohnbevölkerung und Erholungssuchenden gegen Lärm und Abgas durch den Kraftfahrzeugverkehr und über Beschränkungen des Verkehrs an Sonn- und Feiertagen,

e) über das innerhalb geschlossener Ortschaften, mit Ausnahme von entsprechend ausgewiesenen Parkplätzen sowie von Industrie- und Gewerbegebieten, anzuordnende Verbot, Kraftfahrzeuganhänger und Kraftfahrzeuge *mit einem* zulässigen Gesamtgewicht über 7,5 Tonnen in der Zeit von 22 Uhr bis 6 Uhr und an Sonn- und Feiertagen, regelmäßig zu parken,

f) über Ortstafeln und Wegweiser,[1]
g) über das Verbot von Werbung und Propaganda durch Bildwerk, Schrift, Beleuchtung oder Ton, soweit sie geeignet sind, außerhalb geschlossener Ortschaften die Aufmerksamkeit der Verkehrsteilnehmer in einer die Sicherheit des Verkehrs gefährdenden Weise abzulenken oder die Leichtigkeit des Verkehrs zu beeinträchtigen,
h) über die Beschränkung des Straßenverkehrs zum Schutz von kulturellen Veranstaltungen, die außerhalb des Straßenraums stattfinden, wenn dies im öffentlichen Interesse liegt,
i) über das Verbot zur Verwendung technischer Einrichtungen am oder im Kraftfahrzeug, die dafür bestimmt sind, die Verkehrsüberwachung zu beeinträchtigen;

4. (weggefallen)

4a. das Verhalten der Beteiligten nach einem Verkehrsunfall, das geboten ist, um
a) den Verkehr zu sichern und Verletzten zu helfen,
b) zur Klärung und Sicherung zivilrechtlicher Ansprüche die Art der Beteiligung festzustellen und
c) Haftpflichtansprüche geltend machen zu können;

5. (weggefallen)

5a. Bau, Beschaffenheit, Ausrüstung und Betrieb, Begutachtung, Prüfung, Abnahme, Betriebserlaubnis, Genehmigung und Kennzeichnung der Fahrzeuge und Fahrzeugteile sowie über das Verhalten im Straßenverkehr zum Schutz vor den von Fahrzeugen ausgehenden schädlichen Umwelteinwirkungen im Sinne des Bundes-Immissionsschutzgesetzes[2]; dabei können Emissionsgrenzwerte unter Berücksichtigung der technischen Entwicklung auch für einen Zeitpunkt nach Inkrafttreten der Rechtsverordnung festgesetzt werden;

5b. das Verbot des Kraftfahrzeugverkehrs in den nach § 40 des Bundes-Immissionsschutzgesetzes festgelegten Gebieten nach Bekanntgabe austauscharmer Wetterlagen;

5c. den Nachweis über die Entsorgung oder den sonstigen Verbleib der Fahrzeuge nach ihrer Außerbetriebsetzung, um die umweltverträgliche Entsorgung von Fahrzeugen und Fahrzeugteilen sicherzustellen;

6. Art, Umfang, Inhalt, Zeitabstände und Ort einschließlich der Anforderungen an die hierfür notwendigen Räume und Geräte, Schulungen, Schulungsstätten und -institutionen sowie den Nachweis der regelmäßigen Prüfungen von Fahrzeugen und Fahrzeugteilen einschließlich der Bewertung der bei den Prüfungen festgestellten Mängel sowie die amtliche Anerkennung von Überwachungsorganisationen und Kraftfahrzeugwerkstätten nach Nummer 2 Buchstabe n und p und Maßnahmen zur Qualitätssicherung nach Nummer 2 Buchstabe r zum Schutz vor von Fahrzeugen ausgehenden schädlichen Umwelteinwirkungen im Sinne des Bundes-Immissionsschutzgesetzes;

7. die in den Nummern 1 bis 6 vorgesehenen Maßnahmen, soweit sie zur Erfüllung von Verpflichtungen aus zwischenstaatlichen Vereinbarungen oder von bindenden Beschlüssen der Europäischen Gemeinschaften notwendig sind;

---

[1] Zeichen und Verkehrseinrichtungen: §§ 36–43 StVO (Nr. **42.5/1**).
[2] Nr. **32.1**.

8. die Beschaffenheit, Anbringung und Prüfung sowie die Herstellung, den Vertrieb, die Ausgabe, die Verwahrung und die Einziehung von Kennzeichen (einschließlich solcher Vorprodukte, bei denen nur noch die Beschriftung fehlt) für Fahrzeuge, um die unzulässige Verwendung von Kennzeichen oder die Begehung von Straftaten mit Hilfe von Fahrzeugen oder Kennzeichen zu bekämpfen;
9. die Beschaffenheit, Herstellung, Vertrieb, Verwendung und Verwahrung von Führerscheinen und Fahrzeugpapieren einschließlich ihrer Vordrucke sowie von auf Grund dieses Gesetzes oder der auf ihm beruhenden Rechtsvorschriften zu verwendenden Plaketten, Prüffolien und Stempel, um deren Diebstahl oder deren Missbrauch bei der Begehung von Straftaten zu bekämpfen;
10. Bau, Beschaffenheit, Ausrüstung und Betrieb, Begutachtung, Prüfung, Abnahme und regelmäßige Untersuchungen, Betriebserlaubnis und Genehmigung sowie Kennzeichnung von Fahrzeugen und Fahrzeugteilen, um den Diebstahl der Fahrzeuge zu bekämpfen;
11. die Ermittlung, Auffindung und Sicherstellung von gestohlenen, verloren gegangenen oder sonst abhanden gekommenen Fahrzeugen, Fahrzeugkennzeichen sowie Führerscheinen und Fahrzeugpapieren einschließlich ihrer Vordrucke, soweit nicht die Strafverfolgungsbehörden hierfür zuständig sind;
12. die Überwachung der gewerbsmäßigen Vermietung von Kraftfahrzeugen und Anhängern an Selbstfahrer
    a) zur Bekämpfung der Begehung von Straftaten mit gemieteten Fahrzeugen oder
    b) zur Erhaltung der Ordnung und Sicherheit im Straßenverkehr;
13. die Einrichtung gebührenpflichtiger Parkplätze bei Großveranstaltungen im Interesse der Ordnung und Sicherheit des Verkehrs;
14. die Beschränkung des Haltens und Parkens zugunsten der Bewohner städtischer Quartiere mit erheblichem Parkraummangel sowie die Schaffung von Parkmöglichkeiten für schwerbehinderte Menschen mit außergewöhnlicher Gehbehinderung, mit beidseitiger Amelie oder Phokomelie oder vergleichbaren Funktionseinschränkungen sowie für blinde Menschen, insbesondere in unmittelbarer Nähe ihrer Wohnung oder Arbeitsstätte;

14a. die Einrichtung und die mit Zustimmung des Verfügungsberechtigten Nutzung von fahrerlosen Parksystemen im niedrigen Geschwindigkeitsbereich auf Parkflächen, die durch bauliche oder sonstige Einrichtungen vom übrigen öffentlichen Straßenraum getrennt sind und nur über besondere Zu- und Abfahrten erreicht und verlassen werden können,

15. die Kennzeichnung von Fußgängerbereichen und verkehrsberuhigten Bereichen und die Beschränkungen oder Verbote des Fahrzeugverkehrs zur Erhaltung der Ordnung und Sicherheit in diesen Bereichen, zum Schutz der Bevölkerung vor Lärm und Abgasen und zur Unterstützung einer geordneten städtebaulichen Entwicklung;
16. die Beschränkung des Straßenverkehrs zur Erforschung des Unfallgeschehens, des Verkehrsverhaltens, der Verkehrsabläufe sowie zur Erprobung geplanter verkehrssichernder oder verkehrsregelnder Regelungen und Maßnahmen;
17. *die zur Erhaltung* der öffentlichen Sicherheit erforderlichen Maßnahmen über den Straßenverkehr;
18. die Einrichtung von Sonderfahrspuren für Linienomnibusse und Taxen;

19. Maßnahmen, die zur Umsetzung der Richtlinie 92/59/EWG des Rates vom 29. Juni 1992 über die allgemeine Produktsicherheit (ABl. EG Nr. L 228 S. 24) erforderlich sind;
20. Maßnahmen über die technische Unterwegskontrolle von Nutzfahrzeugen, die am Straßenverkehr teilnehmen, und daran die Mitwirkung amtlich anerkannter Sachverständiger oder Prüfer für den Kraftfahrzeugverkehr einer technischen Prüfstelle, von amtlich anerkannten Überwachungsorganisationen betraute Prüfingenieure sowie die für die Durchführung von Sicherheitsprüfungen anerkannten Kraftfahrzeugwerkstätten.

(2) Rechtsverordnungen nach Absatz 1 Nr. 8, 9, 10, 11 und 12 Buchstabe a werden vom Bundesministerium für Verkehr und digitale Infrastruktur und vom Bundesministerium des Innern erlassen.

(2a) Rechtsverordnungen nach Absatz 1 Nr. 1 Buchstabe f, Nr. 3 Buchstabe d, e, Nr. 5a, 5b, 5c, 6 und 15 sowie solche nach Nr. 7, soweit sie sich auf Maßnahmen nach Nr. 1 Buchstabe f, Nr. 5a, 5b, 5c und 6 beziehen, werden vom Bundesministerium für Verkehr und digitale Infrastruktur und vom Bundesministerium für Umwelt, Naturschutz, Bau und Reaktorsicherheit erlassen.

(3) Abweichend von den Absätzen 1 bis 2a bedürfen Rechtsverordnungen zur Durchführung der Vorschriften über die Beschaffenheit, den Bau, die Ausrüstung und die Prüfung von Fahrzeugen und Fahrzeugteilen sowie Rechtsverordnungen über allgemeine Ausnahmen von den auf diesem Gesetz beruhenden Rechtsvorschriften nicht der Zustimmung des Bundesrates; vor ihrem Erlass sind die zuständigen obersten Landesbehörden zu hören.

(3a) Das Bundesministerium für Verkehr und digitale Infrastruktur wird ermächtigt, durch Rechtsverordnung mit Zustimmung des Bundesrates Vorschriften über das gewerbsmäßige Feilbieten, gewerbsmäßige Veräußern und das gewerbsmäßige Inverkehrbringen von Fahrzeugen, Fahrzeugteilen und Ausrüstungen zu erlassen.

(4) Das Bundesministerium für Verkehr und digitale Infrastruktur wird ermächtigt, durch Rechtsverordnung, die nicht der Zustimmung des Bundesrates bedarf, im Einvernehmen mit den beteiligten Bundesministerien, soweit Verordnungen nach diesem Gesetz geändert oder abgelöst werden, Verweisungen in Gesetzen und Rechtsverordnungen auf die geänderten oder abgelösten Vorschriften durch Verweisungen auf die jeweils inhaltsgleichen neuen Vorschriften zu ersetzen.

(4a) Rechtsverordnungen auf Grund des Absatzes 1 Nummer 1, 2 oder 3 können auch erlassen werden, soweit dies erforderlich ist, um den besonderen Anforderungen der Teilnahme von Kraftfahrzeugen mit hoch- oder vollautomatisierter Fahrfunktion am Straßenverkehr Rechnung zu tragen.

(5) [1] Die Landesregierungen werden ermächtigt, durch Rechtsverordnung besondere Bestimmungen über das Erteilen einschließlich der Einweisung und die Prüfung für Fahrberechtigungen zum Führen von Einsatzfahrzeugen der Freiwilligen Feuerwehren, der nach Landesrecht anerkannten Rettungsdienste, des Technischen Hilfswerks und des Katastrophenschutzes auf öffentlichen Straßen nach § 2 Absatz 10a zu erlassen. [2] Bei der näheren Ausgestaltung sind die Besonderheiten der unterschiedlichen Gewichtsklassen der Fahrberechtigung nach § 2 Absatz 10a Satz 1 und 4 zu berücksichtigen. [3] Die Landesregierungen können die Ermächtigung nach Satz 1 durch Rechtsverordnung auf die zuständige oberste Landesbehörde übertragen.

(5a) [1]Die Landesregierungen werden ermächtigt, durch Rechtsverordnung das Mindestalter für die Klasse AM auf 15 Jahre herabzusetzen. [2]Die Landesregierungen können die Ermächtigung nach Satz 1 durch Rechtsverordnung auf die zuständige oberste Landesbehörde übertragen. [3]Die Fahrerlaubnis ist bis zur Vollendung des 16. Lebensjahres auf das Gebiet der Länder beschränkt, die von der Ermächtigung nach Satz 1 Gebrauch gemacht haben. [4]Die zuständigen obersten Landesbehörden geben im Bundesanzeiger den Erlass einer Rechtsverordnung nach Satz 1 auch in Verbindung mit Satz 2 ihres Landes bekannt.

(6) Das Bundesministerium für Verkehr und digitale Infrastruktur wird ermächtigt, durch Rechtsverordnung mit Zustimmung des Bundesrates die Landesregierungen zu ermächtigen, Ausnahmen von den auf Grundlage des § 6 Absatz 1 Nummer 2 Buchstabe c, d, k, m, r, s, t und v erlassenen Rechtsverordnungen für die Dauer von drei Jahren zur Erprobung eines Zulassungsverfahrens unter Einsatz von Informations- und Kommunikationstechnik durch Rechtsverordnung zu regeln.

(7) [1]Das Bundesministerium für Verkehr und digitale Infrastruktur wird ermächtigt, durch Rechtsverordnung mit Zustimmung des Bundesrates die erforderlichen Vorschriften zu erlassen, um den nach Landesrecht zuständigen Behörden zur Durchführung von Großraum- und Schwertransporten zu ermöglichen,

1. natürlichen oder juristischen Personen des Privatrechts bestimmte Aufgaben zu übertragen (Beleihung) oder
2. natürliche oder juristische Personen des Privatrechts zu beauftragen, bei der Erfüllung bestimmter Aufgaben zu helfen (Verwaltungshilfe).

[2]Personen im Sinne des Satzes 1 müssen fachlich geeignet, zuverlässig, auch hinsichtlich ihrer Finanzen, und im Falle der Beleihung unabhängig von den Interessen der sonstigen Beteiligten sein. [3]In Rechtsverordnungen nach Satz 1 können ferner

1. die Aufgaben und deren Erledigung bestimmt werden,
   a) mit denen Personen beliehen oder
   b) zu deren hilfsweisen Erfüllung Personen beauftragt
   werden können,
2. die näheren Anforderungen an Personen im Sinne des Satzes 1 festgelegt werden, einschließlich deren Überwachung, des Verfahrens und des Zusammenwirkens der zuständigen Behörden bei der Überwachung,
3. die notwendige Haftpflichtversicherung der beliehenen oder beauftragten Person zur Deckung aller im Zusammenhang mit der Wahrnehmung der übertragenen Aufgabe oder der Hilfe zur Erfüllung der Aufgabe entstandenen Schäden sowie die Freistellung der für Übertragung oder Beauftragung und Aufsicht zuständigen Landesbehörde von Ansprüchen Dritter wegen etwaiger Schäden, die die beliehene oder beauftragte Person verursacht, geregelt werden.

[4]Das Bundesministerium für Verkehr und digitale Infrastruktur wird ermächtigt, durch Rechtsverordnung mit Zustimmung des Bundesrates die Ermächtigung nach Satz 1 in Verbindung mit Satz 3 ganz oder teilweise auf die Landesregierungen zu übertragen. [5]Die Landesregierungen können die Ermächtigung auf Grund einer Rechtsverordnung nach Satz 4 durch Rechtsverordnung auf die zuständige *oberste Landesbehörde übertragen.*

§ 6a[1] **Gebühren.** (1) Kosten (Gebühren und Auslagen) werden erhoben
1. für Amtshandlungen, einschließlich Prüfungen und Überprüfungen im Rahmen der Qualitätssicherung, Abnahmen, Begutachtungen, Untersuchungen, Verwarnungen – ausgenommen Verwarnungen im Sinne des Gesetzes über Ordnungwidrigkeiten[2] – und Registerauskünften
   a) nach diesem Gesetz und nach den auf diesem Gesetz beruhenden Rechtsvorschriften,
   b) nach dem Gesetz zu dem Übereinkommen vom 20. März 1958 über die Annahme einheitlicher Bedingungen für die Genehmigung der Ausrüstungsgegenstände und Teile von Kraftfahrzeugen und über die gegenseitige Anerkennung der Genehmigung vom 12. Juni 1965 (BGBl. 1965 II S. 857) in der Fassung des Gesetzes vom 20. Dezember 1968 (BGBl. 1968 II S. 1224) und nach den auf diesem Gesetz beruhenden Rechtsvorschriften,
   c) nach dem Gesetz zu dem Europäischen Übereinkommen vom 30. September 1957 über die internationale Beförderung gefährlicher Güter auf der Straße (ADR) vom 18. August 1969 (BGBl. 1969 II S. 1489) und nach den auf diesem Gesetz beruhenden Rechtsvorschriften,
   d) nach dem Fahrpersonalgesetz[3] und den darauf beruhenden Rechtsverordnungen, soweit die Amtshandlungen vom Kraftfahrt-Bundesamt vorgenommen werden,
   e) nach dem Berufskraftfahrer-Qualifikations-Gesetz und den darauf beruhenden Rechtsverordnungen,
2. für Untersuchungen von Fahrzeugen nach dem Personenbeförderungsgesetz[4] in der im Bundesgesetzblatt Teil III, Gliederungsnummer 9240–1, veröffentlichten bereinigten Fassung, zuletzt geändert durch Artikel 7 des Gesetzes über die unentgeltliche Beförderung Schwerbehinderter im öffentlichen Personenverkehr vom 9. Juli 1979 (BGBl. I S. 989), und nach den auf diesem Gesetz beruhenden Rechtsvorschriften,
3. für Maßnahmen im Zusammenhang mit der Außerbetriebsetzung von Kraftfahrzeugen und Kraftfahrzeuganhängern.

(2) [1]Das Bundesministerium für Verkehr und digitale Infrastruktur wird ermächtigt, die gebührenpflichtigen Amtshandlungen sowie die Gebührensätze für die einzelnen Amtshandlungen, einschließlich Prüfungen und Überprüfungen im Rahmen der Qualitätssicherung, Abnahmen, Begutachtungen, Untersuchungen, Verwarnungen – ausgenommen Verwarnungen im Sinne des Gesetzes über Ordnungswidrigkeiten – und Registerauskünften im Sinne des Absatzes 1 durch Rechtsverordnung[5] zu bestimmen und dabei feste Sätze, auch in Form von Zeit-

---

[1] § 6a Abs. 6 neu gef., Abs. 7 geänd. mWv 22.1.2004 durch G v. 14.1.2004 (BGBl. I S. 74); Abs. 1 Nr. 1 Buchst. d und Abs. 8 angef. mWv 1.6.2005 durch G v. 3.5.2005 (BGBl. I S. 1221); Abs. 1 Nr. 1 *Buchst. e angef., Abs. 2 Satz 1 geänd. mWv 18.8.2006* durch G v. 14.8.2006 (BGBl. I S. 1958); Abs. 2 Sätze 3–5 angef., Abs. 3 Satz 1 neu gef. mWv 15.8.2013 durch G v. 7.8.2013 (BGBl. I S. 3154); Abs. 1 Nr. 3 geänd. mWv 31.8.2013 durch G v. 28.8.2013 (BGBl. I S. 3310); Abs. 1 Nr. 1, Abs. 2 Sätze 1 und 2 geänd. mWv 31.8.2013 durch G v. 28.8.2013 (BGBl. I S. 3313); Abs. 2 Sätze 1, 3 und 5 geänd. mWv 5.12.2014 durch G v. 28.11.2014 (BGBl. I S. 1802); Abs. 8 neu gef. mWv 7.12.2016 durch G v. 28.11.2016 (BGBl. I S. 2722).

[2] Nr. **72.2.**

[3] **Nipperdey I, Arbeitsrecht Nr. 356.**

[4] **Sartorius Nr. 950.**

[5] Gebührenordnung für Maßnahmen im Straßenverkehr (GebOSt) v. 25.1.2011 (BGBl. I S. 98), zuletzt geänd. durch VO v. 23.12.2019 (BGBl. I S. 2937).

gebühren, oder Rahmensätze vorzusehen. [2]Die Gebührensätze sind so zu bemessen, dass der mit den Amtshandlungen, einschließlich Prüfungen, Abnahmen, Begutachtungen, Untersuchungen, Verwarnungen – ausgenommen Verwarnungen im Sinne des Gesetzes über Ordnungswidrigkeiten – und Registerauskünften verbundene Personal- und Sachaufwand gedeckt wird; der Sachaufwand kann den Aufwand für eine externe Begutachtung umfassen; bei begünstigenden Amtshandlungen kann daneben die Bedeutung, der wirtschaftliche Wert oder der sonstige Nutzen für den Gebührenschuldner angemessen berücksichtigt werden. [3]Im Bereich der Gebühren der Landesbehörden übt das Bundesministerium für Verkehr und digitale Infrastruktur die Ermächtigung auf der Grundlage eines Antrags oder einer Stellungnahme von mindestens fünf Ländern beim Bundesministerium für Verkehr und digitale Infrastruktur aus. [4]Der Antrag oder die Stellungnahme sind mit einer Schätzung des Personal- und Sachaufwands zu begründen. [5]Das Bundesministerium für Verkehr und digitale Infrastruktur kann die übrigen Länder ebenfalls zur Beibringung einer Schätzung des Personal- und Sachaufwands auffordern.

(3) [1]Im Übrigen findet das Verwaltungskostengesetz in der bis zum 14. August 2013 geltenden Fassung Anwendung. [2]In den Rechtsverordnungen nach Absatz 2 können jedoch die Kostenbefreiung, die Kostengläubigerschaft, die Kostenschuldnerschaft, der Umfang der zu erstattenden Auslagen und die Kostenerhebung abweichend von den Vorschriften des Verwaltungskostengesetzes geregelt werden.

(4) In den Rechtsverordnungen nach Absatz 2 kann bestimmt werden, dass die für die einzelnen Amtshandlungen, einschließlich Prüfungen, Abnahmen, Begutachtungen und Untersuchungen, zulässigen Gebühren auch erhoben werden dürfen, wenn die Amtshandlungen aus Gründen, die nicht von der Stelle, die die Amtshandlungen hätte durchführen sollen, zu vertreten sind, und ohne ausreichende Entschuldigung des Bewerbers oder Antragstellers am festgesetzten Termin nicht stattfinden konnten oder abgebrochen werden mussten.

(5) Rechtsverordnungen über Kosten, deren Gläubiger der Bund ist, bedürfen nicht der Zustimmung des Bundesrates.

(6) [1]Für das Parken auf öffentlichen Wegen und Plätzen können in Ortsdurchfahrten die Gemeinden, im Übrigen die Träger der Straßenbaulast, Gebühren erheben. [2]Für die Festsetzung der Gebühren werden die Landesregierungen ermächtigt, Gebührenordnungen zu erlassen. [3]In diesen kann auch ein Höchstsatz festgelegt werden. [4]Die Ermächtigung kann durch Rechtsverordnung weiter übertragen werden.

(7) Die Regelung des Absatzes 6 Satz 2 bis 4 ist auf die Erhebung von Gebühren für die Benutzung gebührenpflichtiger Parkplätze im Sinne des § 6 Abs. 1 Nr. 13 entsprechend anzuwenden.

(8) [1]Die Zulassung eines Fahrzeugs oder die Zuteilung eines Kennzeichens für ein zulassungsfreies Fahrzeug kann durch Rechtsvorschriften davon abhängig gemacht werden, dass die nach Absatz 1 in Verbindung mit einer Rechtsverordnung nach Absatz 2 für die Zulassung des Fahrzeugs oder Zuteilung des Kennzeichens vorgesehenen Gebühren und Auslagen, einschließlich rückständiger Gebühren und Auslagen aus vorausgegangenen Zulassungsvorgängen, entrichtet sind. [2]Eine solche Regelung darf

1. für den Fall eines in bundesrechtlichen Vorschriften geregelten internetbasierten Zulassungsverfahrens vom Bundesministerium für Verkehr und digitale Infrastruktur durch Rechtsverordnung mit Zustimmung des Bundesrates,

2. von den Ländern in den übrigen Fällen sowie im Fall der Nummer 1, solange und soweit das Bundesministerium für Verkehr und digitale Infrastruktur von seiner Ermächtigung nach Nummer 1 nicht Gebrauch gemacht hat,

getroffen werden.

§ 6b Herstellung, Vertrieb und Ausgabe von Kennzeichen. (1) Wer Kennzeichen für Fahrzeuge herstellen, vertreiben oder ausgeben will, hat dies der Zulassungsbehörde vorher anzuzeigen.

(2) (weggefallen)

(3) Über die Herstellung, den Vertrieb und die Ausgabe von Kennzeichen sind nach näherer Bestimmung (§ 6 Abs. 1 Nr. 8) Einzelnachweise zu führen, aufzubewahren und zuständigen Personen auf Verlangen zur Prüfung auszuhändigen.

(4) Die Herstellung, der Vertrieb oder die Ausgabe von Kennzeichen ist zu untersagen, wenn diese ohne die vorherige Anzeige hergestellt, vertrieben oder ausgegeben werden.

(5) Die Herstellung, der Vertrieb oder die Ausgabe von Kennzeichen kann untersagt werden, wenn

1. Tatsachen vorliegen, aus denen sich die Unzuverlässigkeit des Verantwortlichen oder der von ihm mit Herstellung, Vertrieb oder Ausgabe von Kennzeichen beauftragten Personen ergibt, oder
2. gegen die Vorschriften über die Führung, Aufbewahrung oder Aushändigung von Nachweisen über die Herstellung, den Vertrieb oder die Ausgabe von Kennzeichen verstoßen wird.

§ 6c[1] Herstellung, Vertrieb und Ausgabe von Kennzeichenvorprodukten. § 6b Abs. 1, 3, 4 Nr. 1 sowie Abs. 5 gilt entsprechend für die Herstellung, den Vertrieb oder die Ausgabe von bestimmten – nach näherer Bestimmung durch das Bundesministerium für Verkehr und digitale Infrastruktur festzulegenden (§ 6 Abs. 1 Nr. 8, Abs. 2) – Kennzeichenvorprodukten, bei denen nur noch die Beschriftung fehlt.

§ 6d Auskunft und Prüfung. (1) Die mit der Herstellung, dem Vertrieb oder der Ausgabe von Kennzeichen befassten Personen haben den zuständigen Behörden oder den von ihnen beauftragten Personen über die Beachtung der in § 6b Abs. 1 bis 3 bezeichneten Pflichten die erforderlichen Auskünfte unverzüglich zu erteilen.

(2) Die mit der Herstellung, dem Vertrieb oder der Ausgabe von Kennzeichenvorprodukten im Sinne des § 6c befassten Personen haben den zuständigen Behörden oder den von ihnen beauftragten Personen über die Beachtung der in § 6b Abs. 1 und 3 bezeichneten Pflichten die erforderlichen Auskünfte unverzüglich zu erteilen.

(3) Die von der zuständigen Behörde beauftragten Personen dürfen im Rahmen der Absätze 1 und 2 Grundstücke, Geschäftsräume, Betriebsräume und Transportmittel der Auskunftspflichtigen während der Betriebs- oder Geschäftszeit zum Zwecke der Prüfung und Besichtigung betreten.

---

[1] § 6c geänd. mWv 18.8.2006 durch G v. 14.8.2006 (BGBl. I S. 1958); geänd. mWv 5.12.2014 durch G v. 28.11.2014 (BGBl. I S. 1802).

§ 6e[1)] Führen von Kraftfahrzeugen in Begleitung. (1) Das Bundesministerium für Verkehr und digitale Infrastruktur wird ermächtigt, durch Rechtsverordnung mit Zustimmung des Bundesrates zur Senkung des Unfallrisikos junger Fahranfänger die erforderlichen Vorschriften zu erlassen, insbesondere über

1. das Herabsetzen des allgemein vorgeschriebenen Mindestalters zum Führen von Kraftfahrzeugen mit einer Fahrerlaubnis der Klassen B und BE,
2. die zur Erhaltung der Sicherheit und Ordnung auf den öffentlichen Straßen notwendigen Auflagen, insbesondere dass der Fahrerlaubnisinhaber während des Führens eines Kraftfahrzeuges von mindestens einer namentlich benannten Person begleitet sein muss,
3. die Aufgaben und Befugnisse der begleitenden Person nach Nummer 2, insbesondere über die Möglichkeit, dem Fahrerlaubnisinhaber als Ansprechpartner beratend zur Verfügung zu stehen,
4. die Anforderungen an die begleitende Person nach Nummer 2, insbesondere über
   a) das Lebensalter,
   b) den Besitz einer Fahrerlaubnis sowie über deren Mitführen und Aushändigung an zur Überwachung zuständige Personen,
   c) ihre Belastung mit Eintragungen im Fahreignungsregister sowie
   d) über Beschränkungen oder das Verbot des Genusses alkoholischer Getränke und berauschender Mittel,
5. die Ausstellung einer Prüfungsbescheinigung, die abweichend von § 2 Abs. 1 Satz 3 ausschließlich im Inland längstens bis drei Monate nach Erreichen des allgemein vorgeschriebenen Mindestalters zum Nachweis der Fahrberechtigung dient, sowie über deren Mitführen und Aushändigung an zur Überwachung des Straßenverkehrs berechtigte Personen,
6. die Kosten in entsprechender Anwendung des § 6a Abs. 2 in Verbindung mit Abs. 4 und
7. das Verfahren.

(2) [1] Eine auf der Grundlage der Rechtsverordnung nach Absatz 1 erteilte Fahrerlaubnis der Klassen B und BE ist zu widerrufen, wenn der Fahrerlaubnisinhaber entgegen einer vollziehbaren Auflage nach Absatz 1 Nummer 2 ein Kraftfahrzeug ohne Begleitung durch eine namentlich benannte Person führt. [2] Die Erteilung einer neuen Fahrerlaubnis erfolgt unbeschadet der übrigen Voraussetzungen nach den Vorschriften des § 2a.

(3) [1] Im Übrigen gelten die allgemeinen Vorschriften über die Fahrerlaubnispflicht, die Erteilung, die Entziehung oder die Neuerteilung der Fahrerlaubnis, die Regelungen für die Fahrerlaubnis auf Probe, das Fahrerlaubnisregister und die Zulassung von Personen zum Straßenverkehr. [2] Für die Prüfungsbescheinigung nach Absatz 1 Nr. 5 gelten im Übrigen die Vorschriften über den Führerschein entsprechend.

[1)] § 6e eingef. mWv 18.8.2005 durch G v. 14.8.2005 (BGBl. I S. 2412); Abs. 1 Satz 1 einl. Satzteil geänd. mWv 18.8.2006 durch G v. 14.8.2006 (BGBl. I S. 1958); Abs. 1 Satz 2 aufgeh., bish. Satz 1 einl. *Satzteil geänd., Abs. 2 aufgeh., bish.* Abs. 3 wird Abs. 2 und neu gef., bish. Abs. 4 wird Abs. 3 mWv 9.12. 2010 durch G v. 2.12.2010 (BGBl. I S. 1748); Abs. 1 Nr. 4 Buchst. c geänd. mWv 1.5.2014 durch G v. 28.8.2013 (BGBl. I S. 3313); Abs. 1 einl. Satzteil geänd. mWv 5.12.2014 durch G v. 28.11.2014 (BGBl. I S. 1802).

§ 6f[1] **Entgelte für Begutachtungsstellen für Fahreignung.** [1]Das Bundesministerium für Verkehr und digitale Infrastruktur kann durch Rechtsverordnung mit Zustimmung des Bundesrates die Entgelte der Begutachtungsstellen für Fahreignung festsetzen, soweit

1. die Begutachtungsstellen aus Anlass von Verwaltungsverfahren nach straßenverkehrsrechtlichen Vorschriften medizinisch-psychologische Untersuchungen durchführen und
2. die Festsetzung erforderlich ist, um die Qualität der Begutachtung zu fördern.

[2]Bei der Festsetzung der Entgelte ist den berechtigten Interessen der Leistungsbringer und der zur Zahlung der Entgelte Verpflichteten Rechnung zu tragen. [3]Soweit der Leistungsumfang nicht einheitlich geregelt ist, sind dabei Mindest- und Höchstsätze festzusetzen.

§ 6g[2] **Internetbasierte Zulassungsverfahren bei Kraftfahrzeugen.**

(1) [1]In Ergänzung der allgemeinen Vorschriften über die Zulassung von Fahrzeugen zum Straßenverkehr, die Zuteilung von Kennzeichen für zulassungsfreie Fahrzeuge und die Außerbetriebsetzung von Fahrzeugen können diese Verwaltungsverfahren nach Maßgabe der nachstehenden Vorschriften internetbasiert durchgeführt werden (internetbasierte Zulassung). [2]Für dieses Verwaltungsverfahren ist das Verwaltungsverfahrensgesetz[3] anzuwenden.

(2) [1]Ein Verwaltungsakt kann nach näherer Bestimmung einer Rechtsverordnung nach Absatz 4 Satz 1 Nummer 1 vollständig durch automatische Einrichtungen erlassen werden, wenn

1. die maschinelle Prüfung der Entscheidungsvoraussetzungen auf der Grundlage eines automatisierten Prüfprogrammes erfolgt, das bei der zuständigen Behörde eingerichtet ist und ausschließlich von ihr betrieben wird, und
2. sichergestellt ist, dass das Ergebnis der Prüfung nur die antragsgemäße Bescheidung oder die Ablehnung des Antrages sein kann.

[2]Ein nach Satz 1 erlassener Verwaltungsakt steht einen Monat, beginnend mit dem Tag, an dem der Verwaltungsakt wirksam wird, unter dem Vorbehalt der Nachprüfung. [3]Solange der Vorbehalt wirksam ist, kann der Verwaltungsakt jederzeit aufgehoben oder geändert werden.

(3) [1]Nach näherer Bestimmung einer Rechtsverordnung nach Absatz 4 Satz 1 Nummer 3 bis 5 können

1. natürlichen oder juristischen Personen des Privatrechts bestimmte Aufgaben eines internetbasierten Zulassungsverfahrens, ausgenommen die Entscheidung über den Antrag, oder bei der Inbetriebnahme derart zugelassener Fahrzeuge übertragen werden (Beleihung) oder
2. natürliche oder juristische Personen des Privatrechts beauftragt werden, an der *Durchführung von Aufgaben* im Sinne der Nummer 1 mitzuwirken (Verwaltungshilfe).

---

[1] § 6f neu gef. mWv 1.1.2019 durch G v. 4.12.2018 (BGBl. I S. 2251).

[2] § 6g eingef. mWv 7.12.2016 durch G v. 28.11.2016 (BGBl. I S. 2722); Abs. 4 Satz 1 Nr. 8 Buchst. b, Nr. 9 sowie Satz 2 geänd. mWv 26.11.2019 durch G v. 20.11.2019 (BGBl. I S. 1626).

[3] **Sartorius Nr. 100.**

[2]Personen im Sinne des Satzes 1 müssen fachlich geeignet, zuverlässig, auch hinsichtlich ihrer Finanzen, und unabhängig von den Interessen der sonstigen Beteiligten sein.

(4) [1]Das Bundesministerium für Verkehr und digitale Infrastruktur wird ermächtigt, durch Rechtsverordnung mit Zustimmung des Bundesrates

1. die Einzelheiten des Erlasses und der Aufhebung eines Verwaltungsaktes im Sinne des Absatzes 2 zu regeln, insbesondere
   a) die Anforderungen an das Prüfprogramm,
   b) besondere Bestimmungen zur Bekanntgabe, zur Wirksamkeit sowie zur Rücknahme und zum Widerruf des Verwaltungsaktes,
2. das für die Identifizierung von Antragstellern zu wahrende Vertrauensniveau zu regeln,
3. die Aufgaben im Sinne des Absatzes 3 zu bestimmen,
   a) mit denen Personen beliehen oder
   b) an deren Durchführung Verwaltungshelfer beteiligt

   werden können, sowie die Art und Weise der Aufgabenerledigung,
4. die näheren Anforderungen an Personen im Sinne des Absatzes 3 zu bestimmen, einschließlich deren Überwachung, des Verfahrens und des Zusammenwirkens der zuständigen Behörden bei der Überwachung,
5. die notwendige Haftpflichtversicherung der beliehenen oder beauftragten Person zur Deckung aller im Zusammenhang mit der Wahrnehmung der übertragenen Aufgabe oder der Hilfe zur Erfüllung der Aufgabe entstandenen Schäden sowie die Freistellung der für Übertragung oder Beauftragung und Aufsicht zuständigen Bundesbehörde oder Landesbehörde von Ansprüchen Dritter wegen etwaiger Schäden, die die beliehene oder beauftragte Person verursacht, zu regeln,
6. bestimmte Aufgaben eines internetbasierten Zulassungsverfahrens dem Kraftfahrt-Bundesamt zu übertragen, soweit die Aufgaben eine bundeseinheitliche Durchführung erfordern, und das Zusammenwirken mit den für die Zulassung zuständigen Behörden zu regeln,
7. besondere Anforderungen an die Inbetriebnahme von Fahrzeugen, die internetbasiert zugelassen sind, zu regeln, insbesondere hinsichtlich
   a) des Verwendens befristet gültiger Kennzeichenschilder einschließlich deren Herstellung, Ausstellung, Anbringung und Gültigkeitsdauer,
   b) des Versandes von Zulassungsunterlagen und der endgültigen Kennzeichenschilder
8. die Ausstellung befristet gültiger elektronischer Fahrzeugdokumente, insbesondere zum Nachweis der Zulassung, und deren Umwandlung in körperliche Dokumente zu regeln, insbesondere
   a) die Art und Weise der Erstellung, der Verwendung und der Speicherung solcher Dokumente,
   b) die Speicherung der Dokumente in einem Dateisystem, das beim Kraftfahrt-Bundesamt errichtet und von diesem betrieben wird,
9. die Errichtung und den Betrieb eines zentralen Dateisystems beim Kraftfahrt-Bundesamt

a) mit fahrzeugbezogenen Daten, die für die Prüfung der Zulassungsfähigkeit der Fahrzeuge erforderlich sind, insbesondere mit den Daten der unionsrechtlich vorgeschriebenen Übereinstimmungsbescheinigungen einschließlich der Fahrzeug-Identifizierungsnummer,

b) mit den Daten der Fahrzeuge, die Auskunft über nach oder auf Grund von Unionsrecht einzuhaltende Fahrzeugeigenschaften geben,

sowie die Pflicht zur Übermittlung dieser Daten durch die Hersteller oder Einführer der Fahrzeuge zu regeln,

10. die Durchführung anderer als straßenverkehrsrechtlicher Rechtsvorschriften bei einer internetbasierten Zulassung zu regeln.

[2]Das in Satz 1 Nummer 9 vorgesehene Dateisystem darf weder mit dem Zentralen Fahrzeugregister des Kraftfahrt-Bundesamtes noch mit den örtlichen Fahrzeugregistern der Zulassungsbehörden verknüpft werden.

(5) [1]Für Vorschriften des Verwaltungsverfahrens in den Absätzen 1 bis 3 und in Rechtsverordnungen auf Grund des Absatzes 4 kann durch Rechtsverordnung des Bundesministeriums für Verkehr und digitale Infrastruktur mit Zustimmung des Bundesrates vorgeschrieben werden, dass von diesen Vorschriften durch Landesrecht nicht abgewichen werden kann. [2]Die Vorschriften, von denen durch Landesrecht nicht abgewichen werden kann, sind dabei zu nennen.

II. Haftpflicht

§ 7 Haftung des Halters, Schwarzfahrt. (1) Wird bei dem Betrieb eines Kraftfahrzeugs oder eines Anhängers, der dazu bestimmt ist, von einem Kraftfahrzeug mitgeführt zu werden, ein Mensch getötet, der Körper oder die Gesundheit eines Menschen verletzt oder eine Sache beschädigt, so ist der Halter verpflichtet, dem Verletzten den daraus entstehenden Schaden zu ersetzen.

(2) Die Ersatzpflicht ist ausgeschlossen, wenn der Unfall durch höhere Gewalt verursacht wird.

(3) [1]Benutzt jemand das Fahrzeug ohne Wissen und Willen des Fahrzeughalters, so ist er anstelle des Halters zum Ersatz des Schadens verpflichtet; daneben bleibt der Halter zum Ersatz des Schadens verpflichtet, wenn die Benutzung des Fahrzeugs durch sein Verschulden ermöglicht worden ist. [2]Satz 1 findet keine Anwendung, wenn der Benutzer vom Fahrzeughalter für den Betrieb des Kraftfahrzeugs angestellt ist oder wenn ihm das Fahrzeug vom Halter überlassen worden ist. [3]Die Sätze 1 und 2 sind auf die Benutzung eines Anhängers entsprechend anzuwenden.

§ 8 Ausnahmen. Die Vorschriften des § 7 gelten nicht,

1. wenn der Unfall durch ein Kraftfahrzeug verursacht wurde, das auf ebener Bahn mit keiner höheren Geschwindigkeit als zwanzig Kilometer in der Stunde fahren kann, oder durch einen im Unfallzeitpunkt mit einem solchen Fahrzeug verbundenen Anhänger,
2. wenn der Verletzte bei dem Betrieb des Kraftfahrzeugs oder des Anhängers tätig war oder
3. wenn eine Sache beschädigt worden ist, die durch das Kraftfahrzeug oder durch den Anhänger befördert worden ist, es sei denn, dass eine beförderte Person die Sache an sich trägt oder mit sich führt.

§ 8a Entgeltliche Personenbeförderung, Verbot des Haftungsausschlusses. [1] Im Fall einer entgeltlichen, geschäftsmäßigen Personenbeförderung darf die Verpflichtung des Halters, wegen Tötung oder Verletzung beförderter Personen Schadensersatz nach § 7 zu leisten, weder ausgeschlossen noch beschränkt werden. [2] Die Geschäftsmäßigkeit einer Personenbeförderung wird nicht dadurch ausgeschlossen, dass die Beförderung von einer Körperschaft oder Anstalt des öffentlichen Rechts betrieben wird.

§ 9 Mitverschulden. Hat bei der Entstehung des Schadens ein Verschulden des Verletzten mitgewirkt, so finden die Vorschriften des § 254 des Bürgerlichen Gesetzbuchs[1] mit der Maßgabe Anwendung, dass im Fall der Beschädigung einer Sache das Verschulden desjenigen, welcher die tatsächliche Gewalt über die Sache ausübt, dem Verschulden des Verletzten gleichsteht.

§ 10[2] Umfang der Ersatzpflicht bei Tötung. (1) [1] Im Fall der Tötung ist der Schadensersatz durch Ersatz der Kosten einer versuchten Heilung sowie des Vermögensnachteils zu leisten, den der Getötete dadurch erlitten hat, dass während der Krankheit seine Erwerbsfähigkeit aufgehoben oder gemindert oder eine Vermehrung seiner Bedürfnisse eingetreten war. [2] Der Ersatzpflichtige hat außerdem die Kosten der Beerdigung demjenigen zu ersetzen, dem die Verpflichtung obliegt, diese Kosten zu tragen.

(2) [1] Stand der Getötete zur Zeit der Verletzung zu einem Dritten in einem Verhältnis, vermöge dessen er diesem gegenüber kraft Gesetzes unterhaltspflichtig war oder unterhaltspflichtig werden konnte, und ist dem Dritten infolge der Tötung das Recht auf Unterhalt entzogen, so hat der Ersatzpflichtige dem Dritten insoweit Schadensersatz zu leisten, als der Getötete während der mutmaßlichen Dauer seines Lebens zur Gewährung des Unterhalts verpflichtet gewesen sein würde. [2] Die Ersatzpflicht tritt auch dann ein, wenn der Dritte zur Zeit der Verletzung gezeugt, aber noch nicht geboren war.

(3) [1] Der Ersatzpflichtige hat dem Hinterbliebenen, der zur Zeit der Verletzung zu dem Getöteten in einem besonderen persönlichen Näheverhältnis stand, für das dem Hinterbliebenen zugefügte seelische Leid eine angemessene Entschädigung in Geld zu leisten. [2] Ein besonderes persönliches Näheverhältnis wird vermutet, wenn der Hinterbliebene der Ehegatte, der Lebenspartner, ein Elternteil oder ein Kind des Getöteten war.

§ 11 Umfang der Ersatzpflicht bei Körperverletzung. [1] Im Fall der Verletzung des Körpers oder der Gesundheit ist der Schadensersatz durch Ersatz der Kosten der Heilung sowie des Vermögensnachteils zu leisten, den der Verletzte dadurch erleidet, dass infolge der Verletzung zeitweise oder dauernd seine Erwerbsfähigkeit aufgehoben oder gemindert oder eine Vermehrung seiner Bedürfnisse eingetreten ist. [2] Wegen des Schadens, der nicht Vermögensschaden ist, kann auch eine billige Entschädigung in Geld gefordert werden.

§ 12[3] Höchstbeträge. (1) [1] Der Ersatzpflichtige haftet

---

[1] *Schönfelder Nr. 20.*

[2] § 10 Abs. 3 angef. mWv 22.7.2017 durch G v. 17.7.2017 (BGBl. I S. 2421).

[3] § 12 Abs. 1 neu gef., Abs. 2 geänd. mWv 18.12.2007 durch G v. 10.12.2007 (BGBl. I S. 2833); Abs. 1 Nr. 1 und 2 geänd. mWv 21.6.2017 durch G v. 16.6.2017 (BGBl. I S. 1648).

1. im Fall der Tötung oder Verletzung eines oder mehrerer Menschen durch dasselbe Ereignis nur bis zu einem Betrag von insgesamt fünf Millionen Euro, bei Verursachung des Schadens auf Grund der Verwendung einer hoch- oder vollautomatisierten Fahrfunktion gemäß § 1a nur bis zu einem Betrag von insgesamt zehn Millionen Euro; im Fall einer entgeltlichen, geschäftsmäßigen Personenbeförderung erhöht sich für den ersatzpflichtigen Halter des befördernden Kraftfahrzeugs oder Anhängers bei der Tötung oder Verletzung von mehr als acht beförderten Personen dieser Betrag um 600 000 Euro für jede weitere getötete oder verletzte beförderte Person;
2. im Fall der Sachbeschädigung, auch wenn durch dasselbe Ereignis mehrere Sachen beschädigt werden, nur bis zu einem Betrag von insgesamt einer Million Euro, bei Verursachung des Schadens auf Grund der Verwendung einer hoch- oder vollautomatisierten Fahrfunktion gemäß § 1a, nur bis zu einem Betrag von insgesamt zwei Millionen Euro.

[2] Die Höchstbeträge nach Satz 1 Nr. 1 gelten auch für den Kapitalwert einer als Schadensersatz zu leistenden Rente.

(2) Übersteigen die Entschädigungen, die mehreren auf Grund desselben Ereignisses zu leisten sind, insgesamt die in Absatz 1 bezeichneten Höchstbeträge, so verringern sich die einzelnen Entschädigungen in dem Verhältnis, in welchem ihr Gesamtbetrag zu dem Höchstbetrag steht.

§ 12a[1)] Höchstbeträge bei Beförderung gefährlicher Güter. (1) [1] Werden gefährliche Güter befördert, haftet der Ersatzpflichtige

1. im Fall der Tötung oder Verletzung eines oder mehrerer Menschen durch dasselbe Ereignis nur bis zu einem Betrag von insgesamt zehn Millionen Euro,
2. im Fall der Sachbeschädigung an unbeweglichen Sachen, auch wenn durch dasselbe Ereignis mehrere Sachen beschädigt werden, nur bis zu einem Betrag von insgesamt zehn Millionen Euro,

sofern der Schaden durch die die Gefährlichkeit der beförderten Güter begründenden Eigenschaften verursacht wird. [2] Im Übrigen bleibt § 12 Abs. 1 unberührt.

(2) Gefährliche Güter im Sinne dieses Gesetzes sind Stoffe und Gegenstände, deren Beförderung auf der Straße nach den Anlagen A und B zu dem Europäischen Übereinkommen vom 30. September 1957 über die internationale Beförderung gefährlicher Güter auf der Straße (ADR) (BGBl. 1969 II S. 1489) in der jeweils geltenden Fassung verboten oder nur unter bestimmten Bedingungen gestattet ist.

(3) Absatz 1 ist nicht anzuwenden, wenn es sich um freigestellte Beförderungen gefährlicher Güter oder um Beförderungen in begrenzten Mengen unterhalb der im Unterabschnitt 1.1.3.6. zu dem in Absatz 2 genannten Übereinkommen festgelegten Grenzen handelt.

(4) Absatz 1 ist nicht anzuwenden, wenn der Schaden bei der Beförderung innerhalb eines Betriebs entstanden ist, in dem gefährliche Güter hergestellt, bearbeitet, verarbeitet, gelagert, verwendet oder vernichtet werden, soweit die Beförderung auf einem abgeschlossenen Gelände stattfindet.

(5) § 12 Abs. 2 gilt entsprechend.

---

1) § 12a Überschrift eingef., Abs. 1 neu gef. mWv 18.12.2007 durch G v. 10.12.2007 (BGBl. I S. 2833).

§ 12b[1] Nichtanwendbarkeit der Höchstbeträge. Die §§ 12 und 12a sind nicht anzuwenden, wenn ein Schaden bei dem Betrieb eines gepanzerten Gleiskettenfahrzeugs verursacht wird.

§ 13 Geldrente. (1) Der Schadensersatz wegen Aufhebung oder Minderung der Erwerbsfähigkeit und wegen Vermehrung der Bedürfnisse des Verletzten sowie der nach § 10 Abs. 2 einem Dritten zu gewährende Schadensersatz ist für die Zukunft durch Entrichtung einer Geldrente zu leisten.

(2) Die Vorschriften des § 843 Abs. 2 bis 4 des Bürgerlichen Gesetzbuchs[2] finden entsprechende Anwendung.

(3) Ist bei der Verurteilung des Verpflichteten zur Entrichtung einer Geldrente nicht auf Sicherheitsleistung erkannt worden, so kann der Berechtigte gleichwohl Sicherheitsleistung verlangen, wenn die Vermögensverhältnisse des Verpflichteten sich erheblich verschlechtert haben; unter der gleichen Voraussetzung kann er eine Erhöhung der in dem Urteil bestimmten Sicherheit verlangen.

§ 14 Verjährung. Auf die Verjährung finden die für unerlaubte Handlungen geltenden Verjährungsvorschriften des Bürgerlichen Gesetzbuchs[2][3] entsprechende Anwendung.

§ 15 Verwirkung. [1] Der Ersatzberechtigte verliert die ihm auf Grund der Vorschriften dieses Gesetzes zustehenden Rechte, wenn er nicht spätestens innerhalb zweier Monate, nachdem er von dem Schaden und der Person des Ersatzpflichtigen Kenntnis erhalten hat, dem Ersatzpflichtigen den Unfall anzeigt. [2] Der Rechtsverlust tritt nicht ein, wenn die Anzeige infolge eines von dem Ersatzberechtigten nicht zu vertretenden Umstands unterblieben ist oder der Ersatzpflichtige innerhalb der bezeichneten Frist auf andere Weise von dem Unfall Kenntnis erhalten hat.

§ 16 Sonstige Gesetze. Unberührt bleiben die bundesrechtlichen Vorschriften, nach welchen der Fahrzeughalter für den durch das Fahrzeug verursachten Schaden in weiterem Umfang als nach den Vorschriften dieses Gesetzes haftet oder nach welchen ein anderer für den Schaden verantwortlich ist.

§ 17 Schadensverursachung durch mehrere Kraftfahrzeuge. (1) Wird ein Schaden durch mehrere Kraftfahrzeuge verursacht und sind die beteiligten Fahrzeughalter einem Dritten kraft Gesetzes zum Ersatz des Schadens verpflichtet, so hängt im Verhältnis der Fahrzeughalter zueinander die Verpflichtung zum Ersatz sowie der Umfang des zu leistenden Ersatzes von den Umständen, insbesondere davon ab, inwieweit der Schaden vorwiegend von dem einen oder dem anderen Teil verursacht worden ist.

(2) Wenn der Schaden einem der beteiligten Fahrzeughalter entstanden ist, gilt Absatz 1 auch für die Haftung der Fahrzeughalter untereinander.

(3) [1] Die Verpflichtung zum Ersatz nach den Absätzen 1 und 2 ist ausgeschlossen, wenn der Unfall durch ein unabwendbares Ereignis verursacht wird, das weder auf einem Fehler in der Beschaffenheit des Fahrzeugs noch auf einem Versagen seiner Vorrichtungen beruht. [2] Als unabwendbar gilt ein Ereignis nur dann, wenn

---

[1] § 12b Überschrift eingef. mWv 18.12.2007 durch G v. 10.12.2007 (BGBl. I S. 2833).
[2] **Schönfelder Nr. 20.**
[3] § 852 BGB **(Schönfelder Nr. 20).**

sowohl der Halter als auch der Führer des Fahrzeugs jede nach den Umständen des Falles gebotene Sorgfalt beobachtet hat. [3]Der Ausschluss gilt auch für die Ersatzpflicht gegenüber dem Eigentümer eines Kraftfahrzeugs, der nicht Halter ist.

(4) Die Vorschriften der Absätze 1 bis 3 sind entsprechend anzuwenden, wenn der Schaden durch ein Kraftfahrzeug und einen Anhänger, durch ein Kraftfahrzeug und ein Tier oder durch ein Kraftfahrzeug und eine Eisenbahn verursacht wird.

§ 18 Ersatzpflicht des Fahrzeugführers. (1) [1]In den Fällen des § 7 Abs. 1 ist auch der Führer des Kraftfahrzeugs oder des Anhängers zum Ersatz des Schadens nach den Vorschriften der §§ 8 bis 15 verpflichtet. [2]Die Ersatzpflicht ist ausgeschlossen, wenn der Schaden nicht durch ein Verschulden des Führers verursacht ist.

(2) Die Vorschrift des § 16 findet entsprechende Anwendung.

(3) Ist in den Fällen des § 17 auch der Führer eines Kraftfahrzeugs oder Anhängers zum Ersatz des Schadens verpflichtet, so sind auf diese Verpflichtung in seinem Verhältnis zu den Haltern und Führern der anderen beteiligten Kraftfahrzeuge, zu den Haltern und Führern der anderen beteiligten Anhänger, zu dem Tierhalter oder Eisenbahnunternehmer die Vorschriften des § 17 entsprechend anzuwenden.

§ 19 (weggefallen)

§ 20 Örtliche Zuständigkeit. Für Klagen, die auf Grund dieses Gesetzes erhoben werden, ist auch das Gericht zuständig, in dessen Bezirk das schädigende Ereignis stattgefunden hat.

III. Straf- und Bußgeldvorschriften

§ 21 Fahren ohne Fahrerlaubnis. (1) Mit Freiheitsstrafe bis zu einem Jahr oder mit Geldstrafe wird bestraft, wer

1. ein Kraftfahrzeug führt, obwohl er die dazu erforderliche Fahrerlaubnis nicht hat oder ihm das Führen des Fahrzeugs nach § 44 des Strafgesetzbuchs[1)] oder nach § 25 dieses Gesetzes verboten ist, oder
2. als Halter eines Kraftfahrzeugs anordnet oder zulässt, dass jemand das Fahrzeug führt, der die dazu erforderliche Fahrerlaubnis nicht hat oder dem das Führen des Fahrzeugs nach § 44 des Strafgesetzbuchs oder nach § 25 dieses Gesetzes verboten ist.

(2) Mit Freiheitsstrafe bis zu sechs Monaten oder mit Geldstrafe bis zu 180 Tagessätzen wird bestraft, wer

1. eine Tat nach Absatz 1 fahrlässig begeht,
2. vorsätzlich oder fahrlässig ein Kraftfahrzeug führt, obwohl der vorgeschriebene Führerschein nach § 94 der Strafprozessordnung[2)] in Verwahrung genommen, sichergestellt oder beschlagnahmt ist, oder
3. vorsätzlich oder fahrlässig als Halter eines Kraftfahrzeugs anordnet oder zulässt, dass jemand das Fahrzeug führt, obwohl der vorgeschriebene Führerschein nach

---

[1)] **Schönfelder Nr. 85.**
[2)] **Schönfelder Nr. 90.**

§ 94 der Strafprozessordnung in Verwahrung genommen, sichergestellt oder beschlagnahmt ist.

(3) In den Fällen des Absatzes 1 kann das Kraftfahrzeug, auf das sich die Tat bezieht, eingezogen werden, wenn der Täter

1. das Fahrzeug geführt hat, obwohl ihm die Fahrerlaubnis entzogen oder das Führen des Fahrzeugs nach § 44 des Strafgesetzbuchs oder nach § 25 dieses Gesetzes verboten war oder obwohl eine Sperre nach § 69a Abs. 1 Satz 3 des Strafgesetzbuchs gegen ihn angeordnet war,
2. als Halter des Fahrzeugs angeordnet oder zugelassen hat, dass jemand das Fahrzeug führte, dem die Fahrerlaubnis entzogen oder das Führen des Fahrzeugs nach § 44 des Strafgesetzbuchs oder nach § 25 dieses Gesetzes verboten war oder gegen den eine Sperre nach § 69a Abs. 1 Satz 3 des Strafgesetzbuchs angeordnet war, oder
3. in den letzten drei Jahren vor der Tat schon einmal wegen einer Tat nach Absatz 1 verurteilt worden ist.

§ 22 Kennzeichenmissbrauch. (1) Wer in rechtswidriger Absicht

1. ein Kraftfahrzeug oder einen Kraftfahrzeuganhänger, für die ein amtliches Kennzeichen nicht ausgegeben oder zugelassen worden ist, mit einem Zeichen versieht, das geeignet ist, den Anschein amtlicher Kennzeichnung hervorzurufen,
2. ein Kraftfahrzeug oder einen Kraftfahrzeuganhänger mit einer anderen als der amtlich für das Fahrzeug ausgegebenen oder zugelassenen Kennzeichnung versieht,
3. das an einem Kraftfahrzeug oder einem Kraftfahrzeuganhänger angebrachte amtliche Kennzeichen verändert, beseitigt, verdeckt oder sonst in seiner Erkennbarkeit beeinträchtigt,

wird, wenn die Tat nicht in anderen Vorschriften mit schwererer Strafe bedroht ist, mit Freiheitsstrafe bis zu einem Jahr oder mit Geldstrafe bestraft.

(2) Die gleiche Strafe trifft Personen, welche auf öffentlichen Wegen oder Plätzen von einem Kraftfahrzeug oder einem Kraftfahrzeuganhänger Gebrauch machen, von denen sie wissen, dass die Kennzeichnung in der in Absatz 1 Nr. 1 bis 3 bezeichneten Art gefälscht, verfälscht oder unterdrückt worden ist.

§ 22a Missbräuchliches Herstellen, Vertreiben oder Ausgeben von Kennzeichen. (1) Mit Freiheitsstrafe bis zu einem Jahr oder mit Geldstrafe wird bestraft, wer

1. Kennzeichen ohne vorherige Anzeige bei der zuständigen Behörde herstellt, vertreibt oder ausgibt oder
2. (weggefallen)
3. Kennzeichen in der Absicht nachmacht, dass sie als amtlich zugelassene Kennzeichen verwendet oder in Verkehr gebracht werden oder dass ein solches Verwenden oder Inverkehrbringen ermöglicht werde, oder Kennzeichen in dieser Absicht so verfälscht, dass der Anschein der Echtheit hervorgerufen wird, oder
4. nachgemachte oder verfälschte Kennzeichen feilhält oder in den Verkehr bringt.

(2) [1] Nachgemachte oder verfälschte Kennzeichen, auf die sich eine Straftat nach Absatz 1 bezieht, können eingezogen werden. [2] § 74a des Strafgesetzbuchs[1)] ist anzuwenden.

§ 22b[2)] Missbrauch von Wegstreckenzählern und Geschwindigkeitsbegrenzern. (1) Mit Freiheitsstrafe bis zu einem Jahr oder mit Geldstrafe wird bestraft, wer

1. die Messung eines Wegstreckenzählers, mit dem ein Kraftfahrzeug ausgerüstet ist, dadurch verfälscht, dass er durch Einwirkung auf das Gerät oder den Messvorgang das Ergebnis der Messung beeinflusst,
2. die bestimmungsgemäße Funktion eines Geschwindigkeitsbegrenzers, mit dem ein Kraftfahrzeug ausgerüstet ist, durch Einwirkung auf diese Einrichtung aufhebt oder beeinträchtigt oder
3. eine Straftat nach Nummer 1 oder 2 vorbereitet, indem er Computerprogramme, deren Zweck die Begehung einer solchen Tat ist, herstellt, sich oder einem anderen verschafft, feilhält oder einem anderen überlässt.

(2) In den Fällen des Absatzes 1 Nr. 3 gilt § 149 Abs. 2 und 3 des Strafgesetzbuches[1)] entsprechend.

(3) [1] Gegenstände, auf die sich die Straftat nach Absatz 1 bezieht, können eingezogen werden. [2] § 74a des Strafgesetzbuches ist anzuwenden.

§ 23[3)] Feilbieten nicht genehmigter Fahrzeuge, Fahrzeugteile und Ausrüstungen. (1) Ordnungswidrig handelt, wer vorsätzlich oder fahrlässig Fahrzeugteile, die in einer vom Kraftfahrt-Bundesamt genehmigten Bauart ausgeführt sein müssen, gewerbsmäßig feilbietet, obwohl sie nicht mit einem amtlich vorgeschriebenen und zugeteilten Prüfzeichen gekennzeichnet sind.

(2) Ordnungswidrig handelt, wer vorsätzlich oder fahrlässig einer Vorschrift einer auf Grund des § 6 Abs. 3a erlassenen Rechtsverordnung oder einer auf Grund einer solchen Rechtsverordnung ergangenen vollziehbaren Anordnung zuwiderhandelt, soweit die Rechtsverordnung für einen bestimmten Tatbestand auf diese Bußgeldvorschrift verweist.

(3) Die Ordnungswidrigkeit kann mit einer Geldbuße bis zu fünftausend Euro geahndet werden.

(4) Fahrzeuge, Fahrzeugteile und Ausrüstungen, auf die sich die Ordnungswidrigkeit bezieht, können eingezogen werden.

§ 24[4)] Verkehrsordnungswidrigkeit. (1) [1] Ordnungswidrig handelt, wer vorsätzlich oder fahrlässig einer Vorschrift einer auf Grund des § 6 Absatz 1, des § 6e Absatz 1 oder des § 6g Absatz 4 erlassenen Rechtsverordnung oder einer auf Grund einer solchen Rechtsverordnung ergangenen Anordnung zuwiderhandelt, *soweit die Rechtsverordnung für einen* bestimmten Tatbestand auf diese Bußgeldvorschrift verweist. [2] Die Verweisung ist nicht erforderlich, soweit die Vorschrift der Rechtsverordnung vor dem 1. Januar 1969 erlassen worden ist.

[1)] **Schönfelder Nr. 85.**

[2)] § 22b eingef. mWv 18.8.2005 durch G v. 14.8.2005 (BGBl. I S. 2412).

[3)] § 23 neu gef. mWv 29.4.2009 durch G v. 22.12.2008 (BGBl. I S. 2965).

[4)] § 24 Abs. 1 Satz 1 geänd. mWv 18.8.2005 durch G v. 14.8.2005 (BGBl. I S. 2412); Abs. 2 geänd. mWv 30.12.2008 durch G v. 22.12.2008 (BGBl. I S. 2965); Abs. 1 Satz 1 geänd. mWv 7.12.2016 durch G v. 28.11.2016 (BGBl. I S. 2722).

(2) Die Ordnungswidrigkeit kann mit einer Geldbuße bis zu zweitausend Euro geahndet werden.

§ 24a [1)2)] **0,5 Promille-Grenze.** (1) Ordnungswidrig handelt, wer im Straßenverkehr ein Kraftfahrzeug führt, obwohl er 0,25 mg/l oder mehr Alkohol in der Atemluft oder 0,5 Promille oder mehr Alkohol im Blut oder eine Alkoholmenge im Körper hat, die zu einer solchen Atem- oder Blutalkoholkonzentration führt.

(2) [1] Ordnungswidrig handelt, wer unter der Wirkung eines in der Anlage zu dieser Vorschrift genannten berauschenden Mittels im Straßenverkehr ein Kraftfahrzeug führt. [2] Eine solche Wirkung liegt vor, wenn eine in dieser Anlage genannte Substanz im Blut nachgewiesen wird. [3] Satz 1 gilt nicht, wenn die Substanz aus der bestimmungsgemäßen Einnahme eines für einen konkreten Krankheitsfall verschriebenen Arzneimittels herrührt.

(3) Ordnungswidrig handelt auch, wer die Tat fahrlässig begeht.

(4) Die Ordnungswidrigkeit kann mit einer Geldbuße bis zu dreitausend Euro geahndet werden.

(5) Das Bundesministerium für Verkehr und digitale Infrastruktur wird ermächtigt, durch Rechtsverordnung im Einvernehmen mit dem Bundesministerium für Gesundheit und Soziale Sicherung und dem Bundesministerium der Justiz und für Verbraucherschutz mit Zustimmung des Bundesrates die Liste der berauschenden Mittel und Substanzen in der Anlage zu dieser Vorschrift zu ändern oder zu ergänzen, wenn dies nach wissenschaftlicher Erkenntnis im Hinblick auf die Sicherheit des Straßenverkehrs erforderlich ist.

§ 24b Mangelnde Nachweise für Herstellung, Vertrieb und Ausgabe von Kennzeichen. (1) Ordnungswidrig handelt, wer vorsätzlich oder fahrlässig einer Vorschrift einer auf Grund des § 6 Abs. 1 Nr. 8 erlassenen Rechtsverordnung oder einer auf Grund einer solchen Rechtsverordnung ergangenen vollziehbaren Anordnung zuwiderhandelt, soweit die Rechtsverordnung für einen bestimmten Tatbestand auf diese Bußgeldvorschrift verweist.

(2) Die Ordnungswidrigkeit kann mit einer Geldbuße bis zu zweitausendfünfhundert Euro geahndet werden.

§ 24c [3)] **Alkoholverbot für Fahranfänger und Fahranfängerinnen.**

(1) Ordnungswidrig handelt, wer in der Probezeit nach § 2a oder vor Vollendung des 21. Lebensjahres als Führer eines Kraftfahrzeugs im Straßenverkehr alkoholische Getränke zu sich nimmt oder die Fahrt antritt, obwohl er unter der Wirkung eines solchen Getränks steht.

(2) Ordnungswidrig handelt auch, wer die Tat fahrlässig begeht.

(3) Die Ordnungswidrigkeit kann mit einer Geldbuße geahndet werden.

[1)] § 24a Abs. 5 geänd. mWv 18.8.2006 durch G v. 14.8.2006 (BGBl. I S. 1958); Abs. 4 geänd. mWv 30.12.2008 durch G v. *22.12.2008 (BGBl. I S.* 2965); Abs. 5 geänd. mWv 5.12.2014 durch G v. 28.11.2014 (BGBl. I S. 1802).

[2)] Bußgeldkatalog-Verordnung – BKatV **(Schönfelder ErgBd. Nr. 94a)**.

[3)] § 24c eingef. mWv 1.8.2007 durch G v. 19.7.2007 (BGBl. I S. 1460).

§ 25[1)] Fahrverbot. (1) [1] Wird gegen die betroffene Person wegen einer Ordnungswidrigkeit nach § 24, die sie unter grober oder beharrlicher Verletzung der Pflichten eines Kraftfahrzeugführers begangen hat, eine Geldbuße festgesetzt, so kann ihr die Verwaltungsbehörde oder das Gericht in der Bußgeldentscheidung für die Dauer von einem Monat bis zu drei Monaten verbieten, im Straßenverkehr Kraftfahrzeuge jeder oder einer bestimmten Art zu führen. [2] Wird gegen die betroffene Person wegen einer Ordnungswidrigkeit nach § 24a eine Geldbuße festgesetzt, so ist in der Regel auch ein Fahrverbot anzuordnen.

(2) [1] Das Fahrverbot wird mit der Rechtskraft der Bußgeldentscheidung wirksam. [2] Für seine Dauer werden von einer deutschen Behörde ausgestellte nationale und internationale Führerscheine amtlich verwahrt. [3] Dies gilt auch, wenn der Führerschein von einer Behörde eines Mitgliedstaates der Europäischen Union oder eines anderen Vertragsstaates des Abkommens über den Europäischen Wirtschaftsraum ausgestellt worden ist, sofern der Inhaber seinen ordentlichen Wohnsitz im Inland hat. [4] Wird er nicht freiwillig herausgegeben, so ist er zu beschlagnahmen.

(2a) Ist in den zwei Jahren vor der Ordnungswidrigkeit ein Fahrverbot gegen die betroffene Person nicht verhängt worden und wird auch bis zur Bußgeldentscheidung ein Fahrverbot nicht verhängt, so bestimmt die Verwaltungsbehörde oder das Gericht abweichend von Absatz 2 Satz 1, dass das Fahrverbot erst wirksam wird, wenn der Führerschein nach Rechtskraft der Bußgeldentscheidung in amtliche Verwahrung gelangt, spätestens jedoch mit Ablauf von vier Monaten seit Eintritt der Rechtskraft.

(2b) [1] Werden gegen die betroffene Person mehrere Fahrverbote rechtskräftig verhängt, so sind die Verbotsfristen nacheinander zu berechnen. [2] Die Verbotsfrist auf Grund des früher wirksam gewordenen Fahrverbots läuft zuerst. [3] Werden Fahrverbote gleichzeitig wirksam, so läuft die Verbotsfrist auf Grund des früher angeordneten Fahrverbots zuerst, bei gleichzeitiger Anordnung ist die frühere Tat maßgebend.

(3) [1] In anderen als in Absatz 2 Satz 3 genannten ausländischen Führerscheinen wird das Fahrverbot vermerkt. [2] Zu diesem Zweck kann der Führerschein beschlagnahmt werden.

(4) [1] Wird der Führerschein in den Fällen des Absatzes 2 Satz 4 oder des Absatzes 3 Satz 2 bei der betroffenen Person nicht vorgefunden, so hat sie auf Antrag der Vollstreckungsbehörde (§ 92 des Gesetzes über Ordnungswidrigkeiten[2)]) bei dem Amtsgericht eine eidesstattliche Versicherung über den Verbleib des Führerscheins abzugeben. [2] § 883 Abs. 2 und 3 der Zivilprozessordnung[3)] gilt entsprechend.

(5) [1] Ist ein Führerschein amtlich zu verwahren oder das Fahrverbot in einem ausländischen Führerschein zu vermerken, so wird die Verbotsfrist erst von dem Tag an gerechnet, an dem dies geschieht. [2] In die Verbotsfrist wird die Zeit nicht eingerechnet, in welcher der Täter auf behördliche Anordnung in einer Anstalt verwahrt wird.

[1)] § 25 Abs. 4 Satz 2 neu gef. mWv 1.1.2013 durch G v. 29.7.2009 (BGBl. I S. 2258); Abs. 2a Satz 2 aufgeh., Abs. 2b eingef. mWv 24.8.2017 durch G v. 17.8.2017 (BGBl. I S. 3202); Abs. 1 Sätze 1 und 2, Abs. 2a und 2b Satz 1, Abs. 4 Satz 1, Abs. 6 Satz 2, Abs. 7 Satz 1 und Abs. 8 geänd. mWv 26.11.2019 durch G v. 20.11.2019 (BGBl. I S. 1626).

[2)] Nr. **72.2**.

[3)] Nr. **23.3**.

(6) [1]Die Dauer einer vorläufigen Entziehung der Fahrerlaubnis (§ 111a der Strafprozessordnung[1)]) wird auf das Fahrverbot angerechnet. [2]Es kann jedoch angeordnet werden, dass die Anrechnung ganz oder zum Teil unterbleibt, wenn sie im Hinblick auf das Verhalten der betroffenen Person nach Begehung der Ordnungswidrigkeit nicht gerechtfertigt ist. [3]Der vorläufigen Entziehung der Fahrerlaubnis steht die Verwahrung, Sicherstellung oder Beschlagnahme des Führerscheins (§ 94 der Strafprozessordnung) gleich.

(7) [1]Wird das Fahrverbot nach Absatz 1 im Strafverfahren angeordnet (§ 82 des Gesetzes über Ordnungswidrigkeiten), so kann die Rückgabe eines in Verwahrung genommenen, sichergestellten oder beschlagnahmten Führerscheins aufgeschoben werden, wenn die betroffene Person nicht widerspricht. [2]In diesem Fall ist die Zeit nach dem Urteil unverkürzt auf das Fahrverbot anzurechnen.

(8) Über den Zeitpunkt der Wirksamkeit des Fahrverbots nach Absatz 2 oder 2a Satz 1 und über den Beginn der Verbotsfrist nach Absatz 5 Satz 1 ist die betroffene Person bei der Zustellung der Bußgeldentscheidung oder im Anschluss an deren Verkündung zu belehren.

§ 25a Kostentragungspflicht des Halters eines Kraftfahrzeugs. (1) [1]Kann in einem Bußgeldverfahren wegen eines Halt- oder Parkverstoßes der Führer des Kraftfahrzeugs, der den Verstoß begangen hat, nicht vor Eintritt der Verfolgungsverjährung ermittelt werden oder würde seine Ermittlung einen unangemessenen Aufwand erfordern, so werden dem Halter des Kraftfahrzeugs oder seinem Beauftragten die Kosten des Verfahrens auferlegt; er hat dann auch seine Auslagen zu tragen. [2]Von einer Entscheidung nach Satz 1 wird abgesehen, wenn es unbillig wäre, den Halter des Kraftfahrzeugs oder seinen Beauftragten mit den Kosten zu belasten.

(2) Die Kostenentscheidung ergeht mit der Entscheidung, die das Verfahren abschließt; vor der Entscheidung ist derjenige zu hören, dem die Kosten auferlegt werden sollen.

(3) [1]Gegen die Kostenentscheidung der Verwaltungsbehörde und der Staatsanwaltschaft kann innerhalb von zwei Wochen nach Zustellung gerichtliche Entscheidung beantragt werden. [2]§ 62 Abs. 2 des Gesetzes über Ordnungswidrigkeiten[2)] gilt entsprechend; für die Kostenentscheidung der Staatsanwaltschaft gelten auch § 50 Abs. 2 und § 52 des Gesetzes über Ordnungswidrigkeiten entsprechend. [3]Die Kostenentscheidung des Gerichts ist nicht anfechtbar.

[1)] **Schönfelder Nr. 90.**
[2)] Nr. 72.2.

§ 26[1)] Zuständige Verwaltungsbehörde; Verjährung. (1) [1]Bei Ordnungswidrigkeiten nach den §§ 23 bis 24a und 24c ist Verwaltungsbehörde im Sinne des § 36 Abs. 1 Nr. 1 des Gesetzes über Ordnungswidrigkeiten die Behörde oder Dienststelle der Polizei, die von der Landesregierung durch Rechtsverordnung[2)] näher bestimmt wird. [2]Die Landesregierung kann die Ermächtigung auf die zuständige oberste Landesbehörde übertragen.

(2) Abweichend von Absatz 1 ist Verwaltungsbehörde im Sinne des § 36 Absatz 1 Nummer 1 des Gesetzes über Ordnungswidrigkeiten bei Ordnungswidrig-

---

[1)] § 26 Abs. 1 Satz 1 geänd. mWv 1.8.2007 durch G v. 19.7.2007 (BGBl. I S. 1460); Abs. 1 Satz 1 geänd., Abs. 2 neu gef. mWv 7.12.2016 durch G v. 28.11.2016 (BGBl. I S. 2722).

[2)] **Zuständige Verwaltungsbehörden sind:**
in **Baden-Württemberg** die unteren Verwaltungsbehörden, bei Ordnungswidrigkeiten auf Bundesautobahnen das Regierungspräsidium Karlsruhe (VO der Landesregierung über Zuständigkeiten nach dem G über Ordnungswidrigkeiten idF der Bek. v. 2.2.1990 (GBl. S. 75, ber. S. 268), zuletzt geänd. durch VO v. 9.7.2019 (GBl. S. 332));
in **Bayern** das Polizeiverwaltungsamt, die Dienststellen der Landespolizei und der Bereitschaftspolizei (§ 91 ZuständigkeitsVO v. 16.6.2015 (GVBl. S. 184), zuletzt geänd. durch V v. 12.11.2019 (GVBl. S. 634));
in **Berlin** der Polizeipräsident in Berlin (VO über sachliche Zuständigkeiten für die Verfolgung und Ahndung von Ordnungswidrigkeiten v. 29.2.2000 (GVBl. S. 249), zuletzt geänd. durch G v. 9.10.2019 (GVBl. S. 685));
in **Brandenburg** das Polizeipräsidium und die Kreisordnungsbehörden (VerkehrsordnungswidrigkeitenzuständigkeitsVO v. 18.6.1996 (GVBl. II S. 412), zuletzt geänd. durch VO v. 6.10.2011 (GVBl. II Nr. 62 S. 1));
in **Bremen** die Ortspolizeibehörden (VO über die Zuständigkeit für die Verfolgung und Ahndung von Ordnungswidrigkeiten nach den §§ 23, 24 und 24a des StraßenverkehrsG v. 21.7.1980 (Brem.GBl. S. 229), geänd. durch VO v. 14.7.2009 (Brem.GBl. S. 281));
in **Hamburg** die Behörde für Inneres und Sport (AnO über Zuständigkeiten auf dem Gebiet des Straßenverkehrsrechts v. 5.1.1999 (Amtl. Anz. S. 345), zuletzt geänd. durch AnO v. 20.9.2011 (Amtl. Anz. S. 2157));
in **Hessen** in der Stadt Frankfurt der Oberbürgermeister als örtliche Ordnungsbehörde, im Übrigen das Regierungspräsidium Kassel als Bezirksordnungsbehörde (VO zur Bestimmung verkehrsrechtlicher Zuständigkeiten v. 12.11.2007 (GVBl. I S. 800), zuletzt geänd. durch VO v. 5.3.2018 (GVBl. S. 38));
in **Mecklenburg-Vorpommern** die Landräte und die Oberbürgermeister der kreisfreien Städte (Straßenverkehr-ZuständigkeitslandesVO v. 7.9.2016 (GVOBl. M-V S. 782));
in **Niedersachsen** die Landkreise und kreisfreien Städte (VO über sachliche Zuständigkeiten für die Verfolgung und Ahndung von Ordnungswidrigkeiten v. 17.11.2014 (Nds. GVBl. S. 311), zuletzt geänd. durch VO v. 6.6.2018 (Nds. GVBl. S. 128));
in **Nordrhein-Westfalen** die Kreisordnungsbehörden (VO zur Bestimmung der für die Verfolgung und Ahndung von Verkehrsordnungswidrigkeiten zuständigen Verwaltungsbehörden v. 25.9.1979 (GV. NRW. S. 652), zuletzt geänd. durch VO v. 6.12.2016 (GV. NRW. S. 1070));
in **Rheinland-Pfalz** das Polizeipräsidium Rheinpfalz (§ 8 LandesVO über Zuständigkeiten auf dem Gebiet des Straßenverkehrsrechts v. 12.3.1987 (GVBl. S. 46), zuletzt geänd. durch VO v. 26.11.2019 (GVBl. S. 339));
im **Saarland** das Landesverwaltungsamt (§ 2 StraßenverkehrszuständigkeitsG v. 13.6.2001 (Amtsbl. S. 1430), zuletzt geänd. durch G v. 19.9.2012 (Amtsbl. I S. 428));
in **Sachsen** die Großen Kreisstädte Görlitz, Hoyerswerda, Plauen und Zwickau, bei Ordnungswidrigkeiten auf Bundesautobahnen die Landesdirektion Sachsen (Ordnungswidrigkeiten-ZuständigkeitsVO v. *16.6.2014 (SächsGVBl. S. 342), geänd. durch* VO v. 26.10.2015 (SächsGVBl. S. 627));
in **Sachsen-Anhalt** die Zentrale Bußgeldstelle im Technischen Polizeiamt (VO über sachliche Zuständigkeiten für die Verfolgung und Ahndung von Ordnungswidrigkeiten v. 2.3.2010 (GVBl. LSA S. 106), zuletzt geänd. durch VO v. 20.11.2019 (GVBl. LSA S. 940));
in **Schleswig-Holstein** die Landräte und die Bürgermeister der kreisfreien Städte (Ordnungswidrigkeiten-ZuständigkeitsVO v. 22.1.1988 (GVOBl. Schl.-H. S. 32), zuletzt geänd. durch VO v. 4.11.2019 (GVOBl. Schl.-H. S. 524));
in **Thüringen** die Zentrale Bußgeldstelle bei der Landespolizeidirektion, die Dienststellen der Polizei und Einheiten der Bereitschaftspolizei (Thüringer VO über Zuständigkeiten für die Verfolgung und Ahndung von Verkehrsordnungswidrigkeiten v. 21.4.1998 (GVBl. S. 149), zuletzt geänd. durch G v. 25.10.2011 (GVBl. S. 268)).

keiten nach den §§ 23 und 24 das Kraftfahrt-Bundesamt, soweit es für den Vollzug der bewehrten Vorschriften zuständig ist.

(3) Die Frist der Verfolgungsverjährung beträgt bei Ordnungswidrigkeiten nach § 24 drei Monate, solange wegen der Handlung weder ein Bußgeldbescheid ergangen noch öffentliche Klage erhoben ist, danach sechs Monate.

§ 26a[1] Bußgeldkatalog. (1) Das Bundesministerium für Verkehr und digitale Infrastruktur wird ermächtigt, durch Rechtsverordnung mit Zustimmung des Bundesrates Vorschriften zu erlassen über

1. die Erteilung einer Verwarnung (§ 56 des Gesetzes über Ordnungswidrigkeiten[2]) wegen einer Ordnungswidrigkeit nach § 24,
2. Regelsätze für Geldbußen wegen einer Ordnungswidrigkeit nach den §§ 24, 24a und 24c,
3. die Anordnung des Fahrverbots nach § 25.

(2) Die Vorschriften nach Absatz 1 bestimmen unter Berücksichtigung der Bedeutung der Ordnungswidrigkeit, in welchen Fällen, unter welchen Voraussetzungen und in welcher Höhe das Verwarnungsgeld erhoben, die Geldbuße festgesetzt und für welche Dauer das Fahrverbot angeordnet werden soll.

§ 27[3] Informationsschreiben. (1) [1]Hat die Verwaltungsbehörde in einem Bußgeldverfahren den Halter oder Eigentümer eines Kraftfahrzeugs auf Grund einer Abfrage im Sinne des Artikels 4 der Richtlinie (EU) 2015/413 des Europäischen Parlaments und des Rates vom 11. März 2015 zur Erleichterung des grenzüberschreitenden Austauschs von Informationen über die Straßenverkehrssicherheit gefährdende Verkehrsdelikte (ABl. L 68 vom 13.3.2015, S. 9) ermittelt, übersendet sie der ermittelten Person ein Informationsschreiben. [2]In diesem Schreiben werden die Art des Verstoßes, Zeit und Ort seiner Begehung, das gegebenenfalls verwendete Überwachungsgerät, die anwendbaren Bußgeldvorschriften sowie die für einen solchen Verstoß vorgesehene Sanktion angegeben. [3]Das Informationsschreiben ist in der Sprache des Zulassungsdokuments des Kraftfahrzeugs oder in einer der Amtssprachen des Mitgliedstaates zu übermitteln, in dem das Kraftfahrzeug zugelassen ist.

(2) Absatz 1 gilt nicht, wenn die ermittelte Person ihren ordentlichen Wohnsitz im Inland hat.

---

[1] § 26a Abs. 1 einl. Satzteil geänd. mWv 18.8.2006 durch G v. 14.8.2006 (BGBl. I S. 1958); Abs. 1 Nr. 2 geänd. mWv 1.8.2007 durch G v. 19.7.2007 (BGBl. I S. 1460); Abs. 1 einl. Satzteil geänd. mWv *5.12.2014 durch G v. 28.11.2014 (BGBl. I* S. 1802).

[2] Nr. **72.2.**

[3] § 27 neu eingef. mWv 31.8.2013 durch G v. 28.8.2013 (BGBl. I S. 3310); Abs. 1 Satz 1 geänd. mWv 7.12.2016 durch G v. 28.11.2016 (BGBl. I S. 2722).

IV.[1] Fahreignungsregister

§ 28[2] Führung und Inhalt des Fahreignungsregisters. (1) Das Kraftfahrt-Bundesamt führt das Fahreignungsregister nach den Vorschriften dieses Abschnitts.

(2) Das Fahreignungsregister wird geführt zur Speicherung von Daten, die erforderlich sind

1. für die Beurteilung der Eignung und der Befähigung von Personen zum Führen von Kraftfahrzeugen oder zum Begleiten eines Kraftfahrzeugführers entsprechend einer nach § 6e Abs. 1 erlassenen Rechtsverordnung,
2. für die Prüfung der Berechtigung zum Führen von Fahrzeugen,
3. für die Ahndung der Verstöße von Personen, die wiederholt Straftaten oder Ordnungswidrigkeiten, die im Zusammenhang mit dem Straßenverkehr stehen, begehen oder
4. für die Beurteilung von Personen im Hinblick auf ihre Zuverlässigkeit bei der Wahrnehmung der ihnen durch Gesetz, Satzung oder Vertrag übertragenen Verantwortung für die Einhaltung der zur Sicherheit im Straßenverkehr bestehenden Vorschriften.

(3) Im Fahreignungsregister werden Daten gespeichert über

1. rechtskräftige Entscheidungen der Strafgerichte wegen einer Straftat, die in der Rechtsverordnung nach § 6 Absatz 1 Nummer 1 Buchstabe s bezeichnet ist, soweit sie auf Strafe, Verwarnung mit Strafvorbehalt erkennen oder einen Schuldspruch enthalten,
2. rechtskräftige Entscheidungen der Strafgerichte, die die Entziehung der Fahrerlaubnis, eine isolierte Sperre oder ein Fahrverbot anordnen, sofern sie nicht von Nummer 1 erfasst sind, sowie Entscheidungen der Strafgerichte, die die vorläufige Entziehung der Fahrerlaubnis anordnen,
3. rechtskräftige Entscheidungen wegen einer Ordnungswidrigkeit
   a) nach den §§ 24, 24a oder § 24c, soweit sie in der Rechtsverordnung nach § 6 Absatz 1 Nummer 1 Buchstabe s bezeichnet ist und gegen die betroffene Person
      aa) ein Fahrverbot nach § 25 angeordnet worden ist oder
      bb) eine Geldbuße von mindestens sechzig Euro festgesetzt worden ist und § 28a nichts anderes bestimmt,
   b) nach den §§ 24, 24a oder § 24c, soweit kein Fall des Buchstaben a vorliegt und ein Fahrverbot angeordnet worden ist,
   c) nach § 10 des Gefahrgutbeförderungsgesetzes, soweit sie in der Rechtsverordnung nach § 6 Absatz 1 Nummer 1 Buchstabe s bezeichnet ist,

---

[1] Abschnitt IV Überschrift geänd. mWv 1.5.2014 durch G v. 28.8.2013 (BGBl. I S. 3313).

[2] § 28 Abs. 2 Nr. 1 geänd. mWv 18.8.2005 durch G v. 14.8.2005 (BGBl. I S. 2412); Abs. 3 Nr. 3 geänd. mWv 1.8.2007 durch G v. 19.7.2007 (BGBl. I S. 1460); Abs. 3 Nr. 6 neu gef. mWv 23.7.2009 durch G v. 17.7.2009 (BGBl. I S. 2021); Überschrift, Abs. 1, Abs. 2 einl. Satzteil geänd., Abs. 3 einl. Satzteil und Nr. 1–3 neu gef., Nr. 10 aufgeh., Nr. 11 geänd., Nr. 12 und 13 neu gef, bish. Nr. 13 wird Nr. 14 und geänd., Abs. 6 geänd. mWv 1.5.2014 durch G v. 28.8.2013 (BGBl. I S. 3313); Abs. 3 Nr. 6 neu gef., Abs. 4 Satz 2 angef. mWv 7.12.2016 durch G v. 28.11.2016 (BGBl. I S. 2722); Abs. 3 Nr. 3 Buchst. a, Abs. 5 Satz 1 und 2 sowie Abs. 6 geänd. mWv 26.11.2019 durch G v. 20.11.2019 (BGBl. I S. 1626).

4. unanfechtbare oder sofort vollziehbare Verbote oder Beschränkungen, ein fahrerlaubnisfreies Fahrzeug zu führen,
5. unanfechtbare Versagungen einer Fahrerlaubnis,
6. unanfechtbare oder sofort vollziehbare
   a) Entziehungen, Widerrufe oder Rücknahmen einer Fahrerlaubnis,
   b) Feststellungen über die fehlende Berechtigung, von einer ausländischen Fahrerlaubnis im Inland Gebrauch zu machen,
7. Verzichte auf die Fahrerlaubnis,
8. unanfechtbare Ablehnungen eines Antrags auf Verlängerung der Geltungsdauer einer Fahrerlaubnis,
9. die Beschlagnahme, Sicherstellung oder Verwahrung von Führerscheinen nach § 94 der Strafprozessordnung[1)],
10. *(aufgehoben)*
11. Maßnahmen der Fahrerlaubnisbehörde nach § 2a Abs. 2 Satz 1 Nr. 1 und 2 und § 4 Absatz 5 Satz 1 Nr. 1 und 2,
12. die Teilnahme an einem Aufbauseminar, an einem besonderen Aufbauseminar und an einer verkehrspsychologischen Beratung, soweit dies für die Anwendung der Regelungen der Fahrerlaubnis auf Probe (§ 2a) erforderlich ist,
13. die Teilnahme an einem Fahreignungsseminar, soweit dies für die Anwendung der Regelungen des Fahreignungs-Bewertungssystems (§ 4) erforderlich ist,
14. Entscheidungen oder Änderungen, die sich auf eine der in den Nummern 1 bis 13 genannten Eintragungen beziehen.

(4) [1] Die Gerichte, Staatsanwaltschaften und anderen Behörden teilen dem Kraftfahrt-Bundesamt unverzüglich die nach Absatz 3 zu speichernden oder zu einer Änderung oder Löschung einer Eintragung führenden Daten mit. [2] Die Datenübermittlung nach Satz 1 kann auch im Wege der Datenfernübertragung durch Direkteinstellung unter Beachtung des § 30a Absatz 2 bis 4 erfolgen.

(5) [1] Bei Zweifeln an der Identität einer eingetragenen Person mit der Person, auf die sich eine Mitteilung nach Absatz 4 bezieht, dürfen die Datenbestände des Zentralen Fahrerlaubnisregisters und des Zentralen Fahrzeugregisters zur Identifizierung dieser Personen verwendet werden. [2] Ist die Feststellung der Identität der betreffenden Personen auf diese Weise nicht möglich, dürfen die auf Anfrage aus den Melderegistern übermittelten Daten zur Behebung der Zweifel verwendet werden. [3] Die Zulässigkeit der Übermittlung durch die Meldebehörden richtet sich nach den Meldegesetzen der Länder. [4] Können die Zweifel an der Identität der betreffenden Personen nicht ausgeräumt werden, werden die Eintragungen über beide Personen mit einem Hinweis auf die Zweifel an deren Identität versehen.

(6) Die regelmäßige Verwendung der auf Grund des § 50 Abs. 1 im Zentralen Fahrerlaubnisregister gespeicherten Daten ist zulässig, um Fehler und Abweichungen bei den Personendaten sowie den Daten über Fahrerlaubnisse und Führerscheine der betreffenden Person im Fahreignungsregister festzustellen und zu beseitigen und um das Fahreignungsregister zu vervollständigen.

[1)] **Schönfelder Nr. 90.**

§ 28a[1] **Eintragung beim Abweichen vom Bußgeldkatalog.** [1]Wird die Geldbuße wegen einer Ordnungswidrigkeit nach den §§ 24, 24a und 24c lediglich mit Rücksicht auf die wirtschaftlichen Verhältnisse der betroffenen Person abweichend von dem Regelsatz der Geldbuße festgesetzt, der für die zugrunde liegende Ordnungswidrigkeit im Bußgeldkatalog (§ 26a) vorgesehen ist, so ist in der Entscheidung dieser Paragraph bei den angewendeten Bußgeldvorschriften aufzuführen, wenn der Regelsatz der Geldbuße

1. sechzig Euro oder mehr beträgt und eine geringere Geldbuße festgesetzt wird oder
2. weniger als sechzig Euro beträgt und eine Geldbuße von sechzig Euro oder mehr festgesetzt wird.

[2]In diesen Fällen ist für die Eintragung in das Fahreignungsregister der im Bußgeldkatalog vorgesehene Regelsatz maßgebend.

§ 28b (weggefallen)

§ 29[2] **Tilgung der Eintragungen.** (1) [1]Die im Register gespeicherten Eintragungen werden nach Ablauf der in Satz 2 bestimmten Fristen getilgt. [2]Die Tilgungsfristen betragen

1. zwei Jahre und sechs Monate
   bei Entscheidungen über eine Ordnungswidrigkeit,
   a) die in der Rechtsverordnung nach § 6 Absatz 1 Nummer 1 Buchstabe s Doppelbuchstabe bb Dreifachbuchstabe bbb als verkehrssicherheitsbeeinträchtigende oder gleichgestellte Ordnungswidrigkeit mit einem Punkt bewertet ist oder
   b) soweit weder ein Fall des Buchstaben a noch der Nummer 2 Buchstabe b vorliegt und in der Entscheidung ein Fahrverbot angeordnet worden ist,
2. fünf Jahre
   a) bei Entscheidungen über eine Straftat, vorbehaltlich der Nummer 3 Buchstabe a,
   b) bei Entscheidungen über eine Ordnungswidrigkeit, die in der Rechtsverordnung nach § 6 Absatz 1 Nummer 1 Buchstabe s Doppelbuchstabe bb Dreifachbuchstabe aaa als besonders verkehrssicherheitsbeeinträchtigende oder gleichgestellte Ordnungswidrigkeit mit zwei Punkten bewertet ist,
   c) bei von der nach Landesrecht zuständigen Behörde verhängten Verboten oder Beschränkungen, ein fahrerlaubnisfreies Fahrzeug zu führen,

---

[1] *§ 28a Satz 1 einl.* Satzteil geänd. mWv 1.8.2007 durch G v. 19.7.2007 (BGBl. I S. 1460); Satz 1 Nr. 1, 2 und Satz 2 geänd. mWv 1.5.2014 durch G v. 28.8.2013 (BGBl. I S. 3313); Satz 1 einl. Satzteil geänd. mWv 26.11.2019 durch G v. 20.11.2019 (BGBl. I S. 1626).

[2] § 29 Abs. 4, Abs. 6 Satz 1 geänd., Satz 2 eingef., bish. Sätze 2–5 werden Sätze 3–6, Abs. 7 Satz 1 geänd. mWv 1.2.2005 durch G v. 24.8.2004 (BGBl. I S. 2198); Abs. 8 Satz 4 angef. mWv 30.12.2008 durch G v. 22.12.2008 (BGBl. I S. 2965); Abs. 8 Sätze 1 und 2 neu gef. mWv 21.6.2013 durch G v. 17.6. 2013 (BGBl. I S. 1558); Abs. 1 Sätze 2–4 neu gef., Abs. 4 Nr. 1 und 2 geänd., Nr. 4 neu gef., Abs. 5 Sätze 1 und 2 geänd., Abs. 6 aufgeh., bish. Abs. 7 und 8 werden Abs. 6 und 7 und neu gef. mWv 1.5.2014 durch G v. 28.8.2013 (BGBl. I S. 3313); Abs. 6 Sätze 2 und 4 geänd. mWv 5.12.2014 durch G v. 28.11. 2014 (BGBl. I S. 1802); Abs. 3 Nr. 4, Abs. 6 Satz 3 einl. Satzteil, Nr. 3, Satz 4 und Abs. 7 Sätze 1–3 geänd. mWv 26.11.2019 durch G v. 20.11.2019 (BGBl. I S. 1626).

d) bei Mitteilungen über die Teilnahme an einem Fahreignungsseminar, einem Aufbauseminar, einem besonderen Aufbauseminar oder einer verkehrspsychologischen Beratung,

3. zehn Jahre

a) bei Entscheidungen über eine Straftat, in denen die Fahrerlaubnis entzogen oder eine isolierte Sperre angeordnet worden ist,

b) bei Entscheidungen über Maßnahmen oder Verzichte nach § 28 Absatz 3 Nummer 5 bis 8.

[3] Eintragungen über Maßnahmen der nach Landesrecht zuständigen Behörde nach § 2a Absatz 2 Satz 1 Nummer 1 und 2 und § 4 Absatz 5 Satz 1 Nummer 1 und 2 werden getilgt, wenn dem Inhaber einer Fahrerlaubnis die Fahrerlaubnis entzogen wird. [4] Sonst erfolgt eine Tilgung bei den Maßnahmen nach § 2a Absatz 2 Satz 1 Nummer 1 und 2 ein Jahr nach Ablauf der Probezeit und bei Maßnahmen nach § 4 Absatz 5 Satz 1 Nummer 1 und 2 dann, wenn die letzte Eintragung wegen einer Straftat oder Ordnungswidrigkeit getilgt ist. [5] Verkürzungen der Tilgungsfristen nach Absatz 1 können durch Rechtsverordnung gemäß § 30c Abs. 1 Nr. 2 zugelassen werden, wenn die eingetragene Entscheidung auf körperlichen oder geistigen Mängeln oder fehlender Befähigung beruht.

(2) Die Tilgungsfristen gelten nicht, wenn die Erteilung einer Fahrerlaubnis oder die Erteilung des Rechts, von einer ausländischen Fahrerlaubnis wieder Gebrauch zu machen, für immer untersagt ist.

(3) Ohne Rücksicht auf den Lauf der Fristen nach Absatz 1 und das Tilgungsverbot nach Absatz 2 werden getilgt

1. Eintragungen über Entscheidungen, wenn ihre Tilgung im Bundeszentralregister angeordnet oder wenn die Entscheidung im Wiederaufnahmeverfahren oder nach den §§ 86, 102 Abs. 2 des Gesetzes über Ordnungswidrigkeiten[1)] rechtskräftig aufgehoben wird,
2. Eintragungen, die in das Bundeszentralregister nicht aufzunehmen sind, wenn ihre Tilgung durch die nach Landesrecht zuständige Behörde angeordnet wird, wobei die Anordnung nur ergehen darf, wenn dies zur Vermeidung ungerechtfertigter Härten erforderlich ist und öffentliche Interessen nicht gefährdet werden,
3. Eintragungen, bei denen die zugrunde liegende Entscheidung aufgehoben wird oder bei denen nach näherer Bestimmung durch Rechtsverordnung gemäß § 30c Abs. 1 Nr. 2 eine Änderung der zugrunde liegenden Entscheidung Anlass gibt,
4. sämtliche Eintragungen, wenn eine amtliche Mitteilung über den Tod der betroffenen Person eingeht.

(4) Die Tilgungsfrist (Absatz 1) beginnt

1. bei strafgerichtlichen Verurteilungen und bei Strafbefehlen mit dem Tag der Rechtskraft, wobei dieser Tag auch dann maßgebend bleibt, wenn eine Gesamtstrafe oder eine einheitliche Jugendstrafe gebildet oder nach § 30 Abs. 1 des Jugendgerichtsgesetzes[2)] auf Jugendstrafe erkannt wird oder eine Entscheidung im Wiederaufnahmeverfahren ergeht, die eine registerpflichtige Verurteilung enthält,

---

[1)] Nr. 72.2.
[2)] **Schönfelder Nr. 89.**

2. bei Entscheidungen der Gerichte nach den §§ 59, 60 des Strafgesetzbuchs[1] und § 27 des Jugendgerichtsgesetzes mit dem Tag der Rechtskraft,
3. bei gerichtlichen und verwaltungsbehördlichen Bußgeldentscheidungen sowie bei anderen Verwaltungsentscheidungen mit dem Tag der Rechtskraft oder Unanfechtbarkeit der beschwerenden Entscheidung,
4. bei Aufbauseminaren nach § 2a Absatz 2 Satz 1 Nummer 1, verkehrspsychologischen Beratungen nach § 2a Absatz 2 Satz 1 Nummer 2 und Fahreignungsseminaren nach § 4 Absatz 7 mit dem Tag der Ausstellung der Teilnahmebescheinigung.

(5) [1] Bei der Versagung oder Entziehung der Fahrerlaubnis wegen mangelnder Eignung, der Anordnung einer Sperre nach § 69a Abs. 1 Satz 3 des Strafgesetzbuchs oder bei einem Verzicht auf die Fahrerlaubnis beginnt die Tilgungsfrist erst mit der Erteilung oder Neuerteilung der Fahrerlaubnis, spätestens jedoch fünf Jahre nach der Rechtskraft der beschwerenden Entscheidung oder dem Tag des Zugangs der Verzichtserklärung bei der zuständigen Behörde. [2] Bei von der nach Landesrecht zuständigen Behörde verhängten Verboten oder Beschränkungen, ein fahrerlaubnisfreies Fahrzeug zu führen, beginnt die Tilgungsfrist fünf Jahre nach Ablauf oder Aufhebung des Verbots oder der Beschränkung.

(6) [1] Nach Eintritt der Tilgungsreife wird eine Eintragung vorbehaltlich der Sätze 2 und 4 gelöscht. [2] Eine Eintragung nach § 28 Absatz 3 Nummer 1 oder 3 Buchstabe a oder c wird nach Eintritt der Tilgungsreife erst nach einer Überliegefrist von einem Jahr gelöscht. [3] Während dieser Überliegefrist darf der Inhalt dieser Eintragung nur noch zu folgenden Zwecken übermittelt, verwendet oder über ihn eine Auskunft erteilt werden:
1. an die nach Landesrecht zuständige Behörde zur Anordnung von Maßnahmen im Rahmen der Fahrerlaubnis auf Probe nach § 2a,
2. an die nach Landesrecht zuständige Behörde zur Ergreifung von Maßnahmen nach dem Fahreignungs-Bewertungssystem nach § 4 Absatz 5,
3. zur Auskunftserteilung an die betroffene Person nach § 30 Absatz 8.

[4] Die Löschung einer Eintragung nach § 28 Absatz 3 Nummer 3 Buchstabe a oder c unterbleibt in jedem Fall so lange, wie die betroffene Person im Zentralen Fahrerlaubnisregister als Inhaber einer Fahrerlaubnis auf Probe gespeichert ist.

(7) [1] Ist eine Eintragung im Fahreignungsregister gelöscht, dürfen die Tat und die Entscheidung der betroffenen Person für die Zwecke des § 28 Absatz 2 nicht mehr vorgehalten und nicht zu ihrem Nachteil verwertet werden. [2] Unterliegt eine Eintragung im Fahreignungsregister über eine gerichtliche Entscheidung nach Absatz 1 Satz 2 Nummer 3 Buchstabe a einer zehnjährigen Tilgungsfrist, darf sie nach Ablauf eines Zeitraums, der einer fünfjährigen Tilgungsfrist nach den vorstehenden Vorschriften entspricht, nur noch für folgende Zwecke an die nach Landesrecht zuständige Behörde übermittelt und dort verwendet werden:
1. zur Durchführung von Verfahren, die eine Erteilung oder Entziehung einer Fahrerlaubnis zum Gegenstand haben,
2. zum Ergreifen von Maßnahmen nach dem Fahreignungs-Bewertungssystem nach § 4 Absatz 5.

[3] Außerdem dürfen für die Prüfung der Berechtigung zum Führen von Kraftfahrzeugen Entscheidungen der Gerichte nach den §§ 69 bis 69b des Strafgesetzbuches

---

[1] **Schönfelder Nr. 85.**

an die nach Landesrecht zuständige Behörde übermittelt und dort verwendet werden. [4]Die Sätze 1 und 2 gelten nicht für Eintragungen wegen strafgerichtlicher Entscheidungen, die für die Ahndung von Straftaten herangezogen werden. [5]Insoweit gelten die Regelungen des Bundeszentralregistergesetzes[1)].

§ 30[2)] Übermittlung. (1) Die Eintragungen im Fahreignungsregister dürfen an die Stellen, die

1. für die Verfolgung von Straftaten, zur Vollstreckung oder zum Vollzug von Strafen,
2. für die Verfolgung von Ordnungswidrigkeiten und die Vollstreckung von Bußgeldbescheiden und ihren Nebenfolgen nach diesem Gesetz und dem Gesetz über das Fahrpersonal im Straßenverkehr oder
3. für Verwaltungsmaßnahmen auf Grund dieses Gesetzes oder der auf ihm beruhenden Rechtsvorschriften

zuständig sind, übermittelt werden, soweit dies für die Erfüllung der diesen Stellen obliegenden Aufgaben zu den in § 28 Abs. 2 genannten Zwecken jeweils erforderlich ist.

(2) Die Eintragungen im Fahreignungsregister dürfen an die Stellen, die für Verwaltungsmaßnahmen auf Grund des Gesetzes über die Beförderung gefährlicher Güter, des Kraftfahrsachverständigengesetzes, des Fahrlehrergesetzes, des Personenbeförderungsgesetzes[3)], der gesetzlichen Bestimmungen über die Notfallrettung und den Krankentransport, des Güterkraftverkehrsgesetzes einschließlich der Verordnung (EWG) Nr. 881/92 des Rates vom 26. März 1992 über den Zugang zum Güterkraftverkehrsmarkt in der Gemeinschaft für Beförderungen aus oder nach einem Mitgliedstaat oder durch einen oder mehrere Mitgliedstaaten (ABl. EG Nr. L 95 S. 1), des Gesetzes über das Fahrpersonal im Straßenverkehr oder der auf Grund dieser Gesetze erlassenen Rechtsvorschriften zuständig sind, übermittelt werden, soweit dies für die Erfüllung der diesen Stellen obliegenden Aufgaben zu den in § 28 Abs. 2 Nr. 2 und 4 genannten Zwecken jeweils erforderlich ist.

(3) Die Eintragungen im Fahreignungsregister dürfen an die für Verkehrs- und Grenzkontrollen zuständigen Stellen übermittelt werden, soweit dies zu dem in § 28 Abs. 2 Nr. 2 genannten Zweck erforderlich ist.

(4) Die Eintragungen im Fahreignungsregister dürfen außerdem für die Erteilung, Verlängerung, Erneuerung, Rücknahme oder den Widerruf einer Erlaubnis für Luftfahrer oder sonstiges Luftfahrpersonal nach den Vorschriften des Luftverkehrsgesetzes[4)] oder der auf Grund dieses Gesetzes erlassenen Rechtsvorschriften an die hierfür zuständigen Stellen übermittelt werden, soweit dies für die genannten Maßnahmen erforderlich ist.

[1)] **Schönfelder Nr. 92.**

[2)] § 30 Abs. 4a eingef. mWv 18.4.2008 durch G v. 8.4.2008 (BGBl. I S. 706); Abs. 10 angef. mWv 9.12.2010 durch G v. 2.12.2010 (BGBl. I S. 1748); Abs. 8 Sätze 3 und 4 angef. mWv 1.8.2013 durch G v. 25.7.2013 (BGBl. I S. 2749); Abs. 1 einl. Satzteil, Abs. 2–4a, Abs. 5 Satz 1, Abs. 7 Satz 1 einl. Satzteil, Abs. 8 Satz 1, Abs. 9 Satz 1 und Abs. 10 Satz 1 geänd., Abs. 4b eingef. mWv 1.5.2014 durch G v. 28.8.2013 (BGBl. I S. 3313); Abs. 4a, Abs. 10 Satz 1 geänd. mWv 7.12.2016 durch G v. 28.11.2016 (BGBl. I S. 2722); Abs. 8 Satz 3 geänd. mWv 1.11.2019 durch G v. 21.6.2019 (BGBl. I S. 846); Abs. 5 Sätze 1 und *2, Abs. 6 Sätze 1, 2 und 4, Abs. 7 Sätze 2* und 3 sowie Abs. 8 Satz 1 geänd. mWv 26.11.2019 durch G v. 20.11.2019 (BGBl. I S. 1626).

[3)] **Sartorius Nr. 950.**

[4)] **Sartorius ErgBd. Nr. 975.**

(4a) Die Eintragungen im Fahreignungsregister dürfen außerdem an die hierfür zuständigen Stellen übermittelt werden für die Erteilung, den Entzug oder das Anordnen des Ruhens von Befähigungszeugnissen und Erlaubnissen für Kapitäne, Schiffsoffiziere oder sonstige Seeleute nach den Vorschriften des Seeaufgabengesetzes und für Schiffs- und Sportbootführer und sonstige Besatzungsmitglieder nach dem Seeaufgabengesetz oder dem Binnenschifffahrtsaufgabengesetz oder der aufgrund dieser Gesetze erlassenen Rechtsvorschriften, soweit dies für die genannten Maßnahmen erforderlich ist.

(4b) Die Eintragungen im Fahreignungsregister dürfen außerdem für die Erteilung, Aussetzung, Einschränkung und Entziehung des Triebfahrzeugführerscheins auf Grund des Allgemeinen Eisenbahngesetzes oder der auf Grund dieses Gesetzes erlassenen Rechtsvorschriften an die hierfür zuständigen Stellen übermittelt werden, soweit die Eintragungen für die dortige Prüfung der Voraussetzungen für die Erteilung, Aussetzung, Einschränkung und Entziehung des Triebfahrzeugführerscheins erforderlich sind.

(5) [1]Die Eintragungen im Fahreignungsregister dürfen für die wissenschaftliche Forschung entsprechend § 38 und für statistische Zwecke entsprechend § 38a übermittelt und verwendet werden. [2]Zur Vorbereitung von Rechts- und allgemeinen Verwaltungsvorschriften auf dem Gebiet des Straßenverkehrs dürfen die Eintragungen entsprechend § 38b übermittelt und verwendet werden.

(6) [1]Der Empfänger darf die übermittelten Daten nur zu dem Zweck verarbeiten, zu dessen Erfüllung sie ihm übermittelt worden sind. [2]Der Empfänger darf die übermittelten Daten auch für andere Zwecke verarbeiten, soweit sie ihm auch für diese Zwecke hätten übermittelt werden dürfen. [3]Ist der Empfänger eine nichtöffentliche Stelle, hat die übermittelnde Stelle ihn darauf hinzuweisen. [4]Eine Verarbeitung für andere Zwecke durch nichtöffentliche Stellen bedarf der Zustimmung der übermittelnden Stelle.

(7) [1]Die Eintragungen im Fahreignungsregister dürfen an die zuständigen Stellen anderer Staaten übermittelt werden, soweit dies

1. für Verwaltungsmaßnahmen auf dem Gebiet des Straßenverkehrs,
2. zur Verfolgung von Zuwiderhandlungen gegen Rechtsvorschriften auf dem Gebiet des Straßenverkehrs oder
3. zur Verfolgung von Straftaten, die im Zusammenhang mit dem Straßenverkehr oder sonst mit Kraftfahrzeugen, Anhängern oder Fahrzeugpapieren, Fahrerlaubnissen oder Führerscheinen stehen,

erforderlich ist. [2]Der Empfänger ist darauf hinzuweisen, dass die übermittelten Daten nur zu dem Zweck verarbeitet werden dürfen, zu dessen Erfüllung sie ihm übermittelt werden. [3]Die Übermittlung unterbleibt, wenn durch sie schutzwürdige Interessen der betroffenen Person beeinträchtigt würden, insbesondere wenn im Empfängerland ein angemessener Datenschutzstandard nicht gewährleistet ist.

⟨8⟩ [1]*Der betroffenen Person* wird auf Antrag schriftlich über den sie betreffenden Inhalt des Fahreignungsregisters und über die Anzahl der Punkte unentgeltlich Auskunft erteilt. [2]Der Antragsteller hat dem Antrag einen Identitätsnachweis beizufügen. [3]Die Auskunft kann elektronisch erteilt werden, wenn der Antrag unter Nutzung des elektronischen Identitätsnachweises nach § 18 des Personalausweisgesetzes[1)], nach § 12 des eID-Karte-Gesetzes oder nach § 78 Absatz 5 des Auf-

---

[1)] **Sartorius Nr. 255.**

enthaltsgesetzes[1] gestellt wird. [4]Hinsichtlich der Protokollierung gilt § 30a Absatz 3 entsprechend.

(9) [1]Übermittlungen von Daten aus dem Fahreignungsregister sind nur auf Ersuchen zulässig, es sei denn, auf Grund besonderer Rechtsvorschrift wird bestimmt, dass die Registerbehörde bestimmte Daten von Amts wegen zu übermitteln hat. [2]Die Verantwortung für die Zulässigkeit der Übermittlung trägt die übermittelnde Stelle. [3]Erfolgt die Übermittlung auf Ersuchen des Empfängers, trägt dieser die Verantwortung. [4]In diesem Fall prüft die übermittelnde Stelle nur, ob das Übermittlungsersuchen im Rahmen der Aufgaben des Empfängers liegt, es sei denn, dass besonderer Anlass zur Prüfung der Zulässigkeit der Übermittlung besteht.

(10) [1]Die Eintragungen über rechtskräftige oder unanfechtbare Entscheidungen nach § 28 Absatz 3 Nummer 1 bis 3 und 6, in denen Inhabern ausländischer Fahrerlaubnisse die Fahrerlaubnis entzogen oder ein Fahrverbot angeordnet wird oder die fehlende Berechtigung von der Fahrerlaubnis im Inland Gebrauch zu machen festgestellt wird, werden vom Kraftfahrt-Bundesamt an die zuständigen Stellen der Mitgliedstaaten der Europäischen Union übermittelt, um ihnen die Einleitung eigener Maßnahmen zu ermöglichen. [2]Der Umfang der zu übermittelnden Daten wird durch Rechtsverordnung bestimmt (§ 30c Absatz 1 Nummer 3).

§ 30a[2] Direkteinstellung und Abruf im automatisierten Verfahren.

(1) Den Stellen, denen die Aufgaben nach § 30 Absatz 1 bis 4b obliegen, dürfen die für die Erfüllung dieser Aufgaben jeweils erforderlichen Daten aus dem Fahreignungsregister durch Abruf im automatisierten Verfahren übermittelt werden.

(2) Die Einrichtung von Anlagen zur Datenfernübertragung durch Direkteinstellung oder zum Abruf im automatisierten Verfahren ist nur zulässig, wenn nach näherer Bestimmung durch Rechtsverordnung (§ 30c Absatz 1 Nummer 5) gewährleistet ist, dass

1. die erforderlichen technischen und organisatorischen Maßnahmen nach den Artikeln 24, 25 und 32 der Verordnung (EU) 2016/679 des Europäischen Parlaments und des Rates vom 27. April 2016 zum Schutz natürlicher Personen bei der Verarbeitung personenbezogener Daten, zum freien Datenverkehr und zur Aufhebung der Richtlinie 95/46/EG (Datenschutz-Grundverordnung) (ABl. L 119 vom 4.5.2016, S. 1; L 314 vom 22.11.2016, S. 72; L 127 vom 23.5.2018, S. 2) in der jeweils geltenden Fassung zur Sicherstellung des Datenschutzes und der Datensicherheit getroffen werden und
2. die Zulässigkeit der Direkteinstellungen oder der Abrufe nach Maßgabe des Absatzes 3 kontrolliert werden kann.

(2a) (weggefallen)

(Fortsetzung nächstes Blatt)

---

[1] **Sartorius Nr. 565.**

[2] § 30a Abs. 1 Satz 1 geänd. mWv 18.4.2008 durch G v. 8.4.2008 (BGBl. I S. 706); Abs. 1 neu gef., *Abs. 5 Satz 1 geänd. mWv 1.5.2014 durch G v. 28.8.2013* (BGBl. I S. 3313); Überschrift und Abs. 1 geänd., Abs. 2–4 und Abs. 5 Satz 1 Nr. 1 Buchst. b neu gef. mWv 7.12.2016 durch G v. 28.11.2016 (BGBl. I S. 2722); Abs. 2 Nr. 1 sowie Abs. 5 Nr. 2 neu gef., Abs. 5 Satz 2 einl. Satzteil und Nr. 1 geänd. mWv 26.11.2019 durch G v. 20.11.2019 (BGBl. I S. 1626).

(3) [1] Das Kraftfahrt-Bundesamt fertigt über die Direkteinstellungen und die Abrufe Aufzeichnungen an, die die bei der Durchführung der Direkteinstellungen oder Abrufe verwendeten Daten, den Tag und die Uhrzeit der Direkteinstellungen oder Abrufe, die Kennung der einstellenden oder abrufenden Dienststelle und die eingestellten oder abgerufenen Daten enthalten müssen. [2] Die Zulässigkeit der Direkteinstellungen und Abrufe personenbezogener Daten wird durch Stichproben durch das Kraftfahrt-Bundesamt festgestellt und überprüft. [3] Die Protokolldaten nach Satz 1 dürfen nur für Zwecke der Datenschutzkontrolle, der Datensicherung oder zur Sicherstellung eines ordnungsgemäßen Betriebs der Datenverarbeitungsanlage verwendet werden. [4] Liegen Anhaltspunkte dafür vor, dass ohne ihre Verwendung die Verhinderung oder Verfolgung einer schwerwiegenden Straftat gegen Leib, Leben oder Freiheit einer Person aussichtslos oder wesentlich erschwert wäre, dürfen die Protokolldaten auch für diesen Zweck verwendet werden, sofern das Ersuchen der Strafverfolgungsbehörde unter Verwendung von Personendaten einer bestimmten Person gestellt wird. [5] Die Protokolldaten ind durch geeignete Vorkehrungen gegen zweckfremde Verwendung und gegen sonstigen Missbrauch zu schützen und nach sechs Monaten zu löschen.

(4) [1] Das Kraftfahrt-Bundesamt fertigt weitere Aufzeichnungen, die sich auf den Anlass der Direkteinstellung oder des Abrufs erstrecken und die Feststellung der für die Direkteinstellung oder den Abruf verantwortlichen Person ermöglichen. [2] Das Nähere wird durch Rechtsverordnung (§ 30c Absatz 1 Nummer 5) bestimmt.

(5) [1] Durch Abruf im automatisierten Verfahren dürfen aus dem Fahreignungsregister für die in § 30 Abs. 7 genannten Maßnahmen an die hierfür zuständigen öffentlichen Stellen in einem Mitgliedstaat der Europäischen Union oder einem anderen Vertragsstaat des Abkommens über den Europäischen Wirtschaftsraum übermittelt werden:

1. die Tatsache folgender Entscheidungen der Verwaltungsbehörden:
   a) die unanfechtbare Versagung einer Fahrerlaubnis, einschließlich der Ablehnung der Verlängerung einer befristeten Fahrerlaubnis,
   b) die unanfechtbaren oder sofort vollziehbaren Entziehungen, Widerrufe oder Rücknahmen einer Fahrerlaubnis oder Feststellungen über die fehlende Berechtigung, von einer ausländischen Fahrerlaubnis im Inland Gebrauch zu machen,
   c) die rechtskräftige Anordnung eines Fahrverbots,
2. die Tatsache folgender Entscheidungen der Gerichte:
   a) die rechtskräftige oder vorläufige Entziehung einer Fahrerlaubnis,
   b) die rechtskräftige Anordnung einer Fahrerlaubnissperre,
   c) die rechtskräftige Anordnung eines Fahrverbots,
3. die Tatsache der Beschlagnahme, Sicherstellung oder Verwahrung des Führer*scheins nach § 94 der Strafprozessordnung*[1)],
4. die Tatsache des Verzichts auf eine Fahrerlaubnis und
5. zusätzlich
   a) Klasse, Art und etwaige Beschränkungen der Fahrerlaubnis, die Gegenstand der Entscheidung nach Nummer 1 oder Nummer 2 oder des Verzichts nach Nummer 4 ist, und

---

[1)] Schönfelder Nr. 90.

b) Familiennamen, Geburtsnamen, sonstige frühere Namen, Vornamen, Ordens- oder Künstlernamen, Tag und Ort der Geburt der Person, zu der eine Eintragung nach den Nummern 1 bis 3 vorliegt.

2 Der Abruf ist nur zulässig, wenn

1. diese Form der Datenübermittlung unter Berücksichtigung der schutzwürdigen Interessen der betroffenen Personen wegen der Vielzahl der Übermittlungen oder wegen ihrer besonderen Eilbedürftigkeit angemessen ist und
2. der Empfängerstaat die Verordnung (EU) 2016/679 anwendet.

3 Die Absätze 2 und 3 sowie Absatz 4 wegen des Anlasses der Abrufe sind entsprechend anzuwenden.

§ 30b[1)] Automatisiertes Anfrage- und Auskunftsverfahren beim Kraftfahrt-Bundesamt. (1) 1 Die Übermittlung von Daten aus dem Fahreignungsregister nach § 30 Abs. 1 bis 4b und 7 darf nach näherer Bestimmung durch Rechtsverordnung gemäß § 30c Abs. 1 Nr. 6 in einem automatisierten Anfrage- und Auskunftsverfahren erfolgen. 2 Die anfragende Stelle hat die Zwecke anzugeben, für die die zu übermittelnden Daten benötigt werden.

(2) Solche Verfahren dürfen nur eingerichtet werden, wenn gewährleistet ist, dass

1. die zur Sicherung gegen Missbrauch erforderlichen technischen und organisatorischen Maßnahmen ergriffen werden und
2. die Zulässigkeit der Übermittlung nach Maßgabe des Absatzes 3 kontrolliert werden kann.

(3) 1 Das Kraftfahrt-Bundesamt als übermittelnde Behörde hat Aufzeichnungen zu führen, die die übermittelten Daten, den Zeitpunkt der Übermittlung, den Empfänger der Daten und den vom Empfänger angegebenen Zweck enthalten. 2 § 30a Absatz 3 Satz 3 und 4 gilt entsprechend.

§ 30c[2)] Ermächtigungsgrundlagen, Ausführungsvorschriften. 1 Das Bundesministerium für Verkehr und digitale Infrastruktur wird ermächtigt, Rechtsverordnungen mit Zustimmung des Bundesrates zu erlassen über

1. den Inhalt der Eintragungen einschließlich der Personendaten nach § 28 Abs. 3,
2. Verkürzungen der Tilgungsfristen nach § 29 Abs. 1 Satz 5 und über Tilgungen ohne Rücksicht auf den Lauf der Fristen nach § 29 Abs. 3 Nr. 3,
3. die Art und den Umfang der zu übermittelnden Daten nach § 30 Absatz 1 bis 4b, 7 und 10 sowie die Bestimmung der Empfänger und den Geschäftsweg bei Übermittlungen nach § 30 Abs. 7 und 10,
4. den Identitätsnachweis bei Auskünften nach § 30 Abs. 8,

---

1) § 30b Abs. 1 Satz 1 geänd. mWv 18.4.2008 durch G v. 8.4.2008 (BGBl. I S. 706); Abs. 1 Satz 1 geänd. mWv 1.5.2014 durch G v. 28.8.2013 (BGBl. I S. 3313); Abs. 3 Satz 2 geänd. mWv 1.1.2018 durch G v. 30.6.2017 (BGBl. I S. 2162).

2) § 30c Abs. 1, Abs. 2 Satz 1 geänd. mWv 18.8.2006 durch G v. 14.8.2006 (BGBl. I S. 1958); Abs. 1 Nr. 3 geänd. mWv 9.12.2010 durch G v. 2.12.2010 (BGBl. I S. 1748); Abs. 2 Satz 1 Nr. 2 geänd. mWv *1.5.2014 durch G v. 28.8.2013 (BGBl. I S. 3313)*; Abs. 1 einl. Satzteil, Abs. 2 Satz 1 einl. Satzteil und Satz 2 geänd. mWv 5.12.2014 durch G v. 28.11.2014 (BGBl. I S. 1802); Abs. 2 aufgeh., bish. Abs. 1 Satz 1 Nr. 3, 5 und 6 geänd., Nr. 7 und 8 sowie Satz 2 angef. mWv 7.12.2016 durch G v. 28.11.2016 (BGBl. I S. 2722).

5. die Art und den Umfang der zu übermittelnden Daten nach § 28 Absatz 4 Satz 2 und § 30a Abs. 1, die Maßnahmen zur Sicherung gegen Missbrauch nach § 30a Abs. 2, die weiteren Aufzeichnungen nach § 30a Abs. 4 beim Abruf im automatisierten Verfahren und die Bestimmung der Empfänger bei Übermittlungen nach § 30a Abs. 5,
6. die Art und den Umfang der zu übermittelnden Daten nach § 30b Abs. 1 und die Maßnahmen zur Sicherung gegen Missbrauch nach § 30b Abs. 2 Nr. 1,
7. die Art und Weise der Durchführung von Datenübermittlungen,
8. die Zusammenarbeit zwischen Bundeszentralregister und Fahreignungsregister.

[2]Die Rechtsverordnungen nach Satz 1 Nummer 7, soweit Justizbehörden betroffen sind, und nach Satz 1 Nummer 8 werden im Einvernehmen mit dem Bundesministerium der Justiz und für Verbraucherschutz erlassen.

V. Fahrzeugregister

§ 31[1)] Registerführung und Registerbehörden. (1) Die Zulassungsbehörden führen ein Register über die Fahrzeuge, für die ein Kennzeichen ihres Bezirks zugeteilt oder ausgegeben wurde (örtliches Fahrzeugregister der Zulassungsbehörden).

(2) Das Kraftfahrt-Bundesamt führt ein Register über die Fahrzeuge, für die im Geltungsbereich dieses Gesetzes ein Kennzeichen zugeteilt oder ausgegeben wurde oder die nach Maßgabe von Vorschriften auf Grund des § 6 Absatz 1 Nummer 2 regelmäßig untersucht oder geprüft wurden (Zentrales Fahrzeugregister des Kraftfahrt-Bundesamtes).

(3) [1]Soweit die Dienststellen der Bundeswehr, der Polizeien des Bundes und der Länder, der Wasserstraßen- und Schifffahrtsverwaltung des Bundes eigene Register für die jeweils von ihnen zugelassenen Fahrzeuge führen, finden die Vorschriften dieses Abschnitts keine Anwendung. [2]Satz 1 gilt entsprechend für Fahrzeuge, die von den Nachfolgeunternehmen der Deutschen Bundespost zugelassen sind.

§ 32[2)] Zweckbestimmung der Fahrzeugregister. (1) Die Fahrzeugregister werden geführt zur Speicherung von Daten

1. für die Zulassung und Überwachung von Fahrzeugen nach diesem Gesetz oder den darauf beruhenden Rechtsvorschriften,
2. für Maßnahmen zur Gewährleistung des Versicherungsschutzes im Rahmen der Kraftfahrzeughaftpflichtversicherung,
3. für Maßnahmen zur Durchführung des Kraftfahrzeugsteuerrechts,
4. für Maßnahmen nach dem Bundesleistungsgesetz, dem Verkehrssicherstellungsgesetz, dem Verkehrsleistungsgesetz oder den darauf beruhenden Rechtsvorschriften,
5. für Maßnahmen des Katastrophenschutzes nach den hierzu erlassenen Gesetzen der Länder oder den darauf beruhenden Rechtsvorschriften,

---

[1)] § 31 Abs. 3 Satz 1 geänd. mWv 1.6.2016 durch G v. 24.5.2016 (BGBl. I S. 1217); Abs. 2 geänd. mWv 7.12.2016 durch G v. 28.11.2016 (BGBl. I S. 2722).

[2)] § 32 Abs. 1 Nr. 4 und 5 geänd., Nr. 6 angef. mWv 1.6.2005 durch G v. 3.5.2005 (BGBl. I S. 1221); Abs. 1 Nr. 5 und 6 geänd., Nr. 7 angef. mWv 12.6.2015 durch G v. 8.6.2015 (BGBl. I S. 904); Abs. 1 Nr. 6 und 7 geänd., Nr. 8 angef. mWv 21.6.2017 durch G v. 16.6.2017 (BGBl. I S. 1648).

6. für Maßnahmen zur Durchführung des Altfahrzeugrechts,
7. für Maßnahmen zur Durchführung des Infrastrukturabgaberechts und
8. für Maßnahmen zur Durchführung der Datenverarbeitung bei Kraftfahrzeugen mit hoch- oder vollautomatisierter Fahrfunktion nach diesem Gesetz oder nach den auf diesem Gesetz beruhenden Rechtsvorschriften.

(2) Die Fahrzeugregister werden außerdem geführt zur Speicherung von Daten für die Erteilung von Auskünften, um
1. Personen in ihrer Eigenschaft als Halter von Fahrzeugen,
2. Fahrzeuge eines Halters oder
3. Fahrzeugdaten

festzustellen oder zu bestimmen.

§ 33[1)] Inhalt der Fahrzeugregister. (1) [1] Im örtlichen und im Zentralen Fahrzeugregister werden, soweit dies zur Erfüllung der in § 32 genannten Aufgaben jeweils erforderlich ist, gespeichert
1. nach näherer Bestimmung durch Rechtsverordnung (§ 47 Nummer 1 und 1a) Daten über Beschaffenheit, Ausrüstung, Identifizierungsmerkmale, Zulassungsmerkmale, Prüfung und Untersuchung einschließlich der durchführenden Stelle und einer Kennung für die Feststellung des für die Durchführung der Prüfung oder Untersuchung Verantwortlichen, Kennzeichnung und Papiere des Fahrzeugs sowie über tatsächliche und rechtliche Verhältnisse in Bezug auf das Fahrzeug, insbesondere auch über die Haftpflichtversicherung, die Kraftfahrzeugbesteuerung des Fahrzeugs und die Verwertung oder Nichtentsorgung des Fahrzeugs als Abfall im Inland (Fahrzeugdaten), sowie
2. Daten über denjenigen, dem ein Kennzeichen für das Fahrzeug zugeteilt oder ausgegeben wird (Halterdaten), und zwar
   a) bei natürlichen Personen:
   Familienname, Geburtsname, Vornamen, vom Halter für die Zuteilung oder die Ausgabe des Kennzeichens angegebener Ordens- oder Künstlername, Tag und Ort der Geburt, Geschlecht, Anschrift; bei Fahrzeugen mit Versicherungskennzeichen entfällt die Speicherung von Geburtsnamen, Ort der Geburt und Geschlecht des Halters,
   b) bei juristischen Personen und Behörden:
   Name oder Bezeichnung und Anschrift und
   c) bei Vereinigungen:
   benannter Vertreter mit den Angaben nach Buchstabe a und gegebenenfalls Name der Vereinigung.

[2] Im örtlichen und im Zentralen Fahrzeugregister werden zur Erfüllung der in § 32 genannten Aufgaben außerdem Daten über denjenigen gespeichert, an den ein Fahrzeug mit einem amtlichen Kennzeichen veräußert wurde (Halterdaten), und zwar

a) bei natürlichen Personen:
Familienname, Vornamen und Anschrift,

[1)] *§ 33 Abs. 1 Satz 1 Nr. 1 geänd.* mWv 1.6.2005 durch G v. 3.5.2005 (BGBl. I S. 1221); Abs. 1 Satz 2 geänd. mWv 31.8.2013 durch G v. 28.8.2013 (BGBl. I S. 3310); Abs. 1 Satz 2 wohl irrtümlich nochmal geänd. mWv 1.5.2014 durch G v. 28.8.2013 (BGBl. I S. 3313); Abs. 1 Satz 1 Nr. 1 geänd. mWv 7.12. 2016 durch G v. 28.11.2016 (BGBl. I S. 2722).

b) bei juristischen Personen und Behörden:
Name oder Bezeichnung und Anschrift und

c) bei Vereinigungen:
benannter Vertreter mit den Angaben nach Buchstabe a und gegebenenfalls Name der Vereinigung.

(2) Im örtlichen und im Zentralen Fahrzeugregister werden über beruflich Selbständige, denen ein amtliches Kennzeichen für ein Fahrzeug zugeteilt wird, für die Aufgaben nach § 32 Abs. 1 Nr. 4 und 5 Berufsdaten gespeichert, und zwar

1. bei natürlichen Personen der Beruf oder das Gewerbe (Wirtschaftszweig) und
2. bei juristischen Personen und Vereinigungen gegebenenfalls das Gewerbe (Wirtschaftszweig).

(3) Im örtlichen und im Zentralen Fahrzeugregister darf die Anordnung einer Fahrtenbuchauflage wegen Zuwiderhandlungen gegen Verkehrsvorschriften gespeichert werden.

(4) Ferner werden für Daten, die nicht übermittelt werden dürfen (§ 41), in den Fahrzeugregistern Übermittlungssperren gespeichert.

§ 34[1)] Erhebung der Daten. (1) [1]Wer die Zuteilung oder die Ausgabe eines Kennzeichens für ein Fahrzeug beantragt, hat der hierfür zuständigen Stelle

1. von den nach § 33 Abs. 1 Satz 1 Nr. 1 zu speichernden Fahrzeugdaten bestimmte Daten nach näherer Regelung durch Rechtsverordnung (§ 47 Nummer 1) und
2. die nach § 33 Abs. 1 Satz 1 Nr. 2 zu speichernden Halterdaten

mitzuteilen und auf Verlangen nachzuweisen. [2]Zur Mitteilung und zum Nachweis der Daten über die Haftpflichtversicherung ist auch der jeweilige Versicherer befugt. [3]Die Zulassungsbehörde kann durch Einholung von Auskünften aus dem Melderegister die Richtigkeit und Vollständigkeit der vom Antragsteller mitgeteilten Daten überprüfen.

(2) Wer die Zuteilung eines amtlichen Kennzeichens für ein Fahrzeug beantragt, hat der Zulassungsbehörde außerdem die Daten über Beruf oder Gewerbe (Wirtschaftszweig) mitzuteilen, soweit sie nach § 33 Abs. 2 zu speichern sind.

(3) [1]Wird ein Fahrzeug veräußert, für das ein amtliches Kennzeichen zugeteilt ist, so hat der Veräußerer der Zulassungsbehörde, die dieses Kennzeichen zugeteilt hat, die in § 33 Abs. 1 Satz 2 aufgeführten Daten des Erwerbers (Halterdaten) mitzuteilen. [2]Die Mitteilung ist nicht erforderlich, wenn der neue Eigentümer bereits seiner Meldepflicht nach Absatz 4 nachgekommen ist.

(4) Der Halter und der Eigentümer, wenn dieser nicht zugleich Halter ist, haben der Zulassungsbehörde jede Änderung der Daten mitzuteilen, die nach Absatz 1 erhoben wurden; dies gilt nicht für die Fahrzeuge, die ein Versicherungskennzeichen führen müssen.

(5) [1]Die Versicherer dürfen der zuständigen Zulassungsbehörde das Nichtbestehen oder die Beendigung des Versicherungsverhältnisses über die vorgeschriebene Haftpflichtversicherung für das betreffende Fahrzeug mitteilen. [2]Die Versicherer

---

[1)] § 34 Abs. 1 Satz 2 eingef., bish. Satz 2 wird Satz 3 mWv 1.6.2005 durch G v. 3.5.2005 (BGBl. I S. 1221); Abs. 3 Satz 2 angef., Abs. 4 geänd. mWv 26.6.2011 durch G v. 20.6.2011 (BGBl. I S. 1124); Abs. 1 Satz 1 Nr. 1 und Abs. 5 Satz 2 geänd., Abs. 6 angef. mWv 7.12.2016 durch G v. 28.11.2016 (BGBl. I S. 2722).

haben dem Kraftfahrt-Bundesamt im Rahmen der Zulassung von Fahrzeugen mit Versicherungskennzeichen die erforderlichen Fahrzeugdaten nach näherer Bestimmung durch Rechtsverordnung (§ 47 Nummer 2) und die Halterdaten nach § 33 Abs. 1 Satz 1 Nr. 2 mitzuteilen.

(6) [1] Die Technischen Prüfstellen, amtlich anerkannten Überwachungsorganisationen und anerkannten Kraftfahrzeugwerkstätten, soweit diese Werkstätten Sicherheitsprüfungen durchführen, haben dem Kraftfahrt-Bundesamt nach näherer Bestimmung durch Rechtsverordnung auf Grund des § 47 Nummer 1a die nach § 33 Absatz 1 Satz 1 Nummer 1 zu speichernden oder zu einer Änderung oder Löschung einer Eintragung führenden Daten über Prüfungen und Untersuchungen einschließlich der durchführenden Stellen und Kennungen zur Feststellung der für die Durchführung der Prüfung oder Untersuchung Verantwortlichen zu übermitteln. [2] Im Fall der anerkannten Kraftfahrzeugwerkstätte erfolgt die Übermittlung über Kopfstellen; im Fall der Technischen Prüfstellen und anerkannten Überwachungsorganisationen kann die Übermittlung über Kopfstellen erfolgen. [3] Eine Speicherung der nach Satz 2 zur Übermittlung an das Kraftfahrt-Bundesamt erhaltenen Daten bei den Kopfstellen erfolgt ausschließlich zu diesem Zweck. [4] Nach erfolgter Übermittlung haben die Kopfstellen die nach Satz 3 gespeicherten Daten unverzüglich, bei elektronischer Speicherung automatisiert, zu löschen.

§ 35[1)] Übermittlung von Fahrzeugdaten und Halterdaten. (1) Die nach § 33 Absatz 1 gespeicherten Fahrzeugdaten und Halterdaten dürfen an Behörden und sonstige öffentliche Stellen im Geltungsbereich dieses Gesetzes sowie im Rahmen einer internetbasierten Zulassung an Personen im Sinne des § 6g Absatz 3 zur Erfüllung der Aufgaben der Zulassungsbehörde, des Kraftfahrt-Bundesamtes oder der Aufgaben des Empfängers nur übermittelt werden, wenn dies für die Zwecke nach § 32 Absatz 2 jeweils erforderlich ist

1. zur Durchführung der in § 32 Abs. 1 angeführten Aufgaben,
2. zur Verfolgung von Straftaten, zur Vollstreckung oder zum Vollzug von Strafen, von Maßnahmen im Sinne des § 11 Abs. 1 Nr. 8 des Strafgesetzbuchs[2)] oder von Erziehungsmaßregeln oder Zuchtmitteln im Sinne des Jugendgerichtsgesetzes[3)],

---

[1)] § 35 Abs. 3 Satz 1 Nr. 1 Buchst. e und Abs. 5 Nr. 6 geänd. mWv 1.1.2005 durch G v. 27.12.2003 (BGBl. I S. 3022); Abs. 3 Satz 1 einl. Satzteil geänd., Abs. 4b eingef. mWv 1.3.2005 durch G v. 26.1.2005 (BGBl. I S. 162); Abs. 3 Satz 1 Nr. 1 Buchst. e, Abs. 5 Nr. 6 geänd. mWv 1.1.2005 durch G v. 21.3.2005 (BGBl. I S. 818); Abs. 1 Nr. 11 und 12, Abs. 2 Nr. 1 und Abs. 5 Nr. 5 geänd., Abs. 1 Nr. 13 und Abs. 2 Nr. 1a angef. mWv 1.6.2005 durch G v. 3.5.2005 (BGBl. I S. 1221); Abs. 1 Nr. 13 geänd. mWv 1.8.2006 durch G v. 20.7.2006 (BGBl. I S. 1706); Abs. 4b geänd. mWv 1.1.2009 durch G v. 17.3.2007 (BGBl. I S. 314) iVm Bek. v. 12.12.2008 (BGBl. 2009 II S. 39); Abs. 5 Nr. 4 geänd. mWv 1.7.2009 durch G v. 29.5.2009 (BGBl. I S. 1170); Abs. 3 Satz 1 geänd., Abs. 4c eingef. mWv 1.1.2013 durch G v. 29.7.2009 (BGBl. I S. 2258, geänd. durch G v. 23.5.2011, BGBl. I S. 898); Abs. 1 Nr. 12 und 13 geänd., Nr. 14 angef., Abs. 4b geänd. mWv 18.6.2011, Abs. 1 Nr. 13 und 14 geänd., Nr. 15 angef. mWv 1.1.2013 durch G v. 23.5.2011 (BGBl. I S. 898); Abs. 1a eingef. mWv 26.6.2011 durch G v. 20.6.2011 (BGBl. I S. 1124); Abs. 1 Nr. 10 neu gef. mWv 19.7.2011 durch G v. 12.7.2011 (BGBl. I S. 1378); Abs. 2a eingef., Abs. 5 Satz 1 einl. Satzteil geänd. mWv 31.8.2013 durch G v. 28.8.2013 (BGBl. I S. 3310); Abs. 1 einl. Satzteil neu gef., Abs. 2 Satz 1 Nr. 1a und 2, Abs. 5 einl. Satzteil und Abs. 6 Satz 3 geänd., Abs. 2 Satz 1 Nr. 3 sowie Sätze 2 und 3 angef. mWv 7.12.2016 durch G v. 28.11.2016 (BGBl. I S. 2722); Abs. 1 Nr. 14 und 15 geänd., Nr. 16 angef. mWv 10.3.2017 durch G v. 6.3.2017 (BGBl. I S. 399); Abs. 4b geänd. mWv 17.6.2017 durch G v. 11.6.2017 (BGBl. I S. 1607); Abs. 1 Nr. 15 und 16 geänd., Nr. 17 angef., Abs. 4c *neu gef. mWv 6.7.2017 durch G v. 30.6.2017* (BGBl. I S. 2094); Abs. 1 Nr. 16 und 17 Buchst. c geänd., Nr. 18 angef. mWv 12.4.2019 durch G v. 8.4.2019 (BGBl. I S. 430).

[2)] **Schönfelder Nr. 85.**

[3)] **Schönfelder Nr. 89.**

3. zur Verfolgung von Ordnungswidrigkeiten,
4. zur Abwehr von Gefahren für die öffentliche Sicherheit oder Ordnung,
5. zur Erfüllung der den Verfassungsschutzbehörden, dem Militärischen Abschirmdienst und dem Bundesnachrichtendienst durch Gesetz übertragenen Aufgaben,
6. für Maßnahmen nach dem Abfallbeseitigungsgesetz oder den darauf beruhenden Rechtsvorschriften,
7. für Maßnahmen nach dem Wirtschaftssicherstellungsgesetz oder den darauf beruhenden Rechtsvorschriften,
8. für Maßnahmen nach dem Energiesicherungsgesetz 1975 oder den darauf beruhenden Rechtsvorschriften,
9. für die Erfüllung der gesetzlichen Mitteilungspflichten zur Sicherung des Steueraufkommens nach § 93 der Abgabenordnung,
10. zur Feststellung der Maut für die Benutzung mautpflichtiger Straßen im Sinne des § 1 des Bundesfernstraßenmautgesetzes und zur Verfolgung von Ansprüchen nach diesem Gesetz,
11. zur Ermittlung der Mautgebühr für die Benutzung von Bundesfernstraßen und zur Verfolgung von Ansprüchen nach dem Fernstraßenbauprivatfinanzierungsgesetz vom 30. August 1994 (BGBl. I S. 2243) in der jeweils geltenden Fassung,
12. zur Ermittlung der Mautgebühr für die Benutzung von Straßen nach Landesrecht und zur Verfolgung von Ansprüchen nach den Gesetzen der Länder über den gebührenfinanzierten Neu- und Ausbau von Straßen,
13. zur Überprüfung von Personen, die Sozialhilfe, Leistungen der Grundsicherung für Arbeitsuchende oder Leistungen nach dem Asylbewerberleistungsgesetz[1] beziehen, zur Vermeidung rechtswidriger Inanspruchnahme solcher Leistungen,
14. für die in § 17 des Auslandsunterhaltsgesetzes[2] genannten Zwecke,
15. für die in § 802l der Zivilprozessordnung[3] genannten Zwecke soweit kein Grund zu der Annahme besteht, dass dadurch schutzwürdige Interessen des Betroffenen beeinträchtigt werden,
16. zur Erfüllung der den Behörden der Zollverwaltung in § 2 Absatz 1 des Schwarzarbeitsbekämpfungsgesetzes[4] übertragenen Prüfungsaufgaben,
17. zur Durchführung eines Vollstreckungsverfahrens an die für die Vollstreckung nach dem Verwaltungs-Vollstreckungsgesetz[5] oder nach den Verwaltungsvollstreckungsgesetzen der Länder zuständige Behörde, wenn
    a) der Vollstreckungsschuldner seiner Pflicht, eine Vermögensauskunft zu erteilen, nicht nachkommt oder bei einer Vollstreckung in die in der Vermögensauskunft angeführten Vermögensgegenstände eine vollständige Befriedigung der Forderung, wegen der die Vermögensauskunft verlangt wird, voraussichtlich nicht zu erwarten ist,
    b) der Vollstreckungsschuldner als Halter des Fahrzeugs eingetragen ist und

---

[1] **Sartorius ErgBd. Nr. 418.**
[2] **Schönfelder ErgBd. Nr. 103o.**
[3] Nr. **23.3.**
[4] **Schönfelder ErgBd. Nr. 94b.**
[5] **Sartorius Nr. 112.**

c) kein Grund zu der Annahme besteht, dass dadurch schutzwürdige Interessen des Betroffenen beeinträchtigt werden, oder

18. zur Überprüfung der Einhaltung von Verkehrsbeschränkungen und Verkehrsverboten, die aufgrund des § 40 des Bundes-Immissionsschutzgesetzes[1)] nach Maßgabe der straßenverkehrsrechtlichen Vorschriften angeordnet worden oder aufgrund straßenverkehrsrechtlicher Vorschriften zum Schutz der Wohnbevölkerung oder der Bevölkerung vor Abgasen ergangen sind.

(1a) Die nach § 33 Absatz 1 Nummer 1 gespeicherten Daten über Beschaffenheit, Ausrüstung und Identifizierungsmerkmale von Fahrzeugen dürfen den Zentralen Leitstellen für Brandschutz, Katastrophenschutz und Rettungsdienst, wenn dies für Zwecke nach § 32 Absatz 2 Nummer 3 erforderlich ist, zur Rettung von Unfallopfern übermittelt werden.

(2) [1]Die nach § 33 Abs. 1 gespeicherten Fahrzeugdaten und Halterdaten dürfen, wenn dies für die Zwecke nach § 32 Abs. 2 jeweils erforderlich ist,

1. an Inhaber von Betriebserlaubnissen für Fahrzeuge oder an Fahrzeughersteller für Rückrufmaßnahmen zur Beseitigung von erheblichen Mängeln für die Verkehrssicherheit oder für die Umwelt an bereits ausgelieferten Fahrzeugen (§ 32 Abs. 1 Nr. 1) sowie bis zum 31. Dezember 1995 für staatlich geförderte Maßnahmen zur Verbesserung des Schutzes vor schädlichen Umwelteinwirkungen durch bereits ausgelieferte Fahrzeuge,

1a. an Fahrzeughersteller und Importeure von Fahrzeugen sowie an deren Rechtsnachfolger zur Überprüfung der Angaben über die Verwertung des Fahrzeugs nach dem Altfahrzeugrecht,

2. an Versicherer zur Gewährleistung des vorgeschriebenen Versicherungsschutzes (§ 32 Abs. 1 Nr. 2) und

3. unmittelbar oder über Kopfstellen an Technische Prüfstellen und amtlich anerkannte Überwachungsorganisationen sowie über Kopfstellen an anerkannte Kraftfahrzeugwerkstätten, soweit diese Werkstätten Sicherheitsprüfungen durchführen, für die Durchführung der regelmäßigen Untersuchungen und Prüfungen, um die Verkehrssicherheit der Fahrzeuge und den Schutz der Verkehrsteilnehmer zu gewährleisten,

übermittelt werden. [2]Bei Übermittlungen nach Satz 1 Nummer 3 erfolgt eine Speicherung der Daten bei den Kopfstellen ausschließlich zum Zweck der Übermittlung an Technische Prüfstellen, amtlich anerkannte Überwachungsorganisationen und anerkannte Kraftfahrzeugwerkstätten, soweit diese Werkstätten Sicherheitsprüfungen durchführen. [3]Nach erfolgter Übermittlung haben die Kopfstellen die nach Satz 2 gespeicherten Daten unverzüglich, bei elektronischer Speicherung automatisiert, zu löschen.

(2a) Die nach § 33 Absatz 3 gespeicherten Daten über die Fahrtenbuchauflagen dürfen

1. den Zulassungsbehörden in entsprechender Anwendung des Absatzes 5 Nummer 1 zur Überwachung der Fahrtenbuchauflage,

2. dem Kraftfahrt-Bundesamt in entsprechender Anwendung des Absatzes 5 Nummer 1 für die Unterstützung der Zulassungsbehörden im Rahmen der Überwachung der Fahrtenbuchauflage oder

---

[1)] Nr. **32.1**.

3. den hierfür zuständigen Behörden oder Gerichten zur Verfolgung von Straftaten oder von Ordnungswidrigkeiten nach §§ 24, 24a oder § 24c

jeweils im Einzelfall übermittelt werden.

(3) [1] Die Übermittlung von Fahrzeugdaten und Halterdaten zu anderen Zwecken als der Feststellung oder Bestimmung von Haltern oder Fahrzeugen (§ 32 Abs. 2) ist, unbeschadet der Absätze 4, 4a bis 4c, unzulässig, es sei denn, die Daten sind

1. unerlässlich zur
   a) Verfolgung von Straftaten oder zur Vollstreckung oder zum Vollzug von Strafen,
   b) Abwehr einer im Einzelfall bestehenden Gefahr für die öffentliche Sicherheit,
   c) Erfüllung der den Verfassungsschutzbehörden, dem Militärischen Abschirmdienst und dem Bundesnachrichtendienst durch Gesetz übertragenen Aufgaben,
   d) Erfüllung der gesetzlichen Mitteilungspflichten zur Sicherung des Steueraufkommens nach § 93 der Abgabenordnung, soweit diese Vorschrift unmittelbar anwendbar ist, oder
   e) Erfüllung gesetzlicher Mitteilungspflichten nach § 118 Abs. 4 Satz 4 Nr. 6 des Zwölften Buches Sozialgesetzbuch[1)]

   und
2. auf andere Weise nicht oder nicht rechtzeitig oder nur mit unverhältnismäßigem Aufwand zu erlangen.

[2] Die ersuchende Behörde hat Aufzeichnungen über das Ersuchen mit einem Hinweis auf dessen Anlass zu führen. [3] Die Aufzeichnungen sind gesondert aufzubewahren, durch technische und organisatorische Maßnahmen zu sichern und am Ende des Kalenderjahres, das dem Jahr der Erstellung der Aufzeichnung folgt, zu vernichten. [4] Die Aufzeichnungen dürfen nur zur Kontrolle der Zulässigkeit der Übermittlungen verwertet werden, es sei denn, es liegen Anhaltspunkte dafür vor, dass ihre Verwertung zur Aufklärung oder Verhütung einer schwerwiegenden Straftat gegen Leib, Leben oder Freiheit einer Person führen kann und die Aufklärung oder Verhütung ohne diese Maßnahme aussichtslos oder wesentlich erschwert wäre.

(4) [1] Auf Ersuchen des Bundeskriminalamtes kann das Kraftfahrt-Bundesamt die im Zentralen Fahrzeugregister gespeicherten Halterdaten mit dem polizeilichen Fahndungsbestand der mit Haftbefehl gesuchten Personen abgleichen. [2] Die dabei ermittelten Daten gesuchter Personen dürfen dem Bundeskriminalamt übermittelt werden. [3] Das Ersuchen des Bundeskriminalamtes erfolgt durch Übersendung eines Datenträgers.

(4a) Auf Ersuchen der Auskunftsstelle nach § 8a des Pflichtversicherungsgesetzes[2)] *übermitteln die Zulassungs*behörden und das Kraftfahrt-Bundesamt die nach § 33 Abs. 1 gespeicherten Fahrzeugdaten und Halterdaten zu den in § 8a Abs. 1 des Pflichtversicherungsgesetzes genannten Zwecken.

(4b) Zu den in § 7 Absatz 3 des Internationalen Familienrechtsverfahrensgesetzes[3)], § 4 Abs. 3 Satz 2 des Erwachsenenschutzübereinkommens-Ausführungs-

---

[1)] Nr. **51.2.**
[2)] **Schönfelder Nr. 63.**
[3)] **Schönfelder ErgBd. Nr. 103n.**

gesetzes vom 17. März 2007 (BGBl. I S. 314) und den in den §§ 16 und 17 des Auslandsunterhaltsgesetzes vom 23. Mai 2011 (BGBl. I S. 898) bezeichneten Zwecken übermittelt das Kraftfahrt-Bundesamt der in diesen Vorschriften bezeichneten Zentralen Behörde auf Ersuchen die nach § 33 Abs. 1 Satz 1 Nr. 2 gespeicherten Halterdaten.

(4c) Auf Ersuchen übermittelt das Kraftfahrt-Bundesamt

1. dem Gerichtsvollzieher zu den in § 755 der Zivilprozessordnung genannten Zwecken und
2. der für die Vollstreckung nach dem Verwaltungs-Vollstreckungsgesetz oder nach den Verwaltungsvollstreckungsgesetzen der Länder zuständigen Behörde, soweit diese die Angaben nicht durch Anfrage bei der Meldebehörde ermitteln kann, zur Durchführung eines Vollstreckungsverfahrens

die nach § 33 Absatz 1 Satz 1 Nummer 2 gespeicherten Halterdaten, soweit kein Grund zu der Annahme besteht, dass dadurch schutzwürdige Interessen des Betroffenen beeinträchtigt werden.

(5) Die nach § 33 Absatz 1 oder 3 gespeicherten Fahrzeugdaten und Halterdaten dürfen nach näherer Bestimmung durch Rechtsverordnung (§ 47 Nummer 3) regelmäßig übermittelt werden

1. von den Zulassungsbehörden an das Kraftfahrt-Bundesamt für das Zentrale Fahrzeugregister und vom Kraftfahrt-Bundesamt an die Zulassungsbehörden für die örtlichen Fahrzeugregister,
2. von den Zulassungsbehörden an andere Zulassungsbehörden, wenn diese mit dem betreffenden Fahrzeug befasst sind oder befasst waren,
3. von den Zulassungsbehörden an die Versicherer zur Gewährleistung des vorgeschriebenen Versicherungsschutzes (§ 32 Abs. 1 Nr. 2),
4. von den Zulassungsbehörden an die für die Ausübung der Verwaltung der Kraftfahrzeugsteuer zuständigen Behörden zur Durchführung des Kraftfahrzeugsteuerrechts (§ 32 Abs. 1 Nr. 3),
5. von den Zulassungsbehörden und vom Kraftfahrt-Bundesamt für Maßnahmen nach dem Bundesleistungsgesetz, dem Verkehrssicherstellungsgesetz, dem Verkehrsleistungsgesetz oder des Katastrophenschutzes nach den hierzu erlassenen Gesetzen der Länder oder den darauf beruhenden Rechtsvorschriften an die hierfür zuständigen Behörden (§ 32 Abs. 1 Nr. 4 und 5),
6. von den Zulassungsbehörden für Prüfungen nach § 118 Abs. 4 Satz 4 Nr. 6 des Zwölften Buches Sozialgesetzbuch an die Träger der Sozialhilfe nach dem Zwölften Buch Sozialgesetzbuch.

(6) [1] Das Kraftfahrt-Bundesamt als übermittelnde Behörde hat Aufzeichnungen zu führen, die die übermittelten Daten, den Zeitpunkt der Übermittlung, den Empfänger der Daten und den vom Empfänger angegebenen Zweck enthalten. [2] Die Aufzeichnungen dürfen nur zur Kontrolle der Zulässigkeit der Übermittlungen verwertet werden, sind durch technische und organisatorische Maßnahmen gegen Missbrauch zu sichern und am Ende des Kalenderhalbjahres, das dem Halbjahr der Übermittlung folgt, zu löschen oder zu vernichten. [3] Bei Übermittlung nach Absatz 5 sind besondere Aufzeichnungen entbehrlich, wenn die Angaben nach Satz 1 aus dem Register oder anderen Unterlagen entnommen werden *können.* [4] *Die Sätze 1 und 2 gelten* auch für die Übermittlungen durch das Kraftfahrt-Bundesamt nach den §§ 37 bis 40.

§ 36[1]) Abruf im automatisierten Verfahren. (1) Die Übermittlung nach § 35 Absatz 1 Nummer 1, soweit es sich um Aufgaben nach § 32 Absatz 1 Nummer 1 handelt, aus dem Zentralen Fahrzeugregister

1. an die Zulassungsbehörden oder
2. im Rahmen einer internetbasierten Zulassung an Personen im Sinne des § 6g Absatz 3

darf durch Abruf im automatisierten Verfahren erfolgen.

(2) [1]Die Übermittlung nach ***[bis 9.1.2021:*** § 35 Abs. 1 Nr. 1 bis 5***] [ab 10.1. 2021:*** *§ 35 Abs. 1 Nr. 1 bis 4****]*** aus dem Zentralen Fahrzeugregister darf durch Abruf im automatisierten Verfahren erfolgen

1. an die Polizeien des Bundes und der Länder sowie an Dienststellen der Zollverwaltung, soweit sie Befugnisse nach § 10 des Zollverwaltungsgesetzes ausüben oder grenzpolizeiliche Aufgaben wahrnehmen,
   a) zur Kontrolle, ob die Fahrzeuge einschließlich ihrer Ladung und die Fahrzeugpapiere vorschriftsmäßig sind,
   b) zur Verfolgung von Ordnungswidrigkeiten nach §§ 24, 24a oder § 24c,
   c) zur Verfolgung von Straftaten oder zur Vollstreckung oder zum Vollzug von Strafen oder
   d) zur Abwehr von Gefahren für die öffentliche Sicherheit,

1a. an die Verwaltungsbehörden im Sinne des § 26 Abs. 1 für die Verfolgung von Ordnungswidrigkeiten nach §§ 24, 24a oder § 24c ***[bis 9.1.2021: ,] [ab 10.1. 2021: und]***

2. an die Zollfahndungsdienststellen zur Verhütung oder Verfolgung von Steuer- und Wirtschaftsstraftaten sowie an die mit der Steuerfahndung betrauten Dienststellen der Landesfinanzbehörden zur Verhütung oder Verfolgung von Steuerstraftaten,

2a. an die Behörden der Zollverwaltung zur Verfolgung von Straftaten, die mit einem der in § 2 Absatz 1 des Schwarzarbeitsbekämpfungsgesetzes[2]) genannten Prüfgegenstände unmittelbar zusammenhängen, und

---

[1]) § 36 Abs. 2 Satz 1 Nr. 2 und Abs. 3 geänd., Abs. 3a eingef. mWv 1.6.2005 durch G v. 3.5.2005 (BGBl. I S. 1221); Abs. 2 Satz 1 einl. Satzteil, Nr. 1a und 2 sowie Abs. 3 geänd., Abs. 2 Satz 1 Nr. 3 angef. mWv 11.1.2007, Abs. 2 Satz 1 einl. Satzteil, Nr. 1a und *2 [aufgrund vorheriger Änderung nicht ausführbar]* sowie Abs. 3 geänd., Abs. 2 Satz 1 Nr. 3 aufgeh. **mWv 10.1.2021** durch G v. 5.1.2007 (BGBl. I S. 2, geänd. durch G v. 7.12.2011, BGBl. I S. 2576, und G v. 3.12.2015, BGBl. I S. 2161); Abs. 2 Nr. 1 Buchst. b, Nr. 1a geänd. mWv 1.8.2007 durch G v. 19.7.2007 (BGBl. I S. 1460); Abs. 3b eingef. mWv 1.7.2009 durch G v. 29.5.2009 (BGBl. I S. 1170); Abs. 2c eingef. mWv 18.6.2011, Abs. 2d eingef. mWv *1.1.2013 durch G v. 23.5.2011 (BGBl.* I S. 898); Abs. 3c eingef. mWv 26.6.2011 durch G v. 20.6.2011 (BGBl. I S. 1124); Abs. 2b geänd. mWv 19.7.2011 durch G v. 12.7.2011 (BGBl. I S. 1378); Abs. 2a eingef., bish. Abs. 2a–2d werden Abs. 2b–2e, Abs. 2f eingef., Abs. 6 Sätze 3–5 eingef., bish. Sätze 3 und 4 werden Sätze 6 und 7 mWv 31.8.2013 durch G v. 28.8.2013 (BGBl. I S. 3310); Abs. 1 und Abs. 6 Satz 3 neu gef., Abs. 2f eingef., bish. Abs. 2f wird Abs. 2g, Abs. 5 einl. Satzteil und Abs. 7 Satz 2 geänd. mWv 7.12.2016 durch G v. 28.11.2016 (BGBl. I S. 2722); Abs. 2 Satz 1 Nr. 2 geänd., Nr. 2a eingef., Abs. 2a neu gef., Abs. 2h eingef. mWv 10.3.2017 durch G v. 6.3.2017 (BGBl. I S. 399); Abs. 2 Satz 1 Nr. *2 [aufgrund vorheriger Änderung nicht ausführbar]* und Nr. 3 geänd., Nr. 4 angef. mWv 26.6.2017 durch G v. 23.6.2017 (BGBl. I S. 1822); Abs. 2i eingef. mWv 12.4.2019 durch G v. 8.4.2019 (BGBl. I S. 430); Abs. 5 Nr. 1 geänd., Nr. 2 neu gef. mWv 26.11.2019 durch G v. 20.11.2019 (BGBl. I S. 1626).

[2]) **Schönfelder ErgBd. Nr. 94b.**

[Nr. 3 bis 9.1.2021:]

3. an die Verfassungsschutzbehörden, den Militärischen Abschirmdienst und den Bundesnachrichtendienst zur Erfüllung ihrer durch Gesetz übertragenen Aufgaben und

[Nr. 3 ab 10.1.2021:]

3. *(aufgehoben)*
4. an die Zentralstelle für Finanztransaktionsuntersuchungen zur Erfüllung ihrer Aufgaben nach dem Geldwäschegesetz[1)].

[2] Satz 1 gilt entsprechend für den Abruf der örtlich zuständigen Polizeidienststellen der Länder und Verwaltungsbehörden im Sinne des § 26 Abs. 1 aus den jeweiligen örtlichen Fahrzeugregistern.

(2a) Die Übermittlung nach § 35 Absatz 1 Nummer 9 aus dem Zentralen Fahrzeugregister darf durch Abruf im automatisierten Verfahren erfolgen

1. an die mit der Kontrolle und Erhebung der Umsatzsteuer betrauten Dienststellen der Finanzbehörden, soweit ein Abruf im Einzelfall zur Verhinderung einer missbräuchlichen Anwendung der Vorschriften des Umsatzsteuergesetzes beim Handel, Erwerb oder bei der Übertragung von Fahrzeugen erforderlich ist,
2. an die mit der Durchführung einer Außenprüfung nach § 193 der Abgabenordnung betrauten Dienststellen der Finanzbehörden, soweit ein Abruf für die Ermittlung der steuerlichen Verhältnisse im Rahmen einer Außenprüfung erforderlich ist und
3. an die mit der Vollstreckung betrauten Dienststellen der Finanzbehörden nach § 249 der Abgabenordnung, soweit ein Abruf für die Vollstreckung von Ansprüchen aus dem Steuerschuldverhältnis erforderlich ist.

(2b) Die Übermittlung nach § 35 Abs. 1 Nr. 11 und 12 aus dem Zentralen Fahrzeugregister darf durch Abruf im automatisierten Verfahren an den Privaten, der mit der Erhebung der Mautgebühr beliehen worden ist, erfolgen.

(2c) Die Übermittlung nach § 35 Abs. 1 Nr. 10 aus dem Zentralen Fahrzeugregister darf durch Abruf im automatisierten Verfahren an das Bundesamt für Güterverkehr und an eine sonstige öffentliche Stelle, die mit der Erhebung der Maut nach dem Bundesfernstraßenmautgesetz beauftragt ist, erfolgen.

(2d) Die Übermittlung nach § 35 Absatz 1 Nummer 14 aus dem Zentralen Fahrzeugregister darf durch Abruf im automatisierten Verfahren an die zentrale Behörde (§ 4 des Auslandsunterhaltsgesetzes[2)]) erfolgen.

(2e) Die Übermittlung nach § 35 Absatz 1 Nr. 15 aus dem Zentralen Fahrzeugregister darf durch Abruf im automatisierten Verfahren an den Gerichtsvollzieher erfolgen.

(2f) Die Übermittlung aus dem Zentralen Fahrzeugregister nach § 35 Absatz 2 Satz 1 Nummer 3 darf durch Abruf im automatisierten Verfahren erfolgen.

(2g) Die Übermittlung nach § 35 Absatz 2a darf durch Abruf im automatisierten Verfahren erfolgen.

(2h) Die Übermittlung nach § 35 Absatz 1 Nummer 16 darf durch Abruf im automatisierten Verfahren an die Behörden der Zollverwaltung zur Erfüllung der

[1)] **Schönfelder ErgBd. Nr. 88a.**
[2)] **Schönfelder ErgBd. Nr. 103o.**

ihnen in § 2 Absatz 1 des Schwarzarbeitsbekämpfungsgesetzes bertragenen Prüfungsaufgaben erfolgen.

(2i) [1] In einem solchen Verfahren darf auch die Übermittlung nach § 35 Absatz 1 Nummer 18 aus dem Zentralen Fahrzeugregister an die nach Landesrecht für die Überprüfung der Einhaltung dieser Verkehrsbeschränkungen und Verkehrsverbote zuständigen Behörden erfolgen. [2] Die Einrichtung von Anlagen zum Abruf nach Satz 1 ist für den Abruf der nach § 33 Absatz 1 Satz 1 Nummer 1 gespeicherten und für die Überprüfung der Einhaltung der jeweiligen Verkehrsbeschränkungen und Verkehrsverbote erforderlichen Fahrzeugdaten aus dem Zentralen Fahrzeugregister durch die Behörden nach Satz 1 zulässig; einer Rechtsverordnung nach Absatz 5 bedarf es nicht; die Maßgaben nach Absatz 5 Nummer 2 und 3 gelten unmittelbar.

[Abs. 3 bis 9.1.2021:]

(3) Die Übermittlung nach § 35 Abs. 3 Satz 1 aus dem Zentralen Fahrzeugregister darf ferner durch Abruf im automatisierten Verfahren an die Polizeien des Bundes und der Länder zur Verfolgung von Straftaten oder zur Vollstreckung oder zum Vollzug von Strafen oder zur Abwehr einer im Einzelfall bestehenden Gefahr für die öffentliche Sicherheit, an die Zollfahndungsdienststellen zur Verhütung oder Verfolgung von Steuer- und Wirtschaftsstraftaten, an die mit der Steuerfahndung betrauten Dienststellen der Landesfinanzbehörden zur Verhütung oder Verfolgung von Steuerstraftaten sowie an die Verfassungsschutzbehörden, den Militärischen Abschirmdienst und den Bundesnachrichtendienst zur Erfüllung ihrer durch Gesetz übertragenen Aufgaben vorgenommen werden.

[Abs. 3 ab 10.1.2021:]

(3) Die Übermittlung nach § 35 Abs. 3 Satz 1 aus dem Zentralen Fahrzeugregister darf ferner durch Abruf im automatisierten Verfahren an die Polizeien des Bundes und der Länder zur Verfolgung von Straftaten oder zur Vollstreckung oder zum Vollzug von Strafen oder zur Abwehr einer im Einzelfall bestehenden Gefahr für die öffentliche Sicherheit, an die Zollfahndungsdienststellen zur Verhütung oder Verfolgung von Steuer- und Wirtschaftsstraftaten sowie an die mit der Steuerfahndung betrauten Dienststellen der Landesfinanzbehörden zur Verhütung oder Verfolgung von Steuerstraftaten vorgenommen werden.

(3a) Die Übermittlung aus dem Zentralen Fahrzeugregister nach § 35 Abs. 4a darf durch Abruf im automatisierten Verfahren an die Auskunftsstelle nach § 8a des Pflichtversicherungsgesetzes[1)] erfolgen.

(3b) [1] Die Übermittlung aus dem Zentralen Fahrzeugregister nach § 35 Absatz 1 Nummer 1 an die für die Ausübung der Verwaltung der Kraftfahrzeugsteuer zuständigen Behörden darf durch Abruf im automatisierten Verfahren erfolgen. [2] Der Abruf ist nur zulässig, wenn die von den Zulassungsbehörden nach § 35 Absatz 5 Nummer 4 übermittelten Datenbestände unrichtig oder unvollständig sind.

(3c) Die Übermittlung aus dem Zentralen Fahrzeugregister nach § 35 Absatz 1a darf an die Zentralen Leitstellen für Brandschutz, Katastrophenschutz und Rettungsdienst zur Vorbereitung der Rettung von Personen aus Fahrzeugen durch Abruf im automatisierten Verfahren erfolgen.

(4) Der Abruf darf sich nur auf ein bestimmtes Fahrzeug oder einen bestimmten Halter richten und in den Fällen der Absätze 1 und 2 Satz 1 Nr. 1 Buchstabe a und b nur unter Verwendung von Fahrzeugdaten durchgeführt werden.

[1)] Schönfelder Nr. 63.

(5) Die Einrichtung von Anlagen zum Abruf im automatisierten Verfahren ist nur zulässig, wenn nach näherer Bestimmung durch Rechtsverordnung (§ 47 Nummer 4) gewährleistet ist, dass

1. die zum Abruf bereitgehaltenen Daten ihrer Art nach für den Empfänger erforderlich sind und ihre Übermittlung durch automatisierten Abruf unter Berücksichtigung der schutzwürdigen Interessen der betroffenen Person und der Aufgabe des Empfängers angemessen ist,
2. die erforderlichen technischen und organisatorischen Maßnahmen nach den Artikeln 24, 25 und 32 der Verordnung (EU) 2016/679 zur Sicherstellung des Datenschutzes und der Datensicherheit getroffen werden und
3. die Zulässigkeit der Abrufe nach Maßgabe des Absatzes 6 kontrolliert werden kann.

(5a) (weggefallen)

(6) [1] Das Kraftfahrt-Bundesamt oder die Zulassungsbehörde als übermittelnde Stelle hat über die Abrufe Aufzeichnungen zu fertigen, die die bei der Durchführung der Abrufe verwendeten Daten, den Tag und die Uhrzeit der Abrufe, die Kennung der abrufenden Dienststelle und die abgerufenen Daten enthalten müssen. [2] Die protokollierten Daten dürfen nur für Zwecke der Datenschutzkontrolle, der Datensicherung oder zur Sicherstellung eines ordnungsgemäßen Betriebs der Datenverarbeitungsanlage verwendet werden. [3] Die nach Satz 1 protokollierten Daten dürfen auch dazu verwendet werden, der betroffenen Person darüber Auskunft zu erteilen, welche ihrer in Anhang I, Abschnitt I und II der Richtlinie (EU) 2015/413 enthaltenen personenbezogenen Daten an Stellen in anderen Mitgliedstaaten der Europäischen Union zum Zweck der dortigen Verfolgung der in Artikel 2 der Richtlinie (EU) 2015/413 aufgeführten, die Straßenverkehrssicherheit gefährdenden Delikte übermittelt wurden. [4] Das Datum des Ersuchens und die zuständige Stelle nach Satz 1, an die die Übermittlung erfolgte, sind der betroffenen Person ebenfalls mitzuteilen. [5] § 36a gilt für das Verfahren nach den Sätzen 3 und 4 entsprechend. [6] Liegen Anhaltspunkte dafür vor, dass ohne ihre Verwendung die Verhinderung oder Verfolgung einer schwerwiegenden Straftat gegen Leib, Leben oder Freiheit einer Person aussichtslos oder wesentlich erschwert wäre, dürfen die Daten auch für diesen Zweck verwendet werden, sofern das Ersuchen der Strafverfolgungsbehörde unter Verwendung von Halterdaten einer bestimmten Person oder von Fahrzeugdaten eines bestimmten Fahrzeugs gestellt wird. [7] Die Protokolldaten sind durch geeignete Vorkehrungen gegen zweckfremde Verwendung und gegen sonstigen Missbrauch zu schützen und nach sechs Monaten zu löschen.

(7) [1] Bei Abrufen aus dem Zentralen Fahrzeugregister sind vom Kraftfahrt-Bundesamt weitere Aufzeichnungen zu fertigen, die sich auf den Anlass des Abrufs erstrecken und die Feststellung der für den Abruf verantwortlichen Personen ermöglichen. [2] Das Nähere wird durch Rechtsverordnung (§ 47 Nummer 5) bestimmt. [3] Dies gilt entsprechend für Abrufe aus den örtlichen Fahrzeugregistern.

(8) [1] Soweit örtliche Fahrzeugregister nicht im automatisierten Verfahren geführt werden, ist die Übermittlung der nach § 33 Abs. 1 gespeicherten Fahrzeugdaten und Halterdaten durch Einsichtnahme in das örtliche Fahrzeugregister außerhalb der üblichen Dienstzeiten an die für den betreffenden Zulassungsbezirk *zuständige Polizeidienststelle zulässig,* wenn

1. dies für die Erfüllung der in Absatz 2 Satz 1 Nr. 1 bezeichneten Aufgaben erforderlich ist und

2. ohne die sofortige Einsichtnahme die Erfüllung dieser Aufgaben gefährdet wäre.

[2]Die Polizeidienststelle hat die Tatsache der Einsichtnahme, deren Datum und Anlass sowie den Namen des Einsichtnehmenden aufzuzeichnen; die Aufzeichnungen sind für die Dauer eines Jahres aufzubewahren und nach Ablauf des betreffenden Kalenderjahres zu vernichten. [3]Die Sätze 1 und 2 finden entsprechende Anwendung auf die Einsichtnahme durch die Zollfahndungsämter zur Erfüllung der in Absatz 2 Satz 1 Nr. 2 bezeichneten Aufgaben.

§ 36a[1)] Automatisiertes Anfrage- und Auskunftsverfahren beim Kraftfahrt-Bundesamt. [1]Die Übermittlung der Daten aus dem Zentralen Fahrzeugregister nach den §§ 35 und 37 darf nach näherer Bestimmung durch Rechtsverordnung nach § 47 Nummer 4a auch in einem automatisierten Anfrage- und Auskunftsverfahren erfolgen. [2]Für die Einrichtung und Durchführung des Verfahrens gilt § 30b Abs. 1 Satz 2, Abs. 2 und 3 entsprechend.

§ 36b Abgleich mit den Sachfahndungsdaten des Bundeskriminalamtes.

(1) [1]Das Bundeskriminalamt übermittelt regelmäßig dem Kraftfahrt-Bundesamt die im Polizeilichen Informationssystem gespeicherten Daten von Fahrzeugen, Kennzeichen, Fahrzeugpapieren und Führerscheinen, die zur Beweissicherung, Einziehung, Beschlagnahme, Sicherstellung, Eigentumssicherung und Eigentümer- oder Besitzerermittlung ausgeschrieben sind. [2]Die Daten dienen zum Abgleich mit den im Zentralen Fahrzeugregister erfassten Fahrzeugen und Fahrzeugpapieren sowie mit den im Zentralen Fahrerlaubnisregister erfassten Führerscheinen.

(2) Die Übermittlung der Daten nach Absatz 1 darf auch im automatisierten Verfahren erfolgen.

§ 37[2)] Übermittlung von Fahrzeugdaten und Halterdaten an Stellen außerhalb des Geltungsbereiches dieses Gesetzes. (1) Die nach § 33 Abs. 1 gespeicherten Fahrzeugdaten und Halterdaten dürfen von den Registerbehörden an die zuständigen Stellen anderer Staaten übermittelt werden, soweit dies

a) für Verwaltungsmaßnahmen auf dem Gebiet des Straßenverkehrs,
b) zur Überwachung des Versicherungsschutzes im Rahmen der Kraftfahrzeughaftpflichtversicherung,
c) zur Verfolgung von Zuwiderhandlungen gegen Rechtsvorschriften auf dem Gebiet des Straßenverkehrs oder
d) zur Verfolgung von Straftaten, die im Zusammenhang mit dem Straßenverkehr oder sonst mit Kraftfahrzeugen, Anhängern, Kennzeichen oder Fahrzeugpapieren, Fahrerlaubnissen oder Führerscheinen stehen,

erforderlich ist.

(1a) Nach Maßgabe völkerrechtlicher Verträge zwischen Mitgliedstaaten der Europäischen Union oder mit den anderen Vertragsstaaten des Abkommens über den Europäischen Wirtschaftsraum, die der Mitwirkung der gesetzgebenden Kör-

---

1) § 36a Satz 1 geänd. mWv 7.12.2016 durch G v. 28.11.2016 (BGBl. I S. 2722).

2) § 37 Abs. 1a eingef. mWv 19.7.2006 durch G v. 10.7.2006 (BGBl. I S. 1458); Abs. 1a geänd. mWv 5.8.2009 durch G v. 31.7.2009 (BGBl. I S. 2507); Abs. 2 und 3 geänd. mWv 26.11.2019 durch G v. 20.11.2019 (BGBl. I S. 1626).

perschaften nach Artikel 59 Abs. 2 des Grundgesetzes[1] bedürfen, sowie nach Artikel 12 des Beschlusses des Rates 2008/615/JI vom 23. Juni 2008 (ABl. L 210 vom 6.8.2008, S. 1), dürfen die nach § 33 Abs. 1 gespeicherten Fahrzeugdaten und Halterdaten von den Registerbehörden an die zuständigen Stellen dieser Staaten auch übermittelt werden, soweit dies erforderlich ist

a) zur Verfolgung von Ordnungswidrigkeiten, die nicht von Absatz 1 Buchstabe c erfasst werden,
b) zur Verfolgung von Straftaten, die nicht von Absatz 1 Buchstabe d erfasst werden, oder
c) zur Abwehr von Gefahren für die öffentliche Sicherheit.

(2) Der Empfänger ist darauf hinzuweisen, dass die übermittelten Daten nur zu dem Zweck verwendet werden dürfen, zu dessen Erfüllung sie ihm übermittelt werden.

(3) Die Übermittlung unterbleibt, wenn durch sie schutzwürdige Interessen der betroffenen Person beeinträchtigt würden, insbesondere, wenn im Empfängerland ein angemessener Datenschutzstandard nicht gewährleistet ist.

§ 37a[2] Abruf im automatisierten Verfahren durch Stellen außerhalb des Geltungsbereiches dieses Gesetzes. (1) Durch Abruf im automatisierten Verfahren dürfen aus dem Zentralen Fahrzeugregister für die in § 37 Abs. 1 und 1a genannten Maßnahmen an die hierfür zuständigen öffentlichen Stellen in einem Mitgliedstaat der Europäischen Union oder einem anderen Vertragsstaat des Abkommens über den Europäischen Wirtschaftsraum die zu deren Aufgabenerfüllung erforderlichen Daten nach näherer Bestimmung durch Rechtsverordnung nach § 47 Nummer 5a übermittelt werden.

(2) Der Abruf darf nur unter Verwendung von Fahrzeugdaten, bei Abrufen für die in § 37 Abs. 1a genannten Zwecke nur unter Verwendung der vollständigen Fahrzeug-Identifizierungsnummer oder des vollständigen Kennzeichens, erfolgen und sich nur auf ein bestimmtes Fahrzeug oder einen bestimmten Halter richten.

(3) [1] Der Abruf ist nur zulässig, wenn

1. diese Form der Datenübermittlung unter Berücksichtigung der schutzwürdigen Interessen der betroffenen Personen wegen der Vielzahl der Übermittlungen oder wegen ihrer besonderen Eilbedürftigkeit angemessen ist und
2. der Empfängerstaat die Verordnung (EU) 2016/679 anwendet.

[2] § 36 Abs. 5 und 6 sowie Abs. 7 wegen des Anlasses der Abrufe ist entsprechend anzuwenden.

§ 37b[3] Übermittlung von Fahrzeug- und Halterdaten nach der Richtlinie (EU) 2015/413. (1) Das Kraftfahrt-Bundesamt unterstützt nach Absatz 2 die in Artikel 4 Absatz 3 der Richtlinie (EU) 2015/413 genannten nationalen Kontaktstellen der anderen Mitgliedstaaten der Europäischen Union bei den Ermitt-

---

[1] **Schönfelder ErgBd. Nr. 1.**

[2] § 37a Abs. 1 und 2 geänd. mWv 19.7.2006 durch G v. 10.7.2006 (BGBl. I S. 1458); Abs. 1 geänd. mWv *7.12.2016 durch G v. 28.11.2016* (BGBl. I S. 2722); Abs. 3 Satz 1 einl. Satzteil sowie Nr. 1 und 2 geänd. mWv 26.11.2019 durch G v. 20.11.2019 (BGBl. I S. 1626).

[3] § 37b eingef. mWv 31.8.2013 durch G v. 28.8.2013 (BGBl. I S. 3310); Überschrift, Abs. 1 einl. Satzteil geänd. mWv 7.12.2016 durch G v. 28.11.2016 (BGBl. I S. 2722).

lungen in Bezug auf folgende in den jeweiligen Mitgliedstaaten begangenen, die Straßenverkehrssicherheit gefährdenden Verkehrsdelikte:
1. Geschwindigkeitsübertretungen,
2. Nicht-Anlegen des Sicherheitsgurtes,
3. Überfahren eines roten Lichtzeichens,
4. Trunkenheit im Straßenverkehr,
5. Fahren unter Einfluss von berauschenden Mitteln,
6. Nicht-Tragen eines Schutzhelmes,
7. unbefugte Benutzung eines Fahrstreifens,
8. rechtswidrige Benutzung eines Mobiltelefons oder anderer Kommunikationsgeräte beim Fahren.

(2) Auf Anfrage teilt das Kraftfahrt-Bundesamt der nationalen Kontaktstelle eines anderen Mitgliedstaates der Europäischen Union folgende nach § 33 gespeicherten Daten zu Fahrzeug und Halter mit:
1. amtliches Kennzeichen,
2. Fahrzeug-Identifizierungsnummer,
3. Land der Zulassung,
4. Marke des Fahrzeugs,
5. Handelsbezeichnung,
6. EU-Fahrzeugklasse,
7. Name des Halters,
8. Vorname des Halters,
9. Anschrift des Halters,
10. Geschlecht,
11. Geburtsdatum,
12. Rechtsperson,
13. Geburtsort,

wenn dies im Einzelfall für die Erfüllung einer Aufgabe der nationalen Kontaktstelle des anfragenden Mitgliedstaates der Europäischen Union oder der zuständigen Behörde des anfragenden Mitgliedstaates der Europäischen Union erforderlich ist.

§ 37c[1] Übermittlung von Fahrzeugdaten und Halterdaten an die Europäische Kommission. Das Kraftfahrt-Bundesamt übermittelt zur Erfüllung der Berichtspflicht nach Artikel 5 Absatz 1 Unterabsatz 4 der Richtlinie 2009/103/EG des Europäischen Parlaments und des Rates vom 16. September 2009 über die Kraftfahrzeug-Haftpflichtversicherung und die Kontrolle der entsprechenden Versicherungspflicht (ABl. L 263 vom 7.10.2009, S. 11) bis zum 31. März eines jeden Jahres an die Europäische Kommission die nach § 33 Absatz 1 gespeicherten Namen oder Bezeichnungen und Anschriften der Fahrzeughalter, die nach § 2 Absatz 1 Nummer 1 bis 5 des Pflichtversicherungsgesetzes[2] von der Versicherungspflicht befreit sind.

---

[1] § 37c neu gef. mWv 5.12.2014 durch G v. 28.11.2014 (BGBl. I S. 1802).
[2] **Schönfelder Nr. 63.**

§ 38[1]) Übermittlung an und Verwendung durch den Empfänger für wissenschaftliche Zwecke. (1) Die nach § 33 Abs. 1 gespeicherten Fahrzeugdaten und Halterdaten dürfen an Hochschulen, andere Einrichtungen, die wissenschaftliche Forschung betreiben, und öffentliche Stellen übermittelt werden, soweit

1. dies für die Durchführung bestimmter wissenschaftlicher Forschungsarbeiten erforderlich ist,
2. eine Nutzung anonymisierter Daten zu diesem Zweck nicht möglich ist und
3. das öffentliche Interesse an der Forschungsarbeit das schutzwürdige Interesse der betroffenen Person an dem Ausschluss der Übermittlung erheblich überwiegt.

(2) Die Übermittlung der Daten erfolgt durch Erteilung von Auskünften, wenn hierdurch der Zweck der Forschungsarbeit erreicht werden kann und die Erteilung keinen unverhältnismäßigen Aufwand erfordert.

(3) [1] Personenbezogene Daten werden nur an solche Personen übermittelt, die Amtsträger oder für den öffentlichen Dienst besonders Verpflichtete sind oder die zur Geheimhaltung verpflichtet worden sind. [2] § 1 Abs. 2, 3 und 4 Nr. 2 des Verpflichtungsgesetzes findet auf die Verpflichtung zur Geheimhaltung entsprechende Anwendung.

(4) [1] Die personenbezogenen Daten dürfen nur für die Forschungsarbeit verwendet werden, für die sie übermittelt worden sind. [2] Die Verwendung für andere Forschungsarbeiten oder die Übermittlung richtet sich nach den Absätzen 1 und 2 und bedarf der Zustimmung der Stelle, die die Daten übermittelt hat.

(5) [1] Die Daten sind gegen unbefugte Kenntnisnahme durch Dritte zu schützen. [2] Die wissenschaftliche Forschung betreibende Stelle hat dafür zu sorgen, dass die Verwendung der personenbezogenen Daten räumlich und organisatorisch getrennt von der Erfüllung solcher Verwaltungsaufgaben oder Geschäftszwecke erfolgt, für die diese Daten gleichfalls von Bedeutung sein können.

(6) [1] Sobald der Forschungszweck es erlaubt, sind die personenbezogenen Daten zu anonymisieren. [2] Solange dies noch nicht möglich ist, sind die Merkmale gesondert aufzubewahren, mit denen Einzelangaben über persönliche oder sachliche Verhältnisse einer bestimmten oder bestimmbaren Person zugeordnet werden können. [3] Sie dürfen mit den Einzelangaben nur zusammengeführt werden, soweit der Forschungszweck dies erfordert.

(7) Wer nach den Absätzen 1 und 2 personenbezogene Daten erhalten hat, darf diese nur veröffentlichen, wenn dies für die Darstellung von Forschungsergebnissen über Ereignisse der Zeitgeschichte unerlässlich ist.

§ 38a[2]) Übermittlung an und Verwendung durch den Empfänger für statistische Zwecke. (1) Die nach § 33 Abs. 1 gespeicherten Fahrzeug- und Halterdaten dürfen zur Vorbereitung und Durchführung von Statistiken, soweit sie durch Rechtsvorschriften angeordnet sind, übermittelt werden, wenn die Vorbereitung und Durchführung des Vorhabens allein mit anonymisierten Daten (§ 45) nicht möglich ist.

(2) Für die Verwendung der Daten nach Absatz 1 finden die Vorschriften des Bundesstatistikgesetzes und der Statistikgesetze der Länder Anwendung.

---

[1]) Überschrift neu gef., Abs. 1 Nr. 3, Abs. 4 Sätze 1 und 2 sowie Abs. 5 Satz 2 geänd., Abs. 8 aufgeh. mWv 26.11.2019 durch G v. 20.11.2019 (BGBl. I S. 1626).

[2]) § 38a Überschrift neu gef., Abs. 2 geänd. mWv 26.11.2019 durch G v. 20.11.2019 (BGBl. I S. 1626).

§ 38b[1] **Übermittlung an und Verwendung durch den Empfänger für planerische Zwecke.** (1) Die nach § 33 Abs. 1 gespeicherten Fahrzeug- und Halterdaten dürfen für im öffentlichen Interesse liegende Verkehrsplanungen an öffentliche Stellen übermittelt werden, wenn die Durchführung des Vorhabens allein mit anonymisierten Daten (§ 45) nicht oder nur mit unverhältnismäßigem Aufwand möglich ist und die betroffene Person eingewilligt hat oder schutzwürdige Interessen der betroffenen Person nicht beeinträchtigt werden.

(2) Der Empfänger der Daten hat sicherzustellen, dass

1. die Kontrolle zur Sicherstellung schutzwürdiger Interessen der betroffenen Person jederzeit gewährleistet wird,
2. die Daten nur für das betreffende Vorhaben verwendet werden,
3. zu den Daten nur die Personen Zugang haben, die mit dem betreffenden Vorhaben befasst sind,
4. diese Personen verpflichtet werden, die Daten gegenüber Unbefugten nicht zu offenbaren, und
5. die Daten anonymisiert oder gelöscht werden, sobald der Zweck des Vorhabens dies gestattet.

§ 39[2] **Übermittlung von Fahrzeugdaten und Halterdaten zur Verfolgung von Rechtsansprüchen.** (1) Von den nach § 33 Abs. 1 gespeicherten Fahrzeugdaten und Halterdaten sind

1. Familienname (bei juristischen Personen, Behörden oder Vereinigungen: Name oder Bezeichnung),
2. Vornamen,
3. Ordens- und Künstlername,
4. Anschrift,
5. Art, Hersteller und Typ des Fahrzeugs,
6. Name und Anschrift des Versicherers,
7. Nummer des Versicherungsscheins, oder, falls diese noch nicht gespeichert ist, Nummer der Versicherungsbestätigung,
8. gegebenenfalls Zeitpunkt der Beendigung des Versicherungsverhältnisses,
9. gegebenenfalls Befreiung von der gesetzlichen Versicherungspflicht,
10. Zeitpunkt der Zuteilung oder Ausgabe des Kennzeichens für den Halter sowie
11. Kraftfahrzeugkennzeichen

durch die Zulassungsbehörde oder durch das Kraftfahrt-Bundesamt zu übermitteln, wenn der Empfänger unter Angabe des betreffenden Kennzeichens oder der betreffenden Fahrzeug-Identifizierungsnummer darlegt, dass er die Daten zur Geltendmachung, Sicherung oder Vollstreckung oder zur Befriedigung oder Abwehr von Rechtsansprüchen im Zusammenhang mit der Teilnahme am Straßenverkehr oder zur Erhebung einer Privatklage wegen im Straßenverkehr begangener Verstöße benötigt (einfache Registerauskunft).

---

[1] § 38b Abs. 1 geänd. mWv 7.12.2016 durch G v. 28.11.2016 (BGBl. I S. 2722); Überschrift neu gef., Abs. 1, Abs. 2 Nr. 1 und 2 geänd. mWv 26.11.2019 durch G v. 20.11.2019 (BGBl. I S. 1626).

[2] § 39 Abs. 3 Satz 1 Nr. 1b geänd. mWv 1.1.2005 durch G v. 24.12.2003 (BGBl. I S. 2954); Abs. 3 Satz 1 Nr. 1b geänd. mWv 1.1.2005 durch G v. 27.12.2003 (BGBl. I S. 3022); Abs. 2 Nr. 2 aufgeh. mWv 14.9.2007 durch G v. 7.9.2007 (BGBl. I S. 2246).

(2) Weitere Fahrzeugdaten und Halterdaten als die nach Absatz 1 zulässigen sind zu übermitteln, wenn der Empfänger unter Angabe von Fahrzeugdaten oder Personalien des Halters glaubhaft macht, dass er

1. die Daten zur Geltendmachung, Sicherung oder Vollstreckung, zur Befriedigung oder Abwehr von Rechtsansprüchen im Zusammenhang mit der Teilnahme am Straßenverkehr, dem Diebstahl, dem sonstigen Abhandenkommen des Fahrzeugs oder zur Erhebung einer Privatklage wegen im Straßenverkehr begangener Verstöße benötigt,
2. *(aufgehoben)*
3. die Daten auf andere Weise entweder nicht oder nur mit unverhältnismäßigem Aufwand erlangen könnte.

(3) [1] Die in Absatz 1 Nr. 1 bis 5 und 11 angeführten Halterdaten und Fahrzeugdaten dürfen übermittelt werden, wenn der Empfänger unter Angabe von Fahrzeugdaten oder Personalien des Halters glaubhaft macht, dass er

1. die Daten zur Geltendmachung, Sicherung oder Vollstreckung
   a) von nicht mit der Teilnahme am Straßenverkehr im Zusammenhang stehenden öffentlich-rechtlichen Ansprüchen oder
   b) von gemäß § 7 des Unterhaltsvorschussgesetzes [1)], § 33 des Zweiten Buches Sozialgesetzbuch [2)] oder § 94 des Zwölften Buches Sozialgesetzbuch [3)] übergegangenen Ansprüchen

   in Höhe von jeweils mindestens fünfhundert Euro benötigt,
2. ohne Kenntnis der Daten zur Geltendmachung, Sicherung oder Vollstreckung des Rechtsanspruchs nicht in der Lage wäre und
3. die Daten auf andere Weise entweder nicht oder nur mit unverhältnismäßigem Aufwand erlangen könnte.

[2] § 35 Abs. 3 Satz 2 und 3 gilt entsprechend. [3] Die Aufzeichnungen dürfen nur zur Kontrolle der Zulässigkeit der Übermittlungen verwendet werden.

§ 40[4)] Übermittlung sonstiger Daten. [1] Die nach § 33 Abs. 2 gespeicherten Daten über Beruf und Gewerbe (Wirtschaftszweig) dürfen nur für die Zwecke nach § 32 Abs. 1 Nr. 4 und 5 an die hierfür zuständigen Behörden übermittelt werden. [2] Außerdem dürfen diese Daten für Zwecke der Statistik (§ 38a Abs. 1) übermittelt werden; die Zulässigkeit und die Durchführung von statistischen Vorhaben richten sich nach § 38a.

§ 41[5)] Übermittlungssperren. (1) Die Anordnung von Übermittlungssperren in den Fahrzeugregistern ist zulässig, wenn erhebliche öffentliche Interessen gegen die Offenbarung der Halterdaten bestehen.

(2) Außerdem sind Übermittlungssperren auf Antrag der betroffenen Person anzuordnen, wenn sie glaubhaft macht, dass durch die Übermittlung ihre schutzwürdigen Interessen beeinträchtigt würden.

---

1) **Schönfelder ErgBd. Nr. 45d.**

2) Nr. **51.4**.

3) Nr. **51.2**.

4) *§ 40 Abs. 2 Nr. 2 geänd. mWv 1.8.2007 durch G v. 19.7.2007 (BGBl. I S. 1460), Abs. 2 aufgeh. mWv 31.8.2013 durch G v. 28.8.2013 (BGBl. I S. 3310).*

5) § 41 Abs. 2, Abs. 3 Sätze 3 und 4 und Abs. 4 Satz 2 geänd. mWv 26.11.2019 durch G v. 20.11.2019 (BGBl. I S. 1626).

(3) [1]Die Übermittlung trotz bestehender Sperre ist im Einzelfall zulässig, wenn an der Kenntnis der gesperrten Daten ein überwiegendes öffentliches Interesse, insbesondere an der Verfolgung von Straftaten besteht. [2]Über die Aufhebung entscheidet die für die Anordnung der Sperre zuständige Stelle. [3]Will diese an der Sperre festhalten, weil sie das die Sperre begründende öffentliche Interesse (Absatz 1) für überwiegend hält oder weil sie die Beeinträchtigung schutzwürdiger Interessen der betroffenen Person (Absatz 2) als vorrangig ansieht, so führt sie die Entscheidung der obersten Landesbehörde herbei. [4]Vor der Übermittlung ist der betroffenen Person Gelegenheit zur Stellungnahme zu geben, es sei denn, die Anhörung würde dem Zweck der Übermittlung zuwiderlaufen.

(4) [1]Die Übermittlung trotz bestehender Sperre ist im Einzelfall außerdem zulässig, wenn die Geltendmachung, Sicherung oder Vollstreckung oder die Befriedigung oder Abwehr von Rechtsansprüchen im Sinne des § 39 Abs. 1 und 2 sonst nicht möglich wäre. [2]Vor der Übermittlung ist der betroffenen Person Gelegenheit zur Stellungnahme zu geben. [3]Absatz 3 Satz 2 und 3 ist entsprechend anzuwenden.

§ 42[1)] Datenabgleich zur Beseitigung von Fehlern. (1) [1]Bei Zweifeln an der Identität eines eingetragenen Halters mit dem Halter, auf den sich eine neue Mitteilung bezieht, dürfen die Datenbestände des Fahreignungsregisters und des Zentralen Fahrerlaubnisregisters zur Identifizierung dieser Halter verwendet werden. [2]Ist die Feststellung der Identität der betreffenden Halter auf diese Weise nicht möglich, dürfen die auf Anfrage aus den Melderegistern übermittelten Daten zur Behebung der Zweifel verwendet werden. [3]Die Zulässigkeit der Übermittlung durch die Meldebehörden richtet sich nach den Meldegesetzen der Länder. [4]Können die Zweifel an der Identität der betreffenden Halter nicht ausgeräumt werden, werden die Eintragungen über beide Halter mit einem Hinweis auf die Zweifel an deren Identität versehen.

(2) [1]Die nach § 33 im Zentralen Fahrzeugregister gespeicherten Daten dürfen den Zulassungsbehörden übermittelt werden, soweit dies erforderlich ist, um Fehler und Abweichungen in deren Register festzustellen und zu beseitigen und um diese örtlichen Register zu vervollständigen. [2]Die nach § 33 im örtlichen Fahrzeugregister gespeicherten Daten dürfen dem Kraftfahrt-Bundesamt übermittelt werden, soweit dies erforderlich ist, um Fehler und Abweichungen im Zentralen Fahrzeugregister festzustellen und zu beseitigen sowie das Zentrale Fahrzeugregister zu vervollständigen. [3]Die Übermittlung nach Satz 1 oder 2 ist nur zulässig, wenn Anlass zu der Annahme besteht, dass die Register unrichtig oder unvollständig sind.

(3) [1]Die nach § 33 im Zentralen Fahrzeugregister oder im zuständigen örtlichen Fahrzeugregister gespeicherten Halter- und Fahrzeugdaten dürfen der für die Ausübung der Verwaltung der Kraftfahrzeugsteuer zuständigen Behörde übermittelt werden, soweit dies für Maßnahmen zur Durchführung des Kraftfahrzeugsteuerrechts erforderlich ist, um Fehler und Abweichungen in den Datenbeständen der für die Ausübung der Verwaltung der Kraftfahrzeugsteuer zuständigen Behörden festzustellen und zu beseitigen und um diese Datenbestände zu vervollständigen. [2]Die Übermittlung nach Satz 1 ist nur zulässig, wenn Anlass zu der Annahme besteht, dass die Datenbestände unrichtig oder unvollständig sind.

[1)] § 42 Abs. 3 Satz 1 geänd. mWv 1.7.2009 durch G v. 29.5.2009 (BGBl. I S. 1170); Abs. 1 Satz 1 geänd. mWv 1.5.2014 durch G v. 28.8.2013 (BGBl. I S. 3313); Überschrift neu gef., Abs. 1 Sätze 1 und 2 geänd. mWv 26.11.2019 durch G v. 20.11.2019 (BGBl. I S. 1626).

§ 43[1] Allgemeine Vorschriften für die Datenübermittlung an und die Verarbeitung der Daten durch den Empfänger. (1) [1]Übermittlungen von Daten aus den Fahrzeugregistern sind nur auf Ersuchen zulässig, es sei denn, auf Grund besonderer Rechtsvorschrift wird bestimmt, dass die Registerbehörde bestimmte Daten von Amts wegen zu übermitteln hat. [2]Die Verantwortung für die Zulässigkeit der Übermittlung trägt die übermittelnde Stelle. [3]Erfolgt die Übermittlung auf Ersuchen des Empfängers, trägt dieser die Verantwortung. [4]In diesem Fall prüft die übermittelnde Stelle nur, ob das Übermittlungsersuchen im Rahmen der Aufgaben des Empfängers liegt, es sei denn, dass besonderer Anlass zur Prüfung der Zulässigkeit der Übermittlung besteht.

(2) [1]Der Empfänger darf die übermittelten Daten nur zu dem Zweck verarbeiten, zu dessen Erfüllung sie ihm übermittelt worden sind. [2]Der Empfänger darf die übermittelten Daten auch für andere Zwecke verarbeiten, soweit sie ihm auch für diese Zwecke hätten übermittelt werden dürfen. [3]Ist der Empfänger eine nichtöffentliche Stelle, hat die übermittelnde Stelle ihn darauf hinzuweisen. [4]Eine Verarbeitung für andere Zwecke durch nichtöffentliche Stellen bedarf der Zustimmung der übermittelnden Stelle.

§ 44[2] Löschung der Daten in den Fahrzeugregistern. (1) Die nach § 33 Abs. 1 und 2 gespeicherten Daten sind in den Fahrzeugregistern spätestens zu löschen, wenn sie für die Aufgaben nach § 32 nicht mehr benötigt werden.

(2) Die Daten über Fahrtenbuchauflagen (§ 33 Abs. 3) sind nach Wegfall der Auflage zu löschen.

§ 45[3] Anonymisierte Daten. [1]Auf die Verarbeitung von Daten, die keinen Bezug zu einer bestimmten oder bestimmbaren Person ermöglichen, finden die Vorschriften dieses Abschnitts keine Anwendung. [2]Zu den Daten, die einen Bezug zu einer bestimmten oder bestimmbaren Person ermöglichen, gehören auch das Kennzeichen eines Fahrzeugs, die Fahrzeug-Identifizierungsnummer und die Fahrzeugbriefnummer.

§ 46 (weggefallen)

§ 47[4] Ermächtigungsgrundlagen, Ausführungsvorschriften. Das Bundesministerium für Verkehr und digitale Infrastruktur wird ermächtigt, Rechtsverordnung[5] mit Zustimmung des Bundesrates zu erlassen

1. darüber,
   a) welche im Einzelnen zu bestimmenden Fahrzeugdaten (§ 33 Abs. 1 Satz 1 Nr. 1) und

---

[1] § 43 Überschrift neu gef., Abs. 2 Sätze 1, 2 und 4 geänd. mWv 26.11.2019 durch G v. 20.11.2019 (BGBl. I S. 1626).

[2] § 44 Abs. 1 Satz 2 aufgeh. mWv 26.11.2019 durch G v. 20.11.2019 (BGBl. I S. 1626).

[3] § 45 Satz 1 geänd. mWv 26.11.2019 durch G v. 20.11.2019 (BGBl. I S. 1626).

[4] § 47 Abs. 1 Nr. 5a geänd. mWv 19.7.2006 durch G v. 10.7.2006 (BGBl. I S. 1458); Abs. 2 aufgeh., bish. Abs. 1 einl. Satzteil geänd. mWv 18.8.2006 durch G v. 14.8.2006 (BGBl. I S. 1958); einl. Satzteil geänd. mWv 5.12.2014 durch G v. 28.11.2014 (BGBl. I S. 1802); Nr. 1a eingef. mWv 7.12.2016 durch G v. 28.11.2016 (BGBl. I S. 2722).

[5] Fahrzeug-Zulassungsverordnung – FZV v. 3.2.2011 (BGBl. I S. 139), zuletzt geänd. durch VO v. 2.10.2019 (BGBl. I S. 1416).

b) welche Halterdaten nach § 33 Abs. 1 Satz 1 Nr. 2 in welchen Fällen der Zuteilung oder Ausgabe des Kennzeichens unter Berücksichtigung der in § 32 genannten Aufgaben

im örtlichen und im Zentralen Fahrzeugregister jeweils gespeichert (§ 33 Abs. 1) und zur Speicherung erhoben (§ 34 Abs. 1) werden,

1a. darüber, welche im Einzelnen zu bestimmenden Fahrzeugdaten und Daten über Prüfungen und Untersuchungen einschließlich der durchführenden Stellen und Kennungen zur Feststellung der für die Durchführung der Prüfung oder Untersuchung Verantwortlichen die Technischen Prüfstellen, amtlich anerkannten Überwachungsorganisationen und anerkannten Kraftfahrzeugwerkstätten, soweit diese Werkstätten Sicherheitsprüfungen durchführen, zur Speicherung im Zentralen Fahrzeugregister nach § 34 Absatz 6 mitzuteilen haben, und über die Einzelheiten des Mitteilungs- sowie des Auskunftsverfahrens,

2. darüber, welche im Einzelnen zu bestimmenden Fahrzeugdaten die Versicherer zur Speicherung im Zentralen Fahrzeugregister nach § 34 Abs. 5 Satz 2 mitzuteilen haben,

3. über die regelmäßige Übermittlung der Daten nach § 35 Abs. 5, insbesondere über die Art der Übermittlung sowie die Art und den Umfang der zu übermittelnden Daten,

4. über die Art und den Umfang der zu übermittelnden Daten und die Maßnahmen zur Sicherung gegen Missbrauch beim Abruf im automatisierten Verfahren nach § 36 Abs. 5,

4a. über die Art und den Umfang der zu übermittelnden Daten und die Maßnahmen zur Sicherung gegen Mißbrauch nach § 36a,

5. über Einzelheiten des Verfahrens nach § 36 Abs. 7 Satz 2,

5a. über die Art und den Umfang der zu übermittelnden Daten, die Bestimmung der Empfänger und den Geschäftsweg bei Übermittlungen nach § 37 Abs. 1 und 1a,

5b. darüber, welche Daten nach § 37a Abs. 1 durch Abruf im automatisierten Verfahren übermittelt werden dürfen,

5c. über die Bestimmung, welche ausländischen öffentlichen Stellen zum Abruf im automatisierten Verfahren nach § 37a Abs. 1 befugt sind,

6. über das Verfahren bei Übermittlungssperren sowie über die Speicherung, Änderung und die Aufhebung der Sperren nach § 33 Abs. 4 und § 41 und

7. über die Löschung der Daten nach § 44, insbesondere über die Voraussetzungen und Fristen für die Löschung.

VI. Fahrerlaubnisregister

§ 48[1] Registerführung und Registerbehörden. (1) [1]Die Fahrerlaubnisbehörden (§ 2 Abs. 1) führen im Rahmen ihrer örtlichen Zuständigkeit ein Register (örtliche Fahrerlaubnisregister) über

1. von ihnen erteilte Fahrerlaubnisse sowie die entsprechenden Führerscheine,

---

[1] § 48 Abs. 1 Satz 1 Nr. 1 geänd., Satz 3 angef., Abs. 2 neu gef. mWv 1.1.2015 durch G v. 28.11.2014 (BGBl. I S. 1802); Abs. 3 Satz 4 geänd. mWv 7.12.2016 durch G v. 28.11.2016 (BGBl. I S. 2722).

2. Entscheidungen, die Bestand, Art und Umfang von Fahrerlaubnissen oder sonstige Berechtigungen, ein Fahrzeug zu führen, betreffen.

[2] Abweichend von Satz 1 Nr. 2 darf die zur Erteilung einer Prüfbescheinigung zuständige Stelle Aufzeichnungen über von ihr ausgegebene Bescheinigungen für die Berechtigung zum Führen fahrerlaubnisfreier Fahrzeuge führen. [3] Sobald ein örtliches Fahrerlaubnisregister nach Maßgabe des § 65 Absatz 2 Satz 1 nicht mehr geführt werden darf, gilt Satz 1 in Verbindung mit Satz 2 nur noch für die in § 65 Absatz 2a bezeichneten Daten.

(2) Das Kraftfahrt-Bundesamt führt ein Register über Fahrerlaubnisse und die entsprechenden Führerscheine (Zentrales Fahrerlaubnisregister), die von den nach Landesrecht für den Vollzug des Fahrerlaubnisrechtes zuständigen Behörden (Fahrerlaubnisbehörden) erteilt sind.

(3) [1] Bei einer zentralen Herstellung der Führscheine übermittelt die Fahrerlaubnisbehörde dem Hersteller die hierfür notwendigen Daten. [2] Der Hersteller darf ausschließlich zum Nachweis des Verbleibs der Führerscheine alle Führerscheinnummern der hergestellten Führerscheine speichern. [3] Die Speicherung der übrigen im Führerschein enthaltenen Angaben beim Hersteller ist unzulässig, soweit sie nicht ausschließlich und vorübergehend der Herstellung des Führerscheins dient; die Angaben sind anschließend zu löschen. [4] Die Daten nach den Sätzen 1 und 2 dürfen nach näherer Bestimmung durch Rechtsverordnung gemäß § 63 Nummer 1 an das Kraftfahrt-Bundesamt zur Speicherung im Zentralen Fahrerlaubnisregister übermittelt werden; sie sind dort spätestens nach Ablauf von zwölf Monaten zu löschen, sofern dem Amt die Erteilung oder Änderung der Fahrerlaubnis innerhalb dieser Frist nicht mitgeteilt wird; beim Hersteller sind die Daten nach der Übermittlung zu löschen. [5] Vor Eingang der Mitteilung beim Kraftfahrt-Bundesamt über die Erteilung oder Änderung der Fahrerlaubnis darf das Amt über die Daten keine Auskunft erteilen.

§ 49[1)] Zweckbestimmung der Register. (1) Die örtlichen Fahrerlaubnisregister und das Zentrale Fahrerlaubnisregister werden geführt zur Speicherung von Daten, die erforderlich sind, um feststellen zu können, welche Fahrerlaubnisse und welche Führerscheine eine Person besitzt oder für welche sie die Neuerteilung beantragen kann.

(2) Die örtlichen Fahrerlaubnisregister werden außerdem geführt zur Speicherung von Daten, die erforderlich sind

1. für die Beurteilung der Eignung und Befähigung von Personen zum Führen von Kraftfahrzeugen und
2. für die Prüfung der Berechtigung zum Führen von Fahrzeugen.

§ 50[2)] Inhalt der Fahrerlaubnisregister. (1) In den örtlichen Fahrerlaubnisregistern und im Zentralen Fahrerlaubnisregister werden gespeichert

1. Familiennamen, Geburtsnamen, sonstige frühere Namen, Vornamen, Ordens- oder Künstlername, Doktorgrad, Geschlecht, Tag und Ort der Geburt,

---

[1)] § 49 Abs. 1 geänd. mWv 1.1.2015 durch G v. 28.11.2014 (BGBl. I S. 1802).

[2)] § 50 Abs. 1 Nr. 2 und Abs. 2 Nr. 2 Buchst. a geänd. mWv 1.5.2014 durch G v. 28.8.2013 (BGBl. I *S. 3313); Abs. 3 und 4 angef. mWv 1.1.2015 durch G v. 28.11.2014* (BGBl. I S. 1802); Abs. 1 Nr. 2, Abs. 2 Nr. 1 und 2 geänd. mWv 7.12.2016 durch G v. 28.11.2016 (BGBl. I S. 2722); Abs. 2 Nr. 1 geänd. mWv 26.11.2019 durch G v. 20.11.2019 (BGBl. I S. 1626); Abs. 2 Nr. 1 geänd. **mWv 1.6.2020** durch G v. 5.12.2019 (BGBl. I S. 2008).

2. nach näherer Bestimmung durch Rechtsverordnung gemäß § 63 Nummer 2 Daten über Erteilung und Registrierung (einschließlich des Umtauschs oder der Registrierung einer deutschen Fahrerlaubnis im Ausland), Bestand, Art, Umfang, Gültigkeitsdauer, Verlängerung und Änderung der Fahrerlaubnis, Datum des Beginns und des Ablaufs der Probezeit, Nebenbestimmungen zur Fahrerlaubnis, über Führerscheine und deren Geltung einschließlich der Ausschreibung zur Sachfahndung, sonstige Berechtigungen, ein Kraftfahrzeug zu führen, sowie Hinweise auf Eintragungen im Fahreignungsregister, die die Berechtigung zum Führen von Kraftfahrzeugen berühren.

(2) In den örtlichen Fahrerlaubnisregistern dürfen außerdem gespeichert werden

1. die Anschrift ***[ab 1.6.2020:** und die E-Mail-Adresse, soweit vom Antragsteller angegeben,**]*** der betroffenen Person, Staatsangehörigkeit, Art des Ausweisdokuments sowie
2. nach näherer Bestimmung durch Rechtsverordnung gemäß § 63 Nummer 2 Daten über
   a) Versagung, Entziehung, Widerruf und Rücknahme der Fahrerlaubnis, Verzicht auf die Fahrerlaubnis, isolierte Sperren, Fahrverbote sowie die Beschlagnahme, Sicherstellung und Verwahrung von Führerscheinen sowie Maßnahmen nach § 2a Abs. 2 und § 4 Absatz 5,
   b) Verbote oder Beschränkungen, ein Fahrzeug zu führen.

(3) Im Zentralen Fahrerlaubnisregister dürfen zusätzlich zu Absatz 1 der Grund des Erlöschens der Fahrerlaubnis oder einer Fahrerlaubnisklasse, die Dauer der Probezeit einschließlich der Restdauer nach vorzeitiger Beendigung der Probezeit, Beginn und Ende einer Hemmung der Probezeit und die Behörde, die die Unterlagen im Zusammenhang mit dem Erteilen, dem Entziehen oder dem Erlöschen einer Fahrerlaubnis oder Fahrerlaubnisklasse (Fahrerlaubnisakte) führt, gespeichert werden.

(4) Sobald ein örtliches Fahrerlaubnisregister nach Maßgabe des § 65 Absatz 2 Satz 1 nicht mehr geführt werden darf, gelten die Absätze 1 und 2 im Hinblick auf die örtlichen Fahrerlaubnisregister nur noch für die in § 65 Absatz 2a bezeichneten Daten.

§ 51[1)] Mitteilung an das Zentrale Fahrerlaubnisregister. Die Fahrerlaubnisbehörden teilen dem Kraftfahrt-Bundesamt zur Speicherung im Zentralen Fahrerlaubnisregister unverzüglich die auf Grund des § 50 Abs. 1 zu speichernden oder zu einer Änderung oder Löschung einer Eintragung führenden Daten mit.

§ 52[2)] Übermittlung. (1) Die in den Fahrerlaubnisregistern gespeicherten Daten dürfen an die Stellen, die

1. für die Verfolgung von Straftaten, zur Vollstreckung oder zum Vollzug von Strafen,
2. für die Verfolgung von Ordnungswidrigkeiten und die Vollstreckung von Bußgeldbescheiden und ihren Nebenfolgen nach diesem Gesetz oder

---

1) § 51 geänd. mWv 9.12.2010 durch G v. 2.12.2010 (BGBl. I S. 1748).
2) § 52 Abs. 2 geänd. mWv 1.1.2009 durch G v. 6.11.2008 (BGBl. I S. 2162).

3. für Verwaltungsmaßnahmen auf Grund dieses Gesetzes oder der auf ihm beruhenden Rechtsvorschriften, soweit es um Fahrerlaubnisse, Führerscheine oder sonstige Berechtigungen, ein Fahrzeug zu führen, geht,

zuständig sind, übermittelt werden, soweit dies zur Erfüllung der diesen Stellen obliegenden Aufgaben zu den in § 49 genannten Zwecken jeweils erforderlich ist.

(2) Die in den Fahrerlaubnisregistern gespeicherten Daten dürfen zu den in § 49 Abs. 1 und 2 Nr. 2 genannten Zwecken an die für Verkehrs- und Grenzkontrollen zuständigen Stellen sowie an die für Straßenkontrollen zuständigen Stellen übermittelt werden, soweit dies zur Erfüllung ihrer Aufgaben erforderlich ist.

(3) Das Kraftfahrt-Bundesamt hat entsprechend § 35 Abs. 6 Satz 1 und 2 Aufzeichnungen über die Übermittlungen nach den Absätzen 1 und 2 zu führen.

§ 53[1)] Direkteinstellung und Abruf im automatisierten Verfahren.

(1) Den Stellen, denen die Aufgaben nach § 52 obliegen, dürfen die hierfür jeweils erforderlichen Daten aus dem Zentralen Fahrerlaubnisregister und den örtlichen Fahrerlaubnisregistern zu den in § 49 genannten Zwecken durch Abruf im automatisierten Verfahren übermittelt werden.

(1a) Die Fahrerlaubnisbehörden dürfen die Daten, die sie nach § 51 dem Kraftfahrt-Bundesamt mitzuteilen haben, im Wege der Datenfernübertragung durch Direkteinstellung übermitteln.

(2) Die Einrichtung von Anlagen zur Direkteinstellung oder zum Abruf im automatisierten Verfahren ist nur zulässig, wenn nach näherer Bestimmung durch Rechtsverordnung gemäß § 63 Nummer 4 gewährleistet ist, dass

1. die erforderlichen technischen und organisatorischen Maßnahmen nach den Artikeln 24, 25 und 32 der Verordnung (EU) 2016/679 zur Sicherstellung des Datenschutzes und der Datensicherheit getroffen werden und
2. die Zulässigkeit der Direkteinstellung oder der Abrufe nach Maßgabe des Absatzes 3 kontrolliert werden kann.

(3) [1]Das Kraftfahrt-Bundesamt oder die Fahrerlaubnisbehörde als übermittelnde Stellen haben über die Direkteinstellungen und die Abrufe Aufzeichnungen zu fertigen, die die bei der Durchführung der Direkteinstellungen oder der Abrufe verwendeten Daten, den Tag und die Uhrzeit der Direkteinstellungen oder der Abrufe, die Kennung der einstellenden oder abrufenden Dienststelle und die eingestellten oder abgerufenen Daten enthalten müssen. [2]Die protokollierten Daten dürfen nur für Zwecke der Datenschutzkontrolle, der Datensicherung oder zur Sicherstellung eines ordnungsgemäßen Betriebs der Datenverarbeitungsanlage verwendet werden, es sei denn, es liegen Anhaltspunkte dafür vor, dass ohne ihre Verwendung die Verhinderung oder Verfolgung einer schwerwiegenden Straftat gegen Leib, Leben oder Freiheit einer Person aussichtslos oder wesentlich erschwert wäre. [3]Die Protokolldaten sind durch geeignete Vorkehrungen gegen zweckfremde Verwendung und gegen sonstigen Missbrauch zu schützen und beim Abruf nach sechs Monaten und bei der Direkteinstellung mit Vollendung des 110. Lebensjahres der betroffenen Person zu löschen.

[1)] *§ 53 Überschrift neu gef., Abs. 1a eingef., Abs. 2 einl.* Satzteil und Nr. 2 geänd., Abs. 3 Satz 1 neu gef., Satz 3 geänd., Abs. 4 Satz 1 neu gef. mWv 9.12.2010 durch G v. 2.12.2010 (BGBl. I S. 1748); Abs. 2 einl. Satzteil, Abs. 4 Satz 2 geänd. mWv 7.12.2016 durch G v. 28.11.2016 (BGBl. I S. 2722); Abs. 2 Nr. 1 neu gef. mWv 26.11.2019 durch G v. 20.11.2019 (BGBl. I S. 1626).

(4) [1] Bei Direkteinstellungen in das und bei Abrufen aus dem Zentralen Fahrerlaubnisregister sind vom Kraftfahrt-Bundesamt weitere Aufzeichnungen zu fertigen, die sich auf den Anlass der Direkteinstellung oder des Abrufs erstrecken und die Feststellung der für die Direkteinstellung oder den Abruf verantwortlichen Person ermöglichen. [2] Das Nähere wird durch Rechtsverordnung (§ 63 Nummer 4) bestimmt. [3] Dies gilt entsprechend für Abrufe aus den örtlichen Fahrerlaubnisregistern.

(5) [1] Aus den örtlichen Fahrerlaubnisregistern ist die Übermittlung der Daten durch Einsichtnahme in das Register außerhalb der üblichen Dienstzeiten an die für den betreffenden Bezirk zuständige Polizeidienststelle zulässig, wenn

1. dies im Rahmen der in § 49 Abs. 1 und 2 Nr. 2 genannten Zwecke für die Erfüllung der der Polizei obliegenden Aufgaben erforderlich ist und
2. ohne die sofortige Einsichtnahme die Erfüllung dieser Aufgaben gefährdet wäre.

[2] Die Polizeidienststelle hat die Tatsache der Einsichtnahme, deren Datum und Anlass sowie den Namen des Einsichtnehmenden aufzuzeichnen; die Aufzeichnungen sind für die Dauer eines Jahres aufzubewahren und nach Ablauf des betreffenden Kalenderjahres zu vernichten.

§ 54[1)] Automatisiertes Mitteilungs-, Anfrage- und Auskunftsverfahren beim Kraftfahrt-Bundesamt. [1] Die Übermittlung der Daten an das Zentrale Fahrerlaubnisregister und aus dem Zentralen Fahrerlaubnisregister nach den §§ 51, 52 und 55 darf nach näherer Bestimmung durch Rechtsverordnung gemäß § 63 Nummer 5 auch in einem automatisierten Mitteilungs-, Anfrage- und Auskunftsverfahren erfolgen. [2] Für die Einrichtung und Durchführung des Verfahrens gilt § 30b Abs. 1 Satz 2, Abs. 2 und 3 entsprechend. [3] Die Protokolldaten der Mitteilungen sind mit Vollendung des 110. Lebensjahres der betroffenen Person zu löschen.

§ 55[2)] Übermittlung von Daten an Stellen außerhalb des Geltungsbereiches dieses Gesetzes. (1) Die auf Grund des § 50 gespeicherten Daten dürfen von den Registerbehörden an die hierfür zuständigen Stellen anderer Staaten übermittelt werden, soweit dies

1. für Verwaltungsmaßnahmen auf dem Gebiet des Straßenverkehrs,
2. zur Verfolgung von Zuwiderhandlungen gegen Rechtsvorschriften auf dem Gebiet des Straßenverkehrs oder
3. zur Verfolgung von Straftaten, die im Zusammenhang mit dem Straßenverkehr oder sonst mit Kraftfahrzeugen oder Anhängern oder Fahrzeugpapieren, Fahrerlaubnissen oder Führerscheinen stehen,

erforderlich ist.

(2) Der Empfänger ist darauf hinzuweisen, dass die übermittelten Daten nur zu dem Zweck verarbeitet werden dürfen, zu dessen Erfüllung sie ihm übermittelt werden.

(3) Die Übermittlung unterbleibt, wenn durch sie schutzwürdige Interessen der betroffenen Person beeinträchtigt würden, insbesondere wenn im Empfängerland ein angemessener Datenschutzstandard nicht gewährleistet ist.

[1)] § 54 Überschrift und Satz 1 neu gef., Satz 3 angef. mWv 9.12.2010 durch G v. 2.12.2010 (BGBl. I S. 1748); Satz 1 geänd. mWv 7.12.2016 durch G v. 28.11.2016 (BGBl. I S. 2722).

[2)] § 55 Abs. 2 und 3 geänd. mWv 26.11.2019 durch G v. 20.11.2019 (BGBl. I S. 1626).

§ 56[1)] Abruf im automatisierten Verfahren durch Stellen außerhalb des Geltungsbereiches dieses Gesetzes. (1) Durch Abruf im automatisierten Verfahren dürfen aus dem Zentralen Fahrerlaubnisregister für die in § 55 Abs. 1 genannten Maßnahmen an die hierfür zuständigen öffentlichen Stellen in einem Mitgliedstaat der Europäischen Union oder einem anderen Vertragsstaat des Abkommens über den Europäischen Wirtschaftsraum die zu deren Aufgabenerfüllung erforderlichen Daten nach näherer Bestimmung durch Rechtsverordnung gemäß § 63 Nummer 6 übermittelt werden.

(2) [1] Der Abruf ist nur zulässig, wenn

1. diese Form der Datenübermittlung unter Berücksichtigung der schutzwürdigen Interessen der betroffenen Personen wegen der Vielzahl der Übermittlungen oder wegen ihrer besonderen Eilbedürftigkeit angemessen ist und
2. der Empfängerstaat die Verordnung (EU) 2016/679 anwendet.

[2] § 53 Abs. 2 und 3 sowie Abs. 4 wegen des Anlasses der Abrufe ist entsprechend anzuwenden.

§ 57[2)] Übermittlung an und Verwendung durch den Empfänger für wissenschaftliche, statistische und gesetzgeberische Zwecke. Für die Übermittlung und Verwendung der nach § 50 gespeicherten Daten für wissenschaftliche Zwecke gilt § 38, für statistische Zwecke § 38a und für gesetzgeberische Zwecke § 38b jeweils entsprechend.

§ 58[3)] Auskunft über eigene Daten aus den Registern. [1] Einer Privatperson wird auf Antrag schriftlich über den sie betreffenden Inhalt des örtlichen oder des Zentralen Fahrerlaubnisregisters unentgeltlich Auskunft erteilt. [2] Der Antragsteller hat dem Antrag einen Identitätsnachweis beizufügen. [3] Die Auskunft kann elektronisch erteilt werden, wenn der Antrag unter Nutzung des elektronischen Identitätsnachweises nach § 18 des Personalausweisgesetzes[4)], nach § 12 des eID-Karte-Gesetzes oder nach § 78 Absatz 5 des Aufenthaltsgesetzes[5)] gestellt wird. [4] Hinsichtlich der Protokollierung gilt § 53 Absatz 3 entsprechend.

§ 59[6)] Datenabgleich zur Beseitigung von Fehlern. (1) [1] Bei Zweifeln an der Identität einer eingetragenen Person mit der Person, auf die sich eine Mitteilung nach § 51 bezieht, dürfen die Datenbestände des Fahreignungsregisters und des Zentralen Fahrzeugregisters zur Identifizierung dieser Personen verwendet werden. [2] Ist die Feststellung der Identität der betreffenden Personen auf diese Weise nicht möglich, dürfen die auf Anfrage aus den Melderegistern übermittelten Daten zur Behebung der Zweifel verwendet werden. [3] Die Zulässigkeit der Übermittlung durch die Meldebehörden richtet sich nach den Meldegesetzen der Länder. [4] Können die Zweifel an der Identität der betreffenden Personen nicht ausgeräumt

---

[1)] § 56 Abs. 1 geänd. mWv 7.12.2016 durch G v. 28.11.2016 (BGBl. I S. 2722); Abs. 2 Satz 1 einl. Satzteil und Nr. 1 geänd., Nr. 2 neu gef. mWv 26.11.2019 durch G v. 20.11.2019 (BGBl. I S. 1626).

[2)] § 57 Überschrift neu gef. und Wortlaut geänd. mWv 26.11.2019 durch G v. 20.11.2019 (BGBl. I S. 1626).

[3)] § 58 Sätze 3 und 4 angef. mWv 1.8.2013 durch G v. 25.7.2013 (BGBl. I S. 2749); Satz 3 geänd. mWv 1.11.2019 durch G v. 21.6.2019 (BGBl. I S. 846).

[4)] Nr. **36.3**.

[5)] **Sartorius Nr. 565.**

[6)] § 59 Abs. 1 Satz 1 und Abs. 2 geänd. mWv 1.5.2014 durch G v. 28.8.2013 (BGBl. I S. 3313); Überschrift neu gef., Abs. 1 Sätze 1 und 2 sowie Abs. 2 geänd. mWv 26.11.2019 durch G v. 20.11.2019 (BGBl. I S. 1626).

werden, werden die Eintragungen über beide Personen mit einem Hinweis auf die Zweifel an deren Identität versehen.

(2) Die regelmäßige Verwendung der auf Grund des § 28 Abs. 3 im Fahreignungsregister gespeicherten Daten ist zulässig, um Fehler und Abweichungen bei den Personendaten sowie den Daten über Fahrerlaubnisse und Führerscheine der betreffenden Person im Zentralen Fahrerlaubnisregister festzustellen und zu beseitigen und um dieses Register zu vervollständigen.

(3) [1]Die nach § 50 Abs. 1 im Zentralen Fahrerlaubnisregister gespeicherten Daten dürfen den Fahrerlaubnisbehörden übermittelt werden, soweit dies erforderlich ist, um Fehler und Abweichungen in deren Registern festzustellen und zu beseitigen und um diese örtlichen Register zu vervollständigen. [2]Die nach § 50 Abs. 1 im örtlichen Fahrerlaubnisregister gespeicherten Daten dürfen dem Kraftfahrt-Bundesamt übermittelt werden, soweit dies erforderlich ist, um Fehler und Abweichungen im Zentralen Fahrerlaubnisregister festzustellen und zu beseitigen und um dieses Register zu vervollständigen. [3]Die Übermittlungen nach den Sätzen 1 und 2 sind nur zulässig, wenn Anlass zu der Annahme besteht, dass die Register unrichtig oder unvollständig sind.

§ 60[1)] Allgemeine Vorschriften für die Datenübermittlung an und die Verarbeitung der Daten durch den Empfänger. (1) [1]Übermittlungen von Daten aus den Fahrerlaubnisregistern sind nur auf Ersuchen zulässig, es sei denn, auf Grund besonderer Rechtsvorschrift wird bestimmt, dass die Registerbehörde bestimmte Daten von Amts wegen zu übermitteln hat. [2]Die Verantwortung für die Zulässigkeit der Übermittlung trägt die übermittelnde Stelle. [3]Erfolgt die Übermittlung auf Ersuchen des Empfängers, trägt dieser die Verantwortung. [4]In diesem Fall prüft die übermittelnde Stelle nur, ob das Übermittlungsersuchen im Rahmen der Aufgaben des Empfängers liegt, es sei denn, dass besonderer Anlass zur Prüfung der Zulässigkeit der Übermittlung besteht.

(2) Für die Verarbeitung der Daten durch den Empfänger gilt § 43 Abs. 2.

§ 61[2)] Löschung der Daten. (1) [1]Die auf Grund des § 50 im Zentralen Fahrerlaubnisregister gespeicherten Daten sind zu löschen, soweit

1. die zugrunde liegende Fahrerlaubnis vollständig oder hinsichtlich einzelner Fahrerlaubnisklassen erloschen ist oder
2. eine amtliche Mitteilung über den Tod der betroffenen Person eingeht.

[2]Die Angaben zur Probezeit werden ein Jahr nach deren Ablauf gelöscht. [3]Satz 1 Nummer 1 gilt nicht für die nach § 50 Absatz 1 Nummer 1 gespeicherten Daten, eine erloschene Fahrerlaubnis oder Fahrerlaubnisklasse, das Datum der jeweiligen Erteilung, das Datum des jeweiligen Erlöschens, den Grund des Erlöschens einer Fahrerlaubnis oder einer Fahrerlaubnisklasse, den Beginn und das Ende der Probezeit, die Dauer der Probezeit einschließlich der Restdauer nach einer vorzeitigen Beendigung, den Beginn und das Ende der Hemmung der Probezeit, die Beschränkungen und Auflagen zur Fahrerlaubnis oder Fahrerlaubnisklasse, die Fahrerlaubnisnummer und die Behörde, die die Fahrerlaubnisakte führt.

---

1) § 60 Überschrift neu gef., Abs. 2 geänd. mWv 26.11.2019 durch G v. 20.11.2019 (BGBl. I S. 1626).

2) § 61 Abs. 2 neu gef. mWv 9.12.2010 durch G v. 2.12.2010 (BGBl. I S. 1748); Abs. 3 Satz 1 geänd. mWv 1.5.2014 durch G v. 28.8.2013 (BGBl. I S. 3313); Abs. 1 Satz 1 einl. Satzteil geänd., Nr. 1 neu gef., Satz 3 und Abs. 4 angef. mWv 1.1.2015 durch G v. 28.11.2014 (BGBl. I S. 1802); Abs. 1 Satz 1 Nr. 2 und Abs. 2 Nr. 1 geänd. mWv 26.11.2019 durch G v. 20.11.2019 (BGBl. I S. 1626).

(2) Über die in Absatz 1 Satz 1 Nummer 1 genannten Daten darf nach dem Erlöschen der Fahrerlaubnis nur

1. den betroffenen Personen und
2. den Fahrerlaubnisbehörden zur Überprüfung im Verfahren zur Neuerteilung oder Erweiterung einer Fahrerlaubnis

Auskunft erteilt werden.

(3) [1] Soweit die örtlichen Fahrerlaubnisregister Entscheidungen enthalten, die auch im Fahreignungsregister einzutragen sind, gilt für die Löschung § 29 entsprechend. [2] Für die Löschung der übrigen Daten gilt Absatz 1.

(4) Unbeschadet der Absätze 1 bis 3 sind die im Zentralen Fahrerlaubnisregister und den örtlichen Fahrerlaubnisregistern gespeicherten Daten mit Vollendung des 110. Lebensjahres der betroffenen Person zu löschen.

§ 62[1)] Register über die Dienstfahrerlaubnisse der Bundeswehr. (1) [1] Die durch das Bundesministerium der Verteidigung bestimmte Dienststelle führt ein zentrales Register über die von den Dienststellen der Bundeswehr erteilten Dienstfahrerlaubnisse und ausgestellten Dienstführerscheine. [2] In dem Register dürfen auch die Daten gespeichert werden, die in den örtlichen Fahrerlaubnisregistern gespeichert werden dürfen.

(2) Im Zentralen Fahrerlaubnisregister beim Kraftfahrt-Bundesamt werden nur die in § 50 Abs. 1 Nr. 1 genannten Daten, die Tatsache des Bestehens einer Dienstfahrerlaubnis mit der jeweiligen Klasse und das Datum von Beginn und Ablauf einer Probezeit sowie die Fahrerlaubnisnummer gespeichert.

(3) Die im zentralen Register gemäß Absatz 1 und die gemäß Absatz 2 im zentralen Fahrerlaubnisregister beim Kraftfahrt-Bundesamt gespeicherten Daten sind nach Ablauf eines Jahres seit Ende der Möglichkeit zur Dienstleistung der betroffenen Person (§ 4 des Reservistinnen- und Reservistengesetzes), bei Grundwehrdienst Leistenden nach Ablauf eines Jahres seit Ende der Wehrpflicht der betroffenen Person (§ 3 Absatz 3 und 4 des Wehrpflichtgesetzes[2)]) zu löschen.

(4) [1] Im Übrigen finden die Vorschriften dieses Abschnitts mit Ausnahme der §§ 53 und 56 sinngemäß Anwendung. [2] Durch Rechtsverordnung gemäß § 63 Nummer 9 können Abweichungen von den Vorschriften dieses Abschnitts zugelassen werden, soweit dies zur Erfüllung der hoheitlichen Aufgaben erforderlich ist.

§ 63[3)] Ermächtigungsgrundlagen, Ausführungsvorschriften. Das Bundesministerium für Verkehr und digitale Infrastruktur wird ermächtigt, Rechtsverordnungen mit Zustimmung des Bundesrates zu erlassen

1. über die Übermittlung der Daten durch den Hersteller von Führerscheinen an das Kraftfahrt-Bundesamt und die dortige Speicherung nach § 48 Abs. 3 Satz 4,
2. darüber, welche Daten nach § 50 Abs. 1 Nr. 2 und Abs. 2 Nr. 2 im örtlichen und im Zentralen Fahrerlaubnisregister jeweils gespeichert werden dürfen,

---

[1)] § 62 Abs. 4 Satz 2 geänd. mWv 7.12.2016 durch G v. 28.11.2016 (BGBl. I S. 2722); Abs. 3 geänd. mWv 26.11.2019 durch G v. 20.11.2019 (BGBl. I S. 1626); Abs. 1 Satz 1 geänd., Abs. 3 neu gef. mWv 12.12.2019 durch G v. 5.12.2019 (BGBl. I S. 2008).

[2)] **Sartorius Nr. 620.**

[3)] § 63 Abs. 2 aufgeh., bish. Abs. 1 einl. Satzteil geänd. mWv 18.8.2006 durch G v. 14.8.2006 (BGBl. I S. 1958); einl. Satzteil geänd. mWv 5.12.2014 durch G v. 28.11.2014 (BGBl. I S. 1802).

3. über die Art und den Umfang der zu übermittelnden Daten nach den §§ 52 und 55 sowie die Bestimmung der Empfänger und den Geschäftsweg bei Übermittlungen nach § 55,
4. über die Art und den Umfang der zu übermittelnden Daten, die Maßnahmen zur Sicherung gegen Missbrauch und die weiteren Aufzeichnungen beim Abruf im automatisierten Verfahren nach § 53,
5. über die Art und den Umfang der zu übermittelnden Daten und die Maßnahmen zur Sicherung gegen Missbrauch nach § 54,
6. darüber, welche Daten durch Abruf im automatisierten Verfahren nach § 56 übermittelt werden dürfen,
7. über die Bestimmung, welche ausländischen öffentlichen Stellen zum Abruf im automatisierten Verfahren nach § 56 befugt sind,
8. über den Identitätsnachweis bei Auskünften nach § 58 und
9. über Sonderbestimmungen für die Fahrerlaubnisregister der Bundeswehr nach § 62 Abs. 4 Satz 2.

VIa.[1] Datenverarbeitung

§ 63a[2] Datenverarbeitung bei Kraftfahrzeugen mit hoch- oder vollautomatisierter Fahrfunktion. (1) [1]Kraftfahrzeuge gemäß § 1a speichern die durch ein Satellitennavigationssystem ermittelten Positions- und Zeitangaben, wenn ein Wechsel der Fahrzeugsteuerung zwischen Fahrzeugführer und dem hoch- oder vollautomatisierten System erfolgt. [2]Eine derartige Speicherung erfolgt auch, wenn der Fahrzeugführer durch das System aufgefordert wird, die Fahrzeugsteuerung zu übernehmen oder eine technische Störung des Systems auftritt.

(2) [1]Die gemäß Absatz 1 gespeicherten Daten dürfen den nach Landesrecht für die Ahndung von Verkehrsverstößen zuständigen Behörden auf deren Verlangen übermittelt werden. [2]Die übermittelten Daten dürfen durch diese gespeichert und verwendet werden. [3]Der Umfang der Datenübermittlung ist auf das Maß zu beschränken, das für den Zweck der Feststellung des Absatzes 1 im Zusammenhang mit dem durch diese Behörden geführten Verfahren der eingeleiteten Kontrolle notwendig ist. [4]Davon unberührt bleiben die allgemeinen Regelungen zur Verarbeitung personenbezogener Daten.

(3) Der Fahrzeughalter hat die Übermittlung der gemäß Absatz 1 gespeicherten Daten an Dritte zu veranlassen, wenn
1. die Daten zur Geltendmachung, Befriedigung oder Abwehr von Rechtsansprüchen im Zusammenhang mit einem in § 7 Absatz 1 geregelten Ereignis erforderlich sind und
2. das entsprechende Kraftfahrzeug mit automatisierter Fahrfunktion an diesem Ereignis beteiligt war. Absatz 2 Satz 3 findet entsprechend Anwendung.

(4) Die gemäß Absatz 1 gespeicherten Daten sind nach sechs Monaten zu löschen, es sei denn, das Kraftfahrzeug war an einem in § 7 Absatz 1 geregelten Ereignis beteiligt; in diesem Fall sind die Daten nach drei Jahren zu löschen.

---

[1] Abschnitt VIa (§§ 63a, 63b) eingef. mWv 21.6.2017 durch G v. 16.6.2017 (BGBl. I S. 1648); Überschrift neu gef. mWv 12.4.2019 durch G v. 8.4.2019 (BGBl. I S. 430).

[2] § 63a eingef. mWv 21.6.2017 durch G v. 16.6.2017 (BGBl. I S. 1648); Abs. 2 Satz 2 geänd. mWv 26.11.2019 durch G v. 20.11.2019 (BGBl. I S. 1626).

(5) Im Zusammenhang mit einem in § 7 Absatz 1 geregelten Ereignis können die gemäß Absatz 1 gespeicherten Daten in anonymisierter Form zu Zwecken der Unfallforschung an Dritte übermittelt werden.

§ 63b[1] Ermächtigungsgrundlagen. [1]Das Bundesministerium für Verkehr und digitale Infrastruktur wird ermächtigt, im Benehmen mit der Beauftragten für den Datenschutz und die Informationsfreiheit, zur Durchführung von § 63a Rechtsverordnungen zu erlassen über

1. die technische Ausgestaltung und den Ort des Speichermediums sowie die Art und Weise der Speicherung gemäß § 63a Absatz 1,
2. den Adressaten der Speicherpflicht nach § 63a Absatz 1,
3. Maßnahmen zur Sicherung der gespeicherten Daten gegen unbefugten Zugriff bei Verkauf des Kraftfahrzeugs.

[2]Rechtsverordnungen nach Satz 1 sind vor Verkündung dem Deutschen Bundestag zur Kenntnis zuzuleiten.

§ 63c[2] Datenverarbeitung im Rahmen der Überprüfung der Einhaltung von Verkehrsbeschränkungen und Verkehrsverboten aufgrund immissionsschutzrechtlicher Vorschriften oder aufgrund straßenverkehrsrechtlicher Vorschriften zum Schutz vor Abgasen. (1) [1]Zur Überprüfung der Einhaltung von Verkehrsbeschränkungen und Verkehrsverboten, die aufgrund des § 40 des Bundes-Immissionsschutzgesetzes[3] nach Maßgabe der straßenverkehrsrechtlichen Vorschriften angeordnet worden sind oder aufgrund straßenverkehrsrechtlicher Vorschriften zum Schutz der Wohnbevölkerung oder der Bevölkerung vor Abgasen zur Abwehr von immissionsbedingten Gefahren ergangen sind, darf die nach Landesrecht zuständige Behörde im Rahmen von stichprobenartigen Überprüfungen mit mobilen Geräten folgende Daten, auch durch selbsttätiges Wirken des von ihr verwendeten Gerätes, erheben, speichern und verwenden:

1. das Kennzeichen des Fahrzeugs oder der Fahrzeugkombination, die in einem Gebiet mit Verkehrsbeschränkungen oder Verkehrsverboten am Verkehr teilnehmen,
2. die für die Berechtigung zur Teilnahme am Verkehr in Gebieten mit Verkehrsbeschränkungen oder Verkehrsverboten erforderlichen Merkmale des Fahrzeugs oder der Fahrzeugkombination,
3. das durch eine Einzelaufnahme hergestellte Bild des Fahrzeugs und des Fahrers,
4. den Ort und die Zeit der Teilnahme am Verkehr im Gebiet mit Verkehrsbeschränkungen oder Verkehrsverboten.

[2]Eine verdeckte Datenerhebung ist unzulässig.

(2) [1]Die nach Landesrecht zuständige Behörde darf anhand der Daten nach Absatz 1 Satz 1 Nummer 1 beim Zentralen Fahrzeugregister die nach § 33 Absatz 1 Satz 1 Nummer 1 für das jeweilige Fahrzeug gespeicherten und für die Überprüfung der Einhaltung der jeweiligen Verkehrsbeschränkungen und Verkehrsverbote erforderlichen Fahrzeugdaten in dem in § 36 Absatz 2i vorgesehenen Verfahren abrufen, um festzustellen, ob für das Fahrzeug eine Verkehrsbeschränkung

[1] § 63b eingef. mWv 21.6.2017 durch G v. 16.6.2017 (BGBl. I S. 1648).
[2] § 63c eingef. mWv 12.4.2019 durch G v. 8.4.2019 (BGBl. I S. 430).
[3] Nr. **32.1**.

oder ein Verkehrsverbot gilt. [2]Der Abruf und die Feststellung haben unverzüglich zu erfolgen.

(3) [1]Die Daten nach Absatz 1 Satz 1 Nummer 1 bis 4 und Absatz 2 dürfen ausschließlich zum Zweck der Verfolgung von diesbezüglichen Ordnungswidrigkeiten an die hierfür zuständige Verwaltungsbehörde übermittelt werden. [2]Diese Datenübermittlung hat unverzüglich nach Abschluss der Prüfung nach Absatz 2 zu erfolgen.

(4) [1]Die Daten nach Absatz 1 Satz 1 Nummer 1 bis 4 und Absatz 2 sind von der in Absatz 1 genannten Behörde unverzüglich zu löschen,

1. sobald die nach Absatz 2 vorzunehmende Prüfung ergibt, dass das Fahrzeug berechtigt ist, am Verkehr im Gebiet mit Verkehrsbeschränkungen oder Verkehrsverboten teilzunehmen, oder
2. nach der Übermittlung an die in Absatz 3 genannte, für die Verfolgung von diesbezüglichen Ordnungswidrigkeiten zuständige Verwaltungsbehörde, wenn die nach Absatz 2 vorzunehmende Prüfung ergibt, dass das Fahrzeug nicht berechtigt ist, am Verkehr im Gebiet mit Verkehrsbeschränkungen oder Verkehrsverboten teilzunehmen.

[2]Alle Daten sind von der in Absatz 1 genannten Behörde, sofern sie nach den vorgenannten Vorschriften nicht vorher zu löschen sind, spätestens zwei Wochen nach ihrer erstmaligen Erhebung zu löschen.

(5) Für die Löschung der Daten nach Absatz 1 Satz 1 Nummer 1 bis 4 und Absatz 2 durch die für die Verfolgung von diesbezüglichen Ordnungswidrigkeiten zuständige Verwaltungsbehörde gelten die Vorschriften für das Bußgeldverfahren.

(6) Sonstige Regelungen über die Überprüfung der Einhaltung des Straßenverkehrsrechts, insbesondere des Landesrechts, bleiben unberührt.

VII. Gemeinsame Vorschriften, Übergangsbestimmungen

§ 64 [1)2)] Gemeinsame Vorschriften. (1) [1]Die Meldebehörden haben dem Kraftfahrt-Bundesamt bei der Änderung des Geburtsnamens oder des Vornamens einer Person, die das 14. Lebensjahr vollendet hat, für den in Satz 2 genannten Zweck neben dem bisherigen Namen folgende weitere Daten zu übermitteln:

1. Geburtsname,
2. Familienname,
3. Vornamen,
4. Tag der Geburt,
5. Geburtsort,
6. Geschlecht,
7. Bezeichnung der Behörde, die die Namensänderung im Melderegister veranlasst hat, sowie
8. Datum und Aktenzeichen des zugrunde liegenden Rechtsakts.

[1)] § 64 Abs. 2 angef. mWv 1.8.2013 durch G v. 25.7.2013 (BGBl. I S. 2749); Abs. 1 Satz 2 geänd. mWv 1.5.2014 durch G v. 28.8.2013 (BGBl. I S. 3313).

[2)] Siehe hierzu ua Zweite BundesmeldedatenübermittlungsVO v. 1.12.2014 (BGBl. I S. 1950), zuletzt geänd. durch G v. 4.8.2019 (BGBl. I S. 1131).

[2] Enthält das Fahreignungsregister oder das Zentrale Fahrerlaubnisregister eine Eintragung über diese Person, so ist der neue Name bei der Eintragung zu vermerken. [3] Eine Mitteilung nach Satz 1 darf nur für den in Satz 2 genannten Zweck verwendet werden. [4] Enthalten die Register keine Eintragung über diese Person, ist die Mitteilung vom Kraftfahrt-Bundesamt unverzüglich zu vernichten.

(2) Unbeschadet anderer landesrechtlicher Regelungen können durch Landesrecht Aufgaben der Zulassung von Kraftfahrzeugen auf die für das Meldewesen zuständigen Behörden übertragen werden, sofern kein neues Kennzeichen erteilt werden muss oder sich die technischen Daten des Fahrzeugs nicht ändern.

§ 65[1)] Übergangsbestimmungen. (1) [1] Registerauskünfte, Führungszeugnisse, Gutachten und Gesundheitszeugnisse, die sich am 1. Januar 1999 bereits in den Akten befinden, brauchen abweichend von § 2 Abs. 9 Satz 2 bis 4 erst dann vernichtet zu werden, wenn sich die Fahrerlaubnisbehörde aus anderem Anlass mit dem Vorgang befasst. [2] Eine Überprüfung der Akten muss jedoch spätestens bis zum 1. Januar 2014 durchgeführt werden. [3] Anstelle einer Vernichtung der Unterlagen sind die darin enthaltenen Daten zu sperren, wenn die Vernichtung wegen der besonderen Art der Führung der Akten nicht oder nur mit unverhältnismäßigem Aufwand möglich ist.

(2) [1] Ein örtliches Fahrerlaubnisregister (§ 48 Abs. 1) darf nicht mehr geführt werden, sobald

1. sein Datenbestand mit den in § 50 Abs. 1 genannten Daten in das Zentrale Fahrerlaubnisregister übernommen worden ist,
2. die getroffenen Maßnahmen der Fahrerlaubnisbehörde nach § 2a Abs. 2 und § 4 Absatz 5 in das Fahreignungsregister übernommen worden sind und
3. der Fahrerlaubnisbehörde die Daten, die ihr nach § 30 Abs. 1 Nr. 3 und § 52 Abs. 1 Nr. 3 aus den zentralen Registern mitgeteilt werden dürfen, durch Abruf im automatisierten Verfahren mitgeteilt werden können.

[2] Die Fahrerlaubnisbehörden löschen aus ihrem örtlichen Fahrerlaubnisregister spätestens bis zum 31. Dezember 2014 die im Zentralen Fahrerlaubnisregister gespeicherten Daten, nachdem sie sich von der Vollständigkeit und Richtigkeit der in das Zentrale Fahrerlaubnisregister übernommenen Einträge überzeugt haben. [3] Die noch nicht im Zentralen Fahrerlaubnisregister gespeicherten Daten der Fahrerlaubnisbehörden werden bis zur jeweiligen Übernahme im örtlichen Register gespeichert. [4] Maßnahmen der Fahrerlaubnisbehörde nach § 2a Abs. 2 Satz 1 Nr. 1 und 2 und § 4 Absatz 5 Satz 1 Nr. 1 und 2 werden erst dann im Fahreignungsregister gespeichert, wenn eine Speicherung im örtlichen Fahrerlaubnisregister nicht mehr vorgenommen wird.

(2a) Absatz 2 ist nicht auf die Daten anzuwenden, die vor dem 1. Januar 1999 in örtlichen Fahrerlaubnisregistern gespeichert worden sind.

[1)] § 65 Abs. 10 Satz 2 neu gef. mWv 1.6.2005 durch G v. 3.5.2005 (BGBl. I S. 1221); Abs. 12 angef. mWv 18.8.2005 durch G v. 14.8.2005 (BGBl. I S. 2412); Abs. 10 Satz 2 neu gef., Satz 3 eingef., bish. Satz 3 wird Satz 4 mWv 7.2.2009 durch G v. 3.2.2009 (BGBl. I S. 150); Abs. 12 neu gef. mWv 9.12.2010 durch G v. 2.12.2010 (BGBl. I S. 1748); Abs. 10 Satz 2 geänd. mWv 21.6.2013 durch G v. 17.6.2013 (BGBl. I S. 1558); Abs. 2–9, 11 und 12 aufgeh., bish. Abs. 10 wird Abs. 2 und Satz 1 Nr. 2, Satz 4 geänd., Abs. 3 und 4 angef. mWv 1.5.2014 durch G v. 28.8.2013 (BGBl. I S. 3313); Abs. 3 Nr. 7 angef. mWv 5.12.2014, Abs. 2a eingef. mWv 1.1.2015 durch G v. 28.11.2014 (BGBl. I S. 1802); Abs. 5 angef. mWv 7.12.2016 durch G v. 28.11.2016 (BGBl. I S. 2722); Abs. 4 aufgeh. mWv 12.12.2019 durch G v. 5.12. 2019 (BGBl. I S. 2008).

(3) Die Regelungen über das Verkehrszentralregister und das Punktsystem werden in die Regelungen über das Fahreignungsregister und das Fahreignungs-Bewertungssystem nach folgenden Maßgaben überführt:

1. Entscheidungen, die nach § 28 Absatz 3 in der bis zum Ablauf des 30. April 2014 anwendbaren Fassung im Verkehrszentralregister gespeichert worden sind und nach § 28 Absatz 3 in der ab dem 1. Mai 2014 anwendbaren Fassung nicht mehr zu speichern wären, werden am 1. Mai 2014 gelöscht. Für die Feststellung nach Satz 1, ob eine Entscheidung nach § 28 Absatz 3 in der ab dem 1. Mai 2014 anwendbaren Fassung nicht mehr zu speichern wäre, bleibt die Höhe der festgesetzten Geldbuße außer Betracht.
2. Entscheidungen, die nach § 28 Absatz 3 in der bis zum Ablauf des 30. April 2014 anwendbaren Fassung im Verkehrszentralregister gespeichert worden und nicht von Nummer 1 erfasst sind, werden bis zum Ablauf des 30. April 2019 nach den Bestimmungen des § 29 in der bis zum Ablauf des 30. April 2014 anwendbaren Fassung getilgt und gelöscht. Dabei kann eine Ablaufhemmung nach § 29 Absatz 6 Satz 2 in der bis zum Ablauf des 30. April 2014 anwendbaren Fassung nicht durch Entscheidungen, die erst ab dem 1. Mai 2014 im Fahreignungsregister gespeichert werden, ausgelöst werden. Für Entscheidungen wegen Ordnungswidrigkeiten nach § 24a gilt Satz 1 mit der Maßgabe, dass sie spätestens fünf Jahre nach Rechtskraft der Entscheidung getilgt werden. Ab dem 1. Mai 2019 gilt
   a) für die Berechnung der Tilgungsfrist § 29 Absatz 1 bis 5 in der ab dem 1. Mai 2014 anwendbaren Fassung mit der Maßgabe, dass die nach Satz 1 bisher abgelaufene Tilgungsfrist angerechnet wird,
   b) für die Löschung § 29 Absatz 6 in der ab dem 1. Mai 2014 anwendbaren Fassung.
3. Auf Entscheidungen, die bis zum Ablauf des 30. April 2014 begangene Zuwiderhandlungen ahnden und erst ab dem 1. Mai 2014 im Fahreignungsregister gespeichert werden, sind dieses Gesetz und die auf Grund des § 6 Absatz 1 Nummer 1 Buchstabe s erlassenen Rechtsverordnungen in der ab dem 1. Mai 2014 geltenden Fassung anzuwenden. Dabei sind § 28 Absatz 3 Nummer 3 Buchstabe a Doppelbuchstabe bb und § 28a in der ab dem 1. Mai 2014 geltenden Fassung mit der Maßgabe anzuwenden, dass jeweils anstelle der dortigen Grenze von sechzig Euro die Grenze von vierzig Euro gilt.
4. Personen, zu denen bis zum Ablauf des 30. April 2014 im Verkehrszentralregister eine oder mehrere Entscheidungen nach § 28 Absatz 3 Satz 1 Nummer 1 bis 3 in der bis zum Ablauf des 30. April 2014 anwendbaren Fassung gespeichert worden sind, sind wie folgt in das Fahreignungs-Bewertungssystem einzuordnen:

Punktestand vor dem 1. Mai 2014	Fahreignungs-Bewertungssystem ab dem 1. Mai 2014	
	Punktestand	Stufe
1 – 3	1	Vormerkung (§ 4 Absatz 4)
4 – 5	2	
6 – 7	3	
8 – 10	4	**1**: Ermahnung (§ 4 Absatz 5 Satz 1 Nummer 1)

Punktestand vor dem 1. Mai 2014	Fahreignungs-Bewertungssystem ab dem 1. Mai 2014	
	Punktestand	Stufe
11 – 13	5	
14 – 15	6	**2**: Verwarnung (§ 4 Absatz 5 Satz 1 Nummer 2)
16 – 17	7	
> = 18	8	**3**: Entzug (§ 4 Absatz 5 Satz 1 Nummer 3)

Die am 1. Mai 2014 erreichte Stufe wird für Maßnahmen nach dem Fahreignungs-Bewertungssystem zugrunde gelegt. Die Einordnung nach Satz 1 führt allein nicht zu einer Maßnahme nach dem Fahreignungs-Bewertungssystem.

5. Die Regelungen über Punkteabzüge und Aufbauseminare werden wie folgt überführt:
   a) Punkteabzüge nach § 4 Absatz 4 Satz 1 und 2 in der bis zum Ablauf des 30. April 2014 anwendbaren Fassung sind vorzunehmen, wenn die Bescheinigung über die Teilnahme an einem Aufbauseminar oder einer verkehrspsychologischen Beratung bis zum Ablauf des 30. April 2014 der nach Landesrecht zuständigen Behörde vorgelegt worden ist. Punkteabzüge nach § 4 Absatz 4 Satz 1 und 2 in der bis zum Ablauf des 30. April 2014 anwendbaren Fassung bleiben bis zur Tilgung der letzten Eintragung wegen einer Straftat oder einer Ordnungswidrigkeit nach § 28 Absatz 3 Nummer 1 bis 3 in der bis zum Ablauf des 30. April 2014 anwendbaren Fassung, längstens aber zehn Jahre ab dem 1. Mai 2014 im Fahreignungsregister gespeichert.
   b) Bei der Berechnung der Fünfjahresfrist nach § 4 Absatz 7 Satz 2 und 3 sind auch Punkteabzüge zu berücksichtigen, die nach § 4 Absatz 4 Satz 1 und 2 in der bis zum Ablauf des 30. April 2014 anwendbaren Fassung vorgenommen worden sind.
   c) Aufbauseminare, die bis zum Ablauf des 30. April 2014 nach § 4 Absatz 3 Satz 1 Nummer 2 in der bis zum Ablauf des 30. April 2014 anwendbaren Fassung angeordnet, aber bis zum Ablauf des 30. April 2014 nicht abgeschlossen worden sind, sind bis zum Ablauf des 30. November 2014 nach dem bis zum Ablauf des 30. April 2014 anwendbaren Recht durchzuführen.
   d) Abweichend von Buchstabe c kann anstelle von Aufbauseminaren, die bis zum Ablauf des 30. April 2014 nach § 4 Absatz 3 Satz 1 Nummer 2 in der bis zum Ablauf des 30. April 2014 anwendbaren Fassung angeordnet, aber bis zum Ablauf des 30. April 2014 noch nicht begonnen worden sind, die verkehrspädagogische Teilmaßnahme des Fahreignungsseminars absolviert werden.
   e) Die nach Landesrecht zuständige Behörde hat dem Kraftfahrt-Bundesamt unverzüglich die Teilnahme an einem Aufbauseminar oder einer verkehrspsychologischen Beratung mitzuteilen.
6. Nachträgliche Veränderungen des Punktestandes nach den Nummern 2 oder 5 führen zu einer Aktualisierung der nach der Tabelle zu Nummer 4 erreichten Stufe im Fahreignungs-Bewertungssystem.

7. Sofern eine Fahrerlaubnis nach § 4 Absatz 7 in der bis zum 30. April 2014 anwendbaren Fassung entzogen worden ist, ist § 4 Absatz 3 Satz 1 bis 3 auf die Erteilung einer neuen Fahrerlaubnis nicht anwendbar.

(4) *(aufgehoben)*

(5) [1] Bis zum Erlass einer Rechtsverordnung nach § 6f Absatz 2, längstens bis zum Ablauf des 31. Juli 2018, gelten die in den Gebührennummern 451 bis 455 der Anlage der Gebührenordnung für Maßnahmen im Straßenverkehr vom 25. Januar 2011 (BGBl. I S. 98), die zuletzt durch Artikel 3 der Verordnung vom 15. September 2015 (BGBl. I S. 1573) geändert worden ist, in der am 6. Dezember 2016 geltenden Fassung festgesetzten Gebühren als Entgelte im Sinne des § 6f Absatz 1. [2] Die Gebührennummern 403 und 451 bis 455 der Anlage der Gebührenordnung für Maßnahmen im Straßenverkehr sind nicht mehr anzuwenden.

§ 66[1)] **Verkündung von Rechtsverordnungen.** Rechtsverordnungen können abweichend von § 2 Absatz 1 des Verkündungs- und Bekanntmachungsgesetzes im Bundesanzeiger verkündet werden.

Anlage[2)]
(zu § 24a)

Liste der berauschenden Mittel und Substanzen

Berauschende Mittel	Substanzen
Cannabis	Tetrahydrocannabinol (THC)
Heroin	Morphin
Morphin	Morphin
Cocain	Cocain
Cocain	Benzoylecgonin
Amfetamin	Amfetamin
Designer-Amfetamin	Methylendioxyamfetamin (MDA)
Designer-Amfetamin	Methylendioxyethylamfetamin (MDE)
Designer-Amfetamin	Methylendioxymetamfetamin (MDMA)
Metamfetamin	Metamfetamin

[1)] § 66 angef. mWv 7.2.2009 durch G v. 3.2.2009 (BGBl. I S. 150); Satz 2 aufgeh., bish. Satz 1 geänd. mWv 1.4.2012 durch G v. 22.12.2011 (BGBl. I S. 3044).
[2)] Anl. neu gef. mWv 15.6.2007 durch VO v. 6.6.2007 (BGBl. I S. 1045).

42.5 StVG

42.5/1. Straßenverkehrs-Ordnung (StVO) [1)2)]

Vom 6. März 2013

(BGBl. I S. 367)

FNA 9233-2

Lfd. Nr.	Änderndes Gesetz	Datum	Fundstelle	Betroffen	Hinweis
1.	Art. 1 49. VO zur Änd. straßenverkehrsrechtl. Vorschr.	22.10. 2014	BGBl. I S. 1635	§§ 21, 21a, 39, 46, 49	geänd. mWv 30.10.2014
2.	Art. 2 50. VO zur Änd. straßenverkehrsrechtl. Vorschr.[3)]	15.9.2015	BGBl. I S. 1573	§§ 39, 45, 46, Anl. 2, 3	geänd. mWv 26.9.2015
				§ 52	eingef. mWv 26.9.2015
3.	Art. 2 51. VO zur Änd. straßenverkehrsrechtl. Vorschr.	17.6.2016	BGBl. I S. 1463	§§ 21a, 49	geänd. mWv 30.6.2016
4.	Erste ÄndVO	30.11. 2016	BGBl. I S. 2848	§§ 2, 11, 39, 45	geänd. mWv 14.12.2016
5.	Art. 2 VO zur Änd. der Straßenbahn-Bau- und Betriebsordnung und der StVO[4)]	16.12. 2016	BGBl. I S. 2938	§ 45	geänd. mWv 23.12.2016
6.	Art. 1 52. VO zur Änd. straßenverkehrsrechtl. Vorschr.	18.5.2017	BGBl. I S. 1282	§§ 2, 23, 52	geänd. mWv 1.6.2017
7.	Art. 4 56. Strafrechtsänderungs G	30.9.2017	BGBl. I S. 3532	§§ 29, 46, 49	geänd. mWv 13.10.2017
8.	Art. 1 53. VO zur Änd. straßenverkehrsrechtl. Vorschr.	6.10.2017	BGBl. I S. 3549	§§ 23, 25, 30, 35, 49, 52, Anl. 2	geänd. mWv 19.10.2017
9.	Art. 4a VO über die Teilnahme von Elektrokleinstfahrzeugen am Straßenverkehr und zur Änd. weiterer straßenverkehrsrechtl. Vorschr.	6.6.2019	BGBl. I S. 756	§§ 5, 9	geänd. mWv 15.6.2019
10.	Art. 1 54. VO zur Änd. straßenverkehrsrechtl. Vorschr.	20.4.2020	BGBl.I S. 814	§§ 2, 5, 9, 12, 13, 16, 21, 23, 30, 35, 37, 39, 44, 45, 46, 49, Anl. 2, 3	geänd. mWv 28.4.2020
				§ 47	geänd. mWv 1.1.2021

1) Verkündet durch VO zur Neufassung der Straßenverkehrs-Ordnung (StVO) v. 6.3.2013 (BGBl. I S. 367).

2) Die StVO wurde erlassen auf Grund des § 5b Absatz 3 sowie § 6 Absatz 1 des Straßenverkehrsgesetzes (Nr. **35**) idF der Bek. v. 5.3.2003 (BGBl. I S. 310, ber. S. 919).

3) **Amtl. Anm.:** Notifiziert gemäß der Richtlinie 98/34/EG des Europäischen Parlaments und des Rates vom 22. Juni 1998 über ein Informationsverfahren auf dem Gebiet der Normen und technischen Vorschriften und der Vorschriften für die Dienste der Informationsgesellschaft (ABl. L 204 vom 21.07. 1998, S. 37), zuletzt geändert durch Artikel 26 Absatz 2 der Verordnung (EU) Nr. 1025/2012 des Europäischen Parlaments und des Rates vom 25. Oktober 2012 (ABl. L 316 vom 14.11.2012, S. 12).

4) **Amtl. Anm.:** Notifiziert gemäß der Richtlinie (EU) 2015/1535 des Europäischen Parlaments und des Rates vom 9. September 2015 über ein Informationsverfahren auf dem Gebiet der technischen Vorschriften und der Vorschriften für die Dienste der Informationsgesellschaft (ABl L 241 vom 17.9.2015, S. 1).

Nichtamtliche Inhaltsübersicht

I. Allgemeine Verkehrsregeln

II. Zeichen und Verkehrseinrichtungen

III. Durchführungs-, Bußgeld- und Schlussvorschriften

Anlage 2 Vorschriftzeichen
Anlage 3 Richtzeichen
Anlage 4 Verkehrseinrichtungen

I. Allgemeine Verkehrsregeln

§ 1 Grundregeln. (1) Die Teilnahme am Straßenverkehr erfordert ständige Vorsicht und gegenseitige Rücksicht.

(2) Wer am Verkehr teilnimmt hat sich so zu verhalten, dass kein Anderer geschädigt, gefährdet oder mehr, als nach den Umständen unvermeidbar, behindert oder belästigt wird.

§ 2[1)] Straßenbenutzung durch Fahrzeuge. (1) [1] Fahrzeuge müssen die Fahrbahnen benutzen, von zwei Fahrbahnen die rechte. [2] Seitenstreifen sind nicht Bestandteil der Fahrbahn.

(2) Es ist möglichst weit rechts zu fahren, nicht nur bei Gegenverkehr, beim Überholtwerden, an Kuppen, in Kurven oder bei Unübersichtlichkeit.

(3) Fahrzeuge, die in der Längsrichtung einer Schienenbahn verkehren, müssen diese, soweit möglich, durchfahren lassen.

(3a) [1] Der Führer eines Kraftfahrzeuges darf dies bei Glatteis, Schneeglätte, Schneematsch, Eisglätte oder Reifglätte nur fahren, wenn alle Räder mit Reifen ausgerüstet sind, die unbeschadet der allgemeinen Anforderungen an die Bereifung den Anforderungen des § 36 Absatz 4 der Straßenverkehrs-Zulassungs-Ordnung genügen. [2] Satz 1 gilt nicht für

1. Nutzfahrzeuge der Land- und Forstwirtschaft,
2. einspurige Kraftfahrzeuge,
3. Stapler im Sinne des § 2 Nummer 18 der Fahrzeug-Zulassungsverordnung,
4. motorisierte Krankenfahrstühle im Sinne des § 2 Nummer 13 der Fahrzeug-Zulassungs-Verordnung,
5. Einsatzfahrzeuge der in § 35 Absatz 1 genannten Organisationen, soweit für diese Fahrzeuge bauartbedingt keine Reifen verfügbar sind, die den Anforderungen des § 36 Absatz 4 der Straßenverkehrs-Zulassungs-Ordnung genügen und
6. Spezialfahrzeuge, für die bauartbedingt keine Reifen der Kategorien C1, C2 oder C3 verfügbar sind.

[3] Kraftfahrzeuge der Klassen M2, M3, N2, N3 dürfen bei solchen Wetterbedingungen auch gefahren werden, wenn mindestens die Räder

1. der permanent angetriebenen Achsen und
2. der vorderen Lenkachsen

mit Reifen ausgerüstet sind, die unbeschadet der allgemeinen Anforderungen an die Bereifung den Anforderungen des § 36 Absatz 4 der Straßenverkehrs-Zulassungs-Ordnung genügen. [4] Soweit ein Kraftfahrzeug während einer der in Satz 1 bezeichneten Witterungslagen ohne eine den Anforderungen des § 36 Absatz 4 der Straßenverkehrs-Zulassungs-Ordnung genügende Bereifung geführt werden

---

[1)] § 2 Abs. 4 Satz 6 geänd., Abs. 5 neu gef. mWv 14.12.2016 durch VO v. 30.11.2016 (BGBl. I S. 2848); Abs. 3a Sätze 1–3 neu gef., Satz 4 eingef., bish. Satz 4 wird Satz 5 mWv 1.6.2017 durch VO v. 18.5.2017 (BGBl. I S. 1282); Abs. 4 Satz 1 und Abs. 5 Satz 7 neu gef. mWv 28.4.2020 durch VO v. 20.4.2020 (BGBl. I S. 814).

darf, hat der Führer des Kraftfahrzeuges über seine allgemeinen Verpflichtungen hinaus

1. vor Antritt jeder Fahrt zu prüfen, ob es erforderlich ist, die Fahrt durchzuführen, da das Ziel mit anderen Verkehrsmitteln nicht erreichbar ist,
2. während der Fahrt
   a) einen Abstand in Metern zu einem vorausfahrenden Fahrzeug von mindestens der Hälfte des auf dem Geschwindigkeitsmesser in km/h angezeigten Zahlenwertes der gefahrenen Geschwindigkeit einzuhalten,
   b) nicht schneller als 50 km/h zu fahren, wenn nicht eine geringere Geschwindigkeit geboten ist.

[5] Wer ein kennzeichnungspflichtiges Fahrzeug mit gefährlichen Gütern führt, muss bei einer Sichtweite unter 50 m, bei Schneeglätte oder Glatteis jede Gefährdung Anderer ausschließen und wenn nötig den nächsten geeigneten Platz zum Parken aufsuchen.

(4) [1] Mit Fahrrädern darf nebeneinander gefahren werden, wenn dadurch der Verkehr nicht behindert wird; anderenfalls muss einzeln hintereinander gefahren werden. [2] Eine Pflicht, Radwege in der jeweiligen Fahrtrichtung zu benutzen, besteht nur, wenn dies durch Zeichen 237, 240 oder 241 angeordnet ist. [3] Rechte Radwege ohne die Zeichen 237, 240 oder 241 dürfen benutzt werden. [4] Linke Radwege ohne die Zeichen 237, 240 oder 241 dürfen nur benutzt werden, wenn dies durch das allein stehende Zusatzzeichen „Radverkehr frei“ angezeigt ist. [5] Wer mit dem Rad fährt, darf ferner rechte Seitenstreifen benutzen, wenn keine Radwege vorhanden sind und zu Fuß Gehende nicht behindert werden. [6] Außerhalb geschlossener Ortschaften darf man mit Mofas und E-Bikes Radwege benutzen.

(5) [1] Kinder bis zum vollendeten achten Lebensjahr müssen, Kinder bis zum vollendeten zehnten Lebensjahr dürfen mit Fahrrädern Gehwege benutzen. [2] Ist ein baulich von der Fahrbahn getrennter Radweg vorhanden, so dürfen abweichend von Satz 1 Kinder bis zum vollendeten achten Lebensjahr auch diesen Radweg benutzen. [3] Soweit ein Kind bis zum vollendeten achten Lebensjahr von einer geeigneten Aufsichtsperson begleitet wird, darf diese Aufsichtsperson für die Dauer der Begleitung den Gehweg ebenfalls mit dem Fahrrad benutzen; eine Aufsichtsperson ist insbesondere geeignet, wenn diese mindestens 16 Jahre alt ist. [4] Auf zu Fuß Gehende ist besondere Rücksicht zu nehmen. [5] Der Fußgängerverkehr darf weder gefährdet noch behindert werden. [6] Soweit erforderlich, muss die Geschwindigkeit an den Fußgängerverkehr angepasst werden. [7] Wird vor dem Überqueren einer Fahrbahn ein Gehweg benutzt, müssen die Kinder und die diese begleitende Aufsichtsperson absteigen.

§ 3 Geschwindigkeit. (1) [1] Wer ein Fahrzeug führt, darf nur so schnell fahren, dass das Fahrzeug ständig beherrscht wird. [2] Die Geschwindigkeit ist insbesondere den Straßen-, Verkehrs-, Sicht- und Wetterverhältnissen sowie den persönlichen Fähigkeiten und den Eigenschaften von Fahrzeug und Ladung anzupassen. [3] Beträgt die Sichtweite durch Nebel, Schneefall oder Regen weniger als 50 m, darf nicht schneller als 50 km/h gefahren werden, wenn nicht eine geringere Geschwindigkeit geboten ist. [4] Es darf nur so schnell gefahren werden, dass innerhalb der übersehbaren Strecke gehalten werden kann. [5] Auf Fahrbahnen, die so schmal sind, dass dort entgegenkommende Fahrzeuge gefährdet werden könnten, muss jedoch so langsam gefahren werden, dass mindestens innerhalb der Hälfte der übersehbaren Strecke gehalten werden kann.

(2) Ohne triftigen Grund dürfen Kraftfahrzeuge nicht so langsam fahren, dass sie den Verkehrsfluss behindern.

(2a) Wer ein Fahrzeug führt, muss sich gegenüber Kindern, hilfsbedürftigen und älteren Menschen, insbesondere durch Verminderung der Fahrgeschwindigkeit und durch Bremsbereitschaft, so verhalten, dass eine Gefährdung dieser Verkehrsteilnehmer ausgeschlossen ist.

(3) Die zulässige Höchstgeschwindigkeit beträgt auch unter günstigsten Umständen

1. innerhalb geschlossener Ortschaften für alle Kraftfahrzeuge 50 km/h,
2. außerhalb geschlossener Ortschaften
   a) für
      aa) Kraftfahrzeuge mit einer zulässigen Gesamtmasse über 3,5 t bis 7,5 t, ausgenommen Personenkraftwagen,
      bb) Personenkraftwagen mit Anhänger,
      cc) Lastkraftwagen und Wohnmobile jeweils bis zu einer zulässigen Gesamtmasse von 3,5 t mit Anhänger sowie
      dd) Kraftomnibusse, auch mit Gepäckanhänger,

      80 km/h,
   b) für
      aa) Kraftfahrzeuge mit einer zulässigen Gesamtmasse über 7,5 t,
      bb) alle Kraftfahrzeuge mit Anhänger, ausgenommen Personenkraftwagen, Lastkraftwagen und Wohnmobile jeweils bis zu einer zulässigen Gesamtmasse von 3,5 t, sowie
      cc) Kraftomnibusse mit Fahrgästen, für die keine Sitzplätze mehr zur Verfügung stehen,

      60 km/h,
   c) für Personenkraftwagen sowie für andere Kraftfahrzeuge mit einer zulässigen Gesamtmasse bis 3,5 t
      100 km/h.
      Diese Geschwindigkeitsbeschränkung gilt nicht auf Autobahnen (Zeichen 330.1) sowie auf anderen Straßen mit Fahrbahnen für eine Richtung, die durch Mittelstreifen oder sonstige bauliche Einrichtungen getrennt sind. Sie gilt ferner nicht auf Straßen, die mindestens zwei durch Fahrstreifenbegrenzung (Zeichen 295) oder durch Leitlinien (Zeichen 340) markierte Fahrstreifen für jede Richtung haben.

(4) Die zulässige Höchstgeschwindigkeit beträgt für Kraftfahrzeuge mit Schneeketten auch unter günstigsten Umständen 50 km/h.

§ 4 Abstand. (1) [1] Der Abstand zu einem vorausfahrenden Fahrzeug muss in der Regel so groß sein, dass auch dann hinter diesem gehalten werden kann, wenn es plötzlich gebremst wird. [2] Wer vorausfährt, darf nicht ohne zwingenden Grund stark bremsen.

(2) [1] Wer ein Kraftfahrzeug führt, für das eine besondere Geschwindigkeitsbeschränkung gilt, sowie einen Zug führt, der länger als 7 m ist, muss außerhalb geschlossener Ortschaften ständig so großen Abstand von dem vorausfahrenden Kraftfahrzeug halten, dass ein überholendes Kraftfahrzeug einscheren kann. [2] Das gilt nicht,

1. wenn zum Überholen ausgeschert wird und dies angekündigt wurde,

2. wenn in der Fahrtrichtung mehr als ein Fahrstreifen vorhanden ist oder
3. auf Strecken, auf denen das Überholen verboten ist.

(3) Wer einen Lastkraftwagen mit einer zulässigen Gesamtmasse über 3,5 t oder einen Kraftomnibus führt, muss auf Autobahnen, wenn die Geschwindigkeit mehr als 50 km/h beträgt, zu vorausfahrenden Fahrzeugen einen Mindestabstand von 50 m einhalten.

§ 5[1)] Überholen. (1) Es ist links zu überholen.

(2) [1] Überholen darf nur, wer übersehen kann, dass während des ganzen Überholvorgangs jede Behinderung des Gegenverkehrs ausgeschlossen ist. [2] Überholen darf ferner nur, wer mit wesentlich höherer Geschwindigkeit als der zu Überholende fährt.

(3) Das Überholen ist unzulässig:
1. bei unklarer Verkehrslage oder
2. wenn es durch ein angeordnetes Verkehrszeichen (Zeichen 276, 277) untersagt ist.

(3a) Wer ein Kraftfahrzeug mit einer zulässigen Gesamtmasse über 7,5 t führt, darf unbeschadet sonstiger Überholverbote nicht überholen, wenn die Sichtweite durch Nebel, Schneefall oder Regen weniger als 50 m beträgt.

(4) [1] Wer zum Überholen ausscheren will, muss sich so verhalten, dass eine Gefährdung des nachfolgenden Verkehrs ausgeschlossen ist. [2] Beim Überholen muss ein ausreichender Seitenabstand zu den anderen Verkehrsteilnehmern eingehalten werden. [3] Beim Überholen mit Kraftfahrzeugen von zu Fuß Gehenden, Rad Fahrenden und Elektrokleinstfahrzeug Führenden beträgt der ausreichende Seitenabstand innerorts mindestens 1,5 m und außerorts mindestens 2 m. [4] An Kreuzungen und Einmündungen kommt Satz 3 nicht zur Anwendung, sofern Rad Fahrende dort wartende Kraftfahrzeuge nach Absatz 8 rechts überholt haben oder neben ihnen zum Stillstand gekommen sind. [5] Wer überholt, muss sich so bald wie möglich wieder nach rechts einordnen. [6] Wer überholt, darf dabei denjenigen, der überholt wird, nicht behindern.

(4a) Das Ausscheren zum Überholen und das Wiedereinordnen sind rechtzeitig und deutlich anzukündigen; dabei sind die Fahrtrichtungsanzeiger zu benutzen.

(5) [1] Außerhalb geschlossener Ortschaften darf das Überholen durch kurze Schall- oder Leuchtzeichen angekündigt werden. [2] Wird mit Fernlicht geblinkt, dürfen entgegenkommende Fahrzeugführende nicht geblendet werden.

(6) [1] Wer überholt wird, darf seine Geschwindigkeit nicht erhöhen. [2] Wer ein langsameres Fahrzeug führt, muss die Geschwindigkeit an geeigneter Stelle ermäßigen, notfalls warten, wenn nur so mehreren unmittelbar folgenden Fahrzeugen das Überholen möglich ist. [3] Hierzu können auch geeignete Seitenstreifen in Anspruch genommen werden; das gilt nicht auf Autobahnen.

(7) [1] Wer seine Absicht, nach links abzubiegen, ankündigt und sich eingeordnet hat, ist rechts zu überholen. [2] Schienenfahrzeuge sind rechts zu überholen. [3] Nur wer das nicht kann, weil die Schienen zu weit rechts liegen, darf links überholen. [4] Auf Fahrbahnen für eine Richtung dürfen Schienenfahrzeuge auch links überholt werden.

[1)] § 5 Abs. 4 Satz 2 neu gef., Sätze 3 und 4 eingef., bish. Sätze 3 und 4 werden Sätze 5 und 6 mWv 28.4.2020 durch VO v. 20.4.2020 (BGBl. I S. 814).

(8) Ist ausreichender Raum vorhanden, dürfen Rad Fahrende und Mofa Fahrende die Fahrzeuge, die auf dem rechten Fahrstreifen warten, mit mäßiger Geschwindigkeit und besonderer Vorsicht rechts überholen.

§ 6 Vorbeifahren. [1] Wer an einer Fahrbahnverengung, einem Hindernis auf der Fahrbahn oder einem haltenden Fahrzeug links vorbeifahren will, muss entgegenkommende Fahrzeuge durchfahren lassen. [2] Satz 1 gilt nicht, wenn der Vorrang durch Verkehrszeichen (Zeichen 208, 308) anders geregelt ist. [3] Muss ausgeschert werden, ist auf den nachfolgenden Verkehr zu achten und das Ausscheren sowie das Wiedereinordnen – wie beim Überholen – anzukündigen.

§ 7 Benutzung von Fahrstreifen durch Kraftfahrzeuge. (1) [1] Auf Fahrbahnen mit mehreren Fahrstreifen für eine Richtung dürfen Kraftfahrzeuge von dem Gebot möglichst weit rechts zu fahren (§ 2 Absatz 2) abweichen, wenn die Verkehrsdichte das rechtfertigt. [2] Fahrstreifen ist der Teil einer Fahrbahn, den ein mehrspuriges Fahrzeug zum ungehinderten Fahren im Verlauf der Fahrbahn benötigt.

(2) Ist der Verkehr so dicht, dass sich auf den Fahrstreifen für eine Richtung Fahrzeugschlangen gebildet haben, darf rechts schneller als links gefahren werden.

(2a) Wenn auf der Fahrbahn für eine Richtung eine Fahrzeugschlange auf dem jeweils linken Fahrstreifen steht oder langsam fährt, dürfen Fahrzeuge diese mit geringfügig höherer Geschwindigkeit und mit äußerster Vorsicht rechts überholen.

(3) [1] Innerhalb geschlossener Ortschaften – ausgenommen auf Autobahnen (Zeichen 330.1) – dürfen Kraftfahrzeuge mit einer zulässigen Gesamtmasse bis zu 3,5 t auf Fahrbahnen mit mehreren markierten Fahrstreifen für eine Richtung (Zeichen 296 oder 340) den Fahrstreifen frei wählen, auch wenn die Voraussetzungen des Absatzes 1 Satz 1 nicht vorliegen. [2] Dann darf rechts schneller als links gefahren werden.

(3a) [1] Sind auf einer Fahrbahn für beide Richtungen insgesamt drei Fahrstreifen durch Leitlinien (Zeichen 340) markiert, dann dürfen der linke, dem Gegenverkehr vorbehaltene, und der mittlere Fahrstreifen nicht zum Überholen benutzt werden. [2] Dasselbe gilt für Fahrbahnen, wenn insgesamt fünf Fahrstreifen für beide Richtungen durch Leitlinien (Zeichen 340) markiert sind, für die zwei linken, dem Gegenverkehr vorbehaltenen, und den mittleren Fahrstreifen. [3] Wer nach links abbiegen will, darf sich bei insgesamt drei oder fünf Fahrstreifen für beide Richtungen auf dem jeweils mittleren Fahrstreifen in Fahrtrichtung einordnen.

(3b) [1] Auf Fahrbahnen für beide Richtungen mit vier durch Leitlinien (Zeichen 340) markierten Fahrstreifen sind die beiden in Fahrtrichtung linken Fahrstreifen ausschließlich dem Gegenverkehr vorbehalten; sie dürfen nicht zum Überholen benutzt werden. [2] Dasselbe gilt auf sechsstreifigen Fahrbahnen für die drei in Fahrtrichtung linken Fahrstreifen.

(3c) [1] Sind außerhalb geschlossener Ortschaften für eine Richtung drei Fahrstreifen mit Zeichen 340 gekennzeichnet, dürfen Kraftfahrzeuge, abweichend von dem Gebot möglichst weit rechts zu fahren, den mittleren Fahrstreifen dort durchgängig befahren, wo – auch nur hin und wieder – rechts davon ein Fahrzeug hält oder fährt. [2] Dasselbe gilt auf Fahrbahnen mit mehr als drei so markierten Fahrstreifen für eine Richtung für den zweiten Fahrstreifen von rechts. [3] Den linken Fahrstreifen dürfen außerhalb geschlossener Ortschaften Lastkraftwagen mit einer zulässigen Gesamtmasse von mehr als 3,5 t sowie alle Kraftfahrzeuge mit Anhänger nur benutzen, wenn sie sich dort zum Zwecke des Linksabbiegens einordnen.

(4) Ist auf Straßen mit mehreren Fahrstreifen für eine Richtung das durchgehende Befahren eines Fahrstreifens nicht möglich oder endet ein Fahrstreifen, ist den am Weiterfahren gehinderten Fahrzeugen der Übergang auf den benachbarten Fahrstreifen in der Weise zu ermöglichen, dass sich diese Fahrzeuge unmittelbar vor Beginn der Verengung jeweils im Wechsel nach einem auf dem durchgehenden Fahrstreifen fahrenden Fahrzeug einordnen können (Reißverschlussverfahren).

(5) [1] In allen Fällen darf ein Fahrstreifen nur gewechselt werden, wenn eine Gefährdung anderer Verkehrsteilnehmer ausgeschlossen ist. [2] Jeder Fahrstreifenwechsel ist rechtzeitig und deutlich anzukündigen; dabei sind die Fahrtrichtungsanzeiger zu benutzen.

§ 7a Abgehende Fahrstreifen, Einfädelungs- und Ausfädelungsstreifen.

(1) Gehen Fahrstreifen, insbesondere auf Autobahnen und Kraftfahrstraßen, von der durchgehenden Fahrbahn ab, darf beim Abbiegen vom Beginn einer breiten Leitlinie (Zeichen 340) rechts von dieser schneller als auf der durchgehenden Fahrbahn gefahren werden.

(2) Auf Autobahnen und anderen Straßen außerhalb geschlossener Ortschaften darf auf Einfädelungsstreifen schneller gefahren werden als auf den durchgehenden Fahrstreifen.

(3) [1] Auf Ausfädelungsstreifen darf nicht schneller gefahren werden als auf den durchgehenden Fahrstreifen. [2] Stockt oder steht der Verkehr auf den durchgehenden Fahrstreifen, darf auf dem Ausfädelungsstreifen mit mäßiger Geschwindigkeit und besonderer Vorsicht überholt werden.

§ 8 Vorfahrt. (1) [1] An Kreuzungen und Einmündungen hat die Vorfahrt, wer von rechts kommt. [2] Das gilt nicht,

1. wenn die Vorfahrt durch Verkehrszeichen besonders geregelt ist (Zeichen 205, 206, 301, 306) oder
2. für Fahrzeuge, die aus einem Feld- oder Waldweg auf eine andere Straße kommen.

(1a) [1] Ist an der Einmündung in einen Kreisverkehr Zeichen 215 (Kreisverkehr) unter dem Zeichen 205 (Vorfahrt gewähren) angeordnet, hat der Verkehr auf der Kreisfahrbahn Vorfahrt. [2] Bei der Einfahrt in einen solchen Kreisverkehr ist die Benutzung des Fahrtrichtungsanzeigers unzulässig.

(2) [1] Wer die Vorfahrt zu beachten hat, muss rechtzeitig durch sein Fahrverhalten, insbesondere durch mäßige Geschwindigkeit, erkennen lassen, dass gewartet wird. [2] Es darf nur weitergefahren werden, wenn übersehen werden kann, dass wer die Vorfahrt hat, weder gefährdet noch wesentlich behindert wird. [3] Kann das nicht übersehen werden, weil die Straßenstelle unübersichtlich ist, so darf sich vorsichtig in die Kreuzung oder Einmündung hineingetastet werden, bis die Übersicht gegeben ist. [4] Wer die Vorfahrt hat, darf auch beim Abbiegen in die andere Straße nicht wesentlich durch den Wartepflichtigen behindert werden.

§ 9[1)] Abbiegen, Wenden und Rückwärtsfahren. (1) [1] Wer abbiegen will, muss dies rechtzeitig und deutlich ankündigen; dabei sind die Fahrtrichtungsanzeiger zu benutzen. [2] Wer nach rechts abbiegen will, hat sein Fahrzeug möglichst

---

1) § 9 Abs. 3 Satz 1 neu gef. mWv 15.6.2019 durch VO v. 6.6.2019 (BGBl. I S. 756); Abs. 6 angef. mWv 28.4.2020 durch VO v. 20.4.2020 (BGBl. I S. 814).

weit rechts, wer nach links abbiegen will, bis zur Mitte, auf Fahrbahnen für eine Richtung möglichst weit links, einzuordnen, und zwar rechtzeitig. [3]Wer nach links abbiegen will, darf sich auf längs verlegten Schienen nur einordnen, wenn kein Schienenfahrzeug behindert wird. [4]Vor dem Einordnen und nochmals vor dem Abbiegen ist auf den nachfolgenden Verkehr zu achten; vor dem Abbiegen ist es dann nicht nötig, wenn eine Gefährdung nachfolgenden Verkehrs ausgeschlossen ist.

(2) [1]Wer mit dem Fahrrad nach links abbiegen will, braucht sich nicht einzuordnen, wenn die Fahrbahn hinter der Kreuzung oder Einmündung vom rechten Fahrbahnrand aus überquert werden soll. [2]Beim Überqueren ist der Fahrzeugverkehr aus beiden Richtungen zu beachten. [3]Wer über eine Radverkehrsführung abbiegt, muss dieser im Kreuzungs- oder Einmündungsbereich folgen.

(3) [1]Wer abbiegen will, muss entgegenkommende Fahrzeuge durchfahren lassen, Schienenfahrzeuge, Fahrräder mit Hilfsmotor, Fahrräder und Elektrokleinstfahrzeuge auch dann, wenn sie auf oder neben der Fahrbahn in der gleichen Richtung fahren. [2]Dies gilt auch gegenüber Linienomnibussen und sonstigen Fahrzeugen, die gekennzeichnete Sonderfahrstreifen benutzen. [3]Auf zu Fuß Gehende ist besondere Rücksicht zu nehmen; wenn nötig, ist zu warten.

(4) [1]Wer nach links abbiegen will, muss entgegenkommende Fahrzeuge, die ihrerseits nach rechts abbiegen wollen, durchfahren lassen. [2]Einander entgegenkommende Fahrzeuge, die jeweils nach links abbiegen wollen, müssen voreinander abbiegen, es sei denn, die Verkehrslage oder die Gestaltung der Kreuzung erfordern, erst dann abzubiegen, wenn die Fahrzeuge aneinander vorbeigefahren sind.

(5) Wer ein Fahrzeug führt, muss sich beim Abbiegen in ein Grundstück, beim Wenden und beim Rückwärtsfahren darüber hinaus so verhalten, dass eine Gefährdung anderer Verkehrsteilnehmer ausgeschlossen ist; erforderlichenfalls muss man sich einweisen lassen.

(6) Wer ein Kraftfahrzeug mit einer zulässigen Gesamtmasse über 3,5 t innerorts führt, muss beim Rechtsabbiegen mit Schrittgeschwindigkeit fahren, wenn auf oder neben der Fahrbahn mit geradeaus fahrendem Radverkehr oder im unmittelbaren Bereich des Einbiegens mit die Fahrbahn überquerendem Fußgängerverkehr zu rechnen ist.

§ 10 Einfahren und Anfahren. [1]Wer aus einem Grundstück, aus einer Fußgängerzone (Zeichen 242.1 und 242.2), aus einem verkehrsberuhigten Bereich (Zeichen 325.1 und 325.2) auf die Straße oder von anderen Straßenteilen oder über einen abgesenkten Bordstein hinweg auf die Fahrbahn einfahren oder vom Fahrbahnrand anfahren will, hat sich dabei so zu verhalten, dass eine Gefährdung anderer Verkehrsteilnehmer ausgeschlossen ist; erforderlichenfalls muss man sich einweisen lassen. [2]Die Absicht einzufahren oder anzufahren ist rechtzeitig und deutlich anzukündigen; dabei sind die Fahrtrichtungsanzeiger zu benutzen. [3]Dort, wo eine Klarstellung notwendig ist, kann Zeichen 205 stehen.

§ 11[1)] Besondere Verkehrslagen. (1) Stockt der Verkehr, darf trotz Vorfahrt oder grünem Lichtzeichen nicht in die Kreuzung oder Einmündung eingefahren werden, wenn auf ihr gewartet werden müsste.

(2) Sobald Fahrzeuge auf Autobahnen sowie auf Außerortsstraßen mit mindestens zwei Fahrstreifen für eine Richtung mit Schrittgeschwindigkeit fahren oder sich die Fahrzeuge im Stillstand befinden, müssen diese Fahrzeuge für die Durch-

---

[1)] § 11 Abs. 2 neu gef. mWv 14.12.2016 durch VO v. 30.11.2016 (BGBl. I S. 2848).

fahrt von Polizei- und Hilfsfahrzeugen zwischen dem äußerst linken und dem unmittelbar rechts daneben liegenden Fahrstreifen für eine Richtung eine freie Gasse bilden.

(3) Auch wer sonst nach den Verkehrsregeln weiterfahren darf oder anderweitig Vorrang hat, muss darauf verzichten, wenn die Verkehrslage es erfordert; auf einen Verzicht darf man nur vertrauen, wenn man sich mit dem oder der Verzichtenden verständigt hat.

§ 12[1)] Halten und Parken. (1) Das Halten ist unzulässig

1. an engen und an unübersichtlichen Straßenstellen,
2. im Bereich von scharfen Kurven,
3. auf Einfädelungs- und auf Ausfädelungsstreifen,
4. auf Bahnübergängen,
5. vor und in amtlich gekennzeichneten Feuerwehrzufahrten.

(2) Wer sein Fahrzeug verlässt oder länger als drei Minuten hält, der parkt.

(3) Das Parken ist unzulässig

1. vor und hinter Kreuzungen und Einmündungen bis zu je 5 m von den Schnittpunkten der Fahrbahnkanten, soweit in Fahrtrichtung rechts neben der Fahrbahn ein Radweg baulich angelegt ist, vor Kreuzungen und Einmündungen bis zu je 8 m von den Schnittpunkten der Fahrbahnkanten,
2. wenn es die Benutzung gekennzeichneter Parkflächen verhindert,
3. vor Grundstücksein- und -ausfahrten, auf schmalen Fahrbahnen auch ihnen gegenüber,
4. über Schachtdeckeln und anderen Verschlüssen, wo durch Zeichen 315 oder eine Parkflächenmarkierung (Anlage 2 Nummer 74) das Parken auf Gehwegen erlaubt ist,
5. vor Bordsteinabsenkungen.

(3a) [1] Mit Kraftfahrzeugen mit einer zulässigen Gesamtmasse über 7,5 t sowie mit Kraftfahrzeuganhängern über 2 t zulässiger Gesamtmasse ist innerhalb geschlossener Ortschaften

1. in reinen und allgemeinen Wohngebieten,
2. in Sondergebieten, die der Erholung dienen,
3. in Kurgebieten und
4. in Klinikgebieten

das regelmäßige Parken in der Zeit von 22.00 bis 06.00 Uhr sowie an Sonn- und Feiertagen unzulässig. [2] Das gilt nicht auf entsprechend gekennzeichneten Parkplätzen sowie für das Parken von Linienomnibussen an Endhaltestellen.

(3b) [1] Mit Kraftfahrzeuganhängern ohne Zugfahrzeug darf nicht länger als zwei Wochen geparkt werden. [2] Das gilt nicht auf entsprechend gekennzeichneten Parkplätzen.

(4) [1] Zum Parken ist der rechte Seitenstreifen, dazu gehören auch entlang der Fahrbahn angelegte Parkstreifen, zu benutzen, wenn er dazu ausreichend befestigt ist, sonst ist an den rechten Fahrbahnrand heranzufahren. [2] Das gilt in der Regel auch, wenn man nur halten will; jedenfalls muss man auch dazu auf der rechten Fahrbahnseite rechts bleiben. [3] Taxen dürfen, wenn die Verkehrslage es zulässt,

---

[1)] § 12 Abs. 3 Nr. 1 geänd. mWv 28.4.2020 durch VO v. 20.4.2020 (BGBl. I S. 814).

neben anderen Fahrzeugen, die auf dem Seitenstreifen oder am rechten Fahrbahnrand halten oder parken, Fahrgäste ein- oder aussteigen lassen. [4] Soweit auf der rechten Seite Schienen liegen sowie in Einbahnstraßen (Zeichen 220) darf links gehalten und geparkt werden. [5] Im Fahrraum von Schienenfahrzeugen darf nicht gehalten werden.

(4a) Ist das Parken auf dem Gehweg erlaubt, ist hierzu nur der rechte Gehweg, in Einbahnstraßen der rechte oder linke Gehweg, zu benutzen.

(5) [1] An einer Parklücke hat Vorrang, wer sie zuerst unmittelbar erreicht; der Vorrang bleibt erhalten, wenn der Berechtigte an der Parklücke vorbeifährt, um rückwärts einzuparken oder wenn sonst zusätzliche Fahrbewegungen ausgeführt werden, um in die Parklücke einzufahren. [2] Satz 1 gilt entsprechend, wenn an einer frei werdenden Parklücke gewartet wird.

(6) Es ist platzsparend zu parken; das gilt in der Regel auch für das Halten.

§ 13[1)] Einrichtungen zur Überwachung der Parkzeit. (1) [1] An Parkuhren darf nur während des Laufens der Uhr, an Parkscheinautomaten nur mit einem Parkschein, der am oder im Fahrzeug von außen gut lesbar angebracht sein muss, für die Dauer der zulässigen Parkzeit gehalten werden. [2] Ist eine Parkuhr oder ein Parkscheinautomat nicht funktionsfähig, darf nur bis zur angegebenen Höchstparkdauer geparkt werden. [3] In diesem Fall ist die Parkscheibe zu verwenden (Absatz 2 Satz 1 Nummer 2). [4] Die Parkzeitregelungen können auf bestimmte Stunden oder Tage beschränkt sein.

(2) [1] Wird im Bereich eines eingeschränkten Haltverbots für eine Zone (Zeichen 290.1 und 290.2) oder einer Parkraumbewirtschaftungszone (Zeichen 314.1 und 314.2) oder bei den Zeichen 314 oder 315 durch ein Zusatzzeichen die Benutzung einer Parkscheibe (Bild 318) vorgeschrieben, ist das Halten und Parken nur erlaubt

1. für die Zeit, die auf dem Zusatzzeichen angegeben ist, und,
2. soweit das Fahrzeug eine von außen gut lesbare Parkscheibe hat und der Zeiger der Scheibe auf den Strich der halben Stunde eingestellt ist, die dem Zeitpunkt des Anhaltens folgt.

[2] Sind in einem eingeschränkten Haltverbot für eine Zone oder einer Parkraumbewirtschaftungszone Parkuhren oder Parkscheinautomaten aufgestellt, gelten deren Anordnungen. [3] Im Übrigen bleiben die Vorschriften über die Halt- und Parkverbote unberührt.

(3) [1] Die in den Absätzen 1 und 2 genannten Einrichtungen zur Überwachung der Parkzeit müssen nicht betätigt werden, soweit die Entrichtung der Parkgebühren und die Überwachung der Parkzeit auch durch elektronische Einrichtungen oder Vorrichtungen, insbesondere Taschenparkuhren oder Mobiltelefone, sichergestellt werden kann. [2] Satz 1 gilt nicht, soweit eine dort genannte elektronische Einrichtung oder Vorrichtung nicht funktionsfähig ist.

(4) Einrichtungen und Vorrichtungen zur Überwachung der Parkzeit brauchen nicht betätigt zu werden

1. beim Ein- oder Aussteigen sowie
2. zum Be- oder Entladen.

(5) [1] Wer ein elektrisch betriebenes Fahrzeug im Sinne des Elektromobilitätsgesetzes oder ein Carsharingfahrzeug im Sinne des Carsharinggesetzes und der

---

[1)] § 13 Abs. 5 angef. mWv 28.4.2020 durch VO v. 20.4.2020 (BGBl. I S. 814).

entsprechenden Länderregelungen führt, muss Einrichtungen und Vorrichtungen zur Überwachung der Parkzeit nicht betätigen, soweit dies durch bevorrechtigende Zusatzzeichen zu Zeichen 290.1, 314, 314.1 oder 315 angeordnet ist. [2] Sind im Geltungsbereich einer Anordnung im Sinne des Satzes 1 Parkuhren oder Parkscheinautomaten aufgestellt, gelten deren Anordnungen. [3] Im Übrigen bleiben die Vorschriften über die Halt- und Parkverbote unberührt.

§ 14 Sorgfaltspflichten beim Ein- und Aussteigen. (1) Wer ein- oder aussteigt, muss sich so verhalten, dass eine Gefährdung anderer am Verkehr Teilnehmenden ausgeschlossen ist.

(2) [1] Wer ein Fahrzeug führt, muss die nötigen Maßnahmen treffen, um Unfälle oder Verkehrsstörungen zu vermeiden, wenn das Fahrzeug verlassen wird. [2] Kraftfahrzeuge sind auch gegen unbefugte Benutzung zu sichern.

§ 15 Liegenbleiben von Fahrzeugen. [1] Bleibt ein mehrspuriges Fahrzeug an einer Stelle liegen, an der es nicht rechtzeitig als stehendes Hindernis erkannt werden kann, ist sofort Warnblinklicht einzuschalten. [2] Danach ist mindestens ein auffällig warnendes Zeichen gut sichtbar in ausreichender Entfernung aufzustellen, und zwar bei schnellem Verkehr in etwa 100 m Entfernung; vorgeschriebene Sicherungsmittel, wie Warndreiecke, sind zu verwenden. [3] Darüber hinaus gelten die Vorschriften über die Beleuchtung haltender Fahrzeuge.

§ 15a Abschleppen von Fahrzeugen. (1) Beim Abschleppen eines auf der Autobahn liegen gebliebenen Fahrzeugs ist die Autobahn (Zeichen 330.1) bei der nächsten Ausfahrt zu verlassen.

(2) Beim Abschleppen eines außerhalb der Autobahn liegen gebliebenen Fahrzeugs darf nicht in die Autobahn (Zeichen 330.1) eingefahren werden.

(3) Während des Abschleppens haben beide Fahrzeuge Warnblinklicht einzuschalten.

(4) Krafträder dürfen nicht abgeschleppt werden.

§ 16[1)] Warnzeichen. (1) Schall- und Leuchtzeichen darf nur geben,

1. wer außerhalb geschlossener Ortschaften überholt (§ 5 Absatz 5) oder
2. wer sich oder Andere gefährdet sieht.

(2) [1] Wer einen Omnibus des Linienverkehrs oder einen gekennzeichneten Schulbus führt, muss Warnblinklicht einschalten, wenn er sich einer Haltestelle nähert und solange Fahrgäste ein- oder aussteigen, soweit die für den Straßenverkehr nach Landesrecht zuständige Behörde (Straßenverkehrsbehörde) für bestimmte Haltestellen ein solches Verhalten angeordnet hat. [2] Im Übrigen darf außer beim Liegenbleiben (§ 15) und beim Abschleppen von Fahrzeugen (§ 15a) Warnblinklicht nur einschalten, wer Andere durch sein Fahrzeug gefährdet oder Andere vor Gefahren warnen will, zum Beispiel bei Annäherung an einen Stau oder bei besonders langsamer Fahrgeschwindigkeit auf Autobahnen und anderen schnell befahrenen Straßen.

(3) Schallzeichen dürfen nicht aus einer Folge verschieden hoher Töne bestehen.

(4) Keine Schallzeichen im Sinne der Absätze 1 und 3 sind akustische Fahrzeugwarnsysteme im Sinne der Artikel 3 Satz 2 Nummer 22, Artikel 8 und

---

[1)] § 16 Abs. 4 angef. mWv 28.4.2020 durch VO v. 20.4.2020 (BGBl. I S. 814).

Anhang VIII der Verordnung (EU) Nr. 540/2014 des Europäischen Parlaments und des Rates vom 16. April 2014 über den Geräuschpegel von Kraftfahrzeugen und von Austauschschalldämpferanlagen sowie zur Änderung der Richtlinie 2007/46/EG und zur Aufhebung der Richtlinie 70/157/EWG (ABl. L 158 vom 27.5. 2014, S. 131) in der jeweils geltenden Fassung.

§ 17 Beleuchtung. (1) [1] Während der Dämmerung, bei Dunkelheit oder wenn die Sichtverhältnisse es sonst erfordern, sind die vorgeschriebenen Beleuchtungseinrichtungen zu benutzen. [2] Die Beleuchtungseinrichtungen dürfen nicht verdeckt oder verschmutzt sein.

(2) [1] Mit Begrenzungsleuchten (Standlicht) allein darf nicht gefahren werden. [2] Auf Straßen mit durchgehender, ausreichender Beleuchtung darf auch nicht mit Fernlicht gefahren werden. [3] Es ist rechtzeitig abzublenden, wenn ein Fahrzeug entgegenkommt oder mit geringem Abstand vorausfährt oder wenn es sonst die Sicherheit des Verkehrs auf oder neben der Straße erfordert. [4] Wenn nötig ist entsprechend langsamer zu fahren.

(2a) [1] Wer ein Kraftrad führt, muss auch am Tag mit Abblendlicht oder eingeschalteten Tagfahrleuchten fahren. [2] Während der Dämmerung, bei Dunkelheit oder wenn die Sichtverhältnisse es sonst erfordern, ist Abblendlicht einzuschalten.

(3) [1] Behindert Nebel, Schneefall oder Regen die Sicht erheblich, dann ist auch am Tage mit Abblendlicht zu fahren. [2] Nur bei solcher Witterung dürfen Nebelscheinwerfer eingeschaltet sein. [3] Bei zwei Nebelscheinwerfern genügt statt des Abblendlichts die zusätzliche Benutzung der Begrenzungsleuchten. [4] An Krafträdern ohne Beiwagen braucht nur der Nebelscheinwerfer benutzt zu werden. [5] Nebelschlussleuchten dürfen nur dann benutzt werden, wenn durch Nebel die Sichtweite weniger als 50 m beträgt.

(4) [1] Haltende Fahrzeuge sind außerhalb geschlossener Ortschaften mit eigener Lichtquelle zu beleuchten. [2] Innerhalb geschlossener Ortschaften genügt es, nur die der Fahrbahn zugewandte Fahrzeugseite durch Parkleuchten oder auf andere zugelassene Weise kenntlich zu machen; eigene Beleuchtung ist entbehrlich, wenn die Straßenbeleuchtung das Fahrzeug auf ausreichende Entfernung deutlich sichtbar macht. [3] Auf der Fahrbahn haltende Fahrzeuge, ausgenommen Personenkraftwagen, mit einer zulässigen Gesamtmasse von mehr als 3,5 t und Anhänger sind innerhalb geschlossener Ortschaften stets mit eigener Lichtquelle zu beleuchten oder durch andere zugelassene lichttechnische Einrichtungen kenntlich zu machen. [4] Fahrzeuge, die ohne Schwierigkeiten von der Fahrbahn entfernt werden können, wie Krafträder, Fahrräder mit Hilfsmotor, Fahrräder, Krankenfahrstühle, einachsige Zugmaschinen, einachsige Anhänger, Handfahrzeuge oder unbespannte Fuhrwerke, dürfen bei Dunkelheit dort nicht unbeleuchtet stehen gelassen werden.

(4a) [1] Soweit bei Militärfahrzeugen von den allgemeinen Beleuchtungsvorschriften abgewichen wird, sind gelb-rote retroreflektierende Warntafeln oder gleichwertige Absicherungsmittel zu verwenden. [2] Im Übrigen können sie an diesen Fahrzeugen zusätzlich verwendet werden.

(5) Wer zu Fuß geht und einachsige Zug- oder Arbeitsmaschinen an Holmen oder Handfahrzeuge mitführt, hat mindestens eine nach vorn und hinten gut sichtbare, nicht blendende Leuchte mit weißem Licht auf der linken Seite anzubringen oder zu tragen.

(6) Suchscheinwerfer dürfen nur kurz und nicht zum Beleuchten der Fahrbahn benutzt werden.

§ 18 Autobahnen und Kraftfahrstraßen. (1) [1]Autobahnen (Zeichen 330.1) und Kraftfahrstraßen (Zeichen 331.1) dürfen nur mit Kraftfahrzeugen benutzt werden, deren durch die Bauart bestimmte Höchstgeschwindigkeit mehr als 60 km/h beträgt; werden Anhänger mitgeführt, gilt das Gleiche auch für diese. [2]Fahrzeug und Ladung dürfen zusammen nicht höher als 4 m und nicht breiter als 2,55 m sein. [3]Kühlfahrzeuge dürfen nicht breiter als 2,60 m sein.

(2) Auf Autobahnen darf nur an gekennzeichneten Anschlussstellen (Zeichen 330.1) eingefahren werden, auf Kraftfahrstraßen nur an Kreuzungen oder Einmündungen.

(3) Der Verkehr auf der durchgehenden Fahrbahn hat die Vorfahrt.

(4) (weggefallen)

(5) [1]Auf Autobahnen darf innerhalb geschlossener Ortschaften schneller als 50 km/h gefahren werden. [2]Auf ihnen sowie außerhalb geschlossener Ortschaften auf Kraftfahrstraßen mit Fahrbahnen für eine Richtung, die durch Mittelstreifen oder sonstige bauliche Einrichtungen getrennt sind, beträgt die zulässige Höchstgeschwindigkeit auch unter günstigsten Umständen

1.[1)] für
   a) Kraftfahrzeuge mit einer zulässigen Gesamtmasse von mehr als 3,5 t, ausgenommen Personenkraftwagen,
   b) Personenkraftwagen mit Anhänger, Lastkraftwagen mit Anhänger, Wohnmobile mit Anhänger und Zugmaschinen mit Anhänger sowie
   c) Kraftomnibusse ohne Anhänger oder mit Gepäckanhänger

   80 km/h,
2. für
   a) Krafträder mit Anhänger und selbstfahrende Arbeitsmaschinen mit Anhänger,
   b) Zugmaschinen mit zwei Anhängern sowie
   c) Kraftomnibusse mit Anhänger oder mit Fahrgästen, für die keine Sitzplätze mehr zur Verfügung stehen,

   60 km/h,
3. für Kraftomnibusse ohne Anhänger, die
   a) nach Eintragung in der Zulassungsbescheinigung Teil I für eine Höchstgeschwindigkeit von 100 km/h zugelassen sind,
   b) hauptsächlich für die Beförderung von sitzenden Fahrgästen gebaut und die Fahrgastsitze als Reisebestuhlung ausgeführt sind,
   c) auf allen Sitzen sowie auf Rollstuhlplätzen, wenn auf ihnen Rollstuhlfahrer befördert werden, mit Sicherheitsgurten ausgerüstet sind,
   d) mit einem Geschwindigkeitsbegrenzer ausgerüstet sind, der auf eine Höchstgeschwindigkeit von maximal 100 km/h (Vset) eingestellt ist,
   e) den Vorschriften der Richtlinie 2001/85/EG des Europäischen Parlaments und des Rates vom 20. November 2001 über besondere Vorschriften für Fahrzeuge zur Personenbeförderung mit mehr als acht Sitzplätzen außer dem Fahrersitz und zur Änderung der Richtlinien 70/156/EWG und 97/27/EG (ABl. L 42 vom 13.2.2002, S. 1) in der jeweils zum Zeitpunkt der

---

[1)] Beachte hierzu 12. AusnahmeVO zur StVO v. 18.3.2005 (BGBl. I S. 866), zuletzt geänd. durch VO v. 26.10.2009 (BGBl. I S. 3678).

Erstzulassung des jeweiligen Kraftomnibusses geltenden Fassung entsprechen und

f) auf der vorderen Lenkachse nicht mit nachgeschnittenen Reifen ausgerüstet sind, oder

g) für nicht in Mitgliedstaaten der Europäischen Union oder in Vertragsstaaten des Abkommens über den Europäischen Wirtschaftsraum zugelassene Kraftomnibusse, wenn jeweils eine behördliche Bestätigung des Zulassungsstaates in deutscher Sprache über die Übereinstimmung mit den vorgenannten Bestimmungen und über jährlich stattgefundene Untersuchungen mindestens im Umfang der Richtlinie 96/96/EG des Rates vom 20. Dezember 1996 zur Angleichung der Rechtsvorschriften der Mitgliedstaaten über die technische Überwachung der Kraftfahrzeuge und Kraftfahrzeuganhänger (ABl. L 46 vom 17.2.1997, S. 1) in der jeweils geltenden Fassung vorgelegt werden kann,

100 km/h.

(6) Wer auf der Autobahn mit Abblendlicht fährt, braucht seine Geschwindigkeit nicht der Reichweite des Abblendlichts anzupassen, wenn

1. die Schlussleuchten des vorausfahrenden Kraftfahrzeugs klar erkennbar sind und ein ausreichender Abstand von ihm eingehalten wird oder
2. der Verlauf der Fahrbahn durch Leiteinrichtungen mit Rückstrahlern und, zusammen mit fremdem Licht, Hindernisse rechtzeitig erkennbar sind.

(7) Wenden und Rückwärtsfahren sind verboten.

(8) Halten, auch auf Seitenstreifen, ist verboten.

(9) [1] Zu Fuß Gehende dürfen Autobahnen nicht betreten. [2] Kraftfahrstraßen dürfen sie nur an Kreuzungen, Einmündungen oder sonstigen dafür vorgesehenen Stellen überschreiten; sonst ist jedes Betreten verboten.

(10) [1] Die Ausfahrt von Autobahnen ist nur an Stellen erlaubt, die durch die Ausfahrttafel (Zeichen 332) und durch das Pfeilzeichen (Zeichen 333) oder durch eins dieser Zeichen gekennzeichnet sind. [2] Die Ausfahrt von Kraftfahrstraßen ist nur an Kreuzungen oder Einmündungen erlaubt.

(11) Lastkraftwagen mit einer zulässigen Gesamtmasse über 7,5 t, einschließlich ihrer Anhänger, sowie Zugmaschinen dürfen, wenn die Sichtweite durch erheblichen Schneefall oder Regen auf 50 m oder weniger eingeschränkt ist, sowie bei Schneeglätte oder Glatteis den äußerst linken Fahrstreifen nicht benutzen.

§ 19 Bahnübergänge. (1) [1] Schienenfahrzeuge haben Vorrang

1. auf Bahnübergängen mit Andreaskreuz (Zeichen 201),
2. auf Bahnübergängen über Fuß-, Feld-, Wald- oder Radwege und
3. in Hafen- und Industriegebieten, wenn an den Einfahrten das Andreaskreuz mit dem Zusatzzeichen „Hafengebiet, Schienenfahrzeuge haben Vorrang“ oder „Industriegebiet, Schienenfahrzeuge haben Vorrang“ steht.

[2] Der Straßenverkehr darf sich solchen Bahnübergängen nur mit mäßiger Geschwindigkeit nähern. [3] Wer ein Fahrzeug führt, darf an Bahnübergängen vom Zeichen 151, 156 an bis einschließlich des Kreuzungsbereichs von Schiene und Straße Kraftfahrzeuge nicht überholen.

(2) [1] Fahrzeuge haben vor dem Andreaskreuz, zu Fuß Gehende in sicherer Entfernung vor dem Bahnübergang zu warten, wenn

1. sich ein Schienenfahrzeug nähert,

2. rotes Blinklicht oder gelbe oder rote Lichtzeichen gegeben werden,
3. die Schranken sich senken oder geschlossen sind,
4. ein Bahnbediensteter Halt gebietet oder
5. ein hörbares Signal, wie ein Pfeifsignal des herannahenden Zuges, ertönt.

[2] Hat das rote Blinklicht oder das rote Lichtzeichen die Form eines Pfeils, hat nur zu warten, wer in die Richtung des Pfeils fahren will. [3] Das Senken der Schranken kann durch Glockenzeichen angekündigt werden.

(3) Kann der Bahnübergang wegen des Straßenverkehrs nicht zügig und ohne Aufenthalt überquert werden, ist vor dem Andreaskreuz zu warten.

(4) Wer einen Fuß-, Feld-, Wald- oder Radweg benutzt, muss sich an Bahnübergängen ohne Andreaskreuz entsprechend verhalten.

(5) [1] Vor Bahnübergängen ohne Vorrang der Schienenfahrzeuge ist in sicherer Entfernung zu warten, wenn ein Bahnbediensteter mit einer weiß-rot-weißen Fahne oder einer roten Leuchte Halt gebietet. [2] Werden gelbe oder rote Lichtzeichen gegeben, gilt § 37 Absatz 2 Nummer 1 entsprechend.

(6) Die Scheinwerfer wartender Kraftfahrzeuge dürfen niemanden blenden.

§ 20 Öffentliche Verkehrsmittel und Schulbusse. (1) An Omnibussen des Linienverkehrs, an Straßenbahnen und an gekennzeichneten Schulbussen, die an Haltestellen (Zeichen 224) halten, darf, auch im Gegenverkehr, nur vorsichtig vorbeigefahren werden.

(2) [1] Wenn Fahrgäste ein- oder aussteigen, darf rechts nur mit Schrittgeschwindigkeit und nur in einem solchen Abstand vorbeigefahren werden, dass eine Gefährdung von Fahrgästen ausgeschlossen ist. [2] Sie dürfen auch nicht behindert werden. [3] Wenn nötig, muss, wer ein Fahrzeug führt, warten.

(3) Omnibusse des Linienverkehrs und gekennzeichnete Schulbusse, die sich einer Haltestelle (Zeichen 224) nähern und Warnblinklicht eingeschaltet haben, dürfen nicht überholt werden.

(4) [1] An Omnibussen des Linienverkehrs und an gekennzeichneten Schulbussen, die an Haltestellen (Zeichen 224) halten und Warnblinklicht eingeschaltet haben, darf nur mit Schrittgeschwindigkeit und nur in einem solchen Abstand vorbeigefahren werden, dass eine Gefährdung von Fahrgästen ausgeschlossen ist. [2] Die Schrittgeschwindigkeit gilt auch für den Gegenverkehr auf derselben Fahrbahn. [3] Die Fahrgäste dürfen auch nicht behindert werden. [4] Wenn nötig, muss, wer ein Fahrzeug führt, warten.

(5) [1] Omnibussen des Linienverkehrs und Schulbussen ist das Abfahren von gekennzeichneten Haltestellen zu ermöglichen. [2] Wenn nötig, müssen andere Fahrzeuge warten.

(6) Personen, die öffentliche Verkehrsmittel benutzen wollen, müssen sie auf den Gehwegen, den Seitenstreifen oder einer Haltestelleninsel, sonst am Rand der Fahrbahn erwarten.

§ 21[1)] Personenbeförderung. (1) [1] In Kraftfahrzeugen dürfen nicht mehr Personen befördert werden, als mit Sicherheitsgurten ausgerüstete Sitzplätze vorhanden sind. [2] Abweichend von Satz 1 dürfen in Kraftfahrzeugen, für die Sicherheitsgurte nicht für alle Sitzplätze vorgeschrieben sind, so viele Personen befördert

---

[1)] § 21 Abs. 1a Satz 1 geänd. mWv 30.10.2014 durch VO v. 22.10.2014 (BGBl. I S. 1635); Abs. 3 Satz 1 neu gef., Satz 2 eingef., bish. Sätze 2 und 3 werden Sätze 3 und 4 mWv 28.4.2020 durch VO v. 20.4.2020 (BGBl. I S. 814).

werden, wie Sitzplätze vorhanden sind. [3]Die Sätze 1 und 2 gelten nicht in Kraftomnibussen, bei denen die Beförderung stehender Fahrgäste zugelassen ist. [4]Es ist verboten, Personen mitzunehmen

1. auf Krafträdern ohne besonderen Sitz,
2. auf Zugmaschinen ohne geeignete Sitzgelegenheit oder
3. in Wohnanhängern hinter Kraftfahrzeugen.

(1a) [1]Kinder bis zum vollendeten 12. Lebensjahr, die kleiner als 150 cm sind, dürfen in Kraftfahrzeugen auf Sitzen, für die Sicherheitsgurte vorgeschrieben sind, nur mitgenommen werden, wenn Rückhalteeinrichtungen für Kinder benutzt werden, die den in Artikel 2 Absatz 1 Buchstabe c der Richtlinie 91/671/EWG des Rates vom 16. Dezember 1991 über die Gurtanlegepflicht und die Pflicht zur Benutzung von Kinderrückhalteeinrichtungen in Kraftfahrzeugen (ABl. L 373 vom 31.12.1991, S. 26), der zuletzt durch Artikel 1 Absatz 2 der Durchführungsrichtlinie 2014/37/EU vom 27. Februar 2014 (ABl. L 59 vom 28.2.2014, S. 32) neu gefasst worden ist, genannten Anforderungen genügen und für das Kind geeignet sind. [2]Abweichend von Satz 1

1. ist in Kraftomnibussen mit einer zulässigen Gesamtmasse von mehr als 3,5 t Satz 1 nicht anzuwenden,
2. dürfen Kinder ab dem vollendeten dritten Lebensjahr auf Rücksitzen mit den vorgeschriebenen Sicherheitsgurten gesichert werden, soweit wegen der Sicherung anderer Kinder mit Kinderrückhalteeinrichtungen für die Befestigung weiterer Rückhalteeinrichtungen für Kinder keine Möglichkeit besteht,
3. ist
   a) beim Verkehr mit Taxen und
   b) bei sonstigen Verkehren mit Personenkraftwagen, wenn eine Beförderungspflicht im Sinne des § 22 des Personenbeförderungsgesetzes[1)] besteht,

   auf Rücksitzen die Verpflichtung zur Sicherung von Kindern mit amtlich genehmigten und geeigneten Rückhalteeinrichtungen auf zwei Kinder mit einem Gewicht ab 9 kg beschränkt, wobei wenigstens für ein Kind mit einem Gewicht zwischen 9 und 18 kg eine Sicherung möglich sein muss; diese Ausnahmeregelung gilt nicht, wenn eine regelmäßige Beförderung von Kindern gegeben ist.

(1b) [1]In Fahrzeugen, die nicht mit Sicherheitsgurten ausgerüstet sind, dürfen Kinder unter drei Jahren nicht befördert werden. [2]Kinder ab dem vollendeten dritten Lebensjahr, die kleiner als 150 cm sind, müssen in solchen Fahrzeugen auf dem Rücksitz befördert werden. [3]Die Sätze 1 und 2 gelten nicht für Kraftomnibusse.

(2) [1]Die Mitnahme von Personen auf der Ladefläche oder in Laderäumen von Kraftfahrzeugen ist verboten. [2]Dies gilt nicht, soweit auf der Ladefläche oder in Laderäumen mitgenommene Personen dort notwendige Arbeiten auszuführen haben. [3]Das Verbot gilt ferner nicht für die Beförderung von Baustellenpersonal innerhalb von Baustellen. [4]Auf der Ladefläche oder in Laderäumen von Anhängern darf niemand mitgenommen werden. [5]Jedoch dürfen auf Anhängern, wenn diese für land- oder forstwirtschaftliche Zwecke eingesetzt werden, Personen auf geeigneten Sitzgelegenheiten mitgenommen werden. [6]Das Stehen während der Fahrt ist verboten, soweit es nicht zur Begleitung der Ladung oder zur Arbeit auf der Ladefläche erforderlich ist.

[1)] **Sartorius Nr. 950.**

(3) [1] Auf Fahrrädern dürfen Personen von mindestens 16 Jahre alten Personen nur mitgenommen werden, wenn die Fahrräder auch zur Personenbeförderung gebaut und eingerichtet sind. [2] Kinder bis zum vollendeten siebten Lebensjahr dürfen auf Fahrrädern von mindestens 16 Jahre alten Personen mitgenommen werden, wenn für die Kinder besondere Sitze vorhanden sind und durch Radverkleidungen oder gleich wirksame Vorrichtungen dafür gesorgt ist, dass die Füße der Kinder nicht in die Speichen geraten können. [3] Hinter Fahrrädern dürfen in Anhängern, die zur Beförderung von Kindern eingerichtet sind, bis zu zwei Kinder bis zum vollendeten siebten Lebensjahr von mindestens 16 Jahre alten Personen mitgenommen werden. [4] Die Begrenzung auf das vollendete siebte Lebensjahr gilt nicht für die Beförderung eines behinderten Kindes.

§ 21a[1)] Sicherheitsgurte, Rollstuhl-Rückhaltesysteme, Rollstuhlnutzer-Rückhaltesysteme, Schutzhelme. (1) [1] Vorgeschriebene Sicherheitsgurte müssen während der Fahrt angelegt sein; dies gilt ebenfalls für vorgeschriebene Rollstuhl-Rückhaltesysteme und vorgeschriebene Rollstuhlnutzer-Rückhaltesysteme. [2] Das gilt nicht für

1. *(aufgehoben)*
2. Personen beim Haus-zu-Haus-Verkehr, wenn sie im jeweiligen Leistungs- oder Auslieferungsbezirk regelmäßig in kurzen Zeitabständen ihr Fahrzeug verlassen müssen,
3. Fahrten mit Schrittgeschwindigkeit wie Rückwärtsfahren, Fahrten auf Parkplätzen,
4. Fahrten in Kraftomnibussen, bei denen die Beförderung stehender Fahrgäste zugelassen ist,
5. das Betriebspersonal in Kraftomnibussen und das Begleitpersonal von besonders betreuungsbedürftigen Personengruppen während der Dienstleistungen, die ein Verlassen des Sitzplatzes erfordern,
6. Fahrgäste in Kraftomnibussen mit einer zulässigen Gesamtmasse von mehr als 3,5 t beim kurzzeitigen Verlassen des Sitzplatzes.

(2) [1] Wer Krafträder oder offene drei- oder mehrrädrige Kraftfahrzeuge mit einer bauartbedingten Höchstgeschwindigkeit von über 20 km/h führt sowie auf oder in ihnen mitfährt, muss während der Fahrt einen geeigneten Schutzhelm tragen. [2] Dies gilt nicht, wenn vorgeschriebene Sicherheitsgurte angelegt sind.

§ 22 Ladung. (1) [1] Die Ladung einschließlich Geräte zur Ladungssicherung sowie Ladeeinrichtungen sind so zu verstauen und zu sichern, dass sie selbst bei Vollbremsung oder plötzlicher Ausweichbewegung nicht verrutschen, umfallen, hin- und herrollen, herabfallen oder vermeidbaren Lärm erzeugen können. [2] Dabei sind die anerkannten Regeln der Technik zu beachten.

(2) [1] Fahrzeug und Ladung dürfen zusammen nicht breiter als 2,55 m und nicht höher als 4 m sein. [2] Fahrzeuge, die für land- oder forstwirtschaftliche Zwecke eingesetzt werden, dürfen, wenn sie mit land- oder forstwirtschaftlichen Erzeugnissen oder Arbeitsgeräten beladen sind, samt Ladung nicht breiter als 3 m sein. [3] Sind sie mit land- oder forstwirtschaftlichen Erzeugnissen beladen, dürfen sie samt Ladung höher als 4 m sein. [4] Kühlfahrzeuge dürfen nicht breiter als 2,60 m sein.

---

1) § 21a Abs. 1 Satz 2 Nr. 1 aufgeh. mWv 30.10.2014 durch VO v. 22.10.2014 (BGBl. I S. 1635); Überschrift neu gef., Abs. 1 Satz 1 geänd. mWv 30.6.2016 durch VO v. 17.6.2016 (BGBl. I S. 1463).

(3) [1]Die Ladung darf bis zu einer Höhe von 2,50 m nicht nach vorn über das Fahrzeug, bei Zügen über das ziehende Fahrzeug hinausragen. [2]Im Übrigen darf der Ladungsüberstand nach vorn bis zu 50 cm über das Fahrzeug, bei Zügen bis zu 50 cm über das ziehende Fahrzeug betragen.

(4) [1]Nach hinten darf die Ladung bis zu 1,50 m hinausragen, jedoch bei Beförderung über eine Wegstrecke bis zu einer Entfernung von 100 km bis zu 3 m; die außerhalb des Geltungsbereichs dieser Verordnung zurückgelegten Wegstrecken werden nicht berücksichtigt. [2]Fahrzeug oder Zug samt Ladung darf nicht länger als 20,75 m sein. [3]Ragt das äußerste Ende der Ladung mehr als 1 m über die Rückstrahler des Fahrzeugs nach hinten hinaus, so ist es kenntlich zu machen durch mindestens

1. eine hellrote, nicht unter 30 x 30 cm große, durch eine Querstange auseinandergehaltene Fahne,
2. ein gleich großes, hellrotes, quer zur Fahrtrichtung pendelnd aufgehängtes Schild oder
3. einen senkrecht angebrachten zylindrischen Körper gleicher Farbe und Höhe mit einem Durchmesser von mindestens 35 cm.

[4]Diese Sicherungsmittel dürfen nicht höher als 1,50 m über der Fahrbahn angebracht werden. [5]Wenn nötig (§ 17 Absatz 1), ist mindestens eine Leuchte mit rotem Licht an gleicher Stelle anzubringen, außerdem ein roter Rückstrahler nicht höher als 90 cm.

(5) [1]Ragt die Ladung seitlich mehr als 40 cm über die Fahrzeugleuchten, bei Kraftfahrzeugen über den äußeren Rand der Lichtaustrittsflächen der Begrenzungs- oder Schlussleuchten hinaus, so ist sie, wenn nötig (§ 17 Absatz 1), kenntlich zu machen, und zwar seitlich höchstens 40 cm von ihrem Rand und höchstens 1,50 m über der Fahrbahn nach vorn durch eine Leuchte mit weißem, nach hinten durch eine mit rotem Licht. [2]Einzelne Stangen oder Pfähle, waagerecht liegende Platten und andere schlecht erkennbare Gegenstände dürfen seitlich nicht herausragen.

§ 23[1)] Sonstige Pflichten von Fahrzeugführenden. (1) [1]Wer ein Fahrzeug führt, ist dafür verantwortlich, dass seine Sicht und das Gehör nicht durch die Besetzung, Tiere, die Ladung, Geräte oder den Zustand des Fahrzeugs beeinträchtigt werden. [2]Wer ein Fahrzeug führt, hat zudem dafür zu sorgen, dass das Fahrzeug, der Zug, das Gespann sowie die Ladung und die Besetzung vorschriftsmäßig sind und dass die Verkehrssicherheit des Fahrzeugs durch die Ladung oder die Besetzung nicht leidet. [3]Ferner ist dafür zu sorgen, dass die vorgeschriebenen Kennzeichen stets gut lesbar sind. [4]Vorgeschriebene Beleuchtungseinrichtungen müssen an Kraftfahrzeugen und ihren Anhängern auch am Tage vorhanden und betriebsbereit sein.

(1a) [1]Wer ein Fahrzeug führt, darf ein elektronisches Gerät, das der Kommunikation, Information oder Organisation dient oder zu dienen bestimmt ist, nur benutzen, wenn

1. hierfür das Gerät weder aufgenommen noch gehalten wird und
2. entweder
   a) nur eine Sprachsteuerung und Vorlesefunktion genutzt wird oder

---

[1)] § 23 Abs. 1 Satz 4 geänd. mWv 1.6.2017 durch VO v. 18.5.2017 (BGBl. I S. 1282); Abs. 1a neu gef., Abs. 1b eingef., bish. Abs. 1b wird 1c, Abs. 4 angef. mWv 19.10.2017 durch VO v. 6.10.2017 (BGBl. I S. 3549); Abs. 1c Satz 3 angef. mWv 28.4.2020 durch VO v. 20.4.2020 (BGBl. I S. 814).

b) zur Bedienung und Nutzung des Gerätes nur eine kurze, den Straßen-, Verkehrs-, Sicht- und Wetterverhältnissen angepasste Blickzuwendung zum Gerät bei gleichzeitig entsprechender Blickabwendung vom Verkehrsgeschehen erfolgt oder erforderlich ist.

[2] Geräte im Sinne des Satzes 1 sind auch Geräte der Unterhaltungselektronik oder Geräte zur Ortsbestimmung, insbesondere Mobiltelefone oder Autotelefone, Berührungsbildschirme, tragbare Flachrechner, Navigationsgeräte, Fernseher oder Abspielgeräte mit Videofunktion oder Audiorekorder. [3] Handelt es sich bei dem Gerät im Sinne des Satzes 1, auch in Verbindung mit Satz 2, um ein auf dem Kopf getragenes visuelles Ausgabegerät, insbesondere eine Videobrille, darf dieses nicht benutzt werden. [4] Verfügt das Gerät im Sinne des Satzes 1, auch in Verbindung mit Satz 2, über eine Sichtfeldprojektion, darf diese für fahrzeugbezogene, verkehrszeichenbezogene, fahrtbezogene oder fahrtbegleitende Informationen benutzt werden. [5] Absatz 1c und § 1b des Straßenverkehrsgesetzes[1)] bleiben unberührt.

(1b) [1] Absatz 1a Satz 1 bis 3 gilt nicht für

1. ein stehendes Fahrzeug, im Falle eines Kraftfahrzeuges vorbehaltlich der Nummer 3 nur, wenn der Motor vollständig ausgeschaltet ist,
2. den bestimmungsgemäßen Betrieb einer atemalkoholgesteuerten Wegfahrsperre, soweit ein für den Betrieb bestimmtes Handteil aufgenommen und gehalten werden muss,
3. stehende Straßenbahnen oder Linienbusse an Haltestellen (Zeichen 224).

[2] Das fahrzeugseitige automatische Abschalten des Motors im Verbrennungsbetrieb oder das Ruhen des elektrischen Antriebes ist kein Ausschalten des Motors in diesem Sinne. [3] Absatz 1a Satz 1 Nummer 2 Buchstabe b gilt nicht für

1. die Benutzung eines Bildschirms oder einer Sichtfeldprojektion zur Bewältigung der Fahraufgabe des Rückwärtsfahrens oder Einparkens, soweit das Fahrzeug nur mit Schrittgeschwindigkeit bewegt wird, oder
2. die Benutzung elektronischer Geräte, die vorgeschriebene Spiegel ersetzen oder ergänzen.

(1c) [1] Wer ein Fahrzeug führt, darf ein technisches Gerät nicht betreiben oder betriebsbereit mitführen, das dafür bestimmt ist, Verkehrsüberwachungsmaßnahmen anzuzeigen oder zu stören. [2] Das gilt insbesondere für Geräte zur Störung oder Anzeige von Geschwindigkeitsmessungen (Radarwarn- oder Laserstörgeräte). [3] Bei anderen technischen Geräten, die neben anderen Nutzungszwecken auch zur Anzeige oder Störung von Verkehrsüberwachungsmaßnahmen verwendet werden können, dürfen die entsprechenden Gerätefunktionen nicht verwendet werden.

(2) Wer ein Fahrzeug führt, muss das Fahrzeug, den Zug oder das Gespann auf dem kürzesten Weg aus dem Verkehr ziehen, falls unterwegs auftretende Mängel, welche die Verkehrssicherheit wesentlich beeinträchtigen, nicht alsbald beseitigt werden; dagegen dürfen Krafträder und Fahrräder dann geschoben werden.

(3) [1] Wer ein Fahrrad oder ein Kraftrad fährt, darf sich nicht an Fahrzeuge anhängen. [2] Es darf nicht freihändig gefahren werden. [3] Die Füße dürfen nur dann von den Pedalen oder den Fußrasten genommen werden, wenn der Straßenzustand das erfordert.

[1)] Nr. **42.5**.

(4) [1]Wer ein Kraftfahrzeug führt, darf sein Gesicht nicht so verhüllen oder verdecken, dass er nicht mehr erkennbar ist. [2]Dies gilt nicht in Fällen des § 21a Absatz 2 Satz 1.

§ 24 Besondere Fortbewegungsmittel. (1) [1]Schiebe- und Greifreifenrollstühle, Rodelschlitten, Kinderwagen, Roller, Kinderfahrräder, Inline-Skates, Rollschuhe und ähnliche nicht motorbetriebene Fortbewegungsmittel sind nicht Fahrzeuge im Sinne der Verordnung. [2]Für den Verkehr mit diesen Fortbewegungsmitteln gelten die Vorschriften für den Fußgängerverkehr entsprechend.

(2) Mit Krankenfahrstühlen oder mit anderen als in Absatz 1 genannten Rollstühlen darf dort, wo Fußgängerverkehr zulässig ist, gefahren werden, jedoch nur mit Schrittgeschwindigkeit.

§ 25[1)] Fußgänger. (1) [1]Wer zu Fuß geht, muss die Gehwege benutzen. [2]Auf der Fahrbahn darf nur gegangen werden, wenn die Straße weder einen Gehweg noch einen Seitenstreifen hat. [3]Wird die Fahrbahn benutzt, muss innerhalb geschlossener Ortschaften am rechten oder linken Fahrbahnrand gegangen werden; außerhalb geschlossener Ortschaften muss am linken Fahrbahnrand gegangen werden, wenn das zumutbar ist. [4]Bei Dunkelheit, bei schlechter Sicht oder wenn die Verkehrslage es erfordert, muss einzeln hintereinander gegangen werden.

(2) [1]Wer zu Fuß geht und Fahrzeuge oder sperrige Gegenstände mitführt, muss die Fahrbahn benutzen, wenn auf dem Gehweg oder auf dem Seitenstreifen andere zu Fuß Gehende erheblich behindert würden. [2]Benutzen zu Fuß Gehende, die Fahrzeuge mitführen, die Fahrbahn, müssen sie am rechten Fahrbahnrand gehen; vor dem Abbiegen nach links dürfen sie sich nicht links einordnen.

(3) [1]Wer zu Fuß geht, hat Fahrbahnen unter Beachtung des Fahrzeugverkehrs zügig auf dem kürzesten Weg quer zur Fahrtrichtung zu überschreiten. [2]Wenn die Verkehrsdichte, Fahrgeschwindigkeit, Sichtverhältnisse oder der Verkehrsablauf es erfordern, ist eine Fahrbahn nur an Kreuzungen oder Einmündungen, an Lichtzeichenanlagen innerhalb von Markierungen, an Fußgängerquerungshilfen oder auf Fußgängerüberwegen (Zeichen 293) zu überschreiten. [3]Wird die Fahrbahn an Kreuzungen oder Einmündungen überschritten, sind dort vorhandene Fußgängerüberwege oder Markierungen an Lichtzeichenanlagen stets zu benutzen.

(4) [1]Wer zu Fuß geht, darf Absperrungen, wie Stangen- oder Kettengeländer, nicht überschreiten. [2]Absperrschranken (Zeichen 600) verbieten das Betreten der abgesperrten Straßenfläche.

(5) Gleisanlagen, die nicht zugleich dem sonstigen öffentlichen Straßenverkehr dienen, dürfen nur an den dafür vorgesehenen Stellen betreten werden.

§ 26 Fußgängerüberwege. (1) [1]An Fußgängerüberwegen haben Fahrzeuge mit Ausnahme von Schienenfahrzeugen den zu Fuß Gehenden sowie Fahrenden von Krankenfahrstühlen oder Rollstühlen, welche den Überweg erkennbar benutzen wollen, das Überqueren der Fahrbahn zu ermöglichen. [2]Dann dürfen sie nur mit mäßiger Geschwindigkeit heranfahren; wenn nötig, müssen sie warten.

(2) Stockt der Verkehr, dürfen Fahrzeuge nicht auf den Überweg fahren, wenn sie auf ihm warten müssten.

(3) An Überwegen darf nicht überholt werden.

---

1) § 25 Abs. 3 Satz 1 neu gef., Satz 2 eingef., bish. Satz 2 wird Satz 3 mWv 19.10.2017 durch VO v. 6.10.2017 (BGBl. I S. 3549).

(4) Führt die Markierung über einen Radweg oder einen anderen Straßenteil, gelten diese Vorschriften entsprechend.

§ 27 Verbände. (1) [1] Für geschlossene Verbände gelten die für den gesamten Fahrverkehr einheitlich bestehenden Verkehrsregeln und Anordnungen sinngemäß. [2] Mehr als 15 Rad Fahrende dürfen einen geschlossenen Verband bilden. [3] Dann dürfen sie zu zweit nebeneinander auf der Fahrbahn fahren. [4] Kinder- und Jugendgruppen zu Fuß müssen, soweit möglich, die Gehwege benutzen.

(2) Geschlossene Verbände, Leichenzüge und Prozessionen müssen, wenn ihre Länge dies erfordert, in angemessenen Abständen Zwischenräume für den übrigen Verkehr frei lassen; an anderen Stellen darf dieser sie nicht unterbrechen.

(3) [1] Geschlossen ist ein Verband, wenn er für andere am Verkehr Teilnehmende als solcher deutlich erkennbar ist. [2] Bei Kraftfahrzeugverbänden muss dazu jedes einzelne Fahrzeug als zum Verband gehörig gekennzeichnet sein.

(4) [1] Die seitliche Begrenzung geschlossen reitender oder zu Fuß marschierender Verbände muss, wenn nötig (§ 17 Absatz 1), mindestens nach vorn durch nicht blendende Leuchten mit weißem Licht, nach hinten durch Leuchten mit rotem Licht oder gelbem Blinklicht kenntlich gemacht werden. [2] Gliedert sich ein solcher Verband in mehrere deutlich voneinander getrennte Abteilungen, dann ist jede auf diese Weise zu sichern. [3] Eigene Beleuchtung brauchen die Verbände nicht, wenn sie sonst ausreichend beleuchtet sind.

(5) Wer einen Verband führt, hat dafür zu sorgen, dass die für geschlossene Verbände geltenden Vorschriften befolgt werden.

(6) Auf Brücken darf nicht im Gleichschritt marschiert werden.

§ 28 Tiere. (1) [1] Haus- und Stalltiere, die den Verkehr gefährden können, sind von der Straße fernzuhalten. [2] Sie sind dort nur zugelassen, wenn sie von geeigneten Personen begleitet sind, die ausreichend auf sie einwirken können. [3] Es ist verboten, Tiere von Kraftfahrzeugen aus zu führen. [4] Von Fahrrädern aus dürfen nur Hunde geführt werden.

(2) [1] Wer reitet, Pferde oder Vieh führt oder Vieh treibt, unterliegt sinngemäß den für den gesamten Fahrverkehr einheitlich bestehenden Verkehrsregeln und Anordnungen. [2] Zur Beleuchtung müssen mindestens verwendet werden:

1. beim Treiben von Vieh vorn eine nicht blendende Leuchte mit weißem Licht und am Ende eine Leuchte mit rotem Licht,
2. beim Führen auch nur eines Großtieres oder von Vieh eine nicht blendende Leuchte mit weißem Licht, die auf der linken Seite nach vorn und hinten gut sichtbar mitzuführen ist.

§ 29[1] Übermäßige Straßenbenutzung. (1) *(aufgehoben)*

(2) [1] Veranstaltungen, für die Straßen mehr als verkehrsüblich in Anspruch genommen werden, insbesondere Kraftfahrzeugrennen, bedürfen der Erlaubnis. [2] Das ist der Fall, wenn die Benutzung der Straße für den Verkehr wegen der Zahl oder des Verhaltens der Teilnehmenden oder der Fahrweise der beteiligten Fahrzeuge eingeschränkt wird; Kraftfahrzeuge in geschlossenem Verband nehmen die Straße stets mehr als verkehrsüblich in Anspruch. [3] Veranstaltende haben dafür zu sorgen, dass die Verkehrsvorschriften sowie etwaige Bedingungen und Auflagen befolgt werden.

---

[1] § 29 Abs. 1 aufgeh., Abs. 2 Satz 1 geänd. mWv 13.10.2017 durch G v. 30.9.2017 (BGBl. I S. 3532).

(3) [1]Einer Erlaubnis bedarf der Verkehr mit Fahrzeugen und Zügen, deren Abmessungen, Achslasten oder Gesamtmassen die gesetzlich allgemein zugelassenen Grenzen tatsächlich überschreiten. [2]Das gilt auch für den Verkehr mit Fahrzeugen, deren Bauart den Fahrzeugführenden kein ausreichendes Sichtfeld lässt.

§ 30[1)] Umweltschutz, Sonn- und Feiertagsfahrverbot. (1) [1]Bei der Benutzung von Fahrzeugen sind unnötiger Lärm und vermeidbare Abgasbelästigungen verboten. [2]Es ist insbesondere verboten, Fahrzeugmotoren unnötig laufen zu lassen und Fahrzeugtüren übermäßig laut zu schließen. [3]Unnützes Hin- und Herfahren ist innerhalb geschlossener Ortschaften verboten, wenn Andere dadurch belästigt werden.

(2) Veranstaltungen mit Kraftfahrzeugen bedürfen der Erlaubnis, wenn sie die Nachtruhe stören können.

(3) [1]An Sonntagen und Feiertagen dürfen in der Zeit von 0.00 bis 22.00 Uhr zur geschäftsmäßigen oder entgeltlichen Beförderung von Gütern einschließlich damit verbundener Leerfahrten Lastkraftwagen mit einer zulässigen Gesamtmasse über 7,5 t sowie Anhänger hinter Lastkraftwagen nicht geführt werden. [2]Das Verbot gilt nicht für

1. kombinierten Güterverkehr Schiene-Straße vom Versender bis zum nächstgelegenen geeigneten Verladebahnhof oder vom nächstgelegenen geeigneten Entladebahnhof bis zum Empfänger, jedoch nur bis zu einer Entfernung von 200 km,

1a. kombinierten Güterverkehr Hafen-Straße zwischen Belade- oder Entladestelle und einem innerhalb eines Umkreises von höchstens 150 Kilometern gelegenen Hafen (An- oder Abfuhr),

2. die Beförderung von
   a) frischer Milch und frischen Milcherzeugnissen,
   b) frischem Fleisch und frischen Fleischerzeugnissen,
   c) frischen Fischen, lebenden Fischen und frischen Fischerzeugnissen,
   d) leicht verderblichem Obst und Gemüse,

3. die Beförderung von Material der Kategorie 1 nach Artikel 8 und Material der Kategorie 2 nach Artikel 9 Buchstabe f Ziffer i der Verordnung (EG) Nr. 1069/2009 des Europäischen Parlaments und des Rates vom 21. Oktober 2009 mit Hygienevorschriften für nicht für den menschlichen Verzehr bestimmte tierische Nebenprodukte und zur Aufhebung der Verordnung (EG) Nr. 1774/2002 (Verordnung über tierische Nebenprodukte) (ABl. L 300 vom 14.11.2009, S. 1; L 348 vom 4.12.2014, S. 31),

4. den Einsatz von Bergungs-, Abschlepp- und Pannenhilfsfahrzeugen im Falle eines Unfalles oder eines sonstigen Notfalles,

5. den Transport von lebenden Bienen,

6. Leerfahrten, die im Zusammenhang mit Fahrten nach den Nummern 2 bis 5 stehen,

7. Fahrten mit Fahrzeugen, die nach dem Bundesleistungsgesetz herangezogen werden. Dabei ist der Leistungsbescheid mitzuführen und auf Verlangen zuständigen Personen zur Prüfung auszuhändigen.

[1)] § 30 Abs. 3 Satz 1 geänd., Satz 2 Nr. 3–5 eingef., bish. Nr. 3 und 4 werden Nr. 6 und 7 und neue Nr. 6 neu gef., Abs. 4 geänd. mWv 19.10.2017 durch VO v. 6.10.2017 (BGBl. I S. 3549); Abs. 4 geänd. mWv 28.4.2020 durch VO v. 20.4.2020 (BGBl. I S. 814).

(4) Feiertage im Sinne des Absatzes 3 sind
Neujahr;
Karfreitag;
Ostermontag;
Tag der Arbeit (1. Mai);
Christi Himmelfahrt;
Pfingstmontag;
Fronleichnam, jedoch nur in Baden-Württemberg, Bayern, Hessen, Nordrhein-Westfalen, Rheinland-Pfalz und im Saarland;
Tag der deutschen Einheit (3. Oktober);
Reformationstag (31. Oktober) in Brandenburg, Bremen, Hamburg, Mecklenburg-Vorpommern, Niedersachsen, Sachsen, Sachsen-Anhalt, Schleswig-Holstein und Thüringen;
Allerheiligen (1. November), jedoch nur in Baden-Württemberg, Bayern, Nordrhein-Westfalen, Rheinland-Pfalz und im Saarland;
1. und 2. Weihnachtstag.

§ 31 Sport und Spiel. (1) [1] Sport und Spiel auf der Fahrbahn, den Seitenstreifen und auf Radwegen sind nicht erlaubt. [2] Satz 1 gilt nicht, soweit dies durch ein die zugelassene Sportart oder Spielart kennzeichnendes Zusatzzeichen angezeigt ist.

(2) [1] Durch das Zusatzzeichen

wird das Inline-Skaten und Rollschuhfahren zugelassen. [2] Das Zusatzzeichen kann auch allein angeordnet sein. [3] Wer sich dort mit Inline-Skates oder Rollschuhen fortbewegt, hat sich mit äußerster Vorsicht und unter besonderer Rücksichtnahme auf den übrigen Verkehr am rechten Rand in Fahrtrichtung zu bewegen und Fahrzeugen das Überholen zu ermöglichen.

§ 32 Verkehrshindernisse. (1) [1] Es ist verboten, die Straße zu beschmutzen oder zu benetzen oder Gegenstände auf Straßen zu bringen oder dort liegen zu lassen, wenn dadurch der Verkehr gefährdet oder erschwert werden kann. [2] Wer für solche verkehrswidrigen Zustände verantwortlich ist, hat diese unverzüglich zu beseitigen und diese bis dahin ausreichend kenntlich zu machen. [3] Verkehrshindernisse sind, wenn nötig (§ 17 Absatz 1), mit eigener Lichtquelle zu beleuchten oder durch andere zugelassene lichttechnische Einrichtungen kenntlich zu machen.

(2) Sensen, Mähmesser oder ähnlich gefährliche Geräte sind wirksam zu verkleiden.

§ 33 Verkehrsbeeinträchtigungen. (1) [1] Verboten ist

1. der Betrieb von Lautsprechern,
2. das Anbieten von Waren und Leistungen aller Art auf der Straße,
3. außerhalb geschlossener Ortschaften jede Werbung und Propaganda durch Bild, Schrift, Licht oder Ton,

wenn dadurch am Verkehr Teilnehmende in einer den Verkehr gefährdenden oder erschwerenden Weise abgelenkt oder belästigt werden können. [2] Auch durch innerörtliche Werbung und Propaganda darf der Verkehr außerhalb geschlossener Ortschaften nicht in solcher Weise gestört werden.

(2) [1] Einrichtungen, die Zeichen oder Verkehrseinrichtungen (§§ 36 bis 43 in Verbindung mit den Anlagen 1 bis 4) gleichen, mit ihnen verwechselt werden können oder deren Wirkung beeinträchtigen können, dürfen dort nicht angebracht oder sonst verwendet werden, wo sie sich auf den Verkehr auswirken können. [2] Werbung und Propaganda in Verbindung mit Verkehrszeichen und Verkehrseinrichtungen sind unzulässig.

(3) Ausgenommen von den Verboten des Absatzes 1 Satz 1 Nummer 3 und des Absatzes 2 Satz 2 sind in der Hinweisbeschilderung für Nebenbetriebe an den Bundesautobahnen und für Autohöfe die Hinweise auf Dienstleistungen, die unmittelbar den Belangen der am Verkehr Teilnehmenden auf den Bundesautobahnen dienen.

§ 34 Unfall. (1) Nach einem Verkehrsunfall hat, wer daran beteiligt ist,

1. unverzüglich zu halten,
2. den Verkehr zu sichern und bei geringfügigem Schaden unverzüglich beiseite zu fahren,
3. sich über die Unfallfolgen zu vergewissern,
4. Verletzten zu helfen (§ 323c des Strafgesetzbuchs[1]),
5. anderen am Unfallort anwesenden Beteiligten und Geschädigten
   a) anzugeben, dass man am Unfall beteiligt war und
   b) auf Verlangen den eigenen Namen und die eigene Anschrift anzugeben sowie den eigenen Führerschein und den Fahrzeugschein vorzuweisen und nach bestem Wissen Angaben über die Haftpflichtversicherung zu machen,
6. a) so lange am Unfallort zu bleiben, bis zugunsten der anderen Beteiligten und Geschädigten die Feststellung der Person, des Fahrzeugs und der Art der Beteiligung durch eigene Anwesenheit ermöglicht wurde oder
   b) eine nach den Umständen angemessene Zeit zu warten und am Unfallort den eigenen Namen und die eigene Anschrift zu hinterlassen, wenn niemand bereit war, die Feststellung zu treffen,
7. unverzüglich die Feststellungen nachträglich zu ermöglichen, wenn man sich berechtigt, entschuldigt oder nach Ablauf der Wartefrist (Nummer 6 Buchstabe b) vom Unfallort entfernt hat. Dazu ist mindestens den Berechtigten (Nummer 6 Buchstabe a) oder einer nahe gelegenen Polizeidienststelle mitzuteilen, dass man am Unfall beteiligt gewesen ist, und die eigene Anschrift, den Aufenthalt sowie das Kennzeichen und den Standort des beteiligten Fahrzeugs anzugeben und dieses zu unverzüglichen Feststellungen für eine zumutbare Zeit zur Verfügung zu halten.

(2) Beteiligt an einem Verkehrsunfall ist jede Person, deren Verhalten nach den Umständen zum Unfall beigetragen haben kann.

(3) Unfallspuren dürfen nicht beseitigt werden, bevor die notwendigen Feststellungen getroffen worden sind.

§ 35[2] Sonderrechte. (1) Von den Vorschriften dieser Verordnung sind die Bundeswehr, die Bundespolizei, die Feuerwehr, der Katastrophenschutz, die Poli-

---

[1] **Schönfelder Nr. 85.**

[2] § 35 Abs. 9 angef. mWv 19.10.2017 durch VO v. 6.10.2017 (BGBl. I S. 3549); Abs. 5 geänd. mWv 28.4.2020 durch VO v. 20.4.2020 (BGBl. I S. 814).

zei und der Zolldienst befreit, soweit das zur Erfüllung hoheitlicher Aufgaben dringend geboten ist.

(1a) Absatz 1 gilt entsprechend für ausländische Beamte, die auf Grund völkerrechtlicher Vereinbarungen zur Nacheile oder Observation im Inland berechtigt sind.

(2) Dagegen bedürfen diese Organisationen auch unter den Voraussetzungen des Absatzes 1 der Erlaubnis,

1. wenn sie mehr als 30 Kraftfahrzeuge im geschlossenen Verband (§ 27) fahren lassen wollen,
2. im Übrigen bei jeder sonstigen übermäßigen Straßenbenutzung mit Ausnahme der nach § 29 Absatz 3 Satz 2.

(3) Die Bundeswehr ist über Absatz 2 hinaus auch zu übermäßiger Straßenbenutzung befugt, soweit Vereinbarungen getroffen sind.

(4) Die Beschränkungen der Sonderrechte durch die Absätze 2 und 3 gelten nicht bei Einsätzen anlässlich von Unglücksfällen, Katastrophen und Störungen der öffentlichen Sicherheit oder Ordnung sowie in den Fällen der Artikel 91 und 87a Absatz 4 des Grundgesetzes[1)] sowie im Verteidigungsfall und im Spannungsfall.

(5) Die Truppen der nichtdeutschen Vertragsstaaten des Nordatlantikpaktes sowie der Mitgliedstaaten der Europäischen Union ausgenommen Deutschland sind im Falle dringender militärischer Erfordernisse von den Vorschriften dieser Verordnung befreit, von den Vorschriften des § 29 allerdings nur, soweit für diese Truppen Sonderregelungen oder Vereinbarungen bestehen.

(5a) Fahrzeuge des Rettungsdienstes sind von den Vorschriften dieser Verordnung befreit, wenn höchste Eile geboten ist, um Menschenleben zu retten oder schwere gesundheitliche Schäden abzuwenden.

(6) [1] Fahrzeuge, die dem Bau, der Unterhaltung oder Reinigung der Straßen und Anlagen im Straßenraum oder der Müllabfuhr dienen und durch weiß-rot-weiße Warneinrichtungen gekennzeichnet sind, dürfen auf allen Straßen und Straßenteilen und auf jeder Straßenseite in jeder Richtung zu allen Zeiten fahren und halten, soweit ihr Einsatz dies erfordert, zur Reinigung der Gehwege jedoch nur, wenn die zulässige Gesamtmasse bis zu 2,8 t beträgt. [2] Dasselbe gilt auch für Fahrzeuge zur Reinigung der Gehwege, deren zulässige Gesamtmasse 3,5 t nicht übersteigt und deren Reifeninnendruck nicht mehr als 3 bar beträgt. [3] Dabei ist sicherzustellen, dass keine Beschädigung der Gehwege und der darunter liegenden Versorgungsleitungen erfolgen kann. [4] Personen, die hierbei eingesetzt sind oder Straßen oder in deren Raum befindliche Anlagen zu beaufsichtigen haben, müssen bei ihrer Arbeit außerhalb von Gehwegen und Absperrungen auffällige Warnkleidung tragen.

(7) Messfahrzeuge der Bundesnetzagentur für Elektrizität, Gas, Telekommunikation, Post und Eisenbahn (§ 1 des Gesetzes über die Bundesnetzagentur[2)]) dürfen auf allen Straßen und Straßenteilen zu allen Zeiten fahren und halten, soweit ihr hoheitlicher Einsatz dies erfordert.

(7a) [1] Fahrzeuge von Unternehmen, die Universaldienstleistungen nach § 11 des Postgesetzes[3)] in Verbindung mit § 1 Nummer 1 der Post-Universaldienstleis-

---

[1)] **Schönfelder ErgBd. Nr. 1.**
[2)] **Sartorius ErgBd. Nr. 901.**
[3)] **Sartorius ErgBd. Nr. 910.**

tungsverordnung[1] erbringen oder Fahrzeuge von Unternehmen, die in deren Auftrag diese Universaldienstleistungen erbringen (Subunternehmer), dürfen abweichend von Anlage 2 Nummer 21 (Zeichen 242.1) Fußgängerzonen auch außerhalb der durch Zusatzzeichen angeordneten Zeiten für Anlieger- und Anlieferverkehr benutzen, soweit dies zur zeitgerechten Leerung von Briefkästen oder zur Abholung von Briefen in stationären Einrichtungen erforderlich ist. ²Ferner dürfen die in Satz 1 genannten Fahrzeuge abweichend von § 12 Absatz 4 Satz 1 und Anlage 2 Nummer 62 (Zeichen 283), Nummer 63 (Zeichen 286) und Nummer 64 (Zeichen 290.1) in einem Bereich von 10 m vor oder hinter einem Briefkasten auf der Fahrbahn auch in zweiter Reihe kurzfristig parken, soweit dies mangels geeigneter anderweitiger Parkmöglichkeiten in diesem Bereich zum Zwecke der Leerung von Briefkästen erforderlich ist. ³Die Sätze 1 und 2 gelten nur, soweit ein Nachweis zum Erbringen der Universaldienstleistung oder zusätzlich ein Nachweis über die Beauftragung als Subunternehmer im Fahrzeug jederzeit gut sichtbar ausgelegt oder angebracht ist. ⁴§ 2 Absatz 3 in Verbindung mit Anhang 3 Nummer 7 der Verordnung zur Kennzeichnung der Kraftfahrzeuge mit geringem Beitrag zur Schadstoffbelastung[2] vom 10. Oktober 2006 (BGBl. I S. 2218), die durch Artikel 1 der Verordnung vom 5. Dezember 2007 (BGBl. I S. 2793) geändert worden ist, ist für die in Satz 1 genannten Fahrzeuge nicht anzuwenden.

(8) Die Sonderrechte dürfen nur unter gebührender Berücksichtigung der öffentlichen Sicherheit und Ordnung ausgeübt werden.

(9) Wer ohne Beifahrer ein Einsatzfahrzeug der Behörden und Organisationen mit Sicherheitsaufgaben (BOS) führt und zur Nutzung des BOS-Funks berechtigt ist, darf unbeschadet der Absätze 1 und 5a abweichend von § 23 Absatz 1a ein Funkgerät oder das Handteil eines Funkgerätes aufnehmen und halten.

II. Zeichen und Verkehrseinrichtungen

§ 36 Zeichen und Weisungen der Polizeibeamten. (1) ¹Die Zeichen und Weisungen der Polizeibeamten sind zu befolgen. ²Sie gehen allen anderen Anordnungen und sonstigen Regeln vor, entbinden den Verkehrsteilnehmer jedoch nicht von seiner Sorgfaltspflicht.

(2) An Kreuzungen ordnet an:

1. Seitliches Ausstrecken eines Armes oder beider Arme quer zur Fahrtrichtung: „Halt vor der Kreuzung“.
   Der Querverkehr ist freigegeben.
   Wird dieses Zeichen gegeben, gilt es fort, solange in der gleichen Richtung gewinkt oder nur die Grundstellung beibehalten wird. Der freigegebene Verkehr kann nach den Regeln des § 9 abbiegen, nach links jedoch nur, wenn er Schienenfahrzeuge dadurch nicht behindert.
2. Hochheben eines Arms:
   „Vor der Kreuzung auf das nächste Zeichen warten“,
   für Verkehrsteilnehmer in der Kreuzung: „Kreuzung räumen“.

(3) Diese Zeichen können durch Weisungen ergänzt oder geändert werden.

(4) An anderen Straßenstellen, wie an Einmündungen und an Fußgängerüberwegen, haben die Zeichen entsprechende Bedeutung.

---

[1] **Sartorius ErgBd. Nr. 910a.**
[2] **Sartorius ErgBd. Nr. 296/35.**

(5) [1] Polizeibeamte dürfen Verkehrsteilnehmer zur Verkehrskontrolle einschließlich der Kontrolle der Verkehrstüchtigkeit und zu Verkehrserhebungen anhalten. [2] Das Zeichen zum Anhalten kann auch durch geeignete technische Einrichtungen am Einsatzfahrzeug, eine Winkerkelle oder eine rote Leuchte gegeben werden. [3] Mit diesen Zeichen kann auch ein vorausfahrender Verkehrsteilnehmer angehalten werden. [4] Die Verkehrsteilnehmer haben die Anweisungen der Polizeibeamten zu befolgen.

§ 37[1)] Wechsellichtzeichen, Dauerlichtzeichen und Grünpfeil. (1) [1] Lichtzeichen gehen Vorrangregeln und Vorrang regelnden Verkehrszeichen vor. [2] Wer ein Fahrzeug führt, darf bis zu 10 m vor einem Lichtzeichen nicht halten, wenn es dadurch verdeckt wird.

(2) [1] Wechsellichtzeichen haben die Farbfolge Grün – Gelb – Rot – Rot und Gelb (gleichzeitig) – Grün. [2] Rot ist oben, Gelb in der Mitte und Grün unten.

1. An Kreuzungen bedeuten:
   [1] Grün: „Der Verkehr ist freigegeben".
   [2] Er kann nach den Regeln des § 9 abbiegen, nach links jedoch nur, wenn er Schienenfahrzeuge dadurch nicht behindert.
   [3] Grüner Pfeil: „Nur in Richtung des Pfeils ist der Verkehr freigegeben".
   [4] Ein grüner Pfeil links hinter der Kreuzung zeigt an, dass der Gegenverkehr durch Rotlicht angehalten ist und dass, wer links abbiegt, die Kreuzung in Richtung des grünen Pfeils ungehindert befahren und räumen kann.
   [5] Gelb ordnet an: „Vor der Kreuzung auf das nächste Zeichen warten".
   [6] Keines dieser Zeichen entbindet von der Sorgfaltspflicht.
   [7] Rot ordnet an: „Halt vor der Kreuzung".
   [8] Nach dem Anhalten ist das Abbiegen nach rechts auch bei Rot erlaubt, wenn rechts neben dem Lichtzeichen Rot ein Schild mit grünem Pfeil auf schwarzem Grund (Grünpfeil) angebracht ist.
   [9] Durch das Zeichen

   wird der Grünpfeil auf den Radverkehr beschränkt.
   [10] Wer ein Fahrzeug führt, darf nur aus dem rechten Fahrstreifen abbiegen.
   [11] Soweit der Radverkehr die Lichtzeichen für den Fahrverkehr zu beachten hat, dürfen Rad Fahrende auch aus einem am rechten Fahrbahnrand befindlichen Radfahrstreifen oder aus straßenbegleitenden, nicht abgesetzten, baulich angelegten Radwegen abbiegen.
   [12] Dabei muss man sich so verhalten, dass eine Behinderung oder Gefährdung anderer Verkehrsteilnehmer, insbesondere des Fußgänger- und Fahrzeugverkehrs der freigegebenen Verkehrsrichtung, ausgeschlossen ist.
   [13] Schwarzer Pfeil auf Rot ordnet das Halten, schwarzer Pfeil auf Gelb das

[1)] § 37 Abs. 2 Nr. 1 Satz 9 eingef., bish. Satz 9 wird Satz 10, neuer Satz 11 eingef., bish. Sätze 10 bis 13 werden Sätze 12 bis 14 mWv 28.4.2020 durch VO v. 20.4.2020 (BGBl. I S. 814).

Warten nur für die angegebene Richtung an.
[14] Ein einfeldiger Signalgeber mit Grünpfeil zeigt an, dass bei Rot für die Geradeaus-Richtung nach rechts abgebogen werden darf.

2. An anderen Straßenstellen, wie an Einmündungen und an Markierungen für den Fußgängerverkehr, haben die Lichtzeichen entsprechende Bedeutung.
3. Lichtzeichenanlagen können auf die Farbfolge Gelb – Rot beschränkt sein.
4. Für jeden von mehreren markierten Fahrstreifen (Zeichen 295, 296 oder 340) kann ein eigenes Lichtzeichen gegeben werden. Für Schienenbahnen können besondere Zeichen, auch in abweichenden Phasen, gegeben werden; das gilt auch für Omnibusse des Linienverkehrs und nach dem Personenbeförderungsrecht mit dem Schulbus-Zeichen zu kennzeichnende Fahrzeuge des Schüler- und Behindertenverkehrs, wenn diese einen vom übrigen Verkehr freigehaltenen Verkehrsraum benutzen; dies gilt zudem für Krankenfahrzeuge, Fahrräder, Taxen und Busse im Gelegenheitsverkehr, soweit diese durch Zusatzzeichen dort ebenfalls zugelassen sind.
5. Gelten die Lichtzeichen nur für zu Fuß Gehende oder nur für Rad Fahrende, wird das durch das Sinnbild „Fußgänger“ oder „Radverkehr“ angezeigt. Für zu Fuß Gehende ist die Farbfolge Grün – Rot – Grün; für Rad Fahrende kann sie so sein. Wechselt Grün auf Rot, während zu Fuß Gehende die Fahrbahn überschreiten, haben sie ihren Weg zügig fortzusetzen.
6. Wer ein Rad fährt, hat die Lichtzeichen für den Fahrverkehr zu beachten. Davon abweichend sind auf Radverkehrsführungen die besonderen Lichtzeichen für den Radverkehr zu beachten. An Lichtzeichenanlagen mit Radverkehrsführungen ohne besondere Lichtzeichen für Rad Fahrende müssen Rad Fahrende bis zum 31. Dezember 2016 weiterhin die Lichtzeichen für zu Fuß Gehende beachten, soweit eine Radfahrerfurt an eine Fußgängerfurt grenzt.

(3) [1] Dauerlichtzeichen über einem Fahrstreifen sperren ihn oder geben ihn zum Befahren frei.
[2] Rote gekreuzte Schrägbalken ordnen an:
„Der Fahrstreifen darf nicht benutzt werden“.
[3] Ein grüner, nach unten gerichteter Pfeil bedeutet:
„Der Verkehr auf dem Fahrstreifen ist freigegeben“.
[4] Ein gelb blinkender, schräg nach unten gerichteter Pfeil ordnet an:
„Fahrstreifen in Pfeilrichtung wechseln“.

(4) Wo Lichtzeichen den Verkehr regeln, darf nebeneinander gefahren werden, auch wenn die Verkehrsdichte das nicht rechtfertigt.

(5) Wer ein Fahrzeug führt, darf auf Fahrstreifen mit Dauerlichtzeichen nicht halten.

§ 38 Blaues Blinklicht und gelbes Blinklicht. (1) [1] Blaues Blinklicht zusammen mit dem Einsatzhorn darf nur verwendet werden, wenn höchste Eile geboten ist, um Menschenleben zu retten oder schwere gesundheitliche Schäden abzuwenden, eine Gefahr für die öffentliche Sicherheit oder Ordnung abzuwenden, flüchtige Personen zu verfolgen oder bedeutende Sachwerte zu erhalten.
[2] Es ordnet an:
„Alle übrigen Verkehrsteilnehmer haben sofort freie Bahn zu schaffen“.

(2) Blaues Blinklicht allein darf nur von den damit ausgerüsteten Fahrzeugen und nur zur Warnung an Unfall- oder sonstigen Einsatzstellen, bei Einsatzfahrten oder bei der Begleitung von Fahrzeugen oder von geschlossenen Verbänden verwendet werden.

(3) [1] Gelbes Blinklicht warnt vor Gefahren. [2] Es kann ortsfest oder von Fahrzeugen aus verwendet werden. [3] Die Verwendung von Fahrzeugen aus ist nur zulässig, um vor Arbeits- oder Unfallstellen, vor ungewöhnlich langsam fahrenden Fahrzeugen oder vor Fahrzeugen mit ungewöhnlicher Breite oder Länge oder mit ungewöhnlich breiter oder langer Ladung zu warnen.

§ 39[1)] Verkehrszeichen. (1) Angesichts der allen Verkehrsteilnehmern obliegenden Verpflichtung, die allgemeinen und besonderen Verhaltensvorschriften dieser Verordnung eigenverantwortlich zu beachten, werden örtliche Anordnungen durch Verkehrszeichen nur dort getroffen, wo dies auf Grund der besonderen Umstände zwingend geboten ist.

(1a) Innerhalb geschlossener Ortschaften ist abseits der Vorfahrtstraßen (Zeichen 306) mit der Anordnung von Tempo 30-Zonen (Zeichen 274.1) zu rechnen.

(1b) Innerhalb geschlossener Ortschaften ist abseits der Vorfahrtstraßen (Zeichen 306) mit der Anordnung von Fahrradzonen (Zeichen 244.3) zu rechnen.

(2) [1] Regelungen durch Verkehrszeichen gehen den allgemeinen Verkehrsregeln vor. [2] Verkehrszeichen sind Gefahrzeichen, Vorschriftzeichen und Richtzeichen. [3] Als Schilder stehen sie regelmäßig rechts. [4] Gelten sie nur für einzelne markierte Fahrstreifen, sind sie in der Regel über diesen angebracht.

(3) [1] Auch Zusatzzeichen sind Verkehrszeichen. [2] Zusatzzeichen zeigen auf weißem Grund mit schwarzem Rand schwarze Sinnbilder, Zeichnungen oder Aufschriften, soweit nichts anderes bestimmt ist. [3] Sie sind unmittelbar, in der Regel unter dem Verkehrszeichen, auf das sie sich beziehen, angebracht.

(4) [1] Verkehrszeichen können auf einer weißen Trägertafel aufgebracht sein. [2] Abweichend von den abgebildeten Verkehrszeichen können in Wechselverkehrszeichen die weißen Flächen schwarz und die schwarzen Sinnbilder und der schwarze Rand weiß sein, wenn diese Zeichen nur durch Leuchten erzeugt werden.

(5) [1] Auch Markierungen und Radverkehrsführungsmarkierungen sind Verkehrszeichen. [2] Sie sind grundsätzlich weiß. [3] Nur als vorübergehend gültige Markierungen sind sie gelb; dann heben sie die weißen Markierungen auf. [4] Gelbe Markierungen können auch in Form von Markierungsknopfreihen, Markierungsleuchtknopfreihen oder als Leitschwellen oder Leitborde ausgeführt sein. [5] Leuchtknopfreihen gelten nur, wenn sie eingeschaltet sind. [6] Alle Linien können durch gleichmäßig dichte Markierungsknopfreihen ersetzt werden. [7] In verkehrsberuhigten Geschäftsbereichen (§ 45 Absatz 1d) können Fahrbahnbegrenzungen auch mit anderen Mitteln, insbesondere durch Pflasterlinien, ausgeführt sein. [8] Schriftzeichen und die Wiedergabe von Verkehrszeichen auf der Fahrbahn dienen dem Hinweis auf ein angebrachtes Verkehrszeichen.

(6) [1] Verkehrszeichen können an einem Fahrzeug angebracht sein. [2] Sie gelten auch während das Fahrzeug sich bewegt. [3] Sie gehen den Anordnungen der ortsfest angebrachten Verkehrszeichen vor.

(7) Werden Sinnbilder auf anderen Verkehrszeichen als den in den Anlagen 1 bis 3 zu den §§ 40 bis 42 dargestellten gezeigt, so bedeuten die Sinnbilder:

[1)] § 39 Abs. 9 Satz 2 geänd. mWv 30.10.2014 durch VO v. 22.10.2014 (BGBl. I S. 1635); Abs. 10 angef. mWv 26.9.2015 durch VO v. 15.9.2015 (BGBl. I S. 1573); Abs. 7 geänd. mWv 14.12.2016 durch VO v. 30.11.2016 (BGBl. I S. 2848); Abs. 1b sowie Abs. 10 Satz 2 eingef., bish. Satz 2 wird Satz 3, Abs. 7 geänd., Abs. 11 angef. mWv 28.4.2020 durch VO v. 20.4.2020 (BGBl. I S. 814).

Kraftwagen und sonstige mehrspurige Kraftfahrzeuge

Kraftfahrzeuge mit einer zulässigen Gesamtmasse über 3,5 t, einschließlich ihrer Anhänger, und Zugmaschinen, ausgenommen Personenkraftwagen und Kraftomnibusse

Radverkehr

Fahrrad zum Transport von Gütern oder Personen – Lastenfahrrad

Fußgänger

Reiter

Viehtrieb

Straßenbahn

Kraftomnibus

Personenkraftwagen

Personenkraftwagen oder Krafträder mit Beiwagen, die mit mindestens drei Personen besetzt sind – mehrfachbesetzte Personenkraftwagen

Personenkraftwagen mit Anhänger

Lastkraftwagen mit Anhänger

Wohnmobil

Kraftfahrzeuge und Züge, die nicht schneller als 25 km/h fahren können oder dürfen

Krafträder, auch mit Beiwagen, Kleinkrafträder und Mofas

Mofas

Einsitzige zweirädrige Kleinkrafträder mit elektrischem Antrieb, der sich auf eine bauartbedingte Geschwindigkeit von nicht mehr als 25 km/h selbsttätig abregelt – E-Bikes –

Elektrokleinstfahrzeug im Sinne der Elektrokleinstfahrzeuge-Verordnung (eKFV)

Gespannfuhrwerke

(8) Bei besonderen Gefahrenlagen können als Gefahrzeichen nach Anlage 1 auch die Sinnbilder „Viehtrieb“ und „Reiter“ und Sinnbilder mit folgender Bedeutung angeordnet sein:

Schnee- oder Eisglätte

Steinschlag

Splitt, Schotter

Bewegliche Brücke

Ufer

Fußgängerüberweg

Amphibienwanderung

Unzureichendes Lichtraumprofil

Flugbetrieb

(9) [1] Die in den Anlagen 1 bis 4 abgebildeten Verkehrszeichen und Verkehrseinrichtungen können auch mit den im Verkehrszeichenkatalog dargestellten Varianten angeordnet sein. [2] Der Verkehrszeichenkatalog wird vom Bundesministerium für Verkehr und digitale Infrastruktur im Verkehrsblatt veröffentlicht.

(10)[1)] [1] Zur Bevorrechtigung elektrisch betriebener Fahrzeuge kann das Sinnbild

als Inhalt eines Zusatzzeichens angeordnet sein. [2] Zur Unterstützung einer Parkflächenvorhaltung für elektrisch betriebene Fahrzeuge kann das Sinnbild zusätzlich auf der Parkfläche aufgebracht sein. [3] Elektrisch betriebene Fahrzeuge sind die nach § 9a Absatz 2 und 4, jeweils auch in Verbindung mit Absatz 5, der Fahrzeug-Zulassungsverordnung gekennzeichneten Fahrzeuge.

(11) [1] Zur Parkbevorrechtigung von Carsharingfahrzeugen kann das Sinnbild

Carsharing

als Inhalt eines Zusatzzeichens zu Zeichen 314 oder 315 angeordnet sein. [2] Carsharingfahrzeuge sind Fahrzeuge im Sinne des § 2 Nummer 1 und des § 4 Absatz 1 und 2 des Carsharinggesetzes, in denen die Plakette

deutlich sichtbar auf der Innenseite der Windschutzscheibe anzubringen ist.

---

1) Siehe hierzu die Übergangsbestimmungen in § 52.

§ 40 Gefahrzeichen. (1) Gefahrzeichen mahnen zu erhöhter Aufmerksamkeit, insbesondere zur Verringerung der Geschwindigkeit im Hinblick auf eine Gefahrsituation (§ 3 Absatz 1).

(2) [1] Außerhalb geschlossener Ortschaften stehen sie im Allgemeinen 150 bis 250 m vor den Gefahrstellen. [2] Ist die Entfernung erheblich geringer, kann sie auf einem Zusatzzeichen angegeben sein, wie

(3) Innerhalb geschlossener Ortschaften stehen sie im Allgemeinen kurz vor der Gefahrstelle.

(4) Ein Zusatzzeichen wie

kann die Länge der Gefahrstrecke angeben.

(5) Steht ein Gefahrzeichen vor einer Einmündung, weist auf einem Zusatzzeichen ein schwarzer Pfeil in die Richtung der Gefahrstelle, falls diese in der anderen Straße liegt.

(6) Allgemeine Gefahrzeichen ergeben sich aus der Anlage 1 Abschnitt 1.

(7) Besondere Gefahrzeichen vor Übergängen von Schienenbahnen mit Vorrang ergeben sich aus der Anlage 1 Abschnitt 2.

§ 41 Vorschriftzeichen. (1) Wer am Verkehr teilnimmt, hat die durch Vorschriftzeichen nach Anlage 2 angeordneten Ge- oder Verbote zu befolgen.

(2) [1] Vorschriftzeichen stehen vorbehaltlich des Satzes 2 dort, wo oder von wo an die Anordnung zu befolgen ist. [2] Soweit die Zeichen aus Gründen der Leichtigkeit oder der Sicherheit des Verkehrs in einer bestimmten Entfernung zum Beginn der Befolgungspflicht stehen, ist die Entfernung zu dem maßgeblichen Ort auf einem Zusatzzeichen angegeben. [3] Andere Zusatzzeichen enthalten nur allgemeine Beschränkungen der Gebote oder Verbote oder allgemeine Ausnahmen von ihnen. [4] Die besonderen Zusatzzeichen zu den Zeichen 283, 286, 277, 290.1 und 290.2 können etwas anderes bestimmen, zum Beispiel den Geltungsbereich erweitern.

§ 42 Richtzeichen. (1) [1] Richtzeichen geben besondere Hinweise zur Erleichterung des Verkehrs. [2] Sie können auch Ge- oder Verbote enthalten.

(2) Wer am Verkehr teilnimmt, hat die durch Richtzeichen nach Anlage 3 angeordneten Ge- oder Verbote zu befolgen.

(3) [1] Richtzeichen stehen vorbehaltlich des Satzes 2 dort, wo oder von wo an die Anordnung zu befolgen ist. [2] Soweit die Zeichen aus Gründen der Leichtigkeit oder der Sicherheit des Verkehrs in einer bestimmten Entfernung zum Beginn der Befolgungspflicht stehen, ist die Entfernung zu dem maßgeblichen Ort auf einem Zusatzzeichen angegeben.

§ 43 Verkehrseinrichtungen. (1) [1]Verkehrseinrichtungen sind Schranken, Sperrpfosten, Absperrgeräte sowie Leiteinrichtungen, die bis auf Leitpfosten, Leitschwellen und Leitborde rot-weiß gestreift sind. [2]Leitschwellen und Leitborde haben die Funktion einer vorübergehend gültigen Markierung und sind gelb. [3]Verkehrseinrichtungen sind außerdem Absperrgeländer, Parkuhren, Parkscheinautomaten, Blinklicht- und Lichtzeichenanlagen sowie Verkehrsbeeinflussungsanlagen. [4]§ 39 Absatz 1 gilt entsprechend.

(2) Regelungen durch Verkehrseinrichtungen gehen den allgemeinen Verkehrsregeln vor.

(3) [1]Verkehrseinrichtungen nach Absatz 1 Satz 1 ergeben sich aus Anlage 4. [2]Die durch Verkehrseinrichtungen (Anlage 4 Nummer 1 bis 7) gekennzeichneten Straßenflächen darf der Verkehrsteilnehmer nicht befahren.

(4) Zur Kennzeichnung nach § 17 Absatz 4 Satz 2 und 3 von Fahrzeugen und Anhängern, die innerhalb geschlossener Ortschaften auf der Fahrbahn halten, können amtlich geprüfte Park-Warntafeln verwendet werden.

III. Durchführungs-, Bußgeld- und Schlussvorschriften

§ 44[1)] Sachliche Zuständigkeit. (1) [1]Zuständig zur Ausführung dieser Verordnung sind, soweit nichts anderes bestimmt ist, die Straßenverkehrsbehörden. [2]Nach Maßgabe des Landesrechts kann die Zuständigkeit der obersten Landesbehörden und der höheren Verwaltungsbehörden im Einzelfall oder allgemein auf eine andere Stelle übertragen werden.

(2) [1]Die Polizei ist befugt, den Verkehr durch Zeichen und Weisungen (§ 36) und durch Bedienung von Lichtzeichenanlagen zu regeln. [2]Bei Gefahr im Verzug kann zur Aufrechterhaltung der Sicherheit oder Ordnung des Straßenverkehrs die Polizei an Stelle der an sich zuständigen Behörden tätig werden und vorläufige Maßnahmen treffen; sie bestimmt dann die Mittel zur Sicherung und Lenkung des Verkehrs.

(3) [1]Die Erlaubnis nach § 29 Absatz 2 und nach § 30 Absatz 2 erteilt die Straßenverkehrsbehörde, dagegen die höhere Verwaltungsbehörde, wenn die Veranstaltung über den Bezirk einer Straßenverkehrsbehörde hinausgeht, und die oberste Landesbehörde, wenn die Veranstaltung sich über den Verwaltungsbezirk einer höheren Verwaltungsbehörde hinaus erstreckt. [2]Berührt die Veranstaltung mehrere Länder, ist diejenige oberste Landesbehörde zuständig, in deren Land die Veranstaltung beginnt. [3]Nach Maßgabe des Landesrechts kann die Zuständigkeit der obersten Landesbehörden und der höheren Verwaltungsbehörden im Einzelfall oder allgemein auf eine andere Stelle übertragen werden.

(3a) [1]Die Erlaubnis nach § 29 Absatz 3 erteilt die Straßenverkehrsbehörde, dagegen die höhere Verwaltungsbehörde, welche Abweichungen von den Abmessungen, den Achslasten, den zulässigen Gesamtmassen und dem Sichtfeld des Fahrzeugs über eine Ausnahme zulässt, sofern kein Anhörverfahren stattfindet; sie ist dann auch zuständig für Ausnahmen nach § 46 Absatz 1 Nummer 2 und 5 im Rahmen einer solchen Erlaubnis. [2]Dasselbe gilt, wenn eine andere Behörde diese Aufgaben der höheren Verwaltungsbehörde wahrnimmt.

(4) Vereinbarungen über die Benutzung von Straßen durch den Militärverkehr werden von der Bundeswehr oder den Truppen der nichtdeutschen Vertragsstaaten des Nordatlantikpaktes oder der Mitgliedstaaten der Europäischen Union aus-

[1)] § 44 Abs. 4 und 5 geänd. mWv 28.4.2020 durch VO v. 20.4.2020 (BGBl. I S. 814).

genommen Deutschland mit der obersten Landesbehörde oder der von ihr bestimmten Stelle abgeschlossen.

(5) Soweit keine Vereinbarungen oder keine Sonderregelungen für ausländische Streitkräfte bestehen, erteilen die höheren Verwaltungsbehörden oder die nach Landesrecht bestimmten Stellen die Erlaubnis für übermäßige Benutzung der Straße durch die Bundeswehr oder durch die Truppen der nichtdeutschen Vertragsstaaten des Nordatlantikpaktes oder der Mitgliedstaaten der Europäischen Union ausgenommen Deutschland; sie erteilen auch die Erlaubnis für die übermäßige Benutzung der Straße durch die Bundespolizei, die Polizei und den Katastrophenschutz.

§ 45[1)] Verkehrszeichen und Verkehrseinrichtungen. (1) [1] Die Straßenverkehrsbehörden können die Benutzung bestimmter Straßen oder Straßenstrecken aus Gründen der Sicherheit oder Ordnung des Verkehrs beschränken oder verbieten und den Verkehr umleiten. [2] Das gleiche Recht haben sie

1. zur Durchführung von Arbeiten im Straßenraum,
2. zur Verhütung außerordentlicher Schäden an der Straße,
3. zum Schutz der Wohnbevölkerung vor Lärm und Abgasen,
4. zum Schutz der Gewässer und Heilquellen,
5. hinsichtlich der zur Erhaltung der öffentlichen Sicherheit erforderlichen Maßnahmen sowie
6. zur Erforschung des Unfallgeschehens, des Verkehrsverhaltens, der Verkehrsabläufe sowie zur Erprobung geplanter verkehrssichernder oder verkehrsregelnder Maßnahmen.

(1a) Das gleiche Recht haben sie ferner

1. in Bade- und heilklimatischen Kurorten,
2. in Luftkurorten,
3. in Erholungsorten von besonderer Bedeutung,
4. in Landschaftsgebieten und Ortsteilen, die überwiegend der Erholung dienen,

4a. hinsichtlich örtlich begrenzter Maßnahmen aus Gründen des Arten- oder Biotopschutzes,

4b. hinsichtlich örtlich und zeitlich begrenzter Maßnahmen zum Schutz kultureller Veranstaltungen, die außerhalb des Straßenraums stattfinden und durch den Straßenverkehr, insbesondere durch den von diesem ausgehenden Lärm, erheblich beeinträchtigt werden,

5. in der Nähe von Krankenhäusern und Pflegeanstalten sowie
6. in unmittelbarer Nähe von Erholungsstätten außerhalb geschlossener Ortschaften,

wenn dadurch anders nicht vermeidbare Belästigungen durch den Fahrzeugverkehr verhütet werden können.

(1b) [1] Die Straßenverkehrsbehörden treffen auch die notwendigen Anordnungen

---

[1)] § 45 Abs. 1g eingef. mWv 26.9.2015 durch VO v. 15.9.2015 (BGBl. I S. 1573); Abs. 9 neu gef., Abs. 10 angef. mWv 14.12.2016 durch VO v. 30.11.2016 (BGBl. I S. 2848); Abs. 2 Satz 3 eingef., bish. Satz 3 wird Satz 4 mWv 23.12.2016 durch VO v. 16.12.2016 (BGBl. I S. 2938); Abs. 1h und 1i eingef., Abs. 9 Satz 4 Nr. 6 und Abs. 10 geänd., Abs. 9 Nr. 7 und 8 angef. mWv 28.4.2020 durch VO v. 20.4.2020 (BGBl. I S. 814).

1. im Zusammenhang mit der Einrichtung von gebührenpflichtigen Parkplätzen für Großveranstaltungen,
2. im Zusammenhang mit der Kennzeichnung von Parkmöglichkeiten für schwerbehinderte Menschen mit außergewöhnlicher Gehbehinderung, beidseitiger Amelie oder Phokomelie oder mit vergleichbaren Funktionseinschränkungen sowie für blinde Menschen,

2a. im Zusammenhang mit der Kennzeichnung von Parkmöglichkeiten für Bewohner städtischer Quartiere mit erheblichem Parkraummangel durch vollständige oder zeitlich beschränkte Reservierung des Parkraums für die Berechtigten oder durch Anordnung der Freistellung von angeordneten Parkraumbewirtschaftungsmaßnahmen,

3. zur Kennzeichnung von Fußgängerbereichen und verkehrsberuhigten Bereichen,
4. zur Erhaltung der Sicherheit oder Ordnung in diesen Bereichen sowie
5. zum Schutz der Bevölkerung vor Lärm und Abgasen oder zur Unterstützung einer geordneten städtebaulichen Entwicklung.

[2] Die Straßenverkehrsbehörden ordnen die Parkmöglichkeiten für Bewohner, die Kennzeichnung von Fußgängerbereichen, verkehrsberuhigten Bereichen und Maßnahmen zum Schutze der Bevölkerung vor Lärm und Abgasen oder zur Unterstützung einer geordneten städtebaulichen Entwicklung im Einvernehmen mit der Gemeinde an.

(1c) [1] Die Straßenverkehrsbehörden ordnen ferner innerhalb geschlossener Ortschaften, insbesondere in Wohngebieten und Gebieten mit hoher Fußgänger- und Fahrradverkehrsdichte sowie hohem Querungsbedarf, Tempo 30-Zonen im Einvernehmen mit der Gemeinde an. [2] Die Zonen-Anordnung darf sich weder auf Straßen des überörtlichen Verkehrs (Bundes-, Landes- und Kreisstraßen) noch auf weitere Vorfahrtstraßen (Zeichen 306) erstrecken. [3] Sie darf nur Straßen ohne Lichtzeichen geregelte Kreuzungen oder Einmündungen, Fahrstreifenbegrenzungen (Zeichen 295), Leitlinien (Zeichen 340) und benutzungspflichtige Radwege (Zeichen 237, 240, 241 oder Zeichen 295 in Verbindung mit Zeichen 237) umfassen. [4] An Kreuzungen und Einmündungen innerhalb der Zone muss grundsätzlich die Vorfahrtregel nach § 8 Absatz 1 Satz 1 („rechts vor links") gelten. [5] Abweichend von Satz 3 bleiben vor dem 1. November 2000 angeordnete Tempo 30-Zonen mit Lichtzeichenanlagen zum Schutz der Fußgänger zulässig.

(1d) In zentralen städtischen Bereichen mit hohem Fußgängeraufkommen und überwiegender Aufenthaltsfunktion (verkehrsberuhigte Geschäftsbereiche) können auch Zonen-Geschwindigkeitsbeschränkungen von weniger als 30 km/h angeordnet werden.

(1e) [1] Die Straßenverkehrsbehörden ordnen die für den Betrieb von mautgebührenpflichtigen Strecken erforderlichen Verkehrszeichen und Verkehrseinrichtungen auf der Grundlage des vom Konzessionsnehmer vorgelegten Verkehrszeichenplans an. [2] Die erforderlichen Anordnungen sind spätestens drei Monate nach Eingang des Verkehrszeichenplans zu treffen.

(1f) Zur Kennzeichnung der in einem Luftreinhalteplan oder einem Plan für kurzfristig zu ergreifende Maßnahmen nach § 47 Absatz 1 oder 2 des Bundes-Immissionsschutzgesetzes[1] festgesetzten Umweltzonen ordnet die Straßenver-

---

[1] Nr. **32.1**.

kehrsbehörde die dafür erforderlichen Verkehrsverbote mittels der Zeichen 270.1 und 270.2 in Verbindung mit dem dazu vorgesehenen Zusatzzeichen an.

(1g)[1)] Zur Bevorrechtigung elektrisch betriebener Fahrzeuge ordnet die Straßenverkehrsbehörde unter Beachtung der Anforderungen des § 3 Absatz 1 des Elektromobilitätsgesetzes die dafür erforderlichen Zeichen 314, 314.1 und 315 in Verbindung mit dem dazu vorgesehenen Zusatzzeichen an.

(1h) [1] Zur Parkbevorrechtigung von Carsharingfahrzeugen ordnet die Straßenverkehrsbehörde unter Beachtung der Anforderungen der §§ 2 und 3 des Carsharinggesetzes die dafür erforderlichen Zeichen 314, 314.1 und 315 in Verbindung mit dem dazu vorgesehenen Zusatzzeichen mit dem Carsharingsinnbild nach § 39 Absatz 11 an. [2] Soll die Parkfläche nur für ein bestimmtes Carsharingunternehmen vorgehalten werden, ist auf einem weiteren Zusatzzeichen unterhalb dieses Zusatzzeichens die Firmenbezeichnung des Carsharingunternehmens namentlich in schwarzer Schrift auf weißem Grund anzuordnen.

(1i) [1] Die Straßenverkehrsbehörden ordnen ferner innerhalb geschlossener Ortschaften, insbesondere in Gebieten mit hoher Fahrradverkehrsdichte, Fahrradzonen im Einvernehmen mit der Gemeinde an. [2] Die Zonen-Anordnung darf sich weder auf Straßen des überörtlichen Verkehrs (Bundes-, Landes- und Kreisstraßen) noch auf weitere Vorfahrtstraßen (Zeichen 306) erstrecken. [3] Sie darf nur Straßen ohne Lichtzeichen geregelte Kreuzungen oder Einmündungen, Fahrstreifenbegrenzungen (Zeichen 295), Leitlinien (Zeichen 340) und benutzungspflichtige Radwege (Zeichen 237, 240, 241 oder Zeichen 295 in Verbindung mit Zeichen 237) umfassen. [4] An Kreuzungen und Einmündungen innerhalb der Zone muss grundsätzlich die Vorfahrtregel nach § 8 Absatz 1 Satz 1 („rechts vor links") gelten. [5] Die Anordnung einer Fahrradzone darf sich nicht mit der Anordnung einer Tempo 30-Zone überschneiden. [6] Innerhalb der Fahrradzone ist in regelmäßigen Abständen das Zeichen 244.3 als Sinnbild auf der Fahrbahn aufzubringen.

(2) [1] Zur Durchführung von Straßenbauarbeiten und zur Verhütung von außerordentlichen Schäden an der Straße, die durch deren baulichen Zustand bedingt sind, können die nach Landesrecht für den Straßenbau bestimmten Behörden (Straßenbaubehörde) – vorbehaltlich anderer Maßnahmen der Straßenverkehrsbehörden – Verkehrsverbote und -beschränkungen anordnen, den Verkehr umleiten und ihn durch Markierungen und Leiteinrichtungen lenken. [2] Für Bahnübergänge von Eisenbahnen des öffentlichen Verkehrs können nur die Bahnunternehmen durch Blinklicht- oder Lichtzeichenanlagen, durch rot-weiß gestreifte Schranken oder durch Aufstellung des Andreaskreuzes ein bestimmtes Verhalten der Verkehrsteilnehmer vorschreiben. [3] Für Bahnübergänge von Straßenbahnen auf unabhängigem Bahnkörper gilt Satz 2 mit der Maßgabe entsprechend, dass die Befugnis zur Anordnung der Maßnahmen der nach personenbeförderungsrechtlichen Vorschriften zuständigen Technischen Aufsichtsbehörde des Straßenbahnunternehmens obliegt. [4] Alle Gebote und Verbote sind durch Zeichen und Verkehrseinrichtungen nach dieser Verordnung anzuordnen.

(3) [1] Im Übrigen bestimmen die Straßenverkehrsbehörden, wo und welche Verkehrszeichen und Verkehrseinrichtungen anzubringen und zu entfernen sind, bei Straßennamensschildern nur darüber, wo diese so anzubringen sind, wie Zeichen 437 zeigt. [2] Die Straßenbaubehörden legen – vorbehaltlich anderer Anordnungen der Straßenverkehrsbehörden – die Art der Anbringung und der Ausgestaltung, wie Übergröße, Beleuchtung fest; ob Leitpfosten anzubringen sind,

---

[1)] Siehe hierzu die Übergangsbestimmungen in § 52.

bestimmen sie allein. [3] Sie können auch – vorbehaltlich anderer Maßnahmen der Straßenverkehrsbehörden – Gefahrzeichen anbringen, wenn die Sicherheit des Verkehrs durch den Zustand der Straße gefährdet wird.

(4) Die genannten Behörden dürfen den Verkehr nur durch Verkehrszeichen und Verkehrseinrichtungen regeln und lenken; in dem Fall des Absatzes 1 Satz 2 Nummer 5 jedoch auch durch Anordnungen, die durch Rundfunk, Fernsehen, Tageszeitungen oder auf andere Weise bekannt gegeben werden, sofern die Aufstellung von Verkehrszeichen und -einrichtungen nach den gegebenen Umständen nicht möglich ist.

(5) [1] Zur Beschaffung, Anbringung, Unterhaltung und Entfernung der Verkehrszeichen und Verkehrseinrichtungen und zu deren Betrieb einschließlich ihrer Beleuchtung ist der Baulastträger verpflichtet, sonst der Eigentümer der Straße. [2] Das gilt auch für die von der Straßenverkehrsbehörde angeordnete Beleuchtung von Fußgängerüberwegen.

(6) [1] Vor dem Beginn von Arbeiten, die sich auf den Straßenverkehr auswirken, müssen die Unternehmer – die Bauunternehmer unter Vorlage eines Verkehrszeichenplans – von der zuständigen Behörde Anordnungen nach den Absätzen 1 bis 3 darüber einholen, wie ihre Arbeitsstellen abzusperren und zu kennzeichnen sind, ob und wie der Verkehr, auch bei teilweiser Straßensperrung, zu beschränken, zu leiten und zu regeln ist, ferner ob und wie sie gesperrte Straßen und Umleitungen zu kennzeichnen haben. [2] Sie haben diese Anordnungen zu befolgen und Lichtzeichenanlagen zu bedienen.

(7) [1] Sind Straßen als Vorfahrtstraßen oder als Verkehrsumleitungen gekennzeichnet, bedürfen Baumaßnahmen, durch welche die Fahrbahn eingeengt wird, der Zustimmung der Straßenverkehrsbehörde; ausgenommen sind die laufende Straßenunterhaltung sowie Notmaßnahmen. [2] Die Zustimmung gilt als erteilt, wenn sich die Behörde nicht innerhalb einer Woche nach Eingang des Antrags zu der Maßnahme geäußert hat.

(7a) Die Besatzung von Fahrzeugen, die im Pannenhilfsdienst, bei Bergungsarbeiten und bei der Vorbereitung von Abschleppmaßnahmen eingesetzt wird, darf bei Gefahr im Verzug zur Eigensicherung, zur Absicherung des havarierten Fahrzeugs und zur Sicherung des übrigen Verkehrs an der Pannenstelle Leitkegel (Zeichen 610) aufstellen.

(8) [1] Die Straßenverkehrsbehörden können innerhalb geschlossener Ortschaften die zulässige Höchstgeschwindigkeit auf bestimmten Straßen durch Zeichen 274 erhöhen. [2] Außerhalb geschlossener Ortschaften können sie mit Zustimmung der zuständigen obersten Landesbehörden die nach § 3 Absatz 3 Nummer 2 Buchstabe c zulässige Höchstgeschwindigkeit durch Zeichen 274 auf 120 km/h anheben.

(9) [1] Verkehrszeichen und Verkehrseinrichtungen sind nur dort anzuordnen, wo dies auf Grund der besonderen Umstände zwingend erforderlich ist. [2] Dabei dürfen Gefahrzeichen nur dort angeordnet werden, wo es für die Sicherheit des Verkehrs erforderlich ist, weil auch ein aufmerksamer Verkehrsteilnehmer die Gefahr nicht oder nicht rechtzeitig erkennen kann und auch nicht mit ihr rechnen muss. [3] Insbesondere Beschränkungen und Verbote des fließenden Verkehrs dürfen nur angeordnet werden, wenn auf Grund der besonderen örtlichen Verhältnisse eine Gefahrenlage besteht, die das allgemeine Risiko einer Beeinträchtigung der in den vorstehenden Absätzen genannten Rechtsgüter erheblich übersteigt. [4] Satz 3 gilt nicht für die Anordnung von

1. Schutzstreifen für den Radverkehr (Zeichen 340),
2. Fahrradstraßen (Zeichen 244.1),

3. Sonderwegen außerhalb geschlossener Ortschaften (Zeichen 237, Zeichen 240, Zeichen 241) oder Radfahrstreifen innerhalb geschlossener Ortschaften (Zeichen 237 in Verbindung mit Zeichen 295),
4. Tempo 30-Zonen nach Absatz 1c,
5. verkehrsberuhigten Geschäftsbereichen nach Absatz 1d,
6. innerörtlichen streckenbezogenen Geschwindigkeitsbeschränkungen von 30 km/h (Zeichen 274) nach Absatz 1 Satz 1 auf Straßen des überörtlichen Verkehrs (Bundes-, Landes- und Kreisstraßen) oder auf weiteren Vorfahrtstraßen (Zeichen 306) im unmittelbaren Bereich von an diesen Straßen gelegenen Kindergärten, Kindertagesstätten, allgemeinbildenden Schulen, Förderschulen, Alten- und Pflegeheimen oder Krankenhäusern,
7. Erprobungsmaßnahmen nach Absatz 1 Satz 2 Nummer 6 zweiter Halbsatz,
8. Fahrradzonen nach Absatz 1i.

[5] Satz 3 gilt ferner nicht für Beschränkungen oder Verbote des fließenden Verkehrs nach Absatz 1 Satz 1 oder 2 Nummer 3 zur Beseitigung oder Abmilderung von erheblichen Auswirkungen veränderter Verkehrsverhältnisse, die durch die Erhebung der Maut nach dem Bundesfernstraßenmautgesetz hervorgerufen worden sind. [6] Satz 3 gilt zudem nicht zur Kennzeichnung der in einem Luftreinhalteplan oder einem Plan für kurzfristig zu ergreifende Maßnahmen nach § 47 Absatz 1 oder 2 des Bundes-Immissionsschutzgesetzes festgesetzten Umweltzonen nach Absatz 1f.

(10) Absatz 9 gilt nicht, soweit Verkehrszeichen angeordnet werden, die zur Förderung der Elektromobilität nach dem Elektromobilitätsgesetz oder zur Förderung des Carsharing nach dem Carsharinggesetz getroffen werden dürfen.

§ 46[1)] Ausnahmegenehmigung und Erlaubnis. (1) [1] Die Straßenverkehrsbehörden können in bestimmten Einzelfällen oder allgemein für bestimmte Antragsteller Ausnahmen genehmigen

1. von den Vorschriften über die Straßenbenutzung (§ 2);
2. vom Verbot, eine Autobahn oder eine Kraftfahrstraße zu betreten oder mit dort nicht zugelassenen Fahrzeugen zu benutzen (§ 18 Absatz 1 und 9);
3. von den Halt- und Parkverboten (§ 12 Absatz 4);
4. vom Verbot des Parkens vor oder gegenüber von Grundstücksein- und -ausfahrten (§ 12 Absatz 3 Nummer 3);

4a. von der Vorschrift, an Parkuhren nur während des Laufens der Uhr, an Parkscheinautomaten nur mit einem Parkschein zu halten (§ 13 Absatz 1);

4b. von der Vorschrift, im Bereich eines Zonenhaltverbots (Zeichen 290.1 und 290.2) nur während der dort vorgeschriebenen Zeit zu parken (§ 13 Absatz 2);

4c. von den Vorschriften über das Abschleppen von Fahrzeugen (§ 15a);

5. von den Vorschriften über Höhe, Länge und Breite von Fahrzeug und Ladung (§ 18 Absatz 1 Satz 2, § 22 Absatz 2 bis 4);

5a. von dem Verbot der unzulässigen Mitnahme von Personen (§ 21);

5b. von den Vorschriften über das Anlegen von Sicherheitsgurten und das Tragen von Schutzhelmen (§ 21a);

[1)] § 46 Abs. 2 Satz 3 geänd. mWv 30.10.2014 durch VO v. 22.10.2014 (BGBl. I S. 1635); Abs. 1a eingef. mWv 26.9.2015 durch VO v. 15.9.2015 (BGBl. I S. 1573); Abs. 2 Satz 3 geänd. mWv 13.10.2017 durch G v. 30.9.2017 (BGBl. I S. 3532); Abs. 2 Satz 3 geänd. mWv 28.4.2020 durch VO v. 20.4.2020 (BGBl. I S. 814).

6. vom Verbot, Tiere von Kraftfahrzeugen und andere Tiere als Hunde von Fahrrädern aus zu führen (§ 28 Absatz 1 Satz 3 und 4);
7. vom Sonn- und Feiertagsfahrverbot (§ 30 Absatz 3);
8. vom Verbot, Hindernisse auf die Straße zu bringen (§ 32 Absatz 1);
9. von den Verboten, Lautsprecher zu betreiben, Waren oder Leistungen auf der Straße anzubieten (§ 33 Absatz 1 Nummer 1 und 2);
10. vom Verbot der Werbung und Propaganda in Verbindung mit Verkehrszeichen (§ 33 Absatz 2 Satz 2) nur für die Flächen von Leuchtsäulen, an denen Haltestellenschilder öffentlicher Verkehrsmittel angebracht sind;
11. von den Verboten oder Beschränkungen, die durch Vorschriftzeichen (Anlage 2), Richtzeichen (Anlage 3), Verkehrseinrichtungen (Anlage 4) oder Anordnungen (§ 45 Absatz 4) erlassen sind;
12. von dem Nacht- und Sonntagsparkverbot (§ 12 Absatz 3a).

[2] Vom Verbot, Personen auf der Ladefläche oder in Laderäumen mitzunehmen (§ 21 Absatz 2), können für die Dienstbereiche der Bundeswehr, der auf Grund des Nordatlantik-Vertrages errichteten internationalen Hauptquartiere, der Bundespolizei und der Polizei deren Dienststellen, für den Katastrophenschutz die zuständigen Landesbehörden, Ausnahmen genehmigen. [3] Dasselbe gilt für die Vorschrift, dass vorgeschriebene Sicherheitsgurte angelegt sein oder Schutzhelme getragen werden müssen (§ 21a).

(1a)[1)] [1] Die Straßenverkehrsbehörden können zur Bevorrechtigung elektrisch betriebener Fahrzeuge allgemein durch Zusatzzeichen Ausnahmen von Verkehrsbeschränkungen, Verkehrsverboten oder Verkehrsumleitungen nach § 45 Absatz 1 Nummer 3, Absatz 1a und 1b Nummer 5 erste Alternative zulassen. [2] Das gleiche Recht haben sie für die Benutzung von Busspuren durch elektrisch betriebene Fahrzeuge. [3] Die Anforderungen des § 3 Absatz 1 des Elektromobilitätsgesetzes sind zu beachten.

(2) [1] Die zuständigen obersten Landesbehörden oder die nach Landesrecht bestimmten Stellen können von allen Vorschriften dieser Verordnung Ausnahmen für bestimmte Einzelfälle oder allgemein für bestimmte Antragsteller genehmigen. [2] Vom Sonn- und Feiertagsfahrverbot (§ 30 Absatz 3) können sie darüber hinaus für bestimmte Straßen oder Straßenstrecken Ausnahmen zulassen, soweit diese im Rahmen unterschiedlicher Feiertagsregelung in den Ländern (§ 30 Absatz 4) notwendig werden. [3] Erstrecken sich die Auswirkungen der Ausnahme über ein Land hinaus und ist eine einheitliche Entscheidung notwendig, ist das Bundesministerium für Verkehr und digitale Infrastruktur zuständig; die Ausnahme erlässt dieses Bundesministerium durch Verordnung.

(3) [1] Ausnahmegenehmigung und Erlaubnis können unter dem Vorbehalt des Widerrufs erteilt werden und mit Nebenbestimmungen (Bedingungen, Befristungen, Auflagen) versehen werden. [2] Erforderlichenfalls kann die zuständige Behörde die Beibringung eines Sachverständigengutachtens auf Kosten des Antragstellers verlangen. [3] Die Bescheide sind mitzuführen und auf Verlangen zuständigen Personen auszuhändigen. [4] Bei Erlaubnissen nach § 29 Absatz 3 und Ausnahmegenehmigungen nach § 46 Absatz 1 Nummer 5 genügt das Mitführen fernkopierter Bescheide oder von Ausdrucken elektronisch erteilter und signierter Bescheide sowie deren digitalisierte Form auf einem Speichermedium, wenn diese derart

1) Siehe hierzu die Übergangsbestimmungen in § 52.

mitgeführt wird, dass sie bei einer Kontrolle auf Verlangen zuständigen Personen lesbar gemacht werden kann.

(4) Ausnahmegenehmigungen und Erlaubnisse der zuständigen Behörde sind für den Geltungsbereich dieser Verordnung wirksam, sofern sie nicht einen anderen Geltungsbereich nennen.

§ 47[1)] Örtliche Zuständigkeit. (1) [1] Die Erlaubnisse nach § 29 Absatz 2 und nach § 30 Absatz 2 erteilt für eine Veranstaltung, die im Ausland beginnt, die nach § 44 Absatz 3 sachlich zuständige Behörde, in deren Gebiet die Grenzübergangsstelle liegt. [2] Diese Behörde ist auch zuständig, wenn sonst erlaubnis- und genehmigungspflichtiger Verkehr im Ausland beginnt. [3] Die Erlaubnis nach § 29 Absatz 3 erteilt die Straßenverkehrsbehörde, in deren Bezirk der erlaubnispflichtige Verkehr beginnt, oder die Straßenverkehrsbehörde, in deren Bezirk ***[bis 31.12.2020:*** der Antragsteller seinen Wohnort, seinen Sitz oder eine Zweigniederlassung hat***] [ab 1.1.2021:*** *der erlaubnispflichtige Verkehr endet; im Fall einer flächendeckenden Erlaubnis wird die Erlaubnis nach § 29 Absatz 3 von der Straßenverkehrsbehörde erteilt, in deren Bezirk die den Transport durchführende Person ihren Wohnort oder Sitz oder das den Transport durchführende Unternehmen seinen Sitz hat****]. [Satz 4 ab 1.1.2021:]*** *[4] Befindet sich der Wohnort oder der Sitz im Ausland, so ist die Behörde zuständig, in deren Bezirk erstmalig von der Erlaubnis Gebrauch gemacht wird.*

(2) Zuständig sind für die Erteilung von Ausnahmegenehmigungen

1. nach § 46 Absatz 1 Nummer 2 für eine Ausnahme von § 18 Absatz 1 die Straßenverkehrsbehörde, in deren Bezirk auf die Autobahn oder Kraftfahrstraße eingefahren werden soll. Wird jedoch eine Erlaubnis nach § 29 Absatz 3 oder eine Ausnahmegenehmigung nach § 46 Absatz 1 Nummer 5 erteilt, ist die Verwaltungsbehörde zuständig, die diese Verfügung erlässt;
2. nach § 46 Absatz 1 Nummer 4a für kleinwüchsige Menschen sowie nach § 46 Absatz 1 Nummer 4a und 4b für Ohnhänder die Straßenverkehrsbehörde, in deren Bezirk der Antragsteller seinen Wohnort hat, auch für die Bereiche, die außerhalb ihres Bezirks liegen;
3. nach § 46 Absatz 1 Nummer 4c die Straßenverkehrsbehörde, in deren Bezirk der Antragsteller seinen Wohnort, seinen Sitz oder eine Zweigniederlassung hat;
4. nach § 46 Absatz 1 Nummer 5 die Straßenverkehrsbehörde, in deren Bezirk der zu genehmigende Verkehr beginnt oder die Straßenverkehrsbehörde, in deren Bezirk ***[bis 31.12.2020:*** der Antragsteller seinen Wohnort, seinen Sitz oder eine Zweigniederlassung hat***] [ab 1.1.2021:*** *der zu genehmigende Verkehr endet; im Fall einer flächendeckenden Ausnahmegenehmigung die Straßenverkehrsbehörde, in deren Bezirk die den Transport durchführende Person ihren Wohnort oder Sitz oder das den Transport durchführende Unternehmen seinen Sitz hat. Befindet sich der Wohnort oder der Sitz im Ausland, so ist die Behörde zuständig, in deren Bezirk erstmalig von der Genehmigung Gebrauch gemacht wird****]***;
5. nach § 46 Absatz 1 Nummer 5b die Straßenverkehrsbehörde, in deren Bezirk der Antragsteller seinen Wohnort hat, auch für die Bereiche, die außerhalb ihres Bezirks liegen;
6. nach § 46 Absatz 1 Nummer 7 die Straßenverkehrsbehörde, in deren Bezirk die Ladung aufgenommen wird oder ***[ab 1.1.2021:*** *, im Falle einer flächendeckenden Ausnahmegenehmigung,****]*** die Straßenverkehrsbehörde, in deren Bezirk ***[bis 31.12.***

[1)] § 47 Abs. 1 Satz 3, Abs. 2 Nr. 4 und 6 geänd., Abs. 1 Satz 4 angef. **mWv 1.1.2021** durch VO v. 20.4. 2020 (BGBl. I S. 814).

2020: der Antragsteller seinen Wohnort, seinen Sitz oder eine Zweigniederlassung hat***]*** ***[ab 1.1.2021:*** *die den Transport durchführende Person ihren Wohnort oder Sitz oder das den Transport durchführende Unternehmen seinen Sitz hat****]***. Diese sind auch für die Genehmigung der Leerfahrt zum Beladungsort zuständig, ferner dann, wenn in ihrem Land von der Ausnahmegenehmigung kein Gebrauch gemacht wird oder wenn dort kein Fahrverbot besteht ***[bis 31.12.2020:*** ;***]*** ***[ab 1.1.2021:*** *. Befindet sich der Wohnort oder der Sitz im Ausland, so ist die Behörde zuständig, in deren Bezirk erstmalig von der Genehmigung Gebrauch gemacht wird;****]***

7. nach § 46 Absatz 1 Nummer 11 die Straßenverkehrsbehörde, in deren Bezirk die Verbote, Beschränkungen und Anordnungen erlassen sind, für schwerbehinderte Menschen jedoch jede Straßenverkehrsbehörde auch für solche Maßnahmen, die außerhalb ihres Bezirks angeordnet sind;
8. in allen übrigen Fällen die Straßenverkehrsbehörde, in deren Bezirk von der Ausnahmegenehmigung Gebrauch gemacht werden soll.

(3) Die Erlaubnisse für die übermäßige Benutzung der Straße durch die Bundeswehr, die in § 35 Absatz 5 genannten Truppen, die Bundespolizei, die Polizei und den Katastrophenschutz erteilen die höhere Verwaltungsbehörde oder die nach Landesrecht bestimmte Stelle, in deren Bezirk der erlaubnispflichtige Verkehr beginnt.

§ 48 Verkehrsunterricht. Wer Verkehrsvorschriften nicht beachtet, ist auf Vorladung der Straßenverkehrsbehörde oder der von ihr beauftragten Beamten verpflichtet, an einem Unterricht über das Verhalten im Straßenverkehr teilzunehmen.

§ 49[1)] **Ordnungswidrigkeiten.** (1) Ordnungswidrig im Sinne des § 24 des Straßenverkehrsgesetzes[2)] handelt, wer vorsätzlich oder fahrlässig gegen eine Vorschrift über

1. das allgemeine Verhalten im Straßenverkehr nach § 1 Absatz 2,
2. die Straßenbenutzung durch Fahrzeuge nach § 2 Absatz 1 bis 3a, Absatz 4 Satz 1, 4, 5 oder 6 oder Absatz 5,
3. die Geschwindigkeit nach § 3,
4. den Abstand nach § 4,
5. das Überholen nach § 5 Absatz 1 oder 2, Absatz 3 Nummer 1, Absatz 3a bis 4a, Absatz 5 Satz 2, Absatz 6 oder 7,
6. das Vorbeifahren nach § 6,
7. das Benutzen linker Fahrstreifen nach § 7 Absatz 3a Satz 1, auch in Verbindung mit Satz 2, Absatz 3b, Absatz 3c Satz 3 oder den Fahrstreifenwechsel nach § 7 Absatz 5,

7a. das Verhalten auf Ausfädelungsstreifen nach § 7a Absatz 3,

8. die Vorfahrt nach § 8,
9. das Abbiegen, Wenden oder Rückwärtsfahren nach § 9 Absatz 1, Absatz 2 Satz 2 oder 3, Absatz 3 bis 6,

---

1) § 49 Abs. 1 Nr. 2 geänd. mWv 30.10.2014 durch VO v. 22.10.2014 (BGBl. I S. 1635); Abs. 1 Nr. 20a geänd. mWv 30.6.2016 durch VO v. 17.6.2016 (BGBl. I S. 1463); Abs. 2 Nr. 5 aufgeh. mWv 13.10.2017 durch G v. 30.9.2017 (BGBl. I S. 3532); Abs. 1 Nr. 22 neu gef., Nr. 25 geänd. mWv 19.10.2017 durch VO v. 6.10.2017 (BGBl. I S. 3549); Abs. 1 Nr. 9 und 20 geänd. mWv 28.4.2020 durch VO v. 20.4.2020 (BGBl. I S. 814).

2) Nr. **42.5**.

10. das Einfahren oder Anfahren nach § 10 Satz 1 oder Satz 2,
11. das Verhalten bei besonderen Verkehrslagen nach § 11 Absatz 1 oder 2,
12. das Halten oder Parken nach § 12 Absatz 1, 3, 3a Satz 1, Absatz 3b Satz 1, Absatz 4 Satz 1, 2 zweiter Halbsatz, Satz 3 oder 5 oder Absatz 4a bis 6,
13. Parkuhren, Parkscheine oder Parkscheiben nach § 13 Absatz 1 oder 2,
14. die Sorgfaltspflichten beim Ein- oder Aussteigen nach § 14,
15. das Liegenbleiben von Fahrzeugen nach § 15,

15a. das Abschleppen nach § 15a,

16. die Abgabe von Warnzeichen nach § 16,
17. die Beleuchtung und das Stehenlassen unbeleuchteter Fahrzeuge nach § 17 Absatz 1 bis 4, Absatz 4a Satz 1, Absatz 5 oder 6,
18. die Benutzung von Autobahnen und Kraftfahrstraßen nach § 18 Absatz 1 bis 3, Absatz 5 Satz 2 oder Absatz 6 bis 11,
19. das Verhalten
    a) an Bahnübergängen nach § 19 Absatz 1 Satz 1 Nummer 2 oder 3, Satz 2, Satz 3 oder Absatz 2 Satz 1, auch in Verbindung mit Satz 2 oder Absatz 3 bis 6 oder
    b) an und vor Haltestellen von öffentlichen Verkehrsmitteln und Schulbussen nach § 20,
20. die Personenbeförderung nach § 21 Absatz 1 Satz 1 oder 4, Absatz 1a Satz 1, auch in Verbindung mit Satz 2 Nummer 2, Absatz 2 Satz 1, 4 oder 6 oder Absatz 3 Satz 1 bis 3,

20a. das Anlegen von Sicherheitsgurten, Rollstuhl-Rückhaltesystemen oder Rollstuhlnutzer-Rückhaltesystemen nach § 21a Absatz 1 Satz 1 oder das Tragen von Schutzhelmen nach § 21a Absatz 2 Satz 1,

21. die Ladung nach § 22,
22. sonstige Pflichten des Fahrzeugführers nach § 23 Absatz 1, Absatz 1a Satz 1, auch in Verbindung mit den Sätzen 2 bis 4, Absatz 1c, Absatz 2 erster Halbsatz, Absatz 3 oder Absatz 4 Satz 1,
23. das Fahren mit Krankenfahrstühlen oder anderen als in § 24 Absatz 1 genannten Rollstühlen nach § 24 Absatz 2,
24. das Verhalten
    a) als zu Fuß Gehender nach § 25 Absatz 1 bis 4,
    b) an Fußgängerüberwegen nach § 26 oder
    c) auf Brücken nach § 27 Absatz 6,
25. den Umweltschutz nach § 30 Absatz 1 oder 2 oder das Sonn- und Feiertagsfahrverbot nach § 30 Absatz 3 Satz 1 oder 2 Nummer 7 Satz 2,
26. das Sporttreiben oder Spielen nach § 31 Absatz 1 Satz 1, Absatz 2 Satz 3,
27. das Bereiten, Beseitigen oder Kenntlichmachen von verkehrswidrigen Zuständen oder die wirksame Verkleidung gefährlicher Geräte nach § 32,
28. Verkehrsbeeinträchtigungen nach § 33 Absatz 1 oder 2 oder
29. das Verhalten nach einem Verkehrsunfall nach § 34 Absatz 1 Nummer 1, Nummer 2, Nummer 5 oder Nummer 6 Buchstabe b – sofern in diesem letzten Fall zwar eine nach den Umständen angemessene Frist gewartet, aber nicht Name und Anschrift am Unfallort hinterlassen wird – oder nach § 34 Absatz 3,

verstößt.

(2) Ordnungswidrig im Sinne des § 24 des Straßenverkehrsgesetzes handelt auch, wer vorsätzlich oder fahrlässig

1. als Führer eines geschlossenen Verbandes entgegen § 27 Absatz 5 nicht dafür sorgt, dass die für geschlossene Verbände geltenden Vorschriften befolgt werden,

1a. entgegen § 27 Absatz 2 einen geschlossenen Verband unterbricht,

2. als Führer einer Kinder- oder Jugendgruppe entgegen § 27 Absatz 1 Satz 4 diese nicht den Gehweg benutzen lässt,

3. als Tierhalter oder sonst für die Tiere Verantwortlicher einer Vorschrift nach § 28 Absatz 1 oder Absatz 2 Satz 2 zuwiderhandelt,

4. als Reiter, Führer von Pferden, Treiber oder Führer von Vieh entgegen § 28 Absatz 2 einer für den gesamten Fahrverkehr einheitlich bestehenden Verkehrsregel oder Anordnung zuwiderhandelt,

5. *(aufgehoben)*

6. entgegen § 29 Absatz 2 Satz 1 eine Veranstaltung durchführt oder als Veranstaltender entgegen § 29 Absatz 2 Satz 3 nicht dafür sorgt, dass die in Betracht kommenden Verkehrsvorschriften oder Auflagen befolgt werden, oder

7. entgegen § 29 Absatz 3 ein dort genanntes Fahrzeug oder einen Zug führt.

(3) Ordnungswidrig im Sinne des § 24 des Straßenverkehrsgesetzes handelt ferner, wer vorsätzlich oder fahrlässig

1. entgegen § 36 Absatz 1 bis 4 ein Zeichen oder eine Weisung oder entgegen Absatz 5 Satz 4 ein Haltgebot oder eine Anweisung eines Polizeibeamten nicht befolgt,

2. einer Vorschrift des § 37 über das Verhalten an Wechsellichtzeichen, Dauerlichtzeichen oder beim Rechtsabbiegen mit Grünpfeil zuwiderhandelt,

3. entgegen § 38 Absatz 1, 2 oder 3 Satz 3 blaues Blinklicht zusammen mit dem Einsatzhorn oder allein oder gelbes Blinklicht verwendet oder entgegen § 38 Absatz 1 Satz 2 nicht sofort freie Bahn schafft,

4. entgegen § 41 Absatz 1 ein durch Vorschriftzeichen angeordnetes Ge- oder Verbot der Anlage 2 Spalte 3 nicht befolgt,

5. entgegen § 42 Absatz 2 ein durch Richtzeichen angeordnetes Ge- oder Verbot der Anlage 3 Spalte 3 nicht befolgt,

6. entgegen § 43 Absatz 3 Satz 2 eine abgesperrte Straßenfläche befährt oder

7. einer den Verkehr verbietenden oder beschränkenden Anordnung, die nach § 45 Absatz 4 zweiter Halbsatz bekannt gegeben worden ist, zuwiderhandelt.

(4) Ordnungswidrig im Sinne des § 24 des Straßenverkehrsgesetzes handelt schließlich, wer vorsätzlich oder fahrlässig

1. dem Verbot des § 35 Absatz 6 Satz 1, 2 oder 3 über die Reinigung von Gehwegen zuwiderhandelt,

1a. entgegen § 35 Absatz 6 Satz 4 keine auffällige Warnkleidung trägt,

2. entgegen § 35 Absatz 8 Sonderrechte ausübt, ohne die öffentliche Sicherheit und Ordnung gebührend zu berücksichtigen,

3. entgegen § 45 Absatz 6 mit Arbeiten beginnt, ohne zuvor Anordnungen eingeholt zu haben, diese Anordnungen nicht befolgt oder Lichtzeichenanlagen nicht bedient,

4. entgegen § 46 Absatz 3 Satz 1 eine vollziehbare Auflage der Ausnahmegenehmigung oder Erlaubnis nicht befolgt,
5. entgegen § 46 Absatz 3 Satz 3, auch in Verbindung mit Satz 4, die Bescheide, Ausdrucke oder deren digitalisierte Form nicht mitführt oder auf Verlangen nicht aushändigt oder sichtbar macht,
6. entgegen § 48 einer Vorladung zum Verkehrsunterricht nicht folgt oder
7. entgegen § 50 auf der Insel Helgoland ein Kraftfahrzeug führt oder mit einem Fahrrad fährt.

§ 50 Sonderregelung für die Insel Helgoland. Auf der Insel Helgoland sind der Verkehr mit Kraftfahrzeugen und das Radfahren verboten.

§ 51 Besondere Kostenregelung. Die Kosten der Zeichen 386.1, 386.2 und 386.3 trägt abweichend von § 5b Absatz 1 des Straßenverkehrsgesetzes derjenige, der die Aufstellung dieses Zeichens beantragt.

§ 52[1)] Übergangs- und Anwendungsbestimmungen. (1) Mit Ablauf des 31. Dezember 2026 sind nicht mehr anzuwenden:

1. § 39 Absatz 10,
2. § 45 Absatz 1g,
3. § 46 Absatz 1a,
4. Anlage 2 Nummer 25 Spalte 3 Nummer 4 sowie Nummer 25.1, 27.1, 63.5 und 64.1,
5. Anlage 3 Nummer 7 Spalte 3 Nummer 3, Nummer 8 Spalte 3 Nummer 4, Nummer 10 Spalte 3 Nummer 3 und Nummer 11 Spalte 3.

(2) [1] Abweichend von § 2 Absatz 3a Satz 1 darf der Führer eines Kraftfahrzeuges dieses bis zum Ablauf des 30. September 2024 bei Glatteis, Schneeglätte, Schneematsch, Eisglätte oder Reifglätte auch fahren, wenn alle Räder mit Reifen ausgerüstet sind, die unbeschadet der allgemeinen Anforderungen an die Bereifung

1. die in Anhang II Nummer 2.2 der Richtlinie 92/23/EWG des Rates vom 31. März 1992 über Reifen von Kraftfahrzeugen und Kraftfahrzeuganhängern und über ihre Montage (ABl. L 129 vom 14.5.1992, S. 95), die zuletzt durch die Richtlinie 2005/11/EG (ABl. L 46 vom 17.2.2005, S. 42) geändert worden ist, beschriebenen Eigenschaften erfüllen (M+S Reifen) und
2. nicht nach dem 31. Dezember 2017 hergestellt worden sind.

[2] Im Falle des Satzes 1 Nummer 2 maßgeblich ist das am Reifen angegebene Herstellungsdatum.

(3) § 2 Absatz 3a Satz 3 Nummer 2 ist erstmals am ersten Tag des sechsten Monats, der auf den Monat folgt, in dem das Bundesministerium für Verkehr und digitale Infrastruktur dem Bundesrat einen Bericht über eine Felduntersuchung der Bundesanstalt für Straßenwesen über die Eignung der Anforderung des § 2 Absatz 3a Satz 3 Nummer 2 vorlegt, spätestens jedoch ab dem 1. Juli 2020, anzuwenden.

(4) § 23 Absatz 1a ist im Falle der Verwendung eines Funkgerätes erst ab dem 1. Juli 2020 anzuwenden.

---

1) § 52 eingef. mWv 26.9.2015 durch VO v. 15.9.2015 (BGBl. I S. 1573); Abs. 2 und 3 angef. mWv 1.6.2017 durch VO v. 18.5.2017 (BGBl. I S. 1282); Abs. 4 angef. mWv 19.10.2017 durch VO v. 6.10. 2017 (BGBl. I S. 3549).

§ 53 Inkrafttreten, Außerkrafttreten. (1) Diese Verordnung tritt am 1. April 2013 in Kraft.

(2) Die Straßenverkehrs-Ordnung vom 16. November 1970 (BGBl. I S. 1565; 1971 I S. 38), die zuletzt durch Artikel 1 der Verordnung vom 1. Dezember 2010 (BGBl. I S. 1737) geändert worden ist, tritt mit folgenden Maßgaben an dem in Absatz 1 bezeichneten Tag außer Kraft:

1. Verkehrszeichen in der Gestaltung nach der bis zum 1. Juli 1992 geltenden Fassung behalten weiterhin ihre Gültigkeit.
2. Für Kraftomnibusse, die vor dem 8. Dezember 2007 erstmals in den Verkehr gekommen sind, ist § 18 Absatz 5 Nummer 3 in der vor dem 8. Dezember 2007 geltenden Fassung weiter anzuwenden.
3. Zusatzzeichen zu Zeichen 220, durch die nach den bis zum 1. April 2013 geltenden Vorschriften der Fahrradverkehr in der Gegenrichtung zugelassen werden konnte, soweit in einer Einbahnstraße mit geringer Verkehrsbelastung die zulässige Höchstgeschwindigkeit durch Verkehrszeichen auf 30 km/h oder weniger beschränkt ist, bleiben bis zum 1. April 2017 gültig.
4. Die bis zum 1. April 2013 angeordneten Zeichen 150, 153, 353, 380, 381, 388 und 389 bleiben bis zum 31. Oktober 2022 gültig.
5. Bereits angeordnete Zeichen 311, die im oberen Teil weiß sind, wenn die Ortschaft, auf die hingewiesen wird, zu derselben Gemeinde wie die zuvor durchfahrene Ortschaft gehört, bleiben weiterhin gültig.

Anlage 1
(zu § 40 Absatz 6 und 7)

Allgemeine und Besondere Gefahrzeichen

1	2	3
lfd. Nr.	Zeichen	Erläuterungen
Abschnitt 1 Allgemeine Gefahrzeichen (zu § 40 Absatz 6)		
1	Zeichen 101  Gefahrstelle	Ein Zusatzzeichen kann die Gefahr näher bezeichnen.
2	Zeichen 102  Kreuzung oder Einmündung	Kreuzung oder Einmündung mit Vorfahrt von rechts
3	Zeichen 103  Kurve	
4	Zeichen 105  Doppelkurve	

1	2	3
lfd. Nr.	Zeichen	Erläuterungen
5	Zeichen 108  Gefälle	
6	Zeichen 110  Steigung	
7	Zeichen 112  Unebene Fahrbahn	
8	Zeichen 114  Schleuder- oder Rutschgefahr	Schleuder- oder Rutschgefahr bei Nässe oder Schmutz
9	Zeichen 117  Seitenwind	

1	2	3
lfd. Nr.	Zeichen	Erläuterungen
10	Zeichen 120  Verengte Fahrbahn	
11	Zeichen 121  Einseitig verengte Fahrbahn	
12	Zeichen 123  Arbeitsstelle	
13	Zeichen 124  Stau	
14	Zeichen 125  Gegenverkehr	

1	2	3
lfd. Nr.	Zeichen	Erläuterungen
15	Zeichen 131  Lichtzeichenanlage	
16	Zeichen 133  Fußgänger	
17	Zeichen 136  Kinder	
18	Zeichen 138  Radverkehr	
19	Zeichen 142  Wildwechsel	

1	2	3
lfd. Nr.	Zeichen	Erläuterungen
Abschnitt 2 Besondere Gefahrzeichen vor Übergängen von Schienenbahnen mit Vorrang (zu § 40 Absatz 7)		
20	Zeichen 151  Bahnübergang	
21	Zeichen 156  Bahnübergang mit dreistreifiger Bake	Bahnübergang mit dreistreifiger Bake etwa 240 m vor dem Bahnübergang. Die Angabe erheblich abweichender Abstände kann an der dreistreifigen, zweistreifigen und einstreifigen Bake oberhalb der Schrägstreifen in schwarzen Ziffern erfolgen.
22	Zeichen 159  Zweistreifige Bake	Zweistreifige Bake etwa 160 m vor dem Bahnübergang
23	Zeichen 162  Einstreifige Bake	Einstreifige Bake etwa 80 m vor dem Bahnübergang

Anlage 2[1)]
(zu § 41 Absatz 1)

Vorschriftzeichen

1	2	3
lfd. Nr.	Zeichen und Zusatzzeichen	Ge- oder Verbote Erläuterungen
Abschnitt 1 Wartegebote und Haltgebote		
1	Zeichen 201  Andreaskreuz	**Ge- oder Verbot** 1. Wer ein Fahrzeug führt, muss dem Schienenverkehr Vorrang gewähren. 2. Wer ein Fahrzeug führt, darf bis zu 10 m vor diesem Zeichen nicht halten, wenn es dadurch verdeckt wird. 3. Wer ein Fahrzeug führt, darf vor und hinter diesem Zeichen a) innerhalb geschlossener Ortschaften (Zeichen 310 und 311) bis zu je 5 m, b) außerhalb geschlossener Ortschaften bis zu je 50 m nicht parken. 4. Ein Zusatzzeichen mit schwarzem Pfeil zeigt an, dass das Andreaskreuz nur für den Straßenverkehr in Richtung dieses Pfeils gilt. **Erläuterung** Das Zeichen (auch liegend) befindet sich vor dem Bahnübergang, in der Regel unmittelbar davor. Ein Blitzpfeil in der Mitte des Andreaskreuzes zeigt an, dass die Bahnstrecke eine Spannung führende Fahrleitung hat.
2	Zeichen 205  Vorfahrt gewähren.	**Ge- oder Verbot** 1. Wer ein Fahrzeug führt, muss Vorfahrt gewähren. 2. Wer ein Fahrzeug führt, darf bis zu 10 m vor diesem Zeichen nicht halten, wenn es dadurch verdeckt wird. **Erläuterung** Das Zeichen steht unmittelbar vor der Kreuzung oder Einmündung. Es kann durch dasselbe Zeichen mit Zusatzzeichen, das die Entfernung angibt, angekündigt sein.

[1)] Anl. 2 geänd. mWv 26.9.2015 durch VO v. 15.9.2015 (BGBl. I S. 1573); geänd. mWv 19.10.2017 durch VO v. 6.10.2017 (BGBl. I S. 3549); geänd. mWv 28.4.2020 durch VO v. 20.4.2020 (BGBl. I S. 814).

1	2	3
lfd. Nr.	Zeichen und Zusatzzeichen	Ge- oder Verbote Erläuterungen
2.1		**Ge- oder Verbot** Ist das Zusatzzeichen zusammen mit dem Zeichen 205 angeordnet, bedeutet es: Wer ein Fahrzeug führt, muss Vorfahrt gewähren und dabei auf Radverkehr und Elektrokleinstfahrzeuge im Sinne der eKFV von links und rechts achten. **Erläuterung** Das Zusatzzeichen steht über dem Zeichen 205.
2.2		**Ge- oder Verbot** Ist das Zusatzzeichen zusammen mit dem Zeichen 205 angeordnet, bedeutet es: Wer ein Fahrzeug führt, muss der Straßenbahn Vorfahrt gewähren. **Erläuterung** Das Zusatzzeichen steht über dem Zeichen 205.
3	Zeichen 206  Halt. Vorfahrt gewähren.	**Ge- oder Verbot** 1. Wer ein Fahrzeug führt, muss anhalten und Vorfahrt gewähren. 2. Wer ein Fahrzeug führt, darf bis zu 10 m vor diesem Zeichen nicht halten, wenn es dadurch verdeckt wird. 3. Ist keine Haltlinie (Zeichen 294) vorhanden, ist dort anzuhalten, wo die andere Straße zu übersehen ist.
3.1		**Erläuterung** Das Zusatzzeichen kündigt zusammen mit dem Zeichen 205 das Haltgebot in der angegebenen Entfernung an.
3.2		**Ge- oder Verbot** Ist das Zusatzzeichen zusammen mit dem Zeichen 206 angeordnet, bedeutet es: Wer ein Fahrzeug führt, muss anhalten und Vorfahrt gewähren und dabei auf Radverkehr und Elektrokleinstfahrzeuge im Sinne der eKFV von links und rechts achten. **Erläuterung** Das Zusatzzeichen steht über dem Zeichen 206.

1	2	3
lfd. Nr.	Zeichen und Zusatzzeichen	Ge- oder Verbote Erläuterungen
Zu 2 und 3		**Erläuterung** Das Zusatzzeichen gibt zusammen mit den Zeichen 205 oder 206 den Verlauf der Vorfahrtstraße (abknickende Vorfahrt) bekannt.
4	Zeichen 208  Vorrang des Gegenverkehrs	**Ge- oder Verbot** Wer ein Fahrzeug führt, hat dem Gegenverkehr Vorrang zu gewähren.
Abschnitt 2 Vorgeschriebene Fahrtrichtungen		
zu 5 bis 7		**Ge- oder Verbot** Wer ein Fahrzeug führt, muss der vorgeschriebenen Fahrtrichtung folgen. **Erläuterung** Andere als die dargestellten Fahrtrichtungen werden entsprechend vorgeschrieben. Auf Anlage 2 laufende Nummer 70 wird hingewiesen.
5	Zeichen 209  Rechts	
6	Zeichen 211  Hier rechts	

1	2	3
lfd. Nr.	Zeichen und Zusatzzeichen	Ge- oder Verbote Erläuterungen
7	Zeichen 214  Geradeaus oder rechts	
8	Zeichen 215  Kreisverkehr	**Ge- oder Verbot** 1. Wer ein Fahrzeug führt, muss der vorgeschriebenen Fahrtrichtung im Kreisverkehr rechts folgen. 2. Wer ein Fahrzeug führt, darf die Mittelinsel des Kreisverkehrs nicht überfahren. Ausgenommen von diesem Verbot sind nur Fahrzeuge, denen wegen ihrer Abmessungen das Befahren sonst nicht möglich wäre. Mit ihnen darf die Mittelinsel und Fahrbahnbegrenzung überfahren werden, wenn eine Gefährdung anderer am Verkehr Teilnehmenden ausgeschlossen ist. 3. Es darf innerhalb des Kreisverkehrs auf der Fahrbahn nicht gehalten werden.
9	Zeichen 220  Einbahnstraße	**Ge- oder Verbot** Wer ein Fahrzeug führt, darf die Einbahnstraße nur in Richtung des Pfeils befahren. **Erläuterung** Das Zeichen schreibt für den Fahrzeugverkehr auf der Fahrbahn die Fahrtrichtung vor.
9.1		**Ge- oder Verbot** Ist Zeichen 220 mit diesem Zusatzzeichen angeordnet, bedeutet dies: Wer ein Fahrzeug führt, muss beim Einbiegen und im Verlauf einer Einbahnstraße auf Radverkehr und Elektrokleinstfahrzeuge im Sinne der eKFV entgegen der Fahrtrichtung achten. **Erläuterung** Das Zusatzzeichen zeigt an, dass Radverkehr in der Gegenrichtung zugelassen ist. Beim Vorbeifahren an einer für den gegenläufigen Radverkehr freigegebenen Einbahnstraße bleibt gegenüber dem aus-

1	2	3
lfd. Nr.	Zeichen und Zusatzzeichen	Ge- oder Verbote Erläuterungen
		fahrenden Radfahrer der Grundsatz, dass Vorfahrt hat, wer von rechts kommt (§ 8 Absatz 1 Satz 1) unberührt. Dies gilt auch für den ausfahrenden Radverkehr. Mündet eine Einbahnstraße für den gegenläufig zugelassenen Radverkehr in eine Vorfahrtstraße, steht für den aus der Einbahnstraße ausfahrenden Radverkehr das Zeichen 205.
Abschnitt 3 Vorgeschriebene Vorbeifahrt		
10	Zeichen 222  Rechts vorbei	**Ge- oder Verbot** Wer ein Fahrzeug führt, muss der vorgeschriebenen Vorbeifahrt folgen. **Erläuterung** „Links vorbei" wird entsprechend vorgeschrieben.
Abschnitt 4 Seitenstreifen als Fahrstreifen, Haltestellen und Taxenstände		
Zu 11 bis 13		**Erläuterung** Wird das Zeichen 223.1, 223.2 oder 223.3 für eine Fahrbahn mit mehr als zwei Fahrstreifen angeordnet, zeigen die Zeichen die entsprechende Anzahl der Pfeile.
11	Zeichen 223.1  Seitenstreifen befahren	**Ge- oder Verbot** Das Zeichen gibt den Seitenstreifen als Fahrstreifen frei; dieser ist wie ein rechter Fahrstreifen zu befahren.
11.1	Ende in .... m	**Erläuterung** Das Zeichen 223.1 mit dem Zusatzzeichen kündigt die Aufhebung der Anordnung an.

1	2	3
lfd. Nr.	Zeichen und Zusatzzeichen	Ge- oder Verbote Erläuterungen
12	Zeichen 223.2  Seitenstreifen nicht mehr befahren	**Ge- oder Verbot** Das Zeichen hebt die Freigabe des Seitenstreifens als Fahrstreifen auf.
13	Zeichen 223.3  Seitenstreifen räumen	**Ge- oder Verbot** Das Zeichen ordnet die Räumung des Seitenstreifens an.
14	Zeichen 224  Haltestelle	**Ge- oder Verbot** Wer ein Fahrzeug führt, darf bis zu 15 m vor und hinter dem Zeichen nicht parken. **Erläuterung** Das Zeichen kennzeichnet eine Haltestelle des Linienverkehrs und für Schulbusse. Das Zeichen mit dem Zusatzzeichen „Schulbus“ (Angabe der tageszeitlichen Benutzung) auf einer gemeinsamen weißen Trägerfläche kennzeichnet eine Haltestelle nur für Schulbusse.
15	Zeichen 229  Taxenstand	**Ge- oder Verbot** Wer ein Fahrzeug führt, darf an Taxenständen nicht halten, ausgenommen sind für die Fahrgastbeförderung bereitgehaltene Taxen. **Erläuterung** Die Länge des Taxenstandes wird durch die Angabe der Zahl der vorgesehenen Taxen oder das am Anfang der Strecke aufgestellte Zeichen mit einem zur Fahrbahn weisenden waagerechten weißen Pfeil und durch ein am Ende aufgestelltes Zeichen mit einem solchen von der Fahrbahn wegweisenden Pfeil oder durch eine Grenzmarkierung für Halt- und Parkverbote (Zeichen 299) gekennzeichnet.

1	2	3
lfd. Nr.	Zeichen und Zusatzzeichen	Ge- oder Verbote Erläuterungen
Abschnitt 5 Sonderwege		
16	Zeichen 237  Radweg	**Ge- oder Verbot** 1. Der Radverkehr darf nicht die Fahrbahn, sondern muss den Radweg benutzen (Radwegbenutzungspflicht). 2. Anderer Verkehr darf ihn nicht benutzen. 3. Ist durch Zusatzzeichen die Benutzung eines Radwegs für eine andere Verkehrsart erlaubt, muss diese auf den Radverkehr Rücksicht nehmen und der andere Fahrzeugverkehr muss erforderlichenfalls die Geschwindigkeit an den Radverkehr anpassen. 4. § 2 Absatz 4 Satz 6 bleibt unberührt.
17	Zeichen 238  Reitweg	**Ge- oder Verbot** 1. Wer reitet, darf nicht die Fahrbahn, sondern muss den Reitweg benutzen. Dies gilt auch für das Führen von Pferden (Reitwegbenutzungspflicht). 2. Anderer Verkehr darf ihn nicht benutzen. 3. Ist durch Zusatzzeichen die Benutzung eines Reitwegs für eine andere Verkehrsart erlaubt, muss diese auf den Reitverkehr Rücksicht nehmen und der Fahrzeugverkehr muss erforderlichenfalls die Geschwindigkeit an den Reitverkehr anpassen.
18	Zeichen 239  Gehweg	**Ge- oder Verbot** 1. Anderer als Fußgängerverkehr darf den Gehweg nicht nutzen. 2. Ist durch Zusatzzeichen die Benutzung eines Gehwegs für eine andere Verkehrsart erlaubt, muss diese auf den Fußgängerverkehr Rücksicht nehmen. Der Fußgängerverkehr darf weder gefährdet noch behindert werden. Wenn nötig, muss der Fahrverkehr warten; er darf nur mit Schrittgeschwindigkeit fahren. **Erläuterung** Das Zeichen kennzeichnet einen Gehweg (§ 25 Absatz 1 Satz 1), wo eine Klarstellung notwendig ist.

1	2	3
lfd. Nr.	Zeichen und Zusatzzeichen	Ge- oder Verbote Erläuterungen
19	Zeichen 240  Gemeinsamer Geh- und Radweg	**Ge- oder Verbot** 1. Der Radverkehr darf nicht die Fahrbahn, sondern muss den gemeinsamen Geh- und Radweg benutzen (Radwegbenutzungspflicht). 2. Anderer Verkehr darf ihn nicht benutzen. 3. Ist durch Zusatzzeichen die Benutzung eines gemeinsamen Geh- und Radwegs für eine andere Verkehrsart erlaubt, muss diese auf den Fußgänger- und Radverkehr Rücksicht nehmen. Erforderlichenfalls muss der Fahrverkehr die Geschwindigkeit an den Fußgängerverkehr anpassen. 4. § 2 Absatz 4 Satz 6 bleibt unberührt. **Erläuterung** Das Zeichen kennzeichnet auch den Gehweg (§ 25 Absatz 1 Satz 1).
20	Zeichen 241  Getrennter Rad- und Gehweg	**Ge- oder Verbot** 1. Der Radverkehr darf nicht die Fahrbahn, sondern muss den Radweg des getrennten Rad- und Gehwegs benutzen (Radwegbenutzungspflicht). 2. Anderer Verkehr darf ihn nicht benutzen. 3. Ist durch Zusatzzeichen die Benutzung eines getrennten Geh- und Radwegs für eine andere Verkehrsart erlaubt, darf diese nur den für den Radverkehr bestimmten Teil des getrennten Geh- und Radwegs befahren. 4. Die andere Verkehrsart muss auf den Radverkehr Rücksicht nehmen. Erforderlichenfalls muss anderer Fahrzeugverkehr die Geschwindigkeit an den Radverkehr anpassen. 5. § 2 Absatz 4 Satz 6 bleibt unberührt. **Erläuterung** Das Zeichen kennzeichnet auch den Gehweg (§ 25 Absatz 1 Satz 1).

1	2	3
lfd. Nr.	Zeichen und Zusatzzeichen	Ge- oder Verbote Erläuterungen
21	Zeichen 242.1  Beginn einer Fußgängerzone	**Ge- oder Verbot** 1. Anderer als Fußgängerverkehr darf die Fußgängerzone nicht benutzen. 2. Ist durch Zusatzzeichen die Benutzung einer Fußgängerzone für eine andere Verkehrsart erlaubt, dann gilt für den Fahrverkehr Nummer 2 zu Zeichen 239 entsprechend.
22	Zeichen 242.2  Ende einer Fußgängerzone	
23	Zeichen 244.1  Beginn einer Fahrradstraße	**Ge- oder Verbot** 1. Anderer Fahrzeugverkehr als Radverkehr sowie Elektrokleinstfahrzeuge im Sinne der eKFV darf Fahrradstraßen nicht benutzen, es sei denn, dies ist durch Zusatzzeichen erlaubt. Die freigegebenen Verkehrsarten können auch gemeinsam auf einem Zusatzzeichen abgebildet sein. Das Überqueren einer Fahrradstraße durch anderen Fahrzeugverkehr an einer Kreuzung zum Erreichen der weiterführenden Straße ist gestattet. 2. Für den Fahrverkehr gilt eine Höchstgeschwindigkeit von 30 km/h. Der Radverkehr darf weder gefährdet noch behindert werden. Wenn nötig, muss der Kraftfahrzeugverkehr die Geschwindigkeit weiter verringern. 3. Das Nebeneinanderfahren mit Fahrrädern ist erlaubt 4. Im Übrigen gelten die Vorschriften über die Fahrbahnbenutzung und über die Vorfahrt.

1	2	3
lfd. Nr.	Zeichen und Zusatzzeichen	Ge- oder Verbote Erläuterungen
24	Zeichen 244.2  Ende einer Fahrradstraße	
24.1	Zeichen 244.3  Beginn einer Fahrradzone	**Ge- oder Verbot** 1. Anderer Fahrzeugverkehr als Radverkehr sowie Elektrokleinstfahrzeuge im Sinne der eKFV darf Fahrradzonen nicht benutzen, es sei denn, dies ist durch Zusatzzeichen erlaubt. Die freigegebenen Verkehrsarten können auch gemeinsam auf einem Zusatzzeichen abgebildet sein. 2. Für den Fahrverkehr gilt eine Höchstgeschwindigkeit von 30 km/h. Der Radverkehr darf weder gefährdet noch behindert werden. Wenn nötig, muss der Kraftfahrzeugverkehr die Geschwindigkeit weiter verringern. 3. Das Nebeneinanderfahren mit Fahrrädern und Elektrokleinstfahrzeugen im Sinne der eKFV ist erlaubt. 4. Im Übrigen gelten die Vorschriften über die Fahrbahnbenutzung und über die Vorfahrt.
24.2	Zeichen 244.4  Ende einer Fahrradzone	

1	2	3
lfd. Nr.	Zeichen und Zusatzzeichen	Ge- oder Verbote Erläuterungen
25	Zeichen 245  Bussonderfahrstreifen	**Ge- oder Verbot** 1. Anderer Fahrverkehr als Omnibusse des Linienverkehrs sowie nach dem Personenbeförderungsrecht mit dem Schulbus-Schild zu kennzeichnende Fahrzeuge des Schüler- und Behindertenverkehrs dürfen Bussonderfahrstreifen nicht benutzen. 2. Mit Krankenfahrzeugen, Taxen, Fahrrädern und Bussen im Gelegenheitsverkehr darf der Sonderfahrstreifen nur benutzt werden, wenn dies durch Zusatzzeichen angezeigt ist. 3. Taxen dürfen an Bushaltestellen (Zeichen 224) zum sofortigen Ein- und Aussteigen von Fahrgästen halten. 4.[1] Mit elektrisch betriebenen Fahrzeugen darf der Bussonderfahrstreifen nur benutzt werden, wenn dies durch Zusatzzeichen angezeigt ist.
25.1[1]		**Ge- oder Verbot** Mit diesem Zusatzzeichen sind elektrisch betriebene Fahrzeuge auf dem Bussonderfahrstreifen zugelassen.
Abschnitt 6 Verkehrsverbote		
26		**Ge- oder Verbot** Die nachfolgenden Zeichen 250 bis 261 (Verkehrsverbote) untersagen die Verkehrsteilnahme ganz oder teilweise mit dem angegebenen Inhalt. **Erläuterung** Für die Zeichen 250 bis 259 gilt: 1. Durch Verkehrszeichen gleicher Art mit Sinnbildern nach § 39 Absatz 7 können andere Verkehrsarten verboten werden. 2. Zwei der nachstehenden Verbote können auf einem Schild vereinigt sein.

[1] Siehe hierzu die Übergangsbestimmungen in § 52.

1	2	3
lfd. Nr.	Zeichen und Zusatzzeichen	Ge- oder Verbote Erläuterungen
27		**Ge- oder Verbot** Ist auf einem Zusatzzeichen eine Masse, wie „7,5 t“, angegeben, gilt das Verbot nur, soweit die zulässige Gesamtmasse dieser Verkehrsmittel einschließlich ihrer Anhänger die angegebene Grenze überschreitet.
27.1[1]		**Ge- oder Verbot** Mit diesem Zusatzzeichen sind elektrisch betriebene Fahrzeuge von Verkehrsverboten (Zeichen 250, 251, 253, 255, 260) ausgenommen.
28	Zeichen 250  Verbot für Fahrzeuge aller Art	**Ge- oder Verbot** 1. Verbot für Fahrzeuge aller Art. Das Zeichen gilt nicht für Handfahrzeuge, abweichend von § 28 Absatz 2 auch nicht für Reiter, Führer von Pferden sowie Treiber und Führer von Vieh. 2. Krafträder und Fahrräder dürfen geschoben werden.
29	Zeichen 251  Verbot für Kraftwagen	**Ge- oder Verbot** Verbot für Kraftwagen und sonstige mehrspurige Kraftfahrzeuge
30	Zeichen 253  Verbot für Kraftfahrzeuge über 3,5 t	**Ge- oder Verbot** Verbot für Kraftfahrzeuge mit einer zulässigen Gesamtmasse über 3,5 t, einschließlich ihrer Anhänger, und für Zugmaschinen. Ausgenommen sind Personenkraftwagen und Kraftomnibusse. **Erläuterung** Das Zeichen kann in einer Überleitungstafel oder in einer Verschwenkungstafel oder in einer Fahrstreifentafel integriert sein. Dann bezieht sich das Verbot nur auf den jeweiligen Fahrstreifen, für den das Verbot angeordnet ist.

[1] Siehe hierzu die Übergangsbestimmungen in § 52.

<table>
<tr><td>1</td><td>2</td><td>3</td></tr>
<tr><td>lfd. Nr.</td><td>Zeichen und Zusatzzeichen</td><td>Ge- oder Verbote
Erläuterungen</td></tr>
<tr><td>30.1</td><td>

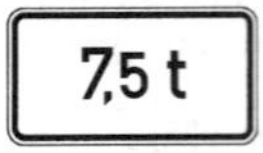
</td><td>Ge- oder Verbot
Wird Zeichen 253 mit diesen Zusatzzeichen angeordnet, bedeutet dies:
1. Das Verbot ist auf den Durchgangsverkehr mit Nutzfahrzeugen, einschließlich ihrer Anhänger, mit einer zulässigen Gesamtmasse ab 7,5 t beschränkt.
2. Durchgangsverkehr liegt nicht vor, soweit die jeweilige Fahrt
a) dazu dient, ein Grundstück an der vom Verkehrsverbot betroffenen Straße oder an einer Straße, die durch die vom Verkehrsverbot betroffene Straße erschlossen wird, zu erreichen oder zu verlassen,
b) dem Güterverkehr im Sinne des § 1 Absatz 1 des Güterkraftverkehrsgesetzes in einem Gebiet innerhalb eines Umkreises von 75 km, gerechnet in der Luftlinie vom Mittelpunkt des zu Beginn einer Fahrt ersten Beladeorts des jeweiligen Fahrzeugs (Ortsmittelpunkt), dient; dabei gehören alle Gemeinden, deren Ortsmittelpunkt innerhalb des Gebietes liegt, zu dem Gebiet, oder
c) mit im Bundesfernstraßenmautgesetz bezeichneten Fahrzeugen, die nicht der Mautpflicht unterliegen, durchgeführt wird.
3. Ausgenommen von dem Verkehrsverbot ist eine Fahrt, die auf ausgewiesenen Umleitungsstrecken (Zeichen 421, 442, 454 bis 457.2 oder Zeichen 460 und 466) durchgeführt wird, um besonderen Verkehrslagen Rechnung zu tragen.
Erläuterung
Diese Kombination ist nur mit Zeichen 253 zulässig.</td></tr>
</table>

1	2	3
lfd. Nr.	Zeichen und Zusatzzeichen	Ge- oder Verbote Erläuterungen
31	Zeichen 254  Verbot für Radverkehr	**Ge- oder Verbot** Verbot für den Radverkehr und den Verkehr mit Elektrokleinstfahrzeugen im Sinne der eKFV
32	Zeichen 255  Verbot für Krafträder	**Ge- oder Verbot** Verbot für Krafträder, auch mit Beiwagen, Kleinkrafträder und Mofas
33	Zeichen 259  Verbot für Fußgänger	**Ge- oder Verbot** Verbot für den Fußgängerverkehr
34	Zeichen 260  Verbot für Kraftfahrzeuge	**Ge- oder Verbot** Verbot für Krafträder, auch mit Beiwagen, Kleinkrafträder und Mofas sowie für Kraftwagen und sonstige mehrspurige Kraftfahrzeuge
35	Zeichen 261  Verbot für kennzeichnungspflichtige Kraftfahrzeuge mit gefährlichen Gütern	**Ge- oder Verbot** Verbot für kennzeichnungspflichtige Kraftfahrzeuge mit gefährlichen Gütern

1	2	3
lfd. Nr.	Zeichen und Zusatzzeichen	Ge- oder Verbote Erläuterungen
zu 36 bis 40		**Ge- oder Verbot** Die nachfolgenden Zeichen 262 bis 266 verbieten die Verkehrsteilnahme für Fahrzeuge, deren Maße oder Massen, einschließlich Ladung, eine auf dem jeweiligen Zeichen angegebene tatsächliche Grenze überschreiten. **Erläuterung** Die angegebenen Grenzen stellen nur Beispiele dar.
36	Zeichen 262  Tatsächliche Masse	**Ge- oder Verbot** Die Beschränkung durch Zeichen 262 gilt bei Fahrzeugkombinationen für das einzelne Fahrzeug, bei Sattelkraftfahrzeugen gesondert für die Sattelzugmaschine einschließlich Sattellast und für die tatsächlich vorhandenen Achslasten des Sattelanhängers. **Erläuterung** Das Zeichen kann in einer Überleitungstafel oder in einer Verschwenkungstafel oder in einer Fahrstreifentafel integriert sein. Dann bezieht sich das Verbot nur auf den jeweiligen Fahrstreifen, für den das Verbot angeordnet ist.
37	Zeichen 263  Tatsächliche Achslast	**Erläuterung** Das Zeichen kann in einer Überleitungstafel oder in einer Verschwenkungstafel oder in einer Fahrstreifentafel integriert sein. Dann bezieht sich das Verbot nur auf den jeweiligen Fahrstreifen, für den das Verbot angeordnet ist.
38	Zeichen 264  Tatsächliche Breite	**Erläuterung** Die tatsächliche Breite gibt das Maß einschließlich der Fahrzeugaußenspiegel an. Das Zeichen kann in einer Überleitungstafel oder in einer Verschwenkungstafel oder in einer Fahrstreifentafel integriert sein. Dann bezieht sich das Verbot nur auf den jeweiligen Fahrstreifen, für den das Verbot angeordnet ist.

1	2	3
lfd. Nr.	Zeichen und Zusatzzeichen	Ge- oder Verbote Erläuterungen
39	Zeichen 265  Tatsächliche Höhe	**Erläuterung** Das Zeichen kann in einer Überleitungstafel oder in einer Verschwenkungstafel oder in einer Fahrstreifentafel integriert sein. Dann bezieht sich das Verbot nur auf den jeweiligen Fahrstreifen, für den das Verbot angeordnet ist.
40	Zeichen 266  Tatsächliche Länge	**Ge- oder Verbot** Das Verbot gilt bei Fahrzeugkombinationen für die Gesamtlänge.
41	Zeichen 267  Verbot der Einfahrt	**Ge- oder Verbot** Wer ein Fahrzeug führt, darf nicht in die Fahrbahn einfahren, für die das Zeichen angeordnet ist. **Erläuterung** Das Zeichen steht auf der rechten Seite der Fahrbahn, für die es gilt, oder auf beiden Seiten dieser Fahrbahn.
41.1		**Ge- oder Verbot** Durch das Zusatzzeichen zu dem Zeichen 267 ist die Einfahrt für den Radverkehr und Elektrokleinstfahrzeuge im Sinne der eKFV zugelassen.
42	Zeichen 268  Schneeketten vorgeschrieben	**Ge- oder Verbot** Wer ein Fahrzeug führt, darf die Straße nur mit Schneeketten befahren.

1	2	3
lfd. Nr.	Zeichen und Zusatzzeichen	Ge- oder Verbote Erläuterungen
43	Zeichen 269  Verbot für Fahrzeuge mit wassergefährdender Ladung	**Ge- oder Verbot** Wer ein Fahrzeug führt, darf die Straße mit mehr als 20 l wassergefährdender Ladung nicht benutzen.
44	Zeichen 270.1  Beginn einer Verkehrsverbotszone zur Verminderung schädlicher Luftverunreinigungen in einer Zone	**Ge- oder Verbot** 1. Die Teilnahme am Verkehr mit einem Kraftfahrzeug innerhalb einer so gekennzeichneten Zone ist verboten. 2. § 1 Absatz 2 sowie § 2 Absatz 3 in Verbindung mit Anhang 3 der Verordnung zur Kennzeichnung der Kraftfahrzeuge mit geringem Beitrag zur Schadstoffbelastung vom 10. Oktober 2006 (BGBl. I S. 2218), die durch Artikel 1 der Verordnung vom 5. Dezember 2007 (BGBl. I S. 2793) geändert worden ist, bleiben unberührt. Die Ausnahmen können im Einzelfall oder allgemein durch Zusatzzeichen oder Allgemeinverfügung zugelassen sein. 3. Von dem Verbot der Verkehrsteilnahme sind zudem Kraftfahrzeuge zur Beförderung schwerbehinderter Menschen mit außergewöhnlicher Gehbehinderung, beidseitiger Amelie oder Phokomelie oder mit vergleichbaren Funktionseinschränkungen sowie blinde Menschen ausgenommen. **Erläuterung** Die Umweltzone ist zur Vermeidung von schädlichen Umwelteinwirkungen durch Luftverunreinigungen in einem Luftreinhalteplan oder einem Plan für kurzfristig zu ergreifende Maßnahmen nach § 47 Absatz 1 oder 2 des Bundes-Immissionsschutzgesetzes festgesetzt und auf Grund des § 40 Absatz 1 des Bundes-Immissionsschutzgesetzes angeordnet. Die Kennzeichnung der Umweltzone erfolgt auf Grund von § 45 Absatz 1f.

1	2	3
lfd. Nr.	Zeichen und Zusatzzeichen	Ge- oder Verbote Erläuterungen
45	Zeichen 270.2  Ende einer Verkehrsverbotszone zur Verminderung schädlicher Luftverunreinigungen in einer Zone	
46	 Freistellung vom Verkehrsverbot nach § 40 Absatz 1 des Bundes-Immissionsschutzgesetzes	**Ge- oder Verbot** Das Zusatzzeichen zum Zeichen 270.1 nimmt Kraftfahrzeuge vom Verkehrsverbot aus, die mit einer auf dem Zusatzzeichen in der jeweiligen Farbe angezeigten Plakette nach § 3 der Verordnung zur Kennzeichnung der Kraftfahrzeuge mit geringem Beitrag zur Schadstoffbelastung ausgestattet sind.
47	Zeichen 272  Verbot des Wendens	**Ge- oder Verbot** Wer ein Fahrzeug führt, darf hier nicht wenden.
48	Zeichen 273  Verbot des Unterschreitens des angegebenen Mindestabstandes	**Ge- oder Verbot** Wer ein Kraftfahrzeug mit einer zulässigen Gesamtmasse über 3,5 t oder eine Zugmaschine führt, darf den angegebenen Mindestabstand zu einem vorausfahrenden Kraftfahrzeug gleicher Art nicht unterschreiten. Personenkraftwagen und Kraftomnibusse sind ausgenommen.

1	2	3
lfd. Nr.	Zeichen und Zusatzzeichen	Ge- oder Verbote Erläuterungen
Abschnitt 7 Geschwindigkeitsbeschränkungen und Überholverbote		
49	Zeichen 274  Zulässige Höchstgeschwindigkeit	**Ge- oder Verbot** 1. Wer ein Fahrzeug führt, darf nicht schneller als mit der jeweils angegebenen Höchstgeschwindigkeit fahren. 2. Sind durch das Zeichen innerhalb geschlossener Ortschaften bestimmte Geschwindigkeiten über 50 km/h zugelassen, gilt das für Fahrzeuge aller Art. 3. Außerhalb geschlossener Ortschaften bleiben die für bestimmte Fahrzeugarten geltenden Höchstgeschwindigkeiten (§ 3 Absatz 3 Nummer 2 Buchstabe a und b und § 18 Absatz 5) unberührt, wenn durch das Zeichen eine höhere Geschwindigkeit zugelassen ist. **Erläuterung** Das Zeichen kann in einer Fahrstreifentafel oder einer Einengungstafel oder einer Aufweitungstafel integriert sein. Dann bezieht sich die zulässige Höchstgeschwindigkeit nur auf den jeweiligen Fahrstreifen, für den die Höchstgeschwindigkeit angeordnet ist.
49.1		**Ge- oder Verbot** Das Zusatzzeichen zu dem Zeichen 274 verbietet Fahrzeugführenden, bei nasser Fahrbahn die angegebene Geschwindigkeit zu überschreiten.
50	Zeichen 274.1  Beginn einer Tempo 30-Zone	**Ge- oder Verbot** Wer ein Fahrzeug führt, darf innerhalb dieser Zone nicht schneller als mit der angegebenen Höchstgeschwindigkeit fahren. **Erläuterung** Mit dem Zeichen können in verkehrsberuhigten Geschäftsbereichen auch Zonengeschwindigkeitsbeschränkungen von weniger als 30 km/h angeordnet sein.

1	2	3
lfd. Nr.	Zeichen und Zusatzzeichen	Ge- oder Verbote Erläuterungen
51	Zeichen 274.2  Ende einer Tempo 30-Zone	
52	Zeichen 275  Vorgeschriebene Mindestgeschwindigkeit	**Ge- oder Verbot** Wer ein Fahrzeug führt, darf nicht langsamer als mit der angegebenen Mindestgeschwindigkeit fahren, sofern nicht Straßen-, Verkehrs-, Sicht- oder Wetterverhältnisse dazu verpflichten. Es verbietet, mit Fahrzeugen, die nicht so schnell fahren können oder dürfen, einen so gekennzeichneten Fahrstreifen zu benutzen. **Erläuterung** Das Zeichen kann in einer Fahrstreifentafel oder einer Aufweitungstafel integriert sein. Dann bezieht sich die vorgeschriebene Mindestgeschwindigkeit nur auf den jeweiligen Fahrstreifen, für den die Mindestgeschwindigkeit angeordnet ist.
Zu 53, 54 und 54.4		**Ge- oder Verbot** Die nachfolgenden Zeichen 276 und 277 verbieten Kraftfahrzeugen das Überholen von mehrspurigen Kraftfahrzeugen und Krafträdern mit Beiwagen. Ist auf einem Zusatzzeichen eine Masse, wie „7,5 t" angegeben, gilt das Verbot nur, soweit die zulässige Gesamtmasse dieser Kraftfahrzeuge, einschließlich ihrer Anhänger, die angegebene Grenze überschreitet. Soll mehrspurigen Kraftfahrzeugen und Krafträdern mit Beiwagen das Überholen von einspurigen Fahrzeugen verboten werden, ist Zeichen 277.1 angeordnet.

1	2	3
lfd. Nr.	Zeichen und Zusatzzeichen	Ge- oder Verbote Erläuterungen
53	Zeichen 276  Überholverbot für Kraftfahrzeuge aller Art	
54	Zeichen 277  Überholverbot für Kraftfahrzeuge über 3,5 t	**Ge- oder Verbot** Überholverbot für Kraftfahrzeuge mit einer zulässigen Gesamtmasse über 3,5 t, einschließlich ihrer Anhänger, und für Zugmaschinen. Ausgenommen sind Personenkraftwagen und Kraftomnibusse.
54.1	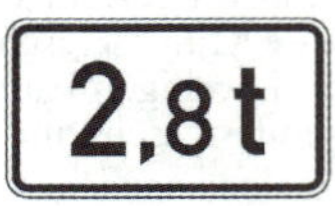	**Ge- oder Verbot** Mit dem Zusatzzeichen gilt das durch Zeichen 277 angeordnete Überholverbot auch für Kraftfahrzeuge über 2,8 t, einschließlich ihrer Anhänger.
54.2		**Ge- oder Verbot** Mit dem Zusatzzeichen gilt das durch Zeichen 277 angeordnete Überholverbot auch für Kraftomnibusse und Personenkraftwagen mit Anhänger.
54.3		**Erläuterung** Das Zusatzzeichen zu dem Zeichen 274, 276, 277 oder 277.1 gibt die Länge einer Geschwindigkeitsbeschränkung oder eines Überholverbots an.

1	2	3
lfd. Nr.	Zeichen und Zusatzzeichen	Ge- oder Verbote Erläuterungen
54.4	Zeichen 277.1  Verbot des Überholens von einspurigen Fahrzeugen für mehrspurige Kraftfahrzeuge und Krafträder mit Beiwagen	**Ge- oder Verbot** Wer ein mehrspuriges Kraftfahrzeug führt, darf ein- und mehrspurige Fahrzeuge nicht überholen.
55		**Erläuterung** Das Ende einer streckenbezogenen Geschwindigkeitsbeschränkung oder eines Überholverbots ist nicht gekennzeichnet, wenn das Verbot nur für eine kurze Strecke gilt und auf einem Zusatzzeichen die Länge des Verbots angegeben ist. Es ist auch nicht gekennzeichnet, wenn das Verbotszeichen zusammen mit einem Gefahrzeichen angebracht ist und sich aus der Örtlichkeit zweifelsfrei ergibt, von wo an die angezeigte Gefahr nicht mehr besteht. Sonst ist es gekennzeichnet durch die Zeichen 278 bis 282.
56	Zeichen 278  Ende der zulässigen Höchstgeschwindigkeit	**Erläuterung** Das Zeichen kann in einer Fahrstreifentafel oder einer Einengungstafel oder Aufweitungstafel integriert sein. Dann bezieht sich das Zeichen nur auf den jeweiligen Fahrstreifen, für den die zulässige Höchstgeschwindigkeit vorher angeordnet worden war.

1	2	3
lfd. Nr.	Zeichen und Zusatzzeichen	Ge- oder Verbote Erläuterungen
57	Zeichen 279  Ende der vorgeschriebenen Mindestgeschwindigkeit	**Erläuterung** Das Zeichen kann in einer Fahrstreifentafel oder einer Einengungstafel integriert sein. Dann bezieht sich das Zeichen nur auf den jeweiligen Fahrstreifen, für den die vorgeschriebene Mindestgeschwindigkeit vorher angeordnet worden war.
58	Zeichen 280  Ende des Überholverbots für Kraftfahrzeuge aller Art	
59	Zeichen 281  Ende des Überholverbots für Kraftfahrzeuge über 3,5 t	
59.1	Zeichen 281.1  Ende des Verbots des Überholens von einspurigen Fahrzeugen für mehrspurige Kraftfahrzeuge und Krafträder mit Beiwagen	

1	2	3
lfd. Nr.	Zeichen und Zusatzzeichen	Ge- oder Verbote Erläuterungen
60	Zeichen 282  Ende sämtlicher streckenbezogener Geschwindigkeitsbeschränkungen und Überholverbote	**Erläuterung** Das Zeichen kann in einer Fahrstreifentafel oder einer Aufweitungstafel integriert sein. Dann bezieht sich das Zeichen nur auf den jeweiligen Fahrstreifen, für den die streckenbezogenen Geschwindigkeitsbeschränkungen und Überholverbote vorher angeordnet worden waren.
Abschnitt 8 Halt- und Parkverbote		
61		**Ge- oder Verbot** 1. Die durch die nachfolgenden Zeichen 283 und 286 angeordneten Haltverbote gelten nur auf der Straßenseite, auf der die Zeichen angebracht sind. Sie gelten bis zur nächsten Kreuzung oder Einmündung auf der gleichen Straßenseite oder bis durch Verkehrszeichen für den ruhenden Verkehr eine andere Regelung vorgegeben wird. 2. Mobile, vorübergehend angeordnete Haltverbote durch Zeichen 283 und 286 heben Verkehrszeichen auf, die das Parken erlauben. **Erläuterung** Der Anfang der Verbotsstrecke kann durch einen zur Fahrbahn weisenden waagerechten weißen Pfeil im Zeichen, das Ende durch einen solchen von der Fahrbahn wegweisenden Pfeil gekennzeichnet sein. Bei in der Verbotsstrecke wiederholten Zeichen weist eine Pfeilspitze zur Fahrbahn, die zweite Pfeilspitze von ihr weg.
62	Zeichen 283  Absolutes Haltverbot	**Ge- oder Verbot** Das Halten auf der Fahrbahn ist verboten.

1	2	3
lfd. Nr.	Zeichen und Zusatzzeichen	Ge- oder Verbote Erläuterungen
62.1		**Ge- oder Verbot** Das mit dem Zeichen 283 angeordnete Zusatzzeichen verbietet das Halten von Fahrzeugen auch auf dem Seitenstreifen.
62.2		**Ge- oder Verbot** Das mit dem Zeichen 283 angeordnete Zusatzzeichen verbietet das Halten von Fahrzeugen nur auf dem Seitenstreifen.
63	Zeichen 286  Eingeschränktes Haltverbot	**Ge- oder Verbot** 1. Wer ein Fahrzeug führt, darf nicht länger als drei Minuten auf der Fahrbahn halten, ausgenommen zum Ein- oder Aussteigen oder zum Be- oder Entladen. 2. Ladegeschäfte müssen ohne Verzögerung durchgeführt werden.
63.1		**Ge- oder Verbot** Mit dem Zusatzzeichen zu Zeichen 286 darf auch auf dem Seitenstreifen nicht länger als drei Minuten gehalten werden, ausgenommen zum Ein- oder Aussteigen oder zum Be- oder Entladen.
63.2		**Ge- oder Verbot** Mit dem Zusatzzeichen zu Zeichen 286 darf nur auf dem Seitenstreifen nicht länger als drei Minuten gehalten werden, ausgenommen zum Ein- oder Aussteigen oder zum Be- oder Entladen.
63.3		**Ge- oder Verbot** 1. Das Zusatzzeichen zu Zeichen 286 nimmt schwerbehinderte Menschen mit außergewöhnlicher Gehbehinderung, beidseitiger Amelie oder Phokomelie oder mit vergleichbaren Funktionseinschränkungen sowie blinde Menschen, jeweils mit besonderem Parkausweis Nummer …, vom Haltverbot aus. 2. Die Ausnahme gilt nur, soweit der Parkausweis gut lesbar ausgelegt oder angebracht ist.

1	2	3
lfd. Nr.	Zeichen und Zusatzzeichen	Ge- oder Verbote Erläuterungen
63.4		**Ge- oder Verbot** 1. Das Zusatzzeichen zu Zeichen 286 nimmt Bewohner mit besonderem Parkausweis vom Haltverbot aus. 2. Die Ausnahme gilt nur, soweit der Parkausweis gut lesbar ausgelegt oder angebracht ist.
63.5[1]		**Ge- oder Verbot** Durch das Zusatzzeichen zu Zeichen 286 wird das Parken für elektrisch betriebene Fahrzeuge innerhalb der gekennzeichneten Flächen erlaubt.
63.6		**Ge- oder Verbot** Durch das Zusatzzeichen zu Zeichen 286 wird das Parken für Carsharingfahrzeuge (§ 39 Absatz 11) innerhalb der gekennzeichneten Flächen erlaubt.
64	Zeichen 290.1  Beginn eines Eingeschränkten Haltverbots für eine Zone	**Ge- oder Verbot** 1. Wer ein Fahrzeug führt, darf innerhalb der gekennzeichneten Zone nicht länger als drei Minuten halten, ausgenommen zum Ein- oder Aussteigen oder zum Be- oder Entladen. 2. Innerhalb der gekennzeichneten Zone gilt das eingeschränkte Haltverbot auf allen öffentlichen Verkehrsflächen, sofern nicht abweichende Regelungen durch Verkehrszeichen oder Verkehrseinrichtungen getroffen sind. 3. Durch Zusatzzeichen kann das Parken für Bewohner mit Parkausweis oder mit Parkschein oder Parkscheibe (Bild 318) innerhalb gekennzeichneter Flächen erlaubt sein. 4. Durch Zusatzzeichen kann das Parken mit Parkschein oder Parkscheibe (Bild 318) innerhalb gekennzeichneter Flächen erlaubt sein. Dabei ist der Parkausweis, der Parkschein oder die Parkscheibe gut lesbar auszulegen oder anzubringen.

[1] Siehe hierzu die Übergangsbestimmungen in § 52.

1	2	3
lfd. Nr.	Zeichen und Zusatzzeichen	Ge- oder Verbote Erläuterungen
64.1[1]		**Ge- oder Verbot** Durch das Zusatzzeichen zu Zeichen 290.1 wird das Parken für elektrisch betriebene Fahrzeuge innerhalb der gekennzeichneten Flächen erlaubt.
64.2		**Ge- oder Verbot** Durch das Zusatzzeichen zu Zeichen 290.1 wird das Parken für Carsharingfahrzeuge (§ 39 Absatz 11) innerhalb der gekennzeichneten Flächen erlaubt.
65	Zeichen 290.2  Ende eines eingeschränkten Haltverbots für eine Zone	
Abschnitt 9 Markierungen		
66	Zeichen 293  Fußgängerüberweg	**Ge- oder Verbot** Wer ein Fahrzeug führt, darf auf Fußgängerüberwegen sowie bis zu 5 m davor nicht halten.
67	Zeichen 294  Haltlinie	**Ge- oder Verbot** Ergänzend zu Halt- oder Wartegeboten, die durch Zeichen 206, durch Polizeibeamte, Lichtzeichen oder Schranken gegeben werden, ordnet sie an: Wer ein Fahrzeug führt, muss hier anhalten. Erforderlichenfalls ist an der Stelle, wo die Straße eingesehen werden kann, in die eingefahren werden soll (Sichtlinie), erneut anzuhalten.

[1] Siehe hierzu die Übergangsbestimmungen in § 52.

1	2	3
lfd. Nr.	Zeichen und Zusatzzeichen	Ge- oder Verbote Erläuterungen
68	Zeichen 295  Fahrstreifenbegrenzung, Begrenzung von Fahrbahnen und Sonderwegen	**Ge- oder Verbot** 1. a) Wer ein Fahrzeug führt, darf die durchgehende Linie auch nicht teilweise überfahren. b) Trennt die durchgehende Linie den Teil der Fahrbahn oder des Sonderwegs für den Gegenverkehr ab, ist rechts von ihr zu fahren. c) Grenzt sie einen befestigten Seitenstreifen ab, müssen außerorts landwirtschaftliche Zug- und Arbeitsmaschinen, Fuhrwerke und ähnlich langsame Fahrzeuge möglichst rechts von ihr fahren. d) Wer ein Fahrzeug führt, darf auf der Fahrbahn nicht parken, wenn zwischen dem abgestellten Fahrzeug und der Fahrstreifenbegrenzungslinie kein Fahrstreifen von mindestens 3 m mehr verbleibt. 2. a) Wer ein Fahrzeug führt, darf links von der durchgehenden Fahrbahnbegrenzungslinie nicht halten, wenn rechts ein Seitenstreifen oder Sonderweg vorhanden ist. b) Wer ein Fahrzeug führt, darf die Fahrbahnbegrenzung der Mittelinsel des Kreisverkehrs nicht überfahren. c) Ausgenommen von dem Verbot zum Überfahren der Fahrbahnbegrenzung der Mittelinsel des Kreisverkehrs sind nur Fahrzeuge, denen wegen ihrer Abmessungen das Befahren sonst nicht möglich wäre. Mit ihnen darf die Mittelinsel überfahren werden, wenn eine Gefährdung anderer am Verkehr Teilnehmenden ausgeschlossen ist. 3. a) Wird durch Zeichen 223.1 das Befahren eines Seitenstreifens angeordnet, darf die Fahrbahnbegrenzung wie eine Leitlinie zur Markierung von Fahrstreifen einer durchgehenden Fahrbahn (Zeichen 340) überfahren werden. b) Grenzt sie einen Sonderweg ab, darf sie nur überfahren werden, wenn dahinter anders nicht erreichbare Park-

1	2	3
lfd. Nr.	Zeichen und Zusatzzeichen	Ge- oder Verbote Erläuterungen
		stände angelegt sind oder sich Grundstückszufahrten befinden und das Benutzen von Sonderwegen weder gefährdet noch behindert wird. c) Die Linie zur Begrenzung von Fahrbahnen oder Sonderwegen darf überfahren werden, wenn sich dahinter eine nicht anders erreichbare Grundstückszufahrt befindet. **Erläuterung** 1. Als Fahrstreifenbegrenzung trennt das Zeichen den für den Gegenverkehr bestimmten Teil der Fahrbahn oder mehrere Fahrstreifen für den gleichgerichteten Verkehr voneinander ab. Die Fahrstreifenbegrenzung kann zur Abtrennung des Gegenverkehrs aus einer Doppellinie bestehen. Die Doppellinie kann voneinander abgesetzt aufgebracht sein, dann kann der verbleibende Zwischenraum in grüner Farbe ausgefüllt sein, was weder einen Mittelstreifen noch eine bauliche Trennung darstellt. 2. Als Fahrbahnbegrenzung kann die durchgehende Linie auch einen Seitenstreifen oder Sonderweg abgrenzen. 3. Als Begrenzung eines Sonderwegs kennzeichnet sie den Verlauf des für den Radverkehr bestimmten Teils des Sonderwegs.
69	Zeichen 296  Fahrstreifen B Fahrstreifen A Einseitige Fahrstreifenbegrenzung	**Ge- oder Verbot** 1. Wer ein Fahrzeug führt, darf die durchgehende Linie nicht überfahren oder auf ihr fahren. 2. Wer ein Fahrzeug führt, darf nicht auf der Fahrbahn parken, wenn zwischen dem parkenden Fahrzeug und der durchgehenden Fahrstreifenbegrenzungslinie kein Fahrstreifen von mindestens 3 m mehr verbleibt. 3. Für Fahrzeuge auf dem Fahrstreifen B ordnet die Markierung an: Fahrzeuge auf dem Fahrstreifen B dürfen die Markierung überfahren, wenn der Verkehr dadurch nicht gefährdet wird.

1	2	3
lfd. Nr.	Zeichen und Zusatzzeichen	Ge- oder Verbote Erläuterungen
70	Zeichen 297  Pfeilmarkierungen	**Ge- oder Verbot** 1. Wer ein Fahrzeug führt, muss der Fahrtrichtung auf der folgenden Kreuzung oder Einmündung folgen, wenn zwischen den Pfeilen Leitlinien (Zeichen 340) oder Fahrstreifenbegrenzungen (Zeichen 295) markiert sind. 2. Wer ein Fahrzeug führt, darf auf der mit Pfeilen markierten Strecke der Fahrbahn nicht halten (§ 12 Absatz 1). **Erläuterung** Pfeile empfehlen, sich rechtzeitig einzuordnen und in Fahrstreifen nebeneinander zu fahren. Fahrzeuge, die sich eingeordnet haben, dürfen auch rechts überholt werden.
71	Zeichen 297.1 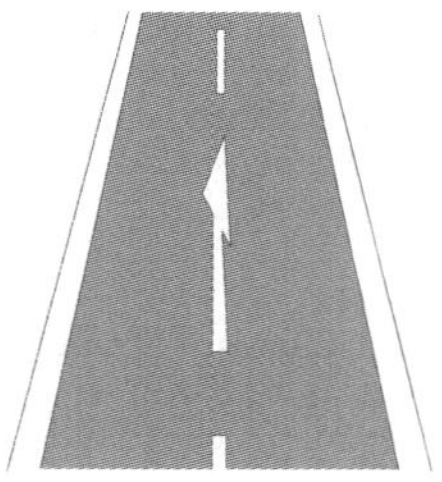 Vorankündigungspfeil	**Erläuterung** Mit dem Vorankündigungspfeil wird eine Fahrstreifenbegrenzung angekündigt oder das Ende eines Fahrstreifens angezeigt. Die Ausführung des Pfeils kann von der gezeigten abweichen.
72	Zeichen 298 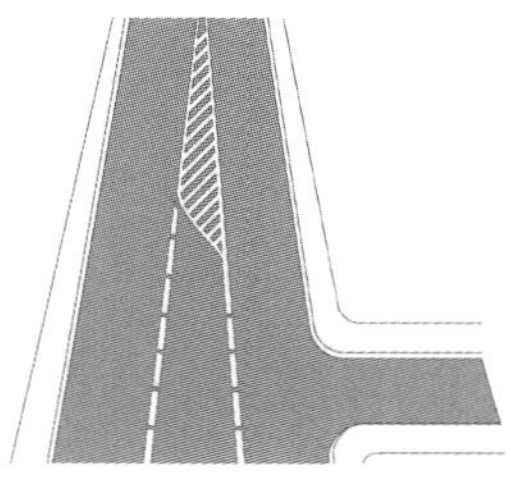 Sperrfläche	**Ge- oder Verbot** Wer ein Fahrzeug führt, darf Sperrflächen nicht benutzen.

1	2	3
lfd. Nr.	Zeichen und Zusatzzeichen	Ge- oder Verbote Erläuterungen
73	Zeichen 299 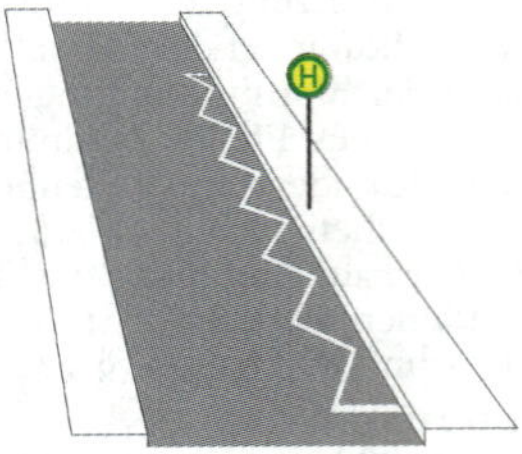 Grenzmarkierung für Halt- oder Parkverbote	**Ge- oder Verbot** Wer ein Fahrzeug führt, darf innerhalb einer Grenzmarkierung für Halt- oder Parkverbote nicht halten oder parken. **Erläuterung** Grenzmarkierungen bezeichnen, verlängern oder verkürzen ein an anderer Stelle vorgeschriebenes Halt- oder Parkverbot.
74	Parkflächenmarkierung	**Ge- oder Verbot** Eine Parkflächenmarkierung erlaubt das Parken; auf Gehwegen aber nur Fahrzeugen mit einer zulässigen Gesamtmasse bis zu 2,8 t. Die durch die Parkflächenmarkierung angeordnete Aufstellung ist einzuhalten. Wo sie mit durchgehenden Linien markiert ist, darf diese überfahren werden. **Erläuterung** Sind Parkflächen auf Straßen erkennbar abgegrenzt, wird damit angeordnet, wie Fahrzeuge aufzustellen sind.

Anlage 3[1]
(zu § 42 Absatz 2)

Richtzeichen

1	2	3
lfd. Nr.	Zeichen und Zusatzzeichen	Ge- oder Verbote Erläuterungen
Abschnitt 1 Vorrangzeichen		
1	Zeichen 301  Vorfahrt	**Ge- oder Verbot** Das Zeichen zeigt an, dass an der nächsten Kreuzung oder Einmündung Vorfahrt besteht.
2	Zeichen 306  Vorfahrtstraße	**Ge- oder Verbot** Wer ein Fahrzeug führt, darf außerhalb geschlossener Ortschaften auf Fahrbahnen von Vorfahrtstraßen nicht parken. Das Zeichen zeigt an, dass Vorfahrt besteht bis zum nächsten Zeichen 205 „Vorfahrt gewähren.“, 206 „Halt. Vorfahrt gewähren.“ oder 307 „Ende der Vorfahrtsstraße“.
2.1		**Ge- oder Verbot** 1. Wer ein Fahrzeug führt und dem Verlauf der abknickenden Vorfahrtstraße folgen will, muss dies rechtzeitig und deutlich ankündigen; dabei sind die Fahrtrichtungsanzeiger zu benutzen. 2. Auf den Fußgängerverkehr ist besondere Rücksicht zu nehmen. Wenn nötig, muss gewartet werden. **Erläuterung** Das Zusatzzeichen zum Zeichen 306 zeigt den Verlauf der Vorfahrtstraße an.
3	Zeichen 307  Ende der Vorfahrtstraße	

[1] Anl. 3 geänd. mWv 26.9.2015 durch VO v. 15.9.2015 (BGBl. I S. 1573); geänd. mWv 28.4.2020 durch VO v. 20.4.2020 (BGBl. I S. 814).

1	2	3
lfd. Nr.	Zeichen und Zusatzzeichen	Ge- oder Verbote Erläuterungen
4	Zeichen 308  Vorrang vor dem Gegenverkehr	**Ge- oder Verbot** Wer ein Fahrzeug führt, hat Vorrang vor dem Gegenverkehr.
Abschnitt 2 Ortstafel		
zu 5 und 6		**Erläuterung** Ab der Ortstafel gelten jeweils die für den Verkehr innerhalb oder außerhalb geschlossener Ortschaften bestehenden Vorschriften.
5	Zeichen 310  Ortstafel Vorderseite	Die Ortstafel bestimmt: Hier beginnt eine geschlossene Ortschaft.
6	Zeichen 311  Ortstafel Rückseite	Die Ortstafel bestimmt: Hier endet eine geschlossene Ortschaft.
Abschnitt 3 Parken		
7	Zeichen 314  Parken	**Ge- oder Verbot** 1. Wer ein Fahrzeug führt, darf hier parken. 2. a) Durch ein Zusatzzeichen kann die Parkerlaubnis insbesondere nach der Dauer, nach Fahrzeugarten, zugunsten der mit besonderem Parkausweis versehenen Bewohner oder auf das Parken mit Parkschein oder Parkscheibe beschränkt sein.

1	2	3
lfd. Nr.	Zeichen und Zusatzzeichen	Ge- oder Verbote Erläuterungen
		b) Ein Zusatzzeichen mit Bild 318 (Parkscheibe) und Angabe der Stundenzahl schreibt das Parken mit Parkscheibe und dessen zulässige Höchstdauer vor. c) Durch Zusatzzeichen können Bewohner mit Parkausweis von der Verpflichtung zum Parken mit Parkschein oder Parkscheibe freigestellt sein. d) Durch ein Zusatzzeichen mit Rollstuhlfahrersinnbild kann die Parkerlaubnis beschränkt sein auf schwerbehinderte Menschen mit außergewöhnlicher Gehbehinderung, beidseitiger Amelie oder Phokomelie oder mit vergleichbaren Funktionseinschränkungen sowie auf blinde Menschen. e) Die Parkerlaubnis gilt nur, wenn der Parkschein, die Parkscheibe oder der Parkausweis gut lesbar ausgelegt oder angebracht ist. f) Durch Zusatzzeichen kann ein Parkplatz als gebührenpflichtig ausgewiesen sein. 3.[1] a) Durch Zusatzzeichen kann die Parkerlaubnis zugunsten elektrisch betriebener Fahrzeuge beschränkt sein. b) Durch Zusatzzeichen können elektrisch betriebene Fahrzeuge von der Verpflichtung zum Parken mit Parkschein oder Parkscheibe freigestellt sein. Sind Parkscheinautomaten aufgestellt, kann die Freistellung auch allein am Automaten angegeben sein. c) Durch Zusatzzeichen kann die Parkerlaubnis für elektrisch betriebene Fahrzeuge nach der Dauer beschränkt sein. Der Nachweis zur Einhaltung der zeitlichen Dauer erfolgt durch Auslegen der Parkscheibe. Die Parkerlaubnis gilt nur,

[1] Siehe hierzu die Übergangsbestimmungen in § 52.

1	2	3
lfd. Nr.	Zeichen und Zusatzzeichen	Ge- oder Verbote Erläuterungen
		wenn die Parkscheibe gut lesbar ausgelegt oder angebracht ist. 4. a) Durch Zusatzzeichen kann die Parkerlaubnis zugunsten von mit einem Carsharingausweis versehenen Carsharingfahrzeugen beschränkt sein. Eine Beschränkung auf Fahrzeuge nur eines Carsharingunternehmens oder auf bestimmte Carsharingunternehmen ist nach Maßgabe des Carsharinggesetzes zulässig. Die Beschränkung erfolgt durch die Angabe der entsprechenden Firmenbezeichnung in schwarzer Schrift auf weißem Grund auf einem weiteren Zusatzzeichen. Die Parkerlaubnis gilt nur, wenn der Carsharingausweis im Fahrzeug gut lesbar ausgelegt oder angebracht ist. b) Durch Zusatzzeichen können Carsharingfahrzeuge von der Verpflichtung zum Parken mit Parkschein oder Parkscheibe freigestellt sein. Sind Parkscheinautomaten aufgestellt, kann die Freistellung auch allein am Automaten angegeben sein. **Erläuterung** 1. Der Anfang des erlaubten Parkens kann durch einen zur Fahrbahn weisenden waagerechten weißen Pfeil im Zeichen, das Ende durch einen solchen von der Fahrbahn wegweisenden Pfeil gekennzeichnet sein. Bei in der Strecke wiederholten Zeichen weist eine Pfeilspitze zur Fahrbahn, die zweite Pfeilspitze von ihr weg. 2. Das Zeichen mit einem Zusatzzeichen mit schwarzem Pfeil weist auf die Zufahrt zu größeren Parkplätzen oder Parkhäusern hin. Das Zeichen kann auch durch Hinweise ergänzt werden, ob es sich um ein Parkhaus handelt.

1	2	3
lfd. Nr.	Zeichen und Zusatzzeichen	Ge- oder Verbote Erläuterungen
8	Zeichen 314.1  Beginn einer Parkraumbewirtschaftungszone	**Ge- oder Verbot** 1. Wer ein Fahrzeug führt, darf innerhalb der Parkraumbewirtschaftungszone nur mit Parkschein oder mit Parkscheibe (Bild 318) parken, soweit das Halten und Parken nicht gesetzlich oder durch Verkehrszeichen verboten ist. 2. Durch Zusatzzeichen können Bewohner mit Parkausweis von der Verpflichtung zum Parken mit Parkschein oder Parkscheibe freigestellt sein. 3. Die Parkerlaubnis gilt nur, wenn der Parkschein, die Parkscheibe oder der Parkausweis gut lesbar ausgelegt oder angebracht ist. 4.[1] a) Durch Zusatzzeichen kann die Parkerlaubnis zugunsten elektrisch betriebener Fahrzeuge beschränkt sein. b) Durch Zusatzzeichen können elektrisch betriebene Fahrzeuge von der Verpflichtung zum Parken mit Parkschein oder Parkscheibe freigestellt sein. Sind Parkscheinautomaten aufgestellt, kann die Freistellung auch allein am Automaten angegeben sein. c) Durch Zusatzzeichen kann die Parkerlaubnis für elektrisch betriebene Fahrzeuge nach der Dauer beschränkt sein. Der Nachweis zur Einhaltung der zeitlichen Dauer erfolgt durch Auslegen der Parkscheibe. Die Parkerlaubnis gilt nur, wenn die Parkscheibe gut lesbar ausgelegt oder angebracht ist. 5. a) Durch Zusatzzeichen kann die Parkerlaubnis zugunsten von mit einem Carsharingausweis versehenen Carsharingfahrzeugen beschränkt sein. Eine Beschränkung auf Fahrzeuge nur eines Carsharingunternehmens oder auf bestimmte Carsharingunternehmen ist nach Maßgabe des Carsharing-

[1] Siehe hierzu die Übergangsbestimmungen in § 52.

1	2	3
lfd. Nr.	Zeichen und Zusatzzeichen	Ge- oder Verbote Erläuterungen
		gesetzes zulässig. Die Beschränkung erfolgt durch eine zusätzliche Angabe der entsprechenden Firmenbezeichnung in schwarzer Schrift auf weißem Grund auf einem weiteren Zusatzzeichen. Die Parkerlaubnis gilt nur, wenn der Carsharingausweis gut lesbar im Fahrzeug ausgelegt oder angebracht ist. b) Durch Zusatzzeichen können Carsharingfahrzeuge von der Verpflichtung zum Parken mit Parkschein oder Parkscheibe freigestellt sein. Sind Parkscheinautomaten aufgestellt, kann die Freistellung auch allein am Automaten angegeben sein. **Erläuterung** Die Art der Parkbeschränkung wird durch Zusatzzeichen angezeigt.
9	Zeichen 314.2  Ende einer Parkraumbewirtschaftungszone	
10	Zeichen 315  Parken auf Gehwegen	**Ge- oder Verbot** 1. Wer ein Fahrzeug führt, darf auf Gehwegen mit Fahrzeugen mit einer zulässigen Gesamtmasse über 2,8 t nicht parken. Dann darf auch nicht entgegen der angeordneten Aufstellungsart des Zeichens oder entgegen Beschränkungen durch Zusatzzeichen geparkt werden. 2. a) Durch ein Zusatzzeichen kann die Parkerlaubnis insbesondere nach der Dauer, nach Fahrzeugarten, zugunsten der mit besonderem Parkausweis versehenen Bewohner oder auf das Parken mit Parkschein oder Parkscheibe beschränkt sein.

1	2	3
lfd. Nr.	Zeichen und Zusatzzeichen	Ge- oder Verbote Erläuterungen
		b) Ein Zusatzzeichen mit Bild 318 (Parkscheibe) und Angabe der Stundenzahl schreibt das Parken mit Parkscheibe und dessen zulässige Höchstdauer vor. c) Durch Zusatzzeichen können Bewohner mit Parkausweis von der Verpflichtung zum Parken mit Parkschein oder Parkscheibe freigestellt sein. d) Durch ein Zusatzzeichen mit Rollstuhlfahrersinnbild kann die Parkerlaubnis beschränkt sein für schwerbehinderte Menschen mit außergewöhnlicher Gehbehinderung, beidseitiger Amelie oder Phokomelie oder mit vergleichbaren Funktionseinschränkungen sowie für blinde Menschen. e) Die Parkerlaubnis gilt nur, wenn der Parkschein, die Parkscheibe oder der Parkausweis gut lesbar ausgelegt oder angebracht ist. 3.[1] a) Durch Zusatzzeichen kann die Parkerlaubnis zugunsten elektrisch betriebener Fahrzeuge beschränkt sein. b) Durch Zusatzzeichen können elektrisch betriebene Fahrzeuge von der Verpflichtung zum Parken mit Parkschein oder Parkscheibe freigestellt sein. Sind Parkscheinautomaten aufgestellt, kann die Freistellung auch allein am Automaten angegeben sein. c) Durch Zusatzzeichen kann die Parkerlaubnis für elektrisch betriebene Fahrzeuge nach der Dauer beschränkt sein. Der Nachweis zur Einhaltung der zeitlichen Dauer erfolgt durch Auslegen der Parkscheibe. Die Parkerlaubnis gilt nur, wenn die Parkscheibe gut lesbar ausgelegt oder angebracht ist. 4. a) Durch Zusatzzeichen kann die Parkerlaubnis zugunsten von mit

[1] Siehe hierzu die Übergangsbestimmungen in § 52.

1	2	3
lfd. Nr.	Zeichen und Zusatzzeichen	Ge- oder Verbote Erläuterungen
		einem Carsharingausweis versehenen Carsharingfahrzeugen beschränkt sein. Eine Beschränkung auf Fahrzeuge nur eines Carsharingunternehmens oder auf bestimmte Carsharingunternehmen ist nach Maßgabe des Carsharinggesetzes zulässig. Die Beschränkung erfolgt durch eine zusätzliche Angabe der entsprechenden Firmenbezeichnung in schwarzer Schrift auf weißem Grund auf einem weiteren Zusatzzeichen. Die Parkerlaubnis gilt nur, wenn der Carsharingausweis gut lesbar im Fahrzeug ausgelegt oder angebracht ist. b) Durch Zusatzzeichen können Carsharingfahrzeuge von der Verpflichtung zum Parken mit Parkschein oder Parkscheibe freigestellt sein. Sind Parkscheinautomaten aufgestellt, kann die Freistellung auch allein am Automaten angegeben sein. **Erläuterung** 1. Der Anfang des erlaubten Parkens kann durch einen zur Fahrbahn weisenden waagerechten weißen Pfeil im Zeichen, das Ende durch einen solchen von der Fahrbahn wegweisenden Pfeil gekennzeichnet sein. Bei in der Strecke wiederholten Zeichen weist eine Pfeilspitze zur Fahrbahn, die zweite Pfeilspitze von ihr weg. 2. Im Zeichen ist bildlich dargestellt, wie die Fahrzeuge aufzustellen sind.
11	Bild 318  Parkscheibe	**Ge- oder Verbot**[1] Ist die Parkzeit bei elektrisch betriebenen Fahrzeugen beschränkt, so ist der Nachweis durch Auslegen der Parkscheibe zu erbringen.

[1] Siehe hierzu die Übergangsbestimmungen in § 52.

1	2	3
lfd. Nr.	Zeichen und Zusatzzeichen	Ge- oder Verbote Erläuterungen
Abschnitt 4 Verkehrsberuhigter Bereich		
12	Zeichen 325.1  Beginn eines verkehrsberuhigten Bereichs	**Ge- oder Verbot** 1. Wer ein Fahrzeug führt, muss mit Schrittgeschwindigkeit fahren. 2. Wer ein Fahrzeug führt, darf den Fußgängerverkehr weder gefährden noch behindern; wenn nötig, muss gewartet werden. 3. Wer zu Fuß geht, darf den Fahrverkehr nicht unnötig behindern. 4. Wer ein Fahrzeug führt, darf außerhalb der dafür gekennzeichneten Flächen nicht parken, ausgenommen zum Ein- oder Aussteigen und zum Be- oder Entladen. 5. Wer zu Fuß geht, darf die Straße in ihrer ganzen Breite benutzen; Kinderspiele sind überall erlaubt.
13	Zeichen 325.2  Ende eines verkehrsberuhigten Bereichs	**Erläuterung** Beim Ausfahren ist § 10 zu beachten.
Abschnitt 5 Tunnel		
14	Zeichen 327  Tunnel	**Ge- oder Verbote** 1. Wer ein Fahrzeug führt, muss beim Durchfahren des Tunnels Abblendlicht benutzen und darf im Tunnel nicht wenden. 2. Im Falle eines Notfalls oder einer Panne sollen nur vorhandene Nothalte- und Pannenbuchten genutzt werden.

1	2	3
lfd. Nr.	Zeichen und Zusatzzeichen	Ge- oder Verbote Erläuterungen
Abschnitt 6 Nothalte- und Pannenbucht		
15	Zeichen 328  Nothalte- und Pannenbucht	**Ge- oder Verbot** Wer ein Fahrzeug führt, darf nur im Notfall oder bei einer Panne in einer Nothalte- und Pannenbucht halten.
Abschnitt 7 Autobahnen und Kraftfahrstraßen		
16	Zeichen 330.1  Autobahn	**Erläuterung** Ab diesem Zeichen gelten die Regeln für den Verkehr auf Autobahnen.
17	Zeichen 330.2  Ende der Autobahn	
18	Zeichen 331.1  Kraftfahrstraße	**Erläuterung** Ab diesem Zeichen gelten die Regeln für den Verkehr auf Kraftfahrstraßen.
19	Zeichen 331.2  Ende der Kraftfahrstraße	

1	2	3
lfd. Nr.	Zeichen und Zusatzzeichen	Ge- oder Verbote Erläuterungen
20	Zeichen 333  Ausfahrt von der Autobahn	**Erläuterung** Auf Kraftfahrstraßen oder autobahnähnlich ausgebauten Straßen weist das entsprechende Zeichen mit schwarzer Schrift auf gelbem Grund auf die Ausfahrt hin. Das Zeichen kann auch auf weißem Grund ausgeführt sein.
21	Zeichen 450  Ankündigungsbake	**Erläuterung** Das Zeichen steht 300 m, 200 m (wie abgebildet) und 100 m vor einem Autobahnknotenpunkt (Autobahnanschlussstelle, Autobahnkreuz oder Autobahndreieck). Es steht auch vor einer bewirtschafteten Rastanlage. Vor einem Knotenpunkt kann auf der 300 m-Bake die Nummer des Knotenpunktes angezeigt sein.
Abschnitt 8 Markierungen		
22	Zeichen 340 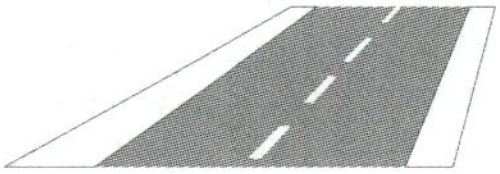 Leitlinie	**Ge- oder Verbot** 1. Wer ein Fahrzeug führt, darf Leitlinien nicht überfahren, wenn dadurch der Verkehr gefährdet wird. 2. Wer ein Fahrzeug führt, darf auf der Fahrbahn durch Leitlinien markierte Schutzstreifen für den Radverkehr nur bei Bedarf überfahren, insbesondere um dem Gegenverkehr auszuweichen. Der Radverkehr darf dabei nicht gefährdet werden. 3. Auf durch Leitlinien markierten Schutzstreifen für den Radverkehr darf nicht gehalten werden. Satz 1 gilt nicht für Fahrräder und Elektrokleinstfahrzeuge im Sinne der eKFV. **Erläuterung** Der Schutzstreifen für den Radverkehr ist in regelmäßigen Abständen mit dem Sinnbild „Radverkehr" auf der Fahrbahn gekennzeichnet.

1	2	3
lfd. Nr.	Zeichen und Zusatzzeichen	Ge- oder Verbote Erläuterungen
23	Zeichen 341 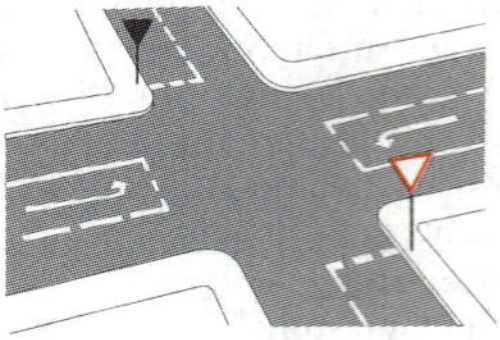 Wartelinie	**Erläuterung** Die Wartelinie empfiehlt dem Wartepflichtigen, an dieser Stelle zu warten.
23.1	Zeichen 342  Haifischzähne	**Erläuterung** Die Markierung hebt eine Wartepflicht infolge einer bestehenden Rechts-vor-links-Regelung abseits der Bundes-, Landes- und Kreisstraßen sowie weiterer Hauptverkehrsstraßen und eine durch Zeichen 205 oder 206 angeordnete Vorfahrtberechtigung des Radverkehrs im Zuge von Kreuzungen oder Einmündungen von Radschnellwegen hervor. Im Fall dieser Vorfahrtberechtigung des Radverkehrs sind die Markierungen auf beiden Seiten entlang der Fahrbahnkanten des Radschnellwegs mit den Spitzen in Richtung des wartepflichtigen Verkehrs anzuordnen.
Abschnitt 9 Hinweise		
24	Zeichen 350  Fußgängerüberweg	
24.1	Zeichen 350.1  Radschnellweg	**Erläuterung** Das Zeichen steht an Radschnellwegen. Es dient der Unterrichtung über den Beginn von Radschnellwegen und der Führung von Radschnellwegen an Knotenpunkten.

1	2	3
lfd. Nr.	Zeichen und Zusatzzeichen	Ge- oder Verbote Erläuterungen
24.2	Zeichen 350.2  Ende des Radschnellwegs	
25	Zeichen 354  Wasserschutzgebiet	
26	Zeichen 356  Verkehrshelfer	
27	Zeichen 357  Sackgasse	**Erläuterung** Im oberen Teil des Verkehrszeichens kann die Durchlässigkeit der Sackgasse für den Radverkehr und/oder Fußgängerverkehr durch Piktogramme angezeigt sein.
zu 28 und 29		**Erläuterung** 1. Durch solche Zeichen mit entsprechenden Sinnbildern können auch andere Hinweise gegeben werden, wie auf Fußgängerunter- oder -überführung, Fernsprecher, Notrufsäule, Pannenhilfe, Tankstellen, Zelt- und Wohn-

1	2	3
lfd. Nr.	Zeichen und Zusatzzeichen	Ge- oder Verbote Erläuterungen
		wagenplätze, Autobahnhotel, Autobahngasthaus, Autobahnkiosk. 2. Auf Hotels, Gasthäuser und Kioske wird nur auf Autobahnen und nur dann hingewiesen, wenn es sich um Autobahnanlagen oder Autohöfe handelt.
28	Zeichen 358  Erste Hilfe	
29	Zeichen 363  Polizei	
30	Zeichen 385  Ortshinweistafel	
zu 31 und 32		**Erläuterung** Die Zeichen stehen außerhalb von Autobahnen. Sie dienen dem Hinweis auf touristisch bedeutsame Ziele und der Kennzeichnung des Verlaufs touristischer Routen. Sie können auch als Wegweiser ausgeführt sein.

1	2	3
lfd. Nr.	Zeichen und Zusatzzeichen	Ge- oder Verbote Erläuterungen
31	Zeichen 386.1  Touristischer Hinweis	
32	Zeichen 386.2  Touristische Route	
33	Zeichen 386.3  Touristische Unterrichtungs-tafel	**Erläuterung** Das Zeichen steht an der Autobahn. Es dient der Unterrichtung über touristisch bedeutsame Ziele.
34	Zeichen 390  Mautpflicht nach dem Bundesfernstraßenmautgesetz	
35	Zeichen 391  Mautpflichtige Strecke	

1	2	3
lfd. Nr.	Zeichen und Zusatzzeichen	Ge- oder Verbote Erläuterungen
36	Zeichen 392  Zollstelle	
37	Zeichen 393  Informationstafel an Grenzübergangsstellen	
38	Zeichen 394 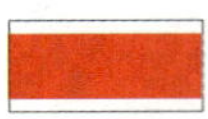 Laternenring	**Erläuterung** Das Zeichen kennzeichnet innerhalb geschlossener Ortschaften Laternen, die nicht die ganze Nacht leuchten. In dem roten Feld kann in weißer Schrift angegeben sein, wann die Laterne erlischt.
Abschnitt 10 Wegweisung		
		1. Nummernschilder
39	Zeichen 401  Bundesstraßen	
40	Zeichen 405  Autobahnen	

1	2	3
lfd. Nr.	Zeichen und Zusatzzeichen	Ge- oder Verbote Erläuterungen
41	Zeichen 406  Knotenpunkte der Autobahnen	**Erläuterung** So sind Knotenpunkte der Autobahnen (Autobahnausfahrten, Autobahnkreuze und Autobahndreiecke) beziffert.
42	Zeichen 410  Europastraßen	
		2. Wegweiser außerhalb von Autobahnen
		a) Vorwegweiser
43	Zeichen 438 	
44	Zeichen 439 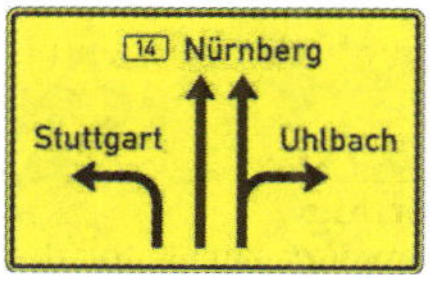	
45	Zeichen 440 	

1	2	3
lfd. Nr.	Zeichen und Zusatzzeichen	Ge- oder Verbote Erläuterungen
46	Zeichen 441 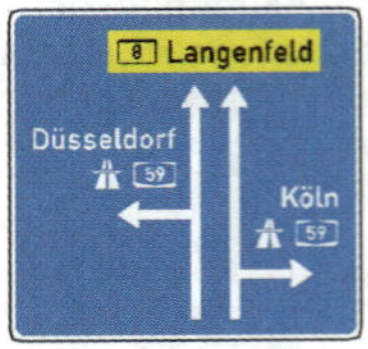	
		b) Pfeilwegweiser
zu 47 bis 49		**Erläuterung** Das Zusatzzeichen „Nebenstrecke“ oder der Zusatz „Nebenstrecke“ im Wegweiser weist auf eine Straßenverbindung von untergeordneter Bedeutung hin.
47	Zeichen 415 	**Erläuterung** Pfeilwegweiser auf Bundesstraßen
48	Zeichen 418 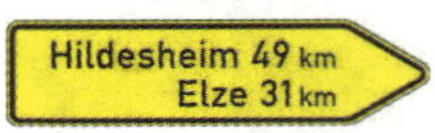	**Erläuterung** Pfeilwegweiser auf sonstigen Straßen
49	Zeichen 419 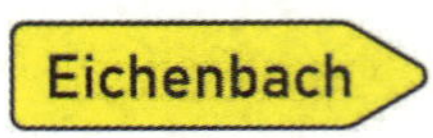	**Erläuterung** Pfeilwegweiser auf sonstigen Straßen mit geringerer Verkehrsbedeutung
50	Zeichen 430 	**Erläuterung** Pfeilwegweiser zur Autobahn
51	Zeichen 432 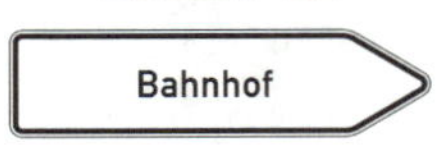	**Erläuterung** Pfeilwegweiser zu Zielen mit erheblicher Verkehrsbedeutung.

1	2	3
lfd. Nr.	Zeichen und Zusatzzeichen	Ge- oder Verbote Erläuterungen
		c) Tabellenwegweiser
52	Zeichen 434 	**Erläuterung** Der Tabellenwegweiser kann auch auf einer Tafel zusammengefasst sein. Die Zielangaben in einer Richtung können auch auf separaten Tafeln gezeigt werden.
		d) Ausfahrttafel
53	Zeichen 332.1 	**Erläuterung** Ausfahrt von der Kraftfahrstraße oder einer autobahnähnlich ausgebauten Straße. Das Zeichen kann innerhalb geschlossener Ortschaften auch mit weißem Grund ausgeführt sein.
		e) Straßennamensschilder
54	Zeichen 437 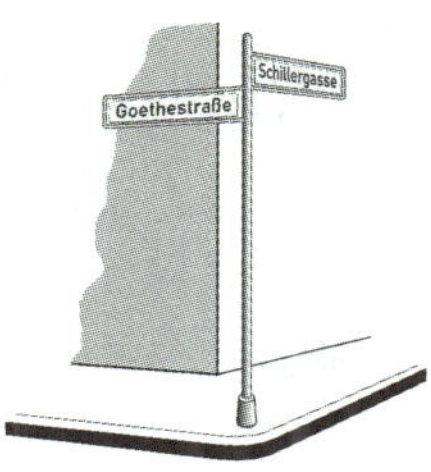	**Erläuterung** Das Zeichen hat entweder weiße Schrift auf dunklem Grund oder schwarze Schrift auf hellem Grund. Es kann auch an Bauwerken angebracht sein.
		3. Wegweiser auf Autobahnen
		a) Ankündigungstafeln
zu 55 und 58		**Erläuterung** Die Nummer (Zeichen 406) ist die laufende Nummer der Autobahnausfahrten, Autobahnkreuze und Autobahndreiecke der gerade befahrenen Autobahn. Sie dient der besseren Orientierung.

1	2	3
lfd. Nr.	Zeichen und Zusatzzeichen	Ge- oder Verbote Erläuterungen
55	Zeichen 448 	**Erläuterung** Das Zeichen weist auf eine Autobahnausfahrt, ein Autobahnkreuz oder Autobahndreieck hin. Es schließt Zeichen 406 ein.
56		**Erläuterung** Das Sinnbild weist auf eine Ausfahrt hin.
57		**Erläuterung** Das Sinnbild weist auf ein Autobahnkreuz oder Autobahndreieck hin; es weist auch auf Kreuze und Dreiecke von Autobahnen mit autobahnähnlich ausgebauten Straßen des nachgeordneten Netzes hin.
58	Zeichen 448.1 	**Erläuterung** 1. Mit dem Zeichen wird ein Autohof in unmittelbarer Nähe einer Autobahnausfahrt angekündigt. 2. Der Autohof wird einmal am rechten Fahrbahnrand 500 bis 1 000 m vor dem Zeichen 448 angekündigt. Auf einem Zusatzzeichen wird durch grafische Symbole der Leistungsumfang des Autohofs dargestellt.
		b) Vorwegweiser
59	Zeichen 449 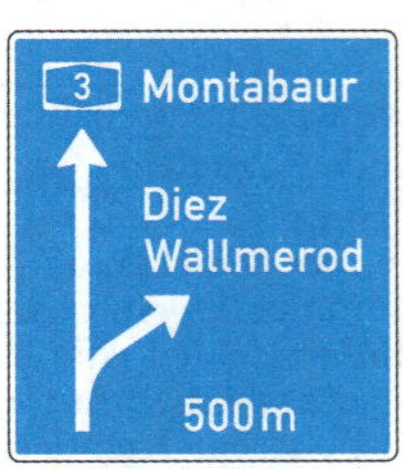	

1	2	3
lfd. Nr.	Zeichen und Zusatzzeichen	Ge- oder Verbote Erläuterungen
		c) Ausfahrttafel
60	Zeichen 332  	
		d) Entfernungstafel
61	Zeichen 453  	**Erläuterung** Die Entfernungstafel gibt Fernziele und die Entfernung zur jeweiligen Ortsmitte an. Ziele, die über eine andere als die gerade befahrene Autobahn zu erreichen sind, werden unterhalb des waagerechten Striches angegeben.
Abschnitt 11 Umleitungsbeschilderung		
		1. Umleitung außerhalb von Autobahnen
		a) Umleitungen für bestimmte Verkehrsarten
62	Zeichen 442  Vorwegweiser	**Erläuterung** Vorwegweiser für bestimmte Verkehrsarten
63	Zeichen 421 	**Erläuterung** Pfeilwegweiser für bestimmte Verkehrsarten
64	Zeichen 422 	**Erläuterung** Wegweiser für bestimmte Verkehrsarten

1	2	3
lfd. Nr.	Zeichen und Zusatzzeichen	Ge- oder Verbote Erläuterungen
		b) Temporäre Umleitungen (z.B. infolge von Baumaßnahmen)
65		**Erläuterung** Der Verlauf der Umleitungsstrecke kann gekennzeichnet werden durch
66	Zeichen 454 	**Erläuterung** Umleitungswegweiser oder
67	Zeichen 455.1 	**Erläuterung** Fortsetzung der Umleitung
zu 66 und 67		**Erläuterung** Die Zeichen 454 und 455.1 können durch eine Zielangabe auf einem Schild über den Zeichen ergänzt sein. Werden nur bestimmte Verkehrsarten umgeleitet, sind diese auf einem Zusatzzeichen über dem Zeichen angegeben.
68		**Erläuterung** Die temporäre Umleitung kann angekündigt sein durch Zeichen 455.1 oder
69	Zeichen 457.1 	**Erläuterung** Umleitungsankündigung
70		**Erläuterung** jedoch nur mit Entfernungsangabe auf einem Zusatzzeichen und bei Bedarf mit Zielangabe auf einem zusätzlichen Schild über dem Zeichen. Soll die Ankündigung nur für bestimmte Verkehrsarten gelten, sind diese auf einem Zusatzzeichen über dem Zeichen angegeben.
71		**Erläuterung** Die Ankündigung kann auch erfolgen durch

1	2	3
lfd. Nr.	Zeichen und Zusatzzeichen	Ge- oder Verbote Erläuterungen
72	Zeichen 458 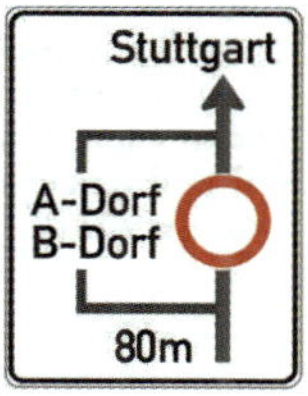 	**Erläuterung** eine Planskizze
73		**Erläuterung** Das Ende der Umleitung kann angezeigt werden durch
74	Zeichen 457.2  	**Erläuterung** Ende der Umleitung oder
75	Zeichen 455.2  	**Erläuterung** Ende der Umleitung
		2. Bedarfsumleitung für den Autobahnverkehr
76	Zeichen 460  Bedarfsumleitung	**Erläuterung** Das Zeichen kennzeichnet eine alternative Streckenführung im nachgeordneten Straßennetz zwischen Autobahnanschlussstellen.

1	2	3
lfd. Nr.	Zeichen und Zusatzzeichen	Ge- oder Verbote Erläuterungen
77	Zeichen 466 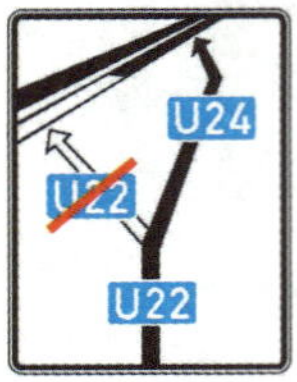 Weiterführende Bedarfs-umleitung	**Erläuterung** Kann der umgeleitete Verkehr an der nach Zeichen 460 vorgesehenen Anschlussstelle noch nicht auf die Autobahn zurückgeleitet werden, wird er durch dieses Zeichen über die nächste Bedarfsumleitung weitergeführt.
Abschnitt 12 Sonstige Verkehrsführung		
		1. Umlenkungspfeil
78	Zeichen 467.1 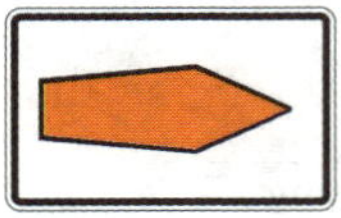 Umlenkungspfeil	**Erläuterung** Das Zeichen kennzeichnet Alternativstrecken auf Autobahnen, deren Benutzung im Bedarfsfall empfohlen wird (Streckenempfehlung).
79	Zeichen 467.2 	**Erläuterung** Das Zeichen kennzeichnet das Ende einer Streckenempfehlung.
		2. Verkehrslenkungstafeln
80		**Erläuterung** Verkehrslenkungstafeln geben den Verlauf und die Anzahl der Fahrstreifen an, wie beispielsweise:

1	2	3
lfd. Nr.	Zeichen und Zusatzzeichen	Ge- oder Verbote Erläuterungen
81	Zeichen 501  Überleitungstafel	**Erläuterung** Das Zeichen kündigt die Überleitung des Verkehrs auf die Gegenfahrbahn an.
82	Zeichen 531  Einengungstafel	
82.1		**Erläuterung** Bei Einengungstafeln wird mit dem Zusatzzeichen der Ort angekündigt, an dem der Fahrstreifenwechsel nach dem Reißverschlussverfahren (§ 7 Absatz 4) erfolgen soll.
		3. Blockumfahrung
83	Zeichen 590 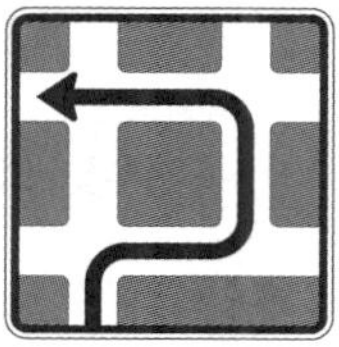 Blockumfahrung	**Erläuterung** Das Zeichen kündigt eine durch die Zeichen „Vorgeschriebene Fahrtrichtung“ (Zeichen 209 bis 214) vorgegebene Verkehrsführung an.

Anlage 4
(zu § 43 Absatz 3)

Verkehrseinrichtungen

1	2	3
lfd. Nr.	Zeichen	Ge- oder Verbot Erläuterungen
Abschnitt 1 Einrichtungen zur Kennzeichnung von Arbeits- und Unfallstellen oder sonstigen vorübergehenden Hindernissen		
1	Zeichen 600  Absperrschranke	
2	Zeichen 605  Leitbake Pfeilbake Schraffenbake	
3	Zeichen 628  Leitschwelle mit Pfeilbake mit Schraffenbake	

1	2	3
lfd. Nr.	Zeichen	Ge- oder Verbot Erläuterungen
4	Zeichen 629  Leitbord mit Pfeilbake mit Schraffen-bake	
5	Zeichen 610  Leitkegel	
6	Zeichen 615  Fahrbare Absperrtafel	
7	Zeichen 616  Fahrbare Absperrtafel mit Blinkpfeil	

1	2	3
lfd. Nr.	Zeichen	Ge- oder Verbot Erläuterungen
zu 1 bis 7		**Ge- oder Verbot** Die Einrichtungen verbieten das Befahren der so gekennzeichneten Straßenfläche und leiten den Verkehr an dieser Fläche vorbei. **Erläuterung** 1. Warnleuchten an diesen Einrichtungen zeigen rotes Licht, wenn die ganze Fahrbahn gesperrt ist, sonst gelbes Licht oder gelbes Blinklicht. 2. Zusammen mit der Absperrtafel können überfahrbare Warnschwellen verwendet sein, die quer zur Fahrtrichtung vor der Absperrtafel ausgelegt sind.
Abschnitt 2 Einrichtungen zur Kennzeichnung von dauerhaften Hindernissen oder sonstigen gefährlichen Stellen		
8	Zeichen 625  Richtungstafel in Kurven	Die Richtungstafel in Kurven kann auch in aufgelöster Form angebracht sein.
9	Zeichen 626  Leitplatte	
10	Zeichen 627 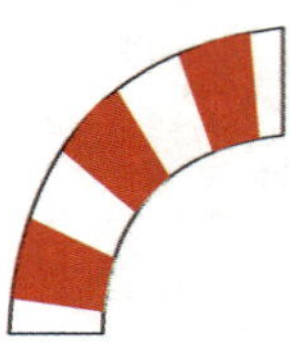 Leitmal	Leitmale kennzeichnen in der Regel den Verkehr einschränkende Gegenstände. Ihre Ausführung richtet sich nach der senkrechten, waagerechten oder gewölbten Anbringung beispielsweise an Bauwerken, Bauteilen und Gerüsten.

1	2	3
lfd. Nr.	Zeichen	Ge- oder Verbot Erläuterungen
Abschnitt 3 Einrichtung zur Kennzeichnung des Straßenverlaufs		
11	Zeichen 620 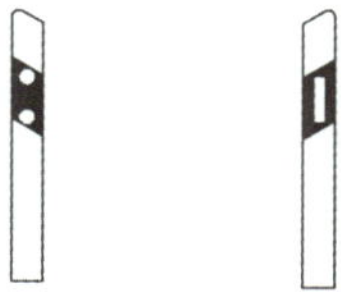 Leitpfosten (links) (rechts)	Um den Verlauf der Straße kenntlich zu machen, können an den Straßenseiten Leitpfosten in der Regel im Abstand von 50 m und in Kurven verdichtet stehen.
Abschnitt 4 Warntafel zur Kennzeichnung von Fahrzeugen und Anhängern bei Dunkelheit		
12	Zeichen 630  Parkwarntafel	

43.1. Gesetz zur Ordnung des Wasserhaushalts (Wasserhaushaltsgesetz – WHG) [1] [2] [3] [4]

Vom 31. Juli 2009

(BGBl. I S. 2585)

FNA 753-13

geänd. durch Art. 12 G zur Umsetzung der DienstleistungsRL auf dem Gebiet des Umweltrechts sowie zur Änd. umweltrechtlicher Vorschriften v. 11.8.2010 (BGBl. I S. 1163), Art. 1 G zur Umsetzung der Meeresstrategie-RahmenRL sowie zur Änd. des WaStrG und des KrW-/AbfG v. 6.10.2011 (BGBl. I S. 1986), Art. 2 Abs. 67 G zur Änd. von Vorschriften über Verkündung und Bekanntmachungen sowie der ZPO, des EGZPO und der AO v. 22.12.2011 (BGBl. I S. 3044), Art. 5 Abs. 9 G zur Neuordnung des Kreislaufwirtschafts- und Abfallrechts v. 24.2.2012 (BGBl. I S. 212), Art. 3 G zur Anpassung des BauproduktenG und weiterer Rechtsvorschriften an die VO (EU) Nr. 305/2011 zur Festlegung harmonisierter Bedingungen für die Vermarktung von Bauprodukten v. 5.12.2012 (BGBl. I S. 2449), Art. 6 G zur Änd. des Umwelt-RechtsbehelfsG und anderer umweltrechtlicher Vorschriften v. 21.1.2013 (BGBl. I S. 95), Art. 2 G zur Umsetzung der RL über Industrieemissionen v. 8.4.2013 (BGBl. I S. 734), Art. 2 Abs. 100, Art. 4 Abs. 76 G zur Strukturreform des Gebührenrechts des Bundes v. 7.8.2013 (BGBl. I S. 3154, geänd. durch G v. 18.7.2016, BGBl. I S. 1666), Art. 2 G zur Änd. des UmweltstatistikG und des WasserhaushaltsG v. 15.11.2014 (BGBl. I S. 1724), Art. 320 Zehnte ZuständigkeitsanpassungsVO v. 31.8.2015 (BGBl. I S. 1474), Art. 1 G zur Änd. des WasserhaushaltsG zur Einführung von Grundsätzen für die Kosten von Wasserdienstleistungen und Wassernutzungen sowie zur Änd. des AbwasserabgabenG v. 11.4.2016 (BGBl. I S. 745), Art. 12 WSV-

---

[1] **Amtl. Anm.:** Dieses Gesetz dient der Umsetzung der

- Richtlinie 80/68/EWG des Rates vom 17. Dezember 1979 über den Schutz des Grundwassers gegen Verschmutzung durch bestimmte gefährliche Stoffe (ABl. L 20 vom 26.1.1980, S. 43), die durch die Richtlinie 2000/60/EG (ABl. L 327 vom 22.12.2000, S. 1) geändert worden ist,
- Richtlinie 91/271/EWG des Rates vom 21. Mai 1991 über die Behandlung von kommunalem Abwasser (ABl. L 135 vom 30.5.1991, S. 40), die zuletzt durch die Verordnung (EG) Nr. 1137/2008 (ABl. L 311 vom 21.11.2008, S. 1) geändert worden ist,
- Richtlinie 2000/60/EG des Europäischen Parlaments und des Rates vom 23. Oktober 2000 zur Schaffung eines Ordnungsrahmens für Maßnahmen der Gemeinschaft im Bereich der Wasserpolitik (ABl. L 327 vom 22.12.2000, S. 1), die zuletzt durch die Richtlinie 2008/105/EG (ABl. L 348 vom 24.12.2008, S. 84) geändert worden ist,
- Richtlinie 2004/35/EG des Europäischen Parlaments und des Rates vom 21. April 2004 über Umwelthaftung zur Vermeidung und Sanierung von Umweltschäden (ABl. L 143 vom 30.4.2004, S. 56), die durch die Richtlinie 2006/21/EG (ABl. L 102 vom 11.4.2006, S. 15) geändert worden ist,
- Richtlinie 2006/11/EG des Europäischen Parlaments und des Rates vom 15. Februar 2006 betreffend die Verschmutzung infolge der Ableitung bestimmter gefährlicher Stoffe in die Gewässer der Gemeinschaft (ABl. L 64 vom 4.3.2006, S. 52),
- Richtlinie 2006/118/EG des Europäischen Parlaments und des Rates vom 12. Dezember 2006 zum Schutz des Grundwassers vor Verschmutzung und Verschlechterung (ABl. L 372 vom 27.12.2006, S. 19, L 53 vom 22.2.2007, S. 30, L 139 vom 31.5.2007, S. 39),
- Richtlinie 2007/60/EG des Europäischen Parlaments und des Rates vom 23. Oktober 2007 über die Bewertung und das Management von Hochwasserrisiken (ABl. L 288 vom 6.11.2007, S. 27).

[2] **Amtl. Anm.:** Die Verpflichtungen aus der Richtlinie 98/34/EG des Europäischen Parlaments und des Rates vom 22. Juni 1998 über ein Informationsverfahren auf dem Gebiet der Normen und technischen Vorschriften und der Vorschriften für die Dienste der Informationsgesellschaft (ABl. L 204 vom 21.7.1998, S. 37), die zuletzt durch die Richtlinie 2006/96/EG (ABl. L 363 vom 20.12.2006, S. 81) geändert worden ist, sind beachtet worden.

[3] Verkündet als Art. 1 des G zur Neuregelung des Wasserrechts v. 31.7.2009 (BGBl. I S. 2585); Inkrafttreten gem. Art. 24 Abs. 2 Satz 1 dieses G am 1.3.2010 mit Ausnahme der §§ 23, 48 Abs. 1 Satz 2 und Abs. 2 Satz 3, § 57 Abs. 2, § 58 Abs. 1 Satz 2, § 61 Abs. 3, § 62 Abs. 4 und 7 Satz 2 und § 63 Abs. 2 Satz 2, die gem. Art. 24 Abs. 1 bereits am 7.8.2009 in Kraft getreten sind.

[4] Die Änderung durch G v. 18.7.2016 (BGBl. I S. 1666) tritt erst **mWv 1.10.2021** in Kraft und ist im Text noch nicht berücksichtigt.

ZuständigkeitsanpassungsG v. 24.5.2016 (BGBl. I S. 1217), Art. 4 Abs. 73 G zur Aktualisierung der Strukturreform des Gebührenrechts des Bundes v. 18.7.2016 (BGBl. I S. 1666), Art. 3 G zur Änd. berg-, umweltschadens- und wasserrechtlicher Vorschriften zur Umsetzung der RL 2013/30/EU über die Sicherheit von Offshore-Erdöl- und -Erdgasaktivitäten v. 21.7.2016 (BGBl. I S. 1764), Art. 4 G zur Änd. des UmweltstatistikG, des HochbaustatistikG sowie bestimmter immissionsschutz- und wasserrechtlicher Vorschriften v. 26.7.2016 (BGBl. I S. 1839), Art. 1 G zur Änd. wasser- und naturschutzrechtlicher Vorschriften zur Untersagung und zur Risikominimierung bei den Verfahren der Fracking-Technologie v. 4.8.2016 (BGBl. I S. 1972), Art. 122 G zum Abbau verzichtbarer Anordnungen der Schriftform im Verwaltungsrecht des Bundes v. 29.3.2017 (BGBl. I S. 626), Art. 1 HochwasserschutzG II v. 30.6.2017 (BGBl. I S. 2193), Art. 1 G zur Einführung einer wasserrechtlichen Genehmigung für Behandlungsanlagen für Deponiesickerwasser, zur Änd. der Vorschriften zur Eignungsfeststellung für Anlagen zum Lagern, Abfüllen oder Umschlagen wassergefährdender Stoffe und zur Änd. des Bundes-ImmissionsschutzG v. 18.7.2017 (BGBl. I S. 2771) und Art. 2 G zur Beschränkung des marinen Geo-Engineerings v. 4.12.2018 (BGBl. I S. 2254)

Zum WHG haben die Länder folgende Vorschriften erlassen:

- **Baden-Württemberg:** WasserG v. 3.12.2013 (GBl. S. 389), zuletzt geänd. durch G v. 28.11.2018 (GBl. S. 439)
- **Bayern:** WasserG v. 25.2.2010 (GVBl. S. 66, 130), zuletzt geänd. durch G v. 23.12.2019 (GVBl. S. 737)
- **Berlin:** WasserG idF der Bek. v. 17.6.2005 (GVBl. S. 357, ber. 2006 S. 248, 2007 S. 48), zuletzt geänd. durch G v. 25.9.2019 (GVBl. S. 612)
- **Brandenburg:** WasserG idF der Bek. v. 2.3.2012 (GVBl. I Nr. 20), zuletzt geänd. durch G v. 4.12. 2017 (GVBl. I Nr. 28)
- **Bremen:** WasserG v. 12.4.2011 (Brem.GBl. S. 262), zuletzt geänd. durch G v. 18.12.2018 (Brem.GBl. S. 644)
- **Hamburg:** WasserG idF der Bek. v. 29.3.2005 (HmbGVBl. S. 97), zuletzt geänd. durch G v. 4.12. 2012 (HmbGVBl. S. 510)
- **Hessen:** WasserG v. 14.12.2010 (GVBl. I S. 548), zuletzt geänd. durch G v. 22.8.2018 (GVBl. S. 366)
- **Mecklenburg-Vorpommern:** WasserG v. 30.11.1992 (GVOBl. M-V S. 669), zuletzt geänd. durch G v. 5.7.2018 (GVOBl. M-V S. 221)
- **Niedersachsen:** WasserG v. 19.2.2010 (Nds. GVBl. S. 64), zuletzt geänd. durch G v. 20.5.2019 (Nds. GVBl. S. 88)
- **Nordrhein-Westfalen:** LandeswasserG idF der Bek. v. 25.6.1995 (GV. NRW. S. 926), zuletzt geänd. durch G v. 2.7.2019 (GV. NRW. S. 341)
- **Rheinland-Pfalz:** LandeswasserG v. 14.7.2015 (GVBl. S. 127), zuletzt geänd. durch G v. 26.11. 2019 (GVBl. S. 338)
- **Saarland:** WasserG idF der Bek. v. 30.7.2004 (Amtsbl. S. 1994), zuletzt geänd. durch G v. 13.2. 2010 (Amtsbl. 2019 I S. 324)
- **Sachsen:** WasserG v. 12.7.2013 (SächsGVBl. S. 503), zuletzt geänd. durch G v. 8.7.2016 (SächsGVBl. S. 287)
- **Sachsen-Anhalt:** WasserG v. 16.3.2011 (GVBl. LSA S. 492), zuletzt geänd. durch VO v. 17.2.2017 (GVBl. LSA S. 33)
- **Schleswig-Holstein:** LandeswasserG v. 13.11.2019 (GVOBl. Schl.-H. S. 425, 426)
- **Thüringen:** WasserG v. 28.5.2019 (GVBl. S. 74)

Zu abweichendem Landesrecht siehe:

- **Bayern:** Abweichungen im WasserG v. 25.2.2010 (GVBl. S. 66, 130), zuletzt geänd. durch G v. 23.12.2019 (GVBl. S. 737) mWv 1.3.2010, vgl. Hinweis v. 17.3.2010 (BGBl. I S. 275) v. 17.3.2010 (BGBl. I S. 275), mWv 29.2.2012, vgl. Hinweis v. 24.10.2012 (BGBl. I S. 2176) v. 24.10.2012 (BGBl. I S. 2176) und Hinweis v. 19.2.2015 (BGBl. I S. 153) v. 19.2.2015 (BGBl. I S. 153); mWv 1.8.2019, vgl. Hinweis v. 5.3.2020 (BGBl. I S. 319) v. 5.3.2020 (BGBl. I S. 319, 320);
- **Bremen:** Abweichungen im WasserG v. 12.4.2011 (Brem.GBl. S. 262), zuletzt geänd. durch G v. 18.12.2018 (Brem.GBl. S. 644) mWv 29.4.2011; vgl. Hinweis v. 16.6.2011 (BGBl. I S. 1047) v. 16.6.2011 (BGBl. I S. 1047);

– **Hessen:** Abweichungen im WasserG v. 14.12.2010 (GVBl. I S. 548), zuletzt geänd. durch G v. 22.8. 2018 (GVBl. S. 366) mWv 24.12.2010; vgl. Hinweis v. 13.4.2011 (BGBl. I S. 607) v. 13.4.2011 (BGBl. I S. 607);

– **Niedersachsen:** Abweichungen im WasserG v. 19.2.2010 (Nds. GVBl. S. 64), zuletzt geänd. durch G v. 20.5.2019 (Nds. GVBl. S. 88) mWv 1.3.2010; vgl. Hinweis v. 26.7.2010 (BGBl. I S. 970) v. 26.7.2010 (BGBl. I S. 970);

– **Rheinland-Pfalz:** Abweichungen im WasserG v. 14.7.2015 (GVBl. S. 127), zuletzt geänd. durch G v. 26.11.2019 (GVBl. S. 338) mWv 30.7.2015; vgl. Hinweis v. 14.4.2016 (BGBl. I S. 715) v. 14.4. 2016 (BGBl. I S. 715);

– **Sachsen:** Abweichungen im WasserG v. 12.7.2013 (SächsGVBl. S. 503), zuletzt geänd. durch G v. 8.7.2016 (SächsGVBl. S. 287) mWv 15.5.2010 und mWv 8.8.2013; vgl. Hinweis v. 17.5.2011 (BGBl. I S. 842) v. 17.5.2011 (BGBl. I S. 842) und Hinweis v. 19.2.2014 (BGBl. I S. 112) v. 19.2. 2014 (BGBl. I S. 112);

– **Sachsen-Anhalt:** Abweichungen im WasserG v. 16.3.2011 (GVBl. LSA S. 492), zuletzt geänd. durch VO v. 17.2.2017 (GVBl. LSA S. 33) mWv 1.4.2011; vgl. Hinweis v. 11.4.2011 (BGBl. I S. 567) 11.4.2011 (BGBl. I S. 567);

– **Schleswig-Holstein:** Abweichungen im LandeswasserG v. 13.11.2019 (GVOBl. Schl.-H. S. 425, 426) mWv 26.3.2010; vgl. Hinweis v. 11.11.2010 (BGBl. I S. 1501) v. 11.11.2010 (BGBl. I S. 1501) und Hinweis v. 18.12.2019 (BGBl. I S. 2595) v. 18.12.2019 (BGBl. I S. 2595);

– **Thüringen:** Abweichungen im Thüringer WasserG v. 28.5.2019 (GVBl. S. 74) mWv 1.3.2020, vgl. Hinweis v. 6.3.2020 (BGBl. I S. 422) v. 6.3.2020 (BGBl. I S. 422).

Inhaltsübersicht[1]

Kapitel 1. Allgemeine Bestimmungen

Kapitel 2. Bewirtschaftung von Gewässern

Abschnitt 1. Gemeinsame Bestimmungen

---

[1] Inhaltsübersicht geänd. mWv 14.10.2011 durch G v. 6.10.2011 (BGBl. I S. 1986); geänd. mWv 1.8.2013 durch G v. 21.1.2013 (BGBl. I S. 95); geänd. mWv 2.5.2013 durch G v. 8.4.2013 (BGBl. I S. 734); geänd. mWv 18.10.2016 durch G v. 11.4.2016 (BGBl. I S. 745); geänd. mWv 5.1.2018 durch G v. 30.6.2017 (BGBl. I S. 2193).

Kapitel 1. Allgemeine Bestimmungen

§ 1 Zweck. Zweck dieses Gesetzes ist es, durch eine nachhaltige Gewässerbewirtschaftung die Gewässer als Bestandteil des Naturhaushalts, als Lebensgrundlage des Menschen, als Lebensraum für Tiere und Pflanzen sowie als nutzbares Gut zu schützen.

§ 2[1] Anwendungsbereich. (1) [1] Dieses Gesetz gilt für folgende Gewässer:
1. oberirdische Gewässer,
2. Küstengewässer,
3. Grundwasser.

[2] Es gilt auch für Teile dieser Gewässer.

(1a) [1] Für Meeresgewässer gelten die Vorschriften des § 23, des Kapitels 2 Abschnitt 3a und des § 90. [2] Die für die Bewirtschaftung der Küstengewässer geltenden Vorschriften bleiben unberührt.

(2)[2] [1] Die Länder können kleine Gewässer von wasserwirtschaftlich untergeordneter Bedeutung, insbesondere Straßenseitengräben als Bestandteil von Straßen, Be- und Entwässerungsgräben, sowie Heilquellen von den Bestimmungen dieses Gesetzes ausnehmen. [2] Dies gilt nicht für die Haftung für Gewässerveränderungen nach den §§ 89 und 90.

§ 3[3] Begriffsbestimmungen. Für dieses Gesetz gelten folgende Begriffsbestimmungen:
1. Oberirdische Gewässer

---

[1] § 2 Abs. 1a eingef. mWv 14.10.2011 durch G v. 6.10.2011 (BGBl. I S. 1986); Abs. 1a Satz 1 geänd. mWv 27.7.2016 durch G v. 21.7.2016 (BGBl. I S. 1764).

[2] Abweichendes Landesrecht in Bayern siehe Hinweise in BGBl. 2010 I S. 275 und 2015 I S. 153.

[3] § 3 Nr. 2a eingef. mWv 14.10.2011 durch G v. 6.10.2011 (BGBl. I S. 1986); Nr. 12 geänd. mWv 2.5.2013 durch G v. 8.4.2013 (BGBl. I S. 734); Nr. 15 geänd., Nr. 16 und 17 angef. mWv 18.10.2016 durch G v. 11.4.2016 (BGBl. I S. 745).

das ständig oder zeitweilig in Betten fließende oder stehende oder aus Quellen wild abfließende Wasser;

2. Küstengewässer
das Meer zwischen der Küstenlinie bei mittlerem Hochwasser oder zwischen der seewärtigen Begrenzung der oberirdischen Gewässer und der seewärtigen Begrenzung des Küstenmeeres; die seewärtige Begrenzung von oberirdischen Gewässern, die nicht Binnenwasserstraßen des Bundes sind, richtet sich nach den landesrechtlichen Vorschriften;

(Fortsetzung nächstes Blatt)

43.11. Wassergesetz für das Land Nordrhein-Westfalen (Landeswassergesetz – LWG)[1)2)]

Vom 25. Juni 1995 in der Fassung vom 8. Juli 2016

(GV. NRW. S. 926)

SGV. NRW. 77

zuletzt geänd. durch Art. 10 ÄndG der Wasserverbandsgesetze aufgr. Covid-19 v. 29.5.2020 (GV. NRW. S. 376)

Nichtamtliche Inhaltsübersicht

---

1) LandeswasserG neu gef. mWv 16.7.2016 durch G v. 8.7.2016 (GV. NRW. S. 559).
2) Änderungen vor dem 17.7.2019 sind nicht in Fußnoten nachgewiesen

deren Gebiet von der Verordnung betroffen wird, sofern der Inhalt der Karten, Pläne oder Verzeichnisse zugleich in der Verordnung grob umschrieben wird. [2]Im textlichen Teil der Verordnung müssen Ort und Zeit der Auslegung bezeichnet sein.

§ 113 Festsetzen von Wasserschutz- und Heilquellenschutzgebieten.

[1]Verfahren zur Festsetzung von Wasserschutz- und Heilquellenschutzgebieten werden von Amts wegen eingeleitet und durchgeführt. [2]Sie finden mit dem Erlass der Verordnung nach den §§ 51, 52 des Wasserhaushaltsgesetzes[1)] in Verbindung mit den §§ 35, 36 zur Festsetzung des Wasserschutz- oder Heilquellenschutzgebietes ihren Abschluss. [3]Der Entwurf der Verordnung und das zugrunde liegende Gutachten sind in den Gemeinden auszulegen, in denen sich die Verordnung auswirkt. [4]Die Auslegung ist ortsüblich öffentlich bekanntzumachen. [5]§ 73 Absatz 4 des Verwaltungsverfahrensgesetzes für das Land Nordrhein-Westfalen[2)] ist entsprechend anzuwenden. [6]Der Entwurf der Verordnung und das zugrunde liegende Gutachten können mit den Beteiligten erörtert werden.

Kapitel 8. Behördenaufbau, Zuständigkeiten

§ 114 Behördenaufbau. (1) Oberste Wasserbehörde ist das für Umwelt zuständige Ministerium.

(2) Obere Wasserbehörde ist die Bezirksregierung.

(3) Untere Wasserbehörde ist der Kreis und die kreisfreie Stadt.

§ 115 Sonderordnungsbehörden. [1]Die Wasserbehörden sind Sonderordnungsbehörden. [2]Die ihnen nach dem Wasserhaushaltsgesetz[1)] und diesem Gesetz obliegenden Aufgaben gelten als solche der Gefahrenabwehr.

§ 116 Aufsichtsbehörden. (1) [1]Die Aufsicht über die unteren Wasserbehörden führt die obere Wasserbehörde. [2]Die Aufsicht über die Bezirksregierung Arnsberg als Bergbehörde im Rahmen der Gewässeraufsicht führt die oberste Wasserbehörde.

(2) Die oberste Aufsicht wird von der obersten Wasserbehörde geführt.

§ 117 Bestimmung der zuständigen Behörden. (1) Das für Umwelt zuständige Ministerium wird ermächtigt, nach Anhörung der zuständigen Ausschüsse des Landtags durch Rechtsverordnung die Zuständigkeiten beim Vollzug dieses Gesetzes und der auf Grund dieses Gesetzes erlassenen Rechtsverordnungen zu bestimmen.

(2) Die gemeinsame nächsthöhere Behörde bestimmt die zuständige Behörde, wenn

1. in derselben Sache die örtliche und sachliche Zuständigkeit mehrerer Behörden nach Wasserrecht begründet ist oder
2. eine einheitliche Regelung in benachbarten Bezirken oder eine zur Erreichung der Bewirtschaftungsziele für oberirdische Gewässer und für das

---

1) Nr. **43.1**.
2) Nr. **23.11**.

Grundwasser nach den Vorschriften des Wasserhaushaltsgesetzes[1] zweckmäßiger ist.

(3) Ist auch eine Behörde eines anderen Landes zuständig, so kann die oberste Wasserbehörde mit der zuständigen Behörde des anderen Landes die gemeinsame zuständige Behörde vereinbaren.

Kapitel 9. Verkehrliche Regelungen

§ 118[2] Schifffahrt. (1) Welche Gewässer schiffbar sind, bestimmt das für Verkehr zuständige Ministerium im Einvernehmen mit dem für Umwelt zuständigen Ministerium durch Rechtsverordnung.

(2) [1] Durch ordnungsbehördliche Verordnung können geregelt werden

1. die Ausübung der Schifffahrt auf schiffbaren Gewässern im Interesse des Naturschutzes, der Sicherheit oder Leichtigkeit des Verkehrs, des Eigentums, der Fischerei, der Reinhaltung und Unterhaltung des Gewässers, des Immissionsschutzes und der öffentlichen Ordnung (Schifffahrtsverordnung); die technische Sicherheit der zum Verkehr zugelassenen Fahrzeuge ist der zuständigen Behörde durch regelmäßige Überprüfung durch einen anerkannten Schiffssachverständigen unter Berücksichtigung der Binnenschiffsuntersuchungsordnung vom 21. September 2018 (BGBl. I S. 1398, 2032) in der jeweils geltenden Fassung sowie der örtlichen Verhältnisse oder durch Vorlage eines Schiffsattests nach den Bestimmungen dieser Verordnung nachzuweisen und
2. die Bereiche der Häfen und Umschlaganlagen sowie das dortige Verhalten im Interesse der Unterhaltung der Häfen und Umschlaganlagen unter Berücksichtigung der in Nummer 1 genannten Belange sowie die Versorgung des Wasserfahrzeuges oder der schwimmenden Anlage mit elektrischer Energie von Land aus während der Liegezeit (Hafenverordnung).

[2] In der Verordnung ist zu bestimmen, welche Behörden für ihren Vollzug zuständig sind.

(3) Ist eine einheitliche Schifffahrts- oder Hafenverordnung für ein Gebiet notwendig, das über den Zuständigkeitsbereich einer nach Absatz 2 zuständigen Behörde hinausgeht, so erlässt sie das für Verkehr zuständige Ministerium im Einvernehmen mit dem für Umwelt zuständigen Ministerium.

(4) [1] Die Absätze 1 und 2 Nummer 1 gelten nicht für Bundeswasserstraßen. [2] Absatz 2 Nummer 2 gilt nicht für Schutz- und Sicherheitshäfen, in denen kein Güterumschlag stattfindet.

(5) Durch Rechtsverordnung kann das für den Verkehr zuständige Ministerium regeln

1. die Einrichtung und Nutzung von Binnenschifffahrtsinformationsdiensten und
2. die Anforderungen und technischen Spezifikationen für den Betrieb von Binnenschifffahrtsinformationsdiensten.

---

[1] *Nr. 43.1.*
[2] § 118 Abs. 2 Satz 1 Nr. 1 geänd. mWv 3.6.2020 durch G v. 29.5.2020 (GV. NRW. S. 376).

51.1. Sozialgesetzbuch (SGB) Erstes Buch (I) Allgemeiner Teil [1)2)]

Vom 11. Dezember 1975

(BGBl. I S. 3015)

FNA 860-1

geänd. durch Art. 2 § 14 20. RentenanpassungsG v. 27.6.1977 (BGBl. I S. 1040), Art. 3 § 5 21. RentenanpassungsG v. 25.7.1978 (BGBl. I S. 1089), Art. 3 Fünftes G zur Änd. des ArbeitsförderungsG v. 23.7.1979 (BGBl. I S. 1189), Art. 3 Zweites Agrarsoziales ErgänzungsG v. 9.7.1980 (BGBl. I S. 905), Art. II § 28 SGB – Verwaltungsverfahren – v. 18.8.1980 (BGBl. I S. 1469), Art. II § 15 SGB – Zusammenarbeit der Leistungsträger und ihre Beziehungen zu Dritten – v. 4.11.1982 (BGBl. I S. 1450), Art. 8 HaushaltsbegleitG 1984 v. 22.12.1983 (BGBl. I S. 1532), Art. 2 G zur Erleichterung des Übergangs vom Arbeitsleben in den Ruhestand v. 13.4.1984 (BGBl. I S. 601), Art. 1 G zur Verbesserung des Wahlrechts für die Sozialversicherungswahlen v. 27.7.1984 (BGBl. I S. 1029), Art. 18 AdoptionsanpassungsG v. 24.6.1985 (BGBl. I S. 1144), Dritter Abschn. § 28 BundeserziehungsgeldG v. 6.12.1985 (BGBl. I S. 2154), Art. 4 Drittes Agrarsoziales ErgänzungsG v. 20.12.1985 (BGBl. I S. 2475), Art. 2 Erstes G zur Änd. des SchwerbehindertenG v. 24.7.1986 (BGBl. I S. 1110), Art. 6 § 6 G zur Neuregelung des Internationalen Privatrechts v. 25.7.1986 (BGBl. I S. 1142), Art. 30 Zweites RechtsbereinigungsG v. 16.12.1986 (BGBl. I S. 2441), Art. 1 Kindererziehungsleistungs-G v. 12.7.1987 (BGBl. I S. 1585), Art. 1 Erstes ÄndG v. 20.7.1988 (BGBl. I S. 1046), Art. 7 G zur Änd. des ArbeitsförderungsG und zur Förderung eines gleitenden Übergangs älterer Arbeitnehmer in den Ruhestand v. 20.12.1988 (BGBl. I S. 2343), Erster Teil Art. 2 Gesundheits-ReformG v. 20.12.1988 (BGBl. I S. 2477), Art. 2 Zwölftes G zur Änderung des BundeskindergeldG v. 30.6.1989 (BGBl. I S. 1294), Art. 2 RentenreformG 1992 v. 18.12.1989 (BGBl. I S. 2261), Art. 2 Kinder- und JugendhilfeG v. 26.6.1990 (BGBl. I S. 1163), Art. 6 Abs. 99 EisenbahnneuordnungsG v. 27.12.1993 (BGBl. I S. 2378), Zweiter Teil Art. 2 Pflege-VersicherungsG v. 26.5.1994 (BGBl. I S. 1014), Art. 1 Zweites G zur Änd. des SGB v. 13.6.1994 (BGBl. I S. 1229), Art. 2 AgrarsozialreformG 1995 v. 29.7.1994 (BGBl. I S. 1890), Art. 95 EinführungsG zur InsolvenzO v. 15.10.1994 (BGBl. I S. 2911, geänd. durch G v. 24.3.1997, BGBl. I S. 594), Art. 9 Abs. 7 Schwangeren- und FamilienhilfeÄndG v. 21.8.1995 (BGBl. I S. 1050), Art. 2 Nr. 8 Zweites G zur Änd. des ArbeitsförderungsG im Bereich des Baugewerbes v. 15.12.1995 (BGBl. I S. 1809), Art. 4 G zur Förderung eines gleitenden Übergangs in den Ruhestand v. 23.7.1996 (BGBl. I S. 1078), Art. 2 Gesetz zur Reform des Sozialhilferechts v. 23.7.1996 (BGBl. I S. 1088), Art. 2 Unfallversicherungs-EinordnungsG v. 7.8.1996 (BGBl. I S. 1254), Art. 2 Arbeitsförderungs-ReformG v. 24.3.1997 (BGBl. I S. 594), Art. 2 Erstes SGB III-ÄndG v. 16.12.1997 (BGBl. I S. 2970), Art. 2 RentenreformG 1999 v. 16.12.1997 (BGBl. I S. 2998, geänd. durch G v. 19.12.1998, BGBl. I S. 3843, und G v. 20.12.2000, BGBl. I S. 1827), Art. 17 G zur Änd. des Begriffs „Erziehungsurlaub" v. 30.11.2000 (BGBl. I S. 1638), Art. 2 G zur Reform der Renten wegen verminderter Erwerbsfähigkeit v. 20.12. 2000 (BGBl. I S. 1827), Art. 1 Viertes Euro-EinführungsG v. 21.12.2000 (BGBl. I S. 1983), Art. 3 § 48 G zur Beendigung der Diskriminierung gleichgeschlechtlicher Gemeinschaften: Lebenspartnerschaften v. 16.2.2001 (BGBl. I S. 266), Art. 8 § 1 G zur Änd. des BundesdatenschutzG und anderer G v. 18.5.2001 (BGBl. I S. 904), Art. 2 SGB IX – Rehabilitation und Teilhabe behinderter Menschen – v. 19.6.2001 (BGBl. I S. 1046), Art. 2 AltersvermögensG v. 26.6.2001 (BGBl. I S. 1310), Art. 3 G zur Bekämpfung der illegalen Beschäftigung im gewerblichen Güterkraftverkehr v. 2.9.2001 (BGBl. I S. 2272), Art. 4 Abs. 5 G zur Regelung von Rechtsfragen auf dem Gebiet der internationalen Adoption und zur Weiterentwicklung des Adoptionsvermittlungsrechts v. 5.11.2001 (BGBl. I S. 2950), Art. 47 G zur Gleichstellung behinderter Menschen und zur Änd. anderer G v. 27.4.2002 (BGBl. I S. 1467), Art. 5 Hüttenknappschaftl. Zusatzversicherungs-Neuregelungs-G v. 21.6.2002 (BGBl. I S. 2167), Art. 1 G zur Erleichterung der Bekämpfung von illegaler Beschäfti-

---

1) Verkündet als Art. I Sozialgesetzbuch (SGB) – Allgemeiner Teil – v. 11.12.1975 (BGBl. I S. 3015); Inkrafttreten gem. Art. II § 23 Abs. 1 Satz 1 dieses G am 1.1.1976 mit Ausnahme des § 44, der gem. Art. II § 23 Abs. 2 Satz 1 am 1.1.1978 in Kraft getreten ist.

2) Die Änderungen durch G v. 12.12.2019 (BGBl. I S. 2652) treten erst **mWv 1.1.2024** in Kraft und sind im Text noch nicht berücksichtigt.

gung und Schwarzarbeit v. 23.7.2002 (BGBl. I S. 2787), Art. 2 Drittes G zur Änd. verwaltungsverfahrensrechtl. Vorschriften v. 21.8.2002 (BGBl. I S. 3322), Art. 3 GKV-ModernisierungsG v. 14.11.2003 (BGBl. I S. 2190), Art. 2 Drittes G für moderne Dienstleistungen am Arbeitsmarkt v. 23.12.2003 (BGBl. I S. 2848), Art. 2 Viertes G für moderne Dienstleistungen am Arbeitsmarkt v. 24.12.2003 (BGBl. I S. 2954, geänd. durch G v. 30.7.2004, BGBl. I S. 2014), Art. 3 Zweites G zur Änd. des Sechsten Buches Sozialgesetzbuch und anderer G v. 27.12.2003 (BGBl. I S. 3013), Art. 2 G zur Einordnung des Sozialhilferechts in das SGB v. 27.12.2003 (BGBl. I S. 3022), Art. 4 G zur Intensivierung der Bekämpfung der Schwarzarbeit und damit zusammenhängender Steuerhinterziehung v. 23.7.2004 (BGBl. I S. 1842), Art. 2 Kommunales OptionsG v. 30.7.2004 (BGBl. I S. 2014), Art. 3 G zur Organisationsreform in der gesetzl. Rentenversicherung v. 9.12.2004 (BGBl. I S. 3242), Art. 7 Zweites G zur Änd. wohnungsrechtl. Vorschriften v. 15.12.2004 (BGBl. I S. 3450), Art. 2 VerwaltungsvereinfachungsG v. 21.3.2005 (BGBl. I S. 818), Art. 2 G zur Förderung ganzjähriger Beschäftigung v. 24.4.2006 (BGBl. I S. 926), Art. 3 Abs. 7 G zur Umsetzung europ. RL zur Verwirklichung des Grundsatzes der Gleichbehandlung v. 14.8.2006 (BGBl. I S. 1897), Art. 2 Abs. 15 G zur Einführung des Elterngeldes v. 5.12.2006 (BGBl. I S. 2748), Art. 20 Abs. 4 G zur Änd. d. BundesversorgungsG u. and. Vorschriften des Sozialen Entschädigungsrechts v. 13.12.2007 (BGBl. I S. 2904), Art. 2 G zur Änd. des SGB IV und anderer Gesetze[1] v. 19.12.2007 (BGBl. I S. 3024), Art. 2 G zur Neuregelung des Wohngeldrechts und zur Änd. des SGB v. 24.9.2008 (BGBl. I S. 1856), Art. 3 G zur Neuausrichtung der arbeitsmarktpolitischen Instrumente v. 21.12.2008 (BGBl. I S. 2917), Art. 3 Zweites G zur Änd. des SGB IV und anderer G v. 21.12.2008 (BGBl. I S. 2933), Art. 2 ELENA-VerfahrensG v. 28.3.2009 (BGBl. I S. 634), Art. 6 und 7 Abs. 5 G zur Reform des Kontopfändungsschutzes v. 7.7.2009 (BGBl. I S. 1707), Art. 110 Abs. 5 Bundesrecht-BereinigungsG v. 8.12.2010 (BGBl. I S. 1864), Art. 12 Abs. 2a G zur Ermittlung von Regelbedarfen und zur Änd. des Zweiten und Zwölften Buches Sozialgesetzbuch v. 24.3.2011 (BGBl. I S. 453), Art. 5 G zur Änd. des BeherbergungsstatistikG und des HandelsstatistikG sowie zur Aufhebung von Vorschriften zum Verfahren des elektronischen Entgeltnachweises v. 23.11.2011 (BGBl. I S. 2298), Art. 4 G zur Verbesserung der Eingliederungschancen am Arbeitsmarkt v. 20.12.2011 (BGBl. I S. 2854), Art. 13 Abs. 14 LSV-NeuordnungsG v. 12.4.2012 (BGBl. I S. 579), Art. 1b G zur Vereinfachung des Elterngeldvollzugs v. 10.9.2012 (BGBl. I S. 1878), Art. 11 Pflege-Neuausrichtungs-Gesetz v. 23.10.2012 (BGBl. I S. 2246), Art. 2 Abs. 1 BetreuungsgeldG v. 15.2.2013 (BGBl. I S. 254), Art. 2 Abs. 1, Art. 4 Abs. 1 G zur Übertragung der Zuständigkeiten der Länder im Bereich der Beschädigten- und Hinterbliebenenversorgung nach dem Dritten Teil des SoldatenversorgungsG auf den Bund v. 15.7.2013 (BGBl. I S. 2416), Art. 4 G zur Förderung der elektronischen Verwaltung sowie zur Änd. weiterer Vorschriften v. 25.7.2013 (BGBl. I S. 2749), Art. 9 und 10 BUK-NeuorganisationsG v. 19.10.2013 (BGBl. I S. 3836), Art. 2 G zur Einführung des Elterngeld Plus mit Partnerschaftsbonus und einer flexibleren Elternzeit im Bundeselterngeld- und ElternzeitG v. 18.12.2014 (BGBl. I S. 2325), Art. 27 G zur Bereinigung des Rechts der Lebenspartner v. 20.11.2015 (BGBl. I S. 2010), Art. 1b G für sichere digitale Kommunikation und Anwendungen im Gesundheitswesen sowie zur Änd. weiterer G v. 21.12.2015 (BGBl. I S. 2408), Art. 3 G zur Weiterentwicklung des Behindertengleichstellungsrechts v. 19.7.2016 (BGBl. I S. 1757), Art. 22 Abs. 1 6. SGB IV-ÄndG v. 11.11.2016 (BGBl. I S. 2500), Art. 3 FlexirentenG v. 8.12.2016 (BGBl. I S. 2838), Art. 3 BundesteilhabeG v. 23.12.2016 (BGBl. I S. 3234), Art. 6 Abs. 7 G zur Neuregelung des Mutterschutzrechts v. 23.5.2017 (BGBl. I S. 1228), Art. 19 G zur Änd. des BundesversorgungsG und anderer Vorschriften v. 17.7.2017 (BGBl. I S. 2541), Art. 11 Abs. 40 eIDAS-DurchführungsG v. 18.7.2017 (BGBl. I S. 2745), Art. 5 BetriebsrentenstärkungsG v. 17.8.2017 (BGBl. I S. 3214), Art. 5 Abs. 18 G zur Einführung einer Karte für Unionsbürger und Angehörige des Europäischen Wirtschaftsraums mit Funktion zum elektronischen Identitätsnachweis sowie zur Änd. des PersonalausweisG und weiterer Vorschriften v. 21.6.2019 (BGBl. I S. 846, geänd. durch G v. 20.11.2019, BGBl. I S. 1626), Art. 119 Zweites Datenschutz-Anpassungs- und UmsetzungsG EU v. 20.11.2019 (BGBl. I S. 1626) und Art. 28 G zur Regelung des Sozialen Entschädigungsrechts v. 12.12.2019 (BGBl. I S. 2652)

[1] Zum Inkrafttreten siehe auch die Bek. über das Inkrafttreten der Folgeänderungen zur Auflösung der See-Krankenkasse und der See-Pflegekasse und zu deren Eingliederung in die Deutsche Rentenversicherung Knappschaft-Bahn-See nach § 165 Abs. 4 Satz 1 des Fünften Buches Sozialgesetzbuch.

pflichteten, sein Bedarf und seine Leistungsfähigkeit sowie die örtlichen Verhältnisse zu berücksichtigen, soweit Rechtsvorschriften nicht entgegenstehen. [2]Dabei soll den Wünschen des Berechtigten oder Verpflichteten entsprochen werden, soweit sie angemessen sind.

§ 33a[1)] Altersabhängige Rechte und Pflichten. (1) Sind Rechte oder Pflichten davon abhängig, daß eine bestimmte Altersgrenze erreicht oder nicht überschritten ist, ist das Geburtsdatum maßgebend, das sich aus der ersten Angabe des Berechtigten oder Verpflichteten oder seiner Angehörigen gegenüber einem Sozialleistungsträger oder, soweit es sich um eine Angabe im Rahmen des Dritten oder Sechsten Abschnitts des Vierten Buches[2)] handelt, gegenüber dem Arbeitgeber ergibt.

(2) Von einem nach Absatz 1 maßgebenden Geburtsdatum darf nur abgewichen werden, wenn der zuständige Leistungsträger feststellt, daß

1. ein Schreibfehler vorliegt, oder
2. sich aus einer Urkunde, deren Original vor dem Zeitpunkt der Angabe nach Absatz 1 ausgestellt worden ist, ein anderes Geburtsdatum ergibt.

(3) Die Absätze 1 und 2 gelten für Geburtsdaten, die Bestandteil der Versicherungsnummer oder eines anderen in den Sozialleistungsbereichen dieses Gesetzbuchs verwendeten Kennzeichens sind, entsprechend.

§ 33b[3)] Lebenspartnerschaften. Lebenspartnerschaften im Sinne dieses Gesetzbuches sind Lebenspartnerschaften nach dem Lebenspartnerschaftsgesetz[4)].

§ 33c[5)] Benachteiligungsverbot. [1]Bei der Inanspruchnahme sozialer Rechte darf niemand aus Gründen der Rasse, wegen der ethnischen Herkunft oder einer Behinderung benachteiligt werden. [2]Ansprüche können nur insoweit geltend gemacht oder hergeleitet werden, als deren Voraussetzungen und Inhalt durch die Vorschriften der besonderen Teile dieses Gesetzbuchs im Einzelnen bestimmt sind.

§ 34[6)] Begrenzung von Rechten und Pflichten. (1) Soweit Rechte und Pflichten nach diesem Gesetzbuch ein familienrechtliches Rechtsverhältnis voraussetzen, reicht ein Rechtsverhältnis, das gemäß Internationalem Privatrecht dem Recht eines anderen Staates unterliegt und nach diesem Recht besteht, nur aus, wenn es dem Rechtsverhältnis im Geltungsbereich dieses Gesetzbuchs entspricht.

(2) Ansprüche mehrerer Ehegatten auf Witwenrente oder Witwerrente werden anteilig und endgültig aufgeteilt.

---

1) § 33a eingef. durch G v. 16.12.1997 (BGBl. I S. 2970).
2) **Aichberger Nr. 4.**
3) § 33b eingef. mWv 1.8.2001 durch G v. 16.2.2001 (BGBl. I S. 266).
4) **Schönfelder ErgBd. Nr. 43.**
5) § 33c eingef. mWv 18.8.2006 durch G v. 14.8.2006 (BGBl. I S. 1897).
6) § 34 eingef. durch G v. 25.7.1986 (BGBl. I S. 1142); Abs. 2 geänd. durch G v. 18.12.1989 (BGBl. I S. 2261).

§ 35[1)] Sozialgeheimnis. (1) [1]Jeder hat Anspruch darauf, dass die ihn betreffenden Sozialdaten (§ 67 Absatz 2 Zehntes Buch[2)]) von den Leistungsträgern nicht unbefugt verarbeitet werden (Sozialgeheimnis). [2]Die Wahrung des Sozialgeheimnisses umfasst die Verpflichtung, auch innerhalb des Leistungsträgers sicherzustellen, dass die Sozialdaten nur Befugten zugänglich sind oder nur an diese weitergegeben werden. [3]Sozialdaten der Beschäftigten und ihrer Angehörigen dürfen Personen, die Personalentscheidungen treffen oder daran mitwirken können, weder zugänglich sein noch von Zugriffsberechtigten weitergegeben werden. [4]Der Anspruch richtet sich auch gegen die Verbände der Leistungsträger, die Arbeitsgemeinschaften der Leistungsträger und ihrer Verbände, die Datenstelle der Rentenversicherung, die in diesem Gesetzbuch genannten öffentlich-rechtlichen Vereinigungen, Integrationsfachdienste, die Künstlersozialkasse, die Deutsche Post AG, soweit sie mit der Berechnung oder Auszahlung von Sozialleistungen betraut ist, die Behörden der Zollverwaltung, soweit sie Aufgaben nach § 2 des Schwarzarbeitsbekämpfungsgesetzes[3)] und § 66 des Zehnten Buches durchführen, die Versicherungsämter und Gemeindebehörden sowie die anerkannten Adoptionsvermittlungsstellen (§ 2 Absatz 2 des Adoptionsvermittlungsgesetzes[4)]), soweit sie Aufgaben nach diesem Gesetzbuch wahrnehmen, und die Stellen, die Aufgaben nach § 67c Absatz 3 des Zehnten Buches wahrnehmen. [5]Die Beschäftigten haben auch nach Beendigung ihrer Tätigkeit bei den genannten Stellen das Sozialgeheimnis zu wahren.

(2) [1]Die Vorschriften des Zweiten Kapitels des Zehnten Buches und der übrigen Bücher des Sozialgesetzbuches regeln die Verarbeitung von Sozialdaten abschließend, soweit nicht die Verordnung (EU) 2016/679[5)] des Europäischen Parlaments und des Rates vom 27. April 2016 zum Schutz natürlicher Personen bei der Verarbeitung personenbezogener Daten, zum freien Datenverkehr und zur Aufhebung der Richtlinie 95/46/EG (Datenschutz-Grundverordnung) (ABl. L 119 vom 4.5.2016, S. 1; L 314 vom 22.11.2016, S. 72; L 127 vom 23.5.2018, S. 2) in der jeweils geltenden Fassung unmittelbar gilt. [2]Für die Verarbeitungen von Sozialdaten im Rahmen von nicht in den Anwendungsbereich der Verordnung (EU) 2016/679 fallenden Tätigkeiten finden die Verordnung (EU) 2016/679 und dieses Gesetz entsprechende Anwendung, soweit nicht in diesem oder einem anderen Gesetz Abweichendes geregelt ist.

(2a) Die Verpflichtung zur Wahrung gesetzlicher Geheimhaltungspflichten oder von Berufs- oder besonderen Amtsgeheimnissen, die nicht auf gesetzlichen Vorschriften beruhen, bleibt unberührt.

(3) Soweit eine Übermittlung von Sozialdaten nicht zulässig ist, besteht keine Auskunftspflicht, keine Zeugnispflicht und keine Pflicht zur Vorlegung oder Auslieferung von Schriftstücken, nicht automatisierten Dateisystemen und automatisiert verarbeiteten Sozialdaten.

(4) Betriebs- und Geschäftsgeheimnisse stehen Sozialdaten gleich.

(5) [1]Sozialdaten Verstorbener dürfen nach Maßgabe des Zweiten Kapitels des Zehnten Buches verarbeitet werden. [2]Sie dürfen außerdem verarbeitet

---

[1)] § 35 neu gef. mWv 25.5.2018 durch G v. 17.7.2017 (BGBl. I S. 2541); Abs. 2 Satz 1 geänd. mWv 26.11.2019 durch G v. 20.11.2019 (BGBl. I S. 1626).

[2)] Nr. **51.9.**

[3)] **Schönfelder ErgBd. Nr. 94b.**

[4)] **Schönfelder ErgBd. Nr. 45i.**

[5)] **Sartorius Nr. 246.**

werden, wenn schutzwürdige Interessen des Verstorbenen oder seiner Angehörigen dadurch nicht beeinträchtigt werden können.

(6) [1]Die Absätze 1 bis 5 finden neben den in Absatz 1 genannten Stellen auch Anwendung auf solche Verantwortliche oder deren Auftragsverarbeiter,

1. die Sozialdaten im Inland verarbeiten, sofern die Verarbeitung nicht im Rahmen einer Niederlassung in einem anderen Mitgliedstaat der Europäischen Union oder in einem anderen Vertragsstaat des Abkommens über den Europäischen Wirtschaftsraum erfolgt, oder
2. die Sozialdaten im Rahmen der Tätigkeiten einer inländischen Niederlassung verarbeiten.

[2]Sofern die Absätze 1 bis 5 nicht gemäß Satz 1 anzuwenden sind, gelten für den Verantwortlichen oder dessen Auftragsverarbeiter nur die §§ 81 bis 81c des Zehnten Buches.

(7) [1]Bei der Verarbeitung zu Zwecken gemäß Artikel 2 der Verordnung (EU) 2016/679 stehen die Vertragsstaaten des Abkommens über den Europäischen Wirtschaftsraum und die Schweiz den Mitgliedstaaten der Europäischen Union gleich. [2]Andere Staaten gelten insoweit als Drittstaaten.

§ 36 Handlungsfähigkeit. (1) [1]Wer das fünfzehnte Lebensjahr vollendet hat, kann Anträge auf Sozialleistungen stellen und verfolgen sowie Sozialleistungen entgegennehmen. [2]Der Leistungsträger soll den gesetzlichen Vertreter über die Antragstellung und die erbrachten Sozialleistungen unterrichten.

(2) [1]Die Handlungsfähigkeit nach Absatz 1 Satz 1 kann vom gesetzlichen Vertreter durch schriftliche Erklärung gegenüber dem Leistungsträger eingeschränkt werden. [2]Die Rücknahme von Anträgen, der Verzicht auf Sozialleistungen und die Entgegennahme von Darlehen bedürfen der Zustimmung des gesetzlichen Vertreters.

§ 36a[1] Elektronische Kommunikation. (1) Die Übermittlung elektronischer Dokumente ist zulässig, soweit der Empfänger hierfür einen Zugang eröffnet.

(2) [1]Eine durch Rechtsvorschrift angeordnete Schriftform kann, soweit nicht durch Rechtsvorschrift etwas anderes bestimmt ist, durch die elektronische Form ersetzt werden. [2]Der elektronischen Form genügt ein elektronisches Dokument, das mit einer qualifizierten elektronischen Signatur versehen ist. [3]Die Signierung mit einem Pseudonym, das die Identifizierung der Person des Signaturschlüsselinhabers nicht unmittelbar durch die Behörde ermöglicht, ist nicht zulässig. [4]Die Schriftform kann auch ersetzt werden

1. durch unmittelbare Abgabe der Erklärung in einem elektronischen Formular, das von der Behörde in einem Eingabegerät oder über öffentlich zugängliche *Netze zur Verfügung* gestellt wird;

[1] § 36a eingef. mWv 1.2.2003 durch G v. 21.8.2002 (BGBl. I S. 3322); Abs. 4 Satz 1 geänd. mWv 1.1.2004 durch G v. 23.12.2003 (BGBl. I S. 2848); Abs. 2 neu gef., Abs. 2a eingef. mWv 1.8.2013, Abs. 2 Satz 4 Nr. 2 und 3 neu gef. mWv 1.7.2014 durch G v. 25.7.2013 (BGBl. I S. 2749); Abs. 2 Satz 5 geänd. mWv 29.12.2015 durch G v. 21.12.2015 (BGBl. I S. 2408); Abs. 2 Satz 2, Abs. 4 Sätze 1 und 2 geänd. mWv 29.7.2017 durch G v. 18.7.2017 (BGBl. I S. 2745).

2. bei Anträgen und Anzeigen durch Versendung eines elektronischen Dokuments an die Behörde mit der Versandart nach § 5 Absatz 5 des De-Mail-Gesetzes;
3. bei elektronischen Verwaltungsakten oder sonstigen elektronischen Dokumenten der Behörden durch Versendung einer De-Mail-Nachricht nach § 5 Absatz 5 des De-Mail-Gesetzes, bei der die Bestätigung des akkreditierten Diensteanbieters die erlassende Behörde als Nutzer des De-Mail-Kontos erkennen lässt;
4. durch sonstige sichere Verfahren, die durch Rechtsverordnung der Bundesregierung mit Zustimmung des Bundesrates festgelegt werden, welche den Datenübermittler (Absender der Daten) authentifizieren und die Integrität des elektronisch übermittelten Datensatzes sowie die Barrierefreiheit gewährleisten; der IT-Planungsrat gibt Empfehlungen zu geeigneten Verfahren ab.

[5] In den Fällen des Satzes 4 Nummer 1 muss bei einer Eingabe über öffentlich zugängliche Netze ein sicherer Identitätsnachweis nach § 18 des Personalausweisgesetzes[1)] oder nach § 78 Absatz 5 des Aufenthaltsgesetzes[2)] erfolgen; in der Kommunikation zwischen dem Versicherten und seiner Krankenkasse kann die Identität auch mit der elektronischen Gesundheitskarte nach § 291 Absatz 2a des Fünften Buches[3)] elektronisch nachgewiesen werden.

(2a) [1] Ist durch Rechtsvorschrift die Verwendung eines bestimmten Formulars vorgeschrieben, das ein Unterschriftsfeld vorsieht, wird allein dadurch nicht die Anordnung der Schriftform bewirkt. [2] Bei einer für die elektronische Versendung an die Behörde bestimmten Fassung des Formulars entfällt das Unterschriftsfeld.

(3) [1] Ist ein der Behörde übermitteltes elektronisches Dokument für sie zur Bearbeitung nicht geeignet, teilt sie dies dem Absender unter Angabe der für sie geltenden technischen Rahmenbedingungen unverzüglich mit. [2] Macht ein Empfänger geltend, er könne das von der Behörde übermittelte elektronische Dokument nicht bearbeiten, übermittelt sie es ihm erneut in einem geeigneten elektronischen Format oder als Schriftstück.

(4) [1] Die Träger der Sozialversicherung einschließlich der Bundesagentur für Arbeit, ihre Verbände und Arbeitsgemeinschaften verwenden unter Beachtung der Grundsätze der Wirtschaftlichkeit und Sparsamkeit im jeweiligen Sozialleistungsbereich Vertrauensdienste, die eine gemeinsame und bundeseinheitliche Kommunikation und Übermittlung der Daten und die Überprüfbarkeit der qualifizierten elektronischen Signatur auf Dauer sicherstellen. [2] Diese Träger sollen über ihren jeweiligen Bereich hinaus Vertrauensdienste im Sinne des Satzes 1 verwenden. [3] Die Sätze 1 und 2 gelten entsprechend für die Leistungserbringer nach dem Fünften und dem Elften Buch[4)] und die von ihnen gebildeten Organisationen.

---

1) Nr. 36.3.
2) **Sartorius Nr. 565.**
3) **Aichberger Nr. 5.**
4) **Aichberger Nr. 11.**

51.2. Sozialgesetzbuch (SGB) Zwölftes Buch (XII) – Sozialhilfe – 1) 2) 3) 4) 5)6)

Vom 27. Dezember 2003
(BGBl. I S. 3022)

FNA 860-12

geänd. durch Art. 10 Nr. 10a ZuwanderungsG v. 30.7.2004 (BGBl. I S. 1950), Art. 11 G zur Organisationsreform in der gesetzl. RV v. 9.12.2004 (BGBl. I S. 3242), Art. 10 und Art. 27 Nr. 2 VerwaltungsvereinfachungsG v. 21.3.2005 (BGBl. I S. 818), Art. 4 Abs. 36 G zur Neuorganisation der Bundesfinanzverwaltung und zur Schaffung eines Refinanzierungsregisters v. 22.9.2005 (BGBl. I

---

1) Verkündet als Art. 1 G zur Einordnung des Sozialhilferechts in das SGB v. 27.12.2003 (BGBl. I S. 3022, geänd. durch G v. 9.12.2004, BGBl. I S. 3220, und durch G v. 9.12.2004, BGBl. I S. 3305); Inkrafttreten gem. Art. 70 Abs. 1 dieses G am 1.1.2005 mit Ausnahme der §§ 40 und 133 Abs. 2, die gem. Art. 70 Abs. 2 Satz 1 am 31.12.2003, der §§ 24, 28 Abs. 2, §§ 132 und 133 Abs. 1, die gem. Art. 70 Abs. 2 Sätze 2 und 3 am 1.1.2004 sowie der §§ 57 und 61 Abs. 2 Sätze 3 und 4, die gem. Art. 70 Abs. 2 Satz 4 am 1.7.2004 in Kraft getreten sind; § 97 Abs. 3 tritt gem. Art. 70 Abs. 2 Satz 5 am 1.1.2007 in Kraft.

2) § 100 ist gem. Art. 27 Nr. 2 G v. 21.3.2005 (BGBl. I S. 818) am 1.1.2004 in Kraft getreten.

3) Die Änderungen durch G v. 29.4.2019 (BGBl. I S. 530) treten teilweise erst **mWv 1.7.2020** in Kraft und sind insoweit im Text noch nicht berücksichtigt.

4) Die Änderungen durch v. 12.12.2019 (BGBl. I S. 2652) treten erst **mWv 1.1.2024** in Kraft und sind im Text noch nicht berücksichtigt.

5) Zum SGB XII haben die Länder ua folgende Vorschriften erlassen:
- **Baden-Württemberg:** G zur Ausführung des SGB XII v. 1.7.2004 (GBl. S. 469), zuletzt geänd. durch G v. 10.4.2018 (GBl. S. 113)
- **Bayern:** VO zur Ausführung der Sozialgesetze v. 8.12.2006 (GVBl. S. 942), zuletzt geänd. durch G v. 23.12.2019 (GVBl. S. 747);
- **Berlin:** G zur Ausführung des SGB XII v. 7.9.2005 (GVBl. S. 467), zuletzt geänd. durch G v. 25.9. 2019 (GVBl. S. 602);
- **Brandenburg:** G zur Ausführung des SGB XII v. 3.11.2010 (GVBl. I Nr. 36), zuletzt geänd. durch G v. 18.12.2018 (GVBl. I Nr. 38);
- **Bremen:** G zur Ausführung des SGB XII v. 30.4.2007 (Brem.GBl. S. 315), zuletzt geänd. durch G v. 5.3.2019 (Brem.GBl. S. 45);
- **Hamburg::** Gesetz zu § 116 des SGB XII v. 1.9.2005 (HmbGVBl. S. 385);
- **Hessen:** Hessisches AusführungsG zum SGB XII v. 13.9.2018 (GVBl. S. 590, 594);
- **Mecklenburg-Vorpommern:** G zur Ausführung des SGB XII v. 20.12.2004 (GVOBl. M-V S. 546), zuletzt geänd. durch G v. 16.12.2019 (GVOBl. M-V S. 796);
- **Niedersachsen:** G zur Ausführung des SGB IX und des SGB XII v. 24.10.2019 (Nds. GVBl. S. 300);
- **Nordrhein-Westfalen:** LandesausführungsG zum SGB XII für das Land Nordrhein-Westfalen v. 16.12.2004 (GV. NRW. S. 816), zuletzt geänd. durch G v. 26.3.2019 (GV. NRW. S. 197);
- **Rheinland-Pfalz:** LandesG zur Ausführung des SGB XII v. 22.12.2004 (GVBl. S. 571), zuletzt geänd. durch G v. 19.12.2018 (GVBl. S. 463);
- **Saarland:** G zur Ausführung des SGB XII v. 8.3.2005 (Amtsbl. S. 438), zuletzt geänd. durch G v. 30.10.2019 (Amtsbl. I S. 1053);
- ***Sachsen-Anhalt:*** *G* zur Ausführung des SGB XII v. 11.1.2005 (GVBl. LSA S. 8), zuletzt geänd. durch G v. 5.12.2019 (GVBl. LSA S. 948);
- **Schleswig-Holstein:** G zur Ausführung des SGB XII v. 31.3.2015 (GVOBl. Schl.-H. S. 90), zuletzt geänd. durch G v. 11.12.2019 (GVOBl. Schl.-H. S. 756);
- **Thüringen:** Thüringer G zur Ausführung des SGB XII v. 17.12.2004 (GVBl. S. 891), zuletzt geänd. durch G v. 23.11.2017 (GVBl. S. 254).

6) Siehe hierzu ua auch den Hinweis auf von BundesR abweichendes LandesR für das Land Berlin v. 10.8.2018 (BGBl. I S. 1311) und den Hinweis auf von BundesR abweichendes LandesR für Hessen v. 10.8.2018 (BGBl. I S. 1311).

S. 2809), Art. 3 G zur Änd. des SGB II und anderer G v. 24.3.2006 (BGBl. I S. 558), Art. 8 G zur Fortentwicklung der Grundsicherung für Arbeitsuchende v. 20.7.2006 (BGBl. I S. 1706), Art. 266 Neunte ZuständigkeitsanpassungsVO v. 31.10.2006 (BGBl. I S. 2407), Art. 1 G zur Änd. des SGB XII und and. G v. 2.12.2006 (BGBl. I S. 2670), Art. 10 GKV-WettbewerbsstärkungsG v. 26.3.2007 (BGBl. I S. 378, aufgeh. durch G v. 20.7.2007, BGBl. I S. 1595), Art. 7 RV-AltersgrenzenanpassungsG v. 20.4.2007 (BGBl. I S. 554), Art. 5 G zum Schutz vor den Gefahren des Passivrauchens v. 20.7.2007 (BGBl. I S. 1595), Art. 5 22. G zur Änd. des BundesausbildungsförderungsG v. 23.12.2007 (BGBl. I S. 3254), Art. 7 Pflege-WeiterentwicklungsG v. 28.5.2008 (BGBl. I S. 874), Art. 2d G zur Neuregelung des Wohngeldrechts und zur Änd. des SGB v. 24.9.2008 (BGBl. I S. 1856), Art. 7 Zweites G zur Änd. des SGB IV und anderer G v. 21.12.2008 (BGBl. I S. 2933), Art. 4 FamilienleistungsG v. 22.12.2008 (BGBl. I S. 2955), Art. 9a G zur Änd. des SGB IV, zur Errichtung einer Versorgungsausgleichskasse und anderer G v. 15.7.2009 (BGBl. I S. 1939), Art. 6 BürgerentlastungsG Krankenversicherung v. 16.7.2009 (BGBl. I S. 1959), Art. 2 Abs. 2 G zur Neuregelung der zivilrechtl. Vorschriften des HeimG nach der Föderalismusreform v. 29.7.2009 (BGBl. I S. 2319), Art. 4 G zur Regelung des Assistenzpflegebedarfs im Krankenhaus v. 30.7.2009 (BGBl. I S. 2495), Art. 2 Abs. 3 G zur Weiterentwicklung der Organisation der Grundsicherung für Arbeitsuchende v. 3.8.2010 (BGBl. I S. 1112), Art. 21 HaushaltsbegleitG 2011 v. 9.12.2010 (BGBl. I S. 1885), Art. 3 G zur Ermittlung von Regelbedarfen und zur Änd. des Zweiten und Zwölften Buches Sozialgesetzbuch v. 24.3.2011 (BGBl. I S. 453), Art. 3b G zur Änd. des BundesversorgungsG und and. Vorschriften v. 20.6.2011 (BGBl. I S. 1114), § 2 Abs. 2 Regelbedarfsstufen-FortschreibungsVO 2012 v. 17.10. 2011 (BGBl. I S. 2090), Art. 1 G zur Stärkung der Finanzkraft der Kommunen v. 6.12.2011 (BGBl. I S. 2563), Art. 12 G zur Verbesserung der Eingliederungschancen am Arbeitsmarkt v. 20.12.2011 (BGBl. I S. 2854), Art. 6a Viertes G zur Änd. des Vierten Buches Sozialgesetzbuch und anderer G v. 22.12.2011 (BGBl. I S. 3057), Art. 13 Abs. 28 LSV-NeuordnungsG v. 12.4.2012 (BGBl. I S. 579), § 2 Regelbedarfsstufen-FortschreibungsVO 2013 v. 18.10.2012 (BGBl. I S. 2173), Art. 1 G zur Änd. des SGB XII v. 20.12.2012 (BGBl. I S. 2783), Art. 3 G zur Regelung des Assistenzpflegebedarfs in stationären Vorsorge- oder Rehabilitationseinrichtungen v. 20.12.2012 (BGBl. I S. 2789), Art. 9 EhrenamtsstärkungsG v. 21.3.2013 (BGBl. I S. 556), Art. 2 G zur Änd. des Zweiten Buches Sozialgesetzbuch und anderer G v. 7.5.2013 (BGBl. I S. 1167), Art. 2 Kinder- und JugendhilfeverwaltungsvereinfachungsG v. 29.8.2013 (BGBl. I S. 3464), Art. 1 Zweites G zur Änd. des Zwölften Buches Sozialgesetzbuch v. 1.10.2013 (BGBl. I S. 3733), § 2 Regelbedarfsstufen-FortschreibungsVO 2014 v. 15.10.2013 (BGBl. I S. 3856), Art. 9 GKV-Finanzstruktur- und Qualitäts-WeiterentwicklungsG v. 21.7.2014 (BGBl. I S. 1133), § 2 Regelbedarfsstufen-FortschreibungsVO 2015 v. 14.10.2014 (BGBl. I S. 1618), § 2 Regelbedarfsstufen-FortschreibungsVO 2016 v. 22.10.2015 (BGBl. I S. 1788), Art. 1 G zur Änd. des Zwölften Buches Sozialgesetzbuch und weiterer Vorschriften v. 21.12.2015 (BGBl. I S. 2557), Art. 3 Abs. 8 Neuntes G zur Änd. des SGB II - Rechtsvereinfachung - sowie zur vorübergehenden Aussetzung der Insolvenzantragspflicht v. 26.7.2016 (BGBl. I S. 1824), Art. 3 IntegrationsG v. 31.7.2016 (BGBl. I S. 1939), Art. 22 Abs. 3 6. SGB IV-ÄndG v. 11.11.2016 (BGBl. I S. 2500), Art. 2 G zur Regelung von Ansprüchen ausländischer Personen in der Grundsicherung für Arbeitsuchende nach dem SGB II und in der Sozialhilfe nach dem SGB XII v. 22.12.2016 (BGBl. I S. 3155), Art. 3, Art. 3a, Art. 4, Art. 5 G zur Ermittlung von Regelbedarfen sowie zur Änd. des Zweiten und des Zwölften Buches Sozialgesetzbuch v. 22.12.2016 (BGBl. I S. 3159), Art. 2 Drittes PflegestärkungsG v. 23.12.2016 (BGBl. I S. 3191), Art. 11, Art. 12, Art. 13 BundesteilhabeG v. 23.12.2016 (BGBl. I S. 3234, geänd. durch G v. 29.4.2019, BGBl. S. 530 und durch G v. 30.11. 2019, BGBl. I S. 1948), Art. 25 G zur Änd. des BundesversorgungsG und anderer Vorschriften v. 17.7.2017 (BGBl. I S. 2541), Art. 5 Rentenüberleitungs-AbschlussG v. 17.7.2017 (BGBl. I S. 2575), Art. 2 BetriebsrentenstärkungsG v. 17.8.2017 (BGBl. I S. 3214), § 2 Regelbedarfsstufen-FortschreibungsVO 2018 v. 8.11.2017 (BGBl. I S. 3767), Art. 2 G zur Verlängerung befristeter Regelungen im Arbeitsförderungsrecht und zur Umsetzung der RL (EU) 2016/2102 über den barrierefreien Zugang zu den Websites und mobilen Anwendungen öffentlicher Stellen v. 10.7.2018 (BGBl. I S. 1117), § 2 Regelbedarfsstufen-FortschreibungsVO 2019 v. 19.10.2018 (BGBl. I S. 1766), Art. 5, Art. 6 G zur Durchführung von Verordnungen der EU zur Bereitstellung von Produkten auf dem Markt und zur Änd. des Neunten und Zwölften Buches Sozialgesetzbuch v. 18.4.2019 (BGBl. I S. 473), Art. 4 Starke-Familien-G v. 29.4.2019 (BGBl. I S. 530), Art. 2 AusländerbeschäftigungsförderungsG v. 8.7.2019 (BGBl. I S. 1029), § 2 Regelbedarfsstufen-FortschreibungsVO 2020 v. 15.10.2019 (BGBl. I S. 1452), Art. 133 Zweites Datenschutz-Anpassungs- und UmsetzungsG EU v. 20.11.2019 (BGBl. I S. 1626), Art. 3 G zur Änd. des Neunten und des Zwölften Buches Sozialgesetzbuch und anderer Rechtsvorschriften v. 30.11.2019 (BGBl. I S. 1948), Art. 1 Angehörigen-EntlastungsG v. 10.12.2019 (BGBl. I S. 2135), Art. 40 G zur Regelung des Sozialen Entschädigungsrechts v. 12.12.2019 (BGBl. I S. 2652) und Art. 11 MDK-ReformG v. 14.12.2019 (BGBl. I S. 2789)

Inhaltsverzeichnis[1]

Erstes Kapitel. Allgemeine Vorschriften

[1] Inhaltsverzeichnis geänd. mWv 7.12.2006 durch G v. 2.12.2006 (BGBl. I S. 2670); geänd. mWv 1.1.2009 durch G v. 24.9.2008 (BGBl. I S. 1856); geänd. mWv 1.1.2009 durch G v. 22.12.2008 (BGBl. I S. 2955); geänd. mWv 1.1.2011 durch G v. 24.3.2011 (BGBl. I S. 453); geänd. mWv 1.1. *2013, mWv 1.1.2014 und mWv 1.1.2015* durch G v. 20.12.2012 (BGBl. I S. 2783); geänd. mWv 1.8. 2013 durch G v. 7.5.2013 (BGBl. I S. 1167); geänd. mWv 9.10.2013 durch G v. 1.10.2013 (BGBl. I S. 3733); geänd. mWv 1.1.2016 durch G v. 21.12.2015 (BGBl. I S. 2557); geänd. mWv 1.1.2017 durch G v. 26.7.2016 (BGBl. I S. 1824); geänd. mWv 1.1.2017 und mWv 1.7.2017 durch G v. 22.12. 2016 (BGBl. I S. 3159); geänd. mWv 1.1.2017 durch G v. 23.12.2016 (BGBl. I S. 3191); geänd. mWv 1.1.2017und geänd. mWv 1.1.2018 durch G v. 23.12.2016 (BGBl. I S. 3234); geänd. mWv 1.7. 2017 und geänd. mWv 1.1.2018 durch G v. 17.7.2017 (BGBl. I S. 2541); geänd. mWv 1.8.2019 durch G v. 29.4.2019 (BGBl. I S. 530); geänd. mWv 1.1.2020 durch G v. 30.11.2019 (BGBl. I S. 1948); geänd. mWv 1.1.2020 durch G v. 10.12.2019 (BGBl. I S. 2135).

Erstes Kapitel. Allgemeine Vorschriften

§ 1 Aufgabe der Sozialhilfe [1] Aufgabe der Sozialhilfe ist es, den Leistungsberechtigten die Führung eines Lebens zu ermöglichen, das der Würde des Menschen entspricht. [2] Die Leistung soll sie so weit wie möglich befähigen, unabhängig von ihr zu leben; darauf haben auch die Leistungsberechtigten nach ihren Kräften hinzuarbeiten. [3] Zur Erreichung dieser Ziele haben die Leistungsberechtigten und die Träger der Sozialhilfe im Rahmen ihrer Rechte und Pflichten zusammenzuwirken.

§ 2 Nachrang der Sozialhilfe. (1) Sozialhilfe erhält nicht, wer sich vor allem durch Einsatz seiner Arbeitskraft, seines Einkommens und seines Vermögens selbst helfen kann oder wer die erforderliche Leistung von anderen, insbesondere von Angehörigen oder von Trägern anderer Sozialleistungen, erhält.

(2) [1] Verpflichtungen anderer, insbesondere Unterhaltspflichtiger oder der Träger anderer Sozialleistungen, bleiben unberührt. [2] Auf Rechtsvorschriften beruhende Leistungen anderer dürfen nicht deshalb versagt werden, weil nach dem Recht der Sozialhilfe entsprechende Leistungen vorgesehen sind.

§ 3 Träger der Sozialhilfe. (1) Die Sozialhilfe wird von örtlichen und überörtlichen Trägern geleistet.

(2) [1] Örtliche Träger der Sozialhilfe sind die kreisfreien Städte und die Kreise, soweit nicht nach Landesrecht etwas anderes bestimmt wird. [2] Bei der Bestimmung durch Landesrecht ist zu gewährleisten, dass die zukünftigen örtlichen Träger mit der Übertragung dieser Aufgaben einverstanden sind, nach ihrer Leistungsfähigkeit zur Erfüllung der Aufgaben nach diesem Buch geeignet sind und dass die Erfüllung dieser Aufgaben in dem gesamten Kreisgebiet sichergestellt ist.

(3) Die Länder bestimmen die überörtlichen Träger der Sozialhilfe.

§ 4[1)] Zusammenarbeit. (1) [1] Die Träger der Sozialhilfe arbeiten mit anderen Stellen, deren gesetzliche Aufgaben dem gleichen Ziel dienen oder die an Leistungen beteiligt sind oder beteiligt werden sollen, zusammen, insbesondere mit den Trägern von Leistungen nach dem Zweiten[2)], dem Achten[3)], dem Neunten[4)] und dem Elften Buch[5)], sowie mit anderen Trägern von Sozialleistungen und mit Verbänden. [2] Darüber hinaus sollen die Träger der Sozialhilfe gemeinsam mit den Beteiligten der Pflegestützpunkte nach § 7c des Elften Buches alle für die wohnortnahe Versorgung und Betreuung in Betracht kommenden Hilfe- und Unterstützungsangebote koordinieren. [3] Die Rahmenverträge nach § 7a Absatz 7 des Elften Buches sind zu berücksichtigen und die Empfehlungen nach § 8a des Elften Buches sollen berücksichtigt werden.

(2) Ist die Beratung und Sicherung der gleichmäßigen, gemeinsamen oder ergänzenden Erbringung von Leistungen geboten, sollen zu diesem Zweck Arbeitsgemeinschaften gebildet werden.

(3) Soweit eine Verarbeitung personenbezogener Daten erfolgt, ist das Nähere in einer Vereinbarung zu regeln.

§ 5 Verhältnis zur freien Wohlfahrtspflege. (1) Die Stellung der Kirchen und Religionsgesellschaften des öffentlichen Rechts sowie der Verbände der freien Wohlfahrtspflege als Träger eigener sozialer Aufgaben und ihre Tätigkeit zur Erfüllung dieser Aufgaben werden durch dieses Buch nicht berührt.

---

1) § 4 Abs. 1 neu gef. mWv 1.7.2008 durch G v. 28.5.2008 (BGBl. I S. 874); Abs. 1 Satz 2 geänd., Satz 3 angef. mWv 1.1.2017 durch G v. 23.12.2016 (BGBl. I S. 3191); Abs. 1 Satz 1 geänd. mWv 1.1.2020 durch G v. 23.12.2016 (BGBl. I S. 3234); Abs. 3 geänd. mWv 26.11.2019 durch G v. 20.11.2019 (BGBl. I S. 1626).

2) Nr. **51.4.**

3) **Schönfelder ErgBd. Nr. 46.**

4) **Aichberger Nr. 9.**

5) **Aichberger Nr. 11.**

(2) [1] Die Träger der Sozialhilfe sollen bei der Durchführung dieses Buches mit den Kirchen und Religionsgesellschaften des öffentlichen Rechts sowie den Verbänden der freien Wohlfahrtspflege zusammenarbeiten. [2] Sie achten dabei deren Selbständigkeit in Zielsetzung und Durchführung ihrer Aufgaben.

(Fortsetzung nächstes Blatt)

unterhalt aus ihrem Einkommen und Vermögen nicht bestreiten, sind vorbehaltlich des § 39 Satz 3 Nummer 1 auch das Einkommen und das Vermögen der Eltern oder des Elternteils gemeinsam zu berücksichtigen.

(3) [1] Personen, die ihren Lebensunterhalt aus eigenen Mitteln und Kräften bestreiten können, jedoch einzelne im Haushalt erforderliche Tätigkeiten nicht verrichten können, erhalten auf Antrag einen angemessenen Zuschuss, wenn ihnen die Aufbringung der für die geleistete Hilfe und Unterstützung notwendigen Kosten nicht in voller Höhe zumutbar ist. [2] Als angemessen gelten Aufwendungen, die üblicherweise als Anerkennung für unentgeltlich geleistete Hilfen und Unterstützungen oder zur Abgeltung des entsprechenden Aufwandes geleistet werden. [3] Den Zuschuss erhält nicht, wer einen entsprechenden Anspruch auf Assistenzleistungen nach § 78 des Neunten Buches[1)] hat.

§ 27a[2)] Notwendiger Lebensunterhalt, Regelbedarfe und Regelsätze.

(1) [1] Der für die Gewährleistung des Existenzminimums notwendige Lebensunterhalt umfasst insbesondere Ernährung, Kleidung, Körperpflege, Hausrat, Haushaltsenergie ohne die auf Heizung und Erzeugung von Warmwasser entfallenden Anteile, persönliche Bedürfnisse des täglichen Lebens sowie Unterkunft und Heizung. [2] Zu den persönlichen Bedürfnissen des täglichen Lebens gehört in vertretbarem Umfang eine Teilhabe am sozialen und kulturellen Leben in der Gemeinschaft; dies gilt in besonderem Maß für Kinder und Jugendliche. [3] Für Schülerinnen und Schüler umfasst der notwendige Lebensunterhalt auch die erforderlichen Hilfen für den Schulbesuch.

(2) [1] Der gesamte notwendige Lebensunterhalt nach Absatz 1 mit Ausnahme der Bedarfe nach dem Zweiten bis Vierten Abschnitt ergibt den monatlichen Regelbedarf. [2] Dieser ist in Regelbedarfsstufen unterteilt, die bei Kindern und Jugendlichen altersbedingte Unterschiede und bei erwachsenen Personen deren Anzahl im Haushalt sowie die Führung eines Haushalts berücksichtigen.

(3) [1] Für Leistungsberechtigte nach diesem Kapitel sind zur Deckung der Regelbedarfe, die sich nach den Regelbedarfsstufen der Anlage zu § 28 ergeben, monatliche Regelsätze als Bedarf anzuerkennen; dies gilt nicht für Leistungsberechtigte, deren notwendiger Lebensunterhalt sich nach § 27b bestimmt. [2] Der Regelsatz stellt einen monatlichen Pauschalbetrag zur Bestreitung des Regelbedarfs dar, über dessen Verwendung die Leistungsberechtigten eigenverantwortlich entscheiden; dabei haben sie das Eintreten unregelmäßig anfallender Bedarfe zu berücksichtigen. [3] Besteht die Leistungsberechtigung für weniger als einen Monat, ist der Regelsatz anteilig als Bedarf anzuerkennen. [4] Zur Deckung der Regelbedarfe von Personen, die in einer sonstigen Unterkunft oder vorübergehend nicht in einer Unterkunft untergebracht sind, sind als Bedarfe monatliche Regelsätze anzuerkennen, die sich in entsprechender Anwendung der Regelbedarfsstufen nach der Anlage zu § 28 ergeben.

(4) [1] Im Einzelfall wird der Regelsatz abweichend von der maßgebenden Regelbedarfsstufe festgesetzt (abweichende Regelsatzfestsetzung), wenn ein

---

[1)] **Aichberger Nr. 9.**

[2)] § 27a eingef. mWv 1.1.2011 durch G v. 24.3.2011 (BGBl. I S. 453); Abs. 3 Satz 1, Abs. 4 Satz 2 geänd. mWv 1.1.2016 durch G v. 21.12.2015 (BGBl. I S. 2557); Abs. 3 Sätze 3 und 4 angef., Abs. 4 neu gef., Abs. 5 angef. mWv 1.1.2017, Abs. 3 Satz 1 neu gef., Abs. 4 Satz 4 angef. mWv 1.1.2020 durch G v. 22.12.2016 (BGBl. I S. 3159), Abs. 4 Satz 4 neu gef. mWv 6.12.2019, Sätze 5–7 angef. mWv 1.1.2020 durch G v. 30.11.2019 (BGBl. I S. 1948).

durch die Regelbedarfe abgedeckter Bedarf nicht nur einmalig, sondern für eine Dauer von voraussichtlich mehr als einem Monat

1. nachweisbar vollständig oder teilweise anderweitig gedeckt ist oder
2. unausweichlich in mehr als geringem Umfang oberhalb durchschnittlicher Bedarfe liegt, wie sie sich nach den bei der Ermittlung der Regelbedarfe zugrundeliegenden durchschnittlichen Verbrauchsausgaben ergeben, und die dadurch bedingten Mehraufwendungen begründbar nicht anderweitig ausgeglichen werden können.

²Bei einer abweichenden Regelsatzfestsetzung nach Satz 1 Nummer 1 sind für die monatlich ersparten Verbrauchsausgaben die sich nach § 5 Absatz 1 oder nach § 6 Absatz 1 des Regelbedarfs-Ermittlungsgesetzes[1)] für die jeweilige Abteilung ergebenden Beträge zugrunde zu legen. ³Beschränkt sich die anderweitige Bedarfsdeckung auf einzelne in die regelbedarfsrelevanten Verbrauchsausgaben je Abteilung eingegangenen Verbrauchspositionen, sind die regelbedarfsrelevanten Beträge zugrunde zu legen, auf denen die in § 5 Absatz 1 oder nach § 6 Absatz 1 des Regelbedarfs-Ermittlungsgesetzes genannten Beträge für die einzelnen Abteilungen beruhen. ⁴Für Leistungsberechtigte, die nicht in einer Wohnung leben und deren Regelbedarf sich aus der Regelbedarfsstufe 2 der Anlage zu § 28 ergibt, ist Satz 1 Nummer 1 nicht anwendbar für Bedarfe, die durch einen Vertrag über die Überlassung von Wohnraum nach § 42a Absatz 5 Satz 4 Nummer 3 gedeckt werden. ⁵Für Leistungsberechtigte, die in einer Unterkunft nach § 42a Absatz 2 Satz 1 Nummer 2 und Satz 3 leben und denen Aufwendungen für Unterkunft und Heizung nach § 42a Absatz 5 und 6 anzuerkennen sind, ist Satz 1 Nummer 1 nicht anwendbar für Bedarfe, die durch einen Vertrag über die Überlassung von Wohnraum nach § 42a Absatz 5 Satz 6 Nummer 1, 3 und 4 gedeckt werden. ⁶Für Leistungsberechtigte, denen Bedarfe nach § 34 Absatz 4 Satz 1 und Absatz 6 Satz 1 anzuerkennen sind, ist Satz 1 Nummer 1 nicht anwendbar. ⁷Für Leistungsberechtigte, denen ein Mehrbedarf nach § 42b Absatz 2 anzuerkennen ist, ist Satz 1 für die dadurch abgedeckten Aufwendungen nicht anwendbar.

(5) Sind minderjährige Leistungsberechtigte in einer anderen Familie, insbesondere in einer Pflegefamilie, oder bei anderen Personen als bei ihren Eltern oder einem Elternteil untergebracht, so wird in der Regel der individuelle Bedarf abweichend von den Regelsätzen in Höhe der tatsächlichen Kosten der Unterbringung festgesetzt, sofern die Kosten einen angemessenen Umfang nicht übersteigen.

§ 27b[2)] Notwendiger Lebensunterhalt in Einrichtungen. (1) ¹Der notwendige Lebensunterhalt umfasst

1. in Einrichtungen den darin erbrachten Lebensunterhalt,
2. in stationären Einrichtungen zusätzlich den weiteren notwendigen Lebensunterhalt.

²Der notwendige Lebensunterhalt in stationären Einrichtungen entspricht dem Umfang

---

[1)] Nr. **51.2/1**.

[2)] § 27b neu gef. mWv 1.1.2020 durch G v. 23.12.2016 (BGBl. I S. 3234).

1. der Regelbedarfsstufe 3 nach der Anlage zu § 28 bei Leistungsberechtigten, die das 18. Lebensjahr vollendet haben, und den Regelbedarfsstufen 4 bis 6 nach der Anlage zu § 28 bei Leistungsberechtigten, die das 18. Lebensjahr noch nicht vollendet haben,
2. der zusätzlichen Bedarfe nach dem Zweiten Abschnitt des Dritten Kapitels,
3. der Bedarfe für Unterkunft und Heizung nach § 42 Nummer 4 Buchstabe b.

(2) Der weitere notwendige Lebensunterhalt nach Absatz 1 Nummer 2 umfasst insbesondere einen Barbetrag nach Absatz 3 sowie Bekleidung und Schuhe (Bekleidungspauschale) nach Absatz 4; § 31 Absatz 2 Satz 2 ist nicht anzuwenden.

(3) [1] Der Barbetrag nach Absatz 2 steht für die Abdeckung von Bedarfen des notwendigen Lebensunterhalts nach § 27a Absatz 1 zur Verfügung, soweit diese nicht nach Absatz 1 von der stationären Einrichtung gedeckt werden. [2] Die Höhe des Barbetrages beträgt für Leistungsberechtigte nach diesem Kapitel,

1. die das 18. Lebensjahr vollendet haben, mindestens 27 Prozent der Regelbedarfsstufe 1 nach der Anlage zu § 28,
2. haben diese das 18. Lebensjahr noch nicht vollendet, setzen die zuständigen Landesbehörden oder die von ihnen bestimmten Stellen für die in ihrem Bereich bestehenden Einrichtungen die Höhe des Barbetrages fest.

[3] Der Barbetrag ist in der sich nach Satz 2 ergebenden Höhe an die Leistungsberechtigten zu zahlen; er ist zu vermindern, wenn und soweit dessen bestimmungsgemäße Verwendung durch oder für die Leistungsberechtigten nicht möglich ist.

(4) [1] Die Höhe der Bekleidungspauschale nach Absatz 2 setzen die zuständigen Landesbehörden oder die von ihnen bestimmten Stellen für die in ihrem Bereich bestehenden Einrichtungen fest. [2] Sie ist als Geld- oder Sachleistung zu gewähren; im Falle einer Geldleistung hat die Zahlung monatlich, quartalsweise oder halbjährlich zu erfolgen.

§ 27c[1)] Sonderregelung für den Lebensunterhalt. (1) Für Leistungsberechtigte, die nicht in einer Wohnung nach § 42a Absatz 2 Satz 1 Nummer 1 und Satz 2 leben, bestimmen sich der notwendige Lebensunterhalt nach Absatz 2 und der weitere notwendige Lebensunterhalt nach Absatz 3, wenn sie

1. minderjährig sind und ihnen Leistungen nach Teil 2 des Neunten Buches[2)] über Tag und Nacht erbracht werden oder
2. volljährig sind und ihnen Leistungen über Tag und Nacht erbracht werden, denen Vereinbarungen nach § 134 Absatz 4 des Neunten Buches zugrunde liegen.

(2) Der notwendige Lebensunterhalt nach Absatz 1 umfasst die Bedarfe nach § 27b Absatz 1 Satz 2, darüber hinaus sind Bedarfe für Bildung und Teilhabe nach dem Dritten Abschnitt mit umfasst, soweit nicht entsprechende Leistungen nach § 75 des Neunten Buches erbracht werden.

(3) Für den weiteren notwendigen Lebensunterhalt gilt § 27b Absatz 2 bis 4.

[1)] § 27c eingef. mWv 1.1.2020 durch G v. 23.12.2016 (BGBl. I S. 3234) und neu gef. mWv 1.1. 2020 durch G v. 10.12.2019 (BGBl. I S. 2135).

[2)] **Aichberger Nr. 9.**

(4) Der sich nach Absatz 2 ergebende monatliche Betrag für den notwendigen Lebensunterhalt ist bei Leistungsberechtigten nach Absatz 1 Nummer 1 abzüglich der aufzubringenden Mittel nach § 142 Absatz 1 und 2 des Neunten Buches sowie bei Leistungsberechtigten nach Absatz 1 Nummer 2 abzüglich der aufzubringenden Mittel nach § 142 Absatz 3 des Neunten Buches quartalsweise dem für die Leistungen nach Teil 2 des Neunten Buches zuständigen Träger der Eingliederungshilfe zu erstatten.

§ 28[1] Ermittlung der Regelbedarfe. (1) Liegen die Ergebnisse einer bundesweiten neuen Einkommens- und Verbrauchsstichprobe vor, wird die Höhe der Regelbedarfe in einem Bundesgesetz neu ermittelt.

(2) [1] Bei der Ermittlung der bundesdurchschnittlichen Regelbedarfsstufen nach § 27a Absatz 2 sind Stand und Entwicklung von Nettoeinkommen, Verbraucherverhalten und Lebenshaltungskosten zu berücksichtigen. [2] Grundlage hierfür sind die durch die Einkommens- und Verbrauchsstichprobe nachgewiesenen tatsächlichen Verbrauchsausgaben unterer Einkommensgruppen.

(3) [1] Für die Ermittlung der Regelbedarfsstufen beauftragt das Bundesministerium für Arbeit und Soziales das Statistische Bundesamt mit Sonderauswertungen, die auf der Grundlage einer neuen Einkommens- und Verbrauchsstichprobe vorzunehmen sind. [2] Sonderauswertungen zu den Verbrauchsausgaben von Haushalten unterer Einkommensgruppen sind zumindest für Haushalte (Referenzhaushalte) vorzunehmen, in denen nur eine erwachsene Person lebt (Einpersonenhaushalte), sowie für Haushalte, in denen Paare mit einem Kind leben (Familienhaushalte). [3] Dabei ist festzulegen, welche Haushalte, die Leistungen nach diesem Buch und dem Zweiten Buch beziehen, nicht als Referenzhaushalte zu berücksichtigen sind. [4] Für die Bestimmung des Anteils der Referenzhaushalte an den jeweiligen Haushalten der Sonderauswertungen ist ein für statistische Zwecke hinreichend großer Stichprobenumfang zu gewährleisten.

(4) [1] Die in Sonderauswertungen nach Absatz 3 ausgewiesenen Verbrauchsausgaben der Referenzhaushalte sind für die Ermittlung der Regelbedarfsstufen als regelbedarfsrelevant zu berücksichtigen, soweit sie zur Sicherung des Existenzminimums notwendig sind und eine einfache Lebensweise ermöglichen, wie sie einkommensschwache Haushalte aufweisen, die ihren Lebensunterhalt nicht ausschließlich aus Leistungen nach diesem oder dem Zweiten Buch bestreiten. [2] Nicht als regelbedarfsrelevant zu berücksichtigen sind Verbrauchsausgaben der Referenzhaushalte, wenn sie bei Leistungsberechtigten nach diesem Buch oder dem Zweiten Buch

1. durch bundes- oder landesgesetzliche Leistungsansprüche, die der Finanzierung einzelner Verbrauchspositionen der Sonderauswertungen dienen, abgedeckt sind und diese Leistungsansprüche kein anrechenbares Einkommen nach § 82 oder § 11 des Zweiten Buches[2] darstellen oder
2. nicht anfallen, weil bundesweit in einheitlicher Höhe Vergünstigungen gelten.

---

[1] § 28 neu gef. mWv 1.1.2011 durch G v. 24.3.2011 (BGBl. I S. 453); Abs. 4 Sätze 3–5 aufgeh., *Abs. 5 angef. mWv 1.1.2017 durch G v. 22.12.2016 (BGBl. I S. 3159).*

[2] Nr. **51.4**.

(5) [1]Die Summen der sich nach Absatz 4 ergebenden regelbedarfsrelevanten Verbrauchsausgaben der Referenzhaushalte sind Grundlage für die Prüfung der Regelbedarfsstufen, insbesondere für die Altersabgrenzungen bei Kindern und Jugendlichen. [2]Die nach Satz 1 für die Ermittlung der Regelbedarfsstufen zugrunde zu legenden Summen der regelbedarfsrelevanten Verbrauchsausgaben aus den Sonderauswertungen sind jeweils mit der sich nach § 28a Absatz 2 ergebenden Veränderungsrate entsprechend fortzuschreiben. [3]Die sich durch die Fortschreibung nach Satz 2 ergebenden Summenbeträge sind jeweils bis unter 0,50 Euro abzurunden sowie von 0,50 Euro an aufzurunden und ergeben die Regelbedarfsstufen (Anlage).

§ 28a[1)] Fortschreibung der Regelbedarfsstufen. (1) [1]In Jahren, in denen keine Neuermittlung nach § 28 erfolgt, werden die Regelbedarfsstufen jeweils zum 1. Januar mit der sich nach Absatz 2 ergebenden Veränderungsrate fortgeschrieben. [2]§ 28 Absatz 4 Satz 5 gilt entsprechend.

(2) [1]Die Fortschreibung der Regelbedarfsstufen erfolgt aufgrund der bundesdurchschnittlichen Entwicklung der Preise für regelbedarfsrelevante Güter und Dienstleistungen sowie der bundesdurchschnittlichen Entwicklung der Nettolöhne und -gehälter je beschäftigten Arbeitnehmer nach der Volkswirtschaftlichen Gesamtrechnung (Mischindex). [2]Maßgeblich ist jeweils die Veränderungsrate, die sich aus der Veränderung in dem Zwölfmonatszeitraum, der mit dem 1. Juli des Vorvorjahres beginnt und mit dem 30. Juni des Vorjahres endet, gegenüber dem davorliegenden Zwölfmonatszeitraum ergibt. [3]Für die Ermittlung der jährlichen Veränderungsrate des Mischindexes wird die sich aus der Entwicklung der Preise aller regelbedarfsrelevanten Güter und Dienstleistungen ergebende Veränderungsrate mit einem Anteil von 70 vom Hundert und die sich aus der Entwicklung der Nettolöhne und -gehälter je beschäftigten Arbeitnehmer ergebende Veränderungsrate mit einem Anteil von 30 vom Hundert berücksichtigt.

(3) Das Bundesministerium für Arbeit und Soziales beauftragt das Statistische Bundesamt mit der Ermittlung der jährlichen Veränderungsrate für den Zeitraum nach Absatz 2 Satz 2 für

1. die Preise aller regelbedarfsrelevanten Güter und Dienstleistungen und
2. die durchschnittliche Nettolohn- und -gehaltssumme je durchschnittlich beschäftigten Arbeitnehmer.

§ 29[2)] Festsetzung und Fortschreibung der Regelsätze. (1) [1]Werden die Regelbedarfsstufen nach § 28 neu ermittelt, gelten diese als neu festgesetzte Regelsätze (Neufestsetzung), solange die Länder keine abweichende Neufestsetzung vornehmen. [2]Satz 1 gilt entsprechend, wenn die Regelbedarfe nach § 28a fortgeschrieben werden.

(2) [1]Nehmen die Länder eine abweichende Neufestsetzung vor, haben sie die Höhe der monatlichen Regelsätze entsprechend der Abstufung der Regelbedarfe nach der Anlage zu § 28 durch Rechtsverordnung neu festzusetzen. [2]Sie können die Ermächtigung für die Neufestsetzung nach Satz 1 auf die zuständigen Landesministerien übertragen. [3]Für die abweichende Neufestset-

---

[1)] § 28a eingef. mWv 1.1.2011 durch G v. 24.3.2011 (BGBl. I S. 453).
[2)] § 29 neu gef. mWv 1.1.2011 durch G v. 24.3.2011 (BGBl. I S. 453).

zung sind anstelle der bundesdurchschnittlichen Regelbedarfsstufen, die sich nach § 28 aus der bundesweiten Auswertung der Einkommens- und Verbrauchsstichprobe ergeben, entsprechend aus regionalen Auswertungen der Einkommens- und Verbrauchsstichprobe ermittelte Regelbedarfsstufen zugrunde zu legen. [4] Die Länder können bei der Neufestsetzung der Regelsätze auch auf ihr Land bezogene besondere Umstände, die die Deckung des Regelbedarfs betreffen, berücksichtigen. [5] Regelsätze, die nach Absatz 1 oder nach den Sätzen 1 bis 4 festgesetzt worden sind, können von den Ländern als Mindestregelsätze festgesetzt werden. [6] § 28 Absatz 4 Satz 4 und 5 gilt für die Festsetzung der Regelsätze nach den Sätzen 1 bis 4 entsprechend.

(3) [1] Die Länder können die Träger der Sozialhilfe ermächtigen, auf der Grundlage von nach Absatz 2 Satz 5 bestimmten Mindestregelsätzen regionale Regelsätze festzusetzen; bei der Festsetzung können die Träger der Sozialhilfe regionale Besonderheiten sowie statistisch nachweisbare Abweichungen in den Verbrauchsausgaben berücksichtigen. [2] § 28 Absatz 4 Satz 4 und 5 gilt für die Festsetzung der Regelsätze nach Satz 1 entsprechend.

(4) Werden die Regelsätze nach den Absätzen 2 und 3 abweichend von den Regelbedarfsstufen nach § 28 festgesetzt, sind diese in den Jahren, in denen keine Neuermittlung der Regelbedarfe nach § 28 erfolgt, jeweils zum 1. Januar durch Rechtsverordnung der Länder mit der Veränderungsrate der Regelbedarfe fortzuschreiben, die sich nach der Rechtsverordnung nach § 40 ergibt.

(5) Die nach den Absätzen 2 und 3 festgesetzten und nach Absatz 4 fortgeschriebenen Regelsätze gelten als Regelbedarfsstufen nach der Anlage zu § 28.

Zweiter Abschnitt.[1] Zusätzliche Bedarfe

§ 30[2] Mehrbedarf. (1) Für Personen, die

1. die Altersgrenze nach § 41 Abs. 2 erreicht haben oder
2. die Altersgrenze nach § 41 Abs. 2 noch nicht erreicht haben und voll erwerbsgemindert nach dem Sechsten Buch[3] sind

und durch einen Bescheid der nach § 152 Absatz 4 des Neunten Buches[4] zuständigen Behörde oder einen Ausweis nach § 152 Absatz 5 des Neunten Buches die Feststellung des Merkzeichens G nachweisen, wird ein Mehrbedarf von 17 vom Hundert der maßgebenden Regelbedarfsstufe anerkannt, soweit nicht im Einzelfall ein abweichender Bedarf besteht.

(2) Für werdende Mütter nach der 12. Schwangerschaftswoche wird ein Mehrbedarf von 17 vom Hundert der maßgebenden Regelbedarfsstufe anerkannt, soweit nicht im Einzelfall ein abweichender Bedarf besteht.

(3) Für Personen, die mit einem oder mehreren minderjährigen Kindern zusammenleben und allein für deren Pflege und Erziehung sorgen, ist, soweit kein abweichender Bedarf besteht, ein Mehrbedarf anzuerkennen

[1] 2. Abschnitt Überschrift eingef. mWv 1.1.2011 durch G v. 24.3.2011 (BGBl. I S. 453).

[2] § 30 Abs. 1 ausl. Satzteil geänd. mWv 7.12.2006 durch G v. 2.12.2006 (BGBl. I S. 2670); Abs. 1 Nr. 1 neu gef., Nr. 2 geänd. mWv 1.1.2008 durch G v. 20.4.2007 (BGBl. I S. 554); Abs. 1 und 2, Abs. 3 Nr. 1 und 2, Abs. 4 Satz 1 geänd., Abs. 6 neu gef., Abs. 7 angef. mWv 1.1.2011 durch G v. 24.3.2011 (BGBl. I S. 453); Abs. 1 Nr. 2 und abschl. Satzteil geänd., Abs. 4 neu gef., Abs. 8 angef. mWv 1.1.2020 durch G v. 23.12.2016 (BGBl. I S. 3234).

[3] ***Aichberger Nr. 6.***

[4] **Aichberger Nr. 9.**

1. in Höhe von 36 vom Hundert der Regelbedarfsstufe 1 nach der Anlage zu § 28 für ein Kind unter sieben Jahren oder für zwei oder drei Kinder unter sechzehn Jahren, oder
2. in Höhe von 12 vom Hundert der Regelbedarfsstufe 1 nach der Anlage zu § 28 für jedes Kind, wenn die Voraussetzungen nach Nummer 1 nicht vorliegen, höchstens jedoch in Höhe von 60 vom Hundert der Regelbedarfsstufe 1 nach der Anlage zu § 28.

(4) § 42b Absatz 3 ist entsprechend anzuwenden auf Leistungsberechtigte, die das 15. Lebensjahr vollendet haben.

(5) Für Kranke, Genesende, behinderte Menschen oder von einer Krankheit oder von einer Behinderung bedrohte Menschen, die einer kostenaufwändigen Ernährung bedürfen, wird ein Mehrbedarf in angemessener Höhe anerkannt.

(6) Die Summe des nach den Absätzen 1 bis 5 insgesamt anzuerkennenden Mehrbedarfs darf die Höhe der maßgebenden Regelbedarfsstufe nicht übersteigen.

(7) [1] Für Leistungsberechtigte wird ein Mehrbedarf anerkannt, soweit Warmwasser durch in der Unterkunft installierte Vorrichtungen erzeugt wird (dezentrale Warmwassererzeugung) und denen deshalb keine Leistungen für Warmwasser nach § 35 Absatz 4 erbracht werden. [2] Der Mehrbedarf beträgt für jede im Haushalt lebende leistungsberechtigte Person entsprechend ihrer Regelbedarfsstufe nach der Anlage zu § 28 jeweils
1. 2,3 vom Hundert der Regelbedarfsstufen 1 bis 3,
2. 1,4 vom Hundert der Regelbedarfsstufe 4,
3. 1,2 vom Hundert der Regelbedarfsstufe 5 oder
4. 0,8 vom Hundert der Regelbedarfsstufe 6,

soweit nicht im Einzelfall ein abweichender Bedarf besteht oder ein Teil des angemessenen Warmwasserbedarfs durch Leistungen nach § 35 Absatz 4 gedeckt wird.

(8) § 42b Absatz 2 ist entsprechend anzuwenden.

§ 31[1)] **Einmalige Bedarfe.** (1) Leistungen zur Deckung von Bedarfen für
1. Erstausstattungen für die Wohnung einschließlich Haushaltsgeräten,
2. Erstausstattungen für Bekleidung und Erstausstattungen bei Schwangerschaft und Geburt sowie
3. Anschaffung und Reparaturen von orthopädischen Schuhen, Reparaturen von therapeutischen Geräten und Ausrüstungen sowie die Miete von therapeutischen Geräten

werden gesondert erbracht.

(2) [1] Einer Person, die Sozialhilfe beansprucht (nachfragende Person), werden, auch wenn keine Regelsätze zu gewähren sind, für einmalige Bedarfe nach Absatz 1 Leistungen erbracht, wenn sie diese nicht aus eigenen Kräften und Mitteln vollständig decken kann. [2] In diesem Falle kann das Einkommen berücksichtigt werden, das sie innerhalb eines Zeitraums von bis zu sechs

---

[1)] § 31 Abs. 1 Nr. 2 neu gef. mWv 1.8.2006 durch G v. 20.7.2006 (BGBl. I S. 1706); Abs. 1 Nr. 3, Abs. 2 Satz 1 neu gef. mWv 1.1.2011 durch G v. 24.3.2011 (BGBl. I S. 453); Abs. 1 einl. Satzteil geänd. mWv 1.1.2016 durch G v. 21.12.2015 (BGBl. I S. 2557).

Monaten nach Ablauf des Monats erwerben, in dem über die Leistung entschieden worden ist.

(3) [1] Die Leistungen nach Absatz 1 Nr. 1 und 2 können als Pauschalbeträge erbracht werden. [2] Bei der Bemessung der Pauschalbeträge sind geeignete Angaben über die erforderlichen Aufwendungen und nachvollziehbare Erfahrungswerte zu berücksichtigen.

§ 32[1)] Bedarfe für eine Kranken- und Pflegeversicherung. (1) [1] Angemessene Beiträge für eine Kranken- und Pflegeversicherung sind als Bedarf anzuerkennen, soweit Leistungsberechtigte diese nicht aus eigenem Einkommen tragen können. [2] Leistungsberechtigte können die Beiträge so weit aus eigenem Einkommen tragen, wie diese im Wege der Einkommensbereinigung nach § 82 Absatz 2 Satz 1 Nummer 2 und 3 abzusetzen sind. [3] Der Bedarf nach Satz 1 erhöht sich entsprechend, wenn bei der Einkommensbereinigung für das Einkommen geltende Absetzbeträge nach § 82 Absatz 2 Satz 2 und Absatz 3 bis 6 zu berücksichtigen sind.

(2) Bei Personen, die in der gesetzlichen Krankenversicherung

1. nach § 5 Absatz 1 Nummer 13 des Fünften Buches[2)] oder nach § 2 Absatz 1 Nummer 7 des Zweiten Gesetzes über die Krankenversicherung der Landwirte[3)] pflichtversichert sind,
2. nach § 9 Absatz 1 Nummer 1 des Fünften Buches oder nach § 6 Absatz 1 Nummer 1 des Zweiten Gesetzes über die Krankenversicherung der Landwirte weiterversichert sind,
3. als Rentenantragsteller nach § 189 des Fünften Buches als Mitglied einer Krankenkasse gelten,
4. nach § 9 Absatz 1 Nummer 2 bis 7 des Fünften Buches oder nach § 6 Absatz 1 Nummer 2 des Zweiten Gesetzes über die Krankenversicherung der Landwirte freiwillig versichert sind oder
5. nach § 188 Absatz 4 des Fünften Buches oder nach § 22 Absatz 3 des Zweiten Gesetzes über die Krankenversicherung der Landwirte weiterversichert sind,

gilt der monatliche Beitrag als angemessen.

(3) Bei Personen, denen Beiträge nach Absatz 2 als Bedarf anerkannt werden, gilt auch der Zusatzbeitragssatz nach § 242 Absatz 1 des Fünften Buches als angemessen.

(4) [1] Bei Personen, die gegen das Risiko Krankheit bei einem privaten Krankenversicherungsunternehmen versichert sind, sind angemessene Beiträge nach den Sätzen 2 und 3 anzuerkennen. [2] Angemessen sind Beiträge

1. bis zu der Höhe des sich nach § 152 Absatz 4 des Versicherungsaufsichtsgesetzes ergebenden halbierten monatlichen Beitrags für den Basistarif, sofern die Versicherungsverträge der Versicherungspflicht nach § 193 Absatz 3 des Versicherungsvertragsgesetzes[4)] genügen, oder

---

[1)] § 32 neu gef. mWv 1.1.2018 durch G v. 22.12.2016 (BGBl. I S. 3159); Abs. 1 neu gef.. mWv 6.12.2019 durch G v. 30.11.2019 (BGBl. I S. 1948).

[2)] **Aichberger Nr. 5.**

[3)] ***Aichberger Nr. 30/22.***

[4)] **Schönfelder Nr. 62.**

2. für eine Absicherung im brancheneinheitlichen Standardtarif nach § 257 Absatz 2a des Fünften Buches in der bis zum 31. Dezember 2008 geltenden Fassung.

³Ein höherer Beitrag kann als angemessen anerkannt werden, wenn die Leistungsberechtigung nach diesem Kapitel voraussichtlich nur für einen Zeitraum von bis zu drei Monaten besteht. ⁴Im begründeten Ausnahmefall kann auf Antrag ein höherer Beitrag auch im Fall einer Leistungsberechtigung für einen Zeitraum von bis zu sechs Monaten als angemessen anerkannt werden, wenn vor Ablauf der drei Monate oder bereits bei Antragstellung davon auszugehen ist, dass die Leistungsberechtigung nach diesem Kapitel für einen begrenzten, aber mehr als drei Monate andauernden Zeitraum bestehen wird.

(5) Bei Personen, die in der sozialen Pflegeversicherung nach

1. den §§ 20 und 21 des Elften Buches[1)] pflichtversichert sind oder
2. § 26 des Elften Buches weiterversichert sind oder
3. § 26a des Elften Buches der sozialen Pflegeversicherung beigetreten sind,

gilt der monatliche Beitrag als angemessen.

(6) ¹Bei Personen, die gegen das Risiko Pflegebedürftigkeit bei einem privaten Krankenversicherungsunternehmen in Erfüllung ihrer Versicherungspflicht nach § 23 des Elften Buches versichert sind oder nach § 26a des Elften Buches der privaten Pflegeversicherung beigetreten sind, gilt bei Versicherung im brancheneinheitlichen Standardtarif nach § 257 Absatz 2a des Fünften Buches in der bis zum 31. Dezember 2008 geltenden Fassung der geschuldete Beitrag als angemessen, im Übrigen höchstens jedoch bis zu einer Höhe des nach § 110 Absatz 2 Satz 3 des Elften Buches halbierten Höchstbeitrags in der sozialen Pflegeversicherung. ²Für die Höhe des im Einzelfall angemessenen monatlichen Beitrags gilt Absatz 4 Satz 3 und 4 entsprechend.

§ 32a[2)] Zeitliche Zuordnung und Zahlung von Beiträgen für eine Kranken- und Pflegeversicherung. (1) Die Bedarfe nach § 32 sind unabhängig von der Fälligkeit des Beitrags jeweils in dem Monat als Bedarf anzuerkennen, für den die Versicherung besteht.

(2) ¹Die Beiträge für eine Kranken- und Pflegeversicherung, die nach § 82 Absatz 2 Nummer 2 und 3 vom Einkommen abgesetzt und nach § 32 als Bedarf anerkannt werden, sind als Direktzahlung zu leisten, wenn der Zahlungsanspruch nach § 43a Absatz 2 größer oder gleich der Summe dieser Beiträge ist. ²Die Zahlung nach Satz 1 erfolgt an diejenige Krankenkasse oder dasjenige Versicherungsunternehmen, bei der beziehungsweise dem die leistungsberechtigte Person versichert ist. ³Die Leistungsberechtigten sowie die zuständigen Krankenkassen oder die zuständigen Versicherungsunternehmen sind über Beginn, Höhe des Beitrags und den Zeitraum sowie über die Beendigung einer Direktzahlung nach den Sätzen 1 und 2 schriftlich zu unterrichten. ⁴Die Leistungsberechtigten sind zusätzlich über die jeweilige Krankenkasse oder das Versicherungsunternehmen zu informieren, die zuständigen Krankenkassen und Versicherungsunternehmen zusätzlich über Namen und Anschrift der Leistungsberechtigten.

[1)] **Aichberger Nr. 11.**
[2)] § 32a neu gef. mWv 1.1.2018 durch G v. 22.12.2016 (BGBl. I S. 3159).

(3) Die Zahlung nach Absatz 2 hat in Fällen des § 32 Absatz 2, 3 und 5 bis zum Ende, in Fällen des § 32 Absatz 4 und 6 zum Ersten des sich nach Absatz 1 ergebenden Monats zu erfolgen.

§ 33[1)] Bedarfe für die Vorsorge. (1) [1]Um die Voraussetzungen eines Anspruchs auf eine angemessene Alterssicherung zu erfüllen, können die erforderlichen Aufwendungen als Bedarf berücksichtigt werden, soweit sie nicht nach § 82 Absatz 2 Nummer 2 und 3 vom Einkommen abgesetzt werden. [2]Aufwendungen nach Satz 1 sind insbesondere

1. Beiträge zur gesetzlichen Rentenversicherung,
2. Beiträge zur landwirtschaftlichen Alterskasse,
3. Beiträge zu berufsständischen Versorgungseinrichtungen, die den gesetzlichen Rentenversicherungen vergleichbare Leistungen erbringen,
4. Beiträge für eine eigene kapitalgedeckte Altersvorsorge in Form einer lebenslangen Leibrente, wenn der Vertrag nur die Zahlung einer monatlichen auf das Leben des Steuerpflichtigen bezogenen lebenslangen Leibrente nicht vor Vollendung des 60. Lebensjahres vorsieht, sowie
5. geförderte Altersvorsorgebeiträge nach § 82 des Einkommensteuergesetzes[2)], soweit sie den Mindesteigenbeitrag nach § 86 des Einkommensteuergesetzes nicht überschreiten.

(2) Weisen Leistungsberechtigte Aufwendungen zur Erlangung eines Anspruchs auf ein angemessenes Sterbegeld vor Beginn der Leistungsberechtigung nach, so werden diese in angemessener Höhe als Bedarf anerkannt, soweit sie nicht nach § 82 Absatz 2 Nummer 3 vom Einkommen abgesetzt werden.

Dritter Abschnitt.[3)] Bildung und Teilhabe

§ 34[4)] Bedarfe für Bildung und Teilhabe. (1) [1]Bedarfe für Bildung nach den Absätzen 2 bis 6 von Schülerinnen und Schülern, die eine allgemein- oder berufsbildende Schule besuchen, sowie Bedarfe von Kindern und Jugendlichen für Teilhabe am sozialen und kulturellen Leben in der Gemeinschaft nach Absatz 7 werden neben den maßgebenden Regelbedarfsstufen gesondert berücksichtigt. [2]Leistungen hierfür werden nach den Maßgaben des § 34a gesondert erbracht.

(2) [1]Bedarfe werden bei Schülerinnen und Schülern in Höhe der tatsächlichen Aufwendungen anerkannt für

1. Schulausflüge und
2. mehrtägige Klassenfahrten im Rahmen der schulrechtlichen Bestimmungen.

[2]Für Kinder, die eine Tageseinrichtung besuchen oder für die Kindertagespflege geleistet wird, gilt Satz 1 entsprechend.

---

1) § 33 neu gef. mWv 1.7.2017 durch G v. 22.12.2016 (BGBl. I S. 3159).

2) **Steuergesetze Nr. 1.**

3) 3. Abschnitt Überschrift eingef. mWv 1.1.2011 durch G v. 24.3.2011 (BGBl. I S. 453).

4) § 34 neu gef. mWv 1.1.2011 durch G v. 24.3.2011 (BGBl. I S. 453); Abs. 4 Satz 2 und Abs. 7 Satz 2 angef. mWv 1.8.2013 durch G v. 7.5.2013 (BGBl. I S. 1167); Abs. 1 Satz 1 geänd. mWv 1.1.2016 durch G v. 21.12.2015 (BGBl. I S. 2557); Abs. 2 Satz 2, Abs. 4 Satz 2 geänd. mWv 1.1.2017 durch G v. 22.12.2016 (BGBl. I S. 3159); Abs. 3 und 4 neu gef., Abs. 5 Satz 2 angef., Abs. 6 Satz 1 geänd., *Satz 2 neu gef., Abs. 7 Satz 1 neu gef.*, Satz 2 geänd. mWv 1.8.2019 durch G v. 29.4.2019 (BGBl. I S. 530).

(3) [1] Bedarfe für die Ausstattung mit persönlichem Schulbedarf werden bei Schülerinnen und Schülern für den Monat, in dem der erste Schultag eines Schuljahres liegt, in Höhe von 100 Euro und für den Monat, in dem das zweite Schulhalbjahr eines Schuljahres beginnt, in Höhe von 50 Euro anerkannt. [2] Abweichend von Satz 1 ist Schülerinnen und Schülern für die Ausstattung mit persönlichem Schulbedarf ein Bedarf anzuerkennen

1. in Höhe von 100 Euro für das erste Schulhalbjahr, wenn die erstmalige Aufnahme innerhalb des Schuljahres nach dem Monat erfolgt, in dem das erste Schulhalbjahr beginnt, aber vor Beginn des Monats, in dem das zweite Schulhalbjahr beginnt,
2. in Höhe des Betrags für das erste und das zweite Schulhalbjahr, wenn die erstmalige Aufnahme innerhalb des Schuljahres in oder nach dem Monat erfolgt, in dem das zweite Schulhalbjahr beginnt,
3. in Höhe von 50 Euro, wenn der Schulbesuch nach dem Monat, in dem das Schuljahr begonnen hat, unterbrochen wird und die Wiederaufnahme nach dem Monat erfolgt, in dem das zweite Schulhalbjahr beginnt.

(4) [1] Bei Schülerinnen und Schülern, die für den Besuch der nächstgelegenen Schule des gewählten Bildungsgangs auf Schülerbeförderung angewiesen sind, werden die dafür erforderlichen tatsächlichen Aufwendungen berücksichtigt, soweit sie nicht von Dritten übernommen werden. [2] Als nächstgelegene Schule des gewählten Bildungsgangs gilt auch eine Schule, die aufgrund ihres Profils gewählt wurde, soweit aus diesem Profil eine besondere inhaltliche oder organisatorische Ausgestaltung des Unterrichts folgt; dies sind insbesondere Schulen mit naturwissenschaftlichem, musischem, sportlichem oder sprachlichem Profil sowie bilinguale Schulen, und Schulen mit ganztägiger Ausrichtung.

(5) [1] Für Schülerinnen und Schüler wird eine schulische Angebote ergänzende angemessene Lernförderung berücksichtigt, soweit diese geeignet und zusätzlich erforderlich ist, um die nach den schulrechtlichen Bestimmungen festgelegten wesentlichen Lernziele zu erreichen. [2] Auf eine bestehende Versetzungsgefährdung kommt es dabei nicht an.

(6) [1] Bei Teilnahme an einer gemeinschaftlichen Mittagsverpflegung werden die entstehenden Aufwendungen berücksichtigt für

1. Schülerinnen und Schüler und
2. Kinder, die eine Tageseinrichtung besuchen oder für die Kindertagespflege geleistet wird.

[2] Für Schülerinnen und Schüler gilt dies unter der Voraussetzung, dass die Mittagsverpflegung in schulischer Verantwortung angeboten wird oder durch einen Kooperationsvertrag zwischen Schule und Tageseinrichtung vereinbart ist. [3] In den Fällen des Satzes 2 ist für die Ermittlung des monatlichen Bedarfs die Anzahl der Schultage in dem Land zugrunde zu legen, in dem der Schul*besuch stattfindet.*

(7) [1] Für die Teilhabe am sozialen und kulturellen Leben in der Gemeinschaft werden pauschal 15 Euro monatlich berücksichtigt, sofern bei Leistungsberechtigten, die das 18. Lebensjahr noch nicht vollendet haben, tatsächliche Aufwendungen entstehen im Zusammenhang mit der Teilnahme an

1. Aktivitäten in den Bereichen Sport, Spiel, Kultur und Geselligkeit,

2. Unterricht in künstlerischen Fächern (zum Beispiel Musikunterricht) und vergleichbare angeleitete Aktivitäten der kulturellen Bildung und
3. Freizeiten.

[2] Neben der Berücksichtigung von Bedarfen nach Satz 1 können auch weitere tatsächliche Aufwendungen berücksichtigt werden, wenn sie im Zusammenhang mit der Teilnahme an Aktivitäten nach Satz 1 Nummer 1 bis 3 entstehen und es den Leistungsberechtigten im Einzelfall nicht zugemutet werden kann, diese aus den Leistungen nach Satz 1 und aus dem Regelbedarf zu bestreiten.

§ 34a[1)] Erbringung der Leistungen für Bildung und Teilhabe.

(1) [1] Leistungen zur Deckung der Bedarfe nach § 34 Absatz 2 und 4 bis 7 werden auf Antrag erbracht; gesonderte Anträge sind nur für Leistungen nach § 34 Absatz 5 erforderlich. [2] Einer nachfragenden Person werden, auch wenn keine Regelsätze zu gewähren sind, für Bedarfe nach § 34 Leistungen erbracht, wenn sie diese nicht aus eigenen Kräften und Mitteln vollständig decken kann. [3] Die Leistungen zur Deckung der Bedarfe nach § 34 Absatz 7 bleiben bei der Erbringung von Leistungen nach Teil 2 des Neunten Buches[2)] unberücksichtigt.

(2) [1] Leistungen zur Deckung der Bedarfe nach § 34 Absatz 2 und 5 bis 7 werden erbracht durch

1. Sach- und Dienstleistungen, insbesondere in Form von personalisierten Gutscheinen,
2. Direktzahlungen an Anbieter von Leistungen zur Deckung dieser Bedarfe (Anbieter) oder
3. Geldleistungen.

[2] Die zuständigen Träger der Sozialhilfe bestimmen, in welcher Form sie die Leistungen erbringen. [3] Die Leistungen zur Deckung der Bedarfe nach § 34 Absatz 3 und 4 werden jeweils durch Geldleistungen erbracht. [4] Die zuständigen Träger der Sozialhilfe können mit Anbietern pauschal abrechnen.

(3) [1] Werden die Bedarfe durch Gutscheine gedeckt, gelten die Leistungen mit Ausgabe des jeweiligen Gutscheins als erbracht. [2] Die zuständigen Träger der Sozialhilfe gewährleisten, dass Gutscheine bei geeigneten vorhandenen Anbietern oder zur Wahrnehmung ihrer eigenen Angebote eingelöst werden können. [3] Gutscheine können für den gesamten Bewilligungszeitraum im Voraus ausgegeben werden. [4] Die Gültigkeit von Gutscheinen ist angemessen zu befristen. [5] Im Fall des Verlustes soll ein Gutschein erneut in dem Umfang ausgestellt werden, in dem er noch nicht in Anspruch genommen wurde.

(4) [1] Werden die Bedarfe durch Direktzahlungen an Anbieter gedeckt, gelten die Leistungen mit der Zahlung als erbracht. [2] Eine Direktzahlung ist für den gesamten Bewilligungszeitraum im Voraus möglich.

[1)] § 34a eingef. mWv 1.1.2011 durch G v. 24.3.2011 (BGBl. I S. 453); Abs. 2 Satz 2 eingef., bish. Satz 2 wird Satz 3, Satz 4 angef. mWv 1.8.2013 durch G v. 7.5.2013 (BGBl. I S. 1167); Abs. 1 Satz 3 geänd. mWv 1.1.2020 durch G v. 23.12.2016 (BGBl. I S. 3234); Abs. 1 Satz 1 geänd., Abs. 2 neu gef., Abs. 5 eingef., bish. Abs. 5 wird Abs. 6 und Satz 1 geänd., Abs. 7 angef. mWv 1.8.2019 durch G v. 29.4.2019 *(BGBl. I S. 530).*

[2)] **Aichberger Nr. 9.**

(5) Werden die Leistungen für Bedarfe nach § 34 Absatz 2 und 5 bis 7 durch Geldleistungen erbracht, erfolgt dies
1. monatlich in Höhe der im Bewilligungszeitraum bestehenden Bedarfe oder
2. nachträglich durch Erstattung verauslagter Beträge.

(6) [1] Im Einzelfall kann der zuständige Träger der Sozialhilfe einen Nachweis über eine zweckentsprechende Verwendung der Leistung verlangen. [2] Soweit der Nachweis nicht geführt wird, soll die Bewilligungsentscheidung widerrufen werden.

(7) [1] Abweichend von den Absätzen 2 bis 5 können Leistungen nach § 34 Absatz 2 Satz 1 Nummer 1 gesammelt für Schülerinnen und Schüler an eine Schule ausgezahlt werden, wenn die Schule
1. dies bei dem zuständigen Träger der Sozialhilfe beantragt,
2. die Leistungen für die leistungsberechtigten Schülerinnen und Schüler verauslagt und
3. sich die Leistungsberechtigung von den Leistungsberechtigten nachweisen lässt.

[2] Der zuständige Träger der Sozialhilfe kann mit der Schule vereinbaren, dass monatliche oder schulhalbjährliche Abschlagszahlungen geleistet werden.

§ 34b[1)] Berechtigte Selbsthilfe. [1] Geht die leistungsberechtigte Person durch Zahlung an Anbieter in Vorleistung, ist der Träger der Sozialhilfe zur Übernahme der berücksichtigungsfähigen Aufwendungen verpflichtet, soweit
1. unbeschadet des Satzes 2 die Voraussetzungen einer Leistungsgewährung zur Deckung der Bedarfe im Zeitpunkt der Selbsthilfe nach § 34 Absatz 2 und 5 bis 7 vorlagen und
2. zum Zeitpunkt der Selbsthilfe der Zweck der Leistung durch Erbringung als Sach- oder Dienstleistung ohne eigenes Verschulden nicht oder nicht rechtzeitig zu erreichen war.

[2] War es dem Leistungsberechtigten nicht möglich, rechtzeitig einen Antrag zu stellen, gilt dieser als zum Zeitpunkt der Selbstvornahme gestellt.

Vierter Abschnitt.[2)] Bedarfe für Unterkunft und Heizung

§ 35[3)] Bedarfe für Unterkunft und Heizung. (1) [1] Bedarfe für die Unterkunft werden in Höhe der tatsächlichen Aufwendungen anerkannt. [2] Bedarfe für die Unterkunft sind auf Antrag der leistungsberechtigten Person durch Direktzahlung an den Vermieter oder andere Empfangsberechtigte zu decken. [3] Direktzahlungen an den Vermieter oder andere Empfangsberechtigte sollen erfolgen, wenn die zweckentsprechende Verwendung durch die leistungsberechtigte Person nicht sichergestellt ist. [4] Das ist insbesondere der Fall, wenn

---

[1)] § 34b eingef. mWv 1.8.2013 durch G v. 7.5.2013 (BGBl. I S. 1167).

[2)] 4. Abschnitt eingef. mWv 1.1.2011 durch G v. 24.3.2011 (BGBl. I S. 453); Überschrift neu gef. mWv 1.1.2016 durch G v. 21.12.2015 (BGBl. I S. 2557).

[3)] § 35 neu gef. mWv 1.1.2011 durch G v. 24.3.2011 (BGBl. I S. 453); Überschrift neu gef., Abs. 1 Sätze 1–3 und 5, Abs. 3 Satz 1, Abs. 4 Sätze 1 und 2 geänd. mWv 1.1.2016 durch G v. 21.12.2015 (BGBl. I S. 2557); Abs. 5 angef. mWv 1.7.2017, Abs. 5 geänd. mWv 1.1.2020 durch G v. 22.12.2016 (BGBl. I S. 3159); Abs. 5 Satz 1 eingef., bish. Wortlaut wird Satz 2 mWv 1.1.2020 durch G v. 30.11. 2019 (BGBl. I S. 1948).

1. Mietrückstände bestehen, die zu einer außerordentlichen Kündigung des Mietverhältnisses berechtigen,
2. Energiekostenrückstände bestehen, die zu einer Unterbrechung der Energieversorgung berechtigen,
3. konkrete Anhaltspunkte für ein krankheits- oder suchtbedingtes Unvermögen der leistungsberechtigten Person bestehen, die Mittel zweckentsprechend zu verwenden, oder
4. konkrete Anhaltspunkte dafür bestehen, dass die im Schuldnerverzeichnis eingetragene leistungsberechtigte Person die Mittel nicht zweckentsprechend verwendet.

[5] Werden die Bedarfe für die Unterkunft und Heizung durch Direktzahlung an den Vermieter oder andere Empfangsberechtigte gedeckt, hat der Träger der Sozialhilfe die leistungsberechtigte Person darüber schriftlich zu unterrichten.

(2) [1] Übersteigen die Aufwendungen für die Unterkunft den der Besonderheit des Einzelfalles angemessenen Umfang, sind sie insoweit als Bedarf der Personen, deren Einkommen und Vermögen nach § 27 Absatz 2 zu berücksichtigen sind, anzuerkennen. [2] Satz 1 gilt so lange, als es diesen Personen nicht möglich oder nicht zuzumuten ist, durch einen Wohnungswechsel, durch Vermieten oder auf andere Weise die Aufwendungen zu senken, in der Regel jedoch längstens für sechs Monate. [3] Vor Abschluss eines Vertrages über eine neue Unterkunft haben Leistungsberechtigte den dort zuständigen Träger der Sozialhilfe über die nach den Sätzen 1 und 2 maßgeblichen Umstände in Kenntnis zu setzen. [4] Sind die Aufwendungen für die neue Unterkunft unangemessen hoch, ist der Träger der Sozialhilfe nur zur Übernahme angemessener Aufwendungen verpflichtet, es sei denn, er hat den darüber hinausgehenden Aufwendungen vorher zugestimmt. [5] Wohnungsbeschaffungskosten, Mietkautionen und Umzugskosten können bei vorheriger Zustimmung übernommen werden; Mietkautionen sollen als Darlehen erbracht werden. [6] Eine Zustimmung soll erteilt werden, wenn der Umzug durch den Träger der Sozialhilfe veranlasst wird oder aus anderen Gründen notwendig ist und wenn ohne die Zustimmung eine Unterkunft in einem angemessenen Zeitraum nicht gefunden werden kann.

(3) [1] Der Träger der Sozialhilfe kann für seinen Bereich die Bedarfe für die Unterkunft durch eine monatliche Pauschale festsetzen, wenn auf dem örtlichen Wohnungsmarkt hinreichend angemessener freier Wohnraum verfügbar und in Einzelfällen die Pauschalierung nicht unzumutbar ist. [2] Bei der Bemessung der Pauschale sind die tatsächlichen Gegebenheiten des örtlichen Wohnungsmarkts, der örtliche Mietspiegel sowie die familiären Verhältnisse der Leistungsberechtigten zu berücksichtigen. [3] Absatz 2 Satz 1 gilt entsprechend.

(4) [1] Bedarfe für Heizung und zentrale Warmwasserversorgung werden in tatsächlicher Höhe anerkannt, soweit sie angemessen sind. [2] Die Bedarfe können durch eine monatliche Pauschale festgesetzt werden. [3] Bei der Bemessung der Pauschale sind die persönlichen und familiären Verhältnisse, die Größe und Beschaffenheit der Wohnung, die vorhandenen Heizmöglichkeiten und die örtlichen Gegebenheiten zu berücksichtigen.

(5) [1] Leben Leistungsberechtigte in einer Unterkunft nach § 42a Absatz 2 Satz 1 Nummer 2 und Satz 3, sind Aufwendungen für Unterkunft und Heizung *nach § 42a Absatz 5 und 6* anzuerkennen. [2] Leben Leistungsberechtigte in einer

sonstigen Unterkunft nach § 42a Absatz 2 Satz 1 Nummer 3 sind Aufwendungen für Unterkunft und Heizung nach § 42a Absatz 7 anzuerkennen.

§ 35a[1] **Satzung.** [1] Hat ein Kreis oder eine kreisfreie Stadt eine Satzung nach den §§ 22a bis 22c des Zweiten Buches[2] erlassen, so gilt sie für die Höhe der anzuerkennenden Bedarfe für die Unterkunft nach § 35 Absatz 1 und 2 des zuständigen Trägers der Sozialhilfe entsprechend, sofern darin nach § 22b Absatz 3 des Zweiten Buches Sonderregelungen für Personen mit einem besonderen Bedarf für Unterkunft und Heizung getroffen werden und dabei zusätzlich auch die Bedarfe älterer Menschen berücksichtigt werden. [2] Dies gilt auch für die Höhe der anzuerkennenden Bedarfe für Heizung nach § 35 Absatz 4, soweit die Satzung Bestimmungen nach § 22b Absatz 1 Satz 2 und 3 des Zweiten Buches enthält. [3] In Fällen der Sätze 1 und 2 ist § 35 Absatz 3 und 4 Satz 2 und 3 nicht anzuwenden.

§ 36[3] **Sonstige Hilfen zur Sicherung der Unterkunft.** (1) [1] Schulden können nur übernommen werden, wenn dies zur Sicherung der Unterkunft oder zur Behebung einer vergleichbaren Notlage gerechtfertigt ist. [2] Sie sollen übernommen werden, wenn dies gerechtfertigt und notwendig ist und sonst Wohnungslosigkeit einzutreten droht. [3] Geldleistungen können als Beihilfe oder als Darlehen erbracht werden.

(2) [1] Geht bei einem Gericht eine Klage auf Räumung von Wohnraum im Falle der Kündigung des Mietverhältnisses nach § 543 Absatz 1, 2 Satz 1 Nummer 3 in Verbindung mit § 569 Absatz 3 des Bürgerlichen Gesetzbuchs[4] ein, teilt das Gericht dem zuständigen örtlichen Träger der Sozialhilfe oder der Stelle, die von ihm zur Wahrnehmung der in Absatz 1 bestimmten Aufgaben beauftragt wurde, unverzüglich Folgendes mit:

1. den Tag des Eingangs der Klage,
2. die Namen und die Anschriften der Parteien,
3. die Höhe der monatlich zu entrichtenden Miete,
4. die Höhe des geltend gemachten Mietrückstandes und der geltend gemachten Entschädigung sowie
5. den Termin zur mündlichen Verhandlung, sofern dieser bereits bestimmt ist.

[2] Außerdem kann der Tag der Rechtshängigkeit mitgeteilt werden. [3] Die Übermittlung unterbleibt, wenn die Nichtzahlung der Miete nach dem Inhalt der Klageschrift offensichtlich nicht auf Zahlungsunfähigkeit des Mieters beruht. [4] Die übermittelten Daten dürfen auch für entsprechende Zwecke der Kriegsopferfürsorge nach dem Bundesversorgungsgesetz[5] gespeichert, verändert, genutzt, übermittelt und in der Verarbeitung eingeschränkt werden.

[1] § 35a eingef. mWv 1.4.2011 durch G v. 24.3.2011 (BGBl. I S. 453); Sätze 1 und 2 geänd. mWv 1.1.2016 durch G v. 21.12.2015 (BGBl. I S. 2557).

[2] Nr. **51.4.**

[3] § 36 neu gef. mWv 1.1.2011 durch G v. 24.3.2011 (BGBl. I S. 453); Abs. 2 Satz 4 geänd. mWv 26.11.2019 durch G v. 20.11.2019 (BGBl. I S. 1626).

[4] **Schönfelder Nr. 20.**

[5] **Aichberger Nr. 20/10.**

Fünfter Abschnitt.[1] Gewährung von Darlehen

§ 37[2] Ergänzende Darlehen. (1) Kann im Einzelfall ein von den Regelbedarfen umfasster und nach den Umständen unabweisbar gebotener Bedarf auf keine andere Weise gedeckt werden, sollen auf Antrag hierfür notwendige Leistungen als Darlehen erbracht werden.

(2) [1]Der Träger der Sozialhilfe übernimmt für Leistungsberechtigte, die einen Barbetrag nach § 27b Absatz 3 Satz 2 Nummer 1 erhalten, die jeweils von ihnen bis zur Belastungsgrenze (§ 62 des Fünften Buches[3]) zu leistenden Zuzahlungen in Form eines ergänzenden Darlehens, sofern der Leistungsberechtigte nicht widerspricht. [2]Die Auszahlung der für das gesamte Kalenderjahr zu leistenden Zuzahlungen erfolgt unmittelbar an die zuständige Krankenkasse zum 1. Januar oder bei Aufnahme in eine stationäre Einrichtung. [3]Der Träger der Sozialhilfe teilt der zuständigen Krankenkasse spätestens bis zum 1. November des Vorjahres die Leistungsberechtigten nach § 27b Absatz 2 Satz 2 mit, soweit diese der Darlehensgewährung nach Satz 1 für das laufende oder ein vorangegangenes Kalenderjahr nicht widersprochen haben.

(3) In den Fällen des Absatzes 2 Satz 3 erteilt die Krankenkasse über den Träger der Sozialhilfe die in § 62 Absatz 1 Satz 1 des Fünften Buches genannte Bescheinigung jeweils bis zum 1. Januar oder bei Aufnahme in eine stationäre Einrichtung und teilt dem Träger der Sozialhilfe die Höhe der der leistungsberechtigten Person zu leistenden Zuzahlungen mit; Veränderungen im Laufe eines Kalenderjahres sind unverzüglich mitzuteilen.

(4) [1]Für die Rückzahlung von Darlehen nach Absatz 1 können von den monatlichen Regelsätzen Teilbeträge bis zur Höhe von jeweils 5 vom Hundert der Regelbedarfsstufe 1 nach der Anlage zu § 28 einbehalten werden. [2]Die Rückzahlung von Darlehen nach Absatz 2 erfolgt in gleichen Teilbeträgen über das ganze Kalenderjahr.

§ 37a[4] Darlehen bei am Monatsende fälligen Einkünften. (1) [1]Kann eine leistungsberechtigte Person in dem Monat, in dem ihr erstmals eine Rente zufließt, bis zum voraussichtlichen Zufluss der Rente ihren notwendigen Lebensunterhalt nicht vollständig aus eigenen Mitteln bestreiten, ist ihr insoweit auf Antrag ein Darlehen zu gewähren. [2]Satz 1 gilt entsprechend für Einkünfte und Sozialleistungen, die am Monatsende fällig werden.

(2) [1]Das Darlehen ist in monatlichen Raten in Höhe von 5 Prozent der Regelbedarfsstufe 1 nach der Anlage zu § 28 zu tilgen; insgesamt ist jedoch höchstens ein Betrag in Höhe von 50 Prozent der Regelbedarfsstufe 1 nach der Anlage zu § 28 zurückzuzahlen. [2]Beträgt der monatliche Leistungsanspruch der leistungsberechtigten Person weniger als 5 Prozent der Regelbedarfsstufe 1 nach der Anlage zu § 28 wird die monatliche Rate nach Satz 1 in Höhe des Leistungsanspruchs festgesetzt.

---

[1] 5. Abschnitt Überschrift eingef. mWv 1.1.2011 durch G v. 24.3.2011 (BGBl. I S. 453).

[2] § 37 Abs. 1 geänd., Abs. 2 und 3 eingef., bish. Abs. 2 wird Abs. 4 und Satz 1 neu gef., Satz 2 geänd. mWv 1.1.2011 durch G v. 24.3.2011 (BGBl. I S. 453); Abs. 2 Satz 1 geänd. mWv 1.1.2020 durch G v. 10.12.2019 (BGBl. I S. 2135).

[3] ***Aichberger Nr. 5.***

[4] § 37a eingef. mWv 1.7.2017 durch G v. 22.12.2016 (BGBl. I S. 3159).

(3) [1]Die Rückzahlung nach Absatz 2 beginnt mit Ablauf des Kalendermonats, der auf die Auszahlung des Darlehens folgt. [2]Die Rückzahlung des Darlehens erfolgt während des Leistungsbezugs durch Aufrechnung nach § 44b.

§ 38[1)] Darlehen bei vorübergehender Notlage. [1]Sind Leistungen nach § 27a Absatz 3 und 4, der Barbetrag nach § 27b Absatz 2 sowie nach den §§ 30, 32, 33 und 35 voraussichtlich nur für kurze Dauer zu erbringen, können Geldleistungen als Darlehen gewährt werden. [2]Darlehen an Mitglieder von Haushaltsgemeinschaften im Sinne des § 27 Absatz 2 Satz 2 und 3 können an einzelne Mitglieder oder an mehrere gemeinsam vergeben werden.

Sechster Abschnitt.[2)] Einschränkung von Leistungsberechtigung und -umfang

§ 39[3)] Vermutung der Bedarfsdeckung. [1]Lebt eine nachfragende Person gemeinsam mit anderen Personen in einer Wohnung oder in einer entsprechenden anderen Unterkunft, so wird vermutet, dass sie gemeinsam wirtschaften (Haushaltsgemeinschaft) und dass die nachfragende Person von den anderen Personen Leistungen zum Lebensunterhalt erhält, soweit dies nach deren Einkommen und Vermögen erwartet werden kann. [2]Soweit nicht gemeinsam gewirtschaftet wird oder die nachfragende Person von den Mitgliedern der Haushaltsgemeinschaft keine ausreichenden Leistungen zum Lebensunterhalt erhält, ist ihr Hilfe zum Lebensunterhalt zu gewähren. [3]Satz 1 gilt nicht

1. für Schwangere oder Personen, die ihr leibliches Kind bis zur Vollendung seines sechsten Lebensjahres betreuen und mit ihren Eltern oder einem Elternteil zusammenleben, oder
2. für Personen, die im Sinne des § 99 des Neunten Buches[4)] in Fähigkeit zur Teilhabe an der Gesellschaft in erheblichem Maße eingeschränkt sind oder im Sinne des § 61a pflegebedürftig sind und von in Satz 1 genannten Personen betreut werden; dies gilt auch, wenn die genannten Voraussetzungen einzutreten drohen und das gemeinsame Wohnen im Wesentlichen zum Zweck der Sicherstellung der Hilfe und Versorgung erfolgt.

§ 39a[5)] Einschränkung der Leistung. (1) [1]Lehnen Leistungsberechtigte entgegen ihrer Verpflichtung die Aufnahme einer Tätigkeit oder die Teilnahme an einer erforderlichen Vorbereitung ab, vermindert sich die maßgebende Regelbedarfsstufe in einer ersten Stufe um bis zu 25 vom Hundert, bei wiederholter Ablehnung in weiteren Stufen um jeweils bis zu 25 vom Hundert. [2]Die Leistungsberechtigten sind vorher entsprechend zu belehren.

(2) § 26 Abs. 1 Satz 2 findet Anwendung.

[1)] *§ 38 Abs. 1 Satz 1* geänd. mWv 9.10.2013 durch G v. 1.10.2013 (BGBl. I S. 3733); bish. Abs. 1 Satz 2 geänd., Abs. 2 aufgeh. mWv 1.1.2016 durch G v. 21.12.2015 (BGBl. I S. 2557).

[2)] 6. Abschnitt Überschrift eingef. mWv 1.1.2011 durch G v. 24.3.2011 (BGBl. I S. 453).

[3)] § 39 neu gef. mWv 1.1.2011 durch G v. 24.3.2011 (BGBl. I S. 453); Satz 3 Nr. 2 geänd. mWv 1.1.2017 durch G v. 23.12.2016 (BGBl. I S. 3191); Satz 3 Nr. 2 geänd. mWv 1.1.2020 durch G v. 23.12.2016 (BGBl. I S. 3234).

[4)] **Aichberger Nr. 9.**

[5)] Bish. § 39 wird § 39a und Abs. 1 Satz 1 geänd. mWv 1.1.2011 durch G v. 24.3.2011 (BGBl. I S. 453).

Siebter Abschnitt.[1] Verordnungsermächtigung

§ 40[2] **Verordnungsermächtigung.** [1]Das Bundesministerium für Arbeit und Soziales hat im Einvernehmen mit dem Bundesministerium der Finanzen durch Rechtsverordnung mit Zustimmung des Bundesrates

1. den für die Fortschreibung der Regelbedarfsstufen nach § 28a maßgeblichen Vomhundertsatz zu bestimmen und
2. die Anlage zu § 28 um die sich durch die Fortschreibung nach Nummer 1 zum 1. Januar eines Jahres ergebenden Regelbedarfsstufen zu ergänzen.

[2]Der Vomhundertsatz nach Satz 1 Nummer 1 ist auf zwei Dezimalstellen zu berechnen; die zweite Dezimalstelle ist um eins zu erhöhen, wenn sich in der dritten Dezimalstelle eine der Ziffern von 5 bis 9 ergibt. [3]Die Bestimmungen nach Satz 1 erfolgen bis spätestens zum Ablauf des 31. Oktober des jeweiligen Jahres.

Viertes Kapitel. Grundsicherung im Alter und bei Erwerbsminderung

Erster Abschnitt. Grundsätze

§ 41[3] **Leistungsberechtigte.** (1) Leistungsberechtigt nach diesem Kapitel sind Personen mit gewöhnlichem Aufenthalt im Inland, die ihren notwendigen Lebensunterhalt nicht oder nicht ausreichend aus Einkommen und Vermögen nach § 43 bestreiten können, wenn sie die Voraussetzungen nach Absatz 2, 3 oder 3a erfüllen.

(2) [1]Leistungsberechtigt sind Personen nach Absatz 1 wegen Alters, wenn sie die Altersgrenze erreicht haben. [2]Personen, die vor dem 1. Januar 1947 geboren sind, erreichen die Altersgrenze mit Vollendung des 65. Lebensjahres. [3]Für Personen, die nach dem 31. Dezember 1946 geboren sind, wird die Altersgrenze wie folgt angehoben:

für den Geburts-jahrgang	erfolgt eine Anhebung um Monate	auf Vollendung eines Lebensalters von
1947	1	65 Jahren und 1 Monat
1948	2	65 Jahren und 2 Monaten
1949	3	65 Jahren und 3 Monaten
1950	4	65 Jahren und 4 Monaten
1951	5	65 Jahren und 5 Monaten
1952	6	65 Jahren und 6 Monaten

[1] 7. Abschn. Überschrift eingef. mWv 1.1.2011 durch G v. 24.3.2011 (BGBl. I S. 453).

[2] § 40 neu gef. mWv 1.1.2011 durch G v. 24.3.2011 (BGBl. I S. 453); Satz 3 neu gef. mWv 1.1. 2017 durch G v. 22.12.2016 (BGBl. I S. 3159).

[3] § 41 neu gef. mWv 1.1.2008 durch G v. 20.4.2007 (BGBl. I S. 554); Abs. 1 Satz 1 geänd. mWv 1.1.2011 durch G v. 24.3.2011 (BGBl. I S. 453); Abs. 1 neu gef. mWv 1.1.2016 durch G v. 21.12. 2015 (BGBl. I S. 2557); Abs. 1, Abs. 2 Satz 1 und Abs. 3 neu gef., Abs. 3a eingef. mWv 13.12.2019 durch G v. 10.12.2019 (BGBl. I S. 2135).

für den Geburts-jahrgang	erfolgt eine Anhebung um Monate	auf Vollendung eines Lebensalters von
1953	7	65 Jahren und 7 Monaten
1954	8	65 Jahren und 8 Monaten
1955	9	65 Jahren und 9 Monaten
1956	10	65 Jahren und 10 Monaten
1957	11	65 Jahren und 11 Monaten
1958	12	66 Jahren
1959	14	66 Jahren und 2 Monaten
1960	16	66 Jahren und 4 Monaten
1961	18	66 Jahren und 6 Monaten
1962	20	66 Jahren und 8 Monaten
1963	22	66 Jahren und 10 Monaten
ab 1964	24	67 Jahren

(3) Leistungsberechtigt sind Personen nach Absatz 1 wegen einer dauerhaften vollen Erwerbsminderung, wenn sie das 18. Lebensjahr vollendet haben, unabhängig von der jeweiligen Arbeitsmarktlage voll erwerbsgemindert im Sinne des § 43 Absatz 2 des Sechsten Buches[1)] sind und bei denen unwahrscheinlich ist, dass die volle Erwerbsminderung behoben werden kann.

(3a) Leistungsberechtigt sind Personen nach Absatz 1, die das 18. Lebensjahr vollendet haben, für den Zeitraum, in dem sie

1. in einer Werkstatt für behinderte Menschen (§ 57 des Neunten Buches[2)]) oder bei einem anderen Leistungsanbieter (§ 60 des Neunten Buches) das Eingangsverfahren und den Berufsbildungsbereich durchlaufen oder
2. in einem Ausbildungsverhältnis stehen, für das sie ein Budget für Ausbildung (§ 61a des Neunten Buches) erhalten.

(4) Keinen Anspruch auf Leistungen nach diesem Kapitel hat, wer in den letzten zehn Jahren die Bedürftigkeit vorsätzlich oder grob fahrlässig herbeigeführt hat.

§ 41a[3)] Vorübergehender Auslandsaufenthalt. Leistungsberechtigte, die sich länger als vier Wochen ununterbrochen im Ausland aufhalten, erhalten nach Ablauf der vierten Woche bis zu ihrer nachgewiesenen Rückkehr ins Inland keine Leistungen.

[1)] **Aichberger Nr. 6.**
[2)] **Aichberger Nr. 9.**
[3)] § 41a eingef. mWv 1.7.2017 durch G v. 22.12.2016 (BGBl. I S. 3159).

§ 42[1)] **Bedarfe.** Die Bedarfe nach diesem Kapitel umfassen:

1. die Regelsätze nach den Regelbedarfsstufen der Anlage zu § 28; § 27a Absatz 3 und Absatz 4 ist anzuwenden; § 29 Absatz 1 Satz 1 letzter Halbsatz und Absatz 2 bis 5 ist nicht anzuwenden,
2. die zusätzlichen Bedarfe nach dem Zweiten Abschnitt des Dritten Kapitels sowie Bedarfe nach § 42b,
3. die Bedarfe für Bildung und Teilhabe nach dem Dritten Abschnitt des Dritten Kapitels, ausgenommen die Bedarfe nach § 34 Absatz 7,
4. Bedarfe für Unterkunft und Heizung
   a) bei Leistungsberechtigten außerhalb von Einrichtungen nach § 42a,
   b) bei Leistungsberechtigten, deren notwendiger Lebensunterhalt sich nach § 27b Absatz 1 Nummer 2 oder nach § 27c Absatz 1 Nummer 2 ergibt, in Höhe der durchschnittlichen angemessenen tatsächlichen Aufwendungen für die Warmmiete eines Einpersonenhaushalts im Bereich des nach § 46b zuständigen Trägers,
5. ergänzende Darlehen nach § 37 Absatz 1 und Darlehen bei am Monatsende fälligen Einkommen nach § 37a.

§ 42a[2)] **Bedarfe für Unterkunft und Heizung.** (1) Für Leistungsberechtigte sind angemessene Bedarfe für Unterkunft und Heizung nach dem Vierten Abschnitt des Dritten Kapitels sowie nach § 42 Nummer 4 Buchstabe b anzuerkennen, soweit in den folgenden Absätzen nichts Abweichendes geregelt ist.

(2) [1] Für die Anerkennung von Bedarfen für Unterkunft und Heizung bei

1. Leistungsberechtigten, die in einer Wohnung nach Satz 2 leben, gelten die Absätze 3 und 4,
2. Leistungsberechtigten, die nicht in einer Wohnung nach Nummer 1 leben, weil ihnen zur Erbringung von Leistungen nach Teil 2 des Neunten Buches[3)] allein oder zu zweit ein persönlicher Wohnraum und zusätzliche Räumlichkeiten zur gemeinschaftlichen Nutzung nach Satz 3 zu Wohnzwecken überlassen werden, gelten die Absätze 5 und 6,
3. Leistungsberechtigten, die weder in einer Wohnung nach Nummer 1 noch in einem persönlichen Wohnraum und zusätzlichen Räumlichkeiten nach Nummer 2 untergebracht sind und für die § 42 Nummer 4 Buchstabe b nicht anzuwenden ist, gilt Absatz 7.

[2] Wohnung ist die Zusammenfassung mehrerer Räume, die von anderen Wohnungen oder Wohnräumen baulich getrennt sind und die in ihrer Gesamtheit alle für die Führung eines Haushalts notwendigen Einrichtungen, Ausstattun-

---

[1)] § 42 neu gef. mWv 1.1.2011 durch G v. 24.3.2011 (BGBl. I S. 453); Nr. 1 neu gef. mWv 1.1. 2013 durch G v. 20.12.2012 (BGBl. I S. 2783); Überschrift neu gef., einl. Satzteil und Nr. 4 geänd. mWv 1.1.2016 durch G v. 21.12.2015 (BGBl. I S. 2557); Nr. 4 und 5 neu gef. mWv 1.7.2017 durch G v. 22.12.2016 (BGBl. I S. 3159); Nr. 2 geänd., Nr. 4 Buchst. b neu gef. mWv 1.1.2020 durch G v. 23.12.2016 (BGBl. I S. 3234); Nr. 1 geänd. mWv 6.12.2019 durch G v. 30.11.2019 (BGBl. I S. 1948); Satz 1 Nr. 4 Buchst. b neu gef. mWv 1.1.2020 durch G v. 10.12.2019 (BGBl. I S. 2135).

[2)] § 42a eingef. mWv 1.7.2017 durch G v. 22.12.2016 (BGBl. I S. 3159); Abs. 3 Satz 1 abschl. Satzteil und Satz 3, Abs. 4 Satz 2 geänd. mWv 6.12.2019; Abs. 2 und 5 neu gef., Abs. 6 und 7 angef. *mWv 1.1.2020 durch G v. 30.11.2019 (BGBl. I S. 1948)* durch G v. 30.11.2019 (BGBl. I S. 1948).

[3)] **Aichberger Nr. 9.**

gen und Räumlichkeiten umfassen. [3] Persönlicher Wohnraum ist ein Wohnraum, der Leistungsberechtigten allein oder zu zweit zur alleinigen Nutzung überlassen wird, und zusätzliche Räumlichkeiten sind Räume, die Leistungsberechtigten zusammen mit weiteren Personen zur gemeinschaftlichen Nutzung überlassen werden.

(3) [1] Lebt eine leistungsberechtigte Person

1. zusammen mit mindestens einem Elternteil, mit mindestens einem volljährigen Geschwisterkind oder einem volljährigen Kind in einer Wohnung im Sinne von Absatz 2 Satz 2 und sind diese Mieter oder Eigentümer der gesamten Wohnung (Mehrpersonenhaushalt) und
2. ist sie nicht vertraglich zur Tragung von Unterkunftskosten verpflichtet,

sind ihr Bedarfe für Unterkunft und Heizung nach den Sätzen 2 bis 5 anzuerkennen. [2] Als Bedarf sind leistungsberechtigten Personen nach Satz 1 diejenigen Aufwendungen für Unterkunft als Bedarf anzuerkennen, die sich aus der Differenz der angemessenen Aufwendungen für den Mehrpersonenhaushalt entsprechend der Anzahl der dort wohnenden Personen ergeben und für einen Haushalt mit einer um eins verringerten Personenzahl. [3] Für die als Bedarf zu berücksichtigenden angemessenen Aufwendungen für Heizung ist der Anteil an den tatsächlichen Gesamtaufwendungen für die Heizung der Wohnung zu berücksichtigen, der sich für die Aufwendungen für die Unterkunft nach Satz 2 ergibt. [4] Abweichend von § 35 kommt es auf die nachweisbare Tragung von tatsächlichen Aufwendungen für Unterkunft und Heizung nicht an. [5] Die Sätze 2 und 3 gelten nicht, wenn die mit der leistungsberechtigten Person zusammenlebenden Personen darlegen, dass sie ihren Lebensunterhalt einschließlich der ungedeckten angemessenen Aufwendungen für Unterkunft und Heizung aus eigenen Mitteln nicht decken können; in diesen Fällen findet Absatz 4 Satz 1 Anwendung.

(4) [1] Lebt eine leistungsberechtigte Person zusammen mit anderen Personen in einer Wohnung im Sinne von Absatz 2 Satz 2 (Wohngemeinschaft) oder lebt die leistungsberechtigte Person zusammen mit in Absatz 3 Satz 1 Nummer 1 genannten Personen und ist sie vertraglich zur Tragung von Unterkunftskosten verpflichtet, sind die von ihr zu tragenden Aufwendungen für Unterkunft und Heizung bis zu dem Betrag als Bedarf anzuerkennen, der ihrem nach der Zahl der Bewohner zu bemessenden Anteil an den Aufwendungen für Unterkunft und Heizung entspricht, die für einen entsprechenden Mehrpersonenhaushalt als angemessen gelten. [2] Satz 1 gilt nicht, wenn die leistungsberechtigte Person auf Grund einer mietvertraglichen Vereinbarung nur für konkret bestimmte Anteile des Mietzinses zur Zahlung verpflichtet ist; in diesem Fall sind die tatsächlichen Aufwendungen für Unterkunft und Heizung bis zu dem Betrag als Bedarf anzuerkennen, der für einen Einpersonenhaushalt angemessen ist, soweit der von der leistungsberechtigten Person zu zahlende Mietzins zur gesamten Wohnungsmiete in einem angemessenen Verhältnis steht. [3] Übersteigen *die tatsächlichen* Aufwendungen der leistungsberechtigten Person die nach den Sätzen 1 und 2 angemessenen Aufwendungen für Unterkunft und Heizung, gilt § 35 Absatz 2 Satz 2 entsprechend.

(5) [1] Für leistungsberechtigte Personen, die in Räumlichkeiten nach Absatz 2 Satz 1 Nummer 2 leben, werden die tatsächlichen Aufwendungen für die Unterkunft, soweit sie angemessen sind, als Bedarf berücksichtigt für

1. den persönlichen Wohnraum in voller Höhe, wenn er allein bewohnt wird, und jeweils hälftig, wenn er von zwei Personen bewohnt wird,
2. einen Zuschlag für den persönlichen Wohnraum, der vollständig oder teilweise möbliert zur Nutzung überlassen wird, in der sich daraus ergebenden Höhe,
3. die Räumlichkeiten, die vorrangig zur gemeinschaftlichen Nutzung der leistungsberechtigten Person und anderer Bewohner bestimmt sind (Gemeinschaftsräume), mit einem Anteil, der sich aus der Anzahl der vorgesehenen Nutzer bei gleicher Aufteilung ergibt.

[2] Für die tatsächlichen Aufwendungen für die Heizung werden die auf den persönlichen Wohnraum und die auf die Gemeinschaftsräume entfallenden Anteile als Bedarf anerkannt, soweit sie angemessen sind. [3] Tatsächliche Aufwendungen für Unterkunft und Heizung nach den Sätzen 1 und 2 gelten als angemessen, wenn sie die Höhe der durchschnittlichen angemessenen tatsächlichen Aufwendungen für die Warmmiete von Einpersonenhaushalten nicht überschreiten. [4] Maßgeblich ist die Höhe der sich nach Satz 3 ergebenden durchschnittlichen Warmmiete im Zuständigkeitsbereich desjenigen Trägers, der für die Ausführung des Gesetzes nach diesem Kapitel für in Wohnungen lebende Leistungsberechtigte, die zur gleichen Zeit keine Leistungen nach dem Siebten bis Neunten Kapitel oder nach Teil 2 des Neunten Buches erhalten, zuständig ist (örtlicher Träger) und in dessen örtlichem Zuständigkeitsbereich die Räumlichkeiten nach Satz 1 liegen. [5] Hat ein zuständiger örtlicher Träger innerhalb seines örtlichen Zuständigkeitsbereiches mehr als eine Angemessenheitsgrenze festgelegt, so können die sich daraus ergebenden örtlichen Abgrenzungen für die Durchschnittsbildung nach Satz 3 zu Grunde gelegt werden. [6] Überschreiten die tatsächlichen Aufwendungen die Angemessenheitsgrenze nach Satz 3, sind um bis zu 25 Prozent höhere als die angemessenen Aufwendungen anzuerkennen, wenn die leistungsberechtigte Person die höheren Aufwendungen durch einen Vertrag mit gesondert ausgewiesenen zusätzlichen Kosten nachweist für

1. Zuschläge nach Satz 1 Nummer 2,
2. Wohn- und Wohnnebenkosten, sofern diese Kosten im Verhältnis zu vergleichbaren Wohnformen angemessen sind,
3. Haushaltsstrom, Instandhaltung des persönlichen Wohnraums und der Räumlichkeiten zur gemeinschaftlichen Nutzung sowie die Ausstattung mit Haushaltsgroßgeräten oder
4. Gebühren für Telekommunikation sowie Gebühren für den Zugang zu Rundfunk, Fernsehen und Internet.

[7] Die zusätzlichen Aufwendungen nach Satz 6 Nummer 2 bis 4 sind nach der Anzahl der in einer baulichen Einheit lebenden Personen zu gleichen Teilen aufzuteilen.

(6) [1] Übersteigen die Aufwendungen für die Unterkunft nach Absatz 4 den der Besonderheit des Einzelfalles angemessenen Umfang und hat der für die Ausführung des Gesetzes nach diesem Kapitel zuständige Träger Anhaltspunkte dafür, dass ein anderer Leistungsträger diese Aufwendungen ganz oder teilweise zu übernehmen verpflichtet ist, wirkt er auf eine sachdienliche Antragstellung bei diesem Leistungsträger hin. [2] Übersteigen die tatsächlichen Aufwendungen die Angemessenheitsgrenze nach Absatz 5 Satz 3 um mehr als 25 Prozent,

umfassen die Leistungen nach Teil 2 des Neunten Buches auch diese Aufwendungen.

(7) [1]Lebt eine leistungsberechtigte Person in einer sonstigen Unterkunft nach Absatz 2 Satz 1 Nummer 3 allein, so sind höchstens die durchschnittlichen angemessenen tatsächlichen Aufwendungen für die Warmmiete eines Einpersonenhaushaltes im örtlichen Zuständigkeitsbereich des für die Ausführung des Gesetzes nach diesem Kapitel zuständigen Trägers als Bedarf anzuerkennen. [2]Lebt die leistungsberechtigte Person zusammen mit anderen Bewohnern in einer sonstigen Unterkunft, so sind höchstens die angemessenen tatsächlichen Aufwendungen als Bedarf anzuerkennen, die die leistungsberechtigte Person nach der Zahl der Bewohner anteilig an einem entsprechenden Mehrpersonenhaushalt zu tragen hätte. [3]Höhere als die sich nach Satz 1 oder 2 ergebenden Aufwendungen können im Einzelfall als Bedarf anerkannt werden, wenn

1. eine leistungsberechtigte Person voraussichtlich innerhalb von sechs Monaten ab der erstmaligen Anerkennung von Bedarfen nach Satz 1 oder Satz 2 in einer angemessenen Wohnung untergebracht werden kann oder, sofern dies als nicht möglich erscheint, voraussichtlich auch keine hinsichtlich Ausstattung und Größe sowie Höhe der Aufwendungen angemessene Unterbringung in einer sonstigen Unterkunft verfügbar ist oder
2. die Aufwendungen zusätzliche haushaltsbezogene Aufwendungen beinhalten, die ansonsten über die Regelbedarfe abzudecken wären.

§ 42b[1)] Mehrbedarfe. (1) Für Bedarfe, die nicht durch den Regelsatz abgedeckt sind, werden ergänzend zu den Mehrbedarfen nach § 30 die Mehrbedarfe nach den Absätzen 2 bis 4 anerkannt.

(2) [1]Für die Mehraufwendungen bei gemeinschaftlicher Mittagsverpflegung wird ein Mehrbedarf anerkannt

1. in einer Werkstatt für behinderte Menschen nach § 56 des Neunten Buches[2)],
2. bei einem anderen Leistungsanbieter nach § 60 des Neunten Buches oder
3. im Rahmen vergleichbarer anderer tagesstrukturierender Angebote.

[2]Dies gilt unter der Voraussetzung, dass die Mittagsverpflegung in Verantwortung eines Leistungsanbieters nach Satz 1 Nummer 1 bis 3 angeboten wird oder durch einen Kooperationsvertrag zwischen diesem und dem für die gemeinschaftliche Mittagsverpflegung an einem anderen Ort Verantwortlichen vereinbart ist. [3]Die Mehraufwendungen je Arbeitstag sind ein Dreißigstel des Betrags, der sich nach § 2 Absatz 1 Satz 2 der Sozialversicherungsentgeltverordnung[3)] in der jeweiligen Fassung ergibt.

(3) [1]Für Leistungsberechtigte mit Behinderungen, denen Hilfen zur Schulbildung oder Hilfen zur schulischen oder hochschulischen Ausbildung nach *§ 112 Absatz 1 N*ummer 1 und 2 des Neunten Buches geleistet werden, wird ein Mehrbedarf von 35 Prozent der maßgebenden Regelbedarfsstufe anerkannt. [2]In besonderen Einzelfällen ist der Mehrbedarf nach Satz 1 über die Beendigung der dort genannten Leistungen hinaus während einer angemesse-

[1)] § 42b eingef. mWv 1.1.2020 durch G v. 29.4.2019 (BGBl. I S. 530).
[2)] **Aichberger Nr. 9.**
[3)] **Aichberger Nr. 4/10.**

nen Einarbeitungszeit von bis zu drei Monaten anzuerkennen. [3] In den Fällen des Satzes 1 oder des Satzes 2 ist § 30 Absatz 1 Nummer 2 nicht anzuwenden.

(4) Die Summe des nach Absatz 3 und § 30 Absatz 1 bis 5 insgesamt anzuerkennenden Mehrbedarfs darf die Höhe der maßgebenden Regelbedarfsstufe nicht übersteigen.

§ 43[1] Einsatz von Einkommen und Vermögen. (1) [1] Für den Einsatz des Einkommens sind die §§ 82 bis 84 und für den Einsatz des Vermögens die §§ 90 und 91 anzuwenden, soweit in den folgenden Absätzen nichts Abweichendes geregelt ist. [2] Einkommen und Vermögen des nicht getrennt lebenden Ehegatten oder Lebenspartners sowie des Partners einer eheähnlichen oder lebenspartnerschaftsähnlichen Gemeinschaft, die dessen notwendigen Lebensunterhalt nach § 27a übersteigen, sind zu berücksichtigen.

(2) Zusätzlich zu den nach § 82 Absatz 2 vom Einkommen abzusetzenden Beträgen sind Einnahmen aus Kapitalvermögen abzusetzen, soweit sie einen Betrag von 26 Euro im Kalenderjahr nicht übersteigen.

(3) [1] Die Verletztenrente nach dem Siebten Buch ist teilweise nicht als Einkommen zu berücksichtigen, wenn sie auf Grund eines in Ausübung der Wehrpflicht bei der Nationalen Volksarmee der ehemaligen Deutschen Demokratischen Republik erlittenen Gesundheitsschadens erbracht wird. [2] Dabei bestimmt sich die Höhe des nicht zu berücksichtigenden Betrages nach der Höhe der Grundrente nach § 31 des Bundesversorgungsgesetzes[2], die für den Grad der Schädigungsfolgen zu zahlen ist, der der jeweiligen Minderung der Erwerbsfähigkeit entspricht. [3] Bei einer Minderung der Erwerbsfähigkeit um 20 Prozent beträgt der nicht zu berücksichtigende Betrag zwei Drittel, bei einer Minderung der Erwerbsfähigkeit um 10 Prozent ein Drittel der Mindestgrundrente nach dem Bundesversorgungsgesetz.

(4) Erhalten Leistungsberechtigte nach dem Dritten Kapitel in einem Land nach § 29 Absatz 1 letzter Halbsatz und Absatz 2 bis 5 festgesetzte und fortgeschriebene Regelsätze und sieht das Landesrecht in diesem Land für Leistungsberechtigte nach diesem Kapitel eine aufstockende Leistung vor, dann ist diese Leistung nicht als Einkommen nach § 82 Absatz 1 zu berücksichtigen.

(5) § 39 Satz 1 ist nicht anzuwenden.

Zweiter Abschnitt. Verfahrensbestimmungen

§ 43a[3] Gesamtbedarf, Zahlungsanspruch und Direktzahlung.

(1) Der monatliche Gesamtbedarf ergibt sich aus der Summe der nach § 42 Nummer 1 bis 4 anzuerkennenden monatlichen Bedarfe.

(2) Die Höhe der monatlichen Geldleistung im Einzelfall (monatlicher Zahlungsanspruch) ergibt sich aus dem Gesamtbedarf nach Absatz 1 zuzüglich

[1] § 43 Abs. 1 geänd. mWv 30.3.2005 durch G v. 21.3.2005 (BGBl. I S. 818); Abs. 1 neu gef., Abs. 2 Satz 6 geänd. mWv 1.1.2011 durch G v. 24.3.2011 (BGBl. I S. 453); Überschrift neu gef., Abs. 2 eingef., bish. Abs. 2 wird Abs. 3 und Sätze 3–5 geänd. mWv 1.1.2013 durch G v. 20.12.2012 (BGBl. I S. 2783); Abs. 1 Satz 1 eingef., Satz 2 geänd., Abs. 2 und 3 eingef., bish. Abs. 2 und 3 werden Abs. 4 und 5, neuer Abs. 5 Satz 4 geänd., Abs. 6 angef. mWv 1.1.2016 durch G v. 21.12.2015 (BGBl. I S. 2557); Abs. 5 neu gef. mWv 1.7.2017 durch G v. 22.12.2016 (BGBl. I S. 3159); Überschrift neu gef., Abs. 5 aufgeh., bish. Abs. 6 wird Abs. 5 mWv 1.1.2020 durch G v. 10.12.2019 (BGBl. I S. 2135).

[2] **Aichberger Nr. 20/10.**

[3] § 43a eingef. mWv 1.7.2017 durch G v. 22.12.2016 (BGBl. I S. 3159).

Nachzahlungen und abzüglich des nach § 43 Absatz 1 bis 4 einzusetzenden Einkommens und Vermögens sowie abzüglich von Aufrechnungen und Verrechnungen nach § 44b.

(3) [1] Sehen Vorschriften des Dritten Kapitels vor, dass Bedarfe, die in den Gesamtbedarf eingehen, durch Zahlungen des zuständigen Trägers an Empfangsberechtigte gedeckt werden können oder zu decken sind (Direktzahlung), erfolgt die Zahlung durch den für die Ausführung des Gesetzes nach diesem Kapitel zuständigen Träger, und zwar bis zur Höhe des jeweils anerkannten Bedarfs, höchstens aber bis zu der sich nach Absatz 2 ergebenden Höhe des monatlichen Zahlungsanspruchs; die §§ 34a und 34b bleiben unberührt. [2] Satz 1 gilt entsprechend, wenn Leistungsberechtigte eine Direktzahlung wünschen. [3] Erfolgt eine Direktzahlung, hat der für die Ausführung des Gesetzes nach diesem Kapitel zuständige Träger die leistungsberechtigte Person darüber schriftlich zu informieren.

(4) Der für die Ausführung des Gesetzes nach diesem Kapitel zuständige Träger kann bei Zahlungsrückständen aus Stromlieferverträgen für Haushaltsstrom, die zu einer Unterbrechung der Energielieferung berechtigen, für die laufenden Zahlungsverpflichtungen einer leistungsberechtigten Person eine Direktzahlung entsprechend Absatz 3 Satz 1 vornehmen.

§ 44[1)] Antragserfordernis, Erbringung von Geldleistungen, Bewilligungszeitraum. (1) [1] Leistungen nach diesem Kapitel werden auf Antrag erbracht. [2] Gesondert zu beantragen sind Leistungen zur Deckung von Bedarfen nach § 42 Nummer 2 in Verbindung mit den §§ 31 und 33 sowie zur Deckung der Bedarfe nach § 42 Nummer 3 in Verbindung mit § 34 Absatz 5 und nach § 42 Nummer 5.

(2) [1] Ein Antrag nach Absatz 1 wirkt auf den Ersten des Kalendermonats zurück, in dem er gestellt wird, wenn die Voraussetzungen des § 41 innerhalb dieses Kalendermonats erfüllt werden. [2] Leistungen zur Deckung von Bedarfen nach § 42 werden vorbehaltlich Absatz 4 Satz 2 nicht für Zeiten vor dem sich nach Satz 1 ergebenden Kalendermonat erbracht.

(3) [1] Leistungen zur Deckung von Bedarfen nach § 42 werden in der Regel für einen Bewilligungszeitraum von zwölf Kalendermonaten bewilligt. [2] Sofern über den Leistungsanspruch nach § 44a vorläufig entschieden wird, soll der Bewilligungszeitraum nach Satz 1 auf höchstens sechs Monate verkürzt werden. [3] Bei einer Bewilligung nach dem Bezug von Arbeitslosengeld II oder Sozialgeld nach dem Zweiten Buch[2)], der mit Erreichen der Altersgrenze nach § 7a des Zweiten Buches endet, beginnt der Bewilligungszeitraum erst mit dem Ersten des Monats, der auf den sich nach § 7a des Zweiten Buches ergebenden Monat folgt.

(4) [1] Leistungen zur Deckung von wiederkehrenden Bedarfen nach § 42 *Nummer 1, 2 und* 4 werden monatlich im Voraus erbracht. [2] Für Leistungen zur Deckung der Bedarfe nach § 42 Nummer 3 sind die §§ 34a und 34b anzuwenden.

[1)] § 44 neu gef. mWv 1.1.2016 durch G v. 21.12.2015 (BGBl. I S. 2557); Abs. 3 Satz 2 eingef., bish. Satz 2 wird Satz 3 mWv 1.7.2017 durch G v. 22.12.2016 (BGBl. I S. 3159); Abs. 1 Satz 2 geänd. mWv 1.8.2019 durch G v. 29.4.2019 (BGBl. I S. 530).

[2)] Nr. **51.4**.

§ 44a[1] **Vorläufige Entscheidung.** (1) Über die Erbringung von Geldleistungen ist vorläufig zu entscheiden, wenn die Voraussetzungen des § 41 Absatz 2 und 3 feststehen und

1. zur Feststellung der weiteren Voraussetzungen des Anspruchs auf Geldleistungen voraussichtlich längere Zeit erforderlich ist und die weiteren Voraussetzungen für den Anspruch mit hinreichender Wahrscheinlichkeit vorliegen oder
2. ein Anspruch auf Geldleistungen dem Grunde nach besteht und zur Feststellung seiner Höhe voraussichtlich längere Zeit erforderlich ist.

(2) [1] Der Grund der Vorläufigkeit der Entscheidung ist im Verwaltungsakt des ausführenden Trägers anzugeben. [2] Eine vorläufige Entscheidung ergeht nicht, wenn die leistungsberechtigte Person die Umstände, die einer sofortigen abschließenden Entscheidung entgegenstehen, zu vertreten hat.

(3) Soweit die Voraussetzungen des § 45 Absatz 1 des Zehnten Buches[2] vorliegen, ist die vorläufige Entscheidung mit Wirkung für die Zukunft zurückzunehmen; § 45 Absatz 2 des Zehnten Buches findet keine Anwendung.

(4) Steht während des Bewilligungszeitraums fest, dass für Monate, für die noch keine vorläufig bewilligten Leistungen erbracht wurden, kein Anspruch bestehen wird und steht die Höhe des Anspruchs für die Monate endgültig fest, für die bereits vorläufig Geldleistungen erbracht worden sind, kann der ausführende Träger für den gesamten Bewilligungszeitraum eine abschließende Entscheidung bereits vor dessen Ablauf treffen.

(5) [1] Nach Ablauf des Bewilligungszeitraums hat der für die Ausführung des Gesetzes nach diesem Kapitel zuständige Träger abschließend über den monatlichen Leistungsanspruch zu entscheiden, sofern die vorläufig bewilligte Geldleistung nicht der abschließend festzustellenden entspricht. [2] Anderenfalls trifft der ausführende Träger nur auf Antrag der leistungsberechtigten Person eine abschließende Entscheidung für den gesamten Bewilligungszeitraum. [3] Die leistungsberechtigte Person ist nach Ablauf des Bewilligungszeitraums verpflichtet, die von dem der für die Ausführung des Gesetzes nach diesem Kapitel zuständige Träger zum Erlass einer abschließenden Entscheidung geforderten leistungserheblichen Tatsachen nachzuweisen; die §§ 60, 61, 65,
Zeichensetzung amtlich. und 65a des Ersten Buches[3] gelten entsprechend. [4] Kommt die leistungsberechtigte Person ihrer Nachweispflicht trotz angemessener Fristsetzung und schriftlicher Belehrung über die Rechtsfolgen bis zur abschließenden Entscheidung nicht, nicht vollständig oder nicht fristgemäß nach, setzt der für die Ausführung des Gesetzes nach diesem Kapitel zuständige Träger die zu gewährenden Geldleistungen für diese Kalendermonate nur in der Höhe endgültig fest, soweit der Leistungsanspruch nachgewiesen ist. [5] Für die übrigen Kalendermonate wird festgestellt, dass ein Leistungsanspruch nicht bestand.

(6) [1] Ergeht innerhalb eines Jahres nach Ablauf des Bewilligungszeitraums keine abschließende Entscheidung nach Absatz 4, gelten die vorläufig bewilligten Geldleistungen als abschließend festgesetzt. [2] Satz 1 gilt nicht,

---

[1] § 44a eingef. mWv 1.7.2017 durch G v. 22.12.2016 (BGBl. I S. 3159).
[2] Nr. **51.9**.
[3] Nr. **51.1**.

1. wenn die leistungsberechtigte Person innerhalb der Frist nach Satz 1 eine abschließende Entscheidung beantragt oder
2. der Leistungsanspruch aus einem anderen als dem nach Absatz 2 anzugebenden Grund nicht oder nur in geringerer Höhe als die vorläufigen Leistungen besteht und der für die Ausführung des Gesetzes nach diesem Kapitel zuständige Träger über diesen innerhalb eines Jahres seit Kenntnis von diesen Tatsachen, spätestens aber nach Ablauf von zehn Jahren nach der Bekanntgabe der vorläufigen Entscheidung abschließend entschieden hat.

[3] Satz 2 Nummer 2 findet keine Anwendung, wenn der für die Ausführung des Gesetzes nach diesem Kapitel zuständige Träger die Unkenntnis von den entscheidungserheblichen Tatsachen zu vertreten hat.

(7) [1] Die auf Grund der vorläufigen Entscheidung erbrachten Geldleistungen sind auf die abschließend festgestellten Geldleistungen anzurechnen. [2] Soweit im Bewilligungszeitraum in einzelnen Kalendermonaten vorläufig zu hohe Geldleistungen erbracht wurden, sind die sich daraus ergebenden Überzahlungen auf die abschließend bewilligten Geldleistungen anzurechnen, die für andere Kalendermonate dieses Bewilligungszeitraums nachzuzahlen wären. [3] Überzahlungen, die nach der Anrechnung fortbestehen, sind zu erstatten.

§ 44b[1] Aufrechnung, Verrechnung. (1) Die für die Ausführung des Gesetzes nach diesem Kapitel zuständigen Träger können mit einem bestandskräftigen Erstattungsanspruch nach § 44a Absatz 7 gegen den monatlichen Leistungsanspruch aufrechnen.

(2) Die Höhe der Aufrechnung nach Absatz 1 beträgt monatlich 5 Prozent der maßgebenden Regelbedarfsstufe nach der Anlage zu § 28.

(3) [1] Die Aufrechnung ist gegenüber der leistungsberechtigten Person schriftlich durch Verwaltungsakt zu erklären. [2] Die Aufrechnung endet spätestens drei Jahre nach Ablauf des Monats, in dem die Bestandskraft der in Absatz 1 genannten Ansprüche eingetreten ist. [3] Zeiten, in denen die Aufrechnung nicht vollziehbar ist, verlängern den Aufrechnungszeitraum entsprechend.

(4) [1] Ein für die Ausführung des Gesetzes nach diesem Kapitel zuständiger Träger kann nach Ermächtigung eines anderen Trägers im Sinne dieses Buches dessen bestandskräftige Ansprüche mit dem monatlichen Zahlungsanspruch nach § 43a nach Maßgabe der Absätze 2 und 3 verrechnen. [2] Zwischen den für die Ausführung des Gesetzes nach diesem Kapitel zuständigen Trägern findet keine Erstattung verrechneter Forderungen statt, soweit die miteinander verrechneten Ansprüche auf der Bewilligung von Leistungen nach diesem Kapitel beruhen.

§ 44c[2] Erstattungsansprüche zwischen Trägern. Im Verhältnis der für die Ausführung des Gesetzes nach diesem Kapitel zuständigen Träger untereinander sind die Vorschriften über die Erstattung nach

1. dem Zweiten Abschnitt des Dreizehnten Kapitels sowie
2. dem Zweiten Abschnitt des Dritten Kapitels des Zehnten Buches[3]

---

[1] § 44b eingef. mWv 1.7.2017 durch G v. 22.12.2016 (BGBl. I S. 3159).

[2] Früherer § 44a eingef. mWv 1.1.2016 durch G v. 21.12.2015 (BGBl. I S. 2557); bish. 44a wird § 44c mWv 1.7.2017 durch G v. 22.12.2016 (BGBl. I S. 3159).

[3] Nr. **51.9**.

für Geldleistungen nach diesem Kapitel nicht anzuwenden.

§ 45[1] Feststellung der dauerhaften vollen Erwerbsminderung. [1]Der jeweils für die Ausführung des Gesetzes nach diesem Kapitel zuständige Träger ersucht den nach § 109a Absatz 2 des Sechsten Buches[2] zuständigen Träger der Rentenversicherung, die medizinischen Voraussetzungen des § 41 Absatz 3 zu prüfen, wenn es auf Grund der Angaben und Nachweise des Leistungsberechtigten als wahrscheinlich erscheint, dass diese erfüllt sind und das zu berücksichtigende Einkommen und Vermögen nicht ausreicht, um den Lebensunterhalt vollständig zu decken. [2]Die Entscheidung des Trägers der Rentenversicherung ist bindend für den ersuchenden Träger, der für die Ausführung des Gesetzes nach diesem Kapitel zuständig ist; dies gilt auch für eine Entscheidung des Trägers der Rentenversicherung nach § 109a Absatz 3 des Sechsten Buches. [3]Ein Ersuchen nach Satz 1 erfolgt nicht, wenn

1. ein Träger der Rentenversicherung bereits die Voraussetzungen des § 41 Absatz 3 im Rahmen eines Antrags auf eine Rente wegen Erwerbsminderung festgestellt hat,
2. ein Träger der Rentenversicherung bereits nach § 109a Absatz 2 und 3 des Sechsten Buches eine gutachterliche Stellungnahme abgegeben hat,
3. Personen in einer Werkstatt für behinderte Menschen das Eingangsverfahren oder den Berufsbildungsbereich durchlaufen oder im Arbeitsbereich beschäftigt sind oder
4. der Fachausschuss einer Werkstatt für behinderte Menschen über die Aufnahme in eine Werkstatt oder Einrichtung eine Stellungnahme nach den §§ 2 und 3 der Werkstättenverordnung[3] abgegeben und dabei festgestellt hat, dass ein Mindestmaß an wirtschaftlich verwertbarer Arbeitsleistung nicht vorliegt.

[4]In Fällen des Satzes 3 Nummer 4 wird die Stellungnahme des Fachausschusses bei Durchführung eines Teilhabeplanverfahrens nach den §§ 19 bis 23 des Neunten Buches[4] durch eine entsprechende Feststellung im Teilhabeplanverfahren ersetzt; dies gilt entsprechend, wenn ein Gesamtplanverfahren nach den §§ 117 bis 121 des Neunten Buches durchgeführt wird.

§ 46[5] Zusammenarbeit mit den Trägern der Rentenversicherung. [1]Der zuständige Träger der Rentenversicherung informiert und berät leistungsberechtigte Personen nach § 41, die rentenberechtigt sind, über die Leistungsvoraussetzungen und über das Verfahren nach diesem Kapitel. [2]Personen, die nicht rentenberechtigt sind, werden auf Anfrage beraten und informiert. [3]Liegt die Rente unter dem 27-fachen Betrag des geltenden aktuellen Rentenwertes in der gesetzlichen Rentenversicherung (§§ 68, 68a des Sechsten Buches[2]), ist der Information zusätzlich ein Antragsformular beizufügen. [4]Der

---

[1] § 45 neu gef. mWv 1.1.2011 durch G v. 3.8.2010 (BGBl. I S. 1112); Satz 1, Satz 2 erster Halbs. geänd. mWv 1.1.2013 durch G v. 20.12.2012 (BGBl. I S. 2783); Satz 3 neu gef. Satz 4 aufgeh. mWv 1.7.2017 durch G v. 22.12.2016 (BGBl. I S. 3159); Satz 4 angef. mWv 1.1.2020 durch G v. 30.11.2019 (BGBl. I S. 1948); Satz 3 Nr. 3 geänd. mWv 1.1.2020 durch G v. 10.12.2019 (BGBl. I S. 2135).

[2] **Aichberger Nr. 6.**

[3] **Aichberger Nr. 9/12.**

[4] **Aichberger Nr. 9.**

[5] § 46 Satz 3 neu gef. mWv 1.1.2011 durch G v. 24.3.2011 (BGBl. I S. 453); Satz 4 geänd. mWv 1.1.2013 durch G v. 20.12.2012 (BGBl. I S. 2783); Satz 3 geänd. mWv 1.7.2018 durch G v. 17.7.2017 (BGBl. I S. 2575).

Träger der Rentenversicherung übersendet einen eingegangenen Antrag mit einer Mitteilung über die Höhe der monatlichen Rente und über das Vorliegen der Voraussetzungen der Leistungsberechtigung an den jeweils für die Ausführung des Gesetzes nach diesem Kapitel zuständigen Träger. [5] Eine Verpflichtung des Trägers der Rentenversicherung nach Satz 1 besteht nicht, wenn eine Inanspruchnahme von Leistungen nach diesem Kapitel wegen der Höhe der gezahlten Rente sowie der im Rentenverfahren zu ermittelnden weiteren Einkommen nicht in Betracht kommt.

Dritter Abschnitt.[1] Erstattung und Zuständigkeit

§ 46a[2] Erstattung durch den Bund. (1) Der Bund erstattet den Ländern
1. im Jahr 2013 einen Anteil von 75 Prozent und
2. ab dem Jahr 2014 jeweils einen Anteil von 100 Prozent

der im jeweiligen Kalenderjahr den für die Ausführung des Gesetzes nach diesem Kapitel zuständigen Trägern entstandenen Nettoausgaben für Geldleistungen nach diesem Kapitel.

(2) [1] Die Höhe der Nettoausgaben für Geldleistungen nach Absatz 1 ergibt sich aus den Bruttoausgaben der für die Ausführung des Gesetzes nach diesem Kapitel zuständigen Träger, abzüglich der auf diese Geldleistungen entfallenden Einnahmen. [2] Einnahmen nach Satz 1 sind insbesondere Einnahmen aus Aufwendungen, Kostenersatz und Ersatzansprüchen nach dem Dreizehnten Kapitel, soweit diese auf Geldleistungen nach diesem Kapitel entfallen, aus dem Übergang von Ansprüchen nach § 93 sowie aus Erstattungen anderer Sozialleistungsträger nach dem Zehnten Buch[3].

(3) [1] Der Abruf der Erstattungen durch die Länder erfolgt quartalsweise. [2] Die Abrufe sind
1. vom 15. März bis 14. Mai,
2. vom 15. Juni bis 14. August,
3. vom 15. September bis 14. November und
4. vom 1. Januar bis 28. Februar des Folgejahres

zulässig (Abrufzeiträume). [3] Werden Leistungen für Leistungszeiträume im folgenden Haushaltsjahr zur fristgerechten Auszahlung an den Leistungsberechtigten bereits im laufenden Haushaltsjahr erbracht, sind die entsprechenden Nettoausgaben im Abrufzeitraum 15. März bis 14. Mai des Folgejahres abzurufen. [4] Der Abruf für Nettoausgaben aus Vorjahren, für die bereits ein Jahresnachweis vorliegt, ist in den darauf folgenden Jahren nach Maßgabe des Absatzes 1 jeweils nur vom 15. Juni bis 14. August zulässig.

(4) [1] Die Länder gewährleisten die Prüfung, dass die Ausgaben für Geldleistungen der für die Ausführung des Gesetzes nach diesem Kapitel zuständigen Träger begründet und belegt sind und den Grundsätzen für Wirtschaftlichkeit

---

[1] 3. Abschnitt (§ 46a) eingef. mWv 1.1.2009 durch G v. 24.9.2008 (BGBl. I S. 1856); Überschrift neu gef. mWv 1.1.2013 durch G v. 20.12.2012 (BGBl. I S. 2783).

[2] § 46a neu gef. mWv 1.1.2013 durch G v. 20.12.2012 (BGBl. I S. 2783); Abs. 4 Satz 3 zweiter Halbs. und Abs. 5 Satz 1 geänd. mWv 9.10.2013 durch G v. 1.10.2013 (BGBl. I S. 3733); Abs. 4 und 5 neu gef. mWv 1.1.2015, Abs. 3 neu gef. mWv 1.1.2016 durch G v. 21.12.2015 (BGBl. I S. 2557); Abs. 3 Satz 2 Nr. 4 und Abs. 4 Satz 4 neu gef. mWv 14.7.2018 durch G v. 10.7.2018 (BGBl. I S. 1117).

[3] Nr. **51.9**.

und Sparsamkeit entsprechen. [2]Sie haben dies dem Bundesministerium für Arbeit und Soziales für das jeweils abgeschlossene Quartal in tabellarischer Form zu belegen (Quartalsnachweis). [3]In den Quartalsnachweisen sind

1. die Bruttoausgaben für Geldleistungen nach § 46a Absatz 2 sowie die darauf entfallenden Einnahmen,
2. die Bruttoausgaben und Einnahmen nach Nummer 1, differenziert nach Leistungen für Leistungsberechtigte außerhalb und in Einrichtungen,
3. erstmals ab dem Jahr 2016 die Bruttoausgaben und Einnahmen nach Nummer 1, differenziert nach Leistungen für Leistungsberechtigte nach § 41 Absatz 2 und 3

zu belegen. [4]Die Quartalsnachweise für die Abrufzeiträume nach Absatz 3 Satz 2 Nummer 1 bis 3 sind dem Bundesministerium für Arbeit und Soziales durch die Länder jeweils zwischen dem 15. und dem 20. der Monate Mai, August und November für das jeweils abgeschlossene Quartal vorzulegen, für den Abrufzeitraum nach Absatz 3 Satz 2 Nummer 4 zwischen dem 1. und 5. März des Folgejahres. [5]Die Länder können die Quartalsnachweise auch vor den sich nach Satz 4 ergebenden Terminen vorlegen; ein weiterer Abruf in dem für das jeweilige Quartal nach Absatz 3 Satz 1 geltenden Abrufzeitraum ist nach Vorlage des Quartalsnachweises nicht zulässig.

(5) [1]Die Länder haben dem Bundesministerium für Arbeit und Soziales die Angaben nach

1. Absatz 4 Satz 3 Nummer 1 und 2 entsprechend ab dem Kalenderjahr 2015 und
2. Absatz 4 Satz 3 Nummer 3 entsprechend ab dem Kalenderjahr 2016

bis 31. März des jeweils folgenden Jahres in tabellarischer Form zu belegen (Jahresnachweis). [2]Die Angaben nach Satz 1 sind zusätzlich für die für die Ausführung nach diesem Kapitel zuständigen Träger zu differenzieren.

§ 46b[1)] Zuständigkeit. (1) Die für die Ausführung des Gesetzes nach diesem Kapitel zuständigen Träger werden nach Landesrecht bestimmt, sofern sich nach Absatz 3 nichts Abweichendes ergibt.

(2) Die §§ 3, 6 und 7 sind nicht anzuwenden.

(3) [1]Das Zwölfte Kapitel ist nicht anzuwenden, sofern sich aus den Sätzen 2 bis 5 nichts Abweichendes ergibt. [2]Im Fall der Auszahlung der Leistungen nach § 34 Absatz 2 Satz 1 Nummer 1 und nach § 34a Absatz 7 ist § 98 Absatz 1a entsprechend anzuwenden. [3]Bei Leistungsberechtigten nach diesem Kapitel gilt der Aufenthalt in einer stationären Einrichtung und in Einrichtungen zum Vollzug richterlich angeordneter Freiheitsentziehung nicht als gewöhnlicher Aufenthalt; § 98 Absatz 2 Satz 1 bis 3 ist entsprechend anzuwenden. [4]Für die Leistungen nach diesem Kapitel an Personen, die Leistungen nach dem Siebten und Achten Kapitel in Formen ambulanter betreuter Wohnmöglichkeiten erhalten, ist § 98 Absatz 5 entsprechend anzuwenden. [5]Soweit Leistungen der

[1)] § 46b eingef. mWv 1.1.2013 durch G v. 20.12.2012 (BGBl. I S. 2783); Abs. 1 und 2 geänd., Abs. 3 angef. mWv 1.1.2013 durch G v. 1.10.2013 (BGBl. I S. 3733); Abs. 3 Satz 2 eingef., bish. Sätze 2 und 3 werden Sätze 3 und 4 mWv 1.8.2019 durch G v. 29.4.2019 (BGBl. I S. 530); Abs. 3 Satz 1 geänd. mWv 6.12.2019, Abs. 3 Satz 4 geänd., Satz 5 angef. mWv 1.1.2020 durch G v. 30.11.2019 (BGBl. I S. 1948).

Eingliederungshilfe nach Teil 2 des Neunten Buches[1] und Leistungen nach diesem Kapitel gleichzeitig zu erbringen sind, ist § 98 Absatz 6 entsprechend anzuwenden.

Fünftes Kapitel. Hilfen zur Gesundheit

§ 47 Vorbeugende Gesundheitshilfe. [1] Zur Verhütung und Früherkennung von Krankheiten werden die medizinischen Vorsorgeleistungen und Untersuchungen erbracht. [2] Andere Leistungen werden nur erbracht, wenn ohne diese nach ärztlichem Urteil eine Erkrankung oder ein sonstiger Gesundheitsschaden einzutreten droht.

§ 48 Hilfe bei Krankheit. [1] Um eine Krankheit zu erkennen, zu heilen, ihre Verschlimmerung zu verhüten oder Krankheitsbeschwerden zu lindern, werden Leistungen zur Krankenbehandlung entsprechend dem Dritten Kapitel Fünften Abschnitt Ersten Titel des Fünften Buches[2] erbracht. [2] Die Regelungen zur Krankenbehandlung nach § 264 des Fünften Buches gehen den Leistungen der Hilfe bei Krankheit nach Satz 1 vor.

§ 49 Hilfe zur Familienplanung. [1] Zur Familienplanung werden die ärztliche Beratung, die erforderliche Untersuchung und die Verordnung der empfängnisregelnden Mittel geleistet. [2] Die Kosten für empfängnisverhütende Mittel werden übernommen, wenn diese ärztlich verordnet worden sind.

§ 50[3] Hilfe bei Schwangerschaft und Mutterschaft. Bei Schwangerschaft und Mutterschaft werden

1. ärztliche Behandlung und Betreuung sowie Hebammenhilfe,
2. Versorgung mit Arznei-, Verband- und Heilmitteln,
3. Pflege in einer stationären Einrichtung und
4. häusliche Pflege nach den §§ 64c und 64f sowie die angemessenen Aufwendungen der Pflegeperson

geleistet.

§ 51 Hilfe bei Sterilisation. Bei einer durch Krankheit erforderlichen Sterilisation werden die ärztliche Untersuchung, Beratung und Begutachtung, die ärztliche Behandlung, die Versorgung mit Arznei-, Verband- und Heilmitteln sowie die Krankenhauspflege geleistet.

§ 52[4] Leistungserbringung, Vergütung. (1) [1] Die Hilfen nach den §§ 47 bis 51 entsprechen den Leistungen der gesetzlichen Krankenversicherung. [2] Soweit Krankenkassen in ihrer Satzung Umfang und Inhalt der Leistungen bestimmen können, entscheidet der Träger der Sozialhilfe über Umfang und Inhalt der Hilfen nach pflichtgemäßem Ermessen.

---

[1] **Aichberger Nr. 9.**
[2] **Aichberger Nr. 5.**
[3] § 50 Nr. 4 neu gef. mWv 1.1.2017 durch G v. 23.12.2016 (BGBl. I S. 3191).
[4] § 52 Abs. 3 Satz 1 geänd. mWv 30.3.2005 durch G v. 21.3.2005 (BGBl. I S. 818); Abs. 5 aufgeh. mWv 1.1.2020 durch G v. 23.12.2016 (BGBl. I S. 3234).

(2) [1] Leistungsberechtigte haben die freie Wahl unter den Ärzten und Zahnärzten sowie den Krankenhäusern entsprechend den Bestimmungen der gesetzlichen Krankenversicherung. [2] Hilfen werden nur in dem durch Anwendung des § 65a des Fünften Buches[1)] erzielbaren geringsten Umfang geleistet.

(3) [1] Bei Erbringung von Leistungen nach den §§ 47 bis 51 sind die für die gesetzlichen Krankenkassen nach dem Vierten Kapitel des Fünften Buches geltenden Regelungen mit Ausnahme des Dritten Titels des Zweiten Abschnitts anzuwenden. [2] Ärzte, Psychotherapeuten im Sinne des § 28 Abs. 3 Satz 1 des Fünften Buches und Zahnärzte haben für ihre Leistungen Anspruch auf die Vergütung, welche die Ortskrankenkasse, in deren Bereich der Arzt, Psychotherapeut oder der Zahnarzt niedergelassen ist, für ihre Mitglieder zahlt. [3] Die sich aus den §§ 294, 295, 300 bis 302 des Fünften Buches für die Leistungserbringer ergebenden Verpflichtungen gelten auch für die Abrechnung von Leistungen nach diesem Kapitel mit dem Träger der Sozialhilfe. [4] Die Vereinbarungen nach § 303 Abs. 1 sowie § 304 des Fünften Buches gelten für den Träger der Sozialhilfe entsprechend.

(4) Leistungsberechtigten, die nicht in der gesetzlichen Krankenversicherung versichert sind, wird unter den Voraussetzungen von § 39a Satz 1 des Fünften Buches zu stationärer und teilstationärer Versorgung in Hospizen der von den gesetzlichen Krankenkassen entsprechend § 39a Satz 3 des Fünften Buches zu zahlende Zuschuss geleistet.

Sechstes Kapitel.[2)] weggefallen

§§ 53–60a[3)] *(aufgehoben)*

Siebtes Kapitel.[4)] Hilfe zur Pflege

§ 61[4)] Leistungsberechtigte. [1] Personen, die pflegebedürftig im Sinne des § 61a sind, haben Anspruch auf Hilfe zur Pflege, soweit ihnen und ihren nicht getrennt lebenden Ehegatten oder Lebenspartnern nicht zuzumuten ist, dass sie die für die Hilfe zur Pflege benötigten Mittel aus dem Einkommen und Vermögen nach den Vorschriften des Elften Kapitels aufbringen. [2] Sind die Personen minderjährig und unverheiratet, so sind auch das Einkommen und das Vermögen ihrer Eltern oder eines Elternteils zu berücksichtigen.

§ 61a[4)] Begriff der Pflegebedürftigkeit. (1) [1] Pflegebedürftig sind Personen, die gesundheitlich bedingte Beeinträchtigungen der Selbständigkeit oder der Fähigkeiten aufweisen und deshalb der Hilfe durch andere bedürfen. [2] Pflegebedürftige Personen im Sinne des Satzes 1 können körperliche, kognitive oder psychische Beeinträchtigungen oder gesundheitlich bedingte Belastungen oder Anforderungen nicht selbständig kompensieren oder bewältigen.

(2) Maßgeblich für die Beurteilung der Beeinträchtigungen der Selbständigkeit oder Fähigkeiten sind die folgenden Bereiche mit folgenden Kriterien:

1. Mobilität mit den Kriterien

---

1) **Aichberger Nr. 5.**
2) 6. Kapitel (§§ 53–60a) aufgeh. mWv 1.1.2020 durch G v. 23.12.2016 (BGBl. I S. 3234).
3) §§ 53–60a aufgeh. mWv 1.1.2020 durch G v. 23.12.2016 (BGBl. I S. 3234).
4) 7. Kapitel (§§ 61–66) neu gef. mWv 1.1.2017 durch G v. 23.12.2016 (BGBl. I S. 3191).

a) Positionswechsel im Bett,
b) Halten einer stabilen Sitzposition,
c) Umsetzen,
d) Fortbewegen innerhalb des Wohnbereichs,
e) Treppensteigen;

2. kognitive und kommunikative Fähigkeiten mit den Kriterien
a) Erkennen von Personen aus dem näheren Umfeld,
b) örtliche Orientierung,
c) zeitliche Orientierung,
d) Erinnern an wesentliche Ereignisse oder Beobachtungen,
e) Steuern von mehrschrittigen Alltagshandlungen,
f) Treffen von Entscheidungen im Alltagsleben,
g) Verstehen von Sachverhalten und Informationen,
h) Erkennen von Risiken und Gefahren,
i) Mitteilen von elementaren Bedürfnissen,
j) Verstehen von Aufforderungen,
k) Beteiligen an einem Gespräch;

3. Verhaltensweisen und psychische Problemlagen mit den Kriterien
a) motorisch geprägte Verhaltensauffälligkeiten,
b) nächtliche Unruhe,
c) selbstschädigendes und autoaggressives Verhalten,
d) Beschädigen von Gegenständen,
e) physisch aggressives Verhalten gegenüber anderen Personen,
f) verbale Aggression,
g) andere pflegerelevante vokale Auffälligkeiten,
h) Abwehr pflegerischer und anderer unterstützender Maßnahmen,
i) Wahnvorstellungen,
j) Ängste,
k) Antriebslosigkeit bei depressiver Stimmungslage,
l) sozial inadäquate Verhaltensweisen,
m) sonstige pflegerelevante inadäquate Handlungen;

4. Selbstversorgung mit den Kriterien
a) Waschen des vorderen Oberkörpers,
b) Körperpflege im Bereich des Kopfes,
c) Waschen des Intimbereichs,
d) Duschen und Baden einschließlich Waschen der Haare,
e) An- und Auskleiden des Oberkörpers,
f) An- und Auskleiden des Unterkörpers,
g) mundgerechtes Zubereiten der Nahrung und Eingießen von Getränken,
h) Essen,
i) Trinken,

j) Benutzen einer Toilette oder eines Toilettenstuhls,
k) Bewältigen der Folgen einer Harninkontinenz und Umgang mit Dauerkatheter und Urostoma,
l) Bewältigen der Folgen einer Stuhlinkontinenz und Umgang mit Stoma,
m) Ernährung parenteral oder über Sonde,
n) Bestehen gravierender Probleme bei der Nahrungsaufnahme bei Kindern bis zu 18 Monaten, die einen außergewöhnlich pflegeintensiven Hilfebedarf auslösen;

5. Bewältigung von und selbständiger Umgang mit krankheits- oder therapiebedingten Anforderungen und Belastungen in Bezug auf
a) Medikation,
b) Injektionen,
c) Versorgung intravenöser Zugänge,
d) Absaugen und Sauerstoffgabe,
e) Einreibungen sowie Kälte- und Wärmeanwendungen,
f) Messung und Deutung von Körperzuständen,
g) körpernahe Hilfsmittel,
h) Verbandswechsel und Wundversorgung,
i) Versorgung mit Stoma,
j) regelmäßige Einmalkatheterisierung und Nutzung von Abführmethoden,
k) Therapiemaßnahmen in häuslicher Umgebung,
l) zeit- und technikintensive Maßnahmen in häuslicher Umgebung,
m) Arztbesuche,
n) Besuch anderer medizinischer oder therapeutischer Einrichtungen,
o) zeitlich ausgedehnte Besuche medizinischer oder therapeutischer Einrichtungen,
p) Besuche von Einrichtungen zur Frühförderung bei Kindern,
q) Einhalten einer Diät oder anderer krankheits- oder therapiebedingter Verhaltensvorschriften;

6. Gestaltung des Alltagslebens und sozialer Kontakte mit den Kriterien
a) Gestaltung des Tagesablaufs und Anpassung an Veränderungen,
b) Ruhen und Schlafen,
c) Sichbeschäftigen,
d) Vornehmen von in die Zukunft gerichteten Planungen,
e) Interaktion mit Personen im direkten Kontakt,
f) Kontaktpflege zu Personen außerhalb des direkten Umfelds.

§ 61b[1] Pflegegrade. (1) Für die Gewährung von Leistungen der Hilfe zur Pflege sind pflegebedürftige Personen entsprechend den im Begutachtungsverfahren nach § 62 ermittelten Gesamtpunkten in einen der Schwere der Beein-

[1] 7. Kapitel (§§ 61–66) neu gef. mWv 1.1.2017 durch G v. 23.12.2016 (BGBl. I S. 3191).

trächtigungen der Selbständigkeit oder der Fähigkeiten entsprechenden Pflegegrad einzuordnen:

1. Pflegegrad 1: geringe Beeinträchtigungen der Selbständigkeit oder der Fähigkeiten (ab 12,5 bis unter 27 Gesamtpunkte),
2. Pflegegrad 2: erhebliche Beeinträchtigungen der Selbständigkeit oder der Fähigkeiten (ab 27 bis unter 47,5 Gesamtpunkte),
3. Pflegegrad 3: schwere Beeinträchtigungen der Selbständigkeit oder der Fähigkeiten (ab 47,5 bis unter 70 Gesamtpunkte),
4. Pflegegrad 4: schwerste Beeinträchtigungen der Selbständigkeit oder der Fähigkeiten (ab 70 bis unter 90 Gesamtpunkte),
5. Pflegegrad 5: schwerste Beeinträchtigungen der Selbständigkeit oder Fähigkeiten mit besonderen Anforderungen an die pflegerische Versorgung (ab 90 bis 100 Gesamtpunkte).

(2) Pflegebedürftige mit besonderen Bedarfskonstellationen, die einen spezifischen, außergewöhnlich hohen Hilfebedarf mit besonderen Anforderungen an die pflegerische Versorgung aufweisen, können aus pflegefachlichen Gründen dem Pflegegrad 5 zugeordnet werden, auch wenn ihre Gesamtpunkte unter 90 liegen.

§ 61c[1)] Pflegegrade bei Kindern. (1) Bei pflegebedürftigen Kindern, die 18 Monate oder älter sind, ist für die Einordnung in einen Pflegegrad nach § 61b der gesundheitlich bedingte Grad der Beeinträchtigungen ihrer Selbständigkeit und ihrer Fähigkeiten im Verhältnis zu altersentsprechend entwickelten Kindern maßgebend.

(2) Pflegebedürftige Kinder im Alter bis zu 18 Monaten sind in einen der nachfolgenden Pflegegrade einzuordnen:

1. Pflegegrad 2: ab 12,5 bis unter 27 Gesamtpunkte,
2. Pflegegrad 3: ab 27 bis unter 47,5 Gesamtpunkte,
3. Pflegegrad 4: ab 47,5 bis unter 70 Gesamtpunkte,
4. Pflegegrad 5: ab 70 bis 100 Gesamtpunkte.

§ 62[1)] Ermittlung des Grades der Pflegebedürftigkeit. [1]Die Ermittlung des Pflegegrades erfolgt durch ein Begutachtungsinstrument nach Maßgabe des § 15 des Elften Buches[2)]. [2]Die auf Grund des § 16 des Elften Buches erlassene Verordnung sowie die auf Grund des § 17 des Elften Buches erlassenen Richtlinien der Pflegekassen finden entsprechende Anwendung.

§ 62a[3)] Bindungswirkung. [1]Die Entscheidung der Pflegekasse über den Pflegegrad ist für den Träger der Sozialhilfe bindend, soweit sie auf Tatsachen beruht, die bei beiden Entscheidungen zu berücksichtigen sind. [2]Bei seiner *Entscheidung kann sich der* Träger der Sozialhilfe der Hilfe sachverständiger Dritter bedienen. [3]Auf Anforderung unterstützt der Medizinische Dienst ge-

---

[1)] 7. Kapitel (§§ 61–66) neu gef. mWv 1.1.2017 durch G v. 23.12.2016 (BGBl. I S. 3191).
[2)] **Aichberger Nr. 11.**
[3)] § 62a neu gef. mWv 1.1.2017 durch G v. 23.12.2016 (BGBl. I S. 3191); Satz 3 geänd. mWv 1.1. 2020 durch G v. 14.12.2019 (BGBl. I S. 2789).

mäß § 278 des Fünften Buches[1] den Träger der Sozialhilfe bei seiner Entscheidung und erhält hierfür Kostenersatz, der zu vereinbaren ist.

§ 63[2] **Leistungen für Pflegebedürftige.** (1) [1]Die Hilfe zur Pflege umfasst für Pflegebedürftige der Pflegegrade 2, 3, 4 oder 5

1. häusliche Pflege in Form von
   a) Pflegegeld (§ 64a),
   b) häuslicher Pflegehilfe (§ 64b),
   c) Verhinderungspflege (§ 64c),
   d) Pflegehilfsmitteln (§ 64d),
   e) Maßnahmen zur Verbesserung des Wohnumfeldes (§ 64e),
   f) anderen Leistungen (§ 64f),
2. teilstationäre Pflege (§ 64g),
3. Kurzzeitpflege (§ 64h),
4. einen Entlastungsbetrag (§ 64i) und
5. stationäre Pflege (§ 65).

[2]Die Hilfe zur Pflege schließt Sterbebegleitung mit ein.

(2) Die Hilfe zur Pflege umfasst für Pflegebedürftige des Pflegegrades 1

1. Pflegehilfsmittel (§ 64d),
2. Maßnahmen zur Verbesserung des Wohnumfeldes (§ 64e) und
3. einen Entlastungsbetrag (§ 66).

(3) [1]Die Leistungen der Hilfe zur Pflege werden auf Antrag auch als Teil eines Persönlichen Budgets ausgeführt. [2]§ 29 des Neunten Buches[3] ist insoweit anzuwenden.

§ 63a[4] **Notwendiger pflegerischer Bedarf.** Die Träger der Sozialhilfe haben den notwendigen pflegerischen Bedarf zu ermitteln und festzustellen.

§ 63b[5] **Leistungskonkurrenz.** (1) Leistungen der Hilfe zur Pflege werden nicht erbracht, soweit Pflegebedürftige gleichartige Leistungen nach anderen Rechtsvorschriften erhalten.

(2) [1]Abweichend von Absatz 1 sind Leistungen nach § 72 oder gleichartige Leistungen nach anderen Rechtsvorschriften mit 70 Prozent auf das Pflegegeld nach § 64a anzurechnen. [2]Leistungen nach § 45b des Elften Buches[6] gehen den Leistungen nach den §§ 64i und 66 vor; auf die übrigen Leistungen der Hilfe zur Pflege werden sie nicht angerechnet.

(3) [1]Pflegebedürftige haben während ihres Aufenthalts in einer teilstationären oder vollstationären Einrichtung dort keinen Anspruch auf häusliche Pfle-

---

[1] **Aichberger Nr. 5.**

[2] § 63 neu gef. mWv 1.1.2017 durch G v. 23.12.2016 (BGBl. I S. 3191); Abs. 3 neu gef. mWv 1.1. 2018 durch G v. 23.12.2016 (BGBl. I S. 3234).

[3] **Aichberger Nr. 9.**

[4] 7. Kapitel (§§ 61–66) neu gef. mWv 1.1.2017 durch G v. 23.12.2016 (BGBl. I S. 3191).

[5] § 63b neu gef. mWv 1.1.2017 durch G v. 23.12.2016 (BGBl. I S. 3191); Abs. 1 Satz 1 geänd. *mWv 1.1.2020 durch G v. 23.12.2016 (BGBl. I S. 3234)*, diese Änderung ist nicht ausführbar..

[6] **Aichberger Nr. 11.**

ge. [2]Abweichend von Satz 1 kann das Pflegegeld nach § 64a während einer teilstationären Pflege nach § 64g oder einer vergleichbaren nicht nach diesem Buch durchgeführten Maßnahme angemessen gekürzt werden.

(4) [1]Absatz 3 Satz 1 gilt nicht für vorübergehende Aufenthalte in einem Krankenhaus nach § 108 des Fünften Buches[1)] oder in einer Vorsorge- oder Rehabilitationseinrichtung nach § 107 Absatz 2 des Fünften Buches, soweit Pflegebedürftige ihre Pflege durch von ihnen selbst beschäftigte besondere Pflegekräfte (Arbeitgebermodell) sicherstellen. [2]Die vorrangigen Leistungen des Pflegegeldes für selbst beschaffte Pflegehilfen nach den §§ 37 und 38 des Elften Buches sind anzurechnen. [3]§ 39 des Fünften Buches bleibt unberührt.

(5) Das Pflegegeld kann um bis zu zwei Drittel gekürzt werden, soweit die Heranziehung einer besonderen Pflegekraft erforderlich ist, Pflegebedürftige Leistungen der Verhinderungspflege nach § 64c oder gleichartige Leistungen nach anderen Rechtsvorschriften erhalten.

(6) [1]Pflegebedürftige, die ihre Pflege im Rahmen des Arbeitgebermodells sicherstellen, können nicht auf die Inanspruchnahme von Sachleistungen nach dem Elften Buch verwiesen werden. [2]In diesen Fällen ist das geleistete Pflegegeld nach § 37 des Elften Buches auf die Leistungen der Hilfe zur Pflege anzurechnen.

(7) Leistungen der stationären Pflege nach § 65 werden auch bei einer vorübergehenden Abwesenheit von Pflegebedürftigen aus der stationären Einrichtung erbracht, solange die Voraussetzungen des § 87a Absatz 1 Satz 5 und 6 des Elften Buches vorliegen.

(Fortsetzung nächstes Blatt)

[1)] **Aichberger Nr. 5.**

ist nicht gegen die Schiedsstelle, sondern gegen den Verhandlungspartner zu richten.

(3) [1] Vereinbarungen und Schiedsstellenentscheidungen treten zu dem darin bestimmten Zeitpunkt in Kraft. [2] Wird in einer Vereinbarung ein Zeitpunkt nicht bestimmt, wird die Vereinbarung mit dem Tag ihres Abschlusses wirksam. [3] Festsetzungen der Schiedsstelle werden, soweit keine Festlegung erfolgt ist, rückwirkend mit dem Tag wirksam, an dem der Antrag bei der Schiedsstelle eingegangen ist. [4] Soweit in den Fällen des Satzes 3 während des Schiedsstellenverfahrens der Antrag geändert wurde, ist auf den Tag abzustellen, an dem der geänderte Antrag bei der Schiedsstelle eingegangen ist. [5] Ein jeweils vor diesem Zeitpunkt zurückwirkendes Vereinbaren oder Festsetzen von Vergütungen ist in den Fällen der Sätze 1 bis 4 nicht zulässig.

§ 77a[1)] Verbindlichkeit der vereinbarten Vergütung. (1) [1] Mit der Zahlung der vereinbarten Vergütung gelten alle während des Vereinbarungszeitraums entstandenen Ansprüche des Leistungserbringers auf Vergütung der Leistung als abgegolten. [2] Die im Einzelfall zu zahlende Vergütung bestimmt sich auf der Grundlage der jeweiligen Vereinbarung nach dem Betrag, der dem Leistungsberechtigten vom zuständigen Träger der Sozialhilfe bewilligt worden ist. [3] Sind Leistungspauschalen nach Gruppen von Leistungsberechtigten kalkuliert (§ 76 Absatz 3 Satz 2), richtet sich die zu zahlende Vergütung nach der Gruppe, die dem Leistungsberechtigten vom zuständigen Träger der Sozialhilfe bewilligt wurde.

(2) Einer Erhöhung der Vergütung auf Grund von Investitionsmaßnahmen, die während des laufenden Vereinbarungszeitraums getätigt werden, muss der Träger der Sozialhilfe zustimmen, soweit er der Maßnahme zuvor dem Grunde und der Höhe nach zugestimmt hat.

(3) [1] Bei unvorhergesehenen wesentlichen Änderungen der Annahmen, die der Vergütungsvereinbarung oder der Entscheidung der Schiedsstelle über die Vergütung zugrunde lagen, sind die Vergütungen auf Verlangen einer Vertragspartei für den laufenden Vereinbarungszeitraum neu zu verhandeln. [2] Für eine Neuverhandlung gelten die Vorschriften zum Verfahren und Inkrafttreten (§ 77) entsprechend.

(4) Nach Ablauf des Vereinbarungszeitraums gelten die vereinbarten oder durch die Schiedsstelle festgesetzten Vergütungen bis zum Inkrafttreten einer neuen Vergütungsvereinbarung weiter.

§ 78[2)] Wirtschaftlichkeits- und Qualitätsprüfung. (1) [1] Soweit tatsächliche Anhaltspunkte dafür bestehen, dass ein Leistungserbringer seine vertraglichen oder gesetzlichen Pflichten nicht erfüllt, prüft der Träger der Sozialhilfe oder ein von diesem beauftragter Dritter die Wirtschaftlichkeit und Qualität einschließlich der Wirksamkeit der vereinbarten Leistungen des Leistungserbringers. [2] Die Leistungserbringer sind verpflichtet, dem Träger der Sozialhilfe auf Verlangen die für die Prüfung erforderlichen Unterlagen vorzulegen

---

1) 10. Kapitel (§§ 75–81) neu gef. mWv 1.1.2020 durch G v. 23.12.2016 (BGBl. I S. 3234).

2) 10. Kapitel (§§ 75–81) neu gef. mWv 1.1.2020 durch G v. 23.12.2016 (BGBl. I S. 3234); Abs. 1 Satz 2 eingef., bish. Satz 2 wird Satz 3, Sätze 4–6 eingef., bish. Satz 3 wird Satz 7 mWv 1.1.2020 durch G v. 18.4.2019 (BGBl. I S. 473); Abs. 1 Satz 3 geänd. mWv 1.1.2020 durch G v. 14.12.2019 (BGBl. I S. 2789).

und Auskünfte zu erteilen. [3] Zur Vermeidung von Doppelprüfungen arbeiten die Träger der Sozialhilfe mit den Leistungsträgern nach Teil 2 des Neunten Buches, mit den für die Heimaufsicht zuständigen Behörden sowie mit dem Medizinischen Dienst gemäß § 278 des Fünften Buches[1)] zusammen. [4] Der Träger der Sozialhilfe ist berechtigt und auf Anforderung verpflichtet, den für die Heimaufsicht zuständigen Behörden die Daten über den Leistungserbringer sowie die Ergebnisse der Prüfungen mitzuteilen, soweit sie für die Zwecke der Prüfung durch den Empfänger erforderlich sind. [5] Personenbezogene Daten sind vor der Datenübermittlung zu anonymisieren. [6] Abweichend von Satz 5 dürfen personenbezogene Daten in nicht anonymisierter Form an die für die Heimaufsicht zuständigen Behörden übermittelt werden, soweit sie zu deren Aufgabenerfüllung erforderlich sind. [7] Durch Landesrecht kann von der Einschränkung in Satz 1 erster Halbsatz abgewichen werden.

(2) Die Prüfung erfolgt ohne vorherige Ankündigung und erstreckt sich auf Inhalt, Umfang, Wirtschaftlichkeit und Qualität einschließlich der Wirksamkeit der erbrachten Leistungen.

(3) [1] Der Träger der Sozialhilfe hat den Leistungserbringer über das Ergebnis der Prüfung schriftlich zu unterrichten. [2] Das Ergebnis der Prüfung ist dem Leistungsberechtigten in einer wahrnehmbaren Form zugänglich zu machen.

§ 79[2)] Kürzung der Vergütung. (1) [1] Hält ein Leistungserbringer seine gesetzlichen oder vertraglichen (vereinbarten) Verpflichtungen ganz oder teilweise nicht ein, ist die vereinbarte Vergütung für die Dauer der Pflichtverletzung entsprechend zu kürzen. [2] Über die Höhe des Kürzungsbetrags ist zwischen den Vertragsparteien Einvernehmen herzustellen. [3] Kommt eine Einigung nicht zustande, entscheidet auf Antrag einer Vertragspartei die Schiedsstelle. [4] Für das Verfahren bei Entscheidungen durch die Schiedsstelle gilt § 77 Absatz 2 und 3 entsprechend.

(2) Der Kürzungsbetrag ist an den Träger der Sozialhilfe bis zu der Höhe zurückzuzahlen, in der die Leistung vom Träger der Sozialhilfe erbracht worden ist, und im Übrigen an den Leistungsberechtigten zurückzuzahlen.

(3) [1] Der Kürzungsbetrag kann nicht über die Vergütungen refinanziert werden. [2] Darüber hinaus besteht hinsichtlich des Kürzungsbetrags kein Anspruch auf Nachverhandlung gemäß § 77a Absatz 2.

§ 79a[2)] Außerordentliche Kündigung der Vereinbarungen. [1] Der Träger der Sozialhilfe kann die Vereinbarungen mit einem Leistungserbringer fristlos kündigen, wenn ihm ein Festhalten an den Vereinbarungen auf Grund einer groben Verletzung einer gesetzlichen oder vertraglichen Verpflichtung durch die Vertragspartei nicht mehr zumutbar ist. [2] Eine grobe Pflichtverletzung liegt insbesondere dann vor, wenn in der Prüfung nach § 78 oder auf andere Weise festgestellt wird, dass

1. Leistungsberechtigte infolge der Pflichtverletzung zu Schaden kommen,
2. gravierende Mängel bei der Leistungserbringung vorhanden sind,
3. dem Leistungserbringer nach heimrechtlichen Vorschriften die Betriebserlaubnis entzogen ist,

---

[1)] **Aichberger Nr. 5.**
[2)] 10. Kapitel (§§ 75–81) neu gef. mWv 1.1.2020 durch G v. 23.12.2016 (BGBl. I S. 3234).

4. dem Leistungserbringer der Betrieb untersagt wird oder
5. der Leistungserbringer nicht erbrachte Leistungen gegenüber dem Leistungsträger abrechnet.

[3]Die Kündigung bedarf der Schriftform. [4]§ 59 des Zehnten Buches[1)] bleibt unberührt.

§ 80[2)] Rahmenverträge. (1) [1]Die überörtlichen Träger der Sozialhilfe und die örtlichen Träger der Sozialhilfe im Zuständigkeitsbereich des überörtlichen Trägers schließen mit den Vereinigungen der Leistungserbringer gemeinsam und einheitlich Rahmenverträge zu den Vereinbarungen nach § 76 ab. [2]Die Rahmenverträge bestimmen

1. die nähere Abgrenzung der den Vergütungspauschalen und -beträgen nach § 76 zugrunde zu legenden Kostenarten und -bestandteile sowie die Zusammensetzung der Investitionsbeträge nach § 76,
2. den Inhalt und die Kriterien für die Ermittlung und Zusammensetzung der Maßnahmepauschalen, die Merkmale für die Bildung von Gruppen mit vergleichbarem Bedarf nach § 76 Absatz 3 Satz 3 sowie die Zahl der zu bildenden Gruppen,
3. die Festlegung von Personalrichtwerten oder anderen Methoden zur Festlegung der personellen Ausstattung,
4. die Grundsätze und Maßstäbe für die Wirtschaftlichkeit und Qualitätssicherung einschließlich der Wirksamkeit der Leistungen sowie Inhalt und Verfahren zur Durchführung von Wirtschaftlichkeits- und Qualitätsprüfungen und
5. das Verfahren zum Abschluss von Vereinbarungen.

[3]Für Leistungserbringer, die einer Kirche oder Religionsgemeinschaft des öffentlichen Rechts oder einem sonstigen freigemeinnützigen Träger zuzuordnen sind, können die Rahmenverträge auch von der Kirche oder Religionsgemeinschaft oder von dem Wohlfahrtsverband abgeschlossen werden, dem der Leistungserbringer angehört. [4]In den Rahmenverträgen sollen die Merkmale und Besonderheit der jeweiligen Leistungen berücksichtigt werden.

(2) Die durch Landesrecht bestimmten maßgeblichen Interessenvertretungen der Menschen mit Behinderungen wirken bei der Erarbeitung und Beschlussfassung der Rahmenverträge mit.

(3) Die Bundesarbeitsgemeinschaft der überörtlichen Träger der Sozialhilfe, die Bundesvereinigung der kommunalen Spitzenverbände und die Bundesvereinigungen der Leistungserbringer vereinbaren gemeinsam und einheitlich Empfehlungen zum Inhalt der Rahmenverträge nach Absatz 1.

(4) Kommt es nicht innerhalb von sechs Monaten nach schriftlicher Aufforderung durch die Landesregierung zu einem Rahmenvertrag, kann die Landesregierung durch Rechtsverordnung die Inhalte regeln.

§ 81[2)] Schiedsstelle. (1) Für jedes Land oder für Teile eines Landes wird eine Schiedsstelle gebildet.

[1)] Nr. **51.9**.
[2)] 10. Kapitel (§§ 75–81) neu gef. mWv 1.1.2020 durch G v. 23.12.2016 (BGBl. I S. 3234).

(2) Die Schiedsstelle besteht aus Vertretern der Leistungserbringer und Vertretern der örtlichen und überörtlichen Träger der Sozialhilfe in gleicher Zahl sowie einem unparteiischen Vorsitzenden.

(3) [1] Die Vertreter der Leistungserbringer und deren Stellvertreter werden von den Vereinigungen der Leistungserbringer bestellt. [2] Bei der Bestellung ist die Trägervielfalt zu beachten. [3] Die Vertreter der Träger der Sozialhilfe und deren Stellvertreter werden von diesen bestellt. [4] Der Vorsitzende und sein Stellvertreter werden von den beteiligten Organisationen gemeinsam bestellt. [5] Kommt eine Einigung nicht zustande, werden sie durch Los bestimmt. [6] Soweit beteiligte Organisationen keinen Vertreter bestellen oder im Verfahren nach Satz 3 keine Kandidaten für das Amt des Vorsitzenden und des Stellvertreters benennen, bestellt die zuständige Landesbehörde auf Antrag einer der beteiligten Organisationen die Vertreter und benennt die Kandidaten.

(4) [1] Die Mitglieder der Schiedsstelle führen ihr Amt als Ehrenamt. [2] Sie sind an Weisungen nicht gebunden. [3] Jedes Mitglied hat eine Stimme. [4] Die Entscheidungen werden mit der Mehrheit der Mitglieder getroffen. [5] Ergibt sich keine Mehrheit, entscheidet die Stimme des Vorsitzenden.

(5) Die Landesregierungen werden ermächtigt, durch Rechtsverordnung das Nähere über

1. die Zahl der Schiedsstellen,
2. die Zahl der Mitglieder und deren Bestellung,
3. die Amtsdauer und Amtsführung,
4. die Erstattung der baren Auslagen und die Entschädigung für den Zeitaufwand der Mitglieder der Schiedsstelle,
5. die Geschäftsführung,
6. das Verfahren,
7. die Erhebung und die Höhe der Gebühren,
8. die Verteilung der Kosten sowie
9. die Rechtsaufsicht

zu bestimmen.

Elftes Kapitel. Einsatz des Einkommens und des Vermögens

Erster Abschnitt. Einkommen

§ 82[1)] Begriff des Einkommens. (1) [1] Zum Einkommen gehören alle Einkünfte in Geld oder Geldeswert mit Ausnahme der Leistungen nach diesem Buch, der Grundrente nach dem Bundesversorgungsgesetz[2)] und nach den Gesetzen, die eine entsprechende Anwendung des Bundesversorgungsgesetzes vorsehen, und der Renten oder Beihilfen nach dem Bundesentschädigungsgesetz für Schaden an Leben sowie an Körper oder Gesundheit bis zur Höhe der vergleichbaren Grundrente nach dem Bundesversorgungsgesetz. [2] Einkünfte aus Rückerstattungen, die auf Vorauszahlungen beruhen, die Leistungsberechtigte aus dem Regelsatz erbracht haben, sind kein Einkommen. [3] Bei

---

[1)] § 82 neu gef. mWv 1.1.2018 durch G v. 17.8.2017 (BGBl. I S. 3214); Abs. 2 Satz 2 geänd., Abs. 6 neu gef. mWv *1.1.2020* durch G v. 30.11.2019 (BGBl. I S. 1948).

[2)] **Aichberger Nr. 20/10.**

Minderjährigen ist das Kindergeld dem jeweiligen Kind als Einkommen zuzurechnen, soweit es bei diesem zur Deckung des notwendigen Lebensunterhaltes, mit Ausnahme der Bedarfe nach § 34, benötigt wird.

(2) [1] Von dem Einkommen sind abzusetzen

1. auf das Einkommen entrichtete Steuern,
2. Pflichtbeiträge zur Sozialversicherung einschließlich der Beiträge zur Arbeitsförderung,
3. Beiträge zu öffentlichen oder privaten Versicherungen oder ähnlichen Einrichtungen, soweit diese Beiträge gesetzlich vorgeschrieben oder nach Grund und Höhe angemessen sind, sowie geförderte Altersvorsorgebeiträge nach § 82 des Einkommensteuergesetzes[1)], soweit sie den Mindesteigenbeitrag nach § 86 des Einkommensteuergesetzes nicht überschreiten, und
4. die mit der Erzielung des Einkommens verbundenen notwendigen Ausgaben.

[2] Erhält eine leistungsberechtigte Person aus einer Tätigkeit Bezüge oder Einnahmen, die nach § 3 Nummer 12, 26, 26a oder 26b des Einkommensteuergesetzes steuerfrei sind oder die als Taschengeld nach § 2 Nummer 4 des Bundesfreiwilligendienstgesetzes[2)] oder nach § 2 Absatz 1 Nummer 3 des Jugendfreiwilligendienstegesetzes[3)] gezahlt werden, ist abweichend von Satz 1 Nummer 2 bis 4 und den Absätzen 3 und 6 ein Betrag von bis zu 200 Euro monatlich nicht als Einkommen zu berücksichtigen. [3] Soweit ein Betrag nach Satz 2 in Anspruch genommen wird, gelten die Beträge nach Absatz 3 Satz 1 zweiter Halbsatz und nach Absatz 6 Satz 1 zweiter Halbsatz insoweit als ausgeschöpft.

(3) [1] Bei der Hilfe zum Lebensunterhalt und Grundsicherung im Alter und bei Erwerbsminderung ist ferner ein Betrag in Höhe von 30 vom Hundert des Einkommens aus selbständiger und nichtselbständiger Tätigkeit der Leistungsberechtigten abzusetzen, höchstens jedoch 50 vom Hundert der Regelbedarfsstufe 1 nach der Anlage zu § 28. [2] Abweichend von Satz 1 ist bei einer Beschäftigung in einer Werkstatt für behinderte Menschen oder bei einem anderen Leistungsanbieter nach § 60 des Neunten Buches[4)] von dem Entgelt ein Achtel der Regelbedarfsstufe 1 nach der Anlage zu § 28 zuzüglich 50 vom Hundert des diesen Betrag übersteigenden Entgelts abzusetzen. [3] Im Übrigen kann in begründeten Fällen ein anderer als in Satz 1 festgelegter Betrag vom Einkommen abgesetzt werden.

(4) Bei der Hilfe zum Lebensunterhalt und Grundsicherung im Alter und bei Erwerbsminderung ist ferner ein Betrag von 100 Euro monatlich aus einer zusätzlichen Altersvorsorge der Leistungsberechtigten zuzüglich 30 vom Hundert des diesen Betrag übersteigenden Einkommens aus einer zusätzlichen Altersvorsorge der Leistungsberechtigten abzusetzen, höchstens jedoch 50 vom Hundert der Regelbedarfsstufe 1 nach der Anlage zu § 28.

(5) [1] Einkommen aus einer zusätzlichen Altersvorsorge im Sinne des Absatzes 4 ist jedes monatlich bis zum Lebensende ausgezahlte Einkommen, auf das der Leistungsberechtigte vor Erreichen der Regelaltersgrenze auf freiwilliger Grundlage Ansprüche erworben hat und das dazu bestimmt und geeignet ist,

---

1) **Steuergesetze Nr. 1.**
2) **Sartorius Nr. 627.**
3) **Sartorius Nr. 390.**
4) **Aichberger Nr. 9.**

die Einkommenssituation des Leistungsberechtigten gegenüber möglichen Ansprüchen aus Zeiten einer Versicherungspflicht in der gesetzlichen Rentenversicherung nach den §§ 1 bis 4 des Sechsten Buches[1], nach § 1 des Gesetzes über die Alterssicherung der Landwirte[2], aus beamtenrechtlichen Versorgungsansprüchen und aus Ansprüchen aus Zeiten einer Versicherungspflicht in einer Versicherungs- und Versorgungseinrichtung, die für Angehörige bestimmter Berufe errichtet ist, zu verbessern. [2] Als Einkommen aus einer zusätzlichen Altersvorsorge gelten auch laufende Zahlungen aus

1. einer betrieblichen Altersversorgung im Sinne des Betriebsrentengesetzes[3],
2. einem nach § 5 des Altersvorsorgeverträge-Zertifizierungsgesetzes[4] zertifizierten Altersvorsorgevertrag und
3. einem nach § 5a des Altersvorsorgeverträge-Zertifizierungsgesetzes zertifizierten Basisrentenvertrag.

[3] Werden bis zu zwölf Monatsleistungen aus einer zusätzlichen Altersvorsorge, insbesondere gemäß einer Vereinbarung nach § 10 Absatz 1 Nummer 2 Satz 3 erster Halbsatz des Einkommensteuergesetzes, zusammengefasst, so ist das Einkommen gleichmäßig auf den Zeitraum aufzuteilen, für den die Auszahlung erfolgte.

(6) Für Personen, die Leistungen der Hilfe zur Pflege, der Blindenhilfe oder Leistungen der Eingliederungshilfe nach dem Neunten Buch erhalten, ist ein Betrag in Höhe von 40 Prozent des Einkommens aus selbständiger und nichtselbständiger Tätigkeit der Leistungsberechtigten abzusetzen, höchstens jedoch 65 Prozent der Regelbedarfsstufe 1 nach der Anlage zu § 28.

(7) [1] Einmalige Einnahmen, bei denen für den Monat des Zuflusses bereits Leistungen ohne Berücksichtigung der Einnahme erbracht worden sind, werden im Folgemonat berücksichtigt. [2] Entfiele der Leistungsanspruch durch die Berücksichtigung in einem Monat, ist die einmalige Einnahme auf einen Zeitraum von sechs Monaten gleichmäßig zu verteilen und mit einem entsprechenden Teilbetrag zu berücksichtigen. [3] In begründeten Einzelfällen ist der Anrechnungszeitraum nach Satz 2 angemessen zu verkürzen. [4] Die Sätze 1 und 2 sind auch anzuwenden, soweit während des Leistungsbezugs eine Auszahlung zur Abfindung einer Kleinbetragsrente im Sinne des § 93 Absatz 3 Satz 2 des Einkommensteuergesetzes oder nach § 3 Absatz 2 des Betriebsrentengesetzes erfolgt und durch den ausgezahlten Betrag das Vermögen überschritten wird, welches nach § 90 Absatz 2 Nummer 9 und Absatz 3 nicht einzusetzen ist.

§ 83 Nach Zweck und Inhalt bestimmte Leistungen. (1) Leistungen, die auf Grund öffentlich-rechtlicher Vorschriften zu einem ausdrücklich genannten Zweck erbracht werden, sind nur so weit als Einkommen zu berücksichtigen, als die Sozialhilfe im Einzelfall demselben Zweck dient.

(2) Eine Entschädigung, die wegen eines Schadens, der nicht Vermögensschaden ist, nach § 253 Abs. 2 des Bürgerlichen Gesetzbuches[5] geleistet wird, ist nicht als Einkommen zu berücksichtigen.

---

[1] **Aichberger Nr. 6.**
[2] **Aichberger Nr. 30/10.**
[3] **Nipperdey I Nr. 180.**
[4] ***Aichberger Nr. 6/80.***
[5] **Schönfelder Nr. 20.**

§ 91 Darlehen. [1]Soweit nach § 90 für den Bedarf der nachfragenden Person Vermögen einzusetzen ist, jedoch der sofortige Verbrauch oder die sofortige Verwertung des Vermögens nicht möglich ist oder für die, die es einzusetzen hat, eine Härte bedeuten würde, soll die Sozialhilfe als Darlehen geleistet werden. [2]Die Leistungserbringung kann davon abhängig gemacht werden, dass der Anspruch auf Rückzahlung dinglich oder in anderer Weise gesichert wird.

Vierter Abschnitt. Einschränkung der Anrechnung

§ 92[1)] Beschränkung des Einkommenseinsatzes auf die häusliche Ersparnis. (1) [1]Erhält eine Person, die nicht in einer Wohnung nach § 42a Absatz 2 Satz 2 lebt, Leistungen nach dem Dritten, Vierten, Fünften, Siebten, Achten oder Neunten Kapitel oder Leistungen für ärztliche oder ärztlich verordnete Maßnahmen, so kann die Aufbringung der Mittel für die Leistungen nach dem Dritten und Vierten Kapitel von ihr und den übrigen in § 19 Absatz 3 genannten Personen verlangt werden, soweit Aufwendungen für den häuslichen Lebensunterhalt erspart werden. [2]Für Leistungsberechtigte nach § 27c Absatz 1 und die übrigen in § 19 Absatz 3 genannten Personen sind Leistungen nach § 27c ohne die Berücksichtigung von vorhandenem Vermögen zu erbringen; Absatz 2 findet keine Anwendung. [3]Die Aufbringung der Mittel nach Satz 1 ist aus dem Einkommen nicht zumutbar, wenn Personen, bei denen nach § 138 Absatz 1 Nummer 3 und 6 des Neunten Buches[2)] ein Beitrag zu Leistungen der Eingliederungshilfe nicht verlangt wird, einer selbständigen und nicht selbständigen Tätigkeit nachgehen und das Einkommen aus dieser Tätigkeit einen Betrag in Höhe des Zweifachen der Regelbedarfsstufe 1 nach der Anlage zu § 28 nicht übersteigt; Satz 2 gilt entsprechend.

(2) [1]Darüber hinaus soll in angemessenem Umfang die Aufbringung der Mittel aus dem gemeinsamen Einkommen der leistungsberechtigten Person und ihres nicht getrennt lebenden Ehegatten oder Lebenspartners verlangt werden, wenn die leistungsberechtigte Person auf voraussichtlich längere Zeit Leistungen in einer stationären Einrichtung bedarf. [2]Bei der Prüfung, welcher Umfang angemessen ist, ist auch der bisherigen Lebenssituation des im Haushalt verbliebenen, nicht getrennt lebenden Ehegatten oder Lebenspartners sowie der im Haushalt lebenden minderjährigen unverheirateten Kinder Rechnung zu tragen.

(3) [1]Hat ein anderer als ein nach bürgerlichem Recht Unterhaltspflichtiger nach sonstigen Vorschriften Leistungen für denselben Zweck zu erbringen, wird seine Verpflichtung durch Absatz 2 nicht berührt. [2]Soweit er solche Leistungen erbringt, kann abweichend von Absatz 2 von den in § 19 Absatz 3 genannten Personen die Aufbringung der Mittel verlangt werden.

§ 92a[3)] *(aufgehoben)*

[1)] § 92 neu gef. mWv 1.1.2020 durch G v. 23.12.2016 (BGBl. I S. 3234).
[2)] **Aichberger Nr. 9.**
[3)] § 92a aufgeh. mWv 1.1.2020 durch G v. 23.12.2016 (BGBl. I S. 3234).

Fünfter Abschnitt. Verpflichtungen anderer

§ 93[1] Übergang von Ansprüchen. (1) [1]Hat eine leistungsberechtigte Person oder haben bei Gewährung von Hilfen nach dem Fünften bis Neunten Kapitel auch ihre Eltern, ihr nicht getrennt lebender Ehegatte oder ihr Lebenspartner für die Zeit, für die Leistungen erbracht werden, einen Anspruch gegen einen anderen, der kein Leistungsträger im Sinne des § 12 des Ersten Buches[2] ist, kann der Träger der Sozialhilfe durch schriftliche Anzeige an den anderen bewirken, dass dieser Anspruch bis zur Höhe seiner Aufwendungen auf ihn übergeht. [2]Er kann den Übergang dieses Anspruchs auch wegen seiner Aufwendungen für diejenigen Leistungen des Dritten und Vierten Kapitels bewirken, die er gleichzeitig mit den Leistungen für die in Satz 1 genannte leistungsberechtigte Person, deren nicht getrennt lebenden Ehegatten oder Lebenspartner und deren minderjährigen unverheirateten Kindern erbringt. [3]Der Übergang des Anspruchs darf nur insoweit bewirkt werden, als bei rechtzeitiger Leistung des anderen entweder die Leistung nicht erbracht worden wäre oder in den Fällen des § 19 Abs. 5 Aufwendungsersatz oder ein Kostenbeitrag zu leisten wäre. [4]Der Übergang ist nicht dadurch ausgeschlossen, dass der Anspruch nicht übertragen, verpfändet oder gepfändet werden kann.

(2) [1]Die schriftliche Anzeige bewirkt den Übergang des Anspruchs für die Zeit, für die der leistungsberechtigten Person die Leistung ohne Unterbrechung erbracht wird. [2]Als Unterbrechung gilt ein Zeitraum von mehr als zwei Monaten.

(3) Widerspruch und Anfechtungsklage gegen den Verwaltungsakt, der den Übergang des Anspruchs bewirkt, haben keine aufschiebende Wirkung.

(4) Die §§ 115 und 116 des Zehnten Buches[3] gehen der Regelung des Absatzes 1 vor.

§ 94[4] Übergang von Ansprüchen gegen einen nach bürgerlichem Recht Unterhaltspflichtigen. (1) [1]Hat die leistungsberechtigte Person für die Zeit, für die Leistungen erbracht werden, nach bürgerlichem Recht einen Unterhaltsanspruch, geht dieser bis zur Höhe der geleisteten Aufwendungen zusammen mit dem unterhaltsrechtlichen Auskunftsanspruch auf den Träger der Sozialhilfe über. [2]Der Übergang des Anspruchs ist ausgeschlossen, soweit der Unterhaltsanspruch durch laufende Zahlung erfüllt wird. [3]Der Übergang des Anspruchs ist auch ausgeschlossen, wenn die unterhaltspflichtige Person zum Personenkreis des § 19 gehört oder die unterhaltspflichtige Person mit der leistungsberechtigten Person vom zweiten Grad an verwandt ist. [4]Gleiches gilt für Unterhaltsansprüche gegen Verwandte ersten Grades einer Person, die schwanger ist oder ihr leibliches Kind bis zur Vollendung seines sechsten Lebensjahres betreut. [5]§ 93 Abs. 4 gilt entsprechend.

---

[1] § 93 Abs. 1 Satz 2 geänd. mWv 7.12.2006 durch G v. 2.12.2006 (BGBl. I S. 2670); Abs. 1 Satz 3 geänd. mWv 1.1.2020 durch G v. 23.12.2016 (BGBl. I S. 3234).

[2] Nr. **51.1**.

[3] Nr. **51.9**.

[4] § 94 Abs. 2 Satz 1 geänd. mWv 30.3.2005 durch G v. 21.3.2005 (BGBl. I S. 818); Abs. 1 Satz 6 und Abs. 3 Satz 1 Nr. 1 geänd. mWv 7.12.2006 durch G v. 2.12.2006 (BGBl. I S. 2670); Abs. 1 Satz 6 aufgeh. mWv 1.1.2016 durch G v. 21.12.2015 (BGBl. I S. 2557); Abs. 2 Satz 1 geänd. mWv 1.1.2017 durch G v. 23.12.2016 (BGBl. I S. 3191); Abs. 2 Satz 1 geänd. mWv 1.1.2020 durch G v. 23.12.2016 *(BGBl. I S. 3234); Abs. 1 Satz 3* geänd., Abs. 1a eingef., Abs. 2 Satz 1 und Abs. 5 Satz 3 geänd. mWv 1.1.2020 durch G v. 10.12.2019 (BGBl. I S. 2135).

(1a) [1]Unterhaltsansprüche der Leistungsberechtigten gegenüber ihren Kindern und Eltern sind nicht zu berücksichtigen, es sei denn, deren jährliches Gesamteinkommen im Sinne des § 16 des Vierten Buches[1)] beträgt jeweils mehr als 100 000 Euro (Jahreseinkommensgrenze). [2]Der Übergang von Ansprüchen der Leistungsberechtigten ist ausgeschlossen, sofern Unterhaltsansprüche nach Satz 1 nicht zu berücksichtigen sind. [3]Es wird vermutet, dass das Einkommen der unterhaltsverpflichteten Personen nach Satz 1 die Jahreseinkommensgrenze nicht überschreitet. [4]Zur Widerlegung der Vermutung nach Satz 3 kann der jeweils für die Ausführung des Gesetzes zuständige Träger von den Leistungsberechtigten Angaben verlangen, die Rückschlüsse auf die Einkommensverhältnisse der Unterhaltspflichtigen nach Satz 1 zulassen. [5]Liegen im Einzelfall hinreichende Anhaltspunkte für ein Überschreiten der Jahreseinkommensgrenze vor, so ist § 117 anzuwenden. [6]Die Sätze 1 bis 5 gelten nicht bei Leistungen nach dem Dritten Kapitel an minderjährige Kinder.

(2) [1]Der Anspruch einer volljährigen unterhaltsberechtigten Person, die in erheblichem Maße zur Teilhabe an der Gesellschaft eingeschränkt (§ 99 des Neunten Buches[2)]) oder pflegebedürftig im Sinne von § 61a ist, gegenüber ihren Eltern wegen Leistungen nach dem Siebten Kapitel geht nur in Höhe von bis zu 26 Euro, wegen Leistungen nach dem Dritten und Vierten Kapitel nur in Höhe von bis zu 20 Euro monatlich über. [2]Es wird vermutet, dass der Anspruch in Höhe der genannten Beträge übergeht und mehrere Unterhaltspflichtige zu gleichen Teilen haften; die Vermutung kann widerlegt werden. [3]Die in Satz 1 genannten Beträge verändern sich zum gleichen Zeitpunkt und um denselben Vomhundertsatz, um den sich das Kindergeld verändert.

(3) [1]Ansprüche nach Absatz 1 und 2 gehen nicht über, soweit

1. die unterhaltspflichtige Person Leistungsberechtigte nach dem Dritten und Vierten Kapitel ist oder bei Erfüllung des Anspruchs würde oder
2. der Übergang des Anspruchs eine unbillige Härte bedeuten würde.

[2]Der Träger der Sozialhilfe hat die Einschränkung des Übergangs nach Satz 1 zu berücksichtigen, wenn er von ihren Voraussetzungen durch vorgelegte Nachweise oder auf andere Weise Kenntnis hat.

(4) [1]Für die Vergangenheit kann der Träger der Sozialhilfe den übergegangenen Unterhalt außer unter den Voraussetzungen des bürgerlichen Rechts nur von der Zeit an fordern, zu welcher er dem Unterhaltspflichtigen die Erbringung der Leistung schriftlich mitgeteilt hat. [2]Wenn die Leistung voraussichtlich auf längere Zeit erbracht werden muss, kann der Träger der Sozialhilfe bis zur Höhe der bisherigen monatlichen Aufwendungen auch auf künftige Leistungen klagen.

(5) [1]Der Träger der Sozialhilfe kann den auf ihn übergegangenen Unterhaltsanspruch im Einvernehmen mit der leistungsberechtigten Person auf diesen zur gerichtlichen Geltendmachung rückübertragen und sich den geltend gemachten Unterhaltsanspruch abtreten lassen. [2]Kosten, mit denen die leistungsberechtigte Person dadurch selbst belastet wird, sind zu übernehmen. [3]Über die Ansprüche nach den Absätzen 1, 2 bis 4 ist im Zivilrechtsweg zu entscheiden.

[1)] **Aichberger Nr. 4.**
[2)] **Aichberger Nr. 9.**

§ 95 Feststellung der Sozialleistungen. [1] Der erstattungsberechtigte Träger der Sozialhilfe kann die Feststellung einer Sozialleistung betreiben sowie Rechtsmittel einlegen. [2] Der Ablauf der Fristen, die ohne sein Verschulden verstrichen sind, wirkt nicht gegen ihn. [3] Satz 2 gilt nicht für die Verfahrensfristen, soweit der Träger der Sozialhilfe das Verfahren selbst betreibt.

Sechster Abschnitt. Verordnungsermächtigungen

§ 96[1)] Verordnungsermächtigungen. (1) Die Bundesregierung kann durch Rechtsverordnung mit Zustimmung des Bundesrates Näheres über die Berechnung des Einkommens nach § 82, insbesondere der Einkünfte aus Land- und Forstwirtschaft, aus Gewerbebetrieb und aus selbständiger Arbeit bestimmen.

(2) Das Bundesministerium für Arbeit und Soziales kann durch Rechtsverordnung mit Zustimmung des Bundesrates die Höhe der Barbeträge oder sonstigen Geldwerte im Sinne des § 90 Abs. 2 Nr. 9 bestimmen.

Zwölftes Kapitel. Zuständigkeit der Träger der Sozialhilfe

Erster Abschnitt. Sachliche und örtliche Zuständigkeit

§ 97[2)] Sachliche Zuständigkeit. (1) Für die Sozialhilfe sachlich zuständig ist der örtliche Träger der Sozialhilfe, soweit nicht der überörtliche Träger sachlich zuständig ist.

(2) [1] Die sachliche Zuständigkeit des überörtlichen Trägers der Sozialhilfe wird nach Landesrecht bestimmt. [2] Dabei soll berücksichtigt werden, dass so weit wie möglich für Leistungen im Sinne von § 8 Nr. 1 bis 6 jeweils eine einheitliche sachliche Zuständigkeit gegeben ist.

(3) Soweit Landesrecht keine Bestimmung nach Absatz 2 Satz 1 enthält, ist der überörtliche Träger der Sozialhilfe für

1. *(aufgehoben)*
2. Leistungen der Hilfe zur Pflege nach den §§ 61 bis 66,
3. Leistungen der Hilfe zur Überwindung besonderer sozialer Schwierigkeiten nach den §§ 67 bis 69,
4. Leistungen der Blindenhilfe nach § 72

sachlich zuständig.

(4) Die sachliche Zuständigkeit für eine stationäre Leistung umfasst auch die sachliche Zuständigkeit für Leistungen, die gleichzeitig nach anderen Kapiteln zu erbringen sind, sowie für eine Leistung nach § 74.

(5) [1] Die überörtlichen Träger sollen, insbesondere bei verbreiteten Krankheiten, zur Weiterentwicklung von Leistungen der Sozialhilfe beitragen. [2] Hierfür können sie die erforderlichen Einrichtungen schaffen oder fördern.

[1)] § 96 Abs. 2 geänd. mWv 8.11.2006 durch VO v. 31.10.2006 (BGBl. I S. 2407).

[2)] § 97 Abs. 3 Nr. 1 aufgeh. mWv 1.1.2020 durch G v. 23.12.2016 (BGBl. I S. 3234).

§ 98[1)] Örtliche Zuständigkeit. (1) [1] Für die Sozialhilfe örtlich zuständig ist der Träger der Sozialhilfe, in dessen Bereich sich die Leistungsberechtigten tatsächlich aufhalten. [2] Diese Zuständigkeit bleibt bis zur Beendigung der Leistung auch dann bestehen, wenn die Leistung außerhalb seines Bereichs erbracht wird.

(1a) [1] Abweichend von Absatz 1 ist im Fall der Auszahlung der Leistungen nach § 34 Absatz 2 Satz 1 Nummer 1 und nach § 34a Absatz 7 der Träger der Sozialhilfe zuständig, in dessen örtlichem Zuständigkeitsbereich die Schule liegt. [2] Die Zuständigkeit nach Satz 1 umfasst auch Leistungen an Schülerinnen und Schüler, für die im Übrigen ein anderer Träger der Sozialhilfe nach Absatz 1 örtlich zuständig ist oder wäre.

(Fortsetzung nächstes Blatt)

[1)] § 98 Abs. 5 Satz 2 angef. mWv 1.1.2005 durch G v. 21.3.2005 (BGBl. I S. 818); Abs. 5 Satz 1 neu gef. mWv 7.12.2006 durch G v. 2.12.2006 (BGBl. I S. 2670); Abs. 1 Satz 2 aufgeh., bish. Satz 3 wird Satz 2 mWv 1.1.2013 durch G v. 20.12.2012 (BGBl. I S. 2783); Abs. 5 geänd., Abs. 6 angef. mWv 1.1.2020 durch G v. 23.12.2016 (BGBl. I S. 3234); Abs. 1a eingef. mWv 1.8.2019 durch G v. 29.4. 2019 (BGBl. I S. 530).

bensunterhalt an andere Mitglieder der Haushaltsgemeinschaft erbringen. [4]Die Auskunftspflicht der Finanzbehörden nach § 21 Abs. 4 des Zehnten Buches[1)] erstreckt sich auch auf diese Personen.

(2) Wer jemandem, der Leistungen nach diesem Buch beantragt hat oder bezieht, Leistungen erbringt oder erbracht hat, die geeignet sind oder waren, diese Leistungen auszuschließen oder zu mindern, hat dem Träger der Sozialhilfe auf Verlangen hierüber Auskunft zu geben, soweit es zur Durchführung der Aufgaben nach diesem Buch im Einzelfall erforderlich ist.

(3) [1]Wer jemandem, der Leistungen nach diesem Buch beantragt hat oder bezieht, zu Leistungen verpflichtet ist oder war, die geeignet sind oder waren, Leistungen auszuschließen oder zu mindern, oder für ihn Guthaben führt oder Vermögensgegenstände verwahrt, hat dem Träger der Sozialhilfe auf Verlangen hierüber sowie über damit im Zusammenhang stehendes Einkommen oder Vermögen Auskunft zu erteilen, soweit es zur Durchführung der Leistungen nach diesem Buch im Einzelfall erforderlich ist. [2]§ 21 Abs. 3 Satz 4 des Zehnten Buches gilt entsprechend.

(4) Der Arbeitgeber ist verpflichtet, dem Träger der Sozialhilfe über die Art und Dauer der Beschäftigung, die Arbeitsstätte und das Arbeitsentgelt der bei ihm beschäftigten Leistungsberechtigten, Unterhaltspflichtigen und deren nicht getrennt lebenden Ehegatten oder Lebenspartner sowie Kostenersatzpflichtigen Auskunft zu geben, soweit die Durchführung dieses Buches es erfordert.

(5) Die nach den Absätzen 1 bis 4 zur Erteilung einer Auskunft Verpflichteten können Angaben verweigern, die ihnen oder ihnen nahe stehenden Personen (§ 383 Abs. 1 Nr. 1 bis 3 der Zivilprozessordnung[2)]) die Gefahr zuziehen würden, wegen einer Straftat oder einer Ordnungswidrigkeit verfolgt zu werden.

(6) [1]Ordnungswidrig handelt, wer vorsätzlich oder fahrlässig die Auskünfte nach den Absätzen 2, 3 Satz 1 und Absatz 4 nicht, nicht richtig, nicht vollständig oder nicht rechtzeitig erteilt. [2]Die Ordnungswidrigkeit kann mit einer Geldbuße geahndet werden.

§ 118[3)] Überprüfung, Verwaltungshilfe. (1) [1]Die Träger der Sozialhilfe können Personen, die Leistungen nach diesem Buch beziehen, auch regelmäßig im Wege des automatisierten Datenabgleichs daraufhin überprüfen,

1. ob und in welcher Höhe und für welche Zeiträume von ihnen Leistungen der Bundesagentur für Arbeit (Auskunftsstelle) oder der Träger der gesetzlichen Unfall- oder Rentenversicherung (Auskunftsstellen) bezogen werden oder wurden,

---

[1)] Nr. **51.9**.

[2)] Nr. **23.3**.

[3)] § 118 Abs. 1 Satz 1 Nr. 3 geänd. mWv 1.1.2006 durch G v. 22.9.2005 (BGBl. I S. 2809); Abs. 1 Satz 1 Nr. 3 geänd. mWv 1.8.2006 durch G v. 20.7.2006 (BGBl. I S. 1706); Abs. 3 Sätze 1 und 3 geänd. mWv 1.1.2017 durch G v. 11.11.2016 (BGBl. I S. 2500); Abs. 1 Satz 1 Nr. 3 und 4 geänd., Nr. 5 angef. mWv 1.1.2020 durch G v. 23.12.2016 (BGBl. I S. 3234); Abs. 1 Satz 1 einl. Satzteil geänd., Nr. 4 neu gef., Abs. 1a eingef., Abs. 3 Satz 1 geänd. mWv 1.1.2019 durch G v. 17.8.2017 (BGBl. I S. 3214); Abs. 1a, Abs. 3 Satz 2 geänd. mWv 26.11.2019 durch G v. 20.11.2019 (BGBl. I S. 1626).

2. ob und in welchem Umfang Zeiten des Leistungsbezuges nach diesem Buch mit Zeiten einer Versicherungspflicht oder Zeiten einer geringfügigen Beschäftigung zusammentreffen,
3. ob und welche Daten nach § 45d Abs. 1 und § 45e des Einkommensteuergesetzes[1)] dem Bundeszentralamt für Steuern (Auskunftsstelle) übermittelt worden sind,
4. ob und in welcher Höhe Altersvorsorgevermögen im Sinne des § 92 des Einkommensteuergesetzes nach § 10a oder Abschnitts XI des Einkommensteuergesetzes steuerlich gefördert wurde und
5. ob und in welcher Höhe und für welche Zeiträume von ihnen Leistungen der Eingliederungshilfe nach Teil 2 des Neunten Buches[2)] beziehen und bezogen werden oder wurden.

[2] Sie dürfen für die Überprüfung nach Satz 1 Name, Vorname (Rufname), Geburtsdatum, Geburtsort, Nationalität, Geschlecht, Anschrift und Versicherungsnummer der Personen, die Leistungen nach diesem Buch beziehen, den Auskunftsstellen übermitteln. [3] Die Auskunftsstellen führen den Abgleich mit den nach Satz 2 übermittelten Daten durch und übermitteln die Daten über Feststellungen im Sinne des Satzes 1 an die Träger der Sozialhilfe. [4] Die ihnen überlassenen Daten und Datenträger sind nach Durchführung des Abgleichs unverzüglich zurückzugeben, zu löschen oder zu vernichten. [5] Die Träger der Sozialhilfe dürfen die ihnen übermittelten Daten nur zur Überprüfung nach Satz 1 nutzen. [6] Die übermittelten Daten der Personen, bei denen die Überprüfung zu keinen abweichenden Feststellungen führt, sind unverzüglich zu löschen.

(1a) Liegt ein Vermögen vor, das nach § 90 Absatz 2 Nummer 2 nicht einzusetzen ist, so melden die Träger der Sozialhilfe auf elektronischem Weg der Datenstelle der Rentenversicherung als Vermittlungsstelle, um eine Mitteilung zu einer schädlichen Verwendung nach § 94 Absatz 3 des Einkommensteuergesetzes zu erhalten, den erstmaligen Bezug nach dem Dritten und Vierten Kapitel sowie die Beendigung des jeweiligen Leistungsbezugs.

(2) [1] Die Träger der Sozialhilfe sind befugt, Personen, die Leistungen nach diesem Buch beziehen, auch regelmäßig im Wege des automatisierten Datenabgleichs daraufhin zu überprüfen, ob und in welcher Höhe und für welche Zeiträume von ihnen Leistungen nach diesem Buch durch andere Träger der Sozialhilfe bezogen werden oder wurden. [2] Hierzu dürfen die erforderlichen Daten nach Absatz 1 Satz 2 anderen Trägern der Sozialhilfe oder einer zentralen Vermittlungsstelle im Sinne des § 120 Nr. 1 übermittelt werden. [3] Diese führen den Abgleich der ihnen übermittelten Daten durch und leiten Feststellungen im Sinne des Satzes 1 an die übermittelnden Träger der Sozialhilfe zurück. [4] Sind die ihnen übermittelten Daten oder Datenträger für die Überprüfung nach Satz 1 nicht mehr erforderlich, sind diese unverzüglich zurückzugeben, zu löschen oder zu vernichten. [5] Überprüfungsverfahren nach diesem Absatz können zusammengefasst und mit Überprüfungsverfahren nach Absatz 1 verbunden werden.

[1)] **Steuergesetze Nr. 1.**
[2)] **Aichberger Nr. 9.**

(3) [1]Die Datenstelle der Rentenversicherung darf als Vermittlungsstelle für das Bundesgebiet die nach den Absätzen 1 und 2 übermittelten Daten speichern und nutzen, soweit dies für die Datenabgleiche nach den Absätzen 1, 1a und 2 erforderlich ist. [2]Sie darf die Daten der Stammsatzdatei (§ 150 des Sechsten Buches[1)]) und des bei ihr für die Prüfung bei den Arbeitgebern geführten Dateisystems (§ 28p Absatz 8 Satz 2 des Vierten Buches[2)]) nutzen, soweit die Daten für die Datenabgleiche erforderlich sind. [3]Die nach Satz 1 bei der Datenstelle der Rentenversicherung gespeicherten Daten sind unverzüglich nach Abschluss der Datenabgleiche zu löschen.

(4) [1]Die Träger der Sozialhilfe sind befugt, zur Vermeidung rechtswidriger Inanspruchnahme von Sozialhilfe Daten von Personen, die Leistungen nach diesem Buch beziehen, bei anderen Stellen ihrer Verwaltung, bei ihren wirtschaftlichen Unternehmen und bei den Kreisen, Kreisverwaltungsbehörden und Gemeinden zu überprüfen, soweit diese für die Erfüllung dieser Aufgaben erforderlich sind. [2]Sie dürfen für die Überprüfung die in Absatz 1 Satz 2 genannten Daten übermitteln. [3]Die Überprüfung kann auch regelmäßig im Wege des automatisierten Datenabgleichs mit den Stellen durchgeführt werden, bei denen die in Satz 4 jeweils genannten Daten zuständigkeitshalber vorliegen. [4]Nach Satz 1 ist die Überprüfung folgender Daten zulässig:

1. Geburtsdatum und -ort,
2. Personen- und Familienstand,
3. Wohnsitz,
4. Dauer und Kosten von Miet- oder Überlassungsverhältnissen von Wohnraum,
5. Dauer und Kosten von bezogenen Leistungen über Elektrizität, Gas, Wasser, Fernwärme oder Abfallentsorgung und
6. Eigenschaft als Kraftfahrzeughalter.

[5]Die in Satz 1 genannten Stellen sind verpflichtet, die in Satz 4 genannten Daten zu übermitteln. [6]Sie haben die ihnen im Rahmen der Überprüfung übermittelten Daten nach Vorlage der Mitteilung unverzüglich zu löschen. [7]Eine Übermittlung durch diese Stellen unterbleibt, soweit ihr besondere gesetzliche Verwendungsregelungen entgegenstehen.

§ 119[3)] Wissenschaftliche Forschung im Auftrag des Bundes. [1]Der Träger der Sozialhilfe darf einer wissenschaftlichen Einrichtung, die im Auftrag des Bundesministeriums für Arbeit und Soziales ein Forschungsvorhaben durchführt, das dem Zweck dient, die Erreichung der Ziele von Gesetzen über soziale Leistungen zu überprüfen oder zu verbessern, Sozialdaten übermitteln, soweit

1. dies zur Durchführung des Forschungsvorhabens erforderlich ist, insbesondere das Vorhaben mit anonymisierten oder pseudoanonymisierten Daten nicht durchgeführt werden kann, und
2. das öffentliche Interesse an dem Forschungsvorhaben das schutzwürdige Interesse der Betroffenen an einem Ausschluss der Übermittlung erheblich überwiegt.

[1)] **Aichberger Nr. 6.**
[2)] **Aichberger Nr. 4.**
[3)] § 119 Satz 1 geänd. mWv 8.11.2006 durch VO v. 31.10.2006 (BGBl. I S. 2407).

[2] Vor der Übermittlung sind die Betroffenen über die beabsichtigte Übermittlung, den Zweck des Forschungsvorhabens sowie ihr Widerspruchsrecht nach Satz 3 schriftlich zu unterrichten. [3] Sie können der Übermittlung innerhalb eines Monats nach der Unterrichtung widersprechen. [4] Im Übrigen bleibt das Zweite Kapitel des Zehnten Buches[1)] unberührt.

§ 120[2)] **Verordnungsermächtigung.** Das Bundesministerium für Arbeit und Soziales wird ermächtigt, durch Rechtsverordnung[3)] mit Zustimmung des Bundesrates

1. das Nähere über das Verfahren des automatisierten Datenabgleichs nach § 118 Abs. 1 und die Kosten des Verfahrens zu regeln; dabei ist vorzusehen, dass die Zuleitung an die Auskunftsstellen durch eine zentrale Vermittlungsstelle (Kopfstelle) zu erfolgen hat, deren Zuständigkeitsbereich zumindest das Gebiet eines Bundeslandes umfasst, und
2. das Nähere über die Verfahren und die Kosten nach § 118 Absatz 1a und 2 zu regeln.

Fünfzehntes Kapitel. Statistik

Erster Abschnitt.[4)] Bundesstatistik für das Dritte und Fünfte bis Neunte Kapitel

§ 121[5)] **Bundesstatistik für das Dritte und Fünfte bis Neunte Kapitel.** Zur Beurteilung der Auswirkungen des Dritten und Fünften bis Neunten Kapitels und zu deren Fortentwicklung werden Erhebungen über

1. die Leistungsberechtigten, denen
   a) Hilfe zum Lebensunterhalt nach dem Dritten Kapitel (§§ 27 bis 40),
   b) Hilfen zur Gesundheit nach dem Fünften Kapitel (§§ 47 bis 52),
   c) *(aufgehoben)*
   d) Hilfe zur Pflege nach dem Siebten Kapitel (§§ 61 bis 66),
   e) Hilfe zur Überwindung besonderer sozialer Schwierigkeiten nach dem Achten Kapitel (§§ 67 bis 69) und
   f) Hilfe in anderen Lebenslagen nach dem Neunten Kapitel (§§ 70 bis 74)

   geleistet wird,
2. die Einnahmen und Ausgaben der Träger der Sozialhilfe nach dem Dritten und Fünften bis Neunten Kapitel

als Bundesstatistik durchgeführt.

---

1) Nr. **51.9**.

2) § 120 geänd. mWv 8.11.2006 durch VO v. 31.10.2006 (BGBl. I S. 2407); Nr. 2 geänd. mWv 1.1.2018 durch G v. 17.8.2017 (BGBl. I S. 3214); Nr. 2 geänd. mWv 26.11.2019 durch G v. 20.11. 2019 (BGBl. I S. 1626).

3) Siehe hierzu ua die SozialhilfedatenabgleichsVO 2019 **(Aichberger Nr. 12/40)**.

4) 1. Abschnitt Überschrift eingef. mWv 1.1.2015 durch G v. 20.12.2012 (BGBl. I S. 2783).

5) § 121 neu gef. mWv 7.12.2006 durch G v. 2.12.2006 (BGBl. I S. 2670); Überschrift neu gef., einl. Satzteil geänd., Nr. 1 Buchst. b aufgeh., bish. Buchst. c–g werden Buchst. b–f, Nr. 2 neu gef. mWv 1.1.2015 durch G v. 20.12.2012 (BGBl. I S. 2783); Nr. 1 Buchst. c aufgeh. mWv 1.1.2020 durch G v. 23.12.2016 (BGBl. I S. 3234).

7. gleichzeitiger Bezug von Leistungen nach dem Dritten und Fünften bis Neunten Kapitel.

§ 128c[1)] Art und Höhe der Bedarfe. Erhebungsmerkmale nach § 128a Absatz 2 Nummer 2 sind

1. Regelbedarfsstufe, gezahlter Regelsatz in den Regelbedarfsstufen und abweichende Regelsatzfestsetzung,
2. Mehrbedarfe nach Art und Höhe,
3. einmalige Bedarfe nach Art und Höhe,
4. Beiträge zur Kranken- und Pflegeversicherung, getrennt nach
   a) Beiträgen für eine Pflichtversicherung in der gesetzlichen Krankenversicherung,
   b) Beiträgen für eine freiwillige Versicherung in der gesetzlichen Krankenversicherung,
   c) Beiträgen, die auf Grund des Zusatzbeitragssatzes nach dem Fünften Buch gezahlt werden,
   d) Beiträgen für eine private Krankenversicherung,
   e) Beiträgen für eine soziale Pflegeversicherung,
   f) Beiträgen für eine private Pflegeversicherung,
5. Beiträge für die Vorsorge, getrennt nach
   a) Beiträgen für die Altersvorsorge,
   b) Aufwendungen für Sterbegeldversicherungen,
6. Bedarfe für Bildung und Teilhabe, getrennt nach
   a) Schulausflügen,
   b) mehrtägigen Klassenfahrten,
   c) Ausstattung mit persönlichem Schulbedarf,
   d) Schulbeförderung,
   e) Lernförderung,
   f) Teilnahme an einer gemeinschaftlichen Mittagsverpflegung,
7. Aufwendungen für Unterkunft und Heizung sowie sonstige Hilfen zur Sicherung der Unterkunft, getrennt nach Leistungsberechtigten,
   a) die in einer Wohnung
      aa) allein leben,
      bb) mit einem Ehegatten oder in eheähnlicher Gemeinschaft zusammenleben,
      cc) mit Verwandten ersten und zweiten Grades zusammenleben,
      dd) in einer Wohngemeinschaft leben,
   b) die in einer stationären Einrichtung oder in einem persönlichen Wohnraum und zusätzlichen Räumlichkeiten

---

[1)] § 128c eingef. mWv 1.1.2015 durch G v. 20.12.2012 (BGBl. I S. 2783); Nr. 4 Buchst. c neu gef. mWv 1.1.2016 durch G v. 21.12.2015 (BGBl. I S. 2557); Nr. 9 neu gef. mWv 1.7.2017 durch G v. 22.12.2016 (BGBl. I S. 3159); Nr. 7 neu gef. mWv 1.1.2020 durch G v. 23.12.2016 (BGBl. I S. 3234); Nr. 7 neu gef. mWv 1.1.2020 durch G v. 10.12.2019 (BGBl. I S. 2135).

aa) allein leben,

bb) mit einer oder mehreren Personen zusammenleben,

8. Brutto- und Nettobedarf,
9. Darlehen getrennt nach
   a) Darlehen nach § 37 Absatz 1 und
   b) Darlehen bei am Monatsende fälligen Einkünften nach § 37a.

§ 128d[1)] **Art und Höhe der angerechneten Einkommen.** Erhebungsmerkmale nach § 128a Absatz 2 Nummer 3 sind die jeweilige Höhe der Einkommensart, getrennt nach

1. Altersrente aus der gesetzlichen Rentenversicherung,
2. Hinterbliebenenrente aus der gesetzlichen Rentenversicherung,
3. Renten wegen Erwerbsminderung,
4. Versorgungsbezüge,
5. Renten aus betrieblicher Altersvorsorge,
6. Renten aus privater Vorsorge,
7. Vermögenseinkünfte,
8. Einkünfte nach dem Bundesversorgungsgesetz[2)],
9. Erwerbseinkommen,
10. übersteigendes Einkommen eines im gemeinsamen Haushalt lebenden Partners,
11. öffentlich-rechtliche Leistungen für Kinder,
12. sonstige Einkünfte.

§ 128e[3)] **Hilfsmerkmale.** (1) Hilfsmerkmale für die Bundesstatistik nach § 128a sind

1. Name und Anschrift der nach § 128g Auskunftspflichtigen,
2. die Kennnummern des Leistungsberechtigten,
3. Name und Telefonnummer sowie Adresse für elektronische Post der für eventuelle Rückfragen zur Verfügung stehenden Person.

(2) [1]Die Kennnummern nach Absatz 1 Nummer 2 dienen der Prüfung der Richtigkeit der Statistik und der Fortschreibung der jeweils letzten Bestandserhebung. [2]Sie enthalten keine Angaben über persönliche und sachliche Verhältnisse des Leistungsberechtigten und sind zum frühestmöglichen Zeitpunkt, spätestens nach Abschluss der wiederkehrenden Bestandserhebung, zu löschen.

§ 128f[3)] **Periodizität, Berichtszeitraum und Berichtszeitpunkte.**

(1) Die Bundesstatistik nach § 128a wird quartalsweise durchgeführt.

(2) Die Merkmale nach den §§ 128b bis 128d, ausgenommen das Merkmal nach § 128b Nummer 5, sind als Bestandserhebung zum Quartalsende zu

---

[1)] § 128d eingef. mWv 1.1.2015 durch G v. 20.12.2012 (BGBl. I S. 2783).

[2)] **Aichberger Nr. 20/10.**

[3)] 2. Abschnitt (§§ 128a–128h) eingef. mWv 1.1.2015 durch G v. 20.12.2012 (BGBl. I S. 2783).

erheben, wobei sich die Angaben zu den Bedarfen und Einkommen nach § 128c Nummer 1 bis 8 und § 128d jeweils auf den gesamten letzten Monat des Berichtsquartals beziehen.

(3) [1] Die Merkmale nach § 128b Nummer 5 sind für den gesamten Quartalszeitraum zu erheben, wobei gleichzeitig die Merkmale nach § 128b Nummer 1 und 2 zu erheben sind. [2] Bei den beendeten Leistungen ist zudem die bisherige Dauer der Leistungsgewährung nach § 128b Nummer 6 zu erheben.

(4) Die Merkmale nach § 128c Nummer 6 sind für jeden Monat eines Quartals zu erheben, wobei gleichzeitig die Merkmale nach § 128b Nummer 1 und 2 zu erheben sind.

§ 128g[1)] Auskunftspflicht. (1) [1] Für die Bundesstatistik nach § 128a besteht Auskunftspflicht. [2] Die Auskunftserteilung für die Angaben nach § 128e Nummer 3 und zum Gemeindeteil nach § 128b Nummer 2 sind freiwillig.

(2) Auskunftspflichtig sind die für die Ausführung des Gesetzes nach dem Vierten Kapitel zuständigen Träger.

§ 128h[2)] Datenübermittlung, Veröffentlichung. (1) [1] Die in sich schlüssigen und nach einheitlichen Standards formatierten Einzeldatensätze sind von den Auskunftspflichtigen elektronisch bis zum Ablauf von 30 Arbeitstagen nach Ende des jeweiligen Berichtsquartals nach § 128f an das Statistische Bundesamt zu übermitteln. [2] Soweit die Übermittlung zwischen informationstechnischen Netzen von Bund und Ländern stattfindet, ist dafür nach § 3 des Gesetzes über die Verbindung der informationstechnischen Netze des Bundes und der Länder – Gesetz zur Ausführung von Artikel 91c Absatz 4 des Grundgesetzes – vom 10. August 2009 (BGBl. I S. 2702, 2706) das Verbindungsnetz zu nutzen. [3] Die zu übermittelnden Daten sind nach dem Stand der Technik fortgeschritten zu signieren und zu verschlüsseln.

(2) Das Statistische Bundesamt übermittelt dem Bundesministerium für Arbeit und Soziales für Zwecke der Planung, jedoch nicht für die Regelung von Einzelfällen, Tabellen mit den Ergebnissen der Bundesstatistik nach § 128a, auch soweit Tabellenfelder nur einen einzigen Fall ausweisen.

(3) [1] Zur Weiterentwicklung des Systems der Grundsicherung im Alter und bei Erwerbsminderung übermittelt das Statistische Bundesamt auf Anforderung des Bundesministeriums für Arbeit und Soziales Einzelangaben aus einer Stichprobe, die vom Statistischen Bundesamt gezogen wird und nicht mehr als 10 Prozent der Grundgesamtheit der Leistungsberechtigten umfasst. [2] Die zu übermittelnden Einzelangaben dienen der Entwicklung und dem Betrieb von Mikrosimulationsmodellen durch das Bundesministerium für Arbeit und Soziales und dürfen nur im hierfür erforderlichen Umfang und mittels eines sicheren Datentransfers ausschließlich an das Bundesministerium für Arbeit und Soziales *übermittelt* werden. [3] Angaben zu den Erhebungsmerkmalen nach § 128b Nummer 2 und 4 und den Hilfsmerkmalen nach § 128e dürfen nicht übermittelt werden; Angaben zu monatlichen Durchschnittsbeträgen in den Einzelangaben werden vom Statistischen Bundesamt auf volle Euro gerundet.

[1)] 2. Abschnitt (§§ 128a–128h) eingef. mWv 1.1.2015 durch G v. 20.12.2012 (BGBl. I S. 2783).

[2)] 2. Abschnitt (§§ 128a–128h) eingef. mWv 1.1.2015 durch G v. 20.12.2012 (BGBl. I S. 2783); Abs. 4 Sätze 1 und 3 geänd. mWv 26.11.2019 durch G v. 20.11.2019 (BGBl. I S. 1626).

(4) [1]Bei der Verarbeitung der Daten nach Absatz 3 ist das Statistikgeheimnis nach § 16 des Bundesstatistikgesetzes zu wahren. [2]Dafür ist die Trennung von statistischen und nichtstatistischen Aufgaben durch Organisation und Verfahren zu gewährleisten. [3]Die nach Absatz 3 übermittelten Daten dürfen nur für die Zwecke gespeichert, verändert, genutzt, übermittelt oder in der Verarbeitung eingeschränkt werden, für die sie übermittelt wurden. [4]Eine Weitergabe von Einzelangaben aus einer Stichprobe nach Absatz 3 Satz 1 durch das Bundesministerium für Arbeit und Soziales an Dritte ist nicht zulässig. [5]Die übermittelten Einzeldaten sind nach dem Erreichen des Zweckes zu löschen, zu dem sie übermittelt wurden.

(5) [1]Das Statistische Bundesamt übermittelt den statistischen Ämtern der Länder Tabellen mit den Ergebnissen der Bundesstatistik für die jeweiligen Länder und für die für die Ausführung des Gesetzes nach dem Vierten Kapitel zuständigen Träger. [2]Das Bundesministerium für Arbeit und Soziales erhält diese Tabellen ebenfalls. [3]Die statistischen Ämter der Länder erhalten zudem für ihr Land die jeweiligen Einzeldatensätze für Sonderaufbereitungen auf regionaler Ebene.

(6) Die Ergebnisse der Bundesstatistik nach diesem Abschnitt dürfen auf die einzelnen Gemeinden bezogen veröffentlicht werden.

Dritter Abschnitt.[1)] Verordnungsermächtigung

§ 129[2)] Verordnungsermächtigung. Das Bundesministerium für Arbeit und Soziales kann für Zusatzerhebungen nach § 128 im Einvernehmen mit dem Bundesministerium des Innern durch Rechtsverordnung mit Zustimmung des Bundesrates das Nähere regeln über

a) den Kreis der Auskunftspflichtigen nach § 125 Abs. 2,

b) die Gruppen von Leistungsberechtigten, denen Hilfen nach dem Dritten und Fünften bis Neunten Kapitel geleistet werden,

c) die Leistungsberechtigten, denen bestimmte einzelne Leistungen der Hilfen nach dem Dritten und Fünften bis Neunten Kapitel geleistet werden,

d) den Zeitpunkt der Erhebungen,

e) die erforderlichen Erhebungs- und Hilfsmerkmale im Sinne der §§ 122 und 123 und

f) die Art der Erhebung (Vollerhebung oder Zufallsstichprobe).

Sechzehntes Kapitel. Übergangs- und Schlussbestimmungen

§ 130 Übergangsregelung für ambulant Betreute. Für Personen, die Leistungen der Eingliederungshilfe für behinderte Menschen oder der Hilfe zur Pflege empfangen, deren Betreuung am 26. Juni 1996 durch von ihnen beschäftigte Personen oder ambulante Dienste sichergestellt wurde, gilt § 3a des Bundessozialhilfegesetzes in der am 26. Juni 1996 geltenden Fassung.

---

1) 3. Abschnitt Überschrift eingef. mWv 1.1.2015 durch G v. 20.12.2012 (BGBl. I S. 2783).

2) *§ 129 neu gef. mWv 7.12.2006 durch G v. 2.12.2006* (BGBl. I S. 2670); Buchst. b und c geänd. mWv 1.1.2015 durch G v. 20.12.2012 (BGBl. I S. 2783).

§ 131[1] Übergangsregelung für die Statistik über Einnahmen und Ausgaben nach dem Vierten Kapitel. [1]Die Erhebungen nach § 121 Nummer 2 in Verbindung mit § 122 Absatz 4 in der am 31. Dezember 2014 geltenden Fassung über die Ausgaben und Einnahmen der nach Landesrecht für die Ausführung von Geldleistungen nach dem Vierten Kapitel zuständigen Träger sind dabei auch in den Berichtsjahren 2015 und 2016 durchzuführen. [2]Die §§ 124 bis 127 sind in der am 31. Dezember 2014 geltenden Fassung anzuwenden.

§ 132 Übergangsregelung zur Sozialhilfegewährung für Deutsche im Ausland. (1) Deutsche, die am 31. Dezember 2003 Leistungen nach § 147b des Bundessozialhilfegesetzes in der zu diesem Zeitpunkt geltenden Fassung bezogen haben, erhalten diese Leistungen bei fortdauernder Bedürftigkeit weiter.

(2) [1]Deutsche,
1. die in den dem 1. Januar 2004 vorangegangenen 24 Kalendermonaten ohne Unterbrechung Leistungen nach § 119 des Bundessozialhilfegesetzes in der am 31. Dezember 2003 geltenden Fassung bezogen haben und
2. in dem Aufenthaltsstaat über eine dauerhafte Aufenthaltsgenehmigung verfügen,

erhalten diese Leistungen bei fortdauernder Bedürftigkeit weiter. [2]Für Deutsche, die am 31. Dezember 2003 Leistungen nach § 119 des Bundessozialhilfegesetzes in der am 31. Dezember 2003 geltenden Fassung bezogen haben und weder die Voraussetzungen nach Satz 1 noch die Voraussetzungen des § 24 Abs. 1 erfüllen, enden die Leistungen bei fortdauernder Bedürftigkeit mit Ablauf des 31. März 2004.

(3) Deutsche, die die Voraussetzungen des § 1 Abs. 1 des Bundesentschädigungsgesetzes erfüllen und
1. zwischen dem 30. Januar 1933 und dem 8. Mai 1945 das Gebiet des Deutschen Reiches oder der Freien Stadt Danzig verlassen haben, um sich einer von ihnen nicht zu vertretenden und durch die politischen Verhältnisse bedingten besonderen Zwangslage zu entziehen oder aus den gleichen Gründen nicht in das Gebiet des Deutschen Reiches oder der Freien Stadt Danzig zurückkehren konnten oder
2. nach dem 8. Mai 1945 und vor dem 1. Januar 1950 das Gebiet des Deutschen Reiches nach dem Stande vom 31. Dezember 1937 oder das Gebiet der Freien Stadt Danzig verlassen haben,

können, sofern sie in dem Aufenthaltsstaat über ein dauerhaftes Aufenthaltsrecht verfügen, in außergewöhnlichen Notlagen Leistungen erhalten, auch wenn sie nicht die Voraussetzungen nach den Absätzen 1 und 2 oder nach § 24 Abs. 1 erfüllen; § 24 Abs. 2 gilt.

§ 133 Übergangsregelung für besondere Hilfen an Deutsche nach Artikel 116 Abs. 1 des Grundgesetzes. (1) [1]Deutsche, die außerhalb des Geltungsbereiches dieses Gesetzes, aber innerhalb des in Artikel 116 Abs. 1 des Grundgesetzes[2] genannten Gebiets geboren sind und dort ihren gewöhnlichen

---

[1] § 131 neu gef. mWv 1.1.2015 durch G v. 20.12.2012 (BGBl. I S. 2783).
[2] Nr. **11.1**.

Aufenthalt haben, können in außergewöhnlichen Notlagen besondere Hilfen erhalten, auch wenn sie nicht die Voraussetzungen des § 24 Abs. 1 erfüllen. [2] § 24 Abs. 2 gilt. [3] Die Höhe dieser Leistungen bemisst sich nach den im Aufenthaltsstaat in vergleichbaren Lebensumständen üblichen Leistungen. [4] Die besonderen Hilfen werden unter Übernahme der Kosten durch den Bund durch Träger der freien Wohlfahrtspflege mit Sitz im Inland geleistet.

(2) Die Bundesregierung wird ermächtigt, durch Rechtsverordnung mit Zustimmung des Bundesrates die persönlichen Bezugsvoraussetzungen, die Bemessung der Leistungen sowie die Trägerschaft und das Verfahren zu bestimmen.

§ 133a Übergangsregelung für Hilfeempfänger in Einrichtungen. Für Personen, die am 31. Dezember 2004 einen Anspruch auf einen zusätzlichen Barbetrag nach § 21 Abs. 3 Satz 4 des Bundessozialhilfegesetzes haben, wird diese Leistung in der für den vollen Kalendermonat Dezember 2004 festgestellten Höhe weiter erbracht.

§ 133b[1)] Übergangsregelung zu Bedarfen für Unterkunft und Heizung. [1] § 42a Absatz 3 und 4 findet keine Anwendung auf Leistungsberechtigte, bei denen vor dem 1. Juli 2017 Bedarfe für Unterkunft und Heizung nach § 35 anerkannt worden sind, die

1. dem Kopfteil an den Aufwendungen für Unterkunft und Heizung entsprechen, die für einen entsprechenden Mehrpersonenhaushalt als angemessen gelten, oder
2. nach ihrer Höhe der durchschnittlichen Warmmiete eines Einpersonenhaushaltes im örtlichen Zuständigkeitsbereich des für die Ausführung des Gesetzes nach diesem Kapitel zuständigen Trägers nicht übersteigen.

[2] Satz 1 findet Anwendung, solange die leistungsberechtigte Person mit mehreren Personen in derselben Wohnung lebt.

§ 134[2)] Übergangsregelung für die Fortschreibung der Regelbedarfsstufe 6. Abweichend von § 28a ist die Regelbedarfsstufe 6 der Anlage zu § 28 nicht mit dem sich nach der Verordnung nach § 40 ergebenden Prozentsatz fortzuschreiben, solange sich durch die entsprechende Fortschreibung des Betrages nach § 8 Absatz 1 Satz 1 Nummer 6 des Regelbedarfs-Ermittlungsgesetzes[3)] kein höherer Betrag ergeben würde.

§ 135 Übergangsregelung aus Anlass des Zweiten Rechtsbereinigungsgesetzes. (1) [1] Erhielten am 31. Dezember 1986 Tuberkulosekranke, von Tuberkulose Bedrohte oder von Tuberkulose Genesene laufende Leistungen nach Vorschriften, die durch das Zweite Rechtsbereinigungsgesetz außer Kraft treten, sind diese Leistungen nach den bisher maßgebenden Vorschriften weiterzugewähren, längstens jedoch bis zum 31. Dezember 1987. [2] Sachlich zuständig bleibt der überörtliche Träger der Sozialhilfe, soweit nicht nach Landesrecht der örtliche Träger zuständig ist.

[1)] § 133b eingef. mWv 1.7.2017 durch G v. 22.12.2016 (BGBl. I S. 3159).
[2)] *§ 134* eingef. mWv *1.1.2017* durch G v. 22.12.2016 (BGBl. I S. 3159).
[3)] Nr. **51.2/1**.

(2) Die Länder können für die Verwaltung der im Rahmen der bisherigen Tuberkulosehilfe gewährten Darlehen andere Behörden bestimmen.

§ 136[1] **Erstattung des Barbetrags durch den Bund in den Jahren 2017 bis 2019.** (1) Für Leistungsberechtigte nach dem Vierten Kapitel, die zugleich Leistungen der Eingliederungshilfe nach dem Sechsten Kapitel in einer stationären Einrichtung erhalten, erstattet der Bund den Ländern in den Jahren 2017 bis 2019 für jeden Leistungsberechtigten je Kalendermonat einen Betrag, dessen Höhe sich nach einem Anteil von 14 Prozent der Regelbedarfsstufe 1 nach der Anlage zu § 28 bemisst.

(2) [1]Die Länder teilen dem Bundesministerium für Arbeit und Soziales die Zahl der Leistungsberechtigten je Kalendermonat nach Absatz 1 für jeden für die Ausführung des Gesetzes nach diesem Kapitel zuständigen Träger mit, sofern diese in einem Kalendermonat für mindestens 15 Kalendertage einen Barbetrag erhalten haben. [2]Die Meldungen nach Satz 1 erfolgen

1. bis zum Ablauf der 35. Kalenderwoche des Jahres 2017 für den Meldezeitraum Januar bis Juni 2017,
2. bis zum Ablauf der 42. Kalenderwoche des Jahres 2018 für den Meldezeitraum Juli 2017 bis Juni 2018,
3. bis zum Ablauf der 42. Kalenderwoche des Jahres 2019 für den Meldezeitraum Juli 2018 bis Juni 2019 und
4. bis zum Ablauf der 16. Kalenderwoche des Jahres 2020 für den Meldezeitraum Juli 2019 bis Dezember 2019.

(3) [1]Der Erstattungsbetrag für jeden Kalendermonat im Meldezeitraum nach Absatz 2 errechnet sich aus

1. der Anzahl der jeweils gemeldeten Leistungsberechtigten,
2. multipliziert mit dem Anteil von 14 Prozent des für jeden Kalendermonat jeweils geltenden Betrags der Regelbedarfsstufe 1 nach der Anlage zu § 28.

[2]Der Erstattungsbetrag für den jeweiligen Meldezeitraum ergibt sich aus der Summe der Erstattungsbeträge je Kalendermonat nach Satz 1.

(4) Zu zahlen ist der Erstattungsbetrag

1. zum 15. Oktober 2017 für den Meldezeitraum Januar bis Juni 2017,
2. zum 15. November 2018 für den Meldezeitraum Juli 2017 bis Juni 2018,
3. zum 15. November 2019 für den Meldezeitraum Juli 2018 bis Juni 2019,
4. zum 15. Mai 2020 für den Meldezeitraum Juli 2019 bis Dezember 2019.

§ 136a[2] **Erstattung des Barbetrags durch den Bund ab dem Jahr 2020.** (1) [1]Für Leistungsberechtigte nach dem Vierten Kapitel, die zugleich Leistungen in einer stationären Einrichtung erhalten, erstattet der Bund den *Ländern ab dem Jahr 2020* je Kalendermonat einen Betrag, dessen Höhe sich nach den in Satz 2 genannten Anteilen der Regelbedarfsstufe 1 nach der Anlage zu § 28 bemisst. [2]Die Anteile an der Regelbedarfsstufe 1 belaufen sich

---

[1] § 136 neu gef. mWv 1.1.2017 durch G v. 23.12.2016 (BGBl. I S. 3234); Abs. 4 geänd. mWv 25.7.2017 durch G v. 17.7.2017 (BGBl. I S. 2541); Abs. 2 Satz 2 Nr. 2, 3 und 4 geänd., Abs. 4 neu gef. mWv 14.7.2018 durch G v. 10.7.2018 (BGBl. I S. 1117).

[2] § 136a eingef. mWv 1.1.2020 durch G v. 30.11.2019 (BGBl. I S. 1948).

1. für das Jahr 2020 auf 5,2 Prozent,
2. für das Jahr 2021 auf 5,0 Prozent,
3. für das Jahr 2022 auf 4,9 Prozent,
4. für das Jahr 2023 auf 4,7 Prozent,
5. für das Jahr 2024 auf 4,6 Prozent und
6. für das Jahr 2025 auf 4,4 Prozent.

(2) Die Länder teilen dem Bundesministerium für Arbeit und Soziales für jedes Kalenderjahr (Meldezeitraum) von 2020 bis 2025 jeweils bis zum 30. Juni des Folgejahres für jeden Träger, der für die Ausführung des Gesetzes nach diesem Kapitel zuständig ist, die Zahl der Leistungsberechtigten mit, die in einem Kalendermonat des Meldezeitraums für mindestens 15 Kalendertage einen Barbetrag erhalten haben.

(3) [1] Der Erstattungsbetrag für jeden Kalendermonat im Meldezeitraum errechnet sich aus der Anzahl der jeweils gemeldeten Leistungsberechtigten multipliziert mit dem Betrag, der sich aus dem sich für das jeweilige Jahr ergebenden Anteil nach Absatz 1 Satz 2 an dem jeweils geltenden Betrag der Regelbedarfsstufe 1 nach der Anlage zu § 28 ergibt. [2] Der Erstattungsbetrag für den jeweiligen Meldezeitraum ergibt sich aus der Summe der Erstattungsbeträge je Kalendermonat nach Satz 1.

(4) Der Erstattungsbetrag nach Absatz 3 Satz 2 ist zum 31. August des Kalenderjahres zu zahlen, das auf den jeweiligen Meldezeitraum folgt.

§ 137[1)] Überleitung in Pflegegrade zum 1. Januar 2017. [1] Pflegebedürftige, deren Pflegebedürftigkeit nach den Vorschriften des Siebten Kapitels in der am 31. Dezember 2016 geltenden Fassung festgestellt worden ist und bei denen spätestens am 31. Dezember 2016 die Voraussetzungen auf Leistungen nach den Vorschriften des Siebten Kapitels vorliegen, werden ab dem 1. Januar 2017 ohne erneute Antragstellung und ohne erneute Begutachtung wie folgt in die Pflegegrade übergeleitet:

1. Pflegebedürftige mit Pflegestufe I in den Pflegegrad 2,
2. Pflegebedürftige mit Pflegestufe II in den Pflegegrad 3,
3. Pflegebedürftige mit Pflegestufe III in den Pflegegrad 4.

[2] Die Überleitung in die Pflegegrade nach § 140 des Elften Buches[2)] ist für den Träger der Sozialhilfe bindend.

§ 138[3)] Übergangsregelung für Pflegebedürftige aus Anlass des Dritten Pflegestärkungsgesetzes. [1] Einer Person, die am 31. Dezember 2016 einen Anspruch auf Leistungen nach dem Siebten Kapitel in der am 31. Dezember 2016 geltenden Fassung hat, sind die ihr am 31. Dezember 2016 zustehenden Leistungen über den 31. Dezember 2016 hinaus bis zum Abschluss des von Amts wegen zu betreibenden Verfahrens zur Ermittlung und Feststellung des Pflegegrades und des notwendigen pflegerischen Bedarfs nach § 63a in der ab dem 1. Januar 2017 geltenden Fassung weiter zu gewähren. [2] Soweit eine

---

1) § 137 angef. mWv 1.1.2017 durch G v. 23.12.2016 (BGBl. I S. 3191).
2) **Aichberger Nr. 11.**
3) § 138 angef. mWv 1.1.2017 durch G v. 23.12.2016 (BGBl. I S. 3191).

Person zugleich Leistungen nach dem Elften Buch in der ab dem 1. Januar 2017 geltenden Fassung erhält, sind diese anzurechnen. [3]Dies gilt nicht für die Zuschläge nach § 141 Absatz 2 des Elften Buches[1)] sowie für den Entlastungsbetrag nach § 45b des Elften Buches. [4]Ergibt das Verfahren, dass für die Zeit ab dem 1. Januar 2017 die Leistungen für den notwendigen pflegerischen Bedarf, die nach dem Siebten Kapitel in der ab dem 1. Januar 2017 geltenden Fassung zu gewähren sind, geringer sind als die nach Satz 1 gewährten Leistungen, so sind die nach Satz 1 gewährten höheren Leistungen nicht vom Leistungsbezieher zu erstatten; § 45 des Zehnten Buches[2)] bleibt unberührt. [5]Ergibt das Verfahren, dass für die Zeit ab dem 1. Januar 2017 die Leistungen für den notwendigen pflegerischen Bedarf, die nach dem Siebten Kapitel in der ab dem 1. Januar 2017 geltenden Fassung zu gewähren sind, höher sind als die nach Satz 1 gewährten Leistungen, so sind die Leistungen rückwirkend nach den Vorschriften des Siebten Kapitels in der ab dem 1. Januar 2017 geltenden Fassung zu gewähren.

§ 139[3)] Übergangsregelung für Bedarfe für Unterkunft und Heizung ab dem Jahr 2020. (1) Für Leistungsberechtigte,

1. die am 31. Dezember 2019 nach dem Dritten oder Vierten Kapitel und zugleich nach dem Sechsten Kapitel leistungsberechtigt sind und
2. die am 31. Dezember 2019 in einer Unterkunft leben, für die Bedarfe für Unterkunft und Heizung nach § 35 anerkannt werden,

sind, wenn

3. sie am 1. Januar 2020 leistungsberechtigt nach dem Dritten oder Vierten Kapitel sind und zugleich Leistungen nach Teil 2 des Neunten Buches[4)] beziehen und
4. die Unterkunft nach Nummer 2 am 1. Januar 2020 als persönlicher Wohnraum und zusätzliche Räumlichkeiten nach § 42a Absatz 2 Satz 1 Nummer 2 gilt,

für diese Unterkunft die Bedarfe für Unterkunft und Heizung nach § 42a Absatz 2 Satz 1 Nummer 1 und Satz 2 zu berücksichtigen.

(2) Leistungsberechtigten,

1. die am 31. Dezember 2019 nach dem Dritten oder Vierten Kapitel und zugleich nach dem Sechsten Kapitel leistungsberechtigt sind und
2. denen am 31. Dezember 2019 Bedarfe für Unterkunft und Heizung nach § 27b Absatz 1 Satz 2 in Verbindung mit § 42 Nummer 4 Buchstabe b anzuerkennen sind,

sind, wenn sie am 1. Januar 2020 leistungsberechtigt nach dem Dritten oder Vierten Kapitel sind und zugleich Leistungen nach Teil 2 des Neunten Buches beziehen und beziehen, für diese Unterkunft ab dem 1. Januar 2020 Bedarfe für Unterkunft und Heizung nach § 42a Absatz 2 Satz 1 Nummer 2 und Satz 3 anzuerkennen, solange sich keine Veränderung in der Unterbringung ergibt, durch die diese die Voraussetzungen einer Wohnung nach § 42a Absatz 2 Satz 1 Nummer 1 und Satz 2 erfüllt.

[1)] **Aichberger Nr. 11.**
[2)] **Sartorius ErgBd Nr. 410.**
[3)] § 139 neu gef. mWv 1.1.2020 durch G v. 23.12.2016 (BGBl. I S. 3234).
[4)] **Aichberger Nr. 9.**

§ 140[1] Übergangsregelung zur Verhinderung einer Zahlungslücke.

(1) [1] Leistungsberechtigte,

1. die am 31. Dezember 2019 Leistungen nach dem Sechsten Kapitel und ab dem 1. Januar 2020 Leistungen nach Teil 2 des Neunten Buches[2] beziehen,
2. die nach dem Dritten oder Vierten Kapitel leistungsberechtigt sind und deren notwendiger Lebensunterhalt sich am 31. Dezember 2019 nach § 27b ergibt und für die sich ab dem 1. Januar 2020 der notwendige Lebensunterhalt
   a) bei einer Leistungsberechtigung nach dem Dritten Kapitel nach § 27a ergibt,
   b) bei einer Leistungsberechtigung nach dem Vierten Kapitel nach § 42 Nummer 1 bis 3, 4 Buchstabe a und Nummer 5 ergibt und
3. denen ab dem Monat Januar 2020 erstmals eine Rente aus der gesetzlichen Rentenversicherung zufließt,

haben abweichend von § 82 die zufließende Rente im Umstellungsmonat nicht für ihren notwendigen Lebensunterhalt nach dem Dritten oder Vierten Kapitel einzusetzen. [2] Umstellungsmonat nach Satz 1 ist der Kalendermonat im ersten Quartal des Jahres 2020, in dem die Rente der leistungsberechtigten Person erstmals zufließt. [3] Die Sätze 1 und 2 gelten entsprechend für alle laufend gezahlten und am Monatsende zufließenden Einkommen.

(2) [1] Personen,

1. die am 31. Dezember 2019 Leistungen nach dem Sechsten Kapitel und ab dem 1. Januar 2020 Leistungen nach Teil 2 des Neunten Buches beziehen,
2. die ihren sich am 31. Dezember 2019 nach § 27b ergebenden notwendigen Lebensunterhalt nach dem Dritten oder Vierten Kapitel ebenso aus eigenen Mitteln bestreiten können wie ihren sich ab dem 1. Januar 2020
   a) bei einer Leistungsberechtigung nach dem Dritten Kapitel nach § 27a,
   b) bei einer Leistungsberechtigung nach dem Vierten Kapitel nach § 42 Nummer 1 bis 3, 4 Buchstabe a und Nummer 5

   ergebenden notwendigen Lebensunterhalt und
3. denen ab dem Monat Januar 2020 eine Rente aus der gesetzlichen Rentenversicherung zufließt,

erhalten im Umstellungsmonat einen Zuschuss. [2] Für den Umstellungsmonat gilt Absatz 1 Satz 2 entsprechend; dies gilt auch, sofern die Rente bereits vor Januar 2020 zugeflossen ist und letztmalig für Dezember 2019 als eigene Mittel für den Lebensunterhalt einzusetzen war. [3] Die Höhe des Zuschusses ergibt sich aus den zu Beginn des Umstellungsmonats nicht gedeckten Aufwendungen für den Lebensunterhalt nach Satz 1 Nummer 2; die Höhe des Zuschusses ist begrenzt auf die Höhe der zufließenden Rente. [4] Der Zuschuss nach den Sätzen 1 bis 3 gilt

1. als Geldleistung nach dem Vierten Kapitel für Personen,
   a) die unabhängig von der jeweiligen Arbeitsmarktlage voll erwerbsgemindert im Sinne des § 43 Absatz 2 des Sechsten Buches[3] sind und bei denen

[1] § 140 eingef. mWv 1.1.2020 durch G v. 30.11.2019 (BGBl. I S. 1948).
[2] **Aichberger Nr. 9.**
[3] **Aichberger Nr. 6.**

unwahrscheinlich ist, dass die volle Erwerbsminderung behoben werden kann oder

b) die in einer Werkstatt für behinderte Menschen nach § 56 des Neunten Buches oder bei einem anderen Leistungsanbieter nach § 60 des Neunten Buches tätig sind oder

c) die die Altersgrenze nach § 41 Absatz 2 erreicht oder überschritten haben,

2. als Leistung nach dem Dritten Kapitel für Personen, bei denen die Voraussetzungen der Nummer 1 nicht vorliegen.

[5]Bei Personen, für die Satz 4 Nummer 1 gilt, ist § 44 Absatz 1 Satz 1 nicht anzuwenden. [6]Die Sätze 1 bis 5 gelten entsprechend für alle laufend gezahlten und am Monatsende zufließenden Einkommen. [7]Der Zuschuss nach den Sätzen 1 bis 3 gilt nicht als Leistung nach § 7 Absatz 1 Satz 1 Nummer 5 und 6 des Wohngeldgesetzes[1)].

Siebzehntes Kapitel.[2)] *(aufgehoben)*

Achtzehntes Kapitel.[3)] *(aufgehoben)*

§§ 141–145[4)] *(aufgehoben)*

§ 146[5)] *(noch nicht in Kraft)*

Anlage[6)]
(zu § 28)

Regelbedarfsstufen nach § 28 in Euro

gültig ab	Regelbedarfsstufe 1	Regelbedarfsstufe 2	Regelbedarfsstufe 3	Regelbedarfsstufe 4	Regelbedarfsstufe 5	Regelbedarfsstufe 6
1. Januar 2011	364	328	291	287	251	215
1. Januar 2012	374	337	299	287	251	219
1. Januar 2013	382	345	306	289	255	224
1. Januar 2014	391	353	313	296	261	229
1. Januar 2015	399	360	320	302	267	234
1. Januar 2016	404	364	324	306	270	237

[1)] **Sartorius Nr. 385.**

[2)] 17. Kapitel (§ 140) aufgeh. mWv 1.1.2020 durch G v. 23.12.2016 (BGBl. I S. 3234).

[3)] 18. Kapitel (§§ 141–145) aufgeh. mWv 1.1.2020 durch G v. 23.12.2016 (BGBl. I S. 3234).

[4)] *§§ 141–145 aufgeh.* mWv 1.1.2020 durch G v. 23.12.2016 (BGBl. I S. 3234).

[5)] § 146 eingef. mWv 1.1.2024 durch G v. 12.12.2019 (BGBl. I S. 2652).

[6)] Anl. angef. mWv 1.1.2011 durch G v. 24.3.2011 (BGBl. I S. 453); geänd. mWv 1.1.2012 durch VO v. 17.10.2011 (BGBl. I S. 2090); geänd. mWv 1.1.2013 durch VO v. 18.10.2012 (BGBl. I S. 2173); geänd. mWv 1.1.2014 durch VO v. 15.10.2013 (BGBl. I S. 3856); geänd. mWv 1.1.2015 durch VO v. 14.10.2014 (BGBl. I S. 1618); geänd. mWv 1.1.2016 durch VO v. 22.10.2015 (BGBl. I S. 1788); geänd. mWv 1.1.2017 und geänd. mWv 1.1.2020 durch G v. 22.12.2016 (BGBl. I S. 3159); geänd. mWv 1.1.2018 durch VO v. 8.11.2017 (BGBl. I S. 3767); geänd. mWv 1.1.2019 durch VO v. 19.10.2018 (BGBl. I S. 1766); geänd. mWv 1.1.2020 durch VO v. 15.10.2019 (BGBl. I S. 1452).

gültig ab	Regel-bedarfs-stufe 1	Regel-bedarfs-stufe 2	Regel-bedarfs-stufe 3	Regel-bedarfs-stufe 4	Regel-bedarfsstu-fe 5	Regel-bedarfs-stufe 6
1. Januar 2017	409	368	327	311	291	237
1. Januar 2018	416	374	332	316	296	240
1. Januar 2019	424	382	339	322	302	245
1. Januar 2020	432	389	345	328	308	250

Regelbedarfsstufe 1:

Für jede erwachsene Person, die in einer Wohnung nach § 42a Absatz 2 Satz 2 lebt und für die nicht Regelbedarfsstufe 2 gilt.

Regelbedarfsstufe 2:

Für jede erwachsene Person, wenn sie

1. in einer Wohnung nach § 42a Absatz 2 Satz 2 mit einem Ehegatten oder Lebenspartner oder in eheähnlicher oder lebenspartnerschaftsähnlicher Gemeinschaft mit einem Partner zusammenlebt oder
2. nicht in einer Wohnung lebt, weil ihr allein oder mit einer weiteren Person ein persönlicher Wohnraum und mit weiteren Personen zusätzliche Räumlichkeiten nach § 42a Absatz 2 Satz 3 zur gemeinschaftlichen Nutzung überlassen sind.

Regelbedarfsstufe 3:

Für eine erwachsene Person, deren notwendiger Lebensunterhalt sich nach § 27b bestimmt.

Regelbedarfsstufe 4:

Für eine Jugendliche oder einen Jugendlichen vom Beginn des 15. bis zur Vollendung des 18. Lebensjahres.

Regelbedarfsstufe 5:

Für ein Kind vom Beginn des siebten bis zur Vollendung des 14. Lebensjahres.

Regelbedarfsstufe 6:

Für ein Kind bis zur Vollendung des sechsten Lebensjahres.

Anlage[1]
(zu § 34)

Ausstattung mit persönlichem Schulbedarf in Euro

gültig im Kalenderjahr	Teilbetrag für das im jeweiligen Kalenderjahr beginnende erste Schulhalbjahr	Teilbetrag für das im jeweiligen Kalenderjahr beginnende zweite Schulhalbjahr
2019	100 Euro	–
2020	100 Euro	50 Euro

[1] Anlage zu § 34 angef. mWv 1.8.2019 durch G v. 29.4.2019 (BGBl. I S. 530).

51.4. Sozialgesetzbuch (SGB) Zweites Buch (II) – Grundsicherung für Arbeitsuchende –[1)2)]

In der Fassung der Bekanntmachung vom 13. Mai 2011[3)]

(BGBl. I S. 850, ber. S. 2094)

FNA 860-2

geänd. durch Art. 3a G zur Änd. des BundesversorgungsG und anderer Vorschriften v. 20.6.2011 (BGBl. I S. 1114), Art. 5 G zur Verbesserung der Eingliederungschancen am Arbeitsmarkt v. 20.12. 2011 (BGBl. I S. 2854), Art. 1a Viertes G zur Änd. des Vierten Buches Sozialgesetzbuch und anderer Gesetze v. 22.12.2011 (BGBl. I S. 3057), Art. 3 G zur Neuordnung der Altersversorgung der Bezirksschornsteinfegermeister und zur Änd. anderer Gesetze v. 5.12.2012 (BGBl. I S. 2467), Art. 1 HaushaltsbegleitG 2013 v. 20.12.2012 (BGBl. I S. 2781), Art. 2 G zur Stärkung der beruflichen Aus- und Weiterbildung in der Altenpflege v. 13.3.2013 (BGBl. I S. 446), Art. 8 EhrenamtsstärkungsG v. 21.3. 2013 (BGBl. I S. 556), Art. 9 Abs. 1 SEPA-BegleitG v. 3.4.2013 (BGBl. I S. 610), Art. 2 Abs. 12 G zur Fortentwicklung des Meldewesens v. 3.5.2013 (BGBl. I S. 1084, geänd. durch G v. 20.11.2014, BGBl. I S. 1738), Art. 1 G zur Änd. des Zweiten Buches Sozialgesetzbuch und anderer G v. 7.5.2013 (BGBl. I S. 1167), Art. 2 GKV-Finanzstruktur- und Qualitäts-WeiterentwicklungsG v. 21.7.2014 (BGBl. I S. 1133), Art. 1 Achtes ÄndG v. 28.7.2014 (BGBl. I S. 1306), Urt. des BVerfG – 2 BvR 1641/11 – v. 7.10.2014 (BGBl. I S. 1638), Art. 4 G zur Änd. des FreizügigkeitsG/EU und weiterer Vorschriften v. 2.12.2014 (BGBl. I S. 1922), Art. 2 G zur weiteren Entlastung von Ländern und Kommunen ab 2015 und zum quantitativen und qualitativen Ausbau der Kindertagesbetreuung sowie zur Änd. des LastenausgleichsG v. 22.12.2014 (BGBl. I S. 2411), Art. 2 Abs. 20 G zur Modernisierung der Finanzaufsicht über Versicherungen v. 1.4.2015 (BGBl. I S. 434), Art. 1a Fünftes G zur Änd. des Vierten Buches Sozialgesetzbuch und anderer G v. 15.4.2015 (BGBl. I S. 583), Art. 5 G zur

---

[1)] Die Änderungen durch G v. 12.12.2019 (BGBl. I S. 2652) treten erst **mWv 1.1.2024** in Kraft und sind im Text noch nicht berücksichtigt.

[2)] Zum SGB II haben die Länder ua folgende Vorschriften erlassen:
- **Baden-Württemberg:** G zur Ausführung des SGB II v. 14.12.2004 (GBl. S. 907), zuletzt geänd. durch G v. 6.2.2018 (GBl. S. 6);
- **Bayern:** VO zur Ausführung der Sozialgesetze v. 8.12.2006 (GVBl. S. 942), zuletzt geänd. durch G v. 23.12.2019 (GVBl. S. 747);
- **Berlin:** G zur Ausführung des SGB II v. 15.12.2010 (GVBl. S. 557), geänd. durch G v. 13.7.2011 (GVBl. S. 344);
- **Brandenburg:** G zur Ausführung des SGB II im Land Brandenburg v. 8.12.2004 (GVBl. I S. 458), zuletzt geänd. durch G v. 3.3.2011 (GVBl. I Nr. 2 S. 1);
- **Hessen:** Hessisches OFFENSIV-G v. 20.12.2004 (GVBl. I S. 488), zuletzt geänd. durch G v. 13.12. 2017 (GVBl. S. 470);
- **Mecklenburg-Vorpommern:** G des Landes Mecklenburg-Vorpommern zur Ausführung des SGB II v. 28.10.2004 (GVOBl. M-V S. 502), zuletzt geänd. durch G v. 27.1.2018 (GVOBl. M-V S. 38);
- **Niedersachsen:** Niedersächsisches G zur Ausführung des SGB II und des § 6b des BundeskindergeldG v. 16.9.2004 (Nds. GVBl. S. 358), zuletzt geänd. durch G v. ErlDat (Nds. GVBl. 2019 S. 71);
- **Nordrhein-Westfalen:** G zur Ausführung des SGB II für das Land Nordrhein-Westfalen v. 16.12. 2004 (GV. NRW. S. 821), zuletzt geänd. durch G v. 2.7.2019 (GV. NRW. S. 342);
- **Rheinland-Pfalz:** LandesG zur Ausführung des SGB II v. 22.12.2004 (GVBl. S. 569), zuletzt geänd. durch G v. 18.12.2017 (GVBl. S. 331);
- **Saarland:** G zur Ausführung des SGB II und des BundeskindergeldG (AGSGB II/BKGG) v. 17.6. 2015 (Amtsbl. I S. 538), geänd. durch G v. 21.3.2018 (Amtsbl. I S. 248);
- **Sachsen-Anhalt:** G zur Ausführung des SGB II und des BundeskindergeldG v. 20.1.2012 (GVBl. LSA S. 36, ber. S. 120), zuletzt geänd. durch G v. 22.3.2017 (GVBl. LSA S. 55);
- **Schleswig-Holstein:** G zur Ausführung des SGB II und des § 6b BundeskindergeldG v. 27.5.2011 (GVOBl. Schl.-H. S. 146), zuletzt geänd. durch VO v. 16.1.2019 (GVOBl. Schl.-H. S. 30);
- **Thüringen:** Thüringer G zur Ausführung des SGB II v. 12.7.2013 (GVBl. S. 161).

[3)] Neubekanntmachung des SGB II v. 24.12.2003 (BGBl. I S. 2954) in der ab 1.4.2011 geltenden Fassung.

Förderung von Investitionen finanzschwacher Kommunen und zur Entlastung von Ländern und Kommunen bei der Aufnahme und Unterbringung von Asylbewerbern v. 24.6.2015 (BGBl. I S. 974), Art. 2 Arbeitslosenversicherungsschutz- und WeiterbildungsstärkungsG v. 18.7.2016 (BGBl. I S. 1710), Art. 1 Neuntes G zur Änd. des SGB II – Rechtsvereinfachung – sowie zur vorübergehenden Aussetzung der Insolvenzantragspflicht v. 26.7.2016 (BGBl. I S. 1824), Art. 2 IntegrationsG v. 31.7.2016 (BGBl. I S. 1939), Art. 22 Abs. 2 6. SGB IV-ÄndG v. 11.11.2016 (BGBl. I S. 2500), Art. 2 G zur Beteiligung des Bundes an den Kosten der Integration und zur weiteren Entlastung von Ländern und Kommunen v. 1.12.2016 (BGBl. I S. 2755), Art. 1 G zur Regelung von Ansprüchen ausländischer Personen in der Grundsicherung für Arbeitsuchende nach dem SGB II und in der Sozialhilfe nach dem SGB XII v. 22.12.2016 (BGBl. I S. 3155), Art. 6 G zur Ermittlung von Regelbedarfen sowie zur Änd. des Zweiten und des Zwölften Buches Sozialgesetzbuch v. 22.12.2016 (BGBl. I S. 3159), Art. 4 BundesteilhabeG v. 23.12.2016 (BGBl. I S. 3234), Art. 158 G zum Abbau verzichtbarer Anordnungen der Schriftform im Verwaltungsrecht des Bundes v. 29.3.2017 (BGBl. I S. 626), Art. 20 G zur Änd. des BundesversorgungsG und anderer Vorschriften v. 17.7.2017 (BGBl. I S. 2541), Art. 5 Integrationskosten-BeteiligungsG v. 17.12.2018 (BGBl. I S. 2522), Art. 1 TeilhabechancenG v. 17.12.2018 (BGBl. I S. 2583), Art. 3 QualifizierungschancenG v. 18.12.2018 (BGBl. I S. 2651), Art. 3 Starke-Familien-G v. 29.4.2019 (BGBl. I S. 530), Art. 4 G zur Anpassung der Berufsausbildungsbeihilfe und des Ausbildungsgeldes v. 8.7.2019 (BGBl. I S. 1025), Art. 5 G gegen illegale Beschäftigung und Sozialleistungsmissbrauch v. 11.7.2019 (BGBl. I S. 1066), Art. 120 Zweites Datenschutz-Anpassungs- und UmsetzungsG EU v. 20.11.2019 (BGBl. I S. 1626), Art. 7 G zur Änd. des Neunten und des Zwölften Buches Sozialgesetzbuch und anderer Rechtsvorschriften v. 30.11.2019 (BGBl. I S. 1948), Urt. des BVerfG – 1 BvL 7/16 - v. 5.11.2019 (BGBl. I S. 2046), Art. 3 Integrationskosten-BeteiligungsG 2020/2021 v. 9.12.2019 (BGBl. I S. 2051), Art. 29 G zur Regelung des Sozialen Entschädigungsrechts v. 12.12.2019 (BGBl. I S. 2652) und Art. 7 MDK-ReformG v. 14.12.2019 (BGBl. I S. 2789)

Inhaltsübersicht[1)]

Kapitel 1. Fördern und Fordern

Kapitel 2. Anspruchsvoraussetzungen

---

1) Inhaltsübersicht geänd. mWv 1.4.2012 durch G v. 20.12.2011 (BGBl. I S. 2854); geänd. mWv 1.8.2013 durch G v. 7.5.2013 (BGBl. I S. 1167); geänd. mWv 1.1.2009, mWv 5.8.2014 und mWv 1.1.2015 durch G v. 28.7.2014 (BGBl. I S. 1306); geänd. mWv 1.8.2016 und geänd. mWv 1.1.2017 durch G v. 26.7.2016 (BGBl. I S. 1824); geänd. mWv 1.1.2019 durch G v. 17.12.2018 (BGBl. I S. 2583); geänd. mWv 26.11.2019 durch G v. 20.11.2019 (BGBl. I S. 1626).

Kapitel 3. Leistungen

Kapitel 1. Fördern und Fordern

§ 1[1)] Aufgabe und Ziel der Grundsicherung für Arbeitsuchende.

(1) Die Grundsicherung für Arbeitsuchende soll es Leistungsberechtigten ermöglichen, ein Leben zu führen, das der Würde des Menschen entspricht.

(2) [1]Die Grundsicherung für Arbeitsuchende soll die Eigenverantwortung von erwerbsfähigen Leistungsberechtigten und Personen, die mit ihnen in einer Bedarfsgemeinschaft leben, stärken und dazu beitragen, dass sie ihren Lebensunterhalt unabhängig von der Grundsicherung aus eigenen Mitteln und Kräften bestreiten können. [2]Sie soll erwerbsfähige Leistungsberechtigte bei der Aufnahme oder Beibehaltung einer Erwerbstätigkeit unterstützen und den Lebensunterhalt sichern, soweit sie ihn nicht auf andere Weise bestreiten können. [3]Die Gleichstellung von Männern und Frauen ist als durchgängiges Prinzip zu verfolgen. [4]Die Leistungen der Grundsicherung sind insbesondere darauf auszurichten, dass

1. durch eine Erwerbstätigkeit Hilfebedürftigkeit vermieden oder beseitigt, die Dauer der Hilfebedürftigkeit verkürzt oder der Umfang der Hilfebedürftigkeit verringert wird,

---

[1)] § 1 Abs. 3 neu gef. mWv 1.8.2016 durch G v. 26.7.2016 (BGBl. I S. 1824).

2. die Erwerbsfähigkeit einer leistungsberechtigten Person erhalten, verbessert oder wieder hergestellt wird,
3. geschlechtsspezifischen Nachteilen von erwerbsfähigen Leistungsberechtigten entgegengewirkt wird,
4. die familienspezifischen Lebensverhältnisse von erwerbsfähigen Leistungsberechtigten, die Kinder erziehen oder pflegebedürftige Angehörige betreuen, berücksichtigt werden,
5. behindertenspezifische Nachteile überwunden werden,
6. Anreize zur Aufnahme und Ausübung einer Erwerbstätigkeit geschaffen und aufrechterhalten werden.

(3) Die Grundsicherung für Arbeitsuchende umfasst Leistungen zur
1. Beratung,
2. Beendigung oder Verringerung der Hilfebedürftigkeit insbesondere durch Eingliederung in Ausbildung oder Arbeit und
3. Sicherung des Lebensunterhalts.

§ 2 Grundsatz des Forderns. (1) [1] Erwerbsfähige Leistungsberechtigte und die mit ihnen in einer Bedarfsgemeinschaft lebenden Personen müssen alle Möglichkeiten zur Beendigung oder Verringerung ihrer Hilfebedürftigkeit ausschöpfen. [2] Eine erwerbsfähige leistungsberechtigte Person muss aktiv an allen Maßnahmen zu ihrer Eingliederung in Arbeit mitwirken, insbesondere eine Eingliederungsvereinbarung abschließen. [3] Wenn eine Erwerbstätigkeit auf dem allgemeinen Arbeitsmarkt in absehbarer Zeit nicht möglich ist, hat die erwerbsfähige leistungsberechtigte Person eine ihr angebotene zumutbare Arbeitsgelegenheit zu übernehmen.

(2) [1] Erwerbsfähige Leistungsberechtigte und die mit ihnen in einer Bedarfsgemeinschaft lebenden Personen haben in eigener Verantwortung alle Möglichkeiten zu nutzen, ihren Lebensunterhalt aus eigenen Mitteln und Kräften zu bestreiten. [2] Erwerbsfähige Leistungsberechtigte müssen ihre Arbeitskraft zur Beschaffung des Lebensunterhalts für sich und die mit ihnen in einer Bedarfsgemeinschaft lebenden Personen einsetzen.

§ 3[1)] Leistungsgrundsätze. (1) [1] Leistungen zur Eingliederung in Arbeit können erbracht werden, soweit sie zur Vermeidung oder Beseitigung, Verkürzung oder Verminderung der Hilfebedürftigkeit für die Eingliederung erforderlich sind. [2] Bei den Leistungen zur Eingliederung in Arbeit sind
1. die Eignung,
2. die individuelle Lebenssituation, insbesondere die familiäre Situation,
3. die voraussichtliche Dauer der Hilfebedürftigkeit und
4. die Dauerhaftigkeit der Eingliederung

der erwerbsfähigen Leistungsberechtigten zu berücksichtigen. [3] Vorrangig sollen Maßnahmen eingesetzt werden, die die unmittelbare Aufnahme einer Erwerbs-

---

1) § 3 Abs. 2 Sätze 1 und 2, Abs. 2a geänd. mWv 1.4.2012 durch G v. 20.12.2011 (BGBl. I S. 2854); *Abs. 2 und 2a neu gef. mWv 1.8.2016 durch G v. 26.7.2016* (BGBl. I S. 1824); Abs. 2b aufgeh. mWv 29.12.2016 durch G v. 22.12.2016 (BGBl. I S. 3155).

tätigkeit ermöglichen. [4]Bei der Leistungserbringung sind die Grundsätze von Wirtschaftlichkeit und Sparsamkeit zu beachten.

(2) [1]Bei der Beantragung von Leistungen nach diesem Buch sollen unverzüglich Leistungen zur Eingliederung in Arbeit nach dem Ersten Abschnitt des Dritten Kapitels erbracht werden. [2]Bei fehlendem Berufsabschluss sind insbesondere die Möglichkeiten zur Vermittlung in eine Ausbildung zu nutzen.

(2a) [1]Die Agentur für Arbeit hat darauf hinzuwirken, dass erwerbsfähige Leistungsberechtigte, die

(Fortsetzung nächstes Blatt)

den Sätzen 1 und 2, ist eine Ausgleichszahlung in Höhe des Unterschiedsbetrages zwischen dem Arbeitsentgelt bei dem abgebenden Träger zum Zeitpunkt des Übertritts und dem jeweiligen Arbeitsentgelt bei dem aufnehmenden Träger zu zahlen.

§ 6d Jobcenter. Die gemeinsamen Einrichtungen nach § 44b und die zugelassenen kommunalen Träger nach § 6a führen die Bezeichnung Jobcenter.

Kapitel 2. Anspruchsvoraussetzungen

§ 7[1] Leistungsberechtigte. (1) [1] Leistungen nach diesem Buch erhalten Personen, die

1. das 15. Lebensjahr vollendet und die Altersgrenze nach § 7a noch nicht erreicht haben,
2. erwerbsfähig sind,
3. hilfebedürftig sind und
4. ihren gewöhnlichen Aufenthalt in der Bundesrepublik Deutschland haben (erwerbsfähige Leistungsberechtigte).

[2] Ausgenommen sind

1. Ausländerinnen und Ausländer, die weder in der Bundesrepublik Deutschland Arbeitnehmerinnen, Arbeitnehmer oder Selbständige noch aufgrund des § 2 Absatz 3 des Freizügigkeitsgesetzes/EU[2] freizügigkeitsberechtigt sind, und ihre Familienangehörigen für die ersten drei Monate ihres Aufenthalts,
2. Ausländerinnen und Ausländer,
   a) die kein Aufenthaltsrecht haben,
   b) deren Aufenthaltsrecht sich allein aus dem Zweck der Arbeitsuche ergibt oder
   c) die ihr Aufenthaltsrecht allein oder neben einem Aufenthaltsrecht nach Buchstabe b aus Artikel 10 der Verordnung (EU) Nr. 492/2011[3] des Europäischen Parlaments und des Rates vom 5. April 2011 über die Freizügigkeit der Arbeitnehmer innerhalb der Union (ABl. L 141 vom 27.5.2011, S. 1), die durch die Verordnung (EU) 2016/589 (ABl. L 107 vom 22.4.2016, S. 1) geändert worden ist, ableiten,

   und ihre Familienangehörigen,
3. Leistungsberechtigte nach § 1 des Asylbewerberleistungsgesetzes[4].

[3] Satz 2 Nummer 1 gilt nicht für Ausländerinnen und Ausländer, die sich mit einem Aufenthaltstitel nach Kapitel 2 Abschnitt 5 des Aufenthaltsgesetzes[5] in

---

[1] *§ 7 Abs. 5,* Abs. 6 Nr. 1 und 2 geänd. mWv 1.4.2012 durch G v. 20.12.2011 (BGBl. I S. 2854); Abs. 4 Satz 3 Nr. 2 geänd., Abs. 5 und 6 neu gef. mWv 1.8.2016 durch G v. 26.7.2016 (BGBl. I S. 1824); Abs. 1 neu gef. mWv 29.12.2016 durch G v. 22.12.2016 (BGBl. I S. 3155); Abs. 5 Satz 2 geänd. mWv 1.8.2019 durch G v. 8.7.2019 (BGBl. I S. 1025); Abs. 4 Satz 4 angef. mWv 1.1.2020 durch G v. 30.11.2019 (BGBl. I S. 1948).

[2] **Sartorius Nr. 560.**

[3] **Nipperdey I Nr. 865.**

[4] **Sartorius ErgBd. Nr. 418.**

[5] **Sartorius Nr. 565.**

der Bundesrepublik Deutschland aufhalten. [4] Abweichend von Satz 2 Nummer 2 erhalten Ausländerinnen und Ausländer und ihre Familienangehörigen Leistungen nach diesem Buch, wenn sie seit mindestens fünf Jahren ihren gewöhnlichen Aufenthalt im Bundesgebiet haben; dies gilt nicht, wenn der Verlust des Rechts nach § 2 Absatz 1 des Freizügigkeitsgesetzes/ EU festgestellt wurde. [5] Die Frist nach Satz 4 beginnt mit der Anmeldung bei der zuständigen Meldebehörde. [6] Zeiten des nicht rechtmäßigen Aufenthalts, in denen eine Ausreisepflicht besteht, werden auf Zeiten des gewöhnlichen Aufenthalts nicht angerechnet. [7] Aufenthaltsrechtliche Bestimmungen bleiben unberührt.

(2) [1] Leistungen erhalten auch Personen, die mit erwerbsfähigen Leistungsberechtigten in einer Bedarfsgemeinschaft leben. [2] Dienstleistungen und Sachleistungen werden ihnen nur erbracht, wenn dadurch Hemmnisse bei der Eingliederung der erwerbsfähigen Leistungsberechtigten beseitigt oder vermindert werden. [3] Zur Deckung der Bedarfe nach § 28 erhalten die dort genannten Personen auch dann Leistungen für Bildung und Teilhabe, wenn sie mit Personen in einem Haushalt zusammenleben, mit denen sie nur deshalb keine Bedarfsgemeinschaft bilden, weil diese aufgrund des zu berücksichtigenden Einkommens oder Vermögens selbst nicht leistungsberechtigt sind.

(3) Zur Bedarfsgemeinschaft gehören

1. die erwerbsfähigen Leistungsberechtigten,
2. die im Haushalt lebenden Eltern oder der im Haushalt lebende Elternteil eines unverheirateten erwerbsfähigen Kindes, welches das 25. Lebensjahr noch nicht vollendet hat, und die im Haushalt lebende Partnerin oder der im Haushalt lebende Partner dieses Elternteils,
3. als Partnerin oder Partner der erwerbsfähigen Leistungsberechtigten
   a) die nicht dauernd getrennt lebende Ehegattin oder der nicht dauernd getrennt lebende Ehegatte,
   b) die nicht dauernd getrennt lebende Lebenspartnerin oder der nicht dauernd getrennt lebende Lebenspartner,
   c) eine Person, die mit der erwerbsfähigen leistungsberechtigten Person in einem gemeinsamen Haushalt so zusammenlebt, dass nach verständiger Würdigung der wechselseitige Wille anzunehmen ist, Verantwortung füreinander zu tragen und füreinander einzustehen.
4. die dem Haushalt angehörenden unverheirateten Kinder der in den Nummern 1 bis 3 genannten Personen, wenn sie das 25. Lebensjahr noch nicht vollendet haben, soweit sie die Leistungen zur Sicherung ihres Lebensunterhalts nicht aus eigenem Einkommen oder Vermögen beschaffen können.

(3a) Ein wechselseitiger Wille, Verantwortung füreinander zu tragen und füreinander einzustehen, wird vermutet, wenn Partner

1. länger als ein Jahr zusammenleben,
2. mit einem gemeinsamen Kind zusammenleben,
3. Kinder oder Angehörige im Haushalt versorgen oder
4. befugt sind, über Einkommen oder Vermögen des anderen zu verfügen.

(4) [1] Leistungen nach diesem Buch erhält nicht, wer in einer stationären Einrichtung untergebracht ist, Rente wegen Alters oder Knappschaftsausgleichsleistung oder ähnliche Leistungen öffentlich-rechtlicher Art bezieht. [2] Dem Aufenthalt in einer stationären Einrichtung ist der Aufenthalt in einer

Einrichtung zum Vollzug richterlich angeordneter Freiheitsentziehung gleichgestellt. [3] Abweichend von Satz 1 erhält Leistungen nach diesem Buch,

1. wer voraussichtlich für weniger als sechs Monate in einem Krankenhaus (§ 107 des Fünften Buches[1]) untergebracht ist, oder
2. wer in einer stationären Einrichtung nach Satz 1 untergebracht und unter den üblichen Bedingungen des allgemeinen Arbeitsmarktes mindestens 15 Stunden wöchentlich erwerbstätig ist.

[4] Die Sätze 1 und 3 Nummer 2 gelten für Bewohner von Räumlichkeiten im Sinne des § 42a Absatz 2 Satz 1 Nummer 2 und Satz 3 des Zwölften Buches[2] entsprechend.

(4a) [1] Erwerbsfähige Leistungsberechtigte erhalten keine Leistungen, wenn sie sich ohne Zustimmung des zuständigen Trägers nach diesem Buch außerhalb des zeit- und ortsnahen Bereichs aufhalten und deshalb nicht für die Eingliederung in Arbeit zur Verfügung stehen. [2] Die Zustimmung ist zu erteilen, wenn für den Aufenthalt außerhalb des zeit- und ortsnahen Bereichs ein wichtiger Grund vorliegt und die Eingliederung in Arbeit nicht beeinträchtigt wird. [3] Ein wichtiger Grund liegt insbesondere vor bei

1. Teilnahme an einer ärztlich verordneten Maßnahme der medizinischen Vorsorge oder Rehabilitation,
2. Teilnahme an einer Veranstaltung, die staatspolitischen, kirchlichen oder gewerkschaftlichen Zwecken dient oder sonst im öffentlichen Interesse liegt, oder
3. Ausübung einer ehrenamtlichen Tätigkeit.

[4] Die Zustimmung kann auch erteilt werden, wenn für den Aufenthalt außerhalb des zeit- und ortsnahen Bereichs kein wichtiger Grund vorliegt und die Eingliederung in Arbeit nicht beeinträchtigt wird. [5] Die Dauer der Abwesenheiten nach Satz 4 soll in der Regel insgesamt drei Wochen im Kalenderjahr nicht überschreiten.

(5) [1] Auszubildende, deren Ausbildung im Rahmen des Bundesausbildungsförderungsgesetzes[3] dem Grunde nach förderungsfähig ist, haben über die Leistungen nach § 27 hinaus keinen Anspruch auf Leistungen zur Sicherung des Lebensunterhalts. [2] Satz 1 gilt auch für Auszubildende, deren Bedarf sich nach § 61 Absatz 2, § 62 Absatz 3, § 123 Nummer 2 sowie § 124 Nummer 2 des Dritten Buches[4] bemisst.

(6) Absatz 5 Satz 1 ist nicht anzuwenden auf Auszubildende,

1. die aufgrund von § 2 Absatz 1a des Bundesausbildungsförderungsgesetzes keinen Anspruch auf Ausbildungsförderung haben,
2. deren Bedarf sich nach den §§ 12, 13 Absatz 1 in Verbindung mit Absatz 2 Nummer 1 oder nach § 13 Absatz 1 Nummer 1 in Verbindung mit Absatz 2 Nummer 2 des Bundesausbildungsförderungsgesetzes bemisst und die Leistungen nach dem Bundesausbildungsförderungsgesetz

---

[1] **Aichberger Nr. 5.**
[2] Nr. **51.2.**
[3] **Sartorius Nr. 420.**
[4] **Aichberger Nr. 3.**

a) erhalten oder nur wegen der Vorschriften zur Berücksichtigung von Einkommen und Vermögen nicht erhalten oder

b) beantragt haben und über deren Antrag das zuständige Amt für Ausbildungsförderung noch nicht entschieden hat; lehnt das zuständige Amt für Ausbildungsförderung die Leistungen ab, findet Absatz 5 mit Beginn des folgenden Monats Anwendung, oder

3. die eine Abendhauptschule, eine Abendrealschule oder ein Abendgymnasium besuchen, sofern sie aufgrund des § 10 Absatz 3 des Bundesausbildungsförderungsgesetzes keinen Anspruch auf Ausbildungsförderung haben.

§ 7a Altersgrenze. [1]Personen, die vor dem 1. Januar 1947 geboren sind, erreichen die Altersgrenze mit Ablauf des Monats, in dem sie das 65. Lebensjahr vollenden. [2]Für Personen, die nach dem 31. Dezember 1946 geboren sind, wird die Altersgrenze wie folgt angehoben:

für den Geburtsjahrgang	erfolgt eine Anhebung um Monate	auf den[1)] Ablauf des Monats, in dem ein Lebensalter vollendet wird von
1947	1	65 Jahren und 1 Monat
1948	2	65 Jahren und 2 Monaten
1949	3	65 Jahren und 3 Monaten
1950	4	65 Jahren und 4 Monaten
1951	5	65 Jahren und 5 Monaten
1952	6	65 Jahren und 6 Monaten
1953	7	65 Jahren und 7 Monaten
1954	8	65 Jahren und 8 Monaten
1955	9	65 Jahren und 9 Monaten
1956	10	65 Jahren und 10 Monaten
1957	11	65 Jahren und 11 Monaten
1958	12	66 Jahren
1959	14	66 Jahren und 2 Monaten
1960	16	66 Jahren und 4 Monaten
1961	18	66 Jahren und 6 Monaten
1962	20	66 Jahren und 8 Monaten
1963	22	66 Jahren und 10 Monaten
ab 1964	24	67 Jahren.

[1)] *Wortlaut gem. G v. 20.4.2007 (BGBl. I S. 554)* iVm G v. 24.3.2011 (BGBl. I S. 453); in der Neubek. v. 13.5.2011 (BGBl. I S. 850) fehlt das Wort „auf".

§ 8 Erwerbsfähigkeit. (1) Erwerbsfähig ist, wer nicht wegen Krankheit oder Behinderung auf absehbare Zeit außerstande ist, unter den üblichen Bedingungen des allgemeinen Arbeitsmarktes mindestens drei Stunden täglich erwerbstätig zu sein.

(2) [1]Im Sinne von Absatz 1 können Ausländerinnen und Ausländer nur erwerbstätig sein, wenn ihnen die Aufnahme einer Beschäftigung erlaubt ist oder erlaubt werden könnte. [2]Die rechtliche Möglichkeit, eine Beschäftigung vorbehaltlich einer Zustimmung nach § 39 des Aufenthaltsgesetzes[1)] aufzunehmen, ist ausreichend.

§ 9 Hilfebedürftigkeit. (1) Hilfebedürftig ist, wer seinen Lebensunterhalt nicht oder nicht ausreichend aus dem zu berücksichtigenden Einkommen oder Vermögen sichern kann und die erforderliche Hilfe nicht von anderen, insbesondere von Angehörigen oder von Trägern anderer Sozialleistungen, erhält.

(2) [1]Bei Personen, die in einer Bedarfsgemeinschaft leben, sind auch das Einkommen und Vermögen des Partners zu berücksichtigen. [2]Bei unverheirateten Kindern, die mit ihren Eltern oder einem Elternteil in einer Bedarfsgemeinschaft leben und die ihren Lebensunterhalt nicht aus eigenem Einkommen oder Vermögen sichern können, sind auch das Einkommen und Vermögen der Eltern oder des Elternteils und dessen in Bedarfsgemeinschaft lebender Partnerin oder lebenden Partners zu berücksichtigen. [3]Ist in einer Bedarfsgemeinschaft nicht der gesamte Bedarf aus eigenen Kräften und Mitteln gedeckt, gilt jede Person der Bedarfsgemeinschaft im Verhältnis des eigenen

(Fortsetzung nächstes Blatt)

[1)] **Sartorius Nr. 565.**

Kapitel 5. Finanzierung und Aufsicht

§ 46[1)] Finanzierung aus Bundesmitteln. (1) [1]Der Bund trägt die Aufwendungen der Grundsicherung für Arbeitsuchende einschließlich der Verwaltungskosten, soweit die Leistungen von der Bundesagentur erbracht werden. [2]Der Bundesrechnungshof prüft die Leistungsgewährung. [3]Dies gilt auch, soweit die Aufgaben von gemeinsamen Einrichtungen nach § 44b wahrgenommen werden. [4]Eine Pauschalierung von Eingliederungsleistungen und Verwaltungskosten ist zulässig. [5]Die Mittel für die Erbringung von Eingliederungsleistungen und Verwaltungskosten werden in einem Gesamtbudget veranschlagt.

(2) [1]Der Bund kann festlegen, nach welchen Maßstäben die Mittel nach Absatz 1 Satz 4 auf die Agenturen für Arbeit zu verteilen sind. [2]Bei der Zuweisung wird die Zahl der erwerbsfähigen Leistungsberechtigten nach diesem Buch zugrunde gelegt. [3]Das Bundesministerium für Arbeit und Soziales kann im Einvernehmen mit dem Bundesministerium der Finanzen durch Rechtsverordnung[2)] ohne Zustimmung des Bundesrates andere oder ergänzende Maßstäbe für die Verteilung der Mittel nach Absatz 1 Satz 4 festlegen.

(3) [1]Der Anteil des Bundes an den Gesamtverwaltungskosten der gemeinsamen Einrichtungen beträgt 84,8 Prozent. [2]Durch Rechtsverordnung[3)] mit Zustimmung des Bundesrates kann das Bundesministerium für Arbeit und Soziales im Einvernehmen mit dem Bundesministerium der Finanzen festlegen, nach welchen Maßstäben

1. kommunale Träger die Aufwendungen der Grundsicherung für Arbeitsuchende bei der Bundesagentur abrechnen, soweit sie Aufgaben nach § 6 Absatz 1 Satz 1 Nummer 1 wahrnehmen,
2. die Gesamtverwaltungskosten, die der Berechnung des Finanzierungsanteils nach Satz 1 zugrunde liegen, zu bestimmen sind.

(4) *(aufgehoben)*

(5) [1]Der Bund beteiligt sich zweckgebunden an den Ausgaben für die Leistungen für Unterkunft und Heizung nach § 22 Absatz 1. [2]Der Bund beteiligt sich höchstens mit 49 Prozent an den bundesweiten Ausgaben für die Leis-

---

[1)] § 46 Abs. 2 Satz 3 neu gef. mWv 1.4.2012 durch G v. 20.12.2011 (BGBl. I S. 2854); Abs. 2 Satz 3 geänd. mWv 1.1.2013 durch G v. 5.12.2012 (BGBl. I S. 2467); Abs. 4 aufgeh. mWv 1.1.2013 durch G v. 20.12.2012 (BGBl. I S. 2781); Abs. 7a eingef. mWv 1.1.2014 durch G v. 2.12.2014 (BGBl. I S. 1922); Abs. 5 neu gef., Abs. 6 Satz 1 geänd. mWv 31.12.2014 durch G v. 22.12.2014 (BGBl. I S. 2411); Abs. 5 neu gef., Abs. 6 Satz 1 geänd. mWv 30.6.2015 durch G v. 24.6.2015 (BGBl. I S. 974); Abs. 2 Satz 3 geänd. mWv 1.8.2016 durch G v. 26.7.2016 (BGBl. I S. 1824); Abs. 5–7 neu gef., Abs. 7a aufgeh., Abs. 8–10 eingef., bish. Abs. 8 wird Abs. 11 und Satz 1 geänd., Satz 4 eingef., bish. Sätze 4 und 5 werden Sätze 5 und 6 mWv 7.12.2016 durch G v. 1.12.2016 (BGBl. I S. 2755); Abs. 7 und 9 neu gef., Abs. 10 Satz 1 neu gef., Satz 4 geänd., Sätze 5–7 neu gef., Sätze 8 und 9 aufgeh. mWv *21.12.2018 durch G v. 17.12.2018* (BGBl. I S. 2522); Abs. 2 Satz 3 aufgeh., bish. Satz 4 wird Satz 3 mWv 1.1.2019 durch G v. 17.12.2018 (BGBl. I S. 2583); Abs. 7 Nr. 2 geänd., Nr. 3 neu gef., Nr. 4 und 5 angef., Abs. 9 geänd. Abs. 10 Satz 1 neu gef., Satz 7 geänd., Abs. 11 Sätze 1, 2 und 5 geänd., Satz 6 neu gef., Sätze 7 und 8 angef. mWv 13.12.2019 durch G v. 9.12.2019 (BGBl. I S. 2051).

[2)] Siehe hierzu ua die Eingliederungsmittel-Verordnung 2020 v. 9.12.2019 (BAnz AT 13.12.2019 V1).

[3)] Siehe ua die VO zur Feststellung der Gesamtverwaltungskosten der gemeinsamen Einrichtung (VerwaltungskostenfeststellungsVO – VKFV) idF der Bek. v. 19.3.2019 (BGBl. I S. 378), zuletzt geänd. durch VO v. 9.12.2019 (BGBl. I S. 2142).

tungen nach § 22 Absatz 1. [3]Es gelten landesspezifische Beteiligungsquoten, deren Höhe sich nach den Absätzen 6 bis 10 bestimmt.

(6) Der Bund beteiligt sich an den Ausgaben für die Leistungen nach § 22 Absatz 1 ab dem Jahr 2016

1. im Land Baden-Württemberg mit 31,6 Prozent,
2. im Land Rheinland-Pfalz mit 37,6 Prozent sowie
3. in den übrigen Ländern mit 27,6 Prozent.

(7) Die in Absatz 6 genannten Prozentsätze erhöhen sich jeweils

1. im Jahr 2018 um 7,9 Prozentpunkte,
2. im Jahr 2019 um 3,3 Prozentpunkte,
3. im Jahr 2020 um 2,7 Prozentpunkte,
4. im Jahr 2021 um 1,2 Prozentpunkte sowie
5. ab dem Jahr 2022 um 10,2 Prozentpunkte.

(8) [1]Die in Absatz 6 genannten Prozentsätze erhöhen sich jeweils um einen landesspezifischen Wert in Prozentpunkten. [2]Dieser entspricht den Gesamtausgaben des jeweiligen Landes für die Leistungen nach § 28 dieses Gesetzes sowie nach § 6b des Bundeskindergeldgesetzes[1)] des abgeschlossenen Vorjahres geteilt durch die Gesamtausgaben des jeweiligen Landes für die Leistungen nach § 22 Absatz 1 des abgeschlossenen Vorjahres multipliziert mit 100.

(9) Die in Absatz 6 genannten Prozentsätze erhöhen sich in den Jahren 2016 bis 2021 jeweils um einen weiteren landesspezifischen Wert in Prozentpunkten.

(10) [1]Das Bundesministerium für Arbeit und Soziales wird ermächtigt, durch Rechtsverordnung mit Zustimmung des Bundesrates

1. die landesspezifischen Werte nach Absatz 8 Satz 1 jährlich für das Folgejahr festzulegen und für das laufende Jahr rückwirkend anzupassen,
2. die weiteren landesspezifischen Werte nach Absatz 9
   a) im Jahr 2019 für das Jahr 2020 festzulegen sowie für das laufende Jahr 2019 und das Vorjahr 2018 rückwirkend anzupassen,
   b) im Jahr 2020 für das Jahr 2021 festzulegen sowie für das laufende Jahr 2020 und das Vorjahr 2019 rückwirkend anzupassen,
   c) im Jahr 2021 für das laufende Jahr 2021 und das Vorjahr 2020 rückwirkend anzupassen,
   d) im Jahr 2022 für das Vorjahr 2021 rückwirkend anzupassen sowie
3. die landesspezifischen Beteiligungsquoten jährlich für das Folgejahr festzulegen und für das laufende Jahr rückwirkend anzupassen sowie in den Jahren 2019 bis 2022 für das jeweilige Vorjahr rückwirkend anzupassen.

[2]Die Festlegung und Anpassung der Werte nach Satz 1 Nummer 1 erfolgen in Höhe des jeweiligen Wertes nach Absatz 8 Satz 2 des abgeschlossenen Vorjahres. [3]Für die Festlegung und Anpassung der Werte nach Satz 1 Nummer 2 werden auf der Grundlage statistischer Daten die Vorjahresausgaben eines Landes für Leistungen nach § 22 Absatz 1 für solche Bedarfsgemeinschaften ermittelt, in denen mindestens eine erwerbsfähige leistungsberechtigte Person, die nicht vor Oktober 2015 erstmals leistungsberechtigt war, über eine Auf-

---

1) Schönfelder ErgBd. Nr. 45b.

enthaltsgestattung, eine Duldung oder eine Aufenthaltserlaubnis aus völkerrechtlichen, humanitären oder politischen Gründen nach den §§ 22 bis 26 des Aufenthaltsgesetzes[1] verfügt. [4] Bei der Ermittlung der Vorjahresausgaben nach Satz 3 ist nur der Teil zu berücksichtigen, der nicht vom Bund auf Basis der geltenden landesspezifischen Werte nach Absatz 6 erstattet wurde. [5] Die Festlegung und Anpassung der Werte nach Satz 1 Nummer 2 erfolgen in Höhe des prozentualen Verhältnisses der nach den Sätzen 3 und 4 abgegrenzten Ausgaben zu den entsprechenden Vorjahresausgaben eines Landes für die Leistungen nach § 22 Absatz 1 für alle Bedarfsgemeinschaften. [6] Soweit die Festlegung und Anpassung nach Satz 1 Nummer 1 und 2 zu landesspezifischen Beteiligungsquoten führen, auf Grund derer sich der Bund mit mehr als 49 Prozent an den bundesweiten Gesamtausgaben für die Leistungen nach § 22 Absatz 1 beteiligt, sind die Werte nach Absatz 7 proportional in dem Umfang zu mindern, dass die Beteiligung an den bundesweiten Gesamtausgaben für die Leistungen nach § 22 Absatz 1 nicht mehr als 49 Prozent beträgt. [7] Soweit eine vollständige Minderung nach Satz 6 nicht ausreichend ist, sind anschließend die Werte nach Absatz 9 proportional in dem Umfang zu mindern, dass die Beteiligung an den bundesweiten Gesamtausgaben für die Leistungen nach § 22 Absatz 1 nicht mehr als 49 Prozent beträgt.

(11) [1] Die Anteile des Bundes an den Leistungen nach § 22 Absatz 1 werden den Ländern erstattet. [2] Der Abruf der Erstattungen ist höchstens zweimal monatlich zulässig. [3] Soweit eine Bundesbeteiligung für Zahlungen geltend gemacht wird, die wegen des fristgerechten Eingangs beim Empfänger bereits am Ende eines Haushaltsjahres geleistet wurden, aber erst im folgenden Haushaltsjahr fällig werden, ist die für das folgende Haushaltsjahr geltende Bundesbeteiligung maßgeblich. [4] Im Rahmen der rückwirkenden Anpassung nach Absatz 10 Satz 1 wird die Differenz, die sich aus der Anwendung der bis zur Anpassung geltenden landesspezifischen Beteiligungsquoten und der durch die Verordnung rückwirkend geltenden landesspezifischen Beteiligungsquoten ergibt, zeitnah im Erstattungsverfahren ausgeglichen. [5] Die Gesamtausgaben für die Leistungen nach § 28 sowie nach § 6b des Bundeskindergeldgesetzes sowie die Gesamtausgaben für Leistungen nach § 22 Absatz 1 sind durch die Länder bis zum 31. März des Folgejahres zu ermitteln und dem Bundesministerium für Arbeit und Soziales mitzuteilen. [6] Bei der Ermittlung ist maßgebend, dass diese Ausgaben im entsprechenden Jahr vom kommunalen Träger tatsächlich geleistet wurden; davon abweichend sind geleistete Ausgaben in Fällen des Satzes 3 den Gesamtausgaben des Jahres zuzurechnen, in dem sie fällig geworden sind. [7] Die Ausgaben nach Satz 6 sind um entsprechende Einnahmen für die jeweiligen Leistungen im entsprechenden Jahr zu mindern. [8] Die Länder gewährleisten, dass geprüft wird, dass die Ausgaben der kommunalen Träger nach Satz 5 begründet und belegt sind und den Grundsätzen der Wirtschaftlichkeit und Sparsamkeit entsprechen.

(Fortsetzung nächstes Blatt)

[1] **Sartorius Nr. 565.**

Kapitel 6.[1] Datenverarbeitung und datenschutzrechtliche Verantwortung

§ 50[2] Datenübermittlung. (1) [1] Die Bundesagentur, die kommunalen Träger, die zugelassenen kommunalen Träger, gemeinsame Einrichtungen, die für die Bekämpfung von Leistungsmissbrauch und illegaler Beschäftigung zuständigen Stellen und mit der Wahrnehmung von Aufgaben beauftragte Dritte sollen sich gegenseitig Sozialdaten übermitteln, soweit dies zur Erfüllung ihrer Aufgaben nach diesem Buch oder dem Dritten Buch[3] erforderlich ist. [2] Hat die Agentur für Arbeit oder ein zugelassener kommunaler Träger eine externe Gutachterin oder einen externen Gutachter beauftragt, eine ärztliche oder psychologische Untersuchung oder Begutachtung durchzuführen, ist die Übermittlung von Daten an die Agentur für Arbeit oder den zugelassenen kommunalen Träger durch die externe Gutachterin oder den externen Gutachter zulässig, soweit dies zur Erfüllung des Auftrages erforderlich ist.

(2) Die gemeinsame Einrichtung ist Verantwortliche für die Verarbeitung von Sozialdaten nach § 67 Absatz 4 des Zehnten Buches[4] sowie Stelle im Sinne des § 35 Absatz 1 des Ersten Buches[5].

(3) [1] Die gemeinsame Einrichtung nutzt zur Erfüllung ihrer Aufgaben durch die Bundesagentur zentral verwaltete Verfahren der Informationstechnik. [2] Sie ist verpflichtet, auf einen auf dieser Grundlage erstellten gemeinsamen zentralen Datenbestand zuzugreifen. [3] Verantwortliche für die zentral verwalteten Verfahren der Informationstechnik nach § 67 Absatz 4 des Zehnten Buches ist die Bundesagentur.

(4) [1] Eine Verarbeitung von Sozialdaten durch die gemeinsame Einrichtung ist nur unter den Voraussetzungen der Verordnung (EU) 2016/679[6] des Europäischen Parlaments und des Rates vom 27. April 2016 zum Schutz natürlicher Personen bei der Verarbeitung personenbezogener Daten, zum freien Datenverkehr und zur Aufhebung der Richtlinie 95/46/EG (Datenschutz-Grundverordnung) (ABl. L 119 vom 4.5.2016, S. 1; L 314 vom 22.11.2016, S. 72; L 127 vom 23.5.2018, S. 2) in der jeweils geltenden Fassung sowie des Zweiten Kapitels des Zehnten Buches und der übrigen Bücher des Sozialgesetzbuches zulässig. [2] Der Anspruch auf Zugang zu amtlichen Informationen gegenüber der gemeinsamen Einrichtung richtet sich nach dem Informationsfreiheitsgesetz des Bundes. [3] Die Datenschutzkontrolle und die Kontrolle der Einhaltung der Vorschriften über die Informationsfreiheit bei der gemeinsamen Einrichtung sowie für die zentralen Verfahren der Informationstechnik obliegen nach § 9 Abs. 1 Satz 1 des Bundesdatenschutzgesetzes[7] der oder dem Bundesbeauftragten für den Datenschutz und die Informationsfreiheit.

---

[1] *Kapitel 6 Überschr.* neu gef. mWv 26.11.2019 durch G v. 20.11.2019 (BGBl. I S. 1626).

[2] § 50 Abs. 1 Satz 2 angef. mWv 1.8.2016 durch G v. 26.7.2016 (BGBl. I S. 1824); Abs. 2, Abs. 3 Satz 3 geänd., Abs. 4 Satz 1 neu gef., Satz 3 geänd. mWv 26.11.2019 durch G v. 20.11.2019 (BGBl. I S. 1626).

[3] **Aichberger Nr. 3.**

[4] Nr. **51.9.**

[5] Nr. **51.1.**

[6] **Sartorius Nr. 246.**

[7] **Sartorius Nr. 245.**

§ 50a[1] **Speicherung, Veränderung, Nutzung, Übermittlung, Einschränkung der Verarbeitung oder Löschung von Daten für die Ausbildungsvermittlung.** [1]Gemeinsame Einrichtungen und zugelassene kommunale Träger dürfen die ihnen nach § 282b Absatz 4 des Dritten Buches[2] von der Bundesagentur übermittelten Daten über eintragungsfähige oder eingetragene Ausbildungsverhältnisse ausschließlich speichern, verändern, nutzen, übermitteln oder in der Verarbeitung einschränken zur Verbesserung der

1. Ausbildungsvermittlung,
2. Zuverlässigkeit und Aktualität der Ausbildungsvermittlungsstatistik oder
3. Feststellung von Angebot und Nachfrage auf dem Ausbildungsmarkt.

[2]Die zu diesen Zwecken übermittelten Daten sind spätestens zum Ende des Kalenderjahres zu löschen.

§ 51[3] **Verarbeitung von Sozialdaten durch nicht-öffentliche Stellen.**

Die Träger der Leistungen nach diesem Buch dürfen abweichend von § 80 Absatz 3 des Zehnten Buches[4] zur Erfüllung ihrer Aufgaben nach diesem Buch einschließlich der Erbringung von Leistungen zur Eingliederung in Arbeit und Bekämpfung von Leistungsmissbrauch nicht-öffentliche Stellen mit der Verarbeitung von Sozialdaten beauftragen.

§ 51a Kundennummer. [1]Jeder Person, die Leistungen nach diesem Gesetz bezieht, wird einmalig eine eindeutige, von der Bundesagentur oder im Auftrag der Bundesagentur von den zugelassenen kommunalen Trägern vergebene Kundennummer zugeteilt. [2]Die Kundennummer ist vom Träger der Grundsicherung für Arbeitsuchende als Identifikationsmerkmal zu nutzen und dient ausschließlich diesem Zweck sowie den Zwecken nach § 51b Absatz 3. [3]Soweit vorhanden, ist die schon beim Vorbezug von Leistungen nach dem Dritten Buch[2] vergebene Kundennummer der Bundesagentur zu verwenden. [4]Die Kundennummer bleibt der jeweiligen Person auch zugeordnet, wenn sie den Träger wechselt. [5]Bei erneuter Leistung nach längerer Zeit ohne Inanspruchnahme von Leistungen nach diesem Buch oder nach dem Dritten Buch wird eine neue Kundennummer vergeben. [6]Diese Regelungen gelten entsprechend auch für Bedarfsgemeinschaften. [7]Als Bedarfsgemeinschaft im Sinne dieser Vorschrift gelten auch ein oder mehrere Kinder eines Haushalts, die nach § 7 Absatz 2 Satz 3 Leistungen erhalten. [8]Bei der Übermittlung der Daten verwenden die Träger eine eindeutige, von der Bundesagentur vergebene Trägernummer.

§ 51b[5] **Verarbeitung von Daten durch die Träger der Grundsicherung für Arbeitsuchende.** (1) [1]Die zuständigen Träger der Grundsicherung für Arbeitsuchende erheben laufend die für die Durchführung der Grundsicherung für Arbeitsuchende erforderlichen Daten. [2]Das Bundesministerium für Arbeit

---

[1] § 50a eingef. mWv 1.8.2016 durch G v. 26.7.2016 (BGBl. I S. 1824); Überschr. neu gef., Satz 1 einl. Satzteil geänd. mWv 26.11.2019 durch G v. 20.11.2019 (BGBl. I S. 1626).

[2] **Aichberger Nr. 3.**

[3] § 51 neu gef. mWv 26.11.2019 durch G v. 20.11.2019 (BGBl. I S. 1626).

[4] Nr. **51.9**.

[5] *§ 51b Überschr. neu gef., Abs. 3 einl. Satzteil geänd.* mWv 26.11.2019 durch G v. 20.11.2019 (BGBl. I S. 1626).

und Soziales wird ermächtigt, durch Rechtsverordnung[1] mit Zustimmung des Bundesrates die nach Satz 1 zu erhebenden Daten, die zur Nutzung für die in Absatz 3 genannten Zwecke erforderlich sind, einschließlich des Verfahrens zu deren Weiterentwicklung festzulegen.

(2) Die kommunalen Träger und die zugelassenen kommunalen Träger übermitteln der Bundesagentur die Daten nach Absatz 1 unter Angabe eines eindeutigen Identifikationsmerkmals, personenbezogene Datensätze unter Angabe der Kundennummer sowie der Nummer der Bedarfsgemeinschaft nach § 51a.

(3) Die nach den Absätzen 1 und 2 erhobenen und an die Bundesagentur übermittelten Daten dürfen nur – unbeschadet auf sonstiger gesetzlicher Grundlagen bestehender Mitteilungspflichten – für folgende Zwecke gespeichert, verändert, genutzt, übermittelt, in der Verarbeitung eingeschränkt oder gelöscht werden:

1. die zukünftige Gewährung von Leistungen nach diesem und dem Dritten Buch[2] an die von den Erhebungen betroffenen Personen,
2. Überprüfungen der Träger der Grundsicherung für Arbeitsuchende auf korrekte und wirtschaftliche Leistungserbringung,
3. die Erstellung von Statistiken, Kennzahlen für die Zwecke nach § 48a Absatz 2 und § 48b Absatz 5, Eingliederungsbilanzen und Controllingberichten durch die Bundesagentur, der laufenden Berichterstattung und der Wirkungsforschung nach den §§ 53 bis 55,
4. die Durchführung des automatisierten Datenabgleichs nach § 52,
5. die Bekämpfung von Leistungsmissbrauch.

(4) [1]Die Bundesagentur regelt im Benehmen mit den kommunalen Spitzenverbänden auf Bundesebene den genauen Umfang der nach den Absätzen 1 und 2 zu übermittelnden Informationen, einschließlich einer Inventurmeldung, sowie die Fristen für deren Übermittlung. [2]Sie regelt ebenso die zu verwendenden Systematiken, die Art der Übermittlung der Datensätze einschließlich der Datenformate sowie Aufbau, Vergabe, Verwendung und Löschungsfristen von Kunden- und Bedarfsgemeinschaftsnummern nach § 51a.

§ 51c (weggefallen)

§ 52[3] Automatisierter Datenabgleich. (1) [1]Die Bundesagentur und die zugelassenen kommunalen Träger überprüfen Personen, die Leistungen nach diesem Buch beziehen, zum 1. Januar, 1. April, 1. Juli und 1. Oktober im Wege des automatisierten Datenabgleichs daraufhin,

1. ob und in welcher Höhe und für welche Zeiträume von ihnen Leistungen der Träger der gesetzlichen Unfall- oder Rentenversicherung bezogen werden oder wurden,

---

[1] Siehe ua die VO zur Erhebung der Daten nach § 51b des Zweiten Buches Sozialgesetzbuch v. 12.8.2010 (BGBl. I S. 1150), zuletzt geänd. durch G v. 20.12.2011 (BGBl. I S. 2854).

[2] **Aichberger Nr. 3.**

[3] § 52 Abs. 1 Satz 1 Nr. 4 geänd., Nr. 5 aufgeh., bish. Nr. 6 und 7 werden Nr. 5 und 6, Sätze 2 und 3 angef. mWv 1.8.2016 durch G v. 26.7.2016 (BGBl. I S. 1824); Abs. 2a Sätze 1 und 3 geänd. mWv 1.1.2017 durch G v. 11.11.2016 (BGBl. I S. 2500); Abs. 2a Satz 2, Abs. 4 geänd. mWv 26.11.2019 durch G v. 20.11.2019 (BGBl. I S. 1626).

2. ob und in welchem Umfang Zeiten des Leistungsbezuges nach diesem Buch mit Zeiten einer Versicherungspflicht oder Zeiten einer geringfügigen Beschäftigung zusammentreffen,
3. ob und welche Daten nach § 45d Absatz 1 und § 45e des Einkommensteuergesetzes[1)] an das Bundeszentralamt für Steuern übermittelt worden sind,
4. ob und in welcher Höhe ein Kapital nach § 12 Absatz 2 Satz 1 Nummer 2 nicht mehr dem Zweck einer geförderten zusätzlichen Altersvorsorge im Sinne des § 10a oder des Abschnitts XI des Einkommensteuergesetzes dient,
5. ob und in welcher Höhe und für welche Zeiträume von ihnen Leistungen der Bundesagentur als Träger der Arbeitsförderung nach dem Dritten Buch[2)] bezogen werden oder wurden,
6. ob und in welcher Höhe und für welche Zeiträume von ihnen Leistungen anderer Träger der Grundsicherung für Arbeitsuchende bezogen werden oder wurden.

[2] Satz 1 gilt entsprechend für nicht leistungsberechtigte Personen, die mit Personen, die Leistungen nach diesem Buch beziehen, in einer Bedarfsgemeinschaft leben. [3] Abweichend von Satz 1 können die dort genannten Träger die Überprüfung nach Satz 1 Nummer 2 zum ersten jedes Kalendermonats durchführen.

(2) Zur Durchführung des automatisierten Datenabgleichs dürfen die Träger der Leistungen nach diesem Buch die folgenden Daten einer Person, die Leistungen nach diesem Buch bezieht, an die in Absatz 1 genannten Stellen übermitteln:

1. Name und Vorname,
2. Geburtsdatum und -ort,
3. Anschrift,
4. Versicherungsnummer.

(2a) [1] Die Datenstelle der Rentenversicherung darf als Vermittlungsstelle die nach den Absätzen 1 und 2 übermittelten Daten speichern und nutzen, soweit dies für die Datenabgleiche nach den Absätzen 1 und 2 erforderlich ist. [2] Sie darf die Daten der Stammsatzdatei (§ 150 des Sechsten Buches[3)]) und des bei ihr für die Prüfung bei den Arbeitgebern geführten Dateisystems (§ 28p Absatz 8 Satz 2 des Vierten Buches[4)]) nutzen, soweit die Daten für die Datenabgleiche erforderlich sind. [3] Die nach Satz 1 bei der Datenstelle der Rentenversicherung gespeicherten Daten sind unverzüglich nach Abschluss des Datenabgleichs zu löschen.

(3) [1] Die den in Absatz 1 genannten Stellen überlassenen Daten und Datenträger sind nach Durchführung des Abgleichs unverzüglich zurückzugeben, zu löschen oder zu vernichten. [2] Die Träger der Leistungen nach diesem Buch dürfen die ihnen übermittelten Daten nur zur Überprüfung nach Absatz 1 nutzen. [3] Die übermittelten Daten der Personen, bei denen die Überprüfung zu keinen abweichenden Feststellungen führt, sind unverzüglich zu löschen.

[1)] **Steuergesetze Nr. 1.**
[2)] **Aichberger Nr. 3.**
[3)] ***Aichberger Nr. 6.***
[4)] **Aichberger Nr. 4.**

(4) Das Bundesministerium für Arbeit und Soziales wird ermächtigt, durch Rechtsverordnung[1] das Nähere über das Verfahren des automatisierten Datenabgleichs und die Kosten des Verfahrens zu regeln; dabei ist vorzusehen, dass die Übermittlung an die Auskunftsstellen durch eine zentrale Vermittlungsstelle (Kopfstelle) zu erfolgen hat, deren Zuständigkeitsbereich zumindest das Gebiet eines Bundeslandes umfasst.

§ 52a[2] Überprüfung von Daten. (1) Die Agentur für Arbeit darf bei Personen, die Leistungen nach diesem Buch beantragt haben, beziehen oder bezogen haben, Auskunft einholen

1. über die in § 39 Absatz 1 Nummer 5 und 11 des Straßenverkehrsgesetzes[3] angeführten Daten über ein Fahrzeug, für das die Person als Halter eingetragen ist, bei dem Zentralen Fahrzeugregister;
2. aus dem Melderegister nach den §§ 34 und 38 bis 41 des Bundesmeldegesetzes[4] und dem Ausländerzentralregister,

soweit dies zur Bekämpfung von Leistungsmissbrauch erforderlich ist.

(2) [1] Die Agentur für Arbeit darf Daten von Personen, die Leistungen nach diesem Buch beantragt haben, beziehen oder bezogen haben und die Wohngeld beantragt haben, beziehen oder bezogen haben, an die nach dem Wohngeldgesetz zuständige Behörde übermitteln, soweit dies zur Feststellung der Voraussetzungen des Ausschlusses vom Wohngeld (§§ 7 und 8 Absatz 1 des Wohngeldgesetzes[5]) erforderlich ist. [2] Die Übermittlung der in § 52 Absatz 2 Nummer 1 bis 3 genannten Daten ist zulässig. [3] Die in Absatz 1 genannten Behörden führen die Überprüfung durch und teilen das Ergebnis der Überprüfungen der Agentur für Arbeit unverzüglich mit. [4] Die in Absatz 1 und Satz 1 genannten Behörden haben die ihnen übermittelten Daten nach Abschluss der Überprüfung unverzüglich zu löschen.

Kapitel 7. Statistik und Forschung

§ 53 Statistik und Übermittlung statistischer Daten. (1) [1] Die Bundesagentur erstellt aus den bei der Durchführung der Grundsicherung für Arbeitsuchende von ihr nach § 51b erhaltenen und den ihr von den kommunalen Trägern und den zugelassenen kommunalen Trägern nach § 51b übermittelten Daten Statistiken. [2] Sie übernimmt die laufende Berichterstattung und bezieht die Leistungen nach diesem Buch in die Arbeitsmarkt- und Berufsforschung ein.

(2) Das Bundesministerium für Arbeit und Soziales kann Art und Umfang sowie Tatbestände und Merkmale der Statistiken und der Berichterstattung näher bestimmen.

(3) [1] Die Bundesagentur legt die Statistiken nach Absatz 1 dem Bundesministerium für Arbeit und Soziales vor und veröffentlicht sie in geeigneter Form.

---

[1] Siehe ua die Grundsicherungs-DatenabgleichsVO v. 27.7.2005 (BGBl. I S. 2273), zuletzt geänd. durch VO v. 30.11.2017 (BGBl. I S. 3826).

[2] § 52a Abs. 1 Nr. 2 geänd. mWv 1.11.2015 durch G v. 3.5.2013 (BGBl. I S. 1084, geänd. durch G v. 20.11.2014, BGBl. I S. 1738).

[3] Nr. **42.5.**

[4] **Sartorius Nr. 256.**

[5] **Sartorius Nr. 385.**

[2] Sie gewährleistet, dass auch kurzfristigem Informationsbedarf des Bundesministeriums für Arbeit und Soziales entsprochen werden kann.

(4) Die Bundesagentur stellt den statistischen Stellen der Kreise und kreisfreien Städte die für Zwecke der Planungsunterstützung und für die Sozialberichterstattung erforderlichen Daten und Tabellen der Arbeitsmarkt- und Grundsicherungsstatistik zur Verfügung.

(5) [1] Die Bundesagentur kann dem Statistischen Bundesamt und den statistischen Ämtern der Länder für Zwecke der Planungsunterstützung und für die Sozialberichterstattung für ihren Zuständigkeitsbereich Daten und Tabellen der Arbeitsmarkt- und Grundsicherungsstatistik zur Verfügung stellen. [2] Sie ist berechtigt, dem Statistischen Bundesamt und den statistischen Ämtern der Länder für ergänzende Auswertungen anonymisierte und pseudonymisierte Einzeldaten zu übermitteln. [3] Bei der Übermittlung von pseudonymisierten Einzeldaten sind die Namen durch jeweils neu zu generierende Pseudonyme zu ersetzen. [4] Nicht pseudonymisierte Anschriften dürfen nur zum Zwecke der Zuordnung zu statistischen Blöcken übermittelt werden.

(6) [1] Die Bundesagentur ist berechtigt, für ausschließlich statistische Zwecke den zur Durchführung statistischer Aufgaben zuständigen Stellen der Gemeinden und Gemeindeverbände für ihren Zuständigkeitsbereich Daten und Tabellen der Arbeitsmarkt- und Grundsicherungsstatistik sowie anonymisierte und pseudonymisierte Einzeldaten zu übermitteln, soweit die Voraussetzungen nach § 16 Absatz 5 Satz 2 des Bundesstatistikgesetzes gegeben sind. [2] Bei der Übermittlung von pseudonymisierten Einzeldaten sind die Namen durch jeweils neu zu generierende Pseudonyme zu ersetzen. [3] Dabei dürfen nur Angaben zu kleinräumigen Gebietseinheiten, nicht aber die genauen Anschriften übermittelt werden.

(7) [1] Die §§ 280 und 281 des Dritten Buches[1)] gelten entsprechend. [2] § 282a des Dritten Buches gilt mit der Maßgabe, dass Daten und Tabellen der Arbeitsmarkt- und Grundsicherungsstatistik auch den zur Durchführung statistischer Aufgaben zuständigen Stellen der Kreise und kreisfreien Städte sowie der Gemeinden und Gemeindeverbänden übermittelt werden dürfen, soweit die Voraussetzungen nach § 16 Absatz 5 Satz 2 des Bundesstatistikgesetzes gegeben sind.

§ 53a Arbeitslose. (1) Arbeitslose im Sinne dieses Gesetzes sind erwerbsfähige Leistungsberechtigte, die die Voraussetzungen des § 16 des Dritten Buches[1)] in sinngemäßer Anwendung erfüllen.

(2) Erwerbsfähige Leistungsberechtigte, die nach Vollendung des 58. Lebensjahres mindestens für die Dauer von zwölf Monaten Leistungen der Grundsicherung für Arbeitsuchende bezogen haben, ohne dass ihnen eine sozialversicherungspflichtige Beschäftigung angeboten worden ist, gelten nach Ablauf dieses Zeitraums für die Dauer des jeweiligen Leistungsbezugs nicht als arbeitslos.

[1)] **Aichberger Nr. 3.**

§ 54[1] Eingliederungsbilanz. [1]Jede Agentur für Arbeit erstellt für die Leistungen zur Eingliederung in Arbeit eine Eingliederungsbilanz. [2]§ 11 des Dritten Buches[2] gilt entsprechend. [3]Soweit einzelne Maßnahmen nicht unmittelbar zur Eingliederung in Arbeit führen, sind von der Bundesagentur andere Indikatoren zu entwickeln, die den Integrationsfortschritt der erwerbsfähigen Leistungsberechtigten in geeigneter Weise abbilden.

§ 55 Wirkungsforschung. (1) [1]Die Wirkungen der Leistungen zur Eingliederung und der Leistungen zur Sicherung des Lebensunterhalts sind regelmäßig und zeitnah zu untersuchen und in die Arbeitsmarkt- und Berufsforschung nach § 282 des Dritten Buches[2] einzubeziehen. [2]Das Bundesministerium für Arbeit und Soziales und die Bundesagentur können in Vereinbarungen Einzelheiten der Wirkungsforschung festlegen. [3]Soweit zweckmäßig, können Dritte mit der Wirkungsforschung beauftragt werden.

(2) Das Bundesministerium für Arbeit und Soziales untersucht vergleichend die Wirkung der örtlichen Aufgabenwahrnehmung durch die Träger der Leistungen nach diesem Buch.

Kapitel 8. Mitwirkungspflichten

§ 56[3] Anzeige- und Bescheinigungspflicht bei Arbeitsunfähigkeit.

(1) [1]Die Agentur für Arbeit soll erwerbsfähige Leistungsberechtigte, die Leistungen zur Sicherung des Lebensunterhalts beantragt haben oder beziehen, in der Eingliederungsvereinbarung oder in dem diese ersetzenden Verwaltungsakt nach § 15 Absatz 3 Satz 3 verpflichten,

1. eine eingetretene Arbeitsunfähigkeit und deren voraussichtliche Dauer unverzüglich anzuzeigen und
2. spätestens vor Ablauf des dritten Kalendertages nach Eintritt der Arbeitsunfähigkeit eine ärztliche Bescheinigung über die Arbeitsunfähigkeit und deren voraussichtliche Dauer vorzulegen.

[2]§ 31 Absatz 1 findet keine Anwendung. [3]Die Agentur für Arbeit ist berechtigt, die Vorlage der ärztlichen Bescheinigung früher zu verlangen. [4]Dauert die Arbeitsunfähigkeit länger als in der Bescheinigung angegeben, so ist der Agentur für Arbeit eine neue ärztliche Bescheinigung vorzulegen. [5]Die Bescheinigungen müssen einen Vermerk des behandelnden Arztes darüber enthalten, dass dem Träger der Krankenversicherung unverzüglich eine Bescheinigung über die Arbeitsunfähigkeit mit Angaben über den Befund und die voraussichtliche Dauer der Arbeitsunfähigkeit übersandt wird. [6]Zweifelt die Agentur für Arbeit an der Arbeitsunfähigkeit der oder des erwerbsfähigen Leistungsberechtigten, so gilt § 275 Absatz 1 Nummer 3b und Absatz 1a des Fünften Buches[4] entsprechend.

---

[1] § 54 Überschrift geänd., Satz 4 angef. mWv 1.4.2012 durch G v. 20.12.2011 (BGBl. I S. 2854); Überschrift geänd., Satz 4 aufgeh. mWv 1.8.2016 durch G v. 26.7.2016 (BGBl. I S. 1824).

[2] **Aichberger Nr. 3.**

[3] § 56 Abs. 1 Satz 1 neu gef., Satz 2 eingef., bish. Sätze 2–5 werden Sätze 3–6 mWv 1.8.2016 durch G v. 26.7.2016 (BGBl. I S. 1824); Abs. 2 Satz 1 geänd. mWv 25.7.2017 durch G v. 17.7.2017 (BGBl. I S. 2541); Abs. 2 Sätze 1 und 2 geänd. mWv 1.1.2020 durch G v. 14.12.2019 (BGBl. I S. 2789).

[4] **Aichberger Nr. 5.**

(2) [1]Die Bundesagentur erstattet den Krankenkassen die Kosten für die Begutachtung durch den Medizinischen Dienst nach Absatz 1 Satz 6. [2]Die Bundesagentur und der Spitzenverband Bund der Krankenkassen vereinbaren das Nähere über das Verfahren und die Höhe der Kostenerstattung; der Medizinische Dienst Bund ist zu beteiligen. [3]In der Vereinbarung kann auch eine pauschale Abgeltung der Kosten geregelt werden.

§ 57 Auskunftspflicht von Arbeitgebern. [1]Arbeitgeber haben der Agentur für Arbeit auf deren Verlangen Auskunft über solche Tatsachen zu geben, die für die Entscheidung über einen Anspruch auf Leistungen nach diesem Buch erheblich sein können; die Agentur für Arbeit kann hierfür die Benutzung eines Vordrucks verlangen. [2]Die Auskunftspflicht erstreckt sich auch auf Angaben über das Ende und den Grund für die Beendigung des Beschäftigungsverhältnisses.

§ 58 Einkommensbescheinigung. (1) [1]Wer jemanden, der laufende Geldleistungen nach diesem Buch beantragt hat oder bezieht, gegen Arbeitsentgelt beschäftigt, ist verpflichtet, diesem unverzüglich Art und Dauer dieser Erwerbstätigkeit sowie die Höhe des Arbeitsentgelts oder der Vergütung für die Zeiten zu bescheinigen, für die diese Leistung beantragt worden ist oder bezogen wird. [2]Dabei ist der von der Agentur für Arbeit vorgesehene Vordruck zu benutzen. [3]Die Bescheinigung ist der- oder demjenigen, die oder der die Leistung beantragt hat oder bezieht, unverzüglich auszuhändigen.

(2) Wer eine laufende Geldleistung nach diesem Buch beantragt hat oder bezieht und gegen Arbeitsentgelt beschäftigt wird, ist verpflichtet, dem Arbeitgeber den für die Bescheinigung des Arbeitsentgelts vorgeschriebenen Vordruck unverzüglich vorzulegen.

§ 59 Meldepflicht. Die Vorschriften über die allgemeine Meldepflicht, § 309 des Dritten Buches[1)], und über die Meldepflicht bei Wechsel der Zuständigkeit, § 310 des Dritten Buches, sind entsprechend anzuwenden.

§ 60[2)] Auskunftspflicht und Mitwirkungspflicht Dritter. (1) Wer jemandem, der Leistungen nach diesem Buch beantragt hat oder bezieht, Leistungen erbringt, die geeignet sind, diese Leistungen nach diesem Buch auszuschließen oder zu mindern, hat der Agentur für Arbeit auf Verlangen hierüber Auskunft zu erteilen, soweit es zur Durchführung der Aufgaben nach diesem Buch erforderlich ist.

(2) [1]Wer jemandem, der eine Leistung nach diesem Buch beantragt hat oder bezieht, zu Leistungen verpflichtet ist, die geeignet sind, Leistungen nach diesem Buch auszuschließen oder zu mindern, oder wer für ihn Guthaben führt oder Vermögensgegenstände verwahrt, hat der Agentur für Arbeit auf Verlangen hierüber sowie über damit im Zusammenhang stehendes Einkommen oder Vermögen Auskunft zu erteilen, soweit es zur Durchführung der Aufgaben nach diesem Buch erforderlich ist. [2]§ 21 Absatz 3 Satz 4 des Zehnten

---

[1)] **Aichberger Nr. 3.**
[2)] *§ 60 Abs. 4 Satz 1 Nr. 1 neu gef. mWv 1.8.2016 durch G v. 26.7.2016 (BGBl. I S. 1824).*

Buches[1] gilt entsprechend. [3] Für die Feststellung einer Unterhaltsverpflichtung ist § 1605 Absatz 1 des Bürgerlichen Gesetzbuchs[2] anzuwenden.

(3) Wer jemanden, der

1. Leistungen nach diesem Buch beantragt hat oder bezieht oder dessen Partnerin oder Partner oder
2. nach Absatz 2 zur Auskunft verpflichtet ist,

beschäftigt, hat der Agentur für Arbeit auf Verlangen über die Beschäftigung, insbesondere über das Arbeitsentgelt, Auskunft zu erteilen, soweit es zur Durchführung der Aufgaben nach diesem Buch erforderlich ist.

(4) [1] Sind Einkommen oder Vermögen der Partnerin oder des Partners zu berücksichtigen, haben

1. diese Partnerin oder dieser Partner,
2. Dritte, die für diese Partnerin oder diesen Partner Guthaben führen oder Vermögensgegenstände verwahren,

der Agentur für Arbeit auf Verlangen hierüber Auskunft zu erteilen, soweit es zur Durchführung der Aufgaben nach diesem Buch erforderlich ist. [2] § 21 Absatz 3 Satz 4 des Zehnten Buches gilt entsprechend.

(5) Wer jemanden, der Leistungen nach diesem Buch beantragt hat, bezieht oder bezogen hat, beschäftigt, hat der Agentur für Arbeit auf Verlangen Einsicht in Geschäftsbücher, Geschäftsunterlagen und Belege sowie in Listen, Entgeltverzeichnisse und Entgeltbelege für Heimarbeiterinnen oder Heimarbeiter zu gewähren, soweit es zur Durchführung der Aufgaben nach diesem Buch erforderlich ist.

§ 61 Auskunftspflichten bei Leistungen zur Eingliederung in Arbeit.

(1) [1] Träger, die eine Leistung zur Eingliederung in Arbeit erbracht haben oder erbringen, haben der Agentur für Arbeit unverzüglich Auskünfte über Tatsachen zu erteilen, die Aufschluss darüber geben, ob und inwieweit Leistungen zu Recht erbracht worden sind oder werden. [2] Sie haben Änderungen, die für die Leistungen erheblich sind, unverzüglich der Agentur für Arbeit mitzuteilen.

(2) [1] Die Teilnehmerinnen und Teilnehmer an Maßnahmen zur Eingliederung sind verpflichtet,

1. der Agentur für Arbeit auf Verlangen Auskunft über den Eingliederungserfolg der Maßnahme sowie alle weiteren Auskünfte zu erteilen, die zur Qualitätsprüfung benötigt werden, und
2. eine Beurteilung ihrer Leistung und ihres Verhaltens durch den Maßnahmeträger zuzulassen.

[2] Die Maßnahmeträger sind verpflichtet, ihre Beurteilungen der Teilnehmerin oder des Teilnehmers unverzüglich der Agentur für Arbeit zu übermitteln.

§ 62 Schadenersatz. Wer vorsätzlich oder fahrlässig

1. eine Einkommensbescheinigung nicht, nicht richtig oder nicht vollständig ausfüllt,

---

[1] Nr. **51.9.**
[2] **Schönfelder Nr. 20.**

2. eine Auskunft nach § 57 oder § 60 nicht, nicht richtig oder nicht vollständig erteilt,

ist zum Ersatz des daraus entstehenden Schadens verpflichtet.

Kapitel 9.[1] Straf- und Bußgeldvorschriften

§ 63[2] Bußgeldvorschriften. (1) Ordnungswidrig handelt, wer vorsätzlich oder fahrlässig

1. entgegen § 57 Satz 1 eine Auskunft nicht, nicht richtig, nicht vollständig oder nicht rechtzeitig erteilt,
2. entgegen § 58 Absatz 1 Satz 1 oder 3 Art oder Dauer der Erwerbstätigkeit oder die Höhe des Arbeitsentgelts oder der Vergütung nicht, nicht richtig, nicht vollständig oder nicht rechtzeitig bescheinigt oder eine Bescheinigung nicht oder nicht rechtzeitig aushändigt,
3. entgegen § 58 Absatz 2 einen Vordruck nicht oder nicht rechtzeitig vorlegt,
4. entgegen § 60 Absatz 1, 2 Satz 1, Absatz 3 oder 4 Satz 1 oder als privater Träger entgegen § 61 Absatz 1 Satz 1 eine Auskunft nicht, nicht richtig, nicht vollständig oder nicht rechtzeitig erteilt,
5. entgegen § 60 Absatz 5 Einsicht nicht oder nicht rechtzeitig gewährt,
6. entgegen § 60 Absatz 1 Satz 1 Nummer 1 des Ersten Buches[3] eine Angabe nicht, nicht richtig, nicht vollständig oder nicht rechtzeitig macht oder
7. entgegen § 60 Absatz 1 Satz 1 Nummer 2 des Ersten Buches eine Änderung in den Verhältnissen, die für einen Anspruch auf eine laufende Leistung erheblich ist, nicht, nicht richtig, nicht vollständig oder nicht rechtzeitig mitteilt.

(1a) Die Bestimmungen des Absatzes 1 Nummer 1, 4, 5, 6 und 7 gelten auch in Verbindung mit § 6b Absatz 1 Satz 2 oder § 44b Absatz 1 Satz 2 erster Halbsatz.

(2) Die Ordnungswidrigkeit kann in den Fällen des Absatzes 1 Nummer 6 und 7 mit einer Geldbuße bis zu fünftausend Euro, in den übrigen Fällen mit einer Geldbuße bis zu zweitausend Euro geahndet werden.

§§ 63a, 63b[4] *(aufgehoben)*

---

[1] 9. Kapitel Überschrift neu gef. mWv 1.1.2015 durch G v. 28.7.2014 (BGBl. I S. 1306).

[2] § 63 Abs. 1 Nr. 5 geänd., Nr. 6 eingef., bish. Nr. 6 wird Nr. 7, Abs. 1a eingef., Abs. 2 geänd. mWv 1.8.2016 durch G v. 26.7.2016 (BGBl. I S. 1824).

[3] *Nr.* ***51.1***.

[4] §§ *63a*, *63b* aufgeh. mWv 26.11.2019 durch G v. 20.11.2019 (BGBl. I S. 1626).

Kapitel 10. Bekämpfung von Leistungsmissbrauch

§ 64[1] Zuständigkeit und Zusammenarbeit mit anderen Behörden.

(1) Für die Bekämpfung von Leistungsmissbrauch gilt § 319 des Dritten Buches[2] entsprechend.

(2) Verwaltungsbehörden im Sinne des § 36 Absatz 1 Nummer 1 des Gesetzes über Ordnungswidrigkeiten[3] sind in den Fällen

1. des § 63 Absatz 1 Nummer 1 bis 5 die gemeinsame Einrichtung oder der nach § 6a zugelassene kommunale Träger,
2. des § 63 Absatz 1 Nummer 6 und 7
   a) die gemeinsame Einrichtung oder der nach § 6a zugelassene kommunale Träger sowie
   b) die Behörden der Zollverwaltung

   jeweils für ihren Geschäftsbereich.

(3) Bei der Verfolgung und Ahndung der Ordnungswidrigkeiten nach § 63 Absatz 1 Nummer 6 und 7 arbeiten die Behörden nach Absatz 2 Nummer 2 mit den in § 2 Absatz 4 des Schwarzarbeitsbekämpfungsgesetzes[4] genannten Behörden zusammen.

(4) [1] Soweit die gemeinsame Einrichtung Verwaltungsbehörde nach Absatz 2 ist, fließen die Geldbußen in die Bundeskasse. [2] § 66 des Zehnten Buches[5] gilt entsprechend. [3] Die Bundeskasse trägt abweichend von § 105 Absatz 2 des Gesetzes über Ordnungswidrigkeiten die notwendigen Auslagen. [4] Sie ist auch ersatzpflichtig im Sinne des § 110 Absatz 4 des Gesetzes über Ordnungswidrigkeiten.

Kapitel 11. Übergangs- und Schlussvorschriften

§ 65[6] Allgemeine Übergangsvorschriften. (1) [1] Ist eine leistungsberechtigte Person in einer Gemeinschaftsunterkunft ohne Selbstversorgungsmöglichkeit untergebracht, kann der Anspruch auf Arbeitslosengeld II und Sozialgeld, soweit er sich auf Ernährung und Haushaltsenergie bezieht, bis zum Ablauf des 31. Dezember 2018 in Form von Sachleistungen erfüllt werden. [2] Der Wert der Sachleistung nach Satz 1 beträgt

1. bei Erwachsenen, bei denen der Regelbedarf für eine alleinstehende Person anerkannt wird, 170 Euro,
2. bei den übrigen Erwachsenen 159 Euro,
3. bei Kindern von 0 bis unter 6 Jahren 86 Euro,

---

[1] § 64 Überschrift und Abs. 2 Nr. 2 geänd., Abs. 3 eingef., bish. Abs. 3 wird Abs. 4 mWv 1.8.2016 *durch G v. 26.7.2016* (BGBl. I S. 1824); Abs. 3 geänd. mWv 18.7.2019 durch G v. 11.7.2019 (BGBl. I S. 1066).

[2] **Aichberger Nr. 3.**

[3] Nr. **72.2.**

[4] **Schönfelder ErgBd. Nr. 94b.**

[5] Nr. **51.9.**

[6] § 65 Abs. 1 neu gef. mWv 1.8.2016 durch G v. 26.7.2016 (BGBl. I S. 1824); Abs. 1 Satz 5 geänd. mWv 29.12.2016 durch G v. 22.12.2016 (BGBl. I S. 3155); Abs. 1 Satz 2 Nr. 1–5 geänd. mWv 1.1. 2017 durch G v. 22.12.2016 (BGBl. I S. 3159).

4. bei Kindern von 6 bis unter 14 Jahren 125 Euro und
5. bei Jugendlichen von 14 bis unter 18 Jahren 158 Euro.

[3] Wird die Sachleistung im Auftrag oder mit Zustimmung der Agentur für Arbeit durch einen anderen öffentlich-rechtlichen Träger oder einen privaten Dritten erbracht, gilt dies als Leistung nach diesem Buch. [4] Die Agentur für Arbeit hat dem öffentlich-rechtlichen Träger der Gemeinschaftsunterkunft oder, soweit ein solcher nicht vorhanden ist, dem privaten Betreiber der Gemeinschaftsunterkunft Aufwendungen für die Verpflegung einschließlich Haushaltsstrom in Höhe der in Satz 2 benannten Beträge zu erstatten. [5] Bei Teilnahme von Kindern und Jugendlichen im Sinne des Satzes 2 Nummer 3 bis 5 an einer gemeinschaftlichen Mittagsverpflegung in schulischer Verantwortung, in einer Tageseinrichtung oder in der Kindertagespflege gilt § 28 Absatz 6 Satz 1 mit der Maßgabe, dass die entstehenden Aufwendungen berücksichtigt werden.

(2) und (3) (weggefallen)

(4) [1] Abweichend von § 2 haben auch erwerbsfähige Leistungsberechtigte Anspruch auf Leistungen zur Sicherung des Lebensunterhaltes, die das 58. Lebensjahr vollendet haben und die Regelvoraussetzungen des Anspruchs auf Leistungen zur Sicherung des Lebensunterhalts allein deshalb nicht erfüllen, weil sie nicht arbeitsbereit sind und nicht alle Möglichkeiten nutzen und nutzen wollen, ihre Hilfebedürftigkeit durch Aufnahme einer Arbeit zu beenden. [2] Vom 1. Januar 2008 an gilt Satz 1 nur noch, wenn der Anspruch vor dem 1. Januar 2008 entstanden ist und der erwerbsfähige Leistungsberechtigte vor diesem Tag das 58. Lebensjahr vollendet hat. [3] § 428 des Dritten Buches[1)] gilt entsprechend. [4] Satz 1 gilt entsprechend für erwerbsfähige Personen, die bereits vor dem 1. Januar 2008 unter den Voraussetzungen des § 428 Absatz 1 des Dritten Buches Arbeitslosengeld bezogen haben und erstmals nach dem 31. Dezember 2007 hilfebedürftig werden.

(5) § 12 Absatz 2 Nummer 1 gilt mit der Maßgabe, dass für die in § 4 Absatz 2 Satz 2 der Arbeitslosenhilfe-Verordnung vom 13. Dezember 2001 (BGBl. I S. 3734) in der Fassung vom 31. Dezember 2004 genannten Personen an die Stelle des Grundfreibetrags in Höhe von 150 Euro je vollendetem Lebens-

(Fortsetzung nächstes Blatt)

[1)] **Aichberger Nr. 3.**

51.9. Zehntes Buch Sozialgesetzbuch – Sozialverwaltungsverfahren und Sozialdatenschutz – (SGB X) [1][2]

In der Fassung der Bekanntmachung vom 18. Januar 2001[3]
(BGBl. I S. 130)

FNA 860-10-1

geänd. durch Art. 8 §§ 2, 3 und 4 G zur Änd. des BundesdatenschutzG und anderer G v. 18.5.2001 (BGBl. I S. 904), Art. 9 SGB IX – Rehabilitation und Teilhabe behinderter Menschen – v. 19.6.2001 (BGBl. I S. 1046), Art. 18 TerrorismusbekämpfungsG v. 9.1.2002 (BGBl. I S. 361), Art. 6 G zur Vereinfachung der Wahl der Arbeitnehmervertreter in den Aufsichtsrat v. 23.3.2002 (BGBl. I S. 1130), Art. 10 Nr. 10 ZuwanderungsG v. 20.6.2002 (BGBl. I S. 1946, nichtig gem. Urt. des BVerfG v. 18.12.2002 – 2 BvF 1/02 –), Art. 11 Hüttenknappschaftliches Zusatzversicherungs-Neuregelungs-G v. 21.6.2002 (BGBl. I S. 2167), Art. 3 G zur Änd. des Ordnungswidrigkeitenverfahrensrechts v. 26.7. 2002 (BGBl. I S. 2864), Art. 3 Drittes G zur Änd. verwaltungsverfahrensrechtlicher Vorschriften v. 21.8.2002 (BGBl. I S. 3322), Art. 5 Zweites G für moderne Dienstleistungen am Arbeitsmarkt v. 23.12.2002 (BGBl. I S. 4621), Art. 211 Achte ZuständigkeitsanpassungsVO v. 25.11.2003 (BGBl. I S. 2304), Art. 9 Drittes G für moderne Dienstleistungen am Arbeitsmarkt v. 23.12.2003 (BGBl. I S. 2848), Art. 10 Viertes G für moderne Dienstleistungen am Arbeitsmarkt v. 24.12.2003 (BGBl. I S. 2954), Art. 9 G zur Einordnung des Sozialhilferechts in das SGB v. 27.12.2003 (BGBl. I S. 3022), Art. 4 Abs. 72 KostenrechtsmodernisierungsG v. 5.5.2004 (BGBl. I S. 718), Art. 8 AlterseinkünfteG v. 5.7.2004 (BGBl. I S. 1427), Art. 8 G zur Intensivierung der Bekämpfung der Schwarzarbeit und damit zusammenhängender Steuerhinterziehung v. 23.7.2004 (BGBl. I S. 1842), Art. 10 Nr. 10 ZuwanderungsG v. 30.7.2004 (BGBl. I S. 1950), Art. 9 G zur Organisationsreform in der gesetzl. RV v. 9.12.2004 (BGBl. I S. 3242), Art. 0 Siebentes G zur Änd. des SozialgerichtsG v. 9.12.2004 (BGBl. I S. 3302), Art. 8 Zweites G zur Änd. wohnungsrechtl. Vorschriften v. 15.12.2004 (BGBl. I S. 3450), Art. 2 Abs. 12 G zum internationalen Familienrecht v. 26.1.2005 (BGBl. I S. 162), Art. 9 VerwaltungsvereinfachungsG v. 21.3.2005 (BGBl. I S. 818), Art. 10 Zweites BetreuungsrechtsänderungsG v. 21.4.2005 (BGBl. I S. 1073), Art. 2 Abs. 25 G zur Novellierung des VerwaltungszustellungsR v. 12.8.2005 (BGBl. I S. 2354), Art. 2 Nr. 4 G über den Ausgleich von Arbeitgeberaufwendungen und zur Änd. weiterer G v. 22.12.2005 (BGBl. I S. 3686), Art. 6 G zur Fortentwicklung der Grundsicherung für Arbeitsuchende v. 20.7.2006 (BGBl. I S. 1706), Art. 263 Neunte ZuständigkeitsanpassungsVO v. 31.10.2006 (BGBl. I S. 2407), Art. 7 G zur Änd. des SGB IV und anderer G v. 19.12.2007 (BGBl. I S. 3024), Art. 26 JahressteuerG 2008 v. 20.12.2007 (BGBl. I S. 3150), Art. 15 Abs. 4 WehrrechtsänderungsG 2008 v. 31.7.2008 (BGBl. I S. 1629), Art. 2c G zur Neuregelung des Wohngeldrechts und zur Änd. des SGB v. 24.9.2008 (BGBl. I S. 1856), Art. 2 Viertes G zur Änd. verwaltungsverfahrensrechtl. Vorschriften v. 11.12.2008 (BGBl. I S. 2418), Art. 106 FGG-ReformG v. 17.12.2008 (BGBl. I S. 2586), Art. 21 JahressteuerG 2009 v. 19.12.2008 (BGBl. I S. 2794), Art. 6 Zweites G zur Änd. des SGB IV und anderer G v. 21.12.2008 (BGBl. I S. 2933), Art. 6 Nr. 2a G zur Verbesserung der Rahmenbedingungen für die Absicherung flexibler Arbeitszeitregelungen und zur Änd. anderer G v. 21.12.2008 (BGBl. I S. 2940), Art. 15 Abs. 99 DienstrechtsneuordnungsG v. 5.2. 2009 (BGBl. I S. 160), Art. 6 ELENA-VerfahrensG v. 28.3.2009 (BGBl. I S. 634), Art. 19 G zur Strukturreform des Versorgungsausgleichs v. 3.4.2009 (BGBl. I S. 700), Art. 5 BürgerentlastungsG Krankenversicherung v. 16.7.2009 (BGBl. I S. 1959), Art. 4 Abs. 15 G zur Reform der Sachaufklärung in der Zwangsvollstreckung v. 29.7.2009 (BGBl. I S. 2258), Art. 5 Drittes G zur Änd. des SGB IV und anderer G v. 5.8.2010 (BGBl. I S. 1127), Art. 13 G zur Durchführung der VO (EG) Nr. 4/2009 und zur Neuordnung bestehender Aus- und Durchführungsbestimmungen auf dem

[1] Die Änderungen durch G v. 18.7.2017 (BGBl. I S. 2739) treten gem. Art. 3 Abs. 2 dieses G an dem Tag in Kraft, an dem die Rechtsverordnung nach § 10 des Wettbewerbsregistergesetzes in Kraft tritt; sie sind im Text noch nicht berücksichtigt. Das Bundesministerium für Wirtschaft und Energie gibt den Tag nach Satz 2 im Bundesgesetzblatt bekannt.

[2] Die Änderungen durch G v. 12.12.2019 (BGBl. I S. 2652) treten erst **mWv 1.1.2024** in Kraft und sind im Text noch nicht berücksichtigt.

[3] Neubekanntmachung des SGB X v. 18.8.1980 (BGBl. I S. 1469, 2218) in der ab 1.1.2001 geltenden Fassung.

Gebiet des internationalen Unterhaltsverfahrensrechts v. 23.5.2011 (BGBl. I S. 898), Art. 9 G zur Umsetzung aufenthaltsrechtl. RL der EU und zur Anpassung nationaler Rechtsvorschriften an den EU-Visakodex v. 22.11.2011 (BGBl. I S. 2258), Art. 7 G zur Änd. des BeherbergungsstatistikG und des HandelsstatistikG sowie zur Aufhebung von Vorschriften zum Verfahren des elektronischen Entgeltnachweises v. 23.11.2011 (BGBl. I S. 2298), Art. 3 GKV-VersorgungsstrukturG v. 22.12.2011 (BGBl. I S. 2983), Art. 9 LSV-NeuordnungsG v. 12.4.2012 (BGBl. I S. 579), Art. 4 G zur Umsetzung der Hochqualifizierten-Richtlinie der Europäischen Union v. 1.6.2012 (BGBl. I S. 1224), Art. 8 G über die Vereinfachung des Austauschs von Informationen und Erkenntnissen zwischen den Strafverfolgungsbehörden der Mitgliedstaaten der EU v. 21.7.2012 (BGBl. I S. 1566), Art. 2 Abs. 13 G zur Fortentwicklung des Meldewesens v. 3.5.2013 (BGBl. I S. 1084, geänd. durch G v. 20.11.2014, BGBl. I S. 1738), Art. 38 Zweites KostenrechtsmodernisierungsG v. 23.7.2013 (BGBl. I S. 2586), Art. 6 G zur Förderung der elektronischen Verwaltung sowie zur Änd. weiterer Vorschriften v. 25.7. 2013 (BGBl. I S. 2749), Art. 10 TarifautonomiestärkungsG v. 11.8.2014 (BGBl. I S. 1348), Art. 32 G zur Bereinigung des Rechts der Lebenspartner v. 20.11.2015 (BGBl. I S. 2010), Art. 12 DatenaustauschverbesserungsG v. 2.2.2016 (BGBl. I S. 130), Art. 19 G zur Modernisierung des Besteuerungsverfahrens v. 18.7.2016 (BGBl. I S. 1679), Art. 4 G zur Weiterentwicklung des Behindertengleichstellungsrechts v. 19.7.2016 (BGBl. I S. 1757), Art. 7 G zur Änd. des BundesstatistikG und anderer Statistikgesetze v. 21.7.2016 (BGBl. I S. 1768), Art. 23 G zur Einführung von Ausschreibungen für Strom aus erneuerbaren Energien und zu weiteren Änd. des Rechts der erneuerbaren Energien v. 13.10.2016 (BGBl. I S. 2258), Art. 6 6. SGB IV-ÄndG v. 11.11.2016 (BGBl. I S. 2500), Art. 20 Abs. 8 BundesteilhabeG v. 23.12.2016 (BGBl. I S. 3234), Art. 5 Abs. 7 G zur Neuregelung des Bundesarchivrechts v. 10.3.2017 (BGBl. I S. 410), Art. 166 G zum Abbau verzichtbarer Anordnungen der Schriftform im Verwaltungsrecht des Bundes v. 29.3.2017 (BGBl. I S. 626), Art. 6 Abs. 2 G zur Änd. von Vorschriften im Bereich des Internationalen Privat- und Zivilverfahrensrechts v. 11.6.2017 (BGBl. I S. 1607), Art. 11 G zur Umsetzung der Vierten EU-GeldwäscheRL, zur Ausführung der EU-GeldtransferVO und zur Neuorganisation der Zentralstelle für Finanztransaktionsuntersuchungen v. 23.6.2017 (BGBl. I S. 1822), Art. 24 G zur Änd. des BundesversorgungsG und anderer Vorschriften v. 17.7.2017 (BGBl. I S. 2541), Art. 2 Abs. 6 G zur Einführung eines Wettbewerbsregisters und zur Änd. des G gegen Wettbewerbsbeschränkungen[1)] v. 18.7.2017 (BGBl. I S. 2739), Art. 10 Abs. 11 G zur Neuregelung des Schutzes von Geheimnissen bei der Mitwirkung Dritter an der Berufsausübung schweigepflichtiger Personen v. 30.10.2017 (BGBl. I S. 3618), Art. 1a G zur Verlängerung befristeter Regelungen im Arbeitsförderungsrecht und zur Umsetzung der RL (EU) 2016/2102 über den barrierefreien Zugang zu den Websites und mobilen Anwendungen öffentlicher Stellen v. 10.7.2018 (BGBl. I S. 1117), Art. 16 G zur Umsetzung des G zur Einführung des Rechts auf Eheschließung für Personen gleichen Geschlechts v. 18.12.2018 (BGBl. I S. 2639), Art. 16 G gegen illegale Beschäftigung und Sozialleistungsmissbrauch v. 11.7.2019 (BGBl. I S. 1066), Art. 47 FachkräfteeinwanderungsG v. 15.8.2019 (BGBl. I S. 1307), Art. 131 Zweites Datenschutz-Anpassungs- und UmsetzungsG EU v. 20.11.2019 (BGBl. I S. 1626), Art. 38 G zur Regelung des Sozialen Entschädigungsrechts v. 12.12.2019 (BGBl. I S. 2652) und Art. 9 MDK-ReformG v. 14.12.2019 (BGBl. I S. 2789)

[1)] Art. 2 Abs. 6 tritt an dem Tag in Kraft, an dem die Rechtsverordnung nach § 10 des Wettbewerbsregistergesetzes in Kraft tritt. Das Bundesministerium für Wirtschaft und Energie gibt den Tag nach Satz 2 im Bundesgesetzblatt bekannt.

chenden Anwendung von Vorschriften des Bürgerlichen Gesetzbuches[1)] ergibt.

(2) Ein Vertrag im Sinne des § 53 Abs. 1 Satz 2 ist ferner nichtig, wenn

1. ein Verwaltungsakt mit entsprechendem Inhalt nichtig wäre,
2. ein Verwaltungsakt mit entsprechendem Inhalt nicht nur wegen eines Verfahrens- oder Formfehlers im Sinne des § 42 rechtswidrig wäre und dies den Vertragschließenden bekannt war,
3. die Voraussetzungen zum Abschluss eines Vergleichsvertrages nicht vorlagen und ein Verwaltungsakt mit entsprechendem Inhalt nicht nur wegen eines Verfahrens- oder Formfehlers im Sinne des § 42 rechtswidrig wäre,
4. sich die Behörde eine nach § 55 unzulässige Gegenleistung versprechen lässt.

(3) Betrifft die Nichtigkeit nur einen Teil des Vertrages, so ist er im ganzen nichtig, wenn nicht anzunehmen ist, dass er auch ohne den nichtigen Teil geschlossen worden wäre.

§ 59 Anpassung und Kündigung in besonderen Fällen. (1) [1]Haben die Verhältnisse, die für die Festsetzung des Vertragsinhalts maßgebend gewesen sind, sich seit Abschluss des Vertrages so wesentlich geändert, dass einer Vertragspartei das Festhalten an der ursprünglichen vertraglichen Regelung nicht zuzumuten ist, so kann diese Vertragspartei eine Anpassung des Vertragsinhalts an die geänderten Verhältnisse verlangen oder, sofern eine Anpassung nicht möglich oder einer Vertragspartei nicht zuzumuten ist, den Vertrag kündigen. [2]Die Behörde kann den Vertrag auch kündigen, um schwere Nachteile für das Gemeinwohl zu verhüten oder zu beseitigen.

(2) [1]Die Kündigung bedarf der Schriftform, soweit nicht durch Rechtsvorschrift eine andere Form vorgeschrieben ist. [2]Sie soll begründet werden.

§ 60[2)] Unterwerfung unter die sofortige Vollstreckung. (1) [1]Jeder Vertragschließende kann sich der sofortigen Vollstreckung aus einem öffentlich-rechtlichen Vertrag im Sinne des § 53 Abs. 1 Satz 2 unterwerfen. [2]Die Behörde muss hierbei von dem Behördenleiter, seinem allgemeinen Vertreter oder einem Angehörigen des öffentlichen Dienstes, der die Befähigung zum Richteramt hat oder die Voraussetzungen des § 110 Satz 1 des Deutschen Richtergesetzes[3)] erfüllt, vertreten werden.

(2) [1]Auf öffentlich-rechtliche Verträge im Sinne des Absatzes 1 Satz 1 ist § 66 entsprechend anzuwenden. [2]Will eine natürliche oder juristische Person des Privatrechts oder eine nichtrechtsfähige Vereinigung die Vollstreckung wegen einer Geldforderung betreiben, so ist § 170 Abs. 1 bis 3 der Verwaltungsgerichtsordnung[4)] entsprechend anzuwenden. [3]Richtet sich die Vollstreckung wegen der Erzwingung einer Handlung, Duldung oder Unterlassung gegen eine Behörde, ist § 172 der Verwaltungsgerichtsordnung entsprechend anzuwenden.

§ 61 Ergänzende Anwendung von Vorschriften. [1]Soweit sich aus den §§ 53 bis 60 nichts Abweichendes ergibt, gelten die übrigen Vorschriften dieses

[1)] **Schönfelder Nr. 20.**
[2)] § 60 Abs. 1 Sätze 3 und 4 aufgeh. mWv 1.2.2003 durch G v. 21.8.2002 (BGBl. I S. 3322).
[3)] **Schönfelder ErgBd. Nr. 97.**
[4)] Nr. **6.3**.

Gesetzbuches. [2] Ergänzend gelten die Vorschriften des Bürgerlichen Gesetzbuches[1)] entsprechend.

Fünfter Abschnitt. Rechtsbehelfsverfahren

§ 62 Rechtsbehelfe gegen Verwaltungsakte. Für förmliche Rechtsbehelfe gegen Verwaltungsakte gelten, wenn der Sozialrechtsweg gegeben ist, das Sozialgerichtsgesetz[2)], wenn der Verwaltungsrechtsweg gegeben ist, die Verwaltungsgerichtsordnung[3)] und die zu ihrer Ausführung ergangenen Rechtsvorschriften, soweit nicht durch Gesetz etwas anderes bestimmt ist; im Übrigen gelten die Vorschriften dieses Gesetzbuches.

§ 63 Erstattung von Kosten im Vorverfahren. (1) [1] Soweit der Widerspruch erfolgreich ist, hat der Rechtsträger, dessen Behörde den angefochtenen Verwaltungsakt erlassen hat, demjenigen, der Widerspruch erhoben hat, die zur zweckentsprechenden Rechtsverfolgung oder Rechtsverteidigung notwendigen Aufwendungen zu erstatten. [2] Dies gilt auch, wenn der Widerspruch nur deshalb keinen Erfolg hat, weil die Verletzung einer Verfahrens- oder Formvorschrift nach § 41 unbeachtlich ist. [3] Aufwendungen, die durch das Verschulden eines Erstattungsberechtigten entstanden sind, hat dieser selbst zu tragen; das Verschulden eines Vertreters ist dem Vertretenen zuzurechnen.

(2) Die Gebühren und Auslagen eines Rechtsanwalts oder eines sonstigen Bevollmächtigten im Vorverfahren sind erstattungsfähig, wenn die Zuziehung eines Bevollmächtigten notwendig war.

(3) [1] Die Behörde, die die Kostenentscheidung getroffen hat, setzt auf Antrag den Betrag der zu erstattenden Aufwendungen fest; hat ein Ausschuss oder Beirat die Kostenentscheidung getroffen, obliegt die Kostenfestsetzung der Behörde, bei der der Ausschuss oder Beirat gebildet ist. [2] Die Kostenentscheidung bestimmt auch, ob die Zuziehung eines Rechtsanwalts oder eines sonstigen Bevollmächtigten notwendig war.

Sechster Abschnitt. Kosten, Zustellung und Vollstreckung

§ 64[4)] Kostenfreiheit. (1) [1] Für das Verfahren bei den Behörden nach diesem Gesetzbuch werden keine Gebühren und Auslagen erhoben. [2] Abweichend von Satz 1 erhalten die Träger der gesetzlichen Rentenversicherung für jede auf der Grundlage des § 74a Abs. 2 Satz 1 erteilte Auskunft eine Gebühr von 10,20 Euro.

(2) [1] Geschäfte und Verhandlungen, die aus Anlass der Beantragung, Erbringung oder der Erstattung einer Sozialleistung nötig werden, sind kostenfrei. [2] Dies gilt auch für die im Gerichts- und Notarkostengesetz[5)] bestimmten

---

[1)] **Schönfelder Nr. 20.**

[2)] **Sartorius ErgBd. Nr. 415.**

[3)] Nr. **6.3**.

[4)] § 64 Abs. 2 Satz 3 Nr. 2 neu gef. mWv 1.1.2005 durch G v. 24.12.2003 (BGBl. I S. 2954) und geänd. mWv 1.1.2005 durch G v. 27.12.2003 (BGBl. I S. 3022); Abs. 3 Satz 2 zweiter Halbs. angef. mWv 1.1.2005 durch G v. 9.12.2004 (BGBl. I S. 3302); Abs. 3 Satz 2 geänd. mWv 1.8.2006 durch G v. 20.7.2006 (BGBl. I S. 1706); Abs. 3 Sätze 1 und 2 geänd. mWv 1.9.2009 durch G v. 17.12.2008 (BGBl. I S. 2586); Abs. 1 Satz 2 angef. mWv 1.1.2013 durch G v. 29.7.2009 (BGBl. I S. 2258); Abs. 2 Satz 2 geänd. mWv 1.8.2013 durch G v. 23.7.2013 (BGBl. I S. 2586); Abs. 2 Nr. 2, Abs. 3 Satz 2 *geänd. mWv 1.1.2020 durch G v. 23.12.2016 (BGBl. I S. 3234).*

[5)] **Schönfelder Nr. 119.**

Gerichtskosten. [3]Von Beurkundungs- und Beglaubigungskosten sind befreit Urkunden, die

1. in der Sozialversicherung bei den Versicherungsträgern und Versicherungsbehörden erforderlich werden, um die Rechtsverhältnisse zwischen den Versicherungsträgern einerseits und den Arbeitgebern, Versicherten oder ihren Hinterbliebenen andererseits abzuwickeln,
2. *Im*[1)] Sozialhilferecht, im Recht der Eingliederungshilfe, im Recht der Grundsicherung für Arbeitsuchende, im Kinder- und Jugendhilferecht sowie im Recht der Kriegsopferfürsorge aus Anlass der Beantragung, Erbringung oder Erstattung einer nach dem Zwölften Buch[2)], dem Neunten Buch[3)], dem Zweiten[4)] und dem Achten Buch[5)] oder dem Bundesversorgungsgesetz[6)] vorgesehenen Leistung benötigt werden,
3. im Schwerbehindertenrecht von der zuständigen Stelle im Zusammenhang mit der Verwendung der Ausgleichsabgabe für erforderlich gehalten werden,
4. im Recht der sozialen Entschädigung bei Gesundheitsschäden für erforderlich gehalten werden,
5. im Kindergeldrecht für erforderlich gehalten werden.

(3) [1]Absatz 2 Satz 1 gilt auch für gerichtliche Verfahren, auf die das Gesetz über das Verfahren in Familiensachen und in den Angelegenheiten der freiwilligen Gerichtsbarkeit[7)] anzuwenden ist. [2]Im Verfahren nach der Zivilprozessordnung[8)], dem Gesetz über das Verfahren in Familiensachen und in den Angelegenheiten der freiwilligen Gerichtsbarkeit sowie im Verfahren vor Gerichten der Sozial- und Finanzgerichtsbarkeit sind die Träger der Eingliederungshilfe, der Sozialhilfe, der Grundsicherung für Arbeitsuchende, der Leistungen nach dem Asylbewerberleistungsgesetz[9)], der Jugendhilfe und der Kriegsopferfürsorge von den Gerichtskosten befreit; § 197a des Sozialgerichtsgesetzes[10)] bleibt unberührt.

§ 65[11)] **Zustellung.** (1) [1]Soweit Zustellungen durch Behörden des Bundes, der bundesunmittelbaren Körperschaften, Anstalten und Stiftungen des öffentlichen Rechts vorgeschrieben sind, gelten die §§ 2 bis 10 des Verwaltungszustellungsgesetzes[12)]. [2]§ 5 Abs. 4 des Verwaltungszustellungsgesetzes und § 178 Abs. 1 Nr. 2 der Zivilprozessordnung[8)] sind auf die nach § 73 Absatz 2 Satz 2 Nummer 5 bis 9 und Satz 3 des Sozialgerichtsgesetzes[10)] als Bevollmächtigte zugelassenen Personen entsprechend anzuwenden. [3]Diese Vorschriften gelten

---

[1)] Richtig wohl: „im".
[2)] Nr. **51.2**.
[3)] **Aichberger Nr. 9.**
[4)] Nr. **51.4**.
[5)] **Schönfelder ErgBd. Nr. 46.**
[6)] ***Aichberger* Nr. 20/10.**
[7)] **Schönfelder Nr. 112.**
[8)] Nr. **23.3**.
[9)] **Sartorius ErgBd. Nr. 418.**
[10)] **Sartorius ErgBd. Nr. 415.**
[11)] § 65 Abs. 1 Satz 1 geänd., Satz 2 eingef., bish. Satz 2 wird Satz 3 mWv 1.2.2006 durch G v. 12.8. 2005 (BGBl. I S. 2354); Abs. 1 Satz 2 geänd. mWv 17.11.2016 durch G v. 11.11.2016 (BGBl. I S. 2500).
[12)] Nr. **23.13**.

auch, soweit Zustellungen durch Verwaltungsbehörden der Kriegsopferversorgung vorgeschrieben sind.

(2) Für die übrigen Behörden gelten die jeweiligen landesrechtlichen Vorschriften über das Zustellungsverfahren.

§ 66[1] Vollstreckung. (1) [1] Für die Vollstreckung zugunsten der Behörden des Bundes, der bundesunmittelbaren Körperschaften, Anstalten und Stiftungen des öffentlichen Rechts gilt das Verwaltungs-Vollstreckungsgesetz[2]. [2] In Angelegenheiten des § 51 des Sozialgerichtsgesetzes[3] ist für die Anordnung der Ersatzzwangshaft das Sozialgericht zuständig. [3] Die oberste Verwaltungsbehörde kann bestimmen, dass die Aufsichtsbehörde nach Anhörung der in Satz 1 genannten Behörden für die Vollstreckung fachlich geeignete Bedienstete als Vollstreckungsbeamte und sonstige hierfür fachlich geeignete Bedienstete dieser Behörde als Vollziehungsbeamte bestellen darf; die fachliche Eignung ist durch einen qualifizierten beruflichen Abschluss, die Teilnahme an einem Lehrgang einschließlich berufspraktischer Tätigkeit oder entsprechende mehrjährige Berufserfahrung nachzuweisen. [4] Die oberste Verwaltungsbehörde kann auch bestimmen, dass die Aufsichtsbehörde nach Anhörung der in Satz 1 genannten Behörden für die Vollstreckung von Ansprüchen auf Gesamtsozialversicherungsbeiträge fachlich geeignete Bedienstete

1. der Verbände der Krankenkassen oder
2. einer bestimmten Krankenkasse

als Vollstreckungsbeamte und sonstige hierfür fachlich geeignete Bedienstete der genannten Verbände und Krankenkassen als Vollziehungsbeamte bestellen darf. [5] Der nach Satz 4 beauftragte Verband der Krankenkassen ist berechtigt, Verwaltungsakte zur Erfüllung der mit der Vollstreckung verbundenen Aufgabe zu erlassen.

(2) Absatz 1 Satz 1 bis 3 gilt auch für die Vollstreckung durch Verwaltungsbehörden der Kriegsopferversorgung; das Land bestimmt die Vollstreckungsbehörde.

(3) [1] Für die Vollstreckung zugunsten der übrigen Behörden gelten die jeweiligen landesrechtlichen Vorschriften über das Verwaltungsvollstreckungsverfahren. [2] Für die landesunmittelbaren Körperschaften, Anstalten und Stiftungen des öffentlichen Rechts gilt Absatz 1 Satz 2 bis 5 entsprechend. [3] Abweichend von Satz 1 vollstrecken die nach Landesrecht zuständigen Vollstreckungsbehörden zugunsten der landesunmittelbaren Krankenkassen, die sich über mehr als ein Bundesland erstrecken, nach den Vorschriften des Verwaltungs-Vollstreckungsgesetzes.

(4) [1] Aus einem Verwaltungsakt kann auch die Zwangsvollstreckung in entsprechender Anwendung der Zivilprozessordnung[4] stattfinden. [2] Der Vollstreckungsschuldner soll vor Beginn der Vollstreckung mit einer Zahlungsfrist von einer Woche gemahnt werden. [3] Die vollstreckbare Ausfertigung erteilt der

---

[1] § 66 Abs. 4 Satz 4 geänd. mWv 1.1.2004 durch G v. 23.12.2003 (BGBl. I S. 2848); Abs. 1 Satz 3 und Abs. 3 Satz 2 neu gef., Abs. 1 Sätze 4 und 5 angef., Abs. 2 geänd. mWv 30.3.2005 durch G v. 21.3.2005 (BGBl. I S. 818); Abs. 3 Satz 3 angef. mWv 1.1.2012 durch G v. 22.12.2011 (BGBl. I S. 2983).

[2] **Sartorius Nr. 112.**

[3] ***Sartorius ErgBd. Nr. 415.***

[4] Nr. **23.3.**

Behördenleiter, sein allgemeiner Vertreter oder ein anderer auf Antrag eines Leistungsträgers von der Aufsichtsbehörde ermächtigter Angehöriger des öffentlichen Dienstes. [4] Bei den Versicherungsträgern und der Bundesagentur für Arbeit tritt in Satz 3 an die Stelle der Aufsichtsbehörden der Vorstand.

Zweites Kapitel.[1)] Schutz der Sozialdaten

Erster Abschnitt.[2)] Begriffsbestimmungen

§ 67[3)] Begriffsbestimmungen. (1) Die nachfolgenden Begriffsbestimmungen gelten ergänzend zu Artikel 4 der Verordnung (EU) 2016/679[4)] des Europäischen Parlaments und des Rates vom 27. April 2016 zum Schutz natürlicher Personen bei der Verarbeitung personenbezogener Daten, zum freien Datenverkehr und zur Aufhebung der Richtlinie 95/46/EG (Datenschutz-Grundverordnung) (ABl. L 119 vom 4.5.2016, S. 1; L 314 vom 22.11. 2016, S. 72; L 127 vom 23.5.2018, S. 2) in der jeweils geltenden Fassung.

(2) [1] Sozialdaten sind personenbezogene Daten (Artikel 4 Nummer 1 der Verordnung (EU) 2016/679), die von einer in § 35 des Ersten Buches[5)] genannten Stelle im Hinblick auf ihre Aufgaben nach diesem Gesetzbuch verarbeitet werden. [2] Betriebs- und Geschäftsgeheimnisse sind alle betriebs- oder geschäftsbezogenen Daten, auch von juristischen Personen, die Geheimnischarakter haben.

(3) Aufgaben nach diesem Gesetzbuch sind, soweit dieses Kapitel angewandt wird, auch

1. Aufgaben auf Grund von Verordnungen, deren Ermächtigungsgrundlage sich im Sozialgesetzbuch befindet,
2. Aufgaben auf Grund von über- und zwischenstaatlichem Recht im Bereich der sozialen Sicherheit,
3. Aufgaben auf Grund von Rechtsvorschriften, die das Erste und das Zehnte Buch für entsprechend anwendbar erklären, und
4. Aufgaben auf Grund des Arbeitssicherheitsgesetzes[6)] und Aufgaben, soweit sie den in § 35 des Ersten Buches genannten Stellen durch Gesetz zugewiesen sind. § 8 Absatz 1 Satz 3 des Arbeitssicherheitsgesetzes bleibt unberührt.

(4) [1] Werden Sozialdaten von einem Leistungsträger im Sinne von § 12 des Ersten Buches verarbeitet, ist der Verantwortliche der Leistungsträger. [2] Ist der Leistungsträger eine Gebietskörperschaft, so sind der Verantwortliche die Organisationseinheiten, die eine Aufgabe nach einem der besonderen Teile dieses Gesetzbuches funktional durchführen.

(5) Nicht-öffentliche Stellen sind natürliche und juristische Personen, Gesellschaften und andere Personenvereinigungen des privaten Rechts, soweit sie nicht unter § 81 Absatz 3 fallen.

[1)] 2. Kapitel (§§ 67–85a) neu gef. mWv 25.5.2018 durch G v. 17.7.2017 (BGBl. I S. 2541).

[2)] 2. Kapitel 1. Abschnitt (§ 67) neu gef. mWv 25.5.2018 durch G v. 17.7.2017 (BGBl. I S. 2541).

[3)] § 67 neu gef. mWv 25.5.2018 durch G v. 17.7.2017 (BGBl. I S. 2541); Abs. 1 geänd. mWv 26.11.2019 durch G v. 20.11.2019 (BGBl. I S. 1626).

[4)] **Sartorius Nr. 246.**

[5)] Nr. **51.1.**

[6)] **Sartorius ErgBd. Nr. 802.**

Zweiter Abschnitt.[1)] Verarbeitung von Sozialdaten

§ 67a[1)] Erhebung von Sozialdaten. (1) [1]Die Erhebung von Sozialdaten durch die in § 35 des Ersten Buches genannten Stellen ist zulässig, wenn ihre Kenntnis zur Erfüllung einer Aufgabe der erhebenden Stelle nach diesem Gesetzbuch erforderlich ist. [2]Dies gilt auch für die Erhebung der besonderen Kategorien personenbezogener Daten im Sinne des Artikels 9 Absatz 1 der Verordnung (EU) 2016/679[2)]. [3]§ 22 Absatz 2 des Bundesdatenschutzgesetzes gilt entsprechend.

(2) [1]Sozialdaten sind bei der betroffenen Person zu erheben. [2]Ohne ihre Mitwirkung dürfen sie nur erhoben werden

1. bei den in § 35 des Ersten Buches[3)] oder in § 69 Absatz 2 genannten Stellen, wenn
   a) diese zur Übermittlung der Daten an die erhebende Stelle befugt sind,
   b) die Erhebung bei der betroffenen Person einen unverhältnismäßigen Aufwand erfordern würde und
   c) keine Anhaltspunkte dafür bestehen, dass überwiegende schutzwürdige Interessen der betroffenen Person beeinträchtigt werden,
2. bei anderen Personen oder Stellen, wenn
   a) eine Rechtsvorschrift die Erhebung bei ihnen zulässt oder die Übermittlung an die erhebende Stelle ausdrücklich vorschreibt oder
   b) aa) die Aufgaben nach diesem Gesetzbuch ihrer Art nach eine Erhebung bei anderen Personen oder Stellen erforderlich machen oder
      bb) die Erhebung bei der betroffenen Person einen unverhältnismäßigen Aufwand erfordern würde

   und keine Anhaltspunkte dafür bestehen, dass überwiegende schutzwürdige Interessen der betroffenen Person beeinträchtigt werden.

§ 67b[4)] Speicherung, Veränderung, Nutzung, Übermittlung, Einschränkung der Verarbeitung und Löschung von Sozialdaten. (1) [1]Die Speicherung, Veränderung, Nutzung, Übermittlung, Einschränkung der Verarbeitung und Löschung von Sozialdaten durch die in § 35 des Ersten Buches[3)] genannten Stellen ist zulässig, soweit die nachfolgenden Vorschriften oder eine andere Rechtsvorschrift in diesem Gesetzbuch es erlauben oder anordnen. [2]Dies gilt auch für die besonderen Kategorien personenbezogener Daten im Sinne des Artikels 9 Absatz 1 der Verordnung (EU) 2016/679[2)]. [3]Die Übermittlung von biometrischen, genetischen oder Gesundheitsdaten ist abweichend von Artikel 9 Absatz 2 Buchstabe b, d bis j der Verordnung (EU) 2016/679 nur zulässig, soweit eine gesetzliche Übermittlungsbefugnis nach den §§ 68 bis 77 oder nach einer anderen Rechtsvorschrift in diesem Gesetzbuch vorliegt. [4]§ 22 Absatz 2 des Bundesdatenschutzgesetzes gilt entsprechend.

---

1) 2. Kapitel 2. Abschnitt (§§ 67a–78) neu gef. mWv 25.5.2018 durch G v. 17.7.2017 (BGBl. I S. 2541).

2) **Sartorius Nr. 246.**

3) Nr. **51.1**.

4) § 67b neu gef. mWv 25.5.2018 durch G v. 17.7.2017 (BGBl. I S. 2541); Abs. 2 Satz 2 eingef., *bish. Satz 2 wird Satz 3, Abs. 3 Sätze 2 und 3 angef.* mWv 26.11.2019 durch G v. 20.11.2019 (BGBl. I S. 1626).

(2) [1] Zum Nachweis im Sinne des Artikels 7 Absatz 1 der Verordnung (EU) 2016/679, dass die betroffene Person in die Verarbeitung ihrer personenbezogenen Daten eingewilligt hat, soll die Einwilligung schriftlich oder elektronisch erfolgen. [2] Die Einwilligung zur Verarbeitung von genetischen, biometrischen oder Gesundheitsdaten oder Betriebs- oder Geschäftsgeheimnissen hat schriftlich oder elektronisch zu erfolgen, soweit nicht wegen besonderer Umstände eine andere Form angemessen ist. [3] Wird die Einwilligung der betroffenen Person eingeholt, ist diese auf den Zweck der vorgesehenen Verarbeitung, auf die Folgen der Verweigerung der Einwilligung sowie auf die jederzeitige Widerrufsmöglichkeit gemäß Artikel 7 Absatz 3 der Verordnung (EU) 2016/679 hinzuweisen.

(3) [1] Die Einwilligung zur Verarbeitung personenbezogener Daten zu Forschungszwecken kann für ein bestimmtes Vorhaben oder für bestimmte Bereiche der wissenschaftlichen Forschung erteilt werden. [2] Im Bereich der wissenschaftlichen Forschung liegt ein besonderer Umstand im Sinne des Absatzes 2 Satz 2 auch dann vor, wenn durch die Einholung einer schriftlichen oder elektronischen Einwilligung der Forschungszweck erheblich beeinträchtigt würde. [3] In diesem Fall sind die Gründe, aus denen sich die erhebliche Beeinträchtigung des Forschungszweckes ergibt, schriftlich festzuhalten.

§ 67c[1)] Zweckbindung sowie Speicherung, Veränderung und Nutzung von Sozialdaten zu anderen Zwecken. (1) [1] Die Speicherung, Veränderung oder Nutzung von Sozialdaten durch die in § 35 des Ersten Buches[2)] genannten Stellen ist zulässig, wenn sie zur Erfüllung der in der Zuständigkeit des Verantwortlichen liegenden gesetzlichen Aufgaben nach diesem Gesetzbuch erforderlich ist und für die Zwecke erfolgt, für die die Daten erhoben worden sind. [2] Ist keine Erhebung vorausgegangen, dürfen die Daten nur für die Zwecke geändert oder genutzt werden, für die sie gespeichert worden sind.

(2) Die nach Absatz 1 gespeicherten Daten dürfen von demselben Verantwortlichen für andere Zwecke nur gespeichert, verändert oder genutzt werden, wenn

1. die Daten für die Erfüllung von Aufgaben nach anderen Rechtsvorschriften dieses Gesetzbuches als diejenigen, für die sie erhoben wurden, erforderlich sind,
2. es zur Durchführung eines bestimmten Vorhabens der wissenschaftlichen Forschung oder Planung im Sozialleistungsbereich erforderlich ist und die Voraussetzungen des § 75 Absatz 1, 2 oder 4a Satz 1 vorliegen.

(3) [1] Eine Speicherung, Veränderung oder Nutzung von Sozialdaten ist zulässig, wenn sie für die Wahrnehmung von Aufsichts-, Kontroll- und Disziplinarbefugnissen, der Rechnungsprüfung oder der Durchführung von Organisationsuntersuchungen für den Verantwortlichen erforderlich ist. [2] Das gilt auch für die Veränderung oder Nutzung zu Ausbildungs- und Prüfungszwecken durch den Verantwortlichen, soweit nicht überwiegende schutzwürdige Interessen der betroffenen Person entgegenstehen.

[1)] § 67c neu gef. mWv 25.5.2018 durch G v. 17.7.2017 (BGBl. I S. 2541); Abs. 4 geänd. mWv 26.11.2019 durch G v. 20.11.2019 (BGBl. I S. 1626).

[2)] Nr. **51.1**.

(4) Sozialdaten, die ausschließlich zu Zwecken der Datenschutzkontrolle, der Datensicherung oder zur Sicherstellung eines ordnungsgemäßen Betriebes einer Datenverarbeitungsanlage gespeichert werden, dürfen nur für diese Zwecke verändert, genutzt und in der Verarbeitung eingeschränkt werden.

(5) [1] Für Zwecke der wissenschaftlichen Forschung oder Planung im Sozialleistungsbereich erhobene oder gespeicherte Sozialdaten dürfen von den in § 35 des Ersten Buches genannten Stellen nur für ein bestimmtes Vorhaben der wissenschaftlichen Forschung im Sozialleistungsbereich oder der Planung im Sozialleistungsbereich verändert oder genutzt werden. [2] Die Sozialdaten sind zu anonymisieren, sobald dies nach dem Forschungs- oder Planungszweck möglich ist. [3] Bis dahin sind die Merkmale gesondert zu speichern, mit denen Einzelangaben über persönliche oder sachliche Verhältnisse einer bestimmten oder bestimmbaren Person zugeordnet werden können. [4] Sie dürfen mit den Einzelangaben nur zusammengeführt werden, soweit der Forschungs- oder Planungszweck dies erfordert.

§ 67d[1)] Übermittlungsgrundsätze. (1) [1] Die Verantwortung für die Zulässigkeit der Bekanntgabe von Sozialdaten durch ihre Weitergabe an einen Dritten oder durch die Einsichtnahme oder den Abruf eines Dritten von zur Einsicht oder zum Abruf bereitgehaltenen Daten trägt die übermittelnde Stelle. [2] Erfolgt die Übermittlung auf Ersuchen des Dritten, an den die Daten übermittelt werden, trägt dieser die Verantwortung für die Richtigkeit der Angaben in seinem Ersuchen.

(2) Sind mit Sozialdaten, die übermittelt werden dürfen, weitere personenbezogene Daten der betroffenen Person oder eines Dritten so verbunden, dass eine Trennung nicht oder nur mit unvertretbarem Aufwand möglich ist, so ist die Übermittlung auch dieser Daten nur zulässig, wenn schutzwürdige Interessen der betroffenen Person oder eines Dritten an deren Geheimhaltung nicht überwiegen; eine Veränderung oder Nutzung dieser Daten ist unzulässig.

(3) Die Übermittlung von Sozialdaten ist auch über Vermittlungsstellen im Rahmen einer Auftragsverarbeitung zulässig.

§ 67e[1)] Erhebung und Übermittlung zur Bekämpfung von Leistungsmissbrauch und illegaler Ausländerbeschäftigung. [1] Bei der Prüfung nach § 2 des Schwarzarbeitsbekämpfungsgesetzes[2)] oder nach § 28p des Vierten Buches[3)] darf bei der überprüften Person zusätzlich erfragt werden,

1. ob und welche Art von Sozialleistungen nach diesem Gesetzbuch oder Leistungen nach dem Asylbewerberleistungsgesetz[4)] sie bezieht und von welcher Stelle sie diese Leistungen bezieht,
2. bei welcher Krankenkasse sie versichert oder ob sie als Selbständige tätig ist,
3. ob und welche Art von Beiträgen nach diesem Gesetzbuch sie abführt und
4. ob und welche ausländischen Arbeitnehmerinnen und Arbeitnehmer sie mit einer für ihre Tätigkeit erforderlichen Genehmigung und nicht zu ungüns-

[1)] 2. Kapitel 2. Abschnitt (§§ 67a–78) neu gef. mWv 25.5.2018 durch G v. 17.7.2017 (BGBl. I S. 2541).

[2)] **Schönfelder ErgBd. Nr. 94b.**

[3)] **Aichberger Nr. 4.**

[4)] **Sartorius ErgBd. Nr. 418.**

tigeren Arbeitsbedingungen als vergleichbare deutsche Arbeitnehmerinnen und Arbeitnehmer beschäftigt.

[2] Zu Prüfzwecken dürfen die Antworten auf Fragen nach Satz 1 Nummer 1 an den jeweils zuständigen Leistungsträger und nach Satz 1 Nummer 2 bis 4 an die jeweils zuständige Einzugsstelle und die Bundesagentur für Arbeit übermittelt werden. [3] Der Empfänger hat die Prüfung unverzüglich durchzuführen.

§ 68[1)] Übermittlung für Aufgaben der Polizeibehörden, der Staatsanwaltschaften, Gerichte und der Behörden der Gefahrenabwehr.

(1) [1] Zur Erfüllung von Aufgaben der Polizeibehörden, der Staatsanwaltschaften und Gerichte, der Behörden der Gefahrenabwehr und der Justizvollzugsanstalten dürfen im Einzelfall auf Ersuchen Name, Vorname, Geburtsdatum, Geburtsort, derzeitige Anschrift der betroffenen Person, ihr derzeitiger oder zukünftiger Aufenthaltsort sowie Namen, Vornamen oder Firma und Anschriften ihrer derzeitigen Arbeitgeber übermittelt werden, soweit kein Grund zu der Annahme besteht, dass dadurch schutzwürdige Interessen der betroffenen Person beeinträchtigt werden, und wenn das Ersuchen nicht länger als sechs Monate zurückliegt. [2] Die ersuchte Stelle ist über § 4 Absatz 3 hinaus zur Übermittlung auch dann nicht verpflichtet, wenn sich die ersuchende Stelle die Angaben auf andere Weise beschaffen kann. [3] Satz 2 findet keine Anwendung, wenn das Amtshilfeersuchen zur Durchführung einer Vollstreckung nach § 66 erforderlich ist.

(1a) Zu dem in § 7 Absatz 3 des Internationalen Familienrechtsverfahrensgesetzes[2)] bezeichneten Zweck ist es zulässig, der in dieser Vorschrift bezeichneten Zentralen Behörde auf Ersuchen im Einzelfall den derzeitigen Aufenthalt der betroffenen Person zu übermitteln, soweit kein Grund zur Annahme besteht, dass dadurch schutzwürdige Interessen der betroffenen Person beeinträchtigt werden.

(2) Über das Übermittlungsersuchen entscheidet der Leiter oder die Leiterin der ersuchten Stelle, dessen oder deren allgemeiner Stellvertreter oder allgemeine Stellvertreterin oder eine besonders bevollmächtigte bedienstete Person.

(3) [1] Eine Übermittlung der in Absatz 1 Satz 1 genannten Sozialdaten, von Angaben zur Staats- und Religionsangehörigkeit, früherer Anschriften der betroffenen Personen, von Namen und Anschriften früherer Arbeitgeber der betroffenen Personen sowie von Angaben über an betroffene Personen erbrachte oder demnächst zu erbringende Geldleistungen ist zulässig, soweit sie zur Durchführung einer nach Bundes- oder Landesrecht zulässigen Rasterfahndung erforderlich ist. [2] Die Verantwortung für die Zulässigkeit der Übermittlung trägt abweichend von § 67d Absatz 1 Satz 1 der Dritte, an den die Daten übermittelt werden. [3] Die übermittelnde Stelle prüft nur, ob das Übermittlungsersuchen im Rahmen der Aufgaben des Dritten liegt, an den die Daten übermittelt werden, *es sei denn, dass* besonderer Anlass zur Prüfung der Zulässigkeit der Übermittlung besteht.

[1)] §§ 68 neu gef. mWv 25.5.2018 durch G v. 17.7.2017 (BGBl. I S. 2541); Abs. 1a geänd. mWv 26.11.2019 durch G v. 20.11.2019 (BGBl. I S. 1626).

[2)] **Schönfelder ErgBd. Nr. 103n.**

§ 69[1] **Übermittlung für die Erfüllung sozialer Aufgaben.** (1) Eine Übermittlung von Sozialdaten ist zulässig, soweit sie erforderlich ist

1. für die Erfüllung der Zwecke, für die sie erhoben worden sind, oder für die Erfüllung einer gesetzlichen Aufgabe der übermittelnden Stelle nach diesem Gesetzbuch oder einer solchen Aufgabe des Dritten, an den die Daten übermittelt werden, wenn er eine in § 35 des Ersten Buches genannte Stelle ist,
2. für die Durchführung eines mit der Erfüllung einer Aufgabe nach Nummer 1 zusammenhängenden gerichtlichen Verfahrens einschließlich eines Strafverfahrens oder
3. für die Richtigstellung unwahrer Tatsachenbehauptungen der betroffenen Person im Zusammenhang mit einem Verfahren über die Erbringung von Sozialleistungen; die Übermittlung bedarf der vorherigen Genehmigung durch die zuständige oberste Bundes- oder Landesbehörde.

(2) Für die Erfüllung einer gesetzlichen oder sich aus einem Tarifvertrag ergebenden Aufgabe sind den in § 35 des Ersten Buches[2] genannten Stellen gleichgestellt

1. die Stellen, die Leistungen nach dem Lastenausgleichsgesetz, dem Bundesentschädigungsgesetz, dem Strafrechtlichen Rehabilitierungsgesetz, dem Beruflichen Rehabilitierungsgesetz[3], dem Gesetz über die Entschädigung für Strafverfolgungsmaßnahmen[4], dem Unterhaltssicherungsgesetz, dem Beamtenversorgungsgesetz[5] und den Vorschriften, die auf das Beamtenversorgungsgesetz verweisen, dem Soldatenversorgungsgesetz, dem Anspruchs- und Anwartschaftsüberführungsgesetz[6] und den Vorschriften der Länder über die Gewährung von Blinden- und Pflegegeldleistungen zu erbringen haben,
2. die gemeinsamen Einrichtungen der Tarifvertragsparteien im Sinne des § 4 Absatz 2 des Tarifvertragsgesetzes[7], die Zusatzversorgungseinrichtungen des öffentlichen Dienstes und die öffentlich-rechtlichen Zusatzversorgungseinrichtungen,
3. die Bezügestellen des öffentlichen Dienstes, soweit sie kindergeldabhängige Leistungen des Besoldungs-, Versorgungs- und Tarifrechts unter Verwendung von personenbezogenen Kindergelddaten festzusetzen haben.

(3) Die Übermittlung von Sozialdaten durch die Bundesagentur für Arbeit an die Krankenkassen ist zulässig, soweit sie erforderlich ist, den Krankenkassen die Feststellung der Arbeitgeber zu ermöglichen, die am Ausgleich der Arbeitgeberaufwendungen nach dem Aufwendungsausgleichsgesetz[8] teilnehmen.

(4) Die Krankenkassen sind befugt, einem Arbeitgeber mitzuteilen, ob die Fortdauer einer Arbeitsunfähigkeit oder eine erneute Arbeitsunfähigkeit eines

---

[1] 2. Kapitel 2. Abschnitt (§§ 67a–78) neu gef. mWv 25.5.2018 durch G v. 17.7.2017 (BGBl. I S. 2541).

[2] Nr. **51.1.**

[3] **Aichberger Nr. 6/23.**

[4] **Schönfelder ErgBd. Nr. 93.**

[5] **Sartorius Nr. 155.**

[6] **Aichberger Nr. 6/11.**

[7] ***Schönfelder ErgBd. Nr. 81.***

[8] **Schönfelder ErgBd. Nr. 80a.**

Arbeitnehmers auf derselben Krankheit beruht; die Übermittlung von Diagnosedaten an den Arbeitgeber ist nicht zulässig.

(5) Die Übermittlung von Sozialdaten ist zulässig für die Erfüllung der gesetzlichen Aufgaben der Rechnungshöfe und der anderen Stellen, auf die § 67c Absatz 3 Satz 1 Anwendung findet.

§ 70[1)] Übermittlung für die Durchführung des Arbeitsschutzes. Eine Übermittlung von Sozialdaten ist zulässig, soweit sie zur Erfüllung der gesetzlichen Aufgaben der für den Arbeitsschutz zuständigen staatlichen Behörden oder der Bergbehörden bei der Durchführung des Arbeitsschutzes erforderlich ist und schutzwürdige Interessen der betroffenen Person nicht beeinträchtigt werden oder das öffentliche Interesse an der Durchführung des Arbeitsschutzes das Geheimhaltungsinteresse der betroffenen Person erheblich überwiegt.

§ 71[2)] Übermittlung für die Erfüllung besonderer gesetzlicher Pflichten und Mitteilungsbefugnisse. (1) [1]Eine Übermittlung von Sozialdaten ist zulässig, soweit sie erforderlich ist für die Erfüllung der gesetzlichen Mitteilungspflichten

1. zur Abwendung geplanter Straftaten nach § 138 des Strafgesetzbuches[3)],
2. zum Schutz der öffentlichen Gesundheit nach § 8 des Infektionsschutzgesetzes[4)],
3. zur Sicherung des Steueraufkommens nach § 22a des Einkommensteuergesetzes[5)] und den §§ 93, 97, 105, 111 Absatz 1 und 5, § 116 der Abgabenordnung[6)] und § 32b Absatz 3 des Einkommensteuergesetzes, soweit diese Vorschriften unmittelbar anwendbar sind, und zur Mitteilung von Daten der ausländischen Unternehmen, die auf Grund bilateraler Regierungsvereinbarungen über die Beschäftigung von Arbeitnehmern zur Ausführung von Werkverträgen tätig werden, nach § 93a der Abgabenordnung,
4. zur Gewährung und Prüfung des Sonderausgabenabzugs nach § 10 des Einkommensteuergesetzes,
5. zur Überprüfung der Voraussetzungen für die Einziehung der Ausgleichszahlungen und für die Leistung von Wohngeld nach § 33 des Wohngeldgesetzes[7)],
6. zur Bekämpfung von Schwarzarbeit und illegaler Beschäftigung nach dem Schwarzarbeitsbekämpfungsgesetz[8)],
7. zur Mitteilung in das Gewerbezentralregister einzutragender Tatsachen an die Registerbehörde,

---

[1)] 2. Kapitel 2. Abschnitt (§§ 67a–78) neu gef. mWv 25.5.2018 durch G v. 17.7.2017 (BGBl. I S. 2541).

[2)] § 71 neu gef. mWv 25.5.2018 durch G v. 17.7.2017 (BGBl. I S. 2541); Abs. 1 Satz 5 angef. mWv *18.7.2019 durch G* v. 11.7.2019 (BGBl. I S. 1066); Abs. 2 Satz 1 Nr. 1 Buchst. b und Nr. 3 geänd. mWv 1.3.2020 durch G v. 15.8.2019 (BGBl. I S. 1307); Abs. 1 Satz 3, Abs. 2 Satz 1 Nr. 3 und 4 geänd., Nr. 5 und 6 angef. mWv 26.11.2019 durch G v. 20.11.2019 (BGBl. I S. 1626).

[3)] **Schönfelder Nr. 85.**

[4)] Nr. **35.1.**

[5)] **Steuergesetze Nr. 1.**

[6)] **Steuergesetze Nr. 800.**

[7)] **Sartorius Nr. 385.**

[8)] **Schönfelder ErgBd. Nr. 94b.**

8. zur Erfüllung der Aufgaben der statistischen Ämter der Länder und des Statistischen Bundesamtes gemäß § 3 Absatz 1 des Statistikregistergesetzes zum Aufbau und zur Führung des Statistikregisters,
9. zur Aktualisierung des Betriebsregisters nach § 97 Absatz 5 des Agrarstatistikgesetzes,
10. zur Erfüllung der Aufgaben der Deutschen Rentenversicherung Bund als zentraler Stelle nach § 22a und § 91 Absatz 1 Satz 1 des Einkommensteuergesetzes,
11. zur Erfüllung der Aufgaben der Deutschen Rentenversicherung Knappschaft-Bahn-See, soweit sie bei geringfügig Beschäftigten Aufgaben nach dem Einkommensteuergesetz durchführt,
12. zur Erfüllung der Aufgaben des Statistischen Bundesamtes nach § 5a Absatz 1 in Verbindung mit Absatz 3 des Bundesstatistikgesetzes oder
13. nach § 69a des Erneuerbare-Energien-Gesetzes[1] zur Berechnung der Bruttowertschöpfung im Verfahren zur Begrenzung der EEG-Umlage.

[2] Erklärungspflichten als Drittschuldner, welche das Vollstreckungsrecht vorsieht, werden durch Bestimmungen dieses Gesetzbuches nicht berührt. [3] Eine Übermittlung von Sozialdaten ist zulässig, soweit sie erforderlich ist für die Erfüllung der gesetzlichen Pflichten zur Sicherung und Nutzung von Archivgut des Bundes nach § 1 Nummer 8 und 9, § 3 Absatz 4, nach den §§ 5 bis 7 sowie nach den §§ 10 bis 13 des Bundesarchivgesetzes oder nach entsprechenden gesetzlichen Vorschriften der Länder, die die Schutzfristen dieses Gesetzes nicht unterschreiten. [4] Eine Übermittlung von Sozialdaten ist auch zulässig, soweit sie erforderlich ist, Meldebehörden nach § 6 Absatz 2 des Bundesmeldegesetzes[2] über konkrete Anhaltspunkte für die Unrichtigkeit oder Unvollständigkeit von diesen auf Grund Melderechts übermittelter Daten zu unterrichten. [5] Zur Überprüfung des Anspruchs auf Kindergeld ist die Übermittlung von Sozialdaten gemäß § 68 Absatz 7 des Einkommensteuergesetzes an die Familienkassen zulässig.

(2) [1] Eine Übermittlung von Sozialdaten eines Ausländers ist auch zulässig, soweit sie erforderlich ist

1. im Einzelfall auf Ersuchen der mit der Ausführung des Aufenthaltsgesetzes[3] betrauten Behörden nach § 87 Absatz 1 des Aufenthaltsgesetzes mit der Maßgabe, dass über die Angaben nach § 68 hinaus nur mitgeteilt werden können
   a) für die Entscheidung über den Aufenthalt des Ausländers oder eines Familienangehörigen des Ausländers Daten über die Gewährung oder Nichtgewährung von Leistungen, Daten über frühere und bestehende Versicherungen und das Nichtbestehen einer Versicherung,
   b) für die Entscheidung über den Aufenthalt oder über die ausländerrechtliche Zulassung oder Beschränkung einer Erwerbstätigkeit des Ausländers Daten über die Zustimmung nach § 4a Absatz 2 Satz 1, § 16a Absatz 1 Satz 1 und § 18 Absatz 2 Nummer 2 des Aufenthaltsgesetzes,

---

[1] **Sartorius ErgBd. Nr. 833.**
[2] ***Sartorius Nr. 256.***
[3] **Sartorius Nr. 565.**

c) für eine Entscheidung über den Aufenthalt des Ausländers Angaben darüber, ob die in § 54 Absatz 2 Nummer 4 des Aufenthaltsgesetzes bezeichneten Voraussetzungen vorliegen, und

d) durch die Jugendämter für die Entscheidung über den weiteren Aufenthalt oder die Beendigung des Aufenthalts eines Ausländers, bei dem ein Ausweisungsgrund nach den §§ 53 bis 56 des Aufenthaltsgesetzes vorliegt, Angaben über das zu erwartende soziale Verhalten,

2. für die Erfüllung der in § 87 Absatz 2 des Aufenthaltsgesetzes bezeichneten Mitteilungspflichten,
3. für die Erfüllung der in § 99 Absatz 1 Nummer 14 Buchstabe d, f und j des Aufenthaltsgesetzes bezeichneten Mitteilungspflichten, wenn die Mitteilung die Erteilung, den Widerruf oder Beschränkungen der Zustimmung nach § 4 Absatz 2 Satz 1, § 16a Absatz 1 Satz 1 und § 18 Absatz 2 Nummer 2 des Aufenthaltsgesetzes oder eines Versicherungsschutzes oder die Gewährung von Leistungen zur Sicherung des Lebensunterhalts nach dem Zweiten Buch[1)] betrifft,
4. für die Erfüllung der in § 6 Absatz 1 Nummer 8 des Gesetzes über das Ausländerzentralregister[2)] bezeichneten Mitteilungspflichten,
5. für die Erfüllung der in § 32 Absatz 1 Satz 1 und 2 des Staatsangehörigkeitsgesetzes[3)] bezeichneten Mitteilungspflichten oder
6. für die Erfüllung der nach § 8 Absatz 1c des Asylgesetzes bezeichneten Mitteilungspflichten der Träger der Grundsicherung für Arbeitsuchende.

[2] Daten über die Gesundheit eines Ausländers dürfen nur übermittelt werden,

1. wenn der Ausländer die öffentliche Gesundheit gefährdet und besondere Schutzmaßnahmen zum Ausschluss der Gefährdung nicht möglich sind oder von dem Ausländer nicht eingehalten werden oder
2. soweit sie für die Feststellung erforderlich sind, ob die Voraussetzungen des § 54 Absatz 2 Nummer 4 des Aufenthaltsgesetzes vorliegen.

(2a) Eine Übermittlung personenbezogener Daten eines Leistungsberechtigten nach § 1 des Asylbewerberleistungsgesetzes[4)] ist zulässig, soweit sie für die Durchführung des Asylbewerberleistungsgesetzes erforderlich ist.

(3) [1] Eine Übermittlung von Sozialdaten ist auch zulässig, soweit es nach pflichtgemäßem Ermessen eines Leistungsträgers erforderlich ist, dem Betreuungsgericht die Bestellung eines Betreuers oder eine andere Maßnahme in Betreuungssachen zu ermöglichen. [2] § 7 des Betreuungsbehördengesetzes gilt entsprechend.

(4) [1] Eine Übermittlung von Sozialdaten ist außerdem zulässig, soweit sie im Einzelfall für die rechtmäßige Erfüllung der in der Zuständigkeit der Zentralstelle für Finanztransaktionsuntersuchungen liegenden Aufgaben nach § 28 Absatz 1 Satz 2 Nummer 2 des Geldwäschegesetzes[5)] erforderlich ist. [2] Die Übermittlung ist auf Angaben über Name, Vorname sowie früher geführte

[1)] Nr. **51.4.**
[2)] **Sartorius ErgBd. Nr. 569.**
[3)] Nr. **12.1.**
[4)] **Sartorius ErgBd. Nr. 418.**
[5)] **Schönfelder ErgBd. Nr. 88a.**

Namen, Geburtsdatum, Geburtsort, derzeitige und frühere Anschriften der betroffenen Person sowie Namen und Anschriften seiner derzeitigen und früheren Arbeitgeber beschränkt.

§ 72[1)] Übermittlung für den Schutz der inneren und äußeren Sicherheit. (1) [1]Eine Übermittlung von Sozialdaten ist zulässig, soweit sie im Einzelfall für die rechtmäßige Erfüllung der in der Zuständigkeit der Behörden für Verfassungsschutz, des Bundesnachrichtendienstes, des Militärischen Abschirmdienstes und des Bundeskriminalamtes liegenden Aufgaben erforderlich ist. [2]Die Übermittlung ist auf Angaben über Name und Vorname sowie früher geführte Namen, Geburtsdatum, Geburtsort, derzeitige und frühere Anschriften der betroffenen Person sowie Namen und Anschriften ihrer derzeitigen und früheren Arbeitgeber beschränkt.

(2) [1]Über die Erforderlichkeit des Übermittlungsersuchens entscheidet eine von dem Leiter oder der Leiterin der ersuchenden Stelle bestimmte beauftragte Person, die die Befähigung zum Richteramt haben oder die Voraussetzungen des § 110 des Deutschen Richtergesetzes[2)] erfüllen soll. [2]Wenn eine oberste Bundes- oder Landesbehörde für die Aufsicht über die ersuchende Stelle zuständig ist, ist sie über die gestellten Übermittlungsersuchen zu unterrichten. [3]Bei der ersuchten Stelle entscheidet über das Übermittlungsersuchen der Behördenleiter oder die Behördenleiterin oder dessen oder deren allgemeiner Stellvertreter oder allgemeine Stellvertreterin.

§ 73[3)] Übermittlung für die Durchführung eines Strafverfahrens.

(1) Eine Übermittlung von Sozialdaten ist zulässig, soweit sie zur Durchführung eines Strafverfahrens wegen eines Verbrechens oder wegen einer sonstigen Straftat von erheblicher Bedeutung erforderlich ist.

(2) Eine Übermittlung von Sozialdaten zur Durchführung eines Strafverfahrens wegen einer anderen Straftat ist zulässig, soweit die Übermittlung auf die in § 72 Absatz 1 Satz 2 genannten Angaben und die Angaben über erbrachte oder demnächst zu erbringende Geldleistungen beschränkt ist.

(3) Die Übermittlung nach den Absätzen 1 und 2 ordnet der Richter oder die Richterin an.

§ 74[3)] Übermittlung bei Verletzung der Unterhaltspflicht und beim Versorgungsausgleich. (1) [1]Eine Übermittlung von Sozialdaten ist zulässig, soweit sie erforderlich ist

1. für die Durchführung
   a) eines gerichtlichen Verfahrens oder eines Vollstreckungsverfahrens wegen eines gesetzlichen oder vertraglichen Unterhaltsanspruchs oder eines an seine Stelle getretenen Ersatzanspruchs oder
   b) eines Verfahrens über den Versorgungsausgleich nach § 220 des Gesetzes über das Verfahren in Familiensachen und in den Angelegenheiten der freiwilligen Gerichtsbarkeit[4)] oder

---

[1)] § 72 neu gef. mWv 25.5.2018 durch G v. 17.7.2017 (BGBl. I S. 2541).
[2)] **Schönfelder ErgBd. Nr. 97.**
[3)] 2. Kapitel 2. Abschnitt (§§ 67a–78) neu gef. mWv 25.5.2018 durch G v. 17.7.2017 (BGBl. I *S. 2541*).
[4)] **Schönfelder Nr. 112.**

2. für die Geltendmachung
   a) eines gesetzlichen oder vertraglichen Unterhaltsanspruchs außerhalb eines Verfahrens nach Nummer 1 Buchstabe a, soweit die betroffene Person nach den Vorschriften des bürgerlichen Rechts, insbesondere nach § 1605 oder nach § 1361 Absatz 4 Satz 4, § 1580 Satz 2, § 1615a oder § 1615l Absatz 3 Satz 1 in Verbindung mit § 1605 des Bürgerlichen Gesetzbuchs[1], zur Auskunft verpflichtet ist, oder
   b) eines Ausgleichsanspruchs im Rahmen des Versorgungsausgleichs außerhalb eines Verfahrens nach Nummer 1 Buchstabe b, soweit die betroffene Person nach § 4 Absatz 1 des Versorgungsausgleichsgesetze[2]s zur Auskunft verpflichtet ist, oder
3. für die Anwendung der Öffnungsklausel des § 22 Nummer 1 Satz 3 Buchstabe a Doppelbuchstabe bb Satz 2 des Einkommensteuergesetzes[3] auf eine im Versorgungsausgleich auf die ausgleichsberechtigte Person übertragene Rentenanwartschaft, soweit die ausgleichspflichtige Person nach § 22 Nummer 1 Satz 3 Buchstabe a Doppelbuchstabe bb Satz 2 des Einkommensteuergesetzes in Verbindung mit § 4 Absatz 1 des Versorgungsausgleichsgesetzes zur Auskunft verpflichtet ist.

[2] In den Fällen des Satzes 1 Nummer 2 und 3 ist eine Übermittlung nur zulässig, wenn die auskunftspflichtige Person ihre Pflicht, nachdem sie unter Hinweis auf die in diesem Buch enthaltene Übermittlungsbefugnis der in § 35 des Ersten Buches[4] genannten Stellen gemahnt wurde, innerhalb angemessener Frist nicht oder nicht vollständig erfüllt hat. [3] Diese Stellen dürfen die Anschrift der auskunftspflichtigen Person zum Zwecke der Mahnung übermitteln.

(2) Eine Übermittlung von Sozialdaten durch die Träger der gesetzlichen Rentenversicherung und durch die Träger der Grundsicherung für Arbeitsuchende ist auch zulässig, soweit sie für die Erfüllung der nach § 5 des Auslandsunterhaltsgesetzes[5] der zentralen Behörde (§ 4 des Auslandsunterhaltsgesetzes) obliegenden Aufgaben und zur Erreichung der in den §§ 16 und 17 des Auslandsunterhaltsgesetzes bezeichneten Zwecke erforderlich ist.

§ 74a[6] Übermittlung zur Durchsetzung öffentlich-rechtlicher Ansprüche und im Vollstreckungsverfahren. (1) [1] Zur Durchsetzung von öffentlich-rechtlichen Ansprüchen in Höhe von mindestens 500 Euro dürfen im Einzelfall auf Ersuchen Name, Vorname, Geburtsdatum, Geburtsort, derzeitige Anschrift der betroffenen Person, ihr derzeitiger oder zukünftiger Aufenthaltsort sowie Namen, Vornamen oder Firma und Anschriften ihrer derzeitigen Arbeitgeber übermittelt werden, soweit kein Grund zu der Annahme besteht, dass dadurch schutzwürdige Interessen der betroffenen Person beeinträchtigt werden, und wenn das Ersuchen nicht länger als sechs Monate zurückliegt. [2] Die ersuchte Stelle ist über § 4 Absatz 3 hinaus zur Übermittlung auch dann nicht verpflichtet, wenn sich die ersuchende Stelle die Angaben auf andere

---

[1] **Schönfelder Nr. 20.**
[2] **Schönfelder Nr. 48.**
[3] **Steuergesetze Nr. 1.**
[4] Nr. **51.1.**
[5] **Schönfelder ErgBd. Nr. 103o.**
[6] 2. Kapitel 2. Abschnitt (§§ 67a–78) neu gef. mWv 25.5.2018 durch G v. 17.7.2017 (BGBl. I S. 2541).

Weise beschaffen kann. [3]Satz 2 findet keine Anwendung, wenn das Amtshilfeersuchen zur Durchführung einer Vollstreckung nach § 66 erforderlich ist.

(2) [1]Zur Durchführung eines Vollstreckungsverfahrens, dem zu vollstreckende Ansprüche von mindestens 500 Euro zugrunde liegen, dürfen die Träger der gesetzlichen Rentenversicherung im Einzelfall auf Ersuchen des Gerichtsvollziehers die derzeitige Anschrift der betroffenen Person, ihren derzeitigen oder zukünftigen Aufenthaltsort sowie Namen, Vornamen oder Firma und Anschriften ihrer derzeitigen Arbeitgeber übermitteln, soweit kein Grund zu der Annahme besteht, dass dadurch schutzwürdige Interessen der betroffenen Person beeinträchtigt werden, und das Ersuchen nicht länger als sechs Monate zurückliegt. [2]Die Träger der gesetzlichen Rentenversicherung sind über § 4 Absatz 3 hinaus zur Übermittlung auch dann nicht verpflichtet, wenn sich die ersuchende Stelle die Angaben auf andere Weise beschaffen kann. [3]Die Übermittlung ist nur zulässig, wenn

1. der Schuldner seiner Pflicht zur Abgabe der Vermögensauskunft nach § 802c der Zivilprozessordnung[1)] nicht nachkommt,
2. bei einer Vollstreckung in die in der Vermögensauskunft aufgeführten Vermögensgegenstände eine vollständige Befriedigung des Gläubigers voraussichtlich nicht zu erwarten wäre oder
3. die Anschrift oder der derzeitige oder zukünftige Aufenthaltsort des Schuldners trotz Anfrage bei der Meldebehörde nicht bekannt ist.

[4]Der Gerichtsvollzieher hat in seinem Ersuchen zu bestätigen, dass diese Voraussetzungen vorliegen.

§ 75[2)] Übermittlung von Sozialdaten für die Forschung und Planung.

(1) [1]Eine Übermittlung von Sozialdaten ist zulässig, soweit sie erforderlich ist für ein bestimmtes Vorhaben

1. der wissenschaftlichen Forschung im Sozialleistungsbereich oder der wissenschaftlichen Arbeitsmarkt- und Berufsforschung oder
2. der Planung im Sozialleistungsbereich durch eine öffentliche Stelle im Rahmen ihrer Aufgaben

und schutzwürdige Interessen der betroffenen Person nicht beeinträchtigt werden oder das öffentliche Interesse an der Forschung oder Planung das Geheimhaltungsinteresse der betroffenen Person erheblich überwiegt. [2]Eine Übermittlung ohne Einwilligung der betroffenen Person ist nicht zulässig, soweit es zumutbar ist, ihre Einwilligung einzuholen. [3]Angaben über den Namen und Vornamen, die Anschrift, die Telefonnummer sowie die für die Einleitung eines Vorhabens nach Satz 1 zwingend erforderlichen Strukturmerkmale der betroffenen Person können für Befragungen auch ohne Einwilligungen übermittelt werden. [4]Der nach Absatz 4 Satz 1 zuständigen Behörde ist ein Datenschutzkonzept vorzulegen.

(2) Ergibt sich aus dem Vorhaben nach Absatz 1 Satz 1 eine Forschungsfrage, die in einem inhaltlichen Zusammenhang mit diesem steht, können hierzu auf Antrag die Frist nach Absatz 4 Satz 5 Nummer 4 zur Verarbeitung der erforder-

---

1) Nr. **23.3**.

2) *§ 75 neu gef. mWv 25.5.2018 durch G v. 17.7.2017* (BGBl. I S. 2541); Abs. 3 Satz 1, Abs. 4 Satz 2, Satz 5 Nr. 3, Abs. 4a Satz 1 geänd. mWv 26.11.2019 durch G v. 20.11.2019 (BGBl. I S. 1626).

lichen Sozialdaten verlängert oder eine neue Frist festgelegt und weitere erforderliche Sozialdaten übermittelt werden.

(3) [1] Soweit nach Absatz 1 oder 2 besondere Kategorien von Daten im Sinne von Artikel 9 Absatz 1 der Verordnung (EU) 2016/679[1)] an einen Dritten übermittelt oder nach Absatz 4a von einem Dritten verarbeitet werden, sieht dieser bei der Verarbeitung angemessene und spezifische Maßnahmen zur Wahrung der Interessen der betroffenen Person gemäß § 22 Absatz 2 Satz 2 des Bundesdatenschutzgesetzes[2)] vor. [2] Ergänzend zu den dort genannten Maßnahmen sind die besonderen Kategorien von Daten im Sinne des Artikels 9 Absatz 1 der Verordnung (EU) 2016/679 zu anonymisieren, sobald dies nach dem Forschungszweck möglich ist.

(4) [1] Die Übermittlung nach Absatz 1 und die weitere Verarbeitung sowie die Übermittlung nach Absatz 2 bedürfen der vorherigen Genehmigung durch die oberste Bundes- oder Landesbehörde, die für den Bereich, aus dem die Daten herrühren, zuständig ist. [2] Die oberste Bundesbehörde kann das Genehmigungsverfahren bei Anträgen von Versicherungsträgern nach § 1 Absatz 1 Satz 1 des Vierten Buches[3)] oder von deren Verbänden auf das Bundesversicherungsamt übertragen. [3] Eine Übermittlung von Sozialdaten an eine nicht-öffentliche Stelle und eine weitere Verarbeitung durch diese nach Absatz 2 darf nur genehmigt werden, wenn sich die nicht-öffentliche Stelle gegenüber der Genehmigungsbehörde verpflichtet hat, die Daten nur für den vorgesehenen Zweck zu verarbeiten. [4] Die Genehmigung darf im Hinblick auf die Wahrung des Sozialgeheimnisses nur versagt werden, wenn die Voraussetzungen des Absatzes 1, 2 oder 4a nicht vorliegen. [5] Sie muss

1. den Dritten, an den die Daten übermittelt werden,
2. die Art der zu übermittelnden Sozialdaten und den Kreis der betroffenen Personen,
3. die wissenschaftliche Forschung oder die Planung, zu der die übermittelten Sozialdaten verarbeitet werden dürfen, und
4. den Tag, bis zu dem die übermittelten Sozialdaten verarbeitet werden dürfen,

genau bezeichnen und steht auch ohne besonderen Hinweis unter dem Vorbehalt der nachträglichen Aufnahme, Änderung oder Ergänzung einer Auflage. [6] Nach Ablauf der Frist nach Satz 5 Nummer 4 können die verarbeiteten Daten bis zu zehn Jahre lang gespeichert werden, um eine Nachprüfung der Forschungsergebnisse auf der Grundlage der ursprünglichen Datenbasis sowie eine Verarbeitung für weitere Forschungsvorhaben nach Absatz 2 zu ermöglichen.

(4a) [1] Ergänzend zur Übermittlung von Sozialdaten zu einem bestimmten Forschungsvorhaben nach Absatz 1 Satz 1 kann die Verarbeitung dieser Sozialdaten auch für noch nicht bestimmte, aber inhaltlich zusammenhängende Forschungsvorhaben des gleichen Forschungsbereiches beantragt werden. [2] Die Genehmigung ist unter den Voraussetzungen des Absatzes 4 zu erteilen, wenn *sich* der Datenempfänger gegenüber der genehmigenden Stelle verpflichtet, auch bei künftigen Forschungsvorhaben im Forschungsbereich die Genehmigungsvoraussetzungen einzuhalten. [3] Die nach Absatz 4 Satz 1 zuständige Behörde kann vom Antragsteller die Vorlage einer unabhängigen Begutachtung

---

[1)] **Sartorius Nr. 246.**
[2)] **Sartorius Nr. 245.**
[3)] **Aichberger Nr. 4.**

des Datenschutzkonzeptes verlangen. [4]Der Antragsteller ist verpflichtet, der nach Absatz 4 Satz 1 zuständigen Behörde jedes innerhalb des genehmigten Forschungsbereiches vorgesehene Forschungsvorhaben vor dessen Beginn anzuzeigen und dabei die Erfüllung der Genehmigungsvoraussetzungen darzulegen. [5]Mit dem Forschungsvorhaben darf acht Wochen nach Eingang der Anzeige bei der Genehmigungsbehörde begonnen werden, sofern nicht die Genehmigungsbehörde vor Ablauf der Frist mitteilt, dass für das angezeigte Vorhaben ein gesondertes Genehmigungsverfahren erforderlich ist.

(5) Wird die Verarbeitung von Sozialdaten nicht-öffentlichen Stellen genehmigt, hat die genehmigende Stelle durch Auflagen sicherzustellen, dass die der Genehmigung durch Absatz 1, 2 und 4a gesetzten Grenzen beachtet werden.

(6) Ist der Dritte, an den Sozialdaten übermittelt werden, eine nicht-öffentliche Stelle, unterliegt dieser der Aufsicht der gemäß § 40 Absatz 1 des Bundesdatenschutzgesetzes zuständigen Behörde.

§ 76[1] Einschränkung der Übermittlungsbefugnis bei besonders schutzwürdigen Sozialdaten. (1) Die Übermittlung von Sozialdaten, die einer in § 35 des Ersten Buches[2] genannten Stelle von einem Arzt oder einer Ärztin oder einer anderen in § 203 Absatz 1 und 4 des Strafgesetzbuches[3] genannten Person zugänglich gemacht worden sind, ist nur unter den Voraussetzungen zulässig, unter denen diese Person selbst übermittlungsbefugt wäre.

(2) Absatz 1 gilt nicht

1. im Rahmen des § 69 Absatz 1 Nummer 1 und 2 für Sozialdaten, die im Zusammenhang mit einer Begutachtung wegen der Erbringung von Sozialleistungen oder wegen der Ausstellung einer Bescheinigung übermittelt worden sind, es sei denn, dass die betroffene Person der Übermittlung widerspricht; die betroffene Person ist von dem Verantwortlichen zu Beginn des Verwaltungsverfahrens in allgemeiner Form schriftlich oder elektronisch auf das Widerspruchsrecht hinzuweisen,
2. im Rahmen des § 69 Absatz 4 und 5 und des § 71 Absatz 1 Satz 3,
3. im Rahmen des § 94 Absatz 2 Satz 2 des Elften Buches[4].

(3) Ein Widerspruchsrecht besteht nicht in den Fällen des § 275 Absatz 1 bis 3 und 3b, des § 275c Absatz 1 und des § 275d Absatz 1 des Fünften Buches[5], soweit die Daten durch Personen nach Absatz 1 übermittelt werden.

§ 77[6] Übermittlung ins Ausland und an internationale Organisationen. (1) [1]Die Übermittlung von Sozialdaten an Personen oder Stellen in anderen Mitgliedstaaten der Europäischen Union sowie in diesen nach § 35 Absatz 7 des Ersten Buches[2] gleichgestellten Staaten ist zulässig, soweit

---

[1] § 76 neu gef. mWv 25.5.2018 durch G v. 17.7.2017 (BGBl. I S. 2541); Abs. 1 geänd. mWv 14.7. 2018 durch G v. 10.7.2018 (BGBl. I S. 1117); Abs. 3 neu gef. mWv 1.1.2020 durch G v. 14.12.2019 (BGBl. I S. 2789).

[2] Nr. **51.1**.

[3] **Schönfelder Nr. 85.**

[4] **Aichberger Nr. 11.**

[5] **Aichberger Nr. 5.**

[6] *2. Kapitel 2. Abschnitt (§§ 67a–78) neu gef.* mWv 25.5.2018 durch G v. 17.7.2017 (BGBl. I S. 2541).

1. dies für die Erfüllung einer gesetzlichen Aufgabe der in § 35 des Ersten Buches genannten übermittelnden Stelle nach diesem Gesetzbuch oder zur Erfüllung einer solchen Aufgabe von ausländischen Stellen erforderlich ist, soweit diese Aufgaben wahrnehmen, die denen der in § 35 des Ersten Buches genannten Stellen entsprechen,
2. die Voraussetzungen des § 69 Absatz 1 Nummer 2 oder Nummer 3 oder des § 70 oder einer Übermittlungsvorschrift nach dem Dritten Buch oder dem Arbeitnehmerüberlassungsgesetz[1)] vorliegen und die Aufgaben der ausländischen Stelle den in diesen Vorschriften genannten entsprechen,
3. die Voraussetzungen des § 74 vorliegen und die gerichtlich geltend gemachten Ansprüche oder die Rechte des Empfängers den in dieser Vorschrift genannten entsprechen oder
4. die Voraussetzungen des § 73 vorliegen; für die Anordnung einer Übermittlung nach § 73 ist ein inländisches Gericht zuständig.

[2] Die Übermittlung von Sozialdaten unterbleibt, soweit sie zu den in Artikel 6 des Vertrages über die Europäische Union[2)] enthaltenen Grundsätzen in Widerspruch stünde.

(2) Absatz 1 gilt entsprechend für die Übermittlung an Personen oder Stellen in einem Drittstaat sowie an internationale Organisationen, wenn deren angemessenes Datenschutzniveau durch Angemessenheitsbeschluss gemäß Artikel 45 der Verordnung (EU) 2016/679[3)] festgestellt wurde.

(3) Liegt kein Angemessenheitsbeschluss vor, ist abweichend von Artikel 46 Absatz 2 Buchstabe a der Verordnung (EU) 2016/679 eine Übermittlung von Sozialdaten an Personen oder Stellen in einem Drittstaat oder an internationale Organisationen über die in Artikel 49 Absatz 1 Buchstabe a der Verordnung (EU) 2016/679 genannten Fälle hinaus nur zulässig, wenn

1. die Übermittlung in Anwendung zwischenstaatlicher Übereinkommen auf dem Gebiet der sozialen Sicherheit erfolgt, oder
2. soweit die Voraussetzungen des § 69 Absatz 1 Nummer 1 und 2 oder des § 70 vorliegen

und soweit die betroffene Person kein schutzwürdiges Interesse an dem Ausschluss der Übermittlung hat.

(4) Die Stelle, an die die Sozialdaten übermittelt werden, ist auf den Zweck hinzuweisen, zu dessen Erfüllung die Sozialdaten übermittelt werden.

§ 78[4)] Zweckbindung und Geheimhaltungspflicht eines Dritten, an den Daten übermittelt werden. (1) [1] Personen oder Stellen, die nicht in § 35 des Ersten Buches[5)] genannt und denen Sozialdaten übermittelt worden sind, dürfen diese nur zu dem Zweck verarbeiten, zu dem sie ihnen befugt übermittelt worden sind. [2] Eine Übermittlung von Sozialdaten nach den §§ 68 bis 77 oder nach einer anderen Rechtsvorschrift in diesem Gesetzbuch an eine *nicht-öffentliche Stelle* auf deren Ersuchen hin ist nur zulässig, wenn diese sich

---

[1)] **Schönfelder ErgBd. Nr. 84a.**

[2)] **Sartorius Nr. 1000.**

[3)] **Sartorius Nr. 246.**

[4)] § 78 neu gef. mWv 25.5.2018 durch G v. 17.7.2017 (BGBl. I S. 2541); Abs. 1 Sätze 1 und 2 geänd. mWv 26.11.2019 durch G v. 20.11.2019 (BGBl. I S. 1626).

[5)] Nr. **51.1.**

gegenüber der übermittelnden Stelle verpflichtet hat, die Daten nur für den Zweck zu verarbeiten, zu dem sie ihr übermittelt werden. [3] Die Dritten haben die Daten in demselben Umfang geheim zu halten wie die in § 35 des Ersten Buches genannten Stellen. [4] Sind Sozialdaten an Gerichte oder Staatsanwaltschaften übermittelt worden, dürfen diese gerichtliche Entscheidungen, die Sozialdaten enthalten, weiter übermitteln, wenn eine in § 35 des Ersten Buches genannte Stelle zur Übermittlung an den weiteren Dritten befugt wäre. [5] Abweichend von Satz 4 ist eine Übermittlung nach § 115 des Bundesbeamtengesetzes[1)] und nach Vorschriften, die auf diese Vorschrift verweisen, zulässig. [6] Sind Sozialdaten an Polizeibehörden, Staatsanwaltschaften, Gerichte oder Behörden der Gefahrenabwehr übermittelt worden, dürfen diese die Daten unabhängig vom Zweck der Übermittlung sowohl für Zwecke der Gefahrenabwehr als auch für Zwecke der Strafverfolgung und der Strafvollstreckung speichern, verändern, nutzen, übermitteln, in der Verarbeitung einschränken oder löschen.

(2) Werden Daten an eine nicht-öffentliche Stelle übermittelt, so sind die dort beschäftigten Personen, welche diese Daten speichern, verändern, nutzen, übermitteln, in der Verarbeitung einschränken oder löschen, von dieser Stelle vor, spätestens bei der Übermittlung auf die Einhaltung der Pflichten nach Absatz 1 hinzuweisen.

(3) [1] Ergibt sich im Rahmen eines Vollstreckungsverfahrens nach § 66 die Notwendigkeit, dass eine Strafanzeige zum Schutz des Vollstreckungsbeamten erforderlich ist, so dürfen die zum Zweck der Vollstreckung übermittelten Sozialdaten auch zum Zweck der Strafverfolgung gespeichert, verändert, genutzt, übermittelt, in der Verarbeitung eingeschränkt oder gelöscht werden, soweit dies erforderlich ist. [2] Das Gleiche gilt auch für die Klärung von Fragen im Rahmen eines Disziplinarverfahrens.

(4) Sind Sozialdaten an Gerichte oder Staatsanwaltschaften für die Durchführung eines Straf- oder Bußgeldverfahrens übermittelt worden, so dürfen sie nach Maßgabe der §§ 476, 487 Absatz 4 der Strafprozessordnung[2)] und der §§ 49b und 49c Absatz 1 des Gesetzes über Ordnungswidrigkeiten[3)] für Zwecke der wissenschaftlichen Forschung gespeichert, verändert, genutzt, übermittelt, in der Verarbeitung eingeschränkt oder gelöscht werden.

§§ 78a–78c *(nicht mehr belegt)*

Dritter Abschnitt.[4)] Besondere Datenverarbeitungsarten

§ 79[4)] Einrichtung automatisierter Verfahren auf Abruf. (1) [1] Die Einrichtung eines automatisierten Verfahrens, das die Übermittlung von Sozialdaten durch Abruf ermöglicht, ist zwischen den in § 35 des Ersten Buches[5)] genannten Stellen sowie mit der Deutschen Rentenversicherung Bund als zentraler Stelle zur Erfüllung ihrer Aufgaben nach § 91 Absatz 1 Satz 1 des Einkommensteuergesetzes[6)] und der Deutschen Rentenversicherung Knapp-

---

[1)] **Sartorius Nr. 160.**

[2)] **Schönfelder Nr. 90.**

[3)] Nr. **72.2.**

[4)] 2. Kapitel 3. Abschnitt (§§ 79, 80) neu gef. mWv 25.5.2018 durch G v. 17.7.2017 (BGBl. I S. 2541).

[5)] *Nr.* ***51.1.***

[6)] **Steuergesetze Nr. 1.**

schaft-Bahn-See, soweit sie bei geringfügig Beschäftigten Aufgaben nach dem Einkommensteuergesetz durchführt, zulässig, soweit dieses Verfahren unter Berücksichtigung der schutzwürdigen Interessen der betroffenen Personen wegen der Vielzahl der Übermittlungen oder wegen ihrer besonderen Eilbedürftigkeit angemessen ist und wenn die jeweiligen Rechts- oder Fachaufsichtsbehörden die Teilnahme der unter ihrer Aufsicht stehenden Stellen genehmigt haben. [2] Das Gleiche gilt gegenüber den in § 69 Absatz 2 und 3 genannten Stellen.

(1a) Die Einrichtung eines automatisierten Verfahrens auf Abruf für ein Dateisystem der Sozialversicherung für Landwirtschaft, Forsten und Gartenbau ist nur gegenüber den Trägern der gesetzlichen Rentenversicherung, der Deutschen Rentenversicherung Bund als zentraler Stelle zur Erfüllung ihrer Aufgaben nach § 91 Absatz 1 Satz 1 des Einkommensteuergesetzes, den Krankenkassen, der Bundesagentur für Arbeit und der Deutschen Post AG, soweit sie mit der Berechnung oder Auszahlung von Sozialleistungen betraut ist, zulässig; dabei dürfen auch Vermittlungsstellen eingeschaltet werden.

(2) [1] Die beteiligten Stellen haben zu gewährleisten, dass die Zulässigkeit des Verfahrens auf Abruf kontrolliert werden kann. [2] Hierzu haben sie schriftlich oder elektronisch festzulegen:

1. Anlass und Zweck des Verfahrens auf Abruf,
2. Dritte, an die übermittelt wird,
3. Art der zu übermittelnden Daten,
4. nach Artikel 32 der Verordnung (EU) 2016/679[1)] erforderliche technische und organisatorische Maßnahmen.

(3) Über die Einrichtung von Verfahren auf Abruf ist in Fällen, in denen die in § 35 des Ersten Buches genannten Stellen beteiligt sind, die der Kontrolle des oder der Bundesbeauftragten für den Datenschutz und die Informationsfreiheit (Bundesbeauftragte) unterliegen, dieser oder diese, sonst die nach Landesrecht für die Kontrolle des Datenschutzes zuständige Stelle rechtzeitig vorher unter Mitteilung der Festlegungen nach Absatz 2 zu unterrichten.

(4) [1] Die Verantwortung für die Zulässigkeit des einzelnen Abrufs trägt der Dritte, an den übermittelt wird. [2] Die speichernde Stelle prüft die Zulässigkeit der Abrufe nur, wenn dazu Anlass besteht. [3] Sie hat mindestens bei jedem zehnten Abruf den Zeitpunkt, die abgerufenen Daten sowie Angaben zur Feststellung des Verfahrens und des für den Abruf Verantwortlichen zu protokollieren; die protokollierten Daten sind spätestens nach sechs Monaten zu löschen. [4] Wird ein Gesamtbestand von Sozialdaten abgerufen oder übermittelt (Stapelverarbeitung), so bezieht sich die Gewährleistung der Feststellung und Überprüfung nur auf die Zulässigkeit des Abrufes oder der Übermittlung des Gesamtbestandes.

(5) Die Absätze 1 bis 4 gelten nicht für den Abruf aus Dateisystemen, die mit Einwilligung der betroffenen Personen angelegt werden und die jedermann, sei es ohne oder nach besonderer Zulassung, zur Benutzung offenstehen.

---

1) Sartorius Nr. 246.

§ 80[1] **Verarbeitung von Sozialdaten im Auftrag.** (1) [1]Die Erteilung eines Auftrags im Sinne des Artikels 28 der Verordnung (EU) 2016/679[2] zur Verarbeitung von Sozialdaten ist nur zulässig, wenn der Verantwortliche seiner Rechts- oder Fachaufsichtsbehörde rechtzeitig vor der Auftragserteilung

1. den Auftragsverarbeiter, die bei diesem vorhandenen technischen und organisatorischen Maßnahmen und ergänzenden Weisungen,
2. die Art der Daten, die im Auftrag verarbeitet werden sollen, und den Kreis der betroffenen Personen,
3. die Aufgabe, zu deren Erfüllung die Verarbeitung der Daten im Auftrag erfolgen soll, sowie
4. den Abschluss von etwaigen Unterauftragsverhältnissen

schriftlich oder elektronisch anzeigt. [2]Soll eine öffentliche Stelle mit der Verarbeitung von Sozialdaten beauftragt werden, hat diese rechtzeitig vor der Auftragserteilung die beabsichtigte Beauftragung ihrer Rechts- oder Fachaufsichtsbehörde schriftlich oder elektronisch anzuzeigen.

(2) Der Auftrag zur Verarbeitung von Sozialdaten darf nur erteilt werden, wenn die Verarbeitung im Inland, in einem anderen Mitgliedstaat der Europäischen Union, in einem diesem nach § 35 Absatz 7 des Ersten Buches[3] gleichgestellten Staat, oder, sofern ein Angemessenheitsbeschluss gemäß Artikel 45 der Verordnung (EU) 2016/679 vorliegt, in einem Drittstaat oder in einer internationalen Organisation erfolgt.

(3) [1]Die Erteilung eines Auftrags zur Verarbeitung von Sozialdaten durch nicht-öffentliche Stellen ist nur zulässig, wenn

1. beim Verantwortlichen sonst Störungen im Betriebsablauf auftreten können oder
2. die übertragenen Arbeiten beim Auftragsverarbeiter erheblich kostengünstiger besorgt werden können.

[2]Dies gilt nicht, wenn Dienstleister in der Informationstechnik, deren absolute Mehrheit der Anteile oder deren absolute Mehrheit der Stimmen dem Bund oder den Ländern zusteht, mit vorheriger Genehmigung der obersten Dienstbehörde des Verantwortlichen beauftragt werden.

(4) [1]Ist der Auftragsverarbeiter eine in § 35 des Ersten Buches genannte Stelle, gelten neben den §§ 85 und 85a die §§ 9, 13, 14 und 16 des Bundesdatenschutzgesetzes[4]. [2]Bei den in § 35 des Ersten Buches genannten Stellen, die nicht solche des Bundes sind, tritt anstelle des oder der Bundesbeauftragten insoweit die nach Landesrecht für die Kontrolle des Datenschutzes zuständige Stelle. [3]Ist der Auftragsverarbeiter eine nicht-öffentliche Stelle, unterliegt dieser der Aufsicht der gemäß § 40 des Bundesdatenschutzgesetzes zuständigen Behörde.

(5) [1]Absatz 3 gilt nicht bei Verträgen über die Prüfung oder Wartung automatisierter Verfahren oder von Datenverarbeitungsanlagen durch andere Stellen im Auftrag, bei denen ein Zugriff auf Sozialdaten nicht ausgeschlossen werden

---

[1] § 80 neu gef. mWv 25.5.2018 durch G v. 17.7.2017 (BGBl. I S. 2541); Abs. 3 Satz 2 angef. mWv 26.11.2019 durch G v. 20.11.2019 (BGBl. I S. 1626).

[2] **Sartorius Nr. 246.**

[3] Nr. **51.1.**

[4] **Sartorius Nr. 245.**

kann. [2]Die Verträge sind bei zu erwartenden oder bereits eingetretenen Störungen im Betriebsablauf unverzüglich der Rechts- oder Fachaufsichtsbehörde mitzuteilen.

Vierter Abschnitt.[1)] Rechte der betroffenen Person, Beauftragte für den Datenschutz und Schlussvorschriften

§ 81[1)] Recht auf Anrufung, Beauftragte für den Datenschutz. (1) Ist eine betroffene Person der Ansicht, bei der Verarbeitung ihrer Sozialdaten in ihren Rechten verletzt worden zu sein, kann sie sich

1. an den Bundesbeauftragten oder die Bundesbeauftragte wenden, wenn sie eine Verletzung ihrer Rechte durch eine in § 35 des Ersten Buches[2)] genannte Stelle des Bundes bei der Wahrnehmung von Aufgaben nach diesem Gesetzbuch behauptet,
2. an die nach Landesrecht für die Kontrolle des Datenschutzes zuständige Stelle wenden, wenn sie die Verletzung ihrer Rechte durch eine andere in § 35 des Ersten Buches genannte Stelle bei der Wahrnehmung von Aufgaben nach diesem Gesetzbuch behauptet.

(2) [1]Bei der Wahrnehmung von Aufgaben nach diesem Gesetzbuch gelten für die in § 35 des Ersten Buches genannten Stellen die §§ 14 bis 16 des Bundesdatenschutzgesetzes[3)]. [2]Bei öffentlichen Stellen der Länder, die unter § 35 des Ersten Buches fallen, tritt an die Stelle des oder der Bundesbeauftragten die nach Landesrecht für die Kontrolle des Datenschutzes zuständige Stelle.

(3) [1]Verbände und Arbeitsgemeinschaften der in § 35 des Ersten Buches genannten Stellen oder ihrer Verbände gelten, soweit sie Aufgaben nach diesem Gesetzbuch wahrnehmen und an ihnen Stellen des Bundes beteiligt sind, unbeschadet ihrer Rechtsform als öffentliche Stellen des Bundes, wenn sie über den Bereich eines Landes hinaus tätig werden, anderenfalls als öffentliche Stellen der Länder. [2]Sonstige Einrichtungen der in § 35 des Ersten Buches genannten Stellen oder ihrer Verbände gelten als öffentliche Stellen des Bundes, wenn die absolute Mehrheit der Anteile oder der Stimmen einer oder mehrerer öffentlicher Stellen dem Bund zusteht, anderenfalls als öffentliche Stellen der Länder. [3]Die Datenstelle der Rentenversicherung nach § 145 Absatz 1 des Sechsten Buches[4)] gilt als öffentliche Stelle des Bundes.

(Fortsetzung nächstes Blatt)

[1)] 2. Kapitel 4. Abschnitt (§§ 81–85a) neu gef. mWv 25.5.2018 durch G v. 17.7.2017 (BGBl. I S. 2541).

[2)] Nr. **51.1.**

[3)] **Sartorius Nr. 245.**

[4)] **Aichberger Nr. 6.**

kann. [4]Die Verträge sind bei zu erwartenden oder bereits eingetretenen Störungen im Betriebsablauf unverzüglich der Rechts- oder Fachaufsichtsbehörde mitzuteilen.

Vierter Abschnitt.[1] Rechte der betroffenen Person, Beauftragte für den Datenschutz und Schlussvorschriften

§ 81[1] **Recht auf Anrufung, Beauftragte für den Datenschutz.** (1) Ist eine betroffene Person der Ansicht, bei der Verarbeitung ihrer Sozialdaten in ihren Rechten verletzt worden zu sein, kann sie sich

1. an den Bundesbeauftragten oder die Bundesbeauftragte wenden, wenn sie eine Verletzung ihrer Rechte durch eine in § 35 des Ersten Buches[2] genannte Stelle des Bundes bei der Wahrnehmung von Aufgaben nach diesem Gesetzbuch behauptet,
2. an die nach Landesrecht für die Kontrolle des Datenschutzes zuständige Stelle wenden, wenn sie die Verletzung ihrer Rechte durch eine andere in § 35 des Ersten Buches genannte Stelle bei der Wahrnehmung von Aufgaben nach diesem Gesetzbuch behauptet.

(2) [1]Bei der Wahrnehmung von Aufgaben nach diesem Gesetzbuch gelten für die in § 35 des Ersten Buches genannten Stellen die §§ 14 bis 16 des Bundesdatenschutzgesetzes[3]. [2]Bei öffentlichen Stellen der Länder, die unter § 35 des Ersten Buches fallen, tritt an die Stelle des oder der Bundesbeauftragten die nach Landesrecht für die Kontrolle des Datenschutzes zuständige Stelle.

(3) [1]Verbände und Arbeitsgemeinschaften der in § 35 des Ersten Buches genannten Stellen oder ihrer Verbände gelten, soweit sie Aufgaben nach diesem Gesetzbuch wahrnehmen und an ihnen Stellen des Bundes beteiligt sind, unbeschadet ihrer Rechtsform als öffentliche Stellen des Bundes, wenn sie über den Bereich eines Landes hinaus tätig werden, anderenfalls als öffentliche Stellen der Länder. [2]Sonstige Einrichtungen der in § 35 des Ersten Buches genannten Stellen oder ihrer Verbände gelten als öffentliche Stellen des Bundes, wenn die absolute Mehrheit der Anteile oder der Stimmen einer oder mehrerer öffentlicher Stellen dem Bund zusteht, anderenfalls als öffentliche Stellen der Länder. [3]Die Datenstelle der Rentenversicherung nach § 145 Absatz 1 des Sechsten Buches[4] gilt als öffentliche Stelle des Bundes.

(Fortsetzung nächstes Blatt)

---

[1] 2. Kapitel 4. Abschnitt (§§ 81–85a) neu gef. mWv 25.5.2018 durch G v. 17.7.2017 (BGBl. I S. 2541).
[2] Nr. 51.1.
[3] *Sartorius* Nr. 245.
[4] *Aichberger* Nr. 6.

erfolgen. [3]Die Sätze 1 und 2 gelten entsprechend für Krankenhäuser sowie für Vorsorge- oder Rehabilitationseinrichtungen.

(2) Auskünfte auf Fragen, deren Beantwortung dem Arzt, dem Angehörigen eines anderen Heilberufs oder ihnen nahe stehenden Personen (§ 383 Abs. 1 Nr. 1 bis 3 der Zivilprozessordnung[1)]) die Gefahr zuziehen würde, wegen einer Straftat oder einer Ordnungswidrigkeit verfolgt zu werden, können verweigert werden.

§ 101 Auskunftspflicht der Leistungsträger. [1]Die Leistungsträger haben auf Verlangen eines behandelnden Arztes Untersuchungsbefunde, die für die Behandlung von Bedeutung sein können, mitzuteilen, sofern der Betroffene im Einzelfall in die Mitteilung eingewilligt hat. [2]§ 100 Abs. 1 Satz 2 gilt entsprechend.

§ 101a[2)] Mitteilungen der Meldebehörden. (1) Die Datenstelle der Rentenversicherung übermittelt die Mitteilungen aller Sterbefälle und Anschriftenänderungen (§ 196 Abs. 2 des Sechsten Buches[3)]) unverzüglich an die Deutsche Post AG.

(2) Die Mitteilungen, die von der Datenstelle der Rentenversicherung an die Deutsche Post AG übermittelt werden, dürfen von der Deutschen Post AG

1. nur dazu verwendet werden, um laufende Geldleistungen der Leistungsträger, der in § 69 Abs. 2 genannten Stellen sowie ausländischer Leistungsträger mit laufenden Geldleistungen in die Bundesrepublik Deutschland einzustellen oder deren Einstellung zu veranlassen sowie um Anschriften von Empfängern laufender Geldleistungen der Leistungsträger und der in § 69 Abs. 2 genannten Stellen zu berichtigen oder deren Berichtigung zu veranlassen, und darüber hinaus
2. nur weiter übermittelt werden, um den Trägern der Unfallversicherung, der Sozialversicherung für Landwirtschaft, Forsten und Gartenbau und den in § 69 Abs. 2 genannten Zusatzversorgungseinrichtungen eine Aktualisierung ihrer Versichertenbestände oder Mitgliederbestände zu ermöglichen.

(3) Die Verwendung und Übermittlung der Mitteilungen erfolgt

1. in der allgemeinen Rentenversicherung im Rahmen des gesetzlichen Auftrags der Deutschen Post AG nach § 119 Abs. 1 Satz 1 des Sechsten Buches,
2. im Übrigen im Rahmen eines öffentlich-rechtlichen oder privatrechtlichen Vertrages der Deutschen Post AG mit den Leistungsträgern oder den in § 69 Abs. 2 genannten Stellen.

---

1) Nr. **23.3**.

2) § 101a Abs. 3 Nr. 1 geänd. mWv 1.1.2005 durch G v. 9.12.2004 (BGBl. I S. 3242); Überschrift, Abs. 1 und Abs. 2 Nr. 1 neu gef., Abs. 2 einl. Satzteil und Nr. 2 geänd. mWv 1.11.2009 durch G v. 21.12.2008 (BGBl. I S. 2933); Abs. 2 Nr. 2 geänd. mWv 1.1.2013 durch G v. 12.4.2012 (BGBl. I S. 579); Abs. 1, Abs. 2 einl. Satzteil geänd. mWv 17.11.2016 durch G v. 11.11.2016 (BGBl. I S. 2500).

3) **Aichberger Nr. 6.**

Zweiter Abschnitt. Erstattungsansprüche der Leistungsträger untereinander

§ 102 Anspruch des vorläufig leistenden Leistungsträgers. (1) Hat ein Leistungsträger auf Grund gesetzlicher Vorschriften vorläufig Sozialleistungen erbracht, ist der zur Leistung verpflichtete Leistungsträger erstattungspflichtig.

(2) Der Umfang des Erstattungsanspruchs richtet sich nach den für den vorleistenden Leistungsträger geltenden Rechtsvorschriften.

§ 103[1] Anspruch des Leistungsträgers, dessen Leistungsverpflichtung nachträglich entfallen ist. (1) Hat ein Leistungsträger Sozialleistungen erbracht und ist der Anspruch auf diese nachträglich ganz oder teilweise entfallen, ist der für die entsprechende Leistung zuständige Leistungsträger erstattungspflichtig, soweit dieser nicht bereits selbst geleistet hat, bevor er von der Leistung des anderen Leistungsträgers Kenntnis erlangt hat.

(2) Der Umfang des Erstattungsanspruchs richtet sich nach den für den zuständigen Leistungsträger geltenden Rechtsvorschriften.

(3) Die Absätze 1 und 2 gelten gegenüber den Trägern der Eingliederungshilfe, der Sozialhilfe, der Kriegsopferfürsorge und der Jugendhilfe nur von dem Zeitpunkt ab, von dem ihnen bekannt war, dass die Voraussetzungen für ihre Leistungspflicht vorlagen.

§ 104[2] Anspruch des nachrangig verpflichteten Leistungsträgers.

(1) [1] Hat ein nachrangig verpflichteter Leistungsträger Sozialleistungen erbracht, ohne dass die Voraussetzungen von § 103 Abs. 1 vorliegen, ist der Leistungsträger erstattungspflichtig, gegen den der Berechtigte vorrangig einen Anspruch hat oder hatte, soweit der Leistungsträger nicht bereits selbst geleistet hat, bevor er von der Leistung des anderen Leistungsträgers Kenntnis erlangt hat. [2] Nachrangig verpflichtet ist ein Leistungsträger, soweit dieser bei rechtzeitiger Erfüllung der Leistungsverpflichtung eines anderen Leistungsträgers selbst nicht zur Leistung verpflichtet gewesen wäre. [3] Ein Erstattungsanspruch besteht nicht, soweit der nachrangige Leistungsträger seine Leistungen auch bei Leistung des vorrangig verpflichteten Leistungsträgers hätte erbringen müssen. [4] Satz 1 gilt entsprechend, wenn von den Trägern der Eingliederungshilfe, der Sozialhilfe, der Kriegsopferfürsorge und der Jugendhilfe Aufwendungsersatz geltend gemacht oder ein Kostenbeitrag erhoben werden kann; Satz 3 gilt in diesen Fällen nicht.

(2) Absatz 1 gilt auch dann, wenn von einem nachrangig verpflichteten Leistungsträger für einen Angehörigen Sozialleistungen erbracht worden sind und ein anderer mit Rücksicht auf diesen Angehörigen einen Anspruch auf Sozialleistungen, auch auf besonders bezeichnete Leistungsteile, gegenüber einem vorrangig verpflichteten Leistungsträger hat oder hatte.

(3) Der Umfang des Erstattungsanspruchs richtet sich nach den für den vorrangig verpflichteten Leistungsträger geltenden Rechtsvorschriften.

(4) Sind mehrere Leistungsträger vorrangig verpflichtet, kann der Leistungsträger, der die Sozialleistung erbracht hat, Erstattung nur von dem Leistungs-

---

[1] § 103 Abs. 3 geänd. mWv 1.1.2020 durch G v. 23.12.2016 (BGBl. I S. 3234).

[2] § 104 Abs. 1 Satz 4 geänd. mWv 1.1.2020 durch G v. 23.12.2016 (BGBl. I S. 3234).

träger verlangen, für den er nach § 107 Abs. 2 mit befreiender Wirkung geleistet hat.

§ 105[1)] Anspruch des unzuständigen Leistungsträgers. (1) [1] Hat ein unzuständiger Leistungsträger Sozialleistungen erbracht, ohne dass die Voraussetzungen von § 102 Abs. 1 vorliegen, ist der zuständige oder zuständig gewesene Leistungsträger erstattungspflichtig, soweit dieser nicht bereits selbst geleistet hat, bevor er von der Leistung des anderen Leistungsträgers Kenntnis erlangt hat. [2] § 104 Abs. 2 gilt entsprechend.

(2) Der Umfang des Erstattungsanspruchs richtet sich nach den für den zuständigen Leistungsträger geltenden Rechtsvorschriften.

(3) Die Absätze 1 und 2 gelten gegenüber den Trägern der Eingliederungshilfe, der Sozialhilfe, der Kriegsopferfürsorge und der Jugendhilfe nur von dem Zeitpunkt ab, von dem ihnen bekannt war, dass die Voraussetzungen für ihre Leistungspflicht vorlagen.

§ 106 Rangfolge bei mehreren Erstattungsberechtigten. (1) Ist ein Leistungsträger mehreren Leistungsträgern zur Erstattung verpflichtet, sind die Ansprüche in folgender Rangfolge zu befriedigen:

1. (weggefallen)
2. der Anspruch des vorläufig leistenden Leistungsträgers nach § 102,
3. der Anspruch des Leistungsträgers, dessen Leistungsverpflichtung nachträglich entfallen ist, nach § 103,
4. der Anspruch des nachrangig verpflichteten Leistungsträgers nach § 104,
5. der Anspruch des unzuständigen Leistungsträgers nach § 105.

(2) [1] Treffen ranggleiche Ansprüche von Leistungsträgern zusammen, sind diese anteilsmäßig zu befriedigen. [2] Machen mehrere Leistungsträger Ansprüche nach § 104 geltend, ist zuerst derjenige zu befriedigen, der im Verhältnis der nachrangigen Leistungsträger untereinander einen Erstattungsanspruch nach § 104 hätte.

(3) Der Erstattungspflichtige muss insgesamt nicht mehr erstatten, als er nach den für ihn geltenden Erstattungsvorschriften einzeln zu erbringen hätte.

§ 107 Erfüllung. (1) Soweit ein Erstattungsanspruch besteht, gilt der Anspruch des Berechtigten gegen den zur Leistung verpflichteten Leistungsträger als erfüllt.

(2) [1] Hat der Berechtigte Ansprüche gegen mehrere Leistungsträger, gilt der Anspruch als erfüllt, den der Träger, der die Sozialleistung erbracht hat, bestimmt. [2] Die Bestimmung ist dem Berechtigten gegenüber unverzüglich vorzunehmen und den übrigen Leistungsträgern mitzuteilen.

§ 108[2)] Erstattung in Geld, Verzinsung. (1) Sach- und Dienstleistungen sind in Geld zu erstatten.

[1)] § 105 Abs. 3 geänd. mWv 1.1.2020 durch G v. 23.12.2016 (BGBl. I S. 3234).

[2)] § 108 Abs. 2 Satz 1 einl. Satzteil geänd. mWv 1.1.2020 durch G v. 23.12.2016 (BGBl. I S. 3234).

(2) [1]Ein Erstattungsanspruch der Träger der Eingliederungshilfe, der Sozialhilfe, der Kriegsopferfürsorge und der Jugendhilfe ist von anderen Leistungsträgern

1. für die Dauer des Erstattungszeitraumes und
2. für den Zeitraum nach Ablauf eines Kalendermonats nach Eingang des vollständigen, den gesamten Erstattungszeitraum umfassenden Erstattungsantrages beim zuständigen Erstattungsverpflichteten bis zum Ablauf des Kalendermonats vor der Zahlung

auf Antrag mit 4 vom Hundert zu verzinsen. [2]Die Verzinsung beginnt frühestens nach Ablauf von sechs Kalendermonaten nach Eingang des vollständigen Leistungsantrages des Leistungsberechtigten beim zuständigen Leistungsträger, beim Fehlen eines Antrages nach Ablauf eines Kalendermonats nach Bekanntgabe der Entscheidung über die Leistung. [3]§ 44 Abs. 3 des Ersten Buches[1)] findet Anwendung; § 16 des Ersten Buches gilt nicht.

§ 109[2)] Verwaltungskosten und Auslagen. [1]Verwaltungskosten sind nicht zu erstatten. [2]Auslagen sind auf Anforderung zu erstatten, wenn sie im Einzelfall 200 Euro übersteigen. [3]Die Bundesregierung kann durch Rechtsverordnung mit Zustimmung des Bundesrates den in Satz 2 genannten Betrag entsprechend der jährlichen Steigerung der monatlichen Bezugsgröße nach § 18 des Vierten Buches[3)] anheben und dabei auf zehn Euro nach unten oder oben runden.

§ 110[4)] Pauschalierung. [1]Die Leistungsträger haben ihre Erstattungsansprüche pauschal abzugelten, soweit dies zweckmäßig ist. [2]Beträgt im Einzelfall ein Erstattungsanspruch voraussichtlich weniger als 50 Euro, erfolgt keine Erstattung. [3]Die Leistungsträger können abweichend von Satz 2 höhere Beträge vereinbaren. [4]Die Bundesregierung kann durch Rechtsverordnung mit Zustimmung des Bundesrates den in Satz 2 genannten Betrag entsprechend der jährlichen Steigerung der monatlichen Bezugsgröße nach § 18 des Vierten Buches[3)] anheben und dabei auf zehn Euro nach unten oder oben runden.

§ 111 Ausschlussfrist. [1]Der Anspruch auf Erstattung ist ausgeschlossen, wenn der Erstattungsberechtigte ihn nicht spätestens zwölf Monate nach Ablauf des letzten Tages, für den die Leistung erbracht wurde, geltend macht. [2]Der Lauf der Frist beginnt frühestens mit dem Zeitpunkt, zu dem der erstattungsberechtigte Leistungsträger von der Entscheidung des erstattungspflichtigen Leistungsträgers über seine Leistungspflicht Kenntnis erlangt hat.

§ 112 Rückerstattung. Soweit eine Erstattung zu Unrecht erfolgt ist, sind die gezahlten Beträge zurückzuerstatten.

§ 113[5)] Verjährung. (1) [1]Erstattungsansprüche verjähren in vier Jahren nach Ablauf des Kalenderjahres, in dem der erstattungsberechtigte Leistungsträger von der Entscheidung des erstattungspflichtigen Leistungsträgers über dessen

---

1) Nr. **51.1**.
2) § 109 Sätze 2 und 3 geänd. mWv 1.1.2002 durch G v. 21.12.2000 (BGBl. I S. 1983).
3) **Aichberger Nr. 4.**
4) § 110 Sätze 2 und 4 geänd. mWv 1.1.2002 durch G v. 21.12.2000 (BGBl. I S. 1983).
5) § 113 Abs. 2 neu gef. mWv 1.1.2002 durch G v. 21.6.2002 (BGBl. I S. 2167).

Leistungspflicht Kenntnis erlangt hat. [2] Rückerstattungsansprüche verjähren in vier Jahren nach Ablauf des Kalenderjahres, in dem die Erstattung zu Unrecht erfolgt ist.

(2) Für die Hemmung, die Ablaufhemmung, den Neubeginn und die Wirkung der Verjährung gelten die Vorschriften des Bürgerlichen Gesetzbuchs[1)] sinngemäß.

§ 114 Rechtsweg. [1] Für den Erstattungsanspruch ist derselbe Rechtsweg wie für den Anspruch auf die Sozialleistung gegeben. [2] Maßgebend ist im Fall des § 102 der Anspruch gegen den vorleistenden Leistungsträger und im Fall der §§ 103 bis 105 der Anspruch gegen den erstattungspflichtigen Leistungsträger.

Dritter Abschnitt. Erstattungs- und Ersatzansprüche der Leistungsträger gegen Dritte

§ 115 Ansprüche gegen den Arbeitgeber. (1) Soweit der Arbeitgeber den Anspruch des Arbeitnehmers auf Arbeitsentgelt nicht erfüllt und deshalb ein Leistungsträger Sozialleistungen erbracht hat, geht der Anspruch des Arbeitnehmers gegen den Arbeitgeber auf den Leistungsträger bis zur Höhe der erbrachten Sozialleistungen über.

(2) Der Übergang wird nicht dadurch ausgeschlossen, dass der Anspruch nicht übertragen, verpfändet oder gepfändet werden kann.

(3) An Stelle der Ansprüche des Arbeitnehmers auf Sachbezüge tritt im Fall des Absatzes 1 der Anspruch auf Geld; die Höhe bestimmt sich nach den nach § 17 Abs. 1 Satz 1 Nr. 3 des Vierten Buches[2)] festgelegten Werten der Sachbezüge.

§ 116[3)] Ansprüche gegen Schadenersatzpflichtige. (1) [1] Ein auf anderen gesetzlichen Vorschriften beruhender Anspruch auf Ersatz eines Schadens geht auf den Versicherungsträger oder Träger der Eingliederungshilfe oder der Sozialhilfe über, soweit dieser auf Grund des Schadensereignisses Sozialleistungen zu erbringen hat, die der Behebung eines Schadens der gleichen Art dienen und sich auf denselben Zeitraum wie der vom Schädiger zu leistende Schadenersatz beziehen. [2] Dazu gehören auch

1. die Beiträge, die von Sozialleistungen zu zahlen sind, und
2. die Beiträge zur Krankenversicherung, die für die Dauer des Anspruchs auf Krankengeld unbeschadet des § 224 Abs. 1 des Fünften Buches[4)] zu zahlen wären.

(2) Ist der Anspruch auf Ersatz eines Schadens durch Gesetz der Höhe nach begrenzt, geht er auf den Versicherungsträger oder Träger der Eingliederungshilfe oder der Sozialhilfe über, soweit er nicht zum Ausgleich des Schadens des Geschädigten oder seiner Hinterbliebenen erforderlich ist.

[1)] **Schönfelder Nr. 20.**

[2)] **Aichberger Nr. 4.**

[3)] § 116 Abs. 10 geänd. mWv 1.1.2004 durch G v. 23.12.2003 (BGBl. I S. 2848); Abs. 3 Satz 3 geänd. mWv 1.1.2005 durch G v. 27.12.2003 (BGBl. I S. 3022); Abs. 10 neu gef. mWv 1.8.2006 durch G v. 20.7.2006 (BGBl. I S. 1706); Abs. 6 Satz 2 geänd. mWv 26.11.2015 durch G v. 20.11.2015 (BGBl. I S. 2010); Abs. 1 Satz 1, Abs. 2, Abs. 3 Satz 1, Abs. 5 und Abs. 7 Satz 1 geänd. mWv 1.1.2020 durch G v. 23.12.2016 (BGBl. I S. 3234).

[4)] **Aichberger Nr. 5.**

(3) [1]Ist der Anspruch auf Ersatz eines Schadens durch ein mitwirkendes Verschulden oder eine mitwirkende Verantwortlichkeit des Geschädigten begrenzt, geht auf den Versicherungsträger oder Träger der Eingliederungshilfe oder der Sozialhilfe von dem nach Absatz 1 bei unbegrenzter Haftung übergehenden Ersatzanspruch der Anteil über, welcher dem Vomhundertsatz entspricht, für den der Schädiger ersatzpflichtig ist. [2]Dies gilt auch, wenn der Ersatzanspruch durch Gesetz der Höhe nach begrenzt ist. [3]Der Anspruchsübergang ist ausgeschlossen, soweit der Geschädigte oder seine Hinterbliebenen dadurch hilfebedürftig im Sinne der Vorschriften des Zwölften Buches[1)] werden.

(4) Stehen der Durchsetzung der Ansprüche auf Ersatz eines Schadens tatsächliche Hindernisse entgegen, hat die Durchsetzung der Ansprüche des Geschädigten und seiner Hinterbliebenen Vorrang vor den übergegangenen Ansprüchen nach Absatz 1.

(5) Hat ein Versicherungsträger oder Träger der Eingliederungshilfe oder der Sozialhilfe auf Grund des Schadensereignisses dem Geschädigten oder seinen Hinterbliebenen keine höheren Sozialleistungen zu erbringen als vor diesem Ereignis, geht in den Fällen des Absatzes 3 Satz 1 und 2 der Schadenersatzanspruch nur insoweit über, als der geschuldete Schadenersatz nicht zur vollen Deckung des eigenen Schadens des Geschädigten oder seiner Hinterbliebenen erforderlich ist.

(6) [1]Ein Übergang nach Absatz 1 ist bei nicht vorsätzlichen Schädigungen durch Familienangehörige, die im Zeitpunkt des Schadensereignisses mit dem Geschädigten oder seinen Hinterbliebenen in häuslicher Gemeinschaft leben, ausgeschlossen.[2)] [2]Ein Ersatzanspruch nach Absatz 1 kann dann nicht geltend gemacht werden, wenn der Schädiger mit dem Geschädigten oder einem Hinterbliebenen nach Eintritt des Schadensereignisses die Ehe geschlossen oder eine Lebenspartnerschaft begründet hat und in häuslicher Gemeinschaft lebt.

(7) [1]Haben der Geschädigte oder seine Hinterbliebenen von dem zum Schadenersatz Verpflichteten auf einen übergegangenen Anspruch mit befreiender Wirkung gegenüber dem Versicherungsträger oder Träger der Eingliederungshilfe oder der Sozialhilfe Leistungen erhalten, haben sie insoweit dem Versicherungsträger oder Träger der Eingliederungshilfe oder der Sozialhilfe die erbrachten Leistungen zu erstatten. [2]Haben die Leistungen gegenüber dem Versicherungsträger oder Träger der Sozialhilfe keine befreiende Wirkung, haften der zum Schadenersatz Verpflichtete und der Geschädigte oder dessen

---

[1)] Nr. **51.2**.

[2)] Gem. BVerfGE v. 12.10.2010 – 1 BvL 14/09 – (BGBl. I S. 1718) ist

1. § 116 Absatz 6 Satz 1 des Zehnten Buches Sozialgesetzbuch idF der Bek. des Zehnten Buches Sozialgesetzbuch v. 18.1.2001 (Bundesgesetzbl. I S. 130) mit dem Grundgesetz auch insoweit vereinbar, als nach dieser Vorschrift nicht ausgeschlossen ist, dass bei nicht vorsätzlicher Schädigung durch einen zum Unterhalt verpflichteten Elternteil, der im Zeitpunkt des Schadensereignisses mit seinem geschädigten Kind nicht in häuslicher Gemeinschaft lebt, Ansprüche nach Absatz 1 auf den Sozialhilfeträger übergehen.
2. § 116 Absatz 6 Satz 1 des Zehnten Buches Sozialgesetzbuch ist im Lichte von Artikel 6 Absatz 1 und Absatz 2 des Grundgesetzes dahingehend auszulegen, dass auch derjenige Elternteil die Tatbestandsvoraussetzung eines Lebens in häuslicher Gemeinschaft erfüllt, der zwar getrennt von seinem Kind lebt, jedoch seiner Verantwortung für das Kind in dem ihm rechtlich möglichen Maße nachkommt und regelmäßigen wie längeren Umgang mit dem Kind pflegt, sodass dieses zeitweise auch in seinen Haushalt integriert ist.

Hinterbliebene dem Versicherungsträger oder Träger der Sozialhilfe als Gesamtschuldner.

(8) Weist der Versicherungsträger oder Träger der Sozialhilfe nicht höhere Leistungen nach, sind vorbehaltlich der Absätze 2 und 3 je Schadensfall für nicht stationäre ärztliche Behandlung und Versorgung mit Arznei- und Verbandmitteln 5 vom Hundert der monatlichen Bezugsgröße nach § 18 des Vierten Buches[1] zu ersetzen.

(9) Die Vereinbarung einer Pauschalierung der Ersatzansprüche ist zulässig.

(10) Die Bundesagentur für Arbeit und die Träger der Grundsicherung für Arbeitsuchende nach dem Zweiten Buch[2] gelten als Versicherungsträger im Sinne dieser Vorschrift.

§ 117 Schadenersatzansprüche mehrerer Leistungsträger. [1]Haben im Einzelfall mehrere Leistungsträger Sozialleistungen erbracht und ist in den Fällen des § 116 Abs. 2 und 3 der übergegangene Anspruch auf Ersatz des Schadens begrenzt, sind die Leistungsträger Gesamtgläubiger. [2]Untereinander sind sie im Verhältnis der von ihnen erbrachten Sozialleistungen zum Ausgleich verpflichtet. [3]Soweit jedoch eine Sozialleistung allein von einem Leistungsträger erbracht ist, steht der Ersatzanspruch im Innenverhältnis nur diesem zu. [4]Die Leistungsträger können ein anderes Ausgleichsverhältnis vereinbaren.

§ 118 Bindung der Gerichte. Hat ein Gericht über einen nach § 116 übergegangenen Anspruch zu entscheiden, ist es an eine unanfechtbare Entscheidung gebunden, dass und in welchem Umfang der Leistungsträger zur Leistung verpflichtet ist.

§ 119 Übergang von Beitragsansprüchen. (1) [1]Soweit der Schadenersatzanspruch eines Versicherten den Anspruch auf Ersatz von Beiträgen zur Rentenversicherung umfasst, geht dieser auf den Versicherungsträger über, wenn der Geschädigte im Zeitpunkt des Schadensereignisses bereits Pflichtbeitragszeiten nachweist oder danach pflichtversichert wird; dies gilt nicht, soweit

1. der Arbeitgeber das Arbeitsentgelt fortzahlt oder sonstige der Beitragspflicht unterliegende Leistungen erbringt oder
2. der Anspruch auf Ersatz von Beiträgen nach § 116 übergegangen ist.

[2]Für den Anspruch auf Ersatz von Beiträgen zur Rentenversicherung gilt § 116 Abs. 3 Satz 1 und 2 entsprechend, soweit die Beiträge auf den Unterschiedsbetrag zwischen dem bei unbegrenzter Haftung zu ersetzenden Arbeitsentgelt oder Arbeitseinkommen und der bei Bezug von Sozialleistungen beitragspflichtigen Einnahme entfallen.

(2) [1]Der Versicherungsträger, auf den ein Teil des Anspruchs auf Ersatz von Beiträgen zur Rentenversicherung nach § 116 übergeht, übermittelt den von ihm festgestellten Sachverhalt dem Träger der Rentenversicherung auf einem einheitlichen Meldevordruck. [2]Das Nähere über den Inhalt des Meldevordrucks und das Mitteilungsverfahren bestimmen die Spitzenverbände der Sozialversicherungsträger.

---

[1] **Aichberger Nr. 4.**
[2] Nr. **51.4.**

(3) [1]Die eingegangenen Beiträge oder Beitragsanteile gelten in der Rentenversicherung als Pflichtbeiträge. [2]Durch den Übergang des Anspruchs auf Ersatz von Beiträgen darf der Versicherte nicht schlechter gestellt werden, als er ohne den Schadenersatzanspruch gestanden hätte.

(4) [1]Die Vereinbarung der Abfindung von Ansprüchen auf Ersatz von Beiträgen zur Rentenversicherung mit einem ihrem Kapitalwert entsprechenden Betrag ist im Einzelfall zulässig. [2]Im Fall des Absatzes 1 Satz 1 Nr. 1 gelten für die Mitwirkungspflichten des Geschädigten die §§ 60, 61, 65 Abs. 1 und 3 sowie § 65a des Ersten Buches[1)] entsprechend.

Viertes Kapitel. Übergangs- und Schlussvorschriften

§ 120[2)] Übergangsregelung. (1) [1]Die §§ 116 bis 119 sind nur auf Schadensereignisse nach dem 30. Juni 1983 anzuwenden; für frühere Schadensereignisse gilt das bis 30. Juni 1983 geltende Recht weiter. [2]Ist das Schadensereignis nach dem 30. Juni 1983 eingetreten, sind § 116 Abs. 1 Satz 2 und § 119 Abs. 1, 3 und 4 in der ab 1. Januar 2001 geltenden Fassung auf einen Sachverhalt auch dann anzuwenden, wenn der Sachverhalt bereits vor diesem Zeitpunkt bestanden hat und darüber noch nicht abschließend entschieden ist.

(2) § 111 Satz 2 und § 113 Abs. 1 Satz 1 sind in der vom 1. Januar 2001 an geltenden Fassung auf die Erstattungsverfahren anzuwenden, die am 1. Juni 2000 noch nicht abschließend entschieden waren.

(3) Eine Rückerstattung ist in den am 1. Januar 2001 bereits abschließend entschiedenen Fällen ausgeschlossen, wenn die Erstattung nach § 111 Satz 2 in der ab 1. Januar 2001 geltenden Fassung zu Recht erfolgt ist.

(4) Erhebungen, Verarbeitungen oder Nutzungen von Sozialdaten, die am 23. Mai 2001 bereits begonnen haben, sind binnen drei Jahren nach diesem Zeitpunkt mit den Vorschriften dieses Gesetzes in Übereinstimmung zu bringen.

(5) Artikel 229 § 6 Abs. 1 bis 4 des Einführungsgesetzes zum Bürgerlichen Gesetzbuche[3)] gilt entsprechend bei der Anwendung des § 50 Abs. 4 Satz 2 und der §§ 52 und 113 Abs. 2 in der seit dem 1. Januar 2002 geltenden Fassung.

(6) § 66 Abs. 1 Satz 3 bis 5, Abs. 2 und 3 Satz 2 in der ab dem 30. März 2005 geltenden Fassung gilt nur für Bestellungen zu Vollstreckungs- und Vollziehungsbeamten ab dem 30. März 2005.

Anlage[4)]
(zu § 78a)

Werden Sozialdaten automatisiert verarbeitet oder genutzt, ist die innerbehördliche oder innerbetriebliche Organisation so zu gestalten, dass sie den besonderen Anforderungen des Datenschutzes gerecht wird. Dabei sind insbesondere Maßnahmen zu treffen, die je nach der Art der zu schützenden Sozialdaten oder Kategorien von Sozialdaten geeignet sind,

---

[1)] Nr. **51.1**.

[2)] § 120 Abs. 4 angef. mWv 23.5.2001 durch G v. 18.5.2001 (BGBl. I S. 904); Abs. 5 angef. mWv 1.1.2002 durch G v. 21.6.2002 (BGBl. I S. 2167); Abs. 6 angef. mWv 30.3.2005 durch G v. 21.3.2005 (BGBl. I S. 818).

[3)] **Schönfelder Nr. 21.**

[4)] *Anl. neu gef. mWv 23.5.2001 durch G v. 18.5.2001* (BGBl. I S. 904); geänd. mWv 11.8.2010 durch G v. 5.8.2010 (BGBl. I S. 1127).

1. Unbefugten den Zutritt zu Datenverarbeitungsanlagen, mit denen Sozialdaten verarbeitet oder genutzt werden, zu verwehren (Zutrittskontrolle),
2. zu verhindern, dass Datenverarbeitungssysteme von Unbefugten genutzt werden können (Zugangskontrolle),
3. zu gewährleisten, dass die zur Benutzung eines Datenverarbeitungssystems Berechtigten ausschließlich auf die ihrer Zugriffsberechtigung unterliegenden Daten zugreifen können, und dass Sozialdaten bei der Verarbeitung, Nutzung und nach der Speicherung nicht unbefugt gelesen, kopiert, verändert oder entfernt werden können (Zugriffskontrolle),
4. zu gewährleisten, dass Sozialdaten bei der elektronischen Übertragung oder während ihres Transports oder ihrer Speicherung auf Datenträger nicht unbefugt gelesen, kopiert, verändert oder entfernt werden können, und dass überprüft und festgestellt werden kann, an welche Stellen eine Übermittlung von Sozialdaten durch Einrichtungen zur Datenübertragung vorgesehen ist (Weitergabekontrolle),
5. zu gewährleisten, dass nachträglich überprüft und festgestellt werden kann, ob und von wem Sozialdaten in Datenverarbeitungssysteme eingegeben, verändert oder entfernt worden sind (Eingabekontrolle),
6. zu gewährleisten, dass Sozialdaten, die im Auftrag erhoben, verarbeitet oder genutzt werden, nur entsprechend den Weisungen des Auftraggebers erhoben, verarbeitet oder genutzt werden können (Auftragskontrolle),
7. zu gewährleisten, dass Sozialdaten gegen zufällige Zerstörung oder Verlust geschützt sind (Verfügbarkeitskontrolle),
8. zu gewährleisten, dass zu unterschiedlichen Zwecken erhobene Sozialdaten getrennt verarbeitet werden können.

Eine Maßnahme nach Satz 2 Nummer 2 bis 4 ist insbesondere die Verwendung von dem Stand der Technik entsprechenden Verschlüsselungsverfahren.

6.1. Gerichtsverfassungsgesetz (GVG)[1)]

In der Fassung der Bekanntmachung vom 9. Mai 1975[2)]
(BGBl. I S. 1077)

FNA 300-2

Lfd. Nr.	Änderndes Gesetz	Datum	Fundstelle	Betroffen	Hinweis
1.–93.	Änderungsgesetze bis einschl. G v. 21.12.2007 (BGBl. I S. 3198) nur noch in den Anmerkungen nachgewiesen				
94.	§ 62 Abs. 8 BeamtenstatusG	17.6.2008	BGBl. I S. 1010	§ 153	geänd. mWv 1.4.2009
95.	Art. 3 G zur Einführung der nachträglichen Sicherungsverwahrung bei Verurteilungen nach Jugendstrafrecht	8.7.2008	BGBl. I S. 1212	§§ 74f, 120a	geänd. mWv 12.7.2008
96.	Art. 6a G zur Modernisierung des GmbH-Rechts und zur Bekämpfung von Missbräuchen	23.10. 2008	BGBl. I S. 2026	§ 74c	geänd. mWv 1.11.2008

[1)] Die Länder haben ua folgende Ausführungsvorschriften erlassen:
- **Baden-Württemberg:** GVG-AusführungsG v. 16.12.1975 (GBl. S. 868), zuletzt geänd. durch G v. 16.10.2018 (GBl. S. 365)
- **Bayern:** GVG-AusführungsG v. 23.6.1981 (BayRS IV S. 483), zuletzt geänd. durch V v. 26.3.2019 (GVBl. S. 98)
- **Berlin:** GVG-AusführungsG v. 23.3.1992 (GVBl. S. 73), zuletzt geänd. durch G v. 30.5.2016 (GVBl. S. 282)
- **Brandenburg:** Brandenburgisches GerichtsorganisationsG v. 19.12.2011 (GVBl. I Nr. 32), geänd. durch G v. 19.12.2011 (GVBl. I Nr. 32 S. 1)
- **Bremen:** GVG-AusführungsG idF der Bek. v. 21.8.1974 (Brem.GBl. S. 297), zuletzt geänd. durch G v. 25.11.2014 (Brem.GBl. S. 639)
- **Hamburg:** GVG-AusführungsG v. 31.5.1965 (HmbGVBl. S. 99), zuletzt geänd. durch G v. 10.9.2002 (GVBl. S. 252)
- **Hessen:** GVG-AusführungsG v. 3.9.1878 (Hess. Reg.Bl. S. 101), zuletzt geänd. durch G v. 25.9.1990 (GVBl. I S. 563)
- **Mecklenburg-Vorpommern:** GerichtsstrukturG **(Schönfelder II Nr. 245b)**
- **Niedersachsen:** Niedersächsisches JustizG v. 16.12.2014 (Nds. GVBl. S. 436), zuletzt geänd. durch G v. 24.10.2019 (Nds. GVBl. S. 300)
- **Nordrhein-Westfalen:** JustizG Nordrhein-Westfalen v. 26.1.2010 (GV. NRW. S. 30), zuletzt geänd. durch G v. 19.12.2019 (GV. NRW. S. 1004)
- **Rheinland-Pfalz:** GVG-AusführungsG v. 6.11.1989 (GVBl. S. 225), zuletzt geänd. durch G v. 3.9. 2018 (GVBl. S. 276)
- **Saarland:** GVG-AusführungsG v. 4.10.1972 (Amtsbl. S. 601), zuletzt geänd. durch G v. 30.11.2016 (Amtsbl. 2017 I S. 79)
- **Sachsen:** Sächsisches JustizG **(Schönfelder II Nr. 245c)**
- **Sachsen-Anhalt:** GVG-AusführungsG **(Schönfelder II Nr. 245d)**
- **Schleswig-Holstein:** LandesjustizG v. 17.4.2018 (GVOBl. Schl.-H. S. 231, ber. S. 441)
- **Thüringen:** GVG-AusführungsG **(Schönfelder II Nr. 245h)**

[2)] Neubekanntmachung des GVG v. 27.1.1877 (RGBl. S. 41) in der seit 1.1.1975 geltenden Fassung.

Lfd. Nr.	Änderndes Gesetz	Datum	Fundstelle	Betroffen	Hinweis
97.	Art. 2 G zur Verbesserung der grenzüberschreitenden Forderungsdurchsetzung und Zustellung	30.10. 2008	BGBl.I S. 2122	§ 189	geänd. mWv 12.12.2008
98.	Art. 22 FGG-ReformG	17.12. 2008	BGBl. I S. 2586	§§ 12, 13, 17a, 17b, 21b, 22, 23b, 23d, 71, 72, 95, 119, 156, 185, 189	geänd. mWv 1.9.2009
				§§ 23a, 133, 170	neu gef. mWv 1.9.2009
				§ 23c	eingef. mWv 1.9.2009
99.	Art. 2 Zweites OpferrechtsreformG	29.7.2009	BGBl. I S. 2280	§§ 73, 135, 139, 172	geänd. mWv 1.10.2009
100.	Art. 2 G zur Verfolgung der Vorbereitung von schweren staatsgefährdenden Gewalttaten	30.7.2009	BGBl. I S. 2437	§ 120	geänd. mWv 4.8.2009
101.	Art. 9 Abs. 1 G zur Modernisierung von Verfahren im anwaltlichen und notariellen Berufsrecht, zur Errichtung einer Schlichtungsstelle der Rechtsanwaltschaft sowie zur Änd. sonstiger Vorschriften[1]	30.7.2009	BGBl. I S. 2449	§ 140	geänd. mWv 5.8.2009
				§ 23	geänd. mWv 1.9.2009
102.	Art. 5 G über die Internetversteigerung in der Zwangsvollstreckung und zur Änd. anderer Gesetze	30.7.2009	BGBl. I S. 2474	§ 23a	geänd. mWv 1.9.2009
103.	Art. 1 Viertes ÄndG	24.7.2010	BGBl. I S. 976	§§ 33, 109, 121	geänd. mWv 30.7.2010
104.	Art. 7 G zur Umsetzung der DienstleistungsRL in der Justiz und zur Änd. weiterer Vorschriften	22.12. 2010	BGBl. I S. 2248	§ 51	neu gef. mWv 28.12.2010
105.	Art. 3 Abs. 1 G zur Neuordnung des Rechts der Sicherungsverwahrung und zu begleitenden Regelungen	22.12. 2010	BGBl. I S. 2300	§§ 74f, 120a	geänd. mWv 1.1.2011
106.	Art. 1 G über den Rechtsschutz bei überlangen Gerichtsverfahren und strafrechtlichen Ermittlungsverfahren	24.11. 2011	BGBl. I S. 2302	17. Titel (§§ 198, 199, 200, 201)	eingef. mWv 3.12.2011
107.	Art. 12 G zur Novellierung des Finanzanlagenvermittler- und Vermögensanlagenrechts	6.12.2011	BGBl. I S. 2481	§ 95	geänd. mWv 1.6.2012

[1] **Amtl. Anm.**: Dieses Gesetz dient der Umsetzung der Richtlinie 2006/123/EG des Europäischen Parlaments und des Rates vom 12. Dezember 2006 über Dienstleistungen im Binnenmarkt (ABl. L 376 vom 27.12.2006, S. 36).

Lfd. Nr.	Änderndes Gesetz	Datum	Fundstelle	Betroffen	Hinweis
108.	Art. 1 G über die Besetzung der großen Straf- und Jugendkammern in der Hauptverhandlung und zur Änd. weiterer gerichtsverfassungsrechtl. Vorschriften sowie des BDG	6.12.2011	BGBl. I S. 2554	§§ 74, 74c, 74f, 76, 199, 201	geänd. mWv 1.1.2012
109.	Art. 4 G zur weiteren Erleichterung der Sanierung von Unternehmen	7.12.2011	BGBl. I S. 2582	§ 22	geänd. mWv 1.1.2013
110.	Art. 3 G zur Reform des KapMuG und zur Änd. anderer Vorschriften	19.10. 2012	BGBl. I S. 2182	§ 71	geänd. mWv 1.11.2012
111.	Art. 3 G zur Einführung einer Rechtsbehelfsbelehrung im Zivilprozess und zur Änd. anderer Vorschriften	5.12.2012	BGBl. I S. 2418	§ 173	geänd. mWv 1.1.2013
112.	Art. 2 G für einen Gerichtsstand bei besonderer Auslandsverwendung der Bundeswehr	21.1.2013	BGBl. I S. 89	§ 143	geänd. mWv 1.4.2013
113.	Art. 1 G zur Intensivierung des Einsatzes von Videokonferenztechnik in gerichtl. und staatsanwaltschaftl. Verfahren	25.4.2013	BGBl. I S. 935	§ 185	geänd. mWv 1.11.2013
114.	Art. 5 Abs. 7 Achtes G zur Änd. des GWB	26.6.2013	BGBl. I S. 1738	§ 95	geänd. mWv 30.6.2013
115.	Art. 1 G zur Übertragung von Aufgaben im Bereich der freiwilligen Gerichtsbarkeit auf Notare	26.6.2013	BGBl. I S. 1800	§ 23a	geänd. mWv 1.9.2013
116.	Art. 2 G zur Stärkung der Rechte von Opfern sexuellen Missbrauchs	26.6.2013	BGBl. I S. 1805	§§ 24, 26	geänd. mWv 1.9.2013
				§ 171b	neu gef. mWv 1.9.2013
117.	Art. 1 G zur Stärkung der Verfahrensrechte von Beschuldigten im Strafverfahren[1]	2.7.2013	BGBl. I S. 1938	§ 189	geänd. mWv 6.7.2013
				§ 187	neu gef. mWv 6.7.2013
118.	Art. 19 G zur Förderung des elektronischen Rechtsverkehrs mit den Gerichten	10.10. 2013	BGBl. I S. 3786	§ 191a	geänd. mWv 1.7.2014
				§ 191a	geänd. mWv 1.1.2018
119.	Art. 5 Abs. 1 G zur Modernisierung des Geschmacksmuster G sowie zur Änd. der Regelungen über die Bekanntmachungen zum Ausstellungsschutz	10.10. 2013	BGBl. I S. 3799	§§ 74c, 95	geänd. mWv 1.1.2014

[1] **Amtl. Anm.:** (*abgedruckt in Änderungstabelle* **Schönfelder Nr. 90**)

Lfd. Nr.	Änderndes Gesetz	Datum	Fundstelle	Betroffen	Hinweis
120.	Art. 2 48. Strafrechtsänderungs G	23.4.2014	BGBl. I S. 410	§§ 24, 74c, 142a	geänd. mWv 1.9.2014
				§ 120b	eingef. mWv 1.9.2014
121.	Art. 2 Abs. 2 49. G zur Änd. des StGB[1)]	21.1.2015	BGBl. I S. 10	§ 171b	geänd. mWv 27.1.2015
122.	Art. 1 G zur Ums. von Empfehlungen des NSU-Untersuchungsausschusses des Deutschen Bundestages	12.6.2015	BGBl. I S. 925	§§ 74a, 120, 142a, 143	geänd. mWv 1.8.2015
123.	Art. 8 Abs. 2 Bilanzrichtlinie-UmsetzungsG	17.7.2015	BGBl. I S. 1245	§ 71	geänd. mWv 23.7.2015
124.	Art. 2 G zur Verbesserung der internationalen Rechtshilfe bei der Vollstreckung von freiheitsentziehenden Sanktionen und bei der Überwachung von Bewährungsmaßnahmen[2)] sowie zur Änd. des Jugoslawien-StrafgerichtshofG und des Ruanda-StrafgerichtshofG	17.7.2015	BGBl.I S. 1349	§ 78a	geänd. mWv 25.7.2015
125.	Art. 131 Zehnte ZuständigkeitsanpassungsVO	31.8.2015	BGBl. I S. 1474	§§ 125, 130, 147, 149, 154, 191a	geänd. mWv 8.9.2015
126.	Art. 2 3. OpferrechtsreformG[1)]	21.12. 2015	BGBl. I S. 2525	§ 171b	geänd. mWv 31.12.2015
127.	Art. 2 G zur Bekämpfung von Korruption im Gesundheitswesen	30.5.2016	BGBl. I S. 1254	§ 74c	geänd. mWv 4.6.2016
128.	Art. 2 Abs. 4 50. G zur Änd. des StGB – Verbesserung des Schutzes der sexuellen Selbstbestimmung	4.11.2016	BGBl. I S. 2460	§§ 74, 171b	geänd. mWv 10.11.2016
129.	Art. 2 Abs. 2 G zur Änd. des Völkerstrafgesetzbuches	22.12. 2016	BGBl. I S. 3150	§ 120	geänd. mWv 1.1.2017
130.	Art. 6 Abs. 16 G zur Reform der strafrechtlichen Vermögensabschöpfung	13.4.2017	BGBl. I S. 872	§ 142a	geänd. mWv 1.7.2017

[1)] **Amtl. Anm.:** (*abgedruckt in Änderungstabelle* **Schönfelder Nr. 90**)

[2)] **Amtl. Anm.:** Dieses Gesetz dient der Umsetzung

- des Rahmenbeschlusses 2008/909/JI des Rates vom 27. November 2008 über die Anwendung des Grundsatzes der gegenseitigen Anerkennung auf Urteile in Strafsachen, durch die eine freiheitsentziehende Strafe oder Maßnahme verhängt wird, für die Zwecke ihrer Vollstreckung in der Europäischen Union (ABl. L 327 vom 5.12.2008, S. 27),
- des Rahmenbeschlusses 2008/947/JI des Rates vom 27. November 2008 über die Anwendung des Grundsatzes der gegenseitigen Anerkennung auf Urteile und Bewährungsentscheidungen im Hinblick auf die Überwachung von Bewährungsmaßnahmen und alternativen Sanktionen (ABl. L 337 vom 16.12.2008, S. 102) sowie
- des Rahmenbeschlusses 2009/299/JI des Rates vom 26. Februar 2009 zur Änderung der Rahmenbeschlüsse 2002/584/JI, 2005/214/JI, 2006/783/JI, 2008/909/JI und 2008/947/JI zur Stärkung der Verfahrensrechte von Personen und zur Förderung der Anwendung des Grundsatzes der gegenseitigen Anerkennung auf Entscheidungen, die im Anschluss an eine Verhandlung ergangen sind, zu der die betroffene Person nicht erschienen ist (ABl. L 81 vom 27.3.2009, S. 24), sofern sich die Regelungen des Rahmenbeschlusses 2009/299/JI auf die Rahmenbeschlüsse 2008/909/JI und 2008/947/JI beziehen.

Lfd. Nr.	Änderndes Gesetz	Datum	Fundstelle	Betroffen	Hinweis
131.	Art. 5 G zur Reform des Bauvertragsrechts, zur Änd. der kaufrechtlichen Mängelhaftung, zur Stärkung des zivilprozessualen Rechtsschutzes und zum maschinellen Siegel im Grundbuch- und Schiffsregisterverfahren	28.4.2017	BGBl. I S. 969	§§ 71, 72 §§ 72a, 119a	geänd. mWv 1.1.2018 eingef. mWv 1.1.2018
132.	Art. 6 Neuntes G zur Änd. des G gegen Wettbewerbsbeschränkungen[1]	1.6.2017	BGBl. I S. 1416	§ 95	geänd. mWv 9.6.2017
133.	Art. 28 G zur Einführung der elektronischen Akte in der Justiz und zur weiteren Förderung des elektronischen Rechtsverkehrs	5.7.2017	BGBl. I S. 2208	§ 17c	eingef. mWv 13.7.2017
134.	Art. 4 G zur effektiveren und praxistauglicheren Ausgestaltung des Strafverfahrens	17.8.2017	BGBl. I S. 3202, ber. S. 3630	§§ 74a, 78a, 78b, 120	geänd. mWv 24.8.2017
135.	Art. 7 Zweites G zur Stärkung der Verfahrensrechte von Beschuldigten im Strafverfahren und zur Änd. des Schöffenrechts	27.8.2017	BGBl. I S. 3295	§§ 34, 35	geänd. mWv 5.9.2017
136.	Art. 1 G über die Erweiterung der Medienöffentlichkeit in Gerichtsverfahren	8.10.2017	BGBl. I S. 3546	§§ 186, 187 § 169	geänd. mWv 19.10.2017 geänd. mWv 18.4.2018
137.	Art. 10 Abs. 6 G zur Neuregelung des Schutzes von Geheimnissen bei der Mitwirkung Dritter an der Berufsausübung schweigepflichtiger Personen	30.10.2017	BGBl. I S. 3618	§ 193	geänd. mWv 9.11.2017
138.	Art. 13 Abs. 1 G zur Ausübung von Optionen der EU-ProspektVO und zur Anpassung weiterer Finanzmarktgesetze	10.7.2018	BGBl. I S. 1102	§ 95	geänd. mWv 21.7.2018
139.	Art. 1 G zur Einführung einer zivilprozessualen Musterfeststellungsklage	12.7.2018	BGBl. I S. 1151	§ 119	geänd. mWv 18.7.2018
140.	Art. 2 G zur Umsetzung der RL (EU) 2016/943 zum Schutz von Geschäftsgeheimnissen vor rechtswidrigem Erwerb sowie rechtswidriger Nutzung und Offenlegung	18.4.2019	BGBl. I S. 466	§ 74c	geänd. mWv 26.4.2019

[1] **Amtl. Anm.:** Dieses Gesetz dient der Umsetzung der Richtlinie 2014/104/EU des Europäischen Parlaments und des Rates vom 26. November 2014 über bestimmte Vorschriften für Schadensersatzklagen nach nationalem Recht wegen Zuwiderhandlungen gegen wettbewerbsrechtliche Bestimmungen der Mitgliedstaaten und der Europäischen Union (ABl. L 349 vom 5.12.2014, S. 1).

Lfd. Nr.	Änderndes Gesetz	Datum	Fundstelle	Betroffen	Hinweis
141.	Art. 4 G zur Stärkung der Rechte von Betroffenen bei Fixierungen im Rahmen von Freiheitsentziehungen	19.6.2019	BGBl.I S. 840	§§ 22c, 23d	geänd. mWv 28.6.2019
142.	Art. 3 G zur Umsetzung der RL (EU) 2017/1371[1)]	19.6.2019	BGBl.I S. 844	§ 74c	geänd. mWv 28.6.2019
143.	Art. 8 Abs. 1 G zur weiteren Ausführung der EU-ProspektVO und zur Änd. von Finanzmarktgesetzen	8.7.2019	BGBl.I S. 1002	§ 95	geänd. mWv 21.7.2019
144.	Art. 3, 4 G zur Modernisierung des Strafverfahrens	10.12. 2019	BGBl.I S. 2121	§§ 121, 135, 176, 189 § 189	geänd. mWv 13.12.2019 geänd. mWv 12.12.2024
145.	Art. 3 G zur Regelung der Wertgrenze für die Nichtzulassungsbeschwerde in Zivilsachen, zum Ausbau der Spezialisierung bei den Gerichten sowie zur Änd. weiterer prozessrechtlicher Vorschriften	12.12. 2019	BGBl.I S. 2633	§§ 13a, 60, 72a, 119a	neu gef. mWv 1.1.2021

[1)] **Amtl. Anm.:** ABl. L 198 vom 28.7.2017, S. 29; L 350 vom 29.12.2017, S. 50.

Nichtamtliche Gliederungsübersicht

Erster Titel. Gerichtsbarkeit

§ 1 [Richterliche Unabhängigkeit] Die richterliche Gewalt wird durch unabhängige, nur dem Gesetz unterworfene Gerichte ausgeübt.

§§ 2 bis 9 (weggefallen)

§ 10 [Referendare] [1] Unter Aufsicht des Richters können Referendare Rechtshilfeersuchen erledigen und außer in Strafsachen Verfahrensbeteiligte anhören, Beweise erheben und die mündliche Verhandlung leiten. [2] Referendare sind nicht befugt, eine Beeidigung anzuordnen oder einen Eid abzunehmen.

§ 11 (weggefallen)

§ 12[1)] [Ordentliche Gerichte] Die ordentliche Gerichtsbarkeit wird durch Amtsgerichte, Landgerichte, Oberlandesgerichte und durch den Bundesgerichtshof (den obersten Gerichtshof des Bundes für das Gebiet der ordentlichen Gerichtsbarkeit) ausgeübt.

§ 13[2)] [Zuständigkeit der ordentlichen Gerichte] Vor die ordentlichen Gerichte gehören die bürgerlichen Rechtsstreitigkeiten, die Familiensachen und die Angelegenheiten der freiwilligen Gerichtsbarkeit (Zivilsachen) sowie die Strafsachen, für die nicht entweder die Zuständigkeit von Verwaltungsbehörden oder Verwaltungsgerichten begründet ist oder auf Grund von Vorschriften des Bundesrechts besondere Gerichte bestellt oder zugelassen sind.

---

1) § 12 geänd. mWv 1.9.2009 durch G v. 17.12.2008 (BGBl. I S. 2586).
2) § 13 geänd. mWv 1.9.2009 durch G v. 17.12.2008 (BGBl. I S. 2586).

[§ 13a bis 31.12.2020:]

§ 13a[1)] **[Zuweisung durch Landesrecht]** Durch Landesrecht können einem Gericht für die Bezirke mehrerer Gerichte Sachen aller Art ganz oder teilweise zugewiesen sowie auswärtige Spruchkörper von Gerichten eingerichtet werden.

[§ 13a ab 1.1.2021:]

§ 13a[2)] ***[Zuweisung durch Landesrecht]*** *(1) [1] Die Landesregierungen werden ermächtigt, durch Rechtsverordnung einem Gericht für die Bezirke mehrerer Gerichte Sachen aller Art ganz oder teilweise zuzuweisen sowie auswärtige Spruchkörper von Gerichten einzurichten, sofern dies für die sachdienliche Förderung oder schnellere Erledigung von Verfahren zweckmäßig ist. [2] Die Landesregierungen können die Ermächtigung auf die Landesjustizverwaltungen übertragen. [3] Besondere Ermächtigungen der Landesregierungen zum Erlass von Rechtsverordnungen gehen vor.*

(2) Mehrere Länder können die Einrichtung eines gemeinsamen Gerichts oder gemeinsamer Spruchkörper eines Gerichts oder die Ausdehnung von Gerichtsbezirken über die Landesgrenzen hinaus, auch für einzelne Sachgebiete, vereinbaren.

§ 14[3)] **[Besondere Gerichte]** Als besondere Gerichte werden Gerichte der Schiffahrt für die in den Staatsverträgen bezeichneten Angelegenheiten zugelassen.

§ 15 (weggefallen)

§ 16 [Ausnahmegerichte] [1] Ausnahmegerichte sind unstatthaft. [2] Niemand darf seinem gesetzlichen Richter entzogen werden.

§ 17[4)] **[Rechtshängigkeit; Entscheidung des Rechtsstreits]** (1) [1] Die Zulässigkeit des beschrittenen Rechtsweges wird durch eine nach Rechtshängigkeit eintretende Veränderung der sie begründenden Umstände nicht berührt. [2] Während der Rechtshängigkeit kann die Sache von keiner Partei anderweitig anhängig gemacht werden.

(2) [1] Das Gericht des zulässigen Rechtsweges entscheidet den Rechtsstreit unter allen in Betracht kommenden rechtlichen Gesichtspunkten. [2] Artikel 14 Abs. 3 Satz 4 und Artikel 34 Satz 3 des Grundgesetzes bleiben unberührt.

§ 17a[5)] **[Rechtsweg]** (1) Hat ein Gericht den zu ihm beschrittenen Rechtsweg rechtskräftig für zulässig erklärt, sind andere Gerichte an diese Entscheidung gebunden.

(2) [1] Ist der beschrittene Rechtsweg unzulässig, spricht das Gericht dies nach Anhörung der Parteien von Amts wegen aus und verweist den Rechtsstreit zugleich an das zuständige Gericht des zulässigen Rechtsweges. [2] Sind mehrere Gerichte zuständig, wird an das vom Kläger oder Antragsteller auszuwählende Gericht verwiesen oder, wenn die Wahl unterbleibt, an das vom Gericht bestimmte. [3] Der Beschluß ist für das Gericht, an das der Rechtsstreit verwiesen worden ist, hinsichtlich des Rechtsweges bindend.

---

1) § 13a neu eingef. mWv 25.4.2006 durch G v. 19.4.2006 (BGBl. I S. 866).

2) § 13a neu gef. **mWv 1.1.2021** durch G v. 12.12.2019 (BGBl. I S. 2633).

3) Siehe das G über das gerichtliche Verfahren in Binnenschiffahrtssachen v. 27.9.1952 (BGBl. I S. 641), zuletzt geänd. durch G v. 20.4.2013 (BGBl. I S. 831).

4) § 17 neu gef. durch G v. 17.12.1990 (BGBl. I S. 2809).

5) § 17a neu gef. durch G v. 17.12.1990 (BGBl. I S. 2809); Abs. 6 angef. mWv 1.9.2009 durch G v. 17.12.2008 (BGBl. I S. 2586).

(3) [1]Ist der beschrittene Rechtsweg zulässig, kann das Gericht dies vorab aussprechen. [2]Es hat vorab zu entscheiden, wenn eine Partei die Zulässigkeit des Rechtsweges rügt.

(4) [1]Der Beschluß nach den Absätzen 2 und 3 kann ohne mündliche Verhandlung ergehen. [2]Er ist zu begründen. [3]Gegen den Beschluß ist die sofortige Beschwerde nach den Vorschriften der jeweils anzuwendenden Verfahrensordnung gegeben. [4]Den Beteiligten steht die Beschwerde gegen einen Beschluß des oberen Landesgerichts an den obersten Gerichtshof des Bundes nur zu, wenn sie in dem Beschluß zugelassen worden ist. [5]Die Beschwerde ist zuzulassen, wenn die Rechtsfrage grundsätzliche Bedeutung hat oder wenn das Gericht von der Entscheidung eines obersten Gerichtshofes des Bundes oder des Gemeinsamen Senats der obersten Gerichtshöfe des Bundes abweicht. [6]Der oberste Gerichtshof des Bundes ist an die Zulassung der Beschwerde gebunden.

(5) Das Gericht, das über ein Rechtsmittel gegen eine Entscheidung in der Hauptsache entscheidet, prüft nicht, ob der beschrittene Rechtsweg zulässig ist.

(6) Die Absätze 1 bis 5 gelten für die in bürgerlichen Rechtsstreitigkeiten, Familiensachen und Angelegenheiten der freiwilligen Gerichtsbarkeit zuständigen Spruchkörper in ihrem Verhältnis zueinander entsprechend.

§ 17b[1)] [Anhängigkeit nach Verweisung; Kosten] (1) [1]Nach Eintritt der Rechtskraft des Verweisungsbeschlusses wird der Rechtsstreit mit Eingang der Akten bei dem im Beschluß bezeichneten Gericht anhängig. [2]Die Wirkungen der Rechtshängigkeit bleiben bestehen.

(2) [1]Wird ein Rechtsstreit an ein anderes Gericht verwiesen, so werden die Kosten im Verfahren vor dem angegangenen Gericht als Teil der Kosten behandelt, die bei dem Gericht erwachsen, an das der Rechtsstreit verwiesen wurde. [2]Dem Kläger sind die entstandenen Mehrkosten auch dann aufzuerlegen, wenn er in der Hauptsache obsiegt.

(3) Absatz 2 Satz 2 gilt nicht in Familiensachen und in Angelegenheiten der freiwilligen Gerichtsbarkeit.

§ 17c[2)] [Zuständigkeitskonzentrationen, Änderungen der Gerichtsbezirksgrenzen] (1) Werden Zuständigkeitskonzentrationen oder Änderungen der Gerichtsbezirksgrenzen aufgrund dieses Gesetzes, aufgrund anderer bundesgesetzlicher Regelungen oder aufgrund Landesrechts vorgenommen, stehen in diesen Fällen bundesrechtliche Bestimmungen, die die gerichtliche Zuständigkeit in anhängigen und rechtshängigen Verfahren unberührt lassen, einer landesrechtlichen Zuweisung dieser Verfahren an das neu zuständige Gericht nicht entgegen.

(2) [1]Ist im Zeitpunkt der Zuweisung die Hauptverhandlung in einer Straf- oder Bußgeldsache begonnen, aber noch nicht beendet, so kann sie vor dem nach dem *Inkraft*treten der Zuständigkeitsänderung zuständigen Gericht nur fortgesetzt werden, wenn die zur Urteilsfindung berufenen Personen personenidentisch mit denen zu Beginn der Hauptverhandlung sind. [2]Soweit keine Personenidentität gegeben ist, bleibt das Gericht zuständig, das die Hauptverhandlung begonnen hat.

---

1) § 17b eingef. durch G v. 17.12.1990 (BGBl. I S. 2809); Abs. 3 angef. mWv 1.9.2009 durch G v. 17.12.2008 (BGBl. I S. 2586).

2) § 17c eingef. mWv 13.7.2017 durch G v. 5.7.2017 (BGBl. I S. 2208).

§ 18 [Exterritorialität von Mitgliedern der diplomatischen Missionen]

[1] Die Mitglieder der im Geltungsbereich dieses Gesetzes errichteten diplomatischen Missionen, ihre Familienmitglieder und ihre privaten Hausangestellten sind nach Maßgabe des Wiener Übereinkommens über diplomatische Beziehungen vom 18. April 1961 (Bundesgesetzbl. 1964 II S. 957 ff.) von der deutschen Gerichtsbarkeit befreit. [2] Dies gilt auch, wenn ihr Entsendestaat nicht Vertragspartei dieses Übereinkommens ist; in diesem Falle findet Artikel 2 des Gesetzes vom 6. August 1964 zu dem Wiener Übereinkommen vom 18. April 1961 über diplomatische Beziehungen (Bundesgesetzbl. 1964 II S. 957) entsprechende Anwendung.

§ 19 [Exterritorialität von Mitgliedern der konsularischen Vertretungen]

(1) [1] Die Mitglieder der im Geltungsbereich dieses Gesetzes errichte-

(Fortsetzung nächstes Blatt)

umfaßt, so verteilt der Präsident des Landgerichts (Präsident des Amtsgerichts) die Zahl der Hilfsschöffen auf diese Amtsgerichte; die Landesjustizverwaltung kann bestimmte Amtsgerichte davon ausnehmen. [3] Der Präsident des Amtsgerichts tritt nur dann an die Stelle des Präsidenten des Landgerichts, wenn alle beteiligten Amtsgerichte seiner Dienstaufsicht unterstehen.

(3) Die übrigen Vorschriften dieses Titels sind entsprechend anzuwenden.

Fünfter Titel. Landgerichte

§ 59 [Besetzung] (1) Die Landgerichte werden mit einem Präsidenten sowie mit Vorsitzenden Richtern und weiteren Richtern besetzt.

(2) Den Richtern kann gleichzeitig ein weiteres Richteramt bei einem Amtsgericht übertragen werden.

(3) Es können Richter auf Probe und Richter kraft Auftrags verwendet werden.

[§ 60 bis 31.12.2020:]
§ 60 [Zivil- und Strafkammern] Bei den Landgerichten werden Zivil- und Strafkammern gebildet.

[§ 60 ab 1.1.2021:]
§ 60[1)] [Zivil- und Strafkammern] *(1) Bei jedem Landgericht werden, soweit nichts anders bestimmt ist, sowohl Zivil- als auch Strafkammern gebildet.*

(2) [1] Die Landesregierungen werden ermächtigt, durch Rechtsverordnung bei einem Landgericht mit mindestens 100 Richterstellen ausschließlich Zivil- oder Strafkammern zu bilden und diesem für die Bezirke mehrerer Landgerichte die Zivil- oder Strafsachen zuzuweisen. [2] Die Landesregierungen können die Ermächtigung nach Satz 1 auf die Landesjustizverwaltungen übertragen.

§§ 61 bis 69 (weggefallen)

§ 70 [Vertretung der Kammermitglieder] (1) Soweit die Vertretung eines Mitgliedes nicht durch ein Mitglied desselben Gerichts möglich ist, wird sie auf den Antrag des Präsidiums durch die Landesjustizverwaltung geordnet.

(2) Die Beiordnung eines Richters auf Probe oder eines Richters kraft Auftrags ist auf eine bestimmte Zeit auszusprechen und darf vor Ablauf dieser Zeit nicht widerrufen werden.

(3) Unberührt bleiben die landesgesetzlichen Vorschriften, nach denen richterliche Geschäfte nur von auf Lebenszeit ernannten Richtern wahrgenommen werden können, sowie die, welche die Vertretung durch auf Lebenszeit ernannte Richter regeln.

§ 71[2)] [Zuständigkeit in Zivilsachen in 1. Instanz] (1) Vor die Zivilkammern, einschließlich der Kammern für Handelssachen, gehören alle bürgerlichen Rechtsstreitigkeiten, die nicht den Amtsgerichten zugewiesen sind.

[1)] § 60 neu gef. **mWv 1.1.2021** durch G v. 12.12.2019 (BGBl. I S. 2633).

[2)] § 71 Abs. 2 Nr. 2 geänd., Nr. 3 angef. mWv 1.11.2005 durch G v. 16.8.2005 (BGBl. I S. 2437, geänd. durch G v. 22.12.2006, BGBl. I S. 3416); Abs. 2 Nr. 4, Abs. 4 angef. mWv 1.9.2009 durch G v. 17.12.2008 (BGBl. I S. 2586); Abs. 2 Nr. 3 neu gef. mWv 1.11.2012 durch G v. 19.10.2012 (BGBl. I S. 2182); Abs. 2 Nr. 4 Buchst. a aufgeh. mWv 23.7.2015 durch G v. 17.7.2015 (BGBl. I S. 1245); Abs. 2 Nr. 4 geänd., Nr. 5 angef., Abs. 4 neu gef. mWv 1.1.2018 durch G v. 28.4.2017 (BGBl. I S. 969).

(2) Die Landgerichte sind ohne Rücksicht auf den Wert des Streitgegenstandes ausschließlich zuständig

1.[1] für die Ansprüche, die auf Grund der Beamtengesetze gegen den Fiskus erhoben werden;
2. für die Ansprüche gegen Richter und Beamte wegen Überschreitung ihrer amtlichen Befugnisse oder wegen pflichtwidriger Unterlassung von Amtshandlungen;
3. für Ansprüche, die auf eine falsche, irreführende oder unterlassene öffentliche Kapitalmarktinformation, auf die Verwendung einer falschen oder irreführenden öffentlichen Kapitalmarktinformation oder auf die Unterlassung der gebotenen Aufklärung darüber, dass eine öffentliche Kapitalmarktinformation falsch oder irreführend ist, gestützt werden;
4. für Verfahren nach
   a) *(aufgehoben)*
   b) den §§ 98, 99, 132, 142, 145, 258, 260, 293c und 315 des Aktiengesetzes[2],
   c) § 26 des SE-Ausführungsgesetzes,
   d) § 10 des Umwandlungsgesetzes[3],
   e) dem Spruchverfahrensgesetz[4],
   f) den §§ 39a und 39b des Wertpapiererwerbs- und Übernahmegesetzes;
5. in Streitigkeiten
   a) über das Anordnungsrecht des Bestellers gemäß § 650b des Bürgerlichen Gesetzbuchs[5],
   b) über die Höhe des Vergütungsanspruchs infolge einer Anordnung des Bestellers (§ 650c des Bürgerlichen Gesetzbuchs).

(3) Der Landesgesetzgebung bleibt überlassen, Ansprüche gegen den Staat oder eine Körperschaft des öffentlichen Rechts wegen Verfügungen der Verwaltungsbehörden sowie Ansprüche wegen öffentlicher Abgaben ohne Rücksicht auf den Wert des Streitgegenstandes den Landgerichten ausschließlich zuzuweisen.

(4) [1] Die Landesregierungen werden ermächtigt, durch Rechtsverordnung die Entscheidungen in Verfahren nach Absatz 2 Nummer 4 Buchstabe a bis e und Nummer 5 einem Landgericht für die Bezirke mehrerer Landgerichte zu übertragen. [2] In Verfahren nach Absatz 2 Nummer 4 Buchstabe a bis e darf die Übertragung nur erfolgen, wenn dies der Sicherung einer einheitlichen Rechtsprechung dient. [3] Die Landesregierungen können die Ermächtigung auf die Landesjustizverwaltungen übertragen.

---

[1] § 71 Abs. 2 Nr. 1 ist praktisch gegenstandslos, weil für alle Klagen aus dem Beamten- oder Richterverhältnis der Verwaltungsrechtsweg gegeben ist; vgl. § 126 BeamtenrechtsrahmenG (Nr. **24.7**), § 126 BundesbeamtenG **(Sartorius Nr. 160)**, §§ 46, 71 Deutsches RichterG **(Schönfelder ErgBd. Nr. 97)**, § 54 BeamtenstatusG (Nr. **24.1**).

[2] **Schönfelder Nr. 51.**

[3] **Schönfelder Nr. 52a.**

[4] **Schönfelder ErgBd. Nr. 51b.**

[5] **Schönfelder Nr. 20.**

§ 72[1)] **[Zuständigkeit in Zivilsachen in 2. Instanz]** (1) [1]Die Zivilkammern, einschließlich der Kammern für Handelssachen und der in § 72a genannten Kammern, sind die Berufungs- und Beschwerdegerichte in den vor den Amtsgerichten verhandelten bürgerlichen Rechtsstreitigkeiten, soweit nicht die Zuständigkeit der Oberlandesgerichte begründet ist. [2]Die Landgerichte sind ferner die Beschwerdegerichte in Freiheitsentziehungssachen und in den von den Betreuungsgerichten entschiedenen Sachen.

(2) [1]In Streitigkeiten nach § 43 Nr. 1 bis 4 und 6 des Wohnungseigentumsgesetzes[2)] ist das für den Sitz des Oberlandesgerichts zuständige Landgericht gemeinsames Berufungs- und Beschwerdegericht für den Bezirk des Oberlandesgerichts, in dem das Amtsgericht seinen Sitz hat. [2]Die Landesregierungen werden ermächtigt, durch Rechtsverordnung anstelle dieses Gerichts ein anderes Landgericht im Bezirk des Oberlandesgerichts zu bestimmen. [3]Sie können die Ermächtigung auf die Landesjustizverwaltungen übertragen.

[§ 72a bis 31.12.2020:]

§ 72a[3)4)] **[Obligatorische Einrichtung spezialisierter Spruchkörper]**

[1]Bei den Landgerichten werden eine Zivilkammer oder mehrere Zivilkammern für folgende Sachgebiete gebildet:

1. Streitigkeiten aus Bank- und Finanzgeschäften,
2. Streitigkeiten aus Bau- und Architektenverträgen sowie aus Ingenieurverträgen, soweit sie im Zusammenhang mit Bauleistungen stehen,
3. Streitigkeiten über Ansprüche aus Heilbehandlungen und
4. Streitigkeiten aus Versicherungsvertragsverhältnissen.

[2]Den Zivilkammern nach Satz 1 können neben den Streitigkeiten aus den in Satz 1 Nummer 1 bis 4 genannten Sachgebieten auch Streitigkeiten nach den §§ 71 und 72 zugewiesen werden.

[§ 72a ab 1.1.2021:]

§ 72a[5)] ***[Obligatorische Einrichtung spezialisierter Spruchkörper]*** *(1) Bei den Landgerichten werden eine oder mehrere Zivilkammern für folgende Sachgebiete gebildet:*

1. *Streitigkeiten aus Bank- und Finanzgeschäften,*
2. *Streitigkeiten aus Bau- und Architektenverträgen sowie aus Ingenieurverträgen, soweit sie im Zusammenhang mit Bauleistungen stehen,*
3. *Streitigkeiten aus Heilbehandlungen,*
4. *Streitigkeiten aus Versicherungsvertragsverhältnissen,*
5. *Streitigkeiten über Ansprüche aus Veröffentlichungen durch Druckerzeugnisse, Bild- und Tonträger jeder Art, insbesondere in Presse, Rundfunk, Film und Fernsehen,*
6. *erbrechtliche Streitigkeiten und*

[1)] § 72 neu gef. mWv 1.1.2002 durch G v. 27.7.2001 (BGBl. I S. 1887); Abs. 2 angef. mWv 1.7.2007 durch G v. 13.4.2007 (BGBl. I S. 509); Abs. 1 Satz 2 angef., Abs. 2 Satz 2 aufgeh., bish. Sätze 3 und 4 werden Sätze 2 und 3 mWv 1.9.2009 durch G v. 17.12.2008 (BGBl. I S. 2586); Abs. 1 Satz 1 geänd. mWv 1.1.2018 durch G v. 28.4.2017 (BGBl. I S. 969).

[2)] **Schönfelder Nr. 37.**

[3)] § 72a eingef. mWv 1.1.2018 durch G v. 28.4.2017 (BGBl. I S. 969).

[4)] Beachte hierzu die Übergangsvorschrift in § 40a EGGVG (Nr. **6.2**).

[5)] § 72a neu gef. **mWv 1.1.2021** durch G v. 12.12.2019 (BGBl. I S. 2633).

7. insolvenzrechtliche Streitigkeiten und Beschwerden sowie Anfechtungssachen nach dem Anfechtungsgesetz[1].

(2) ¹Die Landesregierungen werden ermächtigt, durch Rechtsverordnung bei den Landgerichten eine oder mehrere Zivilkammern für weitere Sachgebiete einzurichten. ²Die Landesregierungen können die Ermächtigung auf die Landesjustizverwaltungen übertragen.

(3) Den Zivilkammern nach den Absätzen 1 und 2 können auch Streitigkeiten nach den §§ 71 und 72 zugewiesen werden.

§ 73[2] **[Allgemeine Zuständigkeit in Strafsachen]** (1) Die Strafkammern entscheiden über Beschwerden gegen Verfügungen des Richters beim Amtsgericht sowie gegen Entscheidungen des Richters beim Amtsgericht und der Schöffengerichte.

(2) Die Strafkammern erledigen außerdem die in der Strafprozeßordnung[3] den Landgerichten zugewiesenen Geschäfte.

§ 73a (weggefallen)

§ 74[4][5] **[Zuständigkeit in Strafsachen in 1. und 2. Instanz]** (1) ¹Die Strafkammern sind als erkennende Gerichte des ersten Rechtszuges zuständig für alle Verbrechen, die nicht zur Zuständigkeit des Amtsgerichts oder des Oberlandesgerichts gehören. ²Sie sind auch zuständig für alle Straftaten, bei denen eine höhere Strafe als vier Jahre Freiheitsstrafe oder die Unterbringung in einem psychiatrischen Krankenhaus, allein oder neben einer Strafe, oder in der Sicherungsverwahrung zu erwarten ist oder bei denen die Staatsanwaltschaft in den Fällen des § 24 Abs. 1 Nr. 3 Anklage beim Landgericht erhebt.

(2) ¹Für die Verbrechen

1. des sexuellen Mißbrauchs von Kindern mit Todesfolge (§ 176b des Strafgesetzbuches[6]),
2. des sexuellen Übergriffs, der sexuellen Nötigung und Vergewaltigung mit Todesfolge (§ 178 des Strafgesetzbuches),
3. des Mordes (§ 211 des Strafgesetzbuches),
4. des Totschlags (§ 212 des Strafgesetzbuches),
5. *(aufgehoben)*
6. der Aussetzung mit Todesfolge (§ 221 Abs. 3 des Strafgesetzbuches),
7. der Körperverletzung mit Todesfolge (§ 227 des Strafgesetzbuches),

---

[1] **Schönfelder Nr. 111.**

[2] § 73 Abs. 1 geänd. mWv 1.10.2009 durch G v. 29.7.2009 (BGBl. I S. 2280).

[3] **Schönfelder Nr. 90.**

[4] § 74 Abs. 1 Satz 2 geänd. durch G v. 20.12.1984 (BGBl. I S. 1654); Abs. 2 Satz 1 Nr. 22 und 23 geänd. durch G v. 28.3.1980 (BGBl. I S. 373); Abs. 1 Satz 2 geänd. durch G v. 11.1.1993 (BGBl. I S. 50); Abs. 2 Satz 1 Nr. 3 aufgeh. durch G v. 1.7.1997 (BGBl. I S. 1607); Abs. 2 Satz 1 Nr. 1, 7, 8 und 10 geänd., Nr. 3 eingef., Nr. 6 aufgeh., Nr. 9, 16–23 neu gef., Nr. 24–26 angef. durch G v. 26.1.1998 (BGBl. I S. 164); Abs. 2 Satz 1 Nr. 3 geänd. mWv 1.4.2004 durch G v. 27.12.2003 (BGBl. I S. 3007); Abs. 1 Satz 2 geänd. mWv 1.9.2004 durch G v. 24.6.2004 (BGBl. I S. 1354); Abs. 2 Satz 1 Nr. 9a eingef., Nr. 11, 12 und 26 geänd., Nr. 27–30 angef. mWv 1.1.2012 durch G v. 6.12.2011 (BGBl. I S. 2554); Abs. 2 Satz 1 *Nr. 2 neu gef., Nr. 3 aufgeh., bish.* Nr. 4–30 werden Nr. 3–29 mWv 10.11.2016 durch G v. 4.11.2016 (BGBl. I S. 2460).

[5] Beachte hierzu Übergangsvorschrift in § 41 EGGVG (Nr. **6.2**).

[6] **Schönfelder Nr. 85.**

8. der Entziehung Minderjähriger mit Todesfolge (§ 235 Abs. 5 des Strafgesetzbuches),
8a. der Nachstellung mit Todesfolge (§ 238 Absatz 3 des Strafgesetzbuches),
9. der Freiheitsberaubung mit Todesfolge (§ 239 Abs. 4 des Strafgesetzbuches),
10. des erpresserischen Menschenraubes mit Todesfolge (§ 239a Absatz 3 des Strafgesetzbuches),
11. der Geiselnahme mit Todesfolge (§ 239b Abs. 2 in Verbindung mit § 239a Absatz 3 des Strafgesetzbuches),
12. des Raubes mit Todesfolge (§ 251 des Strafgesetzbuches),
13. des räuberischen Diebstahls mit Todesfolge (§ 252 in Verbindung mit § 251 des Strafgesetzbuches),
14. der räuberischen Erpressung mit Todesfolge (§ 255 in Verbindung mit § 251 des Strafgesetzbuches),
15. der Brandstiftung mit Todesfolge (§ 306c des Strafgesetzbuches),
16. des Herbeiführens einer Explosion durch Kernenergie (§ 307 Abs. 1 bis 3 des Strafgesetzbuches),
17. des Herbeiführens einer Sprengstoffexplosion mit Todesfolge (§ 308 Abs. 3 des Strafgesetzbuches),
18. des Mißbrauchs ionisierender Strahlen gegenüber einer unübersehbaren Zahl von Menschen (§ 309 Abs. 2 und 4 des Strafgesetzbuches),
19. der fehlerhaften Herstellung einer kerntechnischen Anlage mit Todesfolge (§ 312 Abs. 4 des Strafgesetzbuches),
20. des Herbeiführens einer Überschwemmung mit Todesfolge (§ 313 in Verbindung mit § 308 Abs. 3 des Strafgesetzbuches),
21. der gemeingefährlichen Vergiftung mit Todesfolge (§ 314 in Verbindung mit § 308 Abs. 3 des Strafgesetzbuches),
22. des räuberischen Angriffs auf Kraftfahrer mit Todesfolge (§ 316a Abs. 3 des Strafgesetzbuches),
23. des Angriffs auf den Luft- und Seeverkehr mit Todesfolge (§ 316c Abs. 3 des Strafgesetzbuches),
24. der Beschädigung wichtiger Anlagen mit Todesfolge (§ 318 Abs. 4 des Strafgesetzbuches),
25. einer vorsätzlichen Umweltstraftat mit Todesfolge (§ 330 Abs. 2 Nr. 2 des Strafgesetzbuches),
26. der schweren Gefährdung durch Freisetzen von Giften mit Todesfolge (§ 330a Absatz 2 des Strafgesetzbuches),
27. der Körperverletzung im Amt mit Todesfolge (§ 340 Absatz 3 in Verbindung mit § 227 des Strafgesetzbuches),
28. des Abgebens, Verabreichens oder Überlassens von Betäubungsmitteln zum unmittelbaren Verbrauch mit Todesfolge (§ 30 Absatz 1 Nummer 3 des Betäubungsmittelgesetzes[1)]),
29. des Einschleusens mit Todesfolge (§ 97 Absatz 1 des Aufenthaltsgesetzes[2)])

ist eine Strafkammer als Schwurgericht zuständig. [2] § 120 bleibt unberührt.

[1)] **Schönfelder ErgBd. Nr. 86.**
[2)] **Sartorius Nr. 565.**

(3) Die Strafkammern sind außerdem zuständig für die Verhandlung und Entscheidung über das Rechtsmittel der Berufung gegen die Urteile des Strafrichters und des Schöffengerichts.

§ 74a[1)] **[Zuständigkeit der Staatsschutzkammer]** (1) Bei den Landgerichten, in deren Bezirk ein Oberlandesgericht seinen Sitz hat, ist eine Strafkammer für den Bezirk dieses Oberlandesgerichts als erkennendes Gericht des ersten Rechtszuges zuständig für Straftaten

1. des Friedensverrats in den Fällen des § 80a des Strafgesetzbuches[2)],
2. der Gefährdung des demokratischen Rechtsstaates in den Fällen der §§ 84 bis 86, 87 bis 90, 90a Abs. 3 und des § 90b des Strafgesetzbuches,
3. der Gefährdung der Landesverteidigung in den Fällen der §§ 109d bis 109g des Strafgesetzbuches,
4. der Zuwiderhandlung gegen ein Vereinigungsverbot in den Fällen des § 129, auch in Verbindung mit § 129b Abs. 1, des Strafgesetzbuches und des § 20 Abs. 1 Satz 1 Nr. 1 bis 4 des Vereinsgesetzes[3)]; dies gilt nicht, wenn dieselbe Handlung eine Straftat nach dem Betäubungsmittelgesetz[4)] darstellt,
5. der Verschleppung (§ 234a des Strafgesetzbuches) und
6. der politischen Verdächtigung (§ 241a des Strafgesetzbuches).

(2) Die Zuständigkeit des Landgerichts entfällt, wenn der Generalbundesanwalt wegen der besonderen Bedeutung des Falles vor der Eröffnung des Hauptverfahrens die Verfolgung übernimmt, es sei denn, daß durch Abgabe nach § 142a Abs. 4 oder durch Verweisung nach § 120 Absatz 2 Satz 3 die Zuständigkeit des Landgerichts begründet wird.

(3) In den Sachen, in denen die Strafkammer nach Absatz 1 zuständig ist, trifft sie auch die in § 73 Abs. 1 bezeichneten Entscheidungen.

(4) Für die Anordnung von Maßnahmen nach den §§ 100b und 100c der Strafprozessordnung[5)] ist eine nicht mit Hauptverfahren in Strafsachen befasste Kammer bei den Landgerichten, in deren Bezirk ein Oberlandesgericht seinen Sitz hat, für den Bezirk dieses Oberlandesgerichts zuständig.

(5) Im Rahmen der Absätze 1, 3 und 4 erstreckt sich der Bezirk des Landgerichts auf den Bezirk des Oberlandesgerichts.

§ 74b [Zuständigkeit in Jugendschutzsachen] [1]In Jugendschutzsachen (§ 26 Abs. 1 Satz 1) ist neben der für allgemeine Strafsachen zuständigen Strafkammer auch die Jugendkammer als erkennendes Gericht des ersten Rechtszuges zuständig. [2]§ 26 Abs. 2 und §§ 73 und 74 gelten entsprechend.

[1)] § 74a Abs. 1 Nr. 4 geänd. durch G v. 28.7.1981 (BGBl. I S. 681); Abs. 2 geänd. durch G v. 5.10.1978 (BGBl. I S. 1645); Abs. 1 Nr. 4 geänd. durch G v. 26.1.1998 (BGBl. I S. 164); geänd. mWv 30.8.2002 durch G v. 22.8.2002 (BGBl. I S. 3390); Abs. 4 eingef., bish. Abs. 4 wird Abs. 5 und geänd. mWv 1.7. 2005 durch G v. 24.6.2005 (BGBl. I S. 1841); Abs. 2 geänd. mWv 1.8.2015 durch G v. 12.6.2015 (BGBl. I S. 925); Abs. 4 geänd. mWv 24.8.2017 durch G v. 17.8.2017 (BGBl. I S. 3202).

[2)] **Schönfelder Nr. 85.**

[3)] Nr. **36.4**.

[4)] **Schönfelder ErgBd. Nr. 86.**

[5)] **Schönfelder Nr. 90.**

§ 74c [1)2)] [Zuständigkeit der Wirtschaftsstrafkammer] (1) [1] Für Straftaten

1. nach dem Patentgesetz, dem Gebrauchsmustergesetz, dem Halbleiterschutzgesetz, dem Sortenschutzgesetz, dem Markengesetz, dem Designgesetz, dem Urheberrechtsgesetz, dem Gesetz gegen den unlauteren Wettbewerb, dem Gesetz zum Schutz von Geschäftsgeheimnissen, der Insolvenzordnung, dem Aktiengesetz, dem Gesetz über die Rechnungslegung von bestimmten Unternehmen und Konzernen, dem Gesetz betreffend die Gesellschaften mit beschränkter Haftung, dem Handelsgesetzbuch, dem SE-Ausführungsgesetz, dem Gesetz zur Ausführung der EWG-Verordnung über die Europäische wirtschaftliche Interessenvereinigung, dem Genossenschaftsgesetz, dem SCE-Ausführungsgesetz und dem Umwandlungsgesetz,
2. nach den Gesetzen über das Bank-, Depot-, Börsen- und Kreditwesen sowie nach dem Versicherungsaufsichtsgesetz, dem Zahlungsdiensteaufsichtsgesetz und dem Wertpapierhandelsgesetz,
3. nach dem Wirtschaftsstrafgesetz 1954, dem Außenwirtschaftsgesetz, den Devisenbewirtschaftungsgesetzen sowie dem Finanzmonopol-, Steuer- und Zollrecht, auch soweit dessen Strafvorschriften nach anderen Gesetzen anwendbar sind; dies gilt nicht, wenn dieselbe Handlung eine Straftat nach dem Betäubungsmittelgesetz darstellt, und nicht für Steuerstraftaten, welche die Kraftfahrzeugsteuer betreffen,
4. nach dem Weingesetz und dem Lebensmittelrecht,
5. des Subventionsbetruges, des Kapitalanlagebetruges, des Kreditbetruges, des Bankrotts, der Verletzung der Buchführungspflicht, der Gläubigerbegünstigung und der Schuldnerbegünstigung,

5a. der wettbewerbsbeschränkenden Absprachen bei Ausschreibungen, der Bestechlichkeit und Bestechung im geschäftlichen Verkehr sowie der Bestechlichkeit im Gesundheitswesen und der Bestechung im Gesundheitswesen,

6. a) des Betruges, des Computerbetruges, der Untreue, des Vorenthaltens und Veruntreuens von Arbeitsentgelt, des Wuchers, der Vorteilsannahme, der Bestechlichkeit, der Vorteilsgewährung und der Bestechung,
   b) nach dem Arbeitnehmerüberlassungsgesetz, dem EU-Finanzschutzstärkungsgesetz und dem Schwarzarbeitsbekämpfungsgesetz,

soweit zur Beurteilung des Falles besondere Kenntnisse des Wirtschaftslebens erforderlich sind,

---

1) § 74c neu gef. durch G v. 5.10.1978 (BGBl. I S. 1645); Abs. 1 Nr. 1 geänd., Nr. 5 neu gef. durch G v. 15.5.1986 (BGBl. I S. 721); Abs. 1 Nr. 1 geänd. durch G v. 14.4.1988 (BGBl. I S. 514), G v. 7.3.1990 (BGBl. I S. 422), G v. 25.10.1994 (BGBl. I S. 3082) und G v. 28.10.1994 (BGBl. I S. 3210); Abs. 1 abschl. Satzteil geänd. durch G v. 11.1.1993 (BGBl. I S. 50); Abs. 1 Nr. 2 geänd. durch G v. 26.7.1994 (BGBl. I S. 1749); Abs. 1 Nr. 5a eingef. durch G v. 13.8.1997 (BGBl. I S. 2038); Abs. 1 Nr. 5 geänd. mWv 1.11. 2000 durch G v. 2.8.2000 (BGBl. I S. 1253); Abs. 1 Nr. 6 neu gef. mWv 1.8.2002 durch G v. 23.7.2002 (BGBl. I S. 2787); Abs. 1 Nr. 6 Buchst. b geänd. mWv 1.8.2004 durch G v. 23.7.2004 (BGBl. I S. 1842); Abs. 1 Nr. 1 geänd. mWv 29.12.2004 durch G v. 22.12.2004 (BGBl. I S. 3675); Abs. 1 Nr. 1 geänd. mWv 18.8.2006 durch G v. 14.8.2006 (BGBl. I S. 1911); Abs. 1 Satz 2 angef. mWv 31.12.2006 durch G v. 22.12.2006 (BGBl. I S. 3416); Abs. 1 Satz 1 Nr. 1 geänd. mWv 1.11.2008 durch G v. 23.10.2008 (BGBl. I S. 2026); Abs. 1 Satz 1 Nr. 2, 5, 6 Buchst. a und b geänd. mWv 1.1.2012 durch G v. 6.12.2011 (BGBl. I S. 2554); Abs. 1 Satz 1 Nr. 1 geänd. mWv 1.1.2014 durch G v. 10.10.2013 (BGBl. I S. 3799); Abs. 1 Satz 2 geänd. mWv 1.9.2014 durch G v. 23.4.2014 (BGBl. I S. 410); Abs. 1 Satz 1 Nr. 5a geänd. mWv 4.6.2016 durch G v. 30.5.2016 (BGBl. I S. 1254); Abs. 1 Satz 1 Nr. 1 geänd. mWv 26.4.2019 durch G v. 18.4.2019 (BGBl. I S. 466); Abs. 1 Satz 1 Nr. 6 Buchst. b geänd. mWv 28.6.2019 durch G v. 19.6.2019 (BGBl. I S. 844).

2) Beachte hierzu Übergangsvorschrift in § 41 EGGVG (Nr. **6.2**).

ist, soweit nach § 74 Abs. 1 als Gericht des ersten Rechtszuges und nach § 74 Abs. 3 für die Verhandlung und Entscheidung über das Rechtsmittel der Berufung gegen die Urteile des Schöffengerichts das Landgericht zuständig ist, eine Strafkammer als Wirtschaftsstrafkammer zuständig. 2 Die §§ 120 und 120b bleiben unberührt.

(2) In den Sachen, in denen die Wirtschaftsstrafkammer nach Absatz 1 zuständig ist, trifft sie auch die in § 73 Abs. 1 bezeichneten Entscheidungen.

(3) 1 Die Landesregierungen werden ermächtigt, zur sachdienlichen Förderung oder schnelleren Erledigung der Verfahren durch Rechtsverordnung[1] einem Landgericht für die Bezirke mehrerer Landgerichte ganz oder teilweise Strafsachen zuzuweisen, welche die in Absatz 1 bezeichneten Straftaten zum Gegenstand haben. 2 Die Landesregierungen können die Ermächtigung durch Rechtsverordnung auf die Landesjustizverwaltungen übertragen.

(4) Im Rahmen des Absatzes 3 erstreckt sich der Bezirk des danach bestimmten Landgerichts auf die Bezirke der anderen Landgerichte.

§ 74d[2] [Strafkammer als gemeinsames Schwurgericht] (1) 1 Die Landesregierungen werden ermächtigt, durch Rechtsverordnung einem Landgericht für die Bezirke mehrerer Landgerichte die in § 74 Abs. 2 bezeichneten Strafsachen zuzuweisen, sofern dies der sachlichen Förderung der Verfahren dient. 2 Die Landesregierungen können die Ermächtigung auf die Landesjustizverwaltungen übertragen.

(2) *(aufgehoben)*

§ 74e[3] [Vorrang bei Zuständigkeitsüberschneidungen] Unter verschiedenen nach den Vorschriften der §§ 74 bis 74d zuständigen Strafkammern kommt

1. in erster Linie dem Schwurgericht (§ 74 Abs. 2, § 74d),
2. in zweiter Linie der Wirtschaftsstrafkammer (§ 74c),
3. in dritter Linie der Strafkammer nach § 74a

der Vorrang zu.

---

[1] Siehe hierzu ua: **Baden-Württemberg:** SubdelegationsVO Justiz v. 2.4.2019 (GBl. S. 109); **Bayern:** Gerichtliche ZuständigkeitsVO Justiz v. 11.6.2012 (GVBl. S. 295), zuletzt geänd. durch V v. 28.12.2018 (GVBl. 2019 S. 2); **Berlin:** G über die Zuständigkeit der Berliner Gerichte idF der Bek. v. 12.5.1995 (GVBl. S. 314), zuletzt geänd. durch G v. 22.10.2008 (GVBl. S. 291); **Brandenburg:** GerichtszuständigkeitsVO v. 2.9.2014 (GVBl. II Nr. 62), zuletzt geänd. durch VO v. 26.11.2018 (GVBl. II Nr. 89); **Bremen:** VO über die Strafkammer und die Strafvollstreckungskammer in Bremerhaven v. 3.12.2019 (Brem.GBl. S. 698); **Hessen:** JustizzuständigkeitsVO v. 3.6.2013 (GVBl. S. 386), zuletzt geänd. durch VO v. 5.9.2019 (GVBl. S. 235); **Nordrhein-Westfalen:** JustizG Nordrhein-Westfalen v. 26.1.2010 (GV. NRW. S. 30), zuletzt geänd. durch G v. 19.12.2019 (GV. NRW. S. 1004); **Rheinland-Pfalz:** LandesVO über die gerichtliche Zuständigkeit in Strafsachen und Bußgeldverfahren v. 19.11.1985 (GVBl. S. 265), zuletzt geänd. durch VO v. 11.8.2017 (GVBl. S. 186); **Sachsen:** Sächsisches JustizG **(Schönfelder II Nr. 245c); Sachsen-Anhalt:** VO über die amtsgerichtliche Zuständigkeit in Wirtschaftssachen v. 12.7. 2004 (GVBl. LSA S. 391); **Schleswig-Holstein:** JustizzuständigkeitsVO v. 15.11.2019 (GVOBl. Schl.-H. S. 546, 548); ***Thüringen:*** *Thüringer VO über gerichtliche Zuständigkeiten in der ordentlichen Gerichts*barkeit v. 17.11.2011 (GVBl. S. 511), zuletzt geänd. durch VO v. 6.12.2019 (GVBl. S. 562).

[2] § 74d Abs. 2 aufgeh. durch G v. 5.10.1978 (BGBl. I S. 1645).

[3] § 74e eingef. durch G v. 5.10.1978 (BGBl. I S. 1645).

§ 74f [1)2)] [Zuständigkeit bei vorbehaltener oder nachträglicher Anordnung der Sicherungsverwahrung] (1) Hat im ersten Rechtszug eine Strafkammer die Anordnung der Sicherungsverwahrung vorbehalten oder im Fall des § 66b des Strafgesetzbuches[3)] als Tatgericht entschieden, ist diese Strafkammer im ersten Rechtszug für die Verhandlung und Entscheidung über die im Urteil vorbehaltene oder die nachträgliche Anordnung der Sicherungsverwahrung zuständig.

(2) Hat im Fall des § 66b des Strafgesetzbuches im ersten Rechtszug ausschließlich das Amtsgericht als Tatgericht entschieden, ist im ersten Rechtszug eine Strafkammer des ihm übergeordneten Landgerichts für die Verhandlung und Entscheidung über die nachträgliche Anordnung der Sicherungsverwahrung zuständig.

(3) Im Fall des § 66b des Strafgesetzbuches gilt § 462a Absatz 3 Satz 2 und 3 der Strafprozessordnung entsprechend.

(4) [1] In Verfahren, in denen über die im Urteil vorbehaltene oder die nachträgliche Anordnung der Sicherungsverwahrung zu entscheiden ist, ist die große Strafkammer mit drei Richtern einschließlich des Vorsitzenden und zwei Schöffen besetzt. [2] Bei Entscheidungen außerhalb der Hauptverhandlung wirken die Schöffen nicht mit.

§ 75 [Besetzung der Zivilkammern] Die Zivilkammern sind, soweit nicht nach den Vorschriften der Prozeßgesetze an Stelle der Kammer der Einzelrichter zu entscheiden hat, mit drei Mitgliedern einschließlich des Vorsitzenden besetzt.

§ 76 [4)2)] [Besetzung der Strafkammern] (1) [1] Die Strafkammern sind mit drei Richtern einschließlich des Vorsitzenden und zwei Schöffen (große Strafkammer), in Verfahren über Berufungen gegen ein Urteil des Strafrichters oder des Schöffengerichts mit dem Vorsitzenden und zwei Schöffen (kleine Strafkammer) besetzt. [2] Bei Entscheidungen außerhalb der Hauptverhandlung wirken die Schöffen nicht mit.

(2) [1] Bei der Eröffnung des Hauptverfahrens beschließt die große Strafkammer über ihre Besetzung in der Hauptverhandlung. [2] Ist das Hauptverfahren bereits eröffnet, beschließt sie hierüber bei der Anberaumung des Termins zur Hauptverhandlung. [3] Sie beschließt eine Besetzung mit drei Richtern einschließlich des Vorsitzenden und zwei Schöffen, wenn

1. sie als Schwurgericht zuständig ist,
2. die Anordnung der Unterbringung in der Sicherungsverwahrung, deren Vorbehalt oder die Anordnung der Unterbringung in einem psychiatrischen Krankenhaus zu erwarten ist oder
3. nach dem Umfang oder der Schwierigkeit der Sache die Mitwirkung eines dritten Richters notwendig erscheint.

---

1) § 74f eingef. mWv 29.7.2004 durch G v. 23.7.2004 (BGBl. I S. 1838); Abs. 1 geänd. mWv 12.7.2008 durch G v. 8.7.2008 (BGBl. I S. 1212); Abs. 1 und 2 geänd. mWv 1.1.2011 durch G v. 22.12.2010 (BGBl. I S. 2300); Abs. 3 neu gef., Abs. 4 angef. mWv 1.1.2012 durch G v. 6.12.2011 (BGBl. I S. 2554).

2) Beachte hierzu Übergangsvorschrift in § 41 EGGVG (Nr. **6.2**).

3) **Schönfelder Nr. 85.**

4) § 76 neu gef. durch G v. 27.1.1987 (BGBl. I S. 475); Abs. 1 Satz 1 geänd., Abs. 2 und 3 angef. durch G v. 11.1.1993 (BGBl. I S. 50); Abs. 2 neu gef., Abs. 3–5 eingef., bish. Abs. 3 wird Abs. 6 mWv 1.1.2012 durch G v. 6.12.2011 (BGBl. I S. 2554).

[4] Im Übrigen beschließt die große Strafkammer eine Besetzung mit zwei Richtern einschließlich des Vorsitzenden und zwei Schöffen.

(3) Die Mitwirkung eines dritten Richters nach Absatz 2 Satz 3 Nummer 3 ist in der Regel notwendig, wenn die Hauptverhandlung voraussichtlich länger als zehn Tage dauern wird oder die große Strafkammer als Wirtschaftsstrafkammer zuständig ist.

(4) Hat die Strafkammer eine Besetzung mit zwei Richtern einschließlich des Vorsitzenden und zwei Schöffen beschlossen und ergeben sich vor Beginn der Hauptverhandlung neue Umstände, die nach Maßgabe der Absätze 2 und 3 eine Besetzung mit drei Richtern einschließlich des Vorsitzenden und zwei Schöffen erforderlich machen, beschließt sie eine solche Besetzung.

(5) Ist eine Sache vom Revisionsgericht zurückverwiesen oder ist die Hauptverhandlung ausgesetzt worden, kann die jeweils zuständige Strafkammer erneut nach Maßgabe der Absätze 2 und 3 über ihre Besetzung beschließen.

(6) [1] In Verfahren über Berufungen gegen ein Urteil des erweiterten Schöffengerichts (§ 29 Abs. 2) ist ein zweiter Richter hinzuzuziehen. [2] Außerhalb der Hauptverhandlung entscheidet der Vorsitzende allein.

§ 77[1)] [Schöffen der Strafkammern] (1) Für die Schöffen der Strafkammern gelten entsprechend die Vorschriften über die Schöffen des Schöffengerichts mit folgender Maßgabe:

(2) [1] Der Präsident des Landgerichts verteilt die Zahl der erforderlichen Hauptschöffen für die Strafkammern auf die zum Bezirk des Landgerichts gehörenden Amtsgerichtsbezirke. [2] Die Hilfsschöffen wählt der Ausschuß bei dem Amtsgericht, in dessen Bezirk das Landgericht seinen Sitz hat. [3] Hat das Landgericht seinen Sitz außerhalb seines Bezirks, so bestimmt die Landesjustizverwaltung, welcher Ausschuß der zum Bezirk des Landgerichts gehörigen Amtsgerichte die Hilfsschöffen wählt. [4] Ist Sitz des Landgerichts eine Stadt, die Bezirke von zwei oder mehr zum Bezirk des Landgerichts gehörenden Amtsgerichten oder Teile davon umfaßt, so gilt für die Wahl der Hilfsschöffen durch die bei diesen Amtsgerichten gebildeten Ausschüsse Satz 1 entsprechend; die Landesjustizverwaltung kann bestimmte Amtsgerichte davon ausnehmen. [5] Die Namen der gewählten Hauptschöffen und der Hilfsschöffen werden von dem Richter beim Amtsgericht dem Präsidenten des Landgerichts mitgeteilt. [6] Der Präsident des Landgerichts stellt die Namen der Hauptschöffen zur Schöffenliste des Landgerichts zusammen.

(3) [1] An die Stelle des Richters beim Amtsgericht tritt für die Auslosung der Reihenfolge, in der die Hauptschöffen an den einzelnen ordentlichen Sitzungen teilnehmen, und der Reihenfolge, in der die Hilfsschöffen an die Stelle wegfallender Schöffen treten, der Präsident des Landgerichts; § 45 Abs. 4 Satz 3, 4 gilt entsprechend. [2] Ist der Schöffe verstorben oder aus dem Landgerichtsbezirk verzogen, ordnet der Vorsitzende der Strafkammer die Streichung von der Schöffenliste an; in anderen Fällen wird die Entscheidung darüber, ob ein Schöffe von der Schöffenliste zu streichen ist, sowie über die von einem Schöffen vorgebrachten Ablehnungsgründe von einer Strafkammer getroffen. [3] Im übrigen tritt an die Stelle des Richters beim Amtsgericht der Vorsitzende der Strafkammer.

---

1) § 77 Abs. 1 und 2 Satz 1 geänd., Abs. 2 Satz 5 und Abs. 3 Satz 1 neu gef., Abs. 4 Satz 1 geänd. durch *G v. 5.10.1978 (BGBl. I S. 1645); Abs. 2* Satz 4 eingef., bish. Sätze 4 und 5 werden Sätze 5 und 6 durch G v. 27.1.1987 (BGBl. I S. 475); Abs. 3 Satz 2 neu gef., Abs. 5 angef. mWv 1.1.2005 durch G v. 21.12.2004 (BGBl. I S. 3599).

(4) [1] Ein ehrenamtlicher Richter darf für dasselbe Geschäftsjahr nur entweder als Schöffe für das Schöffengericht oder als Schöffe für die Strafkammern bestimmt werden. [2] Ist jemand für dasselbe Geschäftsjahr in einem Bezirk zu mehreren dieser Ämter oder in mehreren Bezirken zu diesen Ämtern bestimmt worden, so hat der Einberufene das Amt zu übernehmen, zu dem er zuerst einberufen wird.

(5) § 52 Abs. 2 Satz 1 Nr. 1 findet keine Anwendung.

§ 78 [Auswärtige Strafkammern bei Amtsgerichten] (1) [1] Die Landesregierungen werden ermächtigt, durch Rechtsverordnung[1)] wegen großer Entfernung zu dem Sitz eines Landgerichts bei einem Amtsgericht für den Bezirk eines oder mehrerer Amtsgerichte eine Strafkammer zu bilden und ihr für diesen Bezirk die gesamte Tätigkeit der Strafkammer des Landgerichts oder einen Teil dieser Tätigkeit zuzuweisen. [2] Die in § 74 Abs. 2 bezeichneten Verbrechen dürfen einer nach Satz 1 gebildeten Strafkammer nicht zugewiesen werden. [3] Die Landesregierungen können die Ermächtigung auf die Landesjustizverwaltungen übertragen.

(2) [1] Die Kammer wird aus Mitgliedern des Landgerichts oder Richtern beim Amtsgericht des Bezirks besetzt, für den sie gebildet wird. [2] Der Vorsitzende und die übrigen Mitglieder werden durch das Präsidium des Landgerichts bezeichnet.

(3) [1] Der Präsident des Landgerichts verteilt die Zahl der erforderlichen Hauptschöffen auf die zum Bezirk der Strafkammer gehörenden Amtsgerichtsbezirke. [2] Die Hilfsschöffen wählt der Ausschuß bei dem Amtsgericht, bei dem die auswärtige Strafkammer gebildet worden ist. [3] Die sonstigen in § 77 dem Präsidenten des Landgerichts zugewiesenen Geschäfte nimmt der Vorsitzende der Strafkammer wahr.

5a. Titel. Strafvollstreckungskammern

§ 78a[2)] [Zuständigkeit] (1) [1] Bei den Landgerichten werden, soweit in ihrem Bezirk für Erwachsene Anstalten unterhalten werden, in denen Freiheitsstrafe oder freiheitsentziehende Maßregeln der Besserung und Sicherung vollzogen werden, oder soweit in ihrem Bezirk andere Vollzugsbehörden ihren Sitz haben, Strafvollstreckungskammern gebildet. [2] Diese sind zuständig für die Entscheidungen

1. nach den §§ 462a, 463 der Strafprozeßordnung, soweit sich nicht aus der Strafprozeßordnung etwas anderes ergibt,
2. nach den § 50 Abs. 5, §§ 109, 138 Abs. 3 des Strafvollzugsgesetzes[3)],
3. nach den §§ 50, 58 Absatz 2, § 84g Absatz 1, den §§ 84j, 90h Absatz 1, § 90j Absatz 1 und 2 und § 90k Absatz 1 und 2 des Gesetzes über die internationale Rechtshilfe in Strafsachen[4)].

[1)] **Bremen:** VO v. 3.12.2019 (Brem.GBl. S. 698); **Niedersachsen:** VO v. 18.12.2009 (Nds. GVBl. S. 506, ber. S. 283), zuletzt geänd. durch VO v. 18.11.2019 (Nds. GVBl. S. 351); **Nordrhein-Westfalen:** VO v. 28.10.2008 (GV. NRW. S. 685), zuletzt geänd. durch VO v. 30.11.2018 (GV. NRW. S. 665).

[2)] § 78a Abs. 1 neu gef. durch G v. 16.3.1976 (BGBl. I S. 581); Abs. 1 Satz 2 Nr. 2 geänd. durch G v. 20.1.1984 (BGBl. I S. 97, ber. S. 360); Abs. 1 Satz 2 Nr. 3 angef. durch G v. 23.12.1982 (BGBl. I S. 2071); Abs. 1 Satz 3 angef. durch G v. 13.4.1986 (BGBl. I S. 393); Abs. 2 Satz 1 eingef., bish. Sätze 1 und 2 werden Sätze 2 und 3, neuer Satz 3 geänd. durch G v. 23.12.1982 (BGBl. I S. 2071); Abs. 1 Satz 2 Nr. 2 geänd. mWv 15.12.2001 durch G v. 10.12.2001 (BGBl. I S. 3442); Abs. 1 Satz 2 Nr. 3 geänd. mWv 1.9. 2004 durch G v. 24.6.2004 (BGBl. I S. 1354); Abs. 1 Satz 2 Nr. 3 geänd. mWv 25.7.2015 durch G v. 17.7. 2015 (BGBl. I S. 1349); Abs. 1 Satz 3 geänd. mWv 24.8.2017 durch G v. 17.8.2017 (BGBl. I S. 3202).

[3)] **Schönfelder ErgBd. Nr. 91.**

[4)] **Schönfelder ErgBd. Nr. 90h.**

[3] Ist nach § 454b Absatz 3 oder Absatz 4 der Strafprozeßordnung[1)] über die Aussetzung der Vollstreckung mehrerer Freiheitsstrafen gleichzeitig zu entscheiden, so entscheidet eine Strafvollstreckungskammer über die Aussetzung der Vollstreckung aller Strafen.

(2)[2)] [1] Die Landesregierungen weisen Strafsachen nach Absatz 1 Satz 2 Nr. 3 für die Bezirke der Landgerichte, bei denen keine Strafvollstreckungskammern zu bilden sind, in Absatz 1 Satz 1 bezeichneten Landgerichten durch Rechtsverordnung zu. [2] Die Landesregierungen werden ermächtigt, durch Rechtsverordnung einem der in Absatz 1 bezeichneten Landgerichte für die Bezirke mehrerer Landgerichte die in die Zuständigkeit der Strafvollstreckungskammern fallenden Strafsachen zuzuweisen und zu bestimmen, daß Strafvollstreckungskammern ihren Sitz innerhalb ihres Bezirkes auch oder ausschließlich an Orten haben, an denen das Landgericht seinen Sitz nicht hat, sofern diese Bestimmungen für eine sachdienliche Förderung oder schnellere Erledigung der Verfahren zweckmäßig sind. [3] Die Landesregierungen können die Ermächtigungen nach den Sätzen 1 und 2 durch Rechtsverordnung auf die Landesjustizverwaltungen übertragen.

(3) Unterhält ein Land eine Anstalt, in der Freiheitsstrafe oder freiheitsentziehende Maßregeln der Besserung und Sicherung vollzogen werden, auf dem Gebiete eines anderen Landes, so können die beteiligten Länder vereinbaren, daß die Strafvollstreckungskammer bei dem Landgericht zuständig ist, in dessen Bezirk die für die Anstalt zuständige Aufsichtsbehörde ihren Sitz hat.[3)]

§ 78b[4)] **[Besetzung]** (1) Die Strafvollstreckungskammern sind besetzt

1. in Verfahren über die Aussetzung der Vollstreckung des Restes einer lebenslangen Freiheitsstrafe oder die Aussetzung der Vollstreckung der Unterbringung in einem psychiatrischen Krankenhaus oder in der Sicherungsverwahrung mit drei Richtern unter Einschluß des Vorsitzenden; ist nach § 454b Absatz 4 der Strafprozessordnung[1)] über mehrere Freiheitsstrafen gleichzeitig zu entscheiden, so entscheidet die Strafvollstreckungskammer über alle Freiheitsstrafen mit drei Richtern, wenn diese Besetzung für die Entscheidung über eine der Freiheitsstrafen vorgeschrieben ist,

---

[1)] **Schönfelder Nr. 90.**

[2)] Siehe hierzu ua: **Baden-Württemberg:** SubdelegationsVO Justiz v. 2.4.2019 (GBl. S. 109); **Bayern:** Gerichtliche ZuständigkeitsVO Justiz v. 11.6.2012 (GVBl. S. 295), zuletzt geänd. durch V v. 28.12.2018 (GVBl. 2019 S. 2); **Berlin:** G über die Zuständigkeit der Berliner Gerichte idF der Bek. v. 12.5.1995 (GVBl. S. 314), zuletzt geänd. durch G v. 22.10.2008 (GVBl. S. 291); **Brandenburg:** GerichtszuständigkeitsVO v. 2.9.2014 (GVBl. II Nr. 62), zuletzt geänd. durch VO v. 26.11.2018 (GVBl. II Nr. 89); **Bremen:** VO über die Strafkammer und die Strafvollstreckungskammer in Bremerhaven v. 3.12.2019 (Brem.GBl. S. 698); **Hessen:** JustizzuständigkeitsVO v. 3.6.2013 (GVBl. S. 386), zuletzt geänd. durch VO v. 5.9.2019 (GVBl. S. 235); **Niedersachsen:** VO zur Regelung von Zuständigkeiten in der Gerichtsbarkeit und der Justizverwaltung v. 18.12.2009 (Nds. GVBl. S. 506, ber. S. 283), zuletzt geänd. durch VO v. 18.11.2019 (Nds. GVBl. S. 351); **Nordrhein-Westfalen:** JustizG Nordrhein-Westfalen v. 26.1.2010 (GV. NRW. S. 30), zuletzt geänd. durch G v. 19.12.2019 (GV. NRW. S. 1004); **Rheinland-Pfalz:** LandesVO über die gerichtliche Zuständigkeit in Strafsachen und Bußgeldverfahren v. 19.11.1985 (GVBl. S. 265), zuletzt geänd. durch VO v. 11.8.2017 (GVBl. S. 186); **Sachsen:** JustizorganisationsVO **(Schönfelder II Nr. 245c/2); Sachsen-Anhalt:** VO über die amtsgerichtliche Zuständigkeit in Wirtschaftssachen v. 12.7.2004 (GVBl. LSA S. 391); **Schleswig-Holstein:** JustizzuständigkeitsVO v. 15.11.2019 (GVOBl. Schl.-H. S. 546, 548).

[3)] **Schleswig-Holstein:** Abkommen über die Zuständigkeit der Strafvollstreckungskammer bei dem Landgericht Hamburg v. 10.10.1974 (*Hamburg:* G v. 18.11.1974, GVBl. S. 331 und Bek. v. 6.1.1975, GVBl. S. 6; *Schleswig-Holstein:* G v. 18.12.1974, GVOBl. S. 475 und Bek. v. 3.1.1975, GVOBl. S. 5).

[4)] § 78b Abs. 1 neu gef. durch G v. 11.1.1993 (BGBl. I S. 50); Abs. 1 Nr. 1 geänd. durch G v. 16.6.1995 (BGBl. I S. 818) und mWv 24.8.2017 durch G v. 17.8.2017 (BGBl. I S. 3202, ber. S. 3630).

2. in den sonstigen Fällen mit einem Richter.

(2) Die Mitglieder der Strafvollstreckungskammern werden vom Präsidium des Landgerichts aus der Zahl der Mitglieder des Landgerichts und der in seinem Bezirk angestellten Richter beim Amtsgericht bestellt.

Sechster Titel. Schwurgerichte

§§ 79 bis 92 (weggefallen)

Siebenter Titel. Kammern für Handelssachen

§ 93[1)] **[Bildung]** (1) [1]Die Landesregierungen werden ermächtigt, durch Rechtsverordnung[2)] bei den Landgerichten für deren Bezirke oder für örtlich abgegrenzte Teile davon Kammern für Handelssachen zu bilden. [2]Solche Kammern können ihren Sitz innerhalb des Landgerichtsbezirks auch an Orten haben, an denen das Landgericht seinen Sitz nicht hat.

(2) Die Landesregierungen können die Ermächtigung nach Absatz 1 auf die Landesjustizverwaltungen übertragen.[3)]

§ 94 [Zuständigkeit] Ist bei einem Landgericht eine Kammer für Handelssachen gebildet, so tritt für Handelssachen diese Kammer an die Stelle der Zivilkammern nach Maßgabe der folgenden Vorschriften.

§ 95[4)] **[Begriff der Handelssachen]** (1) Handelssachen im Sinne dieses Gesetzes sind die bürgerlichen Rechtsstreitigkeiten, in denen durch die Klage ein Anspruch geltend gemacht wird:

[1)] § 93 neu gef. mWv 25.4.2006 durch G v. 19.4.2006 (BGBl. I S. 866).

[2)] Siehe hierzu ua: **Baden-Württemberg:** § 12 ZuVOJu v. 20.11.1998 (GBl. S. 680), zuletzt geänd. durch VO v. 9.10.2019 (GBl. S. 426); **Bayern:** § 2 GZVJu v. 11.6.2012 (GVBl. S. 295), zuletzt geänd. durch V v. 28.12.2018 (GVBl. 2019 S. 2); **Brandenburg:** § 1 GerZV v. 2.9.2014 (GVBl. II Nr. 62), zuletzt geänd. durch VO v. 26.11.2018 (GVBl. II Nr. 89); **Hessen:** § 4 JuZuV v. 3.6.2013 (GVBl. S. 386), zuletzt geänd. durch VO v. 5.9.2019 (GVBl. S. 235); **Mecklenburg-Vorpommern:** VO v. 29.6.1992 (GVOBl. M-V S. 376); **Niedersachsen:** § 1 ZustVO-Justiz v. 18.12.2009 (Nds. GVBl. S. 506, ber. S. 283), zuletzt geänd. durch VO v. 18.11.2019 (Nds. GVBl. S. 351); **Nordrhein-Westfalen:** VO v. 10.9. 2007 (GV. NRW. S. 370); **Rheinland-Pfalz:** VO v. 15.7.1971 (GVBl. S. 187), zuletzt geänd. durch VO v. 9.12.2002 (GVBl. S. 508); **Sachsen-Anhalt:** § 4 VO v. 1.9.1992 (GVBl. LSA S. 664), zuletzt geänd. durch VO v. 4.12.2019 (GVBl. LSA S. 955); **Schleswig-Holstein:** § 16 JZVO v. 15.11.2019 (GVOBl. Schl.-H. S. 546, 548); **Thüringen:** § 1 ThürGerZustVO v. 17.11.2011 (GVBl. S. 511), zuletzt geänd. durch VO v. 6.12.2019 (GVBl. S. 562).

[3)] Siehe hierzu ua **Berlin:** § 1 VO v. 22.12.2015 (GVBl. S. 599)

[4)] § 95 Abs. 1 Nr. 5 neu gef. durch G v. 25.7.1986 (BGBl. I S. 1169); Abs. 2 geänd. durch G v. 28.10. 1994 (BGBl. I S. 3210); Abs. 1 Nr. 4 Buchst. c geänd. durch G v. 19.7.1996 (BGBl. I S. 1014); Abs. 1 Nr. 1 geänd. durch G v. 22.6.1998 (*BGBl. I S. 1474*); Abs. 1 Nr. 4 Buchst. f geänd. mWv 8.10.2002 durch G v. 16.5.2001 (BGBl. I S. 898); Abs. 2 geänd. mWv 1.9.2003 durch G v. 12.6.2003 (BGBl. I S. 838); Abs. 1 Nr. 4 Buchst. c geänd. mWv 1.6.2004 durch G v. 12.3.2004 (BGBl. I S. 390); Abs. 1 Nr. 5 geänd. mWv 8.7.2004 durch G v. 3.7.2004 (BGBl. I S. 1414); Abs. 1 Nr. 4 Buchst. a, Abs. 2 geänd. mWv 18.8. 2006 durch G v. 14.8.2006 (BGBl. I S. 1911); Abs. 2 geänd. mWv 29.12.2006 durch G v. 21.12.2006 (BGBl. I S. 3367); Abs. 2 neu gef. mWv 1.9.2009 durch G v. 17.12.2008 (BGBl. I S. 2586); Abs. 1 Nr. 6 neu gef. mWv 1.6.2012 durch G v. 6.12.2011 (BGBl. I S. 2481); Abs. 2 Nr. 1 geänd. mWv 30.6.2013 durch G v. 26.6.2013 (BGBl. I S. 1738); Abs. 1 Nr. 4 Buchst. c geänd. mWv 1.1.2014 durch G v. 10.10. 2013 (BGBl. I S. 3799); Abs. 2 Nr. 1 geänd. mWv 9.6.2017 durch G v. 1.6.2017 (BGBl. I S. 1416); Abs. 1 Nr. 6 geänd. mWv 21.7.2018 durch G v. 10.7.2018 (BGBl. I S. 1102).

1. gegen einen Kaufmann im Sinne des Handelsgesetzbuches[1], sofern er in das Handelsregister oder Genossenschaftsregister eingetragen ist oder auf Grund einer gesetzlichen Sonderregelung für juristische Personen des öffentlichen Rechts nicht eingetragen zu werden braucht, aus Geschäften, die für beide Teile Handelsgeschäfte sind;
2. aus einem Wechsel im Sinne des Wechselgesetzes[2] oder aus einer der im § 363 des Handelsgesetzbuchs bezeichneten Urkunden;
3. auf Grund des Scheckgesetzes[3];
4. aus einem der nachstehend bezeichneten Rechtsverhältnisse:
   a) aus dem Rechtsverhältnis zwischen den Mitgliedern einer Handelsgesellschaft oder Genossenschaft oder zwischen dieser und ihren Mitgliedern oder zwischen dem stillen Gesellschafter und dem Inhaber des Handelsgeschäfts, sowohl während des Bestehens als auch nach Auflösung des Gesellschaftsverhältnisses, und aus dem Rechtsverhältnis zwischen den Vorstehern oder den Liquidatoren einer Handelsgesellschaft oder Genossenschaft und der Gesellschaft oder deren Mitgliedern;
   b) aus dem Rechtsverhältnis, welches das Recht zum Gebrauch der Handelsfirma betrifft;
   c) den Rechtsverhältnissen, die sich auf den Schutz der Marken und sonstigen Kennzeichen sowie der eingetragenen Designs beziehen;
   d) aus dem Rechtsverhältnis, das durch den Erwerb eines bestehenden Handelsgeschäfts unter Lebenden zwischen dem bisherigen Inhaber und dem Erwerber entsteht;
   e) aus dem Rechtsverhältnis zwischen einem Dritten und dem, der wegen mangelnden Nachweises der Prokura oder Handlungsvollmacht haftet;
   f) aus den Rechtsverhältnissen des Seerechts, insbesondere aus denen, die sich auf die Reederei, auf die Rechte und Pflichten des Reeders oder Schiffseigners, des Korrespondentreeders und der Schiffsbesatzung, auf die Haverei, auf den Schadensersatz im Falle des Zusammenstoßes von Schiffen, auf die Bergung und auf die Ansprüche der Schiffsgläubiger beziehen;
5. auf Grund des Gesetzes gegen den unlauteren Wettbewerb;
6. aus den §§ 9, 10, 11, 14 und 15 des Wertpapierprospektgesetzes oder den §§ 20 bis 22 des Vermögensanlagengesetzes.

(2) Handelssachen im Sinne dieses Gesetzes sind ferner

1. die Rechtsstreitigkeiten, in denen sich die Zuständigkeit des Landgerichts nach § 246 Abs. 3 Satz 1, § 396 Abs. 1 Satz 2 des Aktiengesetzes[4], § 51 Abs. 3 Satz 3 oder nach § 81 Abs. 1 Satz 2 des Genossenschaftsgesetzes[5], § 87 des Gesetzes gegen Wettbewerbsbeschränkungen[6], es sei denn, es handelt sich um kartellrechtliche Auskunfts- oder Schadensersatzansprüche, und § 13 Abs. 4 des EG-Verbraucherschutzdurchsetzungsgesetzes richtet,
2. die in § 71 Abs. 2 Nr. 4 Buchstabe b bis f genannten Verfahren.

---

[1] **Schönfelder Nr. 50.**
[2] **Schönfelder ErgBd. Nr. 54.**
[3] **Schönfelder ErgBd. Nr. 56.**
[4] **Schönfelder Nr. 51.**
[5] **Schönfelder Nr. 53.**
[6] **Schönfelder Nr. 74.**

§ 96[1)] [Antrag auf Verhandlung vor der Kammer für Handelssachen]

(1) Der Rechtsstreit wird vor der Kammer für Handelssachen verhandelt, wenn der Kläger dies in der Klageschrift beantragt hat.

(2) Ist ein Rechtsstreit nach den Vorschriften der §§ 281, 506 der Zivilprozeßordnung[2)] vom Amtsgericht an das Landgericht zu verweisen, so hat der Kläger den Antrag auf Verhandlung vor der Kammer für Handelssachen vor dem Amtsgericht zu stellen.

§ 97 [Verweisung an Zivilkammer wegen ursprünglicher Unzuständigkeit] (1) Wird vor der Kammer für Handelssachen eine nicht vor sie gehörige Klage zur Verhandlung gebracht, so ist der Rechtsstreit auf Antrag des Beklagten an die Zivilkammer zu verweisen.

(2) [1] Gehört die Klage oder die im Falle des § 506 der Zivilprozeßordnung[2)] erhobene Widerklage als Klage nicht vor die Kammer für Handelssachen, so ist diese auch von Amts wegen befugt, den Rechtsstreit an die Zivilkammer zu verweisen, solange nicht eine Verhandlung zur Hauptsache erfolgt und darauf ein Beschluß verkündet ist. [2] Die Verweisung von Amts wegen kann nicht aus dem Grund erfolgen, daß der Beklagte nicht Kaufmann ist.

§ 98[3)] [Verweisung an Kammer für Handelssachen] (1) [1] Wird vor der Zivilkammer eine vor die Kammer für Handelssachen gehörige Klage zur Verhandlung gebracht, so ist der Rechtsstreit auf Antrag des Beklagten an die Kammer für Handelssachen zu verweisen. [2] Ein Beklagter, der nicht in das Handelsregister oder Genossenschaftsregister eingetragen ist, kann den Antrag nicht darauf stützen, daß er Kaufmann ist.

(2) Der Antrag ist zurückzuweisen, wenn die im Falle des § 506 der Zivilprozeßordnung[2)] erhobene Widerklage als Klage vor die Kammer für Handelssachen nicht gehören würde.

(3) Zu einer Verweisung von Amts wegen ist die Zivilkammer nicht befugt.

(4) Die Zivilkammer ist zur Verwerfung des Antrags auch dann befugt, wenn der Kläger ihm zugestimmt hat.

§ 99[4)] [Verweisung an Zivilkammer wegen nachträglicher Unzuständigkeit] (1) Wird in einem bei der Kammer für Handelssachen anhängigen Rechtsstreit die Klage nach § 256 Abs. 2 der Zivilprozeßordnung[2)] durch den Antrag auf Feststellung eines Rechtsverhältnisses erweitert oder eine Widerklage erhoben und gehört die erweiterte Klage oder die Widerklage als Klage nicht vor die Kammer für Handelssachen, so ist der Rechtsstreit auf Antrag des Gegners an die Zivilkammer zu verweisen.

(2) [1] Unter der Beschränkung des § 97 Abs. 2 ist die Kammer zu der Verweisung auch von Amts wegen befugt. [2] Diese Befugnis tritt auch dann ein, wenn durch eine Klageänderung ein Anspruch geltend gemacht wird, der nicht vor die Kammer für Handelssachen gehört.

[1)] § 96 Abs. 2 geänd. durch G v. 3.12.1976 (BGBl. I S. 3281) und G v. 17.12.1990 (BGBl. I S. 2847).
[2)] Nr. **23.3**.
[3)] § 98 Abs. 1 Satz 2 geänd. durch G v. 17.12.1990 (BGBl. I S. 2847).
[4)] § 99 Abs. 1 geänd. durch G v. 3.12.1976 (BGBl. I S. 3281).

§ 100 [Zuständigkeit in 2. Instanz] Die §§ 96 bis 99 sind auf das Verfahren im zweiten Rechtszuge vor den Kammern für Handelssachen entsprechend anzuwenden.

§ 101[1)] [Antrag auf Verweisung] (1) [1]Der Antrag auf Verweisung des Rechtsstreits an eine andere Kammer ist nur vor der Verhandlung des Antragstellers zur Sache zulässig. [2]Ist dem Antragsteller vor der mündlichen Verhandlung eine Frist zur Klageerwiderung oder Berufungserwiderung gesetzt, so hat er den Antrag innerhalb der Frist zu stellen. [3]§ 296 Abs. 3 der Zivilprozeßordnung gilt entsprechend; der Entschuldigungsgrund ist auf Verlangen des Gerichts glaubhaft zu machen.

(2) [1]Über den Antrag ist vorab zu entscheiden. [2]Die Entscheidung kann ohne mündliche Verhandlung ergehen.

§ 102 [Unanfechtbarkeit der Verweisung] [1]Die Entscheidung über Verweisung eines Rechtsstreits an die Zivilkammer oder an die Kammer für Handelssachen ist nicht anfechtbar. [2]Erfolgt die Verweisung an eine andere Kammer, so ist diese Entscheidung für die Kammer, an die der Rechtsstreit verwiesen wird, bindend. [3]Der Termin zur weiteren mündlichen Verhandlung wird von Amts wegen bestimmt und den Parteien bekanntgemacht.

§ 103 [Hauptintervention] Bei der Kammer für Handelssachen kann ein Anspruch nach § 64 der Zivilprozeßordnung nur dann geltend gemacht werden, wenn der Rechtsstreit nach den Vorschriften der §§ 94, 95 vor die Kammer für Handelssachen gehört.

§ 104 [Verweisung in Beschwerdesachen] (1) [1]Wird die Kammer für Handelssachen als Beschwerdegericht mit einer vor sie nicht gehörenden Beschwerde befaßt, so ist die Beschwerde von Amts wegen an die Zivilkammer zu verweisen. [2]Ebenso hat die Zivilkammer, wenn sie als Beschwerdegericht in einer Handelssache mit einer Beschwerde befaßt wird, diese von Amts wegen an die Kammer für Handelssachen zu verweisen. [3]Die Vorschriften des § 102 Satz 1, 2 sind entsprechend anzuwenden.

(2) Eine Beschwerde kann nicht an eine andere Kammer verwiesen werden, wenn bei der Kammer, die mit der Beschwerde befaßt wird, die Hauptsache anhängig ist oder diese Kammer bereits eine Entscheidung in der Hauptsache erlassen hat.

§ 105[2)] [Besetzung] (1) Die Kammern für Handelssachen entscheiden in der Besetzung mit einem Mitglied des Landgerichts als Vorsitzenden und zwei ehrenamtlichen Richtern, soweit nicht nach den Vorschriften der Prozeßgesetze an Stelle der Kammer der Vorsitzende zu entscheiden hat.

(2) Sämtliche Mitglieder der Kammer für Handelssachen haben gleiches Stimmrecht.

[1)] § 101 Abs. 1 Sätze 2 und 3 angef., Abs. 2 neu gef. mWv 1.4.1991 durch G v. 17.12.1990 (BGBl. I S. 2847).

[2)] § 105 Abs. 3 aufgeh. mWv 1.1.2002 durch G v. 27.7.2001 (BGBl. I S. 1887).

§ 106[1)] **[Auswärtige Kammer für Handelssachen]** Im Falle des § 93 Abs. 1 Satz 2 kann ein Richter beim Amtsgericht Vorsitzender der Kammer für Handelssachen sein.

§ 107[2)] **[Entschädigung]** (1) Die ehrenamtlichen Richter, die weder ihren Wohnsitz noch ihre gewerbliche Niederlassung am Sitz der Kammer für Handelssachen haben, erhalten Tage- und Übernachtungsgelder nach den für Richter am Landgericht geltenden Vorschriften.

(2) Den ehrenamtlichen Richtern werden die Fahrtkosten in entsprechender Anwendung des § 5 des Justizvergütungs- und -entschädigungsgesetzes[3)] ersetzt.

§ 108[4)] **[Dauer der Ernennung]** Die ehrenamtlichen Richter werden auf gutachtlichen Vorschlag der Industrie- und Handelskammern für die Dauer von fünf Jahren ernannt; eine wiederholte Ernennung ist nicht ausgeschlossen.

§ 109[5)] **[Voraussetzungen der Ernennung]** (1) Zum ehrenamtlichen Richter kann ernannt werden, wer

1. Deutscher ist,
2. das dreißigste Lebensjahr vollendet hat und
3. als Kaufmann, Vorstandsmitglied oder Geschäftsführer einer juristischen Person oder als Prokurist in das Handelsregister oder das Genossenschaftsregister eingetragen ist oder eingetragen war oder als Vorstandsmitglied einer juristischen Person des öffentlichen Rechts aufgrund einer gesetzlichen Sonderregelung für diese juristische Person nicht eingetragen zu werden braucht.

(2) [1] Wer diese Voraussetzungen erfüllt, soll nur ernannt werden, wenn er

1. in dem Bezirk der Kammer für Handelssachen wohnt oder
2. in diesem Bezirk eine Handelsniederlassung hat oder
3. einem Unternehmen angehört, das in diesem Bezirk seinen Sitz oder seine Niederlassung hat.

[2] Darüber hinaus soll nur ernannt werden

1. ein Prokurist, wenn er im Unternehmen eine der eigenverantwortlichen Tätigkeit des Unternehmers vergleichbare selbständige Stellung einnimmt,
2. ein Vorstandsmitglied einer Genossenschaft, wenn es hauptberuflich in einer Genossenschaft tätig ist, die in ähnlicher Weise wie eine Handelsgesellschaft am Handelsverkehr teilnimmt.

(3) [1] Zum ehrenamtlichen Richter kann nicht ernannt werden, wer zu dem Amt eines Schöffen unfähig ist oder nach § 33 Nr. 4 zu dem Amt eines Schöffen nicht berufen werden soll. [2] Zum ehrenamtlichen Richter soll nicht ernannt

---

1) § 106 geänd. mWv 25.4.2006 durch G v. 19.4.2006 (BGBl. I S. 866).

2) § 107 neu gef. durch G v. 9.12.1986 (BGBl. I S. 2326); Abs. 2 geänd. mWv 1.7.2004 durch G v. 5.5. 2004 (BGBl. I S. 718).

3) **Schönfelder Nr. 116.**

4) § 108 geänd. durch G v. 17.12.1990 (BGBl. I S. 2847); geänd. mWv 1.1.2005 durch G v. 21.12.2004 (BGBl. I S. 3599).

5) § 109 neu gef. durch G v. 17.12.1990 (BGBl. I S. 2847); Abs. 1 Nr. 3 geänd. durch G v. 22.6.1998 (BGBl. I S. 1474); Abs. 3 Satz 2 angef. durch G v. 4.10.1994 (BGBl. I S. 2911); Abs. 3 Satz 2 geänd. mWv 30.7.2010 durch G v. 24.7.2010 (BGBl. I S. 976).

werden, wer nach § 33 Nr. 6 zu dem Amt eines Schöffen nicht berufen werden soll.

§ 110 [Ehrenamtliche Richter an Seeplätzen] An Seeplätzen können ehrenamtliche Richter auch aus dem Kreis der Schiffahrtskundigen ernannt werden.

§ 111 (weggefallen)

§ 112 [Rechte und Pflichten] Die ehrenamtlichen Richter haben während der Dauer ihres Amts in Beziehung auf dasselbe alle Rechte und Pflichten eines Richters.

§ 113[1] [Amtsenthebung] (1) Ein ehrenamtlicher Richter ist seines Amtes zu entheben, wenn er

1. eine der für seine Ernennung erforderlichen Eigenschaften verliert oder Umstände eintreten oder nachträglich bekanntwerden, die einer Ernennung nach § 109 entgegenstehen, oder
2. seine Amtspflichten gröblich verletzt hat.

(2) Ein ehrenamtlicher Richter soll seines Amtes enthoben werden, wenn Umstände eintreten oder bekannt werden, bei deren Vorhandensein eine Ernennung nach § 109 Abs. 3 Satz 2 nicht erfolgen soll.

(3) [1] Die Entscheidung trifft der erste Zivilsenat des Oberlandesgerichts durch Beschluß nach Anhörung des Beteiligten. [2] Sie ist unanfechtbar.

(4) Beantragt der ehrenamtliche Richter selbst die Entbindung von seinem Amt, so trifft die Entscheidung die Landesjustizverwaltung.

§ 114 [Entscheidung auf Grund eigener Sachkunde] Über Gegenstände, zu deren Beurteilung eine kaufmännische Begutachtung genügt, sowie über das Bestehen von Handelsgebräuchen kann die Kammer für Handelssachen auf Grund eigener Sachkunde und Wissenschaft entscheiden.

Achter Titel. Oberlandesgerichte

§ 115 [Besetzung] Die Oberlandesgerichte werden mit einem Präsidenten sowie mit Vorsitzenden Richtern und weiteren Richtern besetzt.

§ 115a (weggefallen)

§ 116[2] [Zivil- und Strafsenate, Ermittlungsrichter] (1) [1] Bei den Oberlandesgerichten werden Zivil- und Strafsenate gebildet. [2] Bei den nach § 120 zuständigen Oberlandesgerichten werden Ermittlungsrichter bestellt; zum Ermittlungsrichter kann auch jedes Mitglied eines anderen Oberlandesgerichts, das in dem in § 120 bezeichneten Gebiet seinen Sitz hat, bestellt werden.

---

[1] *§ 113 neu gef. durch* G v. 17.12.1990 (BGBl. I S. 2847); Abs. 2 eingef., bish. Abs. 2 und 3 werden Abs. 3 und 4 durch G. v. 4.10.1994 (BGBl. I S. 2911).

[2] § 116 bish. Abs. 2 aufgeh., neuer Abs. 2 und 3 angef. mWv 25.4.2006 durch G v. 19.4.2006 (BGBl. I S. 866).

(2) ¹Die Landesregierungen werden ermächtigt, durch Rechtsverordnung[1] außerhalb des Sitzes des Oberlandesgerichts für den Bezirk eines oder mehrerer Landgerichte Zivil- oder Strafsenate zu bilden und ihnen für diesen Bezirk die gesamte Tätigkeit des Zivil- oder Strafsenats des Oberlandesgerichts oder einen Teil dieser Tätigkeit zuzuweisen. ²Ein auswärtiger Senat für Familiensachen kann für die Bezirke mehrerer Familiengerichte gebildet werden.

(3) Die Landesregierungen können die Ermächtigung nach Absatz 2 auf die Landesjustizverwaltungen übertragen.

§ 117 [Vertretung der Senatsmitglieder] Die Vorschrift des § 70 Abs. 1 ist entsprechend anzuwenden.

§ 118[2] [Zuständigkeit in Musterverfahren] Die Oberlandesgerichte sind in bürgerlichen Rechtsstreitigkeiten im ersten Rechtszug zuständig für die Verhandlung und Entscheidung über Musterverfahren nach dem Kapitalanleger-Musterverfahrensgesetz[3].

§ 119[4)5)] [Zuständigkeit in Zivilsachen] (1) Die Oberlandesgerichte sind in Zivilsachen zuständig für die Verhandlung und Entscheidung über die Rechtsmittel:

1. der Beschwerde gegen Entscheidungen der Amtsgerichte
   a) in den von den Familiengerichten entschiedenen Sachen;
   b) in den Angelegenheiten der freiwilligen Gerichtsbarkeit mit Ausnahme der Freiheitsentziehungssachen und der von den Betreuungsgerichten entschiedenen Sachen;
2. der Berufung und der Beschwerde gegen Entscheidungen der Landgerichte.

(2) § 23b Abs. 1 und 2 gilt entsprechend.

(3) ¹In Zivilsachen sind Oberlandesgerichte ferner zuständig für die Verhandlung und Entscheidung von Musterfeststellungsverfahren nach Buch 6 der Zivilprozessordnung[6] im ersten Rechtszug. ²Ein Land, in dem mehrere Oberlandesgerichte errichtet sind, kann durch Rechtsverordnung der Landesregierung einem Oberlandesgericht die Entscheidung und Verhandlung für die Bezirke mehrerer Oberlandesgerichte oder dem Obersten Landesgericht zuweisen, sofern die Zuweisung für eine sachdienliche Förderung oder schnellere Erledigung der Verfahren zweckmäßig ist. ³Die Landesregierungen können die Ermächtigung durch Rechtsverordnung auf die Landesjustizverwaltungen übertragen.

---

1) **Baden-Württemberg:** Zuständigkeit der Zivilsenate des OLG Karlsruhe in Freiburg gem. § 16 ZuVOJu v. 20.11.1998 (GBl. S. 680), zuletzt geänd. durch VO v. 9.10.2019 (GBl. S. 426).
Bayern: Zuständigkeit der Zivilsenate des OLG München in Augsburg gem. § 1 GZVJu v. 11.6.2012 (GVBl. S. 295), zuletzt geänd. durch V v. 28.12.2018 (GVBl. 2019 S. 2).

2) § 118 eingef. mWv 1.11.2005 durch G v. 16.8.2005 (BGBl. I S. 2437, geänd. durch G v. 22.12.2006, BGBl. I S. 3416).

3) **Schönfelder ErgBd. Nr. 105d.**

4) § 119 neu gef. mWv 1.1.2002 durch G v. 27.7.2001 (BGBl. I S. 1887); Abs. 1 neu gef., Abs. 3–6 aufgeh. mWv 1.9.2009 durch G v. 17.12.2008 (BGBl. I S. 2586); Abs. 3 angef. mWv 18.7.2018 durch G v. 12.7.2018 (BGBl. I S. 1151).

5) Beachte hierzu Übergangsvorschrift in § 40 EGGVG (Nr. **6.2**).

6) Nr. **23.3**.

[§ 119a bis 31.12.2020:]

§ 119a [1)2)] [Obligatorische Einrichtung spezialisierter Senate] [1] Bei den Oberlandesgerichten werden ein Zivilsenat oder mehrere Zivilsenate für die folgenden Sachgebiete gebildet:

1. Streitigkeiten aus Bank- und Finanzgeschäften,
2. Streitigkeiten aus Bau- und Architektenverträgen sowie aus Ingenieurverträgen, soweit sie im Zusammenhang mit Bauleistungen stehen,
3. Streitigkeiten über Ansprüche aus Heilbehandlungen und
4. Streitigkeiten aus Versicherungsvertragsverhältnissen.

[2] Den Zivilsenaten nach Satz 1 können neben den Streitigkeiten aus den in Satz 1 Nummer 1 bis 4 genannten Sachgebieten auch Streitigkeiten nach § 119 Absatz 1 zugewiesen werden.

[§ 119a ab 1.1.2021:]

§ 119a [1)] [Obligatorische Einrichtung spezialisierter Senate] *(1) Bei den Oberlandesgerichten werden ein oder mehrere Zivilsenate für folgende Sachgebiete gebildet:*

1. Streitigkeiten aus Bank- und Finanzgeschäften,
2. Streitigkeiten aus Bau- und Architektenverträgen sowie aus Ingenieurverträgen, soweit sie im Zusammenhang mit Bauleistungen stehen,
3. Streitigkeiten aus Heilbehandlungen,
4. Streitigkeiten aus Versicherungsvertragsverhältnissen,
5. Streitigkeiten über Ansprüche aus Veröffentlichungen durch Druckerzeugnisse, Bild- und Tonträger jeder Art, insbesondere in Presse, Rundfunk, Film und Fernsehen,
6. erbrechtliche Streitigkeiten und
7. insolvenzrechtliche Streitigkeiten sowie Anfechtungssachen nach dem Anfechtungsgesetz.

(2) [1] Die Landesregierungen werden ermächtigt, durch Rechtsverordnung bei den Oberlandesgerichten einen oder mehrere Zivilsenate für weitere Sachgebiete einzurichten. [2] Die Landesregierungen können die Ermächtigung auf die Landesjustizverwaltungen übertragen.

(3) Den Zivilsenaten nach den Absätzen 1 und 2 können auch Streitigkeiten nach § 119 Absatz 1 zugewiesen werden.

§ 120 [3)] [Zuständigkeit in Strafsachen in 1. Instanz] (1) In Strafsachen sind die Oberlandesgerichte, in deren Bezirk die Landesregierungen ihren Sitz haben,

---

1) § 119a eingef. mWv 1.1.2018 durch G v. 28.4.2017 (BGBl. I S. 969); neu gef. **mWv 1.1.2021** durch G v. 12.12.2019 (BGBl. I S. 2633).

2) Beachte hierzu die Übergangsvorschrift in § 40a EGGVG (Nr. **6.2**).

3) § 120 Abs. 1 Nr. 3 neu gef. durch G v. 22.10.1987 (BGBl. I S. 2294); Abs. 1 Nr. 6 eingef., bish. Nr. 6, 7 werden Nr. 7, 8 durch G v. 18.8.1976 (BGBl. I S. 2181); Abs. 2 neu gef. durch G v. 19.12.1986 (BGBl. I S. 2566); Abs. 3 Satz 2 neu gef. durch G v. 27.1.1987 (BGBl. I S. 475); Abs. 1 Nr. 8 neu gef. mWv 3.8. 2002 durch G v. 26.7.2002 (BGBl. I S. 2914); Abs. 1 Nr. 6 geänd. mWv 30.8.2002 durch G v. 22.8.2002 (BGBl. I S. 3390); Abs. 2 Satz 1 Nr. 2 geänd. mWv 28.12.2003 durch G v. 22.12.2003 (BGBl. I S. 2836); Abs. 4 Satz 2 angef. mWv 1.7.2005 durch G v. 24.6.2005 (BGBl. I S. 1841); Abs. 7 angef. mWv 25.4. 2006 durch G v. 19.4.2006 (BGBl. I S. 866); Abs. 2 Satz 1 Nr. 3, Satz 2 geänd., Satz 1 Nr. 4 angef. mWv 31.12.2006 durch G v. 22.12.2006 (BGBl. I S. 3416); Abs. 4 Satz 2 geänd. mWv 1.1.2008 durch G v. 21.12.2007 (BGBl. I S. 3198); Abs. 2 Satz 1 Nr. 3 neu gef. mWv 4.8.2009 durch G v. 30.7.2009 (BGBl. I S. 2437); Abs. 2 Satz 1 Nr. 3 einl. Satzteil geänd., Satz 2 eingef., bish. Satz 2 wird Satz 3 und geänd. mWv 1.8.2015 durch G v. 12.6.2015 (BGBl. I S. 925); Abs. 1 Nr. 1 aufgeh. mWv 1.1.2017 durch G v. 22.12. 2016 (BGBl. I S. 3150); Abs. 4 Satz 2 geänd. mWv 24.8.2017 durch G v. 17.8.2017 (BGBl. I S. 3202).

für das Gebiet des Landes zuständig für die Verhandlung und Entscheidung im ersten Rechtszug

1. *(aufgehoben)*
2. bei Hochverrat (§§ 81 bis 83 des Strafgesetzbuches[1]),
3. bei Landesverrat und Gefährdung der äußeren Sicherheit (§§ 94 bis 100a des Strafgesetzbuches) sowie bei Straftaten nach § 52 Abs. 2 des Patentgesetzes[2], nach § 9 Abs. 2 des Gebrauchsmustergesetzes[3] in Verbindung mit § 52 Abs. 2 des Patentgesetzes oder nach § 4 Abs. 4 des Halbleiterschutzgesetzes in Verbindung mit § 9 Abs. 2 des Gebrauchsmustergesetzes und § 52 Abs. 2 des Patentgesetzes,
4. bei einem Angriff gegen Organe und Vertreter ausländischer Staaten (§ 102 des Strafgesetzbuches),
5. bei einer Straftat gegen Verfassungsorgane in den Fällen der §§ 105, 106 des Strafgesetzbuches,
6. bei einer Zuwiderhandlung gegen das Vereinigungsverbot des § 129a, auch in Verbindung mit § 129b Abs. 1, des Strafgesetzbuches,
7. bei Nichtanzeige von Straftaten nach § 138 des Strafgesetzbuches, wenn die Nichtanzeige eine Straftat betrifft, die zur Zuständigkeit der Oberlandesgerichte gehört, und
8. bei Straftaten nach dem Völkerstrafgesetzbuch[4].

(2) [1] Diese Oberlandesgerichte sind ferner für die Verhandlung und Entscheidung im ersten Rechtszug zuständig

1. bei den in § 74a Abs. 1 bezeichneten Straftaten, wenn der Generalbundesanwalt wegen der besonderen Bedeutung des Falles nach § 74a Abs. 2 die Verfolgung übernimmt,
2. bei Mord (§ 211 des Strafgesetzbuches), Totschlag (§ 212 des Strafgesetzbuches) und den in § 129a Abs. 1 Nr. 2 und Abs. 2 des Strafgesetzbuches bezeichneten Straftaten, wenn ein Zusammenhang mit der Tätigkeit einer nicht oder nicht nur im Inland bestehenden Vereinigung besteht, deren Zweck oder Tätigkeit die Begehung von Straftaten dieser Art zum Gegenstand hat, und der Generalbundesanwalt wegen der besonderen Bedeutung des Falles die Verfolgung übernimmt,
3. bei Mord (§ 211 des Strafgesetzbuchs), Totschlag (§ 212 des Strafgesetzbuchs), erpresserischem Menschenraub (§ 239a des Strafgesetzbuchs), Geiselnahme (§ 239b des Strafgesetzbuchs), schwerer und besonders schwerer Brandstiftung (§§ 306a und 306b des Strafgesetzbuchs), Brandstiftung mit Todesfolge (§ 306c des Strafgesetzbuchs), Herbeiführen einer Explosion durch Kernenergie in den Fällen des § 307 Abs. 1 und 3 Nr. 1 des Strafgesetzbuchs, Herbeiführen einer Sprengstoffexplosion in den Fällen des § 308 Abs. 1 bis 3 des Strafgesetzbuchs, Missbrauch ionisierender Strahlen in den Fällen des § 309 Abs. 1 bis 4 des Strafgesetzbuchs, Vorbereitung eines Explosions- oder Strahlungsverbrechens in den Fällen des § 310 Abs. 1 Nr. 1 bis 3 des Strafgesetzbuchs, Herbeiführen einer Überschwemmung in den Fällen des § 313 Abs. 2 in Verbindung mit § 308 Abs. 2 und 3 des Strafgesetzbuchs, gemeingefährlicher Vergiftung in den Fällen

---

[1] Schönfelder Nr. 85.
[2] Schönfelder ErgBd. Nr. 70.
[3] Schönfelder ErgBd. Nr. 71.
[4] Schönfelder ErgBd. Nr. 85g.

des § 314 Abs. 2 in Verbindung mit § 308 Abs. 2 und 3 des Strafgesetzbuchs und Angriff auf den Luft- und Seeverkehr in den Fällen des § 316c Abs. 1 und 3 des Strafgesetzbuchs, wenn die Tat nach den Umständen geeignet ist,

a) den Bestand oder die Sicherheit eines Staates zu beeinträchtigen,

b) Verfassungsgrundsätze der Bundesrepublik Deutschland zu beseitigen, außer Geltung zu setzen oder zu untergraben,

c) die Sicherheit der in der Bundesrepublik Deutschland stationierten Truppen des Nordatlantik-Pakts oder seiner nichtdeutschen Vertragsstaaten zu beeinträchtigen oder

d) den Bestand oder die Sicherheit einer internationalen Organisation zu beeinträchtigen,

und der Generalbundesanwalt wegen der besonderen Bedeutung des Falles die Verfolgung übernimmt,

4. bei Straftaten nach dem Außenwirtschaftsgesetz sowie bei Straftaten nach § 19 Abs. 2 Nr. 2 und § 20 Abs. 1 des Gesetzes über die Kontrolle von Kriegswaffen[1], wenn die Tat nach den Umständen

a) geeignet ist, die äußere Sicherheit oder die auswärtigen Beziehungen der Bundesrepublik Deutschland erheblich zu gefährden, oder

b) bestimmt und geeignet ist, das friedliche Zusammenleben der Völker zu stören,

und der Generalbundesanwalt wegen der besonderen Bedeutung des Falles die Verfolgung übernimmt.

[2] Eine besondere Bedeutung des Falles ist auch anzunehmen, wenn in den Fällen des Satzes 1 eine Ermittlungszuständigkeit des Generalbundesanwalts wegen des länderübergreifenden Charakters der Tat geboten erscheint. [3] Die Oberlandesgerichte verweisen bei der Eröffnung des Hauptverfahrens die Sache in den Fällen der Nummer 1 an das Landgericht, in den Fällen der Nummern 2 bis 4 an das Land- oder Amtsgericht, wenn eine besondere Bedeutung des Falles nicht vorliegt.

(3) [1] In den Sachen, in denen diese Oberlandesgerichte nach Absatz 1 oder 2 zuständig sind, treffen sie auch die in § 73 Abs. 1 bezeichneten Entscheidungen. [2] Sie entscheiden ferner über die Beschwerde gegen Verfügungen der Ermittlungsrichter der Oberlandesgerichte (§ 169 Abs. 1 Satz 1 der Strafprozeßordnung[2]) in den in § 304 Abs. 5 der Strafprozeßordnung bezeichneten Fällen.

(4) [1] Diese Oberlandesgerichte entscheiden auch über die Beschwerde gegen Verfügungen und Entscheidungen des nach § 74a zuständigen Gerichts. [2] Für Entscheidungen über die Beschwerde gegen Verfügungen und Entscheidungen des nach § 74a Abs. 4 zuständigen Gerichts sowie in den Fällen des § 100e Absatz 2 Satz 6 der Strafprozessordnung ist ein nicht mit Hauptverfahren in Strafsachen befasster Senat zuständig.

(5) [1] Für den Gerichtsstand gelten die allgemeinen Vorschriften. [2] Die beteiligten Länder können durch Vereinbarung die den Oberlandesgerichten in den Absätzen

---

[1] **Sartorius Nr. 823.**
[2] **Schönfelder Nr. 90.**

1 bis 4 zugewiesenen Aufgaben dem hiernach zuständigen Gericht eines Landes auch für das Gebiet eines anderen Landes übertragen.[1)]

(6) Soweit nach § 142a für die Verfolgung der Strafsachen die Zuständigkeit des Bundes begründet ist, üben diese Oberlandesgerichte Gerichtsbarkeit nach Artikel 96 Abs. 5 des Grundgesetzes aus.

(7) Soweit die Länder aufgrund von Strafverfahren, in denen die Oberlandesgerichte in Ausübung von Gerichtsbarkeit des Bundes entscheiden, Verfahrenskosten und Auslagen von Verfahrensbeteiligten zu tragen oder Entschädigungen zu leisten haben, können sie vom Bund Erstattung verlangen.

§ 120a[2)] [Zuständigkeit bei vorbehaltener oder nachträglicher Anordnung der Sicherungsverwahrung] (1) Hat im ersten Rechtszug ein Strafsenat die Anordnung der Sicherungsverwahrung vorbehalten oder im Fall des § 66b des Strafgesetzbuches[3)] als Tatgericht entschieden, ist dieser Strafsenat im ersten Rechtszug für die Verhandlung und Entscheidung über die im Urteil vorbehaltene oder die nachträgliche Anordnung der Sicherungsverwahrung zuständig.

(2) Im Fall des § 66b des Strafgesetzbuches gilt § 462a Abs. 3 Satz 2 und 3 der Strafprozessordnung[4)] entsprechend.

§ 120b[5)] [Zuständigkeit bei Bestechlichkeit und Bestechung von Mandatsträgern] [1] In Strafsachen sind die Oberlandesgerichte, in deren Bezirk die Landesregierungen ihren Sitz haben, zuständig für die Verhandlung und Entscheidung im ersten Rechtszug bei Bestechlichkeit und Bestechung von Mandatsträgern (§ 108e des Strafgesetzbuches[3)]). [2] § 120 Absatz 3 und 5 gilt entsprechend.

§ 121[6)] [Zuständigkeit in Strafsachen in der Rechtsmittelinstanz]

(1) Die Oberlandesgerichte sind in Strafsachen ferner zuständig für die Verhandlung und Entscheidung über die Rechtsmittel:

1. der Revision gegen

[1)] Abkommen zwischen den Ländern Freie Hansestadt **Bremen** und Freie und Hansestadt **Hamburg** über die Zuständigkeit des Hanseatischen Oberlandesgerichts Hamburg in Staatsschutz-Strafsachen v. 28.5.1970 (Bremen: G zu dem Abkommen v. 29.9.1970, Brem-GBl. S. 123, mit Bek. v. 17.12.1970, GBl. 1971 S. 1, sowie Änderung durch Abkommen v. 1.2.1978 mit G v. 19.6.1978, GBl. S. 163, mit Bek. v. 15.8.1978, GBl. S. 194; Hamburg: G zu dem Abkommen v. 12.10.1970, HambGVBl. S. 271, mit Bek. v. 28.12.1970, GVBl. 1971 S. 1, sowie Änderung durch Abkommen v. 1.2.1978 mit G v. 13.3.1978, GVBl. S. 73, mit Bek. v. 1.8.1978, GVBl. S. 325). Staatsvertrag zwischen dem Land **Rheinland-Pfalz** und dem **Saarland** über die Übertragung der Zuständigkeit in Staatsschutz-Strafsachen v. 16./18.8.1971(Rheinland-Pfalz: G zu dem Abkommen v. 20.12.1971, RhPfGVBl. S. 304, mit Bek. v. 31.1.1972, GVBl. S. 106, sowie Änderung durch Staatsvertrag v. 10.4.1978 mit G v. 21.7.1978, GVBl. S. 584, sowie Bek. über das Inkrafttreten v. 31.8.1978, GVBl. S. 639; Saarland: G über die Zustimmung v. 15.12.1971, Amtsbl. S. 848, mit Bek. v. 1.2.1972, Amtsbl. S. 61, sowie Änderung durch Staatsvertrag v. 12.4.1978 mit G v. 12.7.1978, Amtsbl. S. 696).

[2)] *§ 120a eingef.* mWv 29.7.2004 durch G v. 23.7.2004 (BGBl. I S. 1838); Abs. 1 und 2 geänd. mWv 12.7.2008 durch G v. 8.7.2008 (BGBl. I S. 1212); Abs. 1 und 2 geänd. mWv 1.1.2011 durch G v. 22.12. 2010 (BGBl. I S. 2300).

[3)] **Schönfelder Nr. 85.**

[4)] **Schönfelder Nr. 90.**

[5)] § 120b eingef. mWv 1.9.2014 durch G v. 23.4.2014 (BGBl. I S. 410).

[6)] § 121 Abs. 1 Nr. 3 angef., Abs. 3 angef. durch G v. 16.3.1976 (BGBl. I S. 581); Abs. 1 Nr. 3 geänd. durch G v. 20.1.1984 (BGBl. I S. 97, ber. S. 360); Abs. 1 Nr. 3 geänd. mWv 15.12.2001 durch G v. 10.12. 2001 (BGBl. I S. 3422); Abs. 1 Nr. 3 geänd. mWv 1.1.2008 durch G v. 13.12.2007 (BGBl. I S. 2894); Abs. 2 neu gef. mWv 30.7.2010 durch G v. 24.7.2010 (BGBl. I S. 976); Abs. 1 Nr. 3 geänd., Nr. 4 angef., Abs. 2 Nr. 2 und 3 geänd., Nr. 4 angef. mWv 13.12.2019 durch G v. 10.12.2019 (BGBl. I S. 2121).

a) die mit der Berufung nicht anfechtbaren Urteile des Strafrichters;

b) die Berufungsurteile der kleinen und großen Strafkammern;

c) die Urteile des Landgerichts im ersten Rechtszug, wenn die Revision ausschließlich auf die Verletzung einer in den Landesgesetzen enthaltenen Rechtsnorm gestützt wird;

2. der Beschwerde gegen strafrichterliche Entscheidungen, soweit nicht die Zuständigkeit der Strafkammern oder des Bundesgerichtshofes begründet ist;

3. der Rechtsbeschwerde gegen Entscheidungen der Strafvollstreckungskammern nach den § 50 Abs. 5, §§ 116, 138 Abs. 3 des Strafvollzugsgesetzes[1] und der Jugendkammern nach § 92 Abs. 2 des Jugendgerichtsgesetzes[2];

4. des Einwands gegen die Besetzung einer Strafkammer im Fall des § 222b Absatz 3 Satz 1 der Strafprozessordnung[3].

(2) Will ein Oberlandesgericht bei seiner Entscheidung

1. nach Absatz 1 Nummer 1 Buchstabe a oder Buchstabe b von einer nach dem 1. April 1950 ergangenen Entscheidung,

2. nach Absatz 1 Nummer 3 von einer nach dem 1. Januar 1977 ergangenen Entscheidung,

3. nach Absatz 1 Nummer 2 über die Erledigung einer Maßregel der Unterbringung in der Sicherungsverwahrung oder in einem psychiatrischen Krankenhaus oder über die Zulässigkeit ihrer weiteren Vollstreckung von einer nach dem 1. Januar 2010 ergangenen Entscheidung oder

4. nach Absatz 1 Nummer 4 von einer Entscheidung

eines anderen Oberlandesgerichtes oder von einer Entscheidung des Bundesgerichtshofes abweichen, so hat es die Sache dem Bundesgerichtshof vorzulegen.

(3) [1]Ein Land, in dem mehrere Oberlandesgerichte errichtet sind, kann durch Rechtsverordnung der Landesregierung die Entscheidungen nach Absatz 1 Nr. 3 einem Oberlandesgericht für die Bezirke mehrerer Oberlandesgerichte oder dem Obersten Landesgericht zuweisen, sofern die Zuweisung für eine sachdienliche Förderung oder schnellere Erledigung der Verfahren zweckmäßig ist. [2]Die Landesregierungen können die Ermächtigung durch Rechtsverordnung auf die Landesjustizverwaltungen übertragen.

§ 122[4] **[Besetzung der Senate]** (1) Die Senate der Oberlandesgerichte entscheiden, soweit nicht nach den Vorschriften der Prozeßgesetze an Stelle des Senats der Einzelrichter zu entscheiden hat, in der Besetzung von drei Mitgliedern mit Einschluß des Vorsitzenden.

(2) [1]Die Strafsenate entscheiden über die Eröffnung des Hauptverfahrens des ersten Rechtszuges mit einer Besetzung von fünf Richtern einschließlich des Vorsitzenden. [2]Bei der Eröffnung des Hauptverfahrens beschließt der Strafsenat, daß er in der Hauptverhandlung mit drei Richtern einschließlich des Vorsitzenden besetzt ist, wenn nicht nach dem Umfang oder der Schwierigkeit der Sache die Mitwirkung zweier weiterer Richter notwendig erscheint. [3]Über die Einstellung

---

[1] **Schönfelder ErgBd. Nr. 91.**

[2] ***Schönfelder Nr. 89.***

[3] **Schönfelder Nr. 90.**

[4] § 122 Abs. 2 neu gef. durch G v. 28.10.1994 (BGBl. I S. 3186); Abs. 2 Satz 4 angef. mWv 23.12.2000 durch G v. 19.12.2000 (BGBl. I S. 1756).

des Hauptverfahrens wegen eines Verfahrenshindernisses entscheidet der Strafsenat in der für die Hauptverhandlung bestimmten Besetzung. [4] Ist eine Sache vom Revisionsgericht zurückverwiesen worden, kann der nunmehr zuständige Strafsenat erneut nach Satz 2 über seine Besetzung beschließen.

Neunter Titel. Bundesgerichtshof

§ 123 [Sitz] Sitz des Bundesgerichtshofes ist Karlsruhe.

§ 124 [Besetzung] Der Bundesgerichtshof wird mit einem Präsidenten sowie mit Vorsitzenden Richtern und weiteren Richtern besetzt.

§ 125[1)] [Ernennung der Mitglieder] (1) Die Mitglieder des Bundesgerichtshofes werden durch den Bundesminister der Justiz und für Verbraucherschutz gemeinsam mit dem Richterwahlausschuß gemäß dem Richterwahlgesetz[2)] berufen und vom Bundespräsidenten ernannt.

(2) Zum Mitglied des Bundesgerichtshofes kann nur berufen werden, wer das fünfunddreißigste Lebensjahr vollendet hat.

§§ 126 bis 129 (weggefallen)

§ 130[3)] [Zivil- und Strafsenate; Ermittlungsrichter] (1) [1] Bei dem Bundesgerichtshof werden Zivil- und Strafsenate gebildet und Ermittlungsrichter bestellt. [2] Ihre Zahl bestimmt der Bundesminister der Justiz und für Verbraucherschutz.[4)]

(2) Der Bundesminister der Justiz und für Verbraucherschutz wird ermächtigt, Zivil- und Strafsenate auch außerhalb des Sitzes des Bundesgerichtshofes zu bilden und die Dienstsitze für Ermittlungsrichter des Bundesgerichtshofes zu bestimmen.

§§ 131, 131a (weggefallen)

§ 132[5)] [Große Senate] (1) [1] Beim Bundesgerichtshof werden ein Großer Senat für Zivilsachen und ein Großer Senat für Strafsachen gebildet. [2] Die Großen Senate bilden die Vereinigten Großen Senate.

(2) Will ein Senat in einer Rechtsfrage von der Entscheidung eines anderen Senats abweichen, so entscheiden der Große Senat für Zivilsachen, wenn ein Zivilsenat von einem anderen Zivilsenat oder von dem Großen Zivilsenat, der Große Senat für Strafsachen, wenn ein Strafsenat von einem anderen Strafsenat oder von dem Großen Senat für Strafsachen, die Vereinigten Großen Senate, wenn ein Zivilsenat von einem Strafsenat oder von dem Großen Senat für Strafsachen oder ein Strafsenat von einem Zivilsenat oder von dem Großen Senat für Zivilsachen oder ein Senat von den Vereinigten Großen Senaten abweichen will.

[1)] § 125 Abs. 1 geänd. mWv 8.9.2015 durch VO v. 31.8.2015 (BGBl. I S. 1474).

[2)] **Sartorius Nr. 610.**

[3)] § 130 Abs. 1 Satz 2 und Abs. 2 geänd. mWv 8.9.2015 durch VO v. 31.8.2015 (BGBl. I S. 1474).

[4)] Z. Zt. 12 Zivilsenate, 5 Strafsenate, 1 Großer Senat für Zivilsachen, 1 Großer Senat für Strafsachen, 1 Vereinigter Großer Senat, 1 Kartellsenat, 1 Dienstgericht des Bundes, 1 Senat für Notarsachen, 1 Senat für Anwaltssachen, 1 Senat für Patentanwaltssachen, 1 Senat für Wirtschaftsprüfersachen, 1 Senat für Steuerberater- und Steuerbevollmächtigtensachen, 1 Senat für Landwirtschaftssachen.

[5)] § 132 neu gef. durch G v. 17.12.1990 (BGBl. I S. 2847).

(3) [1]Eine Vorlage an den Großen Senat oder die Vereinigten Großen Senate ist nur zulässig, wenn der Senat, von dessen Entscheidung abgewichen werden soll, auf Anfrage des erkennenden Senats erklärt hat, daß er an seiner Rechtsauffassung festhält. [2]Kann der Senat, von dessen Entscheidung abgewichen werden soll, wegen einer Änderung des Geschäftsverteilungsplanes mit der Rechtsfrage nicht mehr befaßt werden, tritt der Senat an seine Stelle, der nach dem Geschäftsverteilungsplan für den Fall, in dem abweichend entschieden wurde, zuständig wäre. [3]Über die Anfrage und die Antwort entscheidet der jeweilige Senat durch Beschluß in der für Urteile erforderlichen Besetzung; § 97 Abs. 2 Satz 1 des Steuerberatungsgesetzes und § 74 Abs. 2 Satz 1 der Wirtschaftsprüferordnung bleiben unberührt.

(4) Der erkennende Senat kann eine Frage von grundsätzlicher Bedeutung dem Großen Senat zur Entscheidung vorlegen, wenn das nach seiner Auffassung zur Fortbildung des Rechts oder zur Sicherung einer einheitlichen Rechtsprechung erforderlich ist.

(5) [1]Der Große Senat für Zivilsachen besteht aus dem Präsidenten und je einem Mitglied der Zivilsenate, der Große Senat für Strafsachen aus dem Präsidenten und je zwei Mitgliedern der Strafsenate. [2]Legt ein anderer Senat vor oder soll von dessen Entscheidung abgewichen werden, ist auch ein Mitglied dieses Senats im Großen Senat vertreten. [3]Die Vereinigten Großen Senate bestehen aus dem Präsidenten und den Mitgliedern der Großen Senate.

(6) [1]Die Mitglieder und die Vertreter werden durch das Präsidium für ein Geschäftsjahr bestellt. [2]Dies gilt auch für das Mitglied eines anderen Senats nach Absatz 5 Satz 2 und für seinen Vertreter. [3]Den Vorsitz in den Großen Senaten und den Vereinigten Großen Senaten führt der Präsident, bei Verhinderung das dienstälteste Mitglied. [4]Bei Stimmengleichheit gibt die Stimme des Vorsitzenden den Ausschlag.

§ 133[1)] [Zuständigkeit in Zivilsachen] In Zivilsachen ist der Bundesgerichtshof zuständig für die Verhandlung und Entscheidung über die Rechtsmittel der Revision, der Sprungrevision, der Rechtsbeschwerde und der Sprungrechtsbeschwerde.

§§ 134, 134a (weggefallen)

§ 135[2)] [Zuständigkeit in Strafsachen] (1) In Strafsachen ist der Bundesgerichtshof zuständig zur Verhandlung und Entscheidung über das Rechtsmittel der Revision gegen die Urteile der Oberlandesgerichte im ersten Rechtszug sowie gegen die Urteile der Landgerichte im ersten Rechtszug, soweit nicht die Zuständigkeit der Oberlandesgerichte begründet ist.

(2) Der Bundesgerichtshof entscheidet ferner über

1. Beschwerden gegen Beschlüsse und Verfügungen der Oberlandesgerichte in den in § 138d Absatz 6 Satz 1, § 304 Absatz 4 Satz 2 und § 310 Absatz 1 der Strafprozessordnung[3)] bezeichneten Fällen,

---

[1)] § 133 neu gef. mWv 1.9.2009 durch G v. 17.12.2008 (BGBl. I S. 2586).
[2)] § 135 Abs. 2 neu gef. mWv 13.12.2019 durch G v. 10.12.2019 (BGBl. I S. 2121).
[3)] **Schönfelder Nr. 90.**

2. Beschwerden gegen Verfügungen des Ermittlungsrichters des Bundesgerichtshofes (§ 169 Absatz 1 Satz 2 der Strafprozessordnung) in den in § 304 Absatz 5 der Strafprozessordnung bezeichneten Fällen sowie
3. Einwände gegen die Besetzung eines Oberlandesgerichts im Fall des § 222b Absatz 3 Satz 1 der Strafprozessordnung.

§§ 136, 137[1)] *(aufgehoben)*

§ 138[2)] **[Verfahren vor den Großen Senaten]** (1) [1] Die Großen Senate und die Vereinigten Großen Senate entscheiden nur über die Rechtsfrage. [2] Sie können ohne mündliche Verhandlung entscheiden. [3] Die Entscheidung ist in der vorliegenden Sache für den erkennenden Senat bindend.

(2) [1] Vor der Entscheidung des Großen Senats für Strafsachen oder der Vereinigten Großen Senate und in Rechtsstreitigkeiten, welche die Anfechtung einer Todeserklärung zum Gegenstand haben, ist der Generalbundesanwalt zu hören. [2] Der Generalbundesanwalt kann auch in der Sitzung seine Auffassung darlegen.

(3) Erfordert die Entscheidung der Sache eine erneute mündliche Verhandlung vor dem erkennenden Senat, so sind die Beteiligten unter Mitteilung der ergangenen Entscheidung der Rechtsfrage zu der Verhandlung zu laden.

§ 139[3)] **[Besetzung der Senate]** (1) Die Senate des Bundesgerichtshofes entscheiden in der Besetzung von fünf Mitgliedern einschließlich des Vorsitzenden.

(2) [1] Die Strafsenate entscheiden über Beschwerden in der Besetzung von drei Mitgliedern einschließlich des Vorsitzenden. [2] Dies gilt nicht für die Entscheidung über Beschwerden gegen Beschlüsse, durch welche die Eröffnung des Hauptverfahrens abgelehnt oder das Verfahren wegen eines Verfahrenshindernisses eingestellt wird.

§ 140[4)] **[Geschäftsordnung]** Der Geschäftsgang wird durch eine Geschäftsordnung geregelt, die das Plenum beschließt.[5)]

(Fortsetzung nächstes Blatt)

[1)] §§ 136, 137 aufgeh. durch G v. 14.6.1990 (BGBl. I S. 2847).

[2)] § 138 Abs. 2 Satz 1 neu gef. durch G v.14.6.1976 (BGBl. I S. 1421) und geänd. durch G v. 12.9.1990 (BGBl. I S. 2002); Abs. 1 neu gef., Abs. 3 aufgeh., bish. Abs. 4 wird Abs. 3 durch G v. 17.12.1990 (BGBl. I S. 2847); Abs. 2 Satz 1 geänd. mWv 1.8.2001 durch G v. 16.2.2001 (BGBl. I S. 266).

[3)] § 139 Abs. 2 Satz 1 geänd. mWv 1.10.2009 durch G v. 29.7.2009 (BGBl. I S. 2280).

[4)] § 140 geänd. mWv 5.8.2009 durch G v. 30.7.2009 (BGBl. I S. 2449).

[5)] GeschäftsO des BGH v. 3.3.1952 (BAnz. Nr. 83), geänd. durch Bek. v. 15.4.1970 (BAnz. Nr. 74) und v. 21.6.1971 (BAnz. Nr. 114).

2. Beschwerden gegen Verfügungen des Ermittlungsrichters des Bundesgerichtshofes (§ 169 Absatz 1 Satz 2 der Strafprozessordnung) in den in § 304 Absatz 5 der Strafprozessordnung bezeichneten Fällen sowie
3. Einwände gegen die Besetzung eines Oberlandesgerichts im Fall des § 222b Absatz 3 Satz 1 der Strafprozessordnung.

§§ 136, 137[1] *(aufgehoben)*

§ 138[2] **[Verfahren vor den Großen Senaten]** (1) [1]Die Großen Senate und die Vereinigten Großen Senate entscheiden nur über die Rechtsfrage. [2]Sie können ohne mündliche Verhandlung entscheiden. [3]Die Entscheidung ist in der vorliegenden Sache für den erkennenden Senat bindend.

(2) [1]Vor der Entscheidung des Großen Senats für Strafsachen oder der Vereinigten Großen Senate und in Rechtsstreitigkeiten, welche die Anfechtung einer Todeserklärung zum Gegenstand haben, ist der Generalbundesanwalt zu hören. [2]Der Generalbundesanwalt kann auch in der Sitzung seine Auffassung darlegen.

(3) Erfordert die Entscheidung der Sache eine erneute mündliche Verhandlung vor dem erkennenden Senat, so sind die Beteiligten unter Mitteilung der ergangenen Entscheidung der Rechtsfrage zu der Verhandlung zu laden.

§ 139[3] **[Besetzung der Senate]** (1) Die Senate des Bundesgerichtshofes entscheiden in der Besetzung von fünf Mitgliedern einschließlich des Vorsitzenden.

(2) [1]Die Strafsenate entscheiden über Beschwerden in der Besetzung von drei Mitgliedern einschließlich des Vorsitzenden. [2]Dies gilt nicht für die Entscheidung über Beschwerden gegen Beschlüsse, durch welche die Eröffnung des Hauptverfahrens abgelehnt oder das Verfahren wegen eines Verfahrenshindernisses eingestellt wird.

§ 140[4] **[Geschäftsordnung]** Der Geschäftsgang wird durch eine Geschäftsordnung geregelt, die das Plenum beschließt.[5]

(Fortsetzung nächstes Blatt)

[1] §§ 136, 137 aufgeh. durch G v. 17.12.1990 (BGBl. I S. 2847).
[2] § 138 Abs. 2 Satz 1 neu gef. durch G v. 14.6.1976 (BGBl. I S. 1421) und geänd. durch G v. 12.9.1990 (BGBl. I S. 2002); Abs. 2 neu gef., Abs. 3 aufgeh., bish. Abs. 4 wird Abs. 3 durch G v. 17.12.1990 (BGBl. I S. 2847); Abs. 2 Satz 1 geänd. mWv 1.8.2001 durch G v. 16.2.2001 (BGBl. I S. 266).
[3] § 139 Abs. 2 Satz 1 geänd. mWv 1.10.2009 durch G v. 29.7.2009 (BGBl. I S. 2280).
[4] § 140 geänd. mWv 5.8.2009 durch G v. 30.7.2009 (BGBl. I S. 2449).
[5] Geschäftsordnung des BGH v. 3.3.1952 (BAnz. Nr. 83), geänd. durch Bek. v. 15.4.1970 (BAnz. Nr. 74) und v. 21.6.1971 (BAnz. Nr. 114).

§ 174[1)] [Verhandlung über Ausschluss der Öffentlichkeit; Schweigepflicht] (1) [1]Über die Ausschließung der Öffentlichkeit ist in nicht öffentlicher Sitzung zu verhandeln, wenn ein Beteiligter es beantragt oder das Gericht es für angemessen erachtet. [2]Der Beschluß, der die Öffentlichkeit ausschließt, muß öffentlich verkündet werden; er kann in nicht öffentlicher Sitzung verkündet werden, wenn zu befürchten ist, daß seine öffentliche Verkündung eine erhebliche Störung der Ordnung in der Sitzung zur Folge haben würde. [3]Bei der Verkündung ist in den Fällen der §§ 171b, 172 und 173 anzugeben, aus welchem Grund die Öffentlichkeit ausgeschlossen worden ist.

(2) Soweit die Öffentlichkeit wegen Gefährdung der Staatssicherheit ausgeschlossen wird, dürfen Presse, Rundfunk und Fernsehen keine Berichte über die Verhandlung und den Inhalt eines die Sache betreffenden amtlichen Schriftstücks veröffentlichen.

(3) [1]Ist die Öffentlichkeit wegen Gefährdung der Staatssicherheit oder aus den in §§ 171b und 172 Nr. 2 und 3 bezeichneten Gründen ausgeschlossen, so kann das Gericht den anwesenden Personen die Geheimhaltung von Tatsachen, die durch die Verhandlung oder durch ein die Sache betreffendes amtliches Schriftstück zu ihrer Kenntnis gelangen, zur Pflicht machen. [2]Der Beschluß ist in das Sitzungsprotokoll aufzunehmen. [3]Er ist anfechtbar. [4]Die Beschwerde hat keine aufschiebende Wirkung.

§ 175[2)] [Versagung des Zutritts] (1) Der Zutritt zu öffentlichen Verhandlungen kann unerwachsenen und solchen Personen versagt werden, die in einer der Würde des Gerichts nicht entsprechenden Weise erscheinen.

(2) [1]Zu nicht öffentlichen Verhandlungen kann der Zutritt einzelnen Personen vom Gericht gestattet werden. [2]In Strafsachen soll dem Verletzten der Zutritt gestattet werden. [3]Einer Anhörung der Beteiligten bedarf es nicht.

(3) Die Ausschließung der Öffentlichkeit steht der Anwesenheit der die Dienstaufsicht führenden Beamten der Justizverwaltung bei den Verhandlungen vor dem erkennenden Gericht nicht entgegen.

§ 176[3)] [Sitzungspolizei] (1) Die Aufrechterhaltung der Ordnung in der Sitzung obliegt dem Vorsitzenden.

(2) [1]An der Verhandlung beteiligte Personen dürfen ihr Gesicht während der Sitzung weder ganz noch teilweise verhüllen. [2]Der Vorsitzende kann Ausnahmen gestatten, wenn und soweit die Kenntlichmachung des Gesichts weder zur Identitätsfeststellung noch zur Beweiswürdigung notwendig ist.

§ 177 [Maßnahmen zur Aufrechterhaltung der Ordnung] [1]Parteien, Beschuldigte, Zeugen, Sachverständige oder bei der Verhandlung nicht beteiligte Personen, die den zur Aufrechterhaltung der Ordnung getroffenen Anordnungen *nicht Folge leisten*, können aus dem Sitzungszimmer entfernt sowie zur Ordnungshaft abgeführt und während einer zu bestimmenden Zeit, die vierundzwanzig Stunden nicht übersteigen darf, festgehalten werden. [2]Über Maßnahmen nach Satz 1 entscheidet gegenüber Personen, die bei der Verhandlung nicht beteiligt sind, der Vorsitzende, in den übrigen Fällen das Gericht.

[1)] § 174 Abs. 1 Satz 3 und Abs. 3 Satz 1 geänd. durch G v. 18.12.1986 (BGBl. I S. 2496).
[2)] § 175 Abs. 2 Satz 2 eingef., bish. Satz 2 wird Satz 3 durch G v. 18.12.1986 (BGBl. I S. 2496).
[3)] § 176 Abs. 2 angef. mWv 13.12.2019 durch G v. 10.12.2019 (BGBl. I S. 2121).

§ 178[1)2)] **[Ordnungsmittel wegen Ungebühr]** (1) [1] Gegen Parteien, Beschuldigte, Zeugen, Sachverständige oder bei der Verhandlung nicht beteiligte Personen, die sich in der Sitzung einer Ungebühr schuldig machen, kann vorbehaltlich der strafgerichtlichen Verfolgung ein Ordnungsgeld bis zu eintausend Euro oder Ordnungshaft bis zu einer Woche festgesetzt und sofort vollstreckt werden. [2] Bei der Festsetzung von Ordnungsgeld ist zugleich für den Fall, daß dieses nicht beigetrieben werden kann, zu bestimmen, in welchem Maße Ordnungshaft an seine Stelle tritt.

(2) Über die Festsetzung von Ordnungsmitteln entscheidet gegenüber Personen, die bei der Verhandlung nicht beteiligt sind, der Vorsitzende, in den übrigen Fällen das Gericht.

(3) Wird wegen derselben Tat später auf Strafe erkannt, so sind das Ordnungsgeld oder die Ordnungshaft auf die Strafe anzurechnen.

§ 179 [Vollstreckung der Ordnungsmittel] Die Vollstreckung der vorstehend bezeichneten Ordnungsmittel hat der Vorsitzende unmittelbar zu veranlassen.

§ 180 [Befugnisse außerhalb der Sitzung] Die in den §§ 176 bis 179 bezeichneten Befugnisse stehen auch einem einzelnen Richter bei der Vornahme von Amtshandlungen außerhalb der Sitzung zu.

§ 181 [Beschwerde gegen Ordnungsmittel] (1) Ist in den Fällen der §§ 178, 180 ein Ordnungsmittel festgesetzt, so kann gegen die Entscheidung binnen der Frist von einer Woche nach ihrer Bekanntmachung Beschwerde eingelegt werden, sofern sie nicht von dem Bundesgerichtshof oder einem Oberlandesgericht getroffen ist.

(2) Die Beschwerde hat in dem Falle des § 178 keine aufschiebende Wirkung, in dem Falle des § 180 aufschiebende Wirkung.

(3) Über die Beschwerde entscheidet das Oberlandesgericht.

§ 182 [Protokollierung] Ist ein Ordnungsmittel wegen Ungebühr festgesetzt oder eine Person zur Ordnungshaft abgeführt oder eine bei der Verhandlung beteiligte Person entfernt worden, so ist der Beschluß des Gerichts und dessen Veranlassung in das Protokoll aufzunehmen.

§ 183 [Straftaten in der Sitzung] [1] Wird eine Straftat in der Sitzung begangen, so hat das Gericht den Tatbestand festzustellen und der zuständigen Behörde das darüber aufgenommene Protokoll mitzuteilen. [2] In geeigneten Fällen ist die vorläufige Festnahme des Täters zu verfügen.

Fünfzehnter Titel.[3)] Gerichtssprache

§ 184[4)] **[Deutsche Sprache]** [1] Die Gerichtssprache ist deutsch. [2] Das Recht der Sorben, in den Heimatkreisen der sorbischen Bevölkerung vor Gericht sorbisch zu sprechen, ist gewährleistet.

[1)] § 178 Abs. 1 Satz 1 geänd. mWv 1.1.2002 durch G v. 27.7.2001 (BGBl. I S. 1887).

[2)] *Beachte hierzu Übergangsvorschrift in § 26 Nr. 2 EGZPO* **(Schönfelder Nr. 101).**

[3)] 15. Titel Überschrift neu gef. mWv 1.8.2002 durch G v. 23.7.2002 (BGBl. I S. 2850); geänd. mWv 1.9.2004 durch G v. 24.8.2004 (BGBl. I S. 2198).

[4)] § 184 Satz 2 angef. mWv 25.4.2006 durch G v. 19.4.2006 (BGBl. I S. 866).

§ 185[1] **[Dolmetscher]** (1) [1]Wird unter Beteiligung von Personen verhandelt, die der deutschen Sprache nicht mächtig sind, so ist ein Dolmetscher zuzuziehen. [2]Ein Nebenprotokoll in der fremden Sprache wird nicht geführt; jedoch sollen Aussagen und Erklärungen in fremder Sprache, wenn und soweit der Richter dies mit Rücksicht auf die Wichtigkeit der Sache für erforderlich erachtet, auch in der fremden Sprache in das Protokoll oder in eine Anlage niedergeschrieben werden. [3]In den dazu geeigneten Fällen soll dem Protokoll eine durch den Dolmetscher zu beglaubigende Übersetzung beigefügt werden.

(1a) [1]Das Gericht kann gestatten, dass sich der Dolmetscher während der Verhandlung, Anhörung oder Vernehmung an einem anderen Ort aufhält. [2]Die Verhandlung, Anhörung oder Vernehmung wird zeitgleich in Bild und Ton an diesen Ort und in das Sitzungszimmer übertragen.

(2) Die Zuziehung eines Dolmetschers kann unterbleiben, wenn die beteiligten Personen sämtlich der fremden Sprache mächtig sind.

(3) In Familiensachen und in Angelegenheiten der freiwilligen Gerichtsbarkeit bedarf es der Zuziehung eines Dolmetschers nicht, wenn der Richter der Sprache, in der sich die beteiligten Personen erklären, mächtig ist.

§ 186[2] **[Verständigung mit hör- oder sprachbehinderter Person]**

(1) [1]Die Verständigung mit einer hör- oder sprachbehinderten Person erfolgt nach ihrer Wahl mündlich, schriftlich oder mit Hilfe einer die Verständigung ermöglichenden Person, die vom Gericht hinzuzuziehen ist. [2]Für die mündliche und schriftliche Verständigung hat das Gericht die geeigneten technischen Hilfsmittel bereitzustellen. [3]Die hör- oder sprachbehinderte Person ist auf ihr Wahlrecht hinzuweisen.

(2) Das Gericht kann eine schriftliche Verständigung verlangen oder die Hinzuziehung einer Person als Dolmetscher anordnen, wenn die hör- oder sprachbehinderte Person von ihrem Wahlrecht nach Absatz 1 keinen Gebrauch gemacht hat oder eine ausreichende Verständigung in der nach Absatz 1 gewählten Form nicht oder nur mit unverhältnismäßigem Aufwand möglich ist.

(3) Das Bundesministerium der Justiz und für Verbraucherschutz bestimmt durch Rechtsverordnung, die der Zustimmung des Bundesrates bedarf,

1. den Umfang des Anspruchs auf Bereitstellung von geeigneten Kommunikationshilfen gemäß den Absätzen 1 und 2,
2. die Grundsätze einer angemessenen Vergütung für den Einsatz von Kommunikationshilfen gemäß den Absätzen 1 und 2,
3. die geeigneten Kommunikationshilfen, mit Hilfe derer die in den Absätzen 1 und 2 genannte Verständigung zu gewährleisten ist, und
4. ob und wie die Person mit Hör- oder Sprachbehinderung mitzuwirken hat.

§ 187[3] **[Dolmetscher oder Übersetzer für Beschuldigten oder Verurteilten]** (1) [1]Das Gericht zieht für den Beschuldigten oder Verurteilten, der der deutschen Sprache nicht mächtig ist, einen Dolmetscher oder Übersetzer heran,

---

[1] § 185 Abs. 3 angef. mWv 1.9.2009 durch G v. 17.12.2008 (BGBl. I S. 2586); Abs. 1a eingef. mWv 1.11.2013 durch G v. 25.4.2013 (BGBl. I S. 935).

[2] § 186 neu gef. mWv 1.8.2002 durch G v. 23.7.2002 (BGBl. I S. 2850); Abs. 1 Satz 1 geänd., Abs. 3 angef. mWv 19.10.2017 durch G v. 8.10.2017 (BGBl. I S. 3546).

[3] § 187 neu gef. mWv 6.7.2013 durch G v. 2.7.2013 (BGBl. I S. 1938); Abs. 1 Satz 1 geänd. mWv 19.10.2017 durch G v. 8.10.2017 (BGBl. I S. 3546).

soweit dies zur Ausübung seiner strafprozessualen Rechte erforderlich ist. [2]Das Gericht weist den Beschuldigten in einer ihm verständlichen Sprache darauf hin, dass er insoweit für das gesamte Strafverfahren die unentgeltliche Hinzuziehung eines Dolmetschers oder Übersetzers beanspruchen kann.

(2) [1]Erforderlich zur Ausübung der strafprozessualen Rechte des Beschuldigten, der der deutschen Sprache nicht mächtig ist, ist in der Regel die schriftliche Übersetzung von freiheitsentziehenden Anordnungen sowie von Anklageschriften, Strafbefehlen und nicht rechtskräftigen Urteilen. [2]Eine auszugsweise schriftliche Übersetzung ist ausreichend, wenn hierdurch die strafprozessualen Rechte des Beschuldigten gewahrt werden. [3]Die schriftliche Übersetzung ist dem Beschuldigten unverzüglich zur Verfügung zu stellen. [4]An die Stelle der schriftlichen Übersetzung kann eine mündliche Übersetzung der Unterlagen oder eine mündliche Zusammenfassung des Inhalts der Unterlagen treten, wenn hierdurch die strafprozessualen Rechte des Beschuldigten gewahrt werden. [5]Dies ist in der Regel dann anzunehmen, wenn der Beschuldigte einen Verteidiger hat.

(3) [1]Der Beschuldigte kann auf eine schriftliche Übersetzung nur wirksam verzichten, wenn er zuvor über sein Recht auf eine schriftliche Übersetzung nach den Absätzen 1 und 2 und über die Folgen eines Verzichts auf eine schriftliche Übersetzung belehrt worden ist. [2]Die Belehrung nach Satz 1 und der Verzicht des Beschuldigten sind zu dokumentieren.

(4) Absatz 1 gilt entsprechend für Personen, die nach § 395 der Strafprozessordnung[1)] berechtigt sind, sich der öffentlichen Klage mit der Nebenklage anzuschließen.

§ 188 [Eide Fremdsprachiger] Personen, die der deutschen Sprache nicht mächtig sind, leisten Eide in der ihnen geläufigen Sprache.

§ 189[2)] [Dolmetschereid] (1) [1]Der Dolmetscher hat einen Eid dahin zu leisten:

daß er treu und gewissenhaft übertragen werde.

[2]Gibt der Dolmetscher an, daß er aus Glaubens- oder Gewissensgründen keinen Eid leisten wolle, so hat er eine Bekräftigung abzugeben. [3]Diese Bekräftigung steht dem Eid gleich; hierauf ist der Dolmetscher hinzuweisen.

(2) Ist der Dolmetscher für Übertragungen der betreffenden Art nach dem Gerichtsdolmetschergesetz ***[bis 11.12.2024:*** oder in einem Land nach den landesrechtlichen Vorschriften***]*** allgemein beeidigt, so genügt vor allen Gerichten des Bundes und der Länder die Berufung auf diesen Eid.

(3) In Familiensachen und in Angelegenheiten der freiwilligen Gerichtsbarkeit ist die Beeidigung des Dolmetschers nicht erforderlich, wenn die beteiligten Personen darauf verzichten.

(4) [1]Der Dolmetscher oder Übersetzer soll über Umstände, die ihm bei seiner Tätigkeit zur Kenntnis gelangen, Verschwiegenheit wahren. [2]Hierauf weist ihn das Gericht hin.

[1)] **Schönfelder Nr. 90.**

[2)] *§ 189 Abs. 2 neu gef.* mWv 12.12.2008 durch G v. 30.10.2008 (BGBl. I S. 2122); Abs. 3 angef. mWv 1.9.2009 durch G v. 17.12.2008 (BGBl. I S. 2586); Abs. 4 angef. mWv 6.7.2013 durch G v. 2.7.2013 (BGBl. I S. 1938); Abs. 2 neu gef. mWv 13.12.2019 und geänd. **mWv 12.12.2024** durch G v. 10.12.2019 (BGBl. I S. 2121).

6.2. Einführungsgesetz zum Gerichtsverfassungsgesetz

Vom 27. Januar 1877
(RGBl. S. 77)

BGBl. III/FNA 300-1

Lfd. Nr.	Änderndes Gesetz	Datum	Fundstelle	Betroffen	Hinweis
1.–29.	Änderungsgesetze bis einschl. G v. 13.12.2007 (BGBl. I S. 2894) nur noch in den Anmerkungen nachgewiesen				
30.	Art. 21 FGG-ReformG	17.12.2008	BGBl. I S. 2586, geänd. 2009, S. 2449	§§ 2, 29, 30a § 40	geänd. mWv 1.9.2009 eingef. mWv 1.9.2009
31.	Art. 2 G über die Besetzung der großen Straf- und Jugendkammern in der Hauptverhandlung und zur Änd. weiterer gerichtsverfassungsrechtlicher Vorschriften sowie des BDG	6.12.2011	BGBl. I S. 2554	§ 41	eingef. mWv 1.1.2012
32.	Art. 8 G zur weiteren Erleichterung der Sanierung von Unternehmen	7.12.2011	BGBl. I S. 2582	§ 39	aufgeh. mWv 1.1.2013
33.	Art. 2 G zur Einführung einer Rechtsbehelfsbelehrung im Zivilprozess und zur Änd. anderer Vorschriften	5.12.2012	BGBl. I S. 2418	§§ 26, 28, 29, 30a	geänd. mWv 1.1.2014
34.	Art. 13 2. KostenrechtsmodernisierungsG	23.7.2013	BGBl. I S. 2586	§§ 30, 30a § 42	geänd. mWv 1.8.2013 eingef. mWv 1.8.2013
35.	Art. 20 G zum Internationalen Erbrecht und zur Änd. von Vorschriften zum Erbschein sowie zur Änd. sonstiger Vorschriften	29.6.2015	BGBl. I S. 1042	§ 30a	geänd. mWv 4.7.2015
36.	Art. 130 Zehnte ZuständigkeitsanpassungsVO	31.8.2015	BGBl. I S. 1474	§§ 12, 16, 32, 35	geänd. mWv 8.9.2015
37.	Art. 4 G zur Neuregelung des Kulturgutschutzrechts	31.7.2016	BGBl. I S. 1914	§ 14	geänd. mWv 6.8.2016
38.	Art. 6 G zur Reform des Bauvertragsrechts, zur Änd. der kaufrechtlichen Mängelhaftung, zur Stärkung des zivilprozessualen Rechtsschutzes und zum maschinellen Siegel im Grundbuch- und Schiffsregisterverfahren	28.4.2017	BGBl. I S. 969	§ 40a	eingef. mWv 1.1.2018

Lfd. Nr.	Änderndes Gesetz	Datum	Fundstelle	Betroffen	Hinweis
39.	Art. 2 G zur Änd. von Vorschriften im Bereich des Internationalen Privat- und Zivilverfahrensrechts	11.6.2017	BGBl. I S. 1607	§ 16a	geänd. mWv 17.6.2017
40.	Art. 2 Zweites G zur Stärkung der Verfahrensrechte von Beschuldigten im Strafverfahren und zur Änd. des Schöffenrechts[1]	27.8.2017	BGBl. I S. 3295	§§ 31, 33, 34, 34a	geänd. mWv 5.9.2017
41.	Art. 5 Abs. 1 G über die Erweiterung der Medienöffentlichkeit in Gerichtsverfahren	8.10.2017	BGBl. I S. 3546	§ 43	eingef. mWv 19.10.2017
42.	Art. 3 G zur Umsetzung der RL (EU) 2016/680 im Strafverfahren sowie zur Anpassung datenschutzrechtlicher Bestimmungen an die VO (EU) 2016/679	20.11. 2019	BGBl.I S. 1724	§§ 13, 14, 18, 19, 20, 21, 22 § 21a	geänd. mWv 26.11.2019 eingef. mWv 26.11.2019
43.	Art. 4 G zur Regelung der Wertgrenze für die Nichtzulassungsbeschwerde in Zivilsachen, zum Ausbau der Spezialisierung bei den Gerichten sowie zur Änd. weiterer prozessrechtlicher Vorschriften	12.12. 2019	BGBl.I S. 2633	§ 40a	neu gef. mWv 1.1.2021

[1] **Amtl. Anm.:** Die Artikel 1 bis 6 dieses Gesetzes dienen der Umsetzung der Richtlinie 2013/48/EU des Europäischen Parlaments und des Rates vom 22. Oktober 2013 über das Recht auf Zugang zu einem *Rechtsbeistand in Strafverfahren* und in Verfahren zur Vollstreckung des Europäischen Haftbefehls sowie über das Recht auf Benachrichtigung eines Dritten bei Freiheitsentzug und das Recht auf Kommunikation mit Dritten und mit Konsularbehörden während des Freiheitsentzugs (ABl. L 294 vom 6.11.2013, S. 1).

Erster Abschnitt.[1] Allgemeine Vorschriften

§ 1[2] *(aufgehoben)*

§ 2[3] **[Anwendungsbereich]** Die Vorschriften des Gerichtsverfassungsgesetzes[4] finden auf die ordentliche Gerichtsbarkeit und deren Ausübung Anwendung.

§ 3[5] **[Übertragung der Gerichtsbarkeit]** (1) [1] Die Gerichtsbarkeit in bürgerlichen Rechtsstreitigkeiten und Strafsachen, für welche besondere Gerichte zugelassen sind, kann den ordentlichen Landesgerichten durch die Landesgesetzgebung übertragen werden. [2] Die Übertragung darf nach anderen als den durch das Gerichtsverfassungsgesetz[4] vorgeschriebenen Zuständigkeitsnormen erfolgen.

(2) *(aufgehoben)*

(3) Insoweit für bürgerliche Rechtsstreitigkeiten ein von den Vorschriften der Zivilprozeßordnung[6] abweichendes Verfahren gestattet ist, kann die Zuständigkeit der ordentlichen Landesgerichte durch die Landesgesetzgebung nach anderen als den durch das Gerichtsverfassungsgesetz vorgeschriebenen Normen bestimmt werden.

§ 4[7] *(aufgehoben)*

§ 4a[8] **[Ermächtigung der Länder Berlin und Hamburg]** (1) [1] Die Länder Berlin und Hamburg bestimmen, welche Stellen die Aufgaben erfüllen, die im Gerichtsverfassungsgesetz[4] den Landesbehörden, den Gemeinden oder den unteren Verwaltungsbezirken sowie deren Vertretungen zugewiesen sind. [2] Das Land Berlin kann bestimmen, dass die Wahl der Schöffen und Jugendschöffen bei einem gemeinsamen Amtsgericht stattfindet, bei diesem mehrere Schöffenwahlausschüsse gebildet werden und deren Zuständigkeit sich nach den Grenzen der Verwaltungsbezirke bestimmt.

(2) *(aufgehoben)*

§ 5 *(gegenstandslos)*

§ 6[9] **[Wahl, Ernennung und Amtsperiode ehrenamtlicher Richter]**

(1) Vorschriften über die Wahl oder Ernennung ehrenamtlicher Richter in der ordentlichen Gerichtsbarkeit einschließlich ihrer Vorbereitung, über die Voraussetzung hierfür, die Zuständigkeit und das dabei einzuschlagende Verfahren sowie über die allgemeinen Regeln über Auswahl und Zuziehung dieser ehrenamtlichen

---

[1] 1. Abschnitt Überschrift eingef. durch G v. 18.6.1997 (BGBl. I S. 1430).

[2] *§ 1 aufgeh. mWv 25.4.2006 durch G v. 19.4.2006 (BGBl. I S. 866).*

[3] § 2 geänd. mWv 1.9.2009 durch G v. 17.12.2008 (BGBl. I S. 2586).

[4] Nr. **6.1**.

[5] § 3 Abs. 2 aufgeh. mWv 25.4.2006 durch G v. 19.4.2006 (BGBl. I S. 866).

[6] Nr. **23.3**.

[7] § 4 aufgeh. mWv 25.4.2006 durch G v. 19.4.2006 (BGBl. I S. 866).

[8] § 4a eingef. durch G v. 17.12.1990 (BGBl. I S. 2847); Abs. 2 angef. durch G v. 24.6.1994 (BGBl. I S. 1374); Abs. 1 Satz 2 angef. durch G v. 5.11.1999 (BGBl. I S. 2146); Abs. 2 aufgeh. mWv 25.4.2006 durch G v. 19.4.2006 (BGBl. I S. 866).

[9] § 6 aufgeh. durch G v. 12.9.1950 (BGBl. S. 455) und neu eingef. durch G v. 27.1.1987 (BGBl. I S. 475).

Richter zu den einzelnen Sitzungen sind erstmals auf die erste Amtsperiode der ehrenamtlichen Richter anzuwenden, die nicht früher als am ersten Tag des auf ihr Inkrafttreten folgenden zwölften Kalendermonats beginnt.

(2) Vorschriften über die Dauer der Amtsperiode ehrenamtlicher Richter in der ordentlichen Gerichtsbarkeit sind erstmals auf die erste nach ihrem Inkrafttreten beginnende Amtsperiode anzuwenden.

§ 7 *(gegenstandslos)*

§ 8[1)] [Oberstes Landesgericht] (1) Durch die Gesetzgebung eines Landes, in dem mehrere Oberlandesgerichte errichtet werden, kann die Verhandlung und Entscheidung der zur Zuständigkeit des Bundesgerichtshofes gehörenden Revisionen und Rechtsbeschwerden in bürgerlichen Rechtsstreitigkeiten einem obersten Landesgericht zugewiesen werden.

(2) Diese Vorschrift findet jedoch auf bürgerliche Rechtsstreitigkeiten, in denen für die Entscheidung Bundesrecht in Betracht kommt, keine Anwendung, es sei denn, daß es sich im wesentlichen um Rechtsnormen handelt, die in den Landesgesetzen enthalten sind.

§ 9[2)] [Ausschließliche Zuständigkeit in Strafsachen] [1]Durch die Gesetzgebung eines Landes, in dem mehrere Oberlandesgerichte errichtet werden, können die zur Zuständigkeit der Oberlandesgerichte gehörenden Entscheidungen in Strafsachen oder in Verfahren nach dem Gesetz über die internationale Rechtshilfe in Strafsachen[3)] ganz oder teilweise ausschließlich einem der mehreren Oberlandesgerichte oder an Stelle eines solchen Oberlandesgerichts dem Obersten Landesgericht zugewiesen werden. [2]Dem Obersten Landesgericht können auch die zur Zuständigkeit eines Oberlandesgerichts nach § 120 des Gerichtsverfassungsgesetzes[4)] gehörenden Entscheidungen zugewiesen werden.

§ 10[5)] [Besetzung und Verfassung des obersten Landesgerichts] (1) Die allgemeinen sowie die in § 116 Abs. 1 Satz 2, §§ 124, 130 Abs. 1 und § 181 Abs. 1 enthaltenen besonderen Vorschriften des Gerichtsverfassungsgesetzes[4)] finden auf die obersten Landesgerichte der ordentlichen Gerichtsbarkeit entsprechende Anwendung; ferner sind die Vorschriften der §§ 132, 138 des Gerichtsverfassungsgesetzes mit der Maßgabe entsprechend anzuwenden, daß durch Landesgesetz die Zahl der Mitglieder der Großen Senate anderweitig geregelt oder die Bildung eines einzigen Großen Senats angeordnet werden kann, der aus dem Präsidenten und mindestens acht Mitgliedern zu bestehen hat und an die Stelle der Großen Senate für Zivilsachen und für Strafsachen sowie der Vereinigten Großen Senate tritt.

(2) Die Besetzung der Senate bestimmt sich in Strafsachen, in Grundbuchsachen und in Angelegenheiten der freiwilligen Gerichtsbarkeit nach den Vorschriften

---

1) § 8 neu gef. durch G v. 12.9.1950 (BGBl. S. 455); Abs. 1 geänd. mWv 1.1.2002 durch G v. 27.7.2001 (BGBl. I S. 1887).

2) § 9 neu gef. durch G v. 12.9.1950 (BGBl. S. 455); geänd. durch G v. 8.12.1981 (BGBl. I S. 1329) und G v. 23.12.1982 (BGBl. I S. 2071); Satz 2 angef. durch G v. 8.9.1969 (BGBl. I S. 1582).

3) ***Schönfelder ErgBd. Nr. 90h.***

4) Nr. **6.1**.

5) § 10 neu gef. durch G v. 12.9.1950 (BGBl. S. 455); Abs. 1 geänd. durch G v. 26.5.1972 (BGBl. I S. 841) und G v. 17.12.1990 (BGBl. I S. 2847).

über die Oberlandesgerichte, im übrigen nach den Vorschriften über den Bundesgerichtshof.

§ 11[1] *(aufgehoben)*

Zweiter Abschnitt.[2] Verfahrensübergreifende Mitteilungen von Amts wegen

§ 12[3] **[Geltungsbereich, Verantwortung; Erlass von Verwaltungsvorschriften]** (1) [1] Die Vorschriften dieses Abschnitts gelten für die Übermittlung personenbezogener Daten von Amts wegen durch Gerichte der ordentlichen Gerichtsbarkeit und Staatsanwaltschaften an öffentliche Stellen des Bundes oder eines Landes für andere Zwecke als die des Verfahrens, für die die Daten erhoben worden sind. [2] Besondere Rechtsvorschriften des Bundes oder, wenn die Daten aus einem landesrechtlich geregelten Verfahren übermittelt werden, eines Landes, die von den §§ 18 bis 22 abweichen, gehen diesen Vorschriften vor.

(2) Absatz 1 gilt entsprechend für die Übermittlung personenbezogener Daten an Stellen der öffentlich-rechtlichen Religionsgesellschaften, sofern sichergestellt ist, daß bei dem Empfänger ausreichende Datenschutzmaßnahmen getroffen werden.

(3) Eine Übermittlung unterbleibt, wenn ihr eine besondere bundes- oder entsprechende landesgesetzliche Verwendungsregelung entgegensteht.

(4) Die Verantwortung für die Zulässigkeit der Übermittlung trägt die übermittelnde Stelle.

(5) [1] Das Bundeministerium der Justiz und für Verbraucherschutz kann mit Zustimmung des Bundesrates allgemeine Verwaltungsvorschriften zu den nach diesem Abschnitt zulässigen Mitteilungen erlassen. [2] Ermächtigungen zum Erlaß von Verwaltungsvorschriften über Mitteilungen in besonderen Rechtsvorschriften bleiben unberührt.

§ 13[4] **[Übermittlung personenbezogener Daten durch Gerichte und Staatsanwaltschaften]** (1) Gerichte und Staatsanwaltschaften dürfen personenbezogene Daten zur Erfüllung der in der Zuständigkeit des Empfängers liegenden Aufgaben übermitteln, wenn

1. eine besondere Rechtsvorschrift dies vorsieht oder zwingend voraussetzt,
2. die betroffene Person eingewilligt hat,
3. offensichtlich ist, daß die Übermittlung im Interesse der betroffenen Person liegt, und kein Grund zu der Annahme besteht, daß sie in Kenntnis dieses Zwecks ihre Einwilligung verweigern würde,
4. die Daten auf Grund einer Rechtsvorschrift von Amts wegen öffentlich bekanntzumachen sind oder in ein von einem Gericht geführtes, für jedermann unbeschränkt einsehbares öffentliches Register einzutragen sind oder es sich um

---

[1] § 11 aufgeh. mWv 25.4.2006 durch G v. 19.4.2006 (BGBl. I S. 866).

[2] 2. Abschnitt (§§ 12–22) eingef. durch G v. 18.6.1997 (BGBl. I S. 1430).

[3] § 12 eingef. durch G v. 18.6.1997 (BGBl. I S. 1430); Abs. 5 Satz 1 geänd. mWv 8.9.2015 durch VO v. 31.8.2015 (BGBl. I S. 1474).

[4] § 13 eingef. durch G v. 18.6.1997 (BGBl. I S. 1430); Abs. 1 Nr. 2 und 3, abschl. Satzteil, Abs. 2 Sätze 1 und 2 geänd. mWv 26.11.2019 durch G v. 20.11.2019 (BGBl. I S. 1724).

die Abweisung des Antrags auf Eröffnung des Insolvenzverfahrens mangels Masse handelt oder

5. auf Grund einer Entscheidung
   a) bestimmte Rechtsfolgen eingetreten sind, insbesondere der Verlust der Rechtsstellung aus einem öffentlich-rechtlichen Amts- oder Dienstverhältnis, der Ausschluß vom Wehr- oder Zivildienst, der Verlust des Wahlrechts oder der Wählbarkeit oder der Wegfall von Leistungen aus öffentlichen Kassen, und
   b) die Kenntnis der Daten aus der Sicht der übermittelnden Stelle für die Verwirklichung der Rechtsfolgen erforderlich ist;

dies gilt auch, wenn auf Grund der Entscheidung der Erlaß eines Verwaltungsaktes vorgeschrieben ist, ein Verwaltungsakt nicht erlassen werden darf oder wenn die betroffene Person ihr durch Verwaltungsakt gewährte Rechte auch nur vorläufig nicht wahrnehmen darf.

(2) [1] In anderen als in den in Absatz 1 genannten Fällen dürfen Gerichte und Staatsanwaltschaften personenbezogene Daten zur Erfüllung der in der Zuständigkeit des Empfängers liegenden Aufgaben einschließlich der Wahrnehmung personalrechtlicher Befugnisse übermitteln, wenn eine Übermittlung nach den §§ 14 bis 17 zulässig ist und soweit nicht für die übermittelnde Stelle offensichtlich ist, daß schutzwürdige Interessen der betroffenen Person an dem Ausschluß der Übermittlung überwiegen. [2] Übermittelte Daten dürfen auch für die Wahrnehmung der Aufgaben nach dem Sicherheitsüberprüfungsgesetz oder einem entsprechenden Landesgesetz verarbeitet werden.

§ 14[1)] [Zulässigkeit der Datenübermittlung in Strafsachen; Annahmen]

(1) In Strafsachen ist die Übermittlung personenbezogener Daten des Beschuldigten, die den Gegenstand des Verfahrens betreffen, zulässig, wenn die Kenntnis der Daten aus der Sicht der übermittelnden Stelle erforderlich ist für

1.–3. *(aufgehoben)*

4. dienstrechtliche Maßnahmen oder Maßnahmen der Aufsicht, falls
   a) die betroffene Person wegen ihres Berufs oder Amtsverhältnisses einer Dienst-, Staats- oder Standesaufsicht unterliegt, Geistlicher einer Kirche ist oder ein entsprechendes Amt bei einer anderen öffentlich-rechtlichen Religionsgesellschaft bekleidet oder Beamter einer Kirche oder einer Religionsgesellschaft ist und
   b) die Daten auf eine Verletzung von Pflichten schließen lassen, die bei der Ausübung des Berufs oder der Wahrnehmung der Aufgaben aus dem Amtsverhältnis zu beachten sind oder in anderer Weise geeignet sind, Zweifel an der Eignung, Zuverlässigkeit oder Befähigung hervorzurufen,

5. die Entscheidung über eine Kündigung oder für andere arbeitsrechtliche Maßnahmen, für die Entscheidung über eine Amtsenthebung, für den Widerruf, die Rücknahme, die Einschränkung einer behördlichen Erlaubnis, Genehmigung oder Zulassung zur Ausübung eines Gewerbes, einer sons-

---

1) § 14 eingef. durch G v. 18.6.1997 (BGBl. I S. 1430); Abs. 1 Nr. 7 Buchst. b geänd. durch G v. 16.12. 1997 (BGBl. I S. 2970); Abs. 1 Nr. 1–3 aufgeh. mWv 1.11.2000 durch G v. 2.8.2000 (BGBl. I S. 1253); Abs. 1 Nr. 9 geänd. mWv 6.8.2016 durch G v. 31.7.2016 (BGBl. I S. 1914); Abs. 1 Nr. 4 Buchst. a, Nr. 5 Buchst. a, Nr. 6 und 7 einl. Satzteil, Abs. 2 Satz 2 geänd. mWv 26.11.2019 durch G v. 20.11.2019 (BGBl. I S. 1724).

tigen wirtschaftlichen Unternehmung oder eines Berufs oder zum Führen einer Berufsbezeichnung, für die Untersagung der beruflichen, gewerblichen oder ehrenamtlichen Tätigkeit oder der sonstigen wirtschaftlichen Unternehmung oder für die Untersagung der Einstellung, Beschäftigung, Beaufsichtigung von Kindern und Jugendlichen, für die Untersagung der Durchführung der Berufsausbildung oder für die Anordnung einer Auflage, falls

a) die betroffene Person ein nicht unter Nummer 4 fallender Angehöriger des öffentlichen Dienstes oder des Dienstes einer öffentlich-rechtlichen Religionsgesellschaft, ein Gewerbetreibender oder ein Vertretungsberechtigter eines Gewerbetreibenden oder eine mit der Leitung eines Gewerbebetriebes oder einer sonstigen wirtschaftlichen Unternehmung beauftragte Person, ein sonstiger Berufstätiger oder Inhaber eines Ehrenamtes ist und

b) die Daten auf eine Verletzung von Pflichten schließen lassen, die bei der Ausübung des Dienstes, des Gewerbes, der sonstigen wirtschaftlichen Unternehmung, des Berufs oder des Ehrenamtes zu beachten sind oder in anderer Weise geeignet sind, Zweifel an der Eignung, Zuverlässigkeit oder Befähigung hervorzurufen,

6. Dienstordnungsmaßnahmen mit versorgungsrechtlichen Folgen oder für den Entzug von Hinterbliebenenversorgung, falls die betroffene Person aus einem öffentlich-rechtlichen Amts- oder Dienstverhältnis oder aus einem Amts- oder Dienstverhältnis mit einer Kirche oder anderen öffentlich-rechtlichen Religionsgesellschaft Versorgungsbezüge erhält oder zu beanspruchen hat,

7. den Widerruf, die Rücknahme, die Versagung oder Einschränkung der Berechtigung, der Erlaubnis oder der Genehmigung oder für die Anordnung einer Auflage, falls die betroffene Person

a) in einem besonderen gesetzlichen Sicherheitsanforderungen unterliegenden genehmigungs- oder erlaubnispflichtigen Betrieb verantwortlich tätig oder

b) Inhaber einer atom-, waffen-, sprengstoff-, gefahrstoff-, immissionsschutz-, abfall-, wasser-, seuchen-, tierseuchen-, betäubungsmittel- oder arzneimittelrechtlichen Berechtigung, Erlaubnis oder Genehmigung, einer Genehmigung nach dem Gentechnikgesetz[1)], dem Gesetz über die Kontrolle von Kriegswaffen[2)] oder dem Außenwirtschaftsgesetz, einer Erlaubnis zur Arbeitsvermittlung nach dem Dritten Buch Sozialgesetzbuch[3)], einer Verleiherlaubnis nach dem Arbeitnehmerüberlassungsgesetz[4)], einer Erlaubnis nach tierschutzrechtlichen Vorschriften, eines Jagdscheins, eines Fischereischeins, einer verkehrsrechtlichen oder im übrigen einer sicherheitsrechtlichen Erlaubnis oder Befähigung ist oder einen entsprechenden Antrag gestellt hat,

8. Maßnahmen der Aufsicht, falls es sich

a) um Strafsachen im Zusammenhang mit Betriebsunfällen, in denen Zuwiderhandlungen gegen Unfallverhütungsvorschriften bekannt werden, oder

---

1) Sartorius Nr. 270.
2) Sartorius Nr. 823.
3) Aichberger, SGB Nr. 3.
4) Schönfelder ErgBd. Nr. 84a.

b) um Straftaten gegen Vorschriften zum Schutz der Arbeitskraft oder zum Schutz der Gesundheit von Arbeitnehmern handelt, oder

9. die Abwehr erheblicher Nachteile für Tiere und Pflanzen, Boden, Wasser, Luft, Klima und Landschaft sowie das kulturelle Erbe.

(2) [1] In Privatklageverfahren, in Verfahren wegen fahrlässig begangener Straftaten, in sonstigen Verfahren bei Verurteilung zu einer anderen Maßnahme als einer Strafe oder einer Maßnahme im Sinne des § 11 Abs. 1 Nr. 8 des Strafgesetzbuches[1)], oder wenn das Verfahren eingestellt worden ist, unterbleibt die Übermittlung in den Fällen des Absatzes 1 Nr. 4 bis 9, wenn nicht besondere Umstände des Einzelfalles die Übermittlung erfordern. [2] Die Übermittlung ist insbesondere erforderlich, wenn die Tat bereits ihrer Art nach geeignet ist, Zweifel an der Zuverlässigkeit oder Eignung der betroffenen Person für die gerade von ihr ausgeübte berufliche, gewerbliche oder ehrenamtliche Tätigkeit oder für die Wahrnehmung von Rechten aus einer ihr erteilten Berechtigung, Genehmigung oder Erlaubnis hervorzurufen. [3] Die Sätze 1 und 2 gelten nicht bei Straftaten, durch die der Tod eines Menschen verursacht worden ist, und bei gefährlicher Körperverletzung. [4] Im Falle der Einstellung des Verfahrens ist zu berücksichtigen, wie gesichert die zu übermittelnden Erkenntnisse sind.

§ 15[2)] [Datenübermittlung in Zivilsachen] In Zivilsachen einschließlich der Angelegenheiten der freiwilligen Gerichtsbarkeit ist die Übermittlung personenbezogener Daten zulässig, wenn die Kenntnis der Daten aus der Sicht der übermittelnden Stelle erforderlich ist

1. zur Berichtigung oder Ergänzung des Grundbuchs oder eines von einem Gericht geführten Registers oder Verzeichnisses, dessen Führung durch eine Rechtsvorschrift angeordnet ist, und wenn die Daten Gegenstand des Verfahrens sind, oder
2. zur Führung des in § 2 Abs. 2 der Grundbuchordnung[3)] bezeichneten amtlichen Verzeichnisses und wenn Grenzstreitigkeiten Gegenstand eines Urteils, eines Vergleichs oder eines dem Gericht mitgeteilten außergerichtlichen Vergleichs sind.

§ 16[4)] [Datenübermittlung an ausländische öffentliche Stellen] Werden personenbezogene Daten an ausländische öffentliche Stellen oder an über- oder zwischenstaatliche Stellen nach den hierfür geltenden Rechtsvorschriften übermittelt, so ist eine Übermittlung dieser Daten auch zulässig

1. an das Bundesministerium der Justiz und für Verbraucherschutz und das Auswärtige Amt,
2. in Strafsachen gegen Mitglieder einer ausländischen konsularischen Vertretung zusätzlich an die Staats- oder Senatskanzlei des Landes, in dem die konsularische Vertretung ihren Sitz hat.

---

1) **Schönfelder Nr. 85.**
2) § 15 *eingef. durch G v.* 18.6.1997 (BGBl. I S. 1430).
3) **Schönfelder Nr. 114.**
4) § 16 eingef. durch G v. 18.6.1997 (BGBl. I S. 1430); Nr. 1 geänd. mWv 8.9.2015 durch VO v. 31.8.2015 (BGBl. I S. 1474).

§ 16a[1] [Kontaktstellen] (1) Das Bundesamt für Justiz nach Maßgabe des Absatzes 2 und die von den Landesregierungen durch Rechtsverordnung bestimmten weiteren Stellen nehmen die Aufgaben der Kontaktstellen im Sinne des Artikels 2 der Entscheidung 2001/470/EG des Rates vom 28. Mai 2001 über die Einrichtung eines Europäischen Justiziellen Netzes für Zivil- und Handelssachen (ABl. EG Nr. L 174 S. 25), die durch die Entscheidung 568/2009/EG (ABl. L 168 vom 30.6.2009, S. 35) geändert worden ist, wahr.

(2) Das Bundesamt für Justiz stellt die Koordinierung zwischen den Kontaktstellen sicher.

(3) [1]Die Landesregierungen werden ermächtigt, durch Rechtsverordnung die Aufgaben der Kontaktstelle einer Landesbehörde zuzuweisen. [2]Sie können die Befugnis zum Erlass einer Rechtsverordnung nach Absatz 1 einer obersten Landesbehörde übertragen.

§ 17[2] [Datenübermittlung in anderen Fällen] Die Übermittlung personenbezogener Daten ist ferner zulässig, wenn die Kenntnis der Daten aus der Sicht der übermittelnden Stelle

1. zur Verfolgung von Straftaten oder Ordnungswidrigkeiten,
2. für ein Verfahren der internationalen Rechtshilfe,
3. zur Abwehr erheblicher Nachteile für das Gemeinwohl oder einer Gefahr für die öffentliche Sicherheit,
4. zur Abwehr einer schwerwiegenden Beeinträchtigung der Rechte einer anderen Person oder
5. zur Abwehr einer erheblichen Gefährdung Minderjähriger

erforderlich ist.

§ 18[3] [Verbindung mit weiteren Daten des Betroffenen oder Dritter, Ermessen] (1) [1]Sind mit personenbezogenen Daten, die nach diesem Abschnitt übermittelt werden dürfen, weitere personenbezogene Daten der betroffenen Person oder eines Dritten so verbunden, daß eine Trennung nicht oder nur mit unvertretbarem Aufwand möglich ist, so ist die Übermittlung auch dieser Daten zulässig, soweit nicht berechtigte Interessen der betroffenen Person oder eines Dritten an deren Geheimhaltung offensichtlich überwiegen. [2]Eine Verwendung der Daten durch den Empfänger ist unzulässig; für Daten der betroffenen Person gilt § 19 Abs. 1 Satz 2 entsprechend.

(2) [1]Die übermittelnde Stelle bestimmt die Form der Übermittlung nach pflichtgemäßem Ermessen. [2]Soweit dies nach der Art der zu übermittelnden Daten und der Organisation des Empfängers geboten ist, trifft sie angemessene Vorkehrungen, um sicherzustellen, daß die Daten unmittelbar den beim Empfänger funktionell zuständigen Bediensteten erreichen.

---

[1] § 16a eingef. mWv 1.8.2002 durch G v. 23.7.2002 (BGBl. I S. 2850); Abs. 1 und 2 geänd. mWv 1.1.2007 durch G v. 17.12.2006 (BGBl. I S. 3171); Abs. 1 geänd. mWv 17.6.2017 durch G v. 11.6.2017 (BGBl. I S. 1607).

[2] § 17 eingef. durch G v. 18.6.1997 (BGBl. I S. 1430).

[3] § 18 eingef. durch G v. 18.6.1997 (BGBl. I S. 1430); Abs. 1 Sätze 1 und 2 geänd. mWv 26.11.2019 durch G v. 20.11.2019 (BGBl. I S. 1724).

§ 19[1] [Zweckgebundenheit, Erforderlichkeit] (1) [1]Die übermittelten Daten dürfen nur zu dem Zweck verarbeitet werden, zu dessen Erfüllung sie übermittelt worden sind. [2]Eine Verarbeitung für andere Zwecke ist zulässig, soweit die Daten auch dafür hätten übermittelt werden dürfen.

(2) [1]Der Empfänger prüft, ob die übermittelten Daten für die in Absatz 1 genannten Zwecke erforderlich sind. [2]Sind die Daten hierfür nicht erforderlich, so schickt er die Unterlagen an die übermittelnde Stelle zurück. [3]Ist der Empfänger nicht zuständig und ist ihm die für die Verarbeitung der Daten zuständige Stelle bekannt, so leitet er die übermittelten Unterlagen dorthin weiter und benachrichtigt hiervon die übermittelnde Stelle.

§ 20[2] [Unterrichtung des Empfängers] (1) [1]Betreffen Daten, die vor Beendigung eines Verfahrens übermittelt worden sind, den Gegenstand dieses Verfahrens, so ist der Empfänger vom Ausgang des Verfahrens zu unterrichten; das gleiche gilt, wenn eine übermittelte Entscheidung abgeändert oder aufgehoben wird, das Verfahren, außer in den Fällen des § 153a der Strafprozeßordnung[3], auch nur vorläufig eingestellt worden ist oder nach den Umständen angenommen werden kann, daß das Verfahren auch nur vorläufig nicht weiter betrieben wird. [2]Der Empfänger ist über neue Erkenntnisse unverzüglich zu unterrichten, wenn dies erforderlich erscheint, um bis zu einer Unterrichtung nach Satz 1 drohende Nachteile für die betroffene Person zu vermeiden.

(2) [1]Erweist sich, daß unrichtige Daten übermittelt worden sind, so ist der Empfänger unverzüglich zu unterrichten. [2]Der Empfänger berichtigt die Daten oder vermerkt ihre Unrichtigkeit in den Akten.

(3) Die Unterrichtung nach Absatz 1 oder 2 Satz 1 kann unterbleiben, wenn sie erkennbar weder zur Wahrung der schutzwürdigen Interessen der betroffenen Person noch zur Erfüllung der Aufgaben des Empfängers erforderlich ist.

§ 21[4] [Auskunftserteilung und Unterrichtung; Antrag; Ablehnung]

(1) [1]Der betroffenen Person ist auf Antrag Auskunft über die übermittelten Daten und deren Empfänger zu erteilen. [2]Der Antrag ist schriftlich zu stellen. [3]Die Auskunft wird nur erteilt, soweit die betroffene Person Angaben macht, die das Auffinden der Daten ermöglichen, und der für die Erteilung der Auskunft erforderliche Aufwand nicht außer Verhältnis zu dem geltend gemachten Informationsinteresse steht. [4]Die übermittelnde Stelle bestimmt das Verfahren, insbesondere die Form der Auskunftserteilung, nach pflichtgemäßem Ermessen.

(2) [1]Die betroffene Person ist gleichzeitig mit der Übermittlung personenbezogener Daten über den Inhalt und den Empfänger zu unterrichten. [2]Die Unterrichtung des gesetzlichen Vertreters eines Minderjährigen, des Bevollmächtigten oder Verteidigers reicht aus. [3]Die übermittelnde Stelle bestimmt die Form der Unterrichtung nach pflichtgemäßem Ermessen. [4]Eine Pflicht zur Unterrichtung

---

[1] § 19 eingef. durch G v. 18.6.1997 (BGBl. I S. 1430); Abs. 1 Sätze 1 und 2, Abs. 2 Satz 3 geänd. mWv 26.11.2019 durch G v. 20.11.2019 (BGBl. I S. 1724).

[2] § 20 eingef. durch G v. 18.6.1997 (BGBl. I S. 1430); Abs. 1 Satz 2, Abs. 3 geänd. mWv 26.11.2019 durch G v. 20.11.2019 (BGBl. I S. 1724).

[3] ***Schönfelder Nr. 90.***

[4] § 21 eingef. durch G v. 18.6.1997 (BGBl. I S. 1430); Abs. 1 Sätze 1 und 3 geänd., Abs. 2 Satz 1 neu gef., Abs. 4 Satz 1 abschl. Satzteil, Satz 2 geänd, Abs. 6 angef. mWv 26.11.2019 durch G v. 20.11.2019 (BGBl. I S. 1724).

besteht nicht, wenn die Anschrift des zu unterrichtenden nur mit unvertretbarem Aufwand festgestellt werden kann.

(3) Bezieht sich die Auskunftserteilung oder die Unterrichtung auf die Übermittlung personenbezogener Daten an Verfassungsschutzbehörden, den Bundesnachrichtendienst, den Militärischen Abschirmdienst oder, soweit die Sicherheit des Bundes berührt wird, andere Behörden des Bundesministers der Verteidigung, ist sie nur mit Zustimmung dieser Stellen zulässig.

(4) [1] Die Auskunftserteilung und die Unterrichtung unterbleiben, soweit

1. sie die ordnungsgemäße Erfüllung der Aufgaben der übermittelnden Stelle oder des Empfängers gefährden würden,
2. sie die öffentliche Sicherheit oder Ordnung gefährden oder sonst dem Wohle des Bundes oder eines Landes Nachteile bereiten würden oder
3. die Daten oder die Tatsache ihrer Übermittlung nach einer Rechtsvorschrift oder ihrem Wesen nach, insbesondere wegen der überwiegenden berechtigten Interessen eines Dritten, geheimgehalten werden müssen

und deswegen das Interesse der betroffenen Person an der Auskunftserteilung oder Unterrichtung zurücktreten muß. [2] Die Unterrichtung der betroffenen Person unterbleibt ferner, wenn erhebliche Nachteile für seine Gesundheit zu befürchten sind.

(5) Die Ablehnung der Auskunftserteilung bedarf keiner Begründung, soweit durch die Mitteilung der tatsächlichen und rechtlichen Gründe, auf die die Entscheidung gestützt wird, der mit der Auskunftsverweigerung verfolgte Zweck gefährdet würde.

(6) Die Absätze 1 bis 5 gelten nicht im Anwendungsbereich der Verordnung (EU) 2016/679[1)] des Europäischen Parlaments und des Rates vom 27. April 2016 zum Schutz natürlicher Personen bei der Verarbeitung personenbezogener Daten, zum freien Datenverkehr und zur Aufhebung der Richtlinie 95/46/EG (Datenschutz-Grundverordnung) (ABl. L 119 vom 4.5.2016, S. 1; L 314 vom 22.11. 2016, S. 72; L 127 vom 23.5.2018, S. 2).

§ 21a[2)] [Rechte und Pflichten bei verfahrensübergreifenden Mitteilungen von Amts wegen] [1] Bei verfahrensübergreifenden Mitteilungen von Amts wegen im Sinne dieses Abschnitts gelten für Rechte und Pflichten nach den Artikeln 12 bis 15 und 19 Satz 2 der Verordnung (EU) 2016/679[1)] die Bestimmungen des § 21 Absatz 3 bis 5 entsprechend. [2] Rechte nach den Artikeln 18 und 21 der Verordnung (EU) 2016/679 bestehen bei verfahrensübergreifenden Mitteilungen von Amts wegen im Sinne dieses Abschnitts nicht. [3] Die Sätze 1 und 2 gelten entsprechend für Bestimmungen des Artikels 5 der Verordnung (EU) 2016/679, soweit sie den Rechten und Pflichten nach den in den Sätzen 1 und 2 genannten Artikeln der Verordnung (EU) 2016/679 entsprechen.

§ 22[3)] *[Überprüfung der Rechtmäßigkeit der Datenübermittlung]*

(1) [1] Ist die Rechtsgrundlage für die Übermittlung personenbezogener Daten nicht in den Vorschriften enthalten, die das Verfahren der übermittelnden Stelle regeln, sind für die Überprüfung der Rechtmäßigkeit der Übermittlung die §§ 23

[1)] **Sartorius Nr. 246.**

[2)] § 21a eingef. mWv 26.11.2019 durch G v. 20.11.2019 (BGBl. I S. 1724).

[3)] § 22 eingef. durch G v. 18.6.1997 (BGBl. I S. 1430); Abs. 1 Satz 2, Abs. 3 Satz 3 geänd. mWv 26.11. 2019 durch G v. 20.11.2019 (BGBl. I S. 1724).

bis 30 nach Maßgabe der Absätze 2 und 3 anzuwenden. [2] Hat der Empfänger auf Grund der übermittelten Daten eine Entscheidung oder andere Maßnahmen getroffen und dies der betroffenen Person bekanntgegeben, bevor ein Antrag auf gerichtliche Entscheidung gestellt worden ist, so wird die Rechtmäßigkeit der Übermittlung ausschließlich von dem Gericht, das gegen die Entscheidung oder Maßnahme des Empfängers angerufen werden kann, in der dafür vorgesehenen Verfahrensart überprüft.

(2) [1] Wird ein Antrag auf gerichtliche Entscheidung gestellt, ist der Empfänger zu unterrichten. [2] Dieser teilt dem nach § 25 zuständigen Gericht mit, ob die Voraussetzungen des Absatzes 1 oder 2 vorliegen.

(3) [1] War die Übermittlung rechtswidrig, so spricht das Gericht dies aus. [2] Die Entscheidung ist auch für den Empfänger bindend und ist ihm bekanntzumachen. [3] Die Verarbeitung der übermittelten Daten ist unzulässig, wenn die Rechtswidrigkeit der Übermittlung festgestellt worden ist.

Dritter Abschnitt.[1)] Anfechtung von Justizverwaltungsakten

§ 23[2)] **[Rechtsweg bei Justizverwaltungsakten]** (1) [1] Über die Rechtmäßigkeit der Anordnungen, Verfügungen oder sonstigen Maßnahmen, die von den Justizbehörden zur Regelung einzelner Angelegenheiten auf den Gebieten des bürgerlichen Rechts einschließlich des Handelsrechts, des Zivilprozesses, der freiwilligen Gerichtsbarkeit und der Strafrechtspflege getroffen werden, entscheiden auf Antrag die ordentlichen Gerichte. [2] Das gleiche gilt für Anordnungen, Verfügungen oder sonstige Maßnahmen der Vollzugsbehörden im Vollzug der Untersuchungshaft sowie derjenigen Freiheitsstrafen und Maßregeln der Besserung und Sicherung, die außerhalb des Justizvollzuges vollzogen werden.

(2) Mit dem Antrag auf gerichtliche Entscheidung kann auch die Verpflichtung der Justiz- oder Vollzugsbehörde zum Erlaß eines abgelehnten oder unterlassenen Verwaltungsaktes begehrt werden.

(3) Soweit die ordentlichen Gerichte bereits auf Grund anderer Vorschriften angerufen werden können, behält es hierbei sein Bewenden.

§ 24[3)] **[Zulässigkeit des Antrags]** (1) Der Antrag auf gerichtliche Entscheidung ist nur zulässig, wenn der Antragsteller geltend macht, durch die Maßnahme oder ihre Ablehnung oder Unterlassung in seinen Rechten verletzt zu sein.

(2) Soweit Maßnahmen der Justiz- oder Vollzugsbehörden der Beschwerde oder einem anderen förmlichen Rechtsbehelf im Verwaltungsverfahren unterliegen, kann der Antrag auf gerichtliche Entscheidung erst nach vorausgegangenem Beschwerdeverfahren gestellt werden.

§ 25[4)] **[Zuständigkeit des OLG oder des Obersten Landesgerichts]**

(1) [1] Über den Antrag entscheidet ein Zivilsenat oder, wenn der Antrag eine Angelegenheit der Strafrechtspflege oder des Vollzugs betrifft, ein Strafsenat des Oberlandesgerichts, in dessen Bezirk die Justiz- oder Vollzugsbehörde ihren Sitz

---

[1)] 3. Abschnitt Überschrift eingef. durch G v. 18.6.1997 (BGBl. I S. 1430).

[2)] *§ 23 eingef. durch* VO v. 21.1.1960 (BGBl. I S. 17); Abs. 1 Satz 2 neu gef. durch G v. 16.3.1976 (BGBl. I S. 581); Abs. 1 Satz 2 geänd. mWv 1.1.2008 durch G v. 13.12.2007 (BGBl. I S. 2894).

[3)] § 24 eingef. durch VO v. 21.1.1960 (BGBl. I S. 17).

[4)] § 25 eingef. durch VO v. 21.1.1960 (BGBl. I S. 17).

hat. [2] Ist ein Beschwerdeverfahren (§ 24 Abs. 2) vorausgegangen, so ist das Oberlandesgericht zuständig, in dessen Bezirk die Beschwerdebehörde ihren Sitz hat.

(2) Ein Land, in dem mehrere Oberlandesgerichte errichtet sind, kann durch Gesetz die nach Absatz 1 zur Zuständigkeit des Zivilsenats oder des Strafsenats gehörenden Entscheidungen ausschließlich einem der Oberlandesgerichte oder dem Obersten Landesgericht zuweisen.

§ 26[1)] **[Antragsfrist]** (1) Der Antrag auf gerichtliche Entscheidung muß innerhalb eines Monats nach Zustellung oder schriftlicher Bekanntgabe des Bescheides oder, soweit ein Beschwerdeverfahren (§ 24 Abs. 2) vorausgegangen ist, nach Zustellung des Beschwerdebescheides schriftlich oder zur Niederschrift der Geschäftsstelle des Oberlandesgerichts oder eines Amtsgerichts gestellt werden.

(2) [1] War der Antragsteller ohne Verschulden verhindert, die Frist einzuhalten, so ist ihm auf Antrag Wiedereinsetzung in den vorigen Stand zu gewähren. [2] Ein Fehlen des Verschuldens wird vermutet, wenn in dem Bescheid oder, soweit ein Beschwerdeverfahren (§ 24 Absatz 2) vorausgegangen ist, in dem Beschwerdebescheid eine Belehrung über die Zulässigkeit des Antrags auf gerichtliche Entscheidung sowie über das Gericht, bei dem er zu stellen ist, dessen Sitz und die einzuhaltende Form und Frist unterblieben oder unrichtig erteilt ist.

(3) [1] Der Antrag auf Wiedereinsetzung ist binnen zwei Wochen nach Wegfall des Hindernisses zu stellen. [2] Die Tatsachen zur Begründung des Antrags sind bei der Antragstellung oder im Verfahren über den Antrag glaubhaft zu machen. [3] Innerhalb der Antragsfrist ist die versäumte Rechtshandlung nachzuholen. [4] Ist dies geschehen, so kann die Wiedereinsetzung auch ohne Antrag gewährt werden.

(4) Nach einem Jahr seit dem Ende der versäumten Frist ist der Antrag auf Wiedereinsetzung unzulässig, außer wenn der Antrag vor Ablauf der Jahresfrist infolge höherer Gewalt unmöglich war.

§ 27[2)] **[Antragstellung bei Untätigkeit der Behörde]** (1) [1] Ein Antrag auf gerichtliche Entscheidung kann auch gestellt werden, wenn über einen Antrag, eine Maßnahme zu treffen, oder über eine Beschwerde oder einen anderen förmlichen Rechtsbehelf ohne zureichenden Grund nicht innerhalb von drei Monaten entschieden ist. [2] Das Gericht kann vor Ablauf dieser Frist angerufen werden, wenn dies wegen besonderer Umstände des Falles geboten ist.

(2) [1] Liegt ein zureichender Grund dafür vor, daß über die Beschwerde oder den förmlichen Rechtsbehelf noch nicht entschieden oder die beantragte Maßnahme noch nicht erlassen ist, so setzt das Gericht das Verfahren bis zum Ablauf einer von ihm bestimmten Frist, die verlängert werden kann, aus. [2] Wird der Beschwerde innerhalb der vom Gericht gesetzten Frist stattgegeben oder der Verwaltungsakt innerhalb dieser Frist erlassen, so ist die Hauptsache für erledigt zu erklären.

(3) Der Antrag nach Absatz 1 ist nur bis zum Ablauf eines Jahres seit der Einlegung der Beschwerde oder seit der Stellung des Antrags auf Vornahme der Maßnahme zulässig, außer wenn die Antragstellung vor Ablauf der Jahresfrist infolge höherer Gewalt unmöglich war oder unter den besonderen Verhältnissen des Einzelfalles unterblieben ist.

---

1) § 26 eingef. durch VO v. 21.1.1960 (BGBl. I S. 17); Abs. 2 Satz 2 angef. mWv 1.1.2014 durch G v. 5.12.2012 (BGBl. I S. 2418).

2) § 27 eingef. durch VO v. 21.1.1960 (BGBl. I S. 17).

§ 28[1)] [Entscheidung über den Antrag] (1) [1]Soweit die Maßnahme rechtswidrig und der Antragsteller dadurch in seinen Rechten verletzt ist, hebt das Gericht die Maßnahme und, soweit ein Beschwerdeverfahren (§ 24 Abs. 2) vorausgegangen ist, den Beschwerdebescheid auf. [2]Ist die Maßnahme schon vollzogen, so kann das Gericht auf Antrag auch aussprechen, daß und wie die Justiz- oder Vollzugsbehörde die Vollziehung rückgängig zu machen hat. [3]Dieser Ausspruch ist nur zulässig, wenn die Behörde dazu in der Lage und diese Frage spruchreif ist. [4]Hat sich die Maßnahme vorher durch Zurücknahme oder anders erledigt, so spricht das Gericht auf Antrag aus, daß die Maßnahme rechtswidrig gewesen ist, wenn der Antragsteller ein berechtigtes Interesse an dieser Feststellung hat.

(2) [1]Soweit die Ablehnung oder Unterlassung der Maßnahme rechtswidrig und der Antragsteller dadurch in seinen Rechten verletzt ist, spricht das Gericht die Verpflichtung der Justiz- oder Vollzugsbehörde aus, die beantragte Amtshandlung vorzunehmen, wenn die Sache spruchreif ist. [2]Andernfalls spricht es die Verpflichtung aus, den Antragsteller unter Beachtung der Rechtsauffassung des Gerichts zu bescheiden.

(3) Soweit die Justiz- oder Vollzugsbehörde ermächtigt ist, nach ihrem Ermessen zu handeln, prüft das Gericht auch, ob die Maßnahme oder ihre Ablehnung oder Unterlassung rechtswidrig ist, weil die gesetzlichen Grenzen des Ermessens überschritten sind oder von dem Ermessen in einer dem Zweck der Ermächtigung nicht entsprechenden Weise Gebrauch gemacht ist.

(4) Hat das Gericht die Rechtsbeschwerde gegen seine Entscheidung zugelassen (§ 29), ist dem Beschluss eine Belehrung über das Rechtsmittel sowie über das Gericht, bei dem es einzulegen ist, dessen Sitz und über die einzuhaltende Form und Frist beizufügen.

§ 29[2)] [Rechtsbeschwerde; Prozesskostenhilfe] (1) Gegen einen Beschluss des Oberlandesgerichts ist die Rechtsbeschwerde statthaft, wenn sie das Oberlandesgericht im ersten Rechtszug in dem Beschluss zugelassen hat.

(2) [1]Die Rechtsbeschwerde ist zuzulassen, wenn

1. die Rechtssache grundsätzliche Bedeutung hat oder
2. die Fortbildung des Rechts oder die Sicherung einer einheitlichen Rechtsprechung eine Entscheidung des Rechtsbeschwerdegerichts erfordert.

[2]Das Rechtsbeschwerdegericht ist an die Zulassung gebunden.

(3) Auf das weitere Verfahren sind § 17 sowie die §§ 71 bis 74a des Gesetzes über das Verfahren in Familiensachen und in den Angelegenheiten der freiwilligen Gerichtsbarkeit[3)] entsprechend anzuwenden.

(4) Auf die Bewilligung der Prozesskostenhilfe sind die Vorschriften der Zivilprozessordnung[4)5)] entsprechend anzuwenden.

[1)] § 28 eingef. durch VO v. 21.1.1960 (BGBl. I S. 17); Abs. 4 angef. mWv 1.1.2014 durch G v. 5.12.2012 (BGBl. I S. 2418).

[2)] § 29 neu gef. mWv 1.9.2009 durch G v. 17.12.2008 (BGBl. I S. 2586, geänd. durch G v. 30.7.2009, *BGBl. I* S. 2449); Abs. 3 geänd. mWv 1.1.2014 durch G v. 5.12.2012 (BGBl. I S. 2418).

[3)] **Schönfelder Nr. 112.**

[4)] Nr. **23.3**.

[5)] Vgl. §§ 114 ff. ZPO (Nr. **23.3**).

§ 30[1)] **[Kosten]** [1]Das Oberlandesgericht kann nach billigem Ermessen bestimmen, daß die außergerichtlichen Kosten des Antragstellers, die zur zweckentsprechenden Rechtsverfolgung notwendig waren, ganz oder teilweise aus der Staatskasse zu erstatten sind. [2]Die Vorschriften des § 91 Abs. 1 Satz 2 und der §§ 103 bis 107 der Zivilprozeßordnung[2)] gelten entsprechend. [3]Die Entscheidung des Oberlandesgerichts kann nicht angefochten werden.

§ 30a[3)4)] **[Verwaltungsakt im Bereich von Kostenvorschriften]** (1) [1]Verwaltungsakte, die im Bereich der Justizverwaltung beim Vollzug des Gerichtskostengesetzes[5)], des Gesetzes über Kosten in Familiensachen[6)], des Gerichts- und Notarkostengesetzes[7)], des Gerichtsvollzieherkostengesetzes[8)], des Justizvergütungs- und -entschädigungsgesetzes[9)] oder sonstiger für gerichtliche Verfahren oder Verfahren der Justizverwaltung geltender Kostenvorschriften, insbesondere hinsichtlich der Einforderung oder Zurückzahlung ergehen, können durch einen Antrag auf gerichtliche Entscheidung auch dann angefochten werden, wenn es nicht ausdrücklich bestimmt ist. [2]Der Antrag kann nur darauf gestützt werden, dass der Verwaltungsakt den Antragsteller in seinen Rechten beeinträchtige, weil er rechtswidrig sei. [3]Soweit die Verwaltungsbehörde ermächtigt ist, nach ihrem Ermessen zu befinden, kann der Antrag nur darauf gestützt werden, dass die gesetzlichen Grenzen des Ermessens überschritten seien, oder dass von dem Ermessen in einer dem Zweck der Ermächtigung nicht entsprechenden Weise Gebrauch gemacht worden sei.

(2) [1]Über den Antrag entscheidet das Amtsgericht, in dessen Bezirk die für die Einziehung oder Befriedigung des Anspruchs zuständige Kasse ihren Sitz hat. [2]In dem Verfahren ist die Staatskasse zu hören. [3]Die §§ 7a, 81 Absatz 2 bis 8 und § 84 des Gerichts- und Notarkostengesetzes gelten entsprechend.

(3) [1]Durch die Gesetzgebung eines Landes, in dem mehrere Oberlandesgerichte errichtet sind, kann die Entscheidung über das Rechtsmittel der weiteren Beschwerde nach Absatz 1 und 2 sowie nach § 81 des Gerichts- und Notarkostengesetzes, über den Antrag nach § 127 des Gerichts- und Notarkostengesetzes, über das Rechtsmittel der Beschwerde nach § 66 des Gerichtskostengesetzes, nach § 57 des Gesetzes über Kosten in Familiensachen, nach § 81 des Gerichts- und Notarkostengesetzes und nach § 4 des Justizvergütungs- und -entschädigungsgesetzes einem der mehreren Oberlandesgerichte oder anstelle eines solchen Oberlandesgerichts einem obersten Landesgericht zugewiesen werden. [2]Dies gilt auch für die Entscheidung über das Rechtsmittel der weiteren Beschwerde nach § 33 des Rechtsanwaltsvergütungsgesetzes[10)], soweit nach dieser Vorschrift das Oberlandesgericht zuständig ist.

---

1) § 30 eingef. durch VO v. 21.1.1960 (BGBl. I S. 17); Abs. 1 und 3 aufgeh., Satz 2 geänd. mWv 1.8. 2013 durch G v. 23.7.2013 (BGBl. I S. 2586).

2) Nr. **23.3**.

3) § 30a eingef. mWv 25.4.2006 durch G v. 19.4.2006 (BGBl. I S. 866); Abs. 3 Satz 1 geänd. mWv 1.9. *2009* durch G v. 17.12.2008 (BGBl. I S. 2586); Abs. 1 Satz 1, Abs. 3 Satz 1 geänd. mWv 1.8.2013 durch G v. 23.7.2013 (BGBl. I S. 2586); Abs. 2 Satz 3 neu gef. mWv 4.7.2015 durch G v. 29.6.2015 (BGBl. I S. 1042).

4) Siehe hierzu Übergangsvorschrift in § 42.

5) **Schönfelder Nr. 115.**

6) **Schönfelder Nr. 118.**

7) **Schönfelder Nr. 119.**

8) **Schönfelder Nr. 123.**

9) **Schönfelder Nr. 116.**

10) **Schönfelder Nr. 117.**

(4) Für die Beschwerde finden die vor dem Inkrafttreten des Kostenrechtsmodernisierungsgesetzes vom 5. Mai 2004 (BGBl. I S. 718) am 1. Juli 2004 geltenden Vorschriften weiter Anwendung, wenn die anzufechtende Entscheidung vor dem 1. Juli 2004 der Geschäftsstelle übermittelt worden ist.

Vierter Abschnitt.[1] Kontaktsperre

§ 31[2] [Feststellung der Voraussetzungen für Kontaktsperre] (1) [1]Besteht eine gegenwärtige Gefahr für Leben, Leib oder Freiheit einer Person, begründen bestimmte Tatsachen den Verdacht, daß die Gefahr von einer terroristischen Vereinigung ausgeht, und ist es zur Abwehr dieser Gefahr geboten, jedwede Verbindung von Gefangenen untereinander und mit der Außenwelt zu unterbrechen, so kann eine entsprechende Feststellung getroffen werden. [2]Die Feststellung darf sich nur auf Gefangene beziehen, die wegen einer Straftat nach § 129a, auch in Verbindung mit § 129b Abs. 1, des Strafgesetzbuches[3] oder wegen einer der in dieser Vorschrift bezeichneten Straftaten rechtskräftig verurteilt sind oder gegen die ein Haftbefehl wegen des Verdachts einer solchen Straftat besteht; das gleiche gilt für solche Gefangene, die wegen einer anderen Straftat verurteilt oder die wegen des Verdachts einer anderen Straftat in Haft sind und gegen die der dringende Verdacht besteht, daß sie diese Tat im Zusammenhang mit einer Tat nach § 129a, auch in Verbindung mit § 129b Abs. 1, des Strafgesetzbuches begangen haben. [3]Die Feststellung ist auf bestimmte Gefangene oder Gruppen von Gefangenen zu beschränken, wenn dies zur Abwehr der Gefahr ausreicht. [4]Die Feststellung ist nach pflichtgemäßem Ermessen zu treffen. [5]§ 148 der Strafprozessordnung[4] bleibt unberührt.

(2) Für Gefangene, gegen die die öffentliche Klage noch nicht erhoben wurde oder die rechtskräftig verurteilt sind, kann die Feststellung nach Absatz 1 auf die Unterbrechung des mündlichen und schriftlichen Verkehrs mit dem Verteidiger erstreckt werden.

§ 32[5] [Zuständigkeit für die Feststellung] [1]Die Feststellung nach § 31 trifft die Landesregierung oder die von ihr bestimmte oberste Landesbehörde. [2]Ist es zur Abwendung der Gefahr geboten, die Verbindung in mehreren Ländern zu unterbrechen, so kann die Feststellung der Bundesminister der Justiz und für Verbraucherschutz treffen.

§ 33[6] [Maßnahmen zur Kontaktsperre] [1]Ist eine Feststellung nach § 31 erfolgt, so treffen die zuständigen Behörden der Länder die Maßnahmen, die zur Unterbrechung der Verbindung erforderlich sind. [2]Die Maßnahmen sind zu begründen und dem Gefangenen schriftlich bekannt zu machen. [3]§ 37 Absatz 3 gilt entsprechend.

---

[1] 4. Abschnitt Überschrift eingef. durch G v. 18.6.1997 (BGBl. I S. 1430).

[2] § 31 eingef. durch G v. 30.9.1977 (BGBl. I S. 1877); Satz 2 geänd. mWv 30.8.2002 durch G v. 22.8. 2002 (BGBl. I S. 3390); Abs. 1 Satz 1 geänd., Satz 5 und Abs. 2 angef. mWv 5.9.2017 durch G v. 27.8. 2017 (BGBl. I S. 3295).

[3] **Schönfelder Nr. 85.**

[4] **Schönfelder Nr. 90.**

[5] § 32 *eingef.* durch G v. 30.9.1977 (BGBl. I S. 1877); Satz 2 geänd. mWv 8.9.2015 durch VO v. 31.8. 2015 (BGBl. I S. 1474).

[6] § 33 eingef. durch G v. 30.9.1977 (BGBl. I S. 1877); Sätze 2 und 3 angef. mWv 5.9.2017 durch G v. 27.8.2017 (BGBl. I S. 3295).

§ 34[1)] **[Rechtswirkungen der Kontaktsperre]** (1) Sind Gefangene von Maßnahmen nach § 33 betroffen, so gelten für sie, von der ersten sie betreffenden Maßnahme an, solange sie von einer Feststellung erfaßt sind, die in den Absätzen 2 bis 4 nachfolgenden besonderen Vorschriften.

(2) Gegen die Gefangenen laufende Fristen werden gehemmt, wenn sie nicht nach anderen Vorschriften unterbrochen werden.

(3) In Strafverfahren und anderen gerichtlichen Verfahren, für die die Vorschriften der Strafprozeßordnung[2)] als anwendbar erklärt sind, gilt ergänzend folgendes:

1. Gefangenen, die keinen Verteidiger haben, wird ein Verteidiger bestellt.
2. [1] Gefangene dürfen bei Vernehmungen und anderen Ermittlungshandlungen auch dann nicht anwesend sein, wenn sie nach allgemeinen Vorschriften ein Recht auf Anwesenheit haben; Gleiches gilt für ihre Verteidiger, soweit ein von der Feststellung nach § 31 erfaßter Mitgefangener anwesend ist und soweit die gemäß § 31 Absatz 1 getroffene Feststellung nach § 31 Absatz 2 auf den schriftlichen und mündlichen Verkehr mit dem Verteidiger erstreckt wurde. [2] Solche Maßnahmen dürfen nur stattfinden, wenn der Gefangene oder der Verteidiger ihre Durchführung verlangt und derjenige, der nach Satz 1 nicht anwesend sein darf, auf seine Anwesenheit verzichtet. [3] Wurde die gemäß § 31 Absatz 1 getroffene Feststellung nach § 31 Absatz 2 auf den schriftlichen und mündlichen Verkehr mit dem Verteidiger erstreckt, ist § 147 Absatz 3 der Strafprozessordnung nicht anzuwenden, soweit der Zweck der Untersuchung gefährdet würde.
3. Wurde die gemäß § 31 Absatz 1 getroffene Feststellung nach § 31 Absatz 2 auf den schriftlichen und mündlichen Verkehr mit dem Verteidiger erstreckt, findet eine Vernehmung des Gefangenen als Beschuldigter, bei der der Verteidiger nach allgemeinen Vorschriften ein Anwesenheitsrecht hat, nur statt, wenn der Gefangene und der Verteidiger auf die Anwesenheit des Verteidigers verzichten.
4. [1] Wurde die gemäß § 31 Absatz 1 getroffene Feststellung nach § 31 Absatz 2 auf den schriftlichen und mündlichen Verkehr mit dem Verteidiger erstreckt, hat der Verteidiger bei der Verkündung eines Haftbefehls kein Recht auf Anwesenheit; er ist von der Verkündung des Haftbefehls zu unterrichten. [2] Der Richter hat dem Verteidiger das wesentliche Ergebnis der Vernehmung des Gefangenen bei der Verkündung, soweit der Zweck der Unterbrechung nicht gefährdet wird, und die Entscheidung mitzuteilen.
5. [1] Wurde die gemäß § 31 Absatz 1 getroffene Feststellung nach § 31 Absatz 2 auf den schriftlichen und mündlichen Verkehr mit dem Verteidiger erstreckt, finden mündliche Haftprüfungen sowie andere mündliche Verhandlungen, deren Durchführung innerhalb bestimmter Fristen vorgesehen ist, soweit der Gefangene anwesend ist, ohne den Verteidiger statt; Nummer 4 Satz 2 gilt entsprechend. [2] Eine mündliche Verhandlung bei der Haftprüfung ist auf Antrag des Gefangenen oder seines Verteidigers nach Ende der Maßnahmen nach § 33 zu wiederholen, auch wenn die Voraussetzungen des § 118 Abs. 3 der Strafprozeßordnung nicht vorliegen.
6. [1] Eine Hauptverhandlung findet nicht statt und wird, wenn sie bereits begonnen hat, nicht fortgesetzt. [2] Die Hauptverhandlung darf bis zur Dauer von dreißig

---

[1)] § 34 eingef. durch G v. 30.9.1977 (BGBl. I S. 1877); Abs. 3 Nr. 2 Satz 1 geänd., Satz 3, Nr. 3, 4 Satz 1, Nr. 5 Satz 1, Nr. 8 Satz 2 neu gef. mWv 5.9.2017 durch G v. 27.8.2017 (BGBl. I S. 3295).

[2)] **Schönfelder Nr. 90.**

Tagen unterbrochen werden; § 229 Abs. 2 der Strafprozeßordnung bleibt unberührt.

7. Eine Unterbringung zur Beobachtung des psychischen Zustandes nach § 81 der Strafprozeßordnung darf nicht vollzogen werden.

8. [1] Der Gefangene darf sich in einem gegen ihn gerichteten Strafverfahren schriftlich an das Gericht oder die Staatsanwaltschaft wenden. [2] Wurde die gemäß § 31 Absatz 1 getroffene Feststellung nach § 31 Absatz 2 auf den schriftlichen und mündlichen Verkehr mit dem Verteidiger erstreckt, darf dem Verteidiger für die Dauer der Feststellung keine Einsicht in diese Schriftstücke gewährt werden.

(4) Ein anderer Rechtsstreit oder ein anderes gerichtliches Verfahren, in dem der Gefangene Partei oder Beteiligter ist, wird unterbrochen; das Gericht kann einstweilige Maßnahmen treffen.

§ 34a[1)] **[Beiordnung eines Rechtsanwalts als Kontaktperson]** (1) [1] Wurde die gemäß § 31 Absatz 1 getroffene Feststellung nach § 31 Absatz 2 auf den schriftlichen und mündlichen Verkehr mit dem Verteidiger erstreckt, ist dem Gefangenen auf seinen Antrag ein Rechtsanwalt als Kontaktperson beizuordnen. [2] Der Kontaktperson obliegt, unter Wahrung der Ziele der nach § 31 getroffenen Feststellung, die rechtliche Betreuung des Gefangenen, soweit dafür infolge der nach § 33 getroffenen Maßnahmen ein Bedürfnis besteht; die Kontaktperson kann insbesondere durch Anträge und Anregungen auf die Ermittlung entlastender Tatsachen und Umstände hinwirken, die im Interesse des Gefangenen unverzüglicher Aufklärung bedürfen.

(2) [1] Soweit der Gefangene damit einverstanden ist, teilt die Kontaktperson dem Gericht und der Staatsanwaltschaft die bei dem Gespräch mit dem Gefangenen und im weiteren Verlauf ihrer Tätigkeit gewonnenen Erkenntnisse mit; sie kann im Namen des Gefangenen Anträge stellen. [2] Die Kontaktperson ist im Einverständnis mit dem Gefangenen befugt, an Vernehmungen und Ermittlungshandlungen teilzunehmen, bei denen der Verteidiger nach § 34 Abs. 3 Nr. 3, Nr. 4 Satz 1 und Nr. 5 Satz 1 nicht anwesend sein darf. [3] Die Kontaktperson darf Verbindung mit Dritten aufnehmen, soweit dies zur Erfüllung ihrer Aufgaben nach Absatz 1 unabweisbar ist.

(3) [1] Über die Beiordnung einer Kontaktperson und deren Auswahl aus dem Kreis der im Geltungsbereich dieses Gesetzes zugelassenen Rechtsanwälte entscheidet der Präsident des Landgerichts, in dessen Bezirk die Justizvollzugsanstalt liegt, innerhalb von 48 Stunden nach Eingang des Antrags. [2] Der Verteidiger des Gefangenen darf nicht beigeordnet werden. [3] Der Präsident ist hinsichtlich der Beiordnung und der Auswahl Weisungen nicht unterworfen; seine Vertretung richtet sich nach § 21h des Gerichtsverfassungsgesetzes[2)]. [4] Dritte dürfen über die Person des beigeordneten Rechtsanwalts, außer durch ihn selbst im Rahmen seiner Aufgabenerfüllung nach Absatz 1 und 2, nicht unterrichtet werden. [5] Der beigeordnete Rechtsanwalt muß die Aufgaben einer Kontaktperson übernehmen. [6] Der Rechtsanwalt kann beantragen, die Beiordnung aufzuheben, wenn hierfür wichtige Gründe vorliegen.

(4) Der Gefangene hat nicht das Recht, einen bestimmten Rechtsanwalt als Kontaktperson vorzuschlagen.

---

1) § 34a eingef. durch G v. 4.12.1985 (BGBl. I S. 2141); Abs. 1 Satz 1 neu gef., Abs. 6 geänd. mWv 5.9. 2017 durch G v. 27.8.2017 (BGBl. I S. 3295).

2) Nr. **6.1**.

(5) [1]Dem Gefangenen ist mündlicher Verkehr mit der Kontaktperson gestattet. [2]Für das Gespräch sind Vorrichtungen vorzusehen, die die Übergabe von Schriftstücken und anderen Gegenständen ausschließen.

(6) Der Gefangene ist bei Bekanntgabe der Feststellung nach § 31, die nach dessen Absatz 2 auf den schriftlichen und mündlichen Verkehr mit dem Verteidiger erstreckt wird, über sein Recht, die Beiordnung einer Kontaktperson zu beantragen, und über die übrigen Regelungen der Absätze 1 bis 5 zu belehren.

§ 35[1)] [Gerichtliche Bestätigung der Kontaktsperre] [1]Die Feststellung nach § 31 verliert ihre Wirkung, wenn sie nicht innerhalb von zwei Wochen nach ihrem Erlaß bestätigt worden ist. [2]Für die Bestätigung einer Feststellung, die eine Landesbehörde getroffen hat, ist ein Strafsenat des Oberlandesgerichts zuständig, in dessen Bezirk die Landesregierung ihren Sitz hat, für die Bestätigung einer Feststellung des Bundesministers der Justiz und für Verbraucherschutz ein Strafsenat des Bundesgerichtshofes; § 25 Abs. 2 gilt entsprechend.

§ 36[2)] [Beendigung der Kontaktsperre; Wiederholung] [1]Die Feststellung nach § 31 ist zurückzunehmen, sobald ihre Voraussetzungen nicht mehr vorliegen. [2]Sie verliert spätestens nach Ablauf von dreißig Tagen ihre Wirkung; die Frist beginnt mit Ablauf des Tages, unter dem die Feststellung ergeht. [3]Eine Feststellung, die bestätigt worden ist, kann mit ihrem Ablauf erneut getroffen werden, wenn die Voraussetzungen noch vorliegen; für die erneute Feststellung gilt § 35. [4]War eine Feststellung nicht bestätigt, so kann eine erneute Feststellung nur getroffen werden, wenn neue Tatsachen es erfordern. [5]§ 34 Abs. 3 Nr. 6 Satz 2 ist bei erneuten Feststellungen nicht mehr anwendbar.

§ 37[3)] [Anfechtung von Einzelmaßnahmen] (1) Über die Rechtmäßigkeit einzelner Maßnahmen nach § 33 entscheidet auf Antrag ein Strafsenat des Oberlandesgerichts, in dessen Bezirk die Landesregierung ihren Sitz hat.

(2) Stellt ein Gefangener einen Antrag nach Absatz 1, so ist der Antrag von einem Richter bei dem Amtsgericht aufzunehmen, in dessen Bezirk der Gefangene verwahrt wird.

(3) [1]Bei der Anhörung werden Tatsachen und Umstände soweit und solange nicht mitgeteilt, als die Mitteilung den Zweck der Unterbrechung gefährden würde. [2]§ 33a der Strafprozeßordnung[4)] gilt entsprechend.

(4) Die Vorschriften des § 23 Abs. 2, des § 24 Abs. 1, des § 25 Abs. 2 und der §§ 26 bis 30 gelten entsprechend.

§ 38[5)] [Kontaktsperre bei Maßregel der Besserung und Sicherung oder einstweiliger Unterbringung] Die Vorschriften der §§ 31 bis 37 gelten entsprechend, wenn eine Maßregel der Besserung und Sicherung vollzogen wird oder wenn ein Unterbringungsbefehl nach § 126a der Strafprozeßordnung[4)] besteht.

[1)] § 35 eingef. durch G v. 30.9.1977 (BGBl. I S. 1877); Satz 2 geänd. mWv 8.9.2015 durch VO v. 31.8. 2015 (BGBl. I S. 1474).

[2)] § 36 eingef. durch G v. 30.9.1977 (BGBl. I S. 1877).

[3)] § 37 eingef. durch G v. 30.9.1977 (BGBl. I S. 1877).

[4)] **Schönfelder Nr. 90.**

[5)] § 38 eingef. durch G v. 30.9.1977 (BGBl. I S. 1877).

§ 38a[1)] **[Kontaktsperre bei Verdacht der Bildung einer kriminellen Vereinigung]** (1) [1]Die §§ 31 bis 38 finden entsprechende Anwendung, wenn gegen einen Gefangenen ein Strafverfahren wegen des Verdachts der Bildung einer kriminellen Vereinigung (§ 129 des Strafgesetzbuches[2)]) eingeleitet worden ist oder eingeleitet wird, deren Zweck oder deren Tätigkeit darauf gerichtet ist,

1. Mord oder Totschlag (§§ 211, 212) oder Völkermord (§ 6 des Völkerstrafgesetzbuches[3)]),
2. Straftaten gegen die persönliche Freiheit in den Fällen des § 239a oder des § 239b oder
3. gemeingefährliche Straftaten in den Fällen der §§ 306 bis 308, des § 310b Abs. 1, des § 311 Abs. 1, des § 311a Abs. 1, der §§ 312, 316c Abs. 1 oder des § 319

zu begehen. [2]Sie finden entsprechende Anwendung auch für den Fall, dass der nach § 31 Satz 2 zweiter Halbsatz erforderliche dringende Tatverdacht sich auf eine Straftat nach § 129 des Strafgesetzbuches bezieht, die die Voraussetzungen des Satzes 1 Nr. 1 bis 3 erfüllt.

(2) Das Gleiche gilt, wenn der Gefangene wegen einer solchen Straftat rechtskräftig verurteilt worden ist.

Fünfter Abschnitt.[4)] Insolvenzstatistik

§ 39[5)] *(aufgehoben)*

Sechster Abschnitt.[6)] Übergangsvorschriften

§ 40[6)] **[Anwendung des § 119 GVG]** § 119 findet im Fall einer Entscheidung über Ansprüche, die von einer oder gegen eine Partei erhoben worden sind, die ihren allgemeinen Gerichtsstand im Zeitpunkt der Rechtshängigkeit in erster Instanz außerhalb des Geltungsbereichs des Gerichtsverfassungsgesetzes[7)] hatte, sowie im Fall einer Entscheidung, in der das Amtsgericht ausländisches Recht angewendet und dies in den Entscheidungsgründen ausdrücklich festgestellt hat, in der bis zum 31. August 2009 geltenden Fassung auf Berufungs- und Beschwerdeverfahren Anwendung, wenn die anzufechtende Entscheidung vor dem 1. September 2009 erlassen wurde.

[§ 40a bis 31.12.2020:]

§ 40a[8)] **[Anwendung der §§ 72a und 119a GVG]** Die §§ 72a und 119a des Gerichtsverfassungsgesetzes[7)] sind auf die vor dem 1. Januar 2018 anhängig gewordenen Verfahren nicht anzuwenden.

---

1) § 38a eingef. mWv 25.4.2006 durch G v. 19.4.2006 (BGBl. I S. 866).

2) **Schönfelder Nr. 85.**

3) **Schönfelder ErgBd. Nr. 85g.**

4) 5. Abschnitt (§ 39) eingef. durch G v. 15.12.1999 (BGBl. I S. 2398).

5) § 39 aufgeh. mWv 1.1.2013 durch G v. 7.12.2011 (BGBl. I S. 2582).

6) 6. Abschnitt (§ 40) eingef. mWv 1.9.2009 durch G v. 17.12.2008 (BGBl. I S. 2586).

7) Nr. **6.1**.

8) § 40a eingef. mWv 1.1.2018 durch G v. 28.4.2017 (BGBl. I S. 969).

[§ 40a ab 1.1.2021:]
§ 40a[1] ***[Anwendung der §§ 72a und 119a GVG]*** *(1) Die §§ 72a und 119a des Gerichtsverfassungsgesetzes*[2] *in der bis einschließlich 31. Dezember 2020 geltenden Fassung sind auf Verfahren, die vor dem 1. Januar 2018 anhängig geworden sind, nicht anzuwenden.*

(2) Auf Verfahren, die ab dem 1. Januar 2018 bis einschließlich 31. Dezember 2020 anhängig geworden sind, sind die §§ 72a und 119a des Gerichtsverfassungsgesetzes in der bis einschließlich 31. Dezember 2020 geltenden Fassung anzuwenden.

§ 41[3] **[Anwendung der §§ 74, 74c, 74f und 76 GVG]** (1) Für Verfahren, die vor dem 1. Januar 2012 beim Landgericht anhängig geworden sind, sind die §§ 74, 74c und 76 des Gerichtsverfassungsgesetzes in der bis zum 31. Dezember 2011 geltenden Fassung anzuwenden.

(2) Hat die Staatsanwaltschaft in Verfahren, in denen über die im Urteil vorbehaltene oder die nachträgliche Anordnung der Sicherungsverwahrung zu entscheiden ist, die Akten dem Vorsitzenden des zuständigen Gerichts vor dem 1. Januar 2012 übergeben, ist § 74f des Gerichtsverfassungsgesetzes[2] in der bis zum 31. Dezember 2011 geltenden Fassung entsprechend anzuwenden.

§ 42[4] **[Weitergeltung von § 30a]** § 30a ist auf Verwaltungsakte im Bereich der Kostenordnung auch nach dem Inkrafttreten des 2. Kostenrechtsmodernisierungsgesetzes vom 23. Juli 2013 (BGBl. I S. 2586) weiter anzuwenden.

§ 43[5] **[Anwendung von § 169 Abs. 2 GVG]** § 169 Absatz 2 des Gerichtsverfassungsgesetzes[2] findet keine Anwendung auf Verfahren, die am 18. April 2018 bereits anhängig sind.

---

[1] § 40a neu gef. **mWv 1.1.2021** durch G v. 12.12.2019 (BGBl. I S. 2633).
[2] Nr. **6.1**.
[3] § 41 angef. mWv 1.1.2012 durch G v. 6.12.2011 (BGBl. I S. 2554).
[4] § 42 angef. mWv 1.8.2013 durch G v. 23.7.2013 (BGBl. I S. 2586).
[5] § 43 angef. mWv 19.10.2017 durch G v. 8.10.2017 (BGBl. I S. 3546).

6.31. Gesetz über die Justiz im Land Nordrhein-Westfalen (Justizgesetz Nordrhein-Westfalen – JustG NRW) 1)2)

Vom 26. Januar 2010
(GV. NRW. S. 30)

SGV. NRW. 304

zuletzt geänd. durch Art. 2 G zur Reform des HinterlegungsG Nordrhein-Westfalen v. 19.12.2019 (GV. NRW. S. 1004)

Inhaltsübersicht3)

---

1) Verkündet als Art. 1 G zur Modernisierung und Bereinigung von Justizgesetzen im Land NRW v. *26.1.2010* (GV. NRW S. 30); Inkrafttreten gem. Art . 4 dieses G am 1.1.2011.

2) Das Gesetz weicht in einzelnen Punkten vom Sozialgerichtsgesetz **(Sartorius ErgBd. Nr. 415)** ab, vgl. Hinweis v. 13.12.2017 (BGBl. I S. 3902).

3) Inhaltsübersicht geänd. mWv 1.1.2011 durch G v. 5.4.2011 (GV. NRW. S. 199); geänd. mWv 22.11.2011 durch G v. 25.10.2011 (GV. NRW. S. 539); geänd. mWv 15.12.2016 durch G v. 6.12.2016 (GV. NRW. S. 1066); geänd. mWv 1.1.2019 durch G v. 18.12.2018 (GV. NRW. S. 770); geänd. mWv 24.7.2019 durch G v. 12.7.2019 (GV. NRW. S. 364); geänd. mWv 1.6.2020 durch G v. 19.12.2019 (GV. NRW. S. 1004); sie wurde nichtamtlich an die nachträglichen Änderungen durch G v. 20.5.2014 (GV. NRW. S. 311) angepasst.

Teil 1: Organisation der Rechtspflege

Kapitel 1: Aufbau der Justizverwaltung

§ 1[1)] Oberste Landesbehörde. (1) Oberste Landesbehörde im Sinne dieses Gesetzes ist das Justizministerium.

[1)] § 1 Abs. 2 Satz 1 geänd. mWv 24.7.2019 durch G v. 12.7.2019 (GV. NRW. S. 364).

Bescheinigung des Finanzamtes (Freistellungsbescheid oder sonstige Bestätigung) nachzuweisen.

(3) Die Gebührenfreiheit nach den Absätzen 1 und 2 gilt auch für Beurkundungs- und Beglaubigungsgebühren, die Gebührenfreiheit nach Absatz 1 ferner für die Gebühren der Gerichtsvollzieherinnen oder Gerichtsvollzieher.

(4) Folgende Vorschriften, durch die in den Verfahren und Angelegenheiten vor den ordentlichen Gerichten sowie in Justizverwaltungsangelegenheiten Kosten- und Gebührenfreiheit gewährt wird, bleiben aufrechterhalten:

1. § 1 Absatz 4 des Preußischen Gesetzes betreffend die Ergänzung der Gesetze über die Errichtung von Marksteinen vom 7. Oktober 1865, vom 7. April 1869 und vom 24. Mai 1901;
2. § 2 des Gesetzes über Gemeinheitsteilung und Reallastenablösung vom 28. November 1961 (GV. NRW. S. 319).

§ 123[1)] Stundung, Niederschlagung und Erlass von Kosten. (1) Gerichtskosten, nach § 59 des Rechtsanwaltsvergütungsgesetzes[2)] auf die Landeskasse übergegangene Ansprüche und sonstige Ansprüche nach § 1 Absatz 1 Nummern 4b bis 9 des Justizbeitreibungsgesetzes in der Fassung der Bekanntmachung vom 27. Juni 2017 (BGBl. I S. 1926) in der jeweils geltenden Fassung können gestundet werden, wenn ihre sofortige Einziehung mit besonderen Härten für die Zahlungspflichtige oder den Zahlungspflichtigen verbunden wäre und der Anspruch durch die Stundung nicht gefährdet wird.

(2) Ansprüche der in Absatz 1 genannten Art können befristet oder unbefristet niedergeschlagen werden, wenn feststeht, dass die Einziehung keinen Erfolg haben wird oder wenn die Kosten der Einziehung außer Verhältnis zur Höhe des Anspruchs stehen.

(3) [1] Ansprüche der in Absatz 1 genannten Art können ganz oder zum Teil erlassen werden,

1. wenn es zur Förderung öffentlicher Zwecke geboten erscheint;
2. wenn die Einziehung mit besonderen Härten für die Zahlungspflichtige oder den Zahlungspflichtigen verbunden wäre;
3. wenn es sonst aus besonderen Gründen der Billigkeit entspricht.

[2] Entsprechendes gilt für die Erstattung oder Anrechnung bereits entrichteter Beträge.

(4) [1] Zuständig für die Entscheidung ist das für Justiz zuständige Ministerium. [2] Es kann seine Befugnis ganz oder teilweise oder für bestimmte Arten von Fällen auf Behörden seines Geschäftsbereichs oder auf andere Stellen, die Forderungen aus dem Justizressort beitreiben, übertragen.

Kapitel 2: Kosten im Bereich der Justizverwaltung

§ 124[3)] Anwendung des Justizverwaltungskostengesetzes. [1] In Justizverwaltungsangelegenheiten erheben die Justizbehörden des Landes Kosten (Ge-

---

[1)] § 123 Überschrift und Abs. 1 geänd., Abs. 2 eingef., bish. Abs. 2 und 3 werden Abs. 3 und 4 und Abs. 4 Satz 2 geänd. mWv 1.1.2011 durch G v. 5.4.2011 (GV. NRW. S. 199); Abs. 1 und Abs. 4 Satz 1 geänd. mWv 1.6.2020 durch G v. 19.12.2019 (GV. NRW. S. 1004).

[2)] **Schönfelder Nr. 117.**

[3)] § 124 neu gef. mWv 1.8.2013 durch G v. 20.5.2014 (GV. NRW. S. 311).

bühren und Auslagen) nach dem Justizverwaltungskostengesetz[1] vom 23. Juli 2013 (BGBl. I S. 2586, 2655) in der jeweils geltenden Fassung. [2]Hiervon ausgenommen sind die Auslagen nach Nummer 2001 des Kostenverzeichnisses (Anlage zu § 4 Absatz 1 des Justizverwaltungskostengesetzes). [3]Ergänzend gelten § 125 dieses Gesetzes und das anliegende Gebührenverzeichnis (Anlage 2).

§ 125[2] Anwendung des Justizbeitreibungsgesetzes. Das Justizbeitreibungsgesetz[3] in der jeweils für die Justizbehörden des Bundes geltenden Fassung gilt für die Einziehung der dort in § 1 Absatz 1 genannten Ansprüche auch insoweit, als diese Ansprüche nicht auf bundesrechtlicher Regelung beruhen.

§ 126 Anwendungsbereich. Die §§ 124 und 125 dieses Gesetzes gelten für Gerichtsverwaltungsangelegenheiten des Verfassungsgerichtshofs für das Land Nordrhein-Westfalen entsprechend.

Kapitel 3: Kosten in landesrechtlichen Verfahren der freiwilligen Gerichtsbarkeit

§ 127 Grundsatz. [1]In Angelegenheiten der freiwilligen Gerichtsbarkeit, welche durch Landesgesetz den ordentlichen Gerichten übertragen sind, finden die §§ 80 bis 85 des Gesetzes über das Verfahren in Familiensachen und in den Angelegenheiten der freiwilligen Gerichtsbarkeit[4] entsprechende Anwendung, soweit nicht entgegenstehende Vorschriften gegeben sind. [2]Dies gilt ebenso für die Anfechtung von Kostenentscheidungen.

§ 128 Zwangsvollstreckung wegen Kosten. Aus der gerichtlichen Kostenfestsetzung sowie aus der Entscheidung, durch die eine Beteiligte oder ein Beteiligter zur Erstattung der ihr oder ihm zu viel gezahlten Kosten verpflichtet wird, findet die Zwangsvollstreckung nach den Vorschriften der Zivilprozessordnung[5] statt.

§ 129 Kosten des Verfahrens. (1) [1]Hat das Gericht in Verfahren gemäß den §§ 78 bis 86 dieses Gesetzes keine anderweitige Entscheidung nach Maßgabe des § 81 des Gesetzes über das Verfahren in Familiensachen und in den Angelegenheiten der freiwilligen Gerichtsbarkeit[4] getroffen, fallen die Kosten des Verfahrens vor dem Gericht und des Verfahrens vor der Notarin oder dem Notar dem Nachlass zur Last. [2]Über die Verpflichtung zur Tragung der Gebühren und Auslagen von Bevollmächtigten und die durch die Versäumung verursachten Kosten entscheidet das Gericht nach Maßgabe des § 81 des Gesetzes über das Verfahren in Familiensachen und in den Angelegenheiten der freiwilligen Gerichtsbarkeit. [3]Die Kosten einer für das Auseinandersetzungsverfahren angeordneten Abwesenheitspflegschaft (§ 364 des Gesetzes über das Verfahren in Familiensachen und in den Angelegenheiten der freiwilligen Gerichtsbarkeit) fallen der oder dem abwesenden Beteiligten zur Last.

---

[1] **Schönfelder Nr. 120.**
[2] § 125 Überschrift neu gef., Wortlaut geänd. mWv 1.6.2020 durch G v. 19.12.2019 (GV. NRW. S. 1004).
[3] **Schönfelder Nr. 122.**
[4] ***Schönfelder Nr. 112.***
[5] Nr. 23.3.

(2) Diese Vorschriften finden keine Anwendung, soweit in der Auseinandersetzungsurkunde ein anderes bestimmt ist.

(3) Wer die Kosten der Beschwerdeinstanz zu tragen hat, bestimmt sich nach dem Inhalt der darüber ergangenen gerichtlichen Entscheidung.

(4) Die Vorschriften der §§ 126 bis 128 finden keine Anwendung.

Kapitel 4.[1)] Kosten in Hinterlegungssachen

§ 129a[1)] Gebühren und Auslagen. [1]In Hinterlegungssachen werden Kosten (Gebühren und Auslagen) nach den Bestimmungen dieses Kapitels erhoben. [2]Ergänzend gilt das Gebührenverzeichnis (Anlage zu § 124).

§ 129b[1)] Festsetzung der Rahmengebühren. [1]Bei den Rahmengebühren nach den Nummern 8 und 9 des Gebührenverzeichnisses setzt die Hinterlegungsstelle, bei den Rahmengebühren nach den Nummern 11 und 12 des Gebührenverzeichnisses die Stelle, die über die Beschwerde zu entscheiden hat, die Höhe der Gebühr nach billigem Ermessen fest. [2]Die die Gebühr festzusetzende Stelle hat dabei insbesondere die Bedeutung der Angelegenheit für die Beteiligten, Umfang und Schwierigkeit der Amtshandlung sowie den Wert des hinterlegenden Gegenstandes und die Dauer der Hinterlegung zu berücksichtigen.

§ 129c[1)] Auslagen. Als Auslagen werden erhoben:

1. die Auslagen nach den Nummern 2000 und 2002 des Kostenverzeichnisses gemäß Anlage zu § 4 Absatz 1 des Justizverwaltungskostengesetzes[2)] sowie nach den Nummern 9001 bis 9006, 9008, 9009 und 9012 bis 9014 des Kostenverzeichnisses gemäß Anlage 1 zu § 3 Absatz 2 des Gerichtskostengesetzes[3)] in der Fassung der Bekanntmachung vom 27. Februar 2014 (BGBl. I S. 154) in der jeweils geltenden Fassung in Verbindung mit Teil 2, Vorbemerkung 2 der Anlage zu § 4 Absatz 1 des Justizverwaltungskostengesetzes,
2. die Beträge, die bei der Umwechslung von Zahlungsmitteln nach § 13 Absatz 2 Satz 2 des Hinterlegungsgesetzes Nordrhein-Westfalen vom 16. März 2010 (GV. NRW. S. 192) in der jeweils geltenden Fassung oder bei der Besorgung von Geschäften nach § 16 des Hinterlegungsgesetzes Nordrhein-Westfalen an Banken oder an andere Stellen zu zahlen sind, und
3. die Dokumentenpauschale nach der Nummer 9000 des Kostenverzeichnisses gemäß Anlage 1 zu § 3 Absatz 2 des Gerichtskostengesetzes für Kopien und Ausdrucke, die anzufertigen sind, weil ein Antrag auf Annahme nicht in der erforderlichen Anzahl von Stücken vorgelegt worden ist.

§ 129d[1)] Berechnung der Kosten. (1) Die Kosten werden bei der Hinterlegungsstelle angesetzt.

(2) [1]Zuständig für Entscheidungen nach § 22 des Justizverwaltungskostengesetzes[2)] ist das Amtsgericht, bei dem die Hinterlegungsstelle eingerichtet ist. [2]Das Gleiche gilt für Einwendungen gegen Maßnahmen nach Absatz 3 Nummer 2 und 3.

[1)] Teil 4 Kap. 4 (§§ 129a–129d) eingef. mWv 1.6.2020 durch G v. 19.12.2019 (GV. NRW. S. 1004).
[2)] **Schönfelder Nr. 120.**
[3)] **Schönfelder Nr. 115.**

(3) [1] Zur Zahlung der Kosten sind auch die empfangsberechtigte Person, an die oder für deren Rechnung die Herausgabe verfügt wurde, sowie diejenige oder derjenige verpflichtet, in deren oder dessen Interesse eine Behörde um die Hinterlegung ersucht hat. [2] Die Kosten können der Masse entnommen werden, soweit es sich um Geld handelt, das in das Eigentum des Landes übergegangen ist. [3] Die Herausgabe hinterlegter Sachen kann von der Zahlung der Kosten abhängig gemacht werden. [4] Die Verjährung des Kostenanspruchs hindert die Vorgehensweise nach den Sätzen 2 und 3 nicht.

(4) Absatz 3 ist auf Kosten, die für das Verfahren über Beschwerden erhoben werden, nur anzuwenden, soweit diejenige Person, der die Kosten des Verfahrens auferlegt worden sind, empfangsberechtigt ist.

(5) [1] Kosten sind nicht zu erheben oder sind, falls sie erhoben wurden, zu erstatten, wenn die Hinterlegung aufgrund des § 116 Absatz 1 Nummer 4 oder des § 116a der Strafprozessordnung[1)] erfolgt oder bereits erfolgt ist, um eine beschuldigte Person von der Untersuchungshaft zu verschonen, und die beschuldigte Person rechtskräftig außer Verfolgung gesetzt oder freigesprochen oder das Verfahren gegen sie eingestellt wird. [2] Ist der Verfall der Sicherheit rechtskräftig ausgesprochen worden, so werden bereits erhobene Kosten nicht erstattet.

(6) Ist bei Vormundschaften sowie bei Betreuungen, bei Pflegschaften für Minderjährige und in den Fällen des § 1667 des Bürgerlichen Gesetzbuchs[2)] aufgrund gesetzlicher Verpflichtungen oder Anordnung des Betreuungs- oder Familiengerichts hinterlegt, gilt Teil 3, Hauptabschnitt 1, Vorbemerkung 3.1 Absatz 2 in Verbindung mit Teil 1, Hauptabschnitt 1, Vorbemerkung 1.1 Absatz 1 des Kostenverzeichnisses gemäß Anlage 1 zu § 3 Absatz 2 des Gerichts- und Notarkostengesetzes[3)] entsprechend.

Teil 5: Ausführungsbestimmungen zum Handelsgesetzbuch

§ 130 Zusammenfassung benachbarter Gemeinden. [1] Für den Erlass von Bestimmungen, welche nach § 30 Absatz 4 des Handelsgesetzbuchs[4)] dazu erlassen werden können, benachbarte Orte oder Gemeinden als einen Ort oder als eine Gemeinde im Sinne des § 30 des Handelsgesetzbuchs anzusehen, sind das Justizministerium und das für Wirtschaft zuständige Ministerium gemeinschaftlich zuständig. [2] Vor dem Erlass solcher Bestimmungen sind in der Regel die Organe des Handelsstandes gutachtlich zu hören.

§ 131 Bekanntmachung von Inhaberpapier-Verlusten. [1] Zur Bekanntmachung des Verlustes eines Inhaberpapiers nach § 367 des Handelsgesetzbuchs[4)] sind die Polizeibehörden auf Antrag der Eigentümerin oder des Eigentümers verpflichtet, wenn glaubhaft gemacht wird, dass das Papier der Eigentümerin oder dem Eigentümer gestohlen worden, verloren gegangen oder sonst abhanden gekommen ist. [2] Die Kosten der Bekanntmachung hat die antragstellende Person zu tragen und auf Anforderung vorzuschießen.

[1)] **Schönfelder Nr. 90.**
[2)] **Schönfelder Nr. 20.**
[3)] ***Schönfelder Nr. 119.***
[4)] **Schönfelder Nr. 50.**

Teil 6: Schlussbestimmungen

§ 132 Dynamische Verweisung. Soweit die vorstehenden Bestimmungen auf bundesrechtliche Vorschriften verweisen, sind diese in der jeweils geltenden Fassung anzuwenden.

§ 133[1)] Inkrafttreten, Übergangsregelung. (1) Dieses Gesetz tritt am 1. Januar 2011 in Kraft.

(2) Für bis zum Inkrafttreten des Gesetzes zur Änderung des Justizgesetzes Nordrhein-Westfalen vom 6. Dezember 2016 (GV. NRW. S. 1066) beantragte Auseinandersetzungen gemäß den §§ 80 bis 86 ist das Justizgesetz Nordrhein-Westfalen vom 26. Januar 2010 (GV. NRW. S. 30) in seiner bis dahin geltenden Fassung weiter anzuwenden.

(3) [1] § 109 ist in den Verfahren nach § 47 der Verwaltungsgerichtsordnung[2)], die vor dem 1. Januar 2019 anhängig gemacht worden sind, in seiner bis dahin geltenden Fassung anzuwenden. [2] § 109a ist nicht anzuwenden auf Rechtsvorschriften, die vor dem 1. Januar 2019 bekannt gemacht worden sind.

[1)] § 133 Überschrift und Abs. 2 neu gef. mWv 15.12.2016 durch G v. 6.12.2016 (GV. NRW. S. 1066); Abs. 3 angef. mWv 1.1.2019 durch G v. 18.12.2018 (GV. NRW. S. 770).

[2)] **v. Hippel/Rehborn Nr. 250.**

Teil 6: Schlussbestimmungen

§ 132 Dynamische Verweisung. Soweit die vorstehenden Bestimmungen auf bundesrechtliche Vorschriften verweisen, sind diese in der jeweils geltenden Fassung anzuwenden.

§ 133[1] Inkrafttreten, Übergangsregelung. (1) Dieses Gesetz tritt am 1. Januar 2011 in Kraft.

(2) Für bis zum Inkrafttreten des Gesetzes zur Änderung des Justizgesetzes Nordrhein-Westfalen vom 6. Dezember 2016 (GV. NRW. S. 1056) beantragte Auseinandersetzungen gemäß den §§ 80 bis 86 ist das Justizgesetz Nordrhein-Westfalen vom 26. Januar 2010 (GV. NRW. S. 30) in seiner bis dahin geltenden Fassung weiter anzuwenden.

(3) [1] § 109 ist in den Verfahren nach § 47 der Verwaltungsgerichtsordnung[2], die vor dem 1. Januar 2019 anhängig gemacht worden sind, in seiner bis dahin geltenden Fassung anzuwenden. [2] § 109a ist nicht anzuwenden auf Rechtsvorschriften, die vor dem 1. Januar 2019 bekannt gemacht worden sind.

---

[1] § 133 Überschrift und Abs. 2 neu gef. mWv 15.12.2016 durch G v. 6.12.2016 (GV. NRW. S. 1056); Abs. 3 angef. mWv 1.1.2019 durch G v. 18.12.2018 (GV. NRW. S. 770).
[2] v. Hippel/Rehborn Nr. 250.

Anlage 2[1)2)]
Anlage zu § 124

Gebührenverzeichnis

Nummer	Gegenstand	Gebühren
1	Feststellungserklärung nach § 1059a Absatz 1 Nummer 2, Absatz 2, § 1059e, § 1092 Absatz 2, § 1098 Absatz 3 des Bürgerlichen Gesetzbuchs[3)]	25 bis 385 Euro
2	Schuldnerverzeichnis	
2.1	Entscheidung über den Antrag auf Bewilligung des laufenden Bezugs von Abdrucken (§ 882g der Zivilprozessordnung[4)])	525 Euro
2.2	Erteilung von Abdrucken (§§ 882b, 882g der Zivilprozessordnung[4)]) Anmerkung: Neben den Gebühren für die Erteilung von Abdrucken werden die Dokumentenpauschale und die Datenträgerpauschale nicht erhoben.	0,50 Euro je Eintragung, mindestens 17 Euro
2.3	Einsicht in das Schuldnerverzeichnis (§ 882f der Zivilprozessordnung[4)]) je übermitteltem Datensatz Anmerkung: Die Gebühr entsteht auch, wenn die Information übermittelt wird, dass für den Schuldner kein Eintrag verzeichnet ist (Negativauskunft). Die Gebühr entsteht nicht im Fall einer Selbstauskunft.	4,50 Euro
3	Vereidigung, Beeidigung und Ermächtigung Anmerkung: Die Gebühren sind vorauszuzahlen.	
3.1	Allgemeine Vereidigung von Sachverständigen Anmerkung: Die Gebühr ist für jedes Sachgebiet gesondert zu erheben.	120 Euro
3.2	Allgemeine Beeidigung von Dolmetscherinnen und Dolmetschern (§ 189 des Gerichtsverfassungsgesetzes[5)]),	120 Euro

[1)] Anl. 2 geänd. mWv 1.1.2011 durch G v. 5.4.2011 (GV. NRW. S. 199); geänd. mWv 1.1.2013 durch G v. 18.12.2012 (GV. NRW. S. 672); geänd. mWv 1.8.2013 und mWv 7.6.2014 durch G v. 20.5.2014 (GV. NRW. S. 311); geänd. mWv 15.12.2016 durch G v. 6.12.2016 (GV. NRW. S. 1066); *geänd. mWv 1.6.2020 durch G v. 19.12.2019* (GV. NRW. S. 1004).

[2)] Auf die Bewilligung des laufenden Bezugs und die Erteilung von Abdrucken aus dem Schuldnerverzeichnis nach § 915 der Zivilprozessordnung in der bis zum 31. Dezember 2012 geltenden Fassung, das gemäß § 39 Nummer 5 des Gesetzes betreffend die Einführung der Zivilprozessordnung fortgeführt wird, bleibt die Anlage in der bis zum 31. Dezember 2012 geltenden Fassung weiterhin anwendbar; vgl. Art. 2 Satz 2 G v. G v. 18.12.2012 (GV. NRW. S. 672)

[3)] **Schönfelder Nr. 20.**

[4)] Nr. **23.3**.

[5)] Nr. **6.1**.

Nummer	Gegenstand	Gebühren
	für eine zweite und jede weitere Sprache erhöht sich die Gebühr um je	30 Euro
3.3	Ermächtigung von Übersetzerinnen und Übersetzern zur Bescheinigung der Richtigkeit und Vollständigkeit der Übersetzung von Urkunden, die in einer fremden Sprache abgefasst sind (§ 142 der Zivilprozessordnung[1]),	120 Euro
	für eine zweite und jede weitere Sprache erhöht sich die Gebühr um je	30 Euro
3.4	Verlängerung der Allgemeinen Beeidigung von Dolmetscherinnen und Dolmetschern oder der Allgemeinen Ermächtigung von Übersetzerinnen und Übersetzern gemäß § 36 Absatz 1,	60 Euro
	für eine zweite und jede weitere Sprache erhöht sich die Gebühr um je	15 Euro
3.5	Zurückweisung eines Antrags, für den eine Gebühr nach Nummern 3.1 und 3.4 vorgesehen ist Anmerkung: Bezieht sich die Zurückweisung eines Antrags nach Nummer 3.5 auf mehrere Sprachen, wird die Gebühr für jede Sprache gesondert erhoben.	50 Euro
4	Überlassung einer gerichtlichen Entscheidung auf Antrag nicht am Verfahren beteiligter Dritter Anmerkung: 1. Neben der Gebühr werden Auslagen nicht erhoben. 2. Die Behörde kann von der Erhebung der Gebühr ganz oder teilweise absehen, wenn gerichtliche Entscheidungen für Zwecke verlangt werden, deren Verfolgung überwiegend im öffentlichen Interesse liegen. 3. § 20 des Justizverwaltungskostengesetzes ist entsprechend anzuwenden.	12,50 Euro je Entscheidung
5	Verfahren zur Entgegennahme von Erklärungen des Austritts aus einer Kirche oder aus einer sonstigen Religions- oder Weltanschauungsgemeinschaft des öffentlichen Rechts Anmerkung: Die Gebühr ist vorauszuzahlen. Neben der Gebühr werden Auslagen nicht erhoben.	30 Euro
6	Gütestellen	
6.1	Anerkennung als Gütestelle (§ 51 Absatz 1)	130 Euro
6.2	Ablehnung oder Zurücknahme des Antrags auf Anerkennung als Gütestelle	30 Euro

[1] Nr. **23.3**.

Nummer	Gegenstand	Gebühren
7	Notarangelegenheiten	
7.1	Gebühr für eine Geschäftsprüfung nach § 93 Absatz 1 der Bundesnotarordnung Anmerkung: Kostenschuldner der Gebühr ist die Notarin oder der Notar, bei der oder bei dem die Geschäftsprüfung durchgeführt wird.	600 Euro
7.2	Gebühr für die Bestellung einer Notarvertreterin oder eines Notarvertreters Anmerkung: Die Gebühr wird auch dann nur einmal erhoben, wenn sich der Antrag auf mehrere Verhinderungszeiträume oder auf mehrere vertretende Personen bezieht.	25 Euro
7.3	Gebühr für ein Verfahren über die Anzeige einer Nebentätigkeit oder über den Antrag auf Genehmigung einer Nebentätigkeit einer Notarin oder eines Notars Anmerkung: Bezieht sich die Anzeige oder der Antrag auf mehrere Nebentätigkeiten, wird die Gebühr für jede Nebentätigkeit gesondert erhoben.	175 Euro
8	Verfahren über die Hinterlegung von Wertpapieren, Wertpapierguthaben, sonstigen Urkunden, Kostbarkeiten und von unverändert aufzubewahrenden Zahlungsmitteln (§ 13 Absatz 2 Satz 1 des Hinterlegungsgesetzes) in jeder Angelegenheit, in der eine besondere Annahmeverfügung ergeht	15 bis 255 Euro
9	Die Gebühr Nummer 8 ermäßigt sich im Fall der Rücknahme oder Zurückweisung eines Antrags auf Hinterlegung oder Herausgabe auf	15 bis 127,50 Euro
10	Anzeige gemäß § 17 Absatz 1 Satz 2 des Hinterlegungsgesetzes Anmerkung: Neben der Gebühr für die Anzeige werden nur die Auslagen nach den Nummern 9002 und 9003 des Kostenverzeichnisses des Gerichtskostengesetzes [1] gemäß Anlage 1 zu § 3 Absatz 2 in Verbindung mit Teil 2, Vorbemerkung 2 des Kostenverzeichnisses gemäß Anlage zu § 4 Absatz 1 des Justizverwaltungskostengesetzes[2] erhoben.	15 Euro
11	Zurückweisung der Beschwerde	15 bis 255 Euro
12	Zurücknahme der Beschwerde	15 bis 65 Euro

[1] **Schönfelder Nr. 115.**
[2] **Schönfelder Nr. 120.**

6.5. Arbeitsgerichtsgesetz

In der Fassung der Bekanntmachung vom 2. Juli 1979[1)]
(BGBl. I S. 853, ber. S. 1036)

FNA 320-1

Lfd. Nr.	Änderndes Gesetz	Datum	Fundstelle	Betroffen	Hinweis
1.-55.	Änderungsgesetze bis einschl. G v. 12.12.2007 (BGBl. I S. 2840) nur noch in den Anmerkungen nachgewiesen				
56.	Art. 2 G zur Änd. des SozialgerichtsG und des ArbeitsgerichtsG	26.3.2008	BGBl. I S. 444	§§ 21, 46a, 46c, 46d, 48, 55, 62, 64, 66, 85, 89	geänd. mWv 1.4.2008
57.	Art. 2 Abs. 2 Jugenfreiwilligendienst-FörderG	16.5.2008	BGBl. I S. 842	§ 2	geänd. mWv 1.6.2008
58.	Art. 4 G zur Verbesserung der grenzüberschreitenden Forderungsdurchsetzung und Zustellung	30.10.2008	BGBl. I S. 2122	§§ 13a, 46c, 46d, 46e	geänd. mWv 12.12.2008
				§ 46b	eingef. mWv 12.12.2008
59.	Art. 4f G zur Verbesserung der Rahmenbedingungen für die Absicherung flexibler Arbeitszeitregelungen und zur Änd. anderer Gesetze	21.12.2008	BGBl. I S. 2940	§ 48	geänd. mWv 1.1.2009
60.	Art. 9 Abs. 5 G zur Modernisierung von Verfahren im anwaltlichen und notariellen Berufsrecht, zur Errichtung einer Schlichtungsstelle der Rechtsanwaltschaft sowie zur Änd. sonstiger Vorschriften[2)]	30.7.2009	BGBl. I S. 2449	§ 44	geänd. mWv 5.8.2009
61.	Art. 6 G zur Einführung eines Bundesfreiwilligendienstes	28.4.2011	BGBl. I S. 687	§§ 2, 2a	geänd. mWv 3.5.2011
62.	Art. 2 Zweites EBRG-ÄndG[3)]	14.6.2011	BGBl. I S. 1050	§ 82	geänd. mWv 18.6.2011
63.	Art. 6 G über den Rechtsschutz bei überlangen Gerichtsverfahren und strafrechtlichen Ermittlungsverfahren	24.11.2011	BGBl. I S. 2302	§ 9	geänd. mWv 3.12.2011

[1)] Neubekanntmachung des ArbGG v. 3.9.1953 (BGBl. I S. 1267) in der ab 1.7.1979 geltenden Fassung.

[2)] **Amtl. Anm.:** Dieses Gesetz dient der Umsetzung der Richtlinie 2006/123/EG des Europäischen Parlaments und des Rates vom 12. Dezember 2006 über Dienstleistungen im Binnenmarkt (ABl. L 376 vom 27.12.2006, S. 36).

[3)] **Amtl. Anm.:** Dieses Gesetz dient der Umsetzung der Richtlinie 2009/38/EG des Europäischen Parlaments und des Rates vom 6. Mai 2009 über die Einsetzung eines Europäischen Betriebsrats oder die Schaffung eines Verfahrens zur Unterrichtung und Anhörung der Arbeitnehmer in gemeinschaftsweit operierenden Unternehmen und Unternehmensgruppen (ABl. L 122 vom 16.5.2009, S. 28).

Lfd. Nr.	Änderndes Gesetz	Datum	Fundstelle	Betroffen	Hinweis
64.	Art. 4 G zur Förderung der Mediation und anderer Verfahren der außergerichtlichen Konfliktbeilegung[1]	21.7.2012	BGBl. I S. 1577	§§ 54, 55, 64, 80, 83a, 87	geänd. mWv 26.7.2012
				§ 54a	eingef. mWv 26.7.2012
65.	Art. 3 Abs. 1 G zur Umsetzung des Seearbeitsübereinkommens 2006 der Internationalen Arbeitsorganisation[2]	20.4.2013	BGBl. I S. 868	§ 101	geänd. mWv 1.8.2013
66.	Art. 18 2. KostenrechtsmodernisierungsG	23.7.2013	BGBl. I S. 2586	§§ 12, 12a	geänd. mWv 1.8.2013
67.	Art. 7 G zur Änd. des Prozesskostenhilfe- und Beratungshilferechts	31.8.2013	BGBl. I S. 3533	§ 11a	geänd. mWv 1.1.2014
68.	Art. 3 G zur Förderung des elektronischen Rechtsverkehrs mit den Gerichten	10.10.2013	BGBl. I S. 3786	§ 46a	geänd. mWv 1.7.2014
				§§ 62, 85	geänd. mWv 1.1.2016
				§ 46e	geänd. mWv 1.1.2018
				§ 46c	neu gef. mWv 1.1.2018
				§ 46f	eingef. mWv 1.7.2014
				§ 46g	eingef. mWv 1.1.2022
69.	Art. 2 TarifautonomiestärkungsG	11.8.2014	BGBl. I S. 1348	§§ 2a, 8, 10, 97	geänd. mWv 16.8.2014
				§§ 98, 99, 112	eingef. mWv 16.8.2014
70.	Art. 2 TarifeinheitsG	3.7.2015	BGBl. I S. 1130	§§ 2a, 58	geänd. mWv 10.7.2015
				§ 100	neu gef. mWv 10.7.2015
				§ 99	eingef. mWv 10.7.2015
71.	Art. 170 Zehnte ZuständigkeitsanpassungsVO	31.8.2015	BGBl. I S. 1474	§§ 5, 7, 40, 41, 42	geänd. mWv 8.9.2015
72.	Art. 12 6. SGB IV-ÄndG	11.11.2016	BGBl. I S. 2500	§ 77	neu gef. mWv 17.11.2016
73.	Art. 15 Abs. 5 EU-KontopfändungsVO-DurchführungsG	21.11.2016	BGBl. I S. 2591	§ 12	geänd. mWv 1.7.2017
74.	Art. 19 Abs. 6 BundesteilhabeG	23.12.2016	BGBl. I S. 3234	§§ 2, 2a, 10, 83	geänd. mWv 1.1.2018

[1] **Amtl. Anm.:** Dieses Gesetz dient der Umsetzung der Richtlinie 2008/52/EG des Europäischen Parlaments und des Rates vom 21. Mai 2008 über bestimmte Aspekte der Mediation in Zivil- und Handelssachen (ABl. L 136 vom 24.5.2008, S. 3).

[2] **Amtl. Anm.:** Dieses Gesetz dient der Umsetzung der Richtlinie 2009/13/EG des Rates vom 16. Februar 2009 zur Durchführung der Vereinbarung zwischen dem Verband der Reeder in der Europäischen Gemeinschaft (ECSA) und der Europäischen Transportarbeiter-Föderation (ETF) über das Seearbeitsübereinkommen 2006 und zur Änderung der Richtlinie 1999/63/EG (ABl. L 124 vom 20.5.2009, S. 30).

Lfd. Nr.	Änderndes Gesetz	Datum	Fundstelle	Betroffen	Hinweis
75.	Art. 16, 17 G zur Einführung der elektronischen Akte in der Justiz und zur weiteren Förderung des elektronischen Rechtsverkehrs	5.7.2017	BGBl. I S. 2208	§ 46e §§ 46a, 46d, 46e, 54, 55, 59, 81, 83a, 90, 95 § 46e	geänd. mWv 13.7.2017 geänd. mWv 1.1.2018 geänd. mWv 1.1.2026
76.	Art. 11 Abs. 22 eIDAS-DurchführungsG [1)2)]	18.7.2017	BGBl. I S. 2745	§ 46c	geänd. mWv 29.7.2017
77.	Art. 2 G zur Sicherung der tarifvertragl. Sozialkassenverfahren und zur Änd. des ArbeitsgerichtsG	1.9.2017	BGBl. I S. 3356	§ 98 § 113	geänd. mWv 8.9.2017 eingef. mWv 8.9.2017
78.	Art. 3, 5 Abs. 4 G über die Erweiterung der Medienöffentlichkeit in Gerichtsverfahren	8.10.2017	BGBl. I S. 3546	§ 112 §§ 52, 72	geänd. mWv 19.10.2017 geänd. mWv 18.4.2018
79.	Art. 3 G zur Einführung einer zivilprozessualen Musterfeststellungsklage	12.7.2018	BGBl. I S. 1151	§ 46	geänd. mWv 1.11.2018
80.	Art. 5 Abs. 1 G zur Einführung einer Karte für Unionsbürger und Angehörige des Europäischen Wirtschaftsraums mit Funktion zum elektronischen Identitätsnachweis sowie zur Änd. des PersonalausweisG und weiterer Vorschriften [2)3)]	21.6.2019	BGBl.I S. 846	§ 46f	geänd. mWv 1.11.2019
81.	Art. 4 G zur Änd. des Neunten und des Zwölften Buches Sozialgesetzbuch und anderer Rechtsvorschriften	30.11. 2019	BGBl.I S. 1948	§ 17	geänd. mWv 6.12.2019
82.	Art. 8 G zur Regelung der Wertgrenze für die Nichtzulassungsbeschwerde in Zivilsachen, zum Ausbau der Spezialisierung bei den Gerichten sowie zur Änd. weiterer prozessrechtl. Vorschriften	12.12. 2019	BGBl.I S. 2633	§ 46c	geänd. mWv 1.1.2020

[1)] **Amtl. Anm.:** Dieses Gesetz dient der Durchführung der Verordnung (EU) Nr. 910/2014 des Europäischen Parlaments und des Rates vom 23. Juli 2014 über elektronische Identifizierung und Vertrauensdienste für elektronische Transaktionen im Binnenmarkt und zur Aufhebung der Richtlinie 1999/93/EG.

[2)] **Amtl. Anm.:** Notifiziert gemäß der Richtlinie (EU) 2015/1535 des Europäischen Parlaments und des Rates vom 9. September 2015 über ein Informationsverfahren auf dem Gebiet der technischen Vorschriften und der Vorschriften für die Dienste der Informationsgesellschaft (ABl. L 241 vom 17.9.2015, S. 1).

[3)] Die Änd. des Inkrafttretens dieses G durch Art. 154a G v. 20.11.2019 (BGBl. I S. 1626) ist unbeachtlich, da das G bei Erlass des ÄndG bereits in Kraft getreten war.

72.2. Gesetz über Ordnungswidrigkeiten (OWiG)

In der Fassung der Bekanntmachung vom 19. Februar 1987[1)]
(BGBl. I S. 602)

FNA 454-1

Lfd. Nr.	Änderndes Gesetz	Datum	Fundstelle	Betroffen	Hinweis
1.–30.	Änderungsgesetze bis einschl. G v. 7.8.2007 (BGBl. I S. 1786) nur noch in den Anmerkungen nachgewiesen				
31.	Art. 4 Abs. 11 G zur Reform der Sachaufklärung in der Zwangsvollstreckung	29.7.2009	BGBl. I S. 2258	§ 90	geänd. mWv 1.1.2013
32.	Art. 2 G zur Regelung der Verständigung im Strafverfahren	29.7.2009	BGBl. I S. 2353	§ 78	geänd. mWv 4.8.2009
33.	Art. 4 Achtes G zur Änd. des GWB	26.6.2013	BGBl. I S. 1738	§§ 30, 130	geänd. mWv 30.6.2013
34.	Art. 30 2. KostenrechtsmodernisierungsG	23.7.2013	BGBl. I S. 2586	§ 107	geänd. mWv 1.8.2013
35.	Art. 2 Abs. 70 und Art. 4 Abs. 58 G zur Strukturreform des Gebührenrechts des Bundes	7.8.2013	BGBl. I S. 3154,	§ 107	geänd. mWv 15.8.2013
			geänd. durch G v. 18.7. 2016, BGBl. I S. 1666	§ 107	geänd. mWv 14.8.2018, insoweit aufgeh. durch G v. 18.7. 2016 (BGBl. I S. 1666)
36.	Art. 8 Fünftes G zur Änd. des StraßenverkehrsG und anderer Gesetze	28.8.2013	BGBl. I S. 3313	§ 56	geänd. mWv 1.5.2014
37.	Art. 18 G zur Förderung des elektronischen Rechtsverkehrs mit den Gerichten	10.10. 2013	BGBl. I S. 3786	§§ 46, 110d	geänd. mWv 1.7.2014
				§ 110d	geänd. mWv 1.1.2018
38.	Art. 4 Bundeswehr-AttraktivitätssteigerungsG	13.5.2015	BGBl. I S. 706	§ 131	geänd. mWv 23.5.2015
39.	Art. 4 Abs. 55 G zur Aktualisierung der Strukturreform des Gebührenrechts des Bundes	18.7.2016	BGBl. I S. 1666	§ 107	geänd. mWv 1.10.2021
40.	Art. 4 G zur Regulierung *des Prostitutions*gewerbes	21.10. 2016	BGBl. I S. 2372	§§ 120, 123	geänd. mWv 1.7.2017
41.	Art. 5 G zur Reform der strafrechtlichen Vermögensabschöpfung	13.4.2017	BGBl. I S. 872	1. Teil 5. Abschnitt Überschrift, § 22, 1. Teil 6. Abschnitt Überschrift, §§ 30, 87, 88, 90, 99, 110b, 133	geänd. mWv 1.7.2017
				§ 29a	neu gef. mWv 1.7.2017

[1)] Neubekanntmachung des OWiG v. 24.5.1968 (BGBl. I S. 481) in der ab 1.4.1987 geltenden Fassung.

Lfd. Nr.	Änderndes Gesetz	Datum	Fundstelle	Betroffen	Hinweis
42.	Art. 8, 9 G zur Einführung der elektronischen Akte in der Justiz und zur weiteren Förderung des elektronischen Rechtsverkehrs	5.7.2017	BGBl. I S. 2208	§ 134	eingef. mWv 13.7.2017
				§§ 33, 49, 49b, 49c, 51, 73, 74, 77a, 78, 79, 107	geänd. mWv 1.1.2018
				§ 49d, 2. Teil 12. Abschnitt (§§ 110a, 110b, 110c)	neu gef. mWv 1.1.2018
				§§ 110d, 110e	aufgeh. mit Ablauf des 31.12. 2017
				§ 110a	geänd. mWv 1.7.2025
				§ 110a	geänd. mWv 1.1.2026
43.	Art. 11 Abs. 33 eIDAS-DurchführungsG [1)2)]	18.7.2017	BGBl. I S. 2745	§§ 110a, 110b, 110c, 110d	geänd. mWv 29.7.2017
44.	Art. 5 G zur effektiveren und praxistauglicheren Ausgestaltung des Strafverfahrens	17.8.2017	BGBl. I S. 3202	§§ 46, 77a	geänd. mWv 24.8.2017
45.	Art. 5 Zweites G zur Stärkung der Verfahrensrechte von Beschuldigten im Strafverfahren und zur Änd. des Schöffenrechts [3)]	27.8.2017	BGBl. I S. 3295	§ 55	geänd. mWv 5.9.2017
46.	Art. 3 G zur Stärkung des Rechts des Angeklagten auf Anwesenheit in der Verhandlung	17.12. 2018	BGBl. I S. 2571	§ 110a	geänd. mWv 21.12.2018
47.	Art. 5 Abs. 15 G zur Einführung einer Karte für Unionsbürger und Angehörige des Europäischen Wirtschaftsraums mit Funktion zum elektronischen Identitätsnachweis sowie zur Änd. des PersonalausweisG und weiterer Vorschriften [2)4)]	21.6.2019	BGBl.I S. 846	§ 110b	geänd. mWv 1.11.2019

[1)] **Amtl. Anm.:** Dieses Gesetz dient der Durchführung der Verordnung (EU) Nr. 910/2014 des Europäischen Parlaments und des Rates vom 23. Juli 2014 über elektronische Identifizierung und Vertrauensdienste für elektronische Transaktionen im Binnenmarkt und zur Aufhebung der Richtlinie 1999/93/EG.

[2)] **Amtl. Anm.:** Notifiziert gemäß der Richtlinie (EU) 2015/1535 des Europäischen Parlaments und des Rates vom 9. September 2015 über ein Informationsverfahren auf dem Gebiet der technischen Vorschriften und der Vorschriften für die Dienste der Informationsgesellschaft (ABl. L 241 vom 17.9.2015, S. 1).

[3)] **Amtl. Anm.:** Die Artikel 1 bis 6 dieses Gesetzes dienen der Umsetzung der Richtlinie 2013/48/EU des Europäischen Parlaments und des Rates vom 22. Oktober 2013 über das Recht auf Zugang zu einem Rechtsbeistand in Strafverfahren und in Verfahren zur Vollstreckung des Europäischen Haftbefehls sowie über das Recht auf Benachrichtigung eines Dritten bei Freiheitsentzug und das Recht auf Kommunikation mit Dritten und mit Konsularbehörden während des Freiheitsentzugs (ABl. L 294 vom 6.11.2013, S. 1).

[4)] Die Änd. des Inkrafttretens dieses G durch Art. 154a G v. 20.11.2019 (BGBl. I S. 1626) ist unbeachtlich, da das G bei Erlass des ÄndG bereits in Kraft getreten war.

Lfd. Nr.	Änderndes Gesetz	Datum	Fundstelle	Betroffen	Hinweis
48.	Art. 26 Abs. 6 G zur Umsetzung der RL (EU) 2016/680 im Strafverfahren sowie zur Anpassung datenschutzrechtl. Bestimmungen an die VO (EU) 2016/679	20.11. 2019	BGBl.I S. 1724	§§ 49a, 49b, 49c	geänd. mWv 26.11.2019
49.	Art. 8 G zur Neuregelung des Rechts der notwendigen Verteidigung[1]	10.12. 2019	BGBl.I S. 2128	§ 60	geänd. mWv 13.12.2019
50.	Art. 5 G zur Stärkung der Verfahrensrechte von Beschuldigten im Jugendstrafverfahren[2]	9.12.2019	BGBl.I S. 2146	§ 107	geänd. mWv 17.12.2019

[1] **Amtl. Anm.:** Dieses Gesetz dient der Umsetzung der Richtlinie (EU) 2016/1919 des Europäischen Parlaments und des Rates vom 26. Oktober 2016 über Prozesskostenhilfe für Verdächtige und beschuldigte Personen in Strafverfahren sowie für gesuchte Personen in Verfahren zur Vollstreckung eines Europäischen Haftbefehls (ABl. L 297 vom 4.11.2016, S. 1; L 91 vom 5.4.2017, S. 40). [...]

[2] **Amtl. Anm.:** Dieses Gesetz dient der Umsetzung der Richtlinie (EU) 2016/800 des Europäischen Parlaments und des Rates vom 11. Mai 2016 über Verfahrensgarantien für Kinder, die Verdächtige oder beschuldigte Personen in Strafverfahren sind (ABl. L 132 vom 21.5.2016, S. 1).

Zweiter Abschnitt. Allgemeine Verfahrensvorschriften

§ 46[1)] Anwendung der Vorschriften über das Strafverfahren. (1) Für das Bußgeldverfahren gelten, soweit dieses Gesetz nichts anderes bestimmt, sinngemäß die Vorschriften der allgemeinen Gesetze über das Strafverfahren, namentlich der Strafprozeßordnung[2)], des Gerichtsverfassungsgesetzes[3)] und des Jugendgerichtsgesetzes[4)].

(2) Die Verfolgungsbehörde hat, soweit dieses Gesetz nichts anderes bestimmt, im Bußgeldverfahren dieselben Rechte und Pflichten wie die Staatsanwaltschaft bei der Verfolgung von Straftaten.

(3) [1] Anstaltsunterbringung, Verhaftung und vorläufige Festnahme, Beschlagnahme von Postsendungen und Telegrammen sowie Auskunftsersuchen über Umstände, die dem Post- und Fernmeldegeheimnis unterliegen, sind unzulässig. [2] § 160 Abs. 3 Satz 2 der Strafprozeßordnung über die Gerichtshilfe ist nicht anzuwenden. [3] Ein Klageerzwingungsverfahren findet nicht statt. [4] Die Vorschriften über die Beteiligung des Verletzten am Verfahren und über das länderübergreifende staatsanwaltliche Verfahrensregister sind nicht anzuwenden; dies gilt nicht für § 406e der Strafprozeßordnung.

(4) [1] § 81a Abs. 1 Satz 2 der Strafprozeßordnung ist mit der Einschränkung anzuwenden, daß nur die Entnahme von Blutproben und andere geringfügige Eingriffe zulässig sind. [2] Die Entnahme einer Blutprobe bedarf abweichend von § 81a Absatz 2 Satz 1 der Strafprozessordnung keiner richterlichen Anordnung, wenn bestimmte Tatsachen den Verdacht begründen, dass eine Ordnungswidrigkeit nach den §§ 24a und 24c des Straßenverkehrsgesetzes[5)] begangen worden ist. [3] In einem Strafverfahren entnommene Blutproben und sonstige Körperzellen, deren Entnahme im Bußgeldverfahren nach Satz 1 zulässig gewesen wäre, dürfen verwendet werden. [4] Die Verwendung von Blutproben und sonstigen Körperzellen zur Durchführung einer Untersuchung im Sinne des § 81e der Strafprozeßordnung ist unzulässig.

(5) [1] Die Anordnung der Vorführung des Betroffenen und der Zeugen, die einer Ladung nicht nachkommen, bleibt dem Richter vorbehalten. [2] Die Haft zur Erzwingung des Zeugnisses (§ 70 Abs. 2 der Strafprozessordnung) darf sechs Wochen nicht überschreiten.

(6) Im Verfahren gegen Jugendliche und Heranwachsende kann von der Heranziehung der Jugendgerichtshilfe (§ 38 des Jugendgerichtsgesetzes) abgesehen werden, wenn ihre Mitwirkung für die sachgemäße Durchführung des Verfahrens entbehrlich ist.

(7) Im gerichtlichen Verfahren entscheiden beim Amtsgericht Abteilungen für Bußgeldsachen, beim Landgericht Kammern für Bußgeldsachen und beim Oberlandesgericht sowie beim Bundesgerichtshof Senate für Bußgeldsachen.

[1)] § 46 Abs. 3 Satz 4 geänd. durch *G v. 28.10.1994 (BGBl. I S. 3186); Abs.* 4 Sätze 2 und 3 angef. durch G v. 17.3.1997 (BGBl. I S. 534); Abs. 3 Satz 4 geänd. durch G v. 18.6.1997 (BGBl. I S. 1430); Abs. 8 angef. mWv 1.10.2002 durch G v. 26.7.2002 (BGBl. I S. 2864, ber. S. 3516); Abs. 5 Satz 2 angef. mWv 1.9.2004 durch G v. 24.8.2004 (BGBl. I S. 2198); Abs. 8 geänd. mWv 1.7.2014 durch G v. 10.10.2013 (BGBl. I S. 3786); Abs. 4 Satz 2 eingef., bish. Sätze 2 und 3 werden Sätze 3 und 4 mWv 24.8.2017 durch G v. 17.8.2017 (BGBl. I S. 3202).

[2)] **Schönfelder Nr. 90.**

[3)] Nr. **6.1**.

[4)] **Schönfelder Nr. 89.**

[5)] Nr. **42.5**.

(8) Die Vorschriften zur Durchführung des § 191a Absatz 1 Satz 1 bis 4 des Gerichtsverfassungsgesetzes im Bußgeldverfahren sind in der Rechtsverordnung nach § 191a Abs. 2 des Gerichtsverfassungsgesetzes zu bestimmen.

§ 47[1)] Verfolgung von Ordnungswidrigkeiten. (1) [1]Die Verfolgung von Ordnungswidrigkeiten liegt im pflichtgemäßen Ermessen der Verfolgungsbehörde. [2]Solange das Verfahren bei ihr anhängig ist, kann sie es einstellen.

(2) [1]Ist das Verfahren bei Gericht anhängig und hält dieses eine Ahndung nicht für geboten, so kann es das Verfahren mit Zustimmung der Staatsanwaltschaft in jeder Lage einstellen. [2]Die Zustimmung ist nicht erforderlich, wenn durch den Bußgeldbescheid eine Geldbuße bis zu einhundert Euro verhängt worden ist und die Staatsanwaltschaft erklärt hat, sie nehme an der Hauptverhandlung nicht teil. [3]Der Beschluß ist nicht anfechtbar.

(3) Die Einstellung des Verfahrens darf nicht von der Zahlung eines Geldbetrages an eine gemeinnützige Einrichtung oder sonstige Stelle abhängig gemacht oder damit in Zusammenhang gebracht werden.

§ 48[2)] *(aufgehoben)*

§ 49[3)] Akteneinsicht des Betroffenen und der Verwaltungsbehörde.

(1) [1]Die Verwaltungsbehörde gewährt dem Betroffenen auf Antrag Einsicht in die Akten, soweit der Untersuchungszweck, auch in einem anderen Straf- oder Bußgeldverfahren, nicht gefährdet werden kann und nicht überwiegende schutzwürdige Interessen Dritter entgegenstehen. [2]Werden die Akten nicht elektronisch geführt, können an Stelle der Einsichtnahme in die Akten Kopien aus den Akten übermittelt werden.

(2) [1]Ist die Staatsanwaltschaft Verfolgungsbehörde, so ist die sonst zuständige Verwaltungsbehörde befugt, die Akten, die dem Gericht vorliegen oder im gerichtlichen Verfahren vorzulegen wären, einzusehen sowie sichergestellte und beschlagnahmte Gegenstände zu besichtigen. [2]Akten, die in Papierform geführt werden, werden der Verwaltungsbehörde auf Antrag zur Einsichtnahme übersandt.

§ 49a[4)] Verfahrensübergreifende Mitteilungen von Amts wegen.

(1) [1]Von Amts wegen dürfen Gerichte, Staatsanwaltschaften und Verwaltungsbehörden personenbezogene Daten aus Bußgeldverfahren den zuständigen Behörden und Gerichten übermitteln, soweit dies aus Sicht der übermittelnden Stelle erforderlich ist für

1. die Verfolgung von Straftaten oder von anderen Ordnungswidrigkeiten,
2. Entscheidungen in anderen Bußgeldsachen einschließlich der Entscheidungen bei der Vollstreckung von Bußgeldentscheidungen oder in Gnadensachen oder

---

[1)] § 47 Abs. 2 Satz 2 eingef., bish. Satz 2 wird Satz 3 durch G v. 26.1.1998 (BGBl. I S. 156); Abs. 2 Satz 2 geänd. mWv 1.1.2002 durch G v. 13.12.2001 (BGBl. I S. 3574).

[2)] § 48 aufgeh. mWv 1.9.2004 durch G v. 24.8.2004 (BGBl. I S. 2198).

[3)] § 49 Überschrift geänd., Abs. 1 eingef. durch G v. 18.6.1997 (BGBl. I S. 1430); Abs. 1 neu gef., Abs. 2 Satz 2 geänd. mWv 1.1.2018 durch G v. 5.7.2017 (BGBl. I S. 2208).

[4)] § 49a eingef. durch G v. 18.6.1997 (BGBl. I S. 1430); Abs. 1 neu gef., Abs. 2–3 eingef., bish. Abs. 2 wird Abs. 4, neuer Abs. 4 Satz 1 einl. Satzteil und Nr. 1 geänd., Abs. 5 angef. mWv 1.10.2002 durch G v. 26.7.2002 (BGBl. I S. 2864, ber. S. 3516); Abs. 1 Satz 1 Nr. 3 und abschl. Satzteil geänd., Satz 2, Abs. 5 Satz 1 neu gef. mWv 26.11.2019 durch G v. 20.11.2019 (BGBl. I S. 1724).

3. sonstige Entscheidungen oder Maßnahmen nach § 477 Absatz 2 der Strafprozessordnung[1];

Gleiches gilt für die Behörden des Polizeidienstes, soweit dies die entsprechende Anwendung von § 480 Absatz 1 der Strafprozessordnung gestattet. [2]Die §§ 478, 479 Absatz 1, 2, 5 Satz 1 und Absatz 6 sowie § 480 Absatz 1 und 2 der Strafprozessordnung gelten sinngemäß.

(2) Die Übermittlung ist auch zulässig, wenn besondere Umstände des Einzelfalls die Übermittlung für die in § 14 Abs. 1 Nr. 4 bis 9 des Einführungsgesetzes zum Gerichtsverfassungsgesetz[2] genannten Zwecke in Verbindung mit Absatz 2 Satz 2 und 4 jener Vorschrift in sinngemäßer Anwendung erfordern.

(3) Eine Übermittlung nach den Absätzen 1 und 2 unterbleibt, soweit für die übermittelnde Stelle offensichtlich ist, dass schutzwürdige Interessen des Betroffenen an dem Ausschluss der Übermittlung überwiegen.

(4) [1]Für die Übermittlung durch Verwaltungsbehörden sind zusätzlich sinngemäß anzuwenden

1. die §§ 12, 13, 16, 17 Nr. 2 bis 5 und §§ 18 bis 21 des Einführungsgesetzes zum Gerichtsverfassungsgesetz und
2. § 22 des Einführungsgesetzes zum Gerichtsverfassungsgesetz mit der Maßgabe, daß an die Stelle des Verfahrens nach den §§ 23 bis 30 dieses Gesetzes das Verfahren nach § 62 Abs. 1 Satz 1, Abs. 2 und an die Stelle des in § 25 des Einführungsgesetzes zum Gerichtsverfassungsgesetz bezeichneten Gerichts das in § 68 bezeichnete Gericht tritt.

[2]Die für das Bußgeldverfahren zuständige Behörde darf darüber hinaus die dieses Verfahren abschließende Entscheidung derjenigen Verwaltungsbehörde übermitteln, die das Bußgeldverfahren veranlaßt oder sonst an dem Verfahren mitgewirkt hat, wenn dies aus der Sicht der übermittelnden Stelle zur Erfüllung einer in der Zuständigkeit des Empfängers liegenden Aufgabe, die im Zusammenhang mit dem Gegenstand des Verfahrens steht, erforderlich ist; ist mit der Entscheidung ein Rechtsmittel verworfen worden, so darf auch die angefochtene Enscheidung übermittelt werden. [3]Das Bundesministerium, das für bundesrechtliche Bußgeldvorschriften in seinem Geschäftsbereich zuständig ist, kann insoweit mit Zustimmung des Bundesrates allgemeine Verwaltungsvorschriften im Sinne des § 12 Abs. 5 des Einführungsgesetzes zum Gerichtsverfassungsgesetz erlassen.

(5) [1]§ 481 der Strafprozessordnung ist sinngemäß anzuwenden. [2]Eine Übermittlung entsprechend § 481 Abs. 1 Satz 2 der Strafprozessordnung unterbleibt unter der Voraussetzung des Absatzes 3. [3]Von § 482 der Strafprozessordnung ist nur Absatz 1 sinngemäß anzuwenden, wobei die Mitteilung des Aktenzeichens auch an eine andere Verwaltungsbehörde, die das Bußgeldverfahren veranlasst oder sonst an dem Verfahren mitgewirkt hat, erfolgt.

§ 49b[3] Verfahrensübergreifende Mitteilungen auf Ersuchen; sonstige Verwendung von Daten für verfahrensübergreifende Zwecke. Für die Erteilung von Auskünften und Gewährung von Akteneinsicht auf Ersuchen sowie

---

[1] **Schönfelder Nr. 90.**

[2] Nr. **6.2.**

[3] § 49b eingef. mWv 1.10.2002 durch G v. 26.7.2002 (BGBl. I S. 2864, ber. S. 3516); Nr. 3 und 4 geänd., Nr. 5 angef. mWv 1.4.2005 durch G v. 22.3.2005 (BGBl. I S. 837); einl. Satzteil geänd. mWv 1.1. 2018 durch G v. 5.7.2017 (BGBl. I S. 2208); einl. Satzteil, Nr.1–5 geänd. mWv 26.11.2019 durch G v. 20.11.2019 (BGBl. I S. 1724).

die sonstige Verwendung von Daten aus Bußgeldverfahren für verfahrensübergreifende Zwecke gelten die §§ 474 bis 476, 478 bis 481 und 498 Absatz 2 der Strafprozessordnung[1)] sinngemäß, wobei

1. in § 474 Absatz 2 Satz 1 Nummer 1 der Strafprozessordnung an die Stelle der Straftat die Ordnungswidrigkeit tritt,
2. in § 474 Absatz 2 Satz 1 Nummer 2 und 3 und § 481 der Strafprozessordnung an die Stelle besonderer Vorschriften über die Übermittlung oder Verwendung personenbezogener Informationen aus Strafverfahren solche über die Übermittlung oder Verwendung personenbezogener Daten aus Bußgeldverfahren treten,
3. in § 479 Absatz 1 der Strafprozessordnung an die Stelle der Zwecke des Strafverfahrens die Zwecke des Bußgeldverfahrens treten,
4. in § 479 Absatz 4 Nummer 2 der Strafprozessordnung an die Stelle der Frist von zwei Jahren eine Frist von einem Jahr tritt und
5. § 480 Absatz 3 Satz 1 der Strafprozessordnung mit der Maßgabe anzuwenden ist, dass für die Übermittlung durch Verwaltungsbehörden über den Antrag auf gerichtliche Entscheidung das in § 68 bezeichnete Gericht im Verfahren nach § 62 Abs. 1 Satz 1, Abs. 2 entscheidet.

§ 49c[2)] Dateiregelungen. (1) Für die Verarbeitung und Nutzung personenbezogener Daten in Dateien gelten vorbehaltlich des § 496 Absatz 3 der Strafprozessordnung[1)] und besonderer Regelungen in anderen Gesetzen die Vorschriften des Zweiten Abschnitts des Achten Buches der Strafprozessordnung nach Maßgabe der folgenden Vorschriften sinngemäß.

(2) [1]Die Speicherung, Veränderung und Nutzung darf vorbehaltlich des Absatzes 3 nur bei Gerichten, Staatsanwaltschaften und Verwaltungsbehörden einschließlich Vollstreckungsbehörden sowie den Behörden des Polizeidienstes erfolgen, soweit dies entsprechend den §§ 483, 484 Abs. 1 und § 485 der Strafprozessordnung zulässig ist; dabei treten an die Stelle der Zwecke des Strafverfahrens die Zwecke des Bußgeldverfahrens. [2]Personenbezogene Daten aus Bußgeldverfahren dürfen auch verwendet werden, soweit es für Zwecke eines Strafverfahrens, Gnadenverfahrens oder der internationalen Rechts- und Amtshilfe in Straf- und Bußgeldsachen erforderlich ist. [3]Die Speicherung personenbezogener Daten von Personen, die zur Tatzeit nicht strafmündig waren, für Zwecke künftiger Bußgeldverfahren ist unzulässig.

(3) Die Errichtung einer gemeinsamen automatisierten Datei entsprechend § 486 der Strafprozessordnung für die in Absatz 2 genannten Stellen, die den Geschäftsbereichen verschiedener Bundes- oder Landesministerien angehören, ist nur zulässig, wenn sie zur ordnungsgemäßen Aufgabenerfüllung erforderlich und unter Berücksichtigung der schutzwürdigen Interessen der Betroffenen angemessen ist.

(4) [1]§ 487 Abs. 1 Satz 1 der Strafprozessordnung ist mit der Maßgabe anzuwenden, dass die nach den Absätzen 1 bis 3 gespeicherten Daten den zuständigen Stellen nur für die in Absatz 2 genannten Zwecke übermittelt werden dürfen; § 49a Abs.3 gilt für Übermittlungen von Amts wegen entsprechend. [2]§ 487 Abs. 2

---

1) **Schönfelder Nr. 90.**

2) *§ 49c eingef. mWv 1.10.2002 durch G v. 26.7.2002* (BGBl. I S. 2864, ber. S. 3516); Abs. 1 geänd. mWv 1.1.2018 durch G v. 5.7.2017 (BGBl. I S. 2208); Abs. 5 geänd. mWv 26.11.2019 durch G v. 20.11.2019 (BGBl. I S. 1724).

der Strafprozessordnung ist mit der Maßgabe anzuwenden, dass die Übermittlung erfolgen kann, soweit sie nach diesem Gesetz aus den Akten erfolgen könnte.

(5) Soweit personenbezogene Daten für Zwecke der künftigen Verfolgung von Ordnungswidrigkeiten gespeichert werden, darf die Frist im Sinne von § 489 Absatz 3 Satz 2 Nummer 1 der Strafprozessordnung bei einer Geldbuße von mehr als 250 Euro fünf Jahre, in allen übrigen Fällen des § 489 Absatz 3 Satz 2 Nummer 1 bis 3 der Strafprozessordnung zwei Jahre nicht übersteigen.

§ 49d[1] Schutz personenbezogener Daten in einer elektronischen Akte.

§ 496 Absatz 1 und 2 sowie die §§ 497 und 498 Absatz 1 der Strafprozessordnung[2] gelten entsprechend, wobei in § 496 Absatz 1 und § 498 Absatz 1 der Strafprozessordnung an die Stelle des jeweiligen Strafverfahrens das jeweilige Bußgeldverfahren tritt.

§ 50 Bekanntmachung von Maßnahmen der Verwaltungsbehörde.

(1) [1] Anordnungen, Verfügungen und sonstige Maßnahmen der Verwaltungsbehörde werden der Person, an die sich die Maßnahme richtet, formlos bekanntgemacht. [2] Ist gegen die Maßnahme ein befristeter Rechtsbehelf zulässig, so wird sie in einem Bescheid durch Zustellung bekanntgemacht.

(2) Bei der Bekanntmachung eines Bescheides der Verwaltungsbehörde, der durch einen befristeten Rechtsbehelf angefochten werden kann, ist die Person, an die sich die Maßnahme richtet, über die Möglichkeit der Anfechtung und die dafür vorgeschriebene Frist und Form zu belehren.

§ 51[3] Verfahren bei Zustellungen der Verwaltungsbehörde. (1) [1] Für das Zustellungsverfahren der Verwaltungsbehörde gelten die Vorschriften des Verwaltungszustellungsgesetzes[4], wenn eine Verwaltungsbehörde des Bundes das Verfahren durchführt, sonst die entsprechenden landesrechtlichen Vorschriften, soweit die Absätze 2 bis 5 nichts anderes bestimmen. [2] Wird ein Dokument mit Hilfe automatischer Einrichtungen erstellt, so wird das so hergestellte Dokument zugestellt.

(2) Ein Bescheid (§ 50 Abs. 1 Satz 2) wird dem Betroffenen zugestellt und, wenn er einen gesetzlichen Vertreter hat, diesem mitgeteilt.

(3) [1] Der gewählte Verteidiger, dessen Vollmacht sich bei den Akten befindet, sowie der bestellte Verteidiger gelten als ermächtigt, Zustellungen und sonstige Mitteilungen für den Betroffenen in Empfang zu nehmen; für die Zustellung einer Ladung des Betroffenen gilt dies nur, wenn der Verteidiger in der Vollmacht ausdrücklich zur Empfangnahme von Ladungen ermächtigt ist. [2] Wird ein Bescheid dem Verteidiger nach Satz 1 Halbsatz 1 zugestellt, so wird der Betroffene hiervon zugleich unterrichtet; dabei erhält er formlos eine Abschrift des Bescheides. [3] Wird ein Bescheid dem Betroffenen zugestellt, so wird der Verteidiger hiervon zugleich unterrichtet, auch wenn eine Vollmacht bei den Akten nicht vorliegt; dabei erhält er formlos eine Abschrift des Bescheides.

---

[1] § 49d neu gef. mWv 1.1.2018 durch G v. 5.7.2017 (BGBl. I S. 2208).

[2] **Schönfelder Nr. 90.**

[3] § 51 Abs. 5 Satz 3 neu gef. mWv 1.4.2005 durch G v. 22.3.2005 (BGBl. I S. 837); Abs. 1 Satz 1, Abs. 5 Sätze 1 und 2 geänd. mWv 1.2.2006, Abs. 5 Satz 3 aufgeh. mWv 1.8.2006 durch G v. 12.8.2005 (BGBl. I S. 2354); Abs. 1 Satz 2 geänd. mWv 1.1.2018 durch G v. 5.7.2017 (BGBl. I S. 2208).

[4] Nr. **23.13**.

(4) Wird die für den Beteiligten bestimmte Zustellung an mehrere Empfangsberechtigte bewirkt, so richtet sich die Berechnung einer Frist nach der zuletzt bewirkten Zustellung.

(5) [1] § 6 Abs. 1 des Verwaltungszustellungsgesetzes und die entsprechenden landesrechtlichen Vorschriften sind nicht anzuwenden. [2] Hat der Betroffene einen Verteidiger, so sind auch § 7 Abs. 1 Satz 1 und 2 und Abs. 2 des Verwaltungszustellungsgesetzes des und die entsprechenden landesrechtlichen Vorschriften nicht anzuwenden.

§ 52 Wiedereinsetzung in den vorigen Stand. (1) Für den befristeten Rechtsbehelf gegen den Bescheid der Verwaltungsbehörde gelten die §§ 44, 45, 46 Abs. 2 und 3 und § 47 der Strafprozeßordnung[1)] über die Wiedereinsetzung in den vorigen Stand entsprechend, soweit Absatz 2 nichts anderes bestimmt.

(2) [1] Über die Gewährung der Wiedereinsetzung in den vorigen Stand und den Aufschub der Vollstreckung entscheidet die Verwaltungsbehörde. [2] Ist das Gericht, das bei rechtzeitigem Rechtsbehelf zur Entscheidung in der Sache selbst zuständig gewesen wäre, mit dem Rechtsbehelf befaßt, so entscheidet es auch über die Gewährung der Wiedereinsetzung in den vorigen Stand und den Aufschub der Vollstreckung. [3] Verwirft die Verwaltungsbehörde den Antrag auf Wiedereinsetzung in den vorigen Stand, so ist gegen den Bescheid innerhalb von zwei Wochen nach Zustellung der Antrag auf gerichtliche Entscheidung nach § 62 zulässig.

Dritter Abschnitt. Vorverfahren

I. Allgemeine Vorschriften

§ 53[2)] Aufgaben der Polizei. (1) [1] Die Behörden und Beamten des Polizeidienstes haben nach pflichtgemäßem Ermessen Ordnungswidrigkeiten zu erforschen und dabei alle unaufschiebbaren Anordnungen zu treffen, um die Verdunkelung der Sache zu verhüten. [2] Sie haben bei der Erforschung von Ordnungswidrigkeiten, soweit dieses Gesetz nichts anderes bestimmt, dieselben Rechte und Pflichten wie bei der Verfolgung von Straftaten. [3] Ihre Akten übersenden sie unverzüglich der Verwaltungsbehörde, in den Fällen des Zusammenhangs (§ 42) der Staatsanwaltschaft.

(2) Die Beamten des Polizeidienstes, die zu Ermittlungspersonen der Staatsanwaltschaft bestellt sind (§ 152 des Gerichtsverfassungsgesetzes[3)]), können nach den für sie geltenden Vorschriften der Strafprozeßordnung[1)] Beschlagnahmen, Durchsuchungen, Untersuchungen und sonstige Maßnahmen anordnen.

§ 54 (weggefallen)

§ 55[4)] Anhörung des Betroffenen. (1) § 163a Abs. 1 der Strafprozeßordnung[1)] ist mit der Einschränkung anzuwenden, daß es genügt, wenn dem Betroffenen Gelegenheit gegeben wird, sich zu der Beschuldigung zu äußern.

(2) [1] Der Betroffene braucht nicht darauf hingewiesen zu werden, daß er auch schon vor seiner Vernehmung einen von ihm zu wählenden Verteidiger befragen kann. [2] § 136 Absatz 1 Satz 3 bis 5 der Strafprozeßordnung ist nicht anzuwenden.

[1)] **Schönfelder Nr. 90.**

[2)] *§ 53 Abs. 2 geänd. mWv 1.9.2004 durch G v. 24.8.2004 (BGBl. I S. 2198).*

[3)] Nr. **6.1.**

[4)] § 55 Abs. 2 Satz 2 geänd. mWv 5.9.2017 durch G v. 27.8.2017 (BGBl. I S. 3295).

II. Verwarnungsverfahren

§ 56[1] Verwarnung durch die Verwaltungsbehörde. (1) [1]Bei geringfügigen Ordnungswidrigkeiten kann die Verwaltungsbehörde den Betroffenen verwarnen und ein Verwarnungsgeld von fünf bis fünfundfünfzig Euro erheben. [2]Sie kann eine Verwarnung ohne Verwarnungsgeld erteilen.

(2) [1]Die Verwarnung nach Absatz 1 Satz 1 ist nur wirksam, wenn der Betroffene nach Belehrung über sein Weigerungsrecht mit ihr einverstanden ist und das Verwarnungsgeld entsprechend der Bestimmung der Verwaltungsbehörde entweder sofort zahlt oder innerhalb einer Frist, die eine Woche betragen soll, bei der hierfür bezeichneten Stelle oder bei der Post zur Überweisung an diese Stelle einzahlt. [2]Eine solche Frist soll bewilligt werden, wenn der Betroffene das Verwarnungsgeld nicht sofort zahlen kann oder wenn es höher ist als zehn Euro.

(3) [1]Über die Verwarnung nach Absatz 1 Satz 1, die Höhe des Verwarnungsgeldes und die Zahlung oder die etwa bestimmte Zahlungsfrist wird eine Bescheinigung erteilt. [2]Kosten (Gebühren und Auslagen) werden nicht erhoben.

(4) Ist die Verwarnung nach Absatz 1 Satz 1 wirksam, so kann die Tat nicht mehr unter den tatsächlichen und rechtlichen Gesichtspunkten verfolgt werden, unter denen die Verwarnung erteilt worden ist.

§ 57 Verwarnung durch Beamte des Außen- und Polizeidienstes.

(1) Personen, die ermächtigt sind, die Befugnis nach § 56 für die Verwaltungsbehörde im Außendienst wahrzunehmen, haben sich entsprechend auszuweisen.

(2) Die Befugnis nach § 56 steht auch den hierzu ermächtigten Beamten des Polizeidienstes zu, die eine Ordnungswidrigkeit entdecken oder im ersten Zugriff verfolgen und sich durch ihre Dienstkleidung oder in anderer Weise ausweisen.

§ 58[2] Ermächtigung zur Erteilung der Verwarnung. (1) [1]Die Ermächtigung nach § 57 Abs. 2 erteilt die oberste Dienstbehörde des Beamten oder die von ihr bestimmte Stelle. [2]Die oberste Dienstbehörde soll sich wegen der Frage, bei welchen Ordnungswidrigkeiten Ermächtigungen erteilt werden sollen, mit der zuständigen Behörde ins Benehmen setzen. [3]Zuständig ist bei Ordnungswidrigkeiten, für deren Verfolgung und Ahndung eine Verwaltungsbehörde des Bundes zuständig ist, das fachlich zuständige Bundesministerium, sonst die fachlich zuständige oberste Landesbehörde.

(2) Soweit bei bestimmten Ordnungswidrigkeiten im Hinblick auf ihre Häufigkeit und Gleichartigkeit eine möglichst gleichmäßige Behandlung angezeigt ist, sollen allgemeine Ermächtigungen an Verwaltungsangehörige und Beamte des Polizeidienstes zur Erteilung einer Verwarnung nähere Bestimmungen darüber enthalten, in welchen Fällen und unter welchen Voraussetzungen die Verwarnung erteilt und in welcher Höhe das Verwarnungsgeld erhoben werden soll.

III. Verfahren der Verwaltungsbehörde

§ 59[3] Vergütung von Sachverständigen, Dolmetschern und Übersetzern, Entschädigung von Zeugen und Dritten. Für die Vergütung von Sachverstän-

---

[1] § 56 Abs. 1 Satz 1 geänd., Satz 2 neu gef. durch G v. 26.1.1998 (BGBl. I S. 156); Abs. 1 Satz 1, Abs. 2 Satz 2 geänd. mWv 1.1.2002 durch G v. 13.12.2001 (BGBl. I S. 3574); Abs. 1 Satz 1 geänd. mWv 1.5.2014 durch G v. 28.8.2013 (BGBl. I S. 3313).

[2] § 58 Abs. 1 Satz 3 geänd. durch G v. 26.1.1998 (BGBl. I S. 156).

[3] § 59 neu gef. mWv 1.7.2004 durch G v. 5.5.2004 (BGBl. I S. 718).

digen, Dolmetschern und Übersetzern sowie die Entschädigung von Zeugen und Dritten (§ 23 des Justizvergütungs- und -entschädigungsgesetzes[1]) ist das Justizvergütungs- und -entschädigungsgesetz anzuwenden.

§ 60[2] Verteidigung. [1] Ist die Mitwirkung eines Verteidigers im Verfahren der Verwaltungsbehörde geboten (§ 140 Absatz 2 der Strafprozeßordnung[3]), so ist für dessen Bestellung die Verwaltungsbehörde zuständig. [2] Sie entscheidet auch über die Zulassung anderer Personen als Verteidiger und die Zurückweisung eines Verteidigers (§ 138 Abs. 2, § 146a Abs. 1 Satz 1, 2 der Strafprozeßordnung).

§ 61 Abschluß der Ermittlungen. Sobald die Verwaltungsbehörde die Ermittlungen abgeschlossen hat, vermerkt sie dies in den Akten, wenn sie die weitere Verfolgung der Ordnungswidrigkeit erwägt.

§ 62 Rechtsbehelf gegen Maßnahmen der Verwaltungsbehörde.

(1) [1] Gegen Anordnungen, Verfügungen und sonstige Maßnahmen, die von der Verwaltungsbehörde im Bußgeldverfahren getroffen werden, können der Betroffene und andere Personen, gegen die sich die Maßnahme richtet, gerichtliche Entscheidung beantragen. [2] Dies gilt nicht für Maßnahmen, die nur zur Vorbereitung der Entscheidung, ob ein Bußgeldbescheid erlassen oder das Verfahren eingestellt wird, getroffen werden und keine selbständige Bedeutung haben.

(2) [1] Über den Antrag entscheidet das nach § 68 zuständige Gericht. [2] Die §§ 297 bis 300, 302, 306 bis 309 und 311a der Strafprozeßordnung[3] sowie die Vorschriften der Strafprozeßordnung über die Auferlegung der Kosten des Beschwerdeverfahrens gelten sinngemäß. [3] Die Entscheidung des Gerichts ist nicht anfechtbar, soweit das Gesetz nichts anderes bestimmt.

IV. Verfahren der Staatsanwaltschaft

§ 63[4] Beteiligung der Verwaltungsbehörde. (1) [1] Hat die Staatsanwaltschaft die Verfolgung der Ordnungswidrigkeit übernommen (§ 42), so haben die mit der Ermittlung von Ordnungswidrigkeiten betrauten Angehörigen der sonst zuständigen Verwaltungsbehörde dieselben Rechte und Pflichten wie die Beamten des Polizeidienstes im Bußgeldverfahren. [2] Die sonst zuständige Verwaltungsbehörde kann Beschlagnahmen, Notveräußerungen, Durchsuchungen und Un-

(Fortsetzung nächstes Blatt)

[1] **Schönfelder Nr. 116.**
[2] § 60 *Satz 1 geänd. durch G v. 17.5.1988 (BGBl. I S. 606)*; Satz 1 geänd. mWv 13.12.2019 durch G v. 10.12.2019 (BGBl. I S. 2128).
[3] **Schönfelder Nr. 90.**
[4] § 63 Abs. 1 Satz 2 geänd. mWv 1.9.2004 durch G v. 24.8.2004 (BGBl. I S. 2198).

tungsbehörde festgesetzt. [2] Auf Antrag ist auszusprechen, daß die festgesetzten Kosten und Auslagen von der Anbringung des Festsetzungsantrages an entsprechend § 104 Abs. 1 Satz 2 der Zivilprozessordnung[1)] zu verzinsen sind. [3] Dem Festsetzungsantrag sind eine Berechnung der dem Antragsteller entstandenen Kosten, eine zur Mitteilung an den anderen Beteiligten bestimmte Abschrift und die Belege zur Rechtfertigung der einzelnen Ansätze beizufügen. [4] Zur Berücksichtigung eines Ansatzes genügt es, daß er glaubhaft gemacht ist. [5] Hinsichtlich der einem Rechtsanwalt erwachsenen Auslagen für Post- und Telekommunikationsdienstleistungen genügt die Versicherung des Rechtsanwalts, daß die Auslagen entstanden sind.

(2) [1] Für die Zwangsvollstreckung aus dem Kostenfestsetzungsbescheid gelten die Vorschriften der Zivilprozeßordnung über die Zwangsvollstreckung aus Kostenfestsetzungsbeschlüssen sinngemäß. [2] Die Zwangsvollstreckung ist erst zulässig, wenn der Kostenfestsetzungsbescheid unanfechtbar geworden ist. [3] Die vollstreckbare Ausfertigung wird vom Urkundsbeamten der Geschäftsstelle des nach § 68 zuständigen Gerichts erteilt.

§ 107[2)] Gebühren und Auslagen. (1) [1] Im Verfahren der Verwaltungsbehörde bemißt sich die Gebühr nach der Geldbuße, die gegen den Betroffenen im Bußgeldbescheid festgesetzt ist. [2] Wird gegen eine juristische Person oder eine Personenvereinigung eine Geldbuße nach § 30 festgesetzt, so ist von der juristischen Person oder der Personenvereinigung eine Gebühr zu erheben, die sich nach der gegen sie festgesetzten Geldbuße bemißt. [3] Als Gebühr werden bei der Festsetzung einer Geldbuße fünf vom Hundert des Betrages der festgesetzten Geldbuße erhoben, jedoch mindestens 25 Euro und höchstens 7 500 Euro.

(2) Hat die Verwaltungsbehörde im Falle des § 25a des Straßenverkehrsgesetzes[3)] eine abschließende Entscheidung getroffen, so beträgt die Gebühr 20 Euro.

(3) Als Auslagen werden erhoben

1. Entgelte für Telegramme;
2. für jede Zustellung mit Zustellungsurkunde, Einschreiben gegen Rückschein oder durch Bedienstete der Verwaltungsbehörde pauschal 3,50 Euro;
3. *(aufgehoben)*
4. Auslagen für öffentliche Bekanntmachungen; Auslagen werden nicht erhoben für die Bekanntmachung in einem elektronischen Informations- und Kommunikationssystem, wenn das Entgelt nicht für den Einzelfall oder nicht für ein einzelnes Verfahren berechnet wird;

[1)] Nr. **23.3**.

[2)] § 107 Abs. 1 Satz 2 eingef., bish. Satz 2 wird Satz 3 und geänd., Abs. 2 geänd. durch G v. 24.6.1994 (BGBl. I S. 1325); Abs. 1 Satz 3, Abs. 2 geänd. mWv 1.1.2002 durch G v. 13.12.2001 (BGBl. I S. 3574); Abs. 5 angef. mWv 1.8.2002 durch G v. 23.7.2002 (BGBl. I S. 2850); Abs. 1 Satz 3, Abs. 2 und 5 geänd., Abs. 3 neu gef. mWv 1.7.2004 durch G v. 5.5.2004 (BGBl. I S. 718); Abs. 5 Satz 2 angef. mWv 1.4.2005 durch G v. 22.3.2005 (BGBl. I S. 837); Abs. 5 Satz 1 geänd. mWv 31.12.2006 durch G v. 22.12.2006 (BGBl. I S. 3416); Abs. 3 Nr. 2 neu gef., Nr. 3 aufgeh. mWv 1.1.2008 durch G v. 22.12.2006 (BGBl. I S. 3416); Abs. 1 Satz 3 und Abs. 2 geänd., Abs. 3 Nr. 4 und 13 neu gef. mWv 1.8.2013 durch G v. 23.7.2013 (BGBl. I S. 2586); Abs. 4 geänd. mWv 15.8.2013 durch G v. 7.8.2013 (BGBl. I S. 3154); Abs. 3 Nr. 12 geänd. **mWv 1.10.2021** durch G v. 18.7.2016 (BGBl. I S. 1666); Abs. 5 Satz 2 geänd. mWv 1.1.2018 durch G v. 5.7.2017 (BGBl. I S. 2208); Abs. 3 Nr. 5 geänd. mWv 17.12.2019 durch G v. 9.12.2019 (BGBl. I S. 2146).

[3)] Nr. **42.5**.

5. nach dem Justizvergütungs- und -entschädigungsgesetz [1] zu zahlende Beträge, und zwar auch dann, wenn aus Gründen der Gegenseitigkeit, der Verwaltungsvereinfachung oder aus vergleichbaren Gründen keine Zahlungen zu leisten sind; ist aufgrund des § 1 Abs. 2 Satz 2 des Justizvergütungs- und -entschädigungsgesetzes keine Vergütung zu zahlen, ist der Betrag zu erheben, der ohne diese Vorschrift zu zahlen wäre; sind die Auslagen durch verschiedene Rechtssachen veranlasst, werden sie auf die einzelnen Rechtssachen angemessen verteilt; Auslagen für Übersetzer, die zur Erfüllung der Rechte blinder oder sehbehinderter Personen herangezogen werden (§ 191a Abs. 1 des Gerichtsverfassungsgesetzes [2]), sowie für Sachverständige, die durch die Untersuchung eines Beschuldigten nach § 43 Absatz 2 des Jugendgerichtsgesetzes [3] entstanden sind, werden nicht, Auslagen für Gebärdensprachdolmetscher werden nur entsprechend den §§ 464c, 467a Abs. 1 Satz 2 in Verbindung mit § 467 Abs. 2 Satz 1 der Strafprozessordnung [4] erhoben;
6. bei Geschäften außerhalb der Dienststelle
   a) die den Bediensteten der Verwaltungsbehörde aufgrund gesetzlicher Vorschriften gewährte Vergütung (Reisekosten, Auslagenersatz),
   b) die Auslagen für die Bereitstellung von Räumen,
   c) für den Einsatz von Dienstkraftfahrzeugen für jeden gefahrenen Kilometer 0,30 Euro;

   sind die Auslagen durch verschiedene Rechtssachen veranlasst, werden sie auf die einzelnen Rechtssachen angemessen verteilt;
7. an Rechtsanwälte zu zahlende Beträge;
8. Auslagen für die Beförderung von Personen;
9. Beträge, die mittellosen Personen für die Reise zum Ort einer Verhandlung, Vernehmung oder Untersuchung und für die Rückreise gezahlt werden, bis zur Höhe der nach dem Justizvergütungs- und -entschädigungsgesetz an Zeugen zu zahlenden Beträge;
10. an Dritte zu zahlende Beträge für
    a) die Beförderung von Tieren und Sachen mit Ausnahme der für Postdienstleistungen zu zahlenden Entgelte, die Verwahrung von Tieren und Sachen sowie die Fütterung von Tieren,
    b) die Durchsuchung oder Untersuchung von Räumen und Sachen einschließlich der die Durchsuchung oder Untersuchung vorbereitenden Maßnahmen,
    c) die Bewachung von Schiffen und Luftfahrzeugen;
11. Kosten einer Erzwingungshaft;
12. nach ***[bis 30.9.2021:*** dem Auslandskostengesetz***]*** ***[ab 1.10.2021:*** *§ 12 des Bundesgebührengesetzes [5], dem 5. Abschnitt des Konsulargesetzes [6] und der Besonderen Gebührenverordnung des Auswärtigen Amts nach § 22 Absatz 4 des Bundesgebührengesetzes****]*** im Rahmen der Amtshilfe zu zahlende Beträge;

---

[1] **Schönfelder Nr. 116.**
[2] Nr. **6.1**.
[3] ***Schönfelder Nr. 89.***
[4] **Schönfelder Nr. 90.**
[5] **Sartorius Nr. 120.**
[6] **Sartorius Nr. 570.**

13. Gebühren, die an deutsche Behörden für die Erfüllung von deren eigenen Aufgaben zu zahlen sind, und Beträge, die diesen Behörden, öffentlichen Einrichtungen oder deren Bediensteten als Ersatz für Auslagen der in den Nummern 1 bis 11 bezeichneten Art zustehen, und zwar auch dann, wenn aus Gründen der Gegenseitigkeit, der Verwaltungsvereinfachung oder aus vergleichbaren Gründen keine Zahlungen zu leisten sind; die Auslagen sind in ihrer Höhe durch die Höchstsätze für die bezeichneten Auslagen begrenzt;
14. Beträge, die ausländischen Behörden, Einrichtungen oder Personen im Ausland zustehen, sowie Kosten des Amts- und Rechtshilfeverkehrs mit dem Ausland, und zwar auch dann, wenn aus Gründen der Gegenseitigkeit, der Verwaltungsvereinfachung oder aus vergleichbaren Gründen keine Zahlungen zu leisten sind.

(4) Hat eine Verwaltungsbehörde des Bundes den Bußgeldbescheid erlassen, so sind für die Niederschlagung der Kosten bei unrichtiger Sachbehandlung sowie die Niederschlagung, den Erlaß, die Verjährung und die Erstattung von Kosten § 14 Abs. 2 sowie die §§ 19 bis 21 des Verwaltungskostengesetzes vom 23. Juni 1970 (BGBl. I S. 821) in der bis zum 14. August 2013 geltenden Fassung anzuwenden, sonst die entsprechenden landesrechtlichen Vorschriften.

(5) [1] Von demjenigen, der die Versendung von Akten beantragt, werden je durchgeführte Sendung einschließlich der Rücksendung durch Behörden pauschal 12 Euro als Auslagen erhoben. [2] Wird die Akte elektronisch geführt und erfolgt ihre Übermittlung elektronisch, wird eine Pauschale nicht erhoben.

§ 108[1)] Rechtsbehelf und Vollstreckung. (1) [1] Im Verfahren der Verwaltungsbehörde ist gegen den

1. selbständigen Kostenbescheid,
2. Kostenfestsetzungsbescheid (§ 106) und
3. Ansatz der Gebühren und Auslagen

der Antrag auf gerichtliche Entscheidung nach § 62 zulässig. [2] In den Fällen der Nummern 1 und 2 ist der Antrag innerhalb von zwei Wochen nach Zustellung des Bescheides zu stellen; gegen die Entscheidung des Gerichts ist in den Fällen der Nummer 2 sofortige Beschwerde zulässig, wenn der Wert des Beschwerdegegenstandes zweihundert Euro übersteigt.

(2) Für die Vollstreckung der Kosten des Bußgeldverfahrens gelten die §§ 89 und 90 Abs. 1 entsprechend.

II. Verfahren der Staatsanwaltschaft

§ 108a [Verfahren der Staatsanwaltschaft] (1) Stellt die Staatsanwaltschaft nach Einspruch gegen den Bußgeldbescheid das Verfahren ein, bevor sie die Akten dem Gericht vorlegt, so trifft sie die Entscheidungen nach § 467a Abs. 1 und 2 der Strafprozeßordnung[2)].

(2) Gegen die Entscheidung der Staatsanwaltschaft kann innerhalb von zwei Wochen nach Zustellung gerichtliche Entscheidung beantragt werden; § 50 Abs. 2 sowie die §§ 52 und 62 Abs. 2 gelten entsprechend.

[1)] § 108 Abs. 1 Satz 2 geänd. mWv 1.1.2002 durch G v. 13.12.2001 (BGBl. I S. 3574); Abs. 1 Satz 2 geänd. mWv 1.7.2004 durch G v. 5.5.2004 (BGBl. I S. 718).

[2)] **Schönfelder Nr. 90.**

(3) [1] Die Entscheidung über den Festsetzungsantrag (§ 464b Satz 1 der Strafprozeßordnung) trifft der Urkundsbeamte der Geschäftsstelle der Staatsanwaltschaft. [2] Über die Erinnerung gegen den Festsetzungsbeschluß des Urkundsbeamten der Geschäftsstelle entscheidet das nach § 68 zuständige Gericht.

III. Verfahren über die Zulässigkeit des Einspruchs

§ 109[1)] [Verfahren über die Zulässigkeit des Einspruchs] (1) Wird der Bescheid der Verwaltungsbehörde über die Verwerfung

1. des Einspruchs (§ 69 Abs. 1) oder
2. des Antrags auf Wiedereinsetzung in den vorigen Stand wegen Versäumung der Einspruchsfrist

im Verfahren nach § 62 aufgehoben, so gilt auch für die Kosten und Auslagen dieses Verfahrens die abschließende Entscheidung nach § 464 Abs. 1 und 2 der Strafprozeßordnung[2)].

(2) Wird der Einspruch des Betroffenen gegen den Bußgeldbescheid verworfen (§§ 70, 74 Abs. 2), so trägt er auch die Kosten des gerichtlichen Verfahrens.

IV. Auslagen des Betroffenen

§ 109a[3)] [Auslagen des Betroffenen] (1) War gegen den Betroffenen in einem Bußgeldbescheid wegen einer Tat lediglich eine Geldbuße bis zu zehn Euro festgesetzt worden, so gehören die Gebühren und Auslagen eines Rechtsanwalts nur dann zu den notwendigen Auslagen (§ 464a Abs. 2 Nr. 2 der Strafprozeßordnung[2)]), wenn wegen der schwierigen Sach- oder Rechtslage oder der Bedeutung der Sache für den Betroffenen die Beauftragung eines Rechtsanwalts geboten war.

(2) Soweit dem Betroffenen Auslagen entstanden sind, die er durch ein rechtzeitiges Vorbringen entlastender Umstände hätte vermeiden können, kann davon abgesehen werden, diese der Staatskasse aufzuerlegen.

Elfter Abschnitt. Entschädigung für Verfolgungsmaßnahmen

§ 110 [Entschädigung für Verfolgungsmaßnahmen] (1) Die Entscheidung über die Entschädigungspflicht für einen Vermögensschaden, der durch eine Verfolgungsmaßnahme im Bußgeldverfahren verursacht worden ist (§ 8 des Gesetzes über die Entschädigung für Strafverfolgungsmaßnahmen[4)]), trifft die Verwaltungsbehörde, wenn sie das Bußgeldverfahren abgeschlossen hat, in einem selbständigen Bescheid.

(2) [1] Gegen den Bescheid ist innerhalb von zwei Wochen nach Zustellung der Antrag auf gerichtliche Entscheidung nach § 62 zulässig. [2] Gegen die Entscheidung des Gerichts ist sofortige Beschwerde zulässig.

(3) Über den Anspruch auf Entschädigung (§ 10 des Gesetzes über die Entschädigung für Strafverfolgungsmaßnahmen) entscheidet in den Fällen des Absatzes 1 die Verwaltungsbehörde.

(4) Ersatzpflichtig ist (§ 15 des Gesetzes über die Entschädigung für Strafverfolgungsmaßnahmen) in den Fällen des Absatzes 1, soweit das Gesetz nichts

---

1) § 109 Abs. 2 geänd. durch G v. 26.1.1998 (BGBl. I S. 156).
2) ***Schönfelder Nr. 90.***
3) § 109a Abs. 1 geänd. mWv 1.1.2002 durch G v. 13.12.2001 (BGBl. I S. 3574).
4) **Schönfelder ErgBd. Nr. 93.**

anderes bestimmt, der Bund, wenn eine Verwaltungsbehörde des Bundes das Verfahren durchführt, sonst das Land.

Zwölfter Abschnitt.[1] Aktenführung und Kommunikation im Verfahren

§ 110a[2] Elektronische Aktenführung; Verordnungsermächtigungen.

(1) ***[Satz 1 bis 31.12.2025:]*** [1]Die Akten können elektronisch geführt werden. ***[Satz 1 ab 1.1.2026:]*** *[1]Die Akten werden elektronisch geführt.* ***[Satz 2 bis 30.6.2025:]*** [2]Die Bundesregierung und die Landesregierungen bestimmen jeweils für ihren Bereich durch Rechtsverordnung den Zeitpunkt, von dem an die Akten elektronisch geführt werden. ***[Satz 2 ab 1.7.2025:]*** *[2]Die Landesregierungen können durch Rechtsverordnung bestimmen, dass Akten, die in Papierform angelegt wurden, in Papierform weitergeführt werden.* ***[Satz 3 bis 30.6.2025:]*** [3]Sie können die Einführung der elektronischen Aktenführung dabei auf einzelne Gerichte oder Behörden oder auf allgemein bestimmte Verfahren beschränken und bestimmen, dass Akten, die in Papierform angelegt wurden, auch nach Einführung der elektronischen Aktenführung in Papierform weitergeführt werden; wird von der Beschränkungsmöglichkeit Gebrauch gemacht, kann in der Rechtsverordnung bestimmt werden, dass durch Verwaltungsvorschrift, die öffentlich bekanntzumachen ist, geregelt wird, in welchen Verfahren die Akten elektronisch zu führen sind. ***[bis 30.6.2025: [4]][ab 1.7.2025: [3]]*** Die Ermächtigung kann durch Rechtsverordnung auf die zuständigen Bundes- oder Landesministerien übertragen werden.

(2) [1]Die Bundesregierung und die Landesregierungen bestimmen jeweils für ihren Bereich durch Rechtsverordnung die für die elektronische Aktenführung geltenden organisatorischen und dem Stand der Technik entsprechenden technischen Rahmenbedingungen einschließlich der einzuhaltenden Anforderungen des Datenschutzes, der Datensicherheit und der Barrierefreiheit. [2]Sie können die Ermächtigung durch Rechtsverordnung auf die zuständigen Bundes- oder Landesministerien übertragen.

(3) [1]Die Bundesregierung bestimmt durch Rechtsverordnung mit Zustimmung des Bundesrates die für die Übermittlung elektronischer Akten zwischen Behörden und Gerichten geltenden Standards. [2]Sie kann die Ermächtigung durch Rechtsverordnung ohne Zustimmung des Bundesrates auf die zuständigen Bundesministerien übertragen.

(4) Behörden im Sinne dieses Abschnitts sind die Staatsanwaltschaften und Verwaltungsbehörden einschließlich der Vollstreckungsbehörden sowie die Behörden des Polizeidienstes, soweit diese Aufgaben im Bußgeldverfahren wahrnehmen.

§ 110b[3] Elektronische Formulare; Verordnungsermächtigung. [1]Die Bundesregierung kann durch Rechtsverordnung mit Zustimmung des Bundesrates elektronische Formulare einführen. [2]Die Rechtsverordnung kann bestimmen, dass die in den Formularen enthaltenen Angaben ganz oder teilweise in strukturierter maschinenlesbarer Form zu übermitteln sind. [3]Die Formulare sind auf einer in der Rechtsverordnung zu bestimmenden Kommunikationsplattform im Internet zur Nutzung bereitzustellen. [4]Die Rechtsverordnung kann bestimmen, dass eine Iden-

---

[1] 12. Abschnitt (§§ 110a–110c) neu gef. mWv 1.1.2018 durch G v. 5.7.2017 (BGBl. I S. 2208).

[2] § 110a neu gef. mWv 1.1.2018, Abs. 1 Satz 2 neu gef., Satz 3 aufgeh., bish. Satz 4 wird Satz 3 mWv **1.7.2025**, Satz 1 neu gef. mWv **1.1.2026** durch G v. 5.7.2017 (BGBl. I S. 2208); Abs. 3 Satz 1 geänd. mWv 21.12.2018 durch G v. 17.12.2018 (BGBl. I S. 2571).

[3] § 110b neu gef. mWv 1.1.2018 durch G v. 5.7.2017 (BGBl. I S. 2208); Satz 4 geänd. mWv 1.11.2019 durch G v. 21.6.2019 (BGBl. I S. 846).

tifikation des Formularverwenders abweichend von § 32a Absatz 3 der Strafprozessordnung[1)] durch Nutzung des elektronischen Identitätsnachweises nach § 18 des Personalausweisgesetzes[2)], § 12 des eID-Karte-Gesetzes oder § 78 Absatz 5 des Aufenthaltsgesetzes[3)] erfolgen kann. [5] Die Bundesregierung kann die Ermächtigung durch Rechtsverordnung ohne Zustimmung des Bundesrates auf die zuständigen Bundesministerien übertragen.

§ 110c[4)] Entsprechende Geltung der Strafprozessordnung für Aktenführung und Kommunikation im Verfahren. [1] Im Übrigen gelten die §§ 32a, 32b und 32d bis 32f der Strafprozessordnung[1)] sowie die auf der Grundlage des § 32a Absatz 2 Satz 2 und Absatz 4 Nummer 4, des § 32b Absatz 5 und des § 32f Absatz 6 der Strafprozessordnung erlassenen Rechtsverordnungen entsprechend. [2] Abweichend von § 32b Absatz 1 Satz 2 der Strafprozessordnung ist bei der automatisierten Herstellung eines zu signierenden elektronischen Dokuments statt seiner die begleitende Verfügung zu signieren. [3] Abweichend von § 32e Absatz 4 Satz 1 der Strafprozessordnung müssen Ausgangsdokumente nicht gespeichert oder aufbewahrt werden, wenn die übertragenen Dokumente zusätzlich einen mit einer qualifizierten elektronischen Signatur versehenen Vermerk darüber enthalten, dass das Ausgangsdokument mit dem zur Akte zu nehmenden Dokument inhaltlich und bildlich übereinstimmt.

§§ 110d, 110e[5)] *(aufgehoben)*

Dritter Teil. Einzelne Ordnungswidrigkeiten

Erster Abschnitt. Verstöße gegen staatliche Anordnungen

§ 111[6)] Falsche Namensangabe. (1) Ordnungswidrig handelt, wer einer zuständigen Behörde, einem zuständigen Amtsträger oder einem zuständigen Soldaten der Bundeswehr über seinen Vor-, Familien- oder Geburtsnamen, den Ort oder Tag seiner Geburt, seinen Familienstand, seinen Beruf, seinen Wohnort, seine Wohnung oder seine Staatsangehörigkeit eine unrichtige Angabe macht oder die Angabe verweigert.

(2) Ordnungswidrig handelt auch der Täter, der fahrlässig nicht erkennt, daß die Behörde, der Amtsträger oder der Soldat zuständig ist.

(3) Die Ordnungswidrigkeit kann, wenn die Handlung nicht nach anderen Vorschriften geahndet werden kann, in den Fällen des Absatzes 1 mit einer Geldbuße bis zu eintausend Euro, in den Fällen des Absatzes 2 mit einer Geldbuße bis zu fünfhundert Euro geahndet werden.

§ 112[7)] Verletzung der Hausordnung eines Gesetzgebungsorgans.

(1) Ordnungswidrig handelt, wer gegen Anordnungen verstößt, die ein Gesetzgebungsorgan des Bundes oder eines Landes oder sein Präsident über das Betreten

---

1) **Schönfelder Nr. 90.**
2) Nr. 36.3.
3) **Sartorius Nr. 565.**
4) § 110c neu gef. mWv 1.1.2018 durch G v. 5.7.2017 (BGBl. I S. 2208).
5) §§ 110d und 110e aufgeh. mWv 1.1.2018 durch G v. 5.7.2017 (BGBl. I S. 2208).
6) § 111 Abs. 3 geänd. durch G v. 26.1.1998 (BGBl. I S. 156); Abs. 3 geänd. mWv 1.1.2002 durch G v. 13.12.2001 (BGBl. I S. 3574).
7) § 112 Abs. 2 geänd. mWv 1.1.2002 durch G v. 13.12.2001 (BGBl. I S. 3574).

des Gebäudes des Gesetzgebungsorgans oder des dazugehörigen Grundstücks oder über das Verweilen oder die Sicherheit und Ordnung im Gebäude oder auf dem Grundstück allgemein oder im Einzelfall erlassen hat.

(2) Die Ordnungswidrigkeit kann mit einer Geldbuße bis zu fünftausend Euro geahndet werden.

(3) Die Absätze 1 und 2 gelten bei Anordnungen eines Gesetzgebungsorgans des Bundes oder seines Präsidenten weder für die Mitglieder des Bundestages noch für die Mitglieder des Bundesrates und der Bundesregierung sowie deren Beauftragte, bei Anordnungen eines Gesetzgebungsorgans eines Landes oder seines Präsidenten weder für die Mitglieder der Gesetzgebungsorgane dieses Landes noch für die Mitglieder der Landesregierung und deren Beauftragte.

§ 113[1)] Unerlaubte Ansammlung. (1) Ordnungswidrig handelt, wer sich einer öffentlichen Ansammlung anschließt oder sich nicht aus ihr entfernt, obwohl ein Träger von Hoheitsbefugnissen die Menge dreimal rechtmäßig aufgefordert hat, auseinanderzugehen.

(2) Ordnungswidrig handelt auch der Täter, der fahrlässig nicht erkennt, daß die Aufforderung rechtmäßig ist.

(3) Die Ordnungswidrigkeit kann in den Fällen des Absatzes 1 mit einer Geldbuße bis zu eintausend Euro, in den Fällen des Absatzes 2 mit einer Geldbuße bis zu fünfhundert Euro geahndet werden.

§ 114 Betreten militärischer Anlagen. (1) Ordnungswidrig handelt, wer vorsätzlich oder fahrlässig entgegen einem Verbot der zuständigen Dienststelle eine militärische Einrichtung oder Anlage oder eine Örtlichkeit betritt, die aus Sicherheitsgründen zur Erfüllung dienstlicher Aufgaben der Bundeswehr gesperrt ist.

(2) Die Ordnungswidrigkeit kann mit einer Geldbuße geahndet werden.

§ 115 Verkehr mit Gefangenen. (1) Ordnungswidrig handelt, wer unbefugt

1. einem Gefangenen Sachen oder Nachrichten übermittelt oder sich von ihm übermitteln läßt oder
2. sich mit einem Gefangenen, der sich innerhalb einer Vollzugsanstalt befindet, von außen durch Worte oder Zeichen verständigt.

(2) Gefangener ist, wer sich auf Grund strafgerichtlicher Entscheidung oder als vorläufig Festgenommener in behördlichem Gewahrsam befindet.

(3) Die Ordnungswidrigkeit und der Versuch einer Ordnungswidrigkeit können mit einer Geldbuße geahndet werden.

Zweiter Abschnitt. Verstöße gegen die öffentliche Ordnung

§ 116[2)] Öffentliche Aufforderung zu Ordnungswidrigkeiten. (1) Ordnungswidrig handelt, wer öffentlich, in einer Versammlung oder durch Verbreiten von Schriften, Ton- oder Bildträgern, Datenspeichern, Abbildungen oder Darstellungen zu einer mit Geldbuße bedrohten Handlung auffordert.

[1)] § 113 Abs. 3 geänd. durch G v. 26.1.1998 (BGBl. I S. 156); Abs. 3 geänd. mWv 1.1.2002 durch G v. 13.12.2001 (BGBl. I S. 3574).

[2)] § 116 Abs. 1 geänd. durch G v. 22.7.1997 (BGBl. I S. 1870).

(2) [1]Die Ordnungswidrigkeit kann mit einer Geldbuße geahndet werden. [2]Das Höchstmaß der Geldbuße bestimmt sich nach dem Höchstmaß der Geldbuße für die Handlung, zu der aufgefordert wird.

§ 117[1)] Unzulässiger Lärm. (1) Ordnungswidrig handelt, wer ohne berechtigten Anlaß oder in einem unzulässigen oder nach den Umständen vermeidbaren Ausmaß Lärm erregt, der geeignet ist, die Allgemeinheit oder die Nachbarschaft erheblich zu belästigen oder die Gesundheit eines anderen zu schädigen.

(2) Die Ordnungswidrigkeit kann mit einer Geldbuße bis zu fünftausend Euro geahndet werden, wenn die Handlung nicht nach anderen Vorschriften geahndet werden kann.

§ 118 Belästigung der Allgemeinheit. (1) Ordnungswidrig handelt, wer eine grob ungehörige Handlung vornimmt, die geeignet ist, die Allgemeinheit zu belästigen oder zu gefährden und die öffentliche Ordnung zu beeinträchtigen.

(2) Die Ordnungswidrigkeit kann mit einer Geldbuße geahndet werden, wenn die Handlung nicht nach anderen Vorschriften geahndet werden kann.

§ 119[2)] Grob anstößige und belästigende Handlungen. (1) Ordnungswidrig handelt, wer

1. öffentlich in einer Weise, die geeignet ist, andere zu belästigen, oder
2. in grob anstößiger Weise durch Verbreiten von Schriften, Ton- oder Bildträgern, Abbildungen oder Darstellungen oder durch das öffentliche Zugänglichmachen von Datenspeichern

Gelegenheit zu sexuellen Handlungen anbietet, ankündigt, anpreist oder Erklärungen solchen Inhalts bekanntgibt.

(2) Ordnungswidrig handelt auch, wer auf die in Absatz 1 bezeichnete Weise Mittel oder Gegenstände, die dem sexuellen Gebrauch dienen, anbietet, ankündigt, anpreist oder Erklärungen solchen Inhalts bekanntgibt.

(3) Ordnungswidrig handelt ferner, wer öffentlich Schriften, Ton- oder Bildträger, Datenspeicher, Abbildungen oder Darstellungen sexuellen Inhalts an Orten ausstellt, anschlägt, vorführt oder sonst zugänglich macht, an denen dies grob anstößig wirkt.

(4) Die Ordnungswidrigkeit kann in den Fällen des Absatzes 1 Nr. 1 mit einer Geldbuße bis zu eintausend Euro, in den übrigen Fällen mit einer Geldbuße bis zu zehntausend Euro geahndet werden.

§ 120[3)] Verbotene Ausübung der Prostitution. (1) Ordnungswidrig handelt, wer einem durch Rechtsverordnung erlassenen Verbot, der Prostitution an bestimmten Orten überhaupt oder zu bestimmten Tageszeiten nachzugehen, zuwiderhandelt.

(2) Die Ordnungswidrigkeit kann mit einer Geldbuße geahndet werden.

[1)] § 117 Abs. 2 geänd. mWv 1.1.2002 durch G v. 13.12.2001 (BGBl. I S. 3574).

[2)] § 119 Abs. 1 Nr. 2 und Abs. 3 geänd. durch G v. 22.7.1997 (BGBl. I S. 1870); Abs. 4 geänd. durch G v. 26.1.1998 (BGBl. I S. 156); Abs. 4 geänd. mWv 1.1.2002 durch G v. 13.12.2001 (BGBl. I S. 3574).

[3)] § 120 Überschrift geänd. und Abs. 1 neu gef. mWv 1.7.2017 durch G v. 21.10.2016 (BGBl. I S. 2372).

§ 121 Halten gefährlicher Tiere. (1) Ordnungswidrig handelt, wer vorsätzlich oder fahrlässig

1. ein gefährliches Tier einer wildlebenden Art oder ein bösartiges Tier sich frei umherbewegen läßt oder
2. als Verantwortlicher für die Beaufsichtigung eines solchen Tieres es unterläßt, die nötigen Vorsichtsmaßnahmen zu treffen, um Schäden durch das Tier zu verhüten.

(2) Die Ordnungswidrigkeit kann mit einer Geldbuße geahndet werden.

§ 122 Vollrausch. (1) Wer sich vorsätzlich oder fahrlässig durch alkoholische Getränke oder andere berauschende Mittel in einen Rausch versetzt, handelt ordnungswidrig, wenn er in diesem Zustand eine mit Geldbuße bedrohte Handlung begeht und ihretwegen gegen ihn keine Geldbuße festgesetzt werden kann, weil er infolge des Rausches nicht vorwerfbar gehandelt hat oder weil dies nicht auszuschließen ist.

(2) [1] Die Ordnungswidrigkeit kann mit einer Geldbuße geahndet werden. [2] Die Geldbuße darf nicht höher sein als die Geldbuße, die für die im Rausch begangene Handlung angedroht ist.

§ 123[1)] Einziehung; Unbrauchbarmachung. (1) Gegenstände, auf die sich eine Ordnungswidrigkeit nach § 119 bezieht, können eingezogen werden.

(2) [1] Bei der Einziehung von Schriften, Ton- und Bildträgern, Datenspeichern, Abbildungen und Darstellungen kann in den Fällen des § 119 Abs. 1 und 2 angeordnet werden, daß

1. sich die Einziehung auf alle Stücke erstreckt und
2. die zur Herstellung gebrauchten oder bestimmten Vorrichtungen, wie Platten, Formen, Drucksätze, Druckstöcke, Negative oder Matrizen, unbrauchbar gemacht werden,

soweit die Stücke und die in Nummer 2 bezeichneten Gegenstände sich im Besitz des Täters oder eines anderen befinden, für den der Täter gehandelt hat, oder von diesen Personen zur Verbreitung bestimmt sind. [2] Eine solche Anordnung wird jedoch nur getroffen, soweit sie erforderlich ist, um Handlungen, die nach § 119 Abs. 1 oder 2 mit Geldbuße bedroht sind, zu verhindern. [3] Für die Einziehung gilt § 27 Abs. 2, für die Unbrauchbarmachung gelten die §§ 27 und 28 entsprechend.

(3) In den Fällen des § 119 Abs. 2 gelten die Absätze 1 und 2 nur für das Werbematerial und die zu seiner Herstellung gebrauchten oder bestimmten Vorrichtungen.

Dritter Abschnitt. Mißbrauch staatlicher oder staatlich geschützter Zeichen

§ 124**[2)] **Benutzen von Wappen oder Dienstflaggen. (1) Ordnungswidrig handelt, wer unbefugt

1. das Wappen des Bundes oder eines Landes oder den Bundesadler oder den entsprechenden Teil eines Landeswappens oder

---

[1)] § 123 Abs. 2 Satz 1 geänd. durch G v. 22.7.1997 (BGBl. I S. 1870); Abs. 1, Abs. 2 Satz 1 einl. Satzteil und Satz 2 geänd. mWv 1.7.2017 durch G v. 21.10.2016 (BGBl. I S. 2372).

[2)] VO über die Zuständigkeit für die Verfolgung und Ahndung von Ordnungswidrigkeiten nach § 124 des Gesetzes über Ordnungswidrigkeiten v. 2.1.1975 (BGBl. I S. 209).

2. eine Dienstflagge des Bundes oder eines Landes

benutzt.

(2) Den in Absatz 1 genannten Wappen, Wappenteilen und Flaggen stehen solche gleich, die ihnen zum Verwechseln ähnlich sind.

(3) Die Ordnungswidrigkeit kann mit einer Geldbuße geahndet werden.

§ 125 Benutzen des Roten Kreuzes oder des Schweizer Wappens.

(1) Ordnungswidrig handelt, wer unbefugt das Wahrzeichen des roten Kreuzes auf weißem Grund oder die Bezeichnung „Rotes Kreuz" oder „Genfer Kreuz" benutzt.

(2) Ordnungswidrig handelt auch, wer unbefugt das Wappen der Schweizerischen Eidgenossenschaft benutzt.

(3) Den in den Absätzen 1 und 2 genannten Wahrzeichen, Bezeichnungen und Wappen stehen solche gleich, die ihnen zum Verwechseln ähnlich sind.

(4) Die Absätze 1 und 3 gelten für solche Wahrzeichen oder Bezeichnungen entsprechend, die nach Völkerrecht dem Wahrzeichen des roten Kreuzes auf weißem Grund oder der Bezeichnung „Rotes Kreuz" gleichstehen.

(5) Die Ordnungswidrigkeit kann mit einer Geldbuße geahndet werden.

§ 126 Mißbrauch von Berufstrachten oder Berufsabzeichen. (1) Ordnungswidrig handelt, wer unbefugt

1. eine Berufstracht oder ein Berufsabzeichen für eine Tätigkeit in der Kranken- oder Wohlfahrtspflege trägt, die im Inland staatlich anerkannt oder genehmigt sind, oder
2. eine Berufstracht oder ein Berufsabzeichen einer religiösen Vereinigung trägt, die von einer Kirche oder einer anderen Religionsgesellschaft des öffentlichen Rechts anerkannt ist.

(2) Den in Absatz 1 genannten Trachten und Abzeichen stehen solche gleich, die ihnen zum Verwechseln ähnlich sind.

(3) Die Ordnungswidrigkeit kann mit einer Geldbuße geahndet werden.

§ 127[1] Herstellen oder Verwenden von Sachen, die zur Geld- oder Urkundenfälschung benutzt werden können. (1) Ordnungswidrig handelt, wer ohne schriftliche Erlaubnis der zuständigen Stelle oder des sonst dazu Befugten

1. Platten, Formen, Drucksätze, Druckstöcke, Negative, Matrizen, Computerprogramme oder ähnliche Vorrichtungen, die ihrer Art nach geeignet sind zur Herstellung von
   a) Geld, diesem gleichstehenden Wertpapieren (§ 151 des Strafgesetzbuches[2]), amtlichen Wertzeichen, Zahlungskarten im Sinne des § 152a Abs. 4 des Strafgesetzbuches, Schecks, Wechseln, Zahlungskarten mit Garantiefunktion

[1] § 127 Abs. 1 geänd. durch G v. 28.10.1994 (BGBl. I S. 3186); Abs. 4 geänd. durch G v. 26.1.1998 (BGBl. I S. 156); Abs. 1 Nr. 1 Buchst. a, Abs. 3 geänd. durch G v. 26.1.1998 (BGBl. I S. 164); Abs. 4 geänd. mWv 1.1.2002 *durch G v. 13.12.2001* (BGBl. I S. 3574); Abs. 1 Nr. 1, 2 und 3 geänd., Nr. 4 angef. mWv 30.8.2002 durch G v. 22.8.2002 (BGBl. I S. 3387); Abs. 1 Nr. 1 Buchst. a, Abs. 3 geänd. mWv 28.12.2003 durch G v. 22.12.2003 (BGBl. I S 2838).

[2] **Schönfelder Nr. 85.**

im Sinne des § 152b Abs. 4 des Strafgesetzbuches oder Vordrucken für Euroschecks oder

b) öffentlichen Urkunden oder Beglaubigungszeichen,

2. Vordrucke für öffentliche Urkunden oder Beglaubigungszeichen,
3. Papier, das einer solchen Papierart gleicht oder zum Verwechseln ähnlich ist, die zur Herstellung der in den Nummern 1 oder 2 bezeichneten Papiere bestimmt und gegen Nachahmung besonders gesichert ist, oder
4. Hologramme oder andere Bestandteile, die der Sicherung der in der Nummer 1 Buchstabe a bezeichneten Gegenstände gegen Fälschung dienen,

herstellt, sich oder einem anderen verschafft, feilhält, verwahrt, einem anderen überläßt, einführt oder ausführt.

(2) Ordnungswidrig handelt auch der Täter, der fahrlässig nicht erkennt, daß eine schriftliche Erlaubnis der zuständigen Stelle oder des sonst dazu Befugten nicht vorliegt.

(3) Absatz 1 gilt auch für Geld, Wertpapiere, Wertzeichen, Urkunden, Beglaubigungszeichen, Zahlungskarten im Sinne des § 152a Abs. 4 des Strafgesetzbuches, Schecks, Wechsel, Zahlungskarten mit Garantiefunktion im Sinne des § 152b Abs. 4 des Strafgesetzbuches und Vordrucke für Euroschecks eines fremden Währungsgebietes.

(4) Die Ordnungswidrigkeit kann in den Fällen des Absatzes 1 mit einer Geldbuße bis zu zehntausend Euro, in den Fällen des Absatzes 2 mit einer Geldbuße bis zu fünftausend Euro geahndet werden.

§ 128[1] Herstellen oder Verbreiten von papiergeldähnlichen Drucksachen oder Abbildungen. (1) Ordnungswidrig handelt, wer

1. Drucksachen oder Abbildungen herstellt oder verbreitet, die ihrer Art nach geeignet sind,
   a) im Zahlungsverkehr mit Papiergeld oder diesem gleichstehenden Wertpapieren (§ 151 des Strafgesetzbuches[2]) verwechselt zu werden oder
   b) dazu verwendet zu werden, solche verwechslungsfähigen Papiere herzustellen, oder
2. Platten, Formen, Drucksätze, Druckstöcke, Negative, Matrizen, Computerprogramme oder ähnliche Vorrichtungen, die ihrer Art nach zur Herstellung der in der Nummer 1 bezeichneten Drucksachen oder Abbildungen geeignet sind,

herstellt, sich oder einem anderen verschafft, feilhält, verwahrt, einem anderen überläßt, einführt oder ausführt.

(2) Ordnungswidrig handelt auch der Täter, der fahrlässig nicht erkennt, daß die Eignung zur Verwechslung oder Herstellung im Sinne von Absatz 1 Nr. 1 gegeben ist.

(3) Absatz 1 gilt auch für Papiergeld und Wertpapiere eines fremden Währungsgebietes.

---

[1] § 128 Abs. 1 Nr. 2 geänd. durch G v. 28.10.1994 (BGBl. I S. 3186); Abs. 4 geänd. durch G v. 26.1. 1998 (BGBl. I S. 156); Abs. 4 geänd. mWv 1.1.2002 durch G v. 13.12.2001 (BGBl. I S. 3574); Abs. 1 Nr. 2 geänd. mWv 30.8.2002 durch G v. 22.8.2002 (BGBl. I S. 3387).

[2] **Schönfelder Nr. 85.**

(4) Die Ordnungswidrigkeit kann in den Fällen des Absatzes 1 mit einer Geldbuße bis zu zehntausend Euro, in den Fällen des Absatzes 2 mit einer Geldbuße bis zu fünftausend Euro geahndet werden.

§ 129[1] **Einziehung.** Gegenstände, auf die sich eine Ordnungswidrigkeit nach den §§ 124, 126 bis 128 bezieht, können eingezogen werden.

Vierter Abschnitt. Verletzung der Aufsichtspflicht in Betrieben und Unternehmen

§ 130[2] **[Verletzung der Aufsichtspflicht in Betrieben und Unternehmen]**

(1) [1]Wer als Inhaber eines Betriebes oder Unternehmens vorsätzlich oder fahrlässig die Aufsichtsmaßnahmen unterläßt, die erforderlich sind, um in dem Betrieb oder Unternehmen Zuwiderhandlungen gegen Pflichten zu verhindern, die den Inhaber treffen und deren Verletzung mit Strafe oder Geldbuße bedroht ist, handelt ordnungswidrig, wenn eine solche Zuwiderhandlung begangen wird, die durch gehörige Aufsicht verhindert oder wesentlich erschwert worden wäre. [2]Zu den erforderlichen Aufsichtsmaßnahmen gehören auch die Bestellung, sorgfältige Auswahl und Überwachung von Aufsichtspersonen.

(2) Betrieb oder Unternehmen im Sinne des Absatzes 1 ist auch das öffentliche Unternehmen.

(3) [1]Die Ordnungswidrigkeit kann, wenn die Pflichtverletzung mit Strafe bedroht ist, mit einer Geldbuße bis zu einer Million Euro geahndet werden. [2]§ 30 Absatz 2 Satz 3 ist anzuwenden. [3]Ist die Pflichtverletzung mit Geldbuße bedroht, so bestimmt sich das Höchstmaß der Geldbuße wegen der Aufsichtspflichtverletzung nach dem für die Pflichtverletzung angedrohten Höchstmaß der Geldbuße. [4]Satz 3 gilt auch im Falle einer Pflichtverletzung, die gleichzeitig mit Strafe und Geldbuße bedroht ist, wenn das für die Pflichtverletzung angedrohte Höchstmaß der Geldbuße das Höchstmaß nach Satz 1 übersteigt.

Fünfter Abschnitt. Gemeinsame Vorschriften

§ 131[3] **[Gemeinsame Vorschriften]** (1) [1]Verwaltungsbehörde im Sinne des § 36 Abs. 1 Nr. 1 ist

1. bei Ordnungswidrigkeiten nach § 112, soweit es sich um Verstöße gegen Anordnungen
   a) des Bundestages oder seines Präsidenten handelt, der Direktor beim Deutschen Bundestag,
   b) des Bundesrates oder seines Präsidenten handelt, der Direktor des Bundesrates,

---

[1] § 129 geänd. mWv 31.12.2006 durch G v. 22.12.2006 (BGBl. I S. 3416).

[2] § 130 Abs. 1 Satz 1 geänd., Abs. 2 aufgeh., bish. Abs. 3 und 4 werden Abs. 2 und 3, neuer Abs. 2 geänd. durch G v. 27.6.1994 (BGBl. I S. 1440); Abs. 3 Satz 3 angef. durch G v. 13.8.1997 (BGBl. I S. 2038); Abs. 3 Satz 1 geänd. mWv 1.1.2002 durch G v. 13.12.2001 (BGBl. I S. 3574); Abs. 3 Satz 1 geänd. mWv 30.8.2002 durch G v. 22.8.2002 (BGBl. I S. 3387); Abs. 1 Satz 1 geänd. mWv 11.8.2007 durch G v. 7.8.2007 (BGBl. I S. 1786); Abs. 3 Satz 2 eingef., bish. Sätze 2 und 3 werden Sätze 3 und 4, neuer Satz 4 geänd. mWv 30.6.2013 durch G v. 26.6.2013 (BGBl. I S. 1738).

[3] § 131 Abs. 1 Satz 1 Nr. 3 und 4 Buchst. c geänd. durch G v. 26.1.1998 (BGBl. I S. 156); Abs. 1 Satz 1 *Nr. 4 Buchst. a geänd. mWv 1.1.2002* durch G v. 11.12.2001 (BGBl. I S. 3519); Abs. 1 Satz 1 Nr. 4 Buchst. a geänd. mWv 1.8.2006 durch G v. 12.7.2006 (BGBl. I S. 1466); Abs. 1 Satz 1 Nr. 2 geänd. mWv 23.5.2015 durch G v. 13.5.2015 (BGBl. I S. 706).

2. bei Ordnungswidrigkeiten nach § 114 das Bundesamt für Infrastruktur, Umweltschutz und Dienstleistungen der Bundeswehr,
3. bei Ordnungswidrigkeiten nach § 124, soweit es sich um ein Wappen oder eine Dienstflagge des Bundes handelt, das Bundesministerium des Innern,
4. bei Ordnungswidrigkeiten nach den §§ 127 und 128, soweit es sich um
   a) Wertpapiere des Bundes oder seiner Sondervermögen handelt, die Bundesanstalt für Finanzdienstleistungsaufsicht,
   b) Geld oder Papier zur Herstellung von Geld handelt, die Deutsche Bundesbank,
   c) amtliche Wertzeichen handelt, das Bundesministerium, zu dessen Geschäftsbereich die Herstellung oder Ausgabe der Wertzeichen gehört.

[2] Satz 1 Nr. 4 Buchstaben a und c gilt auch bei Ordnungswidrigkeiten, die sich auf entsprechende Wertpapiere oder Wertzeichen eines fremden Währungsgebietes beziehen. [3] In den Fällen des Satzes 1 Nr. 3 und 4 Buchstabe c gilt § 36 Abs. 3 entsprechend.

(2) In den Fällen der §§ 122 und 130 wird die Ordnungswidrigkeit nur auf Antrag oder mit Ermächtigung verfolgt, wenn die im Rausch begangene Handlung oder die Pflichtverletzung nur auf Antrag oder mit Ermächtigung verfolgt werden könnte.

(3) Für die Verfolgung von Ordnungswidrigkeiten nach den §§ 116, 122 und 130 gelten auch die Verfahrensvorschriften entsprechend, die bei der Verfolgung der Handlung, zu der aufgefordert worden ist, der im Rausch begangenen Handlung oder der Pflichtverletzung anzuwenden sind oder im Falle des § 130 dann anzuwenden wären, wenn die mit Strafe bedrohte Pflichtverletzung nur mit Geldbuße bedroht wäre.

Vierter Teil. Schlußvorschriften

§ 132 Einschränkung von Grundrechten. Die Grundrechte der körperlichen Unversehrtheit (Artikel 2 Abs. 2 Satz 1 des Grundgesetzes[1)]), der Freiheit der Person (Artikel 2 Abs. 2 Satz 2 des Grundgesetzes) und der Unverletzlichkeit der Wohnung (Artikel 13 des Grundgesetzes) werden nach Maßgabe dieses Gesetzes eingeschränkt.

§ 133[2)] Übergangsvorschriften. (1) Die Anwesenheit des Betroffenen in der Hauptverhandlung und das Verfahren bei seiner Abwesenheit richten sich nach dem Recht, das zu dem Zeitpunkt gilt, zu dem die erste Ladung des Betroffenen zur Hauptverhandlung abgesandt wird.

(2) Die Zulässigkeit und die Zulassung von Rechtsmitteln richten sich nach *dem* Recht, das zu dem Zeitpunkt gilt, zu dem ein Urteil verkündet wird oder ein Beschluß bei der Geschäftsstelle eingeht.

(3) Die Wiederaufnahme des Verfahrens richtet sich nach dem Recht, das zu dem Zeitpunkt gilt, zu dem ein Antrag bei Gericht eingeht.

[1)] **Schönfelder ErgBd. Nr. 1.**

[2)] § 133 neu gef. durch G v. 24.6.1994 (BGBl. I S. 1325); Überschrift neu gef., Abs. 1–3 eingef. durch G v. 26.1.1998 (BGBl. I S. 156); Abs. 5 angef. mWv 1.10.2002 durch G v. 26.7.2002 (BGBl. I S. 2864, ber. S. 3516); Abs. 6 angef. mWv 1.7.2017 durch G v. 13.4.2017 (BGBl. I S. 872).

(4) Im Verfahren der Verwaltungsbehörde werden Gebühren und Auslagen nach dem Recht erhoben, das zu dem Zeitpunkt gilt, in dem der Bußgeldbescheid erlassen ist.

(5) Für Dateien, die am 1. Oktober 2002 bestehen, ist § 49c erst ab dem 1. Oktober 2003 anzuwenden.

(6) [1] Wird die Anordnung der Einziehung des Wertes des Tatertrages wegen einer mit Geldbuße bedrohten Handlung, die vor dem 1. Juli 2017 begangen worden ist, nach diesem Zeitpunkt entschieden, ist § 29a in der Fassung des Gesetzes zur Reform der strafrechtlichen Vermögensabschöpfung vom 13. April 2017 (BGBl. I S. 872) anzuwenden. [2] In Verfahren, in denen bis zum 1. Juli 2017 bereits eine Entscheidung über den Verfall des Wertersatzes ergangen ist, ist § 29a in der bis zum 1. Juli 2017 geltenden Fassung anzuwenden.

§ 134[1)] Übergangsregelung zum Gesetz zur Einführung der elektronischen Akte in Strafsachen und zur weiteren Förderung des elektronischen Rechtsverkehrs; Verordnungsermächtigungen. [1] Die Bundesregierung und die Landesregierungen können jeweils für ihren Bereich durch Rechtsverordnung bestimmen, dass die Einreichung elektronischer Dokumente abweichend von § 32a der Strafprozessordnung[2)] erst zum 1. Januar des Jahres 2019 oder 2020 möglich ist und § 110a in der am 31. Dezember 2017 geltenden Fassung bis jeweils zum 31. Dezember des Jahres 2018 oder 2019 weiter Anwendung findet. [2] Sie können die Ermächtigung nach Satz 1 durch Rechtsverordnung auf die zuständigen Bundes- oder Landesministerien übertragen.

§ 135 (Inkrafttreten)

[1)] § 134 neu eingef. mWv 13.7.2017 durch G v. 5.7.2017 (BGBl. I S. 2208).
[2)] **Schönfelder Nr. 90.**

Für handschriftliche Notizen

Für handschriftliche Notizen

Für handschriftliche Notizen

Für handschriftliche Notizen

Für handschriftliche Notizen

Für handschriftliche Notizen

Für handschriftliche Notizen

Für handschriftliche Notizen

Für handschriftliche Notizen

Für handschriftliche Notizen

Für handschriftliche Notizen

Für handschriftliche Notizen

Für handschriftliche Notizen

Für handschriftliche Notizen

Für handschriftliche Notizen

Für handschriftliche Notizen

Für handschriftliche Notizen

Für handschriftliche Notizen

Für handschriftliche Notizen

Für handschriftliche Notizen

Für handschriftliche Notizen

Für handschriftliche Notizen

Für handschriftliche Notizen

Für handschriftliche Notizen

Für handschriftliche Notizen

Für handschriftliche Notizen

Für handschriftliche Notizen

Für handschriftliche Notizen

Für handschriftliche Notizen

Für handschriftliche Notizen

Für handschriftliche Notizen

Für handschriftliche Notizen

Für handschriftliche Notizen

Für handschriftliche Notizen

Für handschriftliche Notizen

Für handschriftliche Notizen

Für handschriftliche Notizen

Für handschriftliche Notizen

Für handschriftliche Notizen

Für handschriftliche Notizen